ΜΝΑС
ΚΑΙΕΙΠΕΝΠΡΟСΑΥ
ΤΟΥСΠΡΝΜΑΤΕΥ
СΘΑΙΕΝΩΕΡΧΟΜΝ
ΟΙΔΕΠΟΛΕΙΤΑΙΑΥΤ
ΕΜΙСΟΥΝΑΥΤΟΝΚ
ΑΠΕСΤΙΛΑΝΠΡЕС
ΒΕΙΑΝΟΠΙСΩΑΥΤ
ΛΕΓΟΝΤЕСΟΥΘЕΛ
ΤΟΥΤΟΝΒΑСΙΛЕΥСΑΙ
ЕΦΗΜΑСΚΑΙΕΓΕΝΕ
ΤΟΕΝΤΩΕΠΑΝЕΛ
ΑΥΤΟΝΛΑΒΟΝΤΑΤΗ
ΒΑСΙΛЕΙΑΝΚΑΙΕΙΠ
ΦΩΝΗΘΗΝΑΙΑΥΤ
ΤΟΥСΔΟΥΛΟΥСΤΟΥ
ΤΟΥСΟΙСΔЕΔΩΚЕΙ
ΤΟΑΡΓΥΡΙΟΝΙΝΝΩ
ΤΙΔΙΕΠΡΑΓΜΑΤЕΥС
ΤΟ ΠΑΡΕΓΕΝΕΤΟ
ΔЕΟΠΡΩΤΟСΛЕΓΩ
ΚЕΗΜΝΑСΟΥΔЕΚΑ
ΠΡΟСΗΓΑСΑΜΝΑ
ΚΑΙΕΙΠΕΝΑΥΤΩ
ΔΟΥΛЕΑΓΑΘЕΟΤΙ
ЕΝΕΛΑΧΙСΤΩΠΙΤ
ЕΓΕΝΟΥΙСΘΙΕСΟΥΙ
ΑΝЕΧΩΝЕΠΑΝΩ
ΔЕΚΑΠΟΛЕΩΝ
ΚΑΙΗΛΘЕΝΟΔЕΥΤ
ΡΟСΛЕΓΩΝ ΗΜΝΑ
СΟΥΚЕΕΠΟΙΗСΕΝ
ΠЕΝΤЕΜΝΑС
ЕΙΠЕΝΔЕΚΑΙΤΟΥ
ΤΩΚΑΙСΥΕΠΑΝΩ
ΓЕΙΝΟΥΠΕΝΤΕΠ
ΛЕΩΝ
ΚΑΙΟЕΤΟСΗΛΘЕΝ
ΛЕΓΩΝΚЕΙΔΟΥΗ
ΜΝΑСΟΥΗΝΕΙΧ
ΑΠΟΚЕΙΜЕΝΗΝ
СΟΥΔΑΡΙΩЕΦΟ
ΒΟΥΜΗΝΓΑΡСЕΟΤΙ
ΑΝΘΡΩΠΟСΑΥСΤ
ΡΟСЕΙΑΙΡΙСΟΟΥΚ
ΕΘΗΚΑСΚΑΙΘЕΡΙ
ΖΕΙСΟΟΥΚЕСΠΙΡ
ΛЕΓЕΙΑΥΤΩЕΚΤΥ

СΤΟΜΑΤΟССΟΥΚΡΙ
ΝΩСΕΠΟΝΗΡЕ
ΛЕΗΔΙСΟΤΙΕΓΩΝ
ΘΡΩΠΟСΑΥСΤΗΡ
ЕΙΜΙΑΙΡΩΝΟΟΥΚ
ЕΘΗΚΑΚΑΙΘЕΡΙΖΩ
ΟΟΥΚЕСΠΙΡΑΚΑΙ
ΔΙΑΤΙΟΥΚЕΔΩΚ
ΜΟΥΤΟΑΡΓΥΡΙΟΝ
ЕΠΙΤΡΑΠΕΖΑΝΚΑ
ΓΩЕΛΘΩΝΟΥΝСΙ
ΤΟΚΩΑΝΑΥΤΟΕ
ΠΡΑΞΑΚΑΙΤΟΙСΠΑ
ΡЕСΤΩСΙΝЕΙΠЕΝ
ΑΡΑΤΑΠΑΥΤΟΥΤΗΝ
ΜΝΑΝΚΑΙΔΟΤЕ
ΤΑСΔЕΚΑΜΝΑСЕΧΩ
ΤΙΚΑΙЕΙΠΑΝΑΥΤ
ΚЕЕΧЕΙΔЕΚΑΜΝΑ
ΛЕΓΩΟΤΙΠΑΝΤΙ
ЕΧΟΝΤΙΔΟΘΗСЕ
ΤΑΙΑΠΟΔЕΓΟΥΜΗ
ЕΧΟΝΤΟСΚΑΙΟЕ
ΧЕΙΑΡΘΗСΕΤΑΙΑΠΑΥΤΟΥ
ΠΛΗΝΤΟΥСЕΧΘΡΟ
ΜΟΥΤΟΥΤΟΥСΤΟΡ
ΜΗΘЕΛΗСΑΝΤΑС
ΜЕΒΑСΙΛЕΥСΑΙЕ
ΠΑΥΤΟΥСΑΓΑΓΕΤ
ΩΔЕΚΑΙΚΑΤΑСΦΑ
ΞЕΤЕΑΥΤΟΥСЕΜ
ΠΡΟСΘЕΝΜΟΥ
ΚΑΙЕΙΠΩΝΤΑΥΤΑ
ΠΟΡЕΥΕΤΟЕΜΠΙ
СΘЕΝΑΝΑΒΑΙΝΩ
ЕΙСΙΕΡΟСΟΛΥΜΑ
ΚΑΙЕΓЕΝЕΤΟΩСΗ
ΠСЕΝЕΙСΒΗΘΦΑ
ΓΗΚΑΙΒΗΘΑΝΙΑ
ΠΡΟСΤΟΟΡΟСΤΟ
ΚΑΛΟΥΜЕΝΟΝΟΛ
ΩΝ
ΑΠЕСΤΙΛΕΝΔΥΟ
ΤΩΝΜΑΘΗΤΩΝ
ΛЕΓΩΝΥΠΑΓЕΤЕ
ΤΗΝΚΑΤЕΝΑΝΤΙ
ΚΩΜΗΝЕΝΗЕΙ
ΠΟΡЕΥΟΜЕΝΟΙ

ΡΗСΕΤΕΠΩΛΟΝΔЕ
ΔЕΜЕΝΟΝЕΦΟΝΟΥ
ΔΙСΠΩΠΟΤЕΑΝΘΡΩ
ΠΩΝЕΚΑΘΙСΕΝΛΥ
САΝΤЕСΑΥΤΟΝΑΓΑ
ΓЕΤЕ
ΚΑΙЕΑΝΤΙСΥΜΑСЕ
ΤΑΔΙΑΤΙΛΥЕΤЕΟΥ
ЕΡЕΙΤЕΟΤΙΟΚΑΤΗ
ΧΡΙΑΝЕΧЕΙ ΔΙЕΛΘ
ΤЕСΔЕΟΙΑΠЕСΤΑΛ
ΝΟΙЕΥΡΟΝΚΑΘΩ
ЕΙΠЕΝΑΥΤΟΙС ΛΥΟΝ
ΤΩΝΔЕΑΥΤΩΝΤΟΝ
ΠΩΛΟΝЕΙΠΑΝΟΙ
ΚΥΡΙΟΙΑΥΤΟΥΠΡΟ
ΑΥΤΟΥСΤΙΛЕΤЕΤΟ
ΠΩΛΟΝΟΙΔЕЕΙΠΑ
ΟΤΙΟΚСΑΥΤΟΥΧΡΙ
ЕΧЕΙΚΑΙΗΓΑΓΟΝ
ΤΟΝΠΡΟСΤΟΝΙΝΚ
ЕΠΙΡΙΨΑΝΤЕСΥΤ
ΤΑΙΜΑΤΙΑЕΠΙΤΟΝ
ΠΩΛΟΝЕΠЕΒΙΒΑ
САΝΤΟΝΙΝΠΟΡЕΥ
ΟΜЕΝΟΥΔЕΑΥΤΟΥ
ΥΠЕСΤΡΩΝΝΥΟΝ
ΤΑΙΜΑΤΙΑΑΥΤΩΝ
ЕΝΤΗΟΔΩ
ЕΓΓΙΖΟΝΤΟСΔЕΑΥ
ΤΟΥΗΔΗΠΡΟСΤΗΚΑ
ΤΑΒΑСΕΙΤΟΥΟΡΟΥ
ЕΛΛΑΙΩΝΗΡΞΑΝΤΟ
ΑΠΑΝΤΟΠΛΗΘΟС
ΤΩΝΜΑΘΗΤΩΝ
ΧΑΙΡΟΝΤЕСΑΙΝΙΝ
ΤΟΝΘΝΦΩΝΗΜΕ
ΛΗΠЕΡΙΠΑСΩΝ
ЕΙΔΟΝΔΥΝΑΜЕΩΝ
ΛЕΓΟΝΤЕСЕΥΛΟΓΙ
ΜЕΝΟСΟΕΡΧΟΜЕΝΟ ΒΑСΙΛЕΥС
ЕΝΟΝΟΜΑΤΙΚΥЕ
ΝΟΥΡΑΝΩЕΙΡΗΝΗ
ΝΗΚΑΙΔΟΞΑЕΝΥ
ΨΙСΤΟΙС ΚΑΙΤΙΝ
ΤΩΝΦΑΡΙСΑΙΩΝ
ΑΠΟΤΟΥΟΧΛΟΥЕΙ
ΠΑΝΠΡΟСΑΥΤΟΝ

ΔΙΔΑСΚΑΛЕЕΠΙΤΙ
ΜΗСΟΝΤΟΙСΜΑΘ
ΤΑΙССΟΥ
ΚΑΙΑΠΟΚΡΙΘЕΙСЕΙΠ
ΛЕΓΩΥΜΙΝΟΤΙЕΑΝ
ΟΥΤΟΙСΙΩΠΗСΟΥ
ΟΙΛΙΘΟΙΚΡΑΞΟΥСΙ
ΚΑΙΩСΗΓΓΙСΕΝΙ
ΤΗΝΠΟΛΙΝЕΚΛΑ
ЕΠΑΥΤΗΝΛЕΓΩΝ
ΟΤΙЕΙЕΓΝΩСΕΝΤ
ΗΜЕΡΑΤΑΥΤΗΟΥ
ΤΑΠΡΟСЕΙΡΗΝΗΝ
ΝΥΝΔЕЕΚΡΥΒΗΑΠ
ΟΦΘΑΛΜΩΝСΟΥ
ΟΤΙΗΞΟΥСΙΝΗΜ
ЕΠΙСЕΚΑΙΠΑΡЕΜΒΑ
ΛΟΥСΙΝΟΙЕΧΘΡΟΙ
СΟΥΧΑΡΑΚΑСΟΙΚΑ
ΠЕΡΙΚΥΚΛΩСΟΥСЕ
ΚΑΙСΥΝЕΞΟΥСΙΝС
ΠΑΝΤΟΘЕΝΚΑΙЕ
ΛΑΦΙΟΥСΙΝСЕΚΑ
ΤΑΤЕΚΝΑСΟΥЕΝ
ΚΑΙΟΥΚΑΦΗСΟΥСΙ
ΛΙΘΟΝЕΠΙΛΙΘΟΝ
ЕΝСΟΙΑΝΘΩΝΟΥ
ΚЕΓΝΩСΤΟΝΚΑΙ
ΡΟΝΤΗСЕΠΙСΚΟ
ΠΗССΟΥ
ΚΑΙЕΙСЕΛΘΩΝЕΙС
ΤΟΙЕΡΟΝΗΡΞΑΤΟ
ЕΚΒΑΛΛЕΙΝΤΟΥС
ΠΩΛΟΥΝΤΑСΛЕ
ΑΥΤΟΙСΓЕΓΡΑΠΤΑΙ
ΟΟΙΚΟСΜΟΥΟΙΚ
ΠΡΟСЕΥΧΗС
ΥΜЕΙСΔЕΑΥΤΟΝЕ
ΠΟΙΗСΑΤЕСΠΗΛΑ
ΟΝΛΗСΤΩΝΚΑΙΗ
ΔΙΔΑСΚΩΝΤΟΚΑ
ΘΗΜЕΡΑΝЕΝΤΩ
ΑΡΧΙЕΡЕΙСΚΑΙΟΙ
ΓΡΑΜΜΑΤЕΙСЕΖΗ
ΤΟΥΝΑΥΤΟΝΑΠΟ
ΛЕСΕΚΑΙΟΙΠΡΩΤΙ
ΤΟΥΛΑΟΥΚΑΙΟΥΧΙ
ΡΙСΚΟΝΤΟΤΙΠΟΙΗ

𐤉𐤓𐤅𐤔𐤋𐤌 𐤒𐤃𐤔𐤄 • JERUSALEM IST HEILIG • ירושלם קדשה

Gerhard Kroll

AUF DEN SPUREN JESU

VERLAG KATHOLISCHES BIBELWERK STUTTGART

Lizenzausgabe des St. Benno-Verlages GmbH Leipzig

KIRCHLICHE DRUCKERLAUBNIS
DRESDEN, DEN 27. FEBRUAR 1979
GEORG AHNE, GENERALVIKAR

MIT ERLAUBNIS DER OBEREN

UMSCHLAGBILD

Synagoge Kafarnaum (siehe Seite 283 ff.)
Foto Herbert Fasching,
Wilhelmsburg, Österreich

TITELBILD

Abb. 1.   Jerusalem.

Drei monotheistischen Weltreligionen ist Jerusalem heilig. Für die Juden ist Jerusalem die Stadt, »dorthin die Stämme Jahwes hinaufziehen« (Ps 122, 4), »die Krone der Schönheit«, aus der »Gott aufstrahlt« (Ps 50, 2); für die Christen ist Jerusalem die Heilige Stadt, geheiligt durch das Blut Jesu Christi. Heilig bleibt sie den Mohammedanern, sie nennen die Stadt einfach »el-Kuds« — »die Heilige«.
Das von dem Turm der Erlöserkirche aus aufgenommene Bild zeigt im Vordergrund die Häuser der Altstadt, im Mittelgrund den Felsendom. Jenseits des Tempelplatzes liegt in der Tiefe das Kidrontal.
Der Westabhang des Ölberges zeigt die drei Ölbergwege mit der russischen Magdalenenkirche, rechts von der Kuppel des Felsendomes die Kapelle »Dominus flevit«, am Horizont das weithin sichtbare Wahrzeichen des Ölberges, den »Russenturm«. Am Fuße des Turmes ist auf der linken Seite das kleine Minarett der Himmelfahrtsmoschee sichtbar, auf der rechten Seite deren Kuppel; weiter südlich (rechts) die Pater-Noster-Kirche mit dem Kloster der französischen Karmelitinnen. In der Nähe der Pater-Noster-Kirche liegen die Ruinen der Konstantinischen Ölbergskirche »Eleona«. (Vgl. Abb. 226, 2, S. 401.)
Die Bildunterschrift: »Jerusalem ist heilig« in althebräischer Münzschrift und moderner hebräischer Druckschrift.

INHALT

VORWORT

Menschliche Geschichte ereignet sich in Raum und Zeit. Auch die Offenbarung als Begegnung Gottes mit den Menschen steht unter dem gleichen Gesetz. So lebte Jesus in einem ganz bestimmten Land, er gehörte zu einem ganz bestimmten, von Gott erwählten Volk, seine irdische Lebenszeit war eingeordnet in eine ganz bestimmte Spanne der Weltgeschichte.

Die Darstellung jener Ereignisse, die das irdische Leben begleiten, ergibt an und für sich keinen Glaubensbeweis. Der Glaube ruht einzig auf dem Zeugnis Gottes und erhält dadurch seine absolute Gewißheit. Doch ist zu beachten, daß Gott durch Jesus von Nazaret handelnd in das Weltgeschehen eingegriffen hat. Diesem Heilstun Gottes entspricht eine Heilsgeschichte auf seiten der Menschen. Damit wird auch das »irdische« Geschehen um Jesus von Nazaret und in seinem Leben für die Menschen aller Zeiten bedeutsam. Die Darstellung der geschichtlichen Umwelt kann eine Hilfe sein, das Zeugnis Jesu lebendiger zu hören und einen Weg zum göttlichen Geheimnis der Person Jesu Christi zu finden.

Dieser Weg ist nicht neu. Bereits Origenes (gest. um 254), der bedeutendste Bibelgelehrte der griechischen Kirche, rühmt sich als erster in der langen Kette der Traditionszeugen, der »an den Orten auf der Suche nach den Spuren Jesu« gewesen sei. Jede Generation muß den Weg neu suchen.

In unseren Tagen hat das Interesse am Heiligen Land durch die Pilgerfahrt Pauls VI. (1964) eine neue Aktualität erhalten. Nach 19 Jahrhunderten war er der erste Nachfolger Petri, der an die Orte zurückkehrte, von denen aus Petrus die Botschaft Christi in die weite Welt getragen hat. Die Pilgerfahrt des Papstes dauerte nur drei Tage; sie hat aber den Blick der ganzen Welt erneut auf jenes Land gerichtet, in dem Jesus lebte, die Frohe Botschaft verkündete und für die Menschheit starb.

Auch uns, die wir den Spuren Jesu folgen wollen, soll dieses Land lebendig werden. So besuchen wir die Orte seiner Kindheit und Jugendzeit; wir wandern auf den Straßen seiner öffentlichen Wirksamkeit und weilen an der Stätte seines Todes und seiner Verherrlichung.

Auf diesen Wegen soll uns aber nicht die Phantasie führen, sondern die Tatsachen der Geschichte. Jesus war Jude, und er lebte in der Geschichte seines Volkes. Um diese jüdische Geschichte wiedererstehen zu lassen, wurden außer den Evangelien die zeitgenössischen Schriftsteller und Historiker soviel wie möglich zu Rate gezogen. Sie können uns sagen, wie es war und wie damals die Welt ausgesehen hat.

Etwas Ähnliches gilt von der Landschaft. Sie ist und bleibt Zeuge der Geschichte. Das Land am Jordan ist der Raum, in dem die Offenbarung Gottes geschah. So wird diese Landschaft zum Heiligen Land, das jeder Generation neu zum Anreiz wird, den Spuren Jesu nachzugehen. Diesem Interesse dienen die Bilder und Karten.

Auch wenn viele Luftaufnahmen aus dem Jahre 1917 stammen, bieten sie doch eine Möglichkeit, die Landschaft zu schauen, in der sich die Ereignisse vergangener Geschichte vollzogen haben. Dem leichteren Sichzurechtfinden dienen die beigefügten Kartenskizzen, die dem Ausschnitt der Luftaufnahmen angepaßt sind.

An dieser Stelle sei es mir erlaubt, dem Gustaf-Dalman-Institut für biblische Landes- und Altertumskunde der Ernst-Moritz-Arndt-Universität in Greifswald meinen aufrichtigen Dank auszusprechen. Durch das Entgegenkommen der Institutsleitung war es mir möglich, die reiche Materialsammlung des verdienten Palästinaforschers Gustaf Dalman zu benutzen und auszuwerten.

Die biblische Vergangenheit soll lebendige Wirklichkeit werden, und der Mensch soll innerlich Kontakt aufnehmen mit dem, was er liest. Wie in kaum einem anderen Gebiet des Nahen Orients sind in Palästina in den letzten Jahrzehnten große und aufschlußreiche Grabungen durchgeführt worden. Die archäologischen Forschungsergebnisse sind aber in ihrer Aussagekraft für die theologische Erkenntnis richtig zu werten. Sie dürfen nicht in oberflächlicher Weise zu dem Kurzschluß führen, als ob man damit den übernatürlichen Charakter der Offenbarung beweisen könne. Man darf aber auch nicht in das andere Extrem verfallen und jede Möglichkeit einer Brücke zwischen Gott und Welt leugnen. Die Frohbotschaft Christi ist nicht das Ergebnis eines rein subjektiven Erlebens, sondern das Offenbarwerden des in unserer Welt handelnden Gottes. Die Ergebnisse der archäologischen Forschung bieten uns die Sicherheit, daß es die Orte sind, von denen die Evangelisten berichten.

Mit den Abbildungen der Münzen wurde versucht, eine Chronologie des Lebens Jesu mit zeitgenössischen Dokumenten zu belegen, um uns so die längst vergangenen Jahre nahezubringen. Die beigefügten Anmerkungen dienen der Erläuterung des Textes und nennen Quellen, aus denen der Verfasser geschöpft hat.

Für die großzügige Überlassung von Aufnahmen bin

ich Herrn Dr. Heinrich Kunkel und dem Familienverlag, Fulda, Herrn Pfarrer Alfons Senfter und dem Christophorus-Verlag, Freiburg i. Br., aufrichtigen Dank schuldig, ebenso den Leitungen der Staatlichen Museen zu Berlin und des Bayerischen Hauptstaatsarchivs.

So will dieses Buch, das aus der praktischen Unterweisung entstanden ist, auch der Praxis dienen: dem Unterricht, der Predigt und der persönlichen religiösen Vertiefung.

Daß man in Einzelfragen anderer Ansicht sein kann, tut der geschichtlichen Realität keinen Abbruch, wenn nur auf jede Weise und zu allen Zeiten und überall Christus verkündigt wird.

Gerhard Kroll SJ

Leipzig, am Feste Mariä Lichtmeß 1964

VORWORT ZUR FÜNFTEN UND ACHTEN AUFLAGE

Als mein verehrter Lehrer Ludwig Kösters SJ das Buch »Unser Christusglaube« veröffentlichte, faßte ein Rezensent seine Kritik in dem unmißverständlichen Urteil zusammen: der letzte grüne Ast auf einem verdorrten Baum. Inzwischen sind fast vier Jahrzehnte vergangen. Die theologischen Auseinandersetzungen haben gezeigt, daß die Frage nach dem historischen Jesus das zentrale Anliegen der theologischen Forschung geblieben ist. Dieser Tatbestand ist um so erstaunlicher, als die Skepsis in bezug auf die Möglichkeiten der Rückfrage nach dem historischen Jesus in vielen Bereichen der neutestamentlichen Wissenschaft weitgehend das Feld beherrschte. So müssen einige Urteile neu überprüft werden: »Ist es wirklich wahr, daß wir über den historischen Jesus so wenig wissen?« Einen bescheidenen positiven Beitrag zu dieser Frage möchte das Buch bieten.

Dem Entgegenkommen des Verlages ist es zu danken, daß die fünfte Auflage in erweitertem Umfang erscheinen kann. Der Verfasser ist seiner Absicht, das Leben Jesu in seiner Gesamtheit darzustellen, wie es sich heute vom Hintergrund der Evangelien und der neutestamentlichen Zeitgeschichte abhebt, treu geblieben.

Besonderer Wert wurde darauf gelegt, die geschichtlichen Ereignisse im einzelnen durch Originalberichte antiker Historiker zu belegen und das Schicksal der heiligen Stätten durch Pilgerberichte aus den verschiedenen Jahrhunderten darzustellen.

Die in den letzten Jahren an vielen biblischen Orten Palästinas durchgeführten Ausgrabungen ließen eine Überarbeitung des archäologischen Befundes als notwendig erscheinen. So »aufregend« und zugleich »beruhigend« die Ergebnisse der archäologischen Forschung sind, sie sollen dem Leser die Schwierigkeit der behandelten Fragen zeigen und ihm einen Tatbestand menschlicher Geschichte verdeutlichen: Es bleibt kein Stein auf dem anderen!

Neu gezeichnet und überarbeitet wurden die Grundrisse der Geburtskirche mit den unterirdischen Grotten, der Synagoge von Kafarnaum, der Brotvermehrungs-kirche am Siebenquell, der Lazaruskirche in Betanien und der Kirche der Erscheinung des Auferstandenen am See Gennesaret. Zahlreiche Photos, die den Befund der Ausgrabungen wiedergeben, erläutern Pläne und Zeichnungen. Besondere Aufmerksamkeit galt dabei dem Ort der Geburt und des Todes Christi. So wurde die Baugeschichte der Geburtskirche in Betlehem und der Grabeskirche nach dem jüngsten Stand der Ausgrabungen überarbeitet und erweitert. Die Ära des Zweiten Tempels, den Jesus bei den großen Wallfahrtsfesten in Jerusalem besuchte, ist durch die erregenden Ausgrabungen an der Südwestecke der Tempelmauer sichtbar geworden. Daß die Grabungsergebnisse eine Revision früher vertretener Ansichten zur Folge haben können, zeigt das Kapitel über das Prätorium des Pilatus.

Große Mühe bereitete die Korrektur der biblischen Eigennamen nach den »Loccumer Richtlinien«, die für die neuen Übersetzungen biblischer Texte und liturgischer Bücher verbindlich geworden sind. Um das »Sichzurechtfinden mit den Neuerungen« zu erleichtern, ist im Text und im Stichwortverzeichnis bei einigen Namen die alte Schreibweise in Klammern hinzugefügt.

Die in der 8. Auflage vorgenommenen Erweiterungen berücksichtigen vor allem die neuen Ergebnisse der archäologischen Forschung in Jerusalem, Herodium, Jericho, Kafarnaum und Magdala. Pläne und Grundrisse wurden korrigiert und mit neuen Photos illustriert, ferner die Literaturangaben in den Anmerkungen ergänzt.

Für die großzügige Überlassung von Aufnahmen bin ich Herrn Pfarrer Alfons Senfter und den Patres der »Franciscan Printing Press« in Jerusalem aufrichtigen Dank schuldig. Schließlich danke ich Frau Ursula Berger und Herrn P. Anton Zug SJ für das aufmerksame Mitlesen der Korrektur.

Gerhard Kroll SJ

Leipzig, am Fest der Erscheinung des Herrn 1979

Evangelium und Weltgeschichte

»Es geschah in jenen Tagen, da ging vom Kaiser Augustus ein Befehl aus, den ganzen Erdkreis aufzuschreiben. Diese Aufzeichnung war die erste, welche unter dem Statthalter Syriens, Quirinius, stattfand. Alle gingen hin, um sich aufschreiben zu lassen, ein jeder in seine Stadt. Auch Josef ging von Galiläa aus der Stadt Nazaret hinauf nach Judäa in die Stadt Davids, die Betlehem heißt, weil er aus dem Hause und dem Geschlechte Davids stammte, um sich aufschreiben zu lassen; Maria, seine verlobte Gattin, die gesegnet war, ging mit ihm. Es begab sich, als sie dort waren, daß sich die Tage ihrer Mutterschaft erfüllten, und sie gebar ihren erstgeborenen Sohn, wickelte ihn in Windeln und legte ihn in eine Krippe, weil für sie in der Herberge kein Platz war« (Lk 2, 1–7).

Die Geschichte der Menschheit hat nicht nur einen Anfang gehabt, sie wird auch ein Ende haben. Zwischen Anfang und Ende aber gibt es eine Mitte, um die sich alles dreht: das Kommen Gottes in diese Welt oder wie Johannes sagt: »Und das Wort ist Fleisch geworden und hat unter uns gewohnt« (Joh 1, 14). Diese Glaubenswahrheit wird uns durch die Evangelisten als Frohbotschaft mit der Geburt Jesu von der Jungfrau Maria verkündet.

Als die Evangelisten die Frohbotschaft von Jesus Christus niederschrieben, lag es nicht in ihrer Absicht, eine »Biographie« Jesu zu verfassen. Ihr Anliegen war die Verkündigung der Heilsbotschaft: Jesus ist der Christus, der Sohn Gottes! Die Erwähnung der Ereignisse, die das Leben Jesu umgaben, spielte darum in der Heilsverkündigung eine untergeordnete Rolle.

Für uns »Spätgeborene« haben aber die kurzen historischen Randbemerkungen der Evangelisten eine neue Bedeutung gewonnen. Als im vergangenen Jahrhundert die Kritik des Unglaubens den übernatürlichen Charakter der Heilsbotschaft in Frage stellte, schien der einfachste und schnellste Weg dazu die Leugnung der geschichtlichen Tatsachen zu sein.

Wer das Evangelium von Jesus Christus aufmerksam liest, wird aber feststellen: Das Christentum ist eine geschichtliche Religion. Das WORT des Vaters ist keine von der menschlichen Vernunft erdachte Idee, sondern eine Person, die Fleisch geworden ist, um unter uns zu wohnen. Gott ist Mensch geworden.

In den Kindheitsberichten der Evangelien finden wir zwei bedeutsame Angaben, welche das Evangelium Jesu mit den Ereignissen der großen Weltgeschichte verbinden. Nach Lukas ist Jesus unter dem Kaiser Augustus zur Welt gekommen. Mattäus versichert ferner, daß Jesus »in den Tagen des Königs Herodes« zu Betlehem geboren wurde. Beide Angaben sind aber sehr weitmaschig. Die »Tage des Herodes« umfaßten die Jahre 37–4 v. Chr., und Cäsar Octavianus herrschte als Augustus seit 27 v. Chr.

Wir alle aber möchten gern mehr wissen. Für uns existiert ein Mensch erst dann, wenn wir sein Geburtsdatum kennen. Lukas, der Chronist der Kindheit Jesu, schien das gleiche Interesse gehabt zu haben. Wenn wir aber seinen Bericht genauer untersuchen, dann machen wir eine auffällige Feststellung. Lukas, der sich an vielen Stellen seines Evangeliums mit präzisen Angaben als exakter Historiker ausweist, der von sich selbst sagt, daß er »allen Ereignissen von Anfang an sorgfältig nachgegangen« (Lk 1, 3) sei, kann uns das genaue Jahr der Geburt Jesu nicht nennen. Auch die Tradition der Kirche hat von Anfang an kein Datum gekannt, das die Angaben der Evangelien ergänzen könnte. Unser Weihnachtsfest wurde bekanntlich erst zu Beginn des vierten Jahrhunderts auf den 25. Dezember gelegt. Ja wir brauchen nicht einmal unruhig zu werden, wenn wir hören, daß unsere lobenswerte Redeweise »Im Jahre ... nach Christi Geburt« nicht ganz stimmt. Das Anfangsjahr der christlichen Ära fällt nämlich mit dem echten Datum der Geburt Jesu nicht zusammen. Die Zeitdifferenz beruht auf einem Rechenfehler, den der römische Abt Dionysius Exiguus (gest. zwischen 540 und 560 n. Chr.) beging, als er in seiner Ostertafel an die Stelle des 248. Jahres des »Diokletian« das Jahr 532 »Domini nostri Jesu Christi« setzte, weil er es für würdiger hielt, den »Verlauf der Jahre nach der Menschwerdung Christi« zu bezeichnen, als nach einem Mann, der »eher ein Tyrann als ein Kaiser war«.[1]

Für den Historiker bilden diese Unzulänglichkeiten kein echtes Problem, das die Geschichtlichkeit der Person Jesu in Frage stellen könnte. So ist das Geburtsjahr Julius Cäsars, dessen Kalenderreform bis in das 16. Jahrhundert gültig war, lange Zeit bei den Historikern umstritten gewesen; über das Alter Konstantins ist man sich heute noch nicht einig. Dieses Unvermögen — wir könnten es mit Beispielen selbst aus der neuesten Ge-

9

schichte belegen — soll uns zeigen, daß unserem Wissensdurst gewisse Grenzen gesetzt sind. Es gehört aber zum Wesen wissenschaftlicher Forschung, diese Grenzen einzuengen. Lukas selbst gibt uns dafür das beste Beispiel. Er berichtet, wie es gekommen ist, daß Jesus nicht in Nazaret, sondern in Betlehem geboren wurde. Nach Art und Weise antiker Historiker bestimmt er die Zeit der Geburt Jesu mit einem auffälligen Ereignis: der ersten Aufschreibung, welche unter Quirinius, dem Statthalter Syriens, stattgefunden hat.

Es ist die Aufgabe des Historikers, die Geschichtlichkeit des ganzen Berichtes zu prüfen.[2] Wenn wir dabei den Versuch unternehmen, das Geburtsjahr Jesu innerhalb bestimmter Grenzen genauer zu fixieren, dann entspricht auch dieses Bemühen der Absicht des Evangelisten, dem Leser die »Gewißheit« der Glaubensbotschaft zu geben (Lk 1, 4).

Die moderne Kritik an Lukas

»Schon viele haben es unternommen, eine Darstellung der Begebenheiten zu verfassen, welche in unserer Mitte zum Abschluß gekommen sind. Dabei hielten sie sich an die Überlieferungen derer, die von Anfang an Augenzeugen und Diener des Wortes gewesen sind. Auch ich habe mich dazu entschlossen, nachdem ich allen Ereignissen von den Anfängen an sorgfältig nachgeforscht habe, sie für dich, edler Theophilus, wohlgeordnet aufzuschreiben. Mögest du daraus die Zuverlässigkeit der Erzählungen, von denen du Kunde erhalten hast, erkennen« (Lk 1, 1—4).

Lukas, den Paulus im Kolosserbrief den »geliebten Arzt« (4, 14) nennt, war Heidenchrist und stammte aus dem syrischen Antiochia, der damals drittgrößten Stadt des Römischen Imperiums. Paulus lernte den syrischen Arzt um das Jahr 49 n. Chr. in Troas, einer Hafenstadt Kleinasiens, kennen. Diese Begegnung entschied den weiteren Lebensweg des Evangelisten, er wurde der Mitarbeiter des Völkerapostels. Im Herbst des Jahres 60 begleitete Lukas den gefangenen Apostel freiwillig auf seiner Gefangenschaftsreise nach Rom und blieb während der anschließenden zweijährigen Untersuchungshaft in seiner Nähe. In Rom lernte Lukas den Markus kennen, dessen Evangelium er später als Grundlage für sein eigenes Werk benutzen sollte.

Weil Lukas kein »Jünger Jesu« und darum nicht »Augen- und Ohrenzeuge der Taten und Reden Jesu« war, die er in seinem Evangelium berichten wollte, so mußte er sich auf die Berichte anderer stützen.

Im Vorwort, das im geschliffenen Stil bester griechischer Prosa geschrieben ist, spricht Lukas ausdrücklich von den Schriften »vieler« Vorgänger. Lukas, der einzige Nichtjude unter den Evangelisten, schrieb sein Evangelium für Heidenchristen. Nach einer literarischen Sitte seiner Zeit widmete er sein Werk einer hochgestellten Persönlichkeit, dem edlen Theophilus. Seine Absicht

bringt der Verfasser im Vorwort klar zum Ausdruck: Die historisch feststellbaren und durch die sorgfältigen Nachforschungen des Evangelisten geschichtlich verbürgten Einzeltatsachen sollen dem gläubig gewordenen Theophilus als Beweis der Zuverlässigkeit der christlichen Heilsverkündigung dienen.

Eine genaue Untersuchung der beiden ersten Kapitel, die besonders durch ihren literarischen Aufbau, ihre Sprache und ihren Rhythmus auffallen, läßt es als gewiß erscheinen, daß Lukas diese Kindheitsgeschichte bereits als schriftliches Dokument vorgefunden hat. Die genaue Schilderung des jüdischen Kulturbildes zeigt, daß der unbekannte Verfasser dieses wohl ursprünglich aramäisch oder hebräisch geschriebenen Berichtes mit den Verhältnissen gut vertraut ist. Lukas übernimmt diesen Bericht (1, 5—2, 52) fast unverändert in sein Evangelium, wie dies der plötzliche Stilwandel nach dem gewählten Vorwort (1, 1—4) deutlich erkennen läßt. Sobald seine »Quelle« einzuarbeiten war, siegte in ihm der Historiker über den Literaten,[3] um den Lesern die »Gewißheit über die Dinge zu geben, in denen sie unterrichtet worden waren«.

Lediglich ein Satz trägt deutlich die Signatur des Evangelisten. In seiner benutzten jüdischen Quelle stand wahrscheinlich nur die unbestimmte Zeitangabe »in jenen Tagen«. Viele Beispiele aus der jüdischen Geschichte zeigen, daß die Juden zwar großen Wert auf genaue Geschlechtsregister legten, an genauen Zeitangaben aber kein besonderes Interesse hatten. Lukas kommt es aber auf Genauigkeit an. Er präzisiert die unbestimmte Angabe mit dem Satz: »Diese Aufzeichnung war die erste, welche unter dem Statthalter Syriens, Quirinius, stattfand« (Lk 2, 2).

Aber genau dieser Satz wurde für die moderne Evangelienkritik zum Stein des Anstoßes. Im Jahre 1835 veröffentlichte David Friedrich Strauß sein zweibändiges Werk »Das Leben Jesu, kritisch bearbeitet«. Dieses Buch erregte damals ein ungeheures Aufsehen. So erreichte die spätere Volksausgabe bereits in drei Monaten acht Auflagen. Strauß, dessen Blick durch die historisch-kritische Methode seiner Zeit geschärft war, lehnte die oberflächliche Art, mit der einige Skeptiker die übernatürlichen Geheimnisse aus den Evangelien herausgedeutet hatten, mit Entschiedenheit ab. Seine Alternative lautet: »Sind die Evangelien wirklich geschichtliche Urkunden, so ist das Wunder aus der Lebensgeschichte Jesu nicht zu entfernen; ist umgekehrt das Wunder mit der Geschichte unvereinbar, so können die Evangelien keine geschichtlichen Quellen sein.«[4] Da nach seiner rationalistischen Grundauffassung das Übernatürliche aber nicht existiert, bleibt für Strauß nur die eine Schlußfolgerung übrig: Die Evangelien können keine historischen Quellen sein. Auf über 1000 Seiten macht er den Versuch, diese Konsequenz zu beweisen. Seine kritische Sonde ist scharf und seine historische Methode klar: Er glaubt dem Evangelisten kein Wort, das nicht aus anderen geschichtlichen Quellen, Zeugnissen und Inschriften erwiesen werden kann. Das Ergebnis seiner Kritik an dem lukanischen Kindheitsbericht faßt Strauß in fünf Thesen zusammen:

1. Eine allgemeine Einschätzung des Römischen Reiches hat es nie gegeben.
2. Eine kaiserliche Steuerveranlagung ist im Herrschaftsbereich des Königs Herodes höchst unwahrscheinlich.
3. Die Zählung des Quirinius konnte nicht in die Zeit des Herodes fallen, da Quirinius zu Lebzeiten des Königs nie Statthalter von Syrien war.
4. Die Meldung Josefs in Betlehem ist unrömisch.
5. Eine Registrierung Mariens ist überflüssig.[5]

Diese Kritik hat nicht nur damals die Gemüter sehr bewegt; die Auseinandersetzung über die vom Evangelisten erwähnte erste Aufschreibung ist bis in unsere Tage lebendig geblieben. Wenn auch diese mehr als hundertjährige Diskussion noch keine allseitige Klarheit über jede Detailfrage gebracht hat, so erscheint uns heute der Bericht des Evangelisten sowohl historisch als auch chronologisch glaubwürdig.

Lukas ist zwar der einzige Zeuge, der von einem Zensus aus den Tagen des Königs Herodes unter Augustus berichtet. Es gibt aber keine überzeugende Gegeninstanz, die zu dem Schluß berechtigt, in der lukanischen Angabe »eine chronologische Ungenauigkeit eines den Ereignissen fernstehenden Schriftstellers zu sehen«[6]. Die historische Abwertung des Evangelisten beruht weitgehend auf einem geradezu blinden Glauben an die Zuverlässigkeit des jüdischen Historikers Josephus Flavius (geb. 37/38 n. Chr. in Jerusalem, gest. nach 100 in Rom). Man sagt: Weil die Angaben des Evangelisten mit der Darstellung des Josephus unvereinbar sind, darum sind sie irrig.

Es ist aber nicht einzusehen, warum für die Ereignisse der Jahre 8 v. Chr. – 7 n. Chr. die geschichtlichen Angaben des griechischen Arztes und Christen Lukas, der wohl schon vor dem Regierungsantritt des Kaisers Claudius (Januar 41 n. Chr.) erwachsenes Mitglied der christlichen Gemeinde zu Antiochia war, von vornherein mißtrauischer angesehen werden sollen als die Angaben des jüdischen Priesters und Historikers Josephus, der erst um das Jahr 37 n. Chr. das Licht der Welt erblickte. Wer ist hier der Fernerstehende? Die Werke des Josephus sind zwar eine der wichtigsten Quellen zur neutestamentlichen Zeitgeschichte, sie verlangen aber eine sorgfältige und umsichtige Benutzung.[7]

Noch fragwürdiger erscheint uns die Annahme, daß den Verfasser des dritten Evangeliums bei seiner Darstellung »die Auffassung vom Christentum als einer weltgeschichtlichen Größe leitet« und »daß er den ursprünglich kerygmatischen Sinn der Jesus-Überlieferung ... preisgegeben und sie historisiert hat«.[8]

Der Historiker ist bei der Prüfung der geschichtlichen Zeugnisse zunächst verpflichtet, die Aussagen der Quellen ernst zu nehmen; dies um so mehr bei Lukas, der von sich selbst sagt, daß er »allen Ereignissen von Anfang an sorgfältig nachgegangen« sei. Lukas will also als Historiker ernst genommen werden und fordert damit eine Beurteilung geradezu heraus. Die Forschung hat seit den Tagen, da Strauß sein »Leben Jesu« schrieb, eine Fülle von neuen Zeugnissen, Inschriften und Papyri zusammengetragen, die den zeitgeschichtlichen Hintergrund der Evangelien in einer vor hundert Jahren für unmöglich gehaltenen Weise erhellen. Lassen wir diese Ergebnisse sprechen.

Der römische Zensus

In den Tagen unserer Zeitwende herrschte Octavianus Augustus über das Römische Reich, vom Rhein bis an den Nil, von Gibraltar bis an den Euphrat. Ein kurzer zeitgeschichtlicher Überblick soll uns zunächst mit den Zeitverhältnissen, den führenden Männern und den entscheidenden Ereignissen vertraut machen.

Es war Julius Cäsar (100–44 v. Chr.), der Großonkel des späteren Augustus, der den römischen Staat zum Weltreich erweiterte. Nach seinem Sieg über die Pompejaner war er Alleinherrscher geworden. Der Senat übertrug ihm die Diktatur auf unbestimmte Zeit, mit dem Recht, sein Bild auf die Senatsmünzen zu prägen. Der Monat Quintilis wurde nach seinem Namen in »Julius« umbenannt. Als Cäsar nach dem Königtum strebte, wurde er von den Republikanern unter der Führung des Brutus und des Cassius ermordet. Am 15. März 44 sank er, von 23 Dolchstichen getroffen, im Senat vor der Statue seines einst besiegten Rivalen Pompeius nieder.

Der junge Octavius, so lautete der ursprüngliche Name des ersten römischen Kaisers, wurde von Cäsar adoptiert und als sein Erbe eingesetzt. Nach der Ermordung seines Onkels begann für den erst Neunzehnjährigen die politische Laufbahn. Als Adoptivsohn Cäsars nannte er sich jetzt C. Julius Cäsar Octavianus. Im Gegensatz zu seinem Onkel herrschte er unter kluger Beibehaltung der alten republikanischen Formen. Mit einer großen Geste gab er die ganze Staatsgewalt dem Senat zurück. Daraufhin wurde er zum Princeps ernannt (27 v. Chr.) und erlangte damit auf legalem Wege die volle Staatsgewalt. Vom Senat erhielt er den Würdenamen »Augustus«, der Erhabene, mit dem ihn die Geschichte seit jener Zeit zu nennen pflegt.

Eine kleine Nebensächlichkeit soll uns als Beispiel der Genauigkeit und Sorgfalt in der lukanischen Berichterstattung dienen. Der Evangelist erwähnt in seinem griechisch geschriebenen Werk den Namen »Kaisar Augoustos«. Wir sind an die Übersetzung »Kaiser Augustus« so gewöhnt, daß uns die präzise Aussage des Evangelisten gar nicht mehr bewußt wird. Noch zu Beginn der Zeitwende war das Wort »Kaisar« nichts anderes als die griechische Übersetzung des lateinischen Namens

»Caesar«; das war der Beiname eines Zweiges des Geschlechtes der Julier. Erst nach dem Aussterben des julischen Herrscherhauses gehörte der Name zur Titulatur der römischen Kaiser. Die Wortfolge Cäsar Augustus (Lk 2, 1) entsprach also der offiziellen Namensfolge, wie wir sie auf jeder Augustus-Münze nachprüfen können (vgl. Abb. 11, S. 28, und Abb. 147, S. 249).

Für einen Skeptiker hält der Evangelist die Gegenprobe bereit. Den Nachfolger von Cäsar Augustus nennt Lukas in seinem berühmten Synchronismus mit der genauen Namensfolge: Tiberius Cäsar (Lk 3, 1), weil so die »Geburtsurkunde« ausgestellt war (vgl. Abb. 235, S. 414). Immerhin, ein kleines Kompliment sind wir dem »Historiker« Lukas schuldig.

Marcus Antonius (82–30 v. Chr.), der Testamentsvollstrecker des ermordeten Cäsar, war der Gegenspieler des jungen Octavian. Zunächst schloß er mit diesem und Lepidus das sogenannte 2. Triumvirat (Dreimännerkollegium). Um dieses Bündnis zu stärken, heiratete er Octavia, die Schwester Octavians. Antonius war ein hochbegabter Mensch, wurde aber ein Opfer seiner Leidenschaft. Er verstieß Octavia und geriet immer mehr in den Bann der ägyptischen Königin Kleopatra. Der Senat erklärte Kleopatra den Krieg, und Antonius wurde im Jahre 31 in der berühmten Seeschlacht bei Actium besiegt. Als ihm fälschlich der Tod der Königin Kleopatra gemeldet wurde, stürzte sich Marcus Antonius ins Schwert. Für Augustus begann mit diesem Sieg über seinen Rivalen die Alleinherrschaft.

Das Römische Imperium hatte eine sorgfältig aufgebaute und gut organisierte Verwaltung, die auch in den stürmischen Zeiten das Staatsgefüge zusammenhielt. Lukas erwähnt mit dem griechischen Wort »apographe« eine der vielen administrativen Einrichtungen, die bei den römischen Historikern Tacitus und Sueton mit dem lateinischen Fachausdruck »census« bezeichnet wird. Gewöhnlich wird dieses Wort mit »Volkszählung« übersetzt. Damit wird aber der eigentliche Charakter dieser Maßnahme mißdeutet.

Nach den uns zur Verfügung stehenden Quellen umfaßte der römische Provinzialzensus zwei administrative Akte:

1. die »apographe« = die Aufschreibung und Aufnahme des Personalstandes, die Eintragung in die amtlichen Steuerlisten und die Erfassung des Grund- und Hauseigentums;
2. die »apotimesis« = Schätzung der Vermögenswerte und die Festlegung des jeweiligen Steuersolls.

Beide administrativen Akte lagen zeitlich auseinander. Die »apographe« (Aufschreibung) bildete den Anfang. Der Evangelist spricht in seinem Bericht von dieser ersten Phase der Zensusaktion: »Alle gingen hin, um sich aufschreiben [apographesthai] zu lassen« (2, 3). Nach der Erfassung der Steuersubjekte begann die langwierige Prozedur der »apotimesis« (der amtlichen Steuer-

veranlagung), die sich über mehrere Jahre hinziehen konnte.

Gegen Ende seines Lebens hinterlegte Augustus bei den Vestalinnen in Rom vier Berichte. Einer von diesen enthielt die sogenannten »Res gestae« — »Die Taten des Augustus«. Die Bronzetafeln, auf denen nach Anweisung des Kaisers das Verzeichnis seiner Taten aufge-

Abb. 2.   C. Julius Caesar Octavianus Augustus (31 v. Chr. — 14 n. Chr.).

»Seine Körpergestalt war ausgezeichnet und in jedem Lebensalter von großer Anmut. Sein Gesichtsausdruck war — er mochte reden oder schweigen — von solcher Ruhe und Heiterkeit, daß ein gallischer Häuptling einmal seinen Landsleuten gestand, wegen dieses Ausdruckes habe er es nicht übers Herz bringen können, ihn, wie er sich vorgenommen hatte, beim Übergang über die Alpen, als er unter dem Vorwand einer Mitteilung an ihn in seine Nähe gelangt war, in einen Abgrund zu stürzen. Seine Augen waren hell und glänzend; er mochte gern, daß man in ihnen eine gewisse göttliche Kraft fand, und freute sich, wenn jemand, den er scharf anblickte, wie von der Sonne geblendet das Auge niederschlug ...« (Sueton, Augustus 79).
Die an der Via Labicana gefundene, 2,05 m große Marmorstatue stellt den Kaiser als Opfernden, als Priester, dar, den Rand der Toga über das Haupt gezogen. Der Kopf, ein Werk von hoher künstlerischer Ausdruckskraft, ist der Togastatue, die offenbar von einem weniger talentierten Bildhauer stammt, eingesetzt.
*Augustus war noch unter Cäsar im Jahre 48 v. Chr. im Alter von 15 Jahren »Pontifex« geworden. Zu den Aufgaben der »Pontifices«, die das wichtigste der vier römischen Priesterkollegien bildeten, gehörten das Durchführen und Beaufsichtigen der staatlichen Kulte, Festlegung der Riten und die Verantwortung für das Einhalten des »ius divinum« — des »göttlichen Rechts« — durch Volk und Magistrate. Zum Pontifex maximus wurde Augustus im Jahre 12 v. Chr. gewählt. Über seine Ernennung schreibt der Kaiser in seinem Tatsachenbericht, den »Res gestae«: »Mein Name wurde auf Senatsbeschluß ins Kultlied der Salier aufgenommen, und durch Gesetz verfügt, daß ich auf ewig ›sacrosanctus‹ — ›unverletzlich‹ — sein solle ... Pontifex maximus anstelle meines Kollegen noch zu dessen Lebzeiten zu werden, habe ich abgelehnt, obwohl das Volk mir dieses Priesteramt, das schon mein Vater besessen hatte, übertragen wollte. Ich habe aber diese Würde einige Jahre später erhalten, ... als zu meinen Wahlen eine ungeheure Menschenmenge aus ganz Italien zusammenströmte, wie sie noch niemals zuvor in Rom gewesen sein soll« (II, 10).
Über seine vielfachen Ämter und Würden als Priester berichtet Augustus ferner: ›Ich war Augur, gehörte zu den Kollegien der ›Quindecimviri sacris faciundis‹ und der ›Septemviri epulonum‹, war Arvalbruder, Sodale Titius und Fetiale« (I, 7). Aufgabe der Auguren war die Erforschung des Willens der Götter; ohne das Urteil der Auguren war kein Volksbeschluß gültig. Die Arvalbrüder hielten den Flurumgang im Frühling ab, die Titiuspriester besorgten die sabinischen Opfer, die Fetialen wachten über die Einhaltung des Völkerrechts. In welcher Priesterschaft Augustus in dieser Statue vor uns steht, wissen wir nicht.

Abb. 3. Marcus Antonius und Kleopatra.

Bei jedem Besuch des Tempels in Jerusalem wird Jesus die Burg sehen, die den Namen jenes Mannes trug, der nach Cäsars Tode mit Octavianus (Augustus) die Geschichte seiner Zeit und seines Volkes entscheidend bestimmt hat: Marcus Antonius. Beide Römer für ihre Pläne zu gewinnen war das Ziel Kleopatras, der letzten Königin auf dem Thron der Ptolemäer.

Das Münzporträt der ägyptischen Königin auf einem kleinasiatischen Silberdenar aus dem Jahre 32/31 v. Chr. bestätigt das Urteil der Zeitgenossen: Kleopatra war keine Schönheit. Um so mehr wird aber ihre Klugheit und Bildung gerühmt. Von ihrem Brudergemahl Ptolemäus XIII. vertrieben, rettete sich die Königin in einer Teppichrolle – wie Plutarch berichtet – zu Cäsar nach Alexandria. Sie betörte den mächtigsten Mann Roms und gebar ihm einen Sohn, vom Volk Cäsarion genannt. Nach Cäsars Tode (44 v. Chr.) gelang ihr das gleiche Spiel mit Marcus Antonius, dem Testamentsvollstrecker des ermordeten Diktators.

Die Silbermünze – Cistophor aus dem Jahre 39 v. Chr. – bezeugt seine Macht: M(arcus) ANTONIUS IMP(erator) CO(n)S(ul) DESIG(natus) ITER(um) ET TERT(ium). Der Feldherr, der den Titel Imperator trug, wurde gleich auf einmal zu mehreren Konsulaten designiert. M. Antonius war mit Octavians Schwester Octavia verheiratet. Er verließ sie, als er Kleopatra in Tarsus, der Heimatstadt des Völkerapostels Paulus, kennenlernte. Zur Vermählung schenkte der Römer seiner Geliebten ganze Provinzen des Imperiums und proklamierte sie zur »Königin der Könige« eines hellenistischen Traumreiches, wie es die Inschrift des Denars bezeugt: CLEOPATRAE REGINAE REGUM FILIORUM REGUM. Octavianus erklärte Kleopatra zur nationalen Feindin. Nach der Niederlage bei Actium (31 v. Chr.) floh Kleopatra mit M. Antonius nach Alexandria. Ohne Wissen des Antonius schickte sie an Octavians Szepter, Krone und den goldenen Thron zum Zeichen der Unterwerfung. Doch Octavianus gab keine Antwort. In der Überzeugung, der Römer beabsichtige, sie als Gefangene in Rom im Triumph aufzuführen, legte sie eine Giftschlange an ihren Busen und starb an deren Biß am 12. August 30 v. Chr.

führt war, sind uns nicht erhalten geblieben. Der größere Teil des Dokumentes wurde aber in einer griechisch-lateinischen Inschrift im Tempel der Roma und des Augustus zu Ancyra, dem heutigen Ankara, in Kleinasien wiederentdeckt (vgl. Abb. 4, S. 15). Es ist das berühmte »Monumentum Ancyranum«. Aus diesem Bericht erfahren wir von Augustus persönlich, daß er

dreimal während seiner Regierungszeit den »census« in seinem Reich angeordnet habe, und zwar in den Jahren 28 v. Chr., 8 v. Chr. und schließlich 14 n. Chr.[9] Dieser erwähnte Zensus galt aber nach dem »Monumentum Ancyranum« formell nur für die römischen Bürger. Wie stand es nun mit der Besteuerung der unterworfenen Provinzen und der abhängigen Vasallenstaaten?

Zunächst steht fest, daß Augustus für den bezeugten Zensus des Jahres 8 v. Chr. nicht mehr die alte republikanische Form des Zensus wiederholte, sondern einen neuen Reichsbürgerzensus einführte, der sich über das ganze Imperium erstreckte.

Seit dem Jahre 10 v. Chr. ist ferner bezeugt, daß dieser Reichszensus unter Wahrung provinzieller Besonderheiten auch für die Nichtbürger in den unterworfenen Provinzen als Provinzialzensus von Augustus neu geschaffen wurde. Im einzelnen ist uns ein solcher Reichsprovinzialzensus, der im allgemeinen alle vierzehn Jahre durchgeführt wurde, für die Provinzen Lusitanien, Spanien, Gallien, Ägypten und Syrien bekannt. Es wäre auch höchst seltsam gewesen, wenn Augustus, der die Besteuerung seiner Reichsbürger so energisch betrieben hat, die Besteuerung seiner unterworfenen Provinzen, die doch seine Haupteinnahmequelle waren, vernachlässigt hätte. Im Gegenteil, wie gründlich sich Augustus mit diesen Angelegenheiten beschäftigt hat, zeigt eine kurze Notiz bei Tacitus. Als Tiberius die Regierungsgeschäfte übernahm, ließ er in seiner ersten Senatssitzung eine von Augustus selbstverfaßte Denkschrift – das »Breviarium totius imperii« – verlesen: »Die Kräfte des Staates waren darin aufgezeichnet: wie viele Bürger und Bundesgenossen unter den Waffen, wie viele Flotten, Königreiche und Provinzen, direkte oder indirekte Steuern, notwendige Ausgaben und Spenden. Dieses alles hatte Augustus mit eigener Hand verzeichnet« (Ann. I, 11).

Der Ausdruck »socii« – »Bundesgenossen« –, eine euphemistische Umschreibung für die Bewohner der unterworfenen Länder, zeigt, daß die Anordnungen des Kaisers sich auf das ganze Reich erstreckten. Auch der »rex Herodes« war nur ein »rex socius«. Ein solches Verzeichnis konnte nur dann gemacht werden, wenn im ganzen Reich ausführliche Ermittlungen, Steuerdeklarationen und Volkszählungen durchgeführt worden waren. Daß solche Aktionen auf persönliche Anordnungen des Augustus zurückzuführen sind, dafür bieten die antiken Historiker manche Indizien. So berichtet Dio Cassius zum Jahre 13 v. Chr.: »Augustus schickte die einen dahin, die anderen dorthin, um den persönlichen Besitz und den der Städte aufzuschreiben« (Dio 56, 28). Zum Jahre 11 v. Chr. erwähnt derselbe Historiker: »Augustus machte eine Steuererklärung [apographe] über all sein persönliches Eigentum, als ob er ein privater Bürger wäre« (Dio 54, 35). Wer der lukanischen Aussage jede historische Grundlage abspricht, muß auch die Worte Dios als bedeutungslos ansehen.

Abb. 4. Das »Monumentum Ancyranum« im Tempel der
Roma und des Augustus zu Ancyra, der alten
Hauptstadt der Provinz Galatien.

*Im Jahre 1555 entdeckte eine Gesandtschaft des späteren römischen Kaisers Ferdinand I. an den Sultan Suleiman II. in Angora, dem heutigen Ankara, an den Wänden eines antiken Bauwerkes eine umfangreiche lateinische und griechische Inschrift. Diese wurde als eine Kopie des berühmten Verzeichnisses der »Res gestae« des Kaisers Augustus erkannt. Das Gebäude selbst erwies sich als ein Tempel der Göttin Roma und des Augustus. Als Augustus im Jahre 25 v. Chr. Galatien dem Imperium unmittelbar angliederte, wurde Ancyra die Provinzhauptstadt mit dem Sitz des Statthalters und des Kaiserkultes. Der Kaiser, der für sich zu Lebzeiten in Rom göttliche Ehren ablehnte, erlaubte in den östlichen Provinzen des Reiches seine Verehrung, sofern damit der Kult der Göttin Roma verbunden bliebe. Nach des Kaisers Tod wurde der Tempel mit einer Abschrift seines Taten- und Leistungsberichtes geschmückt. Der lateinische Text ist in je drei Kolumnen an den beiden Innenseiten der Vorhalle eingemeißelt. Da man im Osten hauptsächlich griechisch sprach, war zusätzlich eine Übersetzung an der rechten Außenwand des Tempels angebracht worden. In byzantinischer Zeit wurde der Tempel in eine christliche Kirche umgewandelt. Dies hatte zwar tiefgreifende bauliche Veränderungen zur Folge, sicherte aber doch den wesentlichen Bestand des antiken Bauwerkes. Heute dient die Ruine als Museum im Bereich einer Moschee.[10]
Die Abbildung zeigt einen Ausschnitt mit dem Anfang der Inschrift. Die Einmeißelung einer Inschrift war beim Bau des Tempels nicht vorgesehen. So hat man für den lateinischen Text sechs Schichten geglättet und den Text in drei Kolumnen von je 1,17 m Breite angeordnet. Über den drei Kolumnen der linken Seite steht in drei Zeilen, jedoch mit jeder Zeile an Höhe abnehmenden Buchstaben, die Überschrift:
RERUM GESTARUM DIVI AUGUSTI QUIBUS ORBEM TERRARUM IMPERIO POPULI ROMANI SUBIECIT — »Die Taten des Augustus, durch die er den ganzen Erdkreis der*

*Herrschaft des römischen Volkes unterwarf ...«. Sie stammt nicht von Augustus, sondern von Tiberius oder dessen Bevollmächtigtem. Der lateinische Ausdruck »orbis terrarum« — »Erdkreis« — erinnert auffällig an die gleiche griechische Wendung des Evangelisten: »oikumene« — »Erdkreis« (Lk 2, 1). Nach dem zeitgenössischen jüdischen Philosophen Philo († 45/50 n. Chr.) umfaßte die »oikumene« die im Römischen Reich zusammengefaßte zivilisierte Welt vom Euphrat bis zum Rhein (Leg. ad Gaium 2). Der eigentliche Text des Kaisers beginnt mit den kleineren Buchstaben: ANNOS UNDEVIGINTI NATUS ... Im Alter von neunzehn Jahren ...
Die äußerlich als Raublöcher in der Wand erscheinenden Zerstörungen können auch als Absplitterungen erklärt werden, die als Folge der Gewichtsverlagerung entstanden sind.*

Wenn Augustus, der kein hellenistischer König war, sondern der erste Bürger im Staat, eine Steuererklärung aufstellte, dann nur, weil das ganze Römerreich in jenen Jahren von einer solchen Schätzung erfaßt wurde. Dies zeigen einige bekannte Tatsachen. Der Aufstand in Gallien um das Jahr 12 v. Chr. war durch die Steuererhebung veranlaßt. Im Jahre 11 v. Chr. revoltierten die Bewohner Dalmatiens gegen die Erhebung von Steuern. Nach einigen Forschern ist ein Zensus für die Jahre 10/9 v. Chr. in Ägypten fast evident. Aus den Dekreten von Zyrene, die in das Jahr 7/6 v. Chr. datiert werden, erfahren wir, wieviel Steuern die Bewohner der senatorischen Provinzen aufbringen mußten. Die »apographe« (Aufschreibung und Erfassung des Besitzstandes) dieses Provinzialzensus muß darum vor diesen Jahren stattgefunden haben. Schließlich wird uns der Reichsbürgerzensus für das Jahr 8 v. Chr. im »Monumentum Ancyranum« inschriftlich bezeugt. Dabei ist aber zu beachten, daß wir unsere modernen Vorstellungen über eine »Volkszählung«, die an einem bestimmten Stichtag beginnt, alle Reichsgebiete gleichzeitig umfaßt und mit einem bestimmten Termin endet, nicht auf antike Verhältnisse übertragen dürfen. Je nach den gegebenen Umständen wurde die Steueraktion für die einzelnen Provinzen zu verschiedenen Zeiten angesetzt und oft nach den sich ergebenden Schwierigkeiten und Widerständen erst nach Jahren abgeschlossen. Wenn also Lukas schreibt, daß Augustus befahl, »den ganzen Erdkreis« aufzuschreiben, dann stehen gewichtige Zeugen auf seiner Seite. Damit wäre der erste Einwand von Strauß, es habe unter Augustus nie eine Volkszählung gegeben, im wesentlichen entkräftet.

Wie steht es mit den anderen Einwänden, die Strauß vorgebracht hat? Ein ägyptischer Papyrus (P. Lond. III, 904) aus dem Jahre 104 n. Chr. hat uns die Verordnung des römischen Präfekten C. Vibius Maximus für einen solchen Provinzialzensus erhalten (vgl. Abb. 5). Der rekonstruierte Text lautet deutsch:

> Gaius Vibius Maximus, Statthalter von Ägypten, sagt:
> Da die Haushaltungsschätzung bevorsteht,
> ist es notwendig, allen, die etwa aus irgendeiner Ursache außerhalb der Bezirke sind,
> zu gebieten, daß sie zurückkehren
> zu ihrem heimatlichen Herd,
> damit sie das übliche Schätzungsgeschäft
> erledigen und dem ihnen obliegenden
> Feldbau sich hingeben.[11]

Schon die Herausgeber dieses Papyrus haben darauf hingewiesen, daß durch diese Verordnung neues Licht auf den Bericht des Lukasevangeliums fällt. Lukas gebraucht für die Abgabe der Steuererklärung denselben Fachausdruck wie dieser ägyptische Papyrus: »apographe«; Lukas berichtet von der gleichen Aufforderung, daß jeder zur Abgabe der Steuererklärung in seine Heimat zurückzukehren habe, wie es auch in der ägyptischen Verordnung zu lesen ist.

Es steht fest, daß dieser römische Zensus, dessen erster, wenn auch nicht ausschließlicher Zweck die Steuerveranlagung war, von Augustus in der Provinz Ägypten eingeführt wurde, und zwar wahrscheinlich schon in den Jahren 10/9 v. Chr. und 5/6 n. Chr. abgehalten worden ist.[12] Für diese Annahme spricht, daß die in Ägypten neu eingeführte Kopfsteuer, deren Zusammenhang mit dem Zensus feststeht, bereits unter Augustus für das Jahr 19/18 v. Chr. nachweisbar ist. Weitere Aufschreibungen verbürgen uns die Papyri für die Jahre 19/20 (P. Oxy. II, 254), 33/34, 47/48 (P. Oxy. II, 255), 61/62, 75/76, 89/90 und so fort bis zum Jahre 258 n. Chr.

Diese belegten Zensusjahre lassen den vierzehnjährlichen Zyklus erkennen, der mit Rücksicht auf den Beginn der Kopfsteuerpflichtigkeit mit dem 14. Lebensjahr gewählt worden ist.

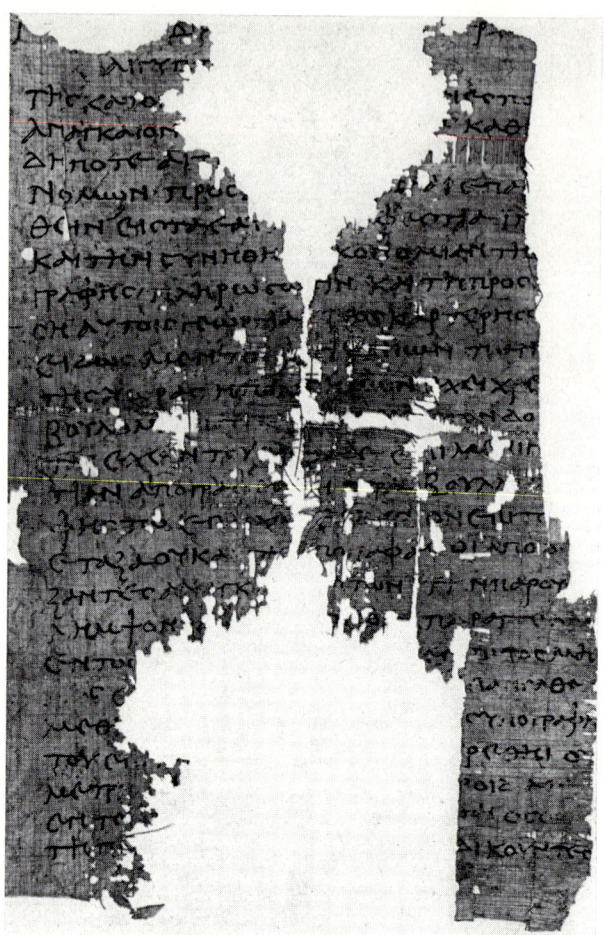

Abb. 5. *Papyrus Lond. III, 904 — Edikt des ägyptischen Statthalters C. Vibius Maximus (104 n. Chr.).*

Schon im Altertum war es Sitte, Briefbücher anzulegen, entweder Kopialbücher der abgesandten Briefe oder Sammlungen der empfangenen Briefe. Der etwa 14 × 23 cm große Ausschnitt, der das Edikt des Statthalters enthält, ist Teil eines Blattes aus einem ägyptischen Kopialbuch. Der Papyrus befindet sich heute im Britischen Museum.

Nach diesem ägyptisch-römischen Schema wurde auch der Zensus in der Provinz Syrien durchgeführt, wie es von Ulpian in den Digesten bezeugt wird: Die Steuerpflicht erfaßte die Männer im Alter von 14 Jahren, die Frauen von 12 Jahren an, beide Geschlechter bis zum Alter von 65 Jahren (Dig.L, 15,3 pr.).

Interessant sind nun weitere Einzelheiten über die Durchführung des römischen Zensus. Aus einem aufgefundenen Einschreibungsformular (P. Oxy. II, 255) des Zensusjahres 47/48 n. Chr. erfahren wir, daß jeder

Hausbesitzer eine Liste sämtlicher Bewohner seines Hauses bei der Behörde einreichen mußte.

Zur Registrierung gehörte noch die bei Ulpian belegte Verordnung: »Wer Grundbesitz in einer anderen Gemeinde hat, muß seine Deklaration in derjenigen Gemeinde abgeben, in deren Feldmark der Grundbesitz liegt. Denn die Grundsteuer muß man an diejenige Gemeinde abführen, in deren Territorium man Grundbesitz hat.«

Außerdem erfahren wir, daß die verheirateten Frauen ebenfalls vor dem Zensor erscheinen mußten. Denn es war Vorschrift, wie es der P. Lond. II, 261 bezeugt, daß nicht nur die schriftliche Steuererklärung in der Heimat eingereicht werden mußte, sondern daß auch die gesamte Bevölkerung zwecks Aufnahme des Personenstandes sich persönlich bei dieser Gelegenheit zu stellen hatte.[13]

Überzeugen wir uns selbst von den Steuersorgen einer einfachen ägyptischen Familie, die uns in einem Briefe auf einem alten ägyptischen Papyrus überliefert worden sind:

Pathermuthis an seine Schwester Dionysia.
Meiner Herrin und Schwester Dionysia Pathermuthis Freude. Wie du mir Nachricht geschickt hast, nämlich wegen der Steuererklärung, um die Erklärung für euch aufzustellen; da ich nun nicht hinaufkommen kann, sieh zu, ob du die Erklärung für uns aufstellen kannst. Aber vergiß es nicht und stelle die Erklärung für uns auf, ich (!) und Patas. Wenn du aber erfährst, daß du die Erklärung für uns nicht aufstellen kannst, so schreibe mir zurück, und ich komme hinauf. Und erkundige dich: treibt man die Kopfsteuer ein? Wenn man aber dabei ist, die Kopfsteuer einzutreiben, so zahle sie, und ich schicke dir das Geld hinauf. Wenn du aber die Kopfsteuer gezahlt hast, laß dir die Quittung geben. Versäume es also nicht, meine Schwester, und schreibe mir wegen der Steuererklärung, ob du sie aufgestellt hast oder nicht, und schreib mir zurück, und ich komme hinauf und stelle meine Erklärung auf. Ich wünsche dir Gesundheit in vielen Jahren.[14]

Die Meldepflicht am Zuständigkeitsort, die in Ägypten für die ganze Bevölkerung bestand, dürfen wir auch auf den römischen Zensus in anderen unterworfenen Gebieten übertragen, da die kaiserliche Verwaltung mit dem Zensus das gleiche Ziel anstrebte.

Aus diesen zeitgenössischen Zeugnissen wird der 4. und 5. Punkt der Straußschen Kritik am Bericht des Evangelisten widerlegt. Der Bericht des Lukas entsprach genau den römischen Verordnungen. Josef mußte in seinem Heimatort Betlehem zur Steuererklärung erscheinen, da er dort Grundbesitz hatte, wie wir dies aus einer Notiz des Kirchenhistorikers Eusebius († 339) noch für die Verwandten Jesu aus der Zeit Domitians (81—96 n. Chr.) erfahren (Hist. eccl. III, 20). Und Maria mußte ihn begleiten; so war es römische Vorschrift.

Einen realistischen Bericht über die Durchführung einer römischen Schätzung und Volkszählung in Syrien bietet der christliche Schriftsteller Lactantius: »Die Zensitoren erschienen allerorts und brachten alles in Aufruhr. Die Äcker wurden Scholle für Scholle vermessen, jeder Weinstock und Obstbaum wurde gezählt, jedes Stück Vieh jeder Gattung wurde registriert, die Kopfzahl der Menschen wurde notiert, in den autonomen Städten wurde die städtische und ländliche Bevölkerung zusammengetrieben, alle Marktplätze waren verstopft von herdenweise aufmarschierenden Familien, jedermann erschien mit der ganzen Schar seiner Kinder und Sklaven, überall hörte man die Schreie derer, die mit Foltern und Stockschlägen verhört wurden, man spielte die Söhne gegen die Väter aus und preßte die treuesten Sklaven zu Aussagen gegen die Herren, die Frauen gegen die Ehemänner. Wenn alles vergeblich durchprobiert war, folterte man die Steuerpflichtigen, bis sie gegen sich selber aussagten, und wenn der Schmerz gesiegt hatte, schrieb man steuerpflichtigen Besitz auf, der gar nicht existierte. Es gab keine Rücksicht auf Alter und Gesundheitszustand. Kranke wurden herbeigeschleppt und Gebrechliche, das Lebensalter wurde nach Schätzung notiert, das Alter der Minderjährigen heraufgesetzt, das der Greise herabgesetzt, alles war erfüllt von Kummer und Jammergeschrei« (De mortibus persecutorum 23, 1 ff.).

Dieser Bericht stammt etwa aus dem Jahre 300 n. Chr. Daß auch der erste Zensus in Palästina kein Volksfest war, zeigen die blutigen Begleitumstände, die selbst in der Apostelgeschichte erwähnt werden (5, 37).

Zusammenfassend können wir sagen: Die von Lukas gemachten Angaben stehen im Einklang mit den uns bekannten Tatsachen der römischen Zensusmodalitäten. Sie verdienen daher als historisches Zeugnis unsere volle Beachtung. Wir werden weiter mit gutem Grund annehmen können, daß Lukas aus zuverlässigen zeitgenössischen Quellen geschöpft hat. Wir werden darin um so weniger fehlgehen, als sich auch bei einer Konfrontation mit Josephus Flavius, dem zeitgenössischen jüdischen Historiker, die chronologischen Angaben des Evangelisten verteidigen lassen.

Josephus Flavius

In seinem Buch »Das Leben Jesu, kritisch bearbeitet« bezweifelt David Friedrich Strauß die Angabe des Evangelisten, daß durch Quirinius während der Regierungszeit des Herodes (37—4 v. Chr.) ein Zensus in Judäa durchgeführt wurde. Sein Gewährsmann ist der jüdische Historiker Josephus Flavius. »Ich, Josephus, Sohn des Mattias, Hebräer aus Jerusalem, Priester«, mit diesen Worten stellt sich der Historiker seinen Lesern in seinem Erstlingswerk »De Bello Judaico« — »Über den Jüdischen Krieg« — vor. Josephus' Werke, »De Bello Judaico« und »Antiquitates Judaicae« — »Jüdische Altertümer« —, sind für uns die wichtigste und oft einzige Quelle für die jüdische Geschichte in dem Jahrhundert vor und nach Christus. Geboren wurde der Historiker in Jerusalem im ersten Jahr der Regierung Caligulas (37/38 n. Chr.). Mütterlicherseits war Josephus sogar mit den Hasmonäern verwandt, so daß seine Familie zu den vornehmsten Geschlechtern der Stadt gezählt werden konnte. Der junge Priestersohn, dessen Begabung schon als Kind die Aufmerksamkeit der Lehrer erregte, erhielt eine sorgfältige rabbinische Erziehung. Mit 16 Jahren hospitierte er bei den Schriftgelehrten der Pharisäer, der Saduzzäer und bei den Essenern. Schließlich brach er mit dem traditionellen Stil seiner Ausbildung und Umgebung und lebte drei Jahre bei einem Einsiedler in der Wüste. Nach seiner Rückkehr schloß er sich den Pharisäern an. Im Alter von 26 Jahren machte er seine erste Reise nach Rom, um die Freilassung einiger mit ihm befreundeter Priester zu erreichen, die von dem römischen Prokurator Festus verhaftet worden waren. Es gelang ihm, die Gunst Poppäas, der Gattin des Kaisers Nero, zu gewinnen, und Josephus kehrte hochbeglückt mit den freigelassenen Priestern in die Heimat zurück.

Bald nach seiner Rückkehr (66 n. Chr.) brach der Krieg gegen die Römer aus. Josephus betont in der »Vita«, seiner Selbstbiographie, er habe von diesem Kriege abgeraten. Tatsache aber ist, daß er sich den Aufständischen anschloß, als der gute Ausgang nach den ersten Anfangserfolgen als gewiß erschien. Ja er wurde von der Jerusalemer Regierung mit dem wichtigen Posten eines Befehlshabers in Galiläa betraut. Seine Aussage, er habe sich den Aufständischen nur dem Schein nach angeschlossen, ist wenig überzeugend. Der Anmarsch der Römer unter dem Feldherrn Vespasian brachte die Juden bald in große Schwierigkeiten. Nach der Eroberung der Festung Jotapata (vgl. S. 243) geriet Josephus in die Hände der Römer. Als er Vespasian vorgeführt wurde, sagte er ihm seine zukünftige Kaiserwürde voraus. Diese Tatsache steht historisch so fest, daß man sie nicht bestreiten kann (Jüd. Krieg III, 8, 9; Sueton, Vesp. c. 5; Dio Cassius 66, 1). Josephus hatte mit seinem klugen Manöver Glück. Zwei Jahre später wurde Vespasian tatsächlich von den syrischen Legionen zum Kaiser ausgerufen, und gnädig schenkte der Kaiser dem Gefangenen als »Diener der Stimme Gottes« (Jüd. Krieg IV, 10, 7) die Freiheit. Von dieser Zeit an blieb Josephus in Verbindung mit dem flavischen Kaiserhaus und nahm den Familiennamen Flavius an. Er begleitete Vespasian nach Ägypten und kehrte dann mit dem Gefolge des Kaisersohnes Titus nach Palästina zurück. Als Augenzeuge erlebte er die Eroberung und Zerstörung Jerusalems. Seine Eltern und seine erste Frau scheinen bei der Belagerung der Stadt umgekommen zu sein. Schon nach seiner Gefangennahme in Galiläa hatte er auf Geheiß Vespasians eine kriegsgefangene Jüdin geheiratet, die ihn aber bald wieder verließ. In Alexandria schloß er eine dritte Ehe, aus der drei Kinder hervorgingen. Da ihm die Frau mißfiel, entließ er sie (vgl. Mt 19, 3). Erst in einer vierten Ehe mit einer Jüdin aus Kreta fand der Priester aus Jerusalem sein Lebensglück.

Nach Beendigung des Krieges zog Josephus mit Titus nach Rom, wo er das Bürgerrecht erhielt. Im ehemaligen Hause Vespasians wohnte er als gutbezahlter Hofhistoriker bis zu seinem Tode, wahrscheinlich nach dem Jahre 100 n. Chr.

Eine neutestamentliche Zeitgeschichte ließe sich ohne die »Altertümer« und ohne den »Jüdischen Krieg« nicht schreiben. Dennoch widerspräche es der historischen Methode, das Zeugnis des Josephus ungeprüft zu übernehmen.

Was erfahren wir von Josephus über den Zensus? Im »Jüdischen Krieg« schildert Josephus weit ausholend die politischen Ursachen, die zum Krieg mit den Römern führten. Bei der Beschreibung der Jahre während der Regierungszeit des Herodes, die für eine »apographe« — »Aufschreibung« — in Frage kämen, werden weder ein Zensus noch ein Quirinius überhaupt erwähnt. Erst später, mitten in der Schilderung, wie die Königsburg von den Römern gestürmt wurde, nennt Josephus beiläufig einen Manaëm, »einen Sohn des Judas, der Galiläer genannt wurde [vgl. Apg 5, 37], der einst zur Zeit des Quirinius die Juden geschmäht hatte, daß sie nicht nur Gott, sondern auch noch den Römern untertan sein wollten« (Jüd. Krieg II, 17, 8). Der Historiker nennt weder den Amtstitel des Quirinius, noch macht er eine direkte Zeitangabe. Es ist wichtig, diese Dinge im Gedächtnis zu behalten.

Nach dem Fall Jerusalems (70 n. Chr.) schildert Josephus die Erstürmung der einstigen Herodesfestung Masada am Westufer des Toten Meeres (vgl. Abb. 43, S. 80). Wieder wird ein Nachkomme jenes »berüchtigten« Judas genannt, »der, wie früher erwähnt [II, 8, 1], zu der Zeit, da Quirinius als Schätzungsbeamter [timetes] nach Judäa gesandt worden war, eine Menge Juden beredet hatte, sich die Schätzung nicht gefallen zu lassen« (Jüd. Krieg VII, 8, 1).

Außer an diesen beiden Stellen wird Quirinius im »Jüdischen Krieg« nirgends genannt. Für eine spätere chronologische Erhellung ist die Angabe wichtig, daß Josephus den Aufstand des Judas mit dem Zensus des Quirinius in Zusammenhang bringt.

Ausführlicher läßt sich Josephus in seinen »Altertümern« über den Zensus und Quirinius aus. Im Anschluß an den Bericht über die Absetzung des Herodessohnes Archelaus (6 n. Chr.) heißt es: »Übrigens wurde das Gebiet des Archelaus der Provinz Syrien einverleibt, und der Cäsar [Augustus] schickte nun den Quirinius, einen gewesenen Konsul, ab, um eine Schätzung [apotimesis] des Vermögens in Syrien vorzunehmen und die Güter des Archelaus zu verkaufen« (Jüd. Altert. XVII, 13, 5).

Im XVIII. Buch fährt Josephus fort: »Quirinius also, einer von den römischen Senatoren, der übrigens alle öffentlichen Ämter bereits bekleidet hatte und wegen seiner ehrenvollen Stellung großen Einfluß besaß, kam auf Geheiß des Cäsars mit wenigen Begleitern nach Syrien, teils um Gerichtssitzungen abzuhalten, teils um die Vermögensschätzung [apotimesis] vorzunehmen. Zugleich mit ihm wurde Coponius, ein Mann ritterlichen Standes, zur Wahrnehmung der höchsten Gewalt in Judäa abgeschickt. Bald fand sich nun Quirinius auch in Judäa ein, das mit Syrien verbunden war, um hier ebenfalls das Vermögen zu schätzen [apotimesis] und die Güter des Archelaus zu verkaufen. Die Juden wollten zwar anfangs von der Schätzung [apographe] nichts wissen, gaben jedoch allmählich auf Zureden des Hohenpriesters Joasar, des Sohnes des Boëthos, ihren Widerstand auf und ließen nach seiner Weisung die Schätzung [apotimesis] ihres Vermögens ruhig geschehen. Der Gaulaniter Judas [vgl. Apg 5, 37] dagegen, der aus der Stadt Gamala gebürtig war, reizte in Gemeinschaft mit dem Pharisäer Zadok das Volk durch die Vorstellung zum Aufruhr, die Schätzung bringe nichts anderes als offenbare Knechtschaft mit sich, und so forderten sie das ganze Volk auf, seine Freiheit zu schützen ... Derartige Reden wurden mit größtem Beifall aufgenommen, und so dehnte sich das tollkühne Unternehmen bald ins ungeheuerliche aus. Kein Leid gab es, von dem infolge der Hetzarbeit jener beiden Männer unser Volk nicht heimgesucht worden wäre ... So kam es zu Aufständen und öffentlichem Blutvergießen« (Jüd. Altert. XVIII, 1, 1).

Wann der Zensus stattgefunden hat, sagt Josephus präzis im nächsten Kapitel: »Als Quirinius des Archelaus Vermögen sequestriert und die Schätzung, die in das 37. Jahr nach dem Siege des Cäsars über Antonius bei Actium fiel, zu Ende geführt hatte, setzte er den Hohenpriester Joasar, der mit dem Volk in Streit geraten war, von Amt und Würden ab und übertrug die Stelle an Ananus, den Sohn des Set. Herodes und Philippus aber nahmen jeder Besitz von seiner Tetrarchie. Herodes befestigte alsdann Sepphoris, die Zierde von Galiläa, und weihte die Stadt dem Cäsar. Ebenso umgab er Betharamphtha, das bereits zu einer Stadt angewachsen war, mit Mauern und nannte die Festung der Gemahlin des Cäsars zu Ehren Julias. Philippus seinerseits baute die an den Quellen des Jordan gelegene Stadt Paneas aus und gab ihr den Namen Cäsarea Philippi, erhob dann den Flecken Betsaida, der am See Gennesar lag, zum Range einer Stadt, verschaffte derselben Einwohner und Hilfsquellen und nannte sie nach des Cäsars Tochter ebenfalls Julias« (Jüd. Altert. XVIII, 2, 1).

Das ausführliche Zitat des jüdischen Historikers erschien uns notwendig und wichtig. »Nichts ist einer gerechten Beurteilung des Zensus hinderlicher gewesen als der blinde Glaube an die Zuverlässigkeit des Josephus und eine kritiklose Verwendung seiner Angaben über Quirinius«, so schrieb schon Theodor Zahn vor 60 Jahren in seinem Lukaskommentar. In dem »Lexikon für Theologie und Kirche« aus dem Jahre 1960 wird dieses Urteil bekräftigt: »Eine neutestamentliche Zeitgeschichte ließe sich ohne Josephus überhaupt nicht schreiben. Nur ist bei der Auswertung seiner Angaben Vorsicht geboten und seine menschliche und schriftstellerische Unzuverlässigkeit stets in Rechnung zu setzen.«[15]

Nach Lukas hat der Zensus noch zu Lebzeiten des Königs Herodes stattgefunden, also vor dem Jahre 4 v. Chr. Der Evangelist schreibt betont: »Es war die erste Aufzeichnung, sie fand statt unter Quirinius, dem Statthalter von Syrien« (2, 2). Josephus aber meint einen anderen Zensus: »Es war im 37. Jahr des Sieges über Antonius in der Schlacht bei Actium.« Nach unserer Zeitrechnung ist es das Jahr 6 n. Chr. Um diese Zeit lag Herodes bereits zehn Jahre im Grab. Ist nun das Schweigen des jüdischen Historikers über den ersten, von Lukas erwähnten Zensus zu Lebzeiten des Herodes ein durchschlagender Beweis gegen die Zuverlässigkeit des Evangelisten? In keiner Weise! Auch die für die Juden so belastende und diffamierende Zumutung wie den Treueid, den alle Untertanen des Herodes um das Jahr 7 v. Chr. dem Kaiser leisten mußten, erwähnt Josephus im »Jüdischen Krieg« mit keiner Silbe; in seinen »Altertümern« übergeht er das skandalöse Ereignis in dem Frage kommenden Zeitraum. Erst bei einer fast zufälligen Charakterisierung der Pharisäer erwähnt er den Treueid (Jüd. Altert. XVII, 2, 4).

So wichtig die Werke des jüdischen Historikers für uns sind, als Kronzeuge gegen den Evangelisten kann Josephus nicht auftreten. Im Gegenteil! Seine Angaben über die Person und Amtstätigkeit des Quirinius fordern eine Kritik geradezu heraus. Der hohe römische Beamte wird von Josephus an keiner einzigen Stelle seiner Werke mit den ihm sonst geläufigen Ausdrücken als Statthalter von Syrien bezeichnet. (Vgl. Jüd. Altert. XVII, 13, 5; XVIII, 1, 1; 2, 1; Jüd. Krieg II, 17, 8; VII, 8, 1.)

Die bewußte Betonung der ersten Aufschreibung durch Lukas verdient unser Vertrauen und berechtigt uns zu der Schlußfolgerung, daß unter Quirinius zwei Schätzungen durchgeführt wurden. Die eine fand nach Josephus im Jahre 6 n. Chr. statt. Wann war die erste? Wir begnügen uns mit der Feststellung, daß Augustus »in jenen Tagen« (es ist der Zeitraum um das Jahr 8 v. Chr.) erhebliche Anstrengungen machte, das ganze Imperium — von Ägypten bis nach Gallien, von Spanien bis nach Syrien — steuerlich zu erfassen. Die Evidenz dieser Tatsache ist so deutlich, auch wenn wir kein direktes Zeugnis von der Veröffentlichung eines »dogma« — »kaiserlichen Erlasses« — des Augustus besitzen, daß in des Lukas Feststellung nur ein weiteres Beispiel für die allgemeine Steuererfassung im Römischen Imperium zu sehen ist.

Ferner steht fest, daß die römischen Steueraktionen

in den Provinzen alle 14 Jahre durchgeführt wurden. Wenn wir von dem in Judäa für das Jahr 6 n. Chr. durchgeführten Zensus an rückwärts rechnen, kommen wir in das Jahr 8 v. Chr. In dieser Zeit lebte noch Herodes der Große, und Quirinius befand sich als Legat des Kaisers im Osten.

Daß in diesem Zeitraum jene erste Aufschreibung des Lukas in Judäa abgehalten wurde, läßt sich durch starke Indizien erweisen. Der christliche Apologet Tertullian (geb. um 160; gest. nach 220 n. Chr.) erwähnt in seiner Schrift gegen Marcion: »Es steht fest, daß unter Augustus in Judäa durch Sentius Saturninus der Zensus durchgeführt wurde« (adv. Marc. IV, 19).

Tertullian wußte ebensogut wie wir, daß Lukas den Zensus unter Quirinius ansetzte. Wie kam er dazu, den Namen des Statthalters Saturninus zu nennen, und woher nahm er diesen Namen?

Wir verstehen die Antwort Tertullians nur, wenn wir sie im Zusammenhang seiner Auseinandersetzung mit Marcion († um 160) sehen. Nach Marcion, dem bedeutendsten Irrlehrer des 2. Jahrhunderts, war Jesus ohne Geburt als Erwachsener in einem Scheinleib auf der Erde erschienen. Die Kindheitsberichte der Evangelisten waren darum für Marcion ein bloßer Mythos. Wir sehen, wie modern der begüterte Schiffsherr aus Sinope und gelehrte Laientheologe (nach Hieronymus) war.

Auf die scharfsinnigen theologischen Spekulationen Marcions antwortete Tertullian nicht mit ähnlichen Reflexionen, sondern mit einem handfesten Argument.

Tertullian war von Beruf Jurist und kannte die römische Hauptstadt aus eigener Erfahrung. Eine seiner in Rom verfaßten Schriften läßt erkennen, daß er über die Gebäulichkeiten im VIII. und IX. Stadtbezirk, in denen die römischen Archive lagen, gut Bescheid wußte. Aus den in Ägypten aufgefundenen Papyri (P. Lond. II, 260 u. 261) geht ferner hervor, daß die Zenseingaben von den einzelnen Steuerämtern verarbeitet wurden. Man stellte Auszüge her, die wieder an die höheren Ämter weitergeleitet wurden. Die Akten der römischen Archive wurden auf Wunsch auch Interessenten für die Anfertigung von Abschriften zur Verfügung gestellt.

So konnte auch Tertullian in seiner Antwort auf die Zweifel seines Gegners Marcion überzeugend auf die römischen Archive hinweisen, z. B. »über den Zensus des Augustus, den als treuesten Zeugen der Geburt des Herrn die römischen Archive aufbewahren« (adv. Marc. IV, 17). Niemals hätte Tertullian es wagen können, einem so gefährlichen Gegner mit einem leicht zu widerlegenden Argument zu antworten.

Es bleibt kaum etwas anderes übrig als die Schlußfolgerung, daß der Jurist Tertullian die römischen Archive, auf die er sich beruft, persönlich besucht, die Zensuslisten nachgeschlagen und in diesen den Namen des syrischen Statthalters Saturninus vorgefunden hat. Nur so erklärt sich die Sicherheit, mit der es Tertullian wagt,

seinen Satz hinzuschreiben: »Es steht fest«, obwohl er wußte, daß er von Lukas abwich.

Diese Namensnennung ist nun aber kein Argument gegen den Evangelisten; im Gegenteil, sie bekräftigt die Glaubwürdigkeit seines Berichtes. Saturninus war in den Jahren ca. 8—6 v. Chr. Statthalter in Syrien. Quirinius gehörte in dem Jahrzehnt vor und nach der Zeitwende zu den bekanntesten römischen Beamten im Vorderen Orient. Nichts spricht dagegen, daß die erste »apographe« — »Aufschreibung« — von Quirinius geleitet und die »apotimesis« — »Steuerveranlagung« — von Saturninus durchgeführt wurde. Tertullian nennt den Namen, den er in den Zensuslisten in Rom las, Lukas dagegen den Namen jenes Mannes, den er in seinen Quellen vorfand.

Quirinius bleibt unvergessen

Quirinius, der in der lateinischen Vulgata-Übersetzung »Cyrinus« genannt wird, ist in der Weltgeschichte kein Unbekannter. Trotz unserer lückenhaften Kenntnis seines Lebens ist über keinen römischen Senator in den letzten hundert Jahren soviel geschrieben worden wie über den syrischen Statthalter des Evangelisten. Die antiken Quellen sind wortkarg und geben uns manche Rätsel auf. In den »Annalen« bietet der römische Historiker Tacitus einen knappen Auszug aus der Botschaft, die Kaiser Tiberius nach dem Tode des Quirinius im Jahre 21 n. Chr. an den Senat richtete: »Unter Divus Augustus hatte er das Konsulat, dann [mox] nach der Eroberung der Kastelle der Homonadenser entlang Ziliziens die Triumphinsignien erlangt; dem Gaius Cäsar, als dieser Armenien erhielt, wurde er zum Führer gegeben und hat dem Tiberius während seines Aufenthaltes auf Rhodos die Ehre erwiesen« (Ann. III, 48).

Der kritische Leser wird sofort feststellen, daß Tacitus die für uns bedeutsame syrische Statthalterschaft des Quirinius mit keinem Wort erwähnt. Ein Faktum, das uns in der Bewertung historischer Quellen zur Behutsamkeit mahnt, da des Quirinius syrische Legation — wenn wir vom lukanischen Zeugnis absehen — durch andere Quellen feststeht.

Für die spätere Stellung des Quirinius ist sein Lebenslauf nicht ohne Bedeutung. Nach Tacitus entstammte er einer »obscurissima domus« (Ann. III, 23), die im Gebiet der Latinerstadt Lanuvium ansässig war. Ungeachtet seiner geringen Herkunft, gelangte der Provinzler zu den höchsten staatlichen Würden. Er gewann eine Stellung im Reiche, die ihn den stolzen, ahnenreichen Patriziern gleichstellte. Für das Jahr 12 v. Chr. wurde ihm die außerordentliche Ehre des Konsulates zuteil, die gerade in den vorhergehenden Jahren nur Persönlichkeiten des höchsten Adels vorbehalten worden war. Auch sein erster Mitkonsul M. Valerius Messala Barbatus — Quirinius erwarb die Verlängerung seines Namens wahrscheinlich nur durch eine Adoption — gehörte

Abb. 6.   Der Vorplatz und die Fassade der Geburtskirche.

Vor der ruinenhaften und durch die mächtige Stützmauer entstellten Fassade des heutigen Baues erstreckt sich ein etwa 60 m langer Vorplatz, der auf der Nordseite (linker Bildrand) durch den auf dem stark abfallenden Gelände angelegten griechischen Friedhof begrenzt wird. Auf der Südseite (rechte Bildhälfte) liegen die Bauten des armenischen Klosters, die in einer vierfach gebrochenen Linie den Platz nach der Basilika hin immer mehr einengen. Beim ursprünglichen Bau lag vor der Fassade ein etwa 26 m breiter Hof, der von Säulenhallen umgeben war. (Vgl. Abb. 27, S. 50.) Durch drei große Portale trat man in die Vorhalle der Basilika ein (vgl. Grundriß, Abb. 30, S. 54). Die beiden äußeren Portale sind heute ganz, das mittlere ist zum Teil durch einen Strebepfeiler verdeckt. Der noch freie Raum des Hauptportales wurde dann in spä-

terer Zeit bis auf eine niedrige Öffnung (1,30 m hoch) zugemauert, um die Kirche leichter vor Überfällen schützen zu können; besonders aber auch, um zu verhindern, daß man hoch zu Roß in das Gotteshaus ritt.

An der Fassade gewahrt man ein langes, schmales Fenster, das sich zur unteren Kapelle eines alten Turmes öffnet (vgl. Abb. 304, S. 564). B. Bagatti OFM, der in den Jahren 1948 bis 1951 die Ausgrabungen und Renovierungsarbeiten leitete, nimmt an, daß beim ursprünglichen Bau zwei Türme die Fassade der Geburtskirche begrenzten.

Am rechten Bildrand erscheint der kleine Glockenturm der Armenier, es folgt der Turm des griechischen Klosters. Der massive quadratische Bau, der sich dem Turm anschließt, stammt aus der Kreuzfahrerzeit und gehört zum griechischen Kloster. Am linken Bildrand ist noch der Turm der Katharinenkirche sichtbar (vgl. Abb. 28, S. 51).

*Abb. 7. »Ara Pacis« — »Altar des Friedens«
(Ausschnitt aus dem Südfries).*

In den »Res gestae«, dem Tatenbericht des
Augustus, heißt es: »Als ich aus Spanien
und Gallien nach erfolgreicher Tätigkeit ...
nach Rom zurückkehrte, beschloß der Senat,
einen Altar des ›Augustusfriedens‹ aus Anlaß meiner Rückkehr weihen zu lassen, und
zwar auf dem Marsfeld; dort sollten die
Beamten, die Priesterschaft und die vesta-
lischen Jungfrauen nach seinem Befehl alljährlich ein Opfer darbringen« (II, 12). Der
»Altar des Friedens« wurde um 30. Januar
9 v. Chr. geweiht. Er erhob sich als quadratische Opferstätte auf vier Stufen innerhalb eines von einer Mauer umgebenen Bezirks. Die Umfassungsmauer war an den
Außenseiten mit 1,55 m hohen Friesen geschmückt. An den Langseiten war eine Prozession dargestellt, die in zwei Zügen
gleichsam zur Gründung des »Friedens-
altares« zieht. Der Kaiser selbst als höchster Priester ist umgeben von den Konsuln,
den Vestalinnen und von der Priesterschaft,
es folgen auf der Südseite des Frieses die
Mitglieder seiner Familie, die im Ausschnitt auf der Abbildung zu sehen sind.
Nach einem verhüllten jungen Mann, der
ein Beil trägt, erscheint ein ernster hoch-
gewachsener Mann in priesterlicher Tracht,
der Freund und Schwiegersohn des Augustus, Marcus Vipsanius Agrippa. Am Zipfel seiner Toga hält sich sein kleiner acht-
jähriger Sohn Gaius Cäsar fest. Seine Mutter Julia, die Tochter des Augustus aus seiner ersten Ehe mit Scribonia, legt
ihm die Hand auf den Kopf, den er zu der feierlich verhüllten Frau hinter ihm, zu Livia, der Gattin des Augustus und
der Mutter des Tiberius, wendet. So erscheint der Knabe trotz
seiner Kleinheit zwischen Vater, Mutter und Großmutter voll
besonderer Bedeutung. Augustus hatte ihn nach dem Tode
des Agrippa als Nachfolger ausersehen. Aber die Geschichte
sollte einen anderen Verlauf nehmen. Nicht er, sondern sein
Onkel Tiberius, der als letzter neben seiner Mutter auf dem
Ausschnitt zu sehen ist, wird untrennbar mit der Geschichte
Jesu verbunden bleiben: »Die Schriftgelehrten legten Jesus
die Frage vor: Ist es erlaubt, dem Kaiser Steuern zu zahlen
oder nicht? Er durchschaute ihre Arglist und sagte zu ihnen:
Zeigt mir einen Denar; wessen Bild und Umschrift trägt er?
Sie darauf: Des Kaisers« (Lk 20, 21—24). Der Silberdenar
trug das Bild und den Namen des Kaisers Tiberius. (Vgl.
Abb. 235, S. 414.)

dem römischen Uradel an. Seinen langsamen, aber sicheren Aufstieg in der langen Ämterlaufbahn verdankte
Quirinius seiner militärischen Tüchtigkeit. Wahrscheinlich führte er um das Jahr 21/20 v. Chr. als prätorischer
Prokonsul von Kreta und Zyrene den Kampf gegen die
wilden Kriegerstämme der Garamanten und Marma-
riden an der Nordküste Afrikas. Augustus wußte seine
außergewöhnlichen Leistungen zu schätzen. Manche Historiker sind der Ansicht, das Konsulat sei ihm von
Augustus übertragen worden, um ihn für einen neuen
Vertrauensposten zu qualifizieren. Nach dem Konsulat
erwähnt der »cursus honorum« den Sieg des Quirinius
über die Homonadenser, ein gefürchtetes Räubervolk,
das auf dem Hochplateau und den nördlichen Abhängen
des Taurus in Kleinasien hauste. Auf Antrag des Kai-

sers gewährte der Senat dem Feldherrn die »ornamenta
triumphalia«. Der Feldzug gegen die Homonadenser
führt uns nach dem syrischen Antiochia, der Heimat
des Evangelisten Lukas. Wann und in welcher Eigenschaft führte Quirinius den Feldzug gegen die Homonadenser?
Im Jahre 25 v. Chr. wurde Amyntas, König von Galatien und treuer Bundesgenosse der Römer, bei einer
kriegerischen Auseinandersetzung mit dem Bergvolk der
Homonadenser in einen Hinterhalt gelockt und von
einer Häuptlingsfrau schimpflich erschlagen. Die Römer,
die bei dieser Gelegenheit das Erbe des Galaterkönigs
antraten, sahen es als eine Ehrenpflicht an, den treuen
Bundesgenossen zu rächen. Aber es dauerte viele Jahre,
bis diese Pflicht erfüllt wurde. Seit dem Jahre 23 v. Chr.

leitete Marcus Vipsanius Agrippa, der Schwiegersohn des Kaisers, als »orienti praepositus« die Amtsgeschäfte im Osten. Seine vielen anderen Aufgaben nahmen ihn so in Anspruch, daß der Feldzug immer wieder aufgeschoben wurde. Im Jahre 13 v. Chr. kehrte Agrippa nach Rom zurück, wo er im Frühjahr des Jahres 12 v. Chr. starb.

Nach Tacitus fällt das Konsulat des Quirinius in das Jahr 12 v. Chr.; die Dienste, die er Gaius Cäsar, dem Sohn des Agrippa und Enkel des Augustus, in Armenien leistete, fallen in die Jahre 1 v. Chr. — 3 n. Chr. Für den Feldzug gegen die Homonadenser bleibt also die Zeitspanne 12—1 v. Chr. frei. Können wir dieses Intervall noch mehr einengen?

In zwei von W. Ramsay, dem besten Kenner Kleinasiens in Gegenwart und Vergangenheit, 1912 im pisidischen Antiochia entdeckten Inschriften wird P. Sulpicius Quirinius als »duumvir« — »Bürgermeister« — jener Stadt genannt. Antiochia Pisidiae wurde unter Augustus um das Jahr 25 v. Chr. römische Kolonie und mit verdienten Militärveteranen besiedelt. Der Apostel Paulus besuchte Antiochia in Pisidien auf seiner ersten Missionsreise, und »fast die ganze Stadt war versammelt, um das Wort Gottes zu hören« (Apg 13, 14 ff.). Quirinius ließ sich in diesem ihm nur ehrenhalber übertragenen Amt von seinem Präfekten Caristianus Fronto, einem angesehenen Bürger der Stadt, vertreten.

Wenn auch nicht gesagt wird, warum gerade dem Quirinius das Ehrenamt übertragen wurde, so liegt es doch nahe, anzunehmen, daß die Kolonisten und Bürger sich dem Besieger der räuberischen Homonadenser, die auch ihr Gebiet beunruhigten, zum Dank verpflichtet sahen. Die ebenfalls von W. Ramsay aufgefundenen Meilensteine der Via Sebaste, die durch das Gebiet nördlich vom Taurus führte, sind alle in das Jahr 6 v. Chr. zu datieren. Die Straße konnte als Römerstraße erst angelegt werden, nachdem das Land erobert war. So schrumpft die Zeitspanne auf die Jahre 11—7 v. Chr. zusammen, während denen Quirinius die Kastelle der Homonadenser eroberte.

In welcher Eigenschaft[16] führte Quirinius den Feldzug? Tacitus nennt weder Titel noch Amtsstellung, nur die Erwähnung Ziliziens führt uns in die Nähe Syriens, der neben Ägypten wichtigsten Provinz des Imperiums. Der Statthalter residierte in Antiochia, der Heimat des Evangelisten Lukas. Da als Truppen für den Feldzug nur die in Syrien stationierten Legionen in Frage kamen, liegt eine Identifizierung des Feldherrn mit dem gleichzeitigen Legaten von Syrien nahe.

Durch Th. Mommsen, der die berühmte akephale Inschrift von Tibur auf Quirinius bezog, wurde die Identifizierung zur Gewißheit erhoben.[17] Auch wenn man sich der Argumentation Mommsens nicht anschließt, hat die Annahme, daß der Feldzug gegen die Homonadenser unter der Kompetenz des Statthalters von Syrien stattfand, die größte Wahrscheinlichkeit für sich; es sei

denn, man entschließt sich zu der Annahme, Quirinius sei vom Kaiser mit dem ehrenvollen übergeordneten Kommando eines »orienti praepositus« beauftragt worden. Die aufgefundenen Inschriften lassen an der hervorragenden Stellung des Quirinius keinen Zweifel. Auch Josephus muß die herausragende Position des Römers anerkennen: »Quirinius, einer der römischen Senatoren, hatte bereits alle öffentlichen Ämter bekleidet und besaß wegen seiner ehrenvollen Stellung großen Einfluß« (Jüd. Altert. XVIII, 1, 1).

Der spätere ehrenvolle Auftrag des Augustus, dem Kaisererben Gaius Cäsar als offizieller Berater in Armenien beizustehen, kann diese Hypothese stützen. Wie dem auch sei, ob Statthalter oder außerordentlicher Bevollmächtigter, des Quirinius Stellung im Osten während der Jahre 11—8 v. Chr. widerspricht keinem historisch gesicherten Tatbestand. In der uns bekannten Liste der syrischen Statthalter sind nur die Jahre ca. 8—6 v. Chr. mit C. Sentius Saturninus und die Jahre 6—4 v. Chr. mit P. Quinctilius Varus sicher besetzt.[18] Für die Jahre 3—2 v. Chr. ist uns kein Statthalter von Syrien bezeugt.

Im Jahre 1 v. Chr. sandte Augustus seinen volljährig gewordenen Enkel Gaius Cäsar als »orienti praepositus« mit außerordentlichen Vollmachten nach Syrien. Quirinius wurde dem Thronfolger und Kaisererben als persönlicher Berater beigegeben, und er begleitete Gaius Cäsar im Jahre 3 n. Chr. auf dem Feldzug gegen die Armenier. Nach des Gaius frühem Tode (4 n. Chr.) wird uns für das Jahr 4/5 n. Chr. L. Volusius Saturninus durch eine Münze als Statthalter von Syrien bezeugt. Das sind die nüchternen Tatsachen unserer profangeschichtlichen Quellen.

Lukas erwähnt den Quirinius als Statthalter von Syrien noch zu Lebzeiten Herodes' des Großen († 4 v. Chr.). Ist diese Angabe zuverlässig, und wann war die Amtszeit des Statthalters? Die Jahre etwa 8—4 v. Chr. scheiden sicher aus, da sie von C. Sentius Saturninus und Varus besetzt sind — es sei denn, Quirinius nahm eine übergeordnete Stellung ein oder wurde wie Volumnius neben anderen Beamten Legat des Kaisers genannt (Jüd. Altert. XVI, 9, 1; XVI, 10, 6).[19] Lukas hätte sich dann dem Sprachgebrauch jener Zeit angeschlossen, und seine Angabe wäre nicht zu beanstanden. Dem in Antiochia beheimateten Evangelisten trauen wir aber eine größere Exaktheit zu.

Die entscheidende Frage, ob die Statthalterschaft des M. Titius unmittelbar vor Saturninus anzusetzen ist, bleibt ungeklärt, da uns die Dauer seiner Amtszeit nicht direkt überliefert ist. Josephus erwähnt den M. Titius als Statthalter von Syrien, ehe Herodes seine dritte und letzte Reise nach Rom antrat. Das war im Jahre 12 v. Chr. Einige moderne Forscher[20] datieren darum die Amtszeit des M. Titius um das Jahr 13/12 v. Chr.; wahrscheinlich bediente sich schon Agrippa während seiner Abwesenheit von Syrien des M. Titius als Legaten. So

Abb. 8.   Grabstein des Aemilius Palatinus.

Im Jahre 1674 wurde in Venedig eine Grabplatte aufgefunden, die wahrscheinlich als Ballast eines Schiffes nach der Lagunenstadt gekommen war. Es ist der Grabstein des Aemilius Palatinus, eines Unterbeamten des Quirinius, und seiner Frau Chia. Die Inschrift wurde damals kopiert und veröffentlicht. Inzwischen ging die Grabplatte wieder verloren, und die Kopie galt als Fälschung. Seitdem die untere Hälfte der Grabplatte 1880 wieder aufgefunden wurde, ist die Echtheit der Inschrift gesichert.[21]

Die für uns wichtigen Angaben lauten:

S(UB) P. SULPICIO QUIRINIO
L(EG.) AUG(USTI) CAESARIS SYRIAE
HONORIBUS DECORATUS IDEM
IUSSU QUIRINI CENSUM EGI
APAMENAE CIVITATIS MIL-
LIUM HOMIN(UM) CIVIUM CXVII
IDEM MISSU QUIRINI ADVERSUS
ITURAEOS IN LIBANO MONTE
CASTELLUM EORUM CEPI

Auf Befehl des P. Sulpicius Quirinius, des kaiserlichen Legaten von Syrien, nahm Aemilius Palatinus als Centurio den Zensus in Apamea vor, einem Stadtstaat von 117 000 Vollbürgern, und bekriegte die Ituräer im Libanon.

bliebe der Zeitraum 11—9/8 v. Chr. für eine Legation des Quirinius frei, eine Möglichkeit, die durch eine Inschrift und die bereits erwähnte Notiz bei Tertullian hohe Wahrscheinlichkeit gewinnt.

Auf einem in Venedig aufgefundenen Grabstein des römischen Beamten Aemilius Palatinus Secundus steht der bedeutsame Satz »Auf Befehl des syrischen Legaten P. Sulpicius Quirinius kämpfte ich gegen die Ituräer im Libanon«. Bei Josephus findet sich eine kurze Notiz, die mit diesem kleinen Ereignis am Rande der Weltgeschichte in Beziehung gebracht werden kann. Während Herodes in Rom war (12 v. Chr.), kam es zu Aufständen, die nicht nur Judäa, sondern das ganze Land bis Zölesyrien in Mitleidenschaft zogen (Jüd. Altert. XVI, 9, 1). Als Urheber des Aufstandes nennt Josephus die Bewohner der Trachonitis, einer Landschaft, die an das Gebiet der Ituräer grenzte. Es ist unwahrscheinlich, daß der Statthalter von Syrien diesen Unruhen auf seinem Territorium unbeteiligt zugeschaut hätte. Josephus nennt uns zwar nicht den Namen des Quirinius, wohl aber stellt uns der jüdische Historiker den Saturninus und Volumnius (Jüd. Altert. XVI, 9, 1) als römische Feldherrn vor, mit denen Herodes nach seiner Rückkehr aus Rom verhandelte. Nur wenige Zeilen später — wie schon erwähnt — treten die beiden Römer bei Josephus als »die damaligen Statthalter von Syrien auf« (Jüd. Altert. XVI, 9, 1). Wir haben die Wahl, ob wir den unklaren Angaben des Josephus mehr Vertrauen schenken als dem in Stein gemeißelten Zeugnis der Inschrift: sub P. Sulpicio Quirinio Legato Augusti Caesaris Syriae — unter P. Sulpicius Quirinius, dem kaiserlichen Legaten von Syrien.

Die Prüfung aller verfügbaren Quellen über eine Statthalterschaft des Quirinius zu Lebzeiten des Herodes führt uns zu dem gleichen Ergebnis. Lukas ist der einzige Historiker, der ausdrücklich eine syrische Statthalterschaft des Quirinius zu Lebzeiten des Herodes bezeugt. Es gibt aber keinen stichhaltigen Einwand, der dieses Zeugnis unannehmbar macht.

Wir kommen zum letzten Einwand der Kritik: »Eine kaiserliche Steuerveranlagung im Herrschaftsbereich des Königs Herodes ist höchst unwahrscheinlich.« Der Einwand klingt bestechend, die geschichtlichen Tatsachen aber bestätigen das Gegenteil.[22]

Im Freiheitskampf gegen die syrische Fremdherrschaft in Palästina suchten die Juden um das Jahr 165 v. Chr. zum ersten Mal Hilfe in Rom. (Zu den geschichtlichen Einzelheiten siehe das Kapitel »Herodes der Große«, S. 69 ff.) Als der römische Feldherr Pompeius hundert Jahre später in den Vorderen Orient kam, um das zerfallene Seleukidenreich dem Römischen Imperium einzufügen, wurde er in die Jerusalemer Machtkämpfe unter den Hasmonäern hineingezogen. Pompeius eroberte Jerusalem, und Palästina wurde der römischen Provinz Syrien angegliedert (63 v. Chr.). Die Urheber des Krieges wurden hingerichtet und die Stadt und das Land tributpflichtig (Jüd. Altert. XIV, 4, 4). Als Pompeius im Jahre 61 v. Chr. unter großem Gepränge in Rom seinen Triumph feierte, mußte auch der jüdische König Aristobul, ein Nachkomme der Makkabäer, mit seiner Familie und anderen jüdischen Gefangenen vor dem Wagen des Triumphators marschieren (vgl. S. 75). Nur wer diese geschichtlichen Fakten aus dem Blick verliert, kann angesichts der großmannssüchtigen Fassade Herodes' des Großen von einer Souveränität reden.

Pompeius war zwar klug genug, an den inneren Verhältnissen des Landes nichts Wesentliches zu ändern. Er ließ die hierarchische Verfassung mit dem Hohenpriester an der Spitze unangetastet, aber die Unabhängigkeit des Volkes war dahin. Der Hohepriester blieb ein Vasall der Römer. Die Römer vertraten den Grundsatz, daß der Grundbesitz bei der Eroberung des Landes in römischen Besitz übergehe, der den Einheimischen nur zur Nutzung überlassen werde. An diesen geschichtlichen Tatsachen hat sich in den späteren Jahren nichts geändert, nur die Art und Weise, wie Rom die Steuern einzog, unterlag einem Wandel.

Im Jahre 40 v. Chr. übertrug der römische Senat dem Herodes, der bereits in römischen Diensten stand, die Gebiete von Judäa, Peräa und Galiläa und gab ihm dazu den Königstitel. Er war also ein König »von Roms Gnaden«! Die römische Bürokratie prägte für diese Stellung den kurzen Namen »rex socius« (verbündeter König). Herodes wußte genau, was das bedeutete. In mannigfacher Weise umschmeichelte er seine Gönner in Rom. Ganze Städte weihte er der kaiserlichen Familie und nannte seine Großbauten nach dem Kaiser, wie Cäsarea und Sebaste (das griechische Wort für »Augusta«). Um das Jahr 8 v. Chr. aber fiel Herodes beim Kaiser in Ungnade. Ohne Augustus um die erforderliche Erlaubnis zu bitten, hatte er einen kleinen Blitzfeldzug gegen die Nabatäer unternommen. Als diese Angelegenheit in Rom bekannt wurde, schrieb der Kaiser an Herodes einen scharfen Brief, in dem es u. a. hieß, »habe er ihn bisher als Freund betrachtet, so werde er ihn künftig als bloßen Untertan behandeln« (Jüd. Altert. XVI, 9, 3). Augustus blieb nicht bei bloßen Worten. Kurz darauf, es war im Jahre 7 v. Chr., mußten bereits die Untertanen des Herodes dem Kaiser den Treueid schwören. Die Untertanen des Herodes haben sich also von den anderen römischen Provinzialen nicht unterschieden. Weitere Einzelheiten lassen an der »Souveränität« und Rechtsstellung des Königs keinen Zweifel. Besonders deutlich wird seine Abhängigkeit in der Ordnung der Nachfolge sichtbar. Schon die erste Auseinandersetzung des Vaters mit den Mariamme-Söhnen (vgl. Stammbaum, S. 77) im Jahre 12 v. Chr. ist gekennzeichnet durch die Anrufung des Augustus. Der Vater erscheint als Ankläger, der Kaiser als Richter, und der Ort des Gerichtes ist Aquileia bei Rom. Wenn Herodes freiwillig den Kaiser angerufen hätte, konnte dieser ihn nicht zwingen, sich einem von ihm präsidierten Ge-

richt zu unterwerfen und die weite Reise nach Italien auf sich zu nehmen. Um eine solche Nötigung handelt es sich aber hier.

Als es im Jahre 7 v. Chr. zu einem zweiten Machtkampf zwischen Herodes und den Mariamme-Söhnen kam, wurde der Prozeß in Berytus unter dem Vorsitz der römischen Beamten Saturninus und Volumnius geführt. Die Entscheidung des Kaisers wurde abgewartet, ehe die Söhne hingerichtet werden durften.

In den Prozeß gegen den Herodessohn Antipater, kurz vor dem Ableben des Königs, ist die römische Behörde von Anfang an eingeschaltet. Erst als der Bescheid des Kaisers eintrifft, darf die Hinrichtung vollstreckt werden (4 v. Chr.).

Nach dem Tode des Königs ging Sabinus, der Prokurator des kaiserlichen Besitzes in Syrien, nach Judäa, »um die Besitztümer des Herodes zu überwachen« (vgl. Jüd. Altert. XVII, 9, 3; Jüd. Krieg II, 2, 2). Die Rechtslage ist klar: Die Besitztümer des Herodes sind prinzipiell kaiserlicher Besitz. Augustus hatte sie dem »rex socius« und »amicus populi Romani« zur Nutzung überlassen, solange der König lebte und mit seiner Einwilligung die Herrschaft ausübte. Mit dem Tode des Herodes ist dieser Besitz bis zu einer neuen Entscheidung an seinen rechtmäßigen Eigentümer zurückgefallen. Darum reiste der kaiserliche Finanzbeamte Sabinus nach Judäa, um den kaiserlichen Besitz zu überwachen.

Nach dem Tode des Königs bedurfte sein Testament der Bestätigung des Kaisers, der es dann nach seinem Gutdünken veränderte. Mit einem Federstrich hat er das jüdische Königtum wieder beseitigt. Das war, »weltpolitisch« gesehen, Herodes »der Große«!

Warum auch sollte Herodes, der König von Roms Gnaden, sich in einer unabhängigeren Lage befunden haben als sein östlicher Nachbar Aretas, der König von Petra, der noch das Recht hatte, die Thronfolge zu regeln? Von Josephus erfahren wir, daß etwa in den Jahren 9–6 v. Chr. ein gewisser Fabatus in Petra auftrat. Josephus nennt ihn »dioiketes«, das ist genau der Titel für den höchsten römischen Steuerbeamten (Jüd. Altert. XVII, 3, 2; Jüd. Krieg I, 29, 3).

Daß ein Klientelstaat in das Gebiet der römischen Besteuerung einbezogen wurde, läßt sich noch mit anderen Beispielen aus dem römischen Machtbereich, u. a. von den Alpengegenden, belegen.

Nach dem Tode des Herodes »erließ Augustus den Samaritern den vierten Teil der Steuern als Anerkennung dafür, daß sie nicht mit den anderen Gebieten am Aufstand teilgenommen hatten« (Jüd. Krieg II, 6, 3). Um eine solche Entscheidung fällen zu können, mußte eine amtliche Steuerveranlagung, also ein Zensus, vorgelegen haben. Das gleiche gilt für die Anordnung des Kaisers, nach der im Jahre 4 v. Chr. der Steuerbetrag aus dem den Tetrarchen zugewiesenen Besitz genau festgesetzt wurde (Jüd. Krieg II, 6, 3; Jüd. Altert. XVII, 11, 4).

Abb. 9. Das Land der Offenbarung.

»Der Herr sagte zu Mose: Steig hinauf auf den Berg Nebo, der in Moab gegenüber Jericho liegt, und schau auf das Land Kanaan, das ich den Israeliten als Grundbesitz geben werde ...« (Dtn 32, 49) »... und der Herr zeigte ihm das ganze Land. Er zeigte ihm Gilead bis nach Dan hin, ganz Naftali, das Gebiet von Efraim und Manasse, ganz Juda bis zum Mittelmeer, den Negeb und die Jordangegend, den Talgraben von Jericho, der Palmenstadt, bis Zoar. Der Herr sagte zu ihm: Das ist das Land, das ich Abraham, Isaak und Jakob versprochen habe mit dem Schwur: Deinen Nachkommen werde ich es geben. Ich habe es dich mit deinen Augen schauen lassen. Hinüberziehen wirst du nicht« (Dtn 34, 1–4).

Was der alte Mose nur schemenhaft in der Ferne erahnen konnte, liegt wie ein Geschenk in nie geahnter Schönheit vor unseren Augen: das Land der Offenbarung. Das Photo, das von dem Raumschiff Gemini 11 im September 1966 aufgenommen wurde, zeigt am unteren Bildrand den Landstrich östlich des Nil; es schließt sich an das Rote Meer, in das die Sinaihalbinsel wie ein spitzes Dreieck hineinragt. An der westlichen (unteren) Seite der Halbinsel liegt der Golf von Suez, der an seiner nördlichen Spitze über den Bittersee hinaus die Verbindung zum Mittelmeer erkennen läßt. In der linken oberen Bildecke erscheint das Mittelmeer mit der Westküste Palästinas, die bis hinauf in die Gegend von Sidon sichtbar ist. In den vielen Jahrtausenden hat der feine Nilschlamm, den die Meeresströmung nordwärts trieb, die klippenreiche Küste zu jener auffälligen eleganten Kurve modelliert, die erst am schroffen Riff des Karmelgebirges ein jähes Ende findet. (Vgl. Abb. 12, S. 29.)

An der östlichen Seite der Sinaihalbinsel fluten die Wasser des Golfes von Akaba durch die Meerenge von Scharm esScheik. Die Fortsetzung des großen Grabeneinbruches in der Talsenke der Araba bis zum Toten Meer ist deutlich zu erkennen. Es schließt sich das Jordantal mit dem See Gennesaret an, etwa in der Höhe des Karmelriffes gelegen. Jerusalem liegt zwischen dem Mittelmeer und der Jordansenke etwa in Höhe der Nordspitze des Toten Meeres. Die große Fläche in der rechten oberen Bildecke gehört schon zur großen Arabischen Wüste.

Eine noch klarere Sprache reden die Münzen jener Zeit. Zur Zeit des Herodes lag in Syrien am Orontes eine Stadt, die auf ihre Münzen das stolze Wort »autonom« prägen ließ. Es ist Apamea, ein Stadtstaat des hellenistischen Orients. Die Autonomie dieser Stadt schützte aber die Bürger nicht davor, daß in ihren Mauern der römische Zensus durchgeführt wurde, und zwar durch unseren Quirinius, wie dies die bereits erwähnte Inschrift auf dem Grabstein des Aemilius Palatinus unmißverständlich bezeugt. Der entscheidende Satz lautet: »Auf Befehl des Quirinius habe ich den Zensus in Apamea durchgeführt, einem Stadtstaat von 117 000 Vollbürgern.«

Und Herodes? Die Münzen des Königs beweisen, daß der König von Judäa von den Steueraktionen der römischen Finanzpolitik keineswegs ausgeschlossen wurde. Bereits Pompeius hatte nach der Eroberung Palästinas im Jahre 63 v. Chr. den syrischen Münzstätten die Silberprägung verboten. Nur in ganz wenigen Fällen durften bei besonderen Gelegenheiten mit ausdrücklicher Genehmigung des Kaisers auch einzelne syrische Städte in Silber schlagen. Herodes hatte dieses Privileg vom Kaiser nicht erhalten. Er durfte sein Leben lang nur Kupfermünzen prägen. Die einzige Steuermünze, die in Judäa offiziell in Zahlung genommen wurde, war hier wie im ganzen römischen Reichsgebiet zunächst der römische Silber-Denar (vgl. Abb. 235, S. 414). Außerdem

Æ

Abb. 10.   Münze Herodes' des Großen (Æ = Bronze).

Sämtliche Münzen des Königs zeigen nur griechische Aufschriften und keine hebräischen. In der Deutung der Symbole gehen die Ansichten der Numismatiker stark auseinander, da der König seine Münzen häufig mit Symbolen schmückte, die eine jüdische und eine heidnische Auslegung zuließen.

V: Die Deutung der Vorderseite ist umstritten, wahrscheinlich ein Thymaterion, ein Weihrauchgefäß.

R: Die griechische Umschrift: »Des Königs Herodes« um einen dreifüßigen Altar, wahrscheinlich ein Rauchopferaltar, daneben die Jahreszahl ⌐ — im 3. Jahr der Regierung = 38 v. Chr. (nach Empfang des Königstitels) oder 35 v. Chr. (nach Antritt seiner Herrschaft in Jerusalem). Auf der rechten Seite das Monogramm ⚹, dessen Deutung ebenfalls umstritten ist; entweder das berühmte Henkelkreuz als das Zeichen des Lebens oder die Zusammensetzung von T und P zur Bezeichnung des Geldwertes (= Trichalkon) oder der abgekürzte Name der Münzstätte — Tyrus.

gab es die im Namen des Kaisers von der römischen Provinzialregierung geprägten Silbermünzen mit griechischer Aufschrift, die sogenannten Drachmen, Doppel- und Tetradrachmen, die bei Matthäus 17, 24 und Lukas 15, 8 erwähnt werden (vgl. Abb. 147, S. 249).

Herodes der Große war ebenso abhängig und unfrei wie das »autonome« Apamea. Auch die Untertanen des Königs mußten zahlen.

Was die römische Steueraktion in den Augen der Juden besonders belastete, war die von Augustus vorgeschriebene neue Form des Provinzialzensus: die Aufnahme des Personalstandes und die Erfassung des Grund- und Hauseigentums. Eine Volkszählung war den Gesetzestreuen ein Greuel: »Nachdem aber David das Volk hatte zählen lassen, schlug ihm das Herz. Darum sprach David zu Jahwe: Ich habe schwer gesündigt durch das, was ich tat« (2 Sam 24, 10).

Die Aufschreibung des Grundeigentums und die Landvermessung widersprachen der jüdischen Glaubensüberzeugung, da das Land Jahwes Eigentum sei und Israel der von Gott bestimmte Erbe. Diese religiösen Motive gaben der zelotischen Bewegung, als deren Führer Judas der Galiläer genannt wird, die unwiderstehliche

Æ

Abb. 11. Römische Münze aus dem Jahr 7 v. Chr. (As).

V: Der Kopf des Kaisers Augustus mit der Umschrift:
CAESAR AUGUST(us) PONT(ifex) MAX(imus) TR(ibunicia)
POT(estate).

Auf einer Grabinschrift an der Via Appia findet sich die historische Bemerkung: »Im Senat war von einigen angeregt worden, ihn gleichsam als neuen Gründer Roms ›Romulus‹ zu nennen, doch drang schließlich der Vorschlag durch, ihm den Namen Augustus zu geben.« Dio Cassius (um 230 n. Chr.) gibt dazu in seiner griechisch geschriebenen »Römischen Geschichte« die Erklärung: »Man deutete damit an, daß er mehr wäre als ein gewöhnlicher Mensch; alles nämlich, was besonders verehrungswürdig und heilig ist, pflegt man als ›augustus‹ zu bezeichnen« (53, 16, 8). Imperator Caesar Augustus, wie der Name des Kaisers seitdem lautete, ist ein für Nachfolger ein ihre Stellung kennzeichnender Titel geworden.
Der Pontifex maximus war der rangälteste Vorsteher und Vertreter des Kollegiums der Pontifices gegenüber Senat und Volk, das ihn seit dem 3. Jahrhundert v. Chr. durch Abstimmung wählte. Die hohe Bedeutung dieser sakralen Würde wird vor allem darin deutlich, daß sich stets die vornehmsten Männer um sie bewarben. Neben der allgemeinen Oberaufsicht über das gesamte Sakralwesen hatte der Pontifex maximus die besondere Aufgabe, den Dienst und das Leben der Vestalinnen zu überwachen. Nach dem Tode des letzten republikanischen Inhabers dieses Amtes ließ sich Augustus im Jahre 12 v. Chr. zum Pontifex maximus wählen. Seit diesem Zeitpunkt ist das Amt immer mit der Person des Kaisers verbunden gewesen. Auch die ersten christlichen Kaiser führten noch den Titel. Erst Kaiser Gratian legte ihn 378 unter dem Einfluß des Papstes Damasus ab und dokumentierte auf diese symbolhafte Weise den Untergang des alten Romgeistes. Der so herrenlos gewordene, doch seine uralte Würde bewahrende sakrale Titel ging dann im Laufe des 5. Jahrhunderts auf die Päpste über. Seit Leo I. (440—461) ist der Name Ehrentitel der Päpste.

R: S(enatus) C(onsulto) — auf Beschluß des Senates — mit dem Namen des Münzmeisters:
M(arcus) MAECILIUS TULLUS III VIR AAAFF
(Triumvir auro, argento, aeri, flando, feriundo).

»Triumvir monetalis« hieß in Rom jeder der drei alljährlich eingesetzten Münzbeamten. Unter Augustus setzten die Münzmeister etwa von 23—4 v. Chr. ihren Namen mit dem Titel auch auf Bronzemünzen.

Stoß- und Anziehungskraft. Es sind die gleichen Gruppen, die schon zu Beginn der Herrschaft des Herodes in Galiläa revoltierten (vgl. S. 76).

Der ehrenvolle Name »Zeloten« — »Eiferer« — deutet darauf hin, daß der Eifer für Gott und das Gesetz ihr Leben bestimmte. Josephus nennt sie »die Räuber«. Der Name dürfte von der römischen Verwaltungsbehörde stammen. Nach Lukas erhob sich Judas von Galiläa in den Tagen der Schätzung (Apg 5, 37). Während dieser Steueraktion zogen also Maria und Josef nach Betlehem, um sich aufschreiben zu lassen.

Tertullian datiert diesen Zensus in die Jahre 8—6 v. Chr. Im Jahre 8 v. Chr. fiel Herodes beim Kaiser in Ungnade, im Jahre 7 v. Chr. mußten seine Untertanen den Treueid schwören. Alle diese Ereignisse berechtigen uns dazu, die Geburt Jesu um das Jahr 7 v. Chr. zu datieren.

Das Heimatland Jesu

»Man versteht die griechischen Geschichtsschreiber besser, wenn man Athen gesehen hat; man erfaßt die Heilige Schrift besser, wenn man Judäa mit eigenen Augen gesehen und die Ruinen seiner einstigen Städte betrachtet hat.« Mit dieser Empfehlung des gelehrten lateinischen Kirchenvaters Hieronymus (um 347—420) wollen wir in diesem Kapitel die nicht geringe Mühe auf uns nehmen, das Land Jesu auf der Landkarte aufzusuchen. Eine Frucht dieser Mühe soll die Freude am besseren Verständnis der Heiligen Schrift sein. Sprache und Bilder der Bibel gewinnen durch ihre Bindung an den heimatlichen Boden Frische und Ausdruckskraft. Viele der mit geistlichen Inhalten gefüllten Themen der Botschaft Jesu knüpfen an die schlichte Wirklichkeit der Natur an: an das Wasser und die Erde, an den Weinstock und den Ölbaum, an den Hirten und die Herde, an das Gebirge und die heiße Wüste.[23]

Der Name Palästina, der schon in früherer Zeit von den Griechen für das Land der Philister verwendet wur-

Abb. 12. Palästina.

Die Karte läßt die wesentliche geographische Oberflächenstruktur Palästinas erkennen:

1. *die Gliederung des Landes in vier Längszonen: die Küstenebene, das westjordanische Gebirge, den Jordangraben und die ostjordanische Hochfläche;*
2. *die Unterbrechung der Küstenebene durch den Höhenzug des Karmel;*
3. *die Unterbrechung des westjordanischen Gebirges durch den Tieflandkorridor der Jesreel-Ebene;*
4. *die Trennung von Ober- und Untergaliläa;*
5. *den vom See Gennesaret bis zum Toten Meer unter dem Meeresspiegel liegenden Jordangraben;*
6. *die größere Höhenlage der ostjordanischen Hochfläche mit den drei Talsystemen des Jarmuk, Jabbok und Arnon.*

PALÄSTINA
ZUR ZEIT JESU

10 5
0   10   20   30   40   50   60 km

MITTEL-MEER

Tyrus

SYRO-PHÖNIZIEN

Dan
Cäsarea Philippi
GAULANITIS
Hule-See 70

Hazor

GALILÄA

Ptolemais

Chorazin
Kafarnaum
Julias
Betsaida

Kana
Magdala
Tiberias
See Gennesaret -215
Hippos
Abila

Sepphoris
Nazaret
Tabor ▲588
Nain
Gadara

KARMEL
EBENE JESREEL

Megiddo

JARMUK

DEKAPOLIS
GEBIET DER 10 STÄDTE

Cäsarea

Ginäa

Skythopolis

Pella

Änon

SAMARIEN

EBENE SCHARON

Sebaste
Ebal ▲940
Garizim ▲831
Jakobs-brunnen
Jabbok
Gerasa

Antipatris

Jafo

Arimataa

Lebona
Schilo

PERÄA

Lod

Gofna
Efraim
Bet-El
el Bire
Jericho
Livias
Philadelphia

Jamnia

Emmaus
Ain Karim
JERUSALEM
Betanien
Qumran
Betanien

Aschdod

Betlehem

Medeba

Aschkelon

SCHEFELA

JUDÄA

☆ Herodium

GEBIRGE JUDA

Totes Meer -392
Machärus ☆

Gaza

Hebron
En-Gedi
WÜSTE JUDA

Arnon

Beerscheba

Masada ☆

MOAB

IDUMÄA

Zoar

NABATÄA

	900 m
	600 m
	400 m
	100 m
	0 m
	-300 m

—— Straßen
—— Grenzen

29

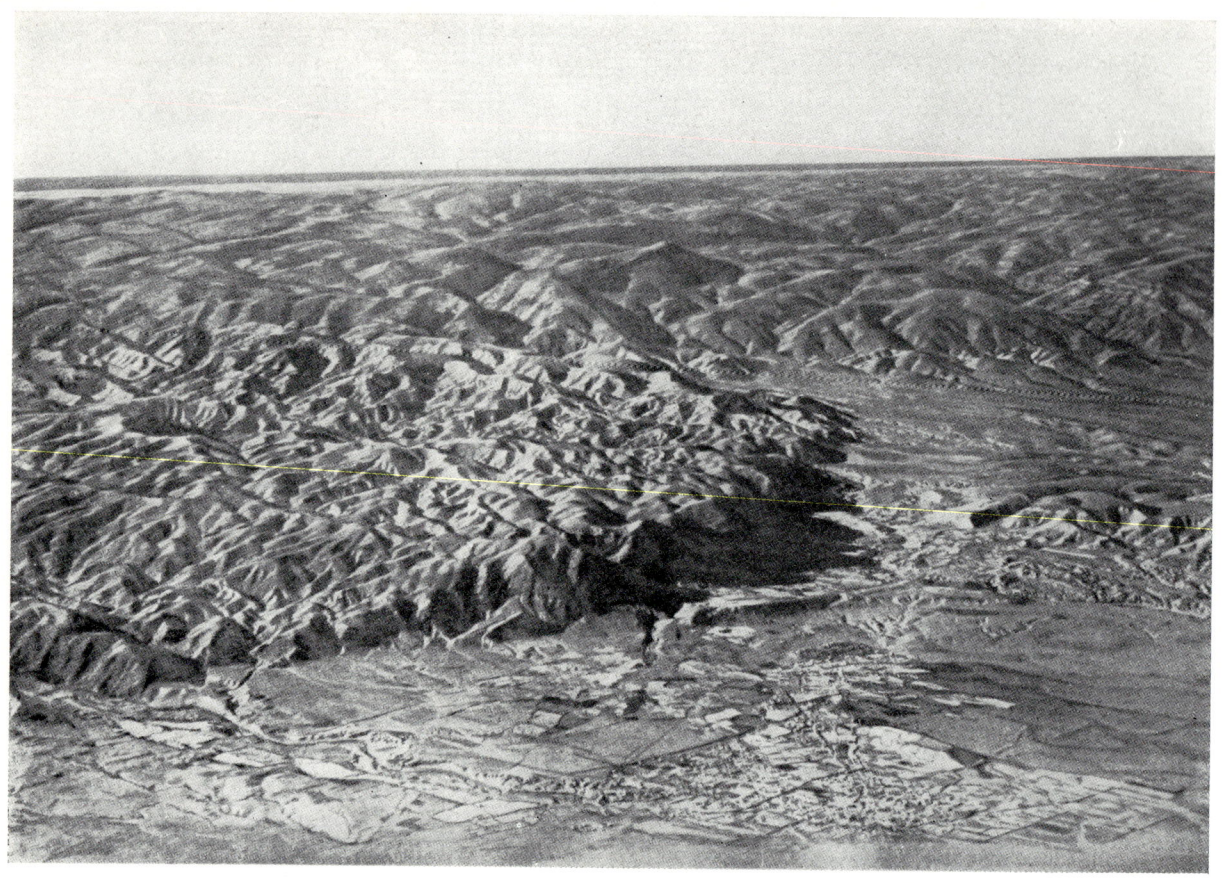

Abb. 13. Das mittlere Westjordanland.

Das Auge überschaut das mittlere Westjordanland von der Jordansenke bis zum Mittelmeer in einer Breite von etwa 65 km. Im Vordergrund die Ebene von Jericho mit dem modernen Eriha; oberhalb als dunkles, langgestrecktes Oval der Tell es-Sultan, die Ruinenstätte des alttestamentlichen Jericho. Am linken unteren Bildrand wird das Wadi el-Kelt mit dem Gelände des herodianischen Jericho sichtbar. Die schweren Schatten lassen den Steilabfall der Wüste Juda zum Jordangraben besonders stark hervortreten. Die Lage der alten Hasmonäerfestung Dok auf dem Dschebel Karantal, dem traditionellen Berg der Versuchung, links oberhalb vom Tell es-Sultan, ist auffällig durch den sonnenbestrahlten, hellen Südhang der Bergspitze markiert. Die Mitte des Mittelgrundes beherrscht die sonnenerhellte Kegelspitze des Tell 'Asur (1016 m). Der im zweiten Samuelbuch Baal-Hazor genannte Berg ist die zweithöchste Erhebung des westjordanischen Gebirges. An seiner südlichen Seite beginnend, läuft das mächtige Wadi el-Abeid zum Jordangraben ab. Links vom Tell 'Asur das judäische Gebirge nördlich von Jerusalem, rechts die Ebene von Schilo und das Gebirge Efraim. Als dunkler Streifen ist am Horizont das Mittelmeer sichtbar, davor die in der Sonne weiß leuchtenden Dünenstreifen der Küstenebene. (Vgl. Abb. 12, S. 29.) (Der untere Rand des Bildes hat die Richtung Südost.)

de, kam durch die Römer im 2. Jahrhundert n. Chr. ganz allgemein für Judäa in Gebrauch. Später wurde er auf das ganze West- und Ostjordanland übertragen und wird allgemein gebraucht als geographischer Name für das Heilige Land.[24]

Zur Zeit Jesu umfaßte Palästina die Landschaften Judäa, Samarien und Galiläa, dazu noch jenseits des Jordan die Landschaft Peräa mit der Dekapolis, dem Gebiet der Zehnstädte. Mit dem Ostjordanland hat es die Größe von knapp 30 000 km², also ungefähr die Größe Belgiens. Die Zahl der Einwohner schätzt man für die damalige Zeit auf 2—3 Millionen.

Einige Entfernungen mögen das Bild von der Größe des Landes abrunden und zeigen, wie verhältnismäßig klein das Land der Offenbarung war. Von Jerusalem aus erreicht man auf der Höhenstraße längs des westjordanischen Gebirges in südlicher Richtung bereits nach 37 km die alte Patriarchenstadt Hebron. Nach weiteren 45 km hat man Beerscheba, die südliche Grenze des Gelobten Landes, erreicht. Wer auf derselben Höhenstraße von Jerusalem in nördlicher Richtung reist, gelangt nach etwa 66 km an den Jakobsbrunnen am Fuße des Garizim. Ein Weg von weiteren 40 km führt den Wanderer in vielen Windungen über die Höhen und Täler des nordsamarischen Gebirges an den südlichen Rand der Ebene Jesreel. Die Entfernung von da durch die Jesreel-Ebene und durch ein enges Tal hindurch auf die erste Höhe des untergaliläischen Gebirges nach Nazaret beträgt noch 30 km. Von Jerusalem bis Nazaret sind es also 3 Tagereisen mit etwa 135 km. Wer von Nazaret aus die Nordgrenze des Landes bei Dan erreichen wollte oder die Jordanquellen bei Cäsarea Philippi, der mußte zunächst 35 km über das untergaliläische Gebirge nach Magdala oder Tiberias hinabsteigen und dann auf der alten Via Maris längs des Sees Gennesaret und des oberen Jordanlaufes etwa 29 km bis zur »Brücke der Jakobstöchter« südlich des Hule-Sees zurücklegen. Nach etwa 35 km erreicht der Wanderer auf dem auf der Westseite des Jordangrabens führenden Weg das alte Dan, die Nordgrenze des Reiches Israel. Der alttestamentliche Weg von »Dan bis Beerscheba« ist auf den von der Natur bestimmten Straßen und Wegen etwa 320 km lang, während in der Luftlinie die beiden Orte etwa 240 km auseinanderliegen.

Wer von Jerusalem nach der nordwestlich gelegenen Hafenstadt Jafo (Joppe) am Mittelmeer gelangen will, erreicht auf der Straße über die Höhen des abfallenden westjordanischen Gebirges, dann durch das Hügelland und die Küstenebene bereits nach 63 km sein Ziel. Ostwärts von Jerusalem führt eine Straße, den Ölberg auf seiner Südseite umgehend, in verschiedenen Talschluchten durch die Wüste Juda zum Jordangraben hinab und erreicht nach etwa 40 km das Nordufer des Toten Meeres. In der Luftlinie beträgt die Entfernung vom Mittelmeer bis Jericho etwa 70 km. Im südlichen Judäa beträgt die Entfernung vom Mittelmeer bis zum Senkungsgraben etwa 150 km. Im Norden dagegen liegen Tiberias und Ptolemaïs nur 60 km entfernt, und von Dan kann man auf geradem Weg westwärts die Mittelmeerküste bereits nach 35 km erreichen.

Dieser mäßige Umfang, der in keinem Verhältnis zur geschichtlichen Bedeutung des Landes steht, veranlaßte Hieronymus wiederum zu der realistischen Bemerkung: »Man schämt sich, von der Größe des Gelobten Landes zu sprechen, um den Heiden keinen Anlaß zum Spott zu geben.«

Ein Blick auf die Erdkarte zeigt uns aber die geographische Bedeutung dieses kleinen Landes. Palästina verbindet wie eine schmale Landbrücke den großen Kontinent Afrika mit der Ländermasse Asiens. Diese geographische Lage bestimmte auch die Geschichte des Landes. In den langen Jahrtausenden war Palästina nichts anderes gewesen als Durchgangsland — für die Heere der ägyptischen Pharaonen und der Großkönige aus dem Zweistromland, für wandernde Nomadenstämme und Handelskarawanen aus Ost und West (vgl. Abb. 80, S. 136 ff.).

So waren die Bevölkerung und die Kultur des Gesamtlandes von jeher wenig einheitlich. Zur Zeit Jesu schied sich die Bevölkerung in Juden und judaisierte Volksgruppen, wie Samariter und Idumäer, und in Hellenen, heidnische Völker, die durch die griechische Kultur untereinander verbunden waren. Dieser Scheidung entsprach auch die Zweisprachigkeit der Bewohner; man sprach Aramäisch — genauer gesagt: Westaramäisch — und Griechisch.

Das Aramäische, das seinen Ursprung in einem westsemitischen Dialekt hatte, begann etwa im 7. Jahrhundert v. Chr. allmählich das Hebräische als Umgangssprache zu verdrängen und war zur Zeit Jesu die Volkssprache.[25] Seit der Babylonischen Gefangenschaft hörte man das Hebräische nur in der Synagoge bei der Lesung der Heiligen Schriften.

Überwiegend jüdisch war allein Judäa. Samarien und Galiläa waren zu gleichen Teilen jüdisch und hellenistisch. Diese Zeitverhältnisse machen es wahrscheinlich, daß Jesus neben seiner aramäischen Muttersprache und der hebräischen Kultsprache auch Griechisch verstand.

Die Oberflächenform Palästinas ist das Ergebnis eines langen geologischen Umbildungsprozesses.[26] Ursprünglich war Palästina ein Tafelland, das im mittleren Tertiär, vor rund 30 Millionen Jahren, aus dem eozänen Meer aufstieg. Die marinen Sedimente (Schichtgesteine) bilden darum die am meisten vorkommenden Gesteinsformationen des Landes. Die unterste dieser Schichten, die in Palästina nur an einigen wenigen Stellen beiderseits des Jordangrabens (Jabbok und Wadi Far'a) zutage liegt, ist der Jura. Darauf folgt, zur unteren Kreide gehörig, der Nubische Sandstein, der wiederum an einigen Stellen des Jordangrabens sichtbar ist, im tief eingeschnittenen Tal des Jabbok und am Ostrande des Toten Meeres (vgl. Abb. 14, S. 32).

Die größten Massen der Kalke, Dolomite, Mergel und Feuersteine, die den Hauptbestand der palästinensischen Gebirgshöhen bilden, gehören der oberen Kreideformation an, die in die drei Abteilungen des Cenomans, Turons und Senons gegliedert wird. Die durchschnittlich 600 m mächtige Schicht des Cenomans bildet einen harten Kalkstein, in den das ablaufende Regenwasser tief eingeschnittene, steilwandige Täler eingegraben hat. Über dem Cenoman lagert die Schicht des diesem in der Art verwandten Turons, eines grauweißen, harten, sehr feinkörnigen Kalkes. Die oberste Stufe der Kreideformation, das Senon, ist in ganz Palästina weit verbreitet, besonders auf dem Ostabfall des judäischen und samarischen Gebirges. Das Senon ist ein im allgemeinen blendendweißer Kalkstein, der die Sonnenstrahlen stark reflektiert. Er ist weich und bildet wellige Oberflächenformen, welche die sanfte Hügellandschaft der Schefela, des Efraimgebirges, der Wüste Juda und des Unteren Galiläa kennzeichnen. Oft ist das Senon mit Feuersteinbänken durchsetzt, die als härtere Schichten scharfe Ränder bilden, während die weicheren Senonschichten darüber und darunter ausgewaschen sind. Im trockenen Süden sind die Feuersteinbänke von dunklen Wüsten-

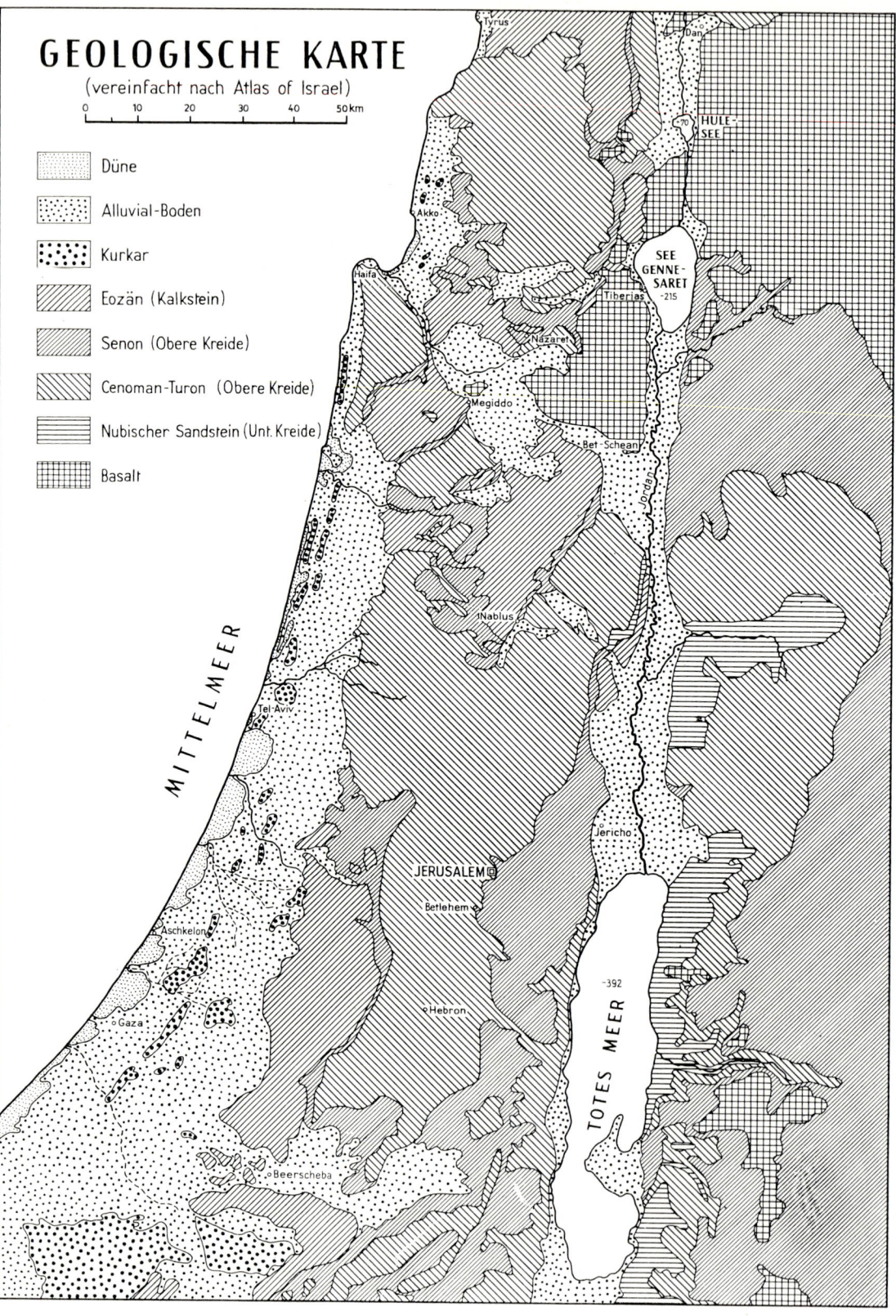

GEOLOGISCHE KARTE

(vereinfacht nach Atlas of Israel)

0 10 20 30 40 50km

- Düne
- Alluvial-Boden
- Kurkar
- Eozän (Kalkstein)
- Senon (Obere Kreide)
- Cenoman-Turon (Obere Kreide)
- Nubischer Sandstein (Unt. Kreide)
- Basalt

MITTELMEER

Tyrus

Dan

HULE-SEE

70

Akko

Haifa

SEE GENNE-SARET
-215

Tiberias

Nazaret

Megiddo

Bet-Schean

Jordan

Nablus

Tel-Aviv

Jericho

JERUSALEM

Betlehem

Aschkelon

Gaza

Hebron

TOTES MEER
-392

Beerscheba

krusten überzogen und sind schon aus der Ferne an der fast schwarzen Färbung erkennbar.

Gegen Ende der Kreidezeit trat eine Unterbrechung in der Ablagerung durch den Rückgang des Meeres ein. Als das Meer im untersten Tertiär, dem Eozän, wieder auf das Festland übergriff, begann eine neue Ablagerungsphase. Auf das Eozän folgen im Rahmen des Tertiärs die Schichten des Oligozäns, Miozäns und Pliozäns. Es sind ähnliche Gesteine wie in der vorangegangenen Kreideperiode: weiße, seltener graue Kalke, Marmor und Dolomit mit Feuerstein.

Auf die bereits im Mittelalter unserer Erdgeschichte aufgetretene vulkanische Tätigkeit folgten im Pliozän und am Ende des Tertiärs neue Eruptionen vulkanischer Basalte. Der vulkanische Hauptherd lag im nördlichen Ostjordanland, und die vulkanischen Ergüsse haben das ganze nördliche Drittel des Ostjordanlandes mit einer mächtigen Basaltdecke überzogen. Die Lavaströme schoben sich nördlich und südlich des heutigen Sees Gennesaret über das Gebiet des Jordangrabens, so daß der ganze Südostteil des galiläischen Gebirges von einer Basaltschicht bedeckt ist. Als einstige Vulkanruine sind

die Hörner von Hattin, westlich vom See Gennesaret, stehengeblieben. In einer letzten Phase der Ablagerung haben sich während der Quartärzeit, dem Diluvium und Alluvium, Sedimente in den Teilen des Landes abgesetzt, die nochmals vom Meerwasser überflutet wurden; das war im wesentlichen der Jordangraben mit den heutigen Ebenen des Landes.

Die Schichtenfolge des alten Meeresbodens, der seit Beginn des Tertiärs aufgetaucht ist, hätte ein ebenes Tafelland gebildet, wenn nicht bestimmte Bewegungsvorgänge der Erdkruste diesen Tafelcharakter zerstört hätten. Unter seitlichem Druck entstanden Faltungen und Verbiegungen (Flexuren) der horizontalen Schichten, vor allem auf der heutigen Ostseite des judäischen und samarischen Gebirges.

Nach erneuter Überschwemmung kam es zu Beginn des Pliozäns zu einer zweiten, ganz andersartigen Phase der Gebirgsbewegungen. Sie war nicht bedingt durch seitlichen Druck und Zusammenschub, sondern es erfolgten Zerreißungen des Schichtenverbandes längs nordsüdlicher Linien und Einstürze von streifenförmigen Schollen der Erdrinde. Damals ereigneten sich die ersten grabenartigen Einbrüche in Richtung vom Golf von Akaba bis zum Oberlauf des Jordan. Gleichzeitig hob sich der Mittelteil des Landes, und der Westrand des palästinensischen Tafellandes sank staffelförmig bis unter den Meeresspiegel ab. Aus diesem hob sich erst gegen Ende des mittleren Diluviums die Küstenebene mit den Klippen und Inseln. Die Ablagerungen des Nils, die von der Meeresströmung nordwärts getrieben wurden, schufen dann die gerade Linie der Küste. (Vgl. Abb. 9, S. 26.)

Etwas später als der Einbruch des Syrischen Grabens erfolgte der in Richtung SO—NW verlaufende Einbruch der Kischonebene am Karmel, durch den die damals noch eng zu einer einheitlichen Landoberfläche verbundenen Gebirge des Karmel und der Nazaret-Berge getrennt wurden. Eine Fortsetzung findet die Karmelrandstörung in dem auffällig breiten Wadi Far'a. Später sind dann nur noch diese eingebrochenen Teile überschwemmt und mit diluvialen und alluvialen Ablagerungen bedeckt worden. An der weiteren Veränderung und Umgestaltung der Oberfläche haben die Kräfte der Erosion mitgewirkt. Auf der Höhe des westjordanischen Gebirges ist die weiche Senonschicht weithin verschwunden und hat sich an den abgesunkenen Gebirgsrändern als Oberflächenschicht erhalten.

Die fließenden Gewässer, die mit starkem Gefälle die Abdachung des Gebirges hinabstürzten und besonders zur Regenzeit eine zerstörende Kraft besaßen, durchfurchten das Bergland mit zahlreichen, meist parallel laufenden Quertälern, die heute der Landschaft das typische Gepräge geben.

Ein Querschnitt von West nach Ost soll uns die geographische Mannigfaltigkeit des Landes zeigen. Die Oberfläche Palästinas läßt sich in vier Abschnitte glie-

Abb. 14. Geologische Karte von Palästina (vereinfacht nach Atlas of Israel).

Die geologische Geschichte Palästinas, die die Stratigraphie der einzelnen beteiligten Formationen, die Tektonik und den Vulkanismus umfaßt, ist trotz der vereinfachenden Darstellung reichlich verwickelt. Ihre Kenntnis hilft uns aber im buchstäblichen Sinn, den so vielfältigen Landschaftscharakter mit »offenen« Augen zu sehen: die welligen Erhebungen der Wüste Juda und die harten Terrassenhänge im Gebirge Juda, die anmutigen, weichen Berge Samariens und die diluvialen Ablagerungen in den Ebenen und im Jordangraben. In Flächenform sind die wichtigsten Ablagerungen, die den Grundbestand des palästinensischen Festlandes bilden, eingetragen. Die älteste bekannt gewordene geologische Formation im heutigen Palästina aus der Jurazeit ist nicht vermerkt. Die untere Kreide ist durch den Nubischen Sandstein vertreten, der mit seinen rötlich und gelblich gefärbten weichen Formen im Jabboktal und am Ostrand des Toten Meeres sichtbar ist. Der oberen Kreide gehören an: das Cenoman und Turon, die als Kalke, Dolomite, Mergel und Feuersteine auftreten. Als oberste Stufe der Kreidezeit ist das Senon eingezeichnet. Aus der folgenden Tertiärzeit sind die Ablagerungen vereinfacht durch das Eozän wiedergegeben. Der tertiäre und diluviale Basalt ist mit der gleichen Schraffierung angegeben. Die mit kalkigen Verkrustungen in der gehobenen Küstenebene auftretenden Dünen, die teilweise zu ganz hartem, felsigem Sandstein verfestigt sind, tragen den arabischen Namen »kurkar«. Ablagerungen und Aufschüttungen der Quartärzeit im Jordantal, die sogenannten Lisanschichten, der Jesreel- und Küstenebene sind mit der gleichen Punktierung gekennzeichnet, ebenso einheitlich die verschiedenen Sanddünen an der Küste und der höher liegenden Küstenebene. (Vgl. Abb. 12, S. 29.)

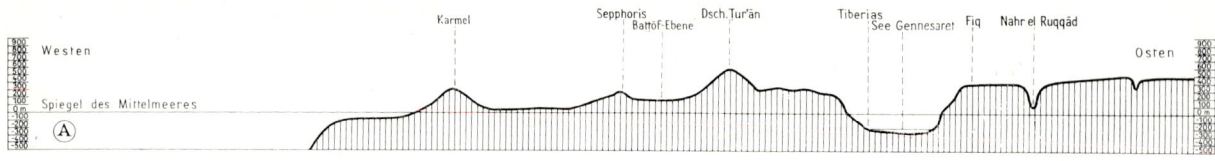

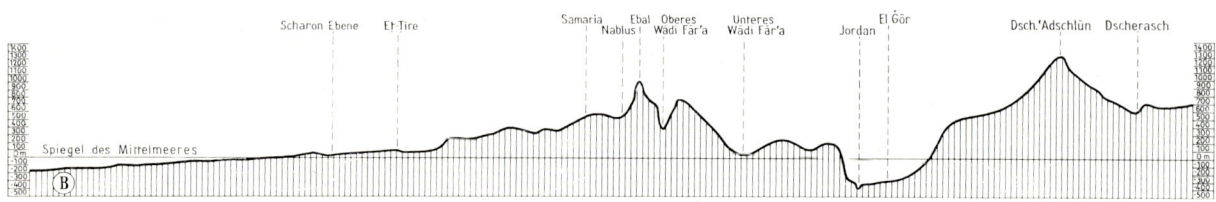

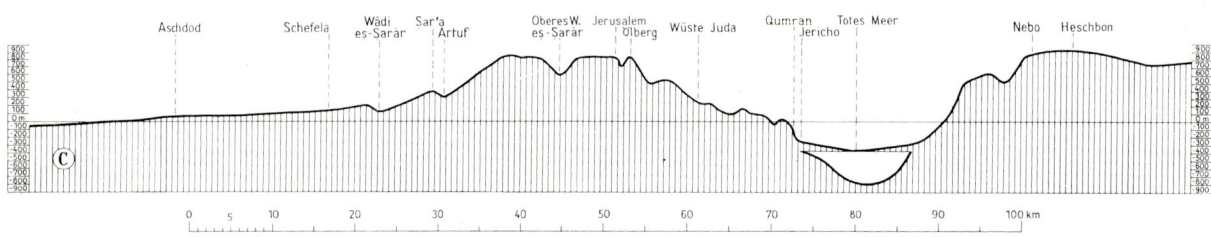

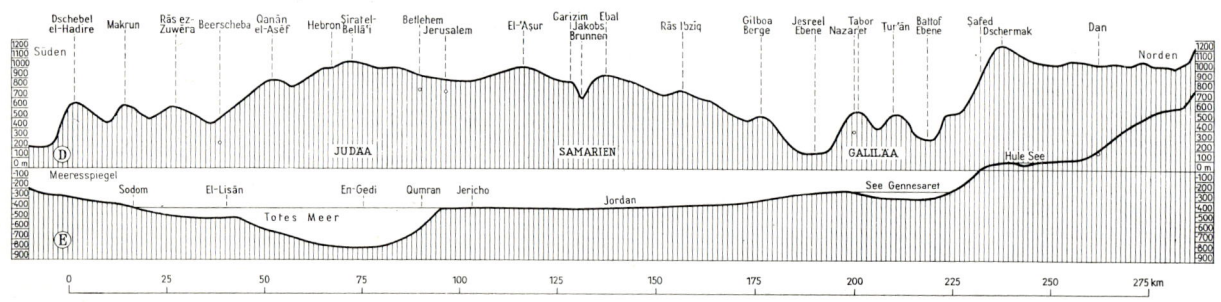

Abb. 15.   Palästina — Querschnitt und Längsschnitt.

A. Querschnitt: Karmel — Untergaliläa — See Gennesaret — Hauran.

B. Querschnitt: Scharon-Ebene — Samaria — Jordantal — Gerasa.

C. Querschnitt: Aschdod — Gebirge Juda — Jerusalem — Totes Meer — Nebo.

Die Höhen sind zur Verdeutlichung im Verhältnis zu der Breite des Gebietes verneunfacht.

D. Längsschnitt: Judäa — Samarien — Galiläa.

E. Längsschnitt: Totes Meer — Jordangraben — See Gennesaret.

Die Höhen sind verfünfundzwanzigfacht.

dern, die fast als parallele Längsstreifen von Norden nach Süden ziehen:

1. die Küstenebene;
2. das westjordanische Gebirge;
3. der Jordangraben;
4. die ostjordanische Hochfläche.

1. Die Küste Palästinas ist, mit Ausnahme der Bucht von Haifa, einförmig, flach und ungegliedert. Sie fällt nur an einzelnen Stellen bei Jafo, Cäsarea und Atlit steil zum Meer ab (vgl. Abb. 37, S. 72). Nur der nördliche Teil der Küste wies in Ptolemaïs (Akko), Tyrus und Sidon brauchbare Häfen auf, während der südliche Teil der Küste wegen der starken Versandung sich für die Schiffahrt nicht eignete. Die berühmteste Landungsstelle, die durch künstliche Schutzbauten immer wieder

gesichert werden mußte, lag am Stratonsturm, dem späteren Cäsarea Maritima, in dem die römischen Prokuratoren residierten. Längs der Küste, vom Meer durch eine ununterbrochene Dünenkette getrennt, erstreckt sich eine Ebene, die, von Süden nach Norden immer schmaler werdend, nur vom Karmel durchbrochen wird. In dem bis zum Karmel reichenden Küstenstreifen unterscheidet die Bibel zwei Teile: im Norden die Ebene Scharon, im Süden die Schefela, d. h. die Niederung. Dieser im Altertum als fruchtbares Weideland gerühmte Landstrich erstreckt sich ostwärts in einer Breite von etwa 25 km bis an das Gebirge von Juda. Im Norden reicht die Schefela bis in die Gegend von Jafo und Lod, die in der Apostelgeschichte erwähnt werden. Südlich von Gaza geht die Niederung allmählich in die Wüste über. Der »Bach Ägyptens«, das Wadi el-Arisch, der im Alten Testament als südliche Grenze des Gelobten Landes erwähnt wird (Num 34, 5; Jos 15, 4), fließt schon durch Wüstensand. Nördlich von Jafo beginnt die Ebene Scharon, die als 12—20 km breiter Küstenstreifen bis zum Karmel reicht. Durch viele Quellen und Bäche gut bewässert, war die Ebene wegen der reichen Vegetation schon im Altertum berühmt. Ihre sprichwörtliche Blütenpracht wird im Hohenlied (2, 1) erwähnt. Die mangelnde Kultivierung führte in späteren Zeiten zu einer Versumpfung weiter Landstriche, da die Küstendünen und Sandverwehungen den Abfluß der Flüsse erschwerten. Ein besonderes Hindernis bilden die kalkig verkrusteten Sanddünen (Kurkar), die sich oft zu hartem, felsigem Sandstein verfestigt haben (vgl. Abb. 14, S. 32). Heute stellt die Scharon-Ebene das Hauptanbaugebiet für Zitrusfrüchte (Zitronen, Apfelsinen, Pampelmusen und Mandarinen) dar.

Am Ostrand dieser Küstenebene führte die berühmte Via Maris, die Meeresstraße, entlang, die Mesopotamien mit Ägypten verband. Über Damaskus zog sie am nördlichen Ufer des Sees Gennesaret vorbei (vgl. Abb. 156, 2, S. 271), durchquerte die Ebenen Jesreel (Esdrelon) und Scharon und führte dann durch die Schefela längs des Gazastreifens bis nach Ägypten.

Der nach Norden immer schmaler werdende Küstenstreifen wird schließlich vom Karmel durchbrochen, der beinahe direkt aus dem Meere aufsteigt. Der etwa 20 km lange, bis zu 552 m hohe Bergrücken aus Kreidekalk verläuft von Südosten noch Nordwesten. Nach Norden fällt er steil ab, während er nach Süden in waldbestandenen Wellen allmählich in die Scharon-Ebene übergeht. Der Karmel bildete die Grenze zwischen vier Stämmen Israels: Ascher im Nordosten, Sebulon und Issachar im Osten und Manasse im Süden (Jos 19, 26). Es scheint aber, daß der Berg selbst keinem der Stämme zugeteilt war, sondern eine gemeinsame Asylstätte bildete. Schon in den Listen des ägyptischen Pharao Thutmosis III. (etwa 1490—1436 v. Chr.) wird der Karmel das »Heilige Kap« genannt. Im Alten Testament wird er mit den Namen der Propheten Elija (Elias) und Elischa (Eli-

säus) verknüpft. Elija brachte auf dem Berge jenes Opfer dar, das die Erhabenheit Jahwes über Baal, dessen Heiligtum wohl auf dem Berge stand, offenbaren sollte (1 Kön 18). Elischa benutzte eine der zahlreichen Höhlen als Wohnung (2 Kön 2, 25). Die Bibel erwähnt den Karmel selten als geographischen Begriff, um so öfter aber als ein Symbol der Schönheit und des Segens.

Nördlich des Karmelgebirges schließt sich die Ebene von Ptolemaïs (Akko) an, die vom Kischon durchflossen wird. Dieser Fluß, an dessen Ufern Elija das Strafgericht an den Baalspriestern vollzog, wird im Psalm 83 erwähnt. Die fruchtbare Ebene längs der Küste, die der sterbende Jakob in seinem Segensspruch lobte, war dem Stamme Ascher zugewiesen. Sie wurde aber von den Israeliten nie ganz in Besitz genommen. Städte wie Akko, das in der Apostelgeschichte mit dem hellenistischen Namen Ptolemaïs erwähnt wird, ferner das nördlicher gelegene Tyrus blieben immer phönizisch. Als bester natürlicher Hafen Palästinas war Ptolemaïs ein wichtiger Knotenpunkt alter Handelsstraßen, die zur Jordanebene und nach Ägypten führten.

2. Das westjordanische Gebirge, das sich an die Küstenebene anschließt, steigt langsam wie ein ungleichseitiges Dach bis zu einer durchschnittlichen Höhe von 800 m ostwärts an und fällt dann steil zum Jordangraben ab. Als Fortsetzung des Libanon zieht sich diese Gebirgskette durch ganz Palästina bis zur Halbinsel Sinai hin. Durch die Ebene Jesreel wird das westjordanische Gebirge in einen nördlichen Teil, nämlich das galiläische, und in einen südlichen Teil, das samarisch-judäische Bergland, gegliedert. Im Süden schließt sich das Steppengebiet des Negeb (Negev) an, das den Übergang zur Wüste bildet. Auf diesem Gebirgsrücken lief in verschiedener Höhenlage der zweite Hauptverkehrsweg Palästinas, an dem Hebron und Jerusalem liegen. Weiter nordwärts führte diese Straße über Bet-El am Jakobsbrunnen vorbei und endete im galiläischen Bergland.

3. Den dritten Längsstreifen, der Palästina von Norden nach Süden durchzieht, bildet der Jordangraben, der später noch ausführlich beschrieben wird.

4. Jenseits des Jordan erhebt sich das ostjordanische Hochland, das vom Hermon bis nach Moab, am Südende des Toten Meeres, reicht. Es hat den Tafelcharakter am besten bewahrt und stellt im wesentlichen eine zusammenhängende Hochfläche dar, die im Osten in die Arabische Wüste übergeht, nach Westen aber schroff zum Jordantal abfällt. Aus der Ferne gleicht die Hochfläche trotz der abfallenden Terrassen einer steilen, riesenhaften Mauer, die sich bis zu einer Höhe von 1200 m über das Jordantal erhebt. Das Hochland wird durch die tiefen Flußtäler des Jarmuk, Jabbok und Arnon in vier Gebiete gegliedert. Im Norden dieses Berglandes, vom Jarmuk bis zum Haurangebirge und zu der Landschaft Trachonitis, lag das alte Baschan. Wegen seiner Fruchtbarkeit, seiner guten Weidetriften und großen Eichenwälder wird Baschan schon im Alten Testament

gerühmt. Die wilde Landschaft der Trachonitis und das Haurangebirge sind reich an erloschenen Vulkanen, die im Norden bis zu 1300 m aufsteigen.

Zwischen Jarmuk und Jabbok erstreckt sich die reichbewaldete Landschaft Adschlun mit dem einzigen in Palästina entdeckten alten Eisenbergwerk. Dieser Landstrich gehörte bereits zu dem im Alten Testament oft erwähnten Land Gilead, das aber noch das Gebiet südlich des Jabbok umfaßte. Hier lag die Dekapolis (das Gebiet der Zehnstädte), die in den Evangelien bei Matthäus (4, 25) und Markus (5, 20; 7, 31) erwähnt wird.

Vom Jabbok bis zum Arnon reichte das von den Stämmen Gad und Ruben bewohnte Gebiet, das später Peräa genannt wurde. Im weiteren Sinne umfaßte dieser Name das ganze israelitische Gebiet, das »jenseits« des Jordan lag. Im engeren Sinne umschreibt der Name das Gebiet, das zur Tetrarchie des Herodes Antipas gehörte. Der südliche Teil des Ostjordanlandes, das alte Moab, erstreckte sich vom Arnon bis an den Bach Sered, der ins Südende des Toten Meeres mündet und die Grenze zum Edomiter-Land bildete. Es ist eine baumlose Hochebene, die den Beduinen als Weideland für ihre Schaf- und Ziegenherden dient.

Ein Längsschnitt von Norden nach Süden, der vor allem das Gebiet von Galiläa, Samarien und Judäa berücksichtigt, zeigt noch ausgeprägter den gegensätzlichen Charakter der Landschaft (vgl. Abb. 15, D/E, S. 34, und Abb. 16, S. 36). Galiläa ist ein gebirgiges Kalksteinplateau, das sich etwa 70 km in nordsüdlicher Richtung und etwa 40 km in ostwestlicher Richtung erstreckt. Von dem im Altertum wegen seiner großen Zedernwälder berühmten Libanon mit über 2000 m hohen Gebirgszügen fällt das Land in Obergaliläa auf 1000—600 m ab. Etwa 8 km nordwestlich von der Stadt Safed erhebt sich der Dschebel Dschermak, der mit 1208 m der höchste Berg des Westjordanlandes ist. Von seinem Gipfel bietet er einen weiten Rundblick auf Galiläa und die benachbarten Landschaften. An dieses Hochland schließt sich das tiefer gelegene Untergaliläa (500—200 m) an, eine mit Restwald, Acker- und Gartenland bedeckte anmutige Landschaft. Die Trennung zwischen Ober- und Untergaliläa wird durch ein tief eingeschnittenes Talbecken gebildet, das fast bis an den See Gennesaret heranreicht. Den welligen Charakter der Landschaft bestimmen die von West nach Ost ziehenden Bergrücken mit den dazwischenliegenden weiten Tälern.

In der Mitte von Untergaliläa liegt die von Westen nach Osten sich erstreckende, etwa 15 km lange und

Abb. 16.   Zum Landschaftsbild Palästinas.

1. Blick auf den Hermon.

2. Der Oberlauf des Jordan im Hule-Becken.

3. Bergland von Judäa, Herodium mit dem abgetragenen Zwillingshügel.

3 km breite Battof-Ebene, an deren Nordrand das alte Kana lag (vgl. Abb. 142, 1, S. 244, und Abb. 156, S. 271). Den Südostteil von Untergaliläa bildet ein Basaltgebiet, das durch drei südostwärts zum Jordangraben führende Talsysteme gegliedert wird. Nahe dem Südrande des untergaliläischen Gebirges liegt Nazaret, die Heimatstadt Jesu. Der 588 m hohe Tabor ragt wie ein Kegel bereits in die Ebene Jesreel hinein, die den langen westjordanischen Höhenzug durchschneidet (vgl. Abb. 19, S. 40). Die fruchtbare Ebene bildet eine kleine, annähernd rechteckige Fläche, die sich von Nordwesten nach Südosten erstreckt, nicht mehr als 32 km in der Länge bei 10 km Breite. Da sie auf fast allen Seiten von Bergen eingeschlossen ist, die im Altertum mit Wäldern und dichtem Gestrüpp bedeckt gewesen sein müssen, hatten die Zufahrtstäler eine besondere Bedeutung. Ungefähr in der Mitte der Nordostseite der Ebene lag zwischen der steilen Böschung der Berge von Nazaret und dem alten Vulkan More die Tabor-Pforte, die von der Via Maris durchquert wurde. Das Jesreel-Tal, das sich an das Rechteck in seiner Nordostecke anschließt, fällt langsam zum Jordangraben ab. Das alte Bet-Schean (Skythopolis), das den Eingang zu dieser Pforte am Südostende bewacht, liegt bereits ungefähr 150 m unter dem Spiegel des Mittelmeeres. Auf der südwestlichen Seite des Tales erheben sich steil die Gilboa-Berge bis zu einer Höhe von 460 m. Im Nordwesten der Jesreel-Ebene bildet die Kischon-Pforte den Ausgang in die Küstenebene von Ptolemaïs (Akko). Die übermäßige Enge dieser Pforte, die an ihrer schmalsten Stelle weniger als 400 m breit ist, hatte zur Folge, daß die Ebene unter der 75-m-Linie während der Regenzeit ein großes Sumpfgebiet war, das der kleine Kischon nicht entwässern konnte. Jede Straße mußte darum an den Rändern der Ebene vorbeiführen. Nur an einer Stelle konnte die Ebene durchquert werden. Sie lag in ihrer Mitte, wo ein schmaler Damm von vulkanischem Basaltgestein sich nordwärts von Megiddo in die Richtung des Tabor erstreckt. Es ist die Route, die auch die Via Maris benutzte und Megiddo zum wichtigsten aller Karmelpässe machte (vgl. Abb. 12, S. 29, und Abb. 76, 1, S. 130).

Vom südöstlichen Teil der Jesreel-Ebene führt ein Gebirgspaß nach Samarien, das mit seinen fruchtbaren Ebenen, den bis zum Küstenland reichenden Tälern und vielen Quellen das eigentliche Ackerbaugebiet Palästinas war. Das samarische Bergland nähert sich mit seiner Wasserscheide dem Jordangraben auf 15—20 km. Der Abfall nach Osten ist darum weit schroffer, die westliche

4. Nordwestufer des Sees Gennesaret mit den »Blumen des Feldes«, den »Dornen und Disteln« und dem »felsigen Grund« aus den Gleichnissen Jesu.

5. Umgebung von Samaria.

6. Hügelland in Obergaliläa.

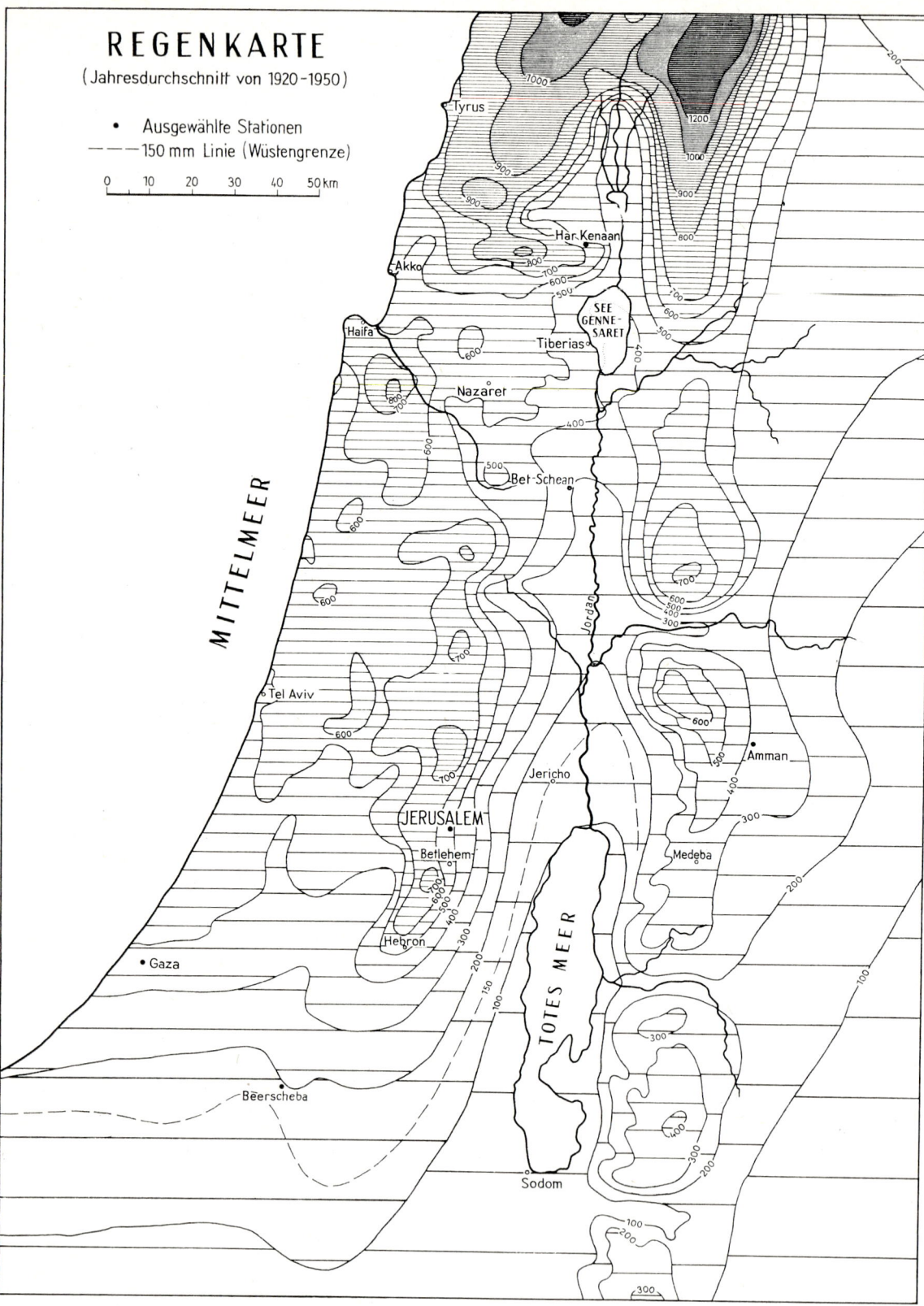

REGENKARTE

(Jahresdurchschnitt von 1920-1950)

• Ausgewählte Stationen
--- 150 mm Linie (Wüstengrenze)

0   10   20   30   40   50 km

MITTELMEER

Tyrus
Akko
Har Kenaan
Haifa
SEE GENNE-SARET
Tiberias
Nazaret
Bet-Schean
Jordan
Tel Aviv
Jericho
JERUSALEM
Betlehem
Amman
Medeba
Hebron
Gaza
TOTES MEER
Beerscheba
Sodom

Abdachung dagegen flacher. Da viele Täler sich nach Westen hin öffnen, können feuchte Seewinde weit ostwärts ins Tal gelangen, so daß der im Regenschatten liegende Streifen mit noch über 250 mm Jahresniederschlägen nicht so ausgesprochenen Ödlandcharakter trägt wie die Wüste Juda. Zur höchsten Erhebung des Landes gehören der Ebal (940 m) und der Garizim (881 m), an dessen nordöstlichem Fuße der Jakobsbrunnen und das alte Sichem liegen.

Im Süden Samariens geht die Hügellandschaft in das geschlossene Hochland von Judäa über, das durch tief eingeschnittene Täler und kahle Bergkuppen gekennzeichnet ist. In der Mitte dieses Hochlandes, östlich der Wasserscheide zwischen dem Mittelmeer und dem Jordangraben, liegt auf einem Felsplateau Jerusalem (760 m), die Heilige (el-Kuds), wie die Stadt noch heute von den Arabern genannt wird.

Nördlich von Jerusalem trägt das Hochland den Namen »Gebirge Efraim« und steigt bis zu einer Höhe von 1011 m an. Dieses Gebirgsland wird von Josephus, dem jüdischen Historiker des Altertums, mit seinen Tälern und Ebenen als quellenreich, fruchtbar an Obst und mit Weideland gesegnet geschildert.

Den eigentlichen Kern des Hochlandes bildet das Gebirge Juda, das sich von Jerusalem über Hebron mit einer mittleren Höhe von 900 m nach Süden erstreckt. Südlich von Jerusalem wird die Landschaft schroffer, trockener und unfruchtbarer. Zwar ist auch hier der Landstrich westlich der Wasserscheide, die der Kamm des Gebirges darstellt, regenreich und fruchtbar; aber östlich der Wasserscheide, namentlich zum Toten Meer hin, beginnt die Wüste, die sogenannte Wüste Juda, die fast bis an die Tore Jerusalems heranreicht.

Im Gebirge Juda liegen die Orte Betlehem (777 m) und das alte Hebron (927 m) mit den Patriarchengräbern. Das Land eignet sich weniger für den Ackerbau. Herden von Schafen und schwarzen Ziegen sind das Merkmal dieser Landschaft geworden. Südlich von Hebron hört die Vegetation auf, und das Bergland geht

Abb. 17. Regenkarte von Palästina (nach Atlas of Israel).

Die Verteilung des Regens ist nicht nur für das gesamte menschliche Leben von größter Bedeutung, sondern auch für das Verständnis des Landes. Die Karte läßt deutlich zwei Tatbestände erkennen: Die Niederschlagsmenge nimmt nach Norden zu, wo sie sowohl größer als auch sicherer ist; die östliche Seite der Berge und Gebirge liegt in einem deutlichen Regenschatten. Wirklich reichlicher Regen (über 700 mm) ist beschränkt auf die Gebirge und Küsten des phönizischen Gebietes mit den Ausläufern auf den Hermon, ferner auf Gilead und auf die efraimitische Wölbung. Zwei anomale Verhältnisse sind auffällig: die zungenförmige Region der Trockenheit, die sich nordwärts dem Senkungsgraben entlang erstreckt, und das östlich davon liegende Gebiet von überraschend starker Niederschlagsmenge entlang dem Rand des östlichen Plateaus bis nach Edom.

langsam abfallend in die Wüste Negeb (Negev) über. (Vgl. Abb. 21, S. 41.)

Die klimatischen Bedingungen in den verschiedenen Landstrichen Palästinas sind entsprechend der Oberflächengestalt und Lage des Landes unterschiedlich.

So herrscht in Galiläa ein Klima, das dem Kaliforniens ähnelt, die Küstenebene ist mit der italienischen Riviera vergleichbar, und in der Wüste Negeb herrschen dieselben Bedingungen wie in der Wüste Sahara.

Palästina ist ein Land der strahlenden Sonne. 98 Prozent des Sommers sind Sonnentage; selbst im Winter ist der Himmel nur an etwa 50 Prozent der Tage bedeckt. Die Temperatur schwankt je nach der Höhenlage und hängt von der Entfernung vom Meer ab. Im tiefgelegenen Jordantal (350 m u. d. M.) kann das Thermometer bis auf 50 °C ansteigen. In der Küstenebene beträgt die mittlere Jahrestemperatur um 19 °C, im höher gelegenen Jerusalem 16,4 °C, in Nazaret 18,5 °C, in Tiberias am See Gennesaret 22,5 °C (Moskau: 3,9 °C; Berlin: 9,1 °C; Rom: 15,4 °C). Während die Seewinde meistens mild sind, wehen aus dem Osten im Sommer heiße und trockene, im Winter kalte Winde. Schneefälle sind selten; doch kann es auch zu extremen Witterungsverhältnissen kommen. Ende Januar 1950 lagen in Jerusalem 40 cm, an der Küste und selbst im Jordantal 10 cm Schnee. Gefürchtet ist der sogenannte »Hamsin«, ein heißer, staubhaltiger Südostwind, der im Mai und Oktober tagelang von der Arabischen Wüste her bläst.

Ein gemeinsamer Faktor aber bestimmt in all den verschiedenen Gebieten des Landes das Klima: die Teilung des Jahres in zwei scharf getrennte Jahreszeiten, in den trockenen Sommer und in den regenreichen Winter. Die Regenzeit beginnt im Oktober und endet im April.[27] Auf die Regenperiode folgt eine üppige Blütezeit, in der ganz Palästina bis in die Wüste hinein einem bunten Teppich gleicht. Für die Feldbestellung und die Ernte sind der rechtzeitige Beginn, die gleichmäßige Verteilung und die ausreichende Dauer der Regenfälle noch wichtiger als die Gesamtmenge der jährlichen Niederschläge. Schon der erste Frühregen im Oktober genügt, um den von der Sommerhitze ausgedörrten Boden aufzuweichen und für das Pflügen und Säen vorzubereiten. Wenn sich aber der Frühregen verzögert, wie dies in den Trockenjahren 1930–1933 der Fall war, dann ist die Ernte gefährdet und das Land von Hungersnot bedroht. Nach dem Frühregen kommt eine Zeit, in der in guten Jahren die Westwinde regelmäßig Regen bringen. Es gibt aber keine längeren Perioden, in denen es »tagelang« regnet, sondern auf Tage mit stundenweisem Regen folgen wieder regenfreie Tage mit strahlendem Sonnenschein. Am Ende der Regenzeit, März bis April, wenn es wärmer wird, fallen die Spätregen, die wieder für eine gute Ernte unerläßlich sind. Die Ernte beginnt mit der Gerste, etwa Anfang April, und erstreckt sich über rund zwei Monate, wobei der Weizen am spätesten geerntet wird.

TEMPERATUR MAXIMUM MINIMUM

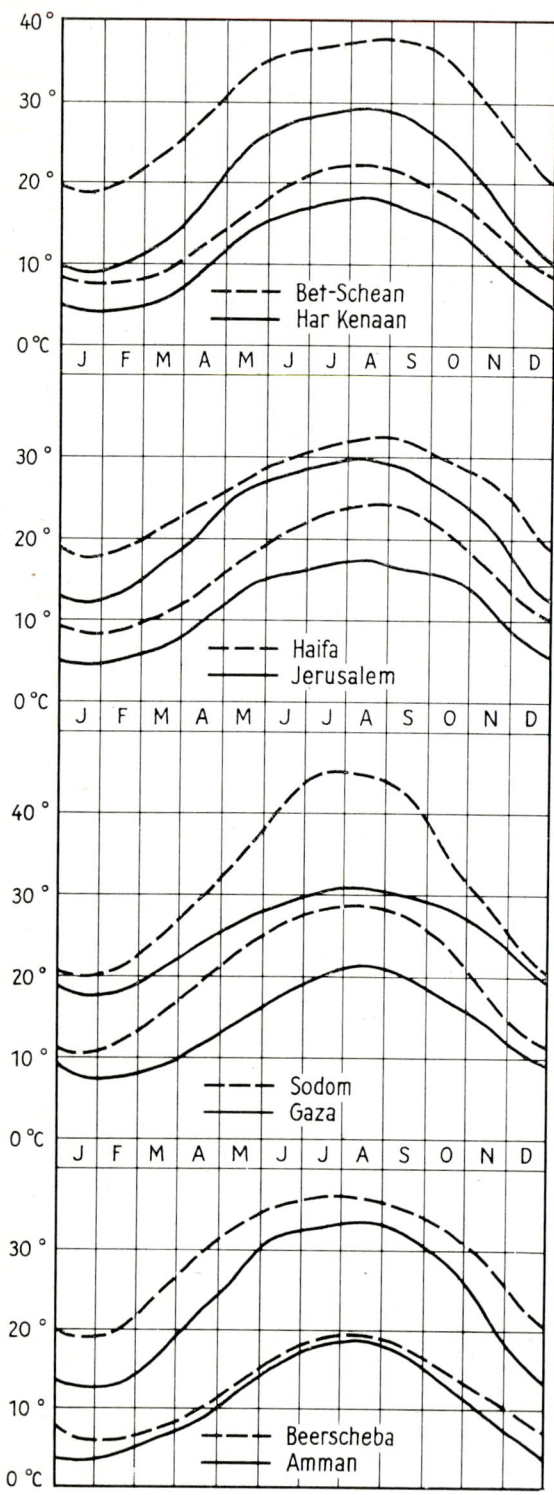

Abb. 18.   Temperaturdiagramm.

Die Zeichnung zeigt den Jahresgang des Temperaturmaximums (obere Linie) und des Temperaturminimums (untere Linie) für die Orte: Bet-Schean (−70 m), das alte Skythopolis im oberen Jordantal, und Har Kenaan (934 m) im Bergland von Obergaliläa, Jerusalem (800 m) und Haifa am Fuße des Karmel, Sodom (−391 m) am Südende des Toten Meeres und Gaza in der Küstenebene, schließlich Beerscheba (Bersabee) (270 m) im äußersten Süden von Judäa und Amman (837 m), das alte Philadelphia in Transjordanien.

Im 65. Psalm, der wohl ein Lied zur Erntedankfeier war, wird in breiter Ausführlichkeit geschildert, wie Gott durch den kostbaren Regen das Feld für die kommende Ernte bereitet hat:

> »Wenn Du die Erde heimsuchst,
> dann mögst Du sie bewässern
> und reichlich segnen mit einem Gottesbach
> voll Wasser
> und so ihr Korn bereiten,
> wenn Du sie so herrichtest!
> Befeuchte ihre Furchen und ebne ihre Schollen,
> und Regengüsse mögen sie erweichen!
> Du aber segne ihr Gewächs!
> Mögst Du das Jahr mit Deinem Segen krönen,
> daß Deine Pfade triefen von dem Überfluß!«
>
> (Ps 65, 10—12)

In den Sommermonaten, von Mai bis September, sind Regenfälle sehr selten; es sind nur kurze Schauer, meistens von schweren Gewittern begleitet. Der trockene, harte Boden ist aber dann nicht fähig, die große Menge des über ihn fließenden Wassers aufzunehmen. Mit großer Geschwindigkeit stürzen die Wasserfluten durch die tiefen Trockentäler und reißen mit zerstörender Gewalt alle Hindernisse fort (vgl. Mt 7, 25—27).

Der Jahresdurchschnitt der Niederschlagsmenge von 1920 bis 1950 betrug für Sodom 51 mm, für Beerscheba (Bersabee) 200 mm, für Tel Aviv (Jaffa) an der Mittelmeerküste 519 mm, für Tiberias am See Gennesaret 442 mm, für Har Kenaan in Obergaliläa 728 mm. Für Jerusalem betrug der Jahresdurchschnitt 509 mm. Vergleicht man damit die Durchschnittszahlen der Niederschlagsmengen für Moskau: 530 mm, für Berlin: 580 mm und für Rom: 800 mm, so stellt man zu seiner Überraschung fest, daß Jerusalem mit seinem Jahresdurchschnitt gar nicht so schlecht gestellt ist. Aber dieser Vergleich läßt den entscheidenden Faktor, der die klimatischen Verhältnisse Palästinas bestimmt, nicht erkennen. Die gesamte Regenmenge Jerusalems fällt in 56 Tagen und verteilt sich so, daß etwa 68 Prozent aller Niederschläge auf die Monate Dezember und Januar

Abb. 19.   Blick vom Tabor auf die Ebene Jesreel.

Abb. 20. Die monatliche Verteilung der Niederschläge.

Die graphische Darstellung gibt die monatliche Niederschlagsmenge für die angegebenen Orte in Millimetern an und läßt die regenlose Zeit deutlich erkennen. Sie zeigt ferner die Abnahme der Niederschläge von Norden nach Süden (Har Kenaan, Jerusalem, Beerscheba) und von Westen nach Osten (Gaza, Bet-Schean, Amman). (Vgl. Abb. 17, S. 38.)

kommen. So bestimmt der Regen die Grenzen zwischen Ackerland und Weidesteppe wie zwischen Steppe und Wüste.

Da Palästina am äußersten Rande der Regenfallzone des Mittelmeeres und auf der Schwelle der Wüste liegt, ist die geringste Abweichung in der Höhenlage für den Regenfall bedeutsam. Schon eine kleine Zunahme an Höhe kann genügen, den begehrten Regen auszulösen, während die geringste Abnahme bedeuten kann, daß die Wolken unverändert darüber hinwegziehen. So regnet es immer in Bet-El, ehe es in dem etwa 90 m tiefer gelegenen Jerusalem regnet, das nur 16 km entfernt ist. In Jerusalem selbst ist die westliche Hälfte feuchter als die östliche. Häufig kommen Tage vor, an denen die Regenwolken am Ölberg abregnen, während im östlicher gelegenen Betanien »der Bauer enttäuscht sein Haupt verhüllt, weil der Regen nicht kam« (Jer 14, 4). Ob auf

Abb. 21. Die Wüste Juda.

Die Wüste Juda (Jeschimon), die sich im Jordangraben bis fast an die Jabbokmündung vorschiebt und im Osten fast bis an die Tore Jerusalems reicht, ist keine Sandwüste, sondern ein Kalksteingebiet, das bei schwacher Humusbildung im Frühjahr für wenige Wochen mit grünem Steppengras und blühenden Blumen bedeckt ist. Der heiße Wüstenwind vom Osten läßt aber bald alle Schönheit der Natur verdorren, und das Wort des Propheten erinnert an das Sterben der Natur: »Alles Fleisch ist Gras, und alle Schönheit ist wie eine Blume auf dem Felde. Das Gras verdorrt, und die Blume verwelkt, wenn sie der Hauch des Herrn trifft« (Jes 40, 6.7).
In der winterlichen Regenzeit treiben die Hirten ihre Herden in den nach Osten abfallenden Tälern bis zum Jordangraben hinab. Dann ziehen sie wieder die Trockentäler hinauf, und die genügsamen Tiere suchen ihr karges Futter an den Hängen des judäischen Kalkgebirges. In Palästina lebte man vom Schaf. Es lieferte dem Menschen Milch und Käse, die Wolle für seine Kleider, das Leder für seine Sandalen und das Fleisch für die festlichen Mahlzeiten. Die auf das Religiöse und Sittliche übertragenen Bilder von den Hirten und ihren Herden sind alle aus dem Alltag genommen. Die Geschichten des Alten Testaments, die Psalmen und die Gleichnisse des Herrn erhalten ein anderes Gewicht, wenn man weiß, was das Schaf den Menschen bedeutete. Ob wir das heute noch verstehen können? Der kritische Philosoph Immanuel Kant schrieb: »Alle Bücher, die ich gelesen habe, haben mir den Trost nicht gegeben, den mir dies Wort der Bibel gab: ›Der Herr ist mein Hirte, mir wird nichts mangeln‹« (Ps 23, 1).

NIEDERSCHLÄGE IN MILLIMETERN

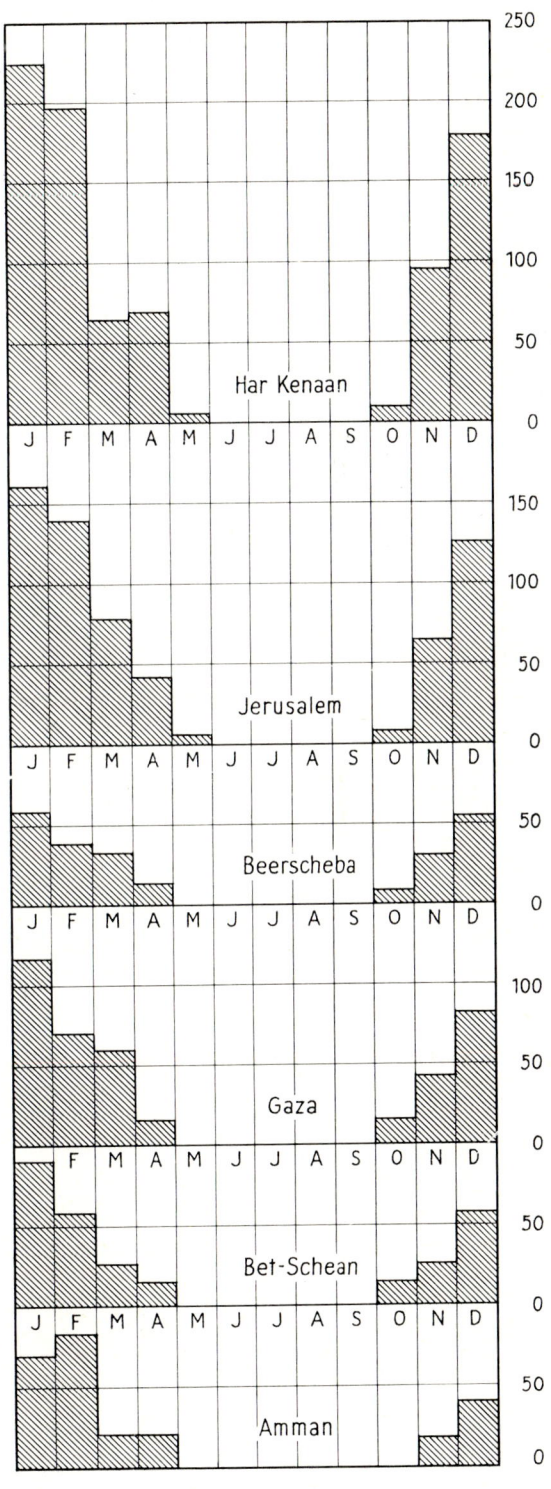

Abb. 22.   Die Fruchtbarkeit des Gelobten Landes.

Das 8. Kapitel des Buches Deuteronomium beschreibt in glühenden Farben den Reichtum und die Segnungen des Gelobten Landes: »... ein prächtiges Land, ein Land mit Bächen, Quellen und Grundwasser, das im Tal und am Berg hervorquillt, ein Land mit Weizen und Gerste, mit Weinstock, Feigenbaum und Granatbaum, ein Land mit Ölbaum und Honig ...« (Dtn 8, 7. 8). Die Bibel zählt sieben Hauptprodukte auf: Weizen, Gerste, Wein, Feigen, Granatäpfel, Öl und Honig.

Wildweizen wuchs in Kanaan schon in prähistorischer Zeit; später, seit der Bronzezeit, züchtete man eine ausgezeichnete Weizensorte, die auch exportiert wurde. Er wurde hauptsächlich an den Rändern der Jesreel-Ebene angebaut (vgl. Abb. 12, S. 29). Im 81. und 147. Psalm wird der Weizen als eine Kostbarkeit und als Gabe Gottes bezeichnet (Bild 1).

Gerste wurde in niederschlagsärmeren Gegenden angebaut, die sich für Weizen nicht eigneten. In älterer Zeit war Gerstenbrot das übliche; später aber wurde es das Brot der Armen, während die Bessergestellten Weizenbrot aßen. Vielleicht betont deshalb der Evangelist diesen Tatbestand bei der wunderbaren Brotvermehrung (Joh 6, 9): daß ein Knabe mit fünf Gerstenbroten unter der Menge war (Bild 2).

Wein wurde in biblischer Zeit in allen Teilen des Landes angebaut. Weingärten gab es in der Ebene und an Berghängen. Schon in alter Zeit benannte man die Weinsorten nach den Herkunftsorten. Bei den Ausgrabungen in Gibeon, nördlich von Jerusalem, sind umfangreiche Anlagen freigelegt worden, die den verschiedenen Stadien der Herstellung und Lagerung von Weinen dienten. Die genauesten Angaben über den Weinanbau stehen in Jesajas »Lied vom Weinberg«: »Mein Freund hatte einen Weinberg auf einer fruchtbaren Höhe. Er grub ihn um und entfernte die Steine und bepflanzte ihn mit den edelsten Reben. Er baute einen Turm in der Mitte und legte eine Kelter an. Er hoffte auf köstliche Trauben ...« (Jes 5, 1. 2). Da der Anblick der köstlichen Trauben den Vorübergehenden geradezu zu einer Kostprobe einlud, wurde diese Versuchung eigens in einer Gesetzesvorschrift toleriert: »Wenn du in den Weinberg eines Nachbarn kommst, darfst du so viele Trauben essen, wie du magst, bis du satt bist, nur darfst du nichts in ein Gefäß tun« (Dtn 23, 25). Das Laubhüttenfest war wohl ursprünglich das Erntedankfest der Weinlese. Wein bildete neben Brot und Öl ein Hauptnahrungsmittel, und guter Wein gehörte zu jedem festlichen Mahl, besonders am Sabbat und beim Paschamahl. Im 104. Psalm wird der Wein als Freudenbringer und Gottesgabe gepriesen. Jesus benutzt das Bild des Weinstockes und Weinberges öfter in seinen Gleichnissen (Bild 3).

Mit dem Weinstock war der Feigenbaum das Sinnbild des Wohlstandes und des Friedens. Der Feigenbaum hat große, meist fünflappige Blätter und bringt zweimal im Jahr Früchte. Da diese fast den ganzen Sommer über reifen, vom Mai bis Oktober, ist die Feige, frisch oder getrocknet, das alltägliche Nahrungsmittel. Feigenbäume kann man in jedem Winkel Palästinas finden; sie stehen gruppenweise in den Weinbergen oder einzeln in einsamen Felsspalten. Ihr besonderer Vorzug ist, daß sie fast keiner Pflege bedürfen (Bild 4, linke Bildhälfte).

Der knorrige, oft einzeln stehende Ölbaum und sein dunkelgrünes Laub mit dem silbernen Schimmer der Blattunterseiten ist ein typisches Kennzeichen der palästinensischen Landschaft. Wenn er einmal angewachsen ist, bringt er selbst auf trockenem und steinigem Boden einträgliche Ernten, obgleich bis zu seiner vollen Entwicklung rund fünfzehn Jahre vergehen können. Doch was ist das für einen Veteranen der Natur, der über tausend Jahre alt werden kann! Seine Frucht, die Olive, spielte im täglichen Leben, für die Nahrung und Gesundheit, für die Körper- und Krankenpflege eine bedeutsame Rolle. Unentbehrlich war das Öl als Brennstoff für die Tonlampen. Von feinster Qualität war das »geschlagene Öl« das im Tempelkult vielfach verwendet wurde. Es stammte von unreif gepflückten Oliven, die in einem Steinmörser langsam zerstampft wurden. Der König wurde mit Öl gesalbt, gleichwie der erwartete Messias, der Gesalbte, mit Öl gesalbt werden soll. Schließlich wurde der Ölzweig zum Symbol des Friedens; auch Picassos Taube hält den Ölzweig im Schnabel (Bild 4, rechte Bildhälfte).

Die Früchte des Granatbaumes, eines immergrünen Zwergbaumes, dienten als Speise, und der Saft der reifen Früchte war während der heißen Sommermonate das beliebteste Getränk. Seine rosenähnliche leuchtende Blüte versinnbildlicht im Hohenlied das Erwachen der Natur (Bild 5).

Die Dattel hatte für Palästina nicht die große Bedeutung wie die Feige, da die Früchte der Palme nur im subtropischen Klima des Jordantales reiften. So wurde Jericho auch die Palmenstadt genannt. Durch den Zuckergehalt waren die gepreßten Früchte jahrelang haltbar, und der Saft der frischen Datteln ergab den »Dattelhonig« (Bild 6).

den bewaldeten Höhen des Karmel und den Hügeln Galiläas oder auf den kahlen Abhängen der judäischen Wüste, es gilt als allgemeine Regel, daß die östliche Seite schon trockner ist als die westliche und die südliche wegen der größeren Verdunstung trockener als die nördliche (vgl. Abb. 17, S. 38).

Es gibt nur wenige Länder, die auf so engem Raum eine so ungewöhnliche Mannigfaltigkeit der Landschaft und des Klimas in sich schließen: Hochland und Tiefland, vielgegliedertes Gebirge und flache Plateaus, grüne Ebenen und graues Felsengebirge.

Noch heute ist Palästina ein Land, das überwiegend von der Landwirtschaft und Viehzucht lebt. Doch hat die Fruchtbarkeit des Landes durch die Vernachlässigung des Ackerbaues stark abgenommen, und die Trockenheit des Landes wurde durch die unvernünftige Abholzung der reichen Waldbestände gefördert.

Die Heilige Schrift nennt es ein Land, das »von Milch und Honig fließt«. In einem ägyptischen Bericht aus dem 19. Jahrhundert v. Chr. finden wir das Lob der Bibel noch übertroffen: »Es war ein schönes Land ... Es gab Feigen dort und Weintrauben, es hatte mehr Wein als Wasser, besaß viel Honig und reichlich Öl. Allerlei Früchte waren auf seinen Bäumen. Es gab Gerste und Emmer [frühe Weizensorte] und allerlei Vieh ohne Zahl ... Man reichte mir Brot als tägliche Kost und Wein als tägliches Getränk, gekochtes Fleisch und Geflügel als Braten, abgesehen von dem Wild der Wüste.«[28] Und noch der hl. Hieronymus schreibt: »Wie herrlich das Land ist, das andere an Fruchtbarkeit über-

trifft, wird derjenige nicht mehr bestreiten, der es durchwandert und seine Städte und die Anmut der Gegend von Nord bis Süd mit eigenen Augen gesehen hat.« Schon damals aber war es nicht mehr das alte Palästina und ist es heute noch viel weniger. Dennoch hat es nicht aufgehört, ein gesegnetes Land zu sein, »ein Land des Weizens und der Gerste, ein Land des Weinstockes und des Feigenbaumes, ein Land der Olive und des Honigs«.

Betlehem

Menschlich gesehen, waren es zeitbedingte politische Verhältnisse, die Maria und Josef zwangen, nach Betlehem zu ziehen. Der gläubige Mensch aber sieht tiefer. Hinter allen Ereignissen im Leben Jesu verbirgt sich ein Geheimnis. Er ist von dieser Welt; aber seine Existenz durchbricht alle Kategorien des Irdischen. Im Antlitz Christi verbirgt sich für uns das unfaßbare Geheimnis Gottes. So steht hinter der unliebsamen Steueraktion die Weissagung, die der Prophet Micha 700 Jahre vor Christi Geburt verkündet hat: »Und du, Betlehem-Efrata, du bist eine der kleinsten unter den Fürstenstädten Judas; aber aus dir wird hervorgehen, der Israel regieren wird. Sein Ursprung ist aus der Vorzeit, aus den Tagen der Ewigkeit« (Mich 5, 1). Der beim Propheten erwähnte Name »Efrata« bezeichnete die ganze Landschaft, deren Hauptort Betlehem war.[29] Er geht auf das Geschlecht der Efratiter zurück, denen David entstammt: »David aber war der Sohn des Efratiters aus Betlehem in Juda, der da hieß Isai« (1 Sam 17, 12).

In den Blickpunkt der Geschichte tritt Betlehem mit den ägyptischen Amarna-Texten[30] aus dem 14. Jahrhundert v. Chr. Wir erfahren, daß Betlehem »nur eine Stadt des Landes Uruschalim« gewesen sei, d. h. eine zum Stadtstaat von Jerusalem gehörige Ortschaft. Der Ortsname, der gewöhnlich mit »Brothausen« übersetzt wird, heißt auf den Tontafeln des ägyptischen Staatsarchivs: »bit ilu lachama« — »Haus der Göttin Lachama«. Lachama ist der Name einer kanaanäischen Fruchtbarkeitsgöttin. In einem langen phonetischen Abschleifungsprozeß wurde aus »bit ilu lachama« der hebräische Name »bet-laham« — »Haus des Brotes« — der Richter- und Königszeit und schließlich das Betlehem von heute.

Die Bibel erwähnt den Ort zum erstenmal mit Rahels Tod (Gen 35, 19). Nach verschiedenen, einander ergänzenden Angaben des Alten Testaments ist Rahel, die Mutter Josefs und Benjamins, auf dem Weg nach Efrata (Gen 35, 19; 48, 7), unweit von Rama (Jer 31, 15) an der benjaminitisch-efraimitischen Grenze (1 Sam 10, 2), also nördlich von Jerusalem, begraben worden. Jakob stellt an ihrem Grab ein Denkmal auf (Gen 35, 20). Sehr früh, noch in alttestamentlicher Zeit, ist die Überlieferung aus Gründen, die uns heute nicht mehr durchsichtig sind, in die Gegend unmittelbar nördlich von Betlehem gewandert, kurz vor die Stelle, an welcher der Weg nach Betlehem von der Straße Jerusalem—Hebron

abzweigt (vgl. Abb. 25, S. 47). Den ältesten Beleg dafür bietet der Glossator zu Gen 35, 19 und 48, 7, der zum Text »am Wege nach Efrata« die Worte »das ist Betlehem« hinzufügt. Auch die heutige Fassung beim Propheten Micha könnte die Wanderung der Überlieferung an einen Ort südlich von Jerusalem voraussetzen. Auf jeden Fall reicht die Tradition des Rahelgrabes vor den Toren Betlehems weit in die vorchristliche Zeit zurück. Die erste Erwähnung eines Grabbaues, der noch aus jüdischer Zeit stammen kann, finden wir beim Pilger von Bordeaux (333).[31] Das Grabmal, das nach dem gallischen Bischof Arkulf (670) »mit geringem Aufwand errichtet ist, bar jeden Schmuckes, von einem steinernen Baldachin umgeben«, zeigt heute die Form eines

Abb. 23. Blick von dem Hirtenfeld der Griechen auf Betlehem.

Das im Licht der untergehenden Sonne aufgenomme Bild läßt auf dem Hügel den flachen Bau der Geburtskirche zwischen dem mächtigen griechischen Kloster (links) und dem Turm der Katharinenkirche (rechts) noch erkennen (vgl. Abb. 6, S. 21). An der Nordostseite der Geburtskirche fällt das Gelände nach dem Wadi ed-Dschamal terrassenförmig ab. An Ölbäumen vorbei führt der Weg nach dem östlich von Bet-Sahur gelegenen Hirtenfeld der Griechen (vgl. Abb. 25, S. 47). In einem großen, ummauerten Ölgarten sah man bis zum Jahre 1972 einige Ruinen liegen, die von den Einheimischen »Kloster« oder »Kirche der Hirten« genannt wurden. Über eine Treppe konnte man in eine Krypta hinabsteigen, in der an Epiphanie, dem Weihnachtsfest der Griechen, nach Mitternacht der Gottesdienst mit der Botschaft des Engels an die Hirten gefeiert wurde. Wie alt ist diese Tradition?
Petrus Diaconus, Bibliothekar in Monte Cassino, stellte 1137 ein Buch aus älteren Pilgerschriften zusammen. Über das Hirtenfeld schreibt er: »Da, wo die Kirche ist, ›welche Zu den Hirten heißt‹, befindet sich ›ein großer Garten‹, von Mauern eingefaßt. ›Dort ist eine sehr helle Höhle, mit einem Altar an dem Ort, wo der Engel, den Hirten erscheinend, als diese Nachtwache hielten, ihnen die Geburt Christi verkündete‹« (Baldi, 129, 2). Manche Forscher schreiben diesen Bericht der Pilgerin Aetheria zu, die in den Jahren 381—384 Palästina bereiste. (Vgl. Anm. 31, S. 570.)
Die Archäologen haben die Ruinen zum Sprechen gebracht. Die ältesten Spuren reichen bis in das 4. Jahrhundert zurück. In der Krypta, die ursprünglich eine Felshöhle war, wurde ein vielfarbiges Bodenmosaik freigelegt. Zu Beginn des 5. Jahrhunderts wurde die Felshöhle beträchtlich erweitert und zu einer Unterkirche umgestaltet; darüber baute man eine kleine Gedächtniskapelle. Im 6. Jahrhundert beginnt eine völlige Umwandlung des Geländes. An der Stelle der kleinen Kapelle wurde eine prächtige Basilika erbaut, die Säulen waren aus weißem Marmor und mit korinthischen Kapitälen geschmückt. Den östlichen Teil des Turmes benutzte man als Begräbnisstätte, in der noch etwa 100 Skelette mit Grabbeigaben aus dem 6. Jahrhundert gefunden wurden.
Beim Einfall der Perser (614) sank die Basilika in Trümmer, wurde aber später durch einen neuen Bau ersetzt. Zum Schutz umgab man die Kirche mit einer Mauer und vier Verteidi-

gungstürmen. Nach einer erneuten Zerstörung im 11. Jahrhundert blieben die Ruinen liegen. Erst im 16. Jahrhundert kehrten griechische Mönche wieder zurück, und von neuem erklingt an dieser von der Tradition verehrten Stätte die Botschaft des Engels an die Hirten bis zum heutigen Tag.

Etwa 500 m nördlich vom Hirtenfeld der Griechen steht die Engelskapelle der Lateiner auf einem niedrigen Hügel. Etwas unterhalb wurden auf einem Abhang die Ruinen einer Kirche und eines großen Klosters freigelegt. Der erste Bau gehört schon dem 4. Jahrhundert, der zweite dem 6. Jahrhundert an. Unter der Herrschaft der Kalifen erlosch langsam das Leben, und das Kloster wurde ganz aufgegeben. So erinnert auch die im Jahre 1954 erbaute Engelskapelle an eine alte Tradition, die seit ältester Zeit mit Betlehems Fluren verbunden ist.

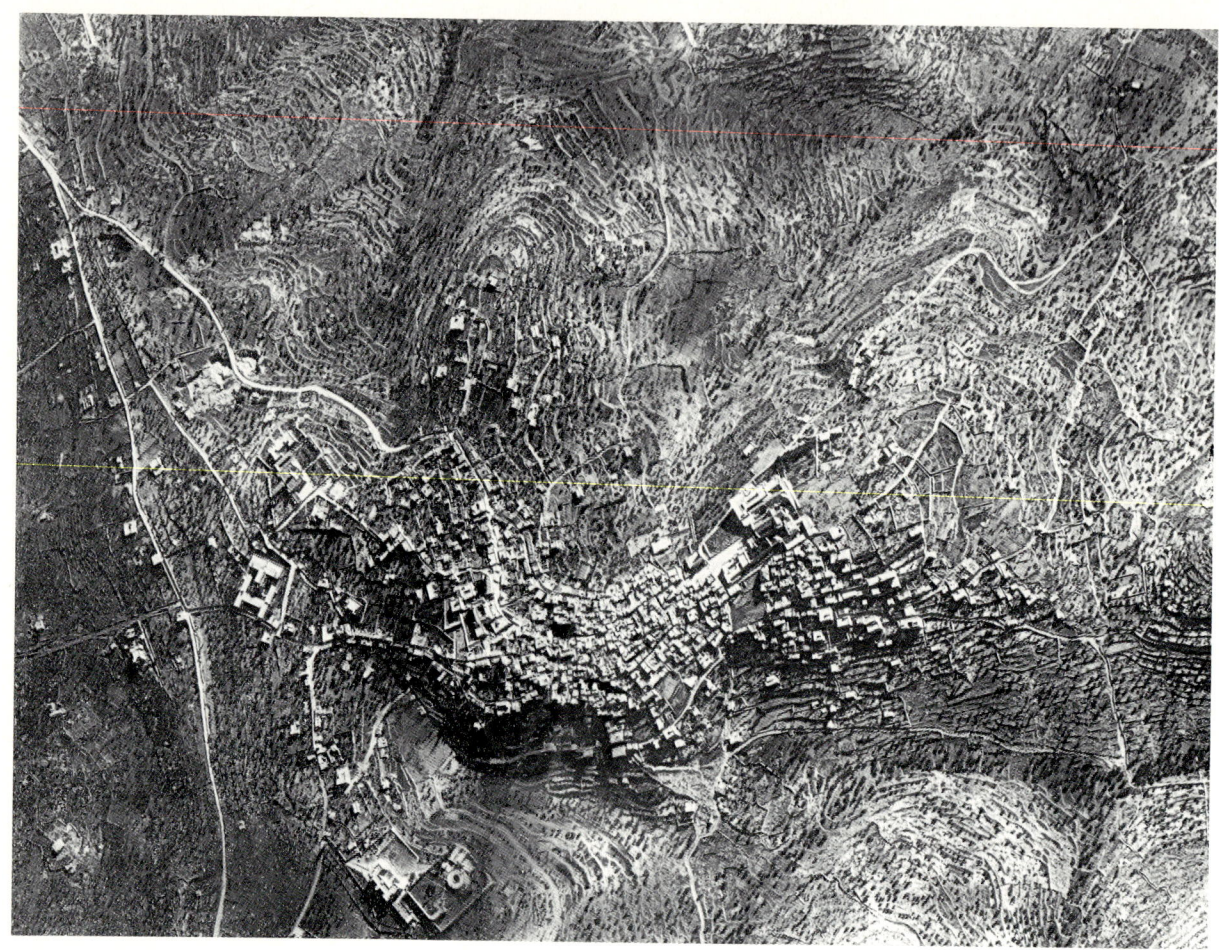

Abb. 24.   Luftaufnahme von Betlehem.

Betlehem, etwa 8 km von Jerusalem entfernt, liegt auf zwei mäßigen Hügeln, die durch einen kurzen Sattel verbunden sind. In der linken oberen Ecke des Bildes erscheint die Straße von Jerusalem, die sich kurz hinter dem Rahelgrab verzweigt. Die Hauptstraße führt in gerader, südlicher Richtung nach Hebron, während eine Nebenstraße in südöstlicher Richtung abbiegt und am nördlichen Hang des Bergrückens, auf dem Betlehem liegt, in einem weiten, nach oben offenen Bogen ostwärts zieht.

So liegt die Landschaft heute vor unseren Augen da, so lag sie vor tausend, so lag sie vor zweitausend Jahren da. Der gallische Bischof Arkulf (670) schreibt: »Es gibt eine königliche Straße, die von Aelia (Jerusalem) in südlicher Richtung nach Hebron führt. Dicht an diesem Wege auf der Ostseite liegt Betlehem, und zwar sechs Meilen (8–9 km) von Jerusalem entfernt. Das Grab der Rahel befindet sich am Ende des Weges auf der Westseite, d. h. für diejenigen, welche nach Hebron reisen, ganz nahe zur Rechten, in geringer Arbeit hergestellt und ohne irgendwelche Verzierung außer einer steinernen Pyramide« (Geyer, S. 258 f.). Das Grab der Rahel wird an dieser Stelle von den Pilgern seit 333 n. Chr. nachweislich

erwähnt. Wir erliegen keiner Illusion, wenn wir vermuten, daß auf dieser Straße während der Regierungszeit Herodes' des Großen auch Maria und Josef nach Betlehem reisten.

Die Geburtskirche liegt im Südosten der Stadt (vgl. Abb. 25), am östlichen Rand des Bogens, von den drei Klostergebäuden, dem lateinischen im Norden, dem griechischen und armenischen im Süden, bugartig umgeben (vgl. Abb. 28, S. 51). Als Willibald, der spätere Bischof von Eichstätt, um 725 Betlehem besuchte, beeindruckte ihn unvergeßlich die äußere Gestalt der Kirche, die »in Form eines Kreuzes erbaut ist« (Baldi, 114). Die Luftaufnahme bestätigt noch nach vielen Jahrhunderten die einprägsame Kreuzesgestalt der Kirche am Rande der Stadt. Von dort führt der Weg an Bet-Sahur vorbei über die Hirtenfelder ostwärts nach der Wüste Juda und dem Toten Meer. Betlehem liegt bei der Geburtskirche etwa 760 m über dem Meeresspiegel. Der höchste Punkt auf dem westlichen Hügel, dem Plateau el-Baten, erreicht eine Höhe von rund 790 m. Unter diesen Höhen breitet sich Acker- und Gartenland aus. Die auf dem Photo sichtbaren dunklen Punkte sind Ölbäume. Nach Norden und Westen geht die Landschaft in unregelmäßige Hügel- und Talformen über. Nur im Süden fällt der Hügel steil ab, südlich davon liegt auf einem Bergvorsprung (linker unterer Bildrand) das Karmelitinnenklo-

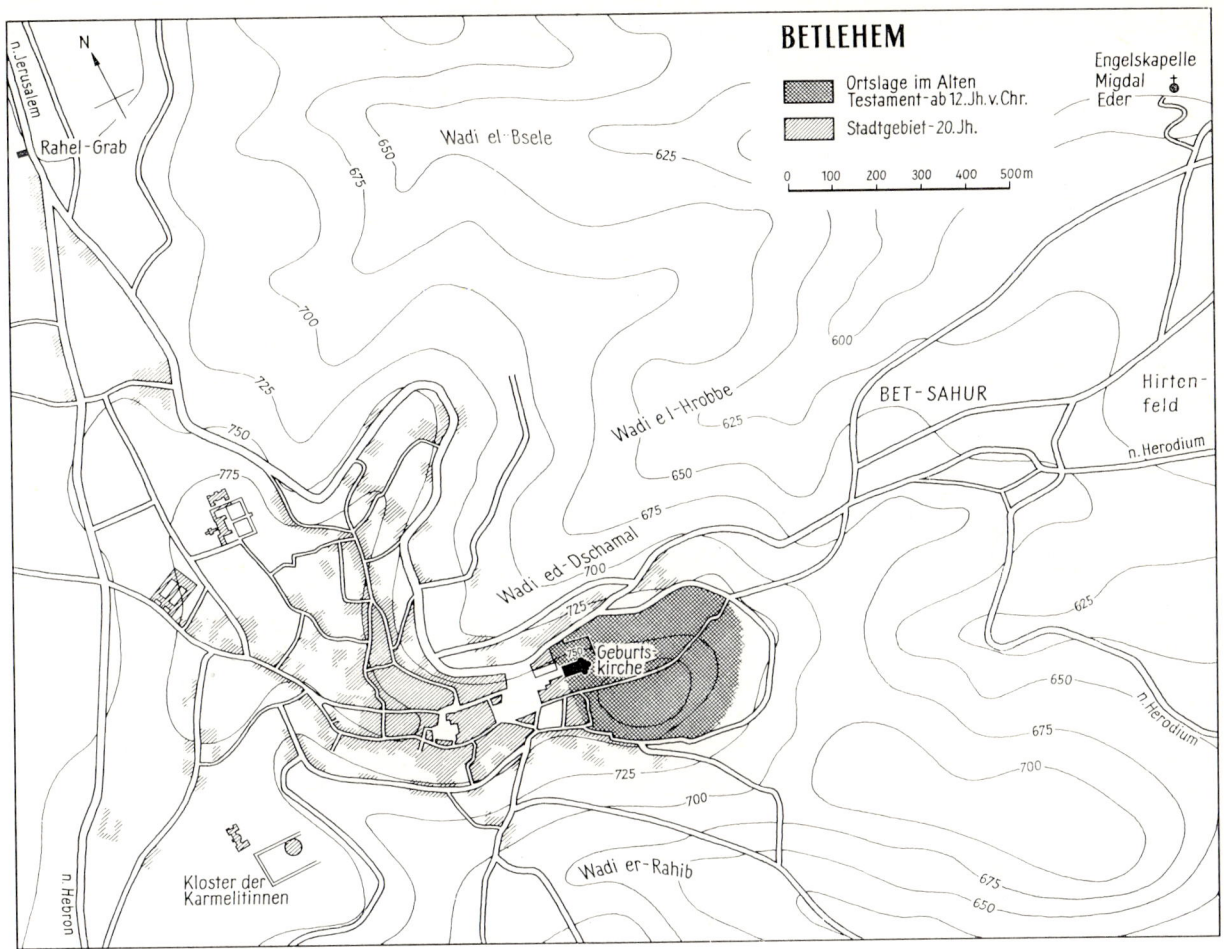

Abb. 25. Karte von Betlehem und Umgebung.

ster; ebenso sinkt die Nordostseite der Geburtskirche jäh nach dem Wadi ed-Dschamal ab. Der Terrassenbau der Anhöhen (Senon und Feuerstein) gibt der ganzen Stadtanlage ein amphitheatralisches Aussehen. (Das Gesamtbild ist aus zwei Luftaufnahmen zusammengesetzt. Der untere Rand hat die Richtung Südsüdwest.)

mohammedanischen Prophetengrabes. Es ist ein kleines, weiß getünchtes, würfelförmiges Gebäude mit einer Kuppel.[32]

In Israels Geschichte genoß Betlehem einen Ehrenvorzug. In Betlehem hatte die Ahnfrau Davids, die Ährenleserin Rut, mit ihrer Schwiegermutter Noomi gewohnt. Hier in Betlehem wurde David geboren und hatte auf den Fluren der Umgebung die Herden seines Vaters gehütet. In Gottes Auftrag ging Samuel nach der Verwerfung Sauls nach Betlehem, versammelte die Ältesten

der Stadt zum Opfer und goß das Ölhorn aus über das Haupt Davids, des jüngsten Sohnes Isais. So wurde Betlehem die Davidsstadt. Dann schweigt die Heilige Schrift während vieler Jahrhunderte über Betlehem, bis die Fülle der Zeiten gekommen war. »Josef ging von Galiläa aus der Stadt Nazaret hinauf nach Judäa, in die Stadt Davids, die Betlehem heißt, weil er aus dem Hause und dem Geschlechte Davids stammte« (Lk 2, 4).

In neuerer Zeit ist Betlehem als Geburtsort Jesu öfter angezweifelt worden, und zwar mit der Begründung, daß Betlehem als Geburtsort nur ein urchristliches Postulat sei, das der messias-theologischen Reflexion entsprungen ist.[33] Schon Renan hat darauf hingewiesen, daß in den Evangelien außerhalb der Geburtsgeschichte immer Nazaret als die Heimat Jesu erscheint. Nazaret kommt im Neuen Testament zwölfmal vor. Betlehem dagegen ist nur durch Mattäus (2, 1. 5. 8. 16) und Lukas (2, 4. 15) als Geburtsort Jesu bezeugt. Weil das erste Evangelium, so erklären die Kritiker, im Kanon bis in die Neuzeit herein einen unangefochtenen Vorrang gehabt hat und die sogenannte Weihnachtsgeschichte des

Abb. 26.   *Panorama von Betlehem.*

Die Geburtskirche in der linken oberen Bildhälfte, im Hintergrund der kegelförmige Hügel mit der Festung Herodium, der Begräbnisstätte Herodes' des Großen; am Horizont, jenseits des tiefgelegenen — hier nicht sichtbaren — Toten Meeres, das ostjordanische Hochland.

Lukas sich einer besonderen Beliebtheit erfreute, habe sich die Betlehemtradition so lange zu halten vermocht. Im Markusevangelium wird Betlehem überhaupt nicht genannt. Bei Johannes erscheint der Name ein einziges Mal, und zwar in einer Äußerung, die nicht erkennen läßt, daß Betlehem als Geburtsort Jesu angesehen wurde: »Kommt denn der Messias aus Galiläa? Sagt nicht die Schrift: Aus Davids Geschlecht und aus dem Dorf Betlehem, wo David war, kommt der Messias?« (Joh 7, 41. 42) [34]

So haben moderne Exegeten die Betlehemtradition als eine Legende erklärt, die den Zweck hatte, Jesus als den im Alten Testament verheißenen Davidssohn zu erweisen (2 Sam 7, 12 f.; Jes 11, 1; Jer 23, 5; Mich 5, 1). Aber schon Paulus setzt im Römerbrief um das Jahr 58 als bekannt voraus, daß Jesus, »der dem Fleisch nach aus dem Geschlecht Davids stammt« (1, 3), zur Davidsfamilie gehörte. Das bedeutet aber, daß die Betlehem-

tradition lange vor der Entstehung des Mattäus- und Lukasevangeliums vorhanden war. Weil dem Evangelisten Mattäus die Überlieferung vorliegt, wonach Jesus in Betlehem geboren worden ist, verknüpft er bestimmte alttestamentliche Texte mit dieser Gegebenheit. Das Doppelzeugnis von Mattäus und Lukas erhält noch dadurch ein besonderes Gewicht, weil die beiden Evangelien unabhängig voneinander entstanden sind.

Wir sind gewohnt, das griechische Wort »katalyma« mit »Herberge« zu übersetzen, und verbinden damit die Vorstellung, daß Josef und Maria während der Zensusaktion in der Karawanserei des Ortes Unterkunft suchten. Eine genaue Analyse des Wortes »katalyma« und der Begleitumstände führt zu einem anderen Ergebnis. Zunächst steht fest, daß Josef nicht als Fremdling oder Heimatloser nach Betlehem gekommen ist. Er mußte sich in seiner Vaterstadt melden, nicht nur, »weil er aus dem Hause und dem Geschlechte Davids stammte« (Lk 2, 4), sondern weil er in Betlehem noch Besitz oder wenigstens einen Anteil am Familienbesitz hatte. Weiter läßt sich aus dem Text erschließen, daß die junge Mutter bis zum Tage ihrer vom Gesetz vorgeschriebenen Reinigung — das sind 40 Tage — in Betlehem weilte (Lk 2, 22). Es ist unwahrscheinlich, daß die Familie diese Zeit im »Hotel«, in der Gaststätte oder Karawanserei des Ortes verbrachte.

Was bedeutet also »katalyma«? Eine eingehende Prüfung der antiken profanen Texte, in denen das Wort »katalyma« gebraucht wird, ergibt den allgemeinen Sinn von »Zimmer«.[35] Die Septuaginta, die griechische Übersetzung des Alten Testamentes, verbindet mit dem Wort »katalyma« zwar auch den Sinn eines vorübergehenden Aufenthaltes in einer Herberge; der eigentliche ursprüngliche Wortsinn von »großem Zimmer«, das dem Besitzer gehört, hat aber das Übergewicht. Im Neuen Testament finden wir dasselbe Wort noch in dem Bericht über die Vorbereitung zum Paschafest (Mk 14, 14; Lk 22, 11). Wieder wird das Wort im ursprünglichen Sinn gebraucht: »Es ist ein großes Gemach«, das der Hausherr seinem Gast zur Verfügung stellt. Es handelt sich hier in keiner Weise um ein »Hotelzimmer«. Lukas gebraucht übrigens für ein derartiges Logis das Wort »pandocheion« — »Herberge, Chan, Karawanserei« (Lk 10, 34).

Kann der Sinn von »katalyma« — »großes Zimmer« — auch in unserem Text gemeint sein? Einige Exegeten vertreten die Ansicht, daß es sich auch bei Lk 2, 7 um das große Zimmer eines Privathauses handelt, das je nach den Besitzverhältnissen die repräsentativ eingerichtete »gute Stube« des Hauses sein kann (Lk 22, 11) oder auch nur die einzige Stube einer weniger wohlhabenden Familie. Konnte diese »große Stube« zum Besitzanteil des Josef gehören? Mattäus (2, 11) legt das nahe. Wir wissen nicht, warum der unverheiratete Zimmermann Betlehem verließ und in Nazaret sein Handwerk ausübte. Gewiß aber ist, daß ihn die politischen Verhältnisse zu einer plötzlichen Rückkehr nach Betlehem zwangen. Als er ankam, war das »katalyma« — die »große Wohnstube« — mit den alten Bewohnern und anderen bereits zugereisten Verwandten überbelegt. Wahrlich, nicht das geeignete Milieu, in dem Maria das Kind gebären konnte! Josef und die werdende Mutter zogen sich still zurück. Wohin? Daß die Notlösung in einem sonst dem Vieh des Hausherrn dienenden Stall bestand, ergibt sich daraus, daß darin eine Krippe war. Daß dieser Stall auch eine Höhle oder Felsgrotte gewesen sein kann, zeigt noch heute die palästinensische Sitte, das eigentliche »Haus« vor einer Höhle zu bauen oder die Höhle in den Wohnkomplex mit einzubeziehen.

Auf dem heutigen Stadtplan von Betlehem liegt die Geburtskirche am östlichen Rand der Stadt (vgl. Abb. 25, S. 47). Die im Jahre 1969 von den israelischen Forschern S. Gutman und A. Berman durchgeführten topographischen und archäologischen Untersuchungen führten zu dem überraschenden Ergebnis, daß das alttestamentliche Betlehem, die Stadt Davids, östlich von der Geburtskirche lag. Scherben der Eisenzeit (etwa ab 1200 v. Chr.) wurden in den Gärten und auf dem umliegenden Gelände südlich und nördlich der Geburtskirche gefunden. Bereits 1962 wurden beim Bau einer Schule, knapp 100 m nördlich der Geburtskirche, verschiedene Keramikreste freigelegt, die wahrscheinlich zu

einer Grabanlage gehörten. Die Lampen, Krüge und Töpfe stammen aus der Eisenzeit II (900–600 v. Chr.). Auch bei den Restaurierungs- und Ausgrabungsarbeiten der »Custodia Terrae Sanctae« in den Jahren 1962 bis 1964 sind in den Grotten unter der Geburtskirche (vgl. Abb. 33, S. 62) eisenzeitliche Kleinfunde gemacht worden, die etwa dem 7. Jahrhundert v. Chr. angehören, darunter ein Krughenkel mit zwei Stempeln, einem Kreis und dem Siegel eines Flügelskarabäus, ferner Scherben aus römischer und byzantinischer Zeit. Diese Feststellungen haben eine große Bedeutung für die Authentizität der Geburtsgrotte: Sie lag im Ort. In Betlehem suchten die Hirten das Kind. Nach der Engelserscheinung auf ihren Weideplätzen sagten sie zueinander: »Wir wollen doch bis nach Betlehem gehen und sehen, was geschehen ist und was der Herr uns kundgetan hat. Da gingen sie eilends hin und fanden Maria und Josef und das Kind, das in der Krippe lag« (Lk 2, 15. 16).

Zu jeder Zeit und bei jedem Volk finden wir eine gewisse Vorliebe für Höhlenmotive. Fast alle klassischen Religionen, auch der Mithraskult, haben Höhlen als Offenbarungsstätten der Gottheit bevorzugt. Es liegt nahe, die Motive der vergleichenden Religionsgeschichte auch auf den Ursprung des Christentums zu übertragen, ja man wird zu diesem Vergleich geradezu angeregt, da alle bedeutsamen Kirchen, die im 4. Jahrhundert in Palästina erbaut wurden, »heiligen Höhlen« ihren Ursprung verdanken. Man versuchte sogar, diese Höhlen unversehrt in die Bauanlage aufzunehmen, wie es die Verkündigungskirche in Nazaret, die »Ecclesia elegans« mit der Verratsgrotte in Getsemani und schließlich die »Eleona« auf dem Ölberg zeigen. So »hat die Kirche auch die Geburt des Herrn in Betlehem an einem Platz lokalisiert, der vorher als heilige Höhle des Adonis verehrt worden war«[36]. Eine Prüfung dieser religionsgeschichtlichen Vorstellung und der Nachweis einer Verehrung der Geburtshöhle vor dem Adoniskult soll den geschichtlichen Tatbestand klarstellen: Am Anfang stand nicht das »Höhlenmotiv«, sondern die Geburt Jesu in einer Höhle.

Was einen vorhadrianischen Adoniskult in Betlehem anlangt, so ist dieser vor dem Jahre 70 n. Chr. in einem rein jüdischen Ort einfach undenkbar. Zu dieser berechtigten Überlegung kommt der Tatbestand, daß für einen Einfluß des Adoniskultes in Betlehem jede konkrete Spur fehlt. Auch für die Zeit zwischen 70 n. Chr. und dem Beginn des Bar Kochba-Aufstandes (132 n. Chr.) ist ein Adoniskult in Betlehem höchst unwahrscheinlich. Er könnte nur von einer römischen Truppe, die dauernd in Betlehem in Garnison gelegen hatte, eingerichtet worden sein; aber dafür liegt nicht der leiseste historische Anhaltspunkt vor. Mit anderen Worten: der Adoniskult kann nicht vor dem Jahre 135 n. Chr. in Betlehem eingezogen sein. Wenn die Kirche aber schon um die Mitte des 2. Jahrhunderts eine bestimmte Ortsüber-

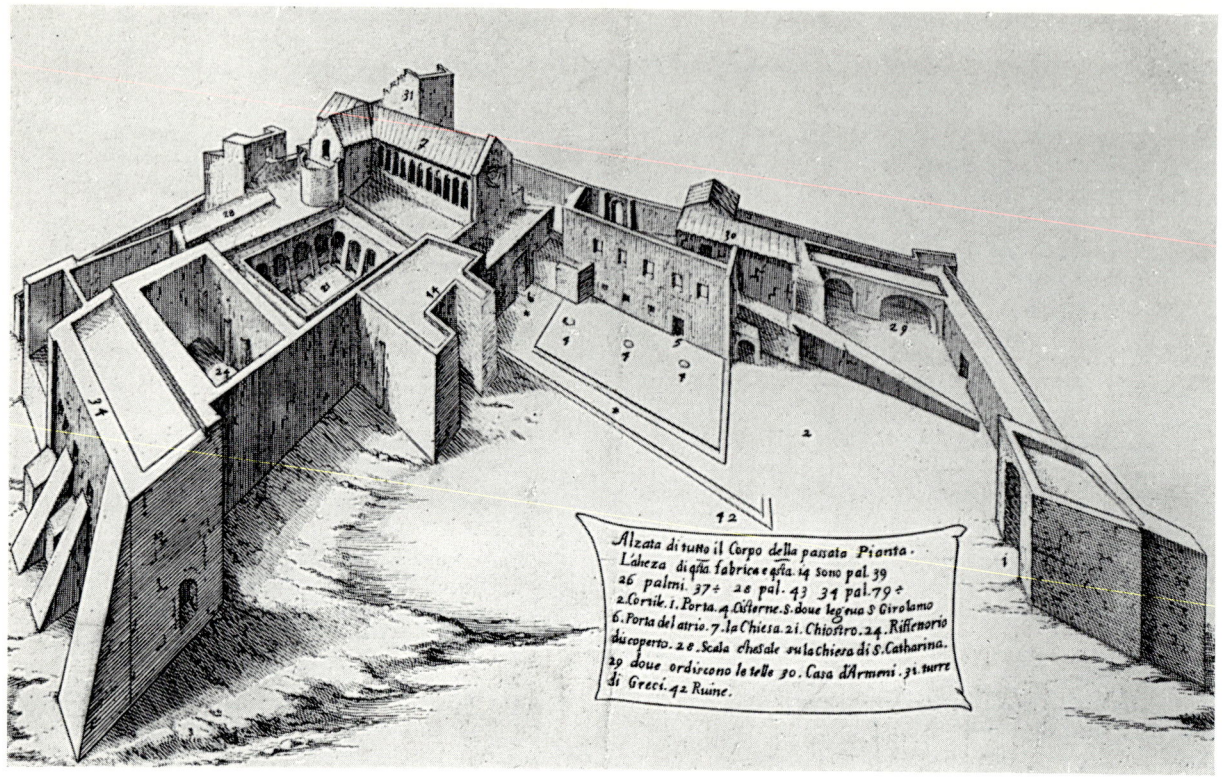

Abb. 27. Die Geburtskirche nach einem Stich aus dem Werke »Trattato delle Piante et Imagini de Sacri Edifizi di Terra Santa« des Franziskaners Bernardino Amico aus dem Jahre 1596.

1 Haupttor
2 Hof
4 Zisternen
5 Schule des hl. Hieronymus
6 Eingangsportal der Kirche mit Narthex
7 Geburtskirche
14 Vorratsräume
21 Klosterhof mit Kreuzgang
24 Zerstörtes Refektorium
28 Treppe zur Katharinenkirche
30 Kloster der Armenier
31 Turm der Griechen
34 Gästehaus
42 Ruinen

Der mächtige Gebäudekomplex, der fast den Eindruck einer Burg macht, liegt vor unseren Augen wie ein aufgeschlagenes Buch, in dem die Baugeschichte der Kirche zu lesen ist. Der historische Stich ist deshalb für uns so wertvoll, weil das heutige, von verschiedenen Gebäuden überbaute Gelände noch in seiner ursprünglichen Anlage zu erkennen ist (vgl. Abb. 28). Wir sehen die Basilika (7) mit ihrem kreuzförmigen Grundriß, der dem Dach die charakteristische Form gibt. Irgendwie erscheinen aber die Apsiden wie »angeklebt«. Vor der hohen Fassade liegt der von Justinian errichtete Narthex

(6). Das große Hauptportal zeigt noch nicht die massigen Pfeiler, mit denen der Eingang und die Narthexfassade verbaut worden sind. Auf dem der Basilika vorgelagerten Gebäude ist die Anlage des Atriums und des Vorhofes noch zu erkennen. Das innere Rechteck entspricht dem Stylobaten und dem Säulengang, die das Atrium schmückten (vgl. Abb. 30, S. 54). Den westlichen Abschluß des großen Vorhofes bildet eine mittelalterliche Befestigungsmauer mit einem in der Achse der Basilika liegenden mächtigen Torbau. Ein Vergleich mit der modernen Luftaufnahme zeigt, daß zwar die Besitzverhältnisse die gleichen geblieben sind, die alte Kirche aber noch mehr von den Bauten eingeengt wird. An der Südseite (rechts) des Vorhofes liegt der mächtige Block des armenischen Klosters, behütet von dem zierlichen Glockenturm. Es schließt sich an (rechts von der Geburtskirche) das Gelände der orthodoxen Griechen mit dem hohen Turm und dem Kloster. Der »Turm der Griechen« (31) an der Südapsis der Geburtsbasilika gehört noch zu den Bauten der Kreuzfahrerzeit. Die Nordseite der Basilika (links) wird flankiert von der Katharinenkirche und dem Kloster der Franziskaner. Schon Amicos Stich bezeugt die Kirche, die der hl. Katharina von Alexandria geweiht ist. Im Jahre 1880 wurde die Kirche umgebaut und erweitert. Die »Pfarrkirche Betlehems« erhielt einen Turm mit Glocken. Die mächtigen Substruktionen des Klosters, die das alte Bild noch zeigt, sind verschwunden, nur die tiefgelegene Straße, die nach Bet-Sahur zu den Hirtenfeldern der Griechen und Lateiner führt, läßt das abschüssige Gelände noch vermuten. Das bei Amico als Ruine (42) bezeichnete Geländestück nördlich (links) des Vorhofes ist mit Bäumen bepflanzt und dient als Friedhof.

Abb. 28. Moderne Luftaufnahme der Geburtskirche mit den angrenzenden Gebäuden.

lieferung über die Geburtshöhle hat, so kann diese nicht aus dem Adoniskult entstanden sein.

Für die Stätte der Geburt Jesu in einer Höhle sprechen viele Zeugnisse, die auf eine alte Lokaltradition zurückgehen. Justin, der um das Jahr 100 n. Chr. in Neapolis, westlich vom alten Sichem, geboren war, erwähnt in seiner Apologie die Geburt Jesu in einer Höhle, und zwar muß er dies bereits gegen den Einwand verteidigen, daß auch die Lehrer der Mithrasmysterien etwas Ähnliches lehren: »Als das Kind in Betlehem geboren wurde, kehrte Josef, da er keinen Platz zum Absteigen fand, in einer Höhle ein. Als sie dort weilten, gebar Maria Christum und legte ihn in eine Krippe« (Dialog 78).

Wie aber kam der Adoniskult nach Betlehem? Nach der Niederwerfung des Zweiten Jüdischen Aufstandes (132–135 n. Chr.) hatten die Judenchristen bei der damals herrschenden Erbitterung das Schicksal der Juden teilen müssen. Der Tempelplatz wurde durch einen römischen Tempel des Jupiter Capitolinus und zwei Kaiserstatuen entweiht; über dem Schiloachteich, dessen Wasser man beim Ritus der Wasserspende am

Laubhüttenfest verwendete, wurde ein Nymphenbad eingerichtet (vgl. Abb. 208, S. 368); am Betesdateich ein Äskulap-Heiligtum erbaut (vgl. Abb. 191, 3, S. 336); in Mamre bei Hebron, an der von den Juden hochverehrten Terebinthe, ein ständiger Opferdienst durchgeführt.

Auch die Höhle, in der die Judenchristen die Stätte der Geburt Jesu zeigten, gehört zu den unter Hadrian mit heidnischem Kult versehenen Heiligtümern. In Betlehem, der Stadt Davids, wurde der heidnische Adoniskult eingeführt: »an Stelle des Kyrios Jesus setzte man mit voller Absicht den Kyrios Adonis«[37].

Origenes (um 185–254), der bedeutendste Theologe der frühen griechischen Kirche, hat Palästina mehrfach bereist und die Stätten Jesu und seiner Jünger besucht. Fromme Gefühle, die die heiligen Orte in ihm erregten, hat er in seinen Schriften nirgends mitgeteilt. Er reist als Forscher, als kritischer Exeget und folgt den »Spuren Jesu« nach den örtlichen Traditionen. Über Betlehem schreibt er kurz und präzis: »Wenn man für die Tatsache der Geburt Jesu in Betlehem außer der Weissagung Michas und der von Jüngern Jesu in den Evangelien niedergeschriebenen Geschichte noch andere Beweise haben möchte, so möge man wissen, daß in Übereinstimmung mit der evangelischen Geschichte von seiner Geburt die Höhle in Betlehem gezeigt wird, da er geboren, und die Krippe in der Höhle, da er, in Windeln gewickelt, hin-

Abb. 29. Geburtskirche – Innenansicht.

Die Basilika, die noch in ihrem altersgrauen Zustand weihe-
voll wirkt, ist fast 54 m lang und über 26 m breit. Der
Innenraum ist durch vier Säulenreihen in ein breites Mittelschiff und doppelte Seitenschiffe geteilt; das Mittelschiff ist
überhöht und wird durch hohe Fensterwände erhellt, die Seitenschiffe erhalten ihr Licht durch viereckige Fensteröffnungen
in den Langseiten. Der offene Dachstuhl stammt aus späterer
Zeit. Er wird aber auch für die Zeit Konstantins offen und
nicht mit einer flachen Decke anzunehmen sein. Die großen
dunklen Flächen über den Säulen an den Innenwänden des
Mittelschiffes sind die Spuren der auf Goldgrund gearbeite-
ten Mosaiken, mit denen der byzantinische Kaiser Manuel
Komnenos (1143–1180) die Basilika schmückte.
Die 40 Säulen sind Monolithe aus rötlichem Kalkstein. Ihre

Höhe bis zum Architrav beträgt 5,47 m. Die korinthischen
Kapitäle sind alle gleich und bestehen aus drei Reihen abgesetzter Akanthusblätter. Auf einigen Säulen sind noch Reste
der einstigen Bemalung zu erkennen. Eine Inschrift auf der
5. Säule im südlichen Seitenschiff mit dem Bild Mariens überliefert uns exakt den Tag, an dem der Künstler stolz sein
Werk vollendete: Im Jahr der Menschwerdung 1130, 15. Mai.
Daß der heutige Plattenfußboden des Innern nicht der ursprüngliche ist, kann man an den zum Teil im Fußboden
steckenden Basen der Säulen sehen. Wie tief der Mosaikboden in der Konstantinischen Basilika lag, zeigt ein Blick
in die quadratische Öffnung des jetzigen Plattenbelags (vgl.
Abb. 30, S. 54, und Abb. 30, 5, S. 57).
Leider wird die Harmonie und Weite des Raumes durch eine
Mauer, die 1842 am Ende des Hauptschiffes errichtet worden
ist, gestört.

eingelegt ward. Was da gezeigt wird, ist in der Gegend jedermann bekannt. Die Heiden selber sagen es jedem wieder, der es hören will, daß in der besagten Höhle ein gewisser Jesus geboren ist, den die Christen verehren und anbeten« (Contra Cels. I, 51).

Das charakteristische »es wird gezeigt« des Origenes wird dann bei Eusebius (265—339) zur stereotypen Formel, mit der noch vorhandene Spuren der Orte Jesu eingeführt werden: »Es herrscht bei allen Übereinstimmung, daß Jesus, der Christus, in Betlehem geboren wurde, so daß auch von den Einheimischen eine Höhle dort denen gezeigt wird, die zur Besichtigung aus der Fremde kommen« (Demonstratio evangelica III, 2, 47). In der gleichen Schrift betont Eusebius noch einmal: »Und bis heute bezeugen die Bewohner des Ortes als eine von den Vätern zu ihnen überkommene Überlieferung, denen, die wegen der Geschichte der Stätten nach Betlehem kommen, und versichern die Wahrheit, indem sie die Grotte zeigen, in der die Jungfrau das Kind geboren und niedergelegt hat« (VII, 2, 15).

Als Hieronymus im Jahre 385 n. Chr. nach Betlehem kam, erhob sich bereits über der Geburtsgrotte die prächtige Basilika des Kaisers Konstantin. 34 Jahre bewohnte der Heilige eine kleine Zelle am südlichen Seitenschiff der Geburtsbasilika. Er hatte Zeit und Muße, die Örtlichkeiten genau zu studieren. In einem Brief an seinen Freund Paulinus von Nola bestätigt er die alte Überlieferung, daß der Kaiser Hadrian nach der Niederschlagung des Bar Kochba-Aufstandes (135 n. Chr.) an allen Stätten, die durch »Juden« eine religiöse Verehrung genossen, heidnische Kultstätten errichten ließ. Wörtlich schreibt er: »Von den Tagen Hadrians bis zur Regierung Konstantins, durch ungefähr 180 Jahre, wurde am Ort der Auferstehung, das Bild Jupiters und auf dem Felsen des Kreuzes das Marmorbild der Venus verehrt, die von den Heiden dort aufgestellt waren. Betlehem überschattete der Hain des Adonis, und in der Höhle, wo einst Christus als Kind wimmerte, beweinte man den Geliebten der Venus.«

Kaiser Konstantin konnte also auf eine feste Überlieferung zurückgreifen, als er an dieser Stätte den Bau der Geburtskirche im Jahre 326 n. Chr. begann.

Bereits im Jahre 333 n. Chr. registriert der Pilger von Bordeaux in seinem trockenen Reisebericht den Tatbestand: »Wo der Herr Jesus geboren wurde, dort ist auf Befehl Konstantins eine Basilika gebaut worden« (Geyer, S. 25). Für die Bauten Konstantins im Heiligen Land ist Eusebius (265—339), der Bischof von Cäsarea, unsere wichtigste Quelle. Wenn auch sein rhetorischer Stil unserem Empfinden nicht mehr entspricht, so geben doch seine Augenzeugenschaft, seine amtliche Stellung und sein Verdienst als Begründer der palästinensischen Ortskunde dem Zeugnis ein besonderes Gewicht. Nachdem er in seiner Schrift »Über das Leben Konstantins« den Bau der Grabeskirche ausführlich gewürdigt hat, fährt er fort: »In derselben Gegend wählte der Kaiser zwei andere Plätze aus, die wegen ihrer Grotten in Ehren gehalten wurden, um sie mit verschwenderischer Freigebigkeit zu schmücken. Die eine Grotte, welcher er geziemende Ehre erwies, war die der ersten Theophanie des Heilandes, wo er geboren wurde« (Vita Const. III, 41).

Nach dem Bericht des kaiserlichen Hofbiographen ist es aber schwer, den Anteil des Kaisers beziehungsweise seiner Mutter an den Bauten festzustellen. Eusebius fährt fort: »So kam die Greisin [Helena] eilends in jugendlicher Frische, um das bewunderungswürdige Land mit ihrem hervorragenden Verstand kennenzulernen. Wie sie den Spuren des Erlösers die geziemende Verehrung erwies, entsprechend dem prophetischen Wort ›Laßt uns anbeten an der Stätte, wo seine Füße gestanden haben‹, so hinterließ sie unmittelbar auch den nachfolgenden Geschlechtern die Frucht ihrer eigenen Frömmigkeit. Sie stiftete dem Gott, den sie verehrte, zwei Tempel, den einen bei der Grotte der Geburt, den anderen auf dem Berge der Himmelfahrt. Denn der ›Gott mit uns‹ ließ sich für uns dazu herab, als Mensch geboren zu werden. Der Ort seiner Geburt heißt auf hebräisch Betlehem. Deswegen schmückte die fromme Kaiserin die Niederkunft der Gottesmutter mit wunderbaren Denkmälern aus, indem sie auf mannigfache Weise die dortige heilige Grotte ausschmückte. Bald danach ehrte der Kaiser gleichfalls diese Stätte mit Weihegeschenken, um mit silbernen und goldenen Kleinodien und buntgewirkten Teppichen die herrlichen Gaben seiner Mutter zu vermehren« (Vita Const. III, 42. 43).

Des Eusebius Bericht ist mehr eine Laudatio seines Herrn als eine Beschreibung der Basilika. Die erhalten gebliebenen Reste erlauben es uns dennoch, einige konkrete Angaben zu machen. An das 33 m lange und 10 m breite Hauptschiff schlossen sich auf beiden Seiten je zwei Nebenschiffe an. Die Decke wurde von 40 Säulen getragen, und der Fußboden war mit einem kostbaren Mosaik ausgelegt. Am Ende des Hauptschiffes stand ein achteckiger Zentralbau von 18 m Durchmesser. Wie ein Baldachin überdeckte dieser die tiefer gelegene Grotte.

Am 5. Januar, dem Vigiltage des Festes Epiphanie, zog die Jerusalemer Gemeinde mit ihrem Bischof nach Betlehem, um in einer nächtlichen Feier am Ort der Geburt Christi die »Epiphanie« — »Erscheinung« — Gottes zu preisen. Unsere Kenntnisse des gottesdienstlichen Lebens und der liturgischen Feiern im frühchristlichen Jerusalem verdanken wir der Pilgerin Aetheria (381 bis 384). (Vgl. Anm. 31.) Man merkt den Berichten an, daß die Teilnehmerin die heiligen Handlungen mit gespannter Aufmerksamkeit, nicht selten mit innerer Ergriffenheit bis in alle Einzelheiten und Nebensächlichkeiten verfolgt hat. Leider ist in der uns erhalten gebliebenen Handschrift von dem Bericht über die Vigilfeier des Jahres 383 ein Blatt verlorengegangen. So müssen wir uns mit dem Rest begnügen, der den nächtlichen Rückweg von Betlehem nach Jerusalem und die Feier der Oktav

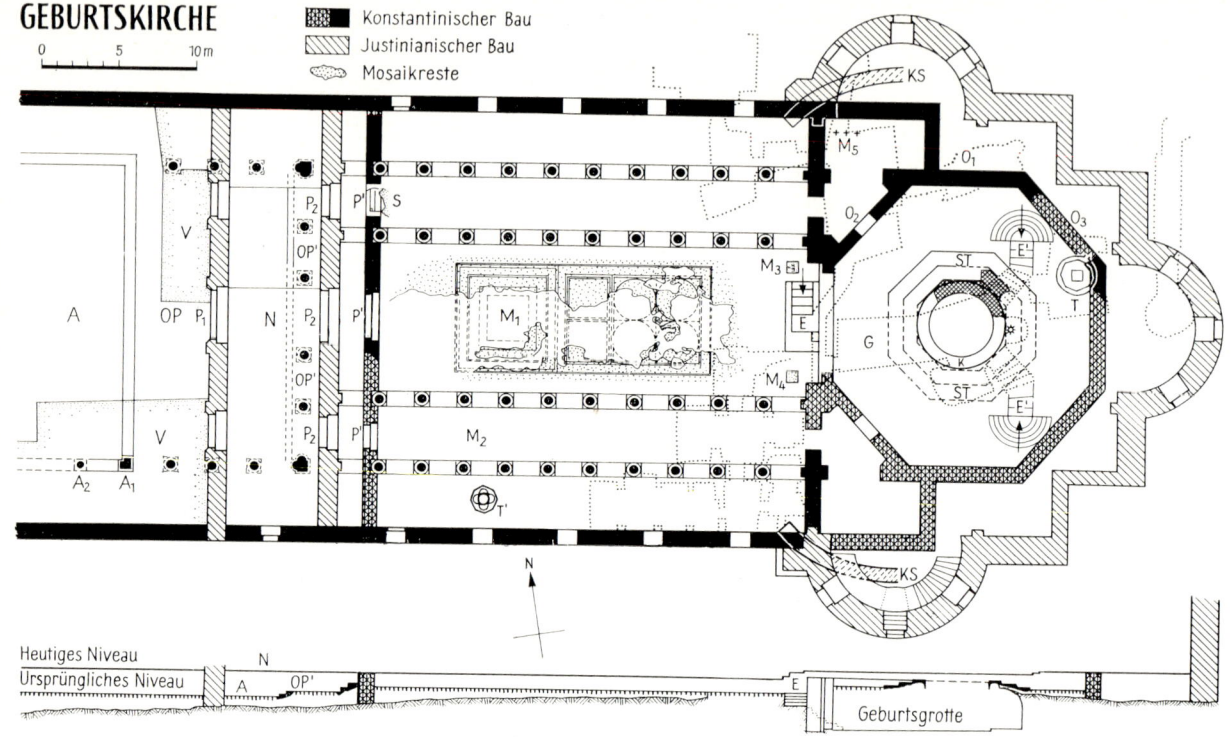

Konstantinischer Bau
Justinianischer Bau
Mosaikreste

0   5   10 m

KS

M₅

O₁

O₂

O₃

M₃

E'

ST

E

G

T

ST

M₄

E'

KS

A

V

P₂

P' S

OP'

OP P₁

N

P₂

P'

M₁

OP'

V

P₂

P'

M₂

A₂ A₁

T'

N

Heutiges Niveau
Ursprüngliches Niveau

N   OP'

A   OP'

E

Geburtsgrotte

Abb. 30. Grundriß der Geburtskirche aus der Zeit Konstantins (326 n. Chr.) mit den Erweiterungsbauten des Kaisers Justinian (530 n. Chr.) nach den Ergebnissen der Ausgrabungen von 1933/34 (Plan nach E. T. Richmond, L.-H. Vincent OP und B. Bagatti OFM).

A   Atrium
A₁   Eckpfeiler des Portikus
A₂   Säule des Portikus
E   Alter Grotteneingang
E'   Jetziger Treppenzugang
G   Geburtsgrotte
K   Kreismauer
KS   Kreissegment
M₁₋₅   Mosaikfelder
N   Narthex
OP   Ostportikus (Justinian)
OP'   Ostportikus (Konstantin)
O₁₋₃   Mauerreste des Oktogons
P₁,₂   Portale (Justinian)
P'   Portale (Konstantin)
S   Schwelle
ST   Stufenachteck
T   Altes Taufbecken
T'   Taufbecken
V   Vorbauten

Auf dem Plan ist nur der östliche Teil des Atriums dargestellt; zur Gesamtlage vgl. Abb. 27, S. 50. Die unterirdischen Grotten sind punktiert angedeutet, ebenso die Stützmauern und Vorbauten (V) an der Westfassade; zur genauen Lage der Grotten vgl. Abb. 33, S. 62.

Die Abbildungen verdeutlichen den Plan und illustrieren den archäologischen Befund:

1. Säule des Portikus (A₂);
2. Hauptportal (P₁) der Westfassade Justinians;
3. Steinschwelle (S) des nördlichen Seitenportals (P') in der Basilika Konstantins;
4. Mosaikboden (M₂) und Stylobat im inneren südlichen Seitenschiff;
5. Mosaikfeld (M₁) des Hauptschiffes;
6. Aufgang zum Oktogon und alter Eingang (E) zur Geburtsgrotte mit dem Mosaikfeld M₃;
7. Kreismauer (K) mit den Fundamentresten des Stufenachtecks (ST).

Die Baugeschichte der Geburtskirche war lange Zeit umstritten.[38] Die weitaus größte Zahl der Forscher nahm an, daß der erhalten gebliebene Bau einheitlich aus der Zeit Konstantins stammt, andere postulierten einen späteren Umbau. Ausbesserungen der Schäden, die sich nach dem Erdbeben von 1927 an dem alten Bau zeigten, ermöglichten eine Untersuchung des Bodens in und vor der Basilika. Die 1933/34 unter Leitung von W. Harvey und E. T. Richmond begonnenen Grabungen führten zu dem paradoxen Ergebnis: So wie der Bau heute steht, ist er zwar völlig einheitlich, jedoch nicht konstantinisch. Die Untersuchungen ließen aber dennoch zwei Bauperioden unter Konstantin und Justinian klar erkennen. Versuchen wir die Ergebnisse zu einem Gesamtbild zu ordnen. Die offengebliebenen Fragen zeigen nicht nur die Schwierigkeiten der Grabungen, sie lassen auch die bedingte Gültigkeit der archäologischen Schlußfolgerungen erkennen. Jeder neue Fund kann das alte Ergebnis bestätigen oder revidieren.

Für die Rekonstruktion des konstantinischen Atriums (A) haben die Untersuchungen wohl wichtige Elemente geliefert, aber sie reichen nicht aus, um ein in jeder Hinsicht sicheres Bild zu vermitteln. Bereits 1906 konnte L.-H. Vincent beim Bau der neuen Mauer des griechischen Friedhofes in der Südwestecke einen Mauerwinkel lokalisieren, dessen nach Osten gerichteter Schenkel mit der Richtung der Nordmauer der Basilika zusammenfiel. Bei der Erneuerung des Pflasters auf dem Vorplatz im Jahre 1932 wurden in Fortsetzung des nordsüdlichen Schenkels jenes Mauerwinkels weitere Stücke der westlichen Abschlußmauer eines Vorhofes aufgedeckt. Für die Länge des Vorplatzes wären etwa 73 m anzusetzen, für die Breite 26 m. Stammt dieser Vorhof aus konstantinischer Zeit? Etwa 24 m von der westlichen Abgrenzung des Vorhofes entfernt, wurde eine Quermauer freigelegt, die aus wiederverwendetem Steinmaterial erbaut ist. Sie gehört also einer zweiten Bauperiode an. Bildete dieser kleinere Vorhof das eigentliche Atrium schon im Bau Konstantins oder erst nach dem Umbau der Basilika durch Justinian? Nach den aufgefundenen Resten war der östliche Portikus (OP) des Atriums (A) an den neu errichteten Narthex (N) der Basilika angelehnt. Der südliche Portikus ist von dem armenischen Kloster bedeckt, in dessen Mauer sich der südöstliche, 4,55 m hohe Eckpfeiler mit korinthischem Kapitäl (A₁) »in situ« erhalten hat, dazu eine auf der alten Base stehende oben abgebrochene Säule (A₂). (Vgl. Bild 1, S. 56.)
»Gut verpackt und wohlbehütet« in den Mauern des Klosters, entging die erste Säule (A₂) des südlichen Portikus den Steinräubern aller Jahrhunderte, nur das korinthische Kapitäl hatte Liebhaber gefunden. Da die Höhe dem erhalten gebliebenen Eckpfeiler des Portikus (A₁) entsprechen mußte, kann die Höhe der Säule mit dem Kapitäl auf 4,55 m angesetzt werden; sie ist 0,52 m dick und steht auf einer quadratischen Steinplatte von 0,68 m Seitenlänge. Steinplatte und Säulenbase lassen klar erkennen, daß sie sich noch so »an Ort und Stelle« befinden, wie sie vor mehr als 1400 Jahren auf dem darunter liegenden, sichtbaren Stylobat festgemauert wurden.
Aus der Entfernung des Eckpfeilers (A₁) und der Säule (A₂) berechnete L.-H. Vincent die Ausdehnung dieser inneren Säulengalerie: für die Süd- und Nordseite mit 2 Eckpfeilern und 9 Säulen 27,92 m; für die Ost- und Westseite entsprechend je 2 Eckpfeiler und 6 Säulen 19,88 m. Die aus dem 16. Jahrhundert von Bernardino Amico OFM stammende Zeichnung läßt die Anlage eines größeren und kleineren Atriums an noch vorhandenen Resten deutlich erkennen. (Vgl. Abb. 27, 2, S. 50.) Da der konstantinische Bau keinen Narthex besaß und auch um eine Säulenstellung kürzer war, fanden sich Reste des Ostportikus (OP') unter dem Fußboden des heutigen Narthex (N). Der Mosaikboden des Atriums lag in einer Tiefe von 1,64 m. Von dem Mosaikpflaster führten zwei Stufen in den 3,9 m breiten Portikus hinauf, von dem man wieder über zwei Stufen zu den drei Portalen (P') der Basilika gelangte. Die Frage nach der Länge des konstantinischen Atriums läßt L.-H. Vincent offen. Eine Gesamtlänge von etwa 73 m zu einer Breite von 26 m wäre bei der besonderen Bedeutung des Baues durchaus möglich. Die Annahme eines kürzeren Atriums kann sich jedoch auf die Reste der Westmauer und der Stylobaten stützen (vgl. Abb. 27).
Von der Pracht der justinianischen Fassade sind nur die ruinenhaften Umrisse des Hauptportals (P₁) übriggeblieben (Bild 2). Aber die geschändete Mauer kündet noch von der

Hoheit des Portals, durch das Kaiser und Kalifen, Lahme und Blinde geschritten sind, um dem menschgewordenen Gottessohn ihre Huldigung zu erweisen. Die Höhe des Eingangs betrug etwa 5,5 m, die Breite knapp 3 m. Den einzigen Schmuck bildete der streng gehaltene Türsturz, nur mit zwei Voluten verziert. Im Mittelalter verkleinerte man das Portal, wie es der Spitzbogen noch erkennen läßt; schließlich schrumpfte es in der Türkenzeit zu der Öffnung zusammen, die keines Kommentars bedarf.
Bei den Sondierungen innerhalb der Basilika wurden weitere überraschende Feststellungen gemacht. So brachte die freigelegte Schwelle (S) des nördlichen Seitenportals (P') die »opinio communis« der Gelehrten ins Wanken, daß wir in der heutigen Geburtskirche noch den Bau Konstantins vor uns haben (Bild 3). Die Nord- und Südaußenwände sind von Grund auf, freilich unter Verwendung des alten Steinmaterials in der zweiten Bauperiode neu aufgeführt worden. Daher rührt die bestehende Einheitlichkeit des Gesamtbaues. Aus der Konstantinischen Basilika stammen ebenfalls die Säulen mit den Basen und korinthischen Kapitälen. Doch stehen diese nicht mehr am ursprünglichen Platz, sondern sind gehoben worden, wobei die Säulenabstände und auch die Schiffsbreiten geringfügig verändert wurden. Die von der jetzigen Westmauer (Bild 3, linke obere Ecke) etwa 2,8 m entfernte Schwelle (S) liegt auf der gleichen Höhe mit der letzten Säule des justinianischen Baues und beweist anschaulich und untrüglich, daß die Basilika Konstantins um eine Säulenstellung kürzer war als der spätere Umbau Justinians (vgl. Grundriß P₂, P'). Die zerbrochene Schwelle zeigt am linken Ende in der Ecke eine Vertiefung zur Aufnahme der Türangel; in das weiter rechts, etwa in der Mitte der Schwelle, liegende kleine quadratische Loch rastete der Riegel des linken Torflügels ein. Über eine Stufe stieg man in die tiefer gelegene Basilika hinab, deren Mosaikboden noch bis zur Stufe reicht.
Das Photo und besonders das folgende Bild (4) lassen deutlich erkennen, daß der Fußboden in der Basilika Konstantins etwa 0,75 m tiefer lag. Die Untersuchungen ergaben, daß auf dem Mosaikboden des älteren Baues in westöstlicher Richtung der Säulenreihen niedrige Mauern mit aufgelegten quadratischen Sockeln für die einzelnen Säulen errichtet waren. Die Steine der Stylobaten selbst sind nicht sorgfältig behauen, da man von vornherein vorhatte, sie mit dem neuen Pflaster zuzudecken. Bei den Fundamentierungsarbeiten für den Stylobaten wurde der Mosaikboden an den entsprechenden Stellen zerstört. Während in den Seitenschiffen der Boden mit einfachen Mustern ausgelegt war, schmückte das Hauptschiff ein reich ausgestatteter Mosaikteppich (M₁), dessen Pracht die erhalten gebliebenen Fragmente noch ahnen lassen.
Das Mosaikfeld des Hauptschiffes (Bild 5) ist vom Presbyterium aus in westlicher Richtung nach den Portalen zu aufgenommen; in der linken oberen Ecke sind die Säulen des südlichen Seitenschiffes sichtbar. Der am unteren Bildrand liegende, an der Ecke gesprungene Stein mit dem quadratischen Loch ist zur Orientierung auf dem 6. Bild am rechten oberen Bildrand wiederzufinden. Das 6,8 m breite und 16,36 m lange Mosaikfeld besteht aus zwei ungleich großen Teilen (vgl. Grundriß M₁). Das westliche, kleinere Feld füllt ein Quadrat mit einem äußeren, aus geometrischen Mustern gebildeten breiten Rahmen; ein innerer Rahmen mit sich zusammenschließenden Akanthusblättern umgibt das Innenfeld, das leider gänzlich zerstört ist. Der östliche und längere Teil enthält

in einem gemeinsamen Rahmen drei verschieden gestaltete Mosaikfelder: zwei nebeneinander liegende, durch Mäandermuster verschlungene Quadrate, zwei mit Rosetten aus hellen und dunklen Dreiecken geschmückte Kreise, schließlich zwei weitere mit Bandmustern ausgefüllte Kreise. Am östlichen Rand des Hauptschiffes sind in beiden Ecken zwei quadratische Mosaikstücke (M$_{3,4}$) erhalten. Das nördliche (M$_3$) ist auf dem 6. Bild in der rechten unteren Ecke zu sehen. In der Mitte der von Bandmustern umschlungenen quadratischen Felder ist mit kleinen Mosaiksteinen das Wort »IXΘYC« — »Fisch« — ausgelegt. Das griechische Wort wird als eine Zusammensetzung der folgenden Ausdrücke gedeutet: I(EΣOYC) — JESUS, X(PIΣTOC) — CHRISTUS, Θ(EOY) Y(IOC) — GOTTESSOHN, Σ(ΩTHP) — RETTER.

Die größte Überraschung, welche die Untersuchungen erbrachten, war die Feststellung, daß der konstantinische Bau weder den heutigen Dreiapsidenabschluß noch in der Verlängerung des Hauptschiffes eine runde Apsis besaß, sondern einen polygonalen Anbau, der genau über der Grotte stand. Wenn auch nur das nördliche Querschiff und die anschließende Hälfte des Fußbodens unter der Vierung genauer durchforscht werden konnten, so sind doch die Ergebnisse ausreichend, um eine Rekonstruktion der Bauten Konstantins und Justinians vorzunehmen.

In der Richtung der nördlichen Säulenreihe der Basilika stieß man auf eine 1,20 m starke Mauer (O$_1$), die auf einem Tragbogen über der Grotte der Unschuldigen Kinder ruht (vgl. Abb. 33, 5, S. 65); westlich stößt eine nur etwa 0,60 m starke Mauer (O$_2$) in einem stumpfen Winkel an, nach dem auch der Rand des Fußbodenmosaiks ausgerichtet ist. Die weiteren gefundenen Mauerreste (O$_3$) ließen erkennen, daß diese zu einem oktogonalen Bau von 7,80 m äußerer Seitenlänge und 18 m größten Durchmessers gehörten. Die Nordmauer der Basilika setzte sich innerhalb der Nordapsis des heutigen Baues fort, wendete sich aber dann in einem rechten Winkel nach Süden und stieß hier auf die Nordmauer des Oktogons (O$_1$), dessen westlichen Teil sie umklammerte; damit erklären sich wohl die schwächeren Mauern des Oktogons nach dem Mittelschiff zu. Auf jeder Seite entstanden je ein rechteckiger und dreieckiger Raum. Alle hatten Zugänge zu den inneren Seitenschiffen und zum Oktogon. Im nördlichen rechteckigen Raum, der etwa 0,30 m unter dem Niveau des Oktogons liegt, hat sich noch ein Stück des Fußbodenmosaiks mit Kreuzblütenmustern erhalten. Ob dem oktogonalen Grundriß, der durch die Führung des Mosaiks gesichert ist, auch ein nach außen in Erscheinung tretender oktogonaler Aufbau entsprach, wie es L.-H. Vincent annimmt, ist umstritten. B. Bagatti zieht einen durch die stärkere Mauerführung begünstigten polygonalen Abschluß vor.

Das Niveau des sich östlich an das Hauptschiff anschließenden Oktogons lag etwa 0,60 m über dem des Basilikabodens. An dieser Stelle (Bild 6) wurden Reste einer nach oben führenden Stufenanlage gefunden. Die Deutung dieses komplizierten Befundes ist nicht einfach. Die untere Stufe (oberhalb des quadratischen Mosaiks) ist etwa 4,90 m lang und stark abgenutzt, besonders am südlichen Ende, wo sie durch das Mosaikpflaster ausgebessert ist (oberer Bildrand). Die zweite Stufe ist zur Hälfte, die dritte ganz beseitigt worden, als man

1. Säule des Portikus (A$_2$).
2. Hauptportal (P$_1$) der Westfassade Justinians.

in späterer Zeit von der Nordseite dieser Anlage eine schmale Treppe einrichtete, die in einem rechten Winkel einen Zugang zum westlichen Ende der Geburtsgrotte ermöglichte. Die Bemerkung des Anonymus von Piacenza (570) könnte sich auf diesen Zugang beziehen: »Der Eingang der Höhle [os speluncae] ist zum Eintreten sehr klein« (Geyer, S. 177). Wahrscheinlich ist im Mittelalter der schmale Treppenzugang völlig zugebaut worden. L.-H. Vincent nimmt dagegen an, daß bereits der konstantinische Bau einen monumentalen Zugang zur Grotte in der Achse des Hauptschiffes gehabt habe, der in der Mitte der zum Oktogon hinaufführenden Stufen angelegt war. Für eine Klärung dieser strittigen Fragen bedarf es noch weiterer Untersuchungen.

Das wichtigste Ergebnis der Ausgrabungen offenbart das letzte Bild (7), welches das Grabungsfeld nördlich der Hauptachse im Querschiff zeigt. (Zur Orientierung auf dem Grundriß: der nördliche, halbrunde Treppenzugang zur Grotte (E') ist auf dem Photo am linken oberen Rand gerade noch sichtbar.)

In einer Tiefe von 0,23 m unter dem Fußboden wurden in der Mitte des Oktogons Reste von Umfassungssteinen einer Kreismauer (K) gefunden, deren Stärke etwa 0,80 m betragen hat. Der innere Durchmesser der gemauerten Rundung wurde auf 3,85 m errechnet. Rings um den etwa 5,50 m großen Mauerkreis waren im ursprünglichen Bau zwei Stufen in Form von Achtecken (ST) angelegt. Von der oberen Stufe sind noch Reste erhalten, die untere ist nur in den Fundamenten und in der Richtung des anschließenden Mosaikbodens zu bestimmen (Bild 7, untere Bildhälfte). Die Außenseite der gut bearbeiteten Kreismauer zeigt in gleichen Abständen senkrecht verlaufende, streifenförmige Vertiefungen, die offenbar zur Befestigung eines Gitters oder Baldachins dienten. Welchen Zweck erfüllte nun aber das Stufenachteck mit der inneren Rundung? War es eine in die Felsdecke geschlagene Öffnung, die den Blick nach der Grotte und dem Altar ermöglichen sollte? Oder war das kleine Oktogon mit einer Altarplatte bedeckt und überwölbt von einem Ziborium? B. Bagatti zieht die zweite Möglichkeit vor.

Das Photo (7), das während der Ausgrabungen im Jahre 1934 gemacht wurde, illustriert den schwierigen Sachverhalt. Unter dem schwarz eingerahmten Fußboden der Vierung erscheint der Rest einer etwa 0,80 m starken runden Umfassungsmauer. Auf dem Grundriß ist dieses Mauerstück in der Rundmauer (K) schraffiert. Um die Rundmauer waren in Form von Achtecken zwei Stufen angelegt. Die großen Steinblöcke gehören zum Fundament der unteren Stufe. Das erhalten gebliebene Mosaik läßt deutlich den stumpfen Winkel des Stufenachtecks erkennen und zeigt, daß sich an dessen Seiten durch Rahmen getrennte Vierecke anschlossen, zwischen denen ein keilförmiges Feld lag. Das zur Hälfte zerstörte untere Viereck ist von einem breiten Rahmen aus gerollten Akanthusblättern mit stilisierten Blumen und Früchten eingefaßt. Da bisher im Fußboden keine Stifterinschrift gefunden worden ist, kann eine zeitliche Bestimmung nur durch stilkritische Elemente und Vergleiche mit datierten Fuß-

3. Steinschwelle (S) des nördlichen Seitenportals (P') in der Basilika Konstantins.

4. Mosaikboden (M_2) und Stylobat im inneren südlichen Seitenschiff.

5. Mosaikfeld des Hauptschiffes (M_1).

böden vorgenommen werden. Für das sehr gut ausgeführte, aber doch eklektische Werk kommt am wahrscheinlichsten die zweite Hälfte des 5. Jahrhunderts in Frage. Nur wenige Jahrzehnte schmückte der kostbare Mosaikboden die Kirche. Brandspuren erinnern noch an die Katastrophe des Samariteraufstandes (526 n. Chr.). Die Baumeister Justinians erhöhten das Niveau der Schiffe und legten den Fußboden der Kirche mit Marmorplatten aus, durch die die Mosaikreste bis in unsere Zeit geschützt wurden.

Beim Neubau Justinians wurde der Fußboden um die Kreismauer (K) durch ein neues Steinpflaster um 0,26 m erhöht, so daß die beiden Stufenachtecke verschwanden. Östlich der runden Öffnung fand man eine noch teilweise erhaltene, etwa 0,30 m breite Mauer, die einen Halbkreis mit einem Radius von 3,95 m bildete und mit der runden Öffnung auf gleicher Höhe lag. Wahrscheinlich trug die halbrunde Mauer an der Außenseite ein Gitter, das den erhöhten Innenraum nach den Treppen zur Grotte und zur Hauptapsis sicherte. Da die Steine auch den Türsturz der Grotteneingänge (E') bilden, scheinen diese Grotteneingänge bereits in justinianischer Zeit angelegt worden zu sein. Nordöstlich der Halbkreismauer wurde über einer Zisterne im Felsen ein Becken (T) aufgedeckt, das in den alten Mosaikboden eingelassen war. Vielleicht lag hier der ursprüngliche Platz des Taufbeckens, das jetzt im südlichen Seitenschiff steht (T').

Der heutigen Dreiapsidenform scheint noch ein anderer Bauplan vorangegangen zu sein, der aber schon in den Anfängen aufgegeben wurde. Man fand ein bogenförmiges Mauerstück innerhalb der Nordapsis und den Anfang des Bogens in der Nordostecke des nördlichen Seitenschiffs (KS) sowie den entsprechenden Ansatz in der Südostecke des südlichen Seitenschiffs. Diese Kreissegmente durchschnitten die Nord- und Südmauer der Basilika und die Mosaiken; sie sind also jünger als der konstantinische Bau, müssen aber dem endgültigen justinianischen vorausgehen. Der Radius des Segments in der nördlichen Apsis ist auf 9,2 m berechnet worden. Wenn man aus den Resten den ganzen Grundriß von drei Bogen rekonstruiert, erhält man einen Ostabschluß von drei sehr flachen Kreissegmenten, der offenbar den ursprünglichen, bald aufgegebenen Plan von Justinians Baumeister darstellt. Über die Umstände, unter denen der Neubau Justinians zustande kam, sind wir durch geschichtliche Quellen nur höchst mangelhaft unterrichtet. Die einzige Nachricht, die uns der alexandrinische Patriarch Eutychius — Sa'id ibn Batriq — († 940) in seiner arabisch geschriebenen Chronik hinterlassen hat, ist zwar anekdotenhaft aufgeputzt, enthält aber in ihrem Kern wahrscheinlich doch eine richtige Überlieferung. Nach dem Bericht des Eutychius veranlaßte der Abt Sabas (439 bis 532), der Gründer der Großen Laura im Wadi el-Kelt, den Kaiser, die durch die Aufstände der Samariter entstandenen Schäden an der Geburtskirche zu beseitigen. Justinian beschloß, die Geburtskirche völlig niederreißen und eine größere und prächtigere bauen zu lassen. Als dann der Baumeister aufgefordert wurde, Bericht über das Geschaffene zu erstatten, war der Kaiser über die Armseligkeit des Neubaues empört: »Du hast das Geld erhalten und hast es für dich

6. Aufgang zum Oktogon und alter Eingang (E) zur Geburtsgrotte mit dem Mosaikfeld M_3.
7. Kreismauer (K) mit Fundamentresten des Stufenachtecks (ST).

selbst als Beute genommen, hast einen Bau aufgeführt, bei welchem du auf dein eigenes Wohl bedacht warst. Du hast die Kirche zwar groß gemacht, aber nicht so, wie ich gewünscht habe. Du bist mir nicht treu gewesen! Darauf ließ er ihm den Kopf abschlagen« (L. Cheikho, Eutychii Patr. Alex. Annales 1, S. 201 f.).
Der justinianische Bau hat den Persereinfall (614) überstanden, dem so viele Kirchen zum Opfer fielen. In der Kreuzfahrerzeit wurden die Mosaiken der Hochwände erneuert und ergänzt, die Säulen mit Bildern geschmückt und im Norden an die Basilika ein Kreuzgang angelegt (vgl. Abb. 27,21, S. 50, und Abb. 29, S. 52).

enthält: »... und weil man wegen der Mönche, die zu Fuß gehen, langsamer gehen muß, kommt man nach Jerusalem zu der Stunde, da der Mensch den Menschen zu erkennen beginnt, das ist nahe am Tage, doch bevor es licht wird. Sobald man dort angekommen ist, betritt der Bischof sofort die Anastasis und alle mit ihm, wo die Leuchter schon über das sonstige Maß hinaus erstrahlen. Dort wird nun ein Psalm gesungen, es folgt ein Gebet, gesegnet werden vom Bischof zuerst die Katechumenen, ebenso die Gläubigen. Der Bischof zieht sich zurück, und ein jeder geht in seine Heimstätte, um sich zu erholen. Die Mönche aber sind bis Tagesanbruch dort und singen Hymnen.«

Es folgt der Bericht über den Gottesdienst am Epiphaniefest, der in Jerusalem gefeiert wurde. Aetherias Gedanken weilen aber noch in Betlehem, und wir alle sind über diese sicher gottgefällige Zerstreuung erfreut und dankbar. »Sobald sich das Volk erholt hat, zu Beginn der zweiten Stunde (acht Uhr), versammeln sich alle in der größeren Kirche, die sich auf Golgota befindet. Wie aber an diesem Tag der Schmuck dieser Kirche, oder der Anastasis, oder der Kirche in Betlehem ist, das zu beschreiben ist überflüssig, wo du außer Gold und Edelsteinen und Seide nichts siehst; denn wenn du die Tapeten siehst, sind sie ganz aus Seide mit Goldstreifen, wenn du die Vorhänge siehst, sind sie ebenso ganz aus Seide mit Goldstreifen. Alle Art von Kultgerät, das man an diesem Tag hervorholt, ist golden und steinbesetzt. Zahl aber und Gewicht der Kerzenleuchter, der Lämpchen und Kandelaber — wie könnte man das schätzen oder beschreiben? Was soll ich über die Pracht des Baues selbst sagen, den Konstantin unter Aufsicht seiner Mutter mit allen Kräften seines Reiches schmückte, mit Gold und Mosaik und wertvollem Marmor schmückte ... Doch um zur Sache zurückzukehren ... in Betlehem aber wird durch alle acht Tage täglich dieselbe Festpracht und Festfreude gefeiert von den Priestern und dem ganzen Klerus dieses Ortes und den Mönchen, die dort zugeteilt sind. Denn von der Stunde an, da alle nachts nach Jerusalem zurückkehren zusammen mit dem Bischof, feiern dann die Mönche dieses Ortes alle zusammen bis Tagesanbruch die Vigilien in der Kirche in Betlehem, Hymnen singend und Antiphonen, weil sich der Bischof diese

Tage immer in Jerusalem aufhalten muß. Wegen der Festlichkeit und der Festfreude dieses Tages sammeln sich unermeßliche Mengen von überallher in Jerusalem, nicht nur Mönche, sondern auch Laien, Männer und Frauen« (Peregrinatio 25, 7—12).

Der verstümmelte Rest des Berichtes läßt noch erkennen, daß man die Vigilfeier der Geburt des Herrn zum Epiphaniefest am 6. Januar in Betlehem beging. Das Epiphaniefest hatte damals noch einen umfassenderen Charakter. Die »Epiphanie« — »Erscheinung« — Gottes in sichtbarer Gestalt (johanneisch ausgedrückt: im Fleisch) ist das große Ereignis, das an diesem Tage gefeiert wird. Das Fest hatte aber, wie es die liturgischen Gottesdienste an den einzelnen Orten des Lebens Jesu am 6. Januar zeigen, verschiedene Ereignisse aus dem Leben Jesu zum Inhalt: in Betlehem die Geburt, am Jordan die Taufe, in Jerusalem das erste Wunder, die Offenbarung seiner Herrlichkeit.

Als Hieronymus im Jahre 385 nach Betlehem kam, tadelte er genau am 25. Dezember in einer Predigt, die er für die Lateiner in der Geburtskirche hielt, das Geburtsland Jesu, daß es kein eigenes Fest der Geburt Jesu beging, und sagte: »Heute ist uns die Sonne der Gerechtigkeit geboren.« Mit anderen Worten: Hieronymus brachte aus Rom die Sitte mit, die Geburt des Herrn am 25. Dezember zu feiern.[39] Aber er begnügte sich nicht mit dem neuen Termin. Das äußere Gepräge der festlichen Liturgie war nicht ganz nach seinem Herzen, ja er war nicht gewillt, die glückselige Bewunderung der Aetheria für die goldene Pracht der Basilika Konstantins zu teilen. In einer Homilie über die Geburt des Herrn macht er seinem Zorn Luft: »Unter dem Vorwand, Christus zu ehren, haben wir heute die aus Lehm gefertigte Krippe entfernt und durch eine silberne ersetzt. Aber für mich war jene, die man fortgeschafft hat, weit kostbarer. Gold und Silber sind passend für die Heiden; dem christlichen Glauben kommt jene aus Lehm zu. Der in dieser Krippe geboren wurde, verschmähte Gold und Silber. Ich will diejenigen, die, um ihn zu ehren, so getan haben, nicht verurteilen, wie ich auch die nicht verurteile, die goldene Gefäße für den Tempel angefertigt haben. Aber ich sehe mit Staunen, daß der Herr und Schöpfer der Welt, nicht in Gold und Silber, sondern in Staub geboren wurde« (Anecdota Maredsolana III, 2, p. 393).

Daß der neue Termin auf Widerstand stieß, zeigt die erste »Weihnachtspredigt«, die Johannes Chrysostomus am 25. Dezember 386 in Antiochia gehalten hat: »Viel wird über den heutigen Festtag in den Gemeinden diskutiert. Die einen werfen ihm vor, daß er jung und fortschrittlich und erst jetzt eingeführt sei, die anderen sagen zur Verteidigung, daß er alt und ursprünglich sei ...« (Montfaucon, t. 2, p. 354—366). In Jerusalem begann man erst zur Zeit des Bischofs Juvenal (422 bis 458) den 25. Dezember feierlich zu begehen, zunächst noch als einen Gedenktag der Familie Jesu.

Abb. 31. Die Geburtsgrotte in Betlehem.

Das Innere der Grotte trägt die Patina der Jahrhunderte. Unter mannigfachen Formen der Verehrung und Liebe birgt dieser Ort das Geheimnis der Geburt Jesu. Die aus dem weichen Kalkstein ausgehauene Grotte war ursprünglich von ebener Erde aus zugänglich. Beim Bau der Kirche wurde sie zur Krypta, und die Decke wurde durch ein gemauertes Gewölbe ersetzt (vgl. Abb. 30, S. 54). Aus dem Bericht des gallischen Bischofs Arkulf (670) erfahren wir: »Die Höhle von Betlehem mit der Krippe des Herrn ist zu Ehren des Heilandes innen ganz mit kostbarem Marmor geschmückt« (Geyer, S. 256). Noch 1666 rühmt der französische Arzt G. Bremond aus Marseille die Pracht der Grotte: »Der Fußboden ist von schönstem Marmor, die Mauern bis zur Höhe von 6 Fuß überkleidet und der Rest, wie das Gewölbe, sind geschmückt mit Mosaik, das jetzt aber ganz rauchgeschwärzt ist.« Bei einem Brand im Jahre 1869 wurde der Gewölbeschmuck zerstört. Heute verhüllen bunte Vorhänge die Wände. Die zahlreichen Ampeln, die den fensterlosen Raum erhellen, geben der Grotte einen altertümlichen Glanz.

Die Grotte selbst, von einigen Ausbuchtungen abgesehen, hat ungefähr die Form eines Rechteckes von etwa 12 m Länge und gut 3 m durchschnittlicher Breite (Bild 1). Der Zugang zur Grotte führt über zwei Treppen zu beiden Seiten des Chores hinab (vgl. Abb. 30). Am östlichen Ende der Grotte zwischen den beiden Treppen ist eine Nische in den Felsen geschlagen, in der ein Altar steht. Die Apsiswand zeigt noch Spuren eines mittelalterlichen Mosaiks, das die Geburt Jesu darstellte. Unter dem Altar ist im weißen Marmorboden ein Stern aus Silber eingefügt mit der Inschrift: »Hic de Virgine Maria Jesus Christus natus est« — »Hier wurde von Maria der Jungfrau Jesus Christus geboren« (Bild 2).

Der Geburtsgrotte gegenüber (rechts von der Säule) befindet sich ein kleiner, drei Stufen tiefer liegender Raum mit einer aus dem Felsen gehauenen Krippe, die mit Marmor verkleidet ist (Bild 3). Die Krippengrotte ist etwa 3 m lang, ihre Breite bis zum Krippenrand 1,8 m (vgl. Abb. 33, 1″, S. 62). Eine Felsnische als Futterkrippe ist in Palästina keine Seltenheit. Der bekannte Palästinaforscher Gustaf Dalman berichtet: »Ich selbst stieß auf eine jüngere, fast vollkommene Parallele im Dorf Silwan am östlichen Abhang des Kidrontales. Dort ist zwischen Häusern ein Felsengrab, jetzt als Viehstall benutzt. Etwa 45 cm vom Boden schlug man eine Aushöhlung in die Wand hinein von 65 cm Länge und 40 cm Breite, nach unten zur Aufnahme des Futters vertieft. Nach hinten schließt diese Felsenkrippe mit einer unregelmäßigen Nische von 70 cm Höhe ab ... Es hat also die Felsennische mit der Krippe in der Grotte von Betlehem nichts Bedenkliches, und man kann auch die tiefere Lage des Nebenraumes als wohlbegründet bezeichnen, wenn nämlich die Grotte selbst den Menschen als Wohnraum dienen sollte, der Nebenraum ihren Tieren als Stall.«

Im Samariteraufstand wurde der Prachtbau Konstantins schwer beschädigt. Der Kaiser Justinian ließ um 530 n. Chr. die Basilika wiederherstellen. Sie ist die einzige Kirche in Palästina, die in den kommenden Jahrhunderten die Stürme der Zeit überstehen sollte. Als die Perser im Jahre 614 in Palästina einfielen, zerstörten sie

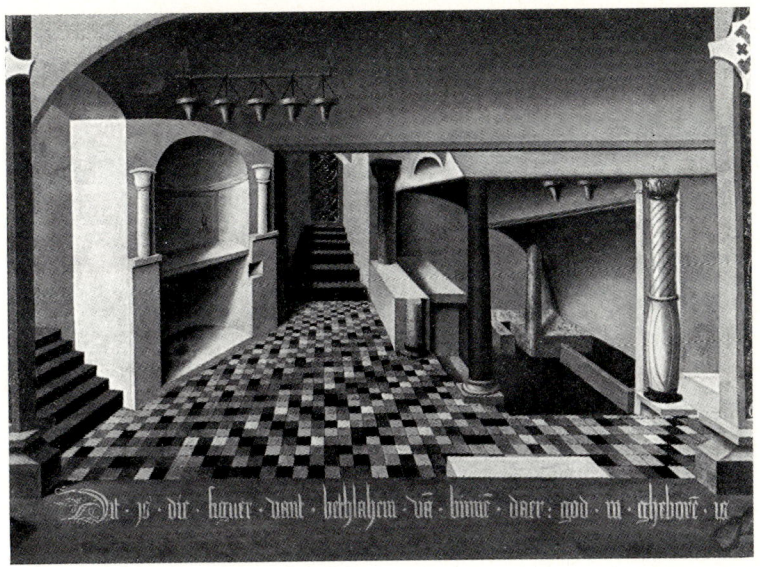

Abb. 32.   Die Geburtsgrotte (1521).

Auf dem Gemälde des niederländischen Malers und Ratsherrn Jan van Scorel aus Utrecht, der 1521 das Heilige Land besuchte, sehen wir alle Einzelheiten in übersichtlicher Klarheit dargestellt. Zwischen den beiden Treppenzügängen liegt die Apsis der Grotte, unter der Altarplatte im Boden der Stern. Das Gewölbe der tiefer gelegenen Krippengrotte wird von vier Säulen gestützt, von denen keine der anderen gleicht. Der Altar, welcher der Krippe gegenübersteht, ist den Weisen aus dem Morgenland geweiht, die zur Anbetung und Huldigung des Kindes nach Betlehem gekommen sind. (Vgl. Abb. 33, 1'', S. 62.)
Die Inschrift am Fuße der Retabel lautet:
Dit · is · die · figuer · vant ·bethlahem · va(n) · binne(n) · daer: god · m(ens) · ghebore(n) · is

alle christlichen Kirchen, nur die Geburtskirche in Betlehem blieb verschont. Den Grund nennt uns ein Brief der Jerusalemer Synode aus dem Jahre 836: »Als die Perser alle Städte Syriens zerstört hatten und nach Betlehem kamen, sahen sie mit Erstaunen die Bilder der Magier aus Persien ... Aus Hochachtung und liebender Ehrfurcht vor ihren Vorfahren verehrten sie die Magier und verschonten die Kirche. So besteht sie noch in unseren Tagen.« Was für stürmisch bewegte Tage es waren, zeigt die Geschichte. Bereits zwei Jahrzehnte später standen die Truppen des Kalifen Omar vor Betlehem, so daß die Christen Jerusalems das Fest der Geburt dort nicht feiern konnten. Mit bewegten Worten drückt Sophronius, der Patriarch von Jerusalem, seinen Schmerz in einer Ode aus:

»Eine Glut göttlicher Sehnsucht im Herzen bergend, möchte ich kommen schnell nach Betlehems kleiner Stadt, wo der Allherr geboren.

Wenn in die wunderbare vierfache Halle, den Chor mit den herrlichen drei Apsiden jenes heiligen Hauses mitten hinein ich träte, werde ich tanzen.

Oben werd' ich betrachten der getäfelten Decke Sternenlicht; denn von der Schönheit der Arbeit glänzt die Anmut des Himmels.

In die Höhle möcht' ich gelangen, wo die jungfräuliche Allherrin den Erlöser gebar den Menschen, der Gott und Mensch ist wahrhaftig.

Betlehems heilige Schönheit zu schauen, Christus, der dort erschienen, ganz mir verleihe!

Die vielen goldig flimmernden Säulen schauend und der Mosaikkunst schönstes vollbrachtes Werk, möcht' ich der Sorgen Wolken vergessen.

An die glänzende Platte, die Gott als Kindlein emp-

fing, die Augen, den Mund und den Scheitel drück' ich, zu gewinnen den Segen.

Die ehrwürdige Krippe zu verehren, ging' ich, die mich, den Vernunftlosen, nährte mit göttlichem Worte.

Zu der Toten Grotte gelang' ich der Kinder, die gemeinsam geschlachtet durch ein Wort menschlicher Herkunft des vor Neid wilden Herodes.«

Dieses Gedicht enthält einige bemerkenswerte Einzelheiten. Sophronius unterscheidet klar zwei Grotten, die Geburts- und die Krippengrotte. Eine Steinplatte im Boden bezeichnete schon zu seiner Zeit die Stätte der Geburt, heute ist es ein Silberstern.

Wie in Jerusalem verschonte Omar auch in Betlehem die Kirchen der Christen. In der Südapsis, die nach Mekka ausgerichtet ist, verrichtete er sein Gebet. Seitdem hatten die Muslimin ein Recht, in der Südapsis zu beten. Auch die Kreuzfahrer tolerierten die »Moschee«, den Gebetsplatz der Muslimin. Wann die Tradition in Vergessenheit geriet, wissen wir nicht. Heute erinnert die »Moschee des Omar«, gegenüber der Basilika am Ende des Vorplatzes, an die wahrhaft »ökumenischen« Experimente.

Etwa 30 Jahre nach der arabischen Eroberung besuchte der gallische Bischof Arkulf das Heilige Land (vgl. Anm. 31). Sein Bericht zeigt, daß sich die damalige Anlage der Grotte im wesentlichen bis heute erhalten hat. »In der äußersten Ostecke der Stadt befindet sich eine Art natürlicher Halbhöhle. Der innere, ganz hinten gelegene Teil davon heißt die Krippe des Herrn, in die die Mutter Jesu den neugeborenen Knaben legte. Ein anderer, der oben erwähnten Krippe benachbarter, für die Eintretenden näherer Ort soll nach der Überlieferung die eigentliche Geburtsstätte gewesen sein. Die Höhle mit

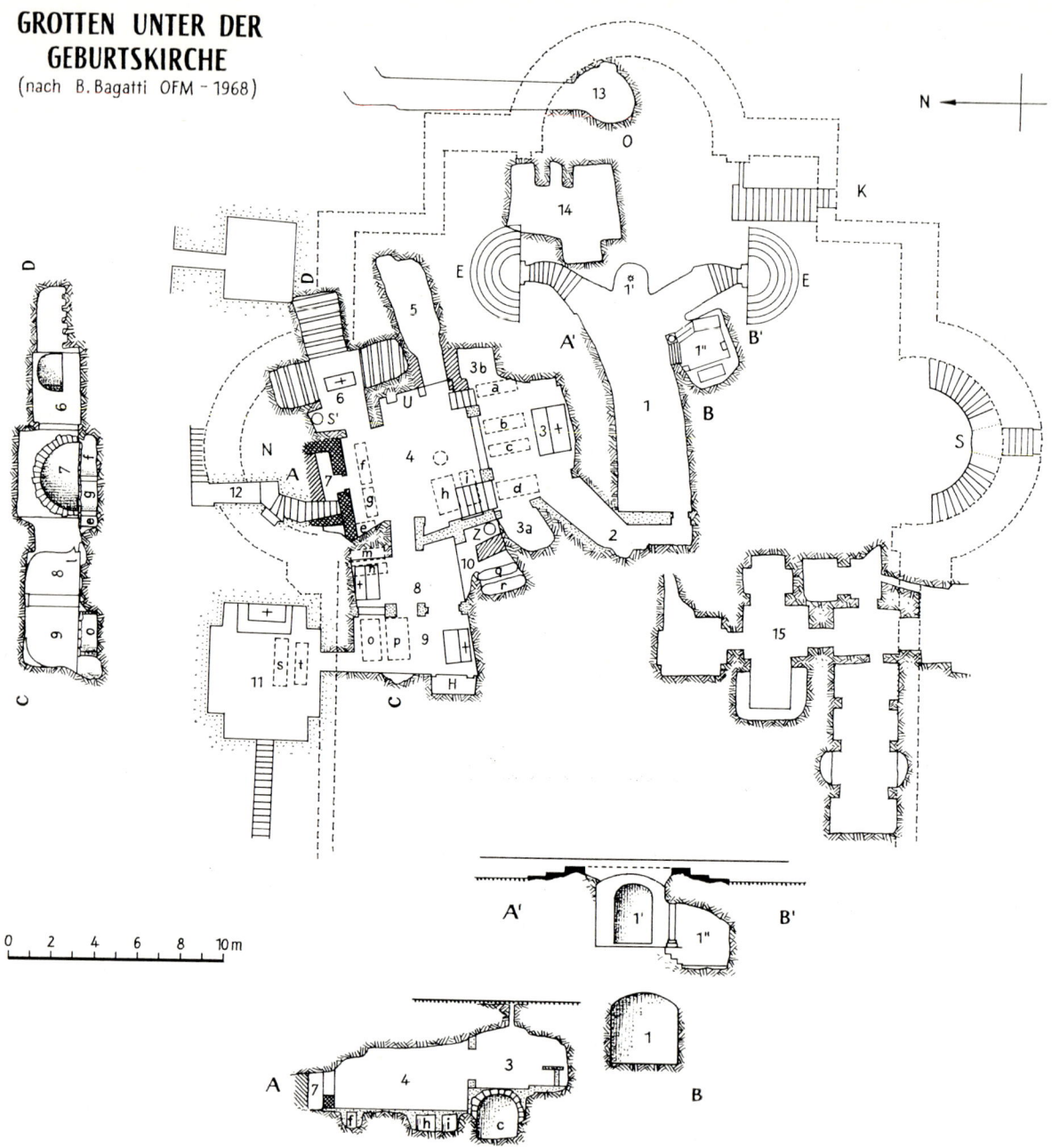

GROTTEN UNTER DER GEBURTSKIRCHE
(nach B. Bagatti OFM - 1968)

N

Abb. 33.   Die Grotten unter der Geburtskirche.

*Die Zeichnung zeigt die Lage der Geburtsgrotte und der Ne-
bengrotten im Grundriß der Geburtskirche, den zweifachen
Querschnitt A–B, A'–B' und den Längsschnitt C–D. Die Erklärungen beschränken sich auf die Nebengrotten; zur Geburtsgrotte vgl. Abb. 31, S. 60, und Abb. 32, S. 61.*

N   Nordapsis der Geburtskirche
O   Ostapsis
S   Südapsis

E   Treppeneingänge zur Geburtsgrotte
K   Kapelle der Griechen
Z   Brunnen

1   Geburtsgrotte
1' Geburtsaltar
1'' Krippengrotte
2   Zugang zur Geburtsgrotte aus dem 12. Jahrhundert
3   Altar des hl. Josef mit Felsgräbern (a–d) im Fußboden
3a Arkosolgräber
3b Arkosolgräber

4 *Große Grotte mit dem ursprünglichen Eingang (U) und fünf unterirdischen Gräbern (e–i)*
5 *Grotte der Unschuldigen Kinder*
6 *Grotte mit Arkosolgräbern und Altar der Unschuldigen Kinder*
7 *Vorkonstantinischer Gewölbebogen und konstantinische Fundamentmauer*
8 *Grotte des Eusebius, der Paula und Eustochium mit drei Felsgräbern (l–n)*
9 *Hieronymusgrotte mit Kenotaph (H) und zwei unterirdischen Felsgräbern (o, p)*
10 *Brunnengrotte (Z) mit zwei Felsgräbern (q, r)*
11 *Zelle des hl. Hieronymus mit zwei Gräbern (s, t) unter dem Fußboden*
12 *Grottenzugang aus dem 15. Jahrhundert*
13 *Grotte mit Wasserbecken*
14 *Zisterne der Weisen*
15 *Grottenanlage mit Gräbern*

Die Abbildungen zeigen:
1. *Kalksteinhöhle südöstlich der Geburtskirche;*
2. *Treppenzugang aus der Katharinenkirche vor der Renovierung der Grotten (12, 4);*
3. *derselbe Treppenzugang nach der Renovierung (1962 bis 1964) mit dem vorkonstantinischen Gewölbebogen (7);*
4. *Josefsaltar mit dem Gang zur Geburtsgrotte (3, 2);*
5. *Grotte mit Arkosolgräbern und Altar der Unschuldigen Kinder (6);*
6. *Kenotaph und Altar des hl. Hieronymus (9, H).*

In der näheren Umgebung der Geburtskirche finden sich am Südhang des Wadi ed-Dschamal und am Nordhang des Wadi er-Rahib zahlreiche Höhlen, die schon in frühester Zeit als Wohngrotten benutzt wurden (vgl. Abb. 25, S. 47). Ihre Entstehung hängt mit den geologischen Entwicklungsphasen des jüdäischen Berglandes zusammen. Besonders am Südhang des Wadi ed-Dschamal, der nördlich der Geburtskirche steil abfällt (vgl. Abb. 27, S. 50), bilden die Felsschichten stufenförmige Terrassen. Die sedimentären Ablagerungen bestehen aus harten und weichen Kalksteinschichten. Wo eine Terrasse auf eine weiche Kalksteinschicht stieß, bedurfte es nur der Zeit, bis die Naturkräfte des Wassers und der Erosion kleine Höhlungen ausbildeten, die der Mensch dann für seine Bedürfnisse zu Wohn- und Schutzhöhlen erweitern konnte (Bild 1). Diese natürlichen Verhältnisse mögen wohl auch der Grund gewesen sein, warum die Bewohner des alten Betlehem gerade die Abhänge des Hügels für eine Besiedlung auswählten. Die jüngsten Oberflächenschürfungen und Keramikfunde in nächster Umgebung der Geburtskirche ergaben, daß der kleine Hügel seit der Eisenzeit (etwa ab 1200 v. Chr.) bewohnt war.

Wenn auch die Grotten unter der Geburtskirche im Laufe der Jahrhunderte manchen Veränderungen ausgesetzt waren, so läßt sich noch aufgrund des feststellbaren Felsniveaus ein ungefähres Bild der ursprünglichen Verhältnisse gewinnen. Das Kloster der Griechen liegt fast auf der Höhe des Osthügels von Betlehem. Aus der Ostapsis (O) der Basilika

1. *Kalksteinhöhle südöstlich der Geburtskirche.*
2. *Treppenzugang aus der Katharinenkirche vor der Renovierung der Grotten (12, 4).*

63

führt eine Treppe in die höher gelegene Kapelle der Griechen (K); ebenso kann man aus der Südapsis (S) über zwei in der Rundung angelegte Treppen durch eine Tür, die in ein Fenster gebrochen wurde, in den Klosterhof der Griechen emporsteigen (vgl. Abb. 28, S. 51). In nördlicher Richtung dagegen senkt sich das Niveau vom Kloster der Griechen bis zur Hieronymusgrotte (9) um 11 m, das ist eine Distanz von etwa 35 m. Mit anderen Worten: die Grotten wurden in den nach Norden abfallenden Hang gehauen. Das verschieden hohe Felsniveau, angefangen von der Geburtsgrotte (1) bis zur großen Grotte (4) illustriert in anschaulicher Weise der Querschnitt A–B.

Der felsige Untergrund, auf dem die Kirche steht, ist für eine topographische Untersuchung schwer zugänglich. Was aber »von oben« nicht möglich ist, erlauben die Grotten »von unten«. Aus dem rechten Seitenschiff der Katharinenkirche (vgl. Abb. 28, S. 51) führt eine Treppe (12), die der inneren Rundung der Nordapsis (N) folgt, zu den unterirdischen Nebengrotten. Man gelangt zunächst in die große Grotte (4), die in eine Kapelle umgewandelt wurde. Der Hauptaltar (3) ist dem hl. Josef geweiht (Bild 4). Josef, der gesetzliche Vater des Kindes, bleibt untrennbar mit dem Erlösungsgeheimnis verbunden. Der Altar erinnert an das Flüchtlingsschicksal der Heiligen Familie (Mt 2, 13).

Bei den Restaurierungsarbeiten, welche die Franziskaner in den Jahren 1962–1964 durchführten, war man bestrebt, störende, später errichtete Mauern wieder zu beseitigen, um den Grotten ein würdigeres Aussehen zu verleihen. Die dabei möglich gewordenen archäologischen Untersuchungen brachten der mühseligen Arbeit auch den wissenschaftlichen Erfolg, den das 2. und 3. Bild überzeugend dokumentieren.

Die Untersuchungen bestätigten eine Vermutung, daß die nähere Umgebung der Geburtsgrotte bereits in vorkonstantinischer Zeit als letzte Ruhestätte hochgeschätzt wurde. So bezeugen die Felsgräber in den Nebengrotten die frühe Verehrung des Ortes. In den kommenden Jahrhunderten wurden viele Gräber mit Erde verschüttet, die Eingänge zu den kleinen Grotten und Nischen vermauert, und die Erinnerung an sie ging verloren. Vergeblich wird man auf den vor dem Jahre 1962 gezeichneten Grottenplänen die kreuzförmige Grotte (6) mit den drei geradezu klassischen Arkosolgräbern suchen. Als die Archäologen in der Nordostecke der großen Grotte (4) den Verputz entfernten, kam eine vermauerte Tür zum Vorschein. Es war der Eingang zu der kreuzförmigen Grotte (6) mit den Arkosolgräbern (Bild 5). Auf dem exakten Plan der Geburtskirche des Franziskaners Bernardino Amico (um 1596) ist die Grotte nicht mehr angegeben. Die letzte Erwähnung stammt aus dem Jahre 1347. Fra Niccolo da Poggibonsi schreibt: »Gegen Osten ist eine andere Grotte, die in eine enge, kreuzförmige Grotte übergeht. Dort waren die heiligen Unschuldigen Kinder begraben. Die Gräber sind wie Futterkrippen von Pferden gearbeitet, so eng sind sie zusammen, ein Grab nach dem anderen« (Baldi, 144, 11). Der Vergleich mit den Futterkrippen der Pferde ist treffend gewählt (vgl. Längsschnitt C–D, 6), aber eine Lokalisierung der Grotte vor den Restaurierungsarbeiten war ein vergebliches Bemühen. Die einzelnen Gräber – je vier im nördlichen und südlichen Bogen, fünf im östlichen – waren ursprünglich 0,35–0,40 m tief und durch etwa 0,16–0,20 m breite felsige Zwischenstege getrennt. Die Steinplatten, welche die einzelnen Gräber bedeckten, waren nicht mehr vorhanden. Unter dem Schutt der Grotte fanden sich Knochenreste, Asche und Keramik aus der

3. Derselbe Treppenzugang nach der Renovierung (1962 bis 1964) mit dem vorkonstantinischen Gewölbebogen (7).

4. Josefsaltar mit dem Gang zur Geburtsgrotte (3, 2).

spätmittelalterlichen Zeit, dazu einige Verputzfragmente, die bedeutend älter sind, wahrscheinlich byzantinisch. Bei der Renovierung der Grotte senkte man den Felsboden, um in dem niedrigen Raum den Altar aufstellen zu können. Er ist dem Gedächtnis der Unschuldigen Kinder geweiht. Wir behaupten nicht, daß sich hier ihre Grabstätte befindet: Das Gedenken an die Kinder Betlehems, die der Angst des Herodes zum Opfer fielen, bedarf wohl an der Stätte der Geburt Jesu keiner

Rechtfertigung. Vor der Freilegung dieser Grotte trug die angrenzende Grotte (5) den Namen der Unschuldigen Kinder, wie es alle alten Pläne zeigen.

Vor dem Eingang der kreuzförmigen Grotte (6) sieht man jetzt die mächtige Säule (S'), die früher in der großen Grotte (4) stand, um die Felsdecke zu stützen. Beim Entfernen des Fußbodens mußte man aber feststellen, daß nicht die Decke, sondern die Säule gestützt werden müßte. Der alte Stand der Säule verrät ihr hohes Alter. Ein Blick auf den Plan der Konstantinischen Basilika zeigt, daß sie eine Fundamentmauer des Oktogons stützen mußte (vgl. Abb. 30, S. 54). Im Bau Justinians hatte sie bereits »ausgedient«. Die neue Fundamentmauer liegt weiter nördlich. Die am oberen Säulenschaft sichtbaren Graffiti konnten ohne Benutzung eines Stuhles nicht eingeritzt werden. So ist es wahrscheinlich, daß der Fußboden der Grotte früher höher gelegen hat.

Die Archäologen waren besonders daran interessiert, die ursprünglichen Eingänge zu den Grotten zu finden. Als rechts von der kreuzförmigen Grotte (6) die Verkleidungsmauern des 15. Jahrhunderts entfernt wurden, zeigten sich die Spuren eines alten Eingangs mit einer Schwelle (U). Da der Felsen sehr porös war, mußte man ihn durch eine neue Mauer ersetzen, um die Stabilität der darüberstehenden Basilika nicht zu gefährden. Wahrscheinlich wurde durch diesen Eingang die mächtige Säule (S') in die Grotte (4) transportiert.

Die größte Überraschung bot die Nordwand der Grotte (4), die auf dem 2. Bild rechts von der Treppe am rechten Bildrand noch sichtbar ist. Nach Entfernung des Verputzes stieß man auf eine alte, teilweise zerstörte Mauer; dahinter lag ein Gewölberaum (7), der aber von der Grundmauer der Basilika angeschnitten wurde. (Vgl. Bild 3; die alte Mauer ist rechts von der Gittertür sichtbar, dahinter der halbe Gewölbebogen, schließlich die konstantinische Fundamentmauer unter dem Bogen.) Dieser Tatbestand läßt nur einen Schluß zu: Der sorgfältig gemauerte Gewölberaum hat bereits vor der Errichtung der Basilika bestanden. Sowohl der Gewölberaum (7) als auch die konstantinische Grundmauer wurden in Mitleidenschaft gezogen, als man im 15. Jahrhundert den neuen Treppenzugang (12) baute (vgl. Längsschnitt C—D, Bogen bei 7). Das 2. Bild zeigt die Treppe vor den Restaurierungsarbeiten.

5. Grotte mit Arkosolgräbern und Altar der Unschuldigen Kinder (6).
6. Kenotaph und Altar des hl. Hieronymus (9, H).

Über den Bau der Treppe schreibt der Ulmer Dominikaner Felix Faber[40]: »In der Tat gibt es von dieser Grotte [Grotte der Unschuldigen Kinder] einen schmalen Durchgang, der aus dem Felsen gehauen wurde. Die Minderbrüder legten diesen Gang heimlich an, um aus der Katharinenkapelle, in der man die Horen betet, zum Ort der Geburt Christi hinein- und hinausgehen zu können. Auf jede Weise verheimlichen sie diesen Durchgang, auch den Pilgern, damit er nicht durch sie bei den Sarazenen und den orientalischen Christen bekannt würde. Sie würden den Durchgang sofort schließen, und die Franziskaner verlören diese Stätte« (Baldi, 150, 11).

Bei den Renovierungsarbeiten erweiterte man die Treppe. Ein neuer Pfeiler, der den Blick in den Gewölberaum ermöglicht, stützt die Felsdecke (Bild 3).

An der Südseite der großen Grotte (4) hat man die Mauer, die auf alten Plänen noch zu sehen ist, beseitigt. Über zwei Treppen steigt man zu dem höher gelegenen Niveau des Josefsaltars (vgl. Querschnitt A–B); darunter liegen vier Gräber. Rechts vom Josefsaltar führt ein Gang (2) nach dem westlichen Teil der Geburtsgrotte (Bild 4). Der Querschnitt A–B läßt wieder das abfallende Gelände nach Nord erkennen. Der Fußboden der Geburtsgrotte (1) liegt bedeutend höher als die Plattform, auf welcher der Josefsaltar (3) steht.

An der westlichen Seite der großen Grotte (4) führt ein kurzer Gang zu den Hieronymusgrotten (8, 9, 11). Der Vorraum (8) gilt dem Gedenken des Eusebius von Cremona und der Römerinnen Paula und Eustochium. Eusebius übernahm nach dem Tod von Hieronymus (420) die Leitung der Klöster. Er überlebte seinen Lehrer nur um zwei Jahre. Paula gehörte in Rom dem von Hieronymus betreuten Kreis vornehmer römischer Frauen an. Im Jahre 385 reiste sie mit ihrer Tochter Eustochium nach dem Orient und besuchte unter des Hieronymus Führung Palästina und Ägypten. Danach ließ sie sich in Betlehem nieder und gründete dort zwei Klöster und ein Pilgerhospiz. Nach dem Zeugnis des Hieronymus wurde sie am 28. Januar 404 unter der Kirche in der Nähe der Geburtsgrotte begraben. Eustochium († 420) liegt an ihrer Seite bestattet. Genau lassen sich die Gräber aber nicht mehr lokalisieren.

Dem Altar gegenüber befindet sich in einer Grotte (10) ein alter Brunnen (Z) mit zwei weiteren Gräbern (q, r). Der Durchmesser des Brunnenrandes beträgt etwa 0,75 m. Die Tiefe läßt sich nicht exakt messen, da nach ungefähr 7,10 m ein Stein den Schacht blockiert. Die Abnutzungsspuren des Brunnenrandes weisen auf ein hohes Alter hin.

An die Grabstätte, die sich Hieronymus selbst aussuchte, erinnert heute nur noch ein Kenotaph (9, H – Bild 6). Die von ihm verfaßte Grabinschrift lautet: HAEC EST REQUIES MEA IN SEMPITERNUM HIC HABITABO QUONIAM OPTAVI EAM – HIER IST MEINE RUHESTÄTTE FÜR IMMER. HIER WILL ICH WOHNEN, WEIL ICH SIE ERWÄHLT HABE. Der Letzte Wille des Toten, der nicht mehr kämpfen konnte, wurde in den kommenden Jahrhunderten nicht respektiert. Seine Gebeine kamen Ende des 13. Jahrhunderts nach S. Maria Maggiore in Rom.

Das Relief über dem Kenotaph zeigt Hieronymus mit der Bibel in der Hand. Was er vielen als Lebensregel auf den Weg gab, hat er selbst gelebt: »Das Heilige Buch sei allezeit in deiner Hand und vor deinen Augen. Denn die Heilige Schrift nicht kennen ist soviel wie Christus nicht kennen.«

der Krippe des Herrn ist innen ganz mit kostbarem Marmor geschmückt« (Geyer, S. 256). Heute münden die Nord- und Südtreppe unten an der Apsis mit dem Geburtsstern, der an der Stelle der »Steinplatte« liegt (vgl. Abb. 33, 1'). Weil Arkulf zuerst auf diese Stätte stößt, muß er auf einer der beiden heutigen Treppen herabgestiegen sein. Weitere Einzelheiten über die Grotte selbst erfahren wir von Willibald, dem späteren Bischof von Eichstätt, der in den Jahren 724–726 in Palästina weilte. »Jener Ort, wo Christus geboren wurde, war einstmals eine Höhle unter der Erde, und jetzt ist sie wie ein viereckiges Haus, aus dem Felsen gehauen ... Und wo der Herr geboren wurde, darüber steht jetzt ein Altar.« Willibald sah aber noch einen »kleineren Altar«, den jene mit sich nahmen, die »drinnen in der Höhle zelebrieren wollen«. Es ist derselbe fromme Brauch, den schon Hieronymus kennt. Wenn auch die literarischen Quellen nicht sehr ergiebig sind, uns genügt die Tatsache, daß das Wesentliche, die Grotte der Geburt und die Krippe, seit dem 2. Jahrhundert lückenlos bezeugt ist. Kehren wir in die Zeit Jesu zurück.

Aus den ersten Lebenstagen Jesu überliefert uns der Evangelist Lukas noch zwei Ereignisse, die uns zeigen, wie treu sich die Eltern dem Gesetz Gottes unterwarfen: die Beschneidung des Kindes, die mit der Namensgebung verbunden war, und das Reinigungsopfer der Mutter mit der Darstellung des Erstgeborenen im Tempel.

»Als die acht Tage, da man ihn beschneiden mußte, vorüber waren, wurde ihm der Name Jesus gegeben, der vom Engel genannt worden war, bevor die Mutter ihn empfangen hatte« (Lk 2, 21).

Der Brauch der Beschneidung ist im Orient uralt und war nicht auf Israel beschränkt. Wahrscheinlich geht der Ursprung der Beschneidung auf die Ägypter zurück, von denen die Semiten diese Sitte übernommen haben. Die Beschneidung war also Abraham nicht fremd, als er die göttliche Weisung erhielt: »Bei euch soll alles Männliche beschnitten werden« (Gen 17, 10). Den Israeliten galt die Beschneidung als das äußere Zeichen des Bundes mit Gott und bedeutete die Aufnahme in das auserwählte Volk. An der Gesetzesvorschrift der Beschneidung hingen die Juden mit ganzer Seele, mehr als an ihrem Leben, wie es die Berichte aus der Makkabäerzeit zeigen.

Das Unterlassen der Beschneidung hatte den Ausschluß aus der Gemeinde Israels zur Folge. Es war bei den Juden das größte Schimpfwort, wenn man jemanden einen »Unbeschnittenen« nannte. Ein Nichtisraelit, der sich beschneiden ließ, trat durch diesen Ritus in eine engere Gemeinschaft mit dem Volke Gottes und durfte an der Paschafeier teilnehmen.

Gewöhnlich wurde die Beschneidung vom Vater selbst vorgenommen, doch konnte sie auch von jedem anderen Israeliten, in Notfällen selbst von der Mutter, ausgeführt werden. Nach dem Gesetz war der achte Tag nach der Geburt der ordnungsgemäße Beschneidungstag. Fiel

Abb. 34. Wandmosaik mit den Ahnen Jesu in der Geburtskirche.

Fast alle Pilgerberichte der Kreuzfahrerzeit erwähnen die dekorative Pracht der neuen Mosaikbilder, welche die Innenwände der Basilika schmückten. Im Halbbogen stehen rechts und links unterhalb eines Rades, des Symbols der Vollkommenheit, die beiden griechischen Buchstaben B und C. Es ist die Signatur des Mosaisten Basileios, der das Werk um das Jahr 1169 schuf. Ein Besuch des Felsendomes in Jerusalem läßt aber sofort erkennen, wo der Künstler seine Vorbilder fand. Es sind die Mosaikbilder, die zwischen den Fenstern die Rotunde des Felsendomes unterhalb der Kuppel schmükken (vgl. Abb. 109, 2, S. 187).

Von den auf Goldgrund gesetzten Bildern haben sich leider nur einige Reste erhalten, die als große nachgedunkelte Flächen über den Säulen an den Innenwänden des Mittelschiffes zu erkennen sind (vgl. Abb. 29, S. 52). Eine sorgfältige Beschreibung der damals schon vom Verfall bedrohten Mosaiken verdanken wir dem unermüdlichen Fanziskaner-Guardian Quaresmius (1616 bis 1626). Die schmalen Felder zwischen den Fenstern füllten hohe Engelsgestalten, die Boten Gottes, die den Hirten die Geburt des Kindes verkündeten. Ihre Gesichter waren nach der Grotte gerichtet, und ihre Hände zeigten den Verkündigungsgestus. Unter den Fenstern legte sich wie ein breites farbiges Band um den Innenraum die Darstellung der sieben ökumenischen Konzilien: Nizäa I. (325), Konstantinopel I. (381), Ephesus (431), Chalkedon (451), Konstantinopel III. (680/81), Nizäa II. (787); ferner die Bilder der vier Provinzialkonzilien: Ankyra (314), Antiochia (268/69), Sardica (347), Gangra (340/41); schließlich die Darstellung der beiden Synoden von Laodizäa (zwischen 343—381) und Karthago (254). Wahrlich, eine eindrucksvolle Illustration der Glaubenslehren der Kirche, deren Mitte Jesus Christus ist. So bildet auch den Abschluß über dem Architraph der Säulen die lange Reihe der Vorfahren Jesu, auf der Südwand nach dem Stammbaum des Mattäus, auf der Nordwand nach der Genealogie des Lukas. Auf der Südwand sind die Mosaikfelder von Nizäa I., Konstantinopel I., Chalkedon und Ephesus noch relativ gut erhalten, ferner die Brustbilder der Ahnen Jesu: Jakob, Mattan, Eleasar, Eliud, Achim, Zadok und Azor.

Die Abbildung zeigt die ersten vier — Jakob, Mattan, Eleasar und Eliud —, dazu den einen fragmentarischen Bogen der Darstellung des Konzils von Nizäa I. am linken Bindrand und die linke Hälfte der Darstellung des Konzils von Konstantinopel I. auf der rechten Bildhälfte (vgl. Abb. 29, S. 52, Mosaikfläche über der 2. und 3. Säule der rechten Innenwand). Die Darstellung der ökumenischen Konzilien folgt einem gleichen Schema: Zwei Halbbogen, die auf drei Säulen ruhen, umrahmen zwei Altäre (Lesepulte), die mit kostbaren Antipendia geschmückt sind. In der Mitte liegt das Evangelienbuch. An jeder Seite hängt ein Weihrauchfaß oder brennt ein Leuchter. Den freien Raum unter dem Halbbogen füllt eine griechische Inschrift; auf der linken Seite werden kurz

die historischen Fakten der Einberufung des Konzils dokumentiert, auf der rechten Seite die vom Konzil verteidigten Glaubenslehren. Zwischen den einzelnen Konzilsdarstellungen quillt aus einer Vase ein üppiges, phantasievolles Pflanzenornament. Leider ist das Bild des gesetzlichen Vaters Jesu nicht mehr erhalten. Nur noch die erklärende Inschrift, wenn auch teilweise zerstört, sichert das Bild:

(J)OSEPH
(V)IRUM
(M)ARIAE

»Jakob aber zeugte den Josef, den Mann Mariens, von der Jesus geboren wurde, der Messias genannt wird« (Mt 1, 16).

dieser auf einen Sabbat, dann galt der Grundsatz: Die Beschneidung verdrängt den Sabbat (vgl. Joh 7, 22).

Am Tage der Beschneidung erhielt das Kind einen Namen. Der gewählte Name entspricht unserem Vornamen, dem Taufnamen. Ein Familienname war den Juden unbekannt. Der Sohn trug zwangsläufig den Namen seines Vaters. Er wurde »Sohn des ...« genannt, auf hebräisch »ben«, auf aramäisch »bar«. An diesen Brauch hielt sich auch Jesus, als er nach dem Messiasbekenntnis zu Petrus sagte: »Selig bist du, Simon, Barjona« — d. h. Sohn des Jonas.

Sehr häufig gab man dem ältesten Sohn den Namen seines Großvaters, um die Namensüberlieferung fortzusetzen und ihn gleichzeitig von seinem Vater zu unterscheiden. Bei Jesus betont aber der Evangelist, daß »dem

Abb. 35. »Korban« — »Weihegabe«.

Bei den im Jahre 1968 an der Südwestecke des Tempelplatzes begonnenen Ausgrabungen[41] wurde das Fragment eines Steingefäßes gefunden, auf dem das hebräische Wort »Korban« — »Weihegabe« — eingemeißelt ist. Darunter sind verkehrt zwei Vögel, wahrscheinlich Tauben, eingekratzt. Die beiden linken Bilder zeigen im Original das Fragment, wahrscheinlich ist es der runde, etwa 4 cm lange Fuß des steinernen Gefäßes; rechts ein abgerollter Abguß, der — wenn man das Bild umdreht — sofort plastisch wirkt. Die Inschrift »Korban« erinnert an einen Ausspruch der Mischna: »Wenn man ein Gefäß findet, das den Namen ›Korban‹ trägt, dann

sagt Rabbi Juda: ›Wenn es ein irdenes Gefäß ist, dann ist es als ungeweiht zu betrachten ...‹ Man sagte zu ihm: ›Es ist nicht Sitte, etwas Ungeweihtes in etwas zu tun, was ,Korban' ist‹« (Maaser Scheni 4, 10). Da es sich um ein geweihtes steinernes Gefäß handelt und das Fragment unmittelbar beim Tempelplatz gefunden wurde, darf man wohl an das Reinigungsopfer einer Mutter denken, die das Gesetz erfüllte: »Wenn aber das Vermögen der Mutter nicht für ein Schaf hinreicht, dann soll sie zwei Turteltauben oder zwei junge Tauben nehmen, die eine zum Brandopfer, die andere zum Sündopfer, und der Priester entsündigt sie, und sie wird rein« (Lev 12, 8).

Kinde der Name gegeben wurde, der vom Engel genannt worden war, bevor die Mutter ihn empfangen hatte« (Lk 2, 21). Auch von Josef wissen wir, daß er über den Namen des Kindes eine göttliche Weisung erhalten hatte (Mt 1, 21).

»Jesus« ist die griechische Form des hebräischen Namens Jeschua, die abgekürzte Form von Jehoschua (Josua): Jahwe ist Erlöser. Bis zum Anfang des 2. Jahrhunderts n. Chr. war der Name Jesus unter den Juden sehr verbreitet. So lesen wir auch im Kolosserbrief, daß ein Mitarbeiter des Völkerapostels, der während seiner Gefangenschaft in Rom bei ihm war, Jesus, mit dem Beinamen Justus, hieß (Kol 4, 11). Mit dem 2. Jahrhundert verschwindet aber bei den Juden der Name Jesus. In den Schriften der Rabbinen wird nunmehr die alte, längere Form des Namens verwendet, nur für Jesus von Nazaret benutzte der Talmud den kurzen Namen Jeschua. Diese Tatsache läßt sich nur durch die Annahme einer bewußten Meidung des Jesusnamens erklären. So wurde »Jesus« der Name, der »über alle Namen ist« (Phil 2, 9); der einzige Name, darin »wir selig werden« (Apg 4, 12).

Die zweite Gesetzesvorschrift bei der Geburt eines Kindes bezog sich auf das Reinigungsopfer der Mutter, mit dem auch die Darstellung des Kindes im Tempel verbunden war. Lukas schreibt: »Als die Tage ihrer Rei-

nigung vorüber waren, brachten sie ihn nach Jerusalem, um ihn dem Herrn darzustellen. So steht es geschrieben im Gesetze des Herrn: Jede männliche Erstgeburt soll ›heilig dem Herrn‹ heißen. Auch soll nach der Vorschrift im Gesetze des Herrn ein Opfer dargebracht werden: ein Paar Turteltauben oder zwei junge Tauben« (Lk 2, 22—24).

Nach dem jüdischen Gesetz galt eine Mutter, wenn sie einem Knaben das Leben geschenkt hatte, vierzig Tage für unrein; bei der Geburt eines Mädchens betrug die Zeit achtzig Tage. Während dieser Zeit mußte die Mutter im Hause bleiben, durfte den Tempel nicht betreten und keine Opferspeise anrühren. Nach Ablauf dieser Wartezeit sollte sie zur gesetzlichen Reinigung ein Brand- und ein Sündopfer im Tempel darbringen. Das Opfer für die Armen betrug ein Paar Tauben: die eine Taube für das Brandopfer, die andere als Sündopfer (vgl. Abb. 35). Die Reichen mußten für das Brandopfer noch ein einjähriges Lamm hinzubringen, während zum Sündopfer auch für die Reichen eine Taube genügte.

Bei der Geburt des Erstgeborenen schrieb das Gesetz außerdem noch die »Heiligung« des Kindes vor; denn die erstgeborenen Söhne waren Jahwe geheiligt, d. h. zu Gottes Eigentum und Dienst geweiht (Ex 13, 2). Als dann die Leviten anstelle der Erstgeborenen zum Dienst im Heiligtum bestimmt wurden (Num 3, 12), trat das

Gesetz in Kraft, daß die Erstgeborenen loszukaufen seien (Ex 13, 13). Der Preis, den die Eltern zahlen mußten, betrug fünf Schekel. Dieses Lösegeld konnte im ganzen Lande an jeden beliebigen Priester entrichtet werden. Daß dies auch im Tempel geschah, und zwar in Verbindung mit dem Reinigungsopfer der Mutter, bezeugt Lukas für die Zeit Jesu mit seinem Bericht. Die Heiligung des Kindes wurde »Darstellung« genannt und deutete an, daß das Kind dem Herrn geweiht und zum Dienst am Tempel übergeben worden sei.

Nach der Überlieferung mußte die Mutter ihre Gaben am Nikanor-Tor auf der Ostseite des Frauenvorhofes dem Priester überreichen (vgl. Abb. 102, E/F, S. 179). Als Maria und Josef mit dem Kinde den Tempel betraten, zogen sie durch nichts die Blicke der Umstehenden auf sich. Jeden Tag kamen viele Mütter zum Reinigungsopfer und zur Darstellung ihrer Erstgeborenen. Doch gerade an diesem Tage weilte ein Mann im Vorhof des Tempels, der tiefer sah als die übrigen. Lukas nennt uns nur seinen Namen, Simeon, und fügt hinzu: »Er war gerecht und fromm.« Der Greis nahm das Kind in seine Arme und offenbarte das den menschlichen Augen verborgene Geheimnis: »Meine Augen haben dein Heil gesehen, das du bereitet hast vor dem Angesicht aller Völker, ein Licht zur Erleuchtung der Heiden und zum Ruhme deines Volkes Israel« (Lk 2, 30—32).

Die folgenden Worte, die Simeon zu Maria sprach, enthüllen das Schicksal des Kindes: »Siehe, dieser ist bestimmt zum Falle und zur Auferstehung vieler in Israel und zu einem Zeichen des Widerspruches« (2, 34). Das Auftreten, Reden und Handeln Jesu wird anders sein, als die herrschende Anschauung vom Messias erwartet. So wird schon zu Beginn seines Lebens eine Tatsache ausgesprochen, die im ganzen Evangelium widerklingt: Das Ärgernis gehört wesentlich zur Person Jesu und zu seiner Botschaft. Auch Maria, weil sie die Mutter des Messias ist, wird vom Geschick ihres Sohnes mit betroffen werden.

Noch ehe die von Simeon mit den Eltern und ihrem Kinde gebildete Gruppe sich wieder auflöste, »kam die Prophetin Hanna zur selben Stunde hinzu und pries Gott und sprach von ihm zu allen, die auf die Erlösung Jerusalems warteten« (Lk 2, 38). »Hanna, eine Tochter Penuels aus dem Stamme Ascher, war hochbetagt und hatte sieben Jahre nach ihrer Jungfrauschaft mit ihrem Manne gelebt. Jetzt war sie eine Witwe von vierundachtzig Jahren; sie wich nicht vom Tempel und diente Gott mit Fasten und Beten Nacht und Tag« (Lk 2, 36. 37). Der Evangelist, der die Namen ihrer Vorfahren und ihre Stammeszugehörigkeit aufzählt, beweist damit, daß er hier nicht als Legendenerzähler auftritt, sondern eine gesicherte Überlieferung wiedergibt. Die Bemerkung, daß Hanna ein ungewöhnlich hohes Alter erreicht hatte, wird durch die genauen Angaben bestätigt: »nach ihrem Jungfraustand war sie sieben Jahre lang mit einem Manne verheiratet, jetzt war sie eine

Witwe von vierundachtzig Jahren.« Die angegebene Zeit läßt eine doppelte Deutung zu: Entweder beziehen sich die Jahre auf ihre ganze Lebenszeit, oder sie geben nur die Jahre ihrer Witwenzeit an. Im letzteren Fall wäre die hochbetagte Prophetin etwa 106 bis 108 Jahre alt gewesen.

Wie im Priesterhaus des Zacharias fehlte es auch damals in Jerusalem nicht an Männern und Frauen, die unter dem Druck einer trostlosen Gegenwart mit brennender Sehnsucht nach dem verheißenen »Trost Israels« und der »Erlösung Jerusalems« ausschauten.

Die Erwartung eines »Gesalbten« — hebräisch: maschiach, gräzisiert: Messias, ins Griechische übersetzt: Christos, lateinisch: Christus — findet sich vom Beginn des zweiten vorchristlichen Jahrhunderts sehr betont auch als Hoffnung auf einen irdischen König, einen Sohn Davids, der die politischen Feinde des jüdischen Volkes zerschmettern und das Volk Gottes regieren wird.

Herodes der Große

Wie sah in Palästina die politische Lage aus, als Jesus geboren wurde? Mattäus nennt uns nur den Namen des Königs Herodes. Aber dieser eine Name genügt, um den zeitgeschichtlichen Hintergrund in aller Realistik zu sehen. Die Geschichte hat dem König den Beinamen »der Große« verliehen. Ein Titel, der aber in der Antike wohl nicht den heutigen Sinn hatte, sondern nach Josephus Flavius einfach »der Ältere« — »ho megas« — bedeutete. Das Urteil eines Zeitgenossen über den König lautet: »Herodes stahl sich seinen Thron wie ein Fuchs, er regierte wie ein Tiger, und er starb wie ein Hund.« Diese Kritik ist scharf, aber sie liefert uns den Schlüssel zum Verständnis vieler Dinge und Ereignisse, die das Leben Jesu umgaben.[42]

Herodes (= der Heldische) wurde um das Jahr 73 v. Chr. geboren, wahrscheinlich in Aschkelon am Mittelmeer. Er war aber kein gebürtiger Jude, sondern sein Geschlecht stammte aus Idumäa, einer Landschaft zwischen Palästina und Ägypten.[43] Seine Mutter war eine Nabatäerin. Der edle Duft eines Parfüms erinnert uns noch an ihren Namen. Sie hieß Kufra, das ist der arabische Name für die wegen ihres Duftes so berühmte Zypernblume (Lawsonia alba), hebräisch: »Kofer«. Im Griechischen wurde der Name zu »Kypros« — dem Chypre unserer Tage! Klemens von Alexandrien († um 216) weiß zu berichten, daß aus ihren Blättern die »rote Henna« gewonnen wurde, die zum Haartönen und Färben der Fingernägel diente.

Herodes' Vater, Antipater, bekleidete einen hohen politischen Posten unter Hyrkan II., dem letzten Hohenpriester aus dem Königsgeschlecht der Hasmonäer. Wie ist es nun gekommen, daß der Nichtjude Herodes zum König der Juden wurde? Die Anfänge dieser Herrschaft liegen weit zurück. Aber erst wenn wir sie kennen, ver-

Abb. 36.   Münze Herodes' des Großen mit dem Königsstern.

Während auf den Hasmonäermünzen neben dem königlichen Hohenpriester noch der »Rat der Juden« — »heber haj jehudim« — als politischer Machtfaktor in Erscheinung trat, zeigen die herodianischen Münzen, daß dem »Rat der Juden«, d. i. dem Synedrium, jegliche politische Befugnis entzogen war. Die Münzen des Herodes führen nur den Namen des Königs in griechischen Buchstaben, von dem »Rat der Juden« ist keine Rede mehr.

stehen wir die politischen, geistigen und religiösen Zusammenhänge jener Zeit, in der Jesus das Reich Gottes verkündete.

Die Geschichte beginnt mit dem Freiheitskampf der makkabäischen Brüder. Während der Unterdrückung des jüdischen Volkes durch den syrischen König Antiochus IV. Epiphanes (175—164 v. Chr.) organisierte der Priester Mattatias aus Modeïn den Aufstand gegen die syrische Fremdherrschaft.

Mattatias, sein Name bedeutet »Geschenk Jahwes«, war »der Sohn des Johannes, des Sohnes Simeons, des Sohnes des Hasmonäus« (Jüd. Altert. XII 6, 1; vgl. 1 Makk 2, 1—4). Nach dem letztgenannten Vorfahren erhielt die Familie den Beinamen »Geschlecht der Hasmonäer«.

Von seinen fünf tapferen Söhnen umgeben, war Mattatias entschlossen, das Letzte zu wagen: »Wozu sollen wir denn noch leben?« (1 Makk 2, 13) Über dem Tempel in Jerusalem lag »der Greuel der Verwüstung«, und in jeder Stadt und in jedem Dorf waren die Standbilder des heidnischen Zeus aufgestellt. Wer zu dem von dem syrischen König angeordneten Opfer nicht bereit war, wurde festgenommen, vor allem Volk ausgepeitscht und dann getötet. Als eines Tages eine syrische Kontrollkommission nach Modeïn, etwa 25 km nordwestlich von Jerusalem, kam, um die Durchführung der königlichen Edikte nachzuprüfen, erschlug Mattatias einen opferbereiten abtrünnigen Juden und den syrischen königlichen Kommissar. Dann floh Mattatias mit seinen Söhnen in die Wüste und rief alle, die den Gesetzen ihrer Väter treu bleiben wollten, auf, ihm zu folgen. Nach seinem Tode (166 v. Chr.) wurde der Freiheitskampf von seinen Söhnen weitergeführt. Unter diesen trat besonders Judas hervor, der den Beinamen »Makkabäus« erhielt. Die Be-

deutung ist nicht ganz sicher, gewöhnlich wird der Name von »makkabah« — »Hammer« — abgeleitet. Der Name ging dann auf die ganze Familie über, ja er wurde zum Ehrentitel für jeden Juden, der für die religiöse und politische Freiheit seines Volkes kämpfte. Die Geschichte und das Martyrium der sieben »makkabäischen« Brüder erinnern uns noch daran.

Judas Makkabäus eroberte im Jahre 165 v. Chr. Jerusalem. Die Zeusstatue im Tempel wurde zertrümmert, die heidnischen Geräte zerstört. Dann wurde der von den Heiden geschändete Tempel neu geweiht. Zur Erinnerung an diese nationale Großtat begingen die Juden alljährlich in der zweiten Hälfte des Monats Kislev (Nov./Dez.) das Fest der Tempelweihe; es wird im Neuen Testament mit seinem griechischen Namen »enkainia« »Weihefest« (Joh 10, 22) genannt und bei Josephus als »Lichterfest« (Altert. XII, 7, 7) erwähnt. Die Rabbinen haben dem Fest den Namen »chanukka« gegeben, den es im jüdischen Kult beibehalten hat. Das »Fest der Lichter« blieb auch nach der Zerstörung des Tempels bestehen, weil der Lichterritus das Fest vom Heiligtum unabhängig machte und erlaubte, ihm einen neuen Sinn zu geben. Es blieb bis heute ein großes jüdisches Fest, an dem die »Chanukka-Menora«, ein achtarmiger Leuchter, angezündet wird.

Das erste Ziel des makkabäischen Aufstandes war erreicht: das Recht auf freie Religionsausübung. Judas bemühte sich nun um die Stärkung seiner nationalen Partei gegen den Einfluß hellenistischer Kreise, die sich um den von den Syrern protegierten Hohenpriester Alkimus zusammengeschlossen hatten. Judas war sich darüber im klaren, daß er den Kampf nicht allein führen konnte. Auf diplomatischem Wege suchte er — es ist der Anfang der späteren Herrschaft der Römer — Hilfe in Rom. Der Senat erkannte die Unabhängigkeit Judäas an, mit dem Hintergedanken, das Gebiet zu einem Pufferstaat zu machen, der die latenten »Großreiche« trennte.

Während die jüdischen Abgesandten in Rom verhandelten, blieben die Syrer nicht müßig. Der neue König, Demetrius Soter (162—150 v. Chr.) sammelte ein Heer und ließ es gegen das rebellische kleine Land marschieren. Todesmutig stellte sich Judas der Übermacht entgegen. Bei Elasa, im Norden von Jerusalem, fiel er im Kampf.

Jonatan, der bereits das Amt des Hohenpriesters übernommen hatte, mußte dazu noch den militärischen Oberbefehl übernehmen. Johannes, der älteste der fünf Brüder, war kurz vorher gefangengenommen und getötet worden; Eleasar, der zweitjüngste, wurde von einem Kriegselefanten, den er in der Schlacht verwundet hatte, zu Tode getrampelt.

Ein in Syrien ausgebrochener Bürgerkrieg brachte den Juden für kurze Zeit Erleichterung. Jonatan überwand in Jerusalem den Einfluß der hellenistischen Partei. Damit war das zweite Ziel der Makkabäer erreicht: die Übernahme der politischen Macht durch die nationale

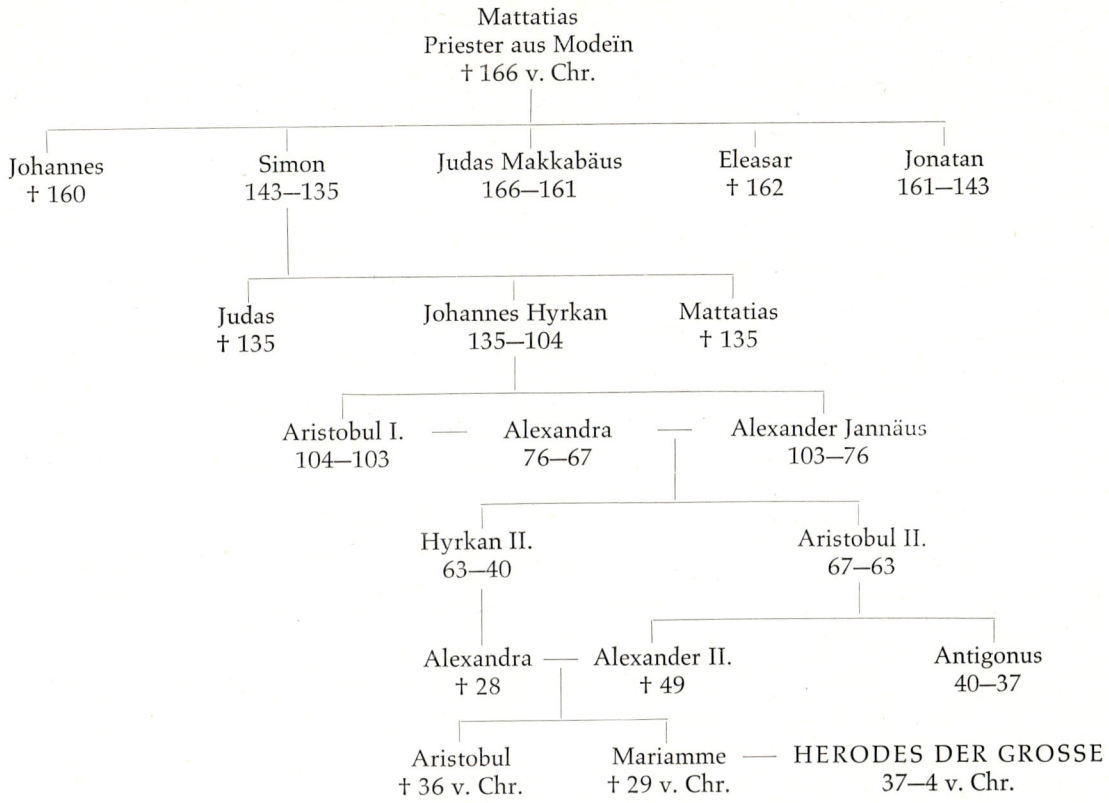

Mattatias
Priester aus Modeïn
† 166 v. Chr.

Johannes	Simon	Judas Makkabäus	Eleasar	Jonatan
† 160	143—135	166—161	† 162	161—143

Judas	Johannes Hyrkan	Mattatias
† 135	135—104	† 135

Aristobul I.	Alexandra	Alexander Jannäus
104—103	76—67	103—76

Hyrkan II.	Aristobul II.
63—40	67—63

Alexandra	Alexander II.	Antigonus
† 28	† 49	40—37

Aristobul	Mariamme	HERODES DER GROSSE
† 36 v. Chr.	† 29 v. Chr.	37—4 v. Chr.

Bewegung. Schließlich fiel er wie seine anderen Brüder dem Verrat zum Opfer. Tryphon, der neue Anwärter auf den syrischen Thron, lockte Jonatan in einen Hinterhalt und ermordete ihn (143 v. Chr.).

Simon, der letzte Überlebende der fünf makkabäischen Brüder, übernahm die Führung des Volkes. Er errang die völlige Tributfreiheit von Syrien und verjagte die letzten syrischen Besatzungen aus dem Land. Unter seiner klugen Führung erlebte das kleine Juda einen ungestörten Frieden. Das Volk ehrte Simon in einer feierlichen Versammlung und proklamierte ihn und seine Nachkommen zu Hohenpriestern und Ethnarchen, »bis ihnen Gott einen rechten Propheten erweckte« (1 Makk 14, 41). Damit begann die Dynastie der Hasmonäer. Ein Thronwechsel in Syrien brachte die schwer errungene Freiheit wieder in Gefahr. Antiochus VII. Sidetes (139/38—129 v. Chr.) war nicht bereit, auf die früheren syrischen Besitzungen freiwillig zu verzichten. In Judäa erschien ein syrisches Heer, um die Forderungen mit Gewalt durchzusetzen. Simons Söhne Judas und Johannes stellten sich mit einem Heer zum Kampf und kehrten als Sieger zu ihrem alten Vater nach Jerusalem zurück (1 Makk 16, 1—10).

Simons Tage waren gezählt, auch er sollte wie seine Brüder keines friedlichen Todes sterben. Sein eigener Schwiegersohn Ptolemäus, der nach der Macht strebte, ließ ihn und zwei seiner Söhne bei einem Trinkgelage auf der Festung Dok, hoch über dem Jordantal auf einem Felsplateau gelegen (vgl. Abb. 219, S. 389), meuchlings ermorden. Da durch feierlichen Volksbeschluß das Hohepriesteramt und die Fürstenwürde in Simons Haus für erblich erklärt worden waren, übernahm der dritte überlebende Sohn, Johannes Hyrkan, die Führung des Volkes (135—104 v. Chr.). Aber noch im ersten Jahre seiner Regierung fiel Antiochus VII. Sidetes mit einem Heer in Judäa ein, verwüstete das ganze Land und schloß Hyrkan in Jerusalem ein. Der Hunger zwang die Belagerten bald, Frieden um jeden Preis zu erbitten. Die Bedingungen der Syrer waren hart: hohe Tributzahlungen und Schleifung der Stadtmauer. Doch Johannes Hyrkan ließ den Mut nicht sinken. Nach des Antiochus Tod (129 v. Chr.) hielt er seine Stunde für gekommen. Er war entschlossen, Judäas Selbständigkeit zu verteidigen. Er tat das gleiche wie König David Jahrhunderte vor ihm. Statt mit begeisterten Freiheitskämpfern in den Kampf zu ziehen, begann er ein wohlorganisiertes Heer aufzu-

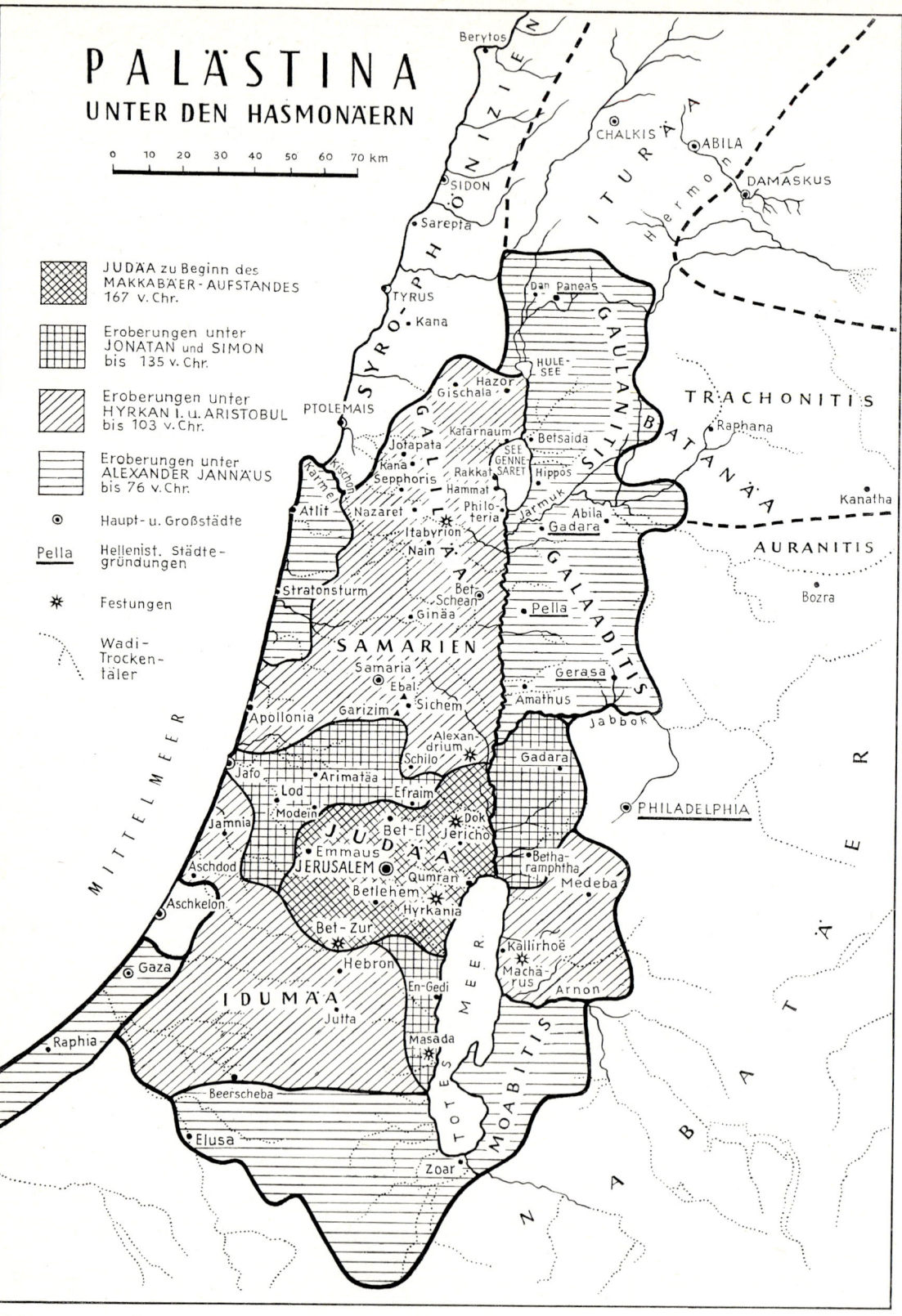

PALÄSTINA
UNTER DEN HASMONÄERN

0 10 20 30 40 50 60 70 km

JUDÄA zu Beginn des
MAKKABÄER-AUFSTANDES
167 v. Chr.

Eroberungen unter
JONATAN und SIMON
bis 135 v. Chr.

Eroberungen unter
HYRKAN I. u. ARISTOBUL
bis 103 v. Chr.

Eroberungen unter
ALEXANDER JANNÄUS
bis 76 v. Chr.

⊙ Haupt- u. Großstädte

Pella Hellenist. Städte-
gründungen

✳ Festungen

Wadi-
Trocken-
täler

Berytos

CHALKIS ABILA
DAMASKUS

SIDON

Sarepta

ITURÄA

TYRUS
Kana

PTOLEMAIS

Dan Paneas

HULE-
SEE

Hazor
Gischala

Kafarnaum Betsaida

GAULANITIS

TRACHONITIS

Raphana

Jotapata
Kana
Sepphoris
Hammat
Nazaret
Itabyrion
Nain

SEE
GENNE-
SARET

Hippos

BATANÄA

Rakkat

Philo-
teria

Abila
Gadara

Jarmuk

Kanatha

GALILÄA

GALAADITIS

AURANITIS

Atlit

Stratonsturm

Bozra

Bet-
Schean
Ginäa

Pella

SAMARIEN

Gerasa

Samaria
Ebal
Garizim Sichem

Amathus

Jabbok

Apollonia

Alexan-
drium
Schilo

Gadara

PHILADELPHIA

Jafo

Arimatäa
Lod
Efraim

Modein
Jamnia

Bet-El Dok
Jericho

JUDÄA

Emmaus
JERUSALEM
Betlehem
Qumran

Betha-
ramphtha

Medeba

Aschdod

Bet-Zur

Hyrkania

MITTELMEER

Aschkelon

Hebron

En-Gedi

Kallirhoë
Machä-
rus

Gaza

IDUMÄA

Jutta

Arnon

Raphia

Beerscheba

Masada

MOABITIS

Elusa

Zoar

TOTES MEER

NABATÄER

SYROPHÖNIZIEN

72

Abb. 37. Palästina unter den Hasmonäern.

Das Reich Davids und Salomos (vgl. Abb. 80, 2, S. 136) war im Laufe der Jahrhunderte zu einem kleinen Gebietsteil um Jerusalem zusammengeschrumpft. Es trug den Namen Judäa, d. h. jüdisches Land. Im Süden von Judäa bildete Bet-Zur den vorgeschobensten Posten des Judentums. Judas legte eine jüdische Besatzung in die Stadt, »damit das Volk eine Festung gegen Idumäa hin hätte« (1 Makk 4, 61). Die Küstenstädte im Westen, Raphia, Gaza, Aschdod, mit ihren großen sich weit ins Binnenland erstreckenden Gebieten waren alle heidnisch und sind es auch nach der Eroberung durch die Hasmonäer geblieben. Die westlichste jüdische Stadt war Emmaus. Jafo wurde unter Jonatan gewaltsam judaisiert und blieb später die einzige jüdische Küstenstadt. Nach Osten hat sich die jüdische Bevölkerung bis zum Jordan hin erstreckt. Im Norden bildete Samarien die Grenze. Samarien war nach dem Untergang des Nordreiches (722 v. Chr.) dem jüdischen Glauben gänzlich verlorengegangen.

Galiläa war nicht immer jüdisch gewesen. Sein eigentlicher Name war »Galil Hagoyim«, d. h. der Kreis der Heiden, entweder weil es ein von fremden Völkern umgebenes Gebiet war oder weil sich hier die Juden inmitten einer heidnischen Bevölkerung angesiedelt hatten. So wird das Stammesgebiet von Naftali und Sebulon schon bei Jesaja das »Galiläa der Heiden« genannt (Jes 8, 23; Mt 4, 15). Nach der Eroberung des Nordreiches vermischte sich auch in Galiläa die zurückgebliebene Bevölkerung mit den heidnischen Kolonisten, die von den Assyrern angesiedelt wurden. Während der Babylonischen Gefangenschaft kamen zu den alten Bewohnern und Kolonisten noch aramäische, phönizische und griechische Einwanderer. Dadurch geriet Galiläa bei den gesetzestreuen Juden in Verachtung. Im zweiten Jahrhundert v. Chr. müssen die Juden in Galiläa nur einen Bruchteil der Bevölkerung ausgemacht haben. Die Makkabäer beabsichtigten, zunächst nur alle in Palästina lebenden Juden unter ihrer Herrschaft zu vereinigen. So wurden von dem Makkabäer Simon die in Galiläa ansässigen Juden nach dem jüdischen Kernland, nach Judäa, umgesiedelt: »Er nahm die Leute aus Galiläa samt Weibern und Kindern und all ihre Habe und führte sie mit großem Jubel nach Judäa« (1 Makk 5, 23). Sein Nachfolger Johannes Hyrkan (135–104 v. Chr.) begann aber bald, den jüdischen Machtbereich über die Grenzen des von den Juden besiedelten Raumes zu erweitern. Die gewaltsame Judaisierung des heidnischen Galiläa setzte unter Aristobul (104–103 v. Chr.) ein. Sein Nachfolger Alexander Jannäus (103–76 v. Chr.) eroberte die Gebiete um den See Gennesaret und stellte die Bewohner vor die Wahl zwischen Beschneidung und Enteignung. So wurde Galiläa, das nach der assyrischen Eroberung (722 v. Chr.) zum großen Teil mit fremdstämmiger Bevölkerung besiedelt worden war, wieder judaisiert. Weil es sich um eine erzwungene Maßnahme handelte, war das Judentum bei den Galiläern nicht besonders tief verwurzelt. Dies war der Grund des Mißtrauens, mit dem die jüdische Orthodoxie in Jerusalem den Galiläern begegnete. Um der Judaisierung Galiläas größere Wirksamkeit zu sichern, siedelte Alexander Jannäus zusätzlich Familien aus Judäa in Galiläa an. So treffen wir zur Zeit Jesu in Galiläa Leute an, die in Judäa beheimatet sind, wie Josef, den gesetzlichen Vater Jesu (Lk 2, 4) und Judas Iskariot, den »Mann aus Kariot« in Südjudäa.

Zur Zeit Jesu war Galiläa wieder vorwiegend von Juden bewohnt. Nach Josephus Flavius (Jüd. Krieg III, 3, 1) war das jüdische Galiläa im Westen vom Karmel und dem Stadtgebiet von Ptolemaïs (Akko) begrenzt, im Süden von Samarien und dem Gebiet von Skythopolis (Bet-Schean); im Norden erstreckte sich Galiläa bis zum Hule-See. Gischala war die nördlichste Stadt. Im Osten bildeten die Landschaft Gaulanitis und das Gebiet von Hippos und Gadara die Grenze. Die jüdische Bevölkerung Galiläas blieb dennoch von den Pharisäern wegen des halbheidnischen Charakters ihrer Landschaft verachtet (Joh 7, 52). Durch die harte Aussprache fielen die Galiläer bei ihren Stammesgenossen sofort auf (Mt 26, 73; Mk 14, 70). Josephus spricht ihnen aber ein hohes Lob aus: »Trotz ihrer durchweg nichtjüdischen Umgebung hielten die Galiläer doch jedem feindlichen Angriff stand, da sie von Jugend auf mit dem Kampfe vertraut waren. Den Männern fehlte es nie an Mut und dem Lande nie an Männern« (Jüd. Krieg III 3, 2). Nach der Eroberung Jerusalems übersiedelten viele Gesetzeslehrer und Pharisäer aus Judäa nach Galiläa, das im 2. und 3. Jahrhundert n. Chr. zu einem Zentrum rabbinischer Frömmigkeit und Gelehrsamkeit wurde.

Zu Beginn der Makkabäerzeit bildeten die Juden im Ostjordanland mit den hellenistischen Stadtgemeinden von Hippos, Gadara, Pella, Gerasa und Philadelphia nur eine Diaspora. Nach anfänglichen Eroberungen sammelte Judas auch in Gilead alle Juden und führte sie nach Judäa zurück. Aber bereits unter Johannes Hyrkan stand das ganze Ostjordanland vom Hule-See bis an das Tote Meer unter jüdischer Herrschaft. In den hellenistischen Städten ist aber die griechische Kultur vorherrschend geblieben, nur Peräa wurde durch die Eroberung eine jüdische Provinz. (Alle im Buch vorkommenden palästinensischen Ortsnamen sind auf dieser oder den folgenden Karten Abb. 44, S. 82, und Abb. 119, S. 202, verzeichnet.)

bauen. Er dingte Söldner, gab ihnen einen festen Sold und stellte eine Leibgarde auf, die nur ihm gehörte.

So beliebt die Makkabäer bis dahin gewesen waren, der rein weltliche Charakter der Politik Hyrkans ließ die allgemeine Sympathie für das neue Herrscherhaus bald schwinden. Die Stimmung des Volkes schlug vollends gegen ihn um, als er das Grab Davids öffnete und es plünderte, um seine hohen Militärausgaben damit zu finanzieren. Unbeirrt durch jede Kritik, fuhr Hyrkan fort, Judäas Militärmacht weiter zu stärken. Er eroberte Samarien, zerstörte den Tempel auf dem Garizim und erweiterte im Süden sein Reich durch die Eroberung Idumäas. Im letzten Teil der dreißigjährigen Regierung Hyrkans erlebte Judäa bessere Tage als je seit dem »Goldenen Zeitalter« unter Salomo.

Während seiner Herrschaft erscheinen zum ersten Mal die beiden Parteien der Sadduzäer und der Pharisäer auf dem Schauplatz der jüdischen Geschichte. Die Quellen lassen vermuten, daß Hyrkan mit den Pharisäern, deren Ahnen wir am Anfang der makkabäischen Bewegung unter dem Namen der »Chassidim« — »Frommen« — begegnet sind, offen gebrochen und sich rückhaltlos der sadduzäischen Richtung angeschlossen hat. Beim Rückblick auf Hyrkans Regierung preist ihn Josephus glücklich: »Gott hatte ihm drei große Gnaden

Das 1. Buch der Makkabäer überliefert das große Ereignis, daß der syrische König Antiochus VII. (139/38–129 v. Chr.) den Juden das Münzrecht gewährte: »Ich erlaube dir, eigene Münzen für dein Land prägen zu lassen« (15, 6). Dieses Dokument wurde im Jahre 138 v. Chr. verfaßt. Es scheint aber, daß Simon nicht in die Lage kam, von diesem Münzrecht Gebrauch zu machen. Einige Zeilen weiter heißt es nämlich im Makkabäerbuch: »Der König Antiochus erklärte die Verträge, die er früher mit ihm geschlossen, für ungültig, weil er ihm abgeneigt geworden war« (15, 27). Erst nach dem Tode des Antiochus konnte der Nachfolger Simons eigene Münzen prägen, die aber aus Kupfer waren. So stammen die bisher ältesten aufgefundenen Hasmonäermünzen aus der Zeit Johannes Hyrkans. Die bis vor kurzem dem Makkabäer Simon zugeschriebenen Silberschekel mit den Jahreszahlen 1–4 und der Aufschrift »Jerusalem ist heilig« werden heute mit mehr Recht zu den Aufstandsmünzen aus den Jahren 66/67–69/70 n. Chr. gezählt (vgl. Abb. 229, S. 406).⁴⁴

Abb. 38.   Tetradrachme des syrischen Königs Antiochus VII. (139/38–129 v. Chr.).

V: Kopf des Königs, mit dem Diadem geschmückt. Die Rückseite trägt das Bild der Göttin Athene mit Speer und Schild.

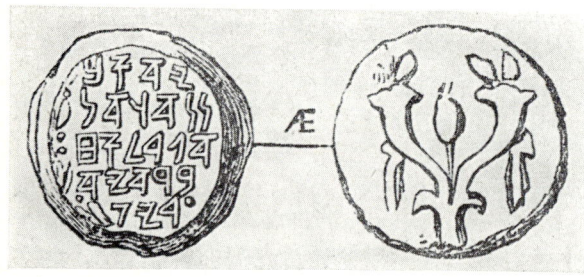

Abb. 39.   Münze des Johannes Hyrkan (135–104 v. Chr.).

Hyrkan ließ als erster Makkabäer seinen hebräischen Namen Jehochanan auf Münzen prägen.

V: In einem Kranz von Olivenblättern die althebräische Inschrift: »Jehochanan, der Hohepriester, und die Gemeinde der Juden«.

R: Alle Kupfermünzen zeigen ein doppeltes Füllhorn mit einem Granatapfel (Mohnkopf?) in der Mitte. Der Granatapfel ist eine der »sieben Früchte« des Gelobten Landes.

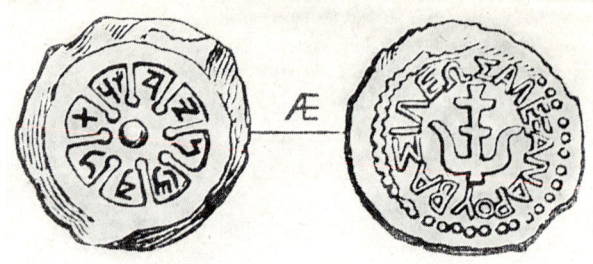

Abb. 40.   Münze des Alexander Jannäus (103–76 v. Chr.).

Sein Vorgänger Aristobul hat weder den Königstitel noch seinen griechischen Numen auf Münzen prägen lassen. Erst unter Alexander Jannäus treten die zweisprachigen Münzen als Neuerung auf und kennzeichnen den wachsenden hellenistischen Einfluß in der jüdischen Aristokratie.

V: »Der König Jehonatan«, eingeschrieben mit hebräischen Buchstaben zwischen den Speichen eines Rades.

R: »Des Königs Alexander« um einen Anker mit zwei Querhölzern. Der Anker erscheint als das Zeichen der Seeherrschaft.

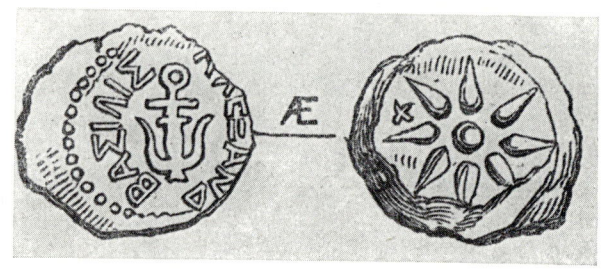

Abb. 41.   Münze der Königin Alexandra-Salome (76–67 v. Chr.).

V: Um einen Anker die abgekürzte griechische Inschrift: »Der Königin Alexandra«.

R: Um einen achtstrahligen Stern die Spuren einer hebräischen Inschrift, von der nur noch ein Buchstabe, das Taw, erkennbar ist, wahrscheinlich zu dem hebräischen Wort Malekat – Königin – gehörig.

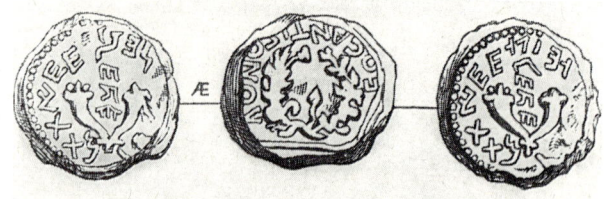

Abb. 42.   Münze des letzten Makkabäerkönigs Antigonus (40–37 v. Chr.).

Um die Summen aufbringen zu können, die Antigonus als Bestechungsgelder für die römischen Feldherrn benötigte, *griff er zur Münzverschlechterung, wobei der Bleigehalt der Münzen bis auf 27 % erhöht wurde (Jüd. Krieg I, 15, 2). Seine Münzen zeigen wie die seines Großvaters Alexander Jannäus (vgl. Abb. 40) auf der einen Seite griechische, auf der anderen hebräischen Aufschriften. Für die Griechen nannte er sich »König Antigonos«, für die Juden »Mattatias, der Hohepriester«; außerdem erscheint auf seinen Münzen wieder die Bezeichnung »die Gemeinde der Juden«, die Alexander Jannäus abgeschafft hatte.*

V: Um einen Lorbeer die griechische Aufschrift: »Des Königs Antigonos«.

R: Zwei Füllhörner mit der hebräischen Inschrift: »Mattatias, der Hohepriester, und die Gemeinde der Juden«.

verliehen: die Herrschaft über sein Volk, die hohepriesterliche Würde und die Prophetengabe« (Jüd. Altert. XIII, 11, 7).

Im Jahre 104 v. Chr. übernahm Aristobul das Erbe seines Vaters. Der Enthusiasmus der Makkabäerzeit war erloschen. Immer mehr trat der geistliche Charakter des Regenten in den Hintergrund, und die hellenistischen Kreise gewannen wieder die Oberhand. Aristobul nahm den Königstitel an. Seine Herrschaft aber war kurz. Bereits im Jahre 103 v. Chr. folgte ihm sein Bruder Alexander Jannäus (103–76 v. Chr.). Ein großer Teil seiner siebenundzwanzigjährigen Regierung war mit Kriegen gegen benachbarte Städte und Könige ausgefüllt. Nicht alle seine militärischen Unternehmungen waren erfolgreich; nach einer Niederlage durch die Araber mußte er sogar für kurze Zeit aus Jerusalem fliehen. Noch gefährlicher waren die Auseinandersetzungen, die zwischen den Anhängern der Pharisäer und Sadduzäer in der Hauptstadt tobten. Als die Pharisäer Hilfe bei den Syrern suchten, kam es zum Aufstand. Sechs volle Jahre lang hatte Alexander gegen sein eigenes Volk zu kämpfen. Nach dem Sieg über die Pharisäer veranstaltete der König ein Siegesmahl. Als das Fest in vollem Gang war, »ließ er gegen achthundert Gefangene kreuzigen und, während sie noch lebten, ihre Frauen und Kinder vor ihren Augen niedermetzeln« (Jüd. Altert. XIII, 14, 2).

Alexanders Eroberungswerk war zugleich ein Zerstörungswerk. Besonders hart wurden die blühenden Küstenstädte und die hellenistischen Städte im Ostjordanland getroffen (vgl. Abb. 37, S. 72). Erst die Römer, Pompeius und Gabinius, haben die zerstörten Städte wiederaufgebaut und zu einer neuen Blüte geführt.

Der Trunksucht ergeben, erlag Alexander Jannäus seiner Krankheit und den Anstrengungen während der Belagerung der Festung Ragaba in Peräa im Jahre 76 v. Chr. Nach Josephus soll der sterbende Alexander seiner Gemahlin Alexandra geraten haben, mit den Pharisäern Frieden zu schließen (Jüd. Altert. XIII, 15, 5).

Alexander hatte Alexandra, die Frau seines verstorbenen Bruders Aristobul, geheiratet, die dann nach seinem eigenen Tode die Regierung übernahm. Alexandra (76–67 v. Chr.) begünstigte die Pharisäer, deren Einfluß

immer mehr wuchs. Die Charakteristik der Königin, die wir bei Josephus lesen — sie stammt wohl aus sadduzäischen Kreisen —, ist nicht günstig: »Alexandra war eine Frau, die nichts von der Schwäche ihres Geschlechtes an sich hatte. Denn sie war überaus machtgierig und hat durch Taten sowohl die ihr angeborene Tatkraft als auch die Unvernunft der Männer, die in der Ausübung der Macht immer versagen, unter Beweis gestellt. Da sie alles der absoluten Herrschaft unterordnete, kümmerte sie sich weder um das Schöne noch um das Gute« (Jüd. Altert. XIII, 16, 6). Das Amt des Hohenpriesters, das sie als Frau nicht übernehmen konnte, übertrug sie ihrem gutmütigen, aber charakterschwachen älteren Sohn Hyrkan II., während sie den jüngeren, aber tatkräftigeren Aristobul II. von den Regierungsgeschäften fernhielt. Nach ihrem Tod brach der Bruderzwist offen aus, und es kam zu dynastischen Machtkämpfen. Aristobul besiegte Hyrkan und riß die Regierung an sich. Hyrkan mußte sich mit dem Hohenpriesteramt begnügen. Zum Zeichen der Versöhnung heiratete Alexander II., der Sohn des Aristobul, die Tochter Hyrkans, Alexandra, die spätere Mutter der Mariamme.

In diesen Familienstreit griffen auch die Römer ein, die bereits im Jahre 69 v. Chr. die Macht der Seleukiden von Rom abhängig gemacht hatten. Nachdem Syrien unterworfen war, kam der Hasmonäerstaat an die Reihe. Des Pompeius großangelegter Feldzug schloß auch die Besetzung der Westküste Palästinas ein, d. h. der von den Hasmonäern eroberten Gebiete (vgl. Abb. 37, S. 72). Auf die Kunde von dem Herannahen der römischen Legionen beeilten sich die streitenden Brüder, Abgesandte zu den Römern zu senden. Jede Partei versprach dem römischen Feldherrn Bestechungsgelder in Höhe von 400 Talenten. Das Rennen gewann Aristobul. Als aber kurz darauf Aristobul das Mißtrauen des Pompeius erregte, war die Stunde der Entscheidung gekommen. Pompeius zog gegen Jerusalem, das nach dreimonatiger Belagerung erobert wurde. Die Römer richteten unter den Bewohnern ein furchtbares Blutbad an. Wenn auch Josephus behauptet, Pompeius habe den Tempelschatz nicht angetastet, so ist doch der Nachricht bei Dio Cassius, daß »sämtliche Gelder [des Tempels] geplündert worden seien« (37, 16), der Vorzug zu geben. Des Pompeius Ostfeldzug war nur ein gewaltiger Raubzug. Noch größer als die Wut über die Räubereien und Erpressungen war der Schmerz über die Entweihung des Allerheiligsten, das Pompeius als Nichtjude zu betreten wagte. Aristobul wurde als Gefangener mit seiner ganzen Familie nach Rom abtransportiert. Das Hasmonäerhaus ging des Königtums verlustig und behielt nur das Hohepriesteramt; Hyrkan II. wurde als Hoherpriester bestätigt und blieb Fürst unter römischer Oberhoheit. Die Mauern der Stadt wurden geschleift und die Einwohner tributpflichtig gemacht.

Noch schwerer traf den Hasmonäerstaat die territoriale Begrenzung, Pompeius trennte alle Küstenstädte und die transjordanischen Griechenstädte von ihm ab und beschränkte das jüdische Palästina auf die überwiegend von Juden bewohnten Gebiete. Die Entrichtung der jährlichen Steuer an die Römer lastete schwer auf dem kleinen Judäa. Die Auflage belief sich auf etwa ein Fünftel der Saatfrucht. Die Zahlung war in Sidon zu entrichten.[45] Die Kenntnis dieser geschichtlichen Vorgänge ist eine wichtige Voraussetzung für die Beurteilung der religiösen und politischen Situation im Jahrhundert Jesu. Die von Pompeius festgesetzte staatsrechtliche Stellung Judäas war eine gewisse Zwischenstufe des Abhängigkeitsverhältnisses im Römischen Imperium. Die Römer hatten bereits einen Einblick in die Eigenart des jüdischen Palästina bekommen und ahnten wohl, mit welchen Schwierigkeiten die sofortige Eingliederung des Landes in das Imperium verbunden sein werde. Sie erkannten, daß sich Judäa nicht ohne weiteres zur syrischen Provinz schlagen ließ. So blieb dem Judenstaat ein Schein von Freiheit mit einer Selbstherrschaft in gewissen Grenzen.

Der von Pompeius als Hoherpriester eingesetzte Hyrkan II. aber war ein Schwächling und hatte nur dem Namen nach die Regierung. Im Hintergrund stand ein Idumäer. Es war Antipater, der Vater des Herodes. Klarer als irgend jemand in der Umgebung des Hasmonäers erkannte Antipater, daß es nur noch eine einzige mögliche Politik gab, die das Volk und das Land retten konnte: die völlige Unterwerfung unter die Befehle Roms. Hatten die Eroberungskriege der Hasmonäer zu einer Ausbreitung des Judenhasses unter den Nachbarvölkern geführt, so mußte eine Politik des Ungehorsams gegen das übermächtige Rom in den Untergang führen. So entschloß er sich, Rom dienstbar zu sein. Im Jahre 47 v. Chr. erhielt Antipater von Cäsar das römische Bürgerrecht und wurde von ihm zum Prokurator, zum höchsten römischen Steuerbeamten, über Judäa eingesetzt. Damit begann die politische Macht der Herodesfamilie. Der Vater sorgte für seine Söhne: Phasael, der älteste, übernahm die Präfektenstelle von Jerusalem; Herodes, der zweitgeborene, wurde zum höchsten Beamten von Galiläa ernannt. Herodes war damals ein junger Mann von 26 Jahren.

Sein erstes Auftreten sollten die Juden nie vergessen. In dem hügeligen und höhlenreichen Obergaliläa hatte ein gewisser Ezechias, der Vater des Judas (Apg 5, 37), eine Gruppe von Männern um sich gesammelt, die mit den religiösen und politischen Zuständen unzufrieden waren. Josephus — wie schon erwähnt — bezeichnet sie als Räuber, von vielen Juden dagegen wurden sie als Patrioten gefeiert. Es gelang Herodes, Ezechias zu fassen, den er kurzerhand mit seinen Mitkämpfern hinrichten ließ. In Jerusalem wurde gegen das eigenmächtige Handeln des Idumäers Klage erhoben: Herodes habe den Ezechias hinrichten lassen, ohne daß er vom Synedrium, dem höchsten jüdischen Gericht, verhört worden sei. Herodes wurde vom Hohenpriester Hyr-

kan II. nach Jerusalem zitiert. Als der junge Herodes, begleitet von seiner Leibwache, vor dem hohen Gericht erschien, zitterten die Schriftgelehrten, und keiner hatte den Mut, den Übeltäter anzuklagen. Nur der alte Schemaja beantragte furchtlos die Todesstrafe. Als der Hohepriester merkte, daß der Gerichtshof sich der Meinung des Alten anschloß, vertagte er den Prozeß. Er riet dem Herodes, heimlich aus der Stadt zu fliehen. Herodes begab sich zum syrischen Legaten Sextus Cäsar, der ihn zum Statthalter von Samarien und Zölesyrien ernannte, allerdings nur gegen eine nicht geringe Geldsumme. An der Spitze eines Heeres brach er zum Marsch gegen Jerusalem auf. Nur mit Mühe gelang es Herodes' Vater, seinen Sohn von der Rache abzuhalten.

Herodes zog aus diesem Zwischenfall die wichtigste Konsequenz für sein ganzes Leben: Er konnte sich auf keinen Juden verlassen, sondern mußte sich wie sein Vater ganz an die Römer halten.

Am 15. März 44 v. Chr. wurde Cäsar ermordet. Antipater stellte sich mit seinen Söhnen auf die Seite der Stärkeren, der Cäsarmörder Brutus und Cassius. An der Spitze einer großen Armee kam Cassius nach Syrien und erpreßte nicht weniger als 700 Talente aus dem kleinen Judäa. Antipater und seine Söhne beeilten sich, das Geld für den raubgierigen Römer einzutreiben. Die Einwohner von Gofna, Lod und Emmaus, die sich der freiwilligen Zahlung widersetzten, wurden in die Sklaverei verkauft. Die Rache blieb nicht aus. Es gelang den Rivalen des Idumäers, die dem Hasmonäer Hyrkan nahestanden, den Mundschenk des Antipater zu bestechen, und Antipater wurde bei einem Gelage vergiftet. Das geschah im Jahre 43 v. Chr. Die Ermordung des Antipater durch die Anhänger des Hyrkan leitete eine politische Entwicklung ein, die den jungen Herodes unter dem Protektorat Roms auf den Thron der Hasmonäer führen sollte. Doch noch war es nicht soweit. Nach dem Siege des Antonius und Octavians über die Cäsarmörder Brutus und Cassius wurde die Stellung der Söhne des toten Antipater zunächst kritisch. Hier zeigte sich zum erstenmal der politische Instinkt und die diplomatische Skrupellosigkeit des jungen Herodes. Er gewann die Gunst des Siegers Antonius.

Antonius ernannte Herodes und Phasael zu Tetrarchen über die Juden. Damit war dem Hasmonäer Hyrkan II. jede politische Macht genommen. Er blieb nur noch Hoherpriester. Aber die Stellung der Herodessöhne währte nicht lange. Im Jahre 40 v. Chr. organisierte Antigonus, der Sohn Aristobuls II., mit Hilfe der Parther einen Überfall auf Judäa. Die Parther eroberten Jerusalem. Phasael, der gefangengenommen wurde, beging Selbstmord. Den alten Hohenpriester Hyrkan verstümmelten die Parther, sie schnitten ihm die Ohren ab. Damit wurde er als Hoherpriester nach dem Gesetz amtsunfähig und verlor seine Würde. Antigonus wurde von den Parthern als König und Hoherpriester eingesetzt.

Herodes entkam mit knapper Not. Im Schutz der

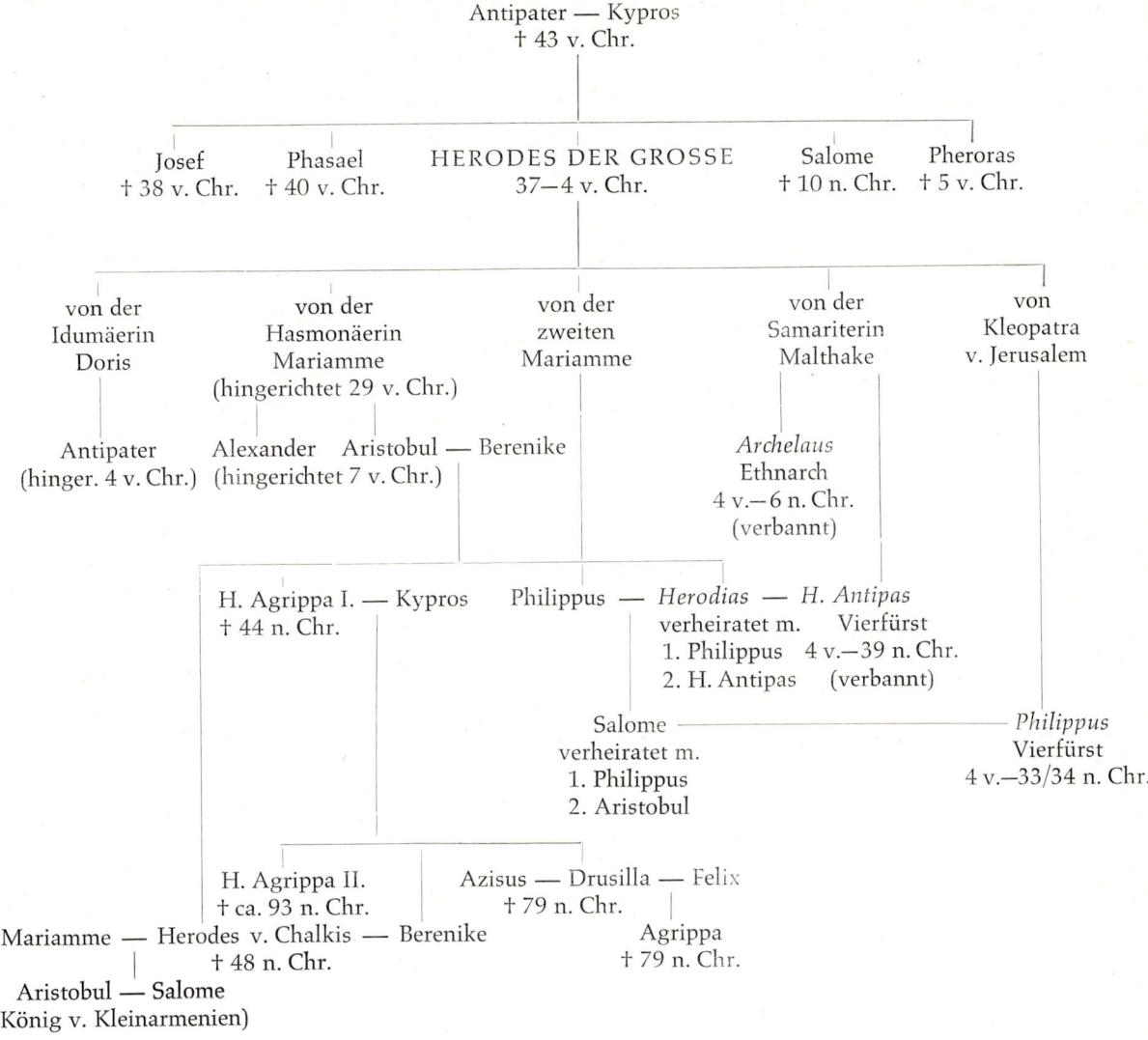

Antipater — Kypros
† 43 v. Chr.

Josef
† 38 v. Chr.

Phasael
† 40 v. Chr.

HERODES DER GROSSE
37—4 v. Chr.

Salome
† 10 n. Chr.

Pheroras
† 5 v. Chr.

von der Idumäerin Doris

von der Hasmonäerin Mariamme (hingerichtet 29 v. Chr.)

von der zweiten Mariamme

von der Samariterin Malthake

von Kleopatra v. Jerusalem

Antipater (hinger. 4 v. Chr.)

Alexander   Aristobul — Berenike
(hingerichtet 7 v. Chr.)

Archelaus
Ethnarch
4 v.—6 n. Chr.
(verbannt)

H. Agrippa I. — Kypros
† 44 n. Chr.

Philippus — *Herodias* — *H. Antipas*
verheiratet m.   Vierfürst
1. Philippus   4 v.—39 n. Chr.
2. H. Antipas   (verbannt)

Salome
verheiratet m.
1. Philippus
2. Aristobul

Philippus
Vierfürst
4 v.—33/34 n. Chr.

H. Agrippa II.
† ca. 93 n. Chr.

Azisus — Drusilla — Felix
† 79 n. Chr.

Agrippa
† 79 n. Chr.

Mariamme — Herodes v. Chalkis — Berenike
† 48 n. Chr.

Aristobul — Salome
(König v. Kleinarmenien)

Nacht machte er sich mit seiner ersten Frau, Doris, seiner zukünftigen zweiten Frau, Mariamme, deren Mutter Alexandra, seiner eigenen Mutter und seinem jüngeren Bruder nebst Gesinde und Soldaten auf den Weg nach dem Süden. Als man am anderen Morgen seine Flucht entdeckte, begaben sich Parther und Juden auf die Jagd nach dem Idumäer. Dicht hinter Betlehem kam es zum Gefecht. Todesmutig trat Herodes seinen Verfolgern entgegen. Es war die gefährlichste Stunde seines Lebens. Später zeichnete er diesen Platz zur Erinnerung an das denkwürdige Gefecht durch eine Festung aus, die als Denkmal zu seinem Gedächtnis bis auf den heutigen Tag erhalten ist. Es ist »Herodium«, der Dschebel el-Fureidis, der »Frankenberg«. Das erste Ziel seiner Flucht war die Festung Masada am Westufer des Toten Meeres. Hier ließ er seine Angehörigen in der Obhut seines Bruders Josef zurück, dann eilte er über Ägypten nach Rom. Dort traf er zum ersten Male auf Cäsar Octavianus, den späteren Kaiser Augustus. Auf dessen Empfehlung verlieh der römische Senat im Jahre 40 v. Chr. dem 33jährigen Herodes den Königstitel von Judäa. Josephus beschreibt diese Szene in seinen »Altertümern« ausführlich: Antonius, den Herodes mit einer nicht geringen Summe bestochen hatte, und Cäsar Octavianus nahmen diesen in die Mitte und zogen unter Begleitung der Konsuln und der gesamten Obrigkeit zum Kapitol, um das Opfer darzubringen und das Ernennungsdekret niederzulegen (nach Jüd. Altert. XIV, 14, 5).

Die Ernennung des Herodes zum König empfahl sich den römischen Machthabern unter anderem auch aus dem Grunde, weil man die Hoffnung hatte, daß der energische und rücksichtslose Idumäer mit eiserner Faust das unruhige Judenvolk niederhalten werde. Bezeichnend für die Juden als Unruhestifter und romfeindliche Empörer ist die Rede des Titus, die er nach dem Brande des Tempels vor den gefangenen jüdischen Anführern gehalten hat: »Sie seien vom ersten Augenblick an, seit der Eroberung Judäas durch Pompeius, gegen Roms Herrschaft aufsässig gewesen« (Jüd. Krieg VI, 6, 2).

Herodes war König, aber ohne Land. Zunächst entsetzte er die Festung Masada, die von Antigonus vergeblich belagert worden war. Dann machte sich der neue König auf den Weg nach Jerusalem. Aber die Zahl seiner Anhänger reichte bei weitem nicht aus, um die stark befestigte Stadt zu belagern. Er war gezwungen, auf römische Hilfe zu warten. Im Frühjahr des Jahres 37 v. Chr. rückte Sosius, der Legat von Syrien, heran und begann die Belagerung. Die Stadt verteidigte sich so heldenmütig, daß drei Monate vergingen, ehe sie in die Hände der Römer fiel.

Antigonus, der letzte König aus dem makkabäischen Geschlecht, wurde gefangengenommen, nach Antiochia gebracht und mit dem Beil enthauptet; es war das erste Mal, daß die Römer an einem König ein solches Urteil vollzogen. »Sosius glaubte eben, auf keine andere Weise die Juden dahin bringen zu können, daß sie den Herodes an Antigonus' Stelle als König anerkannten, weil sie nicht einmal durch die Folter dazu gezwungen werden konnten, ihn, den Herodes, König zu nennen« (Jüd. Altert. XV, 1, 2).

Herodes war 36 Jahre alt, als er im Sommer 37 v. Chr. in Jerusalem den Königsthron bestieg. Er war fast bankrott und mußte sein eigenes Silbergeschirr einschmelzen lassen, um aus dem Erlös das Geschenk für seinen Gönner Antonius bezahlen zu können. Aber Herodes war nun König von Judäa und Mariamme, aus dem Geschlecht der Makkabäer, seine Frau geworden. Der junge König war zweifellos ein Mann mit außerordentlichen Fähigkeiten. Sein äußeres Auftreten muß faszinierend gewesen sein. Selbst einen Kaiser Augustus blendete er mit seiner Sicherheit. Er besaß große Körperkraft und Ausdauer, war ein vorzüglicher Reiter, guter Ringkämpfer und meisterhafter Bogenschütze. Direkte Zeugnisse über sein Aussehen fehlen uns aber, da er es mit Rücksicht auf die religiösen Anschauungen seiner Untertanen niemals gewagt hat, sein Bildnis auf Münzen zu setzen.

Von seinem Vater hatte er das Fingerspitzengefühl für politische Situationen geerbt, eine instinktive Fähigkeit, die Absichten und Beweggründe anderer zu durchschauen, eine Anlage, die im Alter zu einem grenzenlosen Mißtrauen entartete. Der Besitz der absoluten Macht ließ ihn bald zu einem Tyrannen werden, nicht nur für seine jüdischen Untertanen, sondern auch für

seine eigene Familie. Herodes, von Jugend auf an Verrat und Verschwörung gewöhnt, wurde zum hemmungslosen Gewaltmenschen, der zur Erreichung seiner Ziele vor keinem Verbrechen zurückschreckte. Vor diesem zeitgeschichtlichen Hintergrund stehen die aufregenden Ereignisse der Kindheit Jesu in einem ganz anderen Licht.

Herodes' Politik war klar und einfach: Unterdrückung des jüdischen Nationalismus und Patriotismus, Hebung von Ansehen und Wohlfahrt des Judentums in Palästina und der Diaspora und schließlich, den Glanz von Hellas nachzuahmen und Roms Wohlgefallen zu gewinnen.

Eine der ersten Regierungsmaßnahmen war, den Hohen Rat, den höchsten jüdischen Gerichtshof, zu reorganisieren. Herodes ließ 45 Ratsherren hinrichten. Da die volle Stärke des Hohen Rates — des Synedriums — 71 Mitglieder betrug, konnten die 26 noch überlebenden gegen die 45 vom König neuernannten selbst bei aller Legalität nichts mehr ausrichten. So war mit einem blutigen Schlag die höchste gesetzgebende Instanz Israels in seiner Hand.

Die Stellung des »idumäischen« Königs hatte noch ihre besondere Schwierigkeit. Der Weg zum Hohenpriestertum war ihm versperrt. Ferner war ihm die Meinung des Volkes bekannt, daß seine Königswürde und Stellung hinter der Herrschaft des Hohenpriesters zurückzustehen habe. So war Herodes entschlossen, sich das Hohepriesteramt unterzuordnen. Zwei Rechte wurden dem Hohenpriester entzogen, auf denen seine Macht im Volke beruhte:

1. die Erblichkeit, nach der die Würde jeweils vom Vater auf den Sohn überzugehen hatte;
2. die Lebenslänglichkeit, nach der der Erwählte das Recht hatte, lebenslänglich seines Amtes zu walten.

Von nun an ernannte Herodes nach eigenem Ermessen die ihm genehmen Persönlichkeiten. Dem von Herodes ernannten Hohenpriester war aber jede öffentliche Macht entzogen, er war zum kultischen Beamten degradiert. Allein das genügte dem König noch nicht.

Die kommenden Ereignisse bestätigen den Verdacht, daß Herodes vom Tage seines Machtantritts an bewußt darauf hinarbeitete, das hasmonäische Königshaus auszurotten. Die Durchführung dieses Planes war nur eine Frage der Zeit und der äußeren Umstände. Nachdem er den Hasmonäern das Königtum genommen hatte, verdrängte er sie aus dem Hohenpriesteramt. Herodes überging den jugendlichen Aristobul, den jüngeren Bruder seiner Frau Mariamme, und bekleidete einen einfachen Priester aus einer unbekannten babylonischen oder ägyptischen Priesterfamilie mit der höchsten Würde. Die Erbitterung in der Familie der Hasmonäer war groß. Bitter beklagte sich Alexandra, die Mutter der Mariamme und des Aristobul, bei Kleopatra, der Königin von Ägypten und Geliebten des allmächtigen Marc Antonius, über die Handlungsweise des Herodes und bat um Hilfe gegen ihn.

Aufstände und Unruhen zeigen, daß Herodes noch in der zweiten Hälfte der dreißiger Jahre mit erheblichen inneren Widerständen zu kämpfen hatte. Daran änderte auch die Anwesenheit einer römischen Truppe in Jerusalem nichts. Erst im Jahre 33 v. Chr. gelang es dem König, die Festung Hyrkania zu erobern, die bis dahin noch von einer Schwester des im Jahre 37 v. Chr. hingerichteten Antigonus gehalten wurde. So galt seine besondere Sorge der Sicherung seiner Macht.

In Jerusalem begann Herodes mit dem Bau seiner Befestigungsanlagen. Die Burg, die den Tempel unter Kontrolle halten sollte, nannte er »Antonia«, nach seinem römischen Gönner Marc Antonius. Damit war jedoch die Herrschaft über die ganze Stadt noch nicht gewährleistet. Den höchsten Punkt der Stadt, die Nordwestecke der Oberstadt, sicherte Herodes mit drei gewaltigen Türmen, die zugleich seinen Palast schützten (vgl. Abb. 82, S. 141, und Abb. 254, S. 452).

Auf dem Lande diente seinem Schutz ein raffiniert angelegtes Netz von Festungen,[46] die entweder von ihm ausgebaut oder neu angelegt wurden. Jede Burg konnte sich durch Feuer- und Rauchsignale mit mindestens einer, in den meisten Fällen mit mehreren Nachbarfestungen in Verbindung setzen.

Im Norden Judäas erhob sich an der Westseite des Jordangrabens auf dem mehr als 700 m über dem Jordantal gelegenen Gipfel des Karn Sartaba das »Alexandrium«, nach seinem Erbauer Alexander Jannäus benannt (vgl. Abb. 44, S. 82). Die von Gabinius im Jahre 57 v. Chr. zerstörte Festung ließ Herodes wiederaufbauen. Der Umbau fand selbst bei den Römern als mustergültige Festungsanlage Anerkennung. Der vorspringende kegelförmige Gipfel an der Mündung des Wadi Far'a erlaubte umfassende Sicht über den Jordangraben von der im Osten gelegenen Jabbokmündung bis zum Toten Meere. In den archäologischen Resten auf dem Gipfel ist der Grundriß der Mauer und der Burg erhalten. Sie hatte die Form eines schmalen langen Blattes. Die mehr als einen Meter langen Steine mit den hervorstehenden Bossen bezeugen den herodianischen Baustil. In den unterirdischen Gewölben von Alexandrium wurden die beiden Söhne der Hasmonäerin Mariamme beigesetzt, nachdem sie auf Befehl ihres Vaters in Sebaste hingerichtet worden waren. 24 km südlich lag auf dem Plateau des Dschebel Karantal, des »Berges der Versuchung«, die alte Makkabäerfestung Dok, in der Simon ermordet wurde (vgl. Abb. 219, S. 389). Dann folgte auf der Südseite des Wadi el-Kelt die hoch über Jericho gelegene Burg, die Herodes seiner Mutter gewidmet und ihr zu Ehren »Kypros« genannt hat (vgl. Abb. 44, S. 82, und Abb. 220, S. 391). Etwa 18 km südwestlich lag mitten in der Einsamkeit der Wüste die Burg Hyrkania. Nach Josephus diente der schwer zugängliche Ort, nur einige Wegstunden von Jerusalem entfernt, als Gefängnis und Hinrichtungsstätte der politischen Gegner des Königs; hier hat Herodes auch seinen Sohn Antipater kurz vor seinem eigenen Tode hinrichten lassen.

6 km südöstlich von Betlehem baute sich Herodes eine neue Burg, der er seinen Namen gab. »Herodium« sollte auch der Ort seiner letzten Ruhestätte und sein weit in der Umgebung sichtbares Grabmal sein (vgl. Abb. 26, S. 48, und Abb. 57, S. 105). Auf der Ostseite des Toten Meeres sicherte die alte Makkabäerfeste Machärus die Grenze gegen das Reich der Nabatäer. Hier sollte Johannes der Täufer der Rache der Herodias zum Opfer fallen (vgl. Abb. 149, S. 257). Am Westufer baute der König auf dem Felsplateau Masada die ebenfalls alte Festung der Makkabäer aus und schmückte sie mit einem dreiterrassigen Palast (vgl. Abb. 46, S. 86). Im ganzen waren es neun Festungen, die ein geschlossenes Verteidigungssystem bildeten.

Schwieriger war die zweite Aufgabe zu erfüllen, seinen jüdischen Untertanen Genüge zu tun. Man schätzt die Zahl der Bewohner Palästinas zu Herodes' Zeiten auf $2^{1}/_{2}$ Millionen, wovon etwa 2 Millionen Juden waren. Der Plan des Königs war, die Juden mit dem Geist und der Kultur des Hellenismus zu versöhnen. Er glaubte den Gegensatz durch äußere Maßnahmen beseitigen oder ausgleichen zu können. Hier irrte er sich. Der »König der Juden« hatte das eigentliche Wesen des Judentums nie begriffen. Er wußte nur, daß es sich von allen anderen Religionen unterschied. So blieb er in Jerusalem immer ein Fremdling und für seine Untertanen der gottlose, fremdstämmige Usurpator.

In seinen politischen Unternehmungen hatte Herodes mehr Glück. Bis auf eine Ausnahme verstand er es, sich Roms Gunst als Schutzkönig zu erhalten. Bereits zu Beginn seiner Herrschaft erfuhr die politische Situation im Orient einen für Herodes nicht ungefährlichen Wandel. Antonius, der Gegenspieler Octavians, wurde in der Schlacht bei Actium besiegt (31 v. Chr.). Wie wird der Sieger den einstigen Freund des Antonius behandeln? Herodes beschloß, doppelt sicherzugehen. Der einzige noch in Betracht kommende Nebenbuhler war der amtsunfähig gemachte Hohepriester und letzte überlebende Hasmonäer Hyrkan II. Kurz entschlossen inszenierte Herodes vor dem ihm hörigen Synedrium einen Prozeß gegen den bereits Zweiundsiebzigjährigen. Belastende Briefe wurden vorgelegt und das Todesurteil gesprochen.

Hyrkan war aus dem Wege geräumt, und Herodes machte sich auf den Weg, dem Alleinherrscher Octavian seine Huldigung darzubringen und ihm seine Treue zu versichern. Er wollte aber sichergehen: Seine Mutter ließ er nach Kypros bringen; seine Schwester Salome und seine Kinder schickte er nach Masada unter die Obhut seines letzten noch lebenden Bruders Pheroras. Er erteilte diesem den Befehl: »Sobald er höre, daß Augustus Schlimmes gegen ihn beschlossen habe, solle er die Regierung in seine Hand nehmen« (Jüd. Altert. XV, 6, 5).

Abb. 43.   Luftaufnahme der Festung Masada von Süd nach
           Nord.

In düsterer und doch majestätischer Schönheit beherrscht der
Fels von Masada die Landschaft am Ostrand der Wüste
Juda. Das Felsplateau, das einem schiffsförmigen Rhombus
ähnelt, erstreckt sich etwa 600 m von Süd nach Nord und
200 m von West nach Ost. Seine Ostflanke stürzt jäh 400 m
in die Tiefe zum Toten Meer ab. Der steile Abfall der West-
flanke ist zum Teil durch die von den Römern aufgeschüttete Belagerungsrampe, die auf der linken oberen Bildhälfte
noch gut sichtbar ist, gemildert. Die Geschichte Masadas,
angefangen von den Prunkbauten Herodes' des Großen bis
zum Untergang der Zeloten, ist nach fast 2000 Jahren bei
den Ausgrabungen, die unter der Leitung des jüdischen
Archäologen Yigael Yadin in den Jahren 1963–1965 durch-

80

geführt worden sind, in einer fast unvorstellbaren Weise greifbare Wirklichkeit geworden. Zu den bedeutendsten Funden gehören die an der Nordspitze in drei Terrassen errichtete Palastvilla des Königs, mit Wandmalereien und Mosaiken (vgl. Abb. 46, S. 86), die früheste uns bekannte Synagoge und schließlich Schriftrollen mit Bibeltexten, darunter Teile des verlorenen, ursprünglich hebräisch geschriebenen Buches Jesus Sirach aus der ersten Hälfte des 1. Jahrhunderts n. Chr., ferner Pergament- und Papyrus-Manuskripte der Qumran-Essener.

Die Geschichte Masadas ist schnell erzählt. Auf diesem gewaltigen Felsplateau, das nur über den sogenannten Schlangenpfad an der Ostseite und über einen weiteren Pfad von Westen her erstiegen werden konnte, hatte Herodes in den Jahren 36–30 v. Chr. seine kühnsten Bauten errichten lassen. Er sicherte den Gipfel ringsum mit einer Kasemattenmauer, baute Verteidigungstürme, Vorratshäuser, große Zisternen, Arsenale und Paläste. Gekrönt wurden die Bauten mit seinem dreiterrassigen Palast an der Nordspitze des Plateaus. Mehr als 75 Jahre nach dem Tode des Königs wurde Masada zu einem der erschütterndsten Schauplätze der jüdischen Geschichte. Nach der Zerstörung Jerusalems benutzte eine kleine Schar jüdischer Freiheitskämpfer die Festung als Bastion gegen die Römer. Es waren Angehörige der Zelotenpartei, die »Sikarier« – »Dolchmänner« –, die vor keiner Tat zurückschreckten, um ihr religiös-nationales Ziel zu erreichen (Apg 23, 19–22). Mit der X. Legion, Hilfstruppen und Tausenden von jüdischen Kriegsgefangenen zog der römische Legat Flavius Silva gegen Masada. Die Römer stellten sich auf eine lange Belagerung ein. Am Fuße des Felsens legten sie die Lager an; das Hauptlager ist noch hinter dem unteren Teil der aufgeschütteten Rampe zu erkennen. Dann umgaben sie das Felsplateau mit einem Wall, der jede Flucht unmöglich machen sollte. Die jüdischen Kriegsgefangenen mußten Steine und Erde zur Aufschüttung der Rampe heranschleppen, auf deren Höhe ein Belagerungsturm mit einem Rammbock errichtet wurde. Bald war die erste Bresche in die Kasemattenmauer geschlagen. Für die Belagerten bestand weder Hoffnung auf Entsatz noch auf Flucht. Es blieb nur die Alternative: Übergabe oder Tod. Eleasar, der das Kommando führte, entschied: »Ungeschändet sollen unsere Frauen sterben, frei von Sklavenketten unsere Kinder! Und sind sie uns im Tode vorangegangen, so wollen wir selbst einander den Liebesdienst erweisen – dann wird der Ruhm, die Freiheit hochgehalten zu haben, uns ein ehrenvolles Begräbnis ersetzen« (Jüd. Krieg VII, 8, 6). So töteten die Männer ihre Frauen und Kinder: »Die Männer umarmten ihre Frauen und Kinder und gaben ihnen mit Tränen in den Augen einen langen Abschiedskuß; doch im gleichen Moment vollendeten sie, was sie beschlossen hatten« (Jüd. Krieg VII, 9, 1). Josephus schreibt weiter: »Sie bestimmten dann nach dem Los 10 Männer, die übrigen erschlagen sollten. Jeder legte sich neben seiner Frau und seinen Kindern nieder und breitete dann die Arme um sie. Sie boten ihre Nacken denen, die nach Losentscheid die traurige Pflicht erfüllen mußten. Und als diese zehn ohne Furcht alle getötet hatten, warfen auch sie das Los, um herauszufinden, wer derjenige sein sollte, der die anderen neun töten und danach sich selbst umbringen mußte« (Jüd. Krieg VII, 9, 1). Josephus beschließt den Bericht: »Der letzte sah sich die anderen noch einmal an, ob es nicht vielleicht einen gäbe, der beim Sterben seiner

Hilfe bedürfe. Und als er sah, daß bereits alle tot waren, setzte er den Palast in Brand, rannte sich dann mit eigener Kraft das Schwert in den Leib und fiel neben seinen Angehörigen nieder. Die Zahl der Toten, Frauen und Kinder mit eingerechnet, belief sich auf 960. Diese Schreckenstat geschah am 15. des Monats Xanthikus [März/April 73 n. Chr.]« (Jüd. Krieg VII, 9, 1). Als am nächsten Morgen die Römer zum Sturmangriff ansetzen wollten, herrschte Totenstille. Sie fanden die Leichen und zwei Frauen mit fünf Kindern, die sich in einer unterirdischen Wasserleitung verkrochen hatten. Ihrem Bericht verdankt die Nachwelt das Wissen um den letzten Kampf der Zeloten und ihren heroischen Untergang. Die Ausgrabungsergebnisse haben die Schilderung des Josephus fast in allen Einzelheiten bestätigt. Der erregendste Fund waren 11 Ostraka (Tonscherben). Auf jedem fand sich ein einziger Name, alle von der gleichen Hand geschrieben. Allem Anschein nach sind es die Namen der letzten Verteidiger. Die Ostraka dienten wohl als Lose bei der Entscheidung, wer die andern und zuletzt sich selbst töten mußte. Die Zeloten beugten sich aber keinem blinden Schicksal: »Nicht der Zufall war es, sondern der Zorn Gottes wegen der vielen Frevel, die wir in unserem Fanatismus an unseren eigenen Landsleuten begangen haben. Die Strafe dafür aber wollen wir nicht von unseren Todfeinden, den Römern, sondern von Gott durch unsere eigene Hand erleiden; denn sein Strafgericht ist das mildere« (Jüd. Krieg VII, 8, 6).

Seine Frau Mariamme und deren Mutter Alexandra wurden unter Aufsicht zweier bewährter Freunde von Herodes auf der Festung Alexandrium gefangengesetzt. »Diese hatten zugleich den strengen Befehl, sobald sie etwas Ungünstiges über des Herodes Schicksal erführen, unverzüglich beide Frauen zu töten und alles aufzubieten, um die Herrschaft seinen Kindern und seinem Bruder zu sichern« (Jüd. Altert. XV, 6, 5). Dann reiste Herodes nach Rhodos zu Octavian. Als ihm die Audienz gewährt wurde, trat er mit allen Abzeichen seines Ranges vor den Cäsar, nur das Diadem, das Symbol der Königswürde, trug er nicht. Herodes brachte keine Entschuldigungen vor, bat auch nicht um Vergebung, sondern sprach die Wahrheit: Er sei ein enger Freund des Marc Antonius gewesen. »Worum ich dich bitte«, so schloß Herodes, »ist, nicht in Anschlag zu bringen, wessen Freund, sondern welch guter Freund ich war!« (Jüd. Altert. XV, 6, 6) Herodes' kluge Rechnung ging auf. Octavian bat ihn, sein Diadem wieder anzulegen; denn er werde König bleiben.

Als König von Judäa bestätigt, eilte Herodes von Rhodos nach Palästina, um alle Vorbereitungen für den Empfang seines neuen Schutzherrn zu treffen, der auf dem Zug nach Ägypten war. In Ptolemaïs (Akko) empfing er den römischen Herrscher. Als Zeichen seiner Treue überreichte er dem Kaiser das »kleine« Geschenk von nur 800 Talenten. Dann begleitete er Augustus längs der palästinensischen Küste. Der Kaiser wußte die Treue seines neuen Untergebenen zu honorieren. Er erhielt Kleopatras Leibwache aus vierhundert ausgewähl-

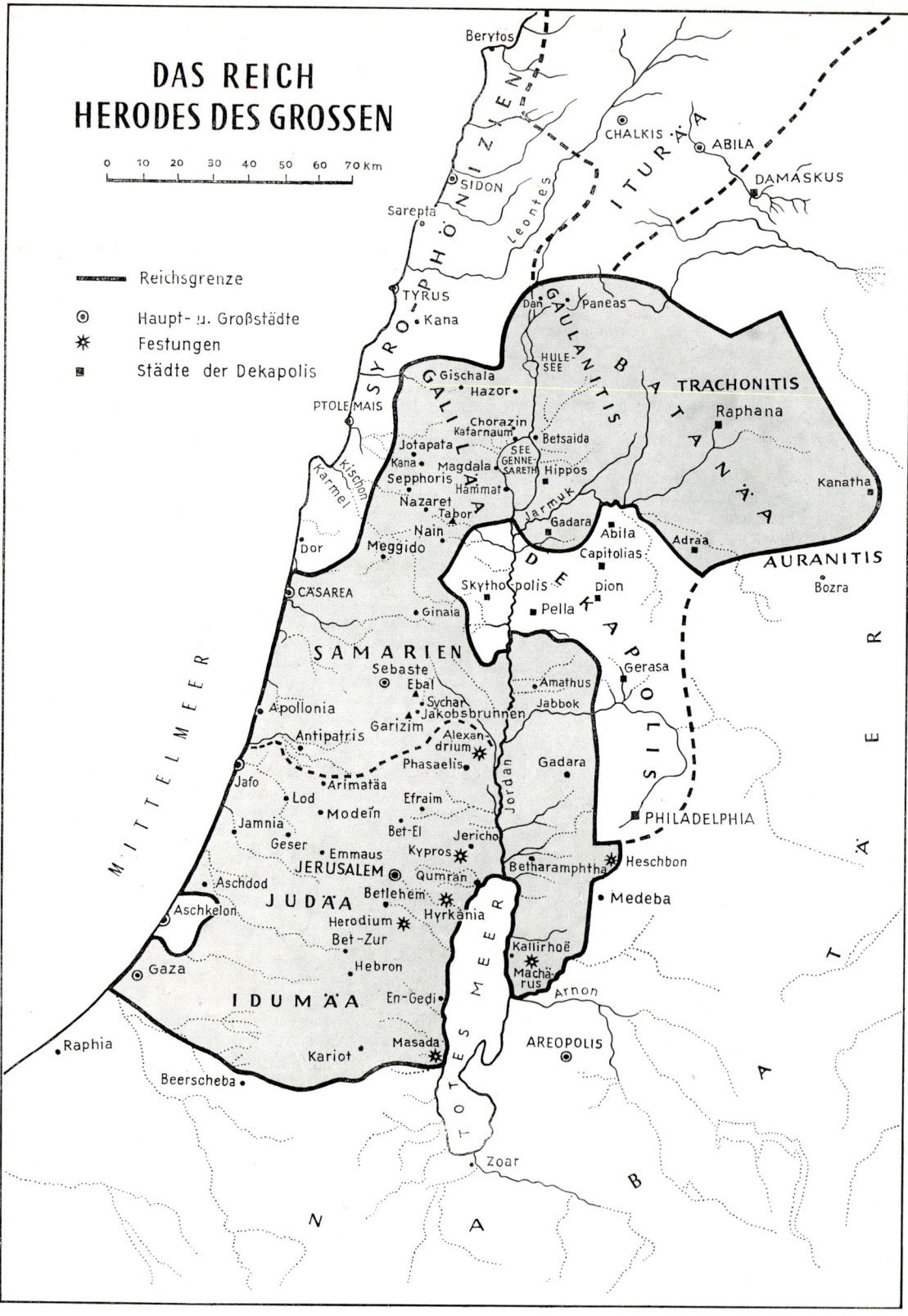

DAS REICH
HERODES DES GROSSEN

0 10 20 30 40 50 60 70 Km

Reichsgrenze

Haupt- u. Großstädte

Festungen

Städte der Dekapolis

Berytos

CHALKIS ABILA

DAMASKUS

SIDON

Sarepta

ITURÄA

TYRUS

Kana

Dan Paneas

GAULANITIS

HULE-
SEE

TRACHONITIS

Raphana

PTOLEMAIS

Gischala

Hazor

Chorazin

Kafarnaum

Betsaida

B
A
T
A
N
Ä
A

Jotapata

Kana

Magdala

SEE
GENNE-
SARETH

Hippos

Sepphoris

Hammat

Kanatha

Nazaret

Tabor

Nain

Meggido

Dor

Jarmuk

Gadara

Abila

Capitolias

Adraa

AURANITIS

Bozra

CÄSAREA

Skythopolis

Ginaia

Dion

Pella

D
E
K
A
P
O
L
I
S

Gerasa

SAMARIEN

Sebaste

Ebal

Sychar

Jakobsbrunnen

Amathus

Jabbok

Apollonia

Garizim

Alexan-
drium

Antipatris

Phasaelis

Gadara

J
O
R
D
A
N

Jafo

Arimatäa

Lod

Modeïn

Efraim

Bet-El

Jericho

Philadelphia

M
I
T
T
E
L
M
E
E
R

Jamnia

Geser

Emmaus

Kypros

JERUSALEM

Qumran

Betharamphtha

Heschbon

Aschdod

Betlehem

Hyrkänia

Medeba

Aschkelon

JUDÄA

Herodium

Bet-Zur

Kallirhoë

Gaza

Hebron

En-Gedi

Machä-
rus

Arnon

IDUMÄA

T
O
T
E
S
M
E
E
R

Raphia

Kariot

Masada

AREOPOLIS

Beerscheba

Zoar

N
A
B
A
T
Ä
E
R

S
Y
R
O
P
H
Ö
N
I
Z
I
E
N

Leontes

Karmel

Kischon

GALILÄA

ten Galliern, dazu noch Jericho, das Antonius der ägyptischen Königin aus Herodes' Gebiet geschenkt hatte. Ferner beschenkte ihn der Kaiser mit den Städten Gadara, Hippos, Samaria, Gaza, Anthedon, Jafo und dem Stratonsturm. Am wertvollsten sollte ihm ein Geschenk aus der »Erbmasse« der Königin werden: ein Grieche aus Damaskus namens Nikolaos, der Erzieher der Kinder Kleopatras. Nikolaos war ein Mann von großem Wissen, ein Historiker von Ruf und ein gewandter Diplomat. Herodes wurde sein »Schüler«, und bald hatte sich der Grieche zum unentbehrlichen Vertrauten des Königs gemacht. Mehr als einmal vertrat er den König in persönlichen und politischen Verhandlungen vor den römischen Behörden und dem Kaiser. Nikolaos wurde des Judenkönigs Hofbiograph, dessen leider verlorengegangenes Werk Josephus eifrig exzerpiert hat.

Keinem anderen König von Roms Gnaden ist es gelungen, seinen Thron mit soviel unvergänglichem Ruhm und Glanz zu umgeben wie Herodes. Die Festungs- und Palastbauten Masada und Machärus, die in unserem Jahrzehnt ausgegraben wurden, lassen uns noch den Prunk und die Verschwendungssucht des Königs ahnen. Auf seine Großbauten in Jerusalem — den Tempel, die Burg Antonia und das Herodesschloß — kommen wir an gegebener Stelle im einzelnen zu sprechen. Bei Jericho erbaute er unter Mitwirkung italischer Baumeister ein märchenhaftes Lustschloß (vgl. Abb. 221, S. 392). Das zerstörte Samaria baute er neu auf und nannte die ganz im hellenistischen Stil errichtete Stadt »Sebaste«, nach dem griechischen Namen seines neuen Gönners Augustus (vgl. Abb. 179, S. 317, und Abb. 180, S. 318). Den rühmenden Abschluß soll ein Zitat des Josephus bilden:

Abb. 44. *Das Reich Herodes' des Großen.*

Das herodianische Reich war aus zwei verschiedenen Größen zusammengesetzt, die sich im Gefolge der Zerstückelung des Hasmonäerstaates gebildet hatten. Seit dem Jahre 63 v. Chr. bestand ein Riß zwischen den beiden Teilen Palästinas, dem einen an der Mittelmeerküste entlang und in Transjordanien, dem anderen im Binnenland. Der erstgenannte Teil war von Pompeius der hellenistisch-römischen Kultur zurückgegeben worden, während der zweite den Juden verblieb. Dieser Gegensatz dauerte auch dann noch an, als die Römer beschlossen, den größten Teil der Küstenstädte und einige Städte in Transjordanien dem Idumäer Herodes zu überlassen. Sein Herrschaftsbereich umfaßte zunächst das Gebiet des besiegten Antigonus mit Ausnahme der Landschaft Jericho, die Marcus Antonius großzügig an die ägyptische Königin Kleopatra verschenkte. Nach der Niederlage des Antonius erwarb sich Herodes die Gunst des Octavian und erhielt im Jahre 30 v. Chr. Jericho, Gadara, Samaria und Gaza. Später schenkte ihm noch der Kaiser im Norden Palästinas die Landschaften Batanäa, Trachonitis und Gaulanitis. In seinem Gebiete gründete Herodes viele neue hellenistische Städte, wie Sebaste — das alte Samaria —, Cäsarea am Stratonsturm und Antipatris.

»Als Herodes diese großartigen Bauwerke vollendet hatte, bewies er auch einer Anzahl auswärtiger Städte seine fürstliche Freigebigkeit. So versah er Tripolis, Damaskus und Ptolemaïs mit Gymnasien, Byblus mit einer Stadtmauer, Berytus und Tyrus mit Säulengängen, Hallen, Tempeln und Märkten, Sidon und Damaskus mit Theatern, die Seestadt Laodizea mit einer Wasserleitung, Aschkelon mit prachtvollen Bädern und Brunnen und außerdem noch mit Säulenhallen von staunenswerter Größe und Arbeit. Anderen Städten schenkte er Haine und Wiesen, und viele erhielten sogar Ländereien von ihm, als ob sie zu seinem Reiche gehörten« (Jüd. Krieg I, 21, 11).

Herodes' Glanz und Ruhm wurde überschattet von der Tragödie in seiner Familie, die auch zum Unglück für das ganze jüdische Volk werden sollte. Der König hatte zehn rechtmäßige Frauen; von achten hatte er Nachkommen, und zwar neun Söhne und fünf Töchter (vgl. Stammbaum der Herodesfamilie, S. 77). Aber nur einer Frau, der Jüdin Mariamme, gehörte seine aufrichtige Liebe. Herodes' Ehe mit Mariamme war der einzige politische Mißgriff in seinem Leben.

Alexandra, die Mutter der Mariamme, war und blieb die entschiedenste Feindin des neuen Königshauses. Sie sah in den Idumäern nur Räuber, die ihre bevorrechtigte Familie um die Herrschaft gebracht hatten. Mariamme teilte den Haß ihrer Mutter und glaubte ihre Stellung zur Stärkung der eigenen Familie ausnützen zu können. Mit Empfehlungen von Antonius, dem römischen Gönner ihres Mannes, setzte sie es durch, daß Herodes ihren sechzehnjährigen Bruder Aristobul zum Hohenpriester ernannte. Herodes aber hatte das Intrigenspiel der Makkabäerfamilie durchschaut. Als der junge Hohepriester in seinen feierlichen Gewändern am Laubhüttenfest zum erstenmal auftrat, geriet das Volk in einen wahren Rausch der Begeisterung. War es das instinktive Gefühl des Volkes, einen echten Nachkommen der eigentlichen jüdischen Könige zu sehen? Herodes hörte die Hochrufe des Volkes, und sein Plan war gefaßt. Nach Abschluß des Laubhüttenfestes zog die königliche Familie mit dem jungen Hohenpriester Aristobul in den Palast nach Jericho (vgl. Abb. 222, Teil 2, S. 393). Bei einem nachmittäglichen Spaziergang in den großen Gärten des Schlosses kam der König mit Aristobul an einem Schwimmbecken vorbei, in dem sich einige Mitglieder des Hofstaates und mehrere Diener des Königs beim Schwimmen ergötzten. Herodes überredete den Hohenpriester, dieses Spiel mitzumachen. Aristobul zog sich aus und sprang ins Wasser. Die Diener des Königs, die nur darauf gewartet hatten, begrüßten ihn fröhlich und fingen an, einander zu necken. Sie tauchten den Hohenpriester unter, aber sie tauchten ihn so lange, bis er tot war. Das war Herodes!

Es folgte ein prachtvolles Begräbnis für den toten Hohenpriester, und der König weinte laut. Auch das war Herodes!

Wieder beklagte sich Alexandra, die Mutter der Mariamme und des ermordeten Hohenpriesters, in einem Brief bei der ägyptischen Königin Kleopatra über Herodes. Als König eines Landes, das einst zum Herrschaftsbereich der Ptolemäer gehörte, war Herodes der Kleopatra verhaßt. So bedrängte diese ihren römischen Liebhaber Marc Antonius, den König vor Gericht zu stellen. Aber Herodes kannte die Schwächen des Antonius nur allzugut und machte sich mit vollen Taschen auf den Weg. Seine Rechnung ging auf. Er wurde für unschuldig befunden.

Mariamme hatte dem König drei Söhne und zwei Töchter geboren. Aber ihr persönliches Verhältnis zu Herodes, dessen politische Absichten immer unverhüllter auf die Vernichtung der Dynastie der Hasmonäer hinzielten, verschlechterte sich von Jahr zu Jahr. Mit Verachtung schaute die stolze Aristokratin, die sich ihrer vornehmen, hohepriesterlichen Abkunft immer bewußt blieb, auf die gemeine Idumäersippe herab. Beleidigungen und offene Feindseligkeiten gegen Herodes' Mutter Kypros und seine Schwester Salome vergifteten täglich die häusliche Atmosphäre. Doch der Tag der Rache kam.

Abb. 45. Die Pracht des großen Königs — offiziell und privat.

Herodes der Große war zutiefst ein hellenistischer Herrscher, der nicht nur die Macht selbst, sondern auch ihren äußeren Glanz und Prunk liebte. Die Prachtbauten sollten von seinen großen Taten künden und ein ewiges Denkmal seines Ruhmes darstellen. Es ist wenig übriggeblieben; das wenige genügt aber, um die Pracht und den Luxus seiner Herrschaft zu bezeugen. Auf Masada wurde im Westpalast der Thronsaal des Königs freigelegt. Das obere Bild zeigt das Fußbodenmosaik im Vorzimmer des Thronsaales, dahinter den Eingang zum Thronsaal. Leider ist ein großer Teil des Mosaiks zerstört. Der gute Zustand des erhalten gebliebenen Mosaikrestes entschädigt uns aber vollauf. Es fällt sofort auf, daß der König der Juden auf die religiösen Gefühle seiner Untertanen auch in seinen Privatgemächern Rücksicht nahm. Nur geometrische Figuren und Pflanzenornamente schmücken das Mosaik. In der Mitte war ein großer Kreis ausgelegt, in dem sich verschiedene Kreisfiguren überschneiden. Wir finden dieses Motiv öfter in der jüdischen Kunst jener Zeit. Die zerstörte Mosaikfläche legt die sich darunter befindende Schicht frei und zeigt die Technik des Künstlers. Auf der noch weichen Mörtelschicht sind entsprechend dem Muster parallele Linien eingeritzt, die dem Mosaisten als Leitlinien dienten.
Das untere Mosaik stammt aus einem Korridor, der zum Privatbad des Königs führte. Wieder bestimmen geometrische Muster und stilisierte Ornamente den Inhalt des Mosaiks, das in seinen rot, braun und gelb gehaltenen Mosaiksteinen eine eigenartige Wirkung ausübt. Während der Belagerung Masadas (70–73 n. Chr.) haben die Zeloten ihre Einbauten auf den luxuriösen Fußboden gesetzt, wie es die Mauerreste am oberen Rand des Bildes zeigen. So offenbaren Not und Reichtum ihre eigenen Maßstäbe und Wertungen. (Vgl. Abb. 148, 3, S. 253.)

Nach des Herodes Rückkehr aus Rhodos bezichtigte Salome ihre Schwägerin unredlicher Beziehungen zu einem Freunde ihres Bruders. Herodes' Eifersucht grenzte an Wahnsinn. Der fälschlich beschuldigte Liebhaber wurde sofort und ohne Verhör hingerichtet. Ein kleines Richterkollegium von willigen Kreaturen sprach dann das Todesurteil über die Königin. Das erneute Zaudern des Königs und einiger seiner Freunde, dieses Urteil zu vollstrecken, wurde durch Salome und ihren Anhang überwunden: Sie behaupteten, es würden im Lande Unruhen ausbrechen, wenn Mariamme am Leben bliebe. So erklärte Herodes das Urteil für rechtskräftig, und es wurde sofort vollstreckt. Josephus, von dem diese Einzelheiten stammen, schreibt — und hier bricht auch bei dem Renegaten der jüdische Nationalstolz durch, der in Herodes nur einen Fremdling sah —: »Mariamme, die Tochter der Makkabäer, ging in den Tod, aufrecht und stolz, ohne auch nur die Farbe zu wechseln« (Jüd. Altert. XV, 7, 5).

Es war ein Fehler, daß Herodes die Makkabäerin geheiratet hatte; noch verhängnisvoller aber war, daß er sie liebte. Als aber Mariamme tot war, entbrannte das sehnsüchtige Verlangen des Königs nach ihr nur noch heftiger. Er gab sich ganz seinem Schmerz hin, wankte im Palast von Raum zu Raum und rief ihren Namen. In tiefer Depression begab sich Herodes nach Sebaste, wo er Mariamme geheiratet hatte. Aber die Erinnerung an diese glückliche Zeit verschlimmerte nur seine Zerrüttung, die ihn fast an den Rand des Todes brachte (nach Jüd. Altert. XV, 7, 7).

Als die Hasmonäerin Alexandra, die Mutter Mariammes, von Herodes' Zustand in Jerusalem erfuhr, plante sie sofort einen Staatsstreich. Ihre Absichten wurden verraten, und der kranke König gab den Befehl, Alexandra hinzurichten. Allmählich begann Herodes zu genesen, aber sein Elan war gebrochen. Er wurde launisch, argwöhnisch und erlag immer häufiger den Ausbrüchen einer krankhaften und plötzlichen Rachsucht. In jedem vermutete er einen Rivalen. Das Leben in Jerusalem verfiel dem Wahnwitz von Spionage und Denunziation, von Erpressung und Folter. Nur einige Beispiele:

Es mag um das Jahr 28/27 v. Chr. gewesen sein, als Kostobar, ein Idumäer aus vornehmem Hause, verdächtigt wurde, Idumäa von Herodes unabhängig machen zu wollen. Kostobar war der zweite Gemahl Salomes, der Schwester des Königs. Er wurde ferner beschuldigt, Anhänger der Hasmonäer verborgen zu halten. Damit war sein Leben verwirkt. Er wurde hingerichtet.

Zwei Söhne der hingerichteten Mariamme, Alexander und Aristobul, waren in Rom erzogen worden. Nach ihrer Rückkehr begann Salome, die Schwester des Königs, ihr Intrigenspiel gegen die Söhne der toten Mariamme. Sie wurden beschuldigt, die Absicht gehabt zu haben, ihren Vater bei einem inszenierten Jagdunfall zu beseitigen. Der König verfaßte gegen seine Söhne eine umfangreiche Anklageschrift und schickte diese nach Rom zu Augustus. Der Kaiser entschloß sich, Herodes die Regelung dieser Angelegenheit allein zu überlassen. Was nun geschah, klingt unglaublich, ist aber wahr. Ein Gericht mit 150 Personen wurde in Sebaste zusammengerufen. Der Vertreter des Kaisers riet zur Milde, und Herodes wurde unschlüssig. Neue Denunziationen brachten aber das schnelle Ende. Der Barbier des Königs meldete, man hätte versucht, ihn zu überreden, seinem Herrn beim Rasieren die Kehle durchzuschneiden. Darauf sprach Herodes über seine beiden Söhne das Todesurteil. Der Diktator zeigte Humor: Er ließ sie erdrosseln. Als Augustus in Rom von der Hinrichtung der Herodessöhne hörte, soll er verächtlich mit einem Wortspiel den Vater charakterisiert haben: »Lieber ein Schwein [griechisch = ›hys‹] des Herodes als sein Sohn [griechisch = ›hyos‹].«

Mit den Königssöhnen mußten der langgediente Offizier Tiron und 300 Soldaten ihr Leben lassen. Sie wurden des »Hochverrates« für schuldig befunden, da sie es gewagt hatten, ihrer freundlichen Gesinnung gegen die Herodessöhne Ausdruck zu geben. Zur Sicherheit wurden der königliche Barbier und alle Denunzianten gleich mit liquidiert (nach Jüd. Altert. XVI, 11. Kap.). Das alles geschah im Jahre 7 v. Chr. Erinnern wir uns daran, daß es das Jahr der Geburt Jesu ist.

Im selben Jahr — man beachte es wohl! — ließ Herodes 6000 Pharisäer verhaften, da sie dem Kaiser den Treueid verweigerten. Einige von ihnen, so berichtet Josephus, prophezeiten die Ankunft des Messias. Die Antwort des Königs war eindeutig; sie wurde mit Blut geschrieben (Jüd. Altert. XVII, 2, 4). Der Schrecken dieser ungeheuerlichen Hinrichtungsaktion legte sich wie ein Leichentuch über ganz Jerusalem. Niemand wagte mehr, auf der Straße laut zu reden, überall fürchtete man Spitzel und Spione des Königs. In dieser gespannten Situation kamen die Weisen aus dem Morgenland nach Jerusalem und stellten ahnungslos die Frage, die damals niemand auch nur zu flüstern gewagt hätte: »Wo ist der neugeborene König der Juden?« Mit unerhörter Realistik schildert Mattäus die Wirkung dieser Frage in einem einzigen Satz: »Herodes erschrak und ganz Jerusalem mit ihm!« (Mt 2, 3)

Der Stern der Weisen

Die Evangelien sind Glaubenszeugnisse, denen es nicht in erster Linie darauf ankommt, den Gang der geschichtlichen Ereignisse im Sinne einer modernen Biographie nach unserem heutigen geschichtswissenschaftlichen Verständnis darzustellen. Doch kann andererseits auch nicht bestritten werden, daß die Evangelien von geschichtlichen Ereignissen berichten wollen. Diese Berichte verlieren nicht dadurch ihre Glaubwürdigkeit, daß sie unter einem heilsgeschichtlichen Vorzeichen stehen und daß in ihnen die geschichtliche Überlieferung aufs engste mit dem Glaubenszeugnis verbunden ist.

Abb. 46. Masada, der Nordpalast mit seinen drei Terrassen.

Die Paläste von Masada — der nördliche, westliche und die fünf kleinen — bestätigen noch nach zwei Jahrtausenden die Angabe des Josephus, Masada sei eine königliche Zitadelle gewesen, ein Zufluchtsort für Herodes und seine Familie in gefahrvollen Zeiten. Die Festung sollte zugleich einen Lebensstil erlauben, an den die königliche Familie in Jerusalem gewöhnt war. Das Bild zeigt den auf drei Terrassen errichteten Palast an der Nordspitze Masadas. Die obere Terrasse ist nur eine Ausweitung des spitz zulaufenden Felsplateaus; die mittlere liegt 20 m tiefer und trägt die Fundamente eines Rundbaues. Die unterste schließlich, auf der sich Reste eines mit Säulen geschmückten Bauwerkes finden, liegt nochmals 15 m tiefer. Die Räume des Bauwerkes auf der untersten Terrasse waren reich mit Fresken im römischen Stil jener Zeit ausgemalt, wie dies noch die Südwand mit den Halbsäulen erkennen läßt. Die Künstler verstanden es, eine Marmortäfelung so geschickt nachzuahmen, daß selbst Josephus von der Echtheit des Materials überzeugt war. Die ganze Anlage stellte einen Luxusbau dar, der nur der Erholung und dem Vergnügen dienen sollte. Er war mit einem Bad ausgestattet, dem Räume mit Warmluftheizung angegliedert waren. Hier verbrachte Herodes seine Mußestunden und genoß die einzigartige Aussicht über das Tote Meer, auf die Berge Moabs und die Hügellandschaft Judäas. Im Schutt des Badehauses fanden die Ausgräber drei Skelette; die Gebeine eines jungen Mannes lagen neben Pfeilspitzen, Fragmenten eines Gebetbuches und einer Tonscherbe mit Aufschrift. Ob es Eleasar, der Kommandant der Zeloten, war? Nicht weit davon entfernt lag das Skelett einer jungen Frau, deren Haar in der trockenen Luft erhalten geblieben ist. Die vollen dunklen Zöpfe sahen aus, als seien sie eben geflochten worden. Die auf Seite 129 abgebildete Sandale gehörte der jungen Frau. Das dritte Skelett war das eines Kindes. Die mittlere Terrasse trug einen Rundbau, wie es die zwei konzentrisch angeordneten Mauern noch zeigen. Auf ihnen ruhten wohl die Säulen, die das Dach stützten. An der Südwestseite wurde eine teilweise in den Fels gehauene, teilweise gemauerte Treppe entdeckt, auf der man ungesehen von einer Terrasse zur anderen gelangen konnte. Ebenso wie die untere Terrasse war dieser Bau nur ein Lustschlößchen. Die eigentlichen Wohnräume des Palastes befanden sich auf der oberen Terrasse. Auf dem halbrunden, vorspringenden Felsteil stand offenbar ein mit Säulen geschmückter Balkon, von dem man einen atemberaubenden Ausblick nach Norden, Osten und Westen hatte. Die wenigen sich anschließenden Räume lassen vermuten, daß dieses Gebäude nur für den König bestimmt war. Der Hauptpalast, in dem sich das offizielle Leben abspielte, lag am Westrand der Gipfelfläche. Seine Ruinen sind als großes Quadrat in der Nähe der römischen Rampe noch zu erkennen (vgl. Abb. 43). Unter dem tiefen Schutt legten die Ausgräber den Thronsaal des Königs frei. Vier Vertiefungen im Fußboden trugen wahrscheinlich den Baldachin des Thrones. Die noch sichtbaren Brandspuren verraten, daß alle Pracht und Herrlichkeit ein Raub der Flammen wurde.

Es gehört darum zur Aufgabe der Bibelwissenschaft, die Berichte über Jesus, welche die Glaubensverkündigung nach Ostern geprägt hat, historisch-kritisch zu prüfen, um so zu vertiefter Erkenntnis und historischer Sicherung des Lebens und Wirkens Jesu zu gelangen.

Mattäus und Lukas sind die einzigen Evangelisten, die der Darstellung der öffentlichen Wirksamkeit Jesu auch einen Bericht über seine Geburt und Kindheit voranstellen. Schon ein flüchtiger Blick aber zeigt, wie verschieden diese Berichte sowohl in ihrem Inhalt als auch in ihrem Gesamtcharakter sind. Beide bringen nur eine Auswahl von Begebenheiten, und zwar derart, daß kein einziges Stück sich bei beiden findet.

Mattäus, der die Geburt Jesu nur in einem Nebensatz erwähnt, bringt im zweiten Kapitel seines Evangeliums bewußt einen herausgehobenen Bericht über den Besuch der Weisen beim »neugeborenen König der Juden«. Was ist von diesem Bericht zu halten, und welche Absicht verfolgte der Evangelist, daß er gerade diesen Stoff in sein Evangelium aufnahm?

Unsere Väter hatten keine Schwierigkeiten, alles so zu verstehen, wie es geschrieben stand. Die Weisen sind wirklich zur Anbetung des Kindes nach Betlehem gekommen. Man war nur verschiedener Meinung, ob es sich um einen Wunderstern handle oder ob eine natürliche Erklärung durch eine Planetenkonstellation ausreiche. Die neuere Forschung, wie sie vor allem durch die »formgeschichtliche Methode«[47] vertreten wird, bietet noch eine weitere Lösung an: die literarische Gattung. Denn erst eine genaue Kenntnis der literarischen Gattung der Kindheitsgeschichte ermöglicht es uns, auch die historisch-kritische Frage zu stellen.

In der Kindheitsgeschichte bei Mattäus finden sich nun auffallende Züge, die uns an bekannte haggadische Midraschim der jüdischen Literatur erinnern. Es sind der »Mose- und der Jakobs-Midrasch«[48]. Zeigen wir kurz an dem Mose-Midrasch, den wir bei Josephus in seinen »Jüdischen Altertümern« lesen, die auffällige Verwandtschaft zwischen beiden Berichten. Amram, dem Vater des Mose, wird im Traum die Geburt und Sendung seines Sohnes angekündigt. Auch Josef, dem gesetzlichen Vater Jesu, wird im Traum der »Heiland« vorausgesagt (Mt 1, 20. 21). Die Magier unterrichten Herodes von der Geburt des neuen Königs, bei Josephus erfährt der ägyptische Pharao die Botschaft von der Geburt des Kindes durch einen Traum. Auf diese Ankündigung hin werden Herodes wie der Pharao von Furcht ergriffen: Das Kind erscheint als Rivale. Der Pharao berät sich mit seinen Ratgebern und Astrologen, Herodes mit den Hohenpriestern und Schriftgelehrten. Beide Herrscher beschließen das Todesurteil. Um sicherzugehen, daß man den verheißenen König auch vernichtet habe, lassen sie alle kleinen Knaben töten. Das »Kind« entgeht in beiden Fällen dem Blutbad; denn Gott spricht in beiden Fällen im Traum zu seinem Vater, so daß es gerettet wird. Soweit die dem Mose-Midrasch ähnlichen

Züge. Josephus beschließt seinen Bericht: »So wird auch aus dem Schicksal dieses Knaben Gottes Allmacht kund und offenbar« (Jüd. Altert. II, 9, 4).

Vergleichen wir nun den Text des Evangelisten mit der Mose-Erzählung im Alten Testament. Mose war vor dem Pharao geflohen. Als seine Zeit gekommen war, »sprach Gott der Herr zu ihm: Kehre zurück nach Ägypten ... Mose nahm seine Frau und seinen Sohn und kehrte nach Ägypten zurück« (Ex 4, 19. 20). Die Ähnlichkeit im Vokabular mit Mattäus ist frappierend: »Im Traum sprach ein Engel des Herrn zu Josef: Stehe auf, nimm das Kind und seine Mutter und kehre zurück in das Land Israel« (Mt 2, 19. 20). An beiden Stellen steht auch dieselbe Begründung: »Denn alle, die dir nach dem Leben trachten, sind tot« (Ex 4, 19) — »Denn die dem Kinde nach dem Leben trachteten, sind tot« (Mt 2, 20).

Die Konsequenz drängt sich uns auf: Mattäus hat die Gestalt des Mose im Blick, und er formuliert seinen Bericht so, daß der Leser seine theologische Absicht merkt: Es geht hier um den neuen Mose! Was wundert es uns darum, daß es dem neuen Mose ebenso ergangen ist? Er wird, abgelehnt vom eigenen Volk, verfolgt.

Bei der Jakobs-Erzählung läßt sich die Parallele in ähnlicher Weise aufzeigen. Mit anderen Worten: Es ging dem Evangelisten nicht darum, ein wirkliches Geschehen zu überliefern, sondern er benutzt die literarische Form eines erzählenden Midrasch — sagen wir ruhig: einer Legende —, um eine geschichtliche Wahrheit darzustellen, nämlich: Jesus ist der neue Israel. Es ist ihm genauso ergangen wie dem ersten Israel, dem Jakob. Er ist verfolgt vom eigenen Stamm, gefährdet in seiner ganzen Existenz, geflüchtet nach Ägypten, gerettet aus Ägypten. So hat sich das Wort erfüllt: »Aus Ägypten habe ich meinen Sohn gerufen« (Hos 11, 1; Mt 2, 15).

Es besteht keine prinzipielle Schwierigkeit darin, daß der Evangelist seine Aussageabsicht in der literarischen Form eines Midrasch darstellen kann. Die entscheidende Frage aber lautet: Ist der Bericht des Evangelisten aufgrund seiner Ähnlichkeit mit dem Mose-Midrasch wirklich nur ein »haggadischer Midrasch«, eine erbauliche volkstümliche Erzählung, die in Form von »Geschichte« nur eine theologische Wahrheit ausdrücken soll, den Heilsuniversalismus des Evangeliums in der Berufung der Heiden? Wir glauben gute Gründe zu haben, diese Frage zu verneinen.

Die Magoi sind wirklich zur Anbetung nach Betlehem gekommen. Bei unserer Darstellung wollen wir uns vor dem Extrem hüten, alle Begebenheiten bis in jede Einzelheit bestimmen und nachweisen zu wollen. Auch die literarische Form will beachtet sein.

Zunächst fällt ein Textbefund auf, der die literarische Gattung des Midrasch im eigentlichen Sinn ausschließt. Im Midrasch bezieht sich die Auslegung unmittelbar auf ein Schriftwort, um Gottes Werk und Wort zur Geltung zu bringen. Dieses Kriterium werden wir bei Mattäus vergeblich suchen. Der Evangelist, der in seiner Kindheitsgeschichte so deutlich auf erfüllte Prophezeiungen hinzielt: »Und das ist geschehen, daß das Wort des Propheten in Erfüllung gehe«, verzichtet beim Stern der Weisen auf ein solches Reflexionszitat. Dabei liegt es so nahe, an die Stelle aus der Weissagung Bileams zu denken: »Ein Stern geht auf aus Jakob« (Num 24, 17). Der Evangelist tut es nicht! Sein Bericht hat nicht die Auslegung eines Schriftwortes zum Gegenstand, sondern ein Ereignis. Der Bericht enthält ferner so viele historische Details, so präzise Fachausdrücke, daß eine historiographische Auslegung bei Berücksichtigung der literarischen Form nicht als abwegig oder naiv bezeichnet werden kann.

Wir betonen ausdrücklich noch einmal, daß es dem Evangelisten primär nicht auf die konkreten historischen Einzelheiten ankam, sondern auf die Herausstellung einer bestimmten heilsgeschichtlichen Wahrheit. Wenn aber dabei für die Erhellung des zeitgeschichtlichen Hintergrundes, für eine chronologische Abgrenzung einige »Brosamen« abfallen, wollen wir diese nicht verachten.

Die historischen Untersuchungen über die von Lukas erwähnte Aufschreibung führen uns in das Jahr 7 v. Chr. als das wahrscheinliche Geburtsjahr Jesu. Es ist auffallend, wie dieses Jahr auf einem ganz anderen Wege eine Bestätigung findet.

Der Evangelist Mattäus schreibt im 2. Kapitel: »Als nun Jesus in Betlehem in Judäa in den Tagen des Königs Herodes geboren war, siehe, da kamen Weise aus dem Morgenland nach Jerusalem und sagten: Wo ist der neugeborene König der Juden? Denn wir haben seinen Stern im Aufgang gesehen und sind gekommen, um ihm kniefällig zu huldigen« (2, 1. 2).

Was Herodes von diesen Männern hörte, war kein Produkt der Phantasie. Kein Geringerer als der bekannte Astronom Johannes Kepler hat über diesen Stern seine mathematischen Berechnungen angestellt, als er in Prag ein auffallendes Naturereignis am Sternhimmel beobachten konnte: Am 10. Oktober 1604 erschien plötzlich am Fuße des Schlangenträgers (Serpentarius) ein neuer Stern. Kepler glaubte, die Nova sei die Folge einer Planetenkonjunktion des Jupiters und Saturns, die kurz vorher stattgefunden hatte.[49] Da ihm diese Begegnung von Jupiter und Saturn auch für das Jahr 7 v. Chr. bekannt war, nahm er an, daß auch damals eine Nova erschienen sei, die er für den Stern von Betlehem hielt. Mit Hilfe der noch unvollkommenen Prutenischen Tafeln fand Kepler für das Jahr 7 v. Chr. folgende drei Konjunktionen: um den 22. Juni im 23. Grad der Fische; im August im 21. Grad der Fische; im Dezember im 17. Grad der Fische.

Was Kepler als Hauptsache angesehen hat, die Nova als Folge einer Planetenkonjunktion, hat später keine Zustimmung gefunden. Was er aber als vorbereitendes Ereignis ansah, die Begegnung von Jupiter und Saturn,

ist von den Astronomen immer wieder einer Prüfung unterzogen worden.

Jupiter und Saturn begegnen sich durchschnittlich etwa alle 20 Jahre. Aber das ist nur ein einmaliges Vorüberziehen. Die meisten dieser Konjunktionen sind weniger auffällig, meist sogar für uns unsichtbar oder nur bei gespannter Aufmerksamkeit vor Sonnenaufgang oder nach Sonnenuntergang für kurze Zeit wahrzunehmen. Nur alle 258 Jahre kommt es zu einer dreimaligen Begegnung, die aber dann jeweils in einem anderen Zeichen des Tierkreises stattfindet. Eine dreifache Konjunktion im gleichen Sternbild des Tierkreises ereignet sich alle 794 Jahre. Auch unsere Generation wurde im Jahre 1940/41 monatelang von dem prachtvollen Bilde zweier ganz nahe beieinander stehender Planeten am nächtlichen Himmel gefesselt. Dreimal erreichte dieses Schauspiel seinen Höhepunkt, als Jupiter und Saturn sich in einer eigentlichen Konjunktion im Sternbild des Widders begegneten, und zwar am 15. August und am 11. Oktober 1940 und schließlich am 20. Februar 1941.[50]

Diese äußerste Seltenheit genau desselben Himmelsschauspieles, das in der unvergleichlich größeren Pracht des orientalischen Himmels noch mehr auffallen mußte, ließ seit Kepler immer wieder die Frage aufkommen, ob nicht die dreifache Konjunktion von Jupiter und Saturn, die im Jahre 7 v. Chr. im Sternbild der Fische stattgefunden hat, von jenen Weisen aus dem Morgenland auf die Geburt eines großen Königs in Palästina gedeutet werden konnte und der Anlaß ihrer Reise nach Jerusalem gewesen sein sollte. Diese Annahme hat in unseren Tagen durch eine strenge Auswertung erhalten gebliebener Bruchstücke spätbabylonischer Berechnungstafeln und Kalendarien eine neue Stütze gefunden.

Im Jahre 1925 gelang es dem Orientalisten Paul Schnabel, eine fast zweitausend Jahre alte babylonische Keilschrifttafel zu entziffern.[51] Die Tontafel stammt von der Sternwarte Sippar am Euphrat. Auf ihr sind alle wichtigen astronomischen Ereignisse des Jahres 7 v. Chr. vornotiert. Das Hauptthema dieses alten Sternkalenders aber ist die wissenschaftliche Sensation des Jahres: die große Konjunktion der Planeten Jupiter und Saturn im Sternbild der Fische. Während vieler Monate führten beide Planeten ihre eindrucksvollen Schleifenbewegungen am Himmel aus, und dreimal zog der schnellere Jupiter in größter Nähe am Saturn vorbei (vgl. Abb. 47, S. 89, und Abb. 48, S. 91).

Mit Hilfe astronomischer Nachrechnungen und durch Vergleiche mit den spätbabylonischen Ephemeriden-Tafeln der vorausgegangenen Jahre 11/10 v. Chr. und 9/8 v. Chr., die ebenfalls in Sippar aufgefunden wurden, sind wir in der Lage, die Vorgänge am Himmel im einzelnen zu beschreiben. Schon Ende des Jahres 8 v. Chr. waren Jupiter und Saturn nach Sonnenuntergang am Westhimmel sichtbar, etwa 16° voneinander stehend, Jupiter noch im Wassermann, Saturn bereits in

Abb. 47. Babylonische Keilschrifttafel aus dem Jahre 7 v. Chr.

Die aus mehreren Bruchstücken zusammengesetzte Tontafel ist eine Ephemeride, ein astronomischer Kalender mit den vorausberechneten Angaben bestimmter ausgezeichneter Phasen in den Erscheinungen von Sonne, Mond und Planeten. Die Keilschrifttafel wurde in dem Ruinenhügel der alten Tempelstadt Sippar, nördlich von Babylon, gefunden und wird heute in den Staatlichen Museen zu Berlin (VAT 290 + 1836) aufbewahrt. Am berühmten Sonnentempel von Sippar lebte um 320 v. Chr. der babylonische Astronom Kidinnu, dem wir unsere Stundenzählung verdanken. Die zahlreichen genau datierten Keilschrifttexte zeigen, daß die astronomische Wissenschaft im Zweistromland in ununterbrochener Tradition bis über die Mitte des 1. Jahrhunderts n. Chr. weitergepflegt wurde. Dann sank mit den letzten babylonischen Astronomen auch die Kenntnis ihrer Schrift und ihrer wissenschaftlichen Methoden ins Grab und wurde erst nach jahrtausendelanger Vergessenheit wieder ans Licht gehoben.

Leider ist von unserer Tontafel nur die Vorderseite erhalten, deren oberer, linker und rechter Rand auch noch weggebrochen sind. Die Jahreszahl, die nach der Seleukidenära angegeben wurde, ist mit dem auf allen Ephemeriden-Tafeln gleichlautenden Titel »Auf Befehl meines Herrn und meiner Herrin«, eine [Voraus-]Bestimmung« vollständig zerstört, ebenso fehlen sämtliche Monatsnamen. Ganze acht Tage mühte sich der Übersetzer an diesem Fragment, bis die Deutung klar war und das 305. Jahr der Seleukidenära, das ist das Jahr 7/6 v. Chr., sich als Zeitraum für die astronomischen Berechnungen ergab. Aus den genauen Daten für die Auf- und Untergänge der einzelnen Planeten ließen sich dann auch noch die fehlenden Monatsnamen ergänzen. Ein Vergleich mit der Keilschrifttafel Sp II 142 aus dem Britischen Museum (Nr. 35 429), die die Daten für die ersten acht Monate des gleichen Jahres enthält, verbürgt die Richtigkeit der Rekonstruktion.

Das astronomische Jahr begann bei den Babyloniern mit dem Frühlingsmonat Nisannu, dessen erster Tag entweder in die zweite Märzhälfte oder in den April unseres Kalenders fiel. Für den 3. Nisannu (4. April) war in der weggebrochenen Zeile der Tontafel der Frühaufgang des Saturns vornotiert. In dem noch lesbaren Text wird die Konstellation von Jupiter und Saturn im Sternbild der Fische fünfmal erwähnt, und zwar vorrangig zu Beginn der betreffenden Monate. Für den Monat Du'uzu (Juni/Juli) wird in der 8. und 9. Zeile der erste Stillstand beider Planeten, d. h. der Übergang von der Rechtläufigkeit zur Rückläufigkeit mit exakten Daten angekündigt.

8. Zeile:

> [Du'uzu ... Jupiter und Sa]turn in den Fischen; Venus im Löwen; Mars in der Waage. Am 14. erreicht Ve[nus die Jung]frau. Am 14. (10. Juli) Vollmondmorgen. [.......].

9. Zeile:

> [....... Am ...]Jupiter steht im Ende der Fische (zum ersten Male) still. Am 28. (23. Juli) Altlicht. Am 29. (24. Juli) steht Saturn im Ende der Fische (zum ersten Male still) [.......]. (Vgl. Abb. 48.)

In der 13. Zeile wird der akronychische Aufgang des Jupiters mit genauem Aufgang erwähnt, d. h. sein letztmaliger sichtbarer Aufgang in der Abenddämmerung, kurz vor der Opposition der Sonne:

> [Ululu (August/September)] [... Am 1]4. (7. September) Vollmondmorgen. Am 21. (15. September) Jupiter steht gegen Sonnenuntergang zum letzten Male da.

Diese genauen Angaben über den Lauf der Planeten zeigen, daß die besondere Auszeichnung des Jahres 7 v. Chr. auch von den zeitgenössischen babylonischen Astronomen aufgrund ihrer Berechnungen erkannt wurde. Es war ein seit Jahrhunderten einmaliges Ereignis. Dabei zeigte sich Jupiter aufgrund seiner Sonnennähe als strahlender Stern in höchstmöglichem Glanze, während Saturn an seiner Seite infolge seiner schmalen Ringstellung merklich verblaßte.

den Fischen. Im Februar 7 v. Chr. verschwanden dann beide in den Strahlen der Sonne und blieben für mehrere Wochen unsichtbar. Das erste Erscheinen des Jupiters im Frühaufgang wurde von den babylonischen Weisen als bedeutsames Ereignis zum 13. Adaru ihres Jahres 304 der Seleukidenära (16. März 7 v. Chr.) erwartet. Für den 3. Nisannu, den ersten Monat des neuen

Jupiter

Saturn

0 1 2 3 4 cm

Sternbild der Fische

Heliakischer Aufgang

Jahres 305 (4. April 7 v. Chr.), war der Frühaufgang des Saturns vorausberechnet. Jupiter stand 8° westlich vom Saturn. In den Nächten der folgenden Wochen werden sich die Astronomen oftmals vor Sonnenaufgang vom Schlaf erhoben haben, um zu beobachten, wie der Jupiter immer näher an den Saturn heranrückte und diesen schließlich am Ende des Monates Aiaru (29. Mai 7 v. Chr.) erreichte. Das war die erste Konjunktion von Jupiter und Saturn im 21. Grad der Fische mit nur 1° Unterschied in der Breite bei derselben Länge.[52] Anfang Juni entfernten sie sich etwas voneinander, da der schnellere Jupiter den Saturn überholte. In der zweiten Julihälfte standen beide Planeten zum ersten Male still und wurden dann rückläufig, so wie es die Keilschrifttafel mit exakten Daten angibt. Am 15. September ging Jupiter akronychisch auf und trat am folgenden Tag in Opposition zur Sonne.

Das gleiche tat auch sein nur um 1° in der Länge entfernter Begleiter. Wenn die Sonne im Westen verschwand, gingen die Planeten im Osten auf, und wenn sie wieder im Westen versanken, erschien im Osten das Tagesgestirn. Um Mitternacht sah man die beiden hellleuchtenden Planeten nebeneinander genau in der Mitte des Himmels im Zeichen der Fische in der Nähe des Frühlingspunktes. Inzwischen näherte sich Jupiter noch mehr dem Saturn und erreichte diesen am 3. Oktober im 18. Grad der Fische (Länge des Jupiters und Saturns: 347,22°; Breite des Jupiters: −1,75°; Breite des Saturns: −2,72°). Beide Planeten waren vom Abend bis zum Morgen sichtbar, und um Mitternacht strahlten beide hoch im Meridian. Der schnellere Jupiter eilte weiter nach Westen über Saturn hinaus, und Anfang November lag dieser bereits mehr als eine Vollmondbreite hinter ihm zurück. Aber seine Bewegung verzögerte sich immer mehr, das gleiche galt auch für Saturn. In zwei aufeinanderfolgenden Nächten, nämlich am 20. und 21. Arah'samna (12./13. und 13./14. November 7 v. Chr.), standen beide Planeten zum zweiten Male still und kehrten um. Beide Planeten zogen nahe hintereinander, Saturn voraus, wieder gegen Osten. Der schnellere Jupiter erreichte Saturn am 5. Dezember zum dritten Male im 16. Grad der Fische (Länge von Jupiter und Saturn: 345,45°; Breite des Jupiters: −1,46°; Breite des Saturns: −2,51°), von Abend bis Mitternacht sichtbar, und entfernte sich dann endgültig von ihm.[53] Das Doppelgestirn löste sich auf. Anfang März des Jahres 6 v. Chr. verschwanden beide Planeten in den Strahlen der Sonne. Das sind die astronomischen Tatsachen der Planetenkonstellation von Jupiter und Saturn im Jahre 7 v. Chr. Zu Beginn des Jahres ging das Planetenpaar heliakisch auf, am Ende des Jahres heliakisch unter. Das ganze Jahr hindurch blieben Jupiter und Saturn sichtbar, ohne sich auch nur um 3° voneinander zu entfernen. Sie zogen am Himmel vereint hin und her, wobei sie sich dreimal begegneten bei einer Breitendifferenz von nur einem Grad (das sind etwa zwei Vollmond-

durchmesser). Erst acht Jahrhunderte später sollte sich dieses gleiche Schauspiel im Sternbild der Fische wiederholen.

Untersuchen wir nun den Text des Evangelisten Mattäus. An drei Stellen redet der Bericht mit den griechischen Fachausdrücken der zeitgenössischen astronomischen Literatur von dem »Stern«: von seinem Aufgang, von seinem Erscheinen und Stillstehen. Zunächst überliefert uns Mattäus die präzise Aussage der Weisen: »Wir haben seinen Stern gesehen« (2, 2). Das nächste Wort heißt im griechischen Text: in der »anatole«. Sprachforscher haben herausgefunden, daß dieses griechische Wort »anatole«, in der Einzahl gebraucht, eine spezielle astronomische Bedeutung hat. Es bezeichnet den sogenannten heliakischen Aufgang eines Gestirns, d. h. das Sichtbarwerden eines Sternes in der Morgendämmerung kurz vor Sonnenaufgang. In der Mehrzahl gebraucht, hat aber dieses Wort eine geographische Bedeutung, nämlich: Morgenland — Anatolien — Osten.

An unserer Stelle im Evangelium (Mt 2, 2) steht es in der Einzahl. Es darf also nicht, wie seit Jahrhunderten in vielen deutschen Übersetzungen zu finden ist, übersetzt werden: »Wir haben seinen Stern im Morgenland gesehen«, sondern es muß genauer heißen: »Wir haben seinen Stern im Aufgang gesehen.«

Wie überraschend diese kurze Notiz des Evangelisten mit den astronomischen Tatsachen des Jahres 7 v. Chr. in Übereinstimmung gebracht werden kann, zeigt ein Blick auf die spätbabylonischen Ephemeriden-Tafeln. Diese geben für den Frühaufgang des Jupiters den 16. März des Jahres 7 v. Chr. als zuverlässiges Datum an.

Auch in der Frage des Königs Herodes an die Weisen überliefert uns der Evangelist ein Verbum, das damals eine speziell astronomische Bedeutung hatte: »Da rief Herodes die Weisen heimlich zu sich und erforschte von ihnen genau die Zeit, da der Stern erschienen war« (Mt 2, 7). Das hier verwendete Verbum »erscheinen« bedeutete ebenfalls in der damaligen astronomischen Fachsprache das erste Erscheinen eines Sternes im Frühaufgang. Da nach der damaligen Auffassung zugleich mit der Geburt eines Menschen auch »sein« Stern aufgeht, erkundigte sich also Herodes nach der Zeit des Frühaufganges, um damit zugleich das Alter des vermeintlichen Thronprätendenten zu erfahren. Was die Weisen dem König geantwortet haben, wird vom Evangelisten nicht überliefert. Ihre Aussage kann aber durch die Handlungsweise des Königs näher bestimmt werden: »Als Herodes sah, daß er von den Weisen getäuscht worden war, geriet er in heftigen Zorn. Er sandte hin und ließ alle Knaben von zwei Jahren und darunter in Betlehem und in dem ganzen Bezirk töten, genau der Zeit entsprechend, die er von den Weisen erkundet hatte« (Mt 2, 16). Nach dem babylonischen Kalender war der Jupiter noch im letzten Monat des 304. Jahres der Seleukidenära im Frühaufgang erschienen, und zwar

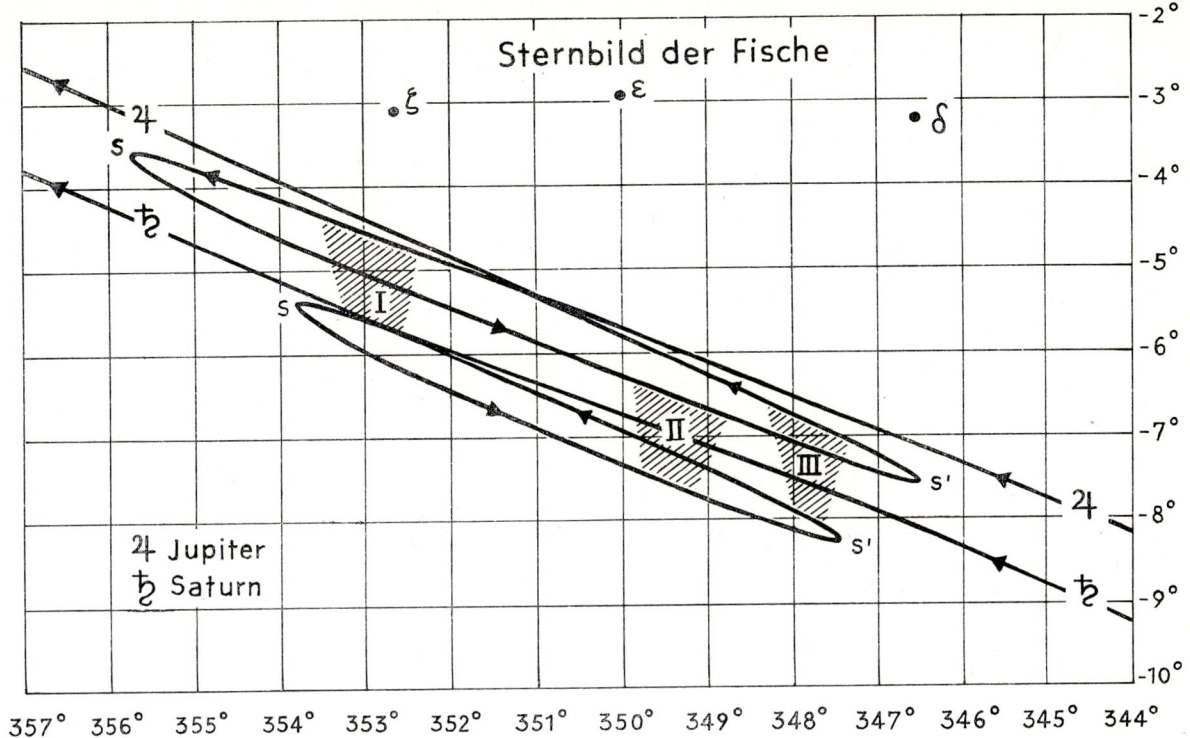

Abb. 48.   Die große Konjunktion von Jupiter und Saturn des
Jahres 7 v. Chr. im Sternbild der Fische.[54]

Die obere Schleife stellt die Bahn des Jupiters und die untere
die des Saturns für den Zeitraum vom 19. April 7 v. Chr. bis
3. Februar 6 v. Chr. dar. Die drei Sterne ζ, ε, δ gehören zum
Sternbild der Fische; Zeta ist der 3., Epsilon der 4. und Delta
der 5. Stern nach der Masche im liegenden Band. Die drei
schraffierten Flächen begrenzen die drei Phasen der Begegnung von Jupiter und Saturn:

I.   = 29. Mai bis 8. Juni;
II. = 26. September bis 6. Oktober;
III. = 5. Dezember bis 15. Dezember.

Der erste Stillstand (S) des Jupiters fand kurz vor dem
24. Juli statt, der des Saturns am 24./25. Juli; der zweite Stillstand (S') des Jupiters am 12./13. November, der des Saturns
am 13./14. November.

am 13. Adaru (16. März). Das neue Jahr begann mit
dem Frühlingsmonat Nisannu, der auch dem jüdischen
Jahresanfang entsprach. Als die Weisen in Jerusalem
ankamen, leuchtete der Jupiter bereits im zweiten Jahr,
wenn man nach damaligem Brauch angebrochene Jahre
wie ganze zählte. Die von den Weisen gegebene Auskunft über das Datum des Frühaufganges schien darum
dem König ausreichend, den Mordbefehl nur auf zwei
Jahrgänge auszudehnen.

Wir kommen zur nächsten Frage. Was hat diese Männer aus dem Morgenland — hier muß es »Morgenland«
heißen; denn das griechische Wort »anatole« steht in
der Mehrzahl — veranlaßt, nach Jerusalem zu ziehen,
um dort nach einem neugeborenen König der Juden zu
forschen? Die Antwort kann nur lauten: Es war die
Gnade Gottes, die an dieses astronomische Ereignis anknüpfte. Wie dieser Zusammenhang möglich war, darauf können wir aufgrund zuverlässiger Forschungen
über die antike sternkundliche Literatur eine sichere
Antwort geben, ohne daß dadurch die göttliche Gnade
in irgendeiner Weise geschmälert würde.

Das Zweistromland zwischen Euphrat und Tigris war
im Altertum das klassische Land der Sternbeobachtun-
gen. Der Ausdruck »Magoi« (die Magier oder die Weisen), mit dem die Ankommenden im griechischen Text
des Evangeliums bezeichnet werden, war der Amtstitel
für die im Dienst der Religion und des Staates stehenden Sternbeobachter. Was sagt uns nun die antike
Sterndeutung über die Begegnung von Jupiter und Saturn im Sternbild der Fische? Der Planet Jupiter galt im
Altertum ganz allgemein als der Stern des Weltherr-
schers. Jupiter ist der Königsstern. Dies bestätigt ein
Denkmal, das man im Jahre 7 v. Chr. auf der Nilinsel
Philä zu Ehren des Kaisers Augustus errichtet hatte. Auf
diesem Denkmal wird der Kaiser als Weltherrscher ausdrücklich mit dem Namen Jupiters bezeichnet. Nach
Claudius Ptolemäus (um 100—178 n. Chr.), dem be-

deutendsten Astronomen der Antike, war Jupiters Wirkung am machtvollsten, wenn er sich im Zeichen der Fische, seinem astrologischen Hause, befand.

Wenn im griechischen Text des Mattäusevangeliums auch nur ganz allgemein von einem »Stern« die Rede ist, so macht die altsyrische Übersetzung des Mattäusevangeliums es doch wahrscheinlich, daß mit dieser Gattungsbezeichnung der Planet Jupiter gemeint war. In der altsyrischen Version steht das Wort »kaukeba«, das dem babylonischen (akkadischen) »kakkabu« entsprach. Diese Bezeichnung wurde in spätbabylonischer Zeit nur auf den Jupiter angewendet.

Der Saturn war bei den Babyloniern der Stern, dem das Land »amurru«, das ist Syrien, zugewiesen wurde. Die hellenistische Sterndeutung bezeichnet den Saturn als den Stern der Juden. Eine Stelle im Alten Testament scheint diese Auffassung widerzuspiegeln. In einer Strafpredigt prangert der Prophet Amos die heidnischen Kulteinflüsse im Gottesdienst der Israeliten an: »Ich hasse, ich verabscheue eure Feiern. Eure Festversammlungen mag ich nicht riechen ... Habt ihr mir Schlachtopfer und Speiseopfer dargebracht in der Wüste die vierzig Jahre, Haus Israel, und dabei den Sikkut, euren König, umhergetragen und den Kewan, euren Sterngott, eure Götzenbilder, die ihr euch angefertigt?« (Am 5, 21—26) »Kewan« ist der babylonische (akkadische) Name für den Planeten Saturn.

Ein weiterer interessanter Hinweis findet sich auf den von H. C. Rawlinson veröffentlichten Keilschrifttafeln. Diese zeigen, daß die Magoi sich mit besonderer Vorliebe mit dem Land »amurru« beschäftigten, und enthalten wiederholt Sätze wie: »wenn das und das geschieht, dann wird ein großer König im Westen aufstehen, dann wird Gerechtigkeit, Friede und Freude in allen Landen herrschen und alle Völker beglücken«[55].

Versuchen wir nun, die Ereignisse im einzelnen zu beschreiben. Nachdem die Weisen den bedeutsamen Frühaufgang des Jupiters beobachtet hatten und dann das eindrucksvolle Schauspiel erlebten, daß sich der weiß glänzende Königsstern dem Stern der Juden im Sternbild der Fische näherte, stellten sie ihre Deutung auf: Im Judenland geschieht die Geburt eines hochbedeutsamen Königs. Als dann Ende Juli beide Planeten zum ersten Male in ihrem Lauf stillstanden, um in den folgenden Wochen das gleiche Schauspiel einer Begegnung zu wiederholen, entschlossen sich die Weisen aus dem Morgenland zur Abreise in das Land »amurru«. Warum? Sicher war es die Gnade Gottes, die gerade diese Priester und Gelehrten aus der alten Tempelstadt am Euphrat dazu bewegte. Wir können aber noch einen natürlichen Grund anfügen. Je bedeutsamer die astrologischen Folgerungen waren, die die Weisen aus gewissen Konstellationen ziehen zu müssen meinten, desto genauer werden sie anhand ihrer Archive frühere, vergleichbare Erscheinungen aufgesucht und in Betracht gezogen haben. Bei einer Durchsicht der alten Berech-

nungstafeln, die ihnen einen zuverlässigen Überblick über lange Zeiträume ermöglichte, werden sie die »Einmaligkeit« dieses Ereignisses festgestellt haben. Das Jahr 7 v. Chr. besaß eine Auszeichnung, wie sie seit Jahrhunderten nicht gegeben war.

Der etwa 1200 km lange Weg führte über Palmyra und Damaskus nach Jerusalem. Dort könnten sie in der ersten Hälfte des November angelangt sein. In Jerusalem stellten dann die Weisen die Frage: »Wo ist der neugeborene König der Juden? Denn wir haben seinen Stern im Aufgang gesehen und sind gekommen, um ihm kniefällig zu huldigen. Als der König das hörte, wurde er bestürzt und ganz Jerusalem mit ihm. Er versammelte alle Hohenpriester und Schriftgelehrten des Volkes und erforschte von ihnen, wo der Messias geboren werden solle. Sie antworteten ihm: In Betlehem in Judäa. Denn so ist durch den Propheten geschrieben worden: Und du, Betlehem, Land Juda, bist keineswegs die niedrigste unter den Fürstenstädten Judas; denn aus dir wird der Fürst hervorgehen, der mein Volk Israel weiden wird. Da rief Herodes die Weisen heimlich zu sich und erforschte von ihnen genau die Zeit, da der Stern erschienen war. Dann schickte er sie nach Betlehem mit den Worten: Reist weiter und erkundigt euch genau nach dem Kinde, und wenn ihr es gefunden habt, meldet es mir, damit auch ich komme und ihm huldige« (Mt 2, 2—8). Die Weisen mußten also feststellen: Sie waren keinem Hirngespinst nachgelaufen, sondern ihre Überlegungen realisierten sich mit jedem Schritt.

Überzeugen auch wir uns davon. Zunächst werfen wir wieder einen Blick auf den griechischen Text des Evangeliums. Wir müssen diesen aber möglichst wörtlich übersetzen. Mattäus schreibt: »Als sie den König gehört hatten, reisten sie ab. Und siehe, der Stern, den sie im Aufgang gesehen hatten, ging vor ihnen her, bis er mitkommend stehenblieb, darüber, wo das Kind war« (Mt 2, 9).

Mit dem »Stillstehen« ist damals wie heute in der astronomischen Fachsprache das scheinbare Stillstehen der Planeten im Hin- und Hergehen vor dem Hintergrund der Fixsterne gemeint. Der dem Augenschein angepaßte Ausdruck wurde geprägt, als man noch nicht wußte, daß zu diesem Zeitpunkt die Erde und der vermeintlich stillstehende Planet gerade aufeinander zu- oder voneinander weglaufen.

Noch eine kleine stilistische Nebensächlichkeit scheint den astronomischen Charakter dieser Aussage zu betonen. Der Ausdruck »und siehe« entspricht genau der akkadischen Wendung »tammar«, die sich geradezu als stereotype Formel in belehrenden astronomischen Texten aus Babylon findet.

Orientieren wir uns noch einmal über die astronomischen Vorgänge, wie sie uns auf einer Keilschrifttafel (Britisches Museum — Sp II 142) für das Jahr 7 v. Chr. überliefert worden sind. In der letzten Zeile der Vorderseite liest man, daß Jupiter und Saturn in zwei aufeinanderfolgenden Nächten, nämlich am 20. und 21. Arah'samna (12./13. und 13./14. November), stehenblieben. Beide Planeten kamen einander so nahe, daß sie weniger als 1° voneinander entfernt waren. Aufgrund moderner Nachrechnungen der lokalen Umstände ergeben sich noch die folgenden näheren Einzelheiten:

1. die Sonne ging am 12. November des Jahres 7 v. Chr. um 17^h19^m in Jerusalem unter;
2. der außerordentlich helle Jupiter war bereits in der Abenddämmerung des 12. November sichtbar;
3. das Planetenpaar stand nach Sonnenuntergang in südsüdwestlicher Richtung ungefähr 50° hoch am Himmel.

Der etwa 8 km lange Weg von Jerusalem nach Betlehem geht von Jerusalem aus fast in südlicher Richtung mit einer späteren geringen Abweichung nach Westen (vgl. Abb. 25, S. 47, und Abb. 253, S. 451). Es ist die uralte Karawanenstraße in Richtung Hebron. Wenn also die Weisen Jerusalem durch das Jaffator am späten Nachmittag verlassen hatten, dann stand der Königsstern Jupiter mit dem Saturn wie eine leuchtende Laterne in Richtung des Weges am südlichen Himmel, so daß sie auf den »Stern« zumarschierten oder — wie der Evangelist sagt — »der Stern vor ihnen herzog«.

Natürlich wußten die Weisen so gut wie wir, daß es kein wirkliches Voranziehen war. Aber für sie bedeutete dies trotzdem mehr als eine bloße Zufälligkeit.

Mattäus berichtet weiter: »Als sie nun den Stern sahen, hatten sie eine überaus große Freude«, d. h., ihre Vermutung wurde zur frohen Gewißheit: Sie waren auf dem richtigen Weg. Ja diese Gewißheit wurde noch größer. Kurz vor Betlehem, am Rahelgrab, biegt der Weg nach Betlehem ostwärts ab, so daß das Planetenpaar für die Vorwärtsschreitenden zu ihrer rechten Hand zu stehen schien; geographisch genauer ausgedrückt: über dem Höhenzug, auf dem das alte Betlehem lag (vgl. Abb. 25, S. 47). Mattäus schreibt: »Der Stern zog vor ihnen her, bis er mitkommend stehenblieb, darüber, wo das Kind war.«[56]

Dieser Eindruck wurde noch dadurch verstärkt, daß der »Königsstern« zu diesem Zeitpunkt dicht bei dem »Stern der Juden« in seinem Lauf am Himmel stehenblieb, so wie es die Keilschrifttafel für den 12. November des Jahres 7 v. Chr. angibt.

Zu dem von den babylonischen Astronomen berechneten Vorgang gesellte sich noch etwas für sie Unvorhergesehenes, um den Anschein stundenlangen Stehenbleibens des Sternes über einem ganz bestimmten Platz am Horizont zu bewirken. Jupiter und Saturn befanden sich damals nahe der stumpf auslaufenden Spitze des Zodiakallichtkegels, einer nicht scharf begrenzten Leuchterscheinung kosmischen Ursprungs. Die Umstände der Jahreszeit brachten es mit sich, daß trotz der beständigen Himmelsdrehung der Untergangspunkt der Helligkeitsachse während der ersten Nachtstunden mit

unmerklichen Veränderungen an derselben Stelle des Horizonts verblieb.

Das im folgenden Satz vorkommende griechische Wort »oikia« wird gewöhnlich mit »Haus« übersetzt. Es kann aber auch »Dorf« heißen, und dann lautet der Text: »Sie gingen in das Dorf, sahen das Kind mit seiner Mutter Maria, fielen nieder und huldigten ihm. Dann taten sie ihre Schätze auf und brachten ihm Geschenke dar: Gold, Weihrauch und Myrrhe« (Mt 2, 11). (Vgl. Abb. 50, S. 95.)

Es bleibt noch ein Bedenken. Konnte Gott seine Berufungsgnade an eine solche sternkundliche Deutung anknüpfen? Die alten Kirchenväter nahmen daran keinen Anstoß, obwohl sie den astrologischen Aberglauben aufs schärfste bekämpften. Und auch der moderne Mensch kann beruhigt sein. Der Stern der Weisen war eine sichtbare Realität am Himmel — aber er war noch mehr: Er war auch ein Zeichen Gottes. Die Weisen aus dem Morgenland trieben nicht nur Wissenschaft, sie erkannten auch dieses Zeichen. Sie fielen nieder und huldigten dem neugeborenen König der Juden.

Mattäus beschließt den Besuch der Weisen mit den Worten: »Und da sie im Traum die Weisung erhielten, nicht zu Herodes zurückzukehren, zogen sie auf einem anderen Weg in ihr Land zurück« (2, 12).

Die Flucht nach Ägypten

Kaum hatten die Weisen Betlehem verlassen, als auch Josef durch einen Engel die göttliche Weisung erhielt: »Stehe auf, nimm das Kind und seine Mutter und fliehe nach Ägypten. Verbleibe dort, bis ich es dir sage; denn Herodes wird das Kind suchen, um es zu töten« (2, 13). »Als nämlich Herodes sah, daß er von den Weisen getäuscht worden war, geriet er in heftigen Zorn. Er sandte hin und ließ alle Knaben von zwei Jahren und darunter in Betlehem und in dem ganzen Bezirk töten, genau der Zeit entsprechend, die er von den Weisen erkundet hatte« (Mt 2, 16).

Wie schon erwähnt, leuchtete der Jupiter nach dem babylonischen Kalender bereits im zweiten Jahr. Die von den Weisen gegebene Auskunft über den Frühaufgang des Königssternes bewog darum den mißtrauischen Herodes, alle Knaben unter zwei Jahren im ganzen Bezirk zu töten. Nach Josephus war Judäa in elf Toparchien eingeteilt. Höchstwahrscheinlich gehörte Betlehem zur Toparchie von Herodium. In einem zeitgenössischen Bericht heißt es über Herodes: »Es folgte ein frecher König, der nicht aus priesterlichem Geschlecht war, ein verwegener und gottloser Mensch. Er tötete die Alten und die Jungen, und eine schreckliche Angst vor ihm kam über das Land. Er wütete unter ihnen mit Blutbefehlen, wie es in Ägypten geschah« (Ass. Mos. 6, 22). Der Wert dieses zeitgenössischen Zeugnisses — die angeführte Schrift stammt aus essenischen Kreisen und wurde noch in Jesu Tagen geschrieben — liegt darin, daß

Abb. 49. Der Obelisk von Heliopolis.

*Einst stand der Obelisk am Eingangstor des Sonnentempels,
heute steht er einsam mitten in den Feldern, vom wachsenden Schutt der Jahrtausende umgeben, so daß sein Sockel tief
unter dem Niveau der Umgebung liegt. Der Obelisk hat die
Höhe von etwa 20 m und ist in einem Stück aus Rosengranit
gemeißelt. Wie die auf allen vier Seiten gleichlautende Inschrift bezeugt, wurde er zur Feier des Dreißigjahrfestes von
Sesostris I. (um 1950 v. Chr.) errichtet. In den ägyptischen
Tempeln dienten die Obelisken als Kultsymbole, auf deren
Spitzen sich die ersten Sonnenstrahlen niederließen. Die
Spitze und die Falken am Kopf der Inschrift waren darum
vergoldet. Der Falke war das Symbol des Sonnengottes Ho-
rus. Der König galt als die Inkarnation dieses Gottes, woraus
sich die Göttlichkeit des Herrschers und sein Herrschaftsrecht
ableiteten. So finden wir den Horusfalken auf vielen Denkmälern des alten Ägypten.*

wir hier eine vom Evangelium unabhängige Erwähnung
des Kindermordes von Betlehem finden. Bei der Ermordung der »Jungen« könnte man zunächst an die drei
Söhne denken, die Herodes umbringen ließ. Doch dazu
paßt der Hinweis auf den ägyptischen Kindermord
nicht: »Er wütete mit Blutbefehlen, wie es in Ägypten
geschah.« Der Pharao hat nicht seine eigenen Söhne
umgebracht, sondern die kleinen Hebräerjungen. Wenn
jener unbekannte jüdische Zeitgenosse in seinem Bericht
schrieb: »Herodes wütete mit Blutbefehlen, wie es in
Ägypten geschah«, dann hören wir heute noch daraus
das Entsetzen über den Tod jener unschuldigen Kinder
von Betlehem. Der Evangelist sieht noch eine Dimension tiefer. Die Verehrung des Rahelgrabes bei Betlehem erinnert ihn an ein Wort des Propheten: »Da wurde
das Wort erfüllt, das durch den Propheten Jeremia gesprochen wurde: Eine Stimme hört man in Rama, viel
Weinen und Wehklagen; Rahel weint um ihre Kinder
und will sich nicht trösten lassen, weil sie nicht mehr
sind« (Mt 2, 17. 18).

Josef, der gewohnt war, den Willen Gottes zur Norm
seines Handelns zu machen, gehorchte sofort. »Er stand
auf, nahm in der Nacht das Kind und seine Mutter und
zog nach Ägypten« (Mt 2, 14). Die Flucht führte über
Hebron nach Beerscheba, und dann begann die Wüste,
die bis zum heutigen Tag nichts von ihrer Gefährlich-
keit eingebüßt hat. Erst am Mittelmeer, an der ägyptischen Grenze, waren sie in Sicherheit. Den Ort des
ägyptischen Aufenthaltes nennt uns das Evangelium
nicht. Eine alte Überlieferung führt uns in die Stadt
Heliopolis. Hier befand sich eine große jüdische Kolonie
mit Synagogen, Schulen und allem anderen, was die
Fremde zur Heimat machen sollte. Ägypten war seit
alters her den Juden eine Zufluchtsstätte gewesen. Bereits für den Anfang des 5. Jahrhunderts v. Chr. ist uns
in Syene, dem alten Namen für Assuan, eine jüdische
Kolonie urkundlich bezeugt. Um das Jahr 160 v. Chr.
flüchtete der Hohepriester Onias IV. vor den Syrern
nach Ägypten und gründete nach dem Muster des Jerusalemer Tempels in Leontopolis, etwa 18 km nördlich
von Heliopolis, einen eigenen Tempel. Auch wenn die
Jerusalemer Behörden diesen Tempel nicht als gleichberechtigt anerkannten, so wurden doch der Kultus und
der Opferdienst bis zu seiner Zerstörung (durch Vespasian im Jahre 73 n. Chr.) dort ausgeübt. Zur Zeit Jesu
lebten in Ägypten etwa 1 Million Juden, davon allein
in Alexandria 200 000. Von der damaligen Großstadt
Heliopolis — sie lag etwa 12 km nördlich vom heutigen
Kairo — ist nichts anderes übriggeblieben als ein mächtiger Obelisk, der heute mitten in den Feldern steht
(vgl. Abb. 49).

Nicht weit von dem Obelisken, hinter dem Dorf Matarieh, sieht man einen alten Feigenbaum, den die Ägypter »Marienbaum« nennen. Hier soll Maria mit dem
Kind gerastet haben. In nächster Nähe des Baumes sprudelt eine Süßwasserquelle, die dem Ort den Namen ge-

geben hat: »Matarieh« bedeutet »klares Wasser«. Auch wenn der Feigenbaum nur etwa 300 Jahre alt ist, so verknüpft sich doch mit dem Ort eine alte Tradition. Bereits im 4. Jahrhundert stand hier eine Marienkapelle. Das Kirchweihfest dieser Kapelle, auch wenn sie längst verschwunden ist, hat sich in der alten koptischen Liturgie erhalten und wird bis zum heutigen Tag am 14. Juni gefeiert.

Ein zweites altes Heiligtum mit Erinnerung an die Heilige Familie befindet sich in Alt-Kairo in der St.-Sergius-Kirche, von den Kopten »Abu Sarga« genannt. In der Krypta, deren Bau ins 6. Jahrhundert zurückgeht, liegt ein kleiner, enger Raum, mit einfachen Säulen geschmückt. Der Überlieferung nach ist es der Ort, an welchem die Heilige Familie während ihres Aufenthaltes in Ägypten Zuflucht gefunden hat. Ein überkritischer Sinn setzt schnell und gern hinter eine solche Tradition ein Fragezeichen. Aber auch hier kann sich die Tradition auf eine lange Zeugenkette berufen.

In der Ikonostase der Sergiuskirche, der Bilderwand vor dem Altar, befindet sich eine Holztafel, die in das 10. Jahrhundert datiert wird.[57] In einer Szene ist auf diesem Holzrelief die Geburt des Herrn mit der Anbetung der Weisen dargestellt, wie es in den früheren Zeiten der Kirche Sitte war (vgl. Abb. 50). Wie weit die Feier der Weihnachtsgeheimnisse in Ägypten zurückreicht, zeigt ein Faijum-Papyrus, den der trockene Wüstensand konserviert hat. Dieser Papyrus überliefert uns einen Teil der Festliturgie von Epiphanie aus der Wende zum 4. Jahrhundert.[58] Aber wir kommen noch weiter. Die jüngsten Papyrusfunde beweisen die Existenz von Christengemeinden in Ägypten für den Anfang des 2. Jahrhunderts.

Das Evangelium im Nilsand

Nichts hat während der letzten Jahrzehnte unsere Kenntnisse von der Umwelt, in der das Neue Testament entstand, so bereichert wie die Funde von alten Handschriften, die entweder auf Papyrus oder Pergament geschrieben waren.

Papyrus ist der Name für das antike Schreibmaterial, das aus dem Mark einer Schilfpflanze (Cyperus papyrus) gewonnen wurde. Als der König Eumenes II. von Pergamon (197—159 v. Chr.) den ehrgeizigen Plan faßte, die weltberühmte ägyptische Bibliothek in Alexandria — sie umfaßte etwa 600 000 Bände — durch eine Neugründung in Pergamon zu übertreffen, sperrte sein Gegner, der König Ptolemäus V. Epiphanes von Ägypten (204—180 v. Chr.), die Ausfuhr von Papyrus. In dieser Zwangslage wurde in Pergamon ein neues Verfahren erfunden, Tierhäute zu geeignetem Schreibmaterial zu verarbeiten. Nach dem Ursprungsort erhielt es den Namen *Pergamene*, unser heutiges Pergament. Da aber der Preis dieses neuen Schreibmaterials für den gewöhnlichen Briefschreiber und Schriftsteller unerschwinglich hoch war,

Abb. 50. *Das Weihnachts- u. Epiphaniegeheimnis, Holzrelief in der koptischen Kirche Abu Sarga in Alt-Kairo.*

Die bildliche Darstellung des Weihnachtsgeheimnisses mit dem Jesuskind zwischen Ochs und Esel reicht weit zurück; wir finden sie bereits in den Katakomben des 4. Jahrhunderts. Den Anlaß dazu bot wahrscheinlich der Hinweis von Hab 3, 2 in der griechischen Übersetzung: »Inmitten von zwei Tieren wirst du dich offenbaren.« Die schriftkundigen Alten fanden die Deutung der zwei Tiere bei Jesaja: »Der Ochse kennt seinen Besitzer und der Esel die Krippe seines Herrn« (1, 3). Der Evangelist Mattäus nennt weder Namen noch Zahl der Weisen; auch die älteste Tradition weiß davon nichts zu berichten. Der fromme Volkssinn begnügte sich aber in den kommenden Jahrhunderten mit dieser Anonymität nicht. Im Orient bevorzugte man, wohl in Anlehnung an das Apostelkollegium, die Zahl Zwölf. Auf den ältesten bildlichen Darstellungen des Abendlandes werden zwei, drei oder vier Magier gezeigt. Bald setzte sich die Dreizahl durch, die schon Origenes aus der Zahl der Geschenke festlegte. Eine allzu wörtliche Auslegung alttestamentlicher Stellen machte die Magier zu Königen, deren Namen Caspar, Melchior und Balthasar wir zum ersten Mal auf dem Mosaikbild von Sant' Apollinare Nuovo in Ravenna (nach 560) lesen. Daß einer der Könige ein Mohr gewesen sei, setzte sich erst auf den bildlichen Darstellungen des frühen Mittelalters durch.

wurde durch diese Entdeckung die Vorrangstellung des Papyrus auf dem Weltmarkt nicht beeinflußt. Der Papyrus blieb bis zum Ende des 3. Jahrhunderts n. Chr. das bevorzugte »Papier« der Antike, auf das auch die Originaltexte der Evangelien geschrieben waren.

Das Hauptproduktionsland war Ägypten, wo die etwa 3–4 m hohe Papyrusstaude in den durch die Nilüberschwemmung gebildeten Sümpfen, besonders im Nildelta, in reicher Fülle wuchs. Heute ist die Papyruspflanze dort fast völlig ausgestorben. Einige Bestände finden sich noch am Ufer des Blauen und Weißen Nil in Oberägypten, im Jordantal und besonders am Hule-See im nördlichen Galiläa.

Bei Plinius dem Älteren (23–79 n. Chr.) finden wir in seiner Naturgeschichte — der Historia naturalis — einen interessanten Originalbericht über die Herstellung und Verwendung des Papyrus: »Man bereitet aus dem Papyrusstengel das Schreibpapier, indem man ihn mit einem spitzen Instrument in sehr dünne, aber möglichst breite Baststreifen zerlegt. Die höchste Qualität hat die Mitte und von da nach der Folge der Schichten. ›Hieratisches Papier‹ hieß es und war von alters her nur für religiöse Rollen bestimmt.«

Plinius beschließt seinen Bericht: »So können die Dokumente von langer Dauer sein. Die Hand von Tiberius und Gaius Gracchus habe ich bei Pomponius Secundus, dem berühmten Dichter und Bürger, nach etwa 200 Jahren gesehen. Vollends von Cicero und dem göttlichen Augustus sowie von Vergil sehen wir sie oftmals« (Plinius, Hist. nat. XIII, 68–83).

Die nachfolgenden wißbegierigen Generationen können leider den Optimismus des Plinius über die Dauerhaftigkeit des Papyrus im allgemeinen nicht bestätigen. Alter Papyrus wird bei Trockenheit brüchig und beginnt bei Feuchtigkeit zu faulen. So ist in normalen klimatischen Verhältnissen eine lange Lebensdauer der Papyrushandschriften nicht zu erwarten. Damit ist sogleich die Frage beantwortet, die besonders von mißtrauischen Kritikern der Bibel gestellt zu werden pflegt: Warum sind uns denn die Originalschriften der Evangelisten nicht erhalten? Als Papyrushandschrift teilte bis vor kurzem auch das Evangelium das Schicksal aller Bücher der griechischen und römischen Literatur, von denen uns aus der Zeit vor dem 4. Jahrhundert n. Chr. kein Exemplar erhalten ist. Zu Beginn des 4. Jahrhunderts setzte eine Revolution auf dem Büchermarkt ein. Das Pergament verdrängte den Papyrus und blieb bis zum 15. Jahrhundert das beherrschende Material in der Buchherstellung. Die 50 Bibeln, die Kaiser Konstantin für die Kirchen seiner neuen Hauptstadt Konstantinopel herstellen ließ, wurden schon auf Pergament geschrieben. So gehören unsere beiden ältesten Pergament-Kodizes der griechischen Bibel, der Vaticanus und der Sinaiticus, dieser Zeit an, der ersten Hälfte und der Mitte des 4. Jahrhunderts (vgl. Vor- und Nachsatz).[59] Die Überlegenheit des Pergaments ist von nun an un-

bestritten, und so besitzen wir aus der Folgezeit eine von Jahrhundert zu Jahrhundert wachsende Zahl von Abschriften der Heiligen Schrift. Die Anzahl der uns erhalten gebliebenen griechischen Pergamenthandschriften des Neuen Testaments beläuft sich auf 2800.[60] (Vgl. Abb. 53, S. 100.)

Nur in einem einzigen Land waren die klimatischen Verhältnisse geeignet, der Nachwelt alte Papyrushandschriften zu erhalten: in Ägypten. Südlich des Nildeltas und jenseits des Überschwemmungsgebietes ist das Klima so trocken, daß die Handschriften, die im Boden liegen, zwar brüchig werden, aber im übrigen unbeschränkt lange erhalten bleiben. Die berühmtesten Fundstätten liegen im Faijum und in der Stadt Oxyrhynchos in Mittelägypten.

Im Jahre 1935 veröffentlichte der Oxforder Professor C. H. Roberts den Inhalt eines Papyrus, der bisher unentziffert in einer Bibliothek zu Manchester gelegen hatte. Ein Papyrusforscher hatte diesen mit anderen Papyrusresten, die wahrscheinlich aus der Gegend von Oxyrhynchos oder dem Faijum stammen, um das Jahr 1920 in Ägypten erworben (vgl. Abb. 51, S. 97).

Auf diesem etwa 9×6 cm großen Papyrusrest stehen auf der Vorderseite in griechischer Sprache die Fragmente folgender Worte: »DIE JUDEN: UNS ist es nicht gestattet, JEMANDEN zu töten. (So sprachen sie.) DAMIT DAS Wort Jesu erfüllt würde, das er geSAGT hatte, um ANZUDEUTEN, auf welche Weise er STERBEN sollte. Da ging Pilatus wieder in das PrätoRIUM HINEIN, rief Jesus und SAGTE zu ihm: Bist du der König der JUDEN?«

Die Rückseite desselben Papyrusblattes lautet: »Ich bin ein König. DAZU BIN ICH GEBOREN, und dazu bin ich in die WELT gekommen, daß ich der Wahrheit ZEUGNis gebe. Jeder, der AUS DER WAHRheit ist, hört meine Stimme. Pilatus ENTGEGNETE IHM: Was ist Wahrheit? NACHDEM er DAS gesagt hatte, ging er wieder zu DEN JUden hinaus und sprach zu ihnen: Ich finde keiNERLEI Schuld an ihm.«

Diese Worte stammen aus dem 18. Kapitel des Johannesevangeliums (18, 31–33; 37–38) und berichten von dem ersten Verhör Jesu vor Pilatus. Uns interessieren aber nicht nur diese hoheitsvollen Worte, sondern auch das Material, auf dem sie stehen. Dieser Papyrus Rylands, der in der offiziellen Liste der Handschriften die Nummer 52 trägt, stammt etwa aus dem Jahre 125 n. Chr., d. h., er ist nur rund 35 Jahre jünger als das vom Evangelisten geschriebene Original.

Es lohnt sich, über die Bedeutung einer solchen Tatsache eine kleine Betrachtung anzustellen. 1792 behauptete der englische Kritiker Evanson, das Johannesevangelium habe ein Platoniker im 2. Jahrhundert verfaßt. In seinem Buch »Das Leben Jesu« mißt David Friedrich Strauß diesem Evangelium keinerlei historischen Wert bei. Nach der Tübinger Schule war es um das Jahr 170 geschrieben worden, um Petrinismus und Paulinismus,

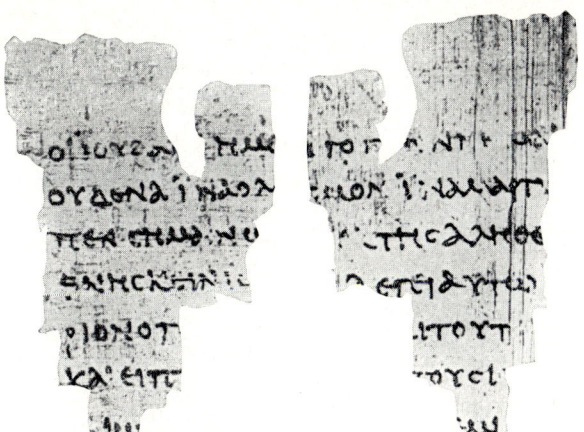

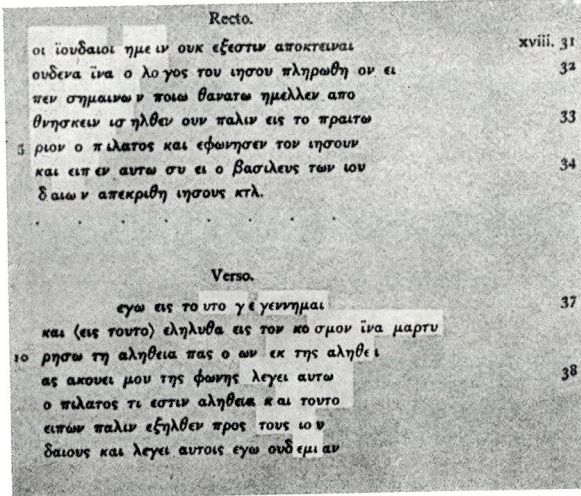

Recto.

οι ιουδαιοι ημε ιν ουκ εξεστιν αποκτειναι   xviii. 31
ουδενα ινα ο λογος του ιησου πληρωθη ον ει   32
πεν σημαινω ν ποιω θανατω ημελλεν απο
θνησκειν ισ ηλθεν ουν παλιν εις το πραιτω   33
5 ριον ο πιλατος και εφωνησεν τον ιησουν
και ειπ εν αυτω συ ει ο βασιλευς των ιου   34
δαιω ν απεκριθη ιησους κτλ.

Verso.

εγω εις το υτο γ ε γεννημαι   37
και (εις τουτο) εληλυθα εις τον κο σμον ινα μαρτυ
10 ρησω τη αληθεια πας ο ω ν εκ της αληθε ι
ας ακουει μου της φωνης λεγει αυτω
ο πιλατος τι εστιν αληθεια κ αι τουτο   38
ειπων παλιν εξηλθεν προς τους ιο υ
δαιους και λεγει αυτοις εγω ουδ εμι αν

Abb. 51.   *Papyrus Rylands — P⁵² (Joh 18, 31—33; 37. 38) mit
der Rekonstruktion des griechischen Textes.*

*Der Papyrus, der heute in der John-Rylands-Bibliothek zu
Manchester aufbewahrt wird, weist eine besondere Eigenart
auf. Gewöhnlich schrieb man auf diejenige Seite des Papyrusblattes, bei der die Fasern horizontal laufen. Nur in Aus-
nahmefällen wurden die Blätter doppelseitig beschrieben. P⁵²
bestätigt diese Ausnahme und wird so zu einem sprechenden Zeugnis für die Armut des »Besitzers«, der sich den Luxus eines nur einseitig beschriebenen Blattes nicht leisten
konnte.*

Gnostizismus und Tradition in Einklang zu bringen. Im
19. Jahrhundert war man allgemein geneigt, die Entstehung des Johannesevangeliums erst in die zweite Hälfte
des 2. Jahrhunderts zu verlegen. Heute kann das kein
Wissenschaftler, der auf seinen Ruf Wert legt, mehr behaupten.

1956 wurde die Gelehrtenwelt von einem neuen Papyrusfund aus Ägypten überrascht.[61] Dieser neuent-

deckte Papyrus Bodmer II — so lautet sein Bibliotheks-
name — trägt in der offiziellen Liste die Bezeichnung
P⁶⁶. Der Herausgeber dieser Handschrift, der Genfer
Papyrologe Victor Martin, schreibt in der Einleitung der
Veröffentlichung: »Spezialisten, denen Photographien
von unserem Kodex unterbreitet wurden, sind sich bei
Wahrung der üblichen Zurückhaltung darin einig gewesen, daß der Kodex nach den Kriterien der Paläogra-
phie dem Anfang des 3. Jahrhunderts oder, wenn man
lieber will, ungefähr dem Jahre 200 zuzuweisen ist.«
(Vgl. Abb. 52, S. 98.)

Die Datierung des P⁶⁶ ist von H. Hunger einer erneuten Prüfung unterzogen worden. Durch Schriftvergleiche mit datierten Urkunden aus dem Ende des
1. Jahrhunderts und der ersten Hälfte des 2. Jahrhunderts kommt er zu dem Schluß: »Ich halte es daher auf
Grund des vorgelegten Vergleichsmaterials nicht nur für
gerechtfertigt, sondern sogar für erforderlich, P⁶⁶, wenn
schon nicht in die erste Hälfte, so zumindest in die
Mitte des 2. Jahrhunderts zu setzen.«[62]

Die Bedeutung des Papyrus Bodmer II liegt nicht nur
in seinem hohen Alter. Das Einmalige dieses Papyrus
liegt in der Tatsache, daß wir in dieser Handschrift, von
einigen Lücken abgesehen, fast das ganze Johannesevangelium besitzen, nämlich das 1.—14. Kapitel. Bruchstücke der fehlenden Kapitel sind inzwischen noch aufgefunden und als Nachtrag (1958) zum P⁶⁶ herausgegeben worden.

Im Mai 1961 hat die Bibliotheca Bodmeriana in Coli-
gny-Genf einen neuen Papyrusfund veröffentlicht. Die
Bodmer-Papyri XIV und XV — sie tragen die offizielle
Bezeichnung P⁷⁵ — enthalten mit einigen Lücken das
Lukasevangelium, und zwar den Text der Kapitel 3, 19
bis 18, 18 und Kapitel 22, 5—24, 53; aus dem Johannesevangelium enthält P⁷⁵ die Kapitel 1, 1—11, 45, ferner,
mit wenigen Lücken, den Text bis 15, 8. Seine Entstehung wird in die Jahre 175—225 n. Chr. gelegt.

Was bedeuten nun diese Papyrusfunde für uns? Sie
bestätigen aufs neue die zuverlässige handschriftliche
Überlieferung des Neuen Testamentes.

Es hat nicht an Leuten gefehlt, welche auf den großen Zeitabstand zwischen Urschrift und Kopie hinwie-
sen und die Zuverlässigkeit der handschriftlichen Bibel-
überlieferung dadurch ernstlich zu erschüttern meinten.
Ja diese »späte Bezeugung« der Evangelien galt als Beweis für ihre Unglaubwürdigkeit und die Wahrscheinlichkeit schwerster Textverfälschung. Dieser Vorwurf
wird sofort haltlos, sobald wir die biblische Überlieferung in den großen Strom der Überlieferung der antiken
Literatur hineinstellen (vgl. Abb. 53, S. 100).

Sehen wir uns die griechische Literatur an, so müssen
wir feststellen, daß unsere Bibliotheken antike Handschriften der griechischen Autoren so gut wie gar nicht
besitzen. Die normale handschriftliche Überlieferung all
unserer griechischen Klassiker stammt aus der Zeit zwischen dem 9. und 11. Jahrhundert. In dieser Zeit sind

die meisten Handschriften geschrieben, die die literarischen Schätze des alten Griechenland der Nachwelt vermitteln. Mögen wir den berühmten Homer so spät ansetzen wie nur möglich, so klafft doch zwischen der Niederschrift der Ilias und der Odyssee und unserer handschriftlichen Überlieferung ein Zeitraum von 1600 bis 1700 Jahren, und die griechischen Klassiker der Tragödie, der Komödie und der Geschichtsschreibung aus der Blütezeit Athens sind wenigstens um 1400 Jahre von den uns erhaltenen ältesten Handschriften entfernt.

In der lateinischen Literatur ist die Anzahl des aus antiker Zeit erhaltenen Materials ungleich größer. Als das Römische Reich sich dem Ende zuneigte, hat man noch einmal die Schätze der alten Literatur durch neue Abschriften für die späteren Generationen gesichert. Im 4. und 5. Jahrhundert, besonders unter Theoderich dem Großen, schrieb man prächtige Kodizes und legte große Bibliotheken an. Aus diesen Jahrhunderten stammen mehrere Vergilhandschriften, ein Palimpsest von Cicero, Livius und Strabon. Aber auch diese Fälle sind Ausnahmen innerhalb der lateinischen Überlieferungsgeschichte. Das meiste, was wir besitzen, blieb durch Handschriften der Karolingerzeit erhalten, als eine planmäßige Umgestaltung des Bildungssystems im fränkischen Reich einsetzte, eine Bewegung, die sich bis in das 10. Jahrhundert erstreckt. So geht die Überlieferung der lateinischen Klassiker in der Regel auf karolingische Handschriften etwa des 9. Jahrhunderts zurück. Vergleichen wir diesen Tatbestand mit der handschriftlichen Überlieferung des Neuen Testamentes, dann stellen wir fest: Was wir von keinem Werk der klassischen Literatur aussagen können, das können wir für die Evangelien beweisen. Die handschriftliche Überlieferung des Neuen Testamentes ist nicht nur außerordentlich groß, sie ist auch außerordentlich gut. Für das Neue Testament besitzen wir heute 81 Papyri aus dem 2.–7. Jahrhundert, 266 Majuskelhandschriften aus dem 4.–10. Jahrhundert und 2754 Minuskeln vom 9. Jahrhundert an. Von den 81 Papyri stammen 31 aus dem 2. und 3. Jahrhundert und 15 aus dem 4. Jahrhundert. Die Zeitspanne, die diese Papyri von den Originalschriften trennt, ist also äußerst kurz, verglichen mit dem Zeitraum, der zwischen den verlorenen Originalschriften der antiken Klassiker und ihren frühesten erhaltenen Kopien liegt, wie uns dies die Zeittafel zur Textüberlieferung der antiken Literatur auf den beiden nachfolgenden Seiten (100/101) mit einem Blick lehrt.[63]

Aufgrund der uns erhalten gebliebenen Textzeugen, Papyri, Kodizes, Übersetzungen und Zitate von Kirchenvätern, läßt sich der Text des Neuen Testaments mit wissenschaftlicher Zuverlässigkeit bis zur Mitte des 2. Jahrhunderts rekonstruieren.[64] Das heißt, wir können mit Sicherheit angeben, wie der neutestamentliche Text um die Mitte des 2. Jahrhunderts ausgesehen hat. Welche Tragweite kommt dieser Tatsache zu? Der exakte Wortlaut der neutestamentlichen Originale ist noch nicht

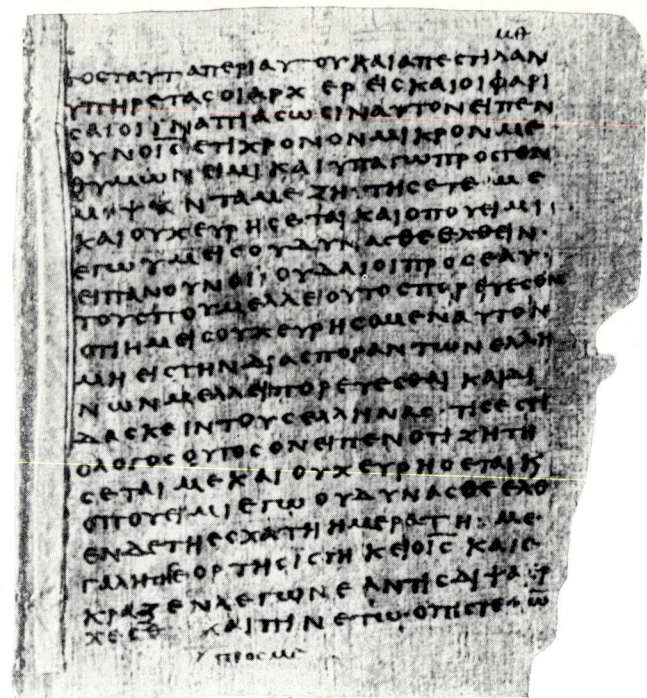

Abb. 52.   Papyrus Bodmer II – P⁶⁶ (Joh 7, 22–38).

Die Papyrushandschrift zeigt nicht die übliche Rollenform, wie sie für die Niederschrift der griechischen und lateinischen Klassiker benutzt wurde, sondern die Buchform (Kodex). Die Handschrift mißt 16,2 × 14,2 cm und enthält 52 von insgesamt ursprünglich 74 Blättern. Es scheint, daß diese Buchform von den christlichen Gemeinden, wenn nicht erfunden, so doch auf jeden Fall am häufigsten benutzt wurde.
An verschiedenen Stellen enthält die Handschrift einzigartige Lesarten, die vorher noch nie in irgendeiner Handschrift begegnet waren. So bestätigt nun P⁶⁶ die schon lange gehegte Vermutung, daß es bei Joh 7, 52 heißen muß: »Forsche in der Schrift und sieh, daß d e r Prophet nicht aus Galiläa aufsteht.«

rekonstruiert. Das wird wohl auch nicht mehr ganz möglich sein, da uns die Originale fehlen. Wir besitzen nur Abschriften von Abschriften, von denen keine fehlerfrei ist.

Die beiden führenden englischen Textkritiker B. F. Westcott und J. A. Hort schätzen die Zahl der Textvarianten auf 250 000, d. h., auf zwei Worte des Urtextes kommen drei Textvarianten. Aber dieses Faktum kann nur einen Laien erschrecken. Nach den Ergebnissen der Textkritik stehen sieben Achtel des neutestamentlichen Textes unzweifelhaft fest. Ein Achtel ist also zweifelhaft, d. h., bei einem Achtel können wir mit wissenschaftlichen Mitteln die ursprüngliche Lesart nicht mehr angeben. Von diesem einen Achtel sind aber viele Varianten bedeutungslos, da es sich bloß um orthographische Verschiedenheiten oder Wortumstellungen handelt, die den Sinn überhaupt nicht berühren. Zieht man diese ab, so bleibt nur ein Sechzigstel des Textes, das man als zweifelhaft bezeichnen kann. Von diesem einen Sechzigstel ist aber das meiste inhaltlich unwesentlich, so daß als wesentliche Verschiedenheiten kaum mehr als ein Tausendstel des ganzen Textes in Frage steht. Von diesem einen Tausendstel sind wiederum nur wenige Stellen dogmatisch bedeutsam. Und auch diese sind insofern nicht entscheidend, als die biblische Bezeugung der betreffenden dogmatischen Lehren nicht gerade an der einen, textlich unsicheren Stelle haftet.

So lautet das abschließende Urteil der Textkritik: »Im allgemeinen kann man die wissenschaftlich begründete Überzeugung aussprechen, daß sich die wesentliche Textgestaltung unverfälscht erhalten hat.«[65]

Auf dem Wege nach Nazaret

Anfang April des Jahres 4 v. Chr. starb in Jericho Herodes der Große im Alter von etwa 69 Jahren. Über die letzten Tage des Königs, in denen sich in blutiger Dramatik noch einmal seine Tyrannei ausdrückte, berichtet wiederum ausführlich der Historiker Josephus Flavius in seinen »Jüdischen Altertümern«.

An der Außenseite des Susa-Tores, an der Ostmauer des Tempelplatzes gelegen, hatte Herodes als Weihegeschenk einen großen vergoldeten Adler anbringen lassen (vgl. Abb. 234, S. 413). Den gesetzestreuen Juden war dieses Bild eine tägliche Provokation. Als sich die Nachricht verbreitete, daß der König im Sterben läge, hetzten zwei Rabbinen das Volk auf, den schändlichen Vogel vom Tempeltor herunterzureißen. Unter dem großen Beifall einer schaulustigen Menge wurde das Werk vollbracht. Aber Herodes, der alte Tiger, war noch nicht tot. Die Rache für die Schändung seines Weihegeschenkes war furchtbar. Die beiden Schriftgelehrten und einige Helfershelfer wurden lebendig verbrannt.

»In derselben Nacht verfinsterte sich der Mond«, berichtet Josephus im Anschluß an die Hinrichtung und legt damit das Datum dieses Ereignisses fest, das für die Bestimmung des Todesjahres des Königs wichtig ist (Jüd. Altert. XVII, 6, 4). Die Jahre 3 und 2 v. Chr. scheiden aus, da es in ihnen keine Mondfinsternisse gab, die in Jerusalem sichtbar waren. Die Finsternis vom 9. Januar des Jahres 1 v. Chr. kommt, als zu später Termin, nicht in Frage. So bleiben die Daten der Mondfinsternis vom 15. September des Jahres 5 v. Chr. und vom 12. März des Jahres 4 v. Chr. übrig. Die größere Wahrscheinlichkeit hat der letztere Termin, also die Nacht vom 12. zum 13. März des Jahres 4 v. Chr.

Fünf Tage vor seinem Tode unternahm der schwerkranke König, der die Schmerzen nicht mehr ertragen konnte, einen Selbstmordversuch. Er ließ sich einen Apfel und ein Messer reichen. Nur die Aufmerksamkeit der Diener verhinderte es, daß sich Herodes das Messer

ins Herz stieß. Der ganze Palast geriet in Erregung. Sofort verbreitete sich das Gerücht »Der Alte ist tot!«. Sein ältester Sohn Antipater, den der Vater in Jericho in Fesseln hielt, versuchte daraufhin, den Kerkermeister zu bestechen. Er versprach ihm eine goldene Zukunft, wenn er ihn freiließe. Der Beamte aber meldete diesen Vorfall sofort nach »oben«. Josephus schreibt: »Der Todkranke stützte sich auf seinen Ellenbogen und befahl, Antipater sofort hinzurichten.« Der Historiker berichtet weiter von einem Gespräch des Königs mit seiner Schwester Salome. Der Schwerkranke klagte: »Meine Schmerzen sagen mir, daß ich bald sterben werde. Mir tut es nur leid, daß ich unbetrauert und unbeklagt bleiben werde. Das ist eines Königs unwürdig!« Seine Schwester suchte ihn zu beruhigen, aber Herodes entgegnete: »Schweig, ich kenne die Juden. Sie werden sich über nichts mehr freuen als über meinen Tod. Ich befehle darum: Laß die Vornehmen des jüdischen Volkes in der Rennbahn zu Jericho zusammenkommen. Wenn diese versammelt sind« — Josephus nennt die Zahl von 15 000 Juden —, »dann laß die Rennbahn schließen und von meinen Bogenschützen bewachen. Wenn ich meinen Geist aufgebe, läßt du sie mit Pfeilen erschießen. Es soll in meinem Reich keine Familie geben, die nicht einen Toten zu beklagen hat. Dann werden auch bei meinem Tode Trauer- und Klagelieder im ganzen Land gehört werden« (nach Jüd. Altert. XVII, 6, 5). Die Ausführung des Befehls wurde aber nach dem Tode des Königs durch Salome verhindert (vgl. Abb. 218, S. 388).

Wir werden nun die Kindheitsgeschichte Jesu, den Bericht über den betlehemitischen Kindermord und die Flucht nach Ägypten mit ganz anderen Augen lesen.

Nach Josephus starb Herodes kurz vor dem Osterfest, das in dem in Frage kommenden Jahre 4 v. Chr. auf den 11. April fiel. 33 Jahre hatte der König die Juden regiert. Nach jüdischem Gesetz wurde eine siebentägige Trauer angeordnet. Am Begräbnistage verließ der Leichenzug frühmorgens die Residenz von Jericho. Das Grab, das der König für sich bestimmt hatte, lag auf der Bergfestung Herodium. Über die Einzelheiten der Beisetzung berichtet Josephus: »Das Paradebett war ganz von Gold und mit Edelsteinen besetzt, die Decke von buntgesticktem Purpur, und der Leichnam, der auf ihr lag, gleichfalls mit einem Purpurgewand umhüllt.

Abb. 53. *Die Textüberlieferung der antiken Literatur (S. 100/101).*

Die Übersicht zeigt uns, in welch einmaliger Sonderstellung wir die Bezeugung der geschichtlichen Heilstatsachen des Christentums vorfinden. Mit den Evangelisten sind 26 bekannte antike Dichter, Historiker und Philosophen aufgeführt. Die Papyrusfragmente der antiken Klassiker, die uns aus der Zeit vor Christus erhalten sind, werden in der graphischen Darstellung nicht verzeichnet, sondern es wird auf sie nur in der Texterklärung hingewiesen.

DIE TEXTÜBERLIEFERUNG DER ANTIKEN LITERATUR

◁ Fragment   Ganze Handschrift

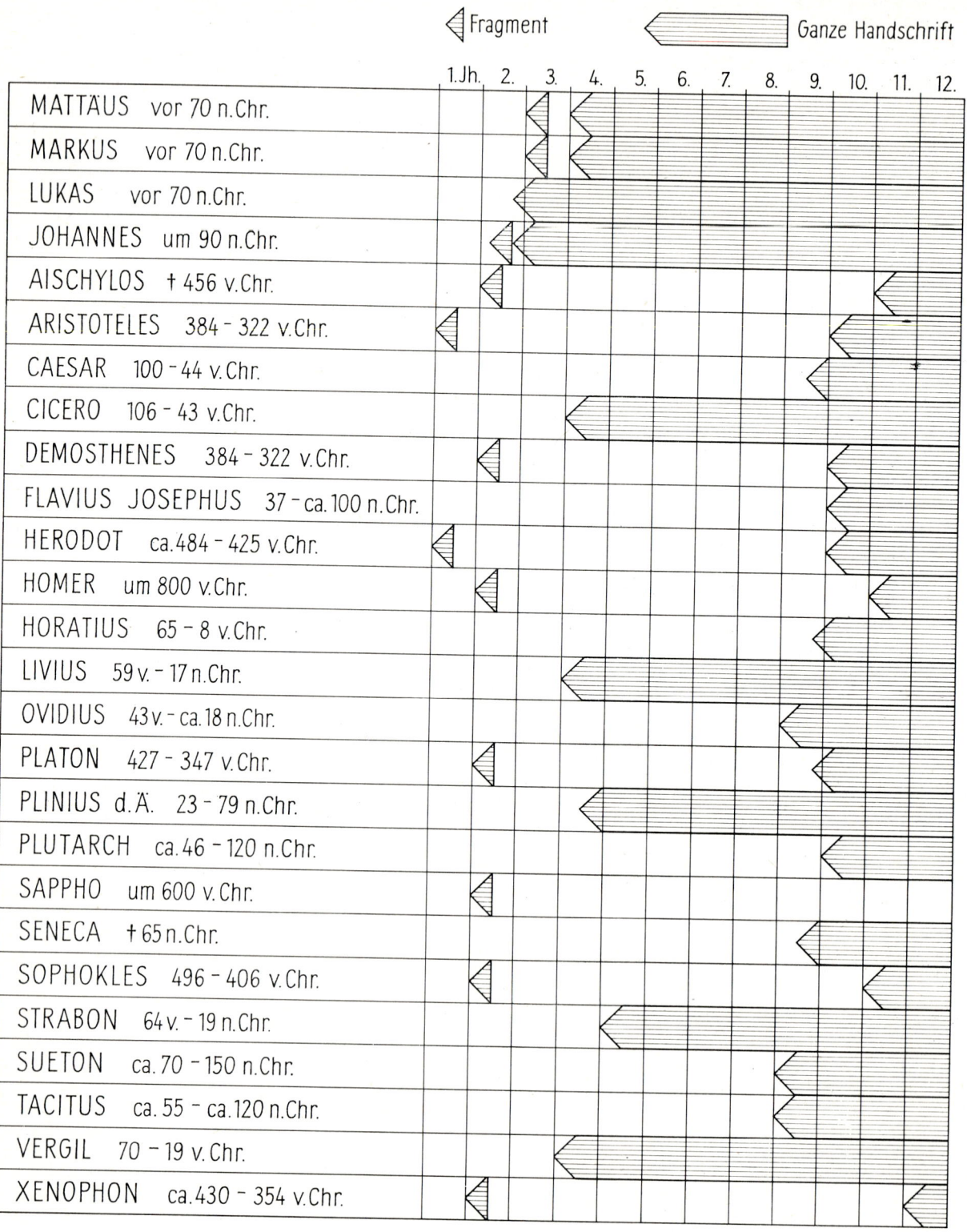

	1.Jh.	2.	3.	4.	5.	6.	7.	8.	9.	10.	11.	12.
MATTÄUS vor 70 n.Chr.												
MARKUS vor 70 n.Chr.												
LUKAS vor 70 n.Chr.												
JOHANNES um 90 n.Chr.												
AISCHYLOS † 456 v.Chr.												
ARISTOTELES 384 – 322 v.Chr.												
CAESAR 100 – 44 v.Chr.												
CICERO 106 – 43 v.Chr.												
DEMOSTHENES 384 – 322 v.Chr.												
FLAVIUS JOSEPHUS 37 – ca.100 n.Chr.												
HERODOT ca.484 – 425 v.Chr.												
HOMER um 800 v.Chr.												
HORATIUS 65 – 8 v.Chr.												
LIVIUS 59 v. – 17 n.Chr.												
OVIDIUS 43 v. – ca.18 n.Chr.												
PLATON 427 – 347 v.Chr.												
PLINIUS d.Ä. 23 – 79 n.Chr.												
PLUTARCH ca.46 – 120 n.Chr.												
SAPPHO um 600 v.Chr.												
SENECA † 65 n.Chr.												
SOPHOKLES 496 – 406 v.Chr.												
STRABON 64 v. – 19 n.Chr.												
SUETON ca.70 – 150 n.Chr.												
TACITUS ca.55 – ca.120 n.Chr.												
VERGIL 70 – 19 v.Chr.												
XENOPHON ca.430 – 354 v.Chr.												

Das Neue Testament: Von den rund 5235 Handschriften mit neutestamentlichen Texten, die uns heute zur Verfügung stehen, stammen 81 Papyri aus dem 2.–7. Jahrhundert, 266 Majuskelhandschriften aus dem 4.–10. Jahrhundert, 2754 Minuskelhandschriften aus dem 9.–15. Jahrhundert. Dazu kommen noch 2135 Lektionare. Die ältesten und bedeutsamsten Textzeugen sind:

p^{52} — Papyrus Rylands	um 125		Cod. Vaticanus	Anfang 4. Jahrhundert
p^{66} — P. Bodmer II	um 200		Cod. Sinaiticus	Mitte 4. Jahrhundert
p^{45} — P. Chester Beatty I	um 220		Cod. Alexandrinus	5. Jahrhundert
p^{46} — P. Chester Beatty II	um 220		Cod. Ephraemi	5. Jahrhundert
p^{75} — P. Bodmer XIV–XV	175–225		Cod. Bezae	5./6. Jahrhundert

Aischylos: Von den 79 noch bekannten Titeln der Werke dieses bedeutenden griechischen Tragikers sind 7 Tragödien (Die Perser, Der gefesselte Prometheus, Sieben gegen Theben, Die Schutzflehenden, Agamemnon, Choephoren und Eumeniden) im Codex Laurentianus pluteus 32, 9 *(Anfang 11. Jahrhundert)* der „Bibliotheca Laurentiana" zu Florenz erhalten.[66] Papyrusfragmente ab 2. *Jh. n. Chr.* P. Pack Nr. 14–15, P. Oxy. 2333–4.

Aristoteles: Die Überlieferung der einzelnen Schriften des großen griechischen Philosophen und Erziehers Alexanders d. Gr. ist verschieden. Erhalten sind 6 Papyri, von denen der bekannteste, P. Lit. Lond. 108 *(1. Jahrhundert v. Chr.),* einen großen Teil der verlorenen Schrift über den „Staat der Athener — Politeia" enthält. Wichtigste Handschriften zu den philosophischen Werken: „Organon" in Marc. 201 *(10. Jahrhundert);* „Nikomachische Ethik" in Cod. Laur. 83, 11 *(10. Jahrhundert);* Hauptquelle für „Metaphysik" und „Physik" in Paris. 1853 *(12. Jh.),* Cod. Laur. 87, 12 *(12. Jh.).*

Caesar: Von seinem literarischen Werk besitzen wir nur die 7 Bücher über den Gallischen Krieg und 3 über den Bürgerkrieg in einer doppelten Überlieferung. Die besten Handschriften sind: Amstelodamensis 81 *(9./10. Jahrhundert),* Paris. 5763 *(10. Jahrhundert),* Vindobonensis 95 *(12. Jahrhundert).*

Cicero: Von dem größten römischen Redner wurde das Hauptwerk „De re publica" im Jahre 1819 auf einem Palimpsest aus dem Kloster Bobbio wiederentdeckt. Die Handschrift stammt aus dem *4. Jahrhundert* (= Vatic. 5757); Parisinus 6371 *(11. Jahrhundert).*

Demosthenes: Die Reden des größten athenischen Redners und Staatsmannes sind nur fragmentarisch erhalten. Etwa 75 Papyri: P. Oxy. 1182 *(2. Jahrhundert);* älteste Handschriften: Cod. S — Paris. gr. 2934 *(10. Jahrhundert),* Cod. F. — Marc. gr. 416 *(10. Jahrhundert).*

Flavius Josephus: Beide Hauptwerke des jüdischen Historikers sind uns nur in mittelalterlichen Handschriften überliefert. „Jüdischer Krieg" in Codex Paris. gr. 1425 *(11. Jahrhundert).* Die Bücher I–X der „Altertümer-Antiquitates" in Cod. Laur. plut. 69, 20 *(14. Jahrhundert);* die Bücher XI–XX in Cod. Vat. Palatinus 14 *(10. Jahrhundert).*

Herodot: Von dem „Vater der Geschichtsschreibung", dessen Gesamtwerk, die „Histories Apodeixis — Geschichte der Erkundung", erhalten geblieben ist, besitzen wir fragmentarische Teile auf etwa 20 Papyri ab *1. Jahrhundert n. Chr.* Älteste Handschrift des gesamten Werkes in Cod. Laur. plut. 70, 3 *(10. Jahrhundert),* Vat. gr. 123 *(14. Jahrhundert).*

Homer: Die homerischen Epen, die Ilias und Odyssee, besitzen wir heute nur in der kritisch überarbeiteten Ausgabe einiger alexandrinischer Philologen des 3. Jahrhunderts v. Chr. Viele Papyrusfragmente: P. Lit. Lond. 7 *(1. Hälfte des 2. Jahrhunderts),* P. Berol. 7499 *(3. Jahrhundert);* älteste Handschrift: Cod. Venetus A in der Markusbibliothek Nr. 454 *(11./12. Jahrhundert).*

Horaz: Die Werke des bedeutendsten römischen Lyrikers — Satiren, Oden und Lieder — sind uns aus zwei antiken Ausgaben überliefert, die uns in mittelalterlichen Handschriften erhalten sind: Cod. Bernensis 363 *(Ende 9. Jahrhundert),* Parisinus 7972 *(9. Jahrhundert).*

Livius: Von den 142 Büchern seiner römischen Geschichte sind die Bücher 1–10 und 21–45 erhalten. Die Bücher der I. Dekade sind uns auf dem Veroneser Palimpsest aus dem 4. Jahrhundert überliefert, die übrigen im Cod. Laur. plut. 62, 19 *(11. Jahrhundert),* Cod. Bambergensis *(11. Jahrhundert).*

Ovid: Die Überlieferung der einzelnen Werke Ovids, des größten Dichters der augustäischen Zeit, ist verschieden. Die „Metamorphosen" in Fragmentum Harleianum *(9. Jahrhundert);* die „Epistolae ex Ponto" in Hamb. scrin. 52 F *(9. Jahrhundert);* Liebesdichtung in Cod. Paris. lat. 7311 — Regius *(10. Jahrhundert);* die „Fasten" in Vat. Reg. lat. 1709 — Petavianus *(10. Jahrhundert).*

Platon: Von dem griechischen Philosophen besitzen wir etwa 150 Handschriften, davon 10 aus der Zeit vor dem *13. Jahrhundert.* Außer etwa 35 Papyrusfragmenten (P. Berol. 9782 — *1. Hälfte des 2. Jahrhunderts)* beginnt die handschriftliche Überlieferung mit dem Codex A — Paris gr. 1807 *(Ende des 9. Jahrhunderts),* Codex O — Vat. gr. 1 *(9./10. Jahrhundert).*

Plinius d. Ältere: Nur die „Historia naturalis — Naturgeschichte", ein Sammelwerk in 37 Büchern, ist uns von der umfangreichen schriftstellerischen Tätigkeit des kaiserlichen Prokurators erhalten. 5 Fragmente aus vier verschiedenen ehemals vollständigen Handschriften: Autun-Palimpsest *(4./5. Jahrhundert),* Sessorianus *(5. Jahrhundert),* Wiener Palimpsest *(5./6. Jahrhundert),* Paris. lat. 9378 *(5./6. Jahrhundert),* Vind. lat. 233 *(6. Jahrhundert),* Cod. Voss. lat. F 4 *(9. Jahrhundert),* Cod. Bambergensis *(10. Jahrhundert).*

Plutarch: Der größte Teil seiner philosophischen, rhetorischen und historischen Schriften ist überliefert in Vat. gr. 138 *(10. Jahrhundert),* Cod. Seitenstettensis *(11./12. Jahrhundert).*

Sappho: Die antike Ausgabe der größten griechischen Lyrikerin umfaßte 9 Bücher, von denen nur Fragmente erhalten sind, dazu 4 Strophen einer Ode auf einem Ostrakon. Nur ein einziges Gedicht besitzen wir vollständig, weil der Rhetor Dionysios von Halikarnass es als Stilmuster zitiert hat: P. Oxy. 2076 *(2. Jahrhundert n. Chr.).*

Seneca: Vom Erzieher Neros besitzen wir philosophische Schriften, naturwissenschaftliche Untersuchungen und Tragödien in: Paris. lat. 8071 *(9./10. Jahrhundert),* Ambr. C. 90 *(10./11. Jahrhundert),* Laur. plut. 37, 13 *(11./12. Jahrhundert).*

Sophokles: Von den 123 Werken des griechischen Tragödiendichters sind nur 7 vollständig erhalten: Aias, Elektra, König Oidipus, Antigone, Trachinierinnen, Philoktetes, Oidipus auf Kolonos. Älteste Fragmente: Tyro-Papyrus *(3. Jahrhundert v. Chr.),* 10 Papyri aus dem 2.–5. Jahrhundert; wichtigste Handschrift in Cod. Laur. plut. 32, 9 *(Anfang 11. Jahrhundert).*

Strabon: Sein Geschichtswerk ist uns verlorengegangen. Erhalten ist seine Geographie in etwa 30 Handschriften. Früheste Textform auf einem Doppelpalimpsest: Vat. gr. 2061 A und 2306 aus dem *5. Jahrhundert.*

Sueton: Sein Geschichtswerk „Das Leben der Cäsaren", eine Biographie der 12 Herrscher von Caesar bis Domitian, ist erhalten in Cod. Paris. lat. 6115 *(9. Jahrhundert),* Cod. Paris. lat. 1904 *(um 1100).*

Tacitus: Die beiden Hauptwerke des größten römischen Historikers sind uns nur unvollständig erhalten. Von den Historien besitzen wir nur die ersten $4^1/_2$ Bücher. Von den Annalen sind die Bücher 1–6 in Laur. plut. 68, 1 *(9. Jahrhundert),* die Bücher 11–16 in Laur. plut. 68, 2 *(11. Jahrhundert),* Agricola und Germania im Cod. Hersfeldensis *(9. Jahrhundert)* erhalten.

Vergil: Die Zahl der Abschriften seiner Werke — Bucolica (Eclogae), Georgica, Aeneis — muß einem heutigen Bestseller gleichgekommen sein. So sind uns noch 8 antike Majuskelkodizes auf dem *4. und 5. Jahrhundert* bruchstückhaft oder fast vollständig erhalten. Im Cod. Laur. plut. 39, 1 *(5. Jahrhundert)* sind außer Ecloge 1–6, 47 alle Werke enthalten.

Xenophon: Seine im Altertum sehr geschätzten Werke — Memorabilia, Hellenika, Anabasis, Oikonomikos, Apologie — sind uns alle erhalten, wenn auch die Handschriften aus späterer Zeit stammen. Ältester Papyrus: P. Heidelb. 206 *(3. Jahrhundert v. Chr.),* P. Rainer *(2. und 3. Jahrhundert n. Chr.);* Anabasis in Vat. gr. 1335 *(12. Jahrhundert),* Memorabilia in Paris. gr. 1302 *(13. Jahrhundert).*

PALÄSTINA

NACH DEM TODE HERODES D. GR. (4 v. CHR.)

0 10 20 30 40 50 60 70 km

ARCHELAUS
HERODES ANTIPAS
HERODES PHILIPPUS
SALOME

Abb. 54. Die Reichsteilung nach dem Tode Herodes' des Großen.

Auf seinem Haupt ruhte das Königsdiadem und darüber eine goldene Krone, und die Rechte hielt das Szepter. Das Paradebett umgaben die Söhne und die übrigen zahlreichen Verwandten des Königs; alsdann folgten die Soldaten der Leibwache, die thrakische Abteilung, die Germanen, die Gallier, alle in voller Kriegsausrüstung. Voran schritt der übrige Teil des Heeres unter Führung seiner Obersten und Hauptleute, ebenfalls in vollem Waffenschmuck, und daran schlossen sich 500 Diener und Freigelassene, welche köstliche Spezereien trugen. So zog man mit dem Leichnam zweihundert Stadien [5 Stadien = etwa 1 km] weit nach Herodium, wo er dem Befehle des Verstorbenen gemäß beigesetzt wurde.« (Vgl. Abb. 57, S. 105.) Josephus beschließt seinen Bericht mit dem kurzen Satz: »Das war das Ende des Herodes« (Jüd. Krieg I, 33, 9).

Der Evangelist begnügt sich mit der bloßen Feststellung: »Als Herodes gestorben war, siehe, da erschien dem Josef in Ägypten im Traum ein Engel und sagte: Stehe auf, nimm das Kind und seine Mutter und kehre zurück in das Land Israel; denn die dem Kinde nach

dem Leben trachteten, sind tot. Da stand er auf, nahm das Kind und seine Mutter und zog in das Land Israel« (Mt 2, 19–21).

Der Weg führte auf der uralten Heerstraße der Großkönige längs des Mittelmeeres durch den Gaza-Streifen an die Grenze von Judäa. Der Evangelist fährt fort: »Als Josef aber hörte, daß Archelaus anstelle seines Vaters Herodes in Judäa König sei, fürchtete er sich, dorthin zu gehen« (Mt 2, 22). Wie realistisch sich in dieser kurzen Randbemerkung des Evangelisten die Weltgeschichte widerspiegelt, zeigen wiederum die geschichtlichen Tatsachen. Der Stammbaum der Herodesfamilie soll uns die Übersicht der verwickelten Verhältnisse erleichtern (vgl. S. 77).

Von den neun Söhnen, die Herodes gehabt hatte, haben in Palästina nur drei den Tod des Vaters überstanden. Der älteste von ihnen war Archelaus, der mit seinem Bruder Antipas von der Samariterin Malthake stammten. Philippus war der Sohn der schönen Kleopatra von Jerusalem. Als die erwarteten Erbstreitigkeiten in der königlichen Familie ausbrachen, reisten die Herodessöhne zum Kaiser nach Rom. Jesus spielte später in einem seiner Gleichnisse auf diese hochpolitische Affäre an, als er sagte: »Ein hochgeborener Mann reiste in ein fernes Land, um ein Königreich zu erwerben« (Lk 19, 12). Die damaligen Zuhörer Jesu werden sich bei diesen Worten verständnisvoll angeschaut haben; denn sie wußten, wen Jesus meinte. Herodes hatte nämlich in seinem letzten Testament den Archelaus zum Erben eingesetzt. Dieses Testament war aber erst mit der Unterschrift des Kaisers rechtskräftig. Darum reiste Archelaus in das ferne Rom. Mit ihm fuhr auf dem gleichen Schiff die alte Heuchlerin Salome, des Archelaus Tante. Vor der Abreise unterstützte sie die Pläne ihres Neffen; in Rom angekommen, verfolgte sie ihre eigenen, selbstsüchtigen Pläne.

Kaum war des Archelaus Schnellsegler am Horizont verschwunden, als auch Antipas mit einigen Verwandten ein Schiff bestieg. Sie waren entschlossen, den Letzten Willen des Verstorbenen anzufechten. Aber auch die Juden blieben nicht untätig. Eine 50 Mann starke Delegation erschien beim Kaiser in Rom und verlangte die Absetzung des Herodessohnes Archelaus. Jesus sagt in seinem Gleichnis: »Seine Untertanen aber haßten ihn, schickten eine Gesandtschaft hinter ihm her, die sagen sollte: Wir wollen nicht, daß dieser über uns König ist« (Lk 19, 14). Augustus entschloß sich zu einem Kompromiß. Keiner der Herodessöhne durfte den Königstitel des Vaters tragen. Das Reich Herodes' des Großen wurde aufgeteilt. Archelaus erhielt Judäa, Samarien und Jerusalem, dazu den Titel Ethnarch, d. h. Volksfürst. Antipas, den die Evangelisten nur mit seinem Familiennamen Herodes nennen, wurde Tetrarch, d. h. Viertelfürst, Vierfürst von Galiläa und Peräa. Sein Gebiet war durch die Dekapolis, welche sich zwischen Galiläa und Peräa wie ein Keil hineindrängte, in zwei Teile gespalten. Der Besitz des dichtbevölkerten und fruchtbaren Galiläa wog aber diesen territorialen Schönheitsfehler wieder auf (vgl. Abb. 54, S. 102).

Philippus mußte sich mit dem Rest im Norden begnügen. Der Umfang seines Gebietes wird von Josephus an den einzelnen Stellen verschieden angegeben. Sicher umfaßte es die Landschaften Gaulanitis, Batanäa, Trachonitis und Auranitis. Die genannten Landschaften waren keine alten Stammlande des jüdischen Volkes und hatten eine gemischte Bevölkerung.

Augustus hatte demnach das Erbe des Vaters recht ungleich verteilt. Man kann sich das an der Tatsache veranschaulichen, daß Archelaus aus seinen Ländern als Jahreseinkommen 600 Talente bezog, Antipas 200 Talente und Philippus nur 100. Der Gaza-Streifen und die hellenistischen Städte Gadara und Hippos, die früher zum Reich Herodes' des Großen gehörten, wurden direkt dem Legaten von Syrien unterstellt.

Herodes' Schwester Salome wurde mit den Städten Jamnia und Aschdod in der Küstenebene bedacht, dazu kam noch die in der Jordanebene gelegene, nach ihrem ältesten Bruder genannte Stadt Phasaelis (vgl. Abb. 54).

Etwa achtzehn Jahre war Archelaus alt, als er in Jerusalem das geteilte Erbe seines Vaters antrat. Vor seiner Rückkehr aus Rom war es in Jerusalem zu neuen Unruhen gekommen. Der Aufstand breitete sich rasch über das ganze Land aus. Nur mit blutiger Gewalt konnte er von dem syrischen Legaten Varus niedergeschlagen werden. Zur Erhaltung der Ruhe blieb in Jerusalem eine römische Legion zurück. Für den jungen Ethnarchen war das alles kein verheißungsvoller Beginn. Die Kreuze, an denen Varus 2000 Juden zu Tode folterte, ließen sich nicht über Nacht aus dem Gedächtnis der Jerusalemer wegwischen.

Archelaus scheint aber auch nichts getan zu haben, um die Unzufriedenheit seiner Untertanen zu beheben. Im Gegenteil, er führte das Blutregiment seines Vaters weiter. Die Hohenpriester setzte er nach Belieben ein und ab. Großen Anstoß erregte seine ungesetzliche Ehe mit Glaphyra, der Frau seines hingerichteten Halbbruders Alexander. Archelaus verstieß seine erste Gemahlin und heiratete Glaphyra, die bereits von ihrem zweiten Gemahl geschieden war.

Im Jahre 6 n. Chr. beschwerte sich eine jüdische Delegation beim Kaiser; selbst die Samariter, die alten Todfeinde der Juden, schlossen sich der Forderung der jüdischen Delegation an. Augustus beorderte den Ethnarchen nach Rom und setzte ihn ab. Es scheint, daß damals die Anklage gegen ihn nicht nur wegen seines tyrannischen Regiments, sondern vor allem wegen mangelnder Erfüllung seiner Vasallenpflichten erhoben worden ist. Vergeblich werden wir auf seinen Münzen den Namen des Kaisers suchen. Die von ihm gegründete Stadt nannte er nach seinem eigenen Namen, nicht nach Mitgliedern des Kaiserhauses, wie es seine Brüder taten. Die alte Intrigantin Salome, Herodes' des Großen Schwester

Abb. 55. Münze des Ethnarchen Archelaus (4 v. Chr. bis 6 n. Chr.).

Als Ethnarch hat Archelaus ebenso wie sein Bruder den offiziellen Namen Herodes angenommen. Josephus und Mattäus dagegen gebrauchen stets nur den alten Individualnamen.

V: Die drei Anfangsbuchstaben seines Namens HPω (Hero) umrahmen den Vorderteil eines Schiffes.

R: In einem Kranz von Olivenblättern der abgekürzte Titel EΘN (Ethn–arch).

Da die Juden keine Seefahrer waren, wirkt das Schiffssymbol zunächst ungewöhnlich. Aber auch darin zeigen sich des Archelaus politischer Ehrgeiz und Machtstreben. Die Schiffe, die auch das Grabmal der Makkabäer in Modeïn schmücken, gelten als Symbol jüdischer Handelsmacht. Wenn auch selbst keine Seefahrer, hielten die Juden zur Durchführung ihres Außenhandels ständig eine Flotte fremder Handelsschiffe unter Kontrakt.

und des Archelaus Tante, hatte natürlich bei dieser Affäre die Karten wieder mitgemischt. Anders läßt sich die ironische Geste des Kaisers nicht deuten: Er schenkte der giftigen Salome die von Archelaus gegründete Stadt Archelais.

Archelaus ist damals nicht nur seiner Herrscherstellung entsetzt worden, sondern hat auch seinen gesamten Privatbesitz verloren. Er wurde verbannt, und als Aufenthaltsort wies ihm der Kaiser die Stadt Vienne in Gallien an. Dort ist er, wahrscheinlich noch vor dem Jahre 18 n. Chr., auch gestorben.

Doch kehren wir in das Jahr 4 v. Chr. zurück. Nach dem Tode seines Vaters hatte Archelaus zunächst den Versuch gemacht, das jüdische Volk für sich zu gewinnen. Auf einer großen Volksversammlung im Tempel versprach er eine Amnestie, Steuererleichterung und die Abstellung des diktatorischen Regiments seines Vaters. Durch die Nachgiebigkeit ermutigt, stellten die Juden immer größere Forderungen. Sie verlangten die Absetzung des noch von Herodes eingesetzten Hohenpriesters Joasar und die Bestrafung der Räte des verstorbenen Königs. Durch das Zusammenströmen der Festpilger zum Paschafest spitzte sich die Lage gefährlich zu. Bei einem Volksauflauf ließ Archelaus seine Truppen aufmarschieren, und 3000 Juden wurden von den Reitern niedergehauen. Alle Feierlichkeiten zum Fest wurden verboten und die Pilger nach Hause geschickt. Archelaus selber begab sich nach Cäsarea, um die Reise nach Rom zum Kaiser anzutreten.

Das ist der zeitgeschichtliche Hintergrund für den kurzen Satz des Evangelisten: »Als Josef aber hörte, daß Archelaus anstelle seines Vaters Herodes in Judäa König sei, fürchtete er sich, dorthin zu gehen« (Mt 2, 22). Der Evangelist bezeichnet Archelaus als »König in Judäa«, genauso wie es auch Josephus für diese Zeit tut. Mit anderen Worten: der Vers 2, 22 versetzt uns in die Zeit vor der Entscheidung des Kaisers über das Testament Herodes' des Großen, der seinen Sohn Archelaus zu seinem Nachfolger mit dem Königstitel in Judäa vorgeschlagen hatte. Der Evangelist fährt fort: »Auf eine Weisung im Traum hin begab er sich in das Gebiet von Galiläa. Er kam in eine Stadt namens Nazaret und nahm dort Wohnung, damit das Wort der Propheten erfüllt werde: Er wird Nazoräer heißen« (Mt 2, 22. 23).

Nazaret

So kam es also, daß Jesus in Nazaret aufwuchs, einem kleinen Gebirgsort, an der Südgrenze von Galiläa gelegen. Der Name der Stadt wird uns im Neuen Testament in verschiedenen Schreibweisen als Nazaret und Nazara überliefert; es sind die griechischen Umschreibungen des aramäischen Namens Nasrat, der sich noch im arabischen Stadtnamen »en-Nasira« — »die Wächterin« — erhalten hat.

Sowohl bei Mattäus (2, 23; 26, 71) als auch bei Johannes (18, 5. 7; 19, 19) und in der Apostelgeschichte (2, 22; 3, 6 u. ö.) wird Jesus der »Nazoräer« genannt. Bei Markus dagegen heißt Jesus durchweg der Nazarener. Beide Namen sind aber gleichbedeutend, wie es der Sprachgebrauch bei Lukas zeigt. Jesus soll mit diesem Namen als Mann aus Nazaret gekennzeichnet werden. Damit wird die rein sprachlich an sich mögliche Interpretation, Jesus zu einem »Nasiräer«, einem Beobachter bestimmter ritueller Vorschriften, zu stempeln, hinfällig.

Die heute etwa 36 700 Einwohner zählende Stadt bedeutete in der Zeit Jesu nicht viel und hat nie eine besondere politische Rolle gespielt. Die Evangelien führen zwar Nazaret als »Stadt« in die Geschichte ein (Mt 2, 23; Lk 1, 26. 39; 4, 29), wir dürfen uns aber durch diesen Sprachgebrauch zu keinen übertriebenen Vorstellungen verleiten lassen. Die Septuaginta übersetzte das hebräische »'ir«, das ein selbständiges Gemeindewesen bezeichnete — ganz gleichgültig, ob groß oder klein —, im Griechischen mit »polis« (Stadt). Die Evangelien übernahmen diesen Brauch, so daß die »Stadt« Nazaret zugleich ein ganz kleines Nest sein konnte.

Durch seine geographische Lage aber war Nazaret wie geschaffen, das verborgene Leben des Gottessohnes zu behüten. Der Ort lag abseits der großen Verkehrsstraße, der Via Maris, die etwa 10 km östlich von Nazaret an

der westlichen Flanke des Tabor entlangzog. Die kleine Ortschaft selbst lag in einer Talsenke, ringsum von Hügeln umgeben (vgl. Abb. 60, S. 111). Nach Norden schließt der Dschebel en-Nebi Sa'in, 490 m hoch, den Ort ab. Die Erhebungen im Osten und Westen sind weniger scharf umrissen. Das Tal verläuft von Südwest nach Nordost, im Durchschnitt 350 m über dem Meer und 100 m über der nahen Jesreel-Ebene gelegen, mit der es durch ein Wadi verbunden ist. In 20 Minuten durchschreitet man es in seiner Länge und in 10 Minuten in seiner Breite. Das war die kleine Welt, in der Jesus aufwuchs. In der Umgebung genoß der Ort keine besondere Anerkennung. Natanael, aus dem benachbarten Kana, räsonierte: »Was kann aus Nazaret schon Gutes kommen?« In der Tat, nur dem Zimmermann Jesus hat Nazaret es zu verdanken, daß sein Name weltberühmt wurde.

Weder das Alte Testament noch irgendein antiker Historiker erwähnen diesen Ort. Aus dem Schweigen der literarischen Quellen schlossen im vergangenen Jahrhundert einige Kritiker, daß Nazaret zur Zeit, da Jesus lebte, überhaupt nicht existiert habe. Aber auch hier stellte sich die geschichtliche Wahrheit auf die Seite des Evangelisten. Das unbekannte Nazaret hat bereits in der Steinzeit existiert.

Im Jahre 1927 begannen die Franziskaner in der Nähe der Verkündigungskirche den Neubau ihres Klosters. Nach der Überlieferung war die Kirche über dem Hause Mariens gebaut, in welchem der Engel Gabriel die Jungfrau Maria begrüßt hatte. Bei den Bauarbeiten stieß man

Abb. 56.   Die Zinne des Tempels.

Noch nach fast 2000 Jahren bietet die aus typisch herodianischen Bossenquadern erbaute Südostecke der Tempelmauer ein imposantes Bild. Die bis zur Sohle des Kidrontales rund 80 m betragende Höhendifferenz ließ die hoch aufragende Ecke in der Volkstradition zur »Zinne« des Tempels werden. Die starken Erosionsspuren verraten, daß die weichen »meleke« — Kalksteinblöcke — gegen Wind, Wetter und Regen weniger widerstandsfähig waren als die Quadern aus dem rötlich gefleckten harten »mizzi-jehudi« (vgl. Abb. 87, 1, S. 151). Schon Ch. Warren vermutete, daß ein Teil der Ostmauer aus einer früheren Zeit stamme. Bei den jüngsten Ausgrabungen entfernte man die an der Ostseite gelegene Erdanhäufung. Etwa 30 m von der Ecke entfernt zeigt sich ein gerader, neuer Maueransatz aus schweren, roher gemeißelten Bossenquadern. Experten datieren diese Mauer in die persische Zeit; sie war also eine Stützmauer des nachexilischen Tempels, dessen Neubau Serubbabel (um 520 v. Chr.) begonnen hatte (vgl. S. 164). Da es an der Westseite der Tempelmauer entsprechende Blöcke mit der gleichen Steinmetztechnik nicht gibt, liegt es nahe, anzunehmen, daß die vorherodianische Südwestecke des Tempelplatzes dort zu suchen wäre, wo die jetzige Türkenmauer nach Süden abzweigt, also in der Nähe des Doppelten Tores (vgl. Abb. 99, S. 173). Die im Vordergrund an die Südostecke anstoßenden Mauerreste gehören zur Stadtmauer des byzantinischen Jerusalem.

Abb. 57.   Herodium.

Zwölf Kilometer südsüdöstlich von Jerusalem erhob sich aus einem von Westen nach Osten abfallenden, welligen Tafelland ein Zwillingshügel, den Herodes als Platz für die Burg auserwählte, die seinen Namen trug und die seine letzte Ruhestätte werden sollte. Herodes ließ die Spitze des Osthügels abtragen, und die so gewonnene Erdmenge wurde zur Erhöhung des Westhügels (811 m) verwendet, der wie ein Kegelstumpf mit einer Höhe von etwa 100 m die Umgebung überragt (vgl. Abb. 26, S. 48). Bei den Arabern heißt er »Dschebel el-Fureidis« — »Berg des kleinen Paradieses« —; die Europäer nennen ihn seit dem 15. Jahrhundert den Frankenberg. Die jüngsten Ausgrabungen, die während der Jahre 1962–1967 von dem Franziskaner-Archäologen P. Virgilio Corbo[67] auf dem Gipfel des Berges durchgeführt wurden, haben den Bericht des Josephus über die Anlage, den Bau und das weitere Schicksal von Herodium, das Festung und Palast zugleich war, im wesentlichen bestätigt.

»Herodes umgab die Spitze mit runden Türmen und errichtete innerhalb der Mauern so kostbare Paläste, daß nicht nur das Innere der Gebäude einen glänzenden Anblick bot, sondern auch die Außenmauern, Zinnen und Dächer mit verschwenderischem Reichtum überschüttet waren. Von fernher leitete er mit großen Kosten reichlich Wasser heran und legte den Aufgang mit zweihundert Stufen aus schneeweißem Marmor an. Denn der Hügel war außerordentlich hoch und dabei ganz von Menschenhand aufgeworfen. Am Fuß errichtete er noch andere Palastbauten, die für den Bedarf der Hofhaltung und Unterbringung der Freunde Raum hatten, so daß die Festung in Anbetracht ihrer vollständigen Ausstattung den Eindruck einer Stadt machte, in Anbetracht ihrer Ausdehnung aber nur den einer Schloßanlage« (Jüd. Krieg I, 21, 10).

Das Bild, das von der Ringmauer aus (5), etwas südlich vom runden Ostturm (1), aufgenommen wurde, zeigt den nördlichen Teil der Palastanlage (vgl. Plan, 8. 33. 32. 27. 28. 29. 5. 2) während der letzten Grabungskampagne. Entsprechend der Form des Berges hatte die Burg einen kreisförmigen Grundriß. Der äußere Mauerring (5) mit einem Durchmesser von etwa 62 m krönte den oberen Rand des abgestumpften Gipfels. Eine steile Böschung, welche die Umfassungsmauer fortsetzte, bildete einen künstlichen Kegel und schützte die Burg, die nur an der Nordostseite über einen in den Berg hineingebauten Treppenaufgang (6) zu erreichen war. Durch einen 4,5 m hohen gewölbten Eingang, der in der äußeren Ringmauer zwischen dem Ost- und Nordturm lag, führte der Weg in einen 5×5 m großen Empfangssaal (6a) und schließlich durch ein Tor in der inneren Ringmauer in den von einem Peristyl (7) umschlossenen Garten. Die in den Brandresten gefundenen 19 Münzen aus dem 4. Jahr des Ersten Aufstandes (69/70) geben den »Terminus post quem« für die Zerstörung des Empfangssaales an.

Einen noch heute imponierenden Eindruck macht der mächtige, runde Ostturm (1), der in der Ringmauer steht. Ein Stück seiner Außenmauer ist am rechten unteren Bildrand gerade noch sichtbar. Diese Bastion, deren Mauern bis zu einer Höhe von 15,7 m erhalten sind, bot den Palastbewohnern eine letzte Zuflucht, selbst wenn die Burg in die Hände der Belagerer gefallen war. Eine Zisterne (Z) und zwei Getreidesilos (S) im Kellergeschoß des Turmes sicherten den Eingeschlossenen für eine geraume Zeit den notwendigsten Lebensunterhalt. Zwei der höher gelegenen Räume (A, B) waren noch erhalten. Die in der Zisterne aufgefundenen menschlichen Gebeine und einige Münzen aus dem Ersten (70 n. Chr.) und dem Zweiten (135 n. Chr.) Aufstand lassen jedoch über das Schicksal der Burg keinen Zweifel aufkommen. Vor dem Turm lagen im Schutt über dem Gartengelände große Mengen von zerschlagenen Krügen und Amphoren, in letzter Not und Verzweiflung von den Anhängern Bar Kochbas während des Zweiten Jüdischen Aufstandes auf die römischen Angreifer hinuntergeworfen wurden. Aber die Geschichte bleibt nicht stehen. In den oberen Schuttschichten fanden die Ausgräber Reste byzantinischer Keramik. Die Scherben stammen aus dem 5. und 6. Jahrhundert, als in den herodianischen Thermen (27–31) im Nordwestteil der Burg byzantinische Mönche ihr Kloster einrichteten. Ein Mönch zog es vor, im Festungsturm seine Zelle zu beziehen. Die kleine, mit einer nach Osten ausgerichteten Apsis versehene Kirche wurde über dem kreuzförmigen Innenhof (20) an dessen Südwestseite freigelegt. Dies zur Geschichte von Herodium.

Nach Süden, Westen und Norden war die äußere Ringmauer

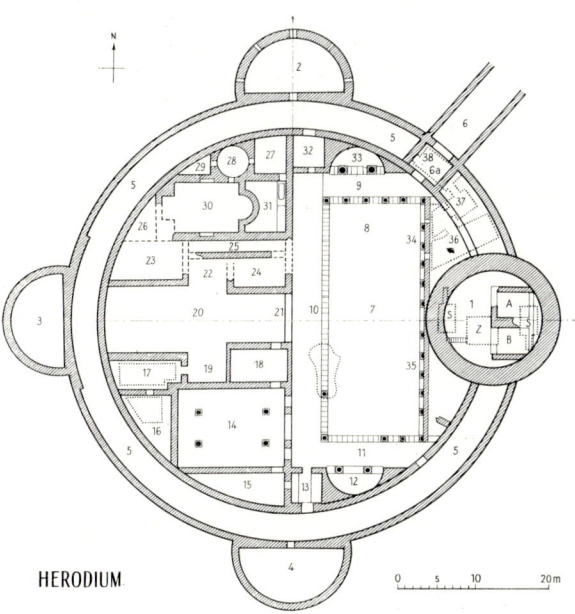

HERODIUM

0   5   10   20 m

1. Plan von Herodium (nach V. Corbo OFM).

1 Ostturm	13 Aufgang zum Ringkorridor
A, B Turmgemächer	14 Triclinium (Synagoge)
S Silo	15–18 Nebenräume
Z Zisterne	19–22 Kreuzförmiger Hof
2 Nordturm	23–26 Nebenräume der
3 Westturm	Thermen
4 Südturm	27 Apodyterium
5 Wehrumgang	28 Tepidarium
(Ringkorridor)	29 Frigidarium
6 Treppe (Burgaufgang)	30 Caldarium
6a Empfangssaal	31 Hof
7 Garten	32 Wachlokal
8 Bildausschnitt	33 Nördliche Exedra
9–11 Säulenumgang	34–35 Ostfassade
12 Südliche Exedra	36–38 Siloanlagen

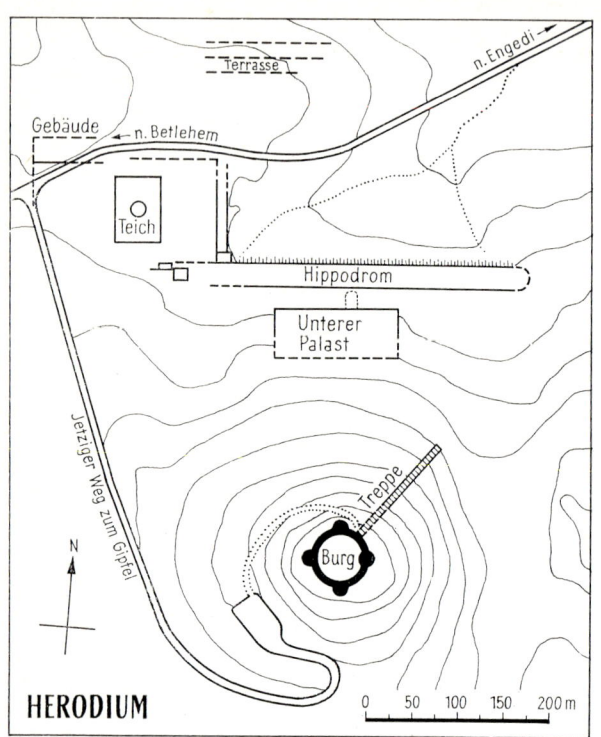

2. *Herodium und Umgebung mit den Palastbauten.*
   (Vgl. Abb. 16, 3, S. 36, und Abb. 26, S. 48.)

3. *Blick auf Herodium aus südlicher Richtung.*

durch Halbtürme (2, 3, 4) verstärkt. Dem Schutz der Burg diente der 3,5 m breite Wehrumgang (5), der von der äußeren und inneren Ringmauer gebildet wurde. Der Durchmesser des Innenringes beträgt etwa 50 m und bildete eine Fläche von rund 2000 m², die mit verschiedenen Gebäuden bebaut war. Der Gesamtplan der Burganlage läßt deutlich die Gliederung in zwei Hälften erkennen. Der östliche Teil bestand aus einem unbedeckten Innenhof mit einem Garten (7), der an drei Seiten von einem Peristyl (einem von Säulen umgebenen offenen Raum) eingefaßt war, während die Ostseite des Gartens (34, 35) von einer mit Halbsäulen geschmückten Fassade begrenzt war. An der Ringmauer bildeten zwei Exedren (halbrunde Apsiden) im Norden (33) und Süden (12) einen repräsentativen Abschluß des etwa 12,5×33 m großen Gartengeländes. Unter der 10 m hohen Schuttdecke lag die von weit her transportierte Gartenerde, die als »Terra rossa« bekannt und geschätzt war. Das Bild zeigt im unteren rechten Viertel die Nordwestecke des Gartens (8) mit der nördlichen Exedra (33) an der inneren Ringmauer. Der das Gartengelände umschließende Stylobat (die Fundamentmauer der Säulen) ist mit den Säulenstümpfen gut zu erkennen. Im Mittelgrund des Bildes sind die beiden Ringmauern sichtbar, dahinter auf der rechten Bildseite die etwas erhöhte Rundung des nördlichen Halbturmes (2), der bis zum dritten Stockwerk erhalten ist. Die eingerückte Mauer in der Rundung (4. Steinlage von oben) zur Auflage der Deckenbalken ist noch erkennbar. Die westliche Hälfte des Burggeländes nahmen die eigentlichen Palastgebäude ein, die durch einen kreuzförmi-

gen Hof (19—22) in zwei Blöcke geteilt wurden. Im nordwestlichen Block — das Gelände über der Auffahrt auf der linken Bildseite — standen die Thermen mit dem Apodyterium (Umkleideraum [27]), dem Tepidarium (Aufenthaltsraum, der vor dem Schwitzbad lag [28]), dem Frigidarium (Kaltbad [29]) und dem Caldarium (Raum, in dem man sich nach dem Bad zum Trocknen aufhielt [30]). Der fast quadratische Raum des Apodyteriums (27), in dem noch Mosaikreste gefunden wurden, ist im Mittelgrund des Bildes an der inneren Ringmauer sichtbar; links davon der Eingang zum Tepidarium (28) mit dem sich anschließenden Frigidarium (29). Das gut erhaltene runde Tepidarium mit einem Durchmesser von 4,15 m ist in der Burgruine der einzige Raum, dessen Decke — wie es auf dem Bild deutlich zu erkennen ist — dem Druck der Schuttmassen standgehalten hat. Etwa drei Meter über dem einstigen Mosaikboden beginnt die Wölbung der Kuppel, die 5 m hoch ist.

Der südwestliche Block enthielt das große Triclinium (Speisesaal [14]) mit den dazugehörigen Räumen (15—18). Der rechteckige, etwa 10×15 m große Speisesaal muß eine Holzdecke gehabt haben, die von vier Säulen gestützt wurde. Der Boden war leider vollständig zerstört, und die Wände zeigten nur noch wenige Spuren von Mörtel und farbigem Stuck. Der Eingang mit den großen Fenstern lag auf der Ostseite, dem Garten zugewendet. Ebenso wie viele andere Räume wurde auch das Triclinium von den späteren Bewohnern umgebaut, und zwar in eine Synagoge oder einen Versammlungsraum. Längs der beiden Langseiten und der westlichen Stirnseite

wurden drei große Steinstufen hineingebaut. An der Ost-
seite der Synagoge lag das rituelle Bad (Mikwe), genau nach
den Maßen, wie es die Mischna für die kultischen Waschun-
gen vorschrieb. Die Wohnräume müssen in den oberen Eta-
gen gelegen haben, die, aus den vielen aufgefundenen Balken
aus Zypressenholz zu schließen, wenigstens drei Stockwerke
hoch waren. Noch die Trümmer lassen die Großräumigkeit
und Eleganz des Palastes ahnen. Auch wenn nicht alle An-
gaben des Josephus die pure Wahrheit enthielten, so muß
man doch zugeben, daß Herodium ein königlicher Prachtbau
war. Den vielen Stuck- und Verputzfragmenten nach zu ur-
teilen, blieb offenbar keine Wand oder Mauer unbehandelt.
Die gefundenen Stuckreste und Wandbemalungen in Fresko
und Temperafarben erinnern an Stil und Dekorationen pom-
pejanischer Bauten. Besonders auffällig ist, daß selbst alle
Säulen mit Stuck und gefärbtem Mörtel überzogen wurden.
Die vielen Säulen in korinthischem und ionischem Stil zeu-
gen davon, daß der Bauherr mit dem Gelde nicht gespart hat.
Selbst das Wachlokal (32) der Palastgarde war mit Fresken
geschmückt. Aber auch dieser Prachtbau des Königs wurde ein
Opfer der Empörung seiner jüdischen Untertanen. Die Aus-
grabungen zeigten deutlich die Spuren der beiden Belage-
rungen und Eroberungen durch die Römer. Die ganze Herr-
lichkeit versank unter dem Schutt, den jedes Jahrhundert höher an-
wachsen ließ. Die im linken unteren Bildviertel sichtbare Auf-
fahrt – der runde Kalkbrennofen in der linken unteren Ecke
stammt noch von den jüdischen Widerstandskämpfern des
Zweiten Aufstandes – erinnert an die ungeheuren Schwierig-
keiten der Ausgräber, mit den Tausenden Kubikmetern von
Schutt und Trümmern fertig zu werden.
Die Bauten auf dem Hügel waren aber nur ein Teil im Ge-
samt der Anlage von Herodium. Bei den jüngsten Ausgra-
bungen kamen unbekannte Gebäude zum Vorschein, so daß
manche Rätsel, die die Beschreibung des Josephus über die
Bauten am Fuß von Herodium aufgibt, gelöst werden konn-
ten. Nördlich der Straße nach Betlehem lag eine Terrasse von
500 m Länge und 25 m Breite. In einem Gebäudekomplex von
170×110 m wurde ein 45 m breites und 70 m langes Wasser-
becken freigelegt, in dessen Mitte ein kreisrundes Bauwerk
von 13 m Durchmesser errichtet war. Das etwa 4 m tiefe
Becken wurde über einen Aquädukt mit dem Wasser aus Ur-
tas, südlich von Betlehem, gespeist. In östlicher Richtung war
das Gelände auf einer Fläche von 110×60 m geebnet und
teilweise aufgeschüttet. Zwischen zwei Stützmauern lag ein
unterirdischer Saal von 100×7 m, der als Unterbau für eine
königliche Halle gedient haben könnte.
Ein Geheimnis aber hat der Berg nicht preisgegeben: das
Grab des Kindermörders von Betlehem. Der Geburtsort Jesu,
etwa 6 km nordwestlich von Herodium entfernt, ist über dem
Halbturm im Hintergrund am rechten Bildrand sichtbar. (Vgl.
Abb. 44, S. 82.)

in diesem ansteigenden Gelände auf alte Höhlenwoh-
nungen, mehr als 60 an der Zahl, zum Teil sogar drei
Stockwerke hoch und durch Gänge verbunden. Ihr Alter legt man in das 3. und 2. Jahrtausend v. Chr. Aus
der mittleren Bronzezeit (18.–17. Jahrhundert v. Chr.)
stammen zwei Felsgräber, die in der Nähe der Verkündigungskirche lagen. Unter den Grabbeigaben war der
interessanteste Fund ein ägyptischer Skarabäus, der nach

Stil und Aussehen der 17. Dynastie zugeschrieben werden kann. Immerhin ein beachtliches Alter für unser unbekanntes Nazaret! Haben wir aber auch Beweise, daß
dieser Ort um die Zeitwende bewohnt war, wie es die
Evangelien voraussetzen?

Schon in den Jahren 1907–1908 hatte P. Viaud OFM
auf dem Gelände der Josefskirche, der sogenannten
Werkstatt des hl. Josef, Dutzende in den Felsen gehauener Getreidesilos entdeckt (vgl. Abb. 115, 2, S. 198). In
einem Silo, in der Nähe der Apsis der Kreuzfahrerkirche, lagen noch die Bruchstücke eines Kruges aus der
Eisenzeit (vgl. Abb. 71, 1, S. 124). Die sonstigen gefundenen Krüge, Scherben, Gläser und Öllampen stammen
aus Jahrhunderten, die von der zweiten Eisenzeit bis in
die byzantinische Ära reichen, also von etwa 900 v. Chr.
bis 600 n. Chr., darunter auch einige Stücke, die der
herodianischen Zeit angehören.

Wann Nazaret als jüdischer Ort entstand, ist unbekannt. Sicher hat Nazaret aber schon in den Jahrhunderten vor der Zeitwende als jüdische Siedlung existiert.
Die aufgefundenen Felsgräber lassen nicht nur eine ungefähre Datierung zu, sie erlauben uns auch, die Lage
des alten Ortes genauer zu bestimmen, da Gräber nach
jüdischem Gesetz wenigstens 50 Ellen (etwa 25 m)
außerhalb einer Ortschaft liegen sollten (vgl. Abb. 59,
S. 110).

Unter den 23 Felsgräbern, die in das ansteigende Gelände gehauen sind, befinden sich 18 sogenannte Kokim (Schiebestollen), die seit dem Ende des 3. Jahrhunderts v. Chr. zur beliebtesten Bestattungsform der Juden
gehörten. Zwei Kokimgräber sind die vielen Jahrhunderte hindurch unberührt geblieben. Nach den Beigaben
stammt das eine etwa aus der Zeit um 200 v. Chr.,
das andere (vgl. Abb. 59, 1, S. 110) aus dem 1. Jahrhundert n. Chr. und liegt nur 25 m südwestlich von der
Verkündigungskirche entfernt.

Nähere Einzelheiten und Aufschlüsse über das Leben
der Bewohner des alten Nazaret ergaben die Ausgrabungen, die seit 1895 auf dem Gelände der Verkündigungskirche durchgeführt wurden.[68]
Als im Jahre 1954 die alte Verkündigungskirche, die
nur ein Notbau war, abgerissen wurde, bot sich den
Archäologen eine einmalige Gelegenheit, mit Hacke und
Spaten auf diesem von der Tradition so hochverehrten
Gelände ihre Nachforschungen zu betreiben. Vier Kirchen haben seit dem 2./3. Jahrhundert diesen Platz ausgezeichnet. Zunächst interessiert uns aber die Vorzeit.
Die Untersuchungen ergaben, daß die erste Kirche über
einer alten landwirtschaftlichen Siedlung gebaut war.

Nur wenige Meter nördlich der Verkündigungsgrotte
(vgl. Abb. 64, S. 115, und Abb. 65, 1, 3, S. 116) befindet sich ein in den Felsen gehauener Weinkeller. Gänge
sorgten für die Verbindung mit einem unterirdischen
Raum, der zur Aufbewahrung von Krügen, wahrscheinlich Ölkrügen, gedient hat, dazu noch ein Getreidesilo.
Die Familie, die hier wohnte, hatte alles, was sie zum

Leben brauchte, »im Hause«: Korn, Öl und Wein. Unmittelbar an der Nordmauer der Kreuzfahrerkirche (Abb. 64, 10, S. 115) stand in einem Raum noch gut erhalten — wenn auch ausgekühlt — ein Backofen mit einem Durchmesser von 1,30 m. Der Raum lag in einem Verband von mehreren Höhlen, die zum Teil mit Mauerwerk ausgebaut waren.

Hiermit wurde eindeutig der Beweis erbracht, daß dieser Platz während der Zeitwende besiedelt war. Hier konnte also auch das Wohnhaus Mariens gestanden haben, das an eine Felsgrotte angebaut war. Noch heute finden sich in Nazaret Wohnungen, die aus zwei Teilen bestehen: einem kleinen, an den Felshang gebauten Häuschen mit einem flachen Dach und dahinter eine in den Felsen gehauene Grotte.

Der alte Ort schmiegte sich an den südöstlichen Abhang des Dschebel en-Nebi Sa'in und zog sich in der Talsenke von der Verkündigungskirche bis in die Nähe der Quelle hin.

Der Talmud, der uns 63 galiläische Ortsnamen überliefert, erwähnt die Heimatstadt Jesu nicht. Er tut uns aber einen größeren Gefallen: Er nennt die Judenchristen die »nosri«, das ist die jüdisch-hebraisierte Form für »Nazarener«.

Aus den Berichten des Josephus, der im Jahre 67 n. Chr. noch als Befehlshaber von Galiläa auf jüdischer Seite die Kampfhandlungen gegen die Römer leitete, erfahren wir einige Einzelheiten, die sich alle in der nächsten Umgebung von Nazaret abgespielt haben. Nur 6 km nördlich von Nazaret lag Sepphoris, die ehemalige Residenz des Vierfürsten Herodes Antipas (vgl. Abb. 156, 2, S. 271). In der Zeit des Jüdischen Aufstandes lag dort eine römische Garnison mit 7000 Mann einquartiert. Josephus schreibt: »Diese unternahmen ständig Streifzüge in die Umgebung, ... sie plünderten alles im Umkreis der Stadt aus, machten die streitbaren Mannschaften nieder und verkauften die Schwachen als Sklaven. Für die Bewohner bildeten die befestigten Städte die einzige Stätte der Zuflucht« (Jüd. Krieg III, 4, 1). Die nächste befestigte Stadt für die Bewohner Nazarets war das etwa 2,5 km entfernte Jafia, das mit einer doppelten Ringmauer gesichert war. Der Ort wird schon im 14. Jahrhundert v. Chr. in den Amarna-Briefen erwähnt und hat bis heute seinen alten Namen bewahrt. Jafia war ohne Zweifel die älteste und bedeutendste Siedlung in diesem Teil des galiläischen Berglandes, von der wahrscheinlich auch die Gründung Nazarets ausgegangen sein wird (vgl. Abb. 61, S. 112). Als die Stadt von dem römischen Feldherrn Titus erobert wurde, kamen dort 15000 Menschen ums Leben. Bei diesen Kämpfen blieb auch von dem nahen Nazaret nichts anderes übrig als rauchende Trümmer.

Nach der Zerstörung Jerusalems (70 n. Chr.) wurde Galiläa die Zufluchtsstätte vieler Flüchtlinge. Als dann nach dem Zweiten Jüdischen Aufstand (135 n. Chr.) Kaiser Hadrian allen Juden den Aufenthalt in Jerusalem und in ganz Judäa unter Todesstrafe verbot, wurde das nationale und religiöse Erbe nach Galiläa gerettet. Das einst so verachtete Galiläa entwickelte sich zu einem Zentrum jüdischen Lebens und religiöser Tradition. Wir wissen, daß die Priesterschaft am Zweiten Tempel in 24 Priesterordnungen oder -wachen eingeteilt war, von denen jede der Reihe nach eine Woche lang den Dienst am Heiligtum verrichtete (1 Chr 24; Lk 1, 18). Nach Beendigung des Tempeldienstes gingen sie in ihren Heimatort zurück, um dort für ihre Familie zu leben und zu arbeiten. Es lag nahe, daß ein gewisser territorialer Zusammenschluß in den einzelnen Priesterordnungen gewahrt blieb. Solange der Tempel in Jerusalem stand, werden wohl die meisten der Priesterorte in Judäa gelegen haben. Nach dem nationalen Zusammenbruch (135 n. Chr.) wurden dann auch die einzelnen Priesterordnungen nach Galiläa verlegt.

In Nazaret siedelte sich die 18. Priesterklasse Pizzez an. Über diese späteren Wohnorte der Priesterordnungen ist uns in den beiden Trauergesängen des jüdischen Dichters Eleasar bar Rabbi Jakob Kalir, der um die Mitte des 8. Jahrhunderts gelebt hat, eine alte Tradition aus dem 2./3. Jahrhundert überliefert. Die Klagelieder wurden am 9. Ab, dem Gedenktag der Tempelzerstörung, rezitiert. Am Ende der einzelnen Strophen wird jeweils mit dem Namen der Priesterklasse auch der Wohnort erwähnt, nachdem vorher die Schuld und Strafe der Priesterordnung genannt ist. Die 18. Strophe lautet:

»Gerecht handelte der Herr;
denn gegen sein Gebot lehnte sie sich auf.
Mit wildem Geschrei ward sie zerstört.
Anstatt des Lobgesanges wurden Klagelieder
auf sie geschrieben,
und an die Tore des Landes wurde versprengt
die Wache von Nazaret.«[69]

Abb. 58. Nazaret mit der Verkündigungskirche.

Die Aufnahme bietet von Nordwesten her einen Blick auf Nazaret. Über dem Ort, der durch die Verkündigung der Menschwerdung Christi geheiligt ist, erhebt sich heute die neue Verkündigungskirche, die in den Jahren 1960–1969 nach den Plänen des italienischen Architekten Giovanni Muzio erbaut worden ist. Die kegelförmige Kuppel, mit einer aus Stein gebauten Laterne gekrönt, erhebt sich zu einer Höhe von 57 m und ist zum Wahrzeichen des kleinen Tales geworden. Im Innern birgt der mächtige Quaderbau eine Unter- und Oberkirche. Der Haupteingang zur Unterkirche befindet sich an der auf dem Bilde sichtbaren Westfassade. Vor der Verkündigungskirche liegt das Franziskanerkloster, an dessen linkem Flügel der schlanke Turm der Josefskirche zwischen den Bäumen aufragt. Im Hintergrund die Ebene Jesreel mit dem Höhenzug des Dschebel ed-Dahi (515 m), an dessen Nordhang Nain und En-Dor liegen (vgl. Abb. 156, 2, S. 271); am weiten Horizont das Gilboa-Gebirge und das samarische Bergland. (Vgl. Abb. 76, 1, S. 130.)

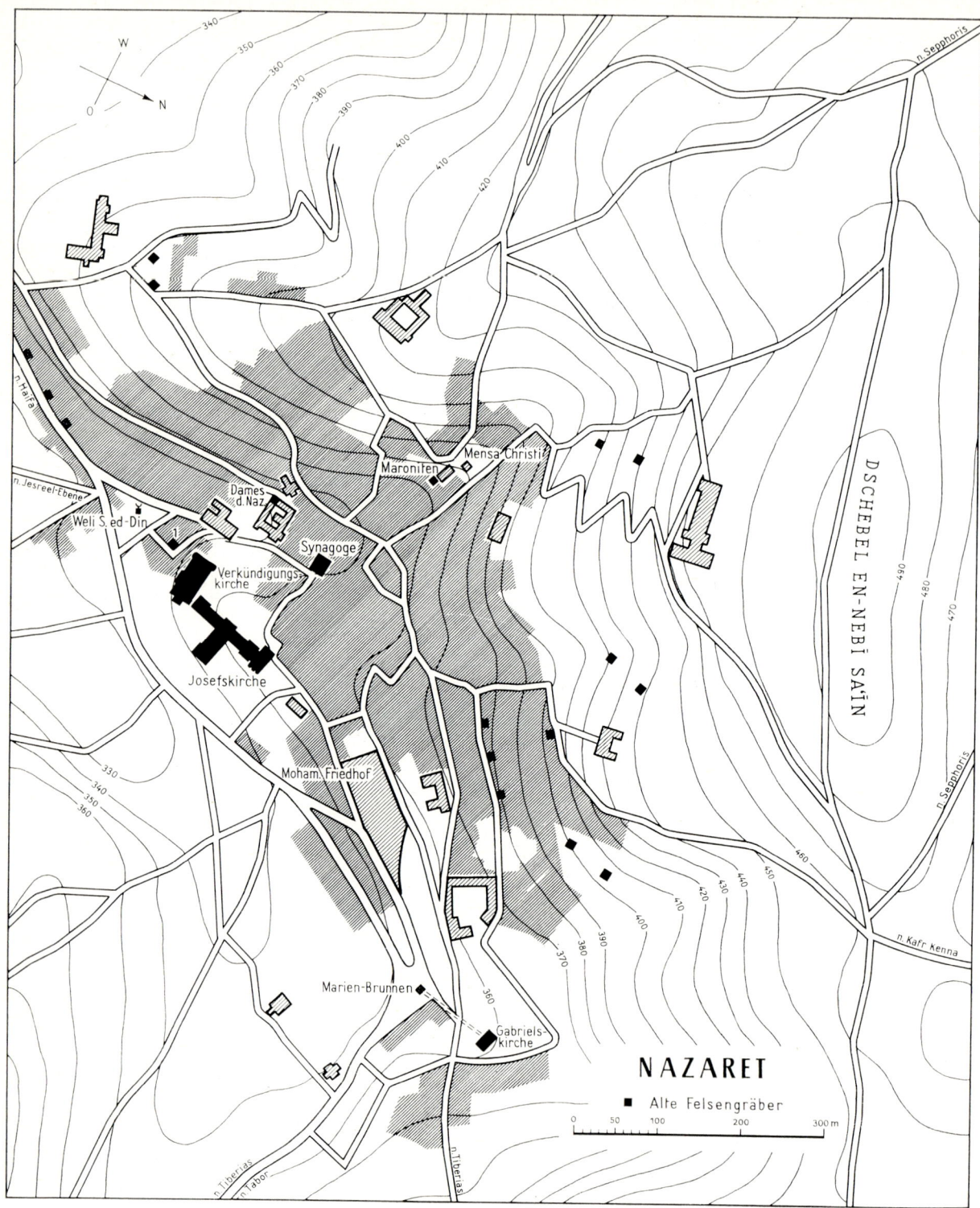

Abb. 59. Karte von Nazaret.

Abb. 60. Luftaufnahme von Nazaret.

Das Bild, das am späten Nachmittag aufgenommen wurde, läßt mit den dunklen Schatten auf den östlichen Abhängen den Talkessel gut erkennen. Die auf der gegenüberliegenden Seite stehende Karte entspricht dem Ausschnitt der Luftaufnahme.

Den Hintergrund des Kessels bildet ein im ganzen westöstlich laufender Höhenzug, der gerade oberhalb von Nazaret bei dem Grabe des Nebi Sa'in seine größte Höhe, 490 m, erreicht. Mit dieser Anhöhe endet der erste Aufstieg des Berglandes von Untergaliläa, von der Jesreel-Ebene her gesehen. Der Talgrund läuft aber dem Höhenzug nicht parallel, sondern von Südwest nach Nordost und gibt dadurch der Stadt im Süden einen größeren Raum als im Norden. Die auf der Karte mit einem Niveauunterschied von je 10 m eingezeichneten Höhenlinien lassen die Richtung und die topographischen Verhältnisse eindeutig ausmachen.

Auf dem Bild beginnt das Tal an der unteren linken Bildhälfte, wo an der Straße nach Tiberias der Marienbrunnen liegt, zieht dann längs der sichtbaren Straße nach dem oberen linken Bildrand, wo die Verkündigungskirche steht, und fällt dann im Süden (auf dem Bild nicht mehr sichtbar) in einer Schlucht am »Dschebel el-Kafze« — »Berg des Sprunges« — zur Jesreel-Ebene ab (vgl. Abb. 58, S. 108, und Abb. 76, 1, S. 130).

Wo lag das alte jüdische Nazaret? Die Karte zeigt die Lage der Felsgräber, die nach dem Gesetz außerhalb der Ortschaft liegen mußten. Zufällige Grabungen und sonstige Tiefbauarbeiten ergeben folgendes Bild: Etwa 150 m östlich der Marienquelle wurde bei größeren Grabungen nur jungfräulicher Boden festgestellt. Nicht eine Spur von Scherben, Mauerresten oder sonstigen Artefakten ließ auf eine Besiedlung schließen. Westlich vom Kloster der »Dames de Nazareth« führten Untersuchungen bei Bauarbeiten zu dem gleichen negativen Ergebnis, ebenso im Süden.

Das alte Nazaret war eine das Tal entlanglaufende Hangsiedlung, die sich auf der Nordseite zwischen der Marienquelle und der Verkündigungskirche hinzog. Im Licht der untergehenden Sonne erscheint der südliche Hang des Dschebel en-Nebi Sa'in wie eine Zunge. Das älteste Nazaret lag am untersten Rand dieser Zunge.

Die Straße nach Sepphoris, der einstigen Residenz des Vierfürsten Herodes Antipas, und dem rund 45 km entfernten Ptolemaïs (Akko) am Mittelmeer beginnt am westlichen Rand des Ortes (obere Bildhälfte), während die Straße nach dem See Gennesaret über Kafr Kenna am Osthang des Dschebel en-Nebi Sa'in vorbeiführt und bei Tiberias und Magdala den See erreicht (vgl. Abb. 156, 2, S. 271). (Der untere Rand des Bildes hat die Richtung Ostnordost.)

Abb. 61.   Die Synagoge von Jafia.

Im Buche Josua 19, 12 wird Jafia als Grenzort des Stammes Sebulon erwähnt. Der Ort kann also zu den ältesten jüdischen Siedlungen Galiläas gezählt werden. Auch nach der Zerstörung Jafias durch die Römer (68 n. Chr.) empfahl sich die alte Ortslage mit der ergiebigen Quelle für eine neue Besiedlung. Aus den folgenden Jahrhunderten legt für die Gesetzestreue der Nachfahren aus dem Stamme Sebulon die Ruine einer Synagoge Zeugnis ab.

1921 besuchte der Dominikaner-Archäologe L.-H. Vincent den Ort, der nicht weniger als vier christliche Kirchen in seinen Mauern zählte. Über einem Fenster der griechisch-katholischen Kirche sah er eine Oberschwelle, die sofort seine Aufmerksamkeit erregte. Zwischen zwei Rosetten war in den Steinbalken das Symbol der Menora, des Siebenarmigen Leuchters, eingemeißelt (Bild 1). Der Steinbalken war nichts anderes als ein Türsturz, der einst das Portal einer Synagoge geschmückt hatte. Das einfache Ornament spiegelt zwar nicht den Wohlstand einer reichen Gemeinde wider, wie es das Portal der Synagoge von Kafr Bir'am auf den ersten Blick zeigt (vgl. Abb. 111, S. 191), dafür zeugt die Menora von der Treue der Einwohner zum Gesetz und zu den Vorschriften der Väter. Wo aber lag die Synagoge?

Dreißig Jahre später bereiste der israelische Archäologe E. L. Sukenik ganz Galiläa und forschte nach alten Synagogen.[70] In Jafia hörte er, daß ein Bewohner in seinem Obstgarten beim Umgraben auf eine Säulenbase gestoßen war. Diese Nachricht war »fündig«. Den Fund zeigt das zweite Bild. Unter einer bis zu 2,5 m tiefen Erd- und Schuttschicht kamen noch weitere Säulenbasen und ein Mosaikboden zum Vorschein. Sie gehörten zum südlichen Seitenschiff der Synagoge. Vom Mosaik des Hauptschiffes war leider nur ein spärlicher Rest erhalten geblieben. E. L. Sukenik vermutet, daß die Fragmente zu einem etwa 4,2 m großen quadratischen Mosaikfeld gehörten. Auf dem breiten Band eines Ringes waren zwölf Kreise angeordnet, die mit den Symbolen der zwölf Stämme Israels geschmückt waren. Drei noch lesbare hebräische Buchstaben, die neben dem Bilde eines Stieres standen, ergänzte E. L. Sukenik zu dem Stammesnamen Efraim.

Diese alte Lokaltradition fand bei den Ausgrabungen in Cäsarea (1962) eine überraschende Bestätigung. Drei Fragmente einer zerschlagenen Marmortafel enthalten eine Liste von Namen und Wohnsitzen der 17.–20. Priesterklasse, darunter auch die 18. Klasse Pizzez mit dem Wohnsitz in Nazaret (vgl. Abb. 62). Die in hebräischer Quadratschrift geschriebene Inschrift stammt aus dem 3./4. Jahrhundert n. Chr. und ist die früheste Erwähnung des Ortes Nazaret in der jüdischen Epigraphik. Zur Erinnerung an den Dienst der 24 Priesterklassen im Tempel von Jerusalem war es Sitte, eine Liste mit der Diensteinteilung der Priester an die Mauer der Synagoge zu heften. Der Name der Priesterfamilie, die Dienst gehabt hätte in Jerusalem, wurde jeweils am vorhergehenden Sabbat für die kommende Woche genannt. So wurde das kleine Nazaret eine jüdische Priesterstadt, die streng an dem Gesetz der Väter festhielt und sich von allem fremden Einfluß abschloß.

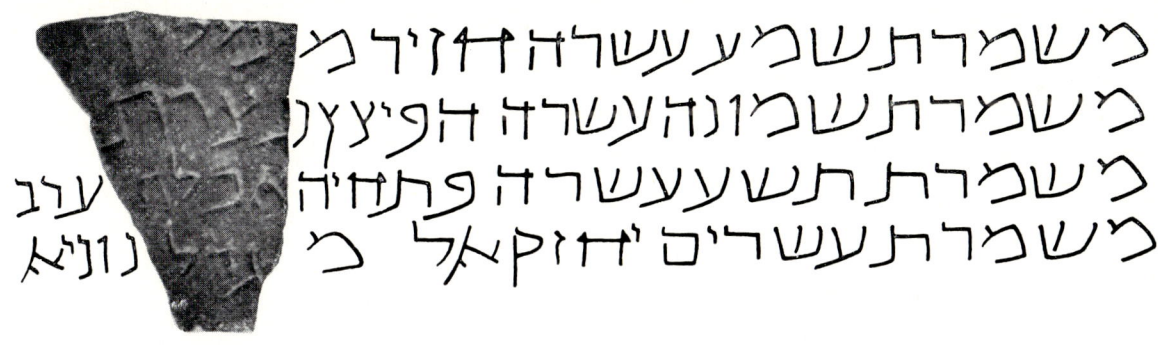

מ משמרת שעשרה חזיר
ן ח משמרת שמונה עשרה הפיצץ
עוב משמרת תשע עשרה פתחיה
נצרת משמרת עשרים יחזקאל בי

Abb. 62. Die Inschrift von Cäsarea mit den Namen der
Vierundzwanzig Priesterklassen.

Die wenigen Buchstaben auf den in Cäsarea gefundenen Frag-
menten reichten aus, um die Inschrift zu entziffern. Der uns
interessierende Text in der zweiten Zeile des Fragmentes —
das graue Marmorstück ist 153 mm hoch, 124 mm breit und
24 mm dick — lautet rekonstruiert: Achtzehnte Abteilung des
Pizzez Nazaret. Davon sind nur die letzten drei Buchstaben
ganz erhalten: (n) — s — r — t. Vom n (Nun) ist nur noch der
untere Haken erkennbar. Die aufgefundene Inschrift zeigt uns
ferner, wie der Name der Stadt in alter Zeit geschrieben
wurde. Aus der griechischen Form »Nazaret« konnte man
vermuten, daß der Name im Hebräischen mit Zajin geschrieben
wurde. Nun ist gewiß, daß im Ortsschild ein Sade stand.
Damit wird auch die Etymologie des Namens klarer und si-
cherer. Der Name kommt von der Wurzel »nasar«: wachen,
auf der Wache stehen. So wird Nazaret für uns zur »Wäch-
terin« des verborgenen Lebens Jesu.

Eine von den Franziskanern aufgefundene aramäische Ossuar-Inschrift bestätigt den streng jüdischen Charakter Nazarets. Sie lautet: »Soam, Sohn Menahems, Priester, über ihm sei der Friede!« Dennoch scheinen in Nazaret noch im 3. Jahrhundert Nachkommen aus der Verwandtschaft Jesu gelebt zu haben. Diese Judenchristen konnten das Zeugnis der Vergangenheit in lebendiger Tradition gehütet und weitergegeben haben, wie es die Ergebnisse der jüngsten Ausgrabungen als gesichert erscheinen lassen, auch wenn andere Quellen aus der Kirche der »Heidenchristen« schweigen. Origenes, der längere Zeit in Cäsarea wohnte und ein lebhaftes Interesse an den evangelischen Orten in seinen Schriften zeigt, hat Nazaret anscheinend nicht besucht. Den Grund erfahren wir hundert Jahre später aus einer vielsagenden Notiz.

Als der jüdische Priester und Konvertit Josef von Tiberias vom Kaiser Konstantin den Auftrag erhielt, in Galiläa christliche Kirchen zu bauen, gehörte Nazaret zu den vier Städten, die als besonders fremdenfeindlich charakterisiert werden: »denn dort konnte niemand Kirchen bauen, da unter ihnen weder ein Grieche noch ein Samariter, noch ein Christ wohnte. Dies gilt besonders von Tiberias, Sepphoris, Nazaret und von Kafarnaum.

Denn sie achteten streng darauf, daß kein Fremder unter ihnen wohnt« (Epiphanius, Adv. haereses, cp. 30, 11).

Dennoch mußte Nazaret mit dem Beginn der konstantinischen Ära den Fremden die Tore öffnen. Die Juden bildeten aber noch für lange Zeit die Majorität der Bevölkerung, wie es der Bericht des Pilgers von Piacenza um 570 n. Chr. erkennen läßt, auch wenn die Stadt bereits um 460 als Bischofssitz aufgezählt wird. Dem Pilger wurde in Nazaret die alte Synagoge und die Verkündigungskirche gezeigt: »Das Haus der heiligen Maria ist eine Basilika.« Sie war nach dem Bericht des gallischen Bischofs Arkulf (670) dort, »wo jenes Haus gebaut war, in das der Erzengel zur seligen Jungfrau Maria eintrat«. Der Wortlaut verlegt also die Verkündigung in ein Haus, nicht aber in eine Felsgrotte.

Bei den Ausgrabungen wurden einige Mauerreste der byzantinischen Basilika, deren Pracht der Pilger von Piacenza bewunderte, freigelegt. Die aufgefundenen Mosaikfragmente und der Vergleich mit anderen Kirchen lassen den Schluß zu, daß der Bau in der ersten Hälfte des 5. Jahrhunderts errichtet worden war. Auf der ganzen Länge des südlichen Seitenschiffes sind Reste von zwei übereinanderliegenden Mosaikfußböden erhalten geblieben (vgl. Abb. 65, S. 116). In der unteren Lage fanden die Archäologen ein Mosaikmotiv in Form eines lateinischen Kreuzes. Da durch einen Erlaß des Kaisers Theodosius die Verwendung von Kreuzmotiven in Bodenmosaiken im Jahre 427 untersagt wurde, muß die Basilika mit dem Kreuzmosaik bereits vor 427 gestanden haben. Wie streng der kaiserliche Erlaß durchgeführt wurde, zeigen die Mosaikböden im angrenzenden Kloster. Die entsprechenden Felder blieben leer.

Im Jahre 614 fiel der Perserkönig Chosroës II. plündernd in Palästina ein, und die Juden schlossen sich begeistert dem Eroberer an: »Als Chosroës den Weg nach Jerusalem nahm, stießen die Juden zu ihm — wie viele immer nur in Tiberias, den Bergen Galiläas, in Nazaret und den angrenzenden Gebieten wohnten — und halfen den Persern, die Kirchen zu zerstören und die Christen zu morden« (Eutychii Annales, cp. 212).

In den folgenden Jahren besiegte Kaiser Heraklius die Perser und nahm furchtbare Rache an den Juden Palästinas. So wurde das Jahr 629/30 auch das Todesjahr für das jüdische Nazaret.

Als die Kreuzfahrer im 11. Jahrhundert nach Nazaret kamen, fanden sie die Verkündigungskirche als Ruine vor. In kurzer Zeit erstand eine neue Kirche aus den Trümmern. Auch ihre Grundlinien wurden durch die Ausgrabungen von 1955 sichtbar. Die Kreuzfahrerkirche schloß die Ruinen der byzantinischen Basilika ganz in sich ein. Da die byzantinische Kirche schon längere Zeit in Ruinen lag, wurden alle heiligen Erinnerungen in der noch sichtbaren Grotte lokalisiert, die allein unbewegt alle Zerstörungen überstanden hatte. In den drei voneinander unabhängigen Pilgerberichten des russischen Abtes Daniel (1106/07), des deutschen Pilgers Theoderich (1172) und des griechischen Mönches Phokas (1177), die in der Blütezeit der Kreuzfahrer Nazaret besuchten, finden wir einen gleichlautenden Niederschlag der damaligen Tradition. Heilig ist allen dreien nur die Grotte, die bis in den letzten Winkel mit heiligen Erinnerungen gefüllt wurde. Der Prachtbau der Basilika bildete bloß das kostbare Gehäuse, ihre glänzende Umrahmung. Die Ergebnisse der jüngsten Ausgrabungen werden uns zeigen, welche Traditionen bis in die byzantinische Zeit, ja bis in das 3., wahrscheinlich sogar bis in das 2. Jahrhundert zurückreichen.

Im Jahre 1263 zerstörte der Sultan Bibars die Verkündigungskirche der Kreuzfahrer. Wieder blieb die Felsgrotte als sichtbares Zeichen in den Trümmern stehen. Nach langen Bemühungen erhielten die Franziskaner 1730 von den Türken die Erlaubnis, auf den Ruinen über der Grotte eine neue Kirche zu errichten. Es wurde ihnen aber nur eine Baufrist von sechs Monaten gewährt, nämlich die Zeit, die für eine Pilgerreise nach Mekka aufgewendet werden mußte. In aller Eile baute man die neue Kirche quer über der alten. Die Verkündigungsgrotte wurde zur Krypta, zu der eine breite Marmortreppe hinabführte.

Wie schon erwähnt, wurde 1954 diese Franziskanerkirche, die nur ein Notbau war, abgerissen, um einer würdigeren Basilika Platz zu machen, die ungefähr den Raum der alten Kreuzfahrerkirche einnimmt. So bot sich bei den Bauarbeiten die Möglichkeit, Tiefengrabungen bis auf den gewachsenen Fels durchzuführen. Die freigelegten Felsgrotten mit Getreidesilos, Zisternen und Weinpressen, die großen Mühlsteine und kleinen Handmühlen aus Basalt, die Keramikreste und Gläser haben erneut in überzeugender Weise den Beweis erbracht, daß der traditionelle Ort der Verkündigung um die Zeitwende besiedelt war (vgl. Abb. 63). Das Wohnhaus Marias konnte hier gestanden haben, in der Art, daß die im Berghang liegende Höhle zum Wohnkomplex gehörte. Die Ausgrabungen haben gezeigt, daß die byzantinische Kirche der unterirdischen Grottenanlage in westöstlicher Richtung vorgelagert war. Das nördliche Seitenschiff grenzte an die Verkündigungsgrotte, die aber noch außerhalb des Baues blieb (vgl. Abb. 65, S. 116).

Bestimmte eine noch damals bestehende Tradition über das Haus, in dem Maria die göttliche Botschaft hörte, die Lage der Kirche? Nach dem jetzigen archäologischen Befund können wir die Frage mit Gewißheit beantworten. Die Entdeckungen der Archäologen haben das Schweigen der literarischen Quellen in der Frühzeit und die Dürftigkeit der Pilgerberichte der späteren Jahrhun-

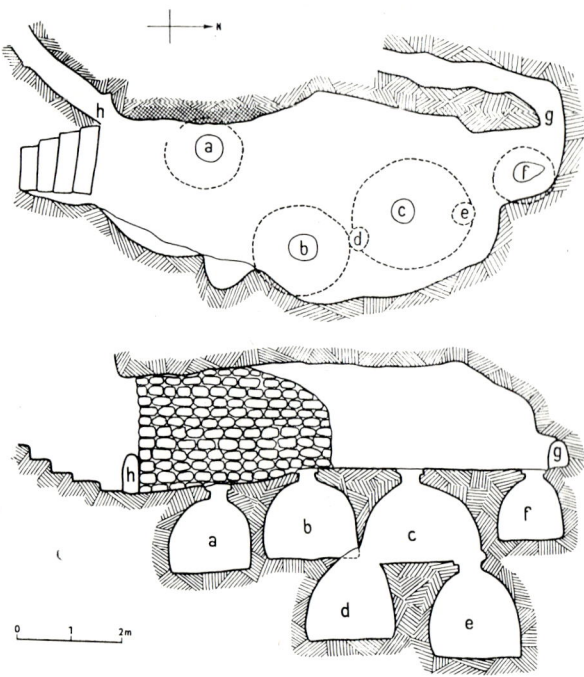

Abb. 63.   Felshöhle mit Getreidesilos (nach B. Bagatti OFM).

Keine fünfzehn Meter von der Nordmauer der Verkündigungskirche entfernt, wurde diese Höhle beim Neubau der Kirche im Jahre 1954 freigelegt (vgl. Abb. 64, 11). Wegen des ansteigenden Geländes war der Eingang vom Süden her angelegt. Die Höhle war völlig zugeschüttet und versperrt. Der Schutt enthielt nur Scherben und Keramik aus der byzantinischen Zeit. Eine Öllampe, die noch an ihrem alten Platz in einem Gang stand, war mit einem Kreuz verziert. Wahrscheinlich waren Christen die letzten Besitzer der Höhle, ehe die ganze Siedlung verlassen wurde.
Mehrere Stufen führen abwärts zum Höhleneingang, dessen eine Wand mit einer Steinmauer abgestützt ist. Im Fußboden der Höhle befinden sich die runden Öffnungen der darunter liegenden Silos (a–e). Diese haben alle die gleiche dickbauchige Flaschenform mit einer Tiefe von rund 2 m. Die Öffnungen der Silos konnten mit runden Steinplatten verschlossen werden. Oft sind die Silos in mehreren Etagen übereinander angeordnet und durch ein Netz von Gängen (g, h) mit anderen Höhlen verbunden, die von der Oberfläche aus nicht zu erkennen sind. Der Sinn einer solchen Anlage ist klar. Die lebensnotwendige Ernte sollte leicht und bequem in Reichweite aufbewahrt werden und im Felsen hinter der Wohnung vor Dieben und Feuer gesichert sein.

Abb. 64.   Das alte Nazaret.

Die Freilegung von Grotten, Silos, Zisternen, Öl- und Weinkeltern mit Keramikresten aus herodianischer Zeit bestätigen in überzeugender Weise, daß der von der Tradition verehrte Ort der Verkündigung zu einer menschlichen Ansiedlung gehörte. Die Häuser sind längst der Zerstörung zum
Opfer gefallen, geblieben sind die in den Fels gehauenen
Grotten, Silos und Gänge. Mit Hilfe des Lageplanes lassen
sich die einzelnen Objekte leicht wiederfinden. Am linken
oberen Bildrand erscheint die mächtige Nordmauer der
Kreuzfahrerkirche. In unmittelbarer Nähe der Mauer, etwa
in der Höhe der Verkündigungsgrotte (vgl. Abb. 65, S. 116),
liegt eine Kelteranlage (1). Die Trauben wurden in der aus
dem Fels gehauenen Mulde (a) getreten, der Most floß dann
in ein kleines Becken (b) ab und konnte durch das mit einer
kleinen Steinplatte verschließbare Loch (c) in eine unterirdische Grotte geleitet werden. Im »Weinkeller«, dessen
Eingang bei d liegt, befinden sich noch die Löcher zum Aufnehmen der Amphoren. Die vor dem Eingang (d) liegenden
Vertiefungen und rechtwinkligen Einschnitte stammen von

einem Steinbruch (2). An seiner rechten oberen Ecke führen
zwei Stufen (3) zu einem unterirdischen, etwa 4 m langen
Raum, der ebenfalls als Wein- und Ölkeller benutzt wurde
(vgl. Abb. 71, 2). Die zahlreichen Kornspeicher und Silos (4.
5, 6, 13, 14) sind alle durch unterirdische Gänge miteinander verbunden. Die runde Öffnung des Silos 6 in der rechten unteren Bildecke ist mit einer geborstenen Steinplatte
zugedeckt. Man hat den Eindruck, daß die Silos, Kelter und
Gänge eine geschlossene Anlage bildeten. Wahrscheinlich
gehörte zu diesem Komplex noch die Keltergrube (7) und
die große Kelteranlage (8). Zu der seitwärts liegenden
unterirdischen Zisterne (12) führen mehrere Stufen hinab.
Die in der linken oberen Bildecke sichtbaren Räume (9, 10)
sind teilweise aus dem Fels geschlagen, teilweise aus Mauerwerk errichtet. Im Raum 10 mit dem Eingang bei a befinden sich eine Felsbank (c) und ein Ofen (b) mit einem Durchmesser von ca. 1,3 m. An der Nordwand führt ein Zugang
(d) in eine Grotte, die als Scheune und Stall benutzt wurde,
wie es eine kleine Krippe vermuten läßt. Der angrenzende
Raum (9) diente ebenfalls als Speicher, über dem wohl erst
das »Wohnhaus« gebaut war. (Zur Höhle 11 siehe Abb. 63.)

VERKÜNDIGUNGSKIRCHE

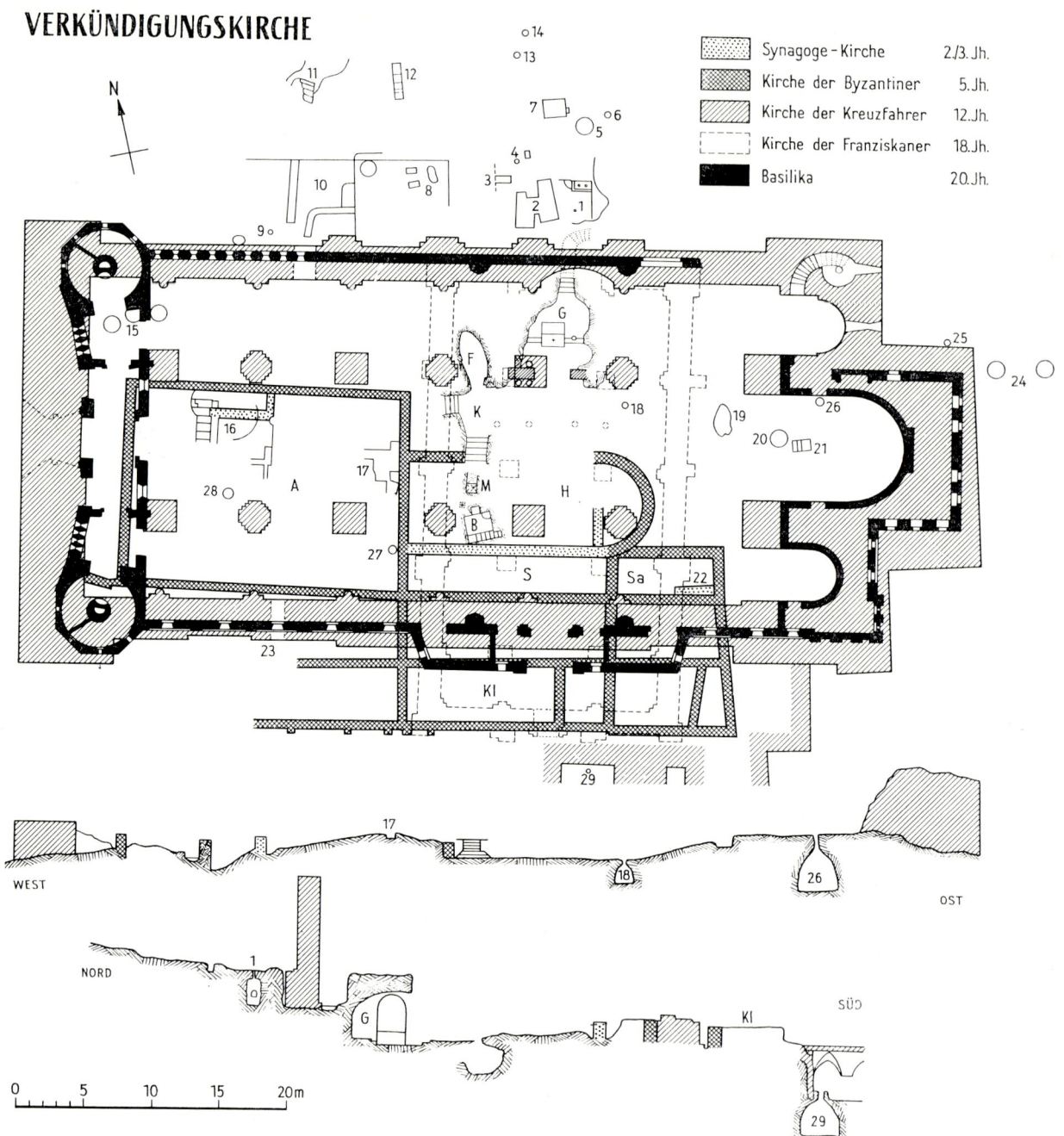

Synagoge-Kirche	2./3. Jh.
Kirche der Byzantiner	5. Jh.
Kirche der Kreuzfahrer	12. Jh.
Kirche der Franziskaner	18. Jh.
Basilika	20. Jh.

Abb. 65. Die Verkündigungskirche in Nazaret (Plan nach B. Bagatti OFM).

Die Zeichnung zeigt die Lage der Verkündigungsgrotte (G) mit den umliegenden Höhlen, Getreidesilos und Weinpressen des antiken Nazaret (1–29), ferner die Grundrisse der einzelnen Verkündigungskirchen in der zeitlichen Abfolge:

1. Der Kultbau der Judenchristen aus dem 2./3. Jahrhundert mit der südlichen Mauer; die in ein Martyrion umgewandelte Felsgrotte (F), in deren Vorraum zwei Treppen hinab-

führen; vor der südlichen Treppe das als Baptisterium benutzte Wasserbecken (B).

2. Die Kirche aus der byzantinischen Zeit (1. Hälfte des 5. Jahrhunderts), deren Grundmauern nur teilweise wiedergefunden wurden. Das Hauptschiff (H), 19,5 m lang und 8 m breit, schloß mit einer Apsis ab, deren Fundamentmauer in die Bauanlage der neuen Basilika eingefügt wurde. An das südliche, 15,35 m lange und 2,85 m breite Seitenschiff (S) lehnt sich das byzantinische Kloster (K) an, dazu, in Verlängerung des Seitenschiffes, eine Sakristei (Sa). Das nördliche Seitenschiff

116

grenzte an die Verkündigungsgrotte (G) und das Martyrion (F), die noch außerhalb des Baues lagen. Auf das Martyrion, dessen Vorhalle mit dem Kononmosaik (K) geschmückt war, ist das Mosaikfeld mit dem Christusmonogramm (M) orientiert. Im Westen war der Kirche ein 20,5 m langes und 16 m breites Atrium (A) vorgelagert.

3. Die Kirche der Kreuzfahrer umschloß den alten Bau der byzantinischen Kirche und die Verkündigungsgrotte. Die 75 m lange und 30 m breite Kirche hatte drei Schiffe mit je sechs Gewölbejochen. Den Abschluß bildeten drei halbkreisförmige Apsiden, denen ein Vorraum vorgelagert war. In jeder der drei Apsiden war das Altarfundament noch vorhanden. Der untere Teil der Hauptapsis ist aus dem Felsen herausgehauen, in dem noch zahlreiche Steinmetzzeichen erhalten sind, darunter der schöne Eigenname »Ogier«. An der Nordseite der linken Seitenapsis führte im mächtigen Mauerwerk eine Treppe zu den oberen Räumen. Die Gliederung des Innenraumes ist aus der Pfeilerlage zu erkennen. Ganz erhalten war das Fundament des linken sechsten (sechzehneckigen) Pfeilers. Der vierte Pfeiler stand auf der alten Mauer des Vorraumes an der Felsgrotte (F). Von der Würde der romanischen Innenausstattung zeugen zahlreiche Bruchstücke mittelalterlicher Skulpturen.

4. Die Lage der vierten Kirche ist nur in den Grundlinien angedeutet. Der von den Franziskanern im Jahre 1730 errichtete Notbau stand quer über den Ruinen der Kreuzfahrerkirche. Die 22 m lange und 17 m breite Kirche umfaßte mit der Nordhälfte des Mittelschiffes die ganze Grotte, deren Felsdecke mit Marmorplatten überdeckt und als Altarraum benutzt wurde. Zwischen den beiden Aufgängen führte eine breite Treppe zur Verkündigungsgrotte hinab.

5. Die in den Jahren 1960–1969 errichtete Verkündigungsbasilika erhebt sich wieder auf den Grundlinien der Kreuzfahrerkirche, außer an der Westseite, wo die Front um ca. 5 m zurückgezogen wurde. In der äußeren Form bilden Ober- und Unterkirche einen mächtigen Block von ca. 44 m Länge, 27 m und einer Höhe von 20 m. Im Osten und Westen ist der Kirche ein Anbau vorgelagert. Der Haupteingang zur Unterkirche befindet sich an der Westfassade. Die Kuppel, die sich über dem von der Tradition verehrten Ort der Menschwerdung Christi wölbt, ruht auf einer hohen achteckigen Trommel. Der Architekt war bemüht, die antiken Mauerreste und Fundamentspuren der früheren Bauten als sichtbare Zeugen der Tradition in den Neubau mit einzubeziehen. So befindet sich die Unterkirche auf dem Niveau der byzantinischen Kirche. In der östlichen Hälfte führen sieben Treppen zu einem achteckigen, leicht abgerundeten ca. 20 × 8 m großen Platz hinunter, der auf dem Niveau des ersten Kultbaues liegt. Der Platz umschließt sowohl die im Raum frei stehende Verkündigungsgrotte als auch das vor der Grotte liegende Gelände, auf dem nach der Tradition das Haus der Hl. Jungfrau erbaut war. Ein großer quadratischer Altar nimmt die Mitte des Platzes ein und symbolisiert das Zentrum des Heiligtums. Das Niveau der Oberkirche liegt in einer Höhe von 9 m. Durch eine sternförmige, etwa 7,5 m weite Öffnung ist der Blick frei auf die von der Tradition verehrte Stätte. Darüber wölbt sich in fast 40 m Höhe die kelchförmige gefächerte Kuppel. Die Haupteingänge zur Oberkirche liegen an der Nordseite, wo sich vor der Kirche in der Höhe des Niveaus ein trapezförmiger hängender Kirchplatz ausbreitet. Die große Terrasse schützt die freigelegten Siedlungsspuren des alten Nazaret (vgl. Abb. 64, S. 115).

derte in einer Weise ersetzt und ergänzt, wie man sie nicht für möglich gehalten hätte. Wir können zeigen, daß die judenchristliche Gemeinde von Nazaret, zu deren Kern wohl die Nachkommen aus der Verwandtschaft Jesu gehörten, die alte Tradition an dieser Stelle hütete.

Sehen wir die Tatsachen. Das Hauptschiff der byzantinischen Kirche birgt ein aus schwarzen, weißen und roten Würfeln bestehendes Mosaikfragment, ein Christusmonogramm, das von einem aus mehreren konzentrischen Kreisen gebildeten Kranz umgeben ist (vgl. Abb. 71, 5, S. 125). Wir sind es gewohnt, in dem »Konstantinischen Monogramm« ein Chi und ein Rho, die beiden Anfangsbuchstaben des griechischen Wortes Christos zu sehen. Die eingehenden Untersuchungen judenchristlicher Symbole, die auf Ossuarien, Lampen und Wänden — auch in Nazaret — entdeckt wurden, haben gezeigt, daß sich das Monogramm aus einem judenchristlichen Symbolzeichen des Namens Jesus Christus entwickelt hat. Auffällig aber ist, daß der ornamentale Schmuck des Christus-Mosaiks nicht nach Osten auf die Apsis der byzantinischen Kirche orientiert ist, sondern nach dem westlichen Teil der sogenannten Engelskapelle (vgl. Abb. 67, S. 120). Dieser Teil der Engelskapelle lag jahrhundertelang bis 1895 völlig vergessen hinter einer dreifachen Mauer verborgen. Nach dem Wegräumen der Mauer stieß der glückliche Entdecker, der Franziskanerbruder Benedict Vlaminck, auf einen unregelmäßigen, vieleckigen Raum, der mit einem gut erhaltenen Mosaik ausgelegt ist. Die griechische Inschrift des Mosaikmusters nennt den Namen eines Diakons Konon aus Jerusalem (vgl. Abb. 68, S. 121). Experten datieren die Inschrift etwa in die Mitte des 5. Jahrhunderts. Warum hat der Diakon Konon aus Jerusalem gerade hier seine »Votivtafel« gestiftet? Nach einem Bericht der »Passio« erlitt ein Christ namens Konon in der Verfolgung unter Decius (249–251) den Märtyrertod in Magydas in Kleinasien. Beim Verhör vor dem römischen Richter sagte er: »Ich bin aus der Stadt Nazaret in Galiläa, ein Verwandter Christi, dem ich von meinen Vorfahren her diene.«[71] Wahrlich ein kostbares Zeugnis für die lebendige Tradition an dieser geheiligten Stätte. In seiner Kirchengeschichte zitiert Eusebius († 339) eine Notiz des Jerusalemers Julius Africanus (gest. nach 240), der die Existenz von »Herrenverwandten« in Nazaret ebenfalls bestätigt. Nachdem Eusebius erwähnt hat, wie Herodes der Große alle offiziellen Stammregister der Juden hat vernichten lassen, um seine eigene idumäische Herkunft zu verheimlichen, schreibt er: »Einige jedoch konnten, weil sie sich entweder aus dem Gedächtnis oder durch Benützung von Abschriften Privatregister besorgt hatten, sich rühmen, die Erinnerung an ihre Abstammung gerettet zu haben. Zu diesen gehörten auch jene, welche wegen ihrer Beziehungen zu dem Geschlechte des Erlösers ›Herrenverwandte‹ genannt wurden und welche sich von den jüdischen Dörfern Nazaret und Kaukab aus über das übrige Land ausgebreitet und

117

Abb. 66.   Die Verkündigungsgrotte.

Die vielen Jahrhunderte sind auch an der Grotte, die dem Geheimnis der Verkündigung geweiht ist, nicht spurlos vorübergegangen. Die Abbildung zeigt den jetzigen Zustand der Grotte in der Unterkirche der neuen Verkündigungsbasilika. Die Zahlen beziehen sich auf den Plan der Verkündigungsgrotte (vgl. Abb. 67). Zum besseren Verständnis der »Geschichte« der Grotte sind die traditionellen Bezeichnungen noch beibehalten.

Die erste Nachricht über die Verkündigungsgrotte stammt aus dem Jahre 1106. Bei einem Besuch der Grotte findet der russische Abt Daniel den Altar der Verkündigung — eine Säule, auf die eine Marmorplatte lag — in der Ostapsis (1), das »Grab Josefs« an der linken Seite des westlichen Eingangs (2) und die »Zelle der Hl. Jungfrau« an der Südwand, durch die heute der Eingang unter dem Rundbogen zur Grotte führt. Die älteren Pilgerberichte aus dem 6. und 7. Jahrhundert erwähnen nur die Kirche, »wo jenes Haus erbaut war, in das der Engel zur seligen Jungfrau eintrat« (Arkulf [670]). So müssen wir die stummen Steine zum Reden bringen.

Aus der byzantinischen Basilika, in deren Hauptschiff über dem zugeschütteten Taufbecken (B) ein Mosaikfeld mit dem Christusmonogramm (M) lag, führte der Weg in die Grotte über eine Treppe in den Raum, der mit dem Mosaik des Konon (3) geschmückt ist. Das Mosaik ist auf die sackartige Felshöhle (2) hingeordnet, die nach den Ergebnissen der jüngsten Ausgrabungen den Judenchristen als Martyrion gedient hat. Die Fresken, die mit den Symbolzeichen der Judenchristen das Paradies darstellen, machen diese Deutung gewiß. Im Vorraum liegt ein quadratisches Mosaikfeld (4) mit dem Christusmonogramm (vgl. Abb. 68, S. 121). In östlicher Richtung schließt sich an das Kononmosaik die »Engelskapelle« (5) an. Ihre Breite beträgt 2,7 m, die Länge ist beim Bau der vierten Verkündigungskirche (1730) um 0,91 m auf 7,7 m ostwärts erweitert worden. Wann ist dieses Rechteck aus dem Felsen gehauen worden? Bestand das Rechteck schon in den Tagen Marias, und bildete es einen Teil ihres Hauses? Wir wissen es nicht. Auch die Archäologie kann auf diese Frage weder mit Ja noch mit Nein antworten. Sie kann uns nur sagen, daß in unmittelbarer Nähe die Spuren und Reste einer menschlichen Siedlung zu finden sind und daß der Ort bereits in frühester Zeit eine besondere Verehrung erfahren hat. Alte Mosaikreste wurden 1895 noch unter dem »Gabrielsaltar« gefunden, der an der Fortsetzung der NW-Ecke der »Engelskapelle« stand; ebenso war die Apsis an der Ostseite der Verkündigungsgrotte (1) mit Mosaik ausgelegt. Es ist nicht unmöglich, daß dieses Rechteck zum ersten Kultbau gehörte und mit der Grotte und dem Martyrion das Heiligtum bildete. Die felsige Nordwand der »Engelskapelle« ist erst um 1500 zum breiten Eingang nach der Verkündigungsgrotte durchgeschlagen worden. Der ursprüngliche Eingang lag hinter dem »Gabrielsaltar« und wurde von B. Vlaminck ebenfalls wiederentdeckt. Er führte unter dem fünften Pfeiler der Kreuzfahrerkirche zwischen zwei Säulen (6 und 7) in die Grotte. Die beiden Säulen aus rotem Porphyr sollten die Felsdecke stützen, als das nördliche Seitenschiff der Kreuzfahrerkirche über der Grotte errichtet wurde. Die vordere Säule, die den Namen des Engels Gabriel (6) erhielt, war zur Hälfte in einen Pfeiler eingemauert. Der Platz der hinteren Säule (7) war schon vor der Kreuzfahrerzeit dem Gedächtnis der Jungfrau Maria geweiht. Von hier aus soll sie — nach der Tradition jener Zeit — den Erzengel Gabriel in der Ostapsis der Grotte erblickt haben. Die Maße der Grotte sind ungefähr: 7 m Länge, 6 m Breite und 3 m Höhe. Die Felsdecke in der nördlichen Hälfte der Grotte ist teilweise mit Steinen ausgemauert. Der Niveauunterschied des Felsbodens in der nördlichen und südlichen Hälfte der Grotte wurde durch zwei Stufen überwunden. An der Ostseite ist die Grotte durch eine in den Felsen gehauene Apsis (1) erweitert worden, in der nach dem Bericht des Abtes Daniel der Verkündigungsaltar stand. Beim Neubau der Kirche im Jahre 1730 stellten die Franziskaner den Altar in die Mitte der Grotte (8), so daß ihn der Besucher beim Betreten der Grotte gleich im Blickfeld hatte. Unter der Altarmensa stehen auf einer Marmorplatte die Worte VERBUM CARO HIC FACTUM EST. Der nördliche Teil der Grotte war dem Gedenken Josefs geweiht. Der Altar stand zunächst in der nördlichen Ausbuchtung der Grotte. Als man 1624 in die Felswand eine Treppe schlug, kam der Altar an die Rückwand des Verkündigungsaltares zu stehen, nur durch eine Mauer von ihm getrennt.

Beim letzten Neubau der Verkündigungsbasilika war man bemüht, die natürlichen und baulichen Reste der Vergangenheit wieder klarer hervortreten zu lassen. Die Position der vier Säulen im Mittelgrund des Bildes läßt sich leicht nach dem Plan der Grotte ausmachen. Hinter den vier Säulen liegt die rechteckige »Engelskapelle« (5). Links vom Eingang zur Grotte steht die »Säule Gabriels« (6), hinter dem Mauerstück ist das obere Ende der »Säule Mariens« (7) sichtbar. Rechts neben der Grotte stehen die unteren, sechzehneckigen Steinlagen des sechsten Pfeilers (VI) der Kreuzfahrerkirche; der vierte Pfeiler (IV) erscheint als kurzer Ansatz am linken Bildrand, im Hintergrund die 3,6 m hohe Nordmauer der Kreuzfahrerkirche. Auf der linken Seite, von dem Mauerstück verdeckt, liegt das Kononmosaik (3), dahinter das Martyrion (2). Der im Vordergrund stehende neu errichtete Altar (9) erinnert an die Lage des Heiligtums aus dem 2./3. Jahrhundert, rechts davon die Apsis der byzantinischen Basilika (vgl. Abb. 67, S. 120).

Wie die ursprüngliche Form der Grotte ausgesehen hat, wissen wir nicht. Unter den Trümmern der zerstörten Kirche hütete sie aber das Geheimnis der Menschwerdung bis in unsere Zeit.

die vorliegende Ahnentafel teils nach dem Gedächtnis, teils aus ihren Familienbüchern so gut wie möglich zusammengestellt hatten« (Hist. eccl. I, 7).

Wir können mit großer Wahrscheinlichkeit annehmen, daß die »Herrenverwandten« den Kern der judenchristlichen Gemeinde in Nazaret bildeten und die Tradition an dieser Stelle hüteten. Die Entdeckung eines judenchristlichen Kultbaues, einer »Synagogen-Kirche«, aus dem 2./3. Jahrhundert auf dem Gelände, das die Tradition als den Ort der Verkündigung verehrt, erhebt diese Annahme zur Gewißheit. Prüfen wir die einzelnen Indizien.

Mehrere Anzeichen deuten darauf hin, daß der Raum mit dem Kononmosaik zu einem alten Heiligtum gehört. Am westlichen Rande wird das Mosaikfeld von drei Mauern umklammert (vgl. Abb. 67, S. 120, und Abb. 68, S. 121). Am Fuße dieses aufgeführten Spitzmauerwerkes läuft eine Mosaikkante aus weißen Würfeln, die älter ist als das Kononmosaik. Mithin war dieser Raum schon geehrt, ehe die byzantinische Basilika errichtet wurde. Die Steine der Mauer sind ferner von der gleichen Art, wie sie an anderer Stelle unter den Fundamenten der byzantinischen Kirche gefunden wurden. Das Mosaik Konons ist auf eine sackartige Höhle hingeordnet, der auch das Mauerwerk zustrebt (vgl. Abb. 67, 2, S. 120). Im Vorraum befindet sich wiederum ein in geometrischen Mustern gehaltenes Fußbodenmosaik mit einem Christusmonogramm (vgl. Abb. 67, 4, S. 120, und Abb. 68, S. 121).

B. Vlaminck OFM, der die Felshöhle entdeckte, glaubte in der ganzen Anlage ein altes Felsgrab zu sehen. Die meisten Archäologen schlossen sich dieser Deutung an; nur über die Person des Toten gingen die Ansichten auseinander. War es das Grab Josefs, des gesetzlichen Vaters Jesu? War es das Grab des jüdischen Priesters Josef von Tiberias, dem als Erbauer der Kirche dieser Ehrenplatz gewährt wurde? Schon B. Vlaminck war der dicke Kalkanstrich auf den Felswänden aufgefallen, unter dem noch einige Zeichen und unleserliche Graffiti zu erkennen waren. Leider zerstörte er bei der Untersuchung der Felshöhle einen Teil einer Bank mit einem Becken, da ihm diese »Felseinrichtung« aus späterer, arabischer Zeit zu stammen schien. Die eingehenden Untersuchungen, die im Jahre 1966 von B. Bagatti OFM in der Felsgrotte angestellt wurden, haben das Geheimnis der Felshöhle geklärt. Die von Vlaminck weggeräumte Bank stammte in der Tat aus ältester Zeit und gehörte zu einer »Mensa Martyrum«, zu einem »Märtyrertisch«. Nach der Umbettung des Mosaikbodens entdeckten die Ausgräber eine etwa 0,8 m lange und 0,5 m breite Steinstufe, die der weggeräumten Bank vorgelagert war. Groß war dann die Freude der Archäologen, als sie in etwa 0,95 m Höhe einige Reste der »Mensa Martyrum« fanden. Der etwa 2 m lange und 0,6 m breite Tisch wurde teilweise von der Felswand, teilweise von Mauerwerk gestützt. Auf der gegenüberliegenden Felswand, die an die Verkündigungsgrotte grenzt, waren noch die Schichten von nicht weniger als sechs Kalkanstrichen erhalten geblieben. In mühevoller Arbeit wurde Schicht für Schicht abgehoben und die darin eingeritzten oder mit Kohle aufgekritzelten Graffiti untersucht. Diese Mühe wurde überreich belohnt; denn die Graffiti auf der untersten, ältesten Schicht erlaubten eine sichere Deutung dieser geheimnisvollen Stätte. Die oberen Schichten enthielten zahlreiche mit Kohle geschriebene Namen, wie Petrus, Paulus, Sabbas, ferner Anrufungen Gottes mit verschiedenen Kreuzsymbolen. Die unterste Kalkschicht, die direkt auf den Felsen aufgetragen war, überraschte durch ihren Reichtum an Fresken, Graffiti und Inschriften. Um eine große runde Krone in roter und schwarzer Farbe waren rote Bänder geschlungen, dazu ein Sproß mit drei Zweigen und vielen roten Blumen (vgl. Abb. 69, S. 122, und Abb. 70, S. 123).

Alle diese Indizien erlauben den Schluß, in dieser Felsgrotte ein »Martyrion« zu sehen, das alle Elemente einer alten Märtyrerkapelle des 2. und 3. Jahrhunderts enthält: die Symbole des Paradieses, die »Mensa Martyrum« mit der Bank, die der Feier der Eucharistie und der Agape diente.

Die weiteren Entdeckungen auf dem Gelände der Verkündigungskirche bestätigen das hohe Alter dieser Kultstätte, die nach B. Bagatti aus dem 3., wenn nicht gar aus dem 2. Jahrhundert stammt. Als die Archäologen während der Bauarbeiten die Mosaikfragmente im Mittelschiff der byzantinischen Kirche aus Sicherheitsgründen umbetteten, erlebten sie eine neue Überraschung. Unter dem Mosaikboden lag ein mit Schutt gefülltes Becken. Sieben Stufen führten in das aus dem Felsen geschlagene Becken hinab. Die Verwendung solcher Becken als Weinkelter wird durch eine gleiche Anlage in nächster Nähe der Verkündigungskirche bezeugt. Das Becken stand mit einer Zisterne in Verbindung, so daß wir mit Sicherheit auf dem Boden einer menschlichen Ansiedlung des alten Nazaret stehen.

Es blieb für die Archäologen kein Zweifel mehr übrig, daß der Bauschutt von einem größeren Kultbau stammte, der vor der byzantinischen Basilika errichtet worden war. Wo aber stand diese Kirche? Die weiteren Ausgrabungen zeigten, daß der angrenzende Felsboden stark nach Süden abfällt. Um ein gleich hohes Niveau für den Bau der Kirche zu gewinnen, ließ der byzantinische Architekt das Gelände bis zu einer Höhe von 2 m aufschütten. Im Schutt fanden sich Trümmerreste verschiedenster Art, darunter auch etwa 80 gut bearbeitete Steine. Die Verputzspuren zeigten, daß die Steine bereits bei einem früheren Bau verwendet worden waren. Die Archäologen brauchten nicht lange zu suchen, um eine Mauer zu finden, die aus den gleichen Steinen erbaut war. Der Stylobat der byzantinischen Kirche stand auf einer Mauer, die aus einer doppelten Reihe jener Steine bestand (vgl. Abb. 65, S. 116). Damit war die Herkunft der Trümmerreste geklärt. Sie stammten

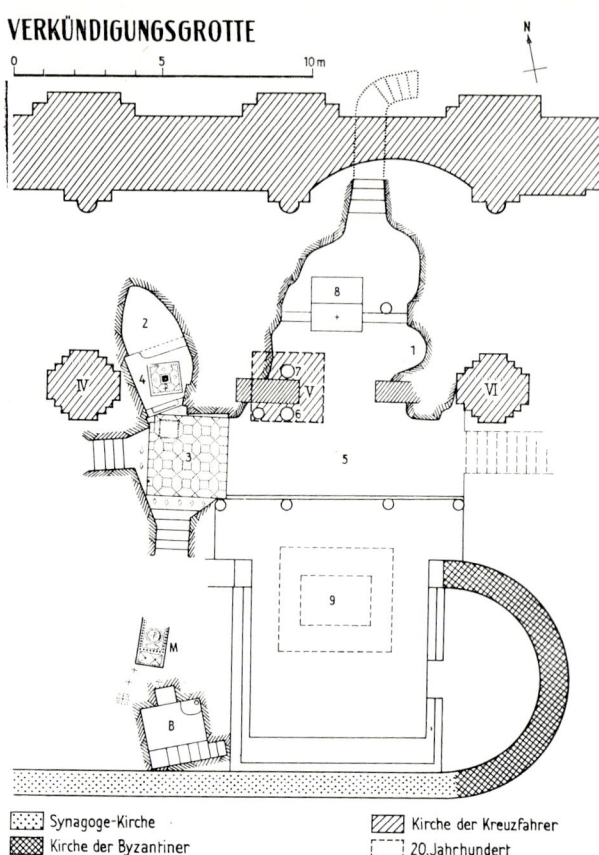

VERKÜNDIGUNGSGROTTE

Abb. 67.   Plan der Verkündigungsgrotte.

1 Ostapsis
2 Martyrion
3 Kononmosaik
4 Vorraum des Martyrions
5 Engelskapelle
6 Säule Gabriels
7 Säule Mariens
8 Altar der Verkündigung
9 Neuer Altar
B Taufbecken
M Mosaik – Christusmonogramm
IV, V, VI Pfeiler der Kreuzfahrerkirche

von einem Gebäude, das vor der byzantinischen Basilika auf diesem Gelände errichtet worden war. Im Schutt gefundene Säulenbasen, verzierte Steinwürfel, Kapitäle, Türschwellen, Fenstergesimse ähneln in auffälligster Weise den Bauelementen, wie sie bei den galiläischen Synagogen aus dem 3. Jahrhundert — in Umm el-Amad (15 km nördlich von Nazaret) in ed-Dikki (2 km nordwestlich von Betsaida) und in Kafr Kenna — wiederzufinden sind (vgl. Abb. 156, 2, S. 271). Besondere Auf-

*Abb. 68.   Das Kononmosaik vor dem
Martyrion.*

*Das Bild zeigt einen Ausschnitt des Fuß-
bodenmosaiks mit dem Eingang zu dem
Vorraum der dahinter liegenden Felsgrotte
(vgl. Abb. 67, S. 120). Das geometrische
Mosaikmuster trägt in seiner Nordostecke auf weißem Grunde die griechische
Inschrift in eckigen Buchstaben: ΠΡ
[prosphora] ΚΩΝΩΝΟΣ ΔΙΑΚΟΝΟΥ
ΙΕΡΟΣΟΛΥΜΩΝ — Votivgeschenk des
Diakons Konon aus Jerusalem.[72] Das Mosaik ist auf eine sackartige Höhle hingeordnet, der auch das Mauerwerk zustrebt.
Die ursprüngliche Form der Höhle — sie
ist insgesamt 4,25 m lang, 2 m breit und
1,75 m hoch — hat sich nicht erhalten. Die
jüngsten Untersuchungen haben aber gezeigt, daß die Grotte von den Judenchristen als Martyrerkapelle benutzt wurde. An
der westlichen (linken) Felswand der Höhle
stand die »Mensa Martyrum«, ihr gegenüber war an der Ostwand das »Paradies«
gemalt. (Vgl. Abb. 69 und Abb. 70.)*

merksamkeit erregten die im Schutt gefundenen Über-
reste, die offensichtlich Bestandteile eines Altares waren.
Dieses ehrwürdige Zeugnis wird noch durch eine kleine
Kostbarkeit bereichert: Unter den Graffiti entdeckten
die Ausgräber das älteste Ave-Maria in griechischer
Sprache (vgl. Abb. 71, 4, S. 125).

Von diesen Fundstücken auf die Existenz eines früheren Kultbaues zu schließen ist zwingend. Diese christliche »Synagoge« in der Heimatstadt Jesu — der Name
Synagoge war nach Jak 2, 2 auch bei den Judenchristen
für ihre Versammlung geläufig — bestand »neben« der
Synagoge des Ortes, deren Existenz der Pilger von
Piacenza noch im 6. Jahrhundert bezeugt. Die »Synagogen-Kirche« in Nazaret ist neben der »Haus-Kirche«
in Kafarnaum und dem »Obergemach« in Jerusalem
auf dem Berge Sion einer der ersten christlichen Kultbauten in Palästina aus der Zeit vor Konstantin, dessen Spuren uns erhalten sind. Auffällig aber ist, daß
das Taufbecken nicht in der Achse der »Synagogen-
Kirche« liegt (vgl. Abb. 65). Es ist darum nicht unwahrscheinlich, daß das Taufbecken bereits vor dem Bau
der »Synagogen-Kirche« existierte und mit dem Martyrion in der Felsgrotte zum ältesten, »vorsynagogalen«
Kultbau der Judenchristen in Nazaret gehörte.

Wenn auch der Sturm der Zeiten die sichtbaren Spuren für das Auge des Pilgers, der gern mehr sehen
möchte, verweht hat, wir haben die Gewißheit, hier in
Nazaret auf heiligem Boden zu stehen. Lukas schreibt:
»Im sechsten Monat ward der Engel Gabriel von Gott
in eine Stadt Galiläas namens Nazaret zu einer Jungfrau gesandt, die mit einem Manne namens Josef aus

dem Hause Davids verlobt war. Der Name der Jungfrau aber war Maria. Der Engel trat zu ihr herein und
sagte: Gegrüßt seist du, Gnadenvolle, der Herr ist mit
dir. Sie aber wurde über diese Rede bestürzt und dachte
nach, was wohl dieser Gruß zu bedeuten habe, und der
Engel sprach zu ihr: Fürchte dich nicht, Maria; denn
du hast Gnade gefunden bei Gott. Siehe, du wirst empfangen und einen Sohn gebären, und du wirst ihm den
Namen Jesus geben. Dieser wird groß sein und Sohn
des Allerhöchsten genannt werden; Gott der Herr wird
ihm den Thron seines Vaters David geben. Er wird im
Hause Jakob herrschen ewiglich, und seines Reiches wird
kein Ende sein« (Lk 1, 26—33).

*Abb. 69.   Krone mit Graffiti an der Ostwand des Marty-
rions (S. 122).*

*Fünf Verputzschichten mit einer Gesamtstärke von rund
25 mm lagen über der ältesten Kalkschicht der felsigen Ostwand, die ein judenchristlicher Künstler mit der Darstellung
des »Paradieses« schmückte. Das in einer Länge von rund
3,5 m erhalten gebliebene Fragment zeigt die gleichen Motive, die man auch in den Katakomben findet. Die bildliche
Darstellung von lebenden Wesen, z. B. von Vögeln, wurde
aber vermieden, da sich die Judenchristen in ihrer heimatlichen Umwelt noch an das Bilderverbot der Tora hielten.
Das »Paradies« beginnt am Eingang der Grotte mit einer
Krone, deren Rundung auf der rechten Bildhälfte sichtbar ist.
Der äußere Durchmesser des 11 cm breiten Bandes muß etwa
75 cm betragen haben. In den aus zwei konzentrischen Kreisen bestehenden Reif sind zwischen roten und grünen Feldern helle Olivenblätter gemalt. Von dem in der Krone ste-*

henden Palmzweig hat sich nur noch ein Rest erhalten. Die in unmittelbarer Nähe der Krone liegenden Graffiti — sie müssen in den noch frischen Verputz eingeritzt worden sein — lauten:

(1) JESUS CHRISTUS
    (Die Zahlen beziehen sich auf die Zeilen des verkleinerten Originals.)
(2) SOHN GOTTES, KOMM
(3) GENOS UND ELPISOS ZU HILFE.
    (Es folgt eine weitere Anrufung.)
(4) STÄRKE DIE KNECHTE JESU
(5) UND
(6) GEDENKE

Es folgen verschiedene Namen, jeder als eigene Unterschrift erkennbar. Wahrscheinlich sind es die Namen der Bauarbeiter, die ihre Arbeit mit dem Bekenntnis ihres Glaubens krönten:

AKYLLES (10), ELPIDIOS (12), ANTONIS . . .

Über den Graffiti war mit Holzkohle ein großes Kreuz gezeichnet, dazu der Name PAULOS.
Auf der linken Bildhälfte sind noch höher liegende Reste der späteren Kalkschichten an den schwarzen Schlagschatten gut zu erkennen. Auch diese Schichten haben Pilger mit Anrufungen beschrieben und mit ihren Namen gezeichnet.

122

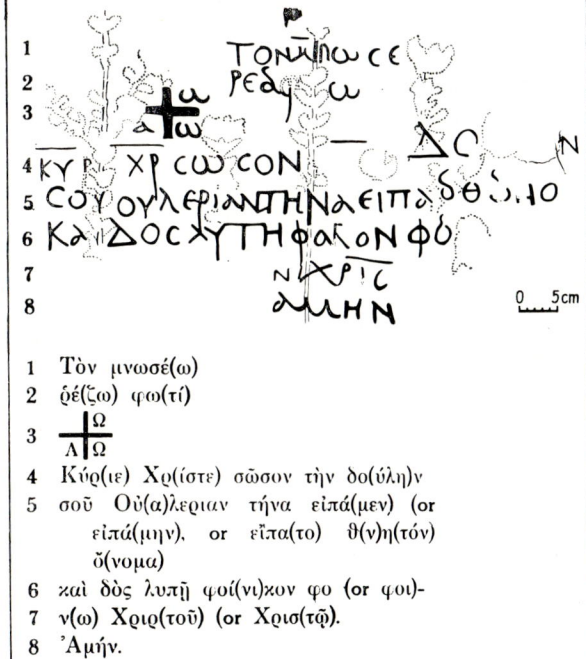

Abb. 70.   Inschrift der Valeria im »Paradies«.

Inmitten langer grüner Zweige mit roten Blüten an den Spitzen steht im Mittelfeld der Paradiesesdarstellung eine achtzeilige griechische Inschrift. Die etwa 2 cm großen Buchstaben sind mit roter Farbe auf den Kalkverputz gemalt. Der rekonstruierte Text — er ist verkleinert in der Original- und Umschrift beigefügt — lautet:

ICH HABE AN DAS LICHT GEDACHT.

(Es folgt ein gleicharmiges Kreuz mit den griechischen Buchstaben Alpha und Omega in den Eckfeldern.)

HERR CHRISTUS, RETTE DEINE DIENERIN VALERIA! IN EHRFURCHT HABE ICH DEN TOD DES N ... GE-PRIESEN.

GIB DIE PALME DENEN, DIE FÜR CHRISTUS STAR-BEN! AMEN.

Da der Text im dorischen Dialekt abgefaßt ist, wäre es nicht so unwahrscheinlich, daß Valeria aus Pamphylien stammte, wo das Dorische noch gesprochen wurde. Sie kam nach Nazaret, dem Heimatort des Konon, der in Magydas in Pamphylien um das Jahr 250 n. Chr. den Martertod für Christus erlitten hat. Die schwer lesbaren Buchstabenfragmente »on« in einer benachbarten Inschrift unter der Krone ließen sich zu dem Namen Konon ergänzen. Hier gedachte Valeria des Martyrers und schmückte das Martyrion mit der Darstellung des »Paradieses«, des Ortes der Verheißung, des Lichtes und des Friedens.

1 Τὸν μνωσέ(ω)
2 ρέ(ζω) φω(τί)
3 ✠ Ω / Λ Ω
4 Κύρ(ιε) Χρ(ίστε) σῶσον τὴν δο(ύλη)ν
5 σοῦ Οὐ(α)λεριαν τήνα εἰπά(μεν) (or εἰπά(μην), or εἰπα(το) θ(ν)η(τόν) ὄ(νομα)
6 καὶ δὸς λυπῇ φοί(νι)κον φο (or φοι-)
7 ν(ω) Χριρ(τοῦ) (or Χρισ(τῷ).
8 Ἀμήν.

0 5cm

123

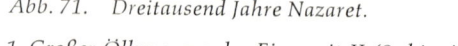

Abb. 71.   Dreitausend Jahre Nazaret.

1. *Großer Ölkrug aus der Eisenzeit II (9. bis Anfang 6. Jahrhundert v. Chr.). Der aus Bruchstücken zusammengesetzte Krug hat einen kleinen Trichter und wurde in einem Silo in der Nähe der Apsis der Kreuzfahrerkirche gefunden (vgl. Abb. 65, 24, S. 116).*

2. *Vorratshöhle für Getreide und Öl in unmittelbarer Nähe der Verkündigungsgrotte (vgl. Abb. 64, 3, S. 115). Im Felsboden (Vordergrund) die große runde Öffnung des darunter liegenden Getreidesilos (vgl. Abb. 64), an der linken Wand die Vertiefungen und Löcher zur Aufnahme der Krüge, im Hintergrund der sonnenerhellte Treppeneingang der Höhle.*

3. *Taufbecken aus der »Synagogen-Kirche« (vgl. Abb. 65, B, S. 116, und Abb. 67, S. 120). Die Wände des etwa 2 m großen Beckens tragen einen weißen, wasserdichten Verputz, in den Graffiti verschiedenster Art eingeritzt sind: eine Pflanze mit drei Hörnern, kleine Schiffe, Kreuze, ein Netz mit 400 Feldern und weitere Zeichen. Die religiösen Motive machen es gewiß, daß das Becken von den Judenchristen als Taufbecken benutzt wurde. Das Becken selbst war mit Bauschutt angefüllt, dessen Sichtung eine Unmenge abgeschlagener buntgetönter Wandverputzstücke ergab. Auf einzelnen Stücken war der Name »I H«, das sind die ersten zwei Buchstaben des Namens »I H Σ O Y Σ«, zu lesen oder die Buchstaben »X I P I«, die sich wegen des großen Zwischenraumes zu der Anrufung ergänzen lassen: »X P Ι Σ T E   K Y P I E« — CHRISTUS HERR.*

Noch eine sichtbare Spur führt uns in das alte Nazaret aus der Zeit Jesu. Es ist die Quelle des Ortes, die seit dem 11. Jahrhundert den Namen Mariens trägt. Bei der Trockenheit Palästinas, die der regenlose Sommer mit sich bringt, spielt das Wasser für jede Ansiedlung eine lebenswichtige Rolle. So sind Brunnen und Quellen für die Lokalisierung alter Orte untrügliche topographische Anhaltspunkte. Im alten Nazaret lag die einzige Quelle am östlichen Rand des Talkessels (vgl. Abb. 59, S. 110).

Hier war darum die älteste Schöpfstelle, heilig und ehrwürdig, weil auch die Heilige Familie hier das Wasser schöpfte. Heute sprudelt das Wasser der Quelle aus einem Brunnen an der Straße nach Tiberias. Der ursprüngliche Brunnen hat eine wechselvolle Geschichte hinter sich. Ganz in seiner Nähe steht die Gabrielskirche der orthodoxen Griechen. Im Inneren führen sechs Stufen zu einem auf der Nordseite gelegenen gewölbten Raum hinab. In dieser Krypta liegt hinter dem Altar ein Brunnen, in den das Wasser der nahen Quelle geleitet wurde. Auf dem runden Marmordeckel des Brunnens läuft um den Rand in griechisch die Inschrift: »Gegrüßet seist du, Maria, der Herr ist mit dir.«

Die orthodoxen Griechen, denen die Kirche gehört, verlegten, in Abhängigkeit vom Protoevangelium des Jakobus, die erste Erscheinung des Erzengels Gabriel

4. *XE MAPIA — AVE MARIA. Das auf dem Sockel einer Säule gefundene griechische Graffito stammt noch aus der vorbyzantinischen Zeit. Die Abkürzung XE kann zu dem Wort XAIPE — AVE — ergänzt werden. Diese Anrufung, die den Gruß des Engels wiederholt, ist die erste inschriftliche Bezeugung des Namens der Mutter Jesu.*

5. *Christusmonogramm aus dem Bodenmosaik der byzantinischen Basilika (vgl. Abb. 65, M, S. 116). Daß die Anfänge des sogenannten »Konstantinischen Christusmonogramms« im judenchristlichen Symbolismus beheimatet sind, ist eine Erkenntnis der jüngsten Forschung.[73] Wie die Urgemeinde in Jerusalem noch ganz im Schatten des Tempels lebte, so blieben auch die Judenchristen in ihrem heimatlichen Milieu dem Gesetz der Väter und den Überlieferungen der Alten verbunden. Sie mieden den Bilderkult und drückten ihre theologischen Vorstellungen in Zeichen und Symbolen aus. Diese Symbolsprache ist uns fremd, sie bietet aber den originalen Schlüssel für das Verständnis der judenchristlichen Mentalität. Zu den Ursymbolen gehört das Zeichen des Sternes* ✳. *Die Beziehung zur Weissagung Bileams liegt nahe: »Ein Stern geht auf aus Jakob« (Num 24, 17). So fügte man dem Stern ein griechisches Rho* Ρ *ein, das Geheimzeichen für Jesus, den Sohn der Verheißung. Das griechische Rho hat den Zahlenwert 100 und weist auf Abraham hin, der als Hundertjähriger den »Sohn der Verheißung« erhielt. Später verselbständigte sich das Rho, und die übrigen vier Strahlen des Sternes wurden als Chi interpretiert. Es entstand das bekannte Chi-Rho, die Anfangsbuchstaben des griechischen Wortes Christos — der Gesalbte — der Messias.*

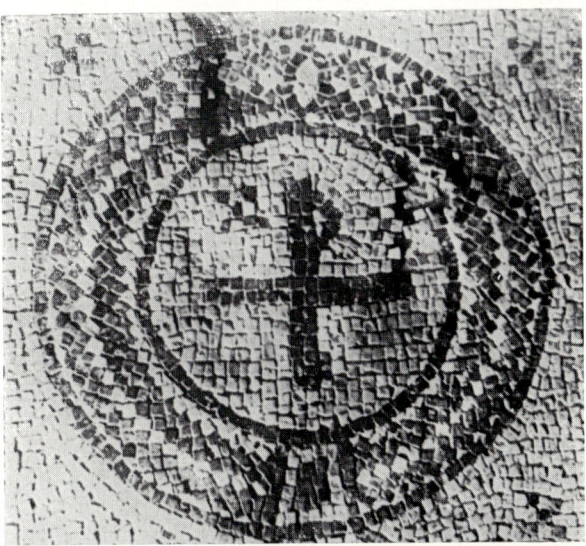

6. *Kapitäl aus der Kreuzfahrerzeit: Der Auferstandene zeigt dem ungläubigen Tomas seine Herzwunde. Das romanische Kapitäl wurde 1908 von P. Viaud mit noch vier anderen in dem Raum, der an die Nordmauer der Kreuzfahrerkirche grenzt, aufgefunden (vgl. Abb. 64, 10). Die Kapitäle haben aber niemals die Säulen der Kirche geschmückt. Vielleicht hat der Künstler selbst sein unvollendetes Werk beim Herannahen Saladins (1187) versteckt.*

an diesen Brunnen: »Und sie nahm den Krug und ging hinaus, um Wasser zu schöpfen, und siehe, eine Stimme sprach: Sei gegrüßt, du Begnadigte unter den Frauen! Und sie schaute sich nach rechts und nach links um, woher diese Stimme komme. Und sie erbebte, ging in ihr Haus, stellte den Krug ab.«[74]

Das erste sichere Zeugnis für eine Kirche auf dem Gelände der Quelle stammt aus der Kreuzfahrerzeit Der russische Abt Daniel (1106/07) berichtet: »Wir fanden einen bemerkenswerten und sehr tiefen Brunnen, dessen Wasser sehr kalt ist und zu dem man auf Stufen hinabsteigt. Eine runde Kirche unter dem Namen des Erzengels Gabriel bedeckt diesen Brunnen.« Ob an dieser Stelle bereits während der byzantinischen Ära der Stadt eine Kirche erbaut worden war, ließ sich bis jetzt bei den nur zufälligen Grabungen nicht klären. Das Zeugnis des Arkulf (670) ist in dieser Frage zu unklar, als daß man eine sichere Entscheidung fällen

Abb. 72. Der Marienbrunnen in Nazaret.

1. Der neue Brunnen an der Straße nach Tiberias.

könnte: »Die Kirche stützt sich auf zwei Hügel und dazwischen eingesetzte Bögen. Unten, zwischen den beiden Hügeln, enthält sie eine sehr klare Quelle, welche die ganze Einwohnerschaft besucht, um aus ihr Wasser zu schöpfen. Das Wasser wird durch eine Winde in Gefäßen in die Kirche hinaufgezogen, die darüber erbaut ist.« Diese an sich präzise Angabe wird durch seine Bemerkung über die Lage und den Namen der Kirche zu einem nicht lösbaren Dilemma. Sie stand »mitten in der Stadt auf zwei Erhebungen gebaut an dem Ort, wo einst das Haus erbaut war, in dem unser Erlöser aufgezogen wurde«. War die »Kirche der Ernährung« identisch mit der Gabrielskirche, deren Namen Arkulf mit keiner Silbe erwähnt? Nur Ausgrabungen können dieses Rätsel lösen.

Im Jahre 1767 begannen die Griechen mit dem Neubau der heutigen Kirche an der Quelle. Man nahm der lateinischen Kirche am anderen Rande der Ortschaft das Geheimnis der Verkündigung und übertrug es ganz in diese Gabrielskirche, die nun auch offiziell bei den Griechen den Namen der Verkündigung trägt.

Zahllose Pilger sind in den vielen Jahrhunderten in die Heimatstadt Jesu gekommen. Sie wollten in »einer Stadt Galiläas namens Nazaret« den Gruß des Engels in besonderer Weise hören, sie wollten auf den Straßen den Wegen Jesu nachgehen und an der Quelle von dem Wasser trinken. Die Liebe trieb sie auch an, die Stätten, an denen das Gedächtnis an den Herrn besonders haftete, durch Heiligtümer zu ehren. Weil sie aus einem solchen Herzen entstanden sind, müssen sie uns verehrungswürdig sein, selbst dann, wenn ein kritischer Sinn es besser weiß. Ganz Nazaret ist uns heilig, weil dort »der Heilige« gelebt hat.

Als Jesus zwölf Jahre alt war

Wenn Jesus mit seinen Eltern auf die nahen Bergeshöhen stieg, dann lag das Land mit der Geschichte Israels vor ihnen wie ein aufgeschlagenes Buch. Im Norden, etwa eine Stunde von Nazaret entfernt, lag Sepphoris, die Residenz des Vierfürsten Herodes Antipas. Es ist der gleiche Herodes, zu dem Jesus nach fast

2. *Ein Ausfluß der Quelle in der Krypta der Gabrielskirche.*

Das 1. Bild (S. 126) zeigt den heutigen Ausfluß der Marienquelle, der erst im Jahre 1862 an der Straße nach Tiberias geschaffen wurde (vgl. Abb. 59, S. 110, und Abb. 60, S. 111).

Um ein Versickern des kostbaren Wassers zu verhindern, legte man im Jahre 1911 durch den Kanal eine eiserne Röhre. Bei den Bauarbeiten stieß man bis zur eigentlichen Quelle vor, die ungefähr 150 m nordwestlich vom heutigen Ausfluß in einer 10 m unter dem Boden liegenden Höhle entspringt. Ein in den Felsen geschlagener, 17 m langer Aquädukt leitete das Wasser an die Oberfläche; vermutlich lag hier die Schöpfstelle des jüdischen Nazaret. Ein aus Steinen gebauter Kanal führte dann das Wasser zu einer späteren Schöpfstelle, die 4–5 m von der Nordmauer des Hofes der Gabrielskirche entfernt liegt. Ein weiterer Kanal brachte das Wasser in das Innere der Kirche, wo es, wie der Pilger Arkulf (670) berichtet, »in Gefäßen durch eine Winde hinaufgezogen wurde«. Da man die Kirche durch das Schöpfen des Wassers für den täglichen Gebrauch nicht profanieren wollte, wurden auf dem Gelände vor ihr verschiedene Reservoirs angelegt. Die ergiebige Quelle liefert selbst in den Hochsommermonaten bis zu 600 Litern in der Stunde.

drei Jahrzehnten als dessen Untertan vom römischen Landpfleger Pilatus abgeschoben werden sollte. Im Nordosten, etwa 25 km entfernt, lag der See Gennesaret, und hoch über allem leuchtete der schneebedeckte Hermon. Ostwärts stand der Tabor, der zweite heilige Berg Israels, der mit dem Hermon im Psalm besungen wird: »Hermon und Tabor jauchzen bei deinem Namen« (Ps 89, 13).

Im Westen endete das Bergpanorama in weiter Ferne mit dem Bergzuge des Karmel. Kein Israelit konnte ihn sehen, ohne des Propheten Elija und seines Schülers Elischa zu gedenken. Es ist nicht zufällig, daß Jesus beide Propheten gerade in Nazaret erwähnt (Lk 4, 25–27).

Im Süden schaute Jesus auf die Ebene Jesreel, das uralte Schlachtfeld des Vorderen Orients. Hier siegte vor anderthalb Jahrtausenden der ägyptische Pharao Thutmosis III. in der Schlacht bei Megiddo (1480 v. Chr.) über Babel. In den Annalen des Pharao über die Eroberung der Ebene Jesreel heißt es: »Nun kamen die Fürsten dieses Landes und fielen nieder, um der Macht seiner Majestät zu huldigen und um Atem für ihre Nasen zu erbitten.«

Hier kämpfte um 1200 v. Chr. Gideon mit den Mi-

dianitern, hier aß der fluchbeladene Saul, Israels erster König, sein letztes Nachtmahl in der Höhle der Hexe von En-Dor und stürzte sich nachher ins Schwert. Hier wurden schließlich am Südrand der Ebene auf der Paßhöhe von Megiddo im Jahre 609 v. Chr. die Hoffnungen Judas ausgelöscht. Joschija (639–609 v. Chr.), dessen Gestalt wie die eines zweiten David in die Geschichte Israels eingegangen ist, wurde von einem ägyptischen Pfeil tödlich getroffen. Noch bei Johannes erinnert ein Satz in der Geheimen Offenbarung an dieses Schlachtfeld, auf dem Israels Freiheit so oft in Gefahr gebracht wurde: »Und er versammelte sie an dem Ort, der auf hebräisch Harmageddon [Berg von Megiddo] heißt« (Offb 16, 16).

Weit im Süden lag die heilige Stadt seines Volkes, Jerusalem. Jesus kannte die Geschichte seiner Heimat und seines Volkes. Wer das Evangelium aufmerksam liest, spürt, wie der Gottessohn seine Heimat und sein Volk geliebt hat.

Als Jesus etwa 12 Jahre alt war, wurde in Jerusalem der Ethnarch Archelaus wegen seiner Mißwirtschaft vom Kaiser Augustus abgesetzt. Josef, der Beschützer des Gottessohnes, wird erleichtert aufgeatmet haben.

*Abb. 73.   Jerusalem mit dem Tempelplatz in der Blüten-
            pracht des Frühlings um das Osterfest.*

Jetzt konnte er den Knaben unbekümmert auf die Wallfahrt nach Jerusalem mitnehmen. Mit dem vollendeten
dreizehnten Lebensjahr wurde der Jude mündig, in der
Synagoge frageberechtigt und zur Erfüllung des ganzen
Gesetzes verpflichtet. Vom zwölften Jahre an sollten
deshalb die Kinder an die Beobachtung des Gesetzes gewöhnt werden.

Israels Fest- und Wallfahrtskalender wird im 23. Kapitel des Buches Exodus beschrieben. Die Zusammenfassung lautet klar und bestimmt: »Dreimal im Jahr
sollen alle deine Männer vor Jahwe, dem Gott Israels,
erscheinen.« Darum bedeutet das Wort »Israel« einfach:
»die nach Jerusalem gehen«. Wie wir später sehen werden, gehören die Pilgerreisen nach Jerusalem zu den
Selbstverständlichkeiten des religiösen Lebens Jesu.
Frauen waren nach dem Gesetz nicht verpflichtet »zu er

scheinen«, konnten aber an der Wallfahrt teilnehmen,
wie es der Evangelist Lukas von Maria berichtet und
auch der Talmud als frommen Brauch bestätigt (Chagiga I).

Wallfahrten gab es in Israel schon geraume Zeit, bevor Jerusalem die Stadt Davids wurde. »Vor Jahwe erscheinen« konnte in der Frühzeit Israels an einem ganz
beliebigen Heiligtum geschehen. Für die Richterzeit läßt
sich ein »Jahresfest Jahwes in Schilo« (Ri 21, 19), wo
die Bundeslade stand, nachweisen. Unter den ausgezeichneten Stätten aus der Geschichte des Volkes nahm
Bet-El, 19 km nördlich von Jerusalem gelegen, eine besondere Stellung ein. »Bet-El« — »Haus Gottes« — ist
nach Jerusalem der in der Bibel am häufigsten erwähnte
Ort Palästinas. Jerusalem aber wird »die Stadt des Gro
ßen Königs«. Wie es nur einen Gott gibt, darf es nur
ein Heiligtum geben. Allein in Jerusalem durfte geopfert werden.

Für das Jahrhundert Jesu bezeugt der jüdische Phi

losoph Philo (um 13 v. Chr.—45/50 n. Chr.) aus Alexandria den alleinigen Vorrang Jerusalems: »Viele Tausende strömen aus Tausenden von Städten, zu Wasser und zu Lande, von Ost und West, von Nord und Süd, zu jedem Wallfahrtsfest zum Heiligtum wie zu einem sicheren Zufluchts- und Rettungsort vor den Händeln und den Unruhen des Lebens, um hier Ruhe zu finden und ein wenig frei von den Sorgen ... eine kurze Spanne in heiterem Frohsinn zu verleben« (De monarchia II, 1).

»Du sollst fröhlich sein an der Stätte, die Jahwe, dein Gott, erwählt« (Dtn 16,11), so mahnt schon der Prediger im Buch Deuteronomium. Freudig trat der Pilger die Wallfahrt an, wenn die Ältesten dazu aufriefen: »Wie freute ich mich, da sie zu mir sagten: Laßt uns wallen zum Hause Jahwes!« (Ps 122, 1)

Die Psalmen 120—134 tragen die hebräische Überschrift »schir hamma alot«, die schwer zu übersetzen ist. Am wahrscheinlichsten empfiehlt sich die Deutung »Wallfahrtslied«; denn das hebräische Wort »'alah« — »hinaufsteigen« — ist der »Terminus technicus« für die Pilgerfahrt nach Jerusalem. Im Neuen Testament heißt es einfach »anabainein« — »hinaufsteigen« — (Lk 2, 42; Mk 10, 33).

Wollte man aus dem Psalter alle Königspsalmen, Wallfahrtsgesänge und »Zionslieder«, die mit Jerusa-

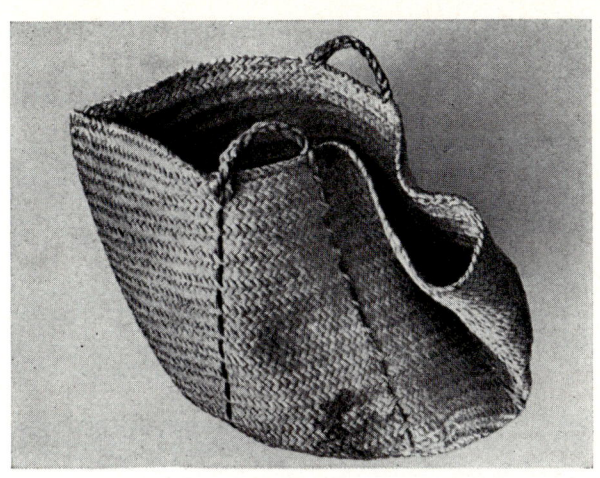

Abb. 75. Eine aus Palmwedeln geflochtene Tasche, gefunden auf Masada.

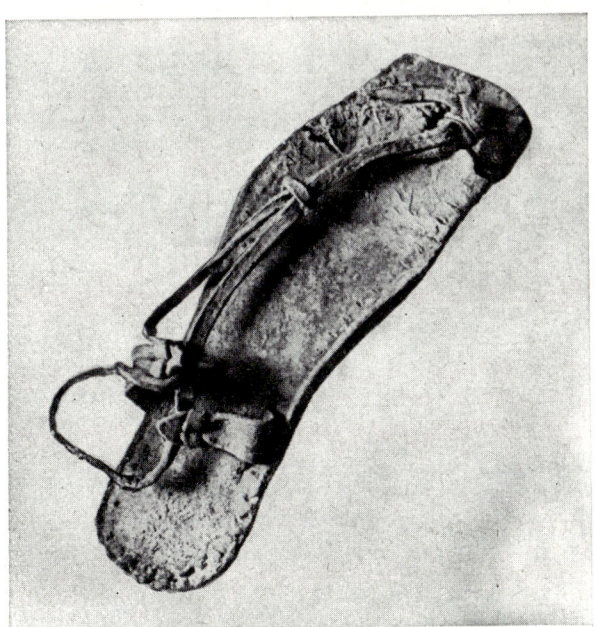

Abb. 74. Sandale aus dem Jahrhundert Jesu.

Die Ledersandale gehörte einer jungen Frau, deren Gebeine im Schutt der unteren Terrasse des Nordpalastes auf Masada gefunden wurden. Mit ihrem Mann und ihrem kleinen Kind fand sie im Jahre 73 n. Chr. den Tod (vgl. Abb. 46, S. 86).

lem und dem heiligen Zion zu tun haben, entfernen, es würde nur noch ein dürftiges Psalterium übrigbleiben.

Drei Wege führten von Galiläa nach Jerusalem. Die westliche Route benutzte zum großen Teil die uralte Via Maris. Die bei Jes 8, 23 erwähnte Straße bedeutet nach dem hebräischen Sprachgebrauch nicht »Weg am Meer«, sondern »Weg zum Meer«. Sie kam von Damaskus, überquerte unmittelbar südlich des Hule-Sees an der »Brücke der Töchter Jakobs« den Jordan und mündete bei Hazor in die große Straße von Norden. Sie folgte dem Rand der Berge bis an den See Gennesaret, an dem sie längs der Gennesar-Ebene vorbeizog, um dann den See bei Magdala wieder zu verlassen und durch das Wadi el-Hamam, das Taubental (vgl. Abb. 158, S. 274), auf das Plateau des unteren Galiläa zu steigen. Von dort zog sich die Via Maris um die Nordseite des Tabor herum, überquerte die Jesreel-Ebene nach Megiddo, wo sie dann über die mittleren Ausläufer des Karmel in die Scharon-Ebene hinabführte. Hier war sie durch die Wälder und Sümpfe gezwungen, sich nahe am Fuße der samarischen Berge zu halten. In der Schefela bei Antipatris, der alten kanaanäischen Königsstadt, teilte sich die Via Maris. Ein Zweig bog westwärts zur Meeresküste ab, während die andere Route in größerer Entfernung südwärts durch das Hügelland zog. Die Jerusalempilger hatten bei Antipatris, der ersten Grenzstadt Judäas, die Wahl, der Via Maris zu folgen, um dann bei Lod auf der alten Bet-Horon-Straße an Modeïn vorbei bei Gibea Saul die große Nordsüdverbindung zu erreichen. Sie konnten aber auch bei Antipatris in die spätere Römerstraße abbiegen und stießen dann bei Gofna auf die Nordsüdstraße (vgl. Abb. 12, S. 29).

Die ostgaliläischen Pilger bevorzugten den Uferweg,

Abb. 76. Der Dschebel el-Kafze mit der Jesreel-Ebene.

1. Blick vom westlichen Abhang auf die Jesreel-Ebene.

In südöstlicher Richtung von Nazaret bildet ein Wadi eine Senke, die nach etwa 2,5 km in einer tiefen Schlucht steil zur Jesreel-Ebene abfällt. Der östliche Abhang der Schlucht trägt den Namen »Dschebel el-Kafze« — »Berg des Sprunges«. Eine späte Tradition aus dem 8. Jahrhundert hat hier das Geschehen von Lk 4, 29 lokalisiert: »Sie sprangen auf, trieben ihn aus der Stadt hinaus und führten ihn bis an den Rand des Berges, auf dem ihre Stadt gebaut war, um ihn hinabzustürzen.« Der Absturzberg ist 392 m hoch, westlich nach dem Wadi fällt er ganz steil ab, ein wenig flacher in die etwa 250 m tiefer gelegene Ebene. Darum ist der Aufstieg zum Dschebel el-Kafze vom Wadi oder von der Ebene aus sehr mühselig, dagegen recht bequem von Nazaret aus, da der Berg nach dem 350 m hoch gelegenen Talkessel von Nazaret in welligen Kämmen abgleitet. Es ist unwahrscheinlich, daß die erregte Volksmenge die Geduld für diesen weiten Weg zum »Fels des Absturzes« aufgebracht hat. Vor

allem wird der Berg nicht dem Wortlaut gerecht, daß auf oder an ihm Nazaret erbaut ist. Dennoch bleibt der Weg durch das Wadi verehrungswürdig. Es war die naturgegebene Verkehrsstraße, die Nazaret mit dem Süden verband. Durch diese Schlucht wanderten die jüdischen Pilger zu den Festen nach Jerusalem. Es ist der einzige biblische Weg Nazarets, den kein Schutt verdeckt und den kein Eingriff von Menschenhänden in seiner Naturform veränderte.
Großes Aufsehen erregte die Entdeckung einer Höhle am Dschebel el-Kafze, die in den Jahren 1933—1935 von französischen Archäologen ausgeräumt wurde. Die Höhle liegt an der Ostseite des Wadi in 250 m Höhe (Bild 2, rechte Bildhälfte). In der untersten der zwölf Schichten, im tiefsten Levalloisien — etwa dem Zeitraum der zweiten Interglazialzeit vor 300 000 Jahren —, wurden die Reste von Menschen geborgen. Vier aufgefundene Schädel unterschieden sich von der sonst bekannten Rasse des Palaeanthropus palaestinensis, dem Neandertaler Palästinas, und scheinen bedeutend älter zu sein als alle bisher gemachten Menschenfunde auf palästinensischem Boden.

2. *Der Aufstieg nach Nazaret durch die Schlucht am Dschebel el-Kafze.*

der längs des Jordan südwärts bis in die Nähe von Jericho führte. Von dort aus sah man das Tote Meer liegen, dahinter die Höhenzüge, auf denen die große Grenzfestung Machärus lag. Von Jericho führte der Weg, auf der berüchtigten Blutsteige ständig aufwärtskletternd, durch die Wüste Juda. An Betanien vorbei bestieg man den Ölberg, und das Ziel der Wallfahrt lag vor den Füßen der Pilger (vgl. Abb. 127, S. 214).

Der mittlere Höhenweg führte geradeaus durch Samarien und war die kürzeste Verbindung nach dem rund 135 km entfernten Jerusalem.

Er führte stets durch bewohnte Gegenden und bot den Pilgern die Möglichkeit, für die Nacht ein Quartier zu finden. Trotz der Belästigungen, die die Samariter den Juden bereiten konnten, war der mittlere Höhenweg die gewöhnliche Reiseroute der galiläischen Festpilger. Beide Tatsachen bezeugt Josephus: »Die Galiläer, die zu den Festen nach Jerusalem zogen, pflegten ihren Weg durch Samarien zu nehmen. Als sie nun auch jetzt wieder [um das Jahr 50 n. Chr.] dieses Weges kamen, wurden sie von einer Anzahl Bewohner des Dorfes Ginäa, welches auf der Grenze zwischen Samarien und der großen Ebene [Jesreel] liegt, überfallen, und es kamen viele um« (Jüd. Altert. XX, 6, 1).

Nach Josephus konnte der Weg in drei Tagen zurückgelegt werden. Es ließ sich aber nicht vermeiden, daß man eine Nacht auf samarischem Gebiet verbringen mußte. Als Stationen würden die Orte Sanur, das alte Betulia in Samarien, und el-Luban, das alttestamentliche Lebona, an der Grenze von Samarien und Judäa, den Weg in ungefähr drei gleiche Teile zerlegen. Die Wegstrecke war reich an Erinnerungen aus der Frühzeit Israels und ließ die Pilger immer wieder die Geschichte ihres Volkes lebendig und anschaulich erleben. Israels Glaube war keine abstrakte Spekulation, sondern die geschichtsmäßige Heilserfahrung Gottes.

Von Nazaret führte der Weg durch die enge Schlucht am »Dschebel el-Kafze« — »Berg des Sprunges« — nach der tief liegenden Ebene Jesreel (vgl. Abb. 76, 1, S. 130). Am Fuße des Nebi Dahi sah man südostwärts das Dorf Nain liegen. Am Südrand der etwa 25 km breiten Ebene erreichten die Pilger die Grenze nach Samarien. Der Grenzort Dschenin wird als »En-Gannim« — »Gartenquelle« — schon in der Städteliste des Josuabuches (19, 21) erwähnt und fiel bei der Aufteilung des Landes dem Stamme Issachar zu. Zur Zeit Jesu hieß der Ort nach Josephus: Ginäa — Garten. 8 km südwestlich von Ginäa lag auf einem Hügel das in der Josefsgeschichte erwähnte Dotan (Gen 37, 17). Am Fuße des biblischen Stadthügels, des heutigen Tell Dotan, liegen die alten Karawanenbrunnen, nach denen »Dotan«, das heißt die »beiden Quellen«, genannt ist. Hier fand Josef seine Brüder wieder, nachdem er sie und ihre Herden vergeblich bei Sichem gesucht hatte. Vom Brunnen aus sahen sie ihren jüngsten Bruder auf der Karawanenstraße sich dem Hügel nähern und riefen einander zu: »Seht, da kommt der Träumer! Auf, wir wollen ihn töten und in eine Zisterne werfen und sagen: Ein wildes Tier hat ihn gefressen, dann werden wir ja sehen, was aus seinen Träumen wird« (Gen 37, 19. 20). Auf Rubens Einspruch zogen sie Josef den »bunten Rock« aus und warfen ihn in eine leere Zisterne. Wenig später verkauften sie ihn für 20 Silberstücke an eine midianitische Karawane, die auf dem Weg nach Ägypten war.

Bei der heutigen Ortschaft Sanur hatten die Pilger etwa ein Drittel des Weges zurückgelegt und mußten sich im samarischen Gebiet um ein Nachtquartier bemühen. Manche halten den Ort für das biblische Betulia, die Heimat der Judit, die dem assyrischen Feldherrn Holofernes das Haupt abschlug und so ihr Volk rettete.

Die Route des zweiten Tages führte gänzlich durch das Samariterland. Samaria, die alte Königsstadt des Nordreiches, blieb westlich des Weges liegen, der in der Talsenke zwischen Ebal und Garizim in der Nähe des alten Sichem den Jakobsbrunnen erreichte (vgl. Abb. 150, 3, S. 261). An der Kreuzung der Nordsüd- und Ostwestachse der großen Verkehrsverbindungen gelegen, war der Brunnen eine beliebte Raststätte für Karawanen und Pilger. Beim Durchschreiten der Ebene el-Machna begann langsam der Aufstieg in das Gebirge Efraim. Auf einem Hügel, der im Südosten die Ebene begrenzt, wird das Gibea — der Hügel — des Pinhas gesucht, mit der Grabstätte Eleasars: »Auch Eleasar, der Sohn Aarons, starb, und man begrub ihn in Gibea, der Stadt seines Sohnes Pinhas, die man ihm im Gebirge Efraim gegeben hatte« (Jos 24, 33).

Der volle Tagesmarsch war erst vollendet, wenn man jenseits der bis zu 600 m aufsteigenden Höhe die Grenze von Samarien und Judäa überschritt und in das weite Tal von el-Luban hinabstieg, dem alttestamentlichen Lebona (vgl. Abb. 77). Die Quelle machte den Ort zum idealen Rastplatz.

Südöstlich von Lebona lag etwa 5 km abseits der Straße auf einem 680 m hohen Hügel das alte Schilo, das im Bewußtsein des Volkes unvergeßlich geblieben ist: »Das ist doch das Fest Jahwes, das man jedes Jahr in Schilo feiert« (Ri 21, 19). Hier stand in der Richterzeit nach der Besitzergreifung des verheißenen Landes das heilige Zelt mit der Bundeslade. Während dieser Zeit war Schilo der kultische Mittelpunkt des Zwölfstämmebundes. Schon als Kind wird Jesus in der Synagoge aufmerksam zugehört haben, wenn die Berufungsgeschichte Samuels verlesen wurde. Hanna, die

Frau Elkanas, wallfahrtete jedes Jahr zum Haus Jahwes nach Schilo, um den Herrn zu bitten, ihr einen Sohn zu schenken. Als ihr Gebet erhört wurde, gab sie dem Kind den Namen Samuel. Sie brachte Samuel in früher Kindheit nach Schilo zum Hohenpriester Eli und weihte ihn dem Herrn. Als junger Levit wurde Samuel viermal im Schlafe von Gott gerufen, und beim vierten Mal offenbarte ihm der Herr das Gericht, das über das Haus des Hohenpriesters hereinbrechen würde. Bald darauf fiel die Bundeslade in die Hände der Philister, und die Söhne Elis, Ofni und Pinhas, starben im Kampf. Mit der Bundeslade verlor Schilo auch seine Bedeutung und verfiel rasch. Zur Zeit des Propheten Jeremia lag Schilo schon in Trümmern und war für den Propheten das warnende Beispiel eines Gottesgerichtes: »Geht doch nur einmal nach Schilo, wo ich früher meinen Namen habe wohnen lassen, und schaut, was ich daraus gemacht habe wegen der Bosheit meines Volkes Israel« (Jer 7, 12).

Im Tal der sogenannten Räuberquelle erlebten die Pilger in der Frühlingszeit eines der schönsten Täler des Landes. »Die Felshänge sind zu beiden Seiten mit Frühlingsblumen bedeckt, daß man meinen könnte, sie seien mit Blumenteppichen behängt« (Dalman). Langsam steigt dann der Weg mitten durch mit Oliven bestandene Hänge zur Anhöhe empor, auf der die Wasserscheide des Landes verläuft und der südwärts der Weg im wesentlichen folgt. An Gofna vorbei, einer alten Stadt des Stammes Benjamin, sahen die Pilger kurz vor Bet-El zum erstenmal in der Ferne die Umrisse des Ölberges, der die Lage der Heiligen Stadt andeutet. Bet-El, das ostwärts der Straße lag, war angefüllt mit Erinnerungen aus der Geschichte Israels. In der Nähe von Bet-El baute Abraham dem Herrn einen Altar; hier trennte er sich von seinem Neffen Lot, als dieser die Weideplätze am Jordan wählte. Auf der Flucht vor seinem Bruder Esau kam Jakob an diesen Ort und sah im Traum eine Leiter von der Erde bis zum Himmel und

Abb. 77. Die Ebene von el-Luban.

Die von Norden kommende Straße Nablus—Jerusalem führt über mehrere Bergrücken, in deren Mulden fruchtbares Erdreich angespült ist. Die treppenförmige Gestalt der Berghänge, aus dem Wechsel von harten und weichen Gesteinsschichten entstanden, gibt der Landschaft das typische Gepräge. Die natürlichen Terrassen der Cenomanbänke erleichterten die Terrassierung, d. h. die Festigung der Außenkante jeder Stufe durch eine Steinmauer, um den fruchtbaren Boden aus Terra rossa zu schützen. Die vom Feld geräumten Steine dienten als Baumaterial. Im Altertum und noch in späterer Zeit waren die Berghänge mit Weinstöcken und Ölbäumen bepflanzt und verliehen der Landschaft die Zeichen der Fruchtbarkeit und des Segens. Der Talmud erwähnt Lebona (Bet-Laban) als eine jener fünf Ortschaften, die den Wein für den Tempel in Jerusalem liefern mußten.

die Engel Gottes auf und nieder steigen. Als er erwachte, nannte er den Ort »Bet-El« — »Haus Gottes«. Nach seiner Rückkehr aus Mesopotamien erhielt Jakob in einer Erscheinung den Namen »Israel«, und der Herr erneuerte die früheren Verheißungen.

Erst bei el-Bire, der alten Benjaminiterstadt Beerot, trat das etwa 14 km entfernte Jerusalem in den Sichtbereich der Jerusalempilger. Von einer in der Nähe liegenden Anhöhe, der sogenannten Späherhöhe auf dem Ras et-Tahune (893 m), konnte man in der Ferne die drei gewaltigen Türme des Herodespalastes ausmachen; der tiefer gelegene Tempelbezirk blieb noch unsichtbar. Die eigentliche Späherhöhe, bei Josephus aramäisch »safin«, griechisch »skopos« genannt, lag etwa 2 km vor Jerusalem (vgl. Abb. 226, 2, S. 401). Der »Skopus« — »Schauort« — befand sich da, wo der auf der Nordstraße kommende Pilger Jerusalem und den Tempel zuerst erblickte. Dies ist der 810 m hohe Ras el-Mescharif, der an der äußersten Nordgrenze des Bezirkes von Jerusalem als »der Stadt des Heiligtums« lag. Beim Anblick des etwa 70 m tiefer gelegenen Tempelplatzes fanden die oft unterwegs gesungenen Strophen des Wallfahrtsliedes ihre Erfüllung: »Schon treten unsere Füße in deine Tore, Jerusalem!« (Ps 122, 2)

Lukas berichtet als einziger von der Reise des Zwölfjährigen nach Jerusalem. Wir werden feststellen, daß Lukas in seiner Darstellung der »Ereignisse, die sich in unserer Mitte zugetragen haben«, ein besonderes Interesse für die Stadt zeigt. Markus, dem sich im großen und ganzen Lukas anschließt, kennt nur einen Jerusalembesuch: die Reise zum Todespascha. Dennoch läßt Lukas durchblicken, daß Jesus öfter in der Stadt geweilt und gepredigt hat (Lk 13, 34. 35). In dem sogenannten Reisebericht (9, 51—19, 27), der in seiner Komposition ein Werk des Evangelisten ist, erinnert Lukas viermal daran, daß Jesus sich auf dem Wege nach Jerusalem befindet (9, 51; 13, 22; 17, 11; 19, 11). Für den Evangelisten ist Jerusalem die »Heilige Stadt«, in der sich das Heil erfüllen muß. Im Tempel hat die Heilsbotschaft ihren Anfang genommen (Lk 1, 5 f.), im Tempel wird sie auch ihren Abschluß finden (Lk 24, 53). Von Jerusalem soll die Verkündigung des Evangeliums in die ganze Welt ausgehen (Lk 24, 47; Apg 1, 8). Jerusalem ist uns darum mehr als eine Stadt wie jede andere. Wir wollen deshalb die Mühe nicht scheuen, ihrer lichten und dunklen Geschichte nachzugehen; denn ihre Geschichte ist auch unsere Geschichte.

Abb. 78. Landschaft südöstlich von Seilun.

Die Landschaft um Seilun, das biblische Schilo, gehörte zu den anmutigsten Gegenden des samarischen Berglandes. Der griechische Mönch Phokas, der um 1177 den gleichen Weg nach Jerusalem zog, fand die Straße gepflastert und die Anhöhen mit Weinstöcken und Bäumen bepflanzt.

Jerusalem – die Stadt der Jebusiter

In der vereinfachenden Sprache der Propheten schildert Ezechiel den Stammbaum der Stadt: »Und das Wort des Herrn erging an mich: Menschensohn, halte Jerusalem jetzt seine Greuel vor und sprich: So spricht der Herr Jahwe zu Jerusalem: Deiner Herkunft und deiner Abstammung nach bist du aus dem Lande der Kanaaniter, dein Vater war ein Amoriter und deine Mutter eine Hetiterin« (Ez 16, 1—3).

Die genannten Namen verraten, daß man noch in späterer Zeit um die geschichtlichen Ursprünge der Stadt wußte. Mit den Amoritern, Hetitern und Kanaanitern waren Horiter, Hyksos, Ägypter und Jebusiter die Bewohner des kleinen Hügels, ehe er die Stadt Davids wurde.[75]

In der frühen Bronzezeit (3. Jahrtausend v. Chr.) war in Palästina eine semitische Bevölkerung ansässig. Sie wohnte in gut gebauten Städten und bildete kleine Stadtstaaten, die wahrscheinlich alle von Ackerland mit einigen abhängigen Dörfern umgeben waren. Für die alte Ortslage Jerusalems auf dem Südosthügel ist im 3. Jahrtausend eine gewisse Besiedlung nachweisbar (vgl. Abb. 81, S. 139). Um die Wende des 2. Jahrtausends, der ersten Hälfte der mittleren Bronzezeit (2000 bis 1800 v. Chr.), drangen Völker, die einen westsemitischen Dialekt sprachen, in den Vorderen Orient ein. Es sind die Amoriter der Bibel. Von den Bewohnern Mesopotamiens wurden sie »amurru« genannt. Sie überrannten Länder und Städte und gründeten die erste babylonische Dynastie. Brandspuren im alten Jericho sind als stumme Zeugen dieser Völkerinvasion übriggeblieben. Die namentliche Erwähnung der Amoriter im Stammbaum Jerusalems läßt vermuten, daß der Barbarensturm an Jerusalem nicht ohne Erschütterung vorbeigegangen ist. Gräber aus dem Übergang von der frühen zur mittleren Bronzezeit, die im Jahre 1965 auf den südöstlichen Abhängen des Ölberges entdeckt wurden, bestätigen die Anwesenheit einer nomadisierenden Bevölkerung, wahrscheinlich von amoritischen Stämmen, in der nächsten Umgebung von Jerusalem.

In Ägypten herrschten während der ersten Hälfte der mittleren Bronzezeit die Pharaonen des Mittleren Reiches (21.—18. Jahrhundert). Ihr Machtbereich erstreckte sich im Niltal südlich von Abu Simbel bis zum 2. Katarakt, im Westen bis nach Libyen und im Norden über den größten Teil Palästinas. Zahlreiche Fundstätten mit Gegenständen ägyptischer Herkunft bezeugen den Einfluß Ägyptens in diesem Land. Aber auch die Pharaonen mußten den Druck der großen Völkerinvasion spüren, als Palästina dem Ansturm der Amoriter ausgesetzt war. Rebellierten die Fürsten eines ägyptischen Untertanenlandes, so wurden sie geächtet. In einer symbolischen Handlung wurde ein Tongefäß, auf dem der Name des »Aufständischen« geschrieben war, zerschlagen. Der ergänzte Text einer in Theben aufgefundenen

133

Abb. 79. *Luftaufnahme von Jerusalem in nordnordöstlicher Richtung.*

Das Bild, das am späten Nachmittag aufgenommen ist, läßt mit den dunklen Schatten auf den östlichen Abhängen die beiden Haupttäler der Stadt gut erkennen. Zum besseren Verständnis vergleiche man das Photo mit der Geländekarte und dem Stadtplan (Abb. 82, S. 141). Auf der rechten Seite im Bild zieht das Kidrontal von Norden (oben) nach Süden (unten), wo es mit dem Ge-Hinnomtal zusammentrifft, das zunächst westlich (links), dann südlich die Altstadt in einem großen Bogen umschließt. Der Westabhang des Ölberges liegt am rechten Rand des Bildes im hellen Licht der untergehenden Sonne. Der Tempelplatz ist mit seiner Ummauerung als Rechteck gut zu erkennen, in der Mitte der Felsendom mit der Kuppel, südlich (unterhalb) davon die El-Aksa-Moschee. Noch südlicher, unterhalb des Tempelplatzes, wie eine Felszunge, leicht von der Sonne aufgehellt, das ehemalige Gelände des Ofel und der ehemaligen Davidsstadt (Unterstadt). Am westlichen (linken) Rande dieser Felszunge lief das jetzt zugeschüttete Tyropöontal nordwärts an der westlichen Tempelmauer vorbei mitten durch die Stadt. Der Verlauf der heutigen Stadtmauer läßt sich mit Hilfe des Stadtplanes gut verfolgen. Während das Gelände im Süden eine Ausweitung durch die abschüssige Bodenbeschaffenheit unmöglich machte, hat sich das neue Jerusalem weit nach Nordwesten ausgebreitet und zählt etwa 365 000 Einwohner.

Tonscherbe lautet: »Der Herrscher von Jerusalem namens Eqam und alle Vertrauten, die mit ihm sind, und der Herrscher von Jerusalem namens Ssam und alle Vertrauten, die mit ihm sind, alle Menschen von Jerusalem …, die rebellieren werden, die Ränke spinnen werden, die kämpfen wollen, die Rebellion planen in diesem Lande: Sterben sollen sie!«

Ruschalimum — Urusalim — Jerusalem

Die Tonscherbe, auf der Jerusalems Name mit schwarzer Tinte geschrieben steht, gehörte zu einem Gefäß, das die Form einer flachen Schale hatte. Ihr Durchmesser wird auf etwa 15 cm geschätzt. Die Beschriftung begann an der Außenseite und wurde auf der Innenfläche fortgesetzt. Schrift und Sprache des Textes weisen den Fund in die Zeit des Mittleren Reiches.

Diese kleine Tonscherbe aus dem 20./19. Jahrhundert v. Chr. war bislang das erste historische Zeugnis, das wir über Jerusalem besaßen. In hieroglyphischen Zeichen trägt die Stadt den Namen »Auschamem« oder »Ruschalimum«. Sprachforscher glaubten in diesem Namen die ägyptische Transkription des kanaanäischen »Urusalim« zu sehen. Wie zuverlässig diese Deutung war, zeigen die jüngsten Ausgrabungen, die seit 1964 unter der Leitung von P. Matthiae, Universität Rom, in Tell Mardik, dem einstigen Ebla, durchgeführt wurden. Ebla, zwischen Aleppo und Hama in Nordsyrien gelegen, war die Hauptstadt eines Reiches, dessen Einfluß in der 2. Hälfte des 3. Jahrtausends v. Chr. über den Libanon und Palästina bis in den Süden des Sinai reichte. Die Stadt wurde von dem akkadischen König Naramsin (ca. 2260–2225 v. Chr.) zerstört. Bei den Ausgrabungen wurden 1974/75 die Archive von Ebla aus der frühen Bronzezeit IV (ca. 2400–2250 v. Chr.) gefunden, etwa 15 000 Tontafeln mit Texten in sumerischer Sprache. Bei der Entzifferung einiger Tafeln stellte der Altorientalist G. Pettinato, der zum wissenschaftlichen Stab der Expedition gehörte, eine neue nordwestsemitische Sprache fest, die bisher unbekannt war. Er nannte sie altkanaanäisch (eblaitisch). Unter den auf den Tontafeln erwähnten Städten Palästinas, wie Hazor, Megiddo, Lachisch und Gaza, befindet sich auch Urusalim. Der erste Teil des Namens »uru« wird als Stadt-Gründung gedeutet. Jerusalem würde also heißen: »Gründung des Gottes Salim«. Da »Salim« »Heil« bedeutet, hebräisch »schalom«, ist Jerusalem die »Stadt des Heils«. Die Kanaaniter, die in dunkler Vorzeit der Stadt diesen Namen gaben, konnten nicht ahnen, in welcher Weise dieser Name in der Fülle der Zeit seine Erfüllung finden sollte.

Aus den ägyptischen Ächtungstexten erfahren wir, daß Jerusalem etwa im 19. Jahrhundert v. Chr. zwei Fürsten unterstand. Die Stadt befand sich in einem Abhängigkeitsverhältnis gegenüber Ägypten, das ihren Abfall befürchtete oder bereits erfahren hatte.

Während in Ägypten das Mittlere Reich zerfiel, entbrannte in Mesopotamien ein Machtkampf, der mit dem Sieg Babels unter Hammurapi (1728–1686 v. Chr.) endete. Kultur, Gebräuche und Sitten des altbabylonischen Reiches, das unter Hammurapi die größte Blüte erlebte, gaben auch dem Patriarchenzeitalter das Gepräge. Abrahams Heimat lag nicht nur im Lande »zwischen den beiden Strömen«, er und seine Nachfahren blieben auch nach ihrer Ansiedlung im Lande Kanaan in enger Verbindung mit den Verwandten im Zweistromland, wie es die Brautfahrt für Abrahams Sohn zeigt. In den Patriarchenerzählungen berühren die Erzväter viele heilige Orte, wie Bet-El, Sichem, Mamre (Hebron), Beerscheba, nicht aber Jerusalem. Nur einmal wird in der Genesis (14, 18) der verkürzte Name der Stadt beiläufig erwähnt, als Abraham von der Rettungsaktion seines Verwandten Lot an der Stadt »Salem« vorbeikommt: »Melchisedek, der König von Salem, brachte Brot und

Wein heraus; er war Priester des El, des Allerhöchsten, des Schöpfers von Himmel und Erde.« Bedeutsam ist, daß hier der alte Name Salem mit El — dem höchsten Gott — gleichgesetzt wird, das heißt: auch die Landesbewohner Kanaans kannten diesen Gott. Der entscheidende neue Inhalt der Offenbarung an die Patriarchen ist aber die absolute Ausschließlichkeit des Gottes El über alle Götter im kanaanäischen Pantheon.[76]

In der zweiten Hälfte der mittleren Bronzezeit (18. bis 16. Jahrhundert) gerieten die Völker in Mesopotamien, Syrien und Palästina in erneute Bewegung. Der Verfall der Großreiche machte es einer fremden Völkergruppe, den sogenannten Hyksos, leicht, überall in das Gebiet des »Fruchtbaren Halbmondes« einzudringen.[77] Zwischen den Jahren 1700 und 1580 v. Chr. beherrschten sie einen Teil von Ägypten, in dessen Königsgeschichte sie die 15. und 16. Dynastie bildeten. Die Bezeichnung »Hyksos« ist kein Eigenname, sondern eine titelartig gebrauchte ägyptische Bezeichnung für »Fremdherrscher«, wörtlich: Herrscher der Fremdländer. Wahrscheinlich bestanden die Hyksos vorwiegend aus nordwestsemitischen Stämmen, und die meisten Hyksosfürsten waren kanaanäische oder amoritische Fürsten aus Palästina und Südsyrien. Ihr oberster Gott hieß »Baal« — »Herr«. Natürlich entging auch Palästina nicht diesem ständigen Gehen und Kommen der Völker. Es ist wahrscheinlich, daß in dieser Zeit die Nachkommen Abrahams nach Ägypten zogen. Gleichzeitig mit den Hyksos gerieten noch andere Völker in allen Gegenden des »Fruchtbaren Halbmondes« in Bewegung. Von diesen werden in der Bibel vor allem die Horiter erwähnt (Gen 14, 6; 36, 20; Dtn 2, 12), ein Volk, das in den Bergen von Armenien beheimatet gewesen zu sein scheint.

Die Herrschaft der Hyksos war kurz, und »ein neuer König trat in Ägypten auf, der von Josef nichts wußte« (Ex 1, 8). Den Pharaonen der beginnenden 18. Dynastie (ab 1580 v. Chr.) gelang es, die Hyksos immer mehr zurückzudrängen. In der Schlacht bei Megiddo (1479) brach Thutmosis III. (1490–1436 v. Chr.) endgültig ihre Herrschaft, und Ägypten weitete seinen Herrschaftsbereich über Palästina und Syrien bis zum Euphrat aus (vgl. Abb. 80, 1, S. 136).

In Palästina übernahmen die Pharaonen das auf die Hyksos zurückgehende Herrschaftssystem und machten die einzelnen Stadtkönige zu abhängigen Vasallenfürsten. Jerusalem wurde ein kleiner Stadtstaat, der dem Pharao Tribut zu entrichten hatte, durfte aber dafür den Schutz des großen ägyptischen Reiches beanspruchen.

Im 14. Jahrhundert v. Chr. sahen sich die Ägypter von einem neuen Feind bedroht, den Hetitern aus Anatolien. Wiederholte Aufstände in Syrien und im Libanon erschütterten die ägyptische Vormachtstellung. Zum zweiten Male taucht der Name Jerusalem in den Annalen der Weltgeschichte auf. Amenophis IV., der berühmte Echnaton (1364–1347 v. Chr.), dessen Kopf

DAS ÄGYPTISCHE REICH
(um 1450 v. Chr.)

ZYPERN

Hamat

Arwad

Kadesch   Tadmor

Ribla   • Hazar Enan (?)
Chun

Byblos
                Berotai
Berytus
          Helbon
Sidon   Damaskus

Tyrus   Dan
          MAACHA
Akko   Kabul

Dor   Megiddo   Ramot
                      Salcha
          Sichem
Jafo   Bet-El
          Geser Rabbat
JERUSALEM   Ammon
Aschdod   Heschbon
Aschkelon Hebron Medeba
Gat
Gaza

          Beerscheba   Kir Heres

DAS REICH DAVIDS
UND SALOMOS
(um 1000–930 v. Chr.)

Bozra
Punon

Sela

Ezjon
Geber

––– sichere Grenze
– – – vermutliche Grenze

0   50   100   150   200 km

Kadesch
Barnea (?)

MITTELMEER
PHÖNIZIEN
ZOBA
ARABISCHE WÜSTE
ISRAEL
PHILISTÄA
JUDA
AMMON
MOAB
EDOM

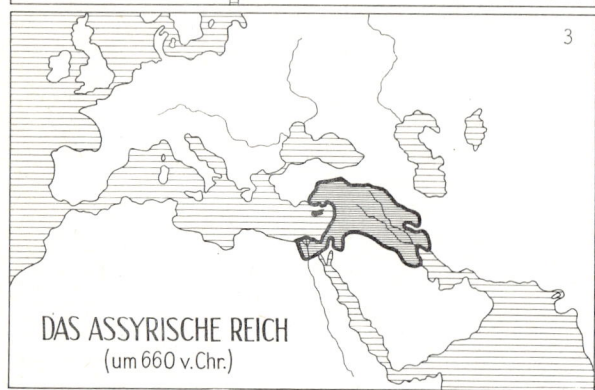

DAS ASSYRISCHE REICH
(um 660 v. Chr.)

Abb. 80, 1–3. (Abb. 80, 4–11: siehe S. 137/138.)

Abb. 80. Palästina im Wandel der Geschichte.

Seit der Mitte des 3. Jahrtausends folgte der Ablauf der Geschichte Palästinas einem feststehenden Rhythmus: Auf einen kriegerischen Einfall der Nordmächte folgte alsbald der Gegenschlag der Pharaonen. Jerusalem lag zwar abseits der großen Heerstraße, blieb aber von dem politischen Geschehen nicht unberührt. Die einzelnen Karten (1–11) sollen den geschilderten wechselnden Ablauf der Geschichte übersichtlich machen und mit einem Blick erfassen lassen. Unter den Pharaonen der 18. Dynastie erreichte Ägypten seine größte Ausdehnung (1). Nach dem Niedergang Ägyptens im Süden und dem Untergang des Hetiterreiches im Norden konnte Israel unter David und Salomo als neue Großmacht für knapp 70 Jahre den palästinensischen Raum beherrschen und verteidigen (2). Die Teilung des Reiches war der langsame Beginn des Unterganges. Seit dem 8. Jahrhundert lösten sich die neuen Weltreiche in der Herrschaft über Palästina ab: Assur (3), Babylon (4) und schließlich die Perser (5). Nach dem Siegeszug Alexanders des Großen (6) übernahmen die ägyptischen Ptolemäer die Herrschaft in Palästina (7), die sie im Jahre 198 v. Chr. an die syrischen Seleukiden abtreten mußten (8). Für eine kurze Zeitspanne errangen die Juden unter den Makkabäern die Freiheit und Selbständigkeit (vgl. Abb. 37, S. 72), die unter Herodes (vgl. Abb. 44, S. 82) eingeschränkt wurde und schließlich der wachsenden Expansion Roms (9) zum Opfer fiel. Roms Herrschaft, die von Byzanz (10) übernommen wurde, fand nach sechs Jahrhunderten mit dem Siegeszug der Nachfolger Mohammeds ihr Ende (11).[78]

auf einem Kalksteinrelief im Ägyptischen Museum zu Berlin zu sehen ist, konnte die ägyptischen Herrschaftsansprüche im Vorderen Orient nicht mehr durchsetzen. Viele Stadtkönige entzogen sich ihrer Vasallenpflicht und erweiterten auf eigene Rechnung ihre Herrschaft. Die ägyptentreuen Stadtkönige beklagten sich bitter über den Mangel an militärischer Hilfe. Im ägyptischen Staatsarchiv von El-Amarna, der Residenz Echnatons, wurden allein sechs Briefe des Stadtkönigs Abdi-Chiba aus Jerusalem gefunden, die über die politischen Verhältnisse jener Zeit keine Zweifel übriglassen.

Zu Beginn des 13. Jahrhunderts v. Chr. unternahm Ramses II. (1290–1224 v. Chr.) einen neuen Versuch, Kanaan und Teile Syriens unter seine Macht zu beugen. Die Entscheidungsschlacht mit den Hetitern endete um 1286 v. Chr. bei Kadesch mit einer Niederlage der Ägypter. Die lange Kriegsdauer aber hatte die Kräfte beider Seiten völlig erschöpft. So kam es im 21. Regierungsjahr des Ramses um 1270 zu dem »Ewigen Friedensvertrag«, der uns sowohl in der ägyptischen als auch in der hetitischen Fassung überliefert ist.

Das Gleichgewicht der Kräfte blieb bis zum Beginn des 12. Jahrhunderts v. Chr. erhalten. Dann wurde das Hetiterreich zerstört. »Die Leute vom Meere«, unter ihnen die Philister, eroberten das Land. Mit dem Zusammenbruch der ägyptischen Weltmacht unter der 19. Dynastie waren die Ägypter um die Mitte des

12. Jahrhunderts aus Palästina verschwunden. Zwei neue Anwärter erschienen auf der bewegten Bühne der Weltgeschichte und begannen den Kampf um die Herrschaft über Kanaan: die Philister und die Israeliten.

Im Zuge der großen ägäischen Wanderung stießen die Philister mit den Seevölkern vom Balkan oder der Ägäis her auf dem Seewege über Kreta (im Alten Testament Kaftor genannt) oder auf dem Landwege über Kleinasien vor, zerschlugen das Reich der Hetiter, zogen an der syrisch-palästinensischen Küste entlang nach Süden und bedrohten Ägypten. Ramses III. (1184 bis 1153 v. Chr.) besiegte die Invasoren zu Wasser und zu Lande und versperrte ihnen den Weg in das Nildelta. Eine Gruppe der Seevölker, die in den ägyptischen Texten mit »prst« bezeichnet werden — es sind die aus dem Alten Testament bekannten Philister —, setzten sich westlich des judäischen Gebirges fest. Hier gründeten die Philister die Stadtstaaten Gaza, Aschkelon, Aschdod, Ekron und Gat.

Etwa ein Jahrhundert lang haben Philister und Israeliten Seite an Seite gelebt: die Philister in der reichen Küstenebene, die Israeliten im kargen Bergland. Viele Anzeichen sprechen dafür, daß die einwandernden Stämme der Israeliten sich zunächst in den bewaldeten, wenig besiedelten Gebirgsteilen niederließen, während sie in den durch starke Festungen gesicherten Ebenen vorerst nicht Fuß fassen konnten. So blieb auch Jerusalem in den Händen der einheimischen kanaanäischen Bevölkerung: »In Jerusalem wohnten die Jebusiter, und die Söhne Judas konnten sie nicht vertreiben« (Jos 15, 63).

Um 1080 v. Chr. begannen die Versuche der Philister, ihre Kontrolle über das Gebirge auszudehnen. Sie eroberten um 1050 v. Chr. Schilo, zerstörten die Stadt und raubten die Bundeslade. Es war eine Zeit der Unterdrückung, zugleich aber auch eine Zeit, die den Prozeß der Einigung zu einer Nation wesentlich gefördert hat. Saul wurde um 1030 v. Chr. der anerkannte Führer des ganzen Landes im Kampf gegen die Philister. Nach der Katastrophe auf den Gilboa-Bergen, als die Leichen Sauls und Jonatans auf den Mauern von Bet-Schean als Trophäen zur Schau gestellt wurden, haben die Philister zwei Vasallenkönigtümer mit David in Hebron und Eschbaal im Norden errichtet. Zwischen beiden lag Jerusalem, das sich um das Jahr 1000 v. Chr. noch immer in den Händen der kanaanäischen Jebusiter befand. Es gelang David, die Oberherrschaft der Philister abzuschütteln und nach dem Tode Eschbaals das Königtum Sauls wiederherzustellen.

Als David zum König von Nordisrael und Juda erhoben wurde, sah er sich gezwungen, eine neutrale Hauptstadt zu gründen. Bliebe er in Hebron, so hätten ihn die Nordisraeliten beschuldigt, er begünstige Juda. Wählte er eine nordisraelitische Stadt, so wäre das Umgekehrte eingetreten. So beschloß David, eine Stadt an der Grenze zwischen Nord und Süd zu erobern, die

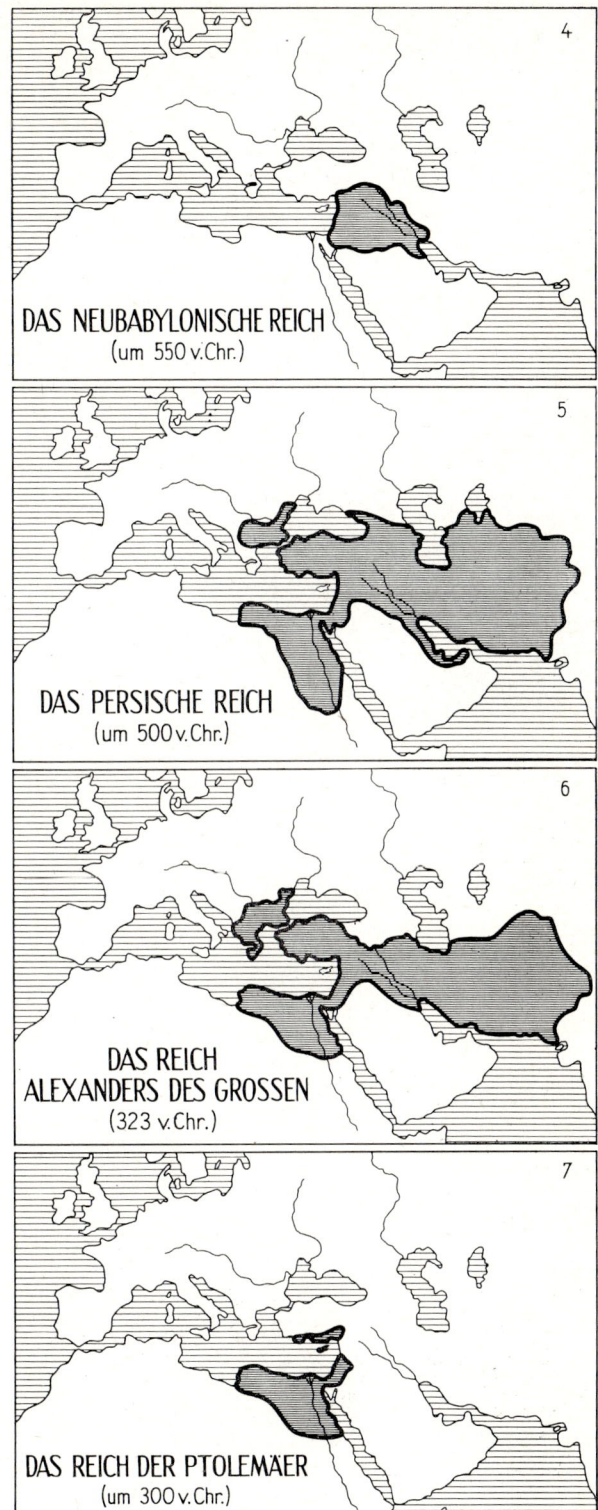

Abb. 80, 4—7. Palästina im Wandel der Geschichte.

137

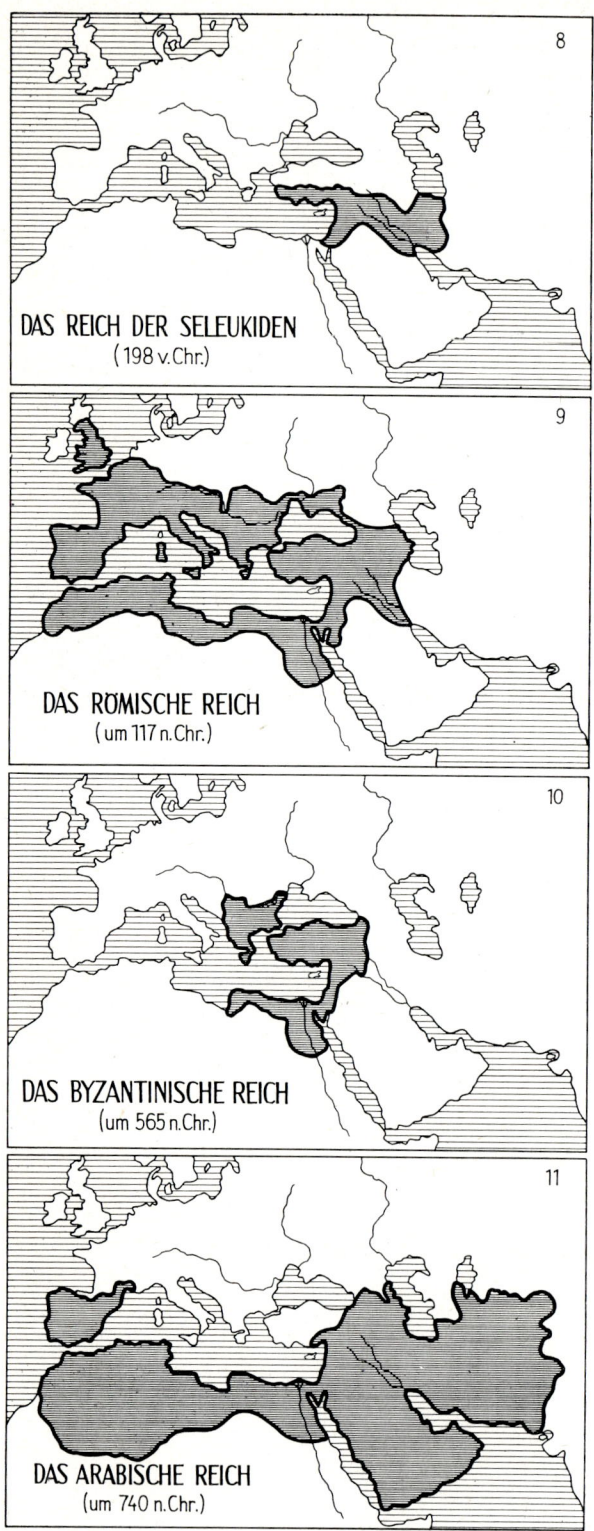

DAS REICH DER SELEUKIDEN
(198 v.Chr.)

DAS RÖMISCHE REICH
(um 117 n.Chr.)

DAS BYZANTINISCHE REICH
(um 565 n.Chr.)

DAS ARABISCHE REICH
(um 740 n.Chr.)

Abb. 80, 8–11. Palästina im Wandel der Geschichte.

noch zu keinem Stammesgebiet gehörte, das war Jerusalem, die Stadt der Jebusiter. Sie lag auf dem zentralen Gebirgskamm in unmittelbarer Nähe der einzigen großen Straße, die das Gebirgsland von Nord nach Süd durchzog. Wer Jerusalem besaß, kontrollierte auch diesen Verkehrsweg. Bei der Landnahme war Jerusalem dem Stamme Benjamin zugesprochen worden, aber die Jebusiterfestung erwies sich als uneinnehmbar. Sie behauptete sich etwa zwei Jahrhunderte mitten im israelitischen Gebiet.

Wo lag im Stadtgebiet von Jerusalem die alte Jebusiterfestung? Es gibt nur wenige Probleme in der Erforschung Palästinas, die so verwickelt sind wie die Stadtgeschichte Jerusalems.[79] Die ständige Besiedlung der Ortslage, die sich über Tausende von Jahren erstreckt, erschwert die Ausgrabungen in besonderer Weise. Große Teile des alten Jerusalem liegen unter der heutigen ummauerten Stadt, und die gewaltige Ansammlung von Trümmern, die Zerstörung durch Menschenhand und die Naturkräfte — Wind und Wetter, Erosion und strömendes Wasser — haben die Umrisse des Geländes stark verändert.

Noch bis zum Ende des 19. Jahrhunderts suchte man die alte Davidsstadt auf dem Südwesthügel der Stadt. Eine Stütze für diese Ansicht glaubte man in den Angaben des Josephus zu finden. Die Ausgrabungen und die am Osthang des Südosthügels im Kidrontal liegende Quelle geben dem Ofel den Vorzug (vgl. Abb. 81, S. 139, und Abb. 82, S. 141).

Vor der Erfindung des ersten Kalkmörtels waren die in den Felsen geschlagenen Zisternen nicht wirklich wasserundurchlässig. Als es ungefähr Ende des 2. Jahrtausends gelang, Zisternen zuverlässig mit Kalkmörtel abzudichten, war es leichtsinnig, sich ausschließlich auf Zisternen zu verlassen, in einem Lande, wo mehrere Jahre hindurch die Winterregen ausbleiben konnten. Jede größere Ansiedlung mußte in Reichweite fließenden Wassers liegen. Fließendes Wasser in der Nähe der alten Stadtsiedlung gab es nur im Kidrontal. Das Alte Testament nennt uns zwei Quellen: den Gihon und die Rogelquelle. Der Gihon ist die heutige Treppenquelle (Ain Umm ed-Deradsch), die Christen nennen sie »Ain sitti Marjam« — »Quelle der Jungfrau Maria«. Die Rogelquelle liegt etwa 600 m südlicher, genau im Zusammenfluß des Kidron- und des Ge-Himmontales. In unruhigen und kriegerischen Zeiten dürfte es aber schwierig gewesen sein, den Zugang zu dieser Wasserstelle frei zu halten. So blieb als einzige Quelle für die Versorgung der Stadt mit dem lebensnotwendigen Wasser der Gihon. In seiner Nähe auf dem Südosthügel mußte die erste Siedlung der kanaanäischen Bewohner gelegen haben.

Bereits Ch. Warren (1867), der den ältesten Schachtgang zur Quelle entdeckte (vgl. Abb. 86, S. 148), und später R. A. Macalister (1923/25) waren bei ihren Ausgrabungen auf einen Mauerzug gestoßen, der sich von der Südostecke des Tempelplatzes, der sogenannten Zinne des Tempels, auf dem Kamm der Anhöhe hinzieht. Etwa 300 m südlicher, genau am oberen Rand des Osthangs über der Quelle, fand Macalister weitere ansehnliche Reste einer alten Stadtmauer und eines massiven Turmes. In den ersten Jahrzehnten unseres Jahrhunderts waren sichere archäologische Kriterien zur Altersbestimmung noch nicht genügend ausgearbeitet und erprobt. Da aber Jerusalem wohl schon in der Bronzezeit von den Kanaanitern ummauert und diese Stadtmauer nach dem Zeugnis der Bibel (2 Sam 5, 9) von David verstärkt worden war, schrieb man ihnen Mauer und Turm zu. Seither galten »Kanaanitermauer« und »Davidsturm« als die ältesten Spuren des frühen Jerusalem (vgl. Abb. 83, S. 142).

Im Jahre 1927 begann J. M. Crowfoot die Grabungen auf dem Westhang des Hügels, genau dem Gihon gegenüber. Die Ausgräber hatten das große Glück, auf einem nur 36 × 40 m großen Grabungsfeld ein Stadttor mit einer Weite von 3,5 m zu finden, das von zwei mächtigen, 8 m dicken Türmen geschützt wurde. Nach sorgfältiger Prüfung kam Crowfoot zu dem Schluß, daß der älteste Torbau an dieser Stelle der Bronzezeit, spätestens der frühen Eisenzeit (12. Jahrhundert v. Chr.), mithin den Jebusitern, zugeschrieben werden kann. Also hatte auch die Davidsstadt hier ihr Westtor (vgl. Abb. 81 und Abb. 95, S. 163).

Nach diesen Grabungsergebnissen hätte demnach die alte Stadt nur eine Breite von 70 m gehabt, eine Fläche, die selbst für eine Stadt des 2. Jahrtausends kein repräsentatives Gelände war. Zu diesem unbefriedigenden Tatbestand kam noch eine größere Schwierigkeit hinzu. Der von Warren entdeckte obere Eingang des unterirdischen Schachtganges zur Quelle im Kidrontal lag nach den bisherigen Ausgrabungsergebnissen nicht weniger als 27 m außerhalb der auf dem Höhenkamm folgenden Mauerlinie, der sogenannten Kanaanitermauer. Im Kriege war darum der ungeschützte Zugang zur Quelle nicht zu benutzen, und andrerseits konnten Davids Krieger nicht durch den unterirdischen Schachtgang in das Innere der Stadt gelangen, wie es noch im einzelnen beschrieben wird (vgl. Abb. 86, S. 148). Dieses Dilemma konnte nur durch Grabungen geklärt werden, eine Aufgabe, deren Erfolgschance mit jedem Jahr geringer wurde, da immer mehr Neubauten das alte historische Gelände bedeckten.

Die von Kathleen M. Kenyon in den Jahren 1961 bis 1967 durchgeführten Ausgrabungen waren ein voller Erfolg. Es wurde der endgültige Beweis erbracht, daß die ursprüngliche Jebusiterstadt auf dem Südosthügel, südlich des Tempelplatzes, gelegen hat.[80]

K. M. Kenyon — die Zuverlässigkeit ihrer stratigraphischen Methode zur chronologischen Bestimmung hatte sie bereits im alten Jericho erprobt und bewiesen — begann die Grabung am Fuße der »Kanaanitermauer« und des »Davidsturmes«. Schon das erste Er-

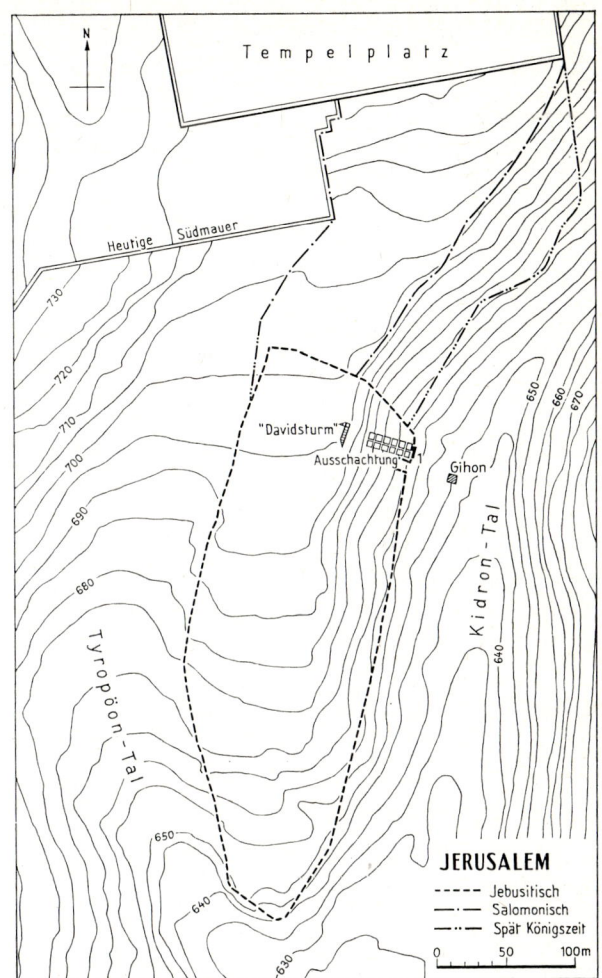

Abb. 81. Plan Jerusalems zur Zeit der Jebusiter und Davids mit den Erweiterungen aus der späteren Königszeit (nach K. M. Kenyon).

Die auf dem Südosthang gelegene Stadt war ungefähr 420 m lang und 100 m breit. Sie umfaßte ein Areal von rund 4,4 ha. Die Vergrößerung der Stadt durch Salomo mit einer Erweiterung am Nordteil des Osthanges, die wahrscheinlich aus dem 8. Jahrhundert stammt, ist gesondert eingezeichnet und besitzt teilweise nur hypothetischen Wert. Ein großer Teil der salomonischen Bauten liegt auf dem Gelände, das von der mächtigen Plattform des Herodianischen Tempels überbaut ist. Freigelegte Mauerreste aus dem 8. Jahrhundert, in denen Steine aus salomonischer Zeit mit verbaut waren, machen es wahrscheinlich, daß die Westmauer in der späten Königszeit nicht, wie bisher angenommen, auf die Südwestecke des heutigen Tempelplatzes zulief, sondern im Verlauf der heutigen »Türkenmauer« auf die Südmauer stieß (vgl. Abb. 82, S. 141). Die freigelegte Ostmauer (1) der Jebusiterstadt liegt am unteren Rand des in quadratische Felder eingeteilten Grabens (vgl. Abb. 84, 1, S. 144, und Abb. 84, 2, S. 145).

Abb. 82.   Geländekarte mit Stadtplan von Jerusalem.

Die Stadt — hart östlich der Wasserscheide zwischen Mittelmeer und Totem Meer — liegt auf einem rund 760 m hohen wasserarmen Kalksteinplateau, das zum Kamm des westjordanischen Höhenrückens gehört. Die Geländekarte[81] läßt deutlich erkennen, wie Jerusalem auf drei Seiten von tiefen Tälern umgeben ist: im Osten vom Kidrontal, im Westen und Süden vom Ge-Hinnomtal. Im Norden dagegen gibt es eine derartige natürliche Stadtgrenze nicht. Die Erhebungen der Altstadt gehen hier in die große Bergkette über, die von Norden nach Süden gleichsam das Rückgrat Palästinas bildet. So ist es nicht verwunderlich, daß alle Angriffe auf die Stadt von Norden her begannen. Im Osten, Süden und Westen machten die tiefen Täler und die steilen Hänge jede Eroberung aussichtslos (vgl. Abb. 79). Das Kalksteinplateau des Stadtgebietes sinkt von Nordwesten nach Südosten von 790 m auf 600 m ab. Es wurde von einer Talsenke, die heute fast völlig zugeschüttet ist, in nordsüdlicher Richtung durchschnitten und in zwei Hügel von ungleicher Höhe geteilt. Dieses Stadttal hat weder im Alten noch im Neuen Testament einen Namen. Nach Josephus wird es das Tyropöontal genannt. Woher der Name kommt, weiß man nicht. Allgemein wird es mit »Käsemachertal« übersetzt. Die starke Verschüttung, die heute dem Tal das Aussehen einer ganz unbedeutenden Mulde gibt, darf nicht darüber hinwegtäuschen, daß es in seiner Naturgestalt einem Zusammenwachsen der Siedlungen auf den beiden Hügeln hinderlich war. Vom Auslauf des Tales bis zur heutigen Nordmauer am Damaskustor steigt das Gelände an der Stelle des früheren Tales von 635 m bis 726 m an.

Die jüngsten Ausgrabungen an der Südwestecke des Tempelplatzes haben gezeigt, daß längs des Tales eine der Hauptverbindungen von Norden nach Süden verlief. Die gut gepflasterte Straße mit einem darunter in den Felsen geschlagenen Aquädukt führte längs der Westmauer des Tempelplatzes unter dem Robinson-Bogen hindurch und folgte dann der Talsenke bis zum Schiloachteich.

Der Südwesthügel, auf dem nach Josephus zur Zeit Jesu die Oberstadt lag, erhob sich an der Nordwestecke der Stadt bis zu 789 m und trug auf einer nahezu ebenen Gipfelfläche von mehr als 200 m Breite das Herodesschloß. Der Südwesthügel überragt durch Höhe und Größe so den Südosthügel, daß schon im Jahrhundert des Josephus hier die Stadt Davids gesucht wurde. Die jüngsten Ausgrabungen haben diese irrtümliche Annahme endgültig korrigiert.

Der niedrigere Südosthügel ist ein langsam in südöstlicher Richtung abfallender Ausläufer der im Norden Jerusalems gelegenen Königsebene. Der mittlere Teil des innerhalb der Stadtmauer gelegenen Hügels wurde durch gewaltige Stützmauern zum Tempelplatz erweitert und trug auf seiner höchsten Erhebung (744 m) nach der Überlieferung den Tempel. An der Nordwestecke des Tempelplatzes stand die Burg Antonia, die auf dem äußersten Vorsprung des steil abfallenden Ausläufers von Herodes erbaut wurde. Terrassenförmig nach Süden abfallend, lag auf dem Felssporn, dessen Kamm an den meisten Stellen nicht mehr als 110–150 m breit war, die alte Jebusiterstadt, die Zionsburg (2 Sam 5,7), die Davidsstadt. Das Gelände zwischen dem heutigen Südmauer des Tempelplatzes und der Nordmauer der Davidsstadt wurde »Ofel« — »Buckel, Beule« — genannt. Josephus benutzt den Namen im weiteren Sinne für den ganzen südlichen Teil des Hügels. Am

Fuße des Osthanges im Kidrontal entspringt die Gihon (Marienquelle), dessen Wasser in einem unterirdischen Kanal nach der Westseite der Südspitze des Hügels in den Teich Schiloach geleitet wurde, wo etwa 900 m südlich des Tempelgeländes das Tyropöon- und das Kidrontal ineinanderlaufen und der Hügel schiffsbugartig endet. Nach weiteren 200 m vereinigen sich Kidron- und Ge-Hinnomtal bei der biblischen Rogelquelle und laufen im Wadi en-Nar zum etwa 25 km entfernten Toten Meere ab.

Das Landschaftsbild der Stadt und ihrer Umgebung wird von den klimatischen und geologischen Gegebenheiten mit bestimmt. Obwohl nur wenige hundert Meter von der Wasserscheide Palästinas entfernt, liegt Jerusalem bereits im Regenschatten des westjordanischen Höhenrückens. Dazu kommt noch, daß die jährliche Regenmenge starken Schwankungen unterworfen ist. So sind in den letzten hundert Jahren jährliche Durchschnittswerte von 230 mm (1959/60) bis zu 1090 mm (1877/78) registriert worden. Der Jahresdurchschnitt für den Zeitraum von 1846/47 bis 1963/64 betrug ca. 560 mm. Die östlich von Jerusalem nach Nordnordwesten sich entlang ziehende Ölbergkette trägt dazu bei, daß die Nord- und Ostwinde nicht mit ihrer der Höhenlage von Jerusalem entsprechenden vollen Kraft wirken können. Nur im Südosten bietet die Talsenke des Wadi en-Nar den trockenen Winden aus der Wüste Juda einen offenen Zugang (vgl. Abb. 226, 1, S. 400). Die geologischen Verhältnisse der Umgebung haben gleichfalls das Landschaftsbild der Stadt geprägt. Nur wenige Kilometer östlich der Wasserscheide schiebt sich der weiche Senon-Kalkstein mit seiner großen Wasserdurchlässigkeit über die harten Schichten des Turons und Cenomans und bestimmt die natürliche Grenze für die Ausdehnung der Waldgebiete (vgl. Abb. 14, S. 32). So wird auch in neutestamentlicher Zeit die Waldgrenze selten über die Gebiete des harten Kalksteins, der sich für den Baumwuchs besser eignet, hinausgereicht haben.

Ein Blick auf eine geologische Spezialkarte der Stadt erklärt augenfällig den Lauf der Täler. Sie beginnen in breiten, flachen Mulden an der Oberfläche und senken sich dann rasch in immer tiefer und enger werdende Schluchten herab. Den erodierenden Angriffen des fließenden Wassers, das naturgemäß nach Südosten einen Abfluß suchte, haben die verschieden harten Gesteine der Kalkbank von Jerusalem nicht mit gleicher Kraft widerstehen können. Am schnellsten erlag der weiche »meleke«, der sich in einem Streifen von etwa 300–400 m Breite unter der ganzen Stadt hinzieht (vgl. Abb. 87, 2, S. 151). An der westlichen Stirnkante des Südwesthügels wurde die Ge-Hinnomschlucht eingesägt und setzte sich an der Südseite des Hügels fort. Östlich der Stadt wurde das Kidrontal, das vielleicht zunächst einer Felsrinne seine nordsüdliche Richtung verdankt, in den »mizzi-helu« und den darunter liegenden »meleke« gerissen. Auf diese Weise ist schließlich jene auffällige, an drei Seiten von tiefen Schluchten mit steilen Seitenhängen gebildete Felshalbinsel nahe der Kammlinie des Gebirges entstanden (vgl. Abb. 79, S. 134, und Abb. 96, S. 167).

Von welcher Seite her man sich auch der Heiligen Stadt nähert, man sieht sie erst — oder besser: man wird von ihrem Anblick überrascht —, wenn man sie fast erreicht hat. Jerusalem selbst, »festgegründet auf heiligen Bergen« (Ps 87,1), ist von hohen schirmenden »Bergen ringsumher umgeben« (Ps 125,2). Der Tempelberg (744 m) liegt über 33 m tiefer als der südwestliche Stadthügel, und der höchstgelegene

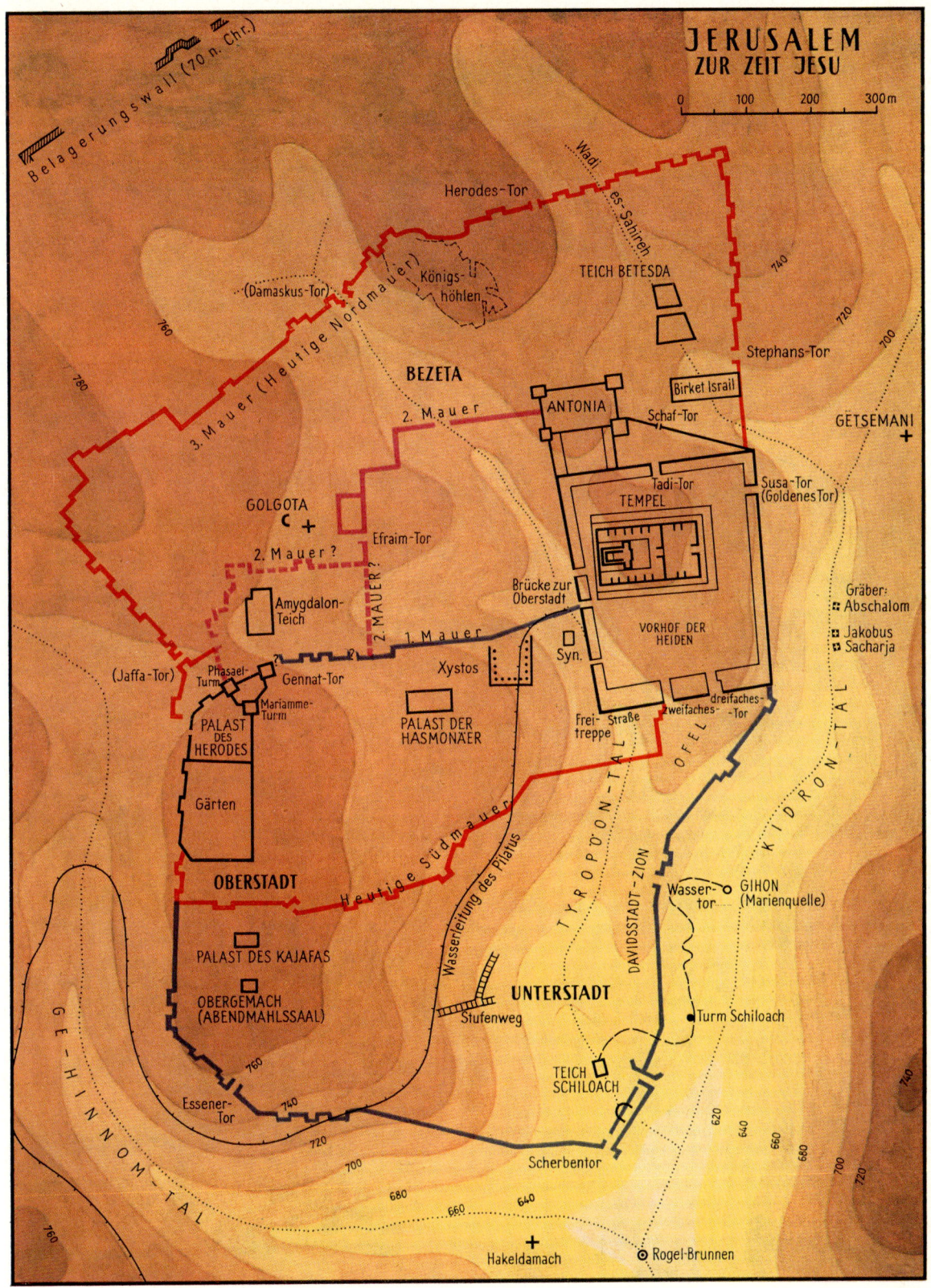

JERUSALEM
ZUR ZEIT JESU

0   100   200   300 m

Belagerungswall (70 n. Chr.)

Herodes-Tor

Wadi es-Sahireh

(Damaskus-Tor)

Königs-
höhlen

TEICH BETESDA

Stephans-Tor

BEZETA

2. Mauer

3. Mauer (Heutige Nordmauer)

ANTONIA

Schaf-Tor

Birket Israil

GETSEMANI

GOLGOTA

2. Mauer?

Efraim-Tor

2. MAUER?

Tadi-Tor

TEMPEL

Susa-Tor
(Goldenes Tor)

Brücke zur
Oberstadt

1. Mauer

Amygdalon-
Teich

Syn.

VORHOF DER
HEIDEN

Gräber:
Abschalom

Jakobus
Sacharja

(Jaffa-Tor)

Phasael-
Turm

Gennat-Tor

Xystos

Mariamme-
Turm

PALAST DER
HASMONÄER

Frei-   Straße
treppe

zweifaches-

dreifaches-
Tor

PALAST
DES
HERODES

Gärten

OFEL

KIDRON-TAL

OBERSTADT

Heutige Südmauer

Wasserleitung des Pilatus

TYROPÖON-TAL

DAVIDSSTADT-ZION

Wasser-
tor

GIHON
(Marienquelle)

PALAST DES KAJAFAS

OBERGEMACH
(ABENDMAHLSSAAL)

UNTERSTADT

Stufenweg

Turm Schiloach

GE-HINNOM-TAL

Essener-
Tor

TEICH
SCHILOACH

Scherbentor

Hakeldamach

Rogel-Brunnen

Abb. 83. Reste der makkabäischen Stadtmauer am Ofel.

Punkt des Südosthügels liegt etwa 66 m tiefer als der Ölberg. Jerusalem wird die »hochgebaute Stadt« genannt. Jerusalem verdient den Namen nur, wenn man sich der Stadt vom Süden her nähert und an der Rogelquelle (603 m) zum Tempelberg (744 m) emporschaut (vgl. Abb. 85, S. 146).

gebnis war überraschend. Die für eine der jebusitischen Stadtmauern gehaltene Bastion war gar nicht so alt, wie es die Steine äußerlich nahelegten. »Kanaanitermauer« und »Davidsturm« standen auf den Ruinen von Häusern, die aus dem 7. Jahrhundert v. Chr. stammten und bei der Eroberung Jerusalems durch Nebukadnezzar im Jahre 587 v. Chr. zerstört worden sind. Der Turm konnte also nicht von David stammen. Es zeigte sich, daß Mauer und Turm erst in der Makkabäerzeit um die Mitte des 2. Jahrhunderts v. Chr. erbaut worden waren.

Wo aber lag die Stadtmauer der Jebusiterfestung und der späteren Davidsstadt? Der nüchterne Grabungsbericht läßt selbst den unbeteiligten Leser die Spannung der Ausgräber spüren. Sollte die Stadtmauer, die den oberen Zugang zur Quelle schützte, noch tiefer am Osthang liegen? Am Fuße des »Davidsturmes« begann man einen 11 m breiten Graben auszuheben, der in Rich-

Während der in den Jahren 1923–1925 von R. A. S. Macalister und J. G. Duncan durchgeführten Ausgrabungen wurden auf dem Kamm des Südosthügels alte Mauerreste freigelegt. Die Ausgräber hielten die in der Mitte liegende treppenförmig abgestufte Böschung für eine Bastion der jebusitischen Stadtmauer. Das am linken Bildrand sichtbare Mauerstück, den sogenannten Davidsturm, rechnete man zu den unter David und Salomo errichteten Befestigungen. Die jüngsten Ausgrabungen zeigten, daß »Kanaanitermauer« und »Davidsturm« in Wirklichkeit über den Ruinen von Häusern erbaut waren, die aus dem 7. Jahrhundert v. Chr. stammen und bei der Eroberung Jerusalems im Jahre 587 zerstört worden waren. K. M. Kenyon weist das Mauerstück in das 2. Jahrhundert v. Chr.

tung zur Quelle bis 48 m unterhalb der »Kanaanitermauer« auf der steilen Böschung fortgeführt wurde (vgl. Abb. 81, S. 139, und Abb. 84, S. 144). Wie schwierig die Arbeit war, schildert K. M. Kenyon in ihrem Bericht: »Fast 45 Grad beträgt die Neigung des Geländes. Ist man durch Gestrüpp und Staub der obersten Schichten hindurch, steht man auf hartem Grund — so steil, daß man darauf kaum stehen, geschweige laufen kann.«

Wahrscheinlich gehörte diese steile und glatte Boden-fläche zu einer Verteidigungsböschung aus der Zeit Herodes' des Großen. »Was sich darunter befand, ist typisch für den gesamten Abhang: Lagen um Lagen von Steingeröll – mittelgroß in den höheren Schichten, von zunehmender Größe, je tiefer man vordrang. Oben am Abhang waren die Steine von einer weichen braunen Masse umgeben. Hier hatte man Abfälle über die dem Höhenkamm folgende Mauer geschüttet. Tiefer unten hörten die Abfallschichten auf. Obere und untere Geröll-lagen bildeten dort zusammen eine einzige ungeheure Schuttmasse.

Fast eine ganze Grabungsperiode verging, bis man sich durch das Geröll hindurchgearbeitet hatte. Schließlich begannen sich sehr massive Steinbauten zu zeigen. Bei ihnen fand sich Keramik aus dem 7. Jh. v. Chr. Sie gehören jedoch mit Sicherheit zu keiner Befestigungsanlage und setzen sich den Abhang hinab fort. Erst am Ende der Grabungsperiode, und zwar, als man buchstäblich die letzten Zentimeter des Grabens aushob, stieß man auf ein Bauwerk, das sich von den zuvor entdeckten unterschied. Es war noch massiver in seiner Bauweise und bestand aus rohen Rollsteinen von sehr großem Umfang, die aus dem Wadi stammten. Von besonderer Bedeutung aber war sein Alter. Das Gemäuer befand sich unmittelbar vor einer Stelle, wo der Felsgrund eine kleine Steilwand bildet. Der Zwischenraum zwischen dieser und dem Mauerwerk war ausschließlich mit Keramik aus der Mittleren Bronzezeit (um 1800 v. Chr.) gefüllt. Hier endlich hatte es den Anschein, als ob die Mauer der Jebusiterstadt gefunden sei.«[82] (Vgl. Abb. 81, 1, S. 139, und Abb. 84, 2, S. 145.)

Die letzte Bestätigung, daß die Ostmauer der alten Jebusiterstadt gefunden war, brachte die nächste Grabungskampagne im Jahre 1962. Jenseits der gefundenen Mauer blieb der Fels unberührt. Es stellte sich heraus, daß es sich bei dem gefundenen Mauerstück, das etwa 20 m oberhalb des Gihon liegt, um den Turm eines Tores handelte, der den Weg zur Quelle am Fuße des Abhanges schützte. Wahrscheinlich ist es das Wassertor des alten Jerusalem, durch das der junge Salomo auf dem Maultier seines Vaters ritt und vom Propheten Natan und dem Priester Zadok geführt wurde: »Dann salbten ihn der Priester Zadok und der Prophet Natan zum König am Gihon und zogen von dort mit Jauchzen hinauf, daß die Stadt mit Lärm erfüllt war« (1 Kön 1, 45).

Die Stadtmauer, die um 1800 v. Chr. errichtet worden war, diente nicht nur zur Zeit der Jebusiter, sondern auch unter König David und seinen Nachfolgern als Befestigung. Mit der Auffindung der Ostmauer des alten Jerusalem war eine der wichtigsten Fragen der Stadtgeschichte geklärt: Der obere Zugang zur einzigen Quelle des Gebietes lag innerhalb der Stadtmauer und konnte während einer Belagerung ungehindert benutzt werden. Wo lagen die anderen Stadtmauern?

Die jebusitische Stadt war auf allen Seiten des dreieckförmigen Felsspornes durch Steilhänge geschützt, außer im Norden, wo das Gelände in die allmählich breiter werdende, auf 740 m ansteigende Anhöhe überging. Der größte Teil des Tyropöontales ist heute an der Oberfläche nicht mehr erkennbar. Probegrabungen an verschiedenen Punkten haben aber gezeigt, daß der westliche Hang des Südosthügels fast ebenso steil war wie sein Osthang zum Kidrontal. Von der etwa 15 m mächtigen Schuttdecke, die die untere Hälfte des Tales ausfüllt, stammen etwa 6 m aus der Zeit nach der Zerstörung durch Titus (70 n. Chr.), die übrige Schuttdecke aus den Jahrhunderten nach dem Ende der byzantinischen Herrschaft (638 n. Chr.). Die Stadt war also nur an der Nordseite durch die Bodenverhältnisse ungeschützt. Etwa 40 m nördlich des »Davidsturmes« wurde ein Mauerrest freigelegt, der quer über den Hügel führte und mit einer älteren, aus mächtigen Blöcken errichteten Mauer in Verbindung stand. Auf der Südseite der Mauer fand man in den untersten Schichten spätbronzezeitliche Töpferware aus dem 14. und 13. Jahrhundert v. Chr., während nördlich der Mauer Scherben aus der Eisenzeit II, etwa aus dem 9. Jahrhundert v. Chr., gefunden wurden. Eine Besiedlung vor dieser Zeit gab es demnach auf dem Gelände nicht. Sie hatte erst in der israelitischen Zeit begonnen.

Nach der heutigen Bodenbeschaffenheit ist nicht mehr einzusehen, warum die Nordmauer, die die verwundbarste Seite der Stadt schützen sollte, gerade hier errichtet wurde. Eine weiter nördlich vorgenommene Grabung aber zeigte, daß das Gelände der Anhöhe einst nicht so hoch und flach war wie heute, sondern niedriger und schmaler. Die nördliche Verengung des Felsspornes mit dem kleinen Abfall nach Norden bestimmte die Lage der Nordmauer, wahrscheinlich auch den Landschaftsnamen »Ofel« – »Buckel, Beule« –, der ursprünglich nur diesem Geländestück anhaftete.

Eine Spur der Westmauer konnte nicht entdeckt werden. Grabungen an verschiedenen Punkten des Südosthangs des Westhügels ergaben, daß eine kontinuierliche Besiedlung dort erst im 1. Jahrhundert n. Chr. einsetzte. Diese nüchterne Feststellung hat zur Folge, daß wir uns nicht nur von der Größe der davidischen Stadt ein anderes Bild machen müssen, sondern daß auch die bisherigen Vorstellungen über die Besiedlung der beiden Stadthügel eine Korrektur erfahren.

Die Westmauer »Alt-Jerusalems« muß am Westhang des Südosthügels, wahrscheinlich auf der Gipfelböschung, gelegen haben. Sie zu finden scheint ein aussichtsloses Unternehmen zu sein, da zur Zeit der Römer und Byzantiner der Gipfel der Südosthöhe als Steinbruch benutzt wurde (vgl. Abb. 88, S. 153).

Die Auffindung der östlichen Stadtmauer, die Lage der Nordmauer und die westliche Begrenzung erlauben eine Beschreibung des ältesten Jerusalem. Das auf dem Höhenkamm gelegene Gelände von etwa 420 m

Länge und etwa 100 m Breite war relativ klein, entsprach aber in der Größe den anderen Siedlungen aus jener Zeit. Das bronze- und eisenzeitliche Sichem war ungefähr 230 × 150 m groß, das frühbronzezeitliche Jericho maß nur 225 × 80 m und wurde erst in der Mittelbronzezeit auf ein Ausmaß von 300 × 150 m erweitert. Ein wenig größer waren die bedeutenden Kanaaniterstädte in den Ebenen des Landes. Taanach war ungefähr 300 × 150 m groß, Megiddo sogar 300 mal 225 m. Ganz ungewöhnlich große Ausmaße hatte das mittel- und spätbronzezeitliche Hazor mit 1100 mal 650 m. Die israelitische Königsstadt Samaria war im 9. Jahrhundert v. Chr. ungefähr 400 × 200 m groß.

Die Baufläche zu erweitern, um damit möglichst nahe an die im Kidrontal gelegene Quelle zu kommen, ließ die Einwohner jede Schwierigkeit auf dem noch etwa 25 Grad geneigten Felsboden des Osthanges in Kauf nehmen. Tiefer im Tal konnte die Mauer aber aus strategischen Gründen nicht errichtet werden; sie war von der anderen Talseite zu leicht anzugreifen. Infolgedessen waren die Häuser auf dem beschränkten Baugrund und dem felsigen Grund recht klein. Nur wenige Spuren der Bauten, die zur ältesten Stadt aus der Zeit um 1800 v. Chr. gehörten, haben den Sturm der Zeiten

Abb. 84. Ausgrabungen auf dem Osthang des Südosthügels in Jerusalem.

1. Blick auf das Grabungsgelände am Osthang des Ofels.
Die Aufnahme vermittelt ein eindrucksvolles Bild von den Schwierigkeiten der Grabungen am Osthang des alten Jerusalem. Vom Fuß des sogenannten Davidsturmes wurde bis zu einem 27,25 m tiefer gelegenen Niveau ein 11 m breiter und 48 m langer Graben gezogen, der wegen des abschüssigen Geländes in quadratische Felder unterteilt wurde (vgl. Abb. 81, S. 139). Der Eingang zur Gihon-Quelle befindet sich unter dem unteren der beiden niedrigen quadratischen Häuser in der Mitte der unteren Bildhälfte. Die alte jebusitische Stadtmauer wurde etwa 20 m oberhalb des Gihon freigelegt.

überstanden. Die Häuschen kletterten unregelmäßig, wie es der felsige Baugrund zuließ, den Hang hinauf. In der zweiten Hälfte der Bronzeit (14.–13. Jahrhundert v. Chr.), etwa in der Zeit, da Abdi-Chiba als König und Vasall des Pharao über die Stadt herrschte, begannen die Architekten den technischen Fortschritt zur Erweiterung der Baufläche auszunutzen. Vom oberen östlichen Rand des Abhangs beginnend, legte man terrassenförmig eine Reihe von steingefüllten Plattformen

Die Stadt Davids

2. *Die freigelegte jebusitische Stadtmauer.*

Vor der Treppe und der modernen Stützmauer ist im Mittelgrund die alte Stadtmauer aus dem 18. Jahrhundert v. Chr. sichtbar, die einen rechten Winkel bildet (vgl. Abb. 81); im Hintergrund am linken Bildrand das Dorf Silwan.

an, auf deren ebener Fläche die neuen Häuser gebaut wurden. Keines der alten Häuser ist erhalten geblieben. Ein Einsturz der Stützmauern hatte den Zusammenbruch der darüber liegenden Terrassen zur Folge, und die darauf gebauten Häuser stürzten ins Kidrontal. Dennoch war das Ergebnis der Ausgrabung für die Geschichte Jerusalems bedeutsam. Die Größe und die Lage der Jebusiterstadt, deren Erbe David übernehmen sollte, waren geklärt. Eine Überprüfung der Vorgeschichte ergibt aber ebensoklar, daß nichts die kleine Jebusiterfestung auf dem Felsplateau am Rande der großen Verkehrswege Palästinas prädestinierte, eine oder gar die »Heilige Stadt« der Israeliten zu werden. Die ganze Richter- und frühe Königszeit hindurch bleibt Jerusalem eine Stadt der Fremdstämmigen und Fremdgläubigen, in der ein frommer Israelit lieber nicht die Nacht zubringt (Ri 19, 11 f.).

Dreimal täglich betete der gesetzestreue Jude im »Achtzehngebet« für die Stadt Davids: »Erbarme dich, Herr, unser Gott, mit deinem Reichtum an Erbarmen jetzt über Israel, über dein Volk und über deine Stadt Jerusalem und Zion, den Ort deiner Herrlichkeit, über deinen Tempel, deine Wohnung, und über das Königtum des Hauses Davids, deines gerechten Gesalbten! Gepriesen seist du, Herr, des Davids Gott, der du Jerusalem erbaust.«[83]

Da Davids Leibwache die Jebusiterfestung eroberte, blieb sie in seinem persönlichen Besitz und wurde »Stadt Davids« genannt. Doch behauptete sich der alte kanaanäische Name in der Geschichte Israels weiter. Zahlreiche Krugstempel aus dem 6. und 5. Jahrhundert bezeugen, daß damals die Form »Jeruschalaim« gang und gäbe war. Im hebräischen Text des Alten Testaments wird die Stadt 640mal mit dem Namen »Jeruschalaim« oder mit der erweiterten Form »Jeruschalajim« genannt.

In der Septuaginta, der griechischen Übersetzung des Alten Testaments, wird die hebräische Namensform mit »Jerusalem« transkribiert. Seit dem 2. Jahrhundert v. Chr. tritt der Name in der hellenisierten Form »Hierosolyma« auf. Im Neuen Testament erscheinen beide Namensformen: Jerusalem 76mal, Hierosolyma 63mal. Merkwürdigerweise wird bald die eine, bald die andere Form benutzt, bald aber auch gebraucht ein und derselbe neutestamentliche Autor beide Formen nebeneinander. So schreiben Markus und Johannes stets Hierosolyma, Hebräerbrief und Apokalypse stets Jerusalem, während bei Matthäus, Lukas und Paulus sich beide Formen finden. Die Namensform Jerusalem besaß durch die griechische Bibel Würde und sakralen Klang; es ist darum kein Zufall, daß sie ausschließlich bei jüdischen Autoren nachweisbar ist. Die hellenisierte Form Hierosolyma dagegen war die bei den Nichtjuden übliche profane Bezeichnung Jerusalems, die aber auch von jüdischen Autoren benutzt wurde, wenn sie ein griechischredendes Leserpublikum ansprechen wollten.

Im Munde der Araber heißt Jerusalem »el-Kuds« — »die Heilige« —, in Anlehnung an das Prophetenwort: »Wach auf, wach auf! Waffne dich mit deiner Stärke, Zion! Kleide dich in deine Prachtgewänder, Jerusalem, du heilige Stadt!« (Jes 52, 1)

Der Name Zion taucht zum ersten Mal im Bericht über die Eroberung Jerusalems auf. Die Urbedeutung des hebräischen Wortes ist umstritten. Möglich wäre die Übersetzung: das trockene Land, der Fels; wahrscheinlicher ist die Bedeutung »Burg«, »Festung«. Ursprünglich galt der Name wohl dem Felssporn, dann in besonderer Weise der Zitadelle innerhalb der Stadtmauer. Schließlich ging der Name auf die ganze Stadt über und wurde zur glanzvollen Bezeichnung des religiösen Zentrums des Gottesvolkes, dem die Begeiste-

Abb. 85. Alt-Jerusalem auf dem Ofel.

Der von der Sonne aufgehellte Felssporn, auf dem einst das alte Jerusalem erbaut war, liegt heute außerhalb der Stadtmauer. Das Bild, das am späten Nachmittag vom Ras el-Mekabber aus aufgenommen wurde, zeigt in der oberen Hälfte den Felsendom mit der südlichen Umfassungsmauer des Tempelplatzes, darunter im Mittelgrund den Zusammenfluß des von links kommenden Ge-Hinnomtales mit dem Kidrontal. Der im Schatten liegende Osthang des alten Stadthügels läßt die Abschüssigkeit des Geländes und die Tiefe des Kidrontales eindrucksvoll hervortreten. Auf der rechten Bildseite liegt über dem Kidrontal das Dorf Silwan, dahinter die in nordnordwestlicher Richtung ziehende Ölbergkette bis zum Skopus, dem Ras el-Mescharif (rechts oberhalb der Kuppel des Felsendomes). (Vgl. Abb. 226, 2, S. 401.) Der Name des Dorfes Silwan erinnert an den Teich Schiloach, der am Ausgang des Tyropöontales liegt, ein wenig oberhalb der erhellten Südspitze des Felssporns. Das Tal selbst, das in alter Zeit Jerusalem in die Ober- und Unterstadt schied, ist als schwache Mulde am linken Rand des aufgehellten Felsspornes noch zu erkennen.

Das Dorf Silwan ist teilweise über eine alte Nekropole gebaut, deren Gräber bis in die Zeit Davids und Salomos zurückreichen. Eine von einem frei stehenden monolithischen Felsgrab stammende Inschrift, die vor wenigen Jahren im Britischen Museum von Prof. N. Avigad entziffert werden

konnte, lautet: »Das Grab von ... yahu, dem Palastvorsteher. Hier ist weder Silber noch Gold zu finden, sondern nur seine Knochen und die seiner Frau. Verflucht sei der Mensch, der das Grab öffnet.« N. Avigad nimmt an, daß es der beim Propheten Jesaja erwähnte Verwalter und Palastvorsteher Schebna aus der Zeit des Königs Hiskija (725–697 v. Chr.) ist, »der sich hoch oben im Felsen seine Grabkammer aushauen läßt« (Jes 22, 16).

rung und religiöse Inbrunst der Psalmensänger und Propheten entgegenschlägt.

Der biblische Bericht über die Eroberung der Stadt, die kurz nach dem Jahre 1000 v. Chr. angesetzt werden muß, ist uns in zwei Fassungen erhalten. Beide machen aber den Gelehrten wenig Freude. Der Text im zweiten Buch Samuel 5, 6—8 ist verderbt und der Bericht des Chronisten (1 Chr 11, 4—6) aus dem Ende des 5. Jahrhunderts, der das Samuelbuch als Quelle benutzte, stark gekürzt, so daß eine gesicherte Auslegung bis zum heutigen Tag noch nicht gefunden worden ist. Wahrscheinlich liegt den Berichten folgender Tatbestand zugrunde: »David und seine Mannen« (2 Sam 5, 6) belagern erfolglos die »Burg Zion« (5, 7). Höhnend rufen ihm die Jebusiter von der Stadtmauer zu: »Da kommst du nicht herein, Blinde und Lahme werden dich abwehren« (5, 6). Doch was wäre dem König David nicht gelungen! Das Leben der Stadt hing von der Quelle ab, die am Fuße des Südosthügels im Kidrontal entspringt; sie wurde »Gihon« — »Sprudler« — genannt, weil ihr Wasser in bestimmten Intervallen stoßartig aufsprudelt (vgl. Abb. 86, S. 148). Um auch in kriegerischen Zeiten einen Zugang zum lebensnotwendigen Wasser zu haben, hatten die kanaanäischen Bewohner der Burg Zion einen unterirdischen Gang gegraben, der zu einem 13 m tiefen senkrechten Schacht führte. Von dieser Stelle aus konnte man Krüge und Gefäße hinablassen, um das Wasser der gestauten Quelle zu schöpfen. Sicher war dem König diese unterirdische Anlage der Wasserversorgung Jerusalems bekannt. So entwarf er seinen Plan, für dessen Durchführung er einen hohen Preis aussetzte: »Wer den Jebusiter schlägt und eindringt durch den ›Zinnor‹« (2 Sam 5, 8), »der soll«, wie es im ersten Buch der Chronik ergänzend heißt, »Oberhaupt und Anführer werden. Da stieg zuerst Joab, der Sohn der Zeruja, hinauf und wurde Anführer« (1 Chr 11, 6).

Die Rekonstruktion dieser Heldentat läßt verschiedene Möglichkeiten offen, je nachdem, ob man das sehr seltene Wort »zinnor« mit Rinne, Röhre, Schacht, Dreizack, Haken übersetzt. Das wahrscheinlichste ist, daß »zinnor« etwas mit Wasser zu tun hat, wie es der Psalm 42, 8 nahelegt: »Ein Abgrund ruft dem anderen zu mit der Stimme deiner Wasserfälle [zinnoreka].« So ergäbe sich nach dem rekonstruierten Text die folgende Deutung: Vom Kidrontal aus drang Joab mit ein paar Beherzten durch den ungeschützten Quellgang in das Innere der Wasseranlage ein, kletterte den senkrechten Schacht empor. Als er oben ankam, befand er sich im Innern der Stadt. Er öffnete den Belagerern die Stadttore, und das Schicksal der Burg Zion war besiegelt.[84] Daß diese Deutung kein Spiel der Phantasie ist, zeigt die spannende Schilderung des englischen Pionier-Captains Charles Warren, der 1867 den Schacht wiederentdeckte. Wie Joab durchstieg er die Quellkammer des Gihon, drang dann durch den späteren Schiloachkanal bis zum senkrechten, 13 m hohen Schacht vor. Warren konnte der Versuchung nicht widerstehen, Joabs abenteuerlichen Aufstieg nach fast 3000 Jahren zu wiederholen. Mit Hilfe einiger quergelegter Bretter gelang ihm in kurzer Zeit der Aufstieg (vgl. Abb. 86, S. 148).

Was tat David mit der Jebusiterfestung, die seine Hauptstadt wurde? In knappster Form berichtet die Bibel: »David baute die Stadt vom Millo an nach innen« (2 Sam 5, 9); oder ähnlich beim Chronisten: »vom Millo an und im Umkreis« (1 Chr 11, 8). Für den Schreiber und seine ersten Leser, die die Stadtanlage genau kannten, war dieser Telegrammstil noch verständlich, für die Historiker, die sich nach Jahrhunderten mit der Baugeschichte Jerusalems beschäftigten, bot das Wort »millo« — »Füllung« — reiche Deutungsmöglichkeiten.

Die jüngsten Ausgrabungen auf dem Gelände der alten Jebusiterfestung und Davidsstadt haben den Beweis erbracht, daß David das alte Stadtgebiet nicht erweitert hat. Das ummauerte Stadtareal der Burg Zion blieb seine Königsstadt. Er sorgte aber dafür, daß die Terrassenbauten am Osthang des Hügels, die wohl bei der Inbesitznahme der Stadt am stärksten gelitten hatten, wieder instand gesetzt wurden. Die Terrassen bestanden aus einer Anlage von Stützmauern, die in nordsüdlicher Richtung parallel zum Hang liefen. Auf diese mit Steinen gefüllten Plattformen könnte die Bezeichnung »millo« — »Füllung« — am besten zutreffen.

Die politischen Aufgaben seines Großreiches nahmen die Kräfte des Königs so in Anspruch, daß ihm für den Aufbau einer repräsentativen Königsstadt die Zeit und wohl auch die Architekten fehlten. Er begnügte sich mit dem Bau eines Palastes, den phönizische Bauleute errichteten (2 Sam 5, 11); dazu kam eine Kaserne für die 600 Mann seiner Leibwache, die »Kereter und Peleter« (2 Sam 15, 18).

David regierte als König 7 Jahre in Hebron und 33 Jahre in Jerusalem. Er besiegte den Erzfeind Israels, die Philister, er unterwarf die Moabiter, die Ammoniter und Edomiter, denen er schwere Tribute und Frondienste auferlegte. Sein bedeutendster Erfolg war die Eroberung von Damaskus, der Hauptstadt des großen Aramäer-Staates. Zu Beginn des 1. Jahrtausends war das vereinigte Königreich von Israel und Juda die Großmacht zwischen Euphrat und Ägypten (vgl. Abb. 80, 2, S. 136).

Jerusalems Glanz und Ruhm aber wären längst verblaßt und wohl auch vergessen, hätte David nicht mit einer Tat die unvergängliche Stellung der Stadt unter den Völkern gesichert. Er brachte die Bundeslade, die als Unterpfand für die Gegenwart Jahwes galt, nach Jerusalem. Die Burg Zion wurde das »Heilige Zion«. Von Zion aus sehen die Propheten das Reich Gottes sich über alle Völker ausbreiten »bis zu den fernsten Inseln«. Mit David bricht etwas Neues auf, wofür es keine kanaanäischen noch religionsgeschichtlichen Parallelen gibt: Das ist sein Glaube an die Einzigkeit Jahwes, das ist sein Glaube an den von Jahwe gesicherten, immerwährenden Bestand seines Hauses. Monotheismus und Messianismus sind das heilige Erbe, das Zion hüten sollte.

Die Bundeslade mit den Gesetzestafeln war das einzige Heiligtum, das die Nord- und Südstämme gemeinsam hatten. Die tragbare Lade, die als der Thron Gottes galt, war an keinen Ort gebunden; ihr Schutz war das Zelt, das überall aufgeschlagen werden konnte. Nach der Niederlage Sauls bei Afek war das Bundesheiligtum in die Hände der Philister gefallen und wurde im Tempel Dagons in Aschdod aufgestellt. Die

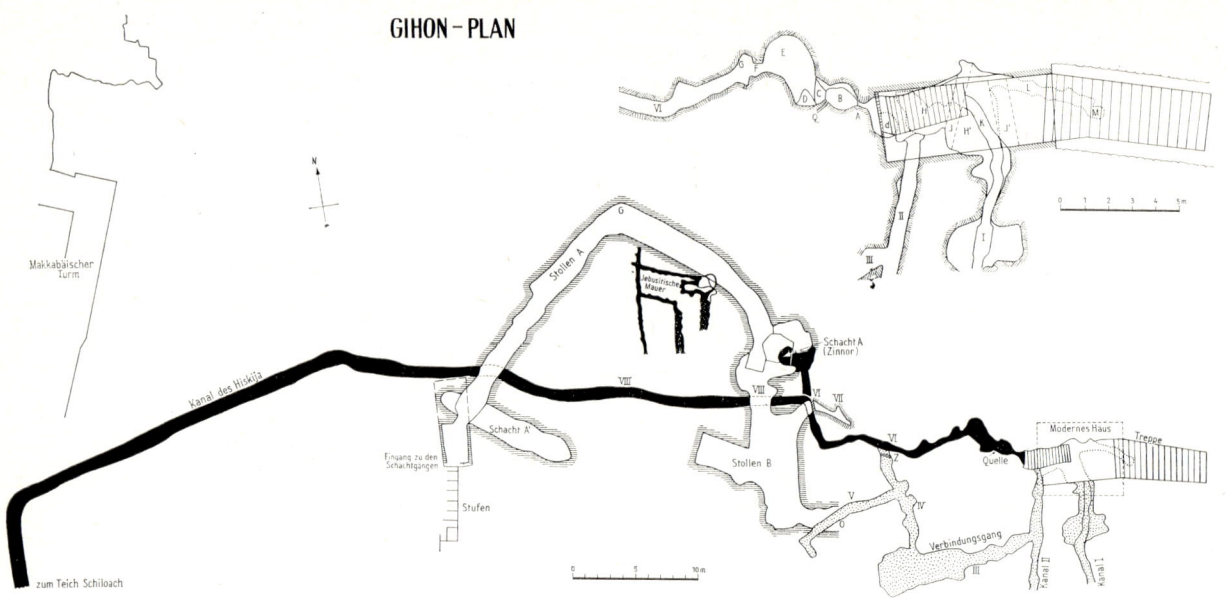

Abb. 86. *Der Gihon und seine Kanäle — Plan und Querschnitt (nach K. M. Kenyon und L.-H. Vincent OP). (Vgl. Abb. 204, S. 362, und Abb. 205, S. 365.)*

Die Anlage der Wasserversorgungseinrichtungen im alten Jerusalem ist verwirrend. Kanäle und Schächte spiegeln aber in lebendiger Weise ein Stück Stadtgeschichte und den harten Kampf der Bewohner um das lebensnotwendige Element wider. Wie schon erwähnt, wurde das unterirdische Wasserversorgungssystem des alten Jerusalem in den Jahren 1864 bis 1867 von dem englischen Captain Charles Warren untersucht. Er entdeckte den alten Schachtgang, der den Jebusitern aus dem Innern der Stadt den Zugang zur Quelle sicherte. Als in den Jahren 1909–1911 die Parker-Expedition auf der Suche nach dem Grabe Davids den Schiloachtunnel und die unterirdischen Gänge der Quelle ausräumte und reinigte, stellte L.-Hugues Vincent OP eingehende Untersuchungen an. Endgültige Klarheit über die Beziehung der Quelle zur alten kanaanäischen Stadtsiedlung auf dem Hang des Ofel brachten die in den Jahren 1961–1967 von der British School of Archaeology unter der Leitung von Kathleen M. Kenyon durchgeführten Grabungen.

Der Plan zeigt den Ausfluß der Quelle (Q), der mit einem Labyrinth von Kanälen, Stollen und Schächten zusammenhängt. Die gegenüberstehende Abbildung zeigt die gleiche Anlage im Querschnitt und läßt die Verbindung der Jebusiterstadt durch den unterirdischen Stollen mit der im Kidrontal gelegenen Quelle gut erkennen. Zwischen beiden liegt auf dem Abhang die Ostmauer der Jebusiterstadt. Ursprünglich muß das Wasser der Quelle, das sich in einer Naturhöhle (M) sammelte, ebenerdig ins Kidrontal abgeflossen sein und wurde hier wohl in ältester Zeit geschöpft. Heute steigt man auf 16 überwölbten Stufen zu einer kleinen Plattform hinunter, dann auf einer schiefwinkligen Treppe mit weiteren 14 Stufen bis zum Eingang einer Felshöhle, wo das Wasser bei günstigem Wasserstand geschöpft werden kann. Es scheint unter der Treppe hervorzufließen, und von Zeit zu

Zeit kann man feststellen, wie ein verstärktes Heraufströmen des Wassers den Namen der Quelle, »Gihon« — »Sprudler« —, rechtfertigt. Von der letzten Stufe der Treppe aus erreicht man bei niedrigem Wasserstand mit einem weiten Schritt eine Felsschwelle (A), an die sich das ovale, von einer 3,5 m hohen Kuppelwölbung überdeckte Quellbecken (B) anschließt. Dieser etwa 1,5×1,2 m große Raum verjüngt sich trichterförmig nach unten. In unterschiedlichen Intervallen quillt das Wasser etwa 40 Minuten lang aus einer 12–15 cm großen Öffnung am Grunde des 1,6 m tiefen Trichters (B) empor, im Winter, d. h. zur Regenzeit, drei- bis fünfmal pro Tag, im Sommer zweimal und im Herbst nur ein einziges Mal. Wahrscheinlich sammelt sich das Wasser zunächst im Innern des Hügels in einer Höhle, die wohl mit der Quellöffnung durch einen heberartig gewundenen Kanal in Verbindung steht; sobald die Höhle bis zur Höhe der oberen Biegung des Kanals gefüllt ist, fließt nach dem Gesetz des Hebers ihr ganzer Inhalt mit einem Male ab. Das geräuschvoll ausströmende Wasser findet unter der Felsschwelle (A) einen Spalt und fließt in das unter der Treppe gelegene, ungefähr rechteckige, etwa 2×4 m große Becken (H) ab, das im Osten von einer alten, schräg verlaufenden Mauer (J) begrenzt wird. Die vom Quellbecken (B) unter der Felsschwelle (A) hindurchführende Zuleitung verliert sich am westlichen Rande des Beckens (H) in einem etwa 1 m tiefen und 0,8 m breiten Loch (d). Östlich der Mauer (J) stößt das Becken auf einen Felsvorsprung, ähnlich der Felsschwelle (A), der aber von einer massiven Mauer (J') überhöht ist. Das Becken H' wird von einem schräg laufenden gemauerten Kanal (K–I) durchquert. Sein Anfang liegt unter der ersten Mauer (J) und erklärt deren Zweck: Verschluß des Kanals K und Stauung des Wassers im Becken H, um den Rückfluß des Wassers in westlicher Richtung zu bewirken. Wir werden später sehen, wie diese Maßnahme eine chronologische Einordnung der Kanäle I, II, VI und VIII und eine annähernde Erklärung für ihr Entstehen ermöglicht. Der verjüngte Anfang des Kanals

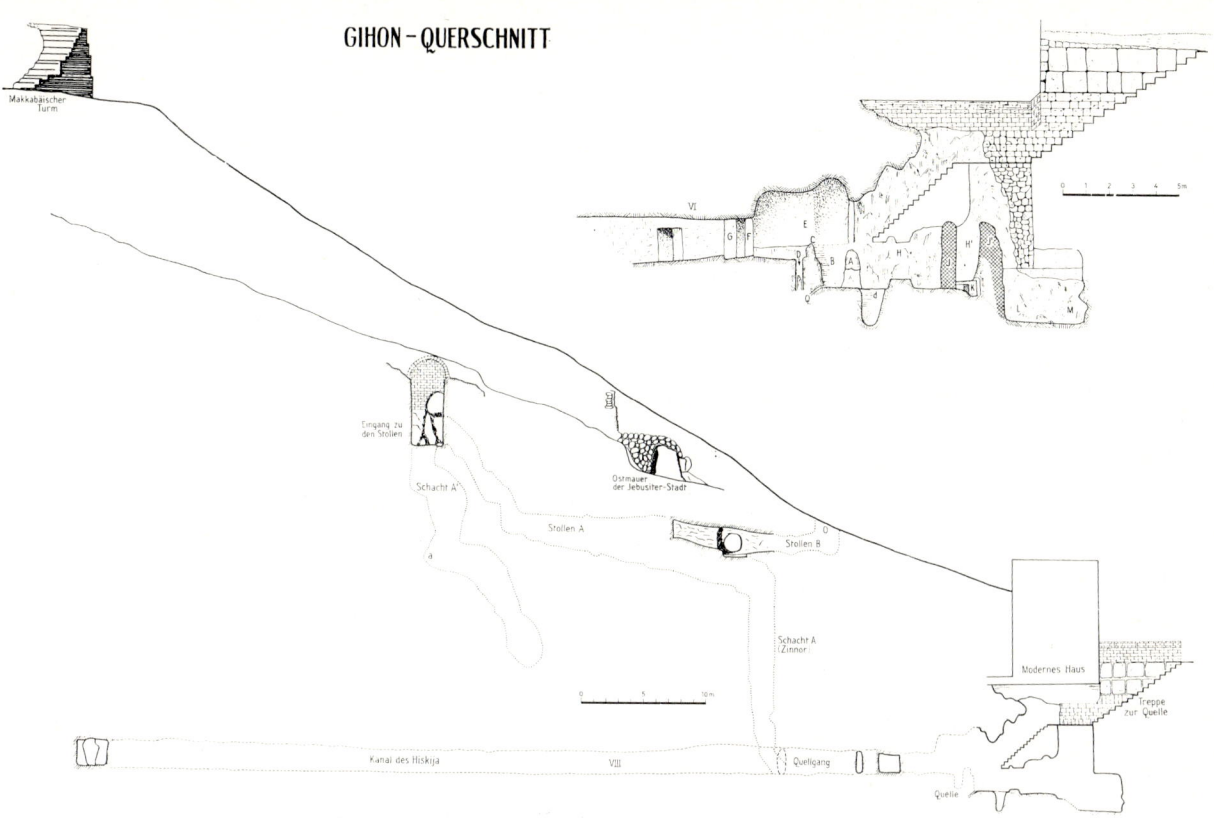

läßt noch erkennen, daß der Zufluß des Wassers aus dem Becken H durch einen Schieber reguliert werden konnte. Von der Nordostecke des Beckens H' führte ein Kanal (L) zu einer natürlichen Höhle (M), in der sich das Wasser, wie schon erwähnt, in frühester Zeit sammelte, ehe es durch den brüchigen Felsen ostwärts in das Kidrontal abfloß. Die Höhle M liegt etwa 20—30 m von der ursprünglichen Sohle im Kidrontal entfernt. Die ganze Anlage war mit Schutt verschiedenster Herkunft angefüllt und schließlich mit einer Art Betondecke dicht abgeschlossen. Der Scherbenbefund läßt eine Einordnung wahrscheinlich in das Ende der Bronze- und den Beginn der Eisenzeit zu, also in das 13./12. Jahrhundert v. Chr. Die Blockierung war beim späteren Bau der Becken H, H' erforderlich, deren Niveaus bedeutend höher liegen. Aus der gleichen Zeit stammt wahrscheinlich der Bau der Mauer J'. Die im Becken H' gefundenen Scherben führen in die ältere Königszeit (9./8. Jahrhundert v. Chr.).

Kehren wir zum Quellbecken (B) zurück. Erst wenn der Wasserspiegel im Quellbecken eine etwa 0,25 m über dem Niveau der Felsschwelle (A) liegende Felsbarre (C) übersteigt, kann das Wasser in westlicher Richtung durch das Berginnere abfließen. Zunächst schließt sich an das Quellbecken (B) hinter der Felsbarre (C) ein nach Norden apsidenförmig erweiterter, etwa 3 m hoher und 2,5 m langer Raum (E) an, dessen Felsdecke gewölbeförmig herausgemeißelt ist. Die hinter der Felsbarre (C) mit D bezeichnete dreieckige Vertiefung ist wohl ein mißglückter Versuch, unmittelbar den Quellausfluß anzugraben. Am westlichen Rand der Fels-

grotte E, deren Zweck ungeklärt blieb, führt eine 1,75 m hohe und nur 0,4 m breite türartige Öffnung (F) in einen leicht gewundenen Felsgang (VI), der nach etwa 12 m in nördlicher Richtung abbiegt und nach etwa 7 m mit einer kleinen Erweiterung des Ganges endet. Durch eine nicht sehr weite Öffnung gelangt man von hier zur Basis eines 13 m senkrecht in die Höhe führenden, etwa 2 m breiten Schachtes. Es ist der berühmte Zinnor des Alten Testaments, den Davids Soldaten zum Aufstieg benutzten, um heimlich in die Jebusiterstadt zu gelangen. Captain Warren, der ihn 1867 entdeckte, konnte der Versuchung nicht widerstehen, Joabs abenteuerlichen Aufstieg neu zu versuchen. Am Ende des Schachtes fand er einen im Winkel angelegten aufwärts führenden Stollen (A), der unter einem gemauerten Gewölbe endete. Von dort gelangte er schließlich über eine Treppe ins Freie.

Dieser älteste Zugang zur Quelle aus dem Innern der Stadt verdient eine eingehendere Betrachtung. Mit seinem Namen bleibt der Name Davids für immer verknüpft. Jerusalem wird zur Davidsstadt. Der Querschnitt zeigt den überwölbten Eingang, etwa 30 m über der Sohle des Kidrontales gelegen. Am Eingang führt die Treppe an dem Schacht A' vorbei, der als stummer Zeuge heute noch von der Enttäuschung der Schachtbauer kündet. Auf kürzestem Wege suchte man von der Oberfläche des Hügels durch einen senkrechten Schacht einen Zugang zur Quelle zu bohren. Dieser Versuch mußte wahrscheinlich wegen der Gesteinsverhältnisse aufgegeben werden. Nach einer Schicht weichen Kalksteines stießen die Arbeiter auf eine Naturhöhle (a). Hier kann man noch aus den Ansätzen ersehen, wo sie sich bemühten, eine geeignete Stelle in den härter werdenden Gesteinsschichten zu finden. In ostsüdöstlicher Richtung trieben die Arbeiter den Schacht schräg in die Tiefe. Das Bohren und Hämmern im Gestein wurde immer mühsamer. In einer Tiefe von 24 m gaben sie enttäuscht den Kampf mit dem widerspenstigen Gestein auf. Doch bedeutete dies keine Kapitulation. Ein neuer Stollen (A) führt vom Eingang über stark ausgetretene Stufen abwärts. In die Felswände eingehauene Kerben sollen das Geländer ersetzen. Nach einer kleinen Plattform wird der Abstieg jäh durch einen 2,7 m tiefen Absatz unterbrochen. Wahrscheinlich ist dieses Hindernis aus strategischen Rücksichten angelegt worden. Durch die enge und niedrige Öffnung gelangt man wieder in den breiter werdenden Stollen, der sich mit nur geringer Neigung etwa 20 m in nordöstlicher Richtung fortsetzt. Bei G biegt er fast in einem rechten Winkel nach Südosten ab. Es liegt nahe, daß die Biegung ebenfalls zur leichteren Verteidigung des Stollens angelegt wurde. Über ungleiche, durch die jahrhundertelange Benutzung stark abgetretene Felsstufen gelangt man schließlich nach 17,35 m zum Hauptschacht, der unter einer ausgehauenen Wölbung senkrecht in die Tiefe führt. Der Stollen selbst endet nach einer kleinen südwestlichen Biegung vor einer 3,25 m hohen Felswand, hinter der sich Naturhöhlen anschließen. Der Hauptschacht hat eine Tiefe von 13 m. Kurz oberhalb seiner Sohle zeigt er eine Einschnürung. Sie liegt genau an der neu beginnenden Schichtung des härteren Gesteins. Hier aber konnte der Fels den Arbeitern nur eine Verengung des Schachtes mit einer kleinen schräg verlaufenden Abweichung abzwingen. Nach etwa 4 m war die nötige Tiefe für den Schachtgang zur Quelle erreicht. Eine Frage bleibt aber zu beantworten. Was veranlaßte den jebusitischen Tiefbauingenieur, gerade an dieser Stelle den Schacht in die Tiefe zu treiben? Eine befriedigende Antwort gibt die Umgebung des Geländes. Der Ostabhang des Hügels hatte in frühester Zeit, ehe die Oberfläche mit Schutt und Abfällen bedeckt wurde, steile felsige Terrassen, an denen sich in grauer Vorzeit Risse, Spalten und Höhlen bildeten. Auf dem Plan kann man feststellen, daß die am unteren Osthang liegende Öffnung (O) sich fast auf der gleichen Linie mit der Quelle und dem oberen Eingang zum Stollen (A) befindet. Es ist wahrscheinlich, daß der Bau an den beiden Punkten A und O zur gleichen Zeit begonnen wurde. Der eine Anfangspunkt (O) empfahl sich durch das Vorhandensein mehrerer Höhlen, die einen leichteren Zugang in das Innere ermöglichten. Die Stelle des Hauptschachtes eignete sich schließlich durch eine dort liegende Felsverwerfung. Nach Fertigstellung der gesamten Anlage wurde die eine Öffnung (O) blockiert, starke Mauern und Schutt sperrten den Stollen durch die Höhle. Es blieb nur der durch die Stadtmauern gesicherte Zugang aus dem Innern der Stadt. Die in den Kanälen L und M (unter der Treppe) gefundenen Scherben und ein Vergleich mit anderen in Palästina gefundenen Tunnelanlagen erlauben eine annähernde Datierung des Jerusalemer Zinnor. Er war sicher im 12. Jahrhundert v. Chr. in Gebrauch. Daß solche Schächte und Kanäle bereits in noch früherer Zeit mit weit unzulänglicheren Werkzeugen in den Felsen getrieben werden konnten, zeigt die große Schachtanlage der Stadt Geser, deren Bau etwa in die Mitte des 2. Jahrtausends datiert werden kann. Der Eimer, der vom oberen Rand des Schachtes mit einem Seil in die Tiefe gelassen wurde, konnte das Wasser nur erreichen, wenn es bis zu einer Höhe von etwa 1,5 m am

Grunde des Schachtes gestaut wurde. Mit anderen Worten: es durfte durch keinen Kanal anderwärts ablaufen. Die Niveauunterschiede der Kanäle I, II, VI und VII sowie das Funktionieren der einzelnen Schöpfstellen lassen vier Eingriffe durch Menschenhand zu verschiedenen Zeiten erkennen, um den Bedarf an dem lebensnotwendigen Wasser, entsprechend der jeweils veränderten geschichtlichen Situation, zu sichern. Wir beginnen mit dem letzten Versuch; es ist der Schiloachtunnel (VIII). Die Abzweigung des Tunnels (VIII) liegt nur wenige Meter südlich vom senkrechten Hauptschacht. Seine Inbetriebnahme forderte die Blockierung der Kanäle I und II und machte ferner die alte Schöpfstelle durch den Hauptschacht unbrauchbar. Der Bau des Kanals ist glücklicherweise durch eine Inschrift verewigt, und seine Erwähnung in der Bibel während der Regierungszeit des Königs Hiskija (Ezechias) läßt eine gesicherte Datierung zu. Die gleiche technische Ausführung beim Bau der zum Teil blinden Kanäle und Gänge IV, V, VII und des östlichen Teiles von Kanal VI macht es wahrscheinlich, daß sie im Zuge des Schiloachkanals gebaut oder überarbeitet wurden. Die bedingte Erhöhung der Sohle im Kanal VI zwischen der Quelle und seiner Mündung in den Kanal VIII läßt vermuten, daß er schon früher bestand und ein alter Schachtgang zur Quelle war. Diese Vermutung findet eine Stütze in der ebenfalls gleichen technischen Ausführung des letzten Verbindungsstückes von Kanal VI vor dem Hauptschacht und dem breiten Kanal L unter der modernen Treppe. Sie müssen zur gleichen Anlage mit dem Hauptschacht gehören. Es ist sogar wahrscheinlich, daß sie die unmittelbare Verbindung des Hauptschachtes mit der natürlichen Höhle M bildeten. Das Schöpfen des Wassers im Hauptschacht war aber nur möglich, wenn das Wasser gestaut wurde. Dazu diente die Mauer J', die den freien Abfluß der Quelle in das Kidrontal verhinderte. Von den anderen Kanälen, die das Quellbecken umgeben, scheint der Kanal I (K) der älteste zu sein, da sein Niveau am tiefsten liegt. Die Sohle befindet sich bei seinem Anfang im Becken H' etwa 0,45 m tiefer, die Differenz zum Kanal des Hiskija (VIII) beträgt sogar 1,9 m. Zum Kanal II erhöht sich der Niveauunterschied auf 3,95 m. Der Anfang des Kanals II wurde 1902 von C. Schick entdeckt. Da sein Ausgangspunkt nahe am äußeren Rand des Talabhanges liegt, wird er wohl immer in südlicher Richtung dem Fuße des Hügels gefolgt sein. Wahrscheinlich diente er der Bewässerung der königlichen Gärten im Talgrund und ist wohl in der ältesten Königszeit, also zwischen dem 10. und 8. Jahrhundert v. Chr., gebaut worden. Der Kanal II wurde von der Parker-Expedition entdeckt und sein Verlauf durch spätere Untersuchungen geklärt. Auch er diente der Bewässerung des Kidrontales. An seiner Ostwand sind in bestimmten Abständen kleine Öffnungen angelegt, die einen Abfluß des Wassers ermöglichten. Der Kanal war an manchen Stellen mit Schutt und Steinen absichtlich zugeschüttet. Die gefundenen Scherben erlauben eine Datierung dieser Blockierung für die letzten Jahrhunderte der Königszeit. Nahe seinem Anfang besteht eine zweite Verbindung mit dem Quellwasser über Kanal III und IV. Es ist möglich, daß diese Zuleitung nicht lange vor dem Bau des Schiloachkanals in Gebrauch genommen wurde. Nach Inbetriebsetzung des Kanals VIII wurde die Verbindung durch die Mauer Z blockiert, und das Wasser floß in den Teich Schiloach, wohin Jesus den Blindgeborenen schickte: »Geh und wasche dich im Teiche Schiloach« (Joh 9, 7). (Vgl. Abb. 204, S. 362.)

Abb. 87.   Zur Geologie Jerusalems.

Schichten der oberen Kreideformation und eine Oberflächen-
kruste aus jüngeren Verwitterungsprodukten bilden den
Grund, auf dem Jerusalem erbaut wurde: im Westen das
Cenoman, in der Altstadt das Turon und auf dem Ölberg
das Senon.

1. Der »mizzi-jehudi« (Cenoman), ein dunkelgrauer, gelblich
   oder rötlich gefleckter, harter und schwerer Kalk, ist der
   Baustein der Häusermauern. Anstehend findet sich der
   »mizzi« nur unter der NW-Ecke der Stadt und bildet wahrscheinlich die Sohle des Tyropöontales. An steilen Böschun-
   gen treten die mächtigen Schichten als treppenförmige,
   nackte Bänke heraus, und das sehr langsam verwitternde
   Gestein ist nur auf ebenen Terrassen spärlich mit Humus
   bedeckt.

2. Der »meleke« (Cenoman) mit einer einheitlichen massigen
   Schicht von durchweg 8 bis 10 m Dicke bildet den Untergrund der Oberstadt auf dem Südwesthügel. Er ist ein
   körniger, weißer, zartrosa getönter, weicher und leichter
   Marmor, der an der Luft erhärtet. Fast alle Felsgräber in
   und um Jerusalem sind in den »meleke« gehauen, auch
   der Schiloachtunnel bevorzugt die weichen Schichten. Der
   leicht zu bearbeitende Stein bildete zu allen Zeiten das
   gebräuchlichste Baumaterial. Noch heute geben die von
   der nördlichen Stadtmauer an unter der Stadt 150 m nach
   Süden sich erstreckenden riesenhaften Steinbrüche der
   »Königlichen Höhlen« Zeugnis davon, wo einst die gigantischen Blöcke gebrochen wurden, aus denen Herodes die
   Umfassungsmauern der Tempelplattform auftürmen ließ
   (vgl. Abb. 272, S. 495). Die Südostecke des Tempelplatzes
   zeigt aber deutlich: Die Quadern aus hartem »mizzi-jehudi«
   sind gut erhalten; die weichen »meleke«-Steine dagegen
   sind stark verwittert (vgl. Abb. 56, gegenüber S. 104).

3. Der »mizzi-helu« (Turon) bildet eine 20—30 m dicke Ablagerung verschiedenartiger, weißer, grauer und rötlich
   gefleckter Marmorarten, aus denen die Riesenquadern der
   alten Stadtmauer gebrochen sind. Der östliche Teil der
   Stadt mit dem Tempelgelände steht auf »mizzi-helu«. Der
   Fels unter der Kuppel des Felsendomes ist unterhöhlter
   »mizzi-helu«, auch das Fundament der Burg Antonia war
   auf dieser Felsschicht gegründet. Es ist nicht zufällig, daß
   die älteste Siedlung auf dem Südosthügel lag. Außer der
   geschützten Lage auf dem Felssporn bot der Untergrund
   der Turonschicht sowohl für die Wasserspeicherung in Zisternen als auch durch die Güte des Erdbodens die besten
   Voraussetzungen. Die Gärten von Schiloach verdanken
   ihre Fruchtbarkeit der guten Erde aus den verwitterten
   Turonschichten.

4. An der Ostgrenze des Stadtgebietes (Ölberg) fanden die
   Bewohner den weichen, leicht zu brechenden und zu ver-
   arbeitenden Kalkstein der Senonschichten. Die Araber nennen ihn »ka'kule«. Er wurde aber nur zu billigen Haus-
   bauten verwendet, da er nicht sehr widerstandsfähig war.
   Der sehr weiche, kreideweiße Kalkstein wurde aber bevorzugt zu Grabplatten und für Inschriften verarbeitet. Mit
   Wasser aufgeweicht und mit Häcksel vermischt, bildet die
   weiche Kreideerde das Deckmaterial für die flachen Haus-
   dächer.

Erfahrungen, die die Philister mit dem Heiligtum Israels machen mußten, veranlaßten sie, die Lade nach 7 Monaten den Israeliten auf einem führerlosen Ochsenwagen zurückzusenden (1 Sam 4–7). 20 Jahre blieb dann das Bundesheiligtum im Hause Abinadabs in Kirjat-Jearim, einer Grenzstadt 12 km westlich von Jerusalem. Der Psalm 132, 3–5 kündet noch von Davids Entschluß: »Nicht will ich mein Haus betreten, nicht ruhen auf meinem Lager, keinen Schlaf meinen Augen gönnen, bis ich einen Ruheort für Jahwe gefunden, eine Wohnung für den Mächtigen Jakobs.«

In feierlicher Prozession wurde die Bundeslade, von Leviten getragen, nach Jerusalem übergeführt. »David tanzte aber mit aller Macht vor dem Herrn her, mit einem linnenen Efod bekleidet. So führten David und das ganze Haus Israel die Lade des Herrn unter Jubel und Posaunenschall hinauf« (2 Sam 6, 14 f.). Der König beschloß, dem Herrn ein Haus zu bauen. Für einen Israeliten ein revolutionärer Gedanke, da Gottes Wohnen im Zelt das Volk ständig an die große Vergangenheit Israels erinnern sollte. Der Prophet Natan, dem er seinen Plan unterbreitete, stimmte zuerst bei, dann aber kündete er dem König den Auftrag Jahwes: »Nicht du sollst Gott ein Haus bauen.« Der Chronist gibt uns einen Grund an: »Da seine Hände viel Blut vergossen hatten« (1 Chr 22, 8). Die Zurechtweisung wird aber durch eine Segensverheißung aufgewogen, die Natan dem König im Auftrage Gottes verkündet: »So spricht Jahwe: Wenn einst deine Zeit um ist und du dich zu deinen Vätern legst, alsdann bestimme ich auch deinen Leibessprossen zu deinem Nachfolger, und ich bestätige sein Königtum. Er baut ein Haus dann meinem Namen, und ich bestätige seinen Königsthron für alle Zeit ... Dein Haus mit deinem Königtum wird ewiglich vor mir bestehen. Dein Thron steht fest für alle Zeit« (2 Sam 7, 12 f.).

Mit David begann die Heilsgeschichte Jerusalems, mit Jesus sollte die Geschichte der Davidsstadt ihre Vollendung finden. Nachdem der irdische Davidsthron im Jahre 587 v. Chr. zusammengebrochen war, hat Israel erkannt, daß die Weissagungen einem Davididen der Zukunft gelten müssen. Im Buch der Chronik, das nach dem Exil seine Endfassung erhielt, heißt es: »Ich will deine Nachkommen für immer bestellen über mein Haus und mein Königtum.« Hier ist nicht mehr von einem Davididen die Rede, der auf dem Davidsthron sitzt und über das Davidsreich herrscht, sondern von einem Davididen, der auf dem Throne Gottes sitzt und über das Haus und Reich Gottes herrscht. Wie lebendig diese Hoffnung in Israel weiterlebte, zeigt Jesu Einzug in Jerusalem: »Die Volksscharen, die ihm voranzogen und folgten, riefen: Hosanna dem Sohne Davids« (Mt 21, 9).

Für den Evangelisten ist die davidische Abstammung Jesu kein theologisches Postulat, sondern eine reale Feststellung. Jesus trägt nicht nur den Titel »Sohn Davids«,

den Mattäus zehnmal erwähnt, der Evangelist scheut nicht die Mühe, »den Stammbaum Jesu Christi, des Sohnes Davids« (1, 1) aufzuzählen. Bei Lukas wird Josef, der gesetzliche Vater des Kindes, ausdrücklich als Davidide bezeichnet, »weil er aus dem Hause und dem Geschlechte Davids stammte« (2, 4). Darum sind Josefs Ahnen auch die Ahnen Jesu, weil nach jüdischem Recht Josef der gesetzliche Vater des Kindes war. Nach der Rückkehr aus der Babylonischen Gefangenschaft legten die Juden auf den Nachweis ihrer Familienabstammung großen Wert (vgl. Esr 2, 61–63; Neh 7, 63–65). Aus zahlreichen Stellen der rabbinischen Literatur geht hervor, daß sehr viele Familien im Besitz eines Stammbaumes waren. Josephus rühmt sich, seinen Ahnennachweis aufgrund öffentlicher Eintragungen für einen Zeitraum von rund 200 Jahren angeben zu können.

Selbst Paulus, in dessen Briefen wir nur wenige Hinweise auf das Leben Jesu finden, hält die historische Tatsache für wichtig: »Das Evangelium Gottes wurde durch seine Propheten in heiligen Schriften vorherverkündet und handelt von seinem Sohne, der dem Fleische nach aus dem Geschlecht Davids stammt« (Röm 1, 2. 3).

Doch kehren wir zum Stammvater Jesu zurück. Bis zum Tode Davids blieb die Bundeslade in einem Zelt. Von dem Propheten erhielt er den Auftrag, an der Stelle einer Tenne, die er für 50 Schekel von dem Jebusiter Arauna kaufte, einen Altar zu errichten. Damit war der Platz des Tempels bestimmt und der Standort des Opferaltars festgelegt; sehr wahrscheinlich ist es der gewaltige Felsblock, über dem sich heute die vergoldete Kuppel des Felsendomes wölbt (vgl. Abb. 109, 1, S. 186, und Abb. 109, 2, S. 187).

»Als nun die Zeit kam, daß David sterben sollte, gebot er seinem Sohn Salomo: Ich gehe jetzt den Weg aller Welt. So sei stark und sei ein Mann. Tue getreu deine Pflicht gegen den Herrn, deinen Gott ...« (1 Kön 2, 1–3). »Und David legte sich zu seinen Vätern und ward in der Davidsstadt begraben« (1 Kön 2, 10). Davids Grab war zur Zeit des Nehemia (um 445 v. Chr.) noch bekannt, und die Apostelgeschichte setzt voraus, daß jedermann weiß, daß »das Grab Davids unter uns ist bis auf den heutigen Tag« (2, 29).[85]

Nach den Königsbüchern sind in dem königlichen Erbbegräbnis dreizehn judäische Könige, angefangen von David bis Ahas, bestattet worden. Die Chronikbücher nehmen jedoch ausdrücklich Joram, Joasch, Asarja und Ahas von dieser Ehre aus.

Wo lag im alten Jerusalem die königliche Nekropole? Nach der eingehenden Beschreibung der Mauern und Tore Jerusalems, die uns Nehemia im 3. Kapitel seines Buches gibt, waren »die Gräber Davids« (3, 16) am südlichen Abhang des Südosthügels, oberhalb des Teiches Schiloach nahe an der östlichen Stadtmauer zu suchen. Über das weitere Schicksal der Königsgräber schreibt Josephus: »Als dreizehnhundert Jahre[86] später der

Abb. 88. Die Eingänge zu den sogenannten Königsgräbern.

*Die Suche nach der Königsnekropole auf dem von den alten
Quellen angegebenen Gelände scheint ein hoffnungsloses
Unternehmen zu sein. Beim Aufbau der römischen Kolonialstadt Aelia Capitolina (nach 135 n. Chr.) benutzten die
Römer – und später auch die Byzantiner – den Südabhang
der alten Davidsstadt als Steinbruch, und das Gelände
wurde weitgehend zerstört. Als in den Jahren 1913/14 der
französische Archäologe R. Weill auf dem Ofel seine Grabungen durchführte, legte er nordwestlich der großen Südschleife
des Schiloachkanals drei tief in den Felsen getriebene Stollen
frei (vgl. Abb. 204, S. 362). R. Weill glaubte, die Gräber der
ersten dreizehn Könige von Juda gefunden zu haben. Ein
sicherer Beweis für diese Annahme ist aber bis heute nicht
gelungen. Die Abbildung zeigt das 1913/14 ausgegrabene
Geländestück mit einem Labyrinth von angeschnittenen Zisternen, Bädern und anderen aus dem Felsen gehauenen Anlagen, alles zerstört durch die Steinbrucharbeiten.*

Hohepriester Hyrkan von Antiochus, der den Beinamen
Sidetes hatte und ein Sohn des Demetrius war, belagert
wurde und ihn durch Zahlung einer Geldsumme veranlassen wollte, von der Belagerung abzusehen und sein
Heer zurückzuziehen, öffnete er, da ihm sonst keine
Mittel zur Verfügung standen, eine Kammer von Davids Grabdenkmal, nahm dreitausend Talente heraus
und gab einen Teil davon dem Antiochus, wodurch er
sich von der Belagerung loskaufte, wie ich an anderer
Stelle berichtet habe. Nach ihm öffnete viele Jahre später der König Herodes eine andere Kammer des Grabes
und entnahm ihr große Schätze. Zu den Behältern aber,
welche die Überreste der Könige enthielten, gelangte
keiner von beiden; denn diese waren so geschickt in der
Erde verborgen, daß man, wenn man in das Grabmal
eintrat, nichts davon gewahr wurde. Soviel möge hierüber für jetzt genügen« (Jüd. Altert. VII, 15, 3). Schade!
Denn wir müssen uns heute mit unserem Nichtwissen
begnügen. In der rabbinischen Literatur werden zwar
die Königsgräber öfter erwähnt, weil diese ausnahmsweise innerhalb der Mauern Jerusalems geduldet wurden; nach der Vertreibung der Juden aus Jerusalem und
Judäa, die Kaiser Hadrian im Jahre 135 n. Chr. verfügte, erlosch aber die alte jüdische Erinnerung an
das königliche Erbbegräbnis in Jerusalem (vgl. Abb. 88;
Abb. 204, S. 362, und Abb. 239, S. 419).

Salomo in all seiner Herrlichkeit

Saul, Israels erster König, war vom Pfluge weg zur Krönung geholt worden. David, sein Nachfolger, hatte Schafe gehütet. Salomo dagegen war als königlicher Prinz in Jerusalem geboren und wuchs im Palast seines Vaters auf. Als erster der Könige Israels versuchte er sich in jeder Beziehung den königlichen Nachbarn anzugleichen und keinem Fürsten seiner Zeit an Prunk nachzustehen. Salomo (um 965–926 v. Chr.) verlieh der Stadt einen solchen Glanz, daß er mit Recht der »Sonnenkönig« Israels genannt werden kann. Wie sprichwörtlich im Munde der Juden die Pracht und Herrlichkeit Salomos war, zeigt das Wort Jesu aus der Bergpredigt: »Beachtet die wilden Lilien ... Ich sage euch, nicht einmal Salomo in all seiner Pracht war gekleidet wie eine von diesen« (Mt 6, 28. 29).

Für Salomos Pläne war die Stadt seines Vaters zu klein. Er erweiterte das Stadtgebiet nach Norden und bezog die Anhöhe, auf der Davids Altar stand, in die Stadtbefestigung ein (vgl. Abb. 81, S. 139). Die Entfernung vom »Heiligen Felsen« bis zur alten Jebusiter-Nordmauer beträgt etwa 350 m. Auf diesem neugewonnenen Areal errichtete der »Sonnenkönig« seine Großbauten: den »Palast« (1 Kön 7, 8), das »Libanonwaldhaus« (1 Kön 7, 2–5), die »Säulenhalle« (1 Kön 7, 6), die »Thronhalle« (1 Kön 7, 7) und das »Haus der Tochter des Pharao« (1 Kön 7, 8). Nördlich von den Palastgebäuden erbaute er das »Haus des Herrn«, den Tempel. Dem königlichen Biographen schien das Ereignis so bedeutsam, daß er den Beginn der Bauarbeiten präzis angibt: »Im vierten Jahr seiner Regierung, am Neumondstag des Siw [April/Mai], begann Salomo den Tempel für den Herrn zu bauen« (1 Kön 6, 1).

Da Salomo für seine hochstrebenden Pläne in seinem Reich weder erfahrene Architekten und Handwerker noch die notwendigen Baumaterialien finden konnte, knüpfte er wie sein Vater mit dem phönizischen König Hiram Verhandlungen an und schloß mit ihm ein Handelsabkommen: Zedernholz gegen Weizen und Öl. Während Spuren der Bautätigkeit Salomos in ganz Palästina, angefangen von Ezjon-Geber am nordöstlichen Zipfel des Roten Meeres bis nach Hazor in Galiläa, nachgewiesen werden können, läßt uns die Archäologie beim größten Bauwerk des Königs, dem Tempel, völlig im Stich. Das Gelände liegt unter dem Steinplateau des heutigen Haram esch-Scherif begraben und ist dem Spaten der Ausgräber nicht erreichbar.

Zahlreich sind die Versuche, den Tempel, der uns im Königsbuch (1 Kön 6; 7, 13–51) und in der Chronik (2 Chr 3–4) sowie mit den Maßangaben in der Ezechiel-Vision (40–41) bis in die kleinsten Einzelheiten beschrieben wird, zu rekonstruieren. Dennoch war es schwer, sich nach diesen Beschreibungen ein Bild vom Aussehen des Tempels zu machen. Erst die Ausgrabungen semitischer Tempelbauten, die in den letzten Jahr-

zehnten in Nordsyrien gemacht wurden, haben zu einem besseren Verständnis der biblischen Beschreibung verholfen. Es gilt heute als sicher, daß Salomos Tempel ganz im phönizischen Stil erbaut war. Am überzeugendsten ist eine Rekonstruktion, die einen langen rechteckigen Bau vorsieht, der auf einer erhöhten Steinterrasse errichtet war und aus drei Räumen bestand: aus einer Vorhalle, einer langen Haupthalle — dem Heiligtum —, die durch Oberlichter erhellt wurde, und dem Allerheiligsten. Der fensterlose Raum hatte die Gestalt eines Würfels von etwa 9 m Seitenlänge. Er barg das Symbol des Bundesvolkes, die heilige Lade, von zwei Kerubim aus Ölbaumholz bewacht, die 4,5 m hoch und mit Blattgold überzogen waren.

Auch von der Ausschmückung des Salomonischen Tempels läßt sich mit Hilfe des archäologischen Vergleichsmaterials eine gewisse Vorstellung gewinnen. Unter den Elfenbeinschnitzereien, die in Megiddo, Samaria und einigen Orten Syriens aufgefunden wurden, befinden sich viele Parallelen zu den geschnitzten Palmen, dem Blumenwerk und den Goldblechen, die seinen Schmuck ausmachten.[87]

Von der sprichwörtlich gewordenen Herrlichkeit Salomonischer Pracht ist nichts übriggeblieben. Nur eine unbedeutende Spur konnten die Ausgräber im Geröll an der Ostseite des Zionberges entdecken. Neben sorgfältig behauenen Bruchquadern, wie sie an den alten israelitischen Königsbauten in Samaria wiederzufinden sind, lag ein Pfeilerkapital, in der Art, wie sie am Palast Omris (882 [878]–871) verwendet wurden. Das ist alles! Etwas anderes aber ist geblieben. Auch wenn die Ergebnisse der Archäologie den Schluß nahelegen, daß Salomos Tempel sich dem Architekturstil nordsyrischer und phönizischer Tempel einfügt, das eigentliche Geheimnis Israels wird von den übernommenen äußeren Formen nicht verfälscht: Der Tempel ist zu klein, um Gottes Wohnung zu sein. Er ist nur Gottes gnädiges Zugeständnis an die Bedürfnisse der Menschen. Salomo war sich trotz aller irdischen Herrlichkeit dieser Armseligkeit wohl bewußt, als er bei der Einweihung des Tempels das ergreifende Gebet sprach: »Aber sollte denn Gott wirklich auf Erden wohnen? Siehe, die Himmel und der Himmel der Himmel vermögen dich nicht zu fassen, geschweige denn dieser Tempel, den ich erbaut habe. Doch wende dich zu dem Gebet deines Knechtes und zu seinem Flehen, Jahwe, mein Gott, indem du auf den Ruf und die Bitte hörst, die dein Knecht heute an dich richtet. Laß deine Augen geöffnet sein über diesem Haus bei Tag und bei Nacht, über der Stätte, von der du verheißen hast: Mein Name soll dort sein, um zu hören auf das Gebet, das dein Knecht nach dieser Stätte hin verrichtet« (1 Kön 8, 27–29).

Das Goldene Zeitalter Jerusalems dauerte keine 70 Jahre. Schon zu Lebzeiten Salomos begann das Volk über die harten Abgaben und die Frondienste zu murren. Kaum war der König tot, rissen sich die Nordstämme vom Hause Davids los und riefen Jerobeam I. (926–907 v. Chr.), der seinerzeit als Beamter Salomos die Zwangsarbeiterbataillone unter sich gehabt hatte, zum König aus. In Jerusalem wurde Rehabeam (Roboam) König von Juda. Die Grenze zwischen den beiden Königreichen bildete die Nordgrenze des alten benjaminitischen Stammesgebietes, keine 16 km von Jerusalem entfernt.

Jerobeam in Nordisrael wählte zunächst Sichem als neue Hauptstadt. Da Jerusalem unter David das kultische Zentrum des Zwölfstämmebundes geworden war, fürchtete er, die Anziehungskraft des Tempels könne seinen Thron gefährden. In Dan, nördlich des Sees Gennesaret, und in Bet-El erneuerte er den Kult an den alten Heiligtümern und gebot dem Volk, statt in Jerusalem dort Jahwe zu verehren.

An der Größe der Davidsstadt änderte sich in den kommenden drei Jahrhunderten wenig. Für das kleine Königreich Juda sollte es aber keine friedliche Zeit werden. Ständig war Jerusalem bedroht, entweder von dem stärkeren Nordreich Israel oder den zahlreichen Nachbarn im Osten, von Ammon, Moab und Edom, von den Philistern und Ägyptern im Süden. Als erster nutzte Pharao Schischak I. (945–924 v. Chr.), der Begründer der 22. Dynastie, die durch die Reichsteilung verursachte Schwächung des Zwölfstämmebundes. »Es begab sich aber im 5. Jahr des Königs Rehabeam, daß Schischak, der König von Ägypten, wider Jerusalem hinaufzog. Und er nahm die Schätze des Tempels und die Schätze des Königspalastes ..., auch alle goldenen Schilde, die Salomo hatte machen lassen« (1 Kön 14, 25 ff.). Auf der Siegesstele am großen Tempel zu Karnak sind 165 palästinensische Städte als Gefangene dargestellt, die Schischak erobert und geplündert hatte.

Ein halbes Jahrhundert später überfallen die Philister und Araber die Stadt. Der Prophet Elija kündet dem König Joram (847–845 v. Chr.), der »die Bewohner Jerusalems zur Abgötterei verleitete«, das Unheil an.

Sehr oft lesen wir in den Königsbüchern die Klage, daß der König nicht auf den Wegen Davids wandelte und das Volk auf den Höhen fremde Götter verehrte. Gewöhnlich lagen die heidnischen Kultstätten nicht im Stadtgebiet, sondern außerhalb der Mauern. Das Höhenheiligtum, das Salomo der Astarte auf der Südseite des Ölberges errichten ließ, wurde erst unter dem gesetzestreuen und reformfreudigen König Joschija (639 bis 609 v. Chr.) zerstört. Zu den bedeutendsten Funden, die bei den jüngsten Ausgrabungen in Jerusalem gemacht wurden, gehörte die Entdeckung eines Raumes aus dem 9. bis 8. Jahrhundert v. Chr. Außerhalb der Stadtmauer am östlichen Abhang des Hügels wurde unter dem Geröllschutt ein Raum freigelegt, in dessen Mitte zwei Steinsäulen stehen, wahrscheinlich sind es Masseben, kanaanäische Kultsteine, die in der Bibel als zu verabscheuende Symbole heidnischer Riten verdammt werden (vgl. Abb. 90, S. 156).[88]

Abb. 89.   Inschrift auf dem Ossuar des Königs Usija (Asarja) (787–736 v. Chr.).

Der König wurde um das Jahr 757 v. Chr. aussätzig. Er lebte abgesondert und war nicht in den eigentlichen Königsgräbern bestattet worden (2 Chr 26, 23). In der ersten Hälfte des 1. Jahrhunderts n. Chr. ist man wahrscheinlich auf das Grab gestoßen und hat die Gebeine umgebettet. Von dieser Bestattung rührt die Inschrift her. Die vierzeilige, in aramäisch verfaßte Inschrift auf der 35 × 34 × 6 cm großen Kalksteinplatte lautet:

(1) Hierhinein wurden gebracht
(2) die Gebeine Usijas,
(3) des Königs von Juda –
(4) und es darf nicht geöffnet werden.

Die Kalksteinplatte wird im kleinen Museum der griechisch-orthodoxen Eleonakirche auf dem Ölberg aufbewahrt.

Zu Beginn des 8. Jahrhunderts eroberte Joasch (802 bis 787 v. Chr.), König von Israel, Jerusalem und »ließ in die Mauer vom Efraimtor bis zum Ecktor eine Bresche von 400 Ellen reißen. Und er nahm alles Gold und Silber und alle Geräte, die sich im Tempel des Herrn und in den Schatzkammern des königlichen Palastes fanden, dazu auch Geiseln, und kehrte nach Samaria zurück« (2 Kön 14, 13. 14).

Diese lakonische Formulierung sollte zum Standardbericht der Stadtgeschichte Jerusalems werden.

Erst Asarja (787–736 v. Chr.), auch Usija genannt, konnte die Mauern neu befestigen, und von seinem Sohn Jotam (756–741 v. Chr.), der anstelle seines am Aussatz erkrankten Vaters die Königswürde übernahm, heißt es: »Er baute das obere Tor am Tempel, auch an der Mauer des Ofel baute er viel« (2 Chr 27, 3). Die

Abb. 90.   *Heidnisches Kultheiligtum in Jerusalem.*

Vieles von den Bauten des ältesten Jerusalem ist zerstört, nur weniges erhalten geblieben. Das wenige aber kann von erregendem Interesse sein. Bei den Grabungen am Osthang der Davidsstadt stieß die englische Archäologin K. M. Kenyon auf ein festes Gemäuer, das eine Höhle verschloß. Ihre Öffnung ist in der linken unteren Bildecke noch zu erkennen. Die ersten Funde schienen auf eine Grabanlage hinzuweisen. Zwischen der Mauer und der Felswand lag eine Anzahl mehr oder weniger gut erhaltener Tongefäße. Bei der Fortführung der Grabungen in nördlicher Richtung wurde ein Raum freigelegt, in dessen Mitte zwei monolithische Pfeiler standen (rechte untere Bildecke). Die erste Vermutung, daß es sich um Dachstützen handle, erwies sich als unbefriedigend. Der Raum war so klein, daß derartige Dachpfeiler nicht nötig waren. Die Ausgräberin nimmt an, daß es Masseben, kanaanäische Kultsteine, sind, die öfter in der Bibel erwähnt werden: »Du sollst dir neben dem Altare Jahwes, deines Gottes, den du dir errichtest, keinen heiligen Baum von irgendwelchem Holze einpflanzen und sollst dir keinen Stein aufrichten, wie ihn Jahwe, dein Gott, haßt« (Dtn 16, 21). Die Westmauer dieses »Kultraumes« (links neben der unten stehenden Person) war nur 0,3 m von der Felswand entfernt aufgeführt. Dennoch hatte sie eine Öffnung; diese war aber als Durchgangstür zu klein, wahrscheinlich benutzte man sie, um Trankopfer in den schmalen Raum zwischen Mauer und Felswand am Fuße eines Altares zu gießen. Als Altar deutet K. M. Kenyon das kleine, quadratisch aufgeführte Mauerwerk zu Füßen der oben stehenden Person in der oberen linken Bildhälfte. (Vgl. Abb. 81, S. 139, und Abb. 84, 1, S. 144.)

Ausgrabungen am Osthügel zeigten, daß die alte Stadtmauer der Jebusiter, die über 1000 Jahre hindurch ihren Dienst getan hatte, zu Beginn des 8. Jahrhunderts ersetzt wurde und im Verlauf des folgenden Jahrhunderts nicht weniger als sechs Erneuerungen erfuhr.

Unzertrennlich mit der Geschichte Jerusalems ist das Leben und Wirken der großen Propheten Israels verbunden. In die Regierungszeit der Könige Asarja, Jotam, Ahas und Hiskija fällt das Auftreten des Propheten Jesaja. In prophetischer Schau sieht er die Zukunft Jerusalems und zerstört die Illusionen der Sicherheit: »Jahwe pfeift herbei ein Volk von den Enden der Erde: Siehe, eilend, schnell stürmt es heran ... Die Hufe seiner Rosse

sind wie Kiesel, die Räder wie Sturmgebraus; sein Brüllen ist dem Löwen gleich« (5, 26 ff.).

Was war geschehen? Im Jahre 745 v. Chr. riß in Assur der junge General Tiglat-Pileser in einem Staatsstreich die Macht an sich, und bald erbebte die ganze Welt »vor dem Schreckensglanz« Assyriens. Dennoch bildete sich unter den Kleinstaaten in Syrien und Palästina eine antiassyrische Front. Ahas, der König von Juda (741–725 v. Chr.), weigerte sich, dieser Koalition gegen Assur beizutreten. Es kam zum Krieg, und der junge König wurde vernichtend geschlagen; nur mit Mühe konnte er sich auf der Burg Zion in Sicherheit bringen. Aber bald marschierten »die Hure von Damas-

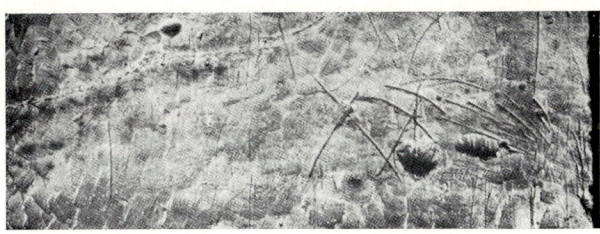

Abb. 91. »Der Gott von Jerusalem«.

in etwa 1,2 m Höhe bildet die dritte Zeile: »Den (Berg von) Morija hast Du geehrt, die Wohnung Gottes, Jahwe.«
Die untere Grenze für die Datierung der Inschriften liefern die Keramikfunde vor der Grabhöhle, die aus der persischen Zeit (5. Jahrhundert v. Chr.) stammen. Manche Wortformen finden ihre Parallelen nur in der vorexilischen Periode, und ein Vergleich der Buchstabenformen mit anderen datierbaren Inschriften macht es wahrscheinlich, daß die Inschrift in der Zeit des Königs Hiskija (Ezechias), also etwa um das Jahr 700 v. Chr. entstand.

Zu den von Sanherib eroberten Städten gehörte auch Lachisch, etwa 45 km südwestlich von Jerusalem, das er als Stützpunkt für seinen Angriff auf die Stadt benutzte (2 Kön 18, 14–17). Szenen von der Eroberung Lachischs sind auf dem berühmten Relief in Sanheribs Palast zu Ninive dargestellt, wo vor 100 Jahren von dem englischen Ausgräber A. H. Layard entdeckt wurden. Auch die Bewohner Judas haben der Nachwelt von diesen Ereignissen ein Zeugnis ihres Glaubens hinterlassen. Im Jahre 1961 entdeckten Arbeiter beim Straßenbau etwa 8 km östlich von Lachisch eine Grabhöhle, an deren Sandsteinwänden Graffiti geschrieben waren.[89] Eine Inschrift an der Westwand der Vorkammer lautet: »Jahwe (ist) Gott der ganzen Welt, und die Berge von Juda gehören ihm, dem Gott von Jerusalem.« Das Entziffern der nicht leicht lesbaren Inschrift bereitete den Bibelgelehrten und Sprachexperten eine große Überraschung. Der Ausdruck »Gott von Jerusalem« kommt nämlich in der Heiligen Schrift nur ein einziges Mal vor: im Bericht des Chronisten über die Belagerung Jerusalems durch Sanherib im Jahre 701 v. Chr. (2 Chr 32, 19). Kann die Inschrift aus dieser Zeit stammen? Die Grabhöhle, in der die Inschrift entdeckt wurde, besteht aus einer 2 × 3 m großen rechteckigen Vorkammer, von der zwei Eingänge zu den beiden Grabkammern führen. Die in den Grabkammern an den drei Seiten ausgehauenen Felsbänke für die Toten zeigen die Form, wie sie in der vorexilischen Zeit charakteristisch war. Auf den Bänken lagen noch Reste menschlicher Gebeine, dazu ein Ring und ein Ohrring aus Bronze. An den Wänden der Vorkammer waren im ganzen zehn Graffiti zu erkennen, die aus Inschriften und Zeichnungen bestanden. Die Skizzen von drei menschlichen Gestalten könnten jedem modernen Surrealisten Ehre machen. Die abgebildete Inschrift befindet sich an der Westwand der Vorkammer. Ihr Text ist in vier Zeilen angeordnet. Der Schreiber begann mit dem Einritzen der Buchstaben etwa in Augenhöhe (1,5 m); als er weiterschrieb, zwang ihn der noch sichtbare Riß in der Felswand, die Buchstaben in einem leichten Bogen nach links abfallen zu lassen. In dem unter den ersten beiden Zeilen liegenden größeren Zwischenraum stehen die zwei Buchstaben Aleph und Resch, für die man noch keine befriedigende Erklärung gefunden hat. Den Abschluß

kus und Israel« zur Belagerung der Stadt heran. Als Ahas gerade die Befestigungswerke »am Ende der Rinne aus dem oberen Teich, an der Straße nach dem Walkerfeld« (Jes 7, 3) besichtigte, trat ihm Jesaja (Jahwe rettet) entgegen und beschwor ihn: »Hüte dich, halte dich still, fürchte dich nicht. Nicht weich werde dein Herz vor diesen zwei qualmenden Fackelstummeln« (7, 4). Der Prophet garantiert ihm im Namen Gottes, daß ein Ereignis eintreten werde, das die Wahrheit seiner Worte sichert: »Siehe, die Jungfrau wird empfangen und einen Sohn gebären und ihn Immanuel — Gott mit uns — nennen. Von Dickmilch und Honig wird er sich nähren, bis er versteht, das Böse zu verwerfen und das Gute zu erwählen« (7, 14–15). Dann schildert der Prophet die Zukunft: »Jahwe pfeift der Fliege am Nil und der Biene im Lande Assur, und sie kommen in hellen Schwärmen ...« (7, 18). Wann dieses Ereignis eintritt, dafür ist das Immanuelkind ein sinnfälliges Zeichen. Das Kind muß schon die Nahrung der Notzeit essen, Dickmilch und Honig, noch bevor es in das Entscheidungsalter kommt. Mit anderen Worten: in höchstens drei oder vier Jahren sind die Feinde Judas durch den Einfall assyrischer Heere vernichtet. Jerusalem wird wieder aufatmen können.

Es gibt nur wenige Stellen aus dem Alten Testament, die uns so geläufig sind wie diese Worte über die Geburt des Immanuelkindes. Die Kenntnis der zeitgeschichtlichen Verhältnisse kann zu einem tieferen Verständnis der Immanuelprophetie führen, ohne daß ihr messianischer Sinn Schaden leiden muß.

Das hebräische Wort »almah« bedeutet heiratsfähiges Mädchen.[90] Almah in der Prophetie des Jesaja ist zunächst die junge Königin und Immanuel kein anderer als Hiskija, Ahas' Sohn. Ahas war bei der Thronübernahme im Jahre 735 gerade 20 Jahre alt (2 Kön 16, 2). Er war dabei, trotz der politischen und kriegerischen Notzeit, ein Mädchen (almah) als Königin heimzuführen. Da der Thronerbe, den die junge Königin gebären sollte, bei seiner Thronbesteigung erst fünf Jahre alt war, fiele seine Geburt in das Jahr 734/33 v. Chr., eine Zeitspanne, die gut zur Immanuelprophetie im Jahre 735/34 paßt.

Der Evangelist Mattäus zitiert die Worte des Propheten im ersten Kapitel seines Evangeliums. Die vergangene Geschichte aus der Königszeit interessiert ihn

Abb. 92. »Die andere Mauer des Hiskija«.

»Hiskija baute draußen die andere Mauer« (2 Chr 32, 5). Wo lag diese Mauer? Zu den ungelösten Problemen der Stadtgeschichte Jerusalems gehörte auch die Frage nach der Ausdehnung des vorexilischen Jerusalems. Die noch vor kurzem vorgetragene Ansicht, daß das alte Jerusalem bis in das 2. Jahrhundert v. Chr. nur auf den Osthügel beschränkt war, kann heute nicht mehr aufrechterhalten werden. Bereits in vorexilischer Zeit war der Nordosthang des Westhügels besiedelt; wahrscheinlich lag dort der sogenannte »Zweite Bezirk« (2 Kön 22, 14).

Im Herbst 1970 legte N. Avigad einen mächtigen, etwa 35 m langen Mauerzug am Osthang des Westhügels frei.[91] Er liegt etwa 275 m westlich vom Südende des Tempelplatzes entfernt (vgl. Abb. 95, S. 163). Der Mauerwall hat eine Stärke von 6,4 bis 7,2 m und ist aus roh behauenen Quadersteinen erbaut. Die breiteren Lücken sind mit kleinen Steinen ausgefüllt. Seine größte Höhe beträgt 3,2 m. Durch den reichhaltigen Scherbenbefund, Krugstempel und althebräische Schriftzeichen läßt sich die Mauer in das 7. Jahrhundert v. Chr. datieren. Sie kann also dem König Hiskija zugeschrieben werden und bildete einen Teil der im 2. Buch der Chronik erwähnten Befestigungsanlage. Wahrscheinlich umschloß die Mauer das westliche Gelände der Stadt, lief dann südwärts den Osthang des Westhügels hinab bis zum Ge-Hinnomtal und bog schließlich ostwärts nach dem neu angelegten Ausgang der Gihonquelle, dem Schiloachteich, ab.

wenig. Die Ereignisse aber, die in seiner Zeit zum Abschluß gekommen sind, lassen ihn die Worte des Propheten in einem viel tieferen Sinn verstehen. Die Jungfrauengeburt, die er als Tatsache bezeugt, gibt dem Prophetenwort erst den messianischen Inhalt. Mit anderen Worten: die Deutung von Jes 7, 14 durch Mattäus ist etwas radikal Neues, ist christlich. Die Jungfrauengeburt ist geschehen, damit das Wort des Propheten »erst« erfüllt werde.

Ahas wurde von seinen nächsten Feinden befreit. Der Preis war hoch, er wurde ein abhängiger Vasall des Assyrerkönigs. Aber noch mehr: assyrische Hoheitszeichen, Königsbilder und Götterstatuen hielten Einzug in die Stadt Davids. Im Tempel wurde ein assyrischer Altar aufgestellt, der den Sieg des Gottes Assur verkündete. Der Altar Jahwes wurde als Nebenaltar beiseite gerückt. Als Tiglat-Pileser im Jahre 726 v. Chr. starb, hinterließ er seinem Sohn Salmanassar V. (726—722 v. Chr.) ein Großreich, das sich vom Bittersee am Persischen Golf bis nach Ägypten erstreckte.

Nach dem Tode Tiglat-Pilesers glaubte Hosea (Osee), der König von Israel, die Zeit sei gekommen, das assyrische Joch abzuschütteln. Sofort zog Salmanassar gegen Israel zu Felde, und nach dreijähriger Belagerung mußte sich Samaria 722 v. Chr. ergeben. Der gefangene König wurde in einen Käfig gesteckt und wahrscheinlich hingerichtet. Der plötzliche Tod Salmanassars verzögerte die geplante Umsiedlung der Bevölkerung, die dann zwei Jahre später von seinem Sohn Sargon II. (722 bis 705 v. Chr.) durchgeführt wurde. Damit war der Untergang des Nordreiches Israel besiegelt. Sargon verschleppte die Oberschicht nach Mesopotamien und Medien, und die Geschichte hat jede Spur von den Umgesiedelten verweht.

Von Davids Großreich blieb nur noch ein Rest übrig: Jerusalem. Wie sah es dort aus? Jesaja zeichnet ein pessimistisches Bild. Der Abzug Salmanassars von Samaria und sein anschließender Tod wurden mit ausgelassenen Gelagen gefeiert. Mit lallender Zunge verspotteten die Betrunkenen den lästigen Mahner, der immer von Gebot (hebräisch: zaw) und Richtschnur (kaw) sprach: »zaw lazaw, zaw lazaw, kaw lakaw, kaw lakaw — schnurgerade nach der Schnur, spurgerade nach der Spur« (Jes 28, 10). Doch der Prophet ließ sich nicht irremachen. Für ihn war der Untergang des Nordreiches kein politisches, sondern ein religiöses Ereignis. Die tiefste Ursache war der Abfall von Jahwe, war der Bundesbruch. So verkündet Jesaja den einzigen Weg, der zur Rettung führt: »Gott, der Herr, spricht: Seht, ich lege in Zion einen Grundstein, einen bewährten Stein, einen kostbaren Eckstein. Wer glaubt, wird nicht wanken« (28, 16).

Die Predigt des Propheten ermutigte Hiskija (725 bis 697 v. Chr.), der nach Ahas den Thron Davids bestieg, zu einer Erneuerung des Tempelkultes und Jahweglaubens. Unter Ahas scheint der Tempeldienst erloschen zu sein. Die Tore der Vorhalle waren geschlossen, und kein Brandopfer wurde mehr im Heiligtum dargebracht (2 Chr 29,7). So eilten Boten mit dem königlichen Osterbrief durch das Land, von Dan bis Beerscheba. Hiskija lud Israel nach Jerusalem zur Feier des Paschafestes ein, das in der Erneuerung des Bundes mit Jahwe seinen Höhepunkt fand.

Nach Sargons Tod (705 v. Chr.) kam es überall im assyrischen Reich zu Aufstandsbewegungen. Trotz der Warnung des Propheten Jesaja stellte sich Hiskija an die Spitze einer Koalition von Kleinstaaten und erhob sich nach Zusicherung ägyptischer und babylonischer Unterstützung gegen Sanherib (705—681 v. Chr.), den Sohn Sargons. (Vgl. Abb. 91, S. 157.)

In Erwartung einer Auseinandersetzung mit Assur begann Hiskija in Jerusalem mit den Verteidigungsvorbereitungen. »Er stellte die Mauer wieder her, soweit sie schadhaft geworden war, er erhöhte die Türme, baute draußen die andere Mauer, befestigte den Millo, die Stadt Davids, ließ eine Menge Wurfspieße und Schilde anfertigen und setzte Kriegsoberste über das Volk« (2 Chr 32, 5. 6).

Um die Versorgung mit dem lebensnotwendigen Wasser zu sichern, »ließ er den oberen Ausfluß des Gihon zuschütten und das Wasser nach der Westseite der Davidsstadt hinunterleiten« (2 Chr 32, 30). Es ist der berühmte Schiloachkanal, an dessen Ausgang der beim Evangelisten Johannes erwähnte Schiloachteich lag (vgl. S. 358 ff.).

Sanheribs Antwort ließ nicht lange auf sich warten. Nach der Sicherung seines Thrones in der Heimat brach er im Jahre 701 v. Chr. gegen das »Land Hatti«, das sind die Westländer, auf. Zunächst brach er den Widerstand der phönizischen Seestädte, eroberte die Philisterstädte bis Aschkelon und schlug ein ägyptisches Ersatzheer vernichtend. Nach diesen militärischen Erfolgen konnte er den Generalangriff auf Juda eröffnen. In seinen Annalen, die uns auf einem Tonprisma erhalten sind, beschreibt Sanherib den Feldzug: »Und Hazaqian [Hiskija] von Juda, der sich meinem Joche nicht unterworfen hatte, ... schloß ich wie einen Käfigvogel in Jerusalem, seiner Residenz, ein.« (Vgl. Abb. 93.)

Abb. 93. Der »Taylor-Zylinder« mit den Annalen des assyrischen Königs Sanherib (705—681 v. Chr.).

Die Großtaten seiner Regierung ließ Sanherib auf sechsseitigen Tonprismen verewigen. Ein Exemplar wurde 1830 von dem englischen Oberst Taylor in den Ruinen Ninives aufgefunden. Das etwa 38 cm hohe Tonprisma befindet sich heute im Britischen Museum. Sanheribs Bericht über seinen Feldzug gegen Jerusalem, der 31 Zeilen auf dem Tonprisma einnimmt, lautet: »Und Hazaqian [Hiskija-Ezechias] von Juda, der sich meinem Joch nicht unterworfen hatte, — 46 seiner festen ummauerten Städte und die kleinen Städte — in ihrer Umgebung ohne Zahl, — belagerte ich durch den Sturm über Bohlenbahnen und den Ansturm von Belagerungsma-

schinen, — durch den Kampf der Fußtruppen, durch Einbruchstellen, Breschen und Mauerbrecher, — belagerte und eroberte ich sie. 200 150 Leute, jung und alt, männlich und weiblich, — Rosse, Maultiere, Esel, Kamele, Rinder — und Kleinvieh ohne Zahl führte ich von ihnen heraus und — rechnete sie als Beute. Ihn selbst [Hiskija] schloß ich wie einen Käfigvogel in Jerusalem, — der Stadt seines Königtums, ein. Befestigungen gegen ihn — warf ich auf und den aus dem Tore seiner Stadt Herauskommenden vergalt ich — ihre Übertretung. Seine Städte, welche ich geplündert hatte, aus der Mitte seines Landes — trennte ich sie ab und dem Mitinti, König der Stadt Aschdod, — dem Padi, König der Stadt Ekron, und dem Silbel, — König der Stadt Gaza, gab ich sie und verminderte sein Land. Zu dem früheren Tribut, der Abgabe ihres Landes, — fügte ich eine Abgabepflicht als Geschenk für meine Herrschaft hinzu — legte sie ihnen auf. Ihn, den Hiskija, — die Furcht vor dem Glanz meiner Herrschaft überwältigte ihn und — die Urbi und seine guten Truppen, — die er zur Verstärkung der Stadt Jerusalem, der Stadt seines Königtums, — hatte hereinkommen lassen ... und Vernichtung trat ein. — Außer 30 Talenten Gold, 800 Talenten Silber, Edelsteinen, — Schminke, Daggassusteinen, großen Lapislazuli-Steinen, — Betten aus Elfenbein, Thronsessel aus Elfenbein, Elefantenhaut, — Elefantenzähnen, Ahornholz, Buchsbaumholz, allerlei wertvollen Schätzen, — seine Töchter und Palastfrauen, Sänger — und Sängerinnen ließ er nach Ninive, der Stadt meiner Herrschaft, — mir nachbringen, und zur Abgabe des Tributs — und zur Erklärung der Botmäßigkeit schickte er seinen Gesandten.«

Doch soweit scheint es nicht gekommen zu sein. Der Text ist ein Meisterstück von Tatsachenverschleierung. Jesaja, der zwar von Anfang an gegen den Aufstand war, riet von einer Übergabe ab. Im Auftrage Gottes ließ er Hiskija sagen: Nicht ein einziger Pfeil wird in die Stadt abgeschossen werden. Jahwe wird vielmehr dem stolzen Eroberer einen Nasenring anlegen und ihn auf dem Weg, auf dem er kam, zurückjagen. Die Rettung beschreibt das Königsbuch: »In jener Nacht zog der Engel Jahwes aus und schlug im Lager der Assyrer 185 000 Mann. Als man am Morgen aufstand, fand man sie alle tot als Leichen. Da brach Sanherib, der König von Assur, auf, machte sich heimwärts davon und blieb in Ninive« (2 Kön 19, 35. 36).

Die assyrischen Siegesberichte verschweigen natürlich diese Katastrophe. Die religiöse Deutung der Bibel findet bei Herodot die realistische Erklärung, daß das Heer einer Rattenplage zum Opfer gefallen ist. Da die Ratten als Seuchenüberträger bekannt sind, war es wahrscheinlich der Ausbruch der Pest, die Sanherib zum schleunigen Rückzug zwang. Wenn auch Jerusalem nicht erobert werden konnte, so war Juda doch schwer gedemütigt. Hiskija mußte sich unterwerfen und hohen Tribut zahlen. Ihm selbst verblieb nur die Herrschaft über den Stadtstaat von Jerusalem, das Eigentum der Davididen.

Das letzte Jahrhundert der Königsstadt

Zwischen Hiskijas Tod (697 v. Chr.) und dem endgültigen Fall Jerusalems (587 v. Chr.) durch die Babylonier liegt mehr als ein Jahrhundert. Während der ersten Hälfte dieser Periode war das Königreich Juda ein Vasall Assyriens; dann folgten in raschem Wechsel Epochen der Unabhängigkeit und Unterwerfung, zunächst unter Ägypten, dann unter Babel (vgl. Abb. 80, 3, 4, S. 136/137).

Nach dem Niedergang Assurs in der zweiten Hälfte des 7. Jahrhunderts und vor dem Erwachen der babylonischen Macht konnte Juda unter Joschija (639–609 v. Chr.) noch einmal kurz seine nationalen und religiösen Kräfte entfalten. Seine Gestalt ist wie die eines zweiten David in die Geschichte Israels eingegangen. Joschija nutzte das politische Vakuum, in das Palästina durch die verschobenen Machtverhältnisse geraten war. Die herrenlos gewordene assyrische Provinz Samarien — das frühere Nordreich Israel — verleibte er seinem kleinen Reiche ein; schließlich noch die Provinz Megiddo, die ganz Galiläa umfaßte, so daß das Königreich Juda fast die Größe von Davids Reich erlangte.

Wichtiger aber als die Ausdehnung des Reiches war Joschijas tiefgreifende religiöse Reform, die auch die kommende Stellung Jerusalems für Jahrhunderte entscheidend beeinflussen sollte. Mit einem schlichten Satz beschreibt der Chronist den Beginn seiner Regierung: »Joschija, noch ein Knabe — er war bei seiner Thronbesteigung acht Jahre alt —, begann den Gott Davids,

seines Vaters, zu suchen« (2 Chr 34, 3). »Im zwölften Jahr seiner Regierung [628 v. Chr.] fing er an, für den Dienst Jahwes zu eifern. Er rottete die alten kanaanäischen Höhenheiligtümer aus und zerstörte die Altäre der Baale« (2 Chr 34, 3). Bei einer Ausbesserung des Tempels im Jahre 622 v. Chr. entdeckte der Hohepriester »das Buch mit dem Gesetze, das der Herr durch Mose gegeben hatte« (2 Chr 34, 14).

Alle Anzeichen weisen darauf hin, daß es sich um das sogenannte »deuteronomische Gesetz« handelt, das den Grundbestand des 5. Buches Mose (Deuteronomium) bildet. Es enthält alte Gesetze aus Israels Frühzeit, die später durch Erläuterungen erweitert wurden. Das Gesetz ist als Moserede stilisiert und spiegelt in seinem Aufbau den Vollzug eines Bundesschlußfestes wider. Israel wird gleichsam in die Sinaitradition zurückversetzt und in die Entscheidung für oder gegen Jahwe gestellt: »Das Leben und den Tod habe ich euch vorgelegt, den Segen und den Fluch. So wähle das Leben, auf daß du lebst« (Dtn 30, 19).

Eine der wesentlichen Forderungen des Buches war die Zentralisierung des Kultes im Tempel von Jerusalem: »Die Stätte sollt ihr aufsuchen, die der Herr, euer Gott, aus allen euren Stämmen erwählen wird, daß er seinen Namen daselbst wohnen lasse, und dorthin sollt ihr kommen und dorthin eure Brand- und Schlachtopfer bringen ... und sollt daselbst vor dem Herrn, eurem Gott, das Mahl halten und fröhlich sein« (Dtn 12, 5—7).

Nur in Jerusalem durfte geopfert werden, nur die Priester des Tempels waren zu Kulthandlungen befugt, nur der Tempel war heilige Stätte. Wie radikal Joschija die Reform durchführte, zeigen die jüngsten Ausgrabungen in Arad im südlichen Judäa. Während der ganzen Königszeit bestand dort unangefochten ein Jahweheiligtum mit einem Tempel. Die Ausgräber legten eine dicke Mauer frei, die quer durch das »Heilige« des dreiteiligen Tempels gezogen war und das »Allerheiligste« unzugänglich machte. Die Masseben waren umgestürzt und der Brandopferaltar im Vorhof zerstört. Die Stellung des Jerusalemer Tempels als einzige und ausschließliche Kultstätte verlieh der Stadt in den kommenden Jahrhunderten eine religiöse Bedeutung, die weit über die einer nationalen Hauptstadt hinausging. (Vgl. Abb. 94, S. 161.)

Die kurze Blütezeit, die Juda beschieden war, fand ihren jähen Abschluß mit Joschijas Tod in der Schlacht bei Megiddo (609 v. Chr.) gegen den Pharao Necho. Der Prophet Jeremia dichtete ihm ein Klagelied, und jeder Jude kannte die alte Tradition, von der das Buch des Chronisten berichtet: »Alle Sänger und Sängerinnen singen in ihren Klageliedern von Joschija bis auf diesen Tag« (2 Chr 35, 25), denn »es gab vor ihm keinen König seinesgleichen, der sich mit ganzem Herzen, mit ganzer Seele und mit ganzer Kraft genau nach dem Gesetz des Mose zu Jahwe bekehrt hätte« (2 Kön 23, 25).

Was Joschija verhindern wollte, trat bald ein. Der

Abb. 94.   Der Tempel von Arad.

In der kanaanäischen Welt des 2. Jahrtausends und in der israelitischen Königszeit gab es Tempel in festen Siedlungen, daneben Heiligtümer unter freiem Himmel, auf Anhöhen oder anderen hervorgehobenen Plätzen. Völlig verändert sind die Verhältnisse nach dem Babylonischen Exil während der Zeit des Zweiten Tempels. Im Gespräch Jesu mit der Samariterin (Joh 4) wird von der Frau mit großer Selbstverständlichkeit vorausgesetzt, daß Jerusalem das eine Heiligtum für die Juden ist, wie der Garizim für die Samariter. Neben dem einen Tempel, an dem allein Opfer dargebracht werden, existiert im Jahrhundert Jesu in Palästina und an den Orten der weltweiten Diaspora die Synagoge mit ihrem Wortgottesdienst. Zwischen diesen beiden Epochen bewegt sich die Geschichte des israelitischen Kultes und der israelitischen Heiligtümer. Die Entdeckung eines israelitischen Tempels in Arad aus salomonischer Zeit gewährt uns einen interessanten Einblick in die spannungsreiche Geschichte der Heiligtümer Israels.

Unter Leitung der israelischen Archäologen Y. Aharoni und R. Amiran begannen im Frühjahr 1962 die Ausgrabungen auf dem Tell Arad im Negeb, etwa 30 km östlich von Beerscheba.[92] Der Ort gehört zu den wenigen Städten, deren Name auch epigraphisch gesichert ist. In hebräisch-phönizischer Schrift ist der Name ’rd mehrfach auf einer Schale eingeritzt. Die älteste Siedlung aus dem Ende der Kupfer-Steinzeit (Ende des 4. Jahrtausends) und dem Beginn der frühen Bronzezeit lag unterhalb der Bergkuppe und umfaßte ein Gebiet von ca. 10 ha. Die außerordentlich stark befestigte Stadt – die Mauern hatten eine Dicke von 2,3 m – wurde um 2700 v. Chr. zerstört. Erst 1500 Jahre später setzte eine neue Besiedlung ein, die vom 12. Jahrhundert v. Chr. bis in das arabische Mittelalter fast ununterbrochen nachzuweisen ist. Wohl unter Salomo (965–926 v. Chr.) wurde die Kuppe des Hügels zu einer israelitischen Festung ausgebaut. Die größte Überraschung bot sich den Ausgräbern dar, als sie einen Tempel mit den Ausmaßen von 15 zu 19 m in deren Nordwestecke freilegten. Er ist wie der Tempel von Jerusalem nach Westen orientiert. Eine weitere Übereinstimmung mit dem Jerusalemer Tempel sehen die Archäologen in dem dreiräumigen Aufbau der Kultanlage. Vom großen Vorhof mit dem Brandopferaltar gelangte man durch eine Vorhalle in das Heilige und von da in das Allerheiligste.

Im Vorraum des Heiligtums, durch niedrige Schranken vom Hof getrennt, fanden sich Fragmente eines Räucherständers mit Blattornamenten, ein steinerner Opfertisch und eine große Lampe. Durch die Rückwand führt eine Tür in das Heilige, die von zwei flachen, runden Steinplatten flankiert wird, welche wahrscheinlich als Säulenbasen dienten. Das Heilige selbst ist ein 9 m breiter und nur 2,7 m langer Raum, an dessen Wänden eine Bank verläuft. In der Mitte der breiten Rückwand öffnet sich eine Tür in das Allerheiligste, das auf

der Abbildung zu sehen ist. Drei Stufen führen zu einer erhöhten Plattform. Auf der obersten Stufe stehen zwei Räucheraltäre; der linke hat eine Höhe von 0,51 m. Auf der leicht ausgehöhlten Altarplatte lagen noch verkohlte Reste einer organischen Substanz. Das Allerheiligste selbst bildet eine etwa 1,5 m tiefe und 1,4 m breite Nische, die in ihrer Nordwestecke eine 0,7 × 0,7 m große, eine Steinlage hohe Bank enthält. In der Südwestecke der Nische steht eine sorgfältig behauene, rot bemalte Kalksteinstele, in der Bibel Massebe genannt (2 Kön 17, 10). Zwei weitere flache Kalksteinstelen – die eine steht, die andere liegt – befinden sich am linken Rand der untersten Stufe. Die Massebe, aus der religiösen Welt der Kanaaniter stammend, symbolisierte die Gegenwart der Gottheit. In dem 9 × 10 m großen Vorhof stand der Brandopferaltar. Er war, wie es die Bibel vorschreibt, aus unbehauenen Steinen erbaut (Ex 20, 25). Auch seine Maße von 2,5 × 2,5 m Seitenlänge und 1,5 m Höhe entsprachen den Vorschriften von Ex 27, 1: »Der Altar soll fünf Ellen lang, fünf Ellen breit sein. Seine Höhe betrage drei Ellen.« Die Oberfläche des Altars bestand aus einer Steinplatte, umgeben von Rinnen zum Abfließen des Opferblutes. Alles war noch mit einer Ascheschicht bedeckt.

Die vielen gefundenen Ostraka (beschriebenen Tonscherben) enthalten Personen- und Warenlisten, ferner Briefe an und von Personen, die einen hohen Rang als königliche Beamte dieser israelitischen Festung innehatten. Erstmals werden auch die Korachiten als Kultpersonal in vorexilischer Zeit belegt. Korach war ein Levit, der sich mit seinem Anhang gegen

Mose auflehnte (Num 16 f.). Weiter werden die Söhne Korachs als Psalmendichter in den Überschriften der Psalmen 42, 44—49, 84, 85, 87 und 88 erwähnt, ferner als Torhüter und Tempelsänger (2 Chr 20, 19). Andere hebräische Ostraka enthalten die Namen priesterlicher, aus der Bibel bekannter Geschlechter, wie Meremot (Esr 8, 33) und Paschhur (Jer 20, 1).
Der Tempel wurde offenbar bis zu Hiskijas Zeit (725—697 v. Chr.) als Kult- und Opferstätte benutzt. Die Kasemattenmauer, die sich durch den Tempel zieht und das Allerheiligste und das Heilige zerstört, wurde unter der Herrschaft des Joschija (639—609 v. Chr.) errichtet. (Vgl. 2 Kön 23, 8.) Deutlicher konnte die Sonderstellung und Singularität des Jerusalemer Tempels nicht zum Ausdruck gebracht werden — eine Sonderstellung, die bis in das Jahrhundert Jesu bestehen sollte. Seine Antwort an die Samariterin deutet aber bereits eine Wende an: »Glaube mir, Frau, die Stunde kommt, da ihr weder auf diesem Berg noch in Jerusalem den Vater anbeten werdet« (Joh 4, 21).

Pharao Necho erhob den Anspruch, die Nachfolge der assyrischen Vorherrschaft über Syrien-Palästina anzutreten. In Jerusalem setzte er nach dreimonatiger Regierungszeit Joahas (609 v. Chr.), den Sohn Joschijas, ab und ließ ihn gefangen nach Ägypten führen. An seiner Stelle setzte er dessen Bruder Eljakim als König ein. Zum Zeichen, daß er sein Königtum einzig dem Pharao verdanke, änderte er seinen Namen in Jojakim. Dem Lande legte er schwere Tributzahlungen auf, die von der Bevölkerung aufgebracht werden mußten. Juda war wieder einer Großmacht ausgeliefert. Seine Unabhängigkeit, die kaum 20 Jahre gedauert hatte, war endgültig vorbei.

Die letzten Jahrzehnte der Königsstadt sind unzertrennlich mit dem Lebensschicksal des Propheten Jeremia verknüpft. Er wollte kein Prophet sein, wurde aber zum Rufer des Gerichtes in einer zusammenbrechenden Zeit bestellt. Jeremia stammte aus Anatot, einem zwei Wegstunden von Jerusalem entfernten Dorf. Den größten Teil seines Lebens verbrachte er in der Davidsstadt. Schon früh wurde Jeremia von einer Vorahnung des kommenden Gerichtes heimgesucht, die sein ganzes Leben überschatten sollte. Unter Jojakim wurde seine Ahnung zur Gewißheit. Als dieser König die Reform einschlafen ließ, begann der Prophet, seiner Nation die Grabrede zu halten: »Der Herr der Heerscharen, der dich gepflanzt hat, hat Unheil über dich beschlossen, um der Bosheit willen, die das Haus Israel und das Haus Juda verübt haben, mich zu erzürnen, indem sie dem Baal opferten« (Jer 11, 17).

Die Demütigung des Jahres 609 v. Chr. sah der Prophet als Bestätigung an. Das Volk habe das Unglück selbst verschuldet, weil es sich von Jahwe losgesagt. Aber diese Züchtigung, so warnte er, sei nur vorläufig, denn Jahwe werde »vom Norden her« die Boten des Gerichtes senden, sie werden über das unbußfertige Juda herfallen und es bis zum letzten Rest vernichten.

Die ägyptische Herrschaft über Jerusalem war nur ein kurzes Intermezzo von vier Jahren. Babylonien, die neue Großmacht aus dem Norden, beanspruchte, die Führungsrolle Assyriens zu übernehmen. Im Jahre 605 v. Chr. wurden die Ägypter bei Karkemisch am Euphrat geschlagen. Damit kam Palästina unter babylonische Herrschaft, und der König von Juda wurde der Vasall Nebukadnezzars, der 605 v. Chr. den Thron bestieg.

Nach einer zweiten Kraftprobe zwischen Ägypten und Babylonien, die um 601 v. Chr. an der Grenze Ägyptens unentschieden verlief, hielt Jojakim die Stunde für gekommen, das babylonische Joch abzuschütteln. Was nun geschah, berichtet nüchtern die Babylonische Chronik[93]: »Im 7. Jahr, im Monat Kislew [Dezember/Januar 598 bis 597] bot der König von Agad seine Truppen auf und zog in das Hatti-Land. Gegen die Stadt von Juda [Jerusalem] schlug er sein Lager auf, und am zweiten Tage des Monats Adar [16. März 597 v. Chr.] eroberte er die Stadt. Er nahm den König gefangen. Er setzte einen König nach seinem Herzen ein, ihren schweren Tribut nahm er entgegen und ließ ihn nach Babel bringen.«

Ein Vergleich mit den entsprechenden alttestamentlichen Angaben aus dem Tagebuch der Könige von Juda zeigt, daß in den wesentlichen Punkten sachliche Übereinstimmung besteht. Die Bibel nennt uns den Namen des Königs: Es ist Jojachin (598/97), der nach dem Tode seines Vaters Jojakim die Regierung übernahm. Im Stammbaum des Mattäus wird er als letzter König mit dem Namen Jechonias genannt (Mt 1, 11). Jojachin (Jechonias), so betont das Königsbuch, »tat, was dem Herrn mißfiel, ganz wie sein Vater getan hatte« (2 Kön 24, 9). Nebukadnezzar ließ die königliche Familie und den Hofstaat sowie die obersten Beamten, den Adel und die Handwerker und die wehrfähigen Männer Jerusalems nach Babel deportieren. Als neuen König »nach seinem Herzen« setzte Nebukadnezzar Jojachins Onkel Mattanja ein, dessen Namen der Sieger in Zidkija (Sedekias) umänderte. Sein Neffe Jojachin wurde aber weiter von vielen Juden als der rechtmäßige König von Juda angesehen. Auch politisch gesehen, war Zidkija nicht der Mann, das Steuer des Staates in dieser Katastrophenzeit sicher zu führen. Juda war die fernwestliche Provinz Babyloniens. Im Vertrauen auf das übliche Versprechen ägyptischer Hilfeleistung beging Zidkija die Torheit, das Vasallenverhältnis zum König von Babel zu kündigen. Jeremia, der vor dem Abfall warnte — »Ägypten ist zwar eine prächtige Kuh, aber die Bremsen aus dem Norden fielen über sie her« (Jer 46, 20) —, wurde als Verleumder gebrandmarkt.

Nebukadnezzar beantwortete die Untreue mit einem sofortigen Feldzug gegen Juda. Im 9. Jahr des Königs Zidkija, im 10. Monat, am 10. Tag (15. Januar 588 v. Chr.) rückte Nebukadnezzar mit seinem Heer vor Jerusalem und belagerte es (2 Kön 25, 1; Jer 39, 1; 52, 4). Das Land wurde besetzt und verwüstet. Nur die

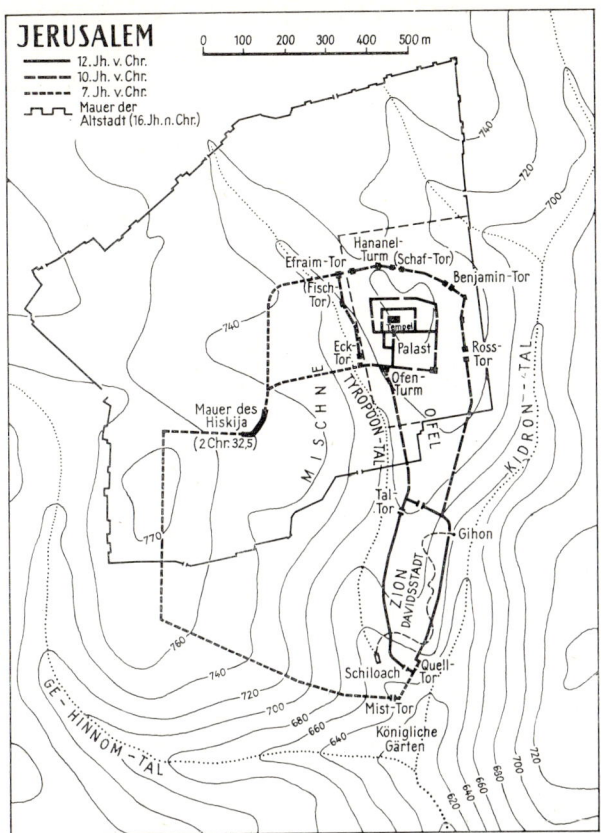

JERUSALEM

0 100 200 300 400 500 m

— 12. Jh. v. Chr.
— 10. Jh. v. Chr.
- - - 7. Jh. v. Chr.
⊓⊔ Mauer der Altstadt (16. Jh. n. Chr.)

Hananel-Turm (Schaf-Tor)
Efraim-Tor
Benjamin-Tor
(Fisch-Tor)
Eck-Tor
Tempel
Palast
Ross-Tor
Ofen-Turm
Mauer des Hiskija (2 Chr 32,5)
MISCHNE
TYROPÖON-TAL
OFEL
KIDRON-TAL
Tal-Tor
Gihon
ZION DAVIDSSTADT
Schiloach
Quell-Tor
Mist-Tor
Königliche Gärten
GE-HINNOM-TAL

Abb. 95.   Jerusalem in der späten Königszeit.

Jeder Entwurf eines Stadtplanes für das alte Jerusalem bleibt ein Versuch mit vielen Fragezeichen. In der Bibel finden wir zwar bestimmte Hinweise, es ist aber nicht immer möglich, die Flur- und Ortsnamen mit genügender Sicherheit zu lokalisieren. Trotz dieser Bedenken soll der Versuch einer Rekonstruktion gewagt werden, weil gerade in Jerusalem wie in keiner anderen biblischen Stadt das historische Geschehen der Veranschaulichung durch einen Stadtplan bedarf.
Eine konkrete Angabe über die älteste Erweiterung des Wohngebietes gibt 2 Kön 14,13: Joasch von Israel »ließ in die Mauern vom Efraimtor bis zum Ecktor eine Bresche von 400 Ellen reißen«. Dies geschah um 800 v. Chr. Das Mauerstück von etwa 200 m Länge gehörte ohne Zweifel zur Stadtmauer eines Viertels, das im 9. Jahrhundert v. Chr. westlich des Tempelberges lag. Aber es ist schwer, genauere Angaben zu machen, wie weit sich dieses Gebiet nach Westen erstreckte, d. h. wie weit westlich damals das Ecktor und das Efraimtor lagen. Unter Asarja (787–736 v. Chr.) und Hiskija (725–697 v. Chr.) mehrte sich anscheinend die Einwohnerzahl Jerusalems, vielleicht auch durch den Zuzug aus dem zerstörten Samaria (722 v. Chr.). Die Stadt wuchs über die salomonischen Mauern hinaus, besonders nach Norden im Tyropöontal. Erst nachdem ihre Ummauerung von Hiskija begonnen (vgl. Abb. 92, S. 158) und unter Manasse (696–642 v. Chr.) vollendet worden war, treffen wir im Gebiet der Weststadt die Namen »Mörser« und »Zweitstadt« (Mischne). Das wichtigste

Geländestück der von Manasse erweiterten Stadt nördlich des Tempels war das tiefe Quertal, das sich, im Westen beginnend, zum Kidrontal senkte. Manasse benützte dieses Gebiet zur Befestigung der Stadt. Eine strategisch schwache Stelle war aber der Sattel zwischen dem Tyropöontal und dem beginnenden Quertal, der einen fast ebenen Zugang zum Tempelgelände bot. Er wurde darum durch den Turm Hananel besonders gesichert. Dem Verkehr nach außen dienten am Nordende der Ostmauer das Benjamintor und in der Nordmauer das Schaftor und das Fischtor.
Der Umfang, den Manasse der Stadt gegeben hat, blieb für Jahrhunderte bestimmend. Nehemia baute um 445 v. Chr. die Mauern der späten Königszeit wieder auf. Nur auf der Ostseite der Davidsstadt zog er sie vom Steilhang auf den oberen Hügelrand zurück. Die Ausdehnung Jerusalems wird vom Propheten Sacharja in knapper Form durch vier Punkte gekennzeichnet: »Jerusalem aber wird emporragen und bleiben, wo es war; vom Benjamintor bis zum Ecktor und vom Turm Hananel bis zu den Keltern des Königs wird man darin wohnen ...« (Sach 14,10). Die Stadt erstreckte sich also vom Nordende der Ostmauer diagonal bis zum Südende der Westmauer und vom Turm Hananel im Norden über die ganze Länge des Osthügels bis zum Ausgang des Ge-Hinnomtales. (Vgl. Abb. 81, S. 139, und Abb. 82, S. 141.)

beiden Festungen Lachisch und Aseka leisteten noch Widerstand. Ein erschütterndes Bild von dem Durcheinander spiegeln die Briefe wider, die man, auf Tonscherben geschrieben, im Brandschutt einer Wachstube im Stadttor von Lachisch gefunden hat.

Noch einmal hielt Jeremia dem König die Unsinnigkeit eines weiteren Kampfes vor und sicherte ihm die Gnade des Siegers zu. Der König blieb uneinsichtig, selbst das Motiv »eines feierlichen Begräbnisses« bei einer freiwilligen Kapitulation konnte ihn nicht umstimmen. Als nach einem Jahr ein ägyptisches Entsatzheer heranmarschierte, unterbrach Nebukadnezzar für kurze Zeit die Belagerung Jerusalems. Der Jubel war groß, und der Glaube an die Unverletzlichkeit der Stadt lebte wieder auf. Jeremia, der die Stadt zur Regelung einer Erbschaftsangelegenheit verlassen wollte, wurde am Benjamintor verhaftet unter der Anschuldigung: »Du läufst zu den Kaldäern über!« (Jer 37,13)

Nach seinem Sieg über Ägypten überließ Nebukadnezzar die wieder aufgenommene Belagerung Jerusalems seinen Generalen. Der verhaftete Jeremia wiederholte nur seinen Refrain: »Wer in dieser Stadt bleibt, kommt durch Schwert, Hunger und Pest um; wer aber zu den Kaldäern übergeht, bleibt am Leben« (Jer 38, 2). Im 11. Jahr des Zidkija, im 4. Monat, am 9. Tag (29. Juli 587 v. Chr.) wurde eine Bresche in die Stadtmauer geschlagen. Bei Nacht flüchtete der König mit seinem Gefolge durch »das Tor zwischen den beiden Mauern« — wahrscheinlich das spätere Misttor im Süden der Stadt — aus Jerusalem und suchte die Jordanniederung zu erreichen. Bei Jericho wurde er eingeholt und gefangen vor Nebukadnezzar ins Hauptquartier nach Ribla am Orontes gebracht. Vor seinen Augen wurden seine beiden Söhne niedergehauen. Nach diesem letzten grauenvollen Anblick wurde er geblendet und nach Babel geschleppt (Jer 39, 2–7; 2 Kön 25, 2–7).

Nebukadnezzar war wohl einige Zeit unschlüssig, was mit Jerusalem und dem Tempel geschehen sollte. Zwischen Eroberung und Zerstörung liegt ein ganzer Monat. Dann heißt es im Königsbuch: »Am 7. Tage des 5. Monats im 19. Regierungsjahre Nebukadnezzars kam Nebusaradan, der Oberste der Leibwache, nach Jerusalem. Er verbrannte das Haus des Herrn, das Haus des Königs und alle anderen Häuser Jerusalems. Jedes bedeutendere Haus verbrannte er. Die Truppen rissen die Mauern um Jerusalem ein. Den Rest des Volkes, die in der Stadt Zurückgebliebenen und die Überläufer führte Nebusaradan fort. Von den geringen Leuten des Landes ließ der Oberste der Leibwache etliche für Weinberge und für Äcker zurück« (2 Kön 25, 8–12). »Der Oberste der Leibwache nahm den Hohenpriester Seraja fest, den zweiten Priester Zefanja und die drei Schwellenhüter ... und führte sie zum Babelkönig nach Ribla. Der König von Babel ließ sie zu Ribla in der Landschaft Hamat hinrichten. So wanderte Juda von seinem Heimatboden in die Verbannung« (2 Kön 25, 18–21). (Vgl. Abb. 80, 4, S. 137.)

Das war das Ende der Davidsstadt. Es war wohl zwischen dem 25. und 28. August 587 v. Chr., als der Tempel in Flammen aufging. Das Königreich Juda war für immer untergegangen.

Jerusalem am Rande der Weltgeschichte

»Wie düster lastet der Zorn des Herrn
auf der Tochter Zion.
Vom Himmel hat er zur Erde geschleudert
die Herrlichkeit Israels ...
Wer an dir vorübergeht, klatscht in die
Hände und höhnt: Ist dies die Stadt,
die man die Allerschönste nannte, die
Wonne der ganzen Welt?« (Klgl 2)

Zu diesen Versen aus den Klageliedern bedarf es keines Kommentars. Jerusalem war kaum noch eine Stadt zu nennen. Dennoch hörten die Verbannten nicht auf, ihre Heimat zu lieben. An den Flüssen Babels sangen sie ihre Lieder, die unsterblich geworden sind: »Die Zunge klebe mir am Gaumen, wenn ich nicht dein gedächte, Jerusalem« (Ps 137, 6).

Langsam vollzog sich aber in der Verbannung ein Wandel. Es ist nicht mehr das alte Jerusalem, die Jebusiterfeste, die Davidsstadt, die Prunkstadt Salomos. Dieses alte Jerusalem ist zugrunde gegangen, wie es die Propheten wegen der Sünden des Volkes vorausgesagt haben. Noch in der Verbannung, »im zehnten Jahr nach der Eroberung der Stadt«, sieht Ezechiel in einer

Vision das »Neue Jerusalem«: »Ströme lebendigen Wassers umfließen die Stadt, deren Name fortan lauten wird: Hier wohnt Gott!«

Die Herrlichkeit des neuen Zion, die ein namenloser Jünger des Propheten Jesaja — man nennt ihn Deutero-Jesaja oder zweiten Jesaja — verkündet, sprengt jeden Rahmen. Seine Botschaft ist in den Kapiteln 40–55 des Buches Jesaja erhalten. Zion wird zum Glaubenssymbol, Zion wird zum Mittelpunkt der Welt, »zu dem alle Völker wallen werden«, ist doch Jerusalem die »Stadt Gottes«. Noch in der Verbannung erhielt der Prophet den Auftrag Gottes, das Ende der Bußzeit anzukündigen. Er drückte sich sehr realistisch aus: »Die Götzen Babels liegen im Sterben.«

Was war geschehen? An der Ostgrenze von Babel rüstete Cyrus (559–529 v. Chr.), der Begründer des persischen Weltreiches, zum Angriff. Der Entscheidungskampf war kurz. Bereits am 29. Oktober 539 marschierte Cyrus als Sieger in Babel ein. Die atemberaubende Abfolge der Ereignisse ist uns auf dem »Cyrus-Zylinder« überliefert. Cyrus kam als Befreier. Er ließ die verschleppten Götterbilder der eroberten Länder in die Heimatstädte zurückschaffen (vgl. Abb. 80, 5, S. 137).

Als kleine Episode aus der großen Politik jener Tage überliefert die Bibel diesen Erlaß aus der persischen Amtskanzlei. »So spricht der Perserkönig Cyrus: Alle Reiche der Erde hat mir der Herr, der Gott des Himmels, gegeben. Er hat mir auch aufgetragen, ihm ein Haus zu bauen in Jerusalem, das im Judalande liegt. Wer unter euch zu seinem Volk gehört, ziehe nach Jerusalem und baue das Haus Jahwes, des Gottes Israels. Dieser ist der Gott, der in Jerusalem wohnt« (Esr 1, 2. 3).

Nur eine kleine Gruppe machte sich um 538 v. Chr. auf den Weg in die Heimat und brachte die geraubten Tempelgeräte zurück. Aber 18 Jahre nach ihrer Rückkehr war der Tempel noch immer nicht gebaut. Der Widerstand kam von den führenden Männern aus Samarien, den Nachfahren des untergegangenen Nordreiches Israel. Sie wollten sich als Söhne Abrahams am Tempelbau beteiligen, wurden aber von Serubbabel, den die Perser als Statthalter in Jerusalem ernannt hatten, zurückgewiesen. Serubbabel, den Mattäus (1, 14) und Lukas (3, 27) im Stammbaum Jesu erwähnen, war der letzte Davidide, der in der politischen Geschichte Israels eine Rolle gespielt hat. Mit seinem Abtreten von der politischen Bühne verlor das Haus Davids völlig seine Bedeutung; um so stärker aber entfalteten sich unter dem Einfluß der Propheten die messianischen Zukunftserwartungen, die mit dem Hause Davids verknüpft waren.

In der Stunde der Hoffnungslosigkeit und Enttäuschung — der Tempelbau war achtzehn Jahre nach der ersten Heimkehr um 520 v. Chr. nicht über die Fundamente hinausgewachsen — erklang wieder die Stimme eines namenlosen Propheten, der die Herrlichkeit des neuen Zion zu künden begann. Er wird Trito-Jesaja oder dritter Jesaja genannt, und seine Botschaft ist in den Kapiteln 56–66 des Buches Jesaja enthalten. »Auf, werde Licht, Jerusalem, denn es kommt dein Licht, und des Herrn Herrlichkeit erstrahlt über dir!« (Jes 60, 1) Die »Stadt auf dem Berge« wird zur Stadt, über die inmitten der dunklen Welt die Herrlichkeit Gottes als Zeichen seiner Gnadengegenwart erstrahlen wird. Zion wird zum Glaubenssymbol. Es bezeichnet zwar weiterhin den Jahwetempel in Jerusalem, aber darüber hinaus noch viel mehr: das unsagbare Wunder, daß Gott einmal auf Erden unter den Menschen wohnen wird. Jesus hat die Erfüllung dieser Verheißung verkündet, als er in der Synagoge von Nazaret die Worte des Propheten auf sich bezog: »Der Geist des Herrn ruht auf mir, weil er mich gesalbt hat« (Jes 61, 1). Und Johannes bezeugt: »Wir haben seine Herrlichkeit gesehen, die Herrlichkeit des Eingeborenen vom Vater, voll der Gnade und Wahrheit« (Joh 1, 14). So zeigt uns das Neue Testament, wie die alttestamentliche Verkündigung immer eine Verkündigung auf dem Wege zum Christusereignis ist.

Im März des Jahres 515 v. Chr. war endlich der neue Tempel, wohl nur ein Schatten der salomonischen Pracht, fertiggestellt. Der Prophet Haggai (Aggäus) hielt es für notwendig, den Bewohnern Jerusalems das Selbstbewußtsein zu stärken: »Ist unter euch noch einer übrig, der dieses Haus in seiner früheren Pracht gesehen hat? Und wie seht ihr es jetzt? Kommt es euch wie nichts vor?« Dann tröstete er die Verarmten: »Und doch faß Mut, du gesamtes Volk — ich will ja mit euch sein, so spricht der Herr!« (Hag 2, 3. 4)

Jehud, die offizielle aramäische Schreibweise für Juda, war eine Provinz des persischen Weltreiches geworden. Sie umfaßte das Gebiet von Bet-Zur, nördlich von Hebron, bis gegen Bet-El und zählte kaum 50 000 Einwohner. Für die innere Verwaltung war der Hohepriester zuständig, während die politischen Belange ein vom persischen Hof ernannter Statthalter wahrnahm. Der berühmteste unter diesen hieß Nehemia, ein jüdischer Laie. Er war zuerst Beamter am Hofe Artaxerxes' I. (464–424 v. Chr.), dann amtierte er während des dritten Viertels des 5. Jahrhunderts in Jerusalem. Sein Bericht über den Wiederaufbau der Stadt liest sich noch heute wie eine spannende Reportage: »Nachts stand ich mit ein paar Leuten auf. Ich hatte aber keinem Menschen gesagt, was mein Gott für Jerusalem zu tun mir ins Herz gegeben. Auch waren bei mir keine Reittiere, außer dem Tiere, auf dem ich selbst ritt. So zog ich nachts durch das Taltor zur Drachenquelle und dann zum Misttore. Ich besichtigte die Mauern Jerusalems, wie sie in Trümmern lagen und ihre Tore verbrannt waren. Dann zog ich zum Quelltor hinüber und zum Königsteiche. Aber das Tier fand dort keinen Platz, mit mir durchzukommen. Da

stieg ich im Tale nachts bergan und besichtigte die Mauer. So kam ich dann wieder an das Taltor und kehrte heim« (Neh 2, 11–15). (Vgl. Abb. 95, S. 163.)

Kathleen M. Kenyon, die Leiterin der Ausgrabungen in Jerusalem, schreibt in ihrem Grabungsbericht, wie auffällig dieser alte Bericht mit den Ausgrabungen an der Ostseite der Stadt übereinstimme: »Unsere Ausgrabungen am Osthang haben die Geröllmasse freigelegt, die den Weg dermaßen blockierte, daß Nehemias Reittier nicht mehr weiterkonnte. Wir wissen auch, warum an der Ostseite die Zerstörung ein soviel größeres Ausmaß hatte als im westlichen Stadtteil, denn nur hier standen die Gebäude bis ins Tal hinunter auf Terrassen, so daß eine Beschädigung der Mauern zur allgemeinen Verwüstung führen mußte. Ein Bruch in der Stadtmauer unten am Hang ließ alle die Bauwerke, deren Last das schadhafte Mauerstück getragen hatte, den Hang hinabstürzen, und es bedurfte dann nur noch einiger winterlicher Platzregen, um eine Kettenreaktion von Einstürzen auszulösen, die sich bis auf den Hügelrücken, ja bis zum Stadtgebiet auf der anderen Seite hin auswirkte.«

Nehemias heimliche Inspektion war begründet. Kaum hatten die Nachbarn Jerusalems von der Wiederaufrüstung gehört, planten sie einen Überfall. Aber Nehemia war gerüstet: »Die Lastträger arbeiteten in der Weise, daß sie mit einer Hand ihre Arbeit verrichteten, mit der anderen die Waffe hielten. Die aber, welche mauerten, hatten ein jeder ein Schwert um die Hüfte gegürtet und mauerten so« (Neh 4, 11. 12).

Der Wiederaufbau, den Nehemia in 52 Tagen vollendete, war eine organisatorische Großleistung. Für jeden Geländeabschnitt war ein Bautrupp unter der Führung eines Vorarbeiters verantwortlich: »Der Hohepriester Eljaschib und seine Brüder bauten das Schaftor, belegten es mit Balken, brachten seine Tore, Riegel und Verschlußbalken an und bauten weiter bis zum Turm Hananel. Neben ihnen bauten die Leute von Jericho, und daneben baute Sakkur, der Sohn Imris. Das Fischtor bauten die Söhne Senaas. Neben ihnen besserte Meremot, der Sohn Urijas, aus ..., daneben Zadok ..., daneben die Leute von Tekoa... Das Tor des neuen Stadtviertels besserten Jojada, der Sohn Paseachs, und Meschullam, der Sohn Besodjas, aus ... Eine zweite Strecke besserte Malkija bis zum Ofenturm aus ... Das Taltor bauten Hanun und die Einwohner von Sanoach auf ... Das Misttor besserte Malkija aus ... Das Quelltor besserte Schallum, der Vorsteher des Bezirks von Mizpa, aus, ferner die Mauer des Teiches der Wasserleitung zum Königsgarten ... Nach ihm besserte Nehemia bis gegenüber den Davidsgräbern aus ... Danach besserte Pedaja bis zum Wassertor im Osten und bis gegenüber dem vorspringenden Turm aus ... Zwischen dem Aufbau an der Ecke und dem Schaftor besserten die Goldschmiede und die Kaufleute aus« (Neh 3). (Vgl. Abb. 95, S. 163.)

Bei der Wiederherstellung der Mauer am Osthang

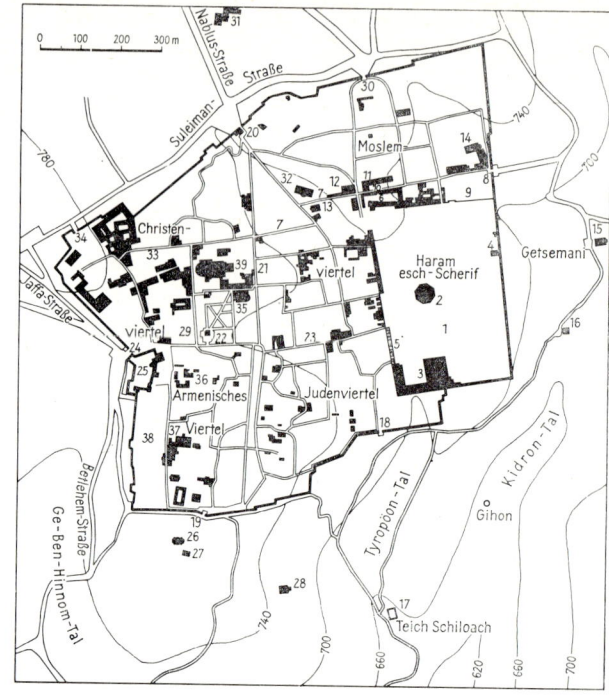

Abb. 96. Die Altstadt von Jerusalem mit den Stadtmauern.

Das Jerusalem der Evangelien ist das Jerusalem Herodes' des
Großen. Eine Vorstellung von der Größe der damaligen Stadt
gibt uns die Luftaufnahme der Altstadt Jerusalems. Die
Mauern, die heute die Altstadt umschließen, hat Suleiman der
Prächtige (1520–1566) bauen lassen. Im Jahrhundert Jesu gehörte aber noch das Gelände südlich der heutigen Stadtmauer
bis zum Rande des Ge-Hinnomtales zum Stadtgebiet.
Die Vertikalaufnahme aus dem Jahre 1917 zeigt auf der rechten Bildhälfte den Tempelplatz mit dem Felsendom, begrenzt
von dem in nordsüdlicher Richtung laufenden Kidrontale. Im
Westen (linker Bildrand) und im Süden umgreift das Ge-Hinnomtal den Stadthügel. Das alte, jetzt verschüttete Tyropöontal,
das Jerusalem in die Oberstadt auf dem Westhügel und
in die Unterstadt auf dem Osthügel teilte, ist nur noch als
flache Mulde zu erkennen. Es begann etwa in der Gegend des
Damaskustores an der Nordmauer (vgl. Abb. 82, S. 141), lief
dann an der Westmauer des Tempelplatzes entlang nach Süden und mündete am Schiloachteich in das Kidrontal. Auf
dem Bilde läßt sich die Lage des Schiloachteiches mit der heute
von Bäumen überwachsenen »Birket el-Hamra« — dem »Roten Teich« — mit Hilfe des Stadtplanes ausmachen.
Die Altstadt läßt im Grundriß die Anlage der römischen Militärkolonie Aelia Capitolina erkennen. So sind die wichtigsten Hauptstraßen dieser »Römerstadt« noch heute festzustellen, wenn auch das jetzige Straßenniveau erheblich über
dem vor 2000 Jahren liegt. Die von Hadrian (136
n. Chr.) angelegte Nord-Süd-Achse der Stadt, der Cardo maximus, ist heute noch in dem gradlinigen Straßenzug zwischen dem Damaskustor (20), Chan ez-Zet (21) und Sionstor
(19) erhalten (vgl. Abb. 251, S. 447). In der Achse des Damaskustores (20) liegt die römische Via triumphalis, die in
die Talstraße (32) — Tarik el-Wad — mündet und teilweise
die Via dolorosa (7) benutzt (vgl. Abb. 251). Die zwei bedeutsamsten, von Westen nach Osten verlaufenden Straßen-
züge kreuzen den Cardo maximus rechtwinklig, und zwar
die eine in Höhe der Via dolorosa (7), deren westliche Strecke,
die St.-Francis-Road (33), bis in die Nähe des Neuen Tores
(34) führt, während die östliche Verlängerung, die Tarik Bab
Sitti Marjam — die Via dolorosa (7) —, den Altstadtrand am
Stephanstor (8) erreicht. Die andere Querstraße der zentralen
Altstadt verbindet das Jaffator (24) bzw. die Zitadelle (25)
über die Davidsstraße (22) und ihre östliche Verlängerung,
die Tarik Bab es-Silsele (23), mit dem Tempelplatz (1), an
dessen Westseite die Klagemauer (5) liegt. An der Südmauer
steht die vom Kalifen Omar (634–644) errichtete El-Aksa-
Moschee (3). Die 90 m lange und 60 m breite Moschee ist
nach Mekka ausgerichtet. Zwischen der Davidsstraße und
dem Cardo maximus liegt im Westen das seit der Kreuzfahrerzeit genannte Christenviertel, in dem sich um die Grabeskirche (39) die großen Klöster und Patriarchatssitze befinden.
Die alte Jebusiter- und Davidsstadt war auf dem außerhalb

Planskizze zum Stadtbild

1 Tempelplatz
2 Felsendom
3 El-Aksa-Moschee
4 Goldenes Tor
5 Klagemauer

6 Antonia-Gelände
7 Via dolorosa
8 Stephanstor — Bab Sitti Marjam
9 Birket Israil
10 Geißelungskapelle
11 Verurteilungskapelle
12 Ecce-Homo-Basilika
13 Kirche von der Ohnmacht U. L. Frau — IV. Station
14 Annakirche — Betesdateich
15 Getsemani
16 Grab Abschaloms
17 Schiloach
18 Bab el-Muraribe — Misttor
19 Sionstor
20 Damaskustor
21 Chan ez-Zet — Cardo maximus
22 Davidsstraße
23 Tarik Bab es-Silsele
24 Jaffator
25 Zitadelle
26 Dormitio BMV
27 Abendmahlssaal
28 St. Peter in Gallicantu
29 Birket Hammam el-Batrak — Amygdalon-Teich
30 Herodestor
31 Stephanskirche
32 Tarik el-Wad — Talstraße
33 St.-Francis-Road
34 Neues Tor
35 Erlöserkirche
36 Christuskirche
37 Jakobuskirche
38 Armenischer Garten
39 Grabeskirche

der heutigen Stadtmauer liegenden Felssporn südlich des Tempelplatzes erbaut. Erst im 7. Jahrhundert v. Chr. wuchs die Stadt tiefer westwärts in das Tyropöontal hinab. Die von dem englischen Archäologen C. N. Johns auf dem Gelände der Zitadelle durchgeführten Ausgrabungen haben gezeigt, daß der nördliche Teil des Westhügels bereits von den Makkabäern befestigt worden war (vgl. Abb. 254, S. 452). Zur Zeit Herodes' des Großen gehörte der Westhügel, der seinen Palast trug, fest zum Stadtgebiet. Dieses Jerusalem kennt Josephus, der einzige Historiker, dem wir eine Beschreibung der Stadt verdanken. Die mehrfach geäußerte Absicht, über Stadt und Tempel eine ausführliche Darstellung zu geben (Jüd. Krieg V, 5, 7), hat er aber leider nicht verwirklicht. Der über die Eroberung der Stadt verfaßte Bericht steht mehr unter der Tendenz, die Wehrhaftigkeit und Heiligkeit der Stadt dem Leser ausdrücklich vor Augen zu stellen, als ihn über das Stadtbild zu informieren. So sind wir bei vielen offengebliebenen Fragen auf eine archäologische Evidenz angewiesen, die in dem bebauten Stadtgebiet nur schwer zu erbringen ist.

Über die sogenannte erste Mauer schreibt Josephus: »Von den drei Mauern war die älteste wegen der Schluchten und des darüber aufragenden Hügels, auf dem sie errichtet war, nur schwer überwindlich. Denn abgesehen von ihrer vorteilhaften Lage, war sie auch stark ausgebaut, da David und Salomo sowie noch deren Nachfolger auf dem Königsthron in die Förderung dieses Werkes ihren ganzen Ehrgeiz gesetzt hatten. Diese Mauer begann im Norden beim sogenannten Hippikusturm und erstreckte sich bis zum Xystos; sie traf dann auf das Rathaus und endete an der westlichen Säulenhalle des Tempels. Auf der anderen, westlichen Seite führte sie von dem gleichen Anfangspunkt durch eine Betso genannte Gegend bis zum Essenertor, bog dann zur Südseite und verlief jenseits des Schiloachteiches. Von dort wiederum wandte sie sich mit ihrer Front nach Osten gegen den Salomo-Teich, zog sich dann bis zu einem gewissen Ofel genannten Ort und traf schließlich auf die östliche Säulenhalle des Tempels« (Jüd. Krieg V, 4, 2).

Auf den Verlauf des Nordteils der ersten Mauer weist einmal der 1867–1870 freigelegte Wilson-Bogen, der als großer Viadukt an der Mauer entlang über das Tyropöontal führte (vgl. Abb. 272, S. 495) und so die Oberstadt mit dem Tempel verband. Im allgemeinen nimmt man an, daß die erste Mauer das Tyropöontal in mehr oder weniger geradem Lauf kreuzte und den Herodespalast und den Tempelplatz auf einer Linie verband, die etwa dem Zug der heutigen Davids- und Babes-Silsele-Straße entspricht. Josephus nennt sie die älteste Mauer und datiert ihre Erbauung in die Königszeit. Die jüngsten Ausgrabungen im Judenviertel der Altstadt bestätigen das hohe Alter. Im Süden führte die von Josephus beschriebene Mauer von der Südwestecke der heutigen Altstadt (untere Hälfte des linken Bildrandes) am unteren Rand des Ge-Hinnomtales entlang, folgte dann der Krümmung dieses Tales nach Osten bis zu seiner Vereinigung mit dem Kidrontal, kreuzte in nordöstlicher Richtung die Mündung des Tyropöontales am Teich Schiloach und stieß schließlich an der Südspitze des Osthügels auf das ursprüngliche Stadtgebiet. Am Osthang lief sie dann nordwärts bis zur Südostecke des Tempelplatzes. Dieser Mauerführung haben F. G. Bliss und A. D. Dickie in den Jahren 1894–1897 mit unerhörtem Wagemut durch unterirdische Stollen und Gräben nachgespürt. Ihre gezeichneten Pläne stimmen bis in die letzte Einzelheit und

bildeten bis in unser Jahrhundert die Grundlage für den »Stadtplan des alten Jerusalem« in allen biblischen Standardwerken. Über die chronologische Zuweisung der Mauern gehen aber heute die Ansichten der Archäologen auseinander. Nach K. M. Kenyon liegen klare archäologische Beweise vor, daß das Südende des Westhügels nicht vor Mitte des 1. Jahrhunderts n. Chr. in den ummauerten Stadtbezirk einbezogen wurde. Mit anderen Worten: die von Josephus beschriebene Mauer im Süden des Westhügels ist der Bautätigkeit Herodes Agrippas I. (41–44 n. Chr.) zuzuweisen. Zwangsläufig ergibt sich daraus die Frage: Wo verlief die Südmauer der Stadt zur Zeit Herodes' des Großen? Nach K. M. Kenyon entsprach ihr Verlauf wahrscheinlich ungefähr dem der heutigen Südmauer der Altstadt, die auf dem Bild zu erkennen ist (vgl. Abb. 82, S. 141). Wenn diese Mauer auch erst im 16. Jahrhundert n. Chr. errichtet wurde, so ist doch anzunehmen, daß man den Lauf einer früheren Mauer benutzte, da man an die vorgegebene Bodenbeschaffenheit aus strategischen Rücksichten irgendwie gebunden blieb.

Der von K. M. Kenyon entworfene Stadtplan Jerusalems zur Zeit Herodes' des Großen hat nicht die ungeteilte Zustimmung der Archäologen gefunden. Schon die Untersuchungen von Bliss und Dickie haben gezeigt, daß die Südmauer längs des Ge-Hinnomtales zeitlich verschiedene Bauelemente aufweist. C. N. Johns, der bei seinen Ausgrabungen auf dem Gelände des ehemaligen Herodespalastes vier verschiedene Bauphasen bei den Mauerbauten feststellen konnte, glaubt, daß der gleiche Tatbestand auch auf die von Bliss und Dickie entdeckte Mauer am Südrand des Westhügels zutrifft, d. h., die ursprüngliche Mauer stammt aus der gleichen Zeit wie die Befestigungswerke auf dem Gelände des Herodespalastes. Diese werden dem Hasmonäer Jonatan (161–143 v. Chr.) zugeschrieben und wurden von seinen Nachfolgern erneuert, zuletzt von Herodes dem Großen (37–4 v. Chr.).[94]

Über die sogenannte dritte Mauer schreibt Josephus: »Für die dritte Mauer bildet wieder der Hippikusturm den Ausgangspunkt. Von ihm erstreckte sich nach Norden bis zum Psephinusturm, zog dann den Grabdenkmälern der Helena gegenüber durch die Königshöhlen weiter und bog um einen Eckturm dem sogenannten Walkergrab gegenüber herum und traf dann auf die alte Mauer, wo sie im sogenannten Kidrontal endete. Mit dieser Mauer hatte Agrippa den neuerbauten Stadtteil, der gänzlich ungeschützt war, umgeben; denn die Stadt, die ihre Einwohner nicht fassen konnte, war allmählich über ihre Mauern hinausgerückt. Das Gebiet nördlich des Tempels vor dem Tempelhügel hatte man in das Stadtgebiet einbezogen und war dabei so weit vorgestoßen, daß sogar ein vierter Hügel ringsum mit Häusern bedeckt wurde. Dieser heißt Bezeta, liegt der Antonia gegenüber, ist aber von ihr durch einen tiefen Wallgraben abgetrennt. Den Graben hatte man absichtlich gezogen, damit die Unterbauten der Antonia nicht mit diesem Hügel in Verbindung stünden, dadurch leicht zugänglich seien und allzu niedrig erschienen: Die Tiefe des Wallgrabens trug zur Erhöhung der Türme ganz beträchtlich bei. Der neugegründete Stadtteil hieß bei den Einheimischen Bezeta, was man in der griechischen Sprache durch ›Neustadt‹ wiedergeben könnte« (Jüd. Krieg V, 4, 2). Der Verlauf dieser von Josephus beschriebenen Mauer war in den letzten Jahrzehnten ebenfalls Gegenstand mancher Auseinandersetzungen. Bei Straßenarbeiten im Norden der Altstadt wurde 1925 ein Steinblock mit den typisch herodianischen Bossenrändern entdeckt. Die anschließend in den Jahren 1925 bis 1927 von E. L. Sukenik und S. A. Mayer durchgeführten Ausgrabungen legten etwa 425 m nördlich vom Damaskustor, rechts und links der Straße, je drei Mauerteile frei (vgl. Abb. 82, S. 141). Die Mauer, von der etwa 1200 m, darunter 5–6 Türme, in Lage und Verlauf bestimmt wurden, lief nach Ansicht der Ausgräber bis zum Kidrontal, wo sie wohl nach Süden bog und an die zweite Mauer anschloß. Die Ausgräber hielten diesen aus kolossalen Quadern gebauten, 4,5 m breiten Mauerzug für die Stadtmauer des Herodes Agrippa I., die dritte Stadtmauer nach Josephus.

Auch hier haben die jüngsten Ausgrabungen, die unter der Leitung von J. B. Hennessy am Damaskustor vorgenommen wurden, die Streitfrage geklärt. Die dritte Mauer verlief dort, wo sich heute noch die Nordmauer der Altstadt befindet. Unter einem Torbau aus der Kreuzfahrerzeit sowie unter nachfolgenden byzantinischen Schichten stießen die Ausgräber auf die Mauerreste aus der Zeit, da Jerusalem römische Kolonialstadt war. Darunter erreichte man das Felsniveau, in dem die Spuren des ursprünglichen Mauerfundamentes noch zu erkennen waren. Vorhandene Mauerteile am unteren Fundament des heutigen Ostturmes am Damaskustor zeigen die für die herodianische Zeit typische Steintechnik. Ein von Halbsäulen flankiertes Nebentor für Fußgänger war bis zur halben Höhe im originalen Mauerwerk erhalten. In dem oberen erneuerten Teil des Tores ist ein Stein mit einer Inschrift aus der Zeit Hadrians eingelassen. Gehörte der untere Teil der Mauerreste zur dritten Mauer, die Herodes Agrippa I. hat errichten lassen? Alle archäologischen Befunde sprechen für eine solche Annahme. Bei einer im Jahre 1965 erneut durchgeführten Untersuchung des nördlich gelegenen Mauerzuges konnte festgestellt werden, daß die großen, gut bearbeiteten Quadersteine zum zweiten Mal zu einem Bau verwendet wurden. Im Fundament eines Mauerstückes fanden sich eine Reihe von Münzen. Die jüngsten stammen aus den Jahren 54 und 59 n. Chr. Die Mauer kann also nicht aus der Zeit Herodes Agrippa I. (41–44 n. Chr.) herrühren. K. M. Kenyon neigt dazu, die Mauer als Teil jener Umwallung zu deuten, mit der Titus die belagerte Stadt umschloß, um sie vollkommen abzuriegeln. Er benutzte dazu die Steinquadern, die aus Steinbrüchen oder anderen Bauten stammten. Diese Annahme entspricht wohl am besten dem archäologischen Tatbestand.

Der Verlauf der zweiten Mauer wird bei der Untersuchung über die Lage des Grabes Jesu eingehend behandelt werden (siehe S. 494 ff.).

des Hügels kapitulierte Nehemia vor den auf dem abschüssigen Gelände liegenden chaotischen Trümmern. Er entschloß sich notgedrungen, das Gelände der alten Davidsstadt, das sich am Osthang bis zum Kidrontal hinabzog, aufzugeben und die neue Mauerführung auf den oberen Rand des Hanges zu verlegen. Nehemias Ostmauer blieb dann Jerusalems Stadtmauer, bis Titus im Jahre 70 n. Chr. die Stadt zerstörte und die Mauern schleifen ließ. Die alten Tore der Davidsstadt blieben somit außerhalb der neuen Stadtmauer.

Während an der Ostseite der Stadt aufgefundene Mauerreste der Zeit des Nehemia zugeschrieben werden konnten, blieben Versuche, Teile der West- und Nordmauer zu finden, bislang erfolglos. Der von N.

Avigad im Jahre 1970 am Osthang des Westhügels entdeckte Mauerwall scheint diese ungeklärte Frage einer Lösung nähergebracht zu haben (vgl. Abb. 92, S. 158). Wahrscheinlich benutzte Nehemia beim Wiederaufbau Jerusalems diese alte, unter Hiskija erbaute Westmauer. Der Bericht im 3. Kapitel seines Buches, besonders die Erwähnung des »neuen Stadtviertels« (3, 6), »der Mauer des Platzes« (3, 8) lassen sich gut mit dieser Auffassung in Einklang bringen.

In das wiederaufgebaute Jerusalem kam im Jahre 7 des Artaxerxes mit einer großen Heimkehrerkarawane Esra, ein Mann, der für die kommenden Jahrhunderte die religiöse Haltung der Juden bestimmen sollte. In dem von dem persischen König ausgestellten Bevollmächtigungsdekret, das im aramäischen Wortlaut in die Bibel aufgenommen wurde (Neh 7, 11–26), trägt Esra den Titel »Schreiber für das Gesetz des Himmelsgottes«. Der Titel »Schreiber« ist in der persischen Amtssprache die Bezeichnung für einen Beamten oder Staatskommissar, in unserem Falle für religiöse Angelegenheiten. »Himmelsgott« ist die offizielle persische Bezeichnung für Jahwe, den Gott Israels. Esra war, im Gegensatz zu Nehemia, Priester und kam im Auftrage des Artaxerxes, um in Jerusalem und in Juda das Gesetz Jahwes bekanntzumachen und ihm Geltung zu verschaffen.

Zum Laubhüttenfest »versammelte sich das ganze Volk wie ein Mann auf dem Platz vor dem Wassertor und bat Esra, das Buch mit dem Gesetz des Mose zu holen« (Neh 8, 1 ff.). Esra öffnete das Buch, sprach ein Gebet, worauf das Volk, die Hände erhoben, mit Amen antwortete. Dann warfen sie sich zur Anbetung, mit dem Gesicht zur Erde, nieder. Hierauf erfolgte die Verlesung des Gesetzes aus dem von Esra mitgebrachten Buche.

Ein neuer Abschnitt beginnt in der Geschichte Israels. Es geht nicht mehr um politische Macht und territoriale Ausdehnung. Das Ziel ist die Aufrichtung der Gottesherrschaft durch die Beobachtung des Gesetzes. Seit Esra wurde das Gesetz zu einer absoluten Größe, der das ganze Leben unterstand. Es bildete sich der neue Stand der Schriftgelehrten, deren Aufgabe es war, das Gesetz auszulegen und anzuwenden. Neben dem an das Jerusalemer Heiligtum gebundenen Opfergottesdienst bildete sich im Laufe der persischen Zeit der Wortgottesdienst im Lehrhaus, in der Synagoge, heraus, der aus Gesetzesverlesung, Gesetzesauslegung und Gebet bestand.

Nach dem Tode des Statthalters Bagoas, des Nachfolgers von Nehemia, übertrugen die Perser die Verwaltung Judas einem Ältestenrat, dem späteren Synedrium, das aus Priestern und Laien bestand. Den Vorsitz führte der Hohepriester. Damit fielen dem Hohenpriester auch politische Funktionen zu. Er wurde auch zum politischen Repräsentanten der Jerusalemer Kultgemeinde.

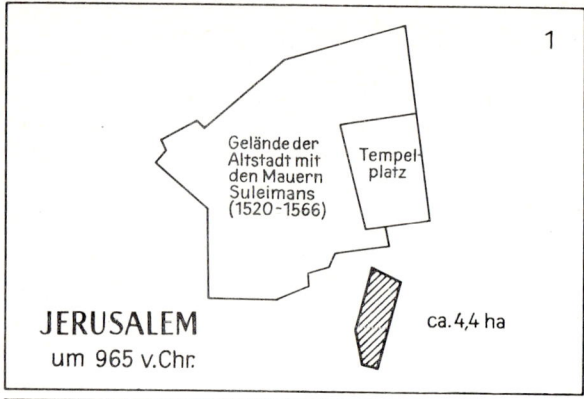

JERUSALEM
um 965 v.Chr.

Gelände der Altstadt mit den Mauern Suleimans (1520-1566)

Tempel-platz

1

ca. 4,4 ha

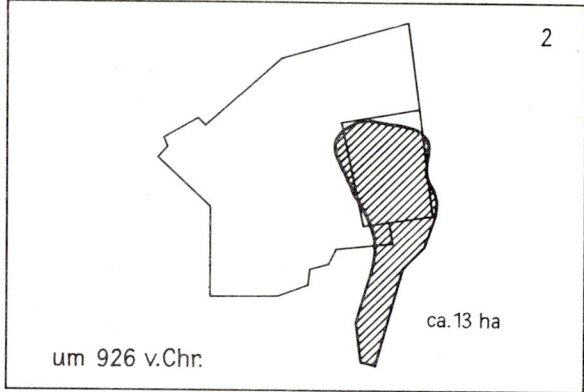

um 926 v.Chr.

2

ca. 13 ha

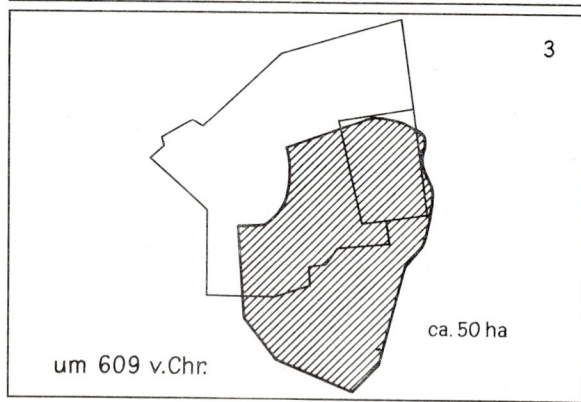

um 609 v.Chr.

3

ca. 50 ha

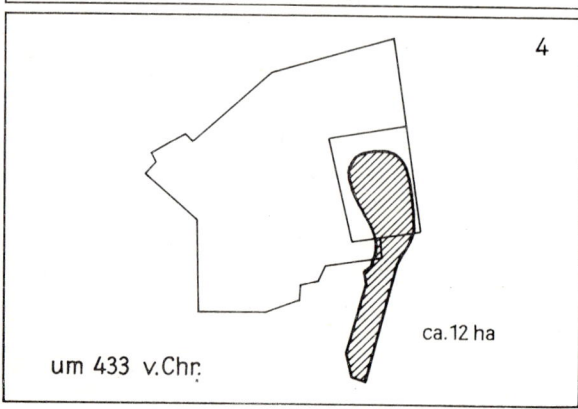

um 433 v.Chr.

4

ca. 12 ha

Abb. 97. Jerusalem im Wechsel der Zeiten (nach M. Broshi).

Aus der kleinen Jebusitersiedlung und Davidsstadt auf dem Osthügel von etwa 4,4 ha Größe war die Stadt unter Herodes dem Großen (37—4 v. Chr.) auf etwa 77 ha angewachsen. Sein Enkel, Herodes Agrippa I. (41—44 n. Chr.), erweiterte das Stadtgebiet im Norden durch den Bau der »dritten Mauer«. Je nachdem, wie der umstrittene Verlauf der »dritten Mauer« angesetzt wird, umfaßte Jerusalem mit der sogenannten »Bezeta« — »Neustadt« — eine Fläche von 106 oder 156 ha.

Die einzelnen Zeichnungen (1—7) zeigen den Aufstieg und Niedergang Jerusalems im Vergleich mit der Größe der Altstadt von Jerusalem, die noch heute von den Mauern Suleimans (1520—1566) umschlossen ist (vgl. Abb. 96, S. 166/167). Die Fläche des unbewohnten Tempelareals mit 14,5 ha ist in den Angaben nicht mitgerechnet. Bei Zeichnung 7 ist der Verlauf der dritten Mauer nach den Plänen von E. L. Sukenik und S. A. Mayer angegeben. (Vgl. S. 168 f.).

1 Jerusalem zur Zeit Davids (1004—965 v. Chr.)

2 Jerusalem zur Zeit Salomos (965—926 v. Chr.)

3 Jerusalem zur Zeit Joschijas (639—609 v. Chr.)

4 Jerusalem zur Zeit Nehemias (444—433 v. Chr.)

5 Jerusalem zur Zeit Alexanders Jannäus (103—76 v. Chr.)

6 Jerusalem zur Zeit Herodes' des Großen (37—4 v. Chr.)

7 Jerusalem vor der Zerstörung im Jahre 70 n. Chr.

Die Frage nach der Einwohnerzahl kann nur mit Vorbehalt angegeben werden, da man den Zahlenangaben der alten Quellen nicht blind vertrauen darf. Einen Weg, die Einwohnerzahl einigermaßen verläßlich zu schätzen, bietet die Möglichkeit, die Siedlungsdichte und Ausdehnung der Stadt zu kombinieren. Ausgrabungen und Vergleiche mit alten Städten unserer Zeit, wie Aleppo, Damaskus und der Altstadt von Jerusalem um die Jahrhundertwende, lassen auf eine Siedlungsdichte von 400—500 Menschen auf einem Hektar schließen. So ergäben sich für Jerusalem nach diesem Maßstab die folgenden Zahlen:

1 Jerusalem zur Zeit Davids — ca. 2 000 Einwohner

2 Jerusalem zur Zeit Salomos — ca. 5 200 Einwohner

3 Jerusalem zur Zeit Joschijas — ca. 20 000 Einwohner

4 Jerusalem zur Zeit Nehemias — ca. 4 800 Einwohner

5 Jerusalem zur Zeit Alexanders Jan. — ca. 32 000 Einwohner

6 Jerusalem zur Zeit Herodes' d. Gr. — ca. 38 500 Einwohner

7 Jerusalem vor der Zerstörung — ca. 82 500 Einwohner

Die persische Vorherrschaft über Palästina nahm ein Ende, als Alexander der Große den Vorderen Orient eroberte und das persische Großreich zerschlug. Nach seinem Sieg über Darius III. in der Schlacht bei Issus (333 v. Chr.) zog Alexander an der syrisch-palästinensischen Küste nach Süden. Von Gaza marschierte er dann gegen die den Persern treu gebliebene Stadt der Juden. Jerusalem öffnete ihm ohne Widerstand seine

Tore. Von einem Besuch Alexanders in Jerusalem sprechen nur Josephus und der Talmud. Auf der Späherhöhe (vgl. Abb. 226, 2, S. 401), von der aus man Jerusalem und den Tempel überschauen konnte, erwartete der Hohepriester Jaddua im vollen Ornat seiner Würde den jungen Welteroberer. Betroffen von dem hoheitsvollen Anblick, ließ sich Alexander besänftigen, zog mit dem Hohenpriester zum Tempel und opferte dem Herrn. So nach dem phantastisch anmutenden Bericht bei Josephus (Jüd. Altert. XI, 8, 5).

Mit Alexander ging die Geschichte des alten Orients zu Ende, und die Zeit des Hellenismus nahm in der östlichen Mittelmeerwelt ihren Anfang (vgl. Abb. 80, 6, S. 137). Mit der griechischen Sprache drang hellenistischer Geist nach Palästina, der im Widerstreit mit dem geistigen Erbe des Judentums die Umwelt auch noch im Jahrhundert Jesu bestimmte.

Nach Alexanders Tode (323 v. Chr.) zerfiel das Großreich in eine Reihe kleiner, ständig umstrittener Reiche. Im Jahre 301 v. Chr. kam es zu einer Stabilisierung der beiden größten Machtsphären. Seleukus I., der Begründer der syrischen Dynastie der Seleukiden, besetzte den nördlichen Teil Palästinas bis zum Eleutherusfluß (Nahr el-Kebir), während das Land südlich des Flusses an die ägyptische Dynastie der Ptolemäer fiel (vgl. Abb. 80, 7, S. 137). Dieses Gleichgewicht zwischen Seleukiden und Ptolemäern hielt sich, wenn auch unter ständigen Kämpfen, ungefähr hundert Jahre lang, von 301 bis 198 v. Chr. Trotzdem kam es in dieser Zeit fünfmal zu Kriegen zwischen Ägyptern und Syrern, und immer ging es um den Besitz von Jerusalem. Nach drei schweren Belagerungen während der Jahre 201, 199 und 198 v. Chr. fiel Jerusalem endgültig in die Hand des mächtigen Seleukidenkönigs Antiochus III. (vgl. Abb. 80, 8, S. 138).

Die nun folgende Zeit, die mit dem Befreiungskampf der Makkabäer ihren nationalen und auch religiösen Höhepunkt erlebte, ist bereits als Vorgeschichte für die Herrschaft Herodes' des Großen geschildert worden (vgl. S. 70 ff.). An der Turbulenz und Ungesichertheit menschlicher Existenz hat sich im Jahrhundert Jesu wenig geändert.

Als der Zwölfjährige zum erstenmal mit den galiläischen Festpilgern in Jerusalem einzog, marschierte auch hier zum erstenmal die Kohorte des neuen römischen Prokurators, der anstelle des abgesetzten Herodessohnes Archelaus die Regierungsgeschäfte führte. Er hieß Coponius (6—9 n. Chr.). Die römischen Prokuratoren übernahmen in Judäa auch sofort die Münzprägung. Diese römischen Provinzialmünzen — mit Ausnahme der Pilatusmünzen — zeigen kein das religiöse Gefühl der Juden verletzendes Symbol. So rücksichtslos die römischen Beamten in der Verwaltung des Landes auch waren, die todesmutige Bereitschaft der Juden, ihre religiösen Überzeugungen zu verteidigen, mahnte sie zur Vorsicht. Die Prokuratorenmünzen zeigen darum

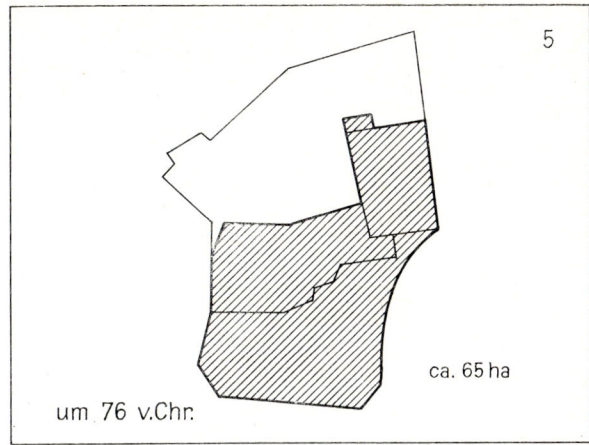

5

um 76 v. Chr.

ca. 65 ha

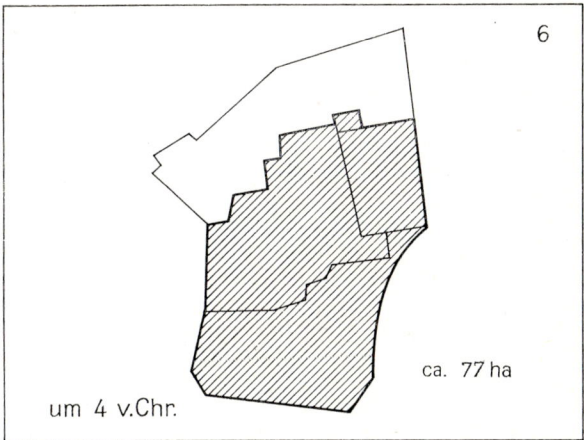

6

um 4 v. Chr.

ca. 77 ha

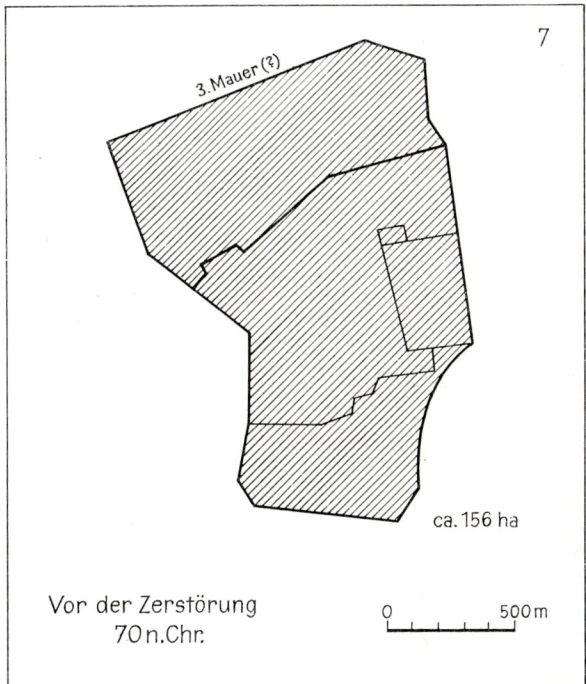

7

3. Mauer (?)

Vor der Zerstörung 70 n. Chr.

ca. 156 ha

0   500 m

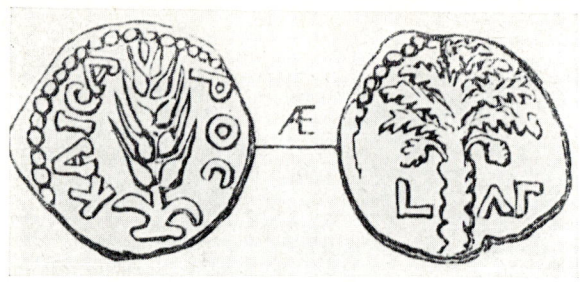

Abb. 98. *Münze des ersten Prokurators von Judäa, Coponius, aus dem Jahre 6 n. Chr.*

V: *Eine Ähre mit der Umschrift »Kaisaros«, d. i. Caesar Octavianus Augustus. Kaiser ist noch kein Titel, sondern Bestandteil des Namens.*

R: *Eine fruchttragende Dattelpalme mit der Jahreszahl: das 33. Jahr (der Regierung des Augustus = 6 n. Chr.).*

in der Regel nur das Bild einer Palme oder Pflanze und den Namen des Kaisers (vgl. Abb. 98 und Abb. 113, S. 195).

Auch im Tempel amtierte zum Osterfest ein neuer Hoherpriester, der im Jahre 6 n. Chr. von dem römischen Legaten Quirinius eingesetzt war. Er hieß Hannas (6–15 n. Chr.). Als Haupt der hohepriesterlichen Dynastie der Hannas sollte er der entscheidende Mann im Leben Jesu werden.

Der Tempel

Herodes der Große, der zu den passioniertesten Bauherren der Antike gehörte, machte Jerusalem mit seinen Großbauten zur Metropole des Ostens. Um die Sympathien seiner jüdischen Untertanen zu gewinnen, beschloß er, den unansehnlichen Tempel, der im Laufe der Zeit durch Plünderungen und Kriegswirren gelitten hatte, zu erneuern. Alles, was die hellenistische Welt jener Tage an Schönheit und monumentaler Größe bieten konnte, sollte hier dem Gott seiner Untertanen geweiht werden.[95]

Aber die Juden waren mißtrauisch. Sie verbreiteten das Gerücht, des Königs eigentliche Absicht sei, das Jahwe-Heiligtum abzureißen und an seiner Stelle dem Kaiser einen Tempel zu errichten. Ein anderes Gerücht klang noch überzeugender: Der König wolle den ganzen Plan eines Neubaues nach Beseitigung des alten Tempels, vorgeblich der hohen Kosten wegen, wieder aufgeben. Aber der König verstand es, diese Einwendungen zum Schweigen zu bringen. Herodes gab das Versprechen ab, den vorhandenen Bau nicht anzutasten, bis alles zur Errichtung des neuen bereitstände.

Von nah und fern ließ er erfahrene Bauhandwerker anwerben. Die großen Steinblöcke wurden aus den Brüchen nördlich der Stadt herantransportiert. Um eine Entweihung des Heiligtums durch »unreine« Hände auszuschließen, wurden 1000 Priester zu Steinmetzen, Zimmerleuten und Dekorateuren ausgebildet. Aus eigener Tasche stattete der König diese Arbeiter-Priester mit der neuen Berufskleidung aus. Sie erhielten einen langen Rock mit engen Ärmeln, eine mit einem Turban versehene Kappe, einen langen Gürtel, dessen Enden bei der Arbeit über der Schulter befestigt werden konnten; dazu Sandalen, da das Tragen von Schuhen auf dem heiligen Boden nicht gestattet war.

Im Jahre 19 v. Chr. waren alle Vorbereitungen beendet, und das große Werk begann.[96] Die Maße des Tempels waren sakrosankt und mußten denen des ersten Salomonischen Tempels entsprechen. Alles andere aber ließ der königliche Bauherr verändern, und zwar aus einem ganz persönlichen Grund. Als Nichtjude durfte er das Heiligtum nicht betreten. So vergrößerte er den äußeren Tempelbezirk, den er besuchen durfte, und stattete ihn mit nie gesehener Pracht aus. Da aber dieser Raum durch die naturgegebene Lage sehr begrenzt war, wurde das Gelände im Norden eingeebnet, im Süden dagegen aufgeschüttet und durch mächtige Mauern abgestützt (vgl. Abb. 99, S. 173). Es entstand eine trapezförmige ebene Plattform, deren Gesamtfläche 144 000 Quadratmeter betrug, beinahe doppelt so groß wie der frühere Tempelbezirk. Die Gesamtlänge der umfassenden Mauern maß 1550 m; 280 m im Süden, 470 m im Osten, 485 m im Westen und 315 m im Norden.[97] (Vgl. Abb. 102, S. 179.)

Während der Bauarbeiten durften das tägliche Opfer und die Liturgie nicht unterbrochen werden. In anderthalb Jahren waren der Priesterhof mit dem Brandopferaltar, das Heilige und das Allerheiligste wieder fertiggestellt. Im Sommer 18 v. Chr. fand mit dem ersten offiziellen Besuch des Königs die feierliche Einweihung statt. Herodes selbst stiftete ein Opfer von 300 Rindern. Weitere acht Jahre vergingen mit dem Bau der Höfe und der äußeren Umfassung. Die Bautätigkeit im gesamten Tempelbezirk kam aber erst wenige Jahre vor der Zerstörung Jerusalems (70 n. Chr.) zum Abschluß.

Die äußere Umfassung des Tempelplatzes bestand aus einer zweifachen Säulenreihe und bildete einen doppelten Chorgang, der nach außen von der Mauer abgeschlossen war. Josephus, der den Herodianischen Tempel noch mit eigenen Augen gesehen hatte, schreibt: »Alle Säulengänge waren doppelreihig; sie wurden von 25 Ellen [12,5 m] hohen Säulen getragen, die von blendendweißem Marmor und aus einem Stück gehauen waren; überdacht aber waren sie mit Tafelwerk aus Zedernholz. Ihre natürliche Pracht sowie die Feinheit und Harmonie in der Ausführung boten einen denkwürdigen Anblick, obgleich Verzierungen des Äußeren, sei es mit Malereien, sei es mit Skulpturen, nicht vorhanden waren. Die Säulenhallen waren bis zu 30 Ellen [15 m] tief; ihr ganzer Umkreis aber, mit Einschluß

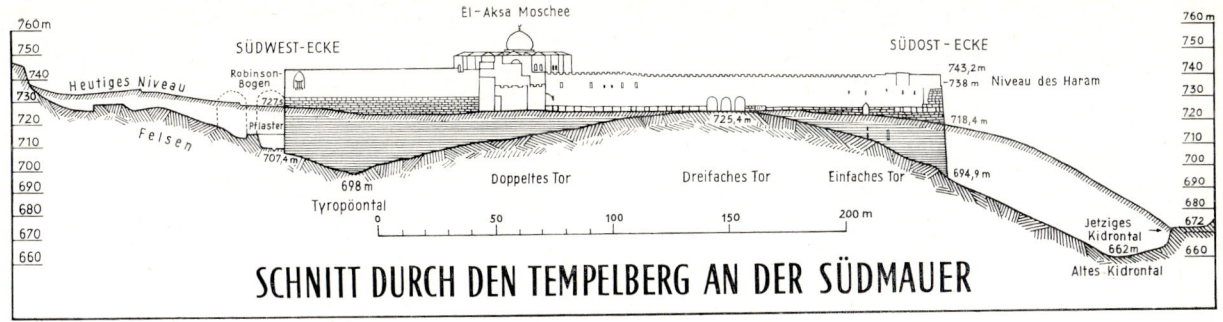

760 m
750
740
730
720
710
700
690
680
670
660

El-Aksa Moschee

SÜDWEST-ECKE

SÜDOST-ECKE

Heutiges Niveau

Robinson-Bogen

Pflaster

F e l s e n

707,4 m

698 m

Tyropöontal

Doppeltes Tor

0   50   100   150   200 m

Dreifaches Tor

725,4 m

Einfaches Tor

743,2 m
738 m   Niveau des Haram

718,4 m

694,9 m

662 m

Jetziges
Kidrontal

Altes Kidrontal

760 m
750
740
730
720
710
700
690
680
672
660

SCHNITT DURCH DEN TEMPELBERG AN DER SÜDMAUER

Abb. 99.   Die Südseite und Südostecke der Tempelmauer.

Die ursprüngliche Form des Tempelhügels ist durch die gemauerte Plattform des Tempelplatzes, den heute die Araber »Haram esch-Scherif« — »Erhabenes Heiligtum« — nennen, völlig verdeckt. Große unterirdische Gänge im Süden und Südosten lassen erkennen, daß das Südende des Tempelplatzes auf gewaltigen Unterbauten ruht. In den Jahren 1867 bis 1870 ist der »Haram esch-Scherif« von den Engländern Charles Warren und Charles Wilson im Auftrag der englischen Gesellschaft zur Erforschung Palästinas genau untersucht worden. An verschiedenen Stellen wurden tiefe Schächte und Stollen gegraben, um das Fundament der Mauer zu erkunden. An der Südwestecke liegt die erste Schicht der gewaltigen Bossenquadern 19 m unter der jetzigen Oberfläche. Die Höhe der Stützmauer vom gewachsenen Felsen bis zum Niveau des Haram beträgt etwa 30 m. Über den fünf sichtbaren Lagen alter Quadern erheben sich noch 26 Schichten gewöhnlicher Steine, die aus späterer Zeit stammen. Für die Entstehung der Mauer in der Zeit Herodes' des Großen spricht die Quadertechnik, deren besondere Art bei allen Bauten des Königs wiederzufinden ist. Die schön geränderten Steine zeigen einen leicht erhöhten glatten Spiegel. Nur bei den unteren Lagen sind die rauhen Buckel unbehauen stehengeblieben. Die Steine, die ohne Mörtel vermauert wurden, sind so sorgfältig aufeinandergesetzt, daß die Steinfugen kaum zu erkennen sind. Jede Schicht ist nach oben, die Mauer verjüngend, um 3—4 cm abgesetzt. Da die Ostmauer wegen des abschüssigen Geländes an der tiefsten Stelle über 50 m hoch aufgeführt werden mußte, zeigt sie eine stärkere Böschung als die Südmauer. Die gute Erhaltung der unteren Steinlagen mit den rauhen Bossen läßt erkennen, daß die Steine seit dem Bau dieses Mauerabschnittes nie der Witterung ausgesetzt waren. Dies bestätigt auch ein Straßenpflaster aus großen, 45 cm dicken Steinplatten, das in einer Tiefe von 11,70 m oberhalb der buckligen Quaderschichten entdeckt wurde. Dieses Pflaster gehörte zu einer Straße, die von der Südwestecke längs der Mauer zum Doppeltor führte (vgl. Abb. 104, 1, S. 181).

Das heutige Bodenniveau verläuft von der Südwestecke bis zum Dreifachen Tor in ungefähr gleichbleibender Höhe, ganz anders dagegen das Felsfundament der Mauer. Im zweiten Schacht, der 28 m östlich der Südwestecke angelegt wurde, erreichten die Ausgräber erst in einer Tiefe von 26,50 m den Felsboden. Das Fundament steht hier auf der Sohle des alten Tyropöontales, das von der Südwestecke des Tempelplatzes überbaut wurde (vgl. Abb. 82, S. 141). Auf dem Grundstein, einem schön geränderten Block mit glatter Stirnseite, ruhen,

verborgen im Boden, noch 24 Steinlagen, 1,06—1,14 m hoch. Die Gesamthöhe der Mauer betrug an dieser Stelle etwa 43 m. Von der Sohle des Tyropöontales (698 m ü. d. M.) steigt der Felsgrund unter der Mauer ostwärts an und erreicht beim Dreifachen Tor seinen höchsten Punkt, etwa einen Meter unter dem jetzigen Niveau, 725,40 m ü. d. M. Vor der Zerstörung des Tempels lief die Südmauer ohne Unterbrechung, die Toreingänge ausgenommen, bis zur Südostecke. Heute steht vor dem Doppeltor ein unübersichtlicher Vorbau aus der Zeit des Kaisers Justinian (527—565) (vgl. Abb. 103, S. 180). Vom Doppeltor bis zum Dreifachen Tor stammt das sichtbare Mauerwerk aus späteren Jahrhunderten; nur die unteren, nahe am Boden liegenden Schichten sind alt. Die Sockellage bildet die sogenannte »hohe Schicht«, die heute noch in ununterbrochenem Zuge vom Doppeltor bis zum Dreifachen Tor reicht und dann wieder am östlichen Teil der Südmauer zu finden ist. Ihren Abschluß findet die »hohe Schicht«, deren Höhe im Durchschnitt 1,83 m beträgt, im berühmten »Eckstein«. Östlich vom Doppeltor ist in die restaurierte Mauer ein Stein mit einer Inschrift verkehrt eingesetzt, der einst zu einem der Denkmäler auf dem Tempelplatz gehörte, die auch der Pilger von Bordeaux (333) erwähnt: »Dort sind die beiden Statuen Hadrians.« Die »beiden Statuen Hadrians« waren Standbilder des Kaisers Hadrian (117—138 n. Chr.) und des Kaisers Antoninus Pius (138—161 n. Chr.), der den Adoptivnamen Aelius Hadrianus trug, wie es die Inschrift beweist:

TITO AEL HADRIANO
ANTONINO AUG PIO
PP PONTIF AUGUR
DD

Dem Titus Aelius Hadrianus
Antoninus Augustus Pius,
Vater des Vaterlandes,
Hoherpriester, Augur.
Auf Beschluß der Dekurionen
[Gemeinderäte].

Vom Dreifachen Tor fällt der Felsboden ostwärts wieder ab und liegt beim Einfachen Tor, das zu einem Gang der Substruktionen führte, bereits in 11 m Tiefe. Erregen schon die Quadern der Südwestecke das Staunen des Beschauers, so ist dies in noch höherem Maße an der Südostecke der Fall. Das Niveau des Tempelplatzes liegt inwendig bei 738 m ü. d. M., auswendig verschwindet die Mauer bei 719 m im Erdboden und findet ihren Grund bei 695 m. Die Aufschüttung vom Felsboden bis zur Innenfläche des Haram beträgt 43 m; 21 Steinlagen liegen im Schutt verborgen, die übrigen 14 sind sichtbar. Die unterste Steinlage, welche zur Hälfte in den Felsen eingelassen ist, hat eine Höhe von 1,11 m. Etwa 1 m vom Grundstein entfernt entdeckten die Ausgräber eine in

173

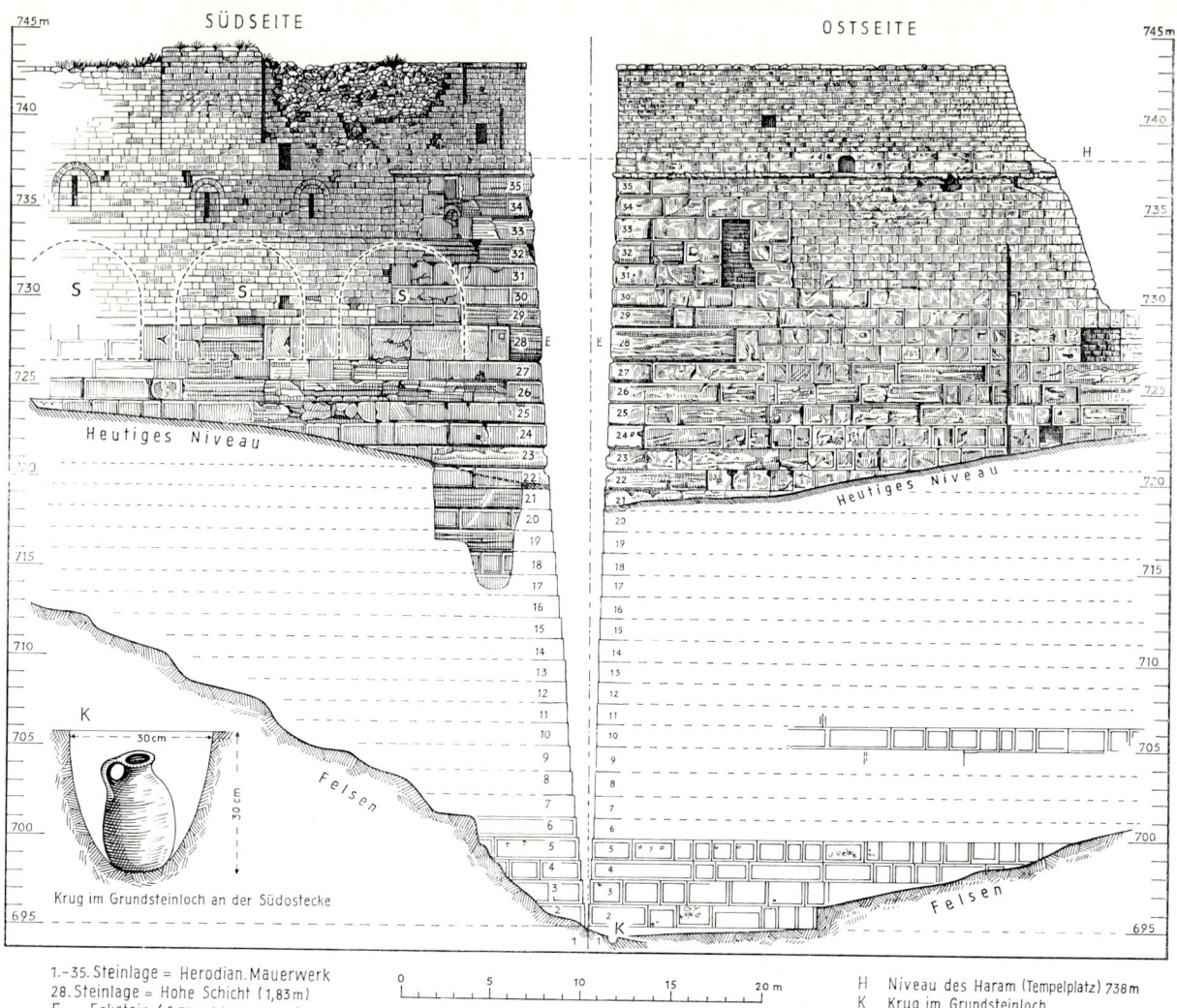

SÜDSEITE OSTSEITE

1.–35. Steinlage = Herodian. Mauerwerk
28. Steinlage = Hohe Schicht (1,83 m)
E   Eckstein (6,70 x 1,83 x 1,70 m)

H   Niveau des Haram (Tempelplatz) 738 m
K   Krug im Grundsteinloch
S   Substruktionen (Pferdeställe Salomos)

Krug im Grundsteinloch an der Südostecke

SÜDOST-ECKE DER TEMPELMAUER
(nach Ch. Warren)

den Felsen geschlagene 30 cm breite und tiefe Grube, in der ein Tonkrug stand. Die Hoffnung der Ausgräber, im Kruge die Grundsteinurkunde zu finden, hat sich leider nicht erfüllt. Er war nur mit Erde gefüllt. Dennoch bleibt der einfache Tonkrug, der wahrscheinlich das Gründungsopfer symbolisiert, ein wertvoller Zeuge für den Beginn der Bauarbeiten an der Mauer. An einigen Steinquadern in den untersten Schichten waren noch verschiedene, mit roter Farbe angeschriebene Zeichen sichtbar. Ch. Warren vermutete, daß sie phönizischen Ursprungs seien und aus der Zeit Salomos stammen. Ihre Entzifferung ist jedoch bis heute noch nicht gelungen. Moderne Forscher nehmen aber an, daß die Steinquadern von den herodianischen Steinmetzen mit diesen Kennzeichen für den Bau markiert wurden.

Etwa 7 m über dem jetzigen Niveau finden wir die sogenannte »hohe Schicht« im berühmten »Eckstein« wieder, der hier die 28. Steinlage bildet. Der »Eckstein« macht seinem

Namen alle Ehre, auch wenn es den Anschein hat, daß er von den Bauleuten anfänglich verworfen wurde. Mit einem Gewicht von über 100 t ist er wohl der schwerste Stein der ganzen Mauer. Es ist nicht unwahrscheinlich, daß Jesus in seiner Auseinandersetzung mit den Pharisäern auf diesen gewaltigen Stein, der damals schon bewundert wurde, anspielt: »Habt ihr niemals in den Schriften gelesen: Der Stein, den die Bauleute verworfen haben, der ist zum Eckstein geworden; das war das Werk des Herrn, und es ist ein Wunder in unseren Augen?« (Mt 21, 42) Während die übrigen antiken Steinlagen eine Höhe von 1,02 bis 1,20 m haben, ist der alte »Eckstein« 1,83 m hoch. Der sich anschließende, nach Norden sich fortsetzende Teil der Ostmauer besteht wieder aus zwei Steinlagen, um die Höhe des »Ecksteines« zu erreichen. Die an der Südseite sich an den »Eckstein« anschließenden Quadern haben zwar seine Höhe, scheinen aber wie auf den Kopf gestellt zu sein und wirken auffallend kurz. Bei

174

einer Länge von 6,70 m beträgt die sichtbare Breite nur 1,70 m. Es ist möglich, daß der Stein ursprünglich eine größere Breite aufwies, die aber durch den Abbruch einer Ecke vermindert wurde, woraufhin die Architekten den »Eckstein« verwarfen. Er ist dann in der sogenannten »hohen Schicht« verbaut worden. Das an der einen Ecke ausgebrochene Stück scheint durch den schmalen, hochstehenden Stein ersetzt worden zu sein (vgl. Abbildung, Südseite, Schicht 28). So entstand aus dem verworfenen Stein durch seine Lage der am meisten auffallende, berühmte »Eckstein«, der auch heute noch in unseren Augen »ein Wunder« ist.

der Burg Antonia an der Nordwestecke, maß gegen 6 Stadien« (Jüd. Krieg V, 5, 2).

Die östliche Halle nach dem Kidrontale zu hieß die Halle Salomos, weil sie mit ihren Unterbauten angeblich von Salomo stammte. Sie wurde als Lehrhalle benutzt. Die Szene, über die Lukas berichtet: »Und es geschah, daß sie ihn nach drei Tagen im Tempel fanden, wie er mitten unter den Lehrern saß, auf sie hörte und sie fragte« (Lk 2, 46), kann sich in dieser Halle abgespielt haben. Im Neuen Testament wird die Halle Salomos dreimal ausdrücklich erwähnt. Hier sprach Jesus am Fest der Tempelweihe zu den Juden (Joh 10, 32); in ihr predigte Petrus nach der Heilung des Lahmgeborenen (Apg 3, 11); hier pflegten sich die ersten Judenchristen von Jerusalem zu versammeln (Apg 5, 12).

Den imposantesten Eindruck bot der Tempelbezirk auf der Südseite vom Tyropöon- und Kidrontale aus, von wo er über den grünen Gärten Schiloachs hoch auf dem Berg zu thronen schien. Dort, wo einst die Paläste Salomos gestanden, errichtete Herodes die »Königliche Halle«. »Das ganze Werk war eines der merkwürdigsten, welche die Sonne jemals beschienen hat. Denn über dem Tale, welches so tief war, daß man, wenn man hinabsah, anfing schwindelig zu werden, war noch eine unermeßlich hohe Halle erbaut, so daß derjenige, der vom Dach dieser Halle aus beide Höhen zugleich mit seinem Auge ermessen wollte, schon vom Schwindel erfaßt wurde, ehe noch sein Blick den Grund der ungeheuren Tiefe erreichen konnte. Vier Reihen Säulen hatte man von einem Ende der Halle bis zum anderen einander gerade gegenüber aufgestellt; die vierte dieser Säulenreihen war in eine steinerne Mauer eingefügt. Die Dicke einer jeden Säule war so groß, daß drei sich gegenseitig bei den Händen fassende Menschen sie mit den Armen eben umspannen konnten. Die Länge betrug 27 Fuß [8,37 m], und jede Säule ruhte auf einem doppelten Wulst. An Zahl waren ihrer im ganzen hundertzweiundsechzig; ihre Kapitäle waren in korinthischem Stil gehalten und stellten großartige und wundervolle Arbeit dar. Weil nun der Säulenreihen vier waren, teilten drei davon den Raum in Säulengänge. Zwei von diesen Gängen, die einander gegenüberlagen, waren ganz gleich ausgestaltet, so daß jeder von ihnen 30 Fuß [9,3 m] in der Breite, 1 Stadion [205 m] in der

Länge und mehr als 50 Fuß [15,5 m] in der Höhe hatte. Der mittlere Gang dagegen war einundeinhalbmal so breit und zweimal so hoch und reichte an beiden Seiten über die anderen weit hinaus. Die Dächer waren mit tief in das Holz geschnittenen Bildwerken verziert, die mancherlei Formen aufwiesen; das mittlere Dach war höher als die beiden anderen. Vorn auf den Kapitälen befand sich eine steinerne Wand, die mit eingesetzten Säulchen verziert und sehr exakt geglättet war, so daß, wer sie nicht gesehen, sich keine Vorstellung von ihrer Schönheit machen konnte, und daß der, welcher sie sah, in staunendes Entzücken geriet. So war also die erste Einfriedigung des Tempels beschaffen« (Jüd. Altert. XV, 11, 5).

Diese enthusiastische Beschreibung hat bei den nüchterner denkenden Lesern wenig Gegenliebe gefunden. Wie nämlich die Säulen bei einer Gesamtzahl von 162 Stück in vier Reihen gerade einander gegenüber aufgestellt sein konnten, kommt einer Quadratur des Kreises gleich. Eine simple Lösung scheint aber hier den Ruf des jüdischen Historikers zu retten. Die Breite des Hauptschiffes gibt Josephus mit 45 Fuß (13,95 m) an; diese entspricht etwa der Breite des Robinson-Bogens (15,5 m), wenn man die Säulenstärke hinzurechnet. Da auf den Säulen der Architraph mit der darauf stehenden Wand ruhte, mußte diese Spannweite an den beiden Stirnseiten des Hauptschiffes durch eine Stütze aufgefangen werden, d. h., die zwei überzähligen Säulen standen in den Stirnseiten des Hauptschiffes, und zwar den anderen genau gegenüber. Der daraus resultierende Säu-

Abb. 101.   Der Jupitertempel in Baalbek.

Baalbek, in der fruchtbaren Hochebene el-Beka zwischen Libanon und Antilibanon gelegen, war das Zentrum des phönizischen Baalskultes. Von Alexander dem Großen erobert, erhielt es den Namen Heliopolis. Unter Augustus wurde die Stadt römische Kolonie, und der Baalskult machte dem des Jupiter Heliopolitanus Platz. Die Tempelanlage von Baalbek stellt wohl das Gewaltigste dar, was die Römer je an Bauwerken geschaffen haben. Über 200 Jahre ist daran gebaut worden. Die Anfänge des Jupitertempels reichen bis in den Beginn des 1. Jahrhunderts n. Chr. zurück. Von dem Prachtbau sind heute nur noch diese sechs Säulen erhalten geblieben, von denen jede, Basis und Kapitäl mitgerechnet, über 22 m hoch ist. Sie tragen die schwere Last eines mit Löwenköpfen geschmückten, 4,3 m hohen Gesimses.

Die hohen Säulen mit den reichgeschmückten korinthischen Kapitälen lassen uns die Pracht und die Schönheit des jüdischen Tempels ahnen, den Herodes in diesem hellenistischen Stil in Jerusalem erbauen ließ.

lenabstand von 17,3 Fuß (5,36 m) ergibt bei 40 Säulen genau die Länge der Königlichen Halle — die Stärke der Säulen mitgerechnet —, die Josephus mit 900 Fuß (279 m; nach Ch. Warren etwa 277 m) angibt. Eine nachprüfbare Gegenprobe bestätigt dieses Ergebnis. Der errechnete Säulenabstand von 17,3 Fuß (5,36 m) korrespondiert in auffallender Weise mit den Pfeilerabständen in der Frauenmoschee und dem Moslem-Museum, die heute das westliche Gelände der einstigen Königlichen Halle einnehmen.[98] Die Halle endete auf der Ostseite an der Zinne des Tempels, die im Bericht über die Versuchung Jesu von Mattäus erwähnt wird. Sie lag etwa 80 m über der Sohle des darunter liegenden Kidrontales und verlieh dem Angebot des Versuchers den Reiz der Sensation (vgl. Abb. 99, S. 173). Auf der Westseite endete die Königliche Halle an einer großen Freitreppe, die in das Tyropöontal hinabführte. Ihre Reste finden sich noch im sogenannten Robinson-Bogen (vgl. Abb. 104, 2, S. 182, und Abb. 272, S. 495).

In diesen Hallen und auf dem mosaikgepflasterten Hofe fanden die Lehrvorträge der Schriftgelehrten vor ihren Schülern statt. Hier verkauften die Händler ihre Opfertiere und tauschten die Wechsler die profanen Münzen in die heilige Opfermünze um.

Acht mächtige Portale führten in das Innere des Tempelbezirkes.[99] Die beiden Tore auf der Südseite nannte das Volk die »Hulda-Tore«, die Maulwurfstore, weil sie unter der Königlichen Halle durch die gewaltigen Substruktionen zum Tempelplatz führten. Das westliche Doppeltor ist heute noch gut erhalten und ist unter der El-Aksa-Moschee zu sehen (vgl. Abb. 99). Durch dieses Tor, das zusammen mit dem östlichen Hulda-Tor zur Zeit Jesu für die Bewohner der Unterstadt Jerusalems den Zugang zum Tempel bildete, zog an jedem Morgen der sieben Tage des Laubhüttenfestes die feierliche Prozession vom Schiloach, wo das Wasser

für die festliche Wasserspende geschöpft wurde, zum Tempel. Die einzigartige Bedeutung dieses Tores besteht darin, daß es — wenn man von Gräbern und Mauern absieht — neben dem Unterbau des Goldenen Tores, dem Barclay-Tor und dem Unterbau des sogenannten Davidsturmes das einzige erhaltene Bauwerk Jerusalems aus den Tagen Jesu ist.

»An der westlichen Tempelseite befanden sich vier Tore: eines führte in den Königspalast, das dazwischen liegende Tal überschreitend; zwei Tore führten in die Vorstadt und das letzte Tor in die anderen Teile der Stadt. Dieses war so angelegt, daß man auf vielen Stufen in das Tal hinab gelangte« (Jüd. Altert. XV, 11, 5). (Vgl. Abb. 256, S. 456.)

Diese scheinbar so einfache Beschreibung erweist sich

Abb. 102.   Der Tempelplatz zur Zeit Jesu.

Das Tempelgelände zur Zeit Jesu läßt sich nur mit Vorbehalten rekonstruieren. Unsicher bleibt die südliche Begrenzung der Burg Antonia, umstritten ist die genaue Lage des Tempelhauses. Die Rekonstruktion stützt sich auf die Angaben bei Josephus, den archäologischen Befund und die topographischen Gegebenheiten.

A   Tempel mit Heiligem und Allerheiligstem
B   Brandopferaltar
C   Vorhof der Priester
D   Vorhof der Männer
E   Nikanor-Tor
F   Vorhof der Frauen
G   Schöne Pforte
H   Susa-Tor (Goldenes Tor)
I   Dreifaches Tor mit unterirdischem Treppenaufgang
    (Hulda-Tor)
J   Zweifaches Tor mit unterirdischem Treppenaufgang
    (Hulda-Tor)
K   Freitreppe in das Tyropöontal (Robinson-Bogen)
L   Unterirdisches Tor (Barclay-Tor)
M   Coponius-Tor mit Brücke des Xystus (Wilson-Bogen)
N   Tor der Vorstadt
P   Schaf-Tor
T   Tadi-Tor
1—9 Tempeltore
10 Steinbrüstung mit den Warnungstafeln
11 Gelände des heutigen Felsendomes

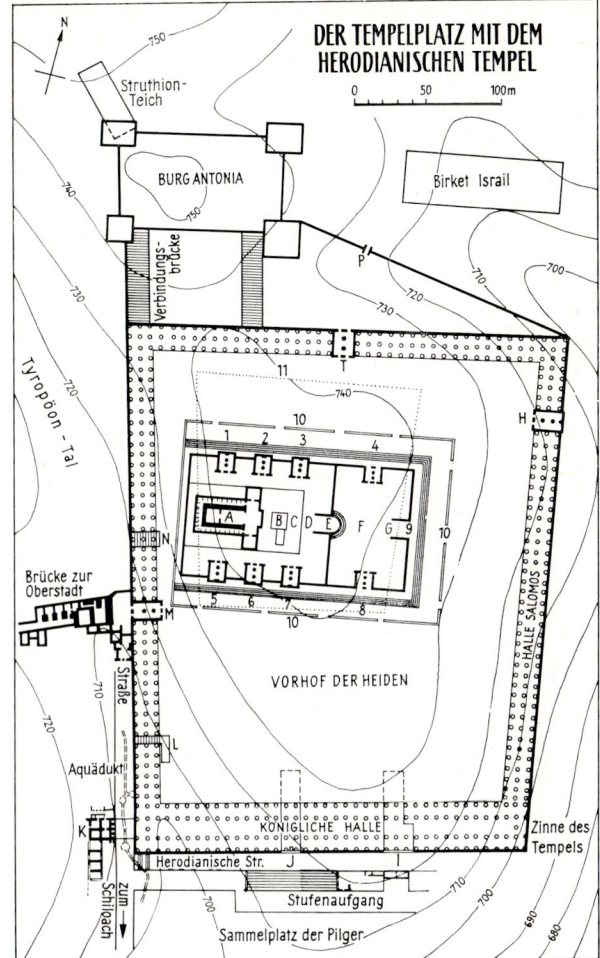

bei einem Versuch, die Tore zu lokalisieren, als schwierig, da der jüdische Historiker die Tore nicht in ihrer Reihenfolge aufzählt, sondern diese mehr nach ihrer Bedeutung und Beschaffenheit klassifiziert. So sind wir bei der Lokalisierung der Tore auf den archäologischen Befund angewiesen, der aber bislang keine letzte Sicherheit ergibt.

Mit dem bei Josephus erwähnten »Stufentor« kann die große Treppenanlage gemeint sein, die bei den jüngsten Ausgrabungen an der Südwestecke der Tempelmauer freigelegt wurde. Sie führte aus dem Tyropöontal über den Robinson-Bogen zur Königlichen Halle hinauf (vgl. Abb. 104, 2, S. 182, und Abb. 272, S. 495). Das eine der Westtore, das nach Josephus in die Vorstadt führte, scheint mit dem sogenannten Barclay-Tor identisch zu sein. Es wäre das zweite der Westtore, vom Süden her gezählt. Das Tor liegt unter dem heutigen Bab el-Maghariba (Mograbiner-Tor) und zeichnet sich durch seine Größe aus. Im Traktat Middot II, 3 wird die Höhe der Tempeltore mit 20 Ellen (ca. 10 m) angegeben. Der Grabungsbefund am Barclay-Tor zeigt, daß die Mischna nicht übertreibt. Die Oberschwelle des Tores liegt 9,78 m über dem Unterbau der Toranlage. Die Oberschwelle selbst, der Türsturz, besteht aus einem einzigen Stein von 7,5 m Länge und 2,08 m Höhe (vgl. Abb. 256, S. 456).

Das von Josephus an erster Stelle erwähnte Tor führte vom Tempelgelände über das Tyropöontal nach dem Herodespalast auf dem Südwesthügel. Es war das Haupttor an der Westseite und bestand schon in der alten Tempelumwallung. Im 1. Buch der Chronik heißt es das »Schallechet-Tor, wo die Straße ansteigt« (26, 16). Zur Zeit Jesu wurde es nach dem ersten römischen Prokurator von Judäa das »Coponius-Tor« genannt. Ein großer vergoldeter Adler über dem Eingang verkündete jedem Besucher, daß der Tempel unter dem Schutz Roms stand. Der Zugang zu dem hochgelegenen Tor führte zunächst über einen Damm, der im Tyropöontal aufgeschüttet war. Das letzte Stück bildete eine Brücke, wie wir von Josephus aus seinem Bericht über die Belagerung des Tempelberges durch Pompeius (63 v. Chr.) erfahren (Jüd. Altert. IX, 4, 2). Der letzte Brückenbogen hat sich unter der heutigen Tarik Bab es-Silsele im sogenannten Wilson-Bogen erhalten (vgl. Abb. 256, S. 456, und Abb. 272, S. 495). Der 15,5 m breite Bogen mit

Abb. 103. Stufenaufgang zum Doppelten Tor an der Südmauer. (Vgl. Abb. 102, J.)

»Wie war ich froh, als man mir sagte: ›Zum Haus des Photo in den Bauten die Spanne einer dreitausendjährigen Geschichte überblicken. Am oberen Rand ist die Südwand der El-Aksa-Moschee zu sehen, die auf der mächtigen Umfassungsmauer des Tempelplatzes ruht. Die Quermauer am linken Bildrand stammt aus der Zeit Suleimans des Prächtigen (1520–1566), der aber die Fundamente eines Torbaues aus der Zeit Justinians (527–565) benutzte. Erbarmungslos schändeten die Architekten die Schönheit des Doppelten Tores, dessen halber Bogen noch an die Zeit Jesu erinnert, als die Festpilger sich auf dem weiten Platz vor dem Tempeltor sammelten und dann, die Stufen hinaufsteigend, den »Stufenpsalm« (Ps 122) sangen:

»Wie war ich froh, als man mir sagte: ›Zum Haus des Herrn wollen wir pilgern!‹
Schon stehen wir in deinen Toren, Jerusalem: Jerusalem, als starke Stadt erbaut, in sich geschlossen und fest gefügt!
Dort ziehen die Stämme hinauf, die Stämme des Herrn, wie es Israel geboten ist, den Namen des Herrn zu preisen.
Denn dort stehen Throne zum Gericht, die Throne für Davids Haus.

Erbittet für Jerusalem Frieden! Wer dich liebt, sei in dir geborgen!
Friede wohne in deinen Mauern, in deinen Häusern Geborgenheit!
Wegen meiner Brüder und Freunde will ich sagen: Friede sei in dir!
Wegen des Hauses des Herrn, unseres Gottes, will ich dir Glück erflehen.«

Die Stufen, die wahrscheinlich die ganze Breite des Platzes vor der Mauer bis zum Dreifachen Tor einnahmen (vgl. Abb. 102, I, J), waren teilweise in den Fels gemeißelt, andere waren auf unterirdische Stützbogen gemauert; diese ruhten auf alten Felsstufen aus der Zeit des ersten Tempelbaues unter Salomo (965–926 v. Chr.).

einer Spannweite von 12,8 m wölbte sich über der tiefsten Stelle des Tales, dessen Felssohle nach Ch. Warrens Messung 23 m tief liegt.

Über das vierte (nördlichste) Tor besitzen wir keine näheren Anhaltspunkte; wahrscheinlich kann man es mit dem »Warren-Tor« identifizieren (vgl. Abb. 102, N, S. 179, und Abb. 256, S. 456).

In der Nordmauer erwähnt Josephus kein Tor. Nach der Mischna lag dort das Tadi-Tor, das Tor der Finsternis, das aber für den öffentlichen Verkehr gesperrt war (Middot 1, 3). Wenn einer der diensttuenden Priester oder Leviten sich verunreinigte, stieg er aus dem Tempelhaus die Treppe hinab in den unterirdischen Gang, wo stets Lichter brannten; dann kam er zum Badehause, wo er sich waschen oder auch weitergehen konnte zum Tadi-Tor hinaus in die Antonia. Während beim Salomonischen Tempel hier ein Stadtteil war, befand sich im Herodianischen Tempel dort ein neuer großer Hof und dann die Burg selbst (vgl. Abb. 102, S. 179). Da die Mauer der nördlichen Halle auf einer Felswand stand, war das Tor in den Felsen gehauen. Es hatte aber keine Oberschwellen wie die anderen Tore, sondern »es waren dort zwei Steine gegeneinander geneigt« (Middot 2, 3).

Der große Platz zwischen der Umfassung und dem Tempel war mit vielfarbigen Steinen gepflastert und jedermann zugänglich. Darum erhielt er den Namen »Vorhof der Heiden«. Rings um den Tempel, der auf einer erhöhten Terrasse stand, lief eine brusthohe, schöngemeißelte Balustrade, an deren Eingängen große Warnungstafeln in griechischer und lateinischer Sprache angebracht waren (vgl. Abb. 106, S. 184).

Vierzehn Stufen führten hinter diesem Steingeländer zu der Terrasse, die den Tempel von drei Seiten umgab. Der ganze Bau wirkte wie eine viereckige Burg, die in westöstlicher Richtung etwa 150 m lang war und eine Breite von ungefähr 120 m hatte. Die Umfassungsmauern waren über 18 m hoch.

Zehn Tore — vier von Norden, vier von Süden und zwei von Osten (Jüd. Krieg V, 5, 2) — führten in den

Abb. 104.   Ausgrabungen an der Südwestecke der Tempelmauer.

Bereits Ch. Warren hat in den Jahren 1867—1870 an verschiedenen Stellen der Tempelumwallung tiefe Schächte und Stollen gegraben, um die Fundamente der Mauer zu erkunden
(vgl. Abb. 99, S. 173). Die großangelegten Grabungen, die
im Jahre 1967 unter der Leitung von Benjamin Mazar begonnen wurden, haben diesen Ausschnitt des alten Jerusalem
sichtbar gemacht.[100]
Die erste Grabungskampagne war ausgefüllt mit stratigraphischen Untersuchungen des Geländes, angefangen von der
Südwestecke bis zum Doppelten Tor (Bild 1; vgl. Abb. 99,

1. Herodianische und arabische Straße längs der Südmauer.

S. 173). An der Westseite wurde die Grabung bis zur Höhe
des Robinson-Bogens, der als mächtiger Maueransatz zu erkennen ist, fortgesetzt (Bild 2; vgl. Abb. 272, S. 495).
Die Schichtenfolge ließ vier Perioden aus der arabischen, byzantinischen, römischen und herodianischen Zeit erkennen.
Die längs der Südmauer bis zum Doppelten Tor führende
Straße war in der arabischen Zeit neu gepflastert worden
(Bild 1). Das Niveau des neuen Pflasters (unterer Bildrand)
lag etwa 4 m über der herodianischen Straße (Meßlatte). An
der Südseite führte ein Tor zu einem Omaijaden-Palast aus

2. Robinson-Bogen mit dem Pfeilerfundament der Freitreppe in das Tyropöontal.

---

der Zeit des Kalifen Abd el-Malik (685–705). Er war aus Steinen, Säulen und Architekturteilen früherer Epochen gebaut. Bereits 748 zerstörte ein Erdbeben den Palast, und er wurde nicht mehr in seiner alten Größe aufgebaut. Die Schichtenfolge zeigte, daß am Ende der Fatimidenzeit (um 1000 n. Chr.) das Gelände der Südmauer unbebaut blieb. Aus der römischen Zeit stammen Ziegelsteine mit dem Siegel der Legio X Fretensis, die in der von Hadrian gegründeten Colonia Aelia Capitolina (135 n. Chr.) ihr Hauptquartier hatte. Die herodianische Straße begann an der Südwestecke. In zwei Absätzen mit je zweimal drei Stufen stieg sie bis zur Höhe des Doppeltores an. Die weniger gediegene Ausführung der Treppenstufen weist auf eine spätere Erneuerung hin. Von Josephus erfahren wir, daß nach der Vollendung des Tempels (um 60 n. Chr.) »mehr denn 18 000 Handwer-

ker« in Jerusalem arbeitslos waren. Um diese zu beschäftigen, ließ Herodes Agrippa II. »die Stadt mit weißem Marmor pflastern« (Jüd. Altert. XX, 9, 7). Man sieht es heute noch den Marmorstufen an, daß es »Notstandsarbeiten« waren. Das herodianische Straßenpflaster aus großen, 0,45 m dicken Steinplatten begann genau oberhalb der unbehauenen Quaderschichten (vgl. Abb. 99, S. 173). Für die nun sichtbaren Steinlagen der Südmauer wurden besonders schöne, 9–10 m lange Blöcke ausgesucht. Die sorgfältig geränderten Bossenquadern gaben der hohen Mauer eine strenge Würde. Das Pflaster war von einer über 2 m dicken Schuttschicht bedeckt, die von der Zerstörung Jerusalems herrührte. Wahrscheinlich stammen einige Säulenfragmente und ein korinthisches Kapitäl von der Königlichen Halle, welche die ganze Länge der Südmauer einnahm. Der südliche Rand der Straße war von einer Mauer begrenzt. Der darauf stehende Stylobat gehörte zu einem großen Platz vor der Südmauer; wahrscheinlich diente dieser als Sammelplatz für die Festpilger (vgl. Abb. 103, S. 180).

In der zweiten Grabungskampagne wurde die Westmauer von ihrer Südwestecke bis zum sogenannten Barclay-Tor untersucht (Bild 2; vgl. Abb. 102, S. 179, und Abb. 256, S. 456). Das Photo zeigt das Ausgrabungsgelände im Jahre 1969. E. Robinson (1838) hat den nach ihm benannten heraussspringenden Maueransatz einem großen Viadukt zugewiesen, der das Tyropöontal überbrückte und die Oberstadt mit dem Tempelplatz verband. Da Josephus aber nur von einer Brücke spricht, die nach den archäologischen Fakten des sogenannten Wilson-Bogens am Coponius-Tor (vgl. Abb. 100, M) anzusetzen ist, glaubten neuere Forscher in dem Mauerstück nur den Unterbau eines großen Balkons zu sehen. Die Ausgrabungen haben auch diese Streitfrage geklärt. Der Robinson-Bogen, dessen Spannweite über 12 m betrug, gehörte nicht zu einer Brücke, sondern war der Anfang einer 15,5 m breiten Freitreppe, die in das Tyropöontal hinabführte. Etwa 12 m westlich von der Tempelmauer wurden die Fundamente eines Pfeilers freigelegt, auf dem der Bogen aufruhte. Der Pfeiler selbst barg vier Kammern – sie sind im Vordergrund des Bildes gut sichtbar –, da sie nach der Straßenseite hin offen waren, dienten sie wohl als Verkaufsstände.

Unter dem Brückenbogen führte die Straße längs der Mauer nach Norden. Der bereits von Ch. Warren entdeckte Aquädukt lag unter dem Straßenpflaster. In der näheren Umgebung des Pfeilers wurden zahlreiche Zisternen entdeckt. Die genaue Prüfung ergab, daß es sich um alte Felsgräber aus dem 10.–8. Jahrhundert v. Chr. handelt. Die Nekropole lag dem Tempelplatz gegenüber. Vielleicht findet der dunkle Text bei Ezechiel 43, 6–9 durch diese Gräber eine Erklärung. Es wäre auch nicht ausgeschlossen, daß man endlich eine Spur der lang gesuchten Königsnekropole gefunden hat.

Zum Schluß noch der Ausdruck unseres Respektes. Das Photo zeigt rechts vom Robinson-Bogen, genau in der Verlängerung des unteren Ansatzes, den längsten Stein der ganzen Tempelumwallung: 11,82 m lang, etwa 1,04 m im Durchschnitt hoch und 3,05 m breit. Wie mag er wohl hinaufgekommen sein?

Abb. 105.   Ossuar aus dem Familiengrab des Nikanor.

Das mit Rosetten und geometrischen Feldern geschmückte Ossuar (Gebeinkasten) trägt auf einer der Schmalseiten die dreizeilige griechische Inschrift: ΟΣΤΑ ΤΩΝ ΤΟΥ ΝΕΙΚΑΝΟΡΟΣ ΑΛΕΞΑΝΔΡΟΣ ΠΟΙΗΣΑΝΤΟΣ ΤΑΣ ΘΥΡΑΣ – »Gebeine [der Söhne] des Nikanor aus Alexandrien, der die Türen gemacht hat«; darunter in hebräischen Buchstaben die beiden Namen Nikanor – Alexa. Das übergroß eingeritzte althebräische Taw ✕ erinnert daran, daß die Toten dem Schutz Jahwes empfohlen sind.

Nicht weit von der Grabanlage des Nikanor wurden im Jahre 1968 drei Grabhöhlen nördlich von Jerusalem in Giv'at ha-Mivtar aus den letzten Jahrzehnten des Herodianischen Tempels entdeckt. Ein Ossuar trägt auf der Vorder- und Stirnseite den Namen in hebräischer Quadratschrift: Simon, der Erbauer des Tempels.

Nikanors Tore und Simons gewaltiger Bau sind längst zerstört, das pietätvolle Gedenken der Angehörigen hat uns ihre Namen auf den Ossuarien überliefert.

---

inneren Tempelbezirk.[101] (Vgl. Abb. 102, S. 179.) Durch das gewaltige Osttor, das sogenannte »Schöne Tor«, führte der Haupteingang zum »Vorhof der Frauen«. Die Gold- und Silberbeschläge des Tores hatte der Bruder des alexandrinischen Philosophen Philo (✝ 45/50 n. Chr.) gestiftet. An den Wänden des Vorhofes waren die großen Opferstöcke für die pflichtmäßigen und freiwilligen Gaben angebracht. Hier könnte Jesus die arme Witwe beobachtet haben, die mit dem wenigen ihr ganzes Eigentum gab (vgl. Lk 21, 1–3).

Von diesem Vorhof führten fünfzehn halbkreisförmig angeordnete Stufen zum Vorhof der Männer. Den Eingang bildete das berühmte »Nikanor-Tor«, das nach seinem Stifter, einem alexandrinischen Juden, genannt wurde. Die 25 m hohen und 20 m breiten Torflügel waren mit massiven Gold- und Silberplatten überzogen. Zwanzig Männer hatten jeden Abend die Mühe, dieses eherne Tor zu schließen. Die Grabstätte der Familie des Stifters wurde im Jahre 1902 auf dem Skopusberg entdeckt (vgl. Abb. 105).

Hier an diesem Nikanor-Tor hat Maria für ihr neu-

geborenes Kind das vorgeschriebene Opfer, zwei Turteltauben, dargebracht. Und hier hat auch der alte Simeon das Kind in seine Arme geschlossen und Gott gelobt: »Nun entlässest du, Herr, deinen Knecht nach deinem Worte in Frieden. Denn meine Augen haben dein Heil gesehen, das du bereitet hast vor dem Angesicht aller Völker, ein Licht zur Erleuchtung der Heiden und zum

Ruhme deines Volkes Israel« (Lk 2,29–32). (Vgl. Abb. 35, S. 68.)

Erst im Männerhof wurde der Blick frei für den offenen, ein wenig höher stehenden Priesterhof mit dem dahinter liegenden eigentlichen Heiligtum. In der Mitte des Priesterhofes stand der Brandopferaltar, der Nachfolger des einfachen Altares, den einst David auf der Tenne des Jebusiters Arauna errichtet hatte. Es war ein großer Block aus unbehauenen Steinen mit einem Umfang von etwa 15×18 m. An den Ecken hatte der 7 m hohe Altar kleine Hörner. Die opfernden Priester stiegen auf einer stufenlosen Rampe zu seiner Oberfläche empor. Links vom Brandopferaltar stand auf zwölf aus Erz gegossenen Stieren ein riesiges Wasserbecken, das »Eherne Meer«, für die rituellen Waschungen der Priester. Es war mit dem geweihten Wasser des Teiches Schiloach angefüllt.

Der Felsen, auf dem nach der Überlieferung der Brandopferaltar stand, ist heute noch sichtbar. Er liegt unter der Kuppel der sogenannten Omarmoschee. Die Araber nennen den Bau den Felsendom (vgl. Abb. 109, 2, S. 187, und Abb. 213, S. 377).

Hinter dem Brandopferaltar führte eine Treppe mit zwölf Stufen zum »Haus des Herrn«, dem eigentlichen Tempelhaus. »Die Front des Gebäudes war gleich hoch und breit, nämlich 100 Ellen, das Hintergebäude aber um 40 Ellen schmäler, da der Vorderbau rechts und links flügelförmig 20 Ellen weit über dasselbe hinausragte. [Vgl. Abb. 102, A, S. 179.] Das Vordere Tor des Heiligtums, 70 Ellen hoch und 25 breit, hatte keine Türen; denn es sollte ein Sinnbild des unabsehbaren, offenen Himmels sein. Seine Vorderseite war überall vergoldet, und wenn man hindurchsah, hatte man den vollen Anblick des eigentlichen Tempelhauses, welches zugleich das höchste Bauwerk des Tempels war. Auch um die nach einwärts schauende Öffnung des Tores strahlte alles von Gold. Der innere Tempelraum zerfiel also in zwei Abteilungen; offen aber war nur die vordere, die in ununterbrochener Höhe 90 Ellen, in der Länge 50 Ellen und in der Breite etwa 20 Ellen maß. Das Tor, welches in diese Abteilung führte, war, wie gesagt, durchweg vergoldet, samt der ganzen es umgebenden Wand; über ihm befanden sich goldene Rebzweige, von denen mannsgroße Trauben herabhingen. Die andere der beiden Abteilungen des Tempelgebäudes war niedriger als die vordere, und es führten in sie 25 Ellen hohe und 16 Ellen breite goldene Türen. Vor den letzteren wallte ein gleich langer babylonischer Vorhang herab, bunt gestickt aus Hyazinth, Byssus, Scharlach und Purpur, wunderschön gewoben mit sehenswerter Mischung der Stoffe. Er sollte ein Bild des Weltalls sein; der Scharlach nämlich sollte das Feuer, der Byssus die Erde, der Hyazinth die Luft, der Purpur das Meer andeuten, zwei der Stoffe durch ihre Farbe, Byssus und Purpur durch ihren Ursprung, indem jenen die Erde, diesen das Meer erzeugt. Die Stickerei zeigt

Abb. 106. Verbotstafel auf dem Vorhof der Heiden.

Der mit einer siebenzeiligen Inschrift versehene, etwa 0,60 m hohe, 0,90 m breite und 0,37 m tiefe Kalksteinblock wurde 1871 unmittelbar nördlich des Tempelplatzes entdeckt. Ein zweites fragmentarisches Exemplar wurde 1935 am Osthang des Tempelberges gefunden. Der Kalksteinblock war in die Mauer eines nach dem 4. Jahrhundert über einem Grabe errichteten gewölbten Gemaches an der neuen Straße außerhalb des Stephanus-Tores eingesetzt. Heute befindet sich die Inschrift im Neuen Museum zu Istanbul.
Wegen angeblicher Übertretung dieses Verbotes ist Paulus der den Trophimos in den inneren Vorhof mitgenommen haben soll, verhaftet worden: »Israeliten, zu Hilfe! Das ist der Mensch, der wider das Volk, das Gesetz und diesen Ort überall alle lehrt, der sogar den Griechen in den Tempel gebracht und diesen heiligen Ort entweiht hat!« (Apg 21, 28)

ΜΗΘΕΝΑΛΛΟΓΕΝΗΕΙΣΠΟ
ΡΕΥΕΣΘΑΙΕΝΤΟΣΤΟΥΠΕ
ΡΙΤΟΙΕΡΟΝΤΡΥΦΑΚΤΟΥΚΑΙ
ΠΕΡΙΒΟΛΟΥΟΣΔΑΝΛΗ
ΦΘΗΕΑΥΤΩΙΑΙΤΙΟΣΕΣ
ΤΑΙΔΙΑΤΟΕΞΑΚΟΛΟΥ
ΘΕΙΝΘΑΝΑΤΟΝ

Verbot für jeden Fremden, die Absperrung zu überschreiten und in den Bezirk des Heiligtums einzutreten. Jeder Übertreter, der ergriffen wird, trägt selbst die Verantwortung für das Todesurteil, das darauf steht.

den Anblick des ganzen Himmels mit Ausnahme der Bilder des Tierkreises. Durch diesen Eingang also gelangte man in den niedrigeren Teil des Tempelgebäudes. Dieser war 60 Ellen hoch, ebenso lang und 20 Ellen breit. Seiner Länge nach zerfiel er wieder in zwei Räume. Die vordere Abteilung, das Heilige, deren Länge auf 40 Ellen bemessen war, enthielt drei bewunderungswürdige, weltberühmte Kunstwerke: den Leuchter, den Tisch und den Räucheraltar« (Jüd. Krieg V, 5, 4–5).[102]

Abb. 107.   Jüdische Freiheitsmünze mit der Fassade des
             Tempels.

Die von Bar Kochba (Sternensohn) während des Zweiten Jüdischen Aufstandes (132–135 n. Chr.) überprägten römischen
Silbermünzen (Tetradrachmen und Denare) tragen als Zeichen
des nationalen Selbstbewußtseins die Symbole aus Israels
großer Vergangenheit. Das Ziel des Aufstandes war die Wie-
deraufrichtung des zerstörten Tempels. So zeigt die über-
prägte Tetradrachme die mit vier Säulen geschmückte Tempelfassade, darüber einen Stern und zwischen den Säulen den
Toraschrein. Es ist die älteste Abbildung, die wir vom Herodianischen Tempel besitzen.

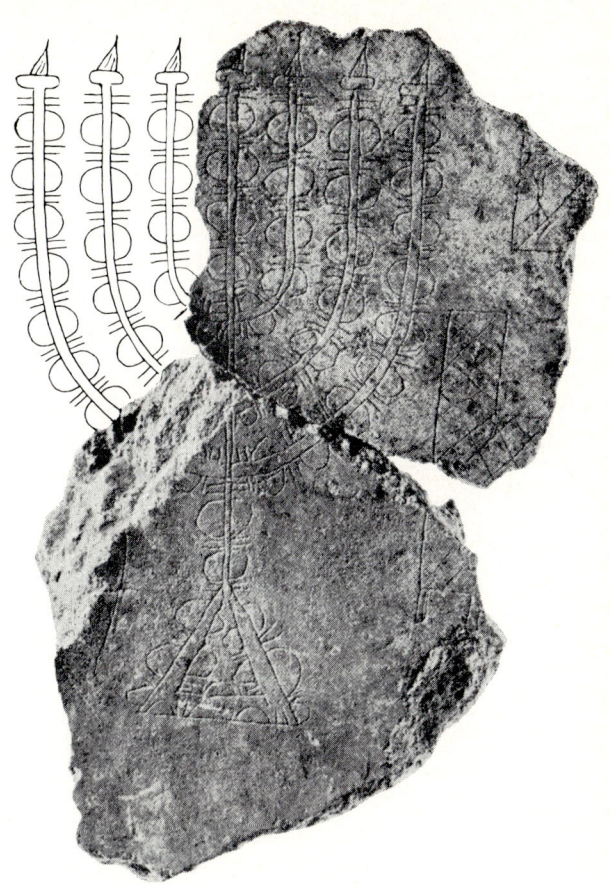

Die hebräische Umschrift der Münze nennt den eigentlichen
Namen des Bar Kochba: Simon. Seinen ganzen Namen erfahren wir aus den in den Höhlen am Toten Meer aufgefundenen Briefen: Simon ben Koseba — Simon Sohn des Koseba.
In Anspielung auf seinen Mißerfolg ist daraus später der
Schimpfname Ben Kozeba (Lügensohn) entstanden. Den
Namen Bar Kochba hat Simon erst von den altkirchlichen Schriftstellern erhalten. Er steht im Zusammenhang mit der Weissagung Bileams: »Ein Stern [kochab] geht auf aus Jakob«
(Num 24, 17), die von dem zeitgenössischen Rabbi Akiba
(† 135 n. Chr.) auf Simon gedeutet wurde. In einem Traktat
des Jerusalemer Talmuds heißt es: »Als Rabbi Akiba den
Bar Koseba erblickt hatte, sagte er: Dieser ist der König, der
Messias! Rabbi Johanan b. Torta erwiderte ihm: Akiba, Gras
wird aus deinen Kinnbacken wachsen, und noch immer nicht
wird der Sohn Davids [der Messias] gekommen sein!« (p.Taa-
nith 4 [68ᵈ, 44]) Die Legenden der Aufstandsmünzen lassen
die inneren Auseinandersetzungen über den messianischen
Anspruch Bar Kochbas noch erkennen: »Jahr eins der Erlösung Israels« (132 n. Chr.), »Jahr zwei der Freiheit Israels«
(133 n. Chr.) und (Jahr drei) »von der Freiheit Jerusalems«
(134 n. Chr.). (Zur Rückseite der Münze vgl. Abb. 200,
S. 356.)

Abb. 108.   Der Siebenarmige Leuchter.

Bei den im Herbst 1969 in der Altstadt von Jerusalem
durchgeführten Ausgrabungen wurde etwa 260 m westlich
der Tempelmauer auf zwei Mauerputzresten eine Darstellung der »Menora«, des Siebenarmigen Leuchters, gefunden.
Das Photo zeigt die beiden Bruchstücke mit einer ergänzenden Zeichnung. Die Bruchstücke lagen zwischen zwei Schichten, deren Alter durch den Fund von Münzen datiert werden
konnte: Sie stammten aus der Zeit Herodes' des Großen (37
bis 4 v. Chr.) und aus der vom Ende des Zweiten Tempels
(70 n. Chr.). Bilder des Siebenarmigen Leuchters vor der Zerstörung des Tempels sind sehr selten. So kommt dieser Darstellung ein besonderer historischer Wert zu. Das etwa 20 cm
hohe und 12,5 cm breite Bild der Menora ist in den Verputz
eingeritzt. Auffällig ist, daß sich der Fuß des Leuchters von
der Darstellung auf dem Titusbogen in Rom stark unterscheidet (vgl. Abb. 232, S. 410).

Die Gesamthöhe des Leuchters betrug 18 Handbrei-
ten (etwa 1,30 m). Josephus, der dem Priesterstande
angehörte und das »Heilige« betreten durfte, gibt uns
folgende Beschreibung: »Dem Tisch gegenüber nahe
der südlichen Wand stand ein Leuchter von eitel Gold,
hundert Minen schwer [43,6 kg]. Er war aus kleinen
Kugeln, Lilien, Granatäpfeln und Kelchen, im ganzen
siebzig an der Zahl, aus einem einzigen Fuß heraus in
die Höhe gearbeitet und teilte sich in so viele Arme,
als Planeten sind einschließlich der Sonne. Er ging näm-

lich in sieben Spitzen aus, die in gleichen Abständen
voneinander sich befanden und in einer Reihe standen.
Auf denselben leuchteten sieben Lampen, ebenfalls so
viele, als Planeten sind, und sie sahen gegen Osten und
Süden, da der Leuchter schräg stand« (Jüd. Altert. III
6, 7). (Vgl. Abb. 108.)

Der geheimste Platz des Tempels aber war das dahinter liegende »Allerheiligste«, ein quadratischer Raum von 10 m Seitenlänge, der vom »Heiligen« durch einen großen Vorhang abgetrennt war. Hier hatte im Salomonischen Tempel die Bundeslade mit dem Manna, mit den beiden Tafeln des Berges Sinai und dem Stab Aarons gestanden. Im Herodianischen Tempel war das Allerheiligste gänzlich leer. Ein drei Finger hoher Stein bezeichnete die Stelle, wo die seit der Zerstörung des ersten Tempels verlorengegangene Bundeslade gestanden hatte. Kein Fuß durfte diesen Raum betreten, kein Auge ihn schauen. Nur der Hohepriester hatte einmal im Jahr, am Versöhnungstage, Zutritt zum Allerheiligsten und mußte auf dem sogenannten Grundstein, auf dem die Bundeslade gestanden hatte, vor dem gegenwärtigen Gott das Rauchopfer darbringen.

So weit wir in die Geschichte der Menschheit zurückschauen, gibt es Opfer. Das Opfer drückt die religiöse

Abb. 109.   Der Felsendom mit Felsen und Höhle.

1. Der Heilige Felsen. (Unterer Bildrand: Nord.)

Nach der Überlieferung hält man diesen Felsen für die Tenne des Hetiters Arauna, wo David sein Opfer darbrachte.[103] *Er wird als der Ort angesehen, auf dem von Salomo bis zur Zerstörung des Herodianischen Tempels der Brandopferaltar gestanden hat. Münzbilder aus der Zeit Hadrians beweisen, daß der Kaiser auf dem Tempelgelände einen Tempel des Jupiter Capitolinus erbauen ließ. Der erste Augenzeugenbericht über den Tempelplatz nach der Zerstörung stammt vom Pilger von Bordeaux (333). Er erwähnt den Tempel und die beiden Reiterstatuen Hadrians und schreibt: »Nicht weit von den Statuen ist ein durchlochter Stein [lapis pertusus], den die Juden einmal im Jahr besuchen dürfen, um ihn zu salben und an ihm ihr Schicksal zu beweinen.« Das kann nur der Heilige Felsen sein, über dem sich heute die Kuppel des Felsendomes wölbt und der einst mit großer Wahrscheinlichkeit als Brandopferaltar diente. Auch wenn den Juden seit den Tagen Hadrians (135 n. Chr.) das Betreten Jerusalems bei Todesstrafe verboten war, blieb die Erinnerung an diese heilige Stätte erhalten. Noch in den Tagen des Eusebius († 339) waren die Ruinen und Überreste des Tempels vorhanden. Er schreibt, daß die Bewohner Jerusalems »Steine von seinen Ruinen holen, und wir können mit unseren Augen das traurigste Schauspiel sehen, wie Steine vom Tempel selbst und von dem, was einst das Heilige des Heiligen war, genommen werden, um heidnische Tempel und Theater zu bauen« (Demonstr. evang. VIII, 2). Die letzte Sicherheit über die Lage des Tempels kann nur durch Ausgrabungen erlangt werden. Dennoch scheint die Annahme berechtigt, daß auf diesem Felsen der Brandopferaltar gestanden hat. Der Felsblock ragt etwa 1,25–2 m aus dem Boden hervor und ist ungefähr 15 m lang und 12 m breit. Bei der im Jahre 1958 durchgeführten Restaurierung des Domes wurde der ganze Felsboden im Dom freigelegt. Der Archäologe B. Bagatti OFM erhielt die Erlaubnis, die etwa 45×45 m große Fläche am 27. Januar 1959 zu untersuchen. »Rings um den Felsen zeigt sich die Oberfläche ziemlich flach, im äuße-*

ren Gang und besonders auf die Mauer zu neigt sich die Oberfläche. An manchen Stellen sind Löcher und Einschnitte. Wir konnten aber nur zwei tiefe Höhlungen im Osten und Westen entdecken, die wie Gräber in den Felsen gehauen waren. Im Südosten finden wir drei Blöcke, die von einer Mauer herrühren; sie liegen mit der behauenen Fläche nach Westen. Der Felsen trägt keine Spuren, die von einer Errichtung von Mauern herrühren, auch keine, die auf die Anbringung von Kultgegenständen schließen lassen.« Der Bericht schließt mit den Worten: »Leider war es nicht möglich, umfassenderes Material zu sammeln.«

Der sichtbare Teil des Felsens hat keine regelmäßige Form und ist nach Osten zu geneigt. An den Seiten erkennt man die künstliche Bearbeitung; besonders nach Westen zu besitzt er eine gerade Begrenzung und ist senkrecht hinuntergehauen. Ein seitlicher Blick von Westen läßt aber erkennen, daß es sich um drei Stufen handelt. Auf der Südseite fällt der in die Südwestecke eingeschnittene rechte Winkel auf. Auch an der Nordseite ist der Felsen künstlich abgeschnitten, so daß sein Profil gut zu erkennen ist. Am westlichen Rand beträgt die Höhe 1,09 m, steigt bis zu 1,60 m an und fällt dann nach Osten bis auf etwa 1 m ab. Das Auffallendste am flachen, ausgehauenen Nordende

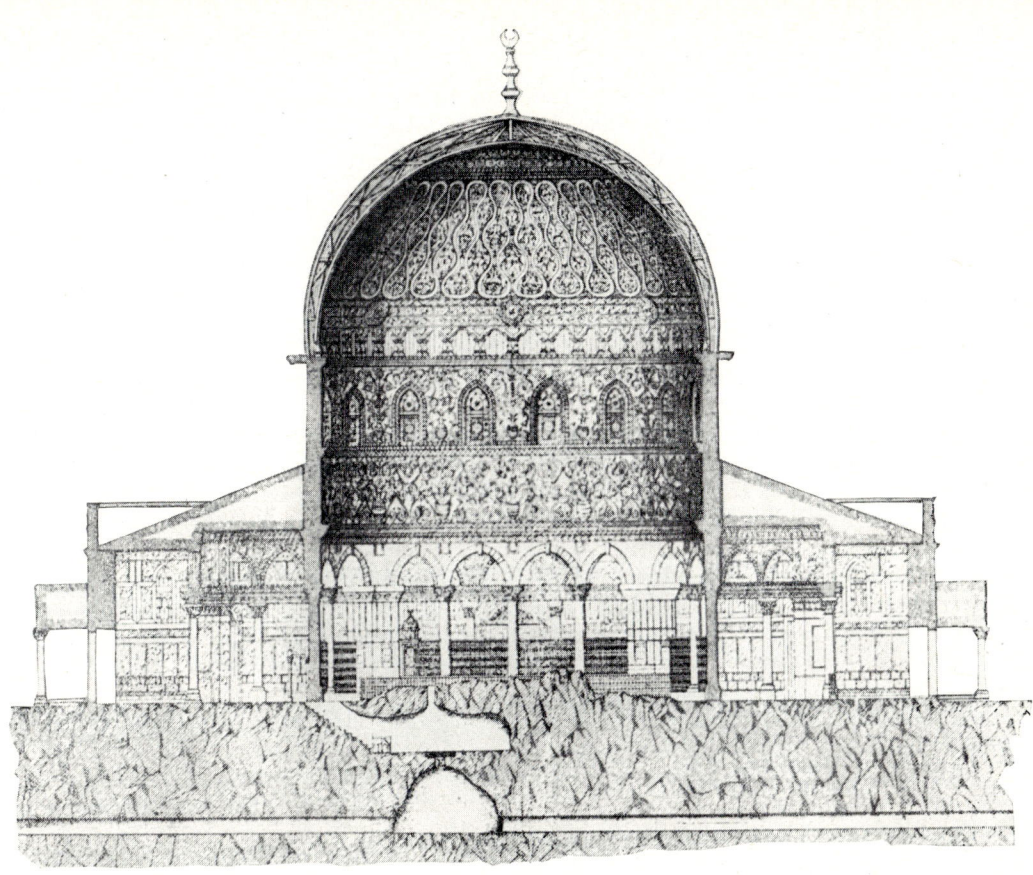

2. *Felsendom — Schnitt von Südosten nach Nordwesten.*

Felsens sind zwei Steinplatten, die offenbar eine Öffnung verdecken. Ch. Warren war der erste, der 1869 diese Öffnung in aller Eile untersuchen konnte. Er fand darunter eine etwa 0,90 m tiefe Grube, die sich nordwärts als ein durch den Felsen gehauener Kanal fortsetzt; auch unter dem Heiligen Felsen scheint er in südwestlicher Richtung weiterzulaufen. Die Mitglieder der Parker-Expedition, die in der Nacht vom 11. zum 12. April 1911 heimlich in den Kanal eindrangen, konnten ihn noch 8,80 m nordwärts verfolgen, dann war er mit Erde verstopft. Dennoch bleibt gewiß, daß ein Kanal vom Felsen nordwärts führt. Eine in den Felsen hineinlaufende Rinne scheint mit dem Kanal in Verbindung gestanden zu haben. Wozu? Das im Südosten der Felsoberfläche liegende Loch regte den Pilger von Bordeaux an, den Felsen »lapis pertusus« — »durchlöcherter Stein« — zu nennen, regte aber auch die Phantasie an, hier das Abflußloch des Blutes vom Brandopferaltar zu sehen. Die Öffnung gehört zu der darunter liegenden Höhle, die über eine Treppe vom Rand der Rotunde hinter dem Holzgitter aus zu erreichen ist. Die viereckige Höhle mißt ungefähr 7 m nach jeder Seite, ihr Höhenunterschied schwankt aber zwischen 1,46 m und 2,62 m. Es ist wahrscheinlich, daß die Höhle durch eingezogene

Wände verkleinert wurde; sie muß sich im Südosten unter dem Dom fortsetzen. Von unten sieht man die fast kreisrunde, mit einem Durchmesser von 0,80 m große Öffnung an der Decke, die durch den hier 1,70 m dicken Felsen geschlagen ist. In den Fußboden ist ungefähr in der Mitte eine runde weiße Marmorplatte von 1,68 m Durchmesser eingelassen. Wenn man auf sie tritt, klingt es hohl. Die Araber nennen darum den darunter liegenden Raum die »Seelenhöhle«. Alle Bemühungen um eine Erlaubnis zur Abhebung der Platte waren bisher vergeblich.

Kein Altar eines israelitischen Tempels konnte eine Vorrichtung entbehren, die das Opferblut aufnahm und fortführte. Die Mischna enthält darüber klare Vorschriften. Das für den »Grund« des Altares bestimmte Blut war entweder im Westen oder Süden auszugießen (Middot III, 2). Es lief auf der Basis hin nach zwei Löchern an der südwestlichen Ecke, um dort nach einem Kanal und dann weiterhin nach dem Kidrontal abzulaufen. Nach der Mischna gab es eine mit einer Marmorplatte verschlossene Öffnung von einer Elle im Quadrat, durch die man in den unterirdischen Raum des sogenannten »Fundaments« hinabsteigen konnte (Middot III, 3). Der heutige Befund am Felsen zeigt zweifellos Dinge, die an diese von der Mischna beschriebenen Vorrichtungen erinnern. Die Forschung hat noch viele Fragen zu klären. Begnügen wir uns mit der Erkenntnis, daß der Felsen Juden, Christen und Muslimen verehrungswürdig ist.

Überzeugung aus, daß der Mensch Gottes Eigentum ist. Der Mensch soll die Oberhoheit und Schöpfermacht Gottes anerkennen und seine Ehre künden. Diese Anerkennung Gottes darf aber nicht nur in Worten bestehen, sie muß durch die Hingabe geäußert werden. Der Mensch muß sich dem Willen Gottes ausliefern. Das geschieht durch das Opfer.

Die Bedeutung des Opfers wurde für Israel nach der Befreiung aus der ägyptischen Knechtschaft genau festgelegt, als es am Berge Sinai das Gesetz Gottes empfing, das die Zahl und den Vollzug der Opfer regelte.

Der tägliche Opferkult verlangte am Morgen und am Abend je ein Rauchopfer und ein Brandopfer eines einjährigen, fehlerfreien männlichen Lammes, dazu das Trank- und Speiseopfer. Noch vor Morgengrauen weckte ein Tempelbeamter die diensthabenden Priester, die in einem Gemach des inneren Vorhofs schliefen. Nachdem sie die priesterlichen Gewänder angelegt hatten, wurden unter ihnen die einzelnen Verrichtungen beim Opferdienst ausgelost. Die durch das Los Bestimmten wuschen sich im ehernen Becken Hände und Füße und begannen dann ihre Arbeit. Die einen fegten die Asche des Brandopferaltars in goldene Eimer zusammen, andere reinigten den Siebenarmigen Leuchter und füllten ihn mit Öl, andere wiederum öffneten die Tempeltore. Mit dem Aufleuchten der Morgenröte wurde das Opferlamm aus der Lämmerkammer geholt. Die Priester tränkten das Tier aus einem goldenen Becher, dann wurde es geschlachtet, gehäutet und in Teile zerlegt. Ein Priester nahm das Opferblut und bestrich damit den auffallendsten Teil des Altares: die Hörner an den vier Ecken. Der Altar war der Ort der besonderen Gegenwart Gottes. Wenn das Blut, das das Leben bedeutete, auf die Hörner des Altares gestrichen wurde, diente das als Beweis vor Gott, daß ein Leben geopfert und die Schuld bezahlt war.

Nach der Schlachtung des Opfertieres betete die Priesterschaft gemeinsam das große Bekenntnisgebet »Höre, Israel« (Dtn 6, 4–9; 11, 13–21; Num 15, 37–41). Darauf wurden die drei Priester ausgelost, die das Rauchopfer darbringen sollten. Nachdem der Rauchopferaltar und der Siebenarmige Leuchter gereinigt waren, trug der erste auf einer goldenen Pfanne Glut vom Brandopferaltar auf den goldenen Rauchopferaltar in das Heilige. Der zweite empfing die Kapsel mit dem Räucherwerk, das dann der dritte in die Glut streute. Da jeder, sobald er, was seines Amtes war, getan und sich anbetend niedergeworfen hatte, das Heilige verließ, war der dritte beim Verbrennen des Weihrauchs, dem feierlichsten Augenblick des ganzen täglichen Opferkultes, allein im Heiligtum. Er sollte aber das Opfer in Eile vollziehen und nicht lange im Tempel verweilen, »damit Israel nicht in Angst gerate, er habe Jahwes Nähe nicht ertragen können« (Talmud: Joma 5, 1).

Hier geschah es, daß dem amtierenden Priester Zacharias der Engel Gabriel erschien und ihm die Geburt eines Sohnes ankündigte, den er Johannes nennen sollte. »Das Volk aber wartete draußen und verwunderte sich, daß er so lange im Tempel blieb« (Lk 1, 21). Nach der Darbringung des Rauchopfers nämlich sprachen die Priester gemeinsam an den Stufen des Tempels den priesterlichen Segen über das Volk. Darauf wurden die einzelnen Teile des geschlachteten Opferlammes von sechs Priestern in die Flamme des Brandopferaltares geworfen. Beim Ertönen der Silberposaunen, die von den Priestern geblasen wurden, warf sich das Volk anbetend auf die Erde nieder.

Wir verstehen nun, was dieser Tempel für jeden Israeliten bedeutete, auch für den zwölfjährigen Jesus. In Erfüllung des alttestamentlichen Gesetzes pilgerte er nach Jerusalem, um dort Gott anzubeten. Jesus, der sich später als der Beter in Geist und Wahrheit offenbarte, erfüllte das Gesetz, um uns eine ganz entscheidende Seite des religiösen Lebens zu lehren: die Demut, in der sich auch das innere, geistliche Leben die Form von außen vorschreiben läßt.

Lukas schreibt: »Als die Tage des Festes vorüber waren, blieb der Knabe Jesus in Jerusalem zurück, ohne daß es seine Eltern wußten« (Lk 2, 43). Diese kurze Notiz läßt erkennen, daß Josef und Maria während der ganzen siebentägigen Festzeit in Jerusalem blieben, obwohl sie dazu nicht verpflichtet waren. Nach den rabbinischen Zeugnissen war es den einzelnen Festbesuchern überlassen, die Dauer ihres Aufenthaltes in Jerusalem selbst zu bestimmen. Nur die Abreise vor dem Morgen des zweiten Festtages war nicht erlaubt. So machten sich die Emmausjünger erst am Vormittag nach dem ersten Festtage auf den Weg in ihre Heimat. Der Evangelist fährt fort: »Da sie glaubten, er sei bei der Reisegesellschaft, gingen sie eine Tagereise weit und suchten ihn bei Verwandten und Bekannten. Da sie ihn nicht fanden, kehrten sie nach Jerusalem zurück und suchten ihn. Und es geschah, daß sie ihn nach drei Tagen im Tempel fanden, wie er mitten unter den Lehrern saß, auf sie hörte und sie fragte. Alle aber, die ihn hörten, waren überrascht über sein Verständnis und seine Antworten. Als sie ihn erblickten, erschraken sie sehr. Seine Mutter aber sprach zu ihm: Kind, warum hast du uns das getan? Siehe, dein Vater und ich haben dich mit Schmerzen gesucht. Er antwortete ihnen: Warum habt ihr mich gesucht? Wußtet ihr nicht, daß ich im Hause meines Vaters sein muß?« (Lk 2, 44–49) Dieses Wort des Zwölfjährigen enthüllt uns das letzte Geheimnis des Tempels, das Jesus in seiner Frohbotschaft dem auserwählten Volke offenbaren sollte.

Zum ersten Mal nennt er Gott seinen Vater, und zwar offenbar im Gegensatz zu dem »dein Vater« im Munde seiner Mutter. Jesus sagt nicht: »im Hause unseres Vaters«, sondern: »im Hause meines Vaters«.

Es ist das Offenbarwerden eines einzigartigen Verhältnisses zu Gott. Jesus weiß sich als Gottes Sohn im ureigensten Sinn. Keiner der Propheten des Alten Bundes, so stark auch ihr Glaube und so radikal auch ihre Hingabe an Gott waren, hat es gewagt, diesen Gott seinen persönlichen Vater zu nennen. Jesus tut es, und das ist das Geheimnis seiner Person, das zum ersten Mal in dem Menschen Jesus aufleuchtete.

Dieses Wort ist auch das Geheimnis seines irdischen Lebens, das vor ihm liegt. Der Sohn des Vaters kann in alle Zukunft nicht anders als in dem sein, »was seines Vaters ist«. Es ist dasselbe, was Jesus später sagt: »Meine Speise ist es, daß ich den Willen dessen tue, der mich gesandt hat, und sein Werk vollende« (Joh 4, 34).

Zwischen diesem ersten Wort »Vater«, das der Zwölfjährige im Tempel spricht, und seinem letzten Wort »Vater«, das der Sterbende am Kreuz sprechen wird, ist jede Tat, jedes Wort erfüllt und durchglüht von dem Verlangen, in dem zu sein, was seines Vaters ist.

Der Evangelist beschließt den Bericht über die erste Wallfahrt, die den Eltern durch die Suche nach ihrem vermißten Sohn unvergeßlich blieb, mit den Worten: »Und Jesus ging mit ihnen hinab und kam nach Nazaret und war ihnen untertan. Seine Mutter aber bewahrte alle diese Worte in ihrem Herzen. Und Jesus nahm zu an Weisheit und Alter und Gnade bei Gott und den Menschen« (Lk 2, 51. 52).

Die stillen Jahre

Über die langen Jahre, in denen Jesus in Nazaret zum Manne heranwuchs, schweigen die Evangelisten. Zwei Bemerkungen aber, die wir in ihren Berichten über das öffentliche Wirken Jesu finden, lassen den Alltag von Nazaret lebendig werden: Die Einheimischen nennen Jesus »den Zimmermann« (Mk 6, 3); Lukas schreibt ferner: »Jesus kam nach Nazaret, wo er aufgewachsen war, und ging am Sabbat nach seiner Gewohnheit in die Synagoge« (4, 16).

Ohne Zweifel gab es zur Zeit Jesu in Nazaret fromme Juden, die ihren Glauben ernst nahmen; es gab aber auch andere, denen weniger daran lag. Alles, was wir über die Eltern Jesu im Evangelium erfahren, läßt erkennen, daß sie zu den Gottesfürchtigen und Gesetzestreuen gehörten. Nach der Geburt Jesu vollzog Maria den Reinigungsritus nach dem mosaischen Gesetz. Nach den Vorschriften des Buches Exodus brachten die Eltern das Kind nach Jerusalem und weihten es dem Herrn. Die jährliche Wallfahrt und ihre Abgabe an den Tempelschatz zeigen, wie sie mit dem Mittelpunkt Israels, dem Tempel, verbunden waren.

Auch wenn das Haus, in dem Jesus seine Jugend verlebte, einfach und bescheiden war, es war erfüllt von der Frömmigkeit seiner Eltern. Nach der Sitte der Gesetzestreuen brachte Josef über der Tür seines Hauses eine Mesusa an, ein Kästchen, das einen beschriebenen Pergamentstreifen barg. Auf diesem Streifen stand das Bekenntnis der Einzigkeit Gottes, das nach dem ersten Wort »Höre« das »Schema« genannt wurde: »Höre, Israel, der Ewige ist unser Gott, der Ewige ist ein Einziger.« So hatte Josef sein Haus dem einzigen Gott geweiht, wie es das Gesetz vorschrieb: »Die Ge-

Abb. 110. Eine Mesusa aus einem jüdischen Hause in Deutschland (17./18. Jahrhundert).

Das Haus einer gesetzestreuen Familie wurde durch die Mesusa geweiht. Die aus Holz geschnitzte, 16 cm lange Mesusa zeigt einen kleinen verzierten Tabernakel, durch dessen rundbogenförmige Öffnung die Pergamentrolle sichtbar ist. Auf ihrer Außenseite ist die kleine Schriftrolle mit dem Gottesnamen »Schaddai« — »der Allmächtige« — geschmückt. Das auf die Innenseite geschriebene »Schema« — »Höre« — besteht aus drei Abschnitten: 1. Dtn 6, 4—9 (Joch der Gottesherrschaft); 2. Dtn 11, 13—21 (Joch der Gebote); 3. Num 15, 37—41 (Verheißung der Erlösung). Der Anfangssatz »Höre, Israel« ist auch das letzte Bekenntnis in der Todesstunde.

bote, die ich dir heute gebe, laß dir eingeschrieben sein in dein Herz, du lehre sie deine Kinder, wiederhole sie zu Haus und auf der Reise, beim Aufstehen und beim Schlafengehen, binde sie als Zeichen auf deine Hand und trage sie über deinen Augen auf der Stirn, schreibe sie auf die Pfosten deines Hauses und über deine Tür« (Dtn 6, 4—9).

Jedesmal, wenn der Jesusknabe das Haus verließ oder betrat, berührte er nach dem Beispiel seiner Eltern die Mesusa am Türpfosten mit seinen Fingerspitzen, die er daraufhin küßte. Beim Morgen- und Abendgebet trug er das »Höre, Israel« auf der Stirn und den Händen, wie Josef es ihn lehrte. Jesus erlebte in der Geborgenheit des Elternhauses eine Welt, die ganz dem Göttlichen geweiht war. Das Heilige umgab ihn vom Morgen bis zum Abend. Alle Stunden des Tages waren von Segensgebeten begleitet, die der echte Israelit nicht nur mit den Lippen, sondern auch mit seinem Herzen sprach: »Gepriesen seist du, Herr, König des Alls.« In den Evangelien finden wir an vielen Stellen die kurze Notiz: »Jesus zog sich zum Gebete zurück.« Das war seine Welt, in der er von Kindheit an aufgewachsen war.

Bereits in jungen Jahren wird Jesus, von Josef geführt, seine ersten Schritte zum Bethaus des Dorfes, zur Synagoge, gemacht haben. Hier hörte der Knabe die Worte des Gesetzes und der Propheten, hier lernte er das Lesen und Schreiben und die heilige Sprache seines Volkes.

Die Synagoge ist eine eigentümliche jüdische Einrichtung.[104] Sie ist kein Heiligtum wie der Tempel, sondern ein Versammlungsraum. In der Synagoge gibt es keinen eigentlichen Klerus, sondern die Gläubigen versammeln sich dort zum Gebet und zum Studium des Gesetzes. Der Synagogenvorsteher war kein Priester, sondern er leitete nur den Gottesdienst.

Die Entstehung der Synagoge geht auf das Babylonische Exil zurück, das zur Schaffung eines Ersatzes für den Tempelgottesdienst nötigte. Solche religiösen Versammlungen wurden dann nach dem Exil in Palästina beibehalten. Schon Funde aus dem dritten vorchristlichen Jahrhundert legen sicheres Zeugnis von Synagogen ab. Zur Zeit Jesu gab es in Palästina kein Dorf und in der weiten Diaspora keine Gemeinde, die nicht ihre Synagoge hatten; selbst in Jerusalem zählte man im Schatten des großen Tempels gegen 400 Synagogen. Gewöhnlich diente die Synagoge auch als Schulhaus für die Kinder. Aus dem Talmud erfahren wir, daß schon der Kleinkinderunterricht in der Synagoge stattfand. Von den Synagogen Jerusalems wird erzählt, daß jede von ihnen zwei Schulen hatte: eine für den Elementarunterricht, die andere für fortgeschrittene Schüler.

Aus Syrien, Babylonien, Ägypten, Nordafrika, Kleinasien, Griechenland, Italien, Spanien und Gallien sind ungefähr 150 Orte mit Synagogen bekannt geworden.

Selbst in Pantikapaion, dem heutigen Kertsch auf der Krim, gab es bereits im 1. Jahrhundert n. Chr. ein jüdisches Gotteshaus.

Man wird die Synagoge von Nazaret aber nicht mit den reich ausgestatteten Synagogen der großen Städte vergleichen können. Über die große Synagoge von Alexandria aus dem Jahrhundert Jesu heißt es im Talmud: »Wer die Doppelsäulenhalle [der Synagoge] von Alexandria in Ägypten nicht gesehen hat, der hat die Herrlichkeit Israels nicht gesehen. Man sagte: Sie war wie eine große Basilika, ein Säulengang innerhalb eines anderen. Manchmal waren doppelt soviel Menschen darin wie aus Ägypten ausgezogen sind. Ferner waren darin 71 goldene Sessel, entsprechend den 71 Mitgliedern des großen Rates. In der Mitte war eine Tribüne [bema] von Holz, und der Synagogenaufseher stand auf ihr mit Tüchern in seiner Hand, und wenn der Augenblick kam, da man mit Amen zu antworten hatte, schwenkte er mit einem Tuch, und alles Volk antwortete: Amen! Man saß nicht in einem wirren Durcheinander, sondern die Goldschmiede saßen für sich und die Silberschmiede für sich und die Grobschmiede für sich und die Kunstweber für sich und die Weber für sich ...« (TSukka 4, 6).

Wenn wir von den rhetorischen Übertreibungen absehen, zeigt der Text, daß alle Synagogen in ihrer Grundform gleich waren. Sie bestanden im wesentlichen aus einem rechteckigen Versammlungsraum. Die Gläubigen hatten darin das Gesicht nach Jerusalem und seinem Tempel gewandt. In Galiläa zeigt der Eingang fast aller Synagogen, deren Ruinen man ausgegraben hat,

Abb. 111. Synagogenruine von Kafr Bir'am in Obergaliläa.

Bir'am, etwa 40 km nördlich von Nazaret, war einst ein bedeutender Wallfahrtsort, den die Juden in der Purimzeit besuchten.[105] In Reisebeschreibungen jüdischer Pilger des Mittelalters wird erwähnt, daß in Bir'am das Grab des Propheten Obadja verehrt und das Gedächtnis der Königin Ester besonders gefeiert wurden. Die Erbauung der Synagoge wird nach der Überlieferung auf den berühmten Schriftgelehrten Simon ben Jochai (um 150 n. Chr.) zurückgeführt. Rabbi Simon ben Jochai gehört zu den am häufigsten zitierten Autoritäten der Mischna. Die Ruinen der Synagoge von Bir'am lassen erkennen, daß der Bau einer der größten und prunkvollsten der galiläischen Synagogen war. Als die deutschen Archäologen Heinrich Kohl und Carl Watzinger im Jahre 1905 die Ausgrabungen begannen, lag der Innenraum der Synagoge voll von Schutt. Die Hoffnung, die Architektur in der Sturzlage unter dem Schutt zu finden, wie dies zum Teil in Kafarnaum der Fall war, hat sich nicht erfüllt; fast alles war im Laufe der Zeit weggeschleppt worden und der Baulust der Dorfbewohner zum Opfer gefallen. Die vornehme Fassade mit ihren drei Toren und eine mit Säulen geschmückte Vorhalle sind als stumme Zeugen der einstigen Herrlichkeit übriggeblieben. Das auf dem Bilde sichtbare

2,64 m hohe und 1,42 m breite Hauptportal ist mit einem reichverzierten Bogen überhöht, der als Fenster gedient hat. Auf dem Türsturz sind zu beiden Seiten eines Kranzes, der aus Lorbeerblättern geflochten ist, die Umrisse zweier – anscheinend schwebender – Gestalten zu erkennen. Über dem Türsturz liegt ein Wulstfries. Aus einer Amphora, einem Gefäß mit zwei Henkeln, kommt links eine Weinranke, die im Wechsel von Traube und Blatt bis an das rechte Ende durchgeht. Auf dem zweiten Quaderstein rechts oben neben dem Bogen sind noch die Umrisse eines weggeschlagenen Reliefs sichtbar, vielleicht von einem nach links gewandten Tier (Löwe?). An dem Fenster der rechten Seitentür ist die kleine hebräische Inschrift erhalten geblieben, sie lautet übersetzt: »... sein Sohn El'asar hat es ausgemeißelt.«

nach Süden, also nach Jerusalem. Diese Ausrichtung nach Jerusalem entsprach der im Judentum geforderten Gebetsrichtung: »Die im Ausland Stehenden wenden ihr Angesicht nach dem Lande Israel hin und beten.« So haben die Synagogen im Ostjordanland Westrichtung, die Synagogen in Griechenland und Spanien Ostrichtung. »Die im Lande Israel Stehenden wenden ihr Angesicht nach Jerusalem hin ... Die in Jerusalem Stehenden wenden ihr Angesicht nach dem Heiligtum hin und beten ... Die im Heiligtum Stehenden richten ihr Herz auf das Allerheiligste und beten« (SDt 3, 26, § 29, 71^b).

Den Mittelpunkt der Synagoge bildete der Heilige Schrein, eine hölzerne Lade, welche die Gesetzesrollen barg. Er stand auf der Jerusalem zugewandten Schmalseite des Gebäudes am Eingang des Versammlungsraumes. Da die Gemeinde ihr Angesicht nicht nur gegen Jerusalem, sondern auch zum Toraschrein richten mußte, hatten sich die Synagogenbesucher nach dem Betreten des Gotteshauses umzuwenden, um die Tora vor sich zu haben. Vor dem Schrein brannte eine »Ewige Lampe« als Symbol für das geistige Licht, das Gott unaufhörlich den Menschen schenkt. Dem Schrein zugewandt, stand noch ein Podium mit einem zur Gemeinde gerichteten Lesepult für den Schriftleser und -erklärer (vgl. Abb. 112, S. 193, und Abb. 167, S. 291).

Die Würdenträger und Ältesten der Gemeinde hatten neben oder hinter dem Toraschrein ihre Sitze; sie saßen also mit dem Gesicht zur Gemeinde, mit dem Rücken Jerusalem zugewandt, so wie es noch der Talmud überliefert: »Wie saßen die Ältesten? Mit dem Gesicht zum Volk und mit dem Rücken gegen das Heiligtum [Tempelberg in Jerusalem]. Und wenn man den Toraschrein niederstellt, steht er mit der Vorderseite gegen das Volk, mit der Rückseite gegen das Heiligtum. Und wenn die Priester ihre Hände erheben, stehen sie mit dem Gesicht gegen das Volk, mit dem Rücken gegen das Heiligtum; der Chazzan der Synagoge aber mit dem Gesicht gegen das Heiligtum und auch das ganze Volk mit dem Gesicht gegen das Heiligtum« (Tosephta IV, 22). Die bevorzugten Plätze befanden sich also nahe am Eingang, in der Nähe des Toraschreins, des kultischen Mittelpunktes in dem Versammlungsraum.

Es scheint, daß diese Gegebenheiten noch in den Gottesdiensten der Judenchristen, die ja in den ersten Zeiten ganz im Schatten des Tempels lebten, wiederzufinden sind.

Jakobus, der erste Bischof von Jerusalem, schreibt: »Meine Brüder, habt euren Glauben an unseren Herrn der Herrlichkeit, Jesus Christus, nicht mit Parteilichkeit. Denn wenn ein Mann mit goldenem Ring und glänzendem Gewand in eure Versammlung kommt, und es kommt auch ein Armer in schmutzigem Rock, und wenn ihr dann zu dem glänzend Gekleideten sagt: Laß dich hier auf dem Ehrenplatz nieder, zu dem Armen aber sagt: Stell dich dorthin oder setze dich unten an

meinen Schemel, habt ihr da nicht bei euch selbst Unterschiede gemacht und seid Richter aus bösen Erwägungen heraus geworden?« (Jak 2, 1–4) Versuchen wir die synagogalen Verhältnisse aufzuzeigen. Für eine solche Untersuchung ist es unbedeutsam, ob das griechische Wort »synagoge« für den Versammlungsort oder für die gemeinschaftliche Versammlung gebraucht wird. Es liegt aber nahe, daß »synagoge« in Verbindung mit dem Verbum »hineingehen« den Versammlungsort bezeichnet, der ein bestimmtes Mobiliar mit Sesseln, Sitzen, Bänken und schließlich Stehplätzen aufweist. Die Wörter »hier« und »dort« scheinen eine bestimmte Sitzordnung anzudeuten, die eine bestimmte Lage zum Eingang des Versammlungsraumes hat. Die zwei Besucher, von denen Jakobus in seinem Beispiel redet, scheinen zum erstenmal die Versammlung der Christen zu besuchen. Am Eingang werden sie angesprochen, und dem Vornehmen wird gesagt: Mache dir's hier auf dem Sessel bequem. Dem Armen dagegen wird die Wahl gelassen zwischen einem entfernten Stehen — »dort« — und einem nahen Sitzen auf dem Fußboden: an meinem Sessel.

Während also der Reiche sofort — »hier« — in der Nähe des Eingangs auf einem Ehrenplatz untergebracht wird, muß der Arme, falls er von der Erlaubnis, auf dem Fußboden zu sitzen, keinen Gebrauch macht, zu einem entfernten Stehplatz — »dort« — gehen. So liegt es nahe, den Kultmittelpunkt des Versammlungsraumes, in dessen Nähe auch die besten Plätze waren, in der Nähe des Eingangs zu suchen, so wie es in den Synagogen üblich war.[106]

Dreimal in der Woche besuchte der gläubige Israelit die Synagoge: am Sabbat, am Montag und am Donnerstag. Der Synagogengottesdienst, der kein Opfergottesdienst war, setzte sich aus Schriftlesung, Auslegung und Gebeten zusammen.

Der Gottesdienst begann wiederum mit dem »Höre, Israel«. Das ganze »Schema« bestand aus drei Teilen, die aus den Büchern Mose genommen waren. Der erste Teil befahl die Gottesliebe (Dtn 6, 4–9), der zweite schärfte die Beobachtung der Gebote ein (Dtn 11, 13 bis 21), der dritte verlangte sogar, die Kleiderfransen sollten diese Gebote in Erinnerung bringen (Num 15, 37–41). Als später ein Schriftgelehrter Jesus ausforschte, welches das erste Gebot sei, antwortete Jesus nicht anders als mit dem »Schema«, wie er es von Kindheit an in der Synagoge gebetet hatte.

Auf das »Höre, Israel« folgte beim Synagogengottesdienst ein Gebet, das der Vorsteher im Anblick des Gotteswortes vor dem Toraschrein sprach. Die Versammelten antworteten laut mit »Amen«.

Die anschließende Lesung des Gesetzes und der Propheten fand in der hebräischen Kultsprache statt, die dann von einem Übersetzer in die aramäische Umgangssprache übertragen wurde. An die Schriftlesung schloß sich die Auslegung des Wortes Gottes an. Jeder Israelit,

*Abb. 112.   Die Tora-Nische aus der Synagoge
von Dura-Europos.*

Die alte Karawanenstadt Dura lag an der Straße von Aleppo
nach Bagdad am rechten Ufer des Euphrat und wurde um
300 v. Chr. von Seleukos Nikator, dem Gründer des Seleu-
kidenreiches, mit dem Namen Europos als Festung ausgebaut.
Im 3. Jahrhundert n. Chr. gehörte die Stadt, das »Pompeji
des Nahen Orients«, dem Grenzgebiet des Römischen Reiches
an. Sie wurde um das Jahr 256 n. Chr. von den Persern erobert und zerstört und ist seitdem nicht wiederaufgebaut
worden. Bei den im Jahre 1922 begonnenen Ausgrabungen
wurde das Stadtareal mit den Befestigungsanlagen, Amts-
und Privatgebäuden sowie Kultbauten in erstaunlicher Fülle
und Unversehrtheit freigelegt. Die Yale-Universität setzte in
den Jahren 1932–1935 diese Arbeit fort. Neben mehreren heidnischen Tempeln und einer christlichen Hauskirche wurde auch
die Synagoge ausgegraben, die mit ihren farbigen Wandmalereien das größte Interesse erregte. Die Synagoge, die um das
Jahr 200 n. Chr. erbaut und um 245 erneuert worden war,
lag an der Stadtmauer und war etwa 13,7 × 7,7 m groß.
Bundesschluß und Offenbarung, Verheißung und Erfüllung
sind die großen Themenkreise des Bilderzyklus, der in drei
übereinanderliegenden Friesen die Wände der Synagoge
schmückte. Das Handeln Jahwes mit seinem Volk wird an
einer Fülle historischer Ereignisse von den Tagen der Patriarchen bis in die jüngste Vergangenheit (die Niederlage gegen
Rom) vor der Gemeinde ausgebreitet. Vor der Westwand
(linker Bildrand) stand die Nische, in der die Torarollen aufgestellt wurden. Auf der Fläche über dem Halbbogen der
Nische, die nach Jerusalem ausgerichtet ist, sind von links
nach rechts der Siebenarmige Leuchter, Ethrog und Lulab, die
Symbole des Laubhüttenfestes, die Tempelfassade mit der
Eingangspforte und die Opferung Isaaks als Zeichen des un-
bedingten Glaubensgehorsams dargestellt. Rechts neben der
Tora-Nische schließt sich unten der Bildfries mit der Salbung
Davids zum König an (1 Sam 16, 13), ferner die Auffindung
des Mosekindes durch die Pharaotochter (Ex 2); darüber be-
ginnt links die Bildfolge mit Esra, aus der Torarolle vorlesend
(Neh 8), dann folgt eine Abbildung Jerusalems mit dem
Salomonischen Tempel (1 Kön 6). Den Abschluß bildet die
Bundeslade auf einem Ochsengespann bei den Philistern
(1 Sam 5, 1–5; 6, 1–12). An der noch sichtbaren Nordwand
(rechter Bildrand) erscheint im unteren Fries die Vision Ezechiels mit der Auferstehung der Toten (Ez 37), darüber die
Schlacht der Israeliten gegen die Philister bei Eben-Eser
(1 Sam 4).
Es gilt als sicher, daß die einzelnen Darstellungen in diesem
Kultraum einer kleinen Diasporagemeinde keine Neuschöp-
fung waren, sondern abhängig von Vorlagen, die den geistlichen Zentren des Spätjudentums in Galiläa entstammten.

der das dreißigste Lebensjahr vollendet hatte, war dazu berechtigt und konnte von dem Synagogenvorsteher zu einer Unterweisung eingeladen werden. Den Höhepunkt des Gottesdienstes bildete der Umzug mit der Gesetzesrolle. Der Synagogenvorsteher trug die Gesetzesrolle durch den Versammlungsraum, die Anwesenden erhoben sich und streckten das Ende ihres Gebetsschales der Heiligen Schrift entgegen. Das war das einfache, aber eindrucksvolle Zeremoniell, das den Israeliten mit dem Gesetz verband.

Fast dreißig Jahre lang dürfte Jesus den Gottesdienst der Synagoge besucht haben. Äußerlich wird er sich kaum von seinen Altersgefährten unterschieden haben. Als er aber öffentlich zu lehren begann, spürte jeder: Er konnte mit Gott und von Gott reden.

Wo lag im alten Nazaret die Synagoge, die durch Jesu Beten geheiligt war? Stünde noch die alte Synagoge des Ortes, in welcher Jesus bei der Auslegung von Jes 61, 1. 2 sich selbst als den Erfüller des Prophetenwortes bezeichnete, so befänden wir uns an einer geschichtlichen Stätte ersten Ranges. Aber bisher fanden die Archäologen weder in Nazaret noch irgendwo in Palästina — wenn man von den Bauten auf Masada und Herodium absieht — eine Synagoge, die bis in die Zeitwende zurückreicht. Die bisher gefundenen ältesten Ruinen sind erst um das 2./3. Jahrhundert anzusetzen; eine Tatsache, die uns immer wieder an das ungeheuerliche Ausmaß der Verwüstung Galiläas während des Ersten Jüdischen Aufstandes gegen die Römer erinnert. Erst um die Mitte des 2. Jahrhunderts beginnt ein langsamer Neuanfang. Daß um diese Zeit auch in Nazaret die Synagoge wiedererstand, kann für den jüdischen Priesterort als gewiß angenommen werden. Die weitere Vermutung dürfte wohl auch richtig sein, daß man sie aus Gründen der Pietät, die im Talmud immer wieder bezeugt ist, auf dem gleichen Platz erstehen ließ, den ihre im Jahre 67 n. Chr. durch die Truppen Vespasians zerstörte Vorgängerin eingenommen hatte.

Das erste literarische Zeugnis über diese Synagoge in einem christlichen Pilgerbericht stammt aus dem 6. Jahrhundert. Bei der christenfeindlichen Atmosphäre des jüdisch gebliebenen Nazaret ist diese späte Bezeugung nicht verwunderlich. Als der Pilger von Piacenza um 570 Nazaret besuchte, zeigten ihm die Juden ihre Synagoge, »in der Jesus das Abc gelernt hat«.

Nach seinem Sieg über die Perser (630) tötete oder vertrieb Kaiser Heraklius die Juden aus Nazaret und Galiläa. Da man den Bau für die »Synagoge Jesu« hielt, wird sie der Zerstörung nicht zum Opfer gefallen sein. Wurde sie in eine christliche Kirche verwandelt? Wir haben darüber aus jener Zeit keine Nachricht. Das nächste Zeugnis stammt erst aus der Kreuzfahrerzeit: »In dieser Stadt aber ist da, wo die Synagoge war, jetzt eine Kirche, wo der Herr das Buch des Jesaja las« (Petrus Diaconus 1137). Die Nachrichten über die Lage der Synagoge sind aber zu unklar, als daß wir den Ort bezeich-

nen könnten. Eine gewisse Wahrscheinlichkeit für die Ortslage der alten Synagoge kann eine Ruine an der Nordostecke des mohammedanischen Friedhofs für sich in Anspruch nehmen. Es ist der Unterbau eines verfallenen Weli, von den Mohammedanern »Makam el-Arba'in« — »Stätte der Vierzig (Martyrer)« — genannt. Die dort aufgefundenen vier grauen Granitsäulen sind von der gleichen Art wie die der ältesten Verkündigungskirche (vgl. Abb. 59, S. 110).

So bleibt der Ort der Synagoge im Dunkel der Vergangenheit, ehe nicht eingehendere Ausgrabungen die Fragen beantworten. Der zweite Hinweis der Evangelisten über die stillen Jahre in Nazaret betrifft seinen Beruf. Josef war Zimmermann, und nach einer alten Tradition lehrte er Jesus den gleichen Beruf. Mattäus nennt Jesus »den Sohn des Zimmermanns« (13, 55); bei Markus heißt Jesus selber der »Zimmermann« (6, 3).

Das griechische Wort »tekton«, das gewöhnlich mit Zimmermann, Bauhandwerker oder Schreiner übersetzt wird, ist nicht eindeutig. Wie das hebräische »harasch« oder das lateinische »faber« bezeichnet es einen Mann, der Holz, Steine oder Eisen verarbeitet. Nach Justin (gest. um 165 n. Chr.), dem man als gebürtigem Palästinenser ein Urteil zutrauen darf, macht der »tekton« Pflüge und Joche, eine Arbeit, die ganz zu dem landwirtschaftlichen Milieu paßt, das uns die Ausgrabungen über das alte Nazaret nahelegen.

Für die Juden der biblischen Zeit war die Handarbeit etwas Geheiligtes: »Ein Handwerker braucht sich vor den großen Gelehrten bei seiner Arbeit nicht zu schämen«, lehrten die Rabbinen. Und ein anderer Spruch lautete: »Besorge dir einen Beruf neben deinem Studium« (Midr. Qoh. 9, 9).

Die Schriftgelehrten Israels vor Jesus und zu seiner Zeit hatten diese Gebote in die Tat umgesetzt. Der große Hillel war Holzfäller, der berühmte Rabbi Jehuda Bäcker, und von Saulus aus Tarsus wissen wir, daß er Zeltmacher war.

Es genügte aber nicht, einen Beruf auszuüben, man mußte ihn auch seinem Sohn weitergeben. Der Talmud[107], der die Überlieferung aus jener Zeit wiedergibt, redet eine deutliche Sprache: »Genauso wie man zum Lebensunterhalt seines Sohnes verpflichtet war, muß man ihn auch einen handwerklichen Beruf lehren« (TQid. 1, 11; p.Qid. 1, 61ª).

So war es wohl selbstverständlich, daß Josef Jesus als Lehrling eingestellt hat, und zwar ohne Zweifel schon in jungen Jahren. Das ist eine Gegebenheit, deren wir sicher sind, auch wenn sie von den Evangelisten nicht berichtet wird. Die verborgenen Jahre Jesu waren ausgefüllt mit harter Arbeit um das tägliche Brot.

Der gallische Bischof Arkulf (670) erwähnt im Bericht über seinen Besuch in der Heimatstadt Jesu zwei große Kirchen. Die eine ist die Verkündigungskirche, die andere wird die »Kirche der Ernährung« genannt. Wo lag sie? Nach Arkulf ist sie »mitten in der Stadt auf zwei Gewölben erbaut an dem Ort, wo einst das Haus gestanden hatte, in dem unser Herr und Erlöser aufgezogen wurde. Diese Kirche stützt sich, wie bereits gesagt, auf zwei Erdhügel [tumulos] und dazwischen eingesetzte Bogen. Unten, zwischen den beiden Erdhügeln, enthält sie eine sehr klare Quelle, welche die ganze Einwohnerschaft besucht, um aus ihr Wasser zu schöpfen. Das Wasser wird durch eine Winde in Gefäßen in die Kirche hinaufgezogen, die darüber erbaut ist« (Baldi, 6, 1). Diese nicht ganz klaren Angaben lassen keine sichere Entscheidung zu.

Aus sehr später Zeit berichtet der Jerusalemer Franziskaner-Guardian Quaresmius in seinem gründlichen Werk über die Geschichte des Landes, der Kustodie und der Heiligtümer (1616/26): »Geht man von der Kirche der Verkündigung einen Steinwurf weit nach Norden, so findet man den Ort, der von ältester Zeit bis auf den heutigen Tag Haus der Werkstatt Josefs genannt wird.« Was heißt »von ältester Zeit«?

Bereits im 17. Jahrhundert wurde, 100 m nördlich von der Verkündigungskirche entfernt, eine Ruine entdeckt. Die Franziskaner erwarben das Grundstück und errichteten darauf eine kleine Kapelle. P. Viaud begann im Jahre 1892 auf dem Gelände seine Ausgrabungen, die er bis 1908 fortsetzte. Die freigelegte dreischiffige Kirche stammt aus der Kreuzfahrerzeit (vgl. Abb. 115, 1, S. 197). Die Einfachheit der Portalanlage wie des Gesamtplanes erinnert an die St.-Anna-Kirche der Kreuzfahrer in Jerusalem. Ihr Bau kann in den ersten Jahrzehnten der Kreuzfahrerzeit angesetzt werden. Ob die Kirche bereits in der byzantinischen Zeit eine Vorgängerin hatte, kann mit einigen Indizien wahrscheinlich gemacht werden. Bedeutsamer aber ist die erneute Bestätigung des landwirtschaftlichen Milieus im jüdischen Nazaret. Das ganze Gelände der Kirche und ihrer Umgebung ist von Grotten mit Öl- und Weinpressen, von Gängen, Silos und Zisternen unterhöhlt. Die landwirtschaftliche Arbeit bestimmte den Charakter des Ortes. Der Handwerker, der Pflüge und Joche herstellte und reparierte, der als Zimmermann beim Hausbau seine Beschäftigung fand, konnte über Arbeitsmangel nicht klagen. Dazu kam sicher noch die Bewirtschaftung eines Gartens und Feldes. Der »viererlei Acker« (Mt 13, 3 ff.) war für die Bewohner des Talkessels eine alltägliche Erfahrung. Neben dem Ackerbau wird der Anbau von Oliven, Reben und Feigen den Nazarenern die Hauptnahrung geboten haben. Ein altes Sprichwort hieß: »Es ist leichter, eine Legion in Galiläa mit Oliven aufzuziehen als ein Kind im Lande Judas.« Die immer wieder freigelegten Ölpressen lassen erkennen, daß die Bewohner den Olivenanbau in besonders großem Umfang betrieben haben. Die Quelle hat man sicher für die Bewässerung des Talgrundes ausgenutzt. Einst rühmten die Rabbinen die Fruchtbarkeit dieses Landstriches. Die Kohlrüben hatten ein Gewicht von 30 Pfund (j. Pea 20[b]), und mit einem Zweig der Senfstaude konnte man

Æ

Abb. 113.   Die letzte Prokuratorenmünze unter Augustus.

Die Münzen der Prokuratoren sind halbe Quadranten, deren Wert nach talmudischer Angabe $^1/_8$ As betrug (vgl. S. 249). Die Form des Schrötlings und die Prägetechnik der Prokuratorenmünzen sind von denjenigen der Stadtprägung von Cäsarea verschieden; dies bekräftigt die Annahme, daß die Prokuratoren ihre Münzen in Jerusalem prägen ließen.

V: Eine Ähre mit dem griechischen Namen des Kaisers: »Kaisar« (= Caesar).

R: Eine Dattelpalme mit der Jahreszahl: LMA = das 41. Jahr; das wäre das Jahr 14 n. Chr., also das Todesjahr des Augustus oder — nach der aktischen Ära — das Jahr 10/11 n. Chr.

eine Töpferhütte decken. Noch im 6. Jahrhundert fand der Pilger von Piacenza die Gegend von Nazaret wie ein Paradies: »Bei Weizen und Feldfrüchten ist es wie in Ägypten. Was aber Wein, Öl, Obst und Honig angeht, übertrifft es dieses; die Hirse wird hier sogar mannshoch.« Auch wenn diese Schilderungen liebevolle Übertreibungen sind, vermitteln sie uns doch ein realistisches Bild von dem Leben und der Arbeit der Menschen in Nazaret.

Abb. 114.   »Viererlei Acker«.

Von oben nach unten:

1. *Lisan-Mergel aus dem Jordangraben el-Ghor.*
   Benannt nach der Halbinsel Lisan im Toten Meer, hat dieser Boden seinen Ursprung in Kalkmergelablagerungen des »Lisansees« der jüngsten geologischen Vergangenheit. Er ist von heller Farbe, von Weißlichgrau in Gelblichbraun spielend. An sich nicht sehr fruchtbar, läßt sich der Mergel bei intensiver Bodenkultur aufbessern. Der Boden ist sehr krümelig und daher leicht zu pflügen.

2. *Kalkerde (Senon) aus Umm et-Tala, 6 km östlich von Betlehem.*
   Das Verwittern der sehr weichen Kreide führt zur Entstehung weißlichgrauer bis gelblichbrauner Böden, auch Rendzina-Boden genannt. Er ist bröckelig, leicht zu bearbeiten und bildet weder im Sommer harte Krusten, noch verwandelt er sich unter Winterregen in zähen Schlamm. Auf den sanften Hügeln des Vorgebirges leidet dieser

Kalkboden weniger unter Abschwemmung und ist für den Anbau von Obst, Wein, Körnerfrüchten und Gemüse gleichermaßen geeignet.

3. Terra rossa, Erde eines Weizenfeldes aus Katamon, 3 km südwestlich von Jerusalem.
Die berühmte Terra rossa der Mittelmeerländer, die ihr Entstehen dem klimatischen Wechsel von Winterregen und Sommerdürre verdankt, ist charakteristisch für alle Gebiete, wo Kalk und Dolomit der Epochen Cenoman und Turon hauptsächliches Oberflächengestein sind. Die tiefrotbraune Farbe des ursprünglich grauen und weißlichen Muttergesteins rührt vom Eisengehalt her. Die lockere Erde, die sich besonders für den Getreideanbau eignet, ist aber an den Abhängen leicht der Abtragung ausgesetzt. Der dadurch notwendige Terrassenbau, damit ein Minimum bestellbarer Erde an den Berghängen erhalten bleibt, gibt der Landschaft das typische Gepräge (vgl. Abb. 77, S. 132).

4. Basalterde, nördlich von Kafarnaum.
Basalterden, vor allem im östlichen Galiläa, ähneln der Terra rossa auffällig in der Farbe, wenn auch um einige Schattierungen dunkler. An Berghängen ist Basaltboden der Abtragung nicht weniger ausgesetzt als Terra rossa und erfordert mühsame Terrassierung. In den ebenen Talflächen Untergaliläas ist Basalterde tief geschichtet und bildet den idealen Ackerboden.

Die Mergelschichten im Jordangraben und die weichen Senonkreiden des Ostabfalls des Gebirges zur Jordansenke waren für den Ackerbau ebenso ungeeignet wie die Waldhänge des Westabfalls. Dagegen waren das Hügelland zwischen der Küstenebene und dem Gebirge Juda, die Ebene el-Machna südöstlich von Sichem, die Ränder der Jesreel-Ebene, ferner die kleinen Mulden im galiläischen Hügelland mit der verwitternden Lavaerde fruchtbarer Ackerboden. Für die Höhe der Bodensteuer war die Güte des Bodens ausschlaggebend. Aus dem Talmud erfahren wir, daß die Böden nach drei Gesichtspunkten eingeteilt wurden, je nachdem sie im Gebirge, in den Tälern oder in der Tiefebene gelegen waren. Der Qualität nach zerfielen die Böden in steinigen Boden, Weiß- und Roterde. Ferner war die Frage von wesentlicher Bedeutung, welcherart die landwirtschaftlichen Produkte waren, die auf dem Boden gezogen wurden, ob das Land für Saatgetreide, für Baum- oder Weinkulturen geeignet war oder aber ob es sich um Waldgebiet und Steppe handelte.
Prüft man die Bilderwelt der Evangelien und namentlich der Gleichnisse Jesu, so zeigt sich auf den ersten Blick, wie stark sie von der bäuerlichen Umwelt bestimmt ist, in der Jesus lebte und wirkte.

Abb. 115.   Die Josefskirche in Nazaret.

1. Plan der Josefskirche (nach P. Viaud OFM [1910]) mit einem Längsschnitt von West nach Ost an der nördlichen Außenmauer (nach B. Bagatti OFM [1970]).

Der Name der Kirche auf diesem Gelände unterlag dem Wandel und Wechsel der Lokaltraditionen. War es die Kirche des gallischen Bischofs Arkulf (670), dann hieß sie die »Kirche der Ernährung«. Nach dem Franziskaner-Guardian Quaresmius (1616/26) wird sie das »Haus und die Werk-

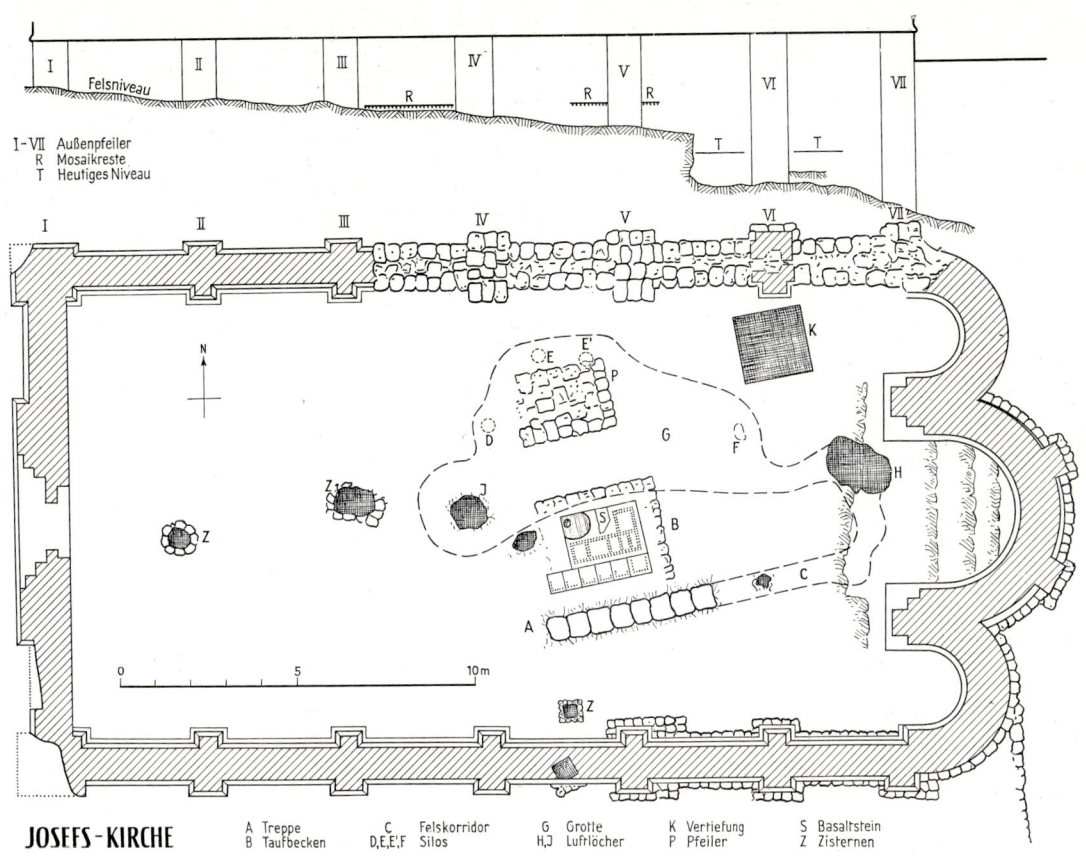

I–VII Außenpfeiler
R Mosaikreste
T Heutiges Niveau

JOSEFS-KIRCHE

A Treppe   C Felskorridor   G Grotte   K Vertiefung   S Basaltstein
B Taufbecken   D,E,E',F Silos   H,J Luftlöcher   P Pfeiler   Z Zisternen

statt Josefs« genannt. Heute sind die »Werkstatt Josefs« und die »Kirche der Ernährung« in der im Jahre 1914 erbauten Josefskirche in einem Bau zusammengefaßt. Die neue Kirche steht auf den Fundamenten der Kreuzfahrerkirche, die von P. Viaud OFM freigelegt wurden. Die Länge der dreischiffigen Kreuzfahrerkirche betrug 29 m. Die 16,2 m breite Fassade war durch ein einziges Portal unterbrochen, dessen schmuckloses Pfeilerwerk im Unterbau noch vorhanden ist. In das Innere der Kirche müssen Stufen hinabgeführt haben, da der Höhenunterschied zwischen der Türschwelle und dem durch einen Mosaikrest bezeichneten Fußboden der Kirche etwa 1,6 m beträgt. Wie die Anordnung der Schiffe verlief, ließ sich nicht mehr feststellen, da alle Pfeiler mit ihren Fundamenten verschwunden waren. Nach den Pilasteransätzen war die Kirche wohl in drei Schiffe durch zwei Reihen von je fünf Pfeilern geteilt.

Das besondere Interesse der Archäologen galt der unterirdischen Grottenanlage aus dem antiken Nazaret, die im Grundriß der Kirche eingezeichnet ist. Noch an der Oberfläche liegt zunächst fast in der Mittelachse der Kirche ein aus Steinen gemauertes quadratisches Becken (B) von 2 m Länge, Breite und Tiefe. Eine Treppe mit sieben Stufen, an denen noch spärliche Mosaikreste zu erkennen sind, führt hinab. Der Boden des Beckens ist mit sechs rechteckigen Mosaikfeldern ausgelegt. An der Nordseite umschließen die Mosaiksteine einen unregelmäßigen schwarzen Basaltstein (S). Längs der Stufen läuft eine kleine, ebenfalls mosaikgeschmückte Wasserrinne,

die aber keinen Abfluß hat. Auf dem Boden lagen viele Bruchstücke von Marmorplatten, die wohl als Belag für die Wände des Beckens gedient hatten. Wenig südlich von der Beckentreppe führt eine zweite Treppe (A) in einen langen, hakenförmigen Felskorridor (C) hinab, der schließlich in eine Felsgrotte (G) mündet, die über 2 m hoch, 9–10 m lang und 4 bis 5 m breit ist. Durch zwei Öffnungen in der Decke, die eine nahe der Apsis (H), die andere in der Mitte der Kirche (J) gelegen, erhält die Höhle Licht und Luft. Sie steht nach Westen, aber auch in östlicher und südlicher Richtung mit weiteren Anlagen von Grotten und Gängen in Verbindung, die jedoch bereits außerhalb der Kirche liegen. Die Höhle unter der Kirche wird in den verschiedenen Zeiten als Wirtschafts- und Vorratsraum gedient haben, wie es die zum Teil zerstörten Silos (D, E, E', F), drei Zisternen (Z) und die Reste einer Ölpresse, ferner Bruchstücke arabischer Keramik und Gläser zeigen. Die religiösen Motive der Graffiti an den Wänden und der mit Mosaiksteinen ausgelegte Boden der Grotte machen es gewiß, daß die ganze Anlage als Kultraum benutzt wurde und einem kultischen Zweck diente, welcher der Taufpraxis der Judenchristen entsprach. In der Frühzeit der Urgemeinde wurde die Taufe überall gespendet, so wie es die Situation erforderte. Philippus taufte den äthiopischen Kämmerer an einer Quelle am Wegesrande; der Hauptmann Kornelius empfing die Taufe in seinem eigenen Haus. Die archäologischen Untersuchungen in Nazaret lassen erkennen, daß die Judenchristen schon in früher Zeit einen symbolreichen Taufritus besaßen. Der schwarze Basaltstein im Boden des Taufbeckens erinnert an das Wort des Apostels Paulus: »Der Fels aber war Christus« (1 Kor 10, 4). Die kleine Wasserrinne im Taufbecken, die den Jordan symbolisiert, erinnerte den Täufling an den Einzug des auserwählten Volkes in das Gelobte Land. Aus der »Dunkelheit« trat der Täufling in das »Licht«, wenn er aus der finsteren Grotte hinaufgeführt wurde. Die ihm gereichte Speise, Milch und Honig, ließ ihn die Verheißungen des Gelobten Landes kosten. So erfuhr die Geschichte seines Volkes die letzte Erfüllung in der Wiedergeburt aus »Wasser und Geist«.

Schon P. Viaud war bei der Freilegung der Kreuzfahrerkirche aufgefallen, daß das Taufbecken und die in die Grotte hinabführende Treppe, ferner die Reste eines Pfeilers (P) an der Nordseite des Beckens und schließlich eine quadratische Vertiefung (K) in der Nähe der nördlichen Apsis um etwa 25° von der Längsachse des romanischen Baues nach Nordosten abweichen. Diese auffälligen Fakten lassen auf einen früheren, etwas anders orientierten Bau schließen.

Bei den ersten Grabungen um die Jahrhundertwende war das Interesse der Archäologen fast ganz auf die freigelegten Mauerreste der Kreuzfahrerkirche gerichtet. Nach dem damaligen Stand der Altertumswissenschaft wurde die für eine Klärung der Baugeschichte notwendige Untersuchung der Schichtenfolge nicht vorgenommen. Diese Lücke suchten die jüngsten Ausgrabungen zu schließen. Sie wurden von B. Bagatti OFM im August 1970 durchgeführt.

Das von Westen her aufgenommene Photo zeigt das Grabungsfeld an der Nordseite der Kirche (vgl. Abb. 115, 1). Die Zeichnung verdeutlicht im Grundriß (A) und im Schnitt (B) von Nord nach Süd den archäologischen Befund.

Wichtigstes Ziel der Grabungen war die Feststellung, ob das Gelände im 1. Jahrhundert v. Chr. besiedelt war. Da der damals fortbewegte Schutt noch an »Ort und Stelle« lag, war es möglich, die Schichtenfolge zu untersuchen, allerdings in umgekehrter Reihenfolge. Nachdem die oberste Schicht der jüngsten Zeit weggeschaufelt war, kamen die ersten Scherben der Eisenzeit zum Vorschein. In chronologischer Reihenfolge wurden Überreste der römischen und byzantinischen Zeit gefunden. Die unterste Schicht – bei den ersten Ausgrabungen lag sie ganz oben – stammte aus der Kreuzfahrerzeit und bedeckte bereits den Felsboden. In den Felsgrund waren Grotten und Silos gehauen, wie sie schon aus der nächsten Umgebung der Verkündigungskirche bekannt waren. Auf der Zeichnung sind die Grotten mit den Felsstufen im Schnitt dargestellt. Die in den Grotten und Silos gefundenen ältesten Scherben stammen aus der römischen Zeit. Sie lassen den Schluß zu, daß das Gelände im 1. Jahrhundert v. Chr. besiedelt war. Von den in den Grotten gebauten Häusern konnte allerdings keine Spur ausgemacht werden.

Der Längsschnitt auf dem Plan (vgl. Abb. 115, 1) zeigt das Felsniveau längs der Nordseite der Kirche. Die oberste Linie markiert den Sims an der Außenwand, die Zahlen beziehen sich auf die an der Außenwand sichtbaren Pfeiler. Ein Vergleich mit dem Grundriß überzeugt, daß die lange schmale Treppe (A–C) im Inneren der Kirche den Niveauverhältnissen entsprach. Der von P. Viaud in einer Tiefe von 1,6 m festgestellte Mosaikrest (R) kennzeichnet das Niveau der ersten Kirche. Der heutige Fußboden liegt bei T.

B. Bagatti nimmt an, daß die byzantinische Kirche wegen des nach Osten abfallenden Geländes auf Stützpfeilern oder Gewölbebogen errichtet worden war. Die Josefskirche wäre

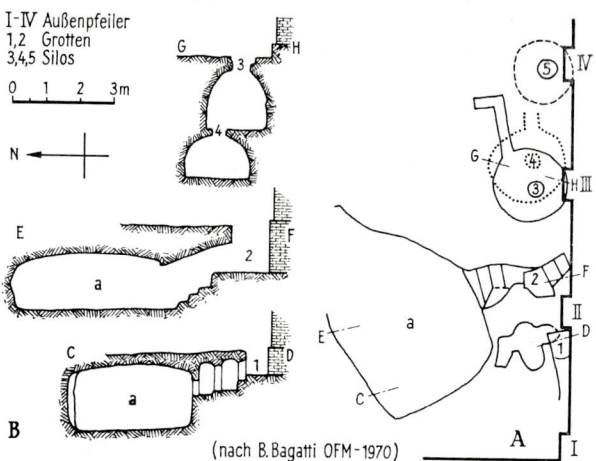

I–IV Außenpfeiler
1,2 Grotten
3,4,5 Silos

(nach B. Bagatti OFM-1970)

2. Ausgrabungen auf dem Gelände der Josefskirche.

dann die »Kirche der Ernährung«, von der Arkulf (670) schrieb: Sie ist »mitten in der Stadt auf zwei Gewölben erbaut an dem Ort, wo einst das Haus gestanden hatte, in dem unser Herr und Erlöser aufgezogen wurde«.[108]

So vergingen die Jahre, und es schien, als ob nichts Besonderes im Leben des jungen Zimmermannes geschehen sollte. In dieser Zeit – Jesus konnte etwa 16 Jahre alt gewesen sein – wurde Quinctilius Varus, der ehemalige Statthalter von Syrien, im Teutoburger Wald von den Germanen vernichtend geschlagen. Varus war den Nazarenern kein Unbekannter. Nach dem Tode Herodes' des Großen plünderten seine Truppen die Sommerresidenz des Königs im nahen Sepphoris.

Als Jesus etwa 20 Jahre alt war, starb zu Nola in Italien der Kaiser Augustus im 77. Lebensjahr. »An seinem letzten Lebenstag fragte er immer wieder, ob

wegen seines Zustandes draußen schon ein Auflauf entstanden sei. Dann verlangte er nach einem Spiegel, ließ sich die Haare kämmen und die herabhängenden Wangen heben und forschte die zu ihm eingelassenen Freunde aus, ob sie fänden, daß er die Komödie des Lebens bis zum Ende gut gespielt habe. Auch fügte er auf griechisch die auf der Bühne übliche Schlußformel hinzu: ›Hat das Ganze euch gefallen, nun, so klatschet unserm Spiel, und dankend laßt uns alle nach Hause gehn!‹ Darauf verabschiedete er alle, und während er noch einige Leute, die eben aus Rom gekommen waren, über die Krankheit von Drusus' Tochter befragte, starb er plötzlich in den Armen seiner Frau mit den Worten: Livia, gedenke unserer glücklichen Ehe und lebe wohl!«
(Sueton, Augustus 99)

Abb. 116. Römischer Dupondius mit dem Bildnis der Livia
(† 29 n. Chr.).

Nach Sueton (Aug. 62) war Augustus dreimal verheiratet. Livia Drusilla aus dem Geschlecht der Claudier war seine dritte Frau. Augustus hatte sie ihrem ersten Mann, dem Vater des Tiberius, entrissen. Als Kaisersgattin führte sie ein vorbildliches Leben, begleitete Augustus beratend auf seinen Reisen und unterstützte alle von ihm getroffenen Maßnahmen. Während der Orientreise des Augustus (30/29 v. Chr.) lernte sie Salome, die Schwester Herodes' des Großen, kennen und schloß Freundschaft mit ihr. Nach Josephus (Jüd. Altert. XVIII, 2, 2) hinterließ Salome ihrer kaiserlichen Freundin den ganzen Bezirk der Stadt Jamnia sowie das in der Jordanebene gelegene Phasaelis und die Stadt Archelais. In Palästina war Livias Name »stadtbekannt«. Herodes Antipas nannte das wiederaufgebaute Betharamphtha nach dem Namen der Kaisersgattin: Livias (vgl. Abb. 44, S. 82, und Abb. 119, S. 202). Livia starb 86jährig im 16. Regierungsjahre ihres Sohnes Tiberius. Die im gleichen Jahre in Jerusalem geprägte Prokuratorenmünze des Pilatus trägt noch ihren Namen (vgl. Abb. 250, S. 441). Auf dem Dupondius – die Bronzemünze wurde 22/23 n. Chr. in Rom geprägt – wird die Kaiserinmutter ohne jeden porträthaften Zug als Sinnbild der »IUSTITIA« – »GERECHTIGKEIT« – dargestellt.

Wenige Tage darauf trugen Senatoren den Leichnam auf ihren Schultern durch Rom nach dem Marsfeld. Auf einem Scheiterhaufen wurde sein Leib unter den Klageliedern hochgeborener Kinder verbrannt. Sein Nachfolger hieß Tiberius. Während seiner Regierung trat ein Mann in den Vordergrund, der in der Geschichte der Juden keinen guten Namen hat. Es war Seianus, Chef der kaiserlichen Garde, der als Antisemit im ganzen Römerreich berüchtigt war. Seianus entsandte sofort einen neuen römischen Prokurator nach Jerusalem mit einem neuen, harten Kurs. Die erste Amtshandlung des neuen Beamten — er hieß Valerius Gratus (15—26 n. Chr.) — war die Absetzung des Hohenpriesters Hannas, der neun Jahre im Amt gewesen war. Nach Belieben setzte nun der neue Prokurator jedes Jahr einen anderen Hohenpriester ein. Der vierte Hohepriester hieß Josef, mit dem Beinamen Kajafas (18—37 n. Chr.). Jesus war damals etwa 25 Jahre alt. Da Kajafas absolut romtreu war und mit Bestechungsgeldern nicht sparte, konnte er 19 Jahre lang seine Stellung behaupten. Er wird also der Hohepriester sein, der das Todesurteil über Jesus im Hohen Rate sprechen sollte.

Als Jesus etwa 32 Jahre alt war, kam wieder ein neuer Prokurator in Judäa an, diesmal sogar mit seiner Frau; denn Tiberius hatte die strengen Bestimmungen für die höheren Kolonialoffiziere mildern lassen. Beide erwähnt das Evangelium, und der Name des neuen Prokurators lautet: Pontius Pilatus.

DIE HERODIER IM NEUEN TESTAMENT

Herodes der Große	Mt 2, 1—22; Lk 1, 5
Archelaus	Mt 2, 22
Herodes Antipas	Mt 14, 1—12; Mk 6, 14—29; Lk 3, 1; 3, 19; 8, 3; 9, 7—9; 13, 31—33; 23, 7—15
Vierfürst Philippus	Lk 3, 1
Philippus (der erste Gemahl der Herodias)	Mt 14, 3; Mk 6, 17; Lk 3, 19
Salome (nicht mit dem Namen genannt)	Mt 14, 6—11; Mk 6, 22—28
Herodias	Mt 14, 3—12; Mk 6, 17—29; Lk 3, 19
Herodes Agrippa I.	Apg 12. Kap.
Herodes Agrippa II.	Apg 25, 13—27
Berenike	Apg 25, 13
Drusilla	Apg 24, 24

Im 15. Regierungsjahr des Kaisers Tiberius

Rund 30 Jahre hat Jesus in Nazaret gelebt, das gewöhnliche und alltägliche Leben zwischen Verwandten und Handwerksgenossen. Was einst um dieses Kind geschehen war, ist den Bewohnern von Nazaret verborgen geblieben. Nur die Mutter wußte um das Geheimnis seiner Geburt. Aber Maria bewahrte all diese Dinge in ihrem Herzen. Auch Jesus schwieg. Er konnte warten auf die Stunde seines Vaters, und diese kam.

Im erhabenen Stil der alttestamentlichen Prophetensprache kündigt Lukas diese weltgeschichtliche Stunde an: »Im fünfzehnten Jahre der Regierung des Kaisers Tiberius, als Pontius Pilatus Landpfleger von Judäa, Herodes Vierfürst von Galiläa, Philippus, sein Bruder, Vierfürst von Ituräa und der Landschaft Trachonitis und Lysanias Vierfürst von Abilene war, unter den Hohenpriestern Hannas und Kajafas erging ein Ruf des Herrn an Johannes, den Sohn des Zacharias, in der Wüste« (Lk 3, 1. 2).

Lukas, der zuverlässige Chronist, läßt sieben Zeugen aus der großen und kleinen Weltpolitik jener Tage auftreten, um den Beginn jener welthistorischen Stunde zu markieren. Die aufgezählten Personen erlauben es, das Jahr anzugeben, in dem Jesus seine öffentliche Lehrtätigkeit begonnen hat. Rufen wir die Toten!

Als erster kommt der Kaiser Tiberius. Der bekannte Historiker Mommsen sagt von ihm, er sei der beste Herrscher gewesen, den das Römische Reich je besaß. »Aber nach seinem Tod fiel er der Feder des Tacitus zum Opfer.« Tiberius war vier Jahre alt, als Augustus dessen Mutter Livia heiratete. Tiberius wurde vom Kaiser adoptiert. Doch hatte Augustus eine persönliche Abneigung gegen ihn und stellte den Adoptivsohn bei der Thronfolgeordnung zugunsten seiner Enkel immer an die zweite Stelle. Die Mutter aber suchte die Familienbande fester zu knüpfen, sie zwang ihren Sohn, seine erste, glückliche Ehe zu opfern. Tiberius mußte Julia, die berüchtigte Tochter des Kaisers, heiraten. (Vgl. Abb. 7, S. 22.)

Nachdem alle Enkel des Kaisers gestorben waren, entschloß sich Augustus schweren Herzens, Tiberius im Testament als Nachfolger zu bestimmen; doch setzte er seine Frau Livia als Mitregentin ein. Als dann Tiberius mit 56 Jahren den Thron bestieg (14 n. Chr.), war er verbittert und ein Menschenfeind. Es fehlte ihm das Ge-

Abb. 117. Kaiser Tiberius (14–37 n. Chr.).

»Ausländische Kulte, besonders die jüdische Religion, unterdrückte er und zwang die Anhänger dieses Glaubens, ihre zum Gottesdienst gehörigen Kleider samt allen Kultgeräten zu verbrennen. Die jungen Juden ließ er unter dem Vorwand des Militärdienstes über die Provinzen mit ungesundem Klima verteilen, die übrigen Angehörigen dieses Volkes oder ähnlicher Sekten wies er aus der Stadt Rom aus, wobei auf Nichtbeachtung dieses Befehls lebenslängliche Sklaverei als Strafe stand« (Sueton, Das Leben der Cäsaren, Tiberius 36).

*»Er beging unter dem Mantel der Strenge und der Wieder-
herstellung der Sitten, in Tat und Wahrheit aber eher seiner wahren Natur nachgebend, so grausame und schreckliche Dinge, daß einige Leute ihm auch in Versform die
gegenwärtigen Übel vorhielten und die zukünftigen voraus-
sagten: Grausamer Rohling, soll alles in wenigen Worten ich
sagen? Straf mich der Himmel, wenn je lieben die Mutter
dich kann! Cäsar, du hast sie vertrieben, die goldene Zeit:
Nämlich solange du lebst, immer wird sie eisern sein. Hassen
tut er den Wein, da jetzt nach Blut es ihn dürstet. Dieses
trinkt er so gern, wie er getrunken einst den Wein« (Sueton,
Tiberius 59).*

schick des Augustus im Umgang mit Menschen. Seine
vorsichtige Art erweckte Mißtrauen, und bald schrieb
man ihm jedes Verbrechen zu. Im Jahre 26 n. Chr. zog
er sich auf die Insel Capri zurück und verbrachte dort
die letzten elf Jahre seines Lebens, über welche die zeitgenössischen Historiker nichts Gutes berichten. Die Regierungsgeschäfte überließ er dem bereits erwähnten
Gardepräfekten Seianus, der bis zu seinem Sturz (31
n. Chr.) in Rom ein Schreckensregiment ausübte, für
das Tiberius den Haß erntete. Beim Tode des Kaisers
(37 n. Chr.) rief das Volk: »Tiberium in Tiberim!« —
»In den Tiber mit Tiberius!« (Sueton, Tiberius 75)

Lukas schreibt: »Im fünfzehnten Regierungsjahr des
Tiberius«. Wann war das?

Augustus starb am 19. August 14 n. Chr. Das 15. Regierungsjahr seines Nachfolgers erstreckte sich dann
vom 19. August 28 bis zum 18. August 29 n. Chr. Diese
Berechnung der Regierungsjahre wird von den alten Ge-
schichtsschreibern und Chronographen verwendet. Doch
war im Orient seit der Seleukidenzeit die syrische Zeitrechnung gebräuchlich, die auch von den Juden in Palästina übernommen worden war und bei Lukas als einem
geborenen Syrer vorausgesetzt werden darf. Nach dieser Berechnungsweise schloß das erste Regierungsjahr
des neuen Herrschers mit dem Ende des bürgerlichen
Jahres. Der syrische Neujahrstag war der 1. Oktober.
Das erste Jahr des Tiberius umfaßte dann nur die kurze
Zeitspanne vom 19. August 14 bis zum 30. September
14. Das von Lukas genannte 15. Regierungsjahr reichte
nach der syrischen Zählung vom 1. Oktober 27 bis zum
30. September 28 n. Chr.

Da das Auftreten Jesu bald nach dem Beginn der
Bußpredigt seines Vorläufers begann, lag der Anfang
der Verkündigung seiner Frohbotschaft etwa um die
Jahreswende 27/28 n. Chr.

An zweiter Stelle nennt Lukas den Vertreter des Kaisers: Pontius Pilatus, Landpfleger von Judäa. Sein römischer Amtstitel lautete »Prokurator«. Als Rom außer-
italische Besitzungen erwarb, wurden diese »Provinzen«
genannt. Der Bereich einer Provinz unterstand der römischen Militärbehörde, die auch die administrative und
richterliche Gewalt ausübte. Von Ägypten abgesehen,
umfaßte das Imperium Romanum bei des Augustus Re-

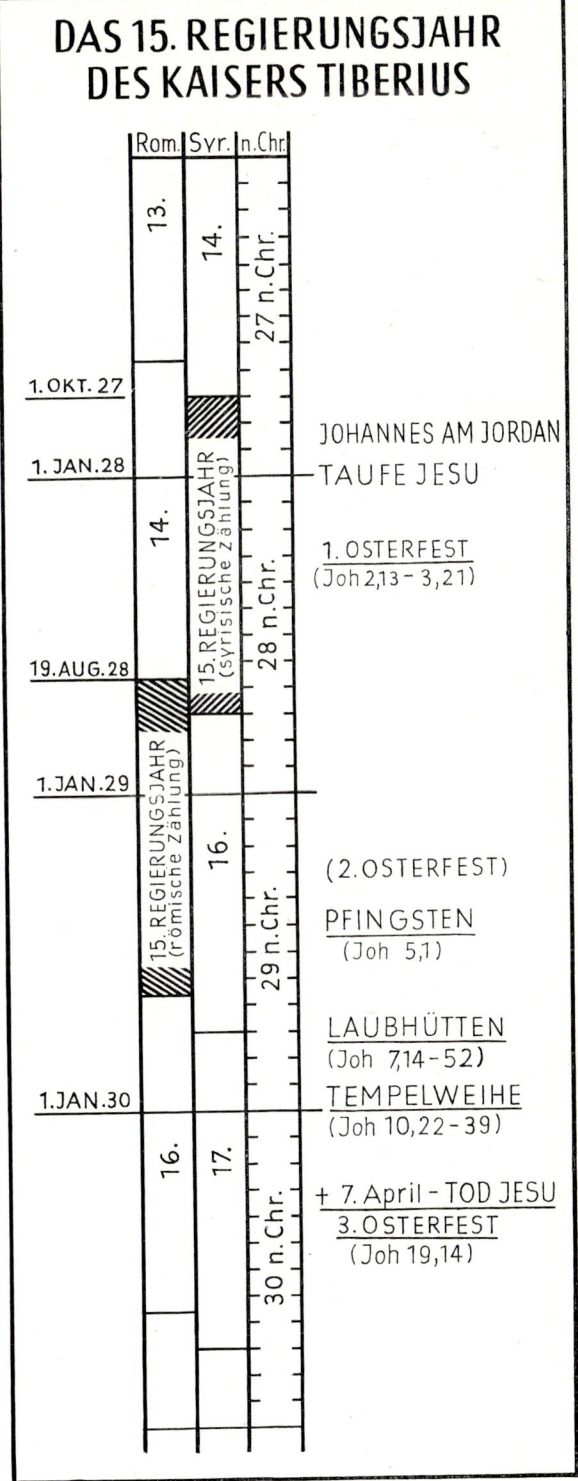

Abb. 118. *Paralleljahre der römischen, syrischen und christlichen Zeitrechnung.*

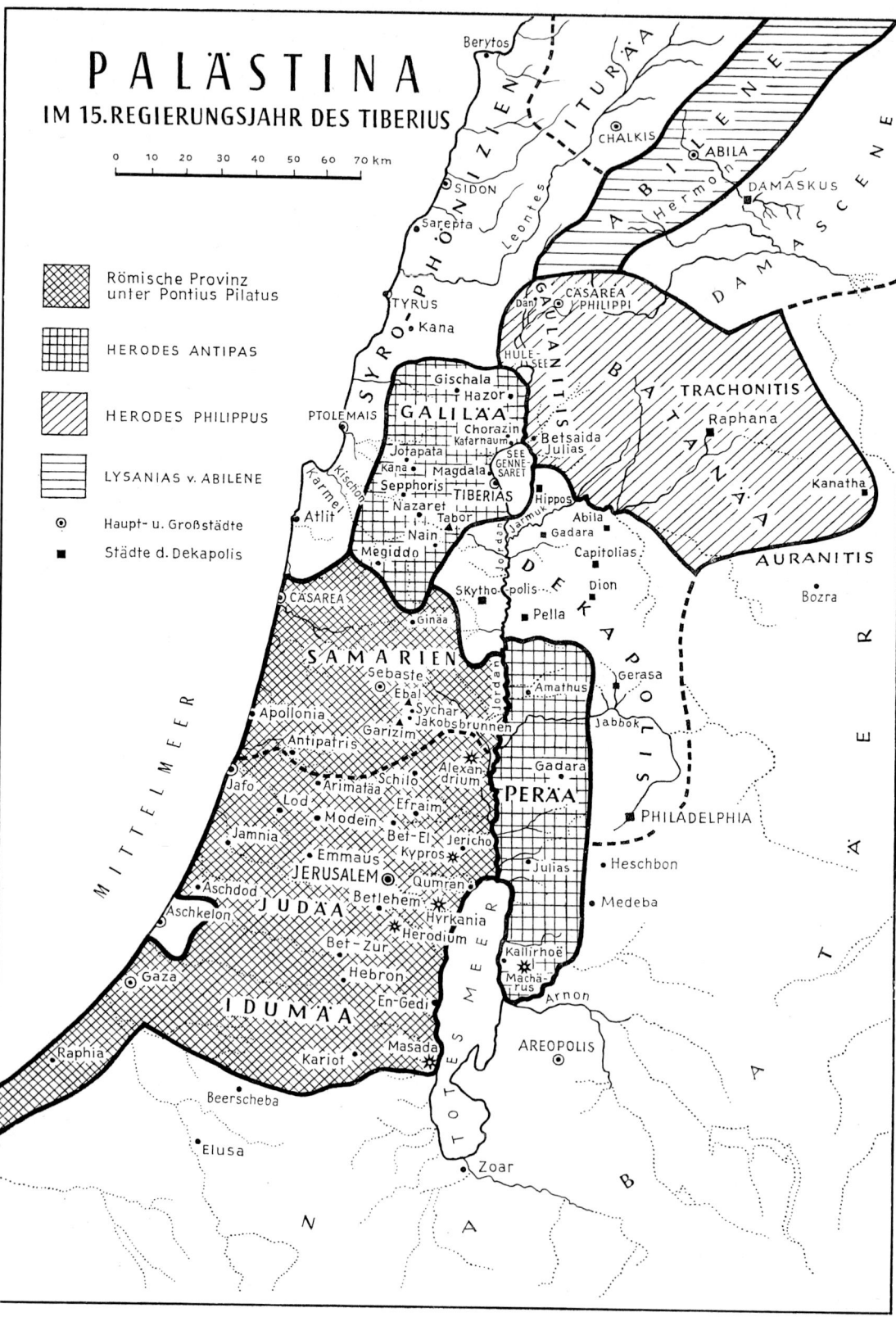

PALÄSTINA
IM 15. REGIERUNGSJAHR DES TIBERIUS

0   10   20   30   40   50   60   70 km

Römische Provinz
unter Pontius Pilatus

HERODES ANTIPAS

HERODES PHILIPPUS

LYSANIAS v. ABILENE

⊙ Haupt- u. Großstädte

■ Städte d. Dekapolis

Berytos

ITURÄA

CHALKIS

ABILA

SIDON

DAMASKUS

Sarepta

Leontes

Hermon

A B I L E N E

DAMASCENE

TYRUS

Kana

Dan

CÄSAREA
PHILIPPI

G
A
U
L
A
N
I
T
I
S

TRACHONITIS

PTOLEMAIS

GALILÄA

Gischala

Hazor

HULE-
SEE

Raphana

Chorazin

Jotapata

Kafarnaum

Betsaida
Julias

B
A
T
A
N
Ä
A

Käna

Magdala

SEE
GENNE-
SARET

Kanatha

Sepphoris

Nazaret

TIBERIAS

Hippos

Atlit

Tabor

Jarmuk

Abila

AURANITIS

Nain

Gadara

Jo
rd
an

Capitolias

Megiddo

Bozra

CÄSAREA

Skytho-
polis

Dion

Ginäa

Pella

D
E
K
A
P
O
L
I
S

SAMARIEN

Sebaste

Amathus

Gerasa

Ebal

Jabbok

Apollonia

Sychar
Jakobsbrunnen

G
E
R
A
S
A

Garizim

Antipatris

Alexan-
drium

Gadara

Schilo

Jafo

Arimatäa

Efraim

PERÄA

PHILADELPHIA

Lod

Modein

Jamnia

Bet-El

Jericho

Julias

Heschbon

Emmaus

Kypros

JERUSALEM

Qumran

Aschdod

Betlehem

Medeba

JUDÄA

Hyrkania

Aschkelon

Bet-Zur

Herodium

Hebron

Kallirhoë

En-Gedi

IDUMÄA

Macha-
rus

Gaza

Arnon

Raphia

Kariot

Masada

AREOPOLIS

A
R
A
B
I
A

Beerscheba

T
O
T
E
S
M
E
E
R

Elusa

Zoar

N
A
B
A
T
Ä
E
R

MITTELMEER

SYRO-PHÖNIZIEN

KARMEL

Kischon

202

gierungsantritt 26 Provinzen. Im Jahre 27 v. Chr. teilte Augustus die Provinzen zwischen sich und dem Senat auf. Seither sprach man von senatorischen und kaiserlichen Provinzen. Der Kaiser behielt sich die weniger sicheren Randprovinzen, die eine starke Garnison erforderten; die inneren, ruhigen Provinzen überließ er dem Senat. Diese Senatsprovinzen unterstanden Prokonsuln (legati pro consule), die gewöhnlich alljährlich wechselten. In dieser kurzen Zeit plünderten sie die Provinzen aus und suchten sich für die bei der Amtsbewerbung in Rom aufgewendeten Gelder schadlos zu halten. Prokonsul der kaiserlichen Provinzen war Augustus selber, der sie durch Legaten verwalten ließ, die immer dem Ritterstande angehörten. Ihr offizieller Titel lautete: »legatus Augusti pro praetore«. Einige Provinzen, die besondere Umsicht erforderten, wie Ägypten, erhielten jedoch keinen Legaten, sondern einen Präfekten. Ähnlich wurde in Gegenden, die erst kürzlich zum Reich gekommen waren und besondere Schwierigkeiten boten, ein Prokurator bestellt.

Pilatus kam als fünfter Prokurator nach Judäa und amtierte von 26 bis 36/37 n. Chr. Als Vertreter des Kaisers besaß Pilatus in Judäa und Samarien die oberste Verwaltung und Gerichtsbarkeit. Er führte den Titel »Exzellenz« (Apg 23, 26; 24, 3; 26, 25). Militärisch verfügte der Prokurator über keine römischen Truppen, sondern es unterstanden ihm nur die Hilfstruppen der unterjochten Völker, wie Syrer, Samariter und Griechen. Sein unmittelbarer Vorgesetzter war der römische Legat von Syrien, der befugt war, in schwierigen Situationen persönlich im Amtsbereich des Prokurators einzugreifen. Die Residenz des Prokurators befand sich in Cäsarea Maritima, etwa 100 km von Jerusalem entfernt. Dort residierte er in dem von Herodes dem Großen erbauten Palast, dessen Ruinen noch am Meeresufer stehen (vgl. Abb. 122, S. 206, und Abb. 123, S. 207).

Wer heute den öden, mit Trümmern bedeckten Küstenstrich sieht, kann sich nur mit Mühe vorstellen, daß sich hier ein bedeutsames Kapitel menschlicher Geschichte abgespielt hat, angefangen von der Gründung der Stadt im 2. Jahrtausend durch die Phönizier bis zu ihrer Zerstörung durch die Truppen des ägyptischen Sultans Bibars im 13. Jahrhundert n. Chr. Jahrhundertelang lag die ehemalige Rivalin Jerusalems, die in der Kreuzfahrerzeit eine letzte Blüte erlebte, unter den Trümmern verborgen.[109] Im Jahre 1878 siedelte ein türkischer Sultan die von Bosnien ausgewanderten Mohammedaner in der Nähe an. Die Ruinenstätte mit Tausenden von Marmorblöcken und Säulenstrünken diente als Steinbruch und bot das billigste Baumaterial. »So vergeht die Herrlichkeit der Welt.«

Die Evangelien erwähnen den Namen der Stadt nicht.

Abb. 119. *Palästina im 15. Regierungsjahr des Kaisers Tiberius.*

Æ

Abb. 120. *Römische Prokuratorenmünze des Pontius Pilatus.*

Während die übrigen Prokuratoren in Judäa bei der Auswahl der Motive auf den Münzen die religiösen Anschauungen der Juden respektierten, ließ Pilatus die Münzen mit dem sakralen Amtszeichen der Auguren, eines römischen Priesterkollegiums, schmücken.

V: *Der Lituus (Krummstab), das Amtszeichen des obersten Auguren, mit dem Namen des Kaisers Tiberius.*

R: *Die Jahreszahl: das 17. Regierungsjahr in einem Lorbeerkranz = 30/31 n. Chr. (nach der römischen Zählung).*

Es ist wahrscheinlich, daß der Weg der Heiligen Familie aus dem ägyptischen Exil über Gaza entlang der Via Maris an dem Weichbild Cäsareas vorbei nach Nazaret führte. Aus der Apostelgeschichte wissen wir, daß viele bedeutsame Ereignisse der jungen Kirche mit dieser Stadt verknüpft sind. In Cäsarea taufte Petrus den ersten Heiden. Ein schockierendes Ereignis für die Judenchristen, ein Akt von weltmissionarischer Bedeutung für das Evangelium: Kornelius, Hauptmann der Italischen Kohorte, wird durch die Taufe in die junge Kirche aufgenommen. Es gibt nur wenige Kapitel der Heiligen Schrift, die mit solcher Anschaulichkeit geschrieben sind wie dieses 10. Kapitel der Acta Apostolorum. Zwei Kapitel weiter unterläßt es die Apostelgeschichte nicht, auf den Tod des Mannes hinzuweisen, der Jakobus, den ersten Apostel, hat hinrichten lassen. »Von Würmern zerfressen«, starb Herodes Agrippa I. in Cäsarea (44 n. Chr.).

Auch die Sendboten des Evangeliums wußten die Vorteile guter Verkehrsmöglichkeiten zu schätzen. In Cäsarea, dem einzigen brauchbaren Naturhafen an der palästinensischen Küste, befand sich ein Haus, in dem die Apostel und durchreisende Christen ein und aus gingen, das Haus des Diakons Philippus, der »zu den Sieben gehörte« (Apg 21, 8) und mit seinen vier Töchtern für das Evangelium arbeitete.

Das denkwürdigste biblische Ereignis ist neben der ersten Heidentaufe die zweijährige Gefangenschaft des Völkerapostels in den Mauern dieser Stadt. Lukas, der getreue Arzt, verbrachte die Jahre in seiner Nähe. In Cäsarea sammelte und sichtete Lukas wohl den Stoff »für eine Darstellung der Begebenheiten, die in unserer

Abb. 121.   Römische Inschrift mit dem Namen des Prokurators Pontius Pilatus aus Cäsarea Maritima.

Auffällig ist die Abfassung in lateinischer Sprache, die auch beim Kreuzestitel verwendet wird (Joh 19, 20), ferner die Selbstbezeichnung mit »Präfekt« statt mit dem offiziellen Titel »Prokurator«, den auch Tacitus verwendet (Ann. XV, 44). Wenn Josephus von den Statthaltern in Judäa spricht, wechselt er zwischen »Präfekt«, »Prokurator« und dem vieldeutigen »Hegemon«. Die Evangelisten nennen Pilatus durchweg »Hegemon«.

Wann der Stein mit der Inschrift beim Bau einer Treppe im großen Theater von Cäsarea wieder »verbaut« wurde, ist schwer zu sagen. Als unterste Grenze nehmen die Archäologen das 4. Jahrhundert an. Sicher ist nur, daß der Stein mit dem Namen des Pontius Pilatus für jene Menschen kein historisches Dokument mehr darstellte, als er in barbarischer Weise zugehauen wurde, um als Stufe für eine armselige Treppe zu dienen. Für uns aber ist und bleibt er eine inhaltsreiche Bezeugung jener geschichtlichen Persönlichkeit, die über Jesus von Nazaret das Todesurteil gefällt hat.

Im Sommer 1959 legten italienische Archäologen in Cäsarea die Überreste eines römischen Theaters frei. Unter den Trümmern wurde ein etwa 80 cm hoher und 60 cm breiter Stein gefunden, der die verwitterte Inschrift des Pilatus trägt.[110] Die Inschrift ist das erste epigraphische Dokument für die Statthalterschaft des Pilatus in Palästina. Sie besteht aus vier Zeilen mit einer Buchstabenhöhe von 6 bis 7 cm. In der ersten Zeile kann man den Namen »TIBERIEUM« noch erkennen. Dieser Name deutet an, daß der Stein mit der Inschrift ursprünglich ein Gebäude schmückte, das zu Ehren des Kaisers Tiberius errichtet worden war. In späteren Zeiten wurde der Stein zweckentfremdet und zum Bau einer Treppe verwandt. Dabei wurde die linke Hälfte des Steines weggemeißelt und ein Teil der Inschrift zerstört. Glücklicherweise blieb der Name erhalten. In der zweiten Zeile steht deutlich zu lesen »... TIUS PILATUS«, der Name des »[PRAEF]ECTUS JUDA[EA]E«, wie es in der dritten Zeile der Inschrift heißt. In der vierten Zeile kann man nur noch einen Akzent erkennen, der zu einem A oder E gehörte. Der ganze Text der Inschrift könnte gelautet haben:

1. Zeile: [CAESARIEN]S[IBUS] TIBERIEUM
2. Zeile: [PON]TIUS PILATUS
3. Zeile: [PRAEF]ECTUS JUDA[EA]E
4. Zeile: [D]E[DIT]

»Pontius Pilatus, Präfekt von Judäa, hat den Einwohnern von Cäsarea dieses Tiberieum geschenkt.«

Mitte zum Abschluß gekommen sind« (Lk 1, 1). Der Bericht über die Gerichtsverhandlung vor dem Prokurator Porcius Festus, das Zeugnis des Gefangenen für die Auferstehung vor der »Hautevolee« der römischen und jüdischen Aristokratie gehört zu den Höhepunkten lukanischer Berichterstattung, die immer wieder zu lesen sich lohnt. So gehört Cäsarea zum Heiligen Lande, nicht zuletzt wegen der Tatsache, daß der Vertreter des Kaisers und Richter Jesu an jenem denkwürdigen Osterfest — wohl im 17. Regierungsjahr des Kaisers Tiberius — »von Cäsarea nach Jerusalem hinaufstieg« (Apg 25, 1), wie die Redensart damals lautete.

Nach der totalen Zerstörung Jerusalems (135 n. Chr.) wurde Cäsarea die Metropole der Christengemeinden Palästinas und entwickelte sich bald zum geistig-religiösen Mittelpunkt des Landes. Der Bischof der »Kaiserstadt« führte in der Hierarchie der palästinensischen Bischöfe den Vorsitz. Auf der Synode von 195 n. Chr. wurde unter dem Bischof Theophilos die Feier des Osterfestes auf den Sonntag festgelegt. Im Jahre 231 kam Origenes (um 185—254) nach Cäsarea und gründete hier die berühmte Theologenschule, die bald zur Pflanzstätte christlicher Gelehrsamkeit wurde. Origenes machte den ersten großen Versuch, das Verhältnis des in der Kirche benützten griechischen Textes zum hebräischen Urtext des Alten Testaments aus den zu seiner Zeit vorliegenden Handschriften festzustellen. So sammelte er alle gebräuchlichen Übersetzungen, um sie zu vergleichen. Origenes berichtet selbst, daß eine der von ihm wiedergegebenen Übersetzungen mit anderen griechischen und hebräischen Handschriften in einem irdenen Krug bei Jericho (Qumran?) zur Zeit des Kaisers Antoninus Pius (138—161) entdeckt worden sei.

Die sechsfache Nebeneinanderstellung der verschiedenen Texte des Alten Testaments durch Origenes nennt man die »Hexapla« — »Sechsfache«. An die erste Stelle setzte Origenes den hebräischen Text, so wie er ihn von den jüdischen Gelehrten übernommen hatte. Da er in der zweiten Spalte denselben hebräischen Text in griechischen Buchstaben wiedergab, lernen wir die Aussprache des Hebräischen im 3. Jahrhundert n. Chr. kennen. An die dritte Stelle setzte Origenes die wortwörtliche griechische Übersetzung des Aquila, eines Schülers des Rabbi Akiba († 135 n. Chr.). Auf die gegenüberliegende Seite stellte er wiederum in drei Spalten die Übersetzung des Symmachus, dann den Text der Septuaginta und zuletzt die Ausgabe des Theodotion. Damit gab Origenes den Theologen seiner Zeit ein wissenschaftliches Werkzeug in die Hand, das in seiner Bedeutung über jede andere Bibelausgabe hinausging. Nur einen Nachteil hatte die Hexapla, sie wuchs zu einem mehrbändigen Werk mächtiger Folianten an, deren Transport fast die Kräfte eines Menschen überstieg. So kam es, daß das Riesenwerk nur in wenigen Exemplaren existierte. Man weiß, daß ein Exemplar noch zu Beginn des 7. Jahrhunderts in der berühmten Bibliothek zu Cäsarea vorhanden war. Seit der arabischen Eroberung (637) ist das Werk verschollen. Ein Bruchstück ist auf einem Palimpsest des 10./11. Jahrhunderts in der Bibliothek von Mailand wiederentdeckt worden.

Südlich der Kreuzfahrerstadt wurde ein Gebäude aus der byzantinisch-arabischen Zeit freigelegt. Auf einem Fußbodenmosaik stehen in einem Kreis in griechischer Sprache die Worte des Römerbriefes: »Willst du dich nicht fürchten vor der Obrigkeit, so tue Gutes« (13, 3). Die Ausgräber haben die Möglichkeit in Betracht gezogen, daß in diesem Gebäude einst die Bibliothek untergebracht gewesen sein konnte, die auch Eusebius, der spätere Bischof von Cäsarea, erwähnt.

Kehren wir zu den Obrigkeiten des 15. Regierungsjahres zurück. Es folgen im Bericht des Evangelisten die Namen der drei Landesfürsten der übrigen Teile Palästinas. Ihr offizieller Titel war »Tetrarch« (Vierfürst). Sie übten eine Herrschaft von Roms Gnaden aus.

Herodes Antipas, der Landesvater Jesu, war Vierfürst von Galiläa und Peräa. Er regierte von 4 v. Chr. bis zu seiner Absetzung im Jahre 39 n. Chr. Nach seiner Einsetzung als Tetrarch im Jahre 4 v. Chr. änderte er wie sein Bruder Archelaus seinen Namen. Die Brüder erhoben den Herodesnamen zu einem Dynastienamen, zu einem Attribut des selbständigen Herrschers. Nur der bescheidene Philippus hat sich auch hier zurückgehalten, wie es die Münzen zeigen (vgl. Abb. 126, S. 211). Das

Abb. 122. *Cäsarea Maritima (S. 206).*

Die Geschichte der einstigen Rivalin Jerusalems ist schnell erzählt. Eine weit in das Meer hinausragende felsige Landzunge mit vielen vorgelagerten Klippen lockte schon die alten Phönizier, hier einen Hafen anzulegen. In der antiken Literatur wird der Hafen »Straton Pyrgos« — »Stratons-

turm« — genannt. Einige Erklärer sehen in diesem Wort den Namen der semitischen Göttin Astarte, der Venus der Phönizier. Dies mag die abfällige Bemerkung im Talmud erklären, der den Straton Pyrgos kurz und bündig die »Teufelsburg« nennt. Um das Jahr 100 v. Chr. bemächtigte sich der Hasmonäerkönig Alexander Jannäus der Stadt durch Geld und Mord. Nach den politischen Wirren im Vorderen Orient und der Friedenskampagne des römischen Feldherrn Pompeius (63 v. Chr.) wurde Straton Pyrgos eine hellenistische Stadtkommune mit eigener Münzprägung. Die Bevölkerung war vorwiegend heidnisch, mit jüdischen Elementen gemischt, und stand unter römischer Oberhoheit. Marc Antonius schenkte die Stadt seiner gefeierten Geliebten Kleopatra. Als diese sich nach der Niederlage des Antonius bei Actium (31 v. Chr.) den Tod gab, eilte der junge Judenkönig Herodes dem Sieger Octavian entgegen. Mit unglaublichen Schmeicheleien eroberte er die Gunst des Römers, der ihm und seinem Königreich den einzigen Hafen schenkte. Herodes wußte dieses Geschenk zu würdigen. Er begann mit einem nicht zu überbietenden Ehrgeiz den Neubau der Hafenstadt, die — nach zwölfjähriger Bauzeit — in der 192. Olympiade (um das Jahr 10 v. Chr.) eingeweiht wurde. Sie erhielt den Namen des Kaisers: Kaisareia — Cäsarea.*

Die Luftaufnahme aus dem Jahre 1917 zeigt fast das ganze Gelände der von Herodes dem Großen gegründeten Stadt. Die Mauern, öffentlichen Gebäude und Aquädukte können mit Hilfe des Stadtplanes (vgl. Abb. 123) ausgemacht werden. Das heutige besiedelte »Kaisarije« (Kesari) ist die umwallte Kreuzfahrerstadt mit den Trümmern einer Kirche und einem Kastell am Ende der ins Meer hinausragenden Mole, die wohl den Anfang der südlichen Mole des herodianischen Hafens bildete. Die als dunkle Stellen im Wasser erkennbaren Riffe erschwerten den Hafenbau, den Josephus bis ins Detail beschreibt: »Obwohl die Örtlichkeit recht ungünstig war, reizte doch gerade die Schwierigkeit den Eifer des Königs ... Zunächst also ließ er den für den Hafen bestimmten Raum in der bereits erwähnten Größe abstecken und alsdann gewaltige Felsstücke, von denen die meisten 50 Fuß [15,5 m] lang, 9 Fuß [2,79 m] hoch und 10 Fuß [3,10 m] breit waren, 20 Ellen [10 m] tief ins Meer versenken. Nachdem so die Tiefe ausgefüllt war, ließ er den über die Oberfläche des Wassers hervorragenden Teil des Dammes auf eine Breite von 200 Fuß [62 m] bringen. 100 Fuß [31 m] davon waren vorgebaut, um die Gewalt der Meeresfluten zu brechen. Der übrige Raum diente einer steinernen, rings um den Hafen laufenden Mauer als Unterlage und war mit sehr hohen Türmen versehen. Zahlreiche Gewölbe dienten den Schiffern zur Herberge, und eine rund um den Hafen sich hinziehende Plattform bot den Besuchern reichlichen Raum zu Spaziergängen. Die Hafeneinfahrt lag gegen Norden, weil der Nordwind dort der mildeste von allen Winden ist. Zu beiden Seiten der Einfahrt befanden sich drei auf Sockeln ruhende kolossale Standbilder. Die an den Hafen stoßenden Gebäude waren ebenfalls von weißem Marmor, und die Straßen der Stadt liefen in gleichen Abständen voneinander alle auf den Hafen zu. Dem Hafeneingang gegenüber stand auf einem Hügel ein durch Größe und Schönheit ausgezeichneter Tempel des Cäsars, und in demselben seine Kolossalstatue, die ihrem Muster, dem Olympischen Zeus, nichts nachgab, sowie eine solche der Göttin Roma nach dem Vorbild der Here zu Argos« (Jüd. Krieg I, 21, 6/7).

Über die genaue Lage des herodianischen Hafens gingen bis

vor kurzem die Meinungen der Archäologen weit auseinander. Die einen suchten ihn an der Stelle des Kreuzfahrerhafens, also an der Bucht, auf deren südlicher Mole die Kreuzfahrerburg mit dem Wellenbrecher errichtet ist (vgl. Abb. 124,1, S. 208), deren nördliche Mole aber durch die Landzunge gebildet wird, der heute die von den Kreuzfahrern gebaute Säulenmole vorgelagert ist. Andere lokalisierten den Hafen in der größeren, südlich angrenzenden Bucht, gestützt auf die Angabe des Josephus, daß Herodes' Werk »an Größe dem Piräus [Hafen von Athen] nicht nachsteht« (Jüd. Altert. XV, 9, 6). Die Untersuchungen der amerikanischen Unterwasserexpedition, die im Jahre 1960 unter Leitung von E. A. Link[111] durchgeführt wurden, und neuerdings gemachte Luftaufnahmen geben der kleinen Bucht an der Kreuzfahrerstadt den Vorzug. E. A. Link, der die Küste Cäsareas nach archäologischen Überresten absuchte, stellte fest, daß der von Josephus beschriebene Bau der Hafenmole und der Wellenbrecher auf dem sonst freien Meeresboden der Bucht auf der Westseite an der massierten Anhäufung von Felsbrocken noch Spuren hinterlassen hat; besonders auffällig waren die gigantischen, bearbeiteten Felsblöcke -- ihr Gewicht schätzt man auf 20 bis 30 t -, die am alten, nördlich gelegenen Hafeneingang (N) festzustellen waren. Sowohl die Luftaufnahmen als auch die Linkschen Untersuchungen zeigen, daß der südliche Arm des Wellenbrechers (S) zuerst eine nordwestliche Richtung einschlägt und dann nach Norden abbiegt (vgl. Abb. 124,1, S. 208). Nach Link beträgt die Länge der Mole ungefähr 600 m. Die nördliche Mole des Hafenbeckens (N), sie soll etwa 250 m lang gewesen sein, verläuft in gerader Linie nach Westen. Zwischen den Enden beider Molen auf der Nordseite des Hafens — in genauer Übereinstimmung mit Josephus — klafft eine Lücke

von 10 bis 20 m, die den Hafeneingang bildete. Josephus beschließt seinen Bericht über die Stadt: »Die restlichen Anlagen, Amphitheater, Theater und Marktplätze errichtete er würdig des kaiserlichen Namens« (Jüd. Krieg I, 21, 8). Mit Hilfe der Luftaufnahmen konnte das große, vom Dünensande verschüttete Oval des Amphitheaters, das Josephus irrtümlicherweise in seinem späteren Hauptwerk an der Südseite des Hafens lokalisierte (Jüd. Altert. XV, 10, 6), im nördlichen Stadtbereich ausgemacht werden. Es übertraf mit seiner Länge von 95 m bei einer Breite von 62 m selbst das Kolosseum in Rom (86 × 54 m). Nach der Eroberung Jerusalems (70 n. Chr.) veranstaltete Titus hier seine Festspiele mit den gefangenen Juden: »Mehr als 2500 betrug die Zahl derer, die teils in Tiergefechten, teils auf dem Scheiterhaufen, teils in Kämpfen miteinander zugrunde gingen« (Jüd. Krieg VII, 3, 1).

In seinem Bericht über die Einweihung der Stadt erwähnt Josephus, daß Herodes auch an das Vergnügen der Turffreunde gedacht hatte: In dem neuerbauten, etwa 20 000 Zuschauer fassenden Hippodrom veranstaltete der König große Pferderennen. Das Hippodrom, zu dem eine mit Marmorplatten belegte Prachtstraße hinausführte, liegt am Rand der südlichen Stadtmauer und hebt sich durch die Konturen einer antiken Pferderennbahn leicht von der Umgebung ab. In nordsüdlicher Richtung betrug die Länge 320 m, die Breite in ostwestlicher Richtung 80 m. Im Osten, Süden und Westen ist das Hippodrom von einem mit einer Mauer versehenen Erdwall umgeben, der für die abgerundete Südseite eine natürliche Böschung ausnützte. Eine 4,2 m breite und 220 m lange Mauer, die sogenannte Spina, teilte die Arena in zwei Längsbahnen. Etwa 90 m von der Nordseite entfernt, an der sich wohl der Haupteingang befand, liegen neben der Spina

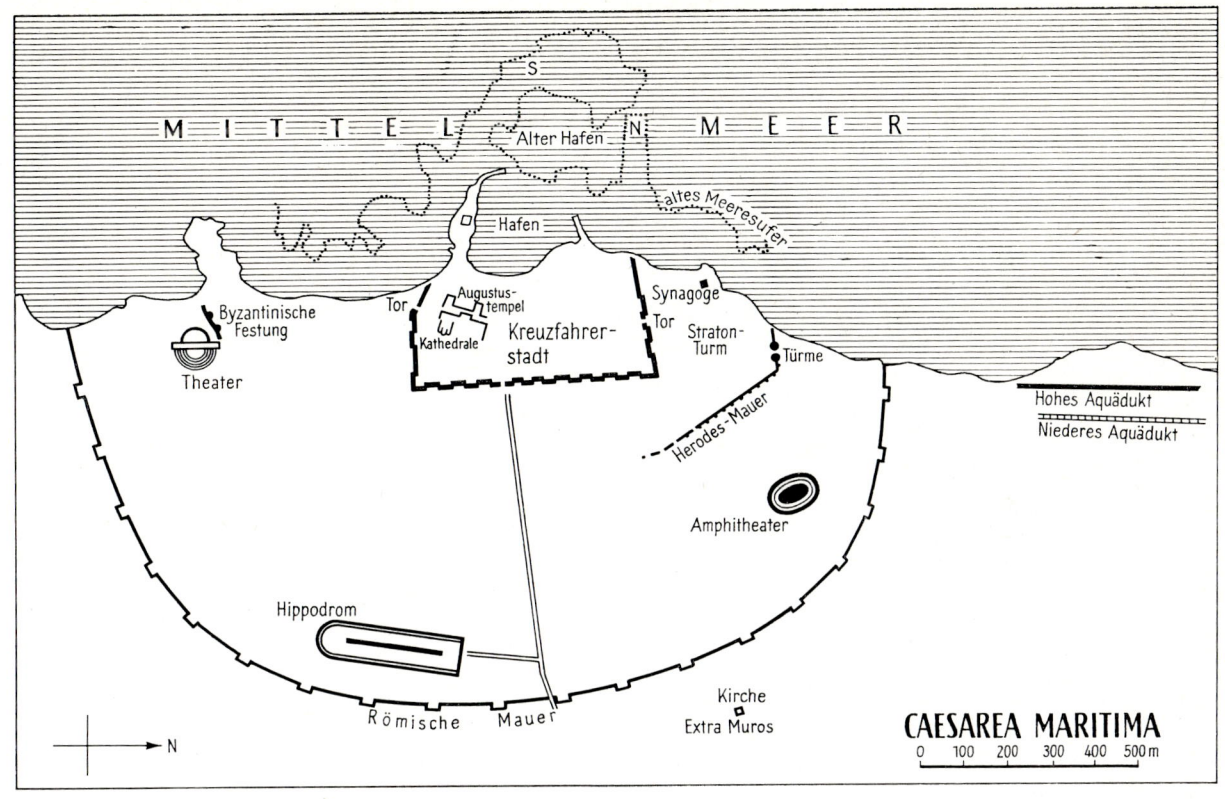

MITTEL MEER

Alter Hafen

altes Meeresufer

Hafen

Byzantinische
Festung

Augustus-
tempel

Synagoge

Theater

Kathedrale

Kreuzfahrer-
stadt

Straton-
Turm

Türme

Tor

Tor

Hohes Aquädukt

Niederes Aquädukt

Herodes-Mauer

Amphitheater

Hippodrom

Römische Mauer

Kirche
Extra Muros

CAESAREA MARITIMA

0   100 200 300 400 500 m

N

Abb. 123. Plan von Cäsarea am Meer mit dem alten Hafen und Meeresufer (nach L. I. Levine).

drei mächtige zugespitzte Säulen aus rotem Granit; wahrscheinlich waren es die nördlichen Zielsäulen, dazu in einiger Entfernung ein zerborstener Obelisk. Am auffälligsten ist ein großer quadratischer Granitblock von 2,24 m Seitenlänge und etwa 1,2 m Höhe. Er liegt als mächtiges Hindernis mitten in der östlichen Längsbahn, unweit der Ablaufsäule. Wahrscheinlich ist es der gefürchtete Taraxippos[112], der im Glanz der Sonne als grell widerspiegelnder Felsblock die Pferde zum Scheuen bringen sollte, wie es Pausanias, der antike »Bädeker«, in seinem Reisehandbuch von Olympias (X, 37, 4) überliefert.

Über die Wasserversorgung der Stadt, die zu Beginn des Jüdischen Aufstandes etwa 50 000 Einwohner zählte, erfahren wir von Josephus nichts. Die Forscher des »Palestine Exploration Fund«, die in den achtziger Jahren des vorigen Jahrhunderts die archäologische Geländeaufnahme Cäsareas durchgeführt haben, sind dem Lauf zweier Aquädukte nachgegangen, die im Norden die Stadtmauer erreicht haben (vgl. Abb. 123). Der sogenannte »Tiefe Aquädukt« brachte das Wasser längs der Küste von dem etwa 5 km entfernten Nahr ez-Zerka, dem Krokodilfluß des Plinius und Strabon. Zwei Dämme stauten den Fluß, damit das Wasser das nötige Gefälle erhielt. Der am Anfang offene, in den Felsen geschlagene Kanal von 1,9 m Breite ist dann im weiteren

Verlauf mit einem gemauerten, über 2 m hohen Steingewölbe abgedeckt, um eine Verschüttung durch den Flugsand der Dünen zu verhindern. Der »Hohe Aquädukt« (Bild 2) brachte das Wasser von einigen, am Abhang eines südlichen Karmelausläufers gelegenen Quellen zu der etwa 7 km entfernten Stadt. Wegen des schwierigen Geländes beträgt aber die Länge des Aquäduktes über 12 km (vgl. Abb. 124, 2, S. 208).

Die neueren Luftaufnahmen lassen den Verlauf einer alten Mauer erkennen, die halbkreisförmig die alte Stadt umschloß. Aller Wahrscheinlichkeit nach stammt diese Stadtmauer erst aus byzantinischer Zeit. Ob das herodianische Cäsarea ummauert war, erfahren wir von Josephus nicht. Ausgrabungen, die 1960 längs der Küste begonnen wurden, haben aber nördlich der Kreuzfahrerstadt ein Stück herodianischer Stadtmauer, dazu zwei mächtige runde Türme von 10 m Durchmesser zutage gefördert, so daß eine sichere Begrenzung der Kaiserstadt im Norden möglich ist. Weitere Ruinen eines großen Wohnviertels aus herodianischer Zeit liegen noch südlich des Theaters unter dem weißen Dünensand verborgen (linker Bildrand). Der feine Sand, den die Meeresströmung längs der Küste und an der Mole ablagerte, wurde in den vielen Jahrhunderten landeinwärts getragen. Wie mit einem Leichentuch überdeckten die Dünen, die am linken und rechten Bildrand als helle Flächen zu erkennen sind, die Großbauten einer so ereignisvollen Zeit. Israelische und italienische Archäologen, die seit 1956 in der »Kaiserstadt« arbeiten, haben die Ruinen wieder freigelegt (vgl. Abb. 123).

Abb. 124.   Cäsarea — Aufstieg und Niedergang einer Stadt.

Eine nicht alltägliche Zufälligkeit lenkte die Aufmerksamkeit der Archäologen auf die einstige »Kaiserstadt«. Ein Traktor, der die Anlegung einer Bananenpflanzung vorbereiten sollte, fuhr sich fest. Das Hindernis war eine Kolossalstatue aus rotem Porphyr. Bereits 1948 waren nördlich der Kreuzfahrerstadt verschiedene Mosaikreste einer Synagoge entdeckt worden, dazu zwei Kapitäle mit dem Symbol der Menora, des Siebenarmigen Leuchters (Bild 4). Bei den im Jahre 1956 wieder aufgenommenen Grabungen wurde das Gelände genauer untersucht, und die freigelegten Schichten enthüllten den Aufstieg und den Niedergang der berühmten Hafenstadt. In etwa 7 m Tiefe lagen alte Mauerreste, die nach dem Keramikbefund aus der hellenistischen Zeit (4. bis 1. Jahrhundert v. Chr.) stammen. Da die Mauern auf unberührtem Boden stehen, gehören sie wahrscheinlich zu den Bauten des alten Hafenviertels vom »Turm des Straton«. Darüber liegen die Fundamente eines großen Gebäudes mit teilweise 1,2 m starken Mauern, die in der vorzüglichen Läufer- und Bindetechnik der herodianischen Zeit errichtet sind. Zu den weiteren Mauerresten gibt Josephus den zeitgenössischen Kommentar: »Was die unter der Stadt sich befindenden Anlagen betrifft, so waren sie ebenso kunstvoll angelegt wie die Gebäude über der Erde. Die Kanäle, die voneinander durch gleiche Zwischenräume getrennt waren, reichten bis zum Meeresufer, während ein gleicher Kanal alle übrigen quer durchschnitt, so daß das Regenwasser und die Schmutzwässer der Stadt abfließen und die Meeresfluten von außen eindringen konnten, wodurch die ganze Stadt unterspült und rein gehalten wurde« (Jüd. Altert. XV, 9, 6). Die nächste Schicht barg den Mosaikboden der bereits entdeckten Synagoge. Das 18 m lange und 9 m breite Gebäude hatte einen dreischiffigen Innenraum. Da eine alte Mauer aus der herodianischen Zeit in den Bau mit einbezogen war, ist es wahrscheinlich, daß hier die berühmte Synagoge gestanden hat, von der im Jahre 66 n. Chr. der Erste Jüdische Aufstand gegen die römische Herrschaft seinen Ausgang nahm. Die verschiedene Höhe der Säulen läßt darauf schließen, daß sich über den Seitenschiffen Emporen befanden. Von der Pietät jener Diaspora kündet noch eine Inschrift auf einer Säule: »Geschenk des Theodorus, des Olympus Sohn, für die Rettung seiner Tochter Matrona«. Da die letzten der etwa 3700 gefundenen Bronzemünzen aus der Zeit Kaiser Julians (361 bis 365) stammen, ist die Synagoge wohl in der zweiten Hälfte des 4. Jahrhunderts zerstört worden.

Im Bereich der Kreuzfahrerstadt fand der israelische Archäologe A. Negev in den Jahren 1961/62 bedeutende Baureste der herodianischen Kaiserstadt. Die Luftaufnahme (Bild 1) zeigt im Vordergrund das Hafenbecken mit der südlichen Mole (vgl. Abb. 122, S. 206); am Ufer das hohe Minarett der Moschee, dahinter auf dem ansteigenden Gelände die freigelegten Ruinen, umschlossen von der mächtigen Mauer aus der Kreuzfahrerzeit (vgl. Abb. 123, S. 207). Schon die Forscher des »Palestine Exploration Fund« entdeckten im südöstlichen

1. *Die Ruinen der Kaiserstadt mit den Fundamentmauern des Tempels des Augustus und der Göttin Roma am Ufer des Hafens.*

2. *Die Seeseite des »Hohen Aquäduktes«.*

3. *Das römische Theater.*

Viertel auf der Anhöhe eines kleinen Hügels, der offenbar künstlich aufgeschüttet worden war, mächtige Mauerzüge. Am Südhang des Hügels stehen die Ruinen der Kreuzfahrerkathedrale mit drei Apsiden im Osten und vier massiven Strebepfeilern an der Westfassade. Die Kathedrale, die dem Andenken des Völkerapostels in Cäsarea geweiht war, scheint aber nicht nach den ursprünglichen Plänen vollendet worden zu sein. Unter der Kathedrale liegt noch ein gewaltiger, 15 m hoher Gewölbebau von 30 m Länge und 10 m Breite (rechts über dem Minarett). Die dicken Mauern verraten durch die Behauungstechnik ihrer Quadern die herodianische Herkunft. Die anliegenden Gewölbe sind nicht mehr erhalten. Unter der Last des Neubaues der Kathedrale stürzten sie zusammen. Der nördlich, am Westhang des Hügels, gelegene Mauerzug (linke Bildhälfte) zeigt wieder die spezifischen Merkmale herodianischer Bauweise. Der israelische Archäologe beschließt seinen Ausgrabungsbericht: »Zusammenfassend sei also gesagt, daß sowohl die gewölbten Bauten als auch die östlich davon gelegenen länglichen Räume den Eindruck erwecken, Teile eines umfangreichen Podiums zu sein, auf dem der Augustustempel und die wichtigen öffentlichen Gebäude des Stadtinneren von Cäsarea errichtet waren.« Spärliche Marmorreste der zerstörten Tempel- und Palastbauten finden sich noch in den Mauern der frühen arabischen Häuser und in den Befestigungsbauten der Kreuzfahrer.

Zwei Aquädukte sicherten die Wasserversorgung der Stadt (vgl. Abb. 123). Im März 1963 wurden 28 Bogen des »Hohen Aquäduktes« freigegraben (Bild 2). Bei einer Höhe von fast 6 m beträgt die Gesamtbreite des Aquäduktes etwa 5 m. Auf den von mächtigen Pfeilern getragenen Halbbogen, deren Spannweite rund 4,25 m mißt, liegen zwei gemauerte, etwa 1 m breite Wasserrinnen. Schon früher ist die doppelteilige Anlage des Aquäduktes bemerkt worden. Die jüngsten Untersuchungen haben die Verdoppelung der Wasserleitung und die Verbreiterung des Aquäduktes bestätigt. Die östliche Wasserrinne stammt noch aus herodianischer Zeit. Der fast in gleichen Maßen westlich angebaute Teil ist etwas jüngeren Datums. Die Abbildung zeigt die westlich angebaute Leitung und läßt unter den Bogen die Ansatzstelle des neuen Mauerwerkes gerade noch erkennen. Da die neue Außenmauer zur Seeseite lag, hat sie durch Witterungseinflüsse mehr gelitten. So zeigen drei aufgefundene lateinische Inschriften, daß der westliche Teil des Aquäduktes von den Bautrupps der II. Legio Traiana Fortis, der VI. Legio Ferrata und der X. Legio Fretensis in den Jahren 132—134 n. Chr. repariert wurde. Die zunehmende Abtragung des Ufergeländes durch die Brandung führte wohl im 12. Jahrhundert zum Einsturz einer längeren Strecke in unmittelbarer Nähe der Stadt.

Die besondere Aufmerksamkeit der Archäologen galt dem Theater des Herodes (Bild 3). Es liegt südlich des Hafens dicht an der Küste und war halbkreisförmig in eine verkarstete Düne hineingebaut (vgl. Abb. 123). Die Zuschauer sahen über die Bühne auf das weite Meer, das als großartige Naturkulisse diente. In mehrjährigen Grabungskampagnen wurde seit 1959 unter Leitung des italienischen Archäologen A. Frova das gewaltige Halbrund vom Schutt der Jahrhunderte ge-

4. Menora auf einem Kapitäl der Synagoge.

5. Statue des Guten Hirten.

6. Die Mauer und der Burggraben der Kreuzfahrerstadt.

räumt und fast alle Bauelemente des antiken Theaters freigelegt: die »cavea« — »der Zuschauerraum« —; die »orchestra« — »der Spielplatz des Chores« —; die »scaena« — »das
Bühnenhaus« — mit dem »hyposcaenium« — »der Bühne«
und dem »pulpitum« — »dem Bühnenpodium«. Die Ausgrabungen zeigten bald, daß die Anlage im Laufe der Jahrhunderte verschiedenen Umbauten unterworfen war und zuletzt
in einen byzantinischen Festungsgürtel einbezogen wurde. So
war es das Bestreben der Archäologen, die herodianische
Struktur wieder sichtbar werden zu lassen. Die halbrunde
Cavea zählt im unteren Teil 13 Reihen mit Sitzbänken, im
oberen Teil 5 Reihen; durch die sogenannten »cunei« —
»Treppenaufgänge« — ist die Halbrund in gleich große Sektoren gegliedert. Von einem ringförmig überwölbten Korridor führen 6 radial angelegte Durchgänge zum großen Umgang. Von der Außenstruktur sind nur noch wenige Details,
wie Pilaster und Pfeiler, zu erkennen. Die Sitzplätze laufen
im Halbrund um die Orchestra, die mit einem Durchmesser
von rund 30 m die Größe des Theaters bestimmte. Die zwei
gewölbten Eingänge zur Orchestra wirken noch heute impo-
sant. Dem Zuschauerraum frontal gegenüber lag das Bühnenhaus, aus dem die Schauspieler auf die Bühne traten, die
etwas erhöht über der Orchestra lag. Die Fassade des Büh-
nenhauses war durch eine große halbrunde Apsis und quadratische Nischen gegliedert. Unter dem Podium der Bühne
wurden Pfeiler und Gewölbebogen entdeckt, welche die Bühne
trugen. Die Orchestra selbst zeigte die größten baulichen Veränderungen. Man scheute nicht einmal die Kosten für eine
große »Wasserschau« mit Seegefechten. Das eindrucksvollste
Zeugnis herodianischer Pracht gab der Fußboden der Orchestra preis. Etwa 0,7 m unter dem Marmorboden wurde eine
Fußbodenschicht freigelegt, die — zehnmal restauriert — mit
vielfarbigen geometrischen Ornamenten geschmückt war. Die
Fülle von Säulenfragmenten, Kapitälen, Bruchstücken von
Statuen und sonstigen architektonischen und dekorativen
Ornamenten bezeugen die Pracht dieser Stätte, die durch die
Apostelgeschichte unvergeßlich geworden ist.
Lukas schreibt: »Dann zog Herodes von Judäa nach Cäsarea
hinab und blieb dort ... Am festgesetzten Tag nahm Herodes im Königsgewand auf der Tribüne Platz und hielt eine
große Rede. Das Volk aber schrie: Eines Gottes, nicht eines
Menschen Stimme! Auf der Stelle schlug ihn ein Engel des
Herrn, weil er nicht Gott die Ehre gegeben hatte« (Apg 12,
19—23). Der jüdische Historiker Josephus schildert die Szene
ähnlich: »Zu Ehren des Kaisers veranstaltete Herodes Agrippa
[41—44 n. Chr.] in Cäsarea Festspiele. Am zweiten Tag begab sich Agrippa schon frühmorgens in einem Gewande, das
ganz aus Silber gewirkt war, zum Theater. Von den Strahlen der Sonne getroffen, leuchtete das Silber in schimmern-
dem Glanze auf, daß die Augen der Umstehenden geblendet
wurden. Alsbald riefen seine Schmeichler ihm von allen Seiten zu und nannten ihn Gott ... Bald darauf stellten sich
heftige Schmerzen in seinem Leibe ein ... Schnell wurde er in
seinen Palast getragen ... Noch fünf Tage ertrug er die Qual
in seinen Eingeweiden, bis ihn dann endlich der Tod erlöste«
(Jüd. Altert. XIX, 8, 2).
In späterer Zeit installierten arabische Einwohner in der riesigen Theaterruine einen Brennofen zur Kalkherstellung. Die
Marmorvorräte in der Kaiserstadt schienen ja unerschöpflich
zu sein. In einem großen Vorratshaufen fanden die Archäologen zwei Fragmente einer Marmorstatue des Guten Hirten
aus dem 4. Jahrhundert, ein kostbares Zeugnis der heidni-

christlichen Gemeinde Cäsareas (Bild 5). Die in der Nähe der
Synagoge liegende Ruine einer byzantinischen Kirche mit
einer zehnstufigen Freitreppe erinnert in besonderer Weise
an die frühchristliche Gemeinde, die seit apostolischer Zeit
ununterbrochen in der Kaiserstadt Heimatrecht hatte.
Als die Kreuzfahrer 1099 in Akko (Ptolemaïs) landeten, zogen sie an Cäsarea vorbei und belegten die Stadt nur mit
einer Steuer. Erst im Jahre 1101 griff Balduin die Stadt an,
vom Land und von der See aus. Die Einwohner hatten keine
Chance zu entfliehen. In einem furchtbaren Blutbad wurden
sie in der Moschee niedergemacht. Das weite Stadtareal ver-
ödete und diente als Steinbruch für die Neubauten der Kreuzfahrer, die aber nur ein kleines Gelände östlich des Hafens
besiedelten (vgl. Abb. 123, S. 207). Die von dem französischen König Ludwig IX. im Jahre 1251 erbauten Mauern und
Festungsgräben der Kreuzfahrerstadt sind in monatelanger
Arbeit wieder freigelegt worden (Bild 6). An der etwa 1100 m
langen Mauer lagen im Norden und im Süden je ein Stadttor, die durch Zugbrücken gesichert waren. Der 10 m breite
und teilweise bis zu 15 m tiefe massive Burggraben garantierte zwar den neuen Bewohnern eine ungestörte Nachtruhe,
schützte sie aber nicht vor einer Eroberung. Bibars' Soldaten
stiegen bereits 1265 durch den unterirdischen Kanal des »Tiefen Aquäduktes« heimlich in das Innere und zerstörten die
Stadt. Sie blieb als Ruine liegen bis in unsere Zeit.

Neue Testament gebraucht nur den offiziellen Herrscher-
namen Herodes; der Name Antipas kommt nicht vor.
   Unter den Söhnen des Herodes glich er, was Herrsch-
gier und Prunksucht angeht, am meisten seinem Vater,
ohne jedoch dessen Tatkraft und Unternehmungsgeist
zu besitzen. Wahrscheinlich war er in Rom erzogen
worden und zählte bei seinem Regierungsantritt etwa
17 Jahre. Wie sein Vater suchte Antipas die Gunst des
Kaisers mit Schmeicheleien zu gewinnen. So hat er die
Ortschaft Betharamphtha in Peräa, die beim großen
Aufstand nach Herodes' Tode im Jahre 4 v. Chr. zerstört worden war, wiederaufgebaut und nach der Gemahlin des Kaisers Livias genannt. Nach dem Tode
des Kaisers (14 n. Chr.) taufte er pflichtschuldigst entsprechend der Namensänderung der Kaiserin die Stadt
Livias in Julias um. Dennoch stand der Vierfürst bei
Augustus in keinem großen Ansehen. Dagegen wurde
er von dessen Nachfolger Tiberius sehr begünstigt. In
den Jahren 17—20 n. Chr. gründete Herodes Antipas
am Westufer des Sees Gennesaret eine neue Stadt, die
seine Residenz wurde. Er nannte sie nach seinem kaiserlichen Gönner: Tiberias. Antipas hatte diesen arg-
wöhnischen Fürsten durchschaut und bot seine Dienste
als Spitzel bei den höheren römischen Beamten im
Nahen Osten an. Über alle politischen Affären und
über jeden Beamtenklatsch hielt er den Kaiser auf dem
laufenden. Die römischen Legaten haßten ihn. Aber
dem Vierfürsten war der Kaiser wichtiger als dieser
oder jener Beamte. Das ging gut, solange Tiberius
lebte. Dessen Ende mußte auch das seinige herbeiführen. Im Jahre 39 n. Chr. wurde er von dem Kaiser
Caligula, dem Nachfolger des Tiberius, abgesetzt und

Æ

Abb. 125. *Münze des Vierfürsten Herodes Antipas.*

V: *Ein Palmzweig mit dem Namen in griechischer Schrift:*
»des Tetrarchen Herodes« und die Zahl: »das 33. Jahr«
(seiner Regierung = 29/30 n. Chr.).

R: *Der Name seiner Residenzstadt Tiberias in einem Lor-*
beerkranz (vgl. Abb. 160, S. 277).

Æ

Abb. 126. *Münze des Vierfürsten Philippus.*

V: *Kopf des Kaisers Tiberius, mit dem Lorbeerkranz ge-*
schmückt. Da das Gebiet des Philippus vorwiegend von
Heiden bewohnt war und er nur wenige Juden zu seinen
Untertanen zählte, zeigen seine Münzen das Bildnis des
Kaisers.

R: *Tempel mit dem Namen des Vierfürsten und das Jahr*
seiner Regierung: im 16. Jahr = 12/13 n. Chr., oder
36. Jahr = 32/33 n. Chr. Der auf allen Münzen des Vier-
fürsten abgebildete Tempel ist wahrscheinlich der von
Herodes dem Großen erbaute Augustustempel zu Paneas,
dem späteren Cäsarea Philippi (vgl. S. 351).

verbannt. Auch Jesus durchschaute seinen Landesvater.
Er nannte den Herodes Antipas öffentlich einen Fuchs
(Lk 13, 32).

Die Aufmerksamkeit, die von den einzelnen Evangelisten
der Person des Tetrarchen geschenkt wird, ist
auffallend unterschiedlich. Mit keinem Wort wird der
Vierfürst von Galiläa im Johannesevangelium erwähnt.
Mattäus nimmt nur einmal auf ihn Bezug (14, 1—12).
Eine ausführlichere Parallele dazu findet sich bei Markus
(6, 14—27), der darüber hinaus noch ein Wort Jesu
über Herodes erwähnt (8, 15). Um so auffallender
ist das Hervortreten des Tetrarchen im lukanischen

Schrifttum: 3, 1; 3, 19; 8, 3; 13, 31—33; 23, 7—15; Apg
4, 27; 13, 1.

Philippus, der zweite Vierfürst, den Lukas nennt, ist
uns auch kein Unbekannter. Sein Name bleibt für alle
Zeiten mit dem Messiasbekenntnis des Petrus zu Cäsarea
Philippi verbunden. Diese Stadt lag in der Landschaft
Ituräa. Zur Unterscheidung von dem am Meer
gelegenen Cäsarea trug diese »Kaiserstadt« den Zunamen
ihres Erbauers.

Wenn Lukas den Vierfürsten Philippus als Landesherrn
von Ituräa einführt, zeigt er damit, wie gut er
über die geschichtlichen Verhältnisse unterrichtet ist.
Vor der Zeit Herodes' des Großen gehörte nämlich die
Tetrarchie des Philippus mit den Landschaften Trachonitis,
Gaulanitis, Auranitis und Batanäa zum Reich der
Ituräer im Norden Palästinas.

Die Trachonitis — nach dem griechischen Wort »trachon«,
das »rauhes, felsiges Land« bedeutet — umfaßte
das Gebiet südlich von Damaskus; die Gaulanitis
erstreckte sich östlich vom Jordan von dessen Ursprung
bis zur Südspitze des Sees Gennesaret; zwischen
dem See und dem Haurangebirge lag Batanäa, an das
sich ostwärts die Auranitis anschloß.

Im Jahre 29 v. Chr. hatte Augustus diese Gebiete
dem unterworfenen Ituräerkönig Zenodorus abgenommen
und Herodes geschenkt. Als dessen Reich im Jahre
4 v. Chr. aufgeteilt wurde, fielen die ehemaligen Gebiete
von Ituräa, nämlich die Landschaften Trachonitis,
Gaulanitis, Auranitis und Batanäa, dem Vierfürsten
Philippus zu.

Wenn der Evangelist für sämtliche Landschaften des
Philippus die abgekürzte Bezeichnung »Trachonitis« gebraucht,
hält er sich an den Sprachgebrauch jener Zeit,
wie wir diesen in einem bei Philo mitgeteilten Briefe
des Königs Agrippa I. (37—44 n. Chr.) wiederfinden.
Ebenso nennt auch Josephus den Philippus als Tetrarchen
der Trachonitis (Jüd. Altert. XVIII, 5, 4).

Die Brüder Simon und Andreas und der Apostel Philippus
waren seine Untertanen. Jesus betrat sein Gebiet,
sooft er sich an das Nordostufer des Sees begab. In seinem
Herrschaftsbereich geschah das Wunder der Brotvermehrung.
Philippus starb nach 37jähriger Regierung
im 20. Jahr des Tiberius (33/34 n. Chr.).

Josephus stellt diesem Herodessohn das beste Zeugnis
aus: »Er war seinen Untertanen ein milder Herrscher
und ruhigen Gemütes, brachte auch sein ganzes
Leben in seinem eigenen Lande zu. Sooft er sich aus
seinem Hause begab, nahm er nur wenige Auserlesene
mit und ließ sich den Thronsessel, von dem aus er
Recht sprach, auf allen Wegen nachtragen. Begegnete
ihm dann jemand, der Hilfe und Beistand begehrte, so
wurde der Sessel sogleich aufgestellt, und nun hielt er
Untersuchungen ab, bestrafte die Schuldigen und sprach
die unschuldig Angeklagten frei. Er starb zu Julias
[Betsaida] und wurde in der Gruft, die sich schon bei
Lebzeiten erbaut hatte, mit großem Prunk beigesetzt.

Da er keine Kinder hinterließ, nahm Tiberius sein Reich an sich und schlug es zur Provinz Syrien« (Jüd. Altert. XVIII, 4, 6).

Die Nennung des letzten Vierfürsten zeigt ebenfalls, wie zuverlässig der Evangelist die zeitgeschichtlichen Verhältnisse wiedergibt. Lysanias von Abilene, der aber nicht mehr zur Familie des Herodes gehörte, herrschte über ein kleines Gebiet um die Stadt Abila, 25 km nordwestlich von Damaskus.

Von der Geschichte Abilenes zwischen den Jahren 4 v.—27 n. Chr. ist nichts anderes bekannt als die kurze Notiz des Evangelisten, der uns einen gewissen Lysanias als Tetrarchen von Abilene nennt; Josephus erwähnt nur den titellosen Namen Lysanias (Jüd. Altert. XVIII, 6, 10; XIX, 5, 1). Wieder hatte die Kritik ein leichtes Spiel, dem Evangelisten den Vorwurf zu machen, er habe irrtümlich den im Jahre 34 v. Chr. gestorbenen Beherrscher des Ituräerreiches, Lysanias, den Sohn des Ptolemäus, in die Zeit um 25—30 n. Chr. verlegt und zu einem Tetrarchen von Abilene gemacht. Als 1901 eine griechische Inschrift des Tetrarchen in der Nähe von Abila aufgefunden wurde, verstummten die Stimmen der Kritik.

Die Inschrift ist in eine Bergwand am Rande eines alten Weges eingehauen, den ein Freigelassener des Tetrarchen angelegt hat. Sie lautet: »Heil und Glück für unsere Herren, die Augusti, und ihr ganzes Haus. Nymphaios, Sohn des Abimmeos, Freigelassener des Tetrarchen Lysanias, hat auf seine eigenen Kosten diesen Weg begonnen und vollendet und den Tempel erbaut und alle Anpflanzungen gepflanzt. Für Kronos, den Herren, und die Vaterstadt in pietätvoller Gesinnung.« Auch wir danken dem Nymphaios im Namen des Evangelisten für seine pietätvolle Gesinnung, des Tetrarchen Lysanias gedacht zu haben.[113]

Der Vierfürst starb im Jahre 37 n. Chr. Nach seinem Tode gehörte die Tetrarchie während der Jahre 37—44 n. Chr. dem jüdischen König Agrippa I. und während der Jahre 53—100 n. Chr. seinem Sohn Agrippa II. Lukas erwähnt den Vierfürsten von Abilene, weil man sein Gebiet im Jahrhundert Jesu im weiteren Sinn zu dem »Land Israel« rechnete.

Mit diesen weltlichen Herrschern werden noch zwei geistliche Würdenträger genannt: Hannas und Kajafas. Die gleichzeitige Nennung zweier Hoherpriester ist zunächst auffallend, da es gesetzlich nur einen Hohenpriester gab. Aber auch hier schließt sich Lukas nicht nur an den Sprachgebrauch jener Zeit an, nach dem ein abgesetzter Hoherpriester diesen Titel weiterführen durfte; der Evangelist charakterisiert mit diesen beiden Namen eine ganz bestimmte Zeit: die Ära der hohepriesterlichen Dynastie aus der Familie der Hannas.[114]

Um die Bestrebungen des Hannas und seines Hauses besser zu verstehen, ist ein kurzer Rückblick auf die Geschichte der Hohenpriester unumgänglich. Seit Salomo um das Jahr 960 v. Chr. Zadok zum Hohenpriester bestellt hatte (1 Kön 2, 35), bekleidete dessen Familie diese Würde ununterbrochen bis in die Tage des Seleukiden Antiochus IV. Epiphanes (175—164 v. Chr.). Kaum König geworden, setzte er den Zadokiten und legitimen Träger des Hohenpriesteramtes, Onias III., ab und übertrug es auf dessen Bruder Jesus-Jason, der zwar Zadokite, aber nicht rechtlicher Erbe dieses Amtes war (2 Makk 4, 7—10). Onias III. war der letzte erbberechtigte Hohepriester in Jerusalem. Nach seiner Ermordung floh sein Sohn Onias IV. nach Ägypten und gründete dort zur Zeit, als der Tempel in Jerusalem entweiht war, einen neuen Tempel in Leontopolis im Bezirk von Heliopolis und amtierte darin als Hoherpriester. Bis zum Jahre 73 n. Chr. wirkten dort seine Nachkommen, von den ägyptischen Juden als legitime zadokitische Hohepriester anerkannt. Dieses Faktum läßt sich nur dadurch erklären, daß es solche in Jerusalem nicht mehr gab. Dieses Bewußtsein blieb aber auch im Heimatland lebendig. Selbst im Ernennungsdekret des Hasmonäers Simon bricht die Unsicherheit der Usurpation durch in der eingefügten Klausel »bis ein zuverlässiger Prophet ersteht«.

Nach Ermordung des Aristobul, des letzten Hohenpriesters aus dem Hause der Hasmonäer (36 v. Chr.), nahm Herodes insofern Rücksicht auf die Gefühle seiner Untertanen, als er einen sonst unbekannten Priester aus dem Hause Zadok, Ananelos aus Babylonien, zum Hohenpriester ernannte, aber auch Ananelos besaß keinen legitimen Erbanspruch auf diese Würde. Seit dem Jahre 152 v. Chr. waren alle Hohenpriester illegitim, ein Umstand, den man im Auge behalten muß, will man die Zeitverhältnisse und die Einstellung der Hohenpriester zur Politik verstehen.

Die erste Familie, welche nach der Liquidierung der Hasmonäer zur Macht kam, war die Familie Phiabi. In einer nicht mehr bestimmbaren Zeit ernannte Herodes einen Jesus ben Phiabi zum Hohenpriester. Als der allzeit hochzeitsfreudige König die schöne Tochter eines Simon ben Boëthos aus Alexandria kennenlernte, machte er diesen zum Hohenpriester, um standesgemäß die Tochter heiraten zu können. Dies geschah vermutlich im Jahre 22 v. Chr. Simon blieb bis zum Jahre 5 v. Chr. im Amt. Dann wurde er wegen gewisser Palastintrigen abgesetzt und Mattias, ebenfalls aus dem Hause Boëthos, zu seinem Nachfolger ernannt. Kurz vor seinem Tode machte Herodes noch Joasar, einen Schwager des Mattias, zum Träger des hohen Amtes. Nach dem Tode des Königs hielt es Archelaus für gut, den Inhaber des Hohenpriesteramtes zu wechseln; aber auch diesmal kam ein Mitglied aus dem gleichen Hause zum Zuge.

Im Jahre 6 n. Chr. änderten sich die Dinge. Judäa wurde einem römischen Prokurator unterstellt. Quirinius übertrug nach der Absetzung des Archelaus die Hohepriesterwürde auf Hannas aus der Familie des Seti.

Wir können bloß ahnen, daß das Haus Boëthos alles daransetzte, um die verlorene Position wiederzugewinnen. Aber Hannas blieb der Sieger. Josephus, der jüdische Historiker, nennt den Hannas den glücklichsten Mann seines Volkes. Er war neun Jahre Hoherpriester und sah seine fünf Söhne im Besitz dieses hohen Amtes, wobei allerdings ungewiß ist, ob er auch noch die Amtszeit seines letzten, gleichnamigen Sohnes erlebte. Es muß damals eine selbstverständliche Redensart gewesen sein, mit dem amtierenden Hohenpriester Kajafas auch Hannas, den Seniorchef der hohepriesterlichen Familie, zu nennen.

Mit dieser sechsfachen Zeitbestimmung kündigt Lukas das große Ereignis an: »Das Wort des Herrn erging an Johannes, den Sohn des Zacharias, in der Wüste.«

Johannes der Täufer

Alle vier Evangelisten berichten, daß Johannes als Vorläufer das Auftreten Jesu einleitete. Aber nur bei Lukas war er schon sein Vorläufer in der Verheißung und in der Geburt. Er allein berichtet auch, daß Jesus und Johannes nicht nur im Geiste, sondern auch dem Blute nach verwandt waren.

Die auffallende Wendung »in der Wüste« führt uns zurück in das erste Kapitel, da der Evangelist nach dem Bericht über die Geburt des Täufers abschließend feststellt: »Der Knabe aber wuchs heran und ward stark im Geiste. Er lebte in der Wüste bis zu dem Tage, da er vor Israel erscheinen sollte« (1, 80).

Im Stil der alttestamentlichen Berichterstattung erwähnt Lukas nochmals den Vater des Täufers, den er zu Beginn als Priester »aus der Klasse Abija«, der achten Priesterklasse nach der davidischen Einteilung, vorgestellt hat (Lk 1, 5). Mit dieser Angabe ist jedoch die Abstammung des Zacharias von Abija, dem Sohne des Eleasar, des dritten Sohnes Aarons, weder bewiesen noch ausgesprochen. Durch das Exil war die Einteilung der Priesterklassen in Unordnung geraten. Unter Serubbabel waren nur vier Priesterfamilien, »die Söhne Jedajas, die Söhne Immers, die Söhne Paschhurs und die Söhne Harims« (Esr 2, 36), nach Jerusalem zurückgekehrt. Diese wurden dann wieder in vierundzwanzig Klassen eingeteilt und zur Erinnerung an die davidische Institution mit den früheren Namen bezeichnet. Zacharias war also der Nachkomme eines Priesters, der nach dem Babylonischen Exil bestimmt war, die Klasse Abija zu ersetzen und deren Namen fortzuführen.

Da uns auch Johannes' Mutter als eine »Tochter Aarons« vorgestellt wird, entstammte der Vorläufer einer genuinen priesterlichen Familie. Wie die Eltern altisraelitische Namen tragen, so werden sie auch als Vertreter echt israelitischer Frömmigkeit charakterisiert: »Sie waren beide gerecht vor Gott und wandelten untadelig in allen Geboten und Satzungen des Herrn« (Lk 1, 6).

Noch ein Hinweis des Evangelisten verdient Beachtung. Er nennt Elisabet eine Verwandte der Maria (Lk 1, 36). Nach dem damaligen Sprachgebrauch bedeutet das Wort »Verwandte« die auf Abstammung beruhende gemeinsame Zugehörigkeit zu einer Familie. Daß eine Frau außer durch Abstammung auch durch Heirat Angehörige eines Geschlechts, nämlich desjenigen ihres Gatten werden kann, bleibt hier außer Betracht, da Maria noch unverheiratet ist. Eine Unverheiratete gehört stets dem Geschlecht ihres Vaters an. Da nun Elisabet eine Tochter Aarons (Lk 1, 5) genannt wird, muß auch Maria die Tochter eines Priesters gewesen sein. Die Art, wie Elisabet vom Evangelisten eingeführt wird, setzt voraus, daß beide, Elisabet und Maria, trotz der großen Entfernung gut miteinander bekannt, ja verbunden waren, was auf eine nähere Verwandtschaft schließen läßt. Auch den Namen Marjam oder Mirjam — Geschenk Jahwes — wird die Mutter Jesu nicht ohne bewußte Beziehung auf die einzige im Alten Testament erwähnte und gefeierte Trägerin dieses Namens, die Schwester Aarons und des Mose, erhalten haben. Wenn im Neuen Testament die priesterliche Herkunft Mariens und damit Jesu nur in der Notiz bei Lukas (1, 5. 36) gleichsam eingeschlossen ist und weder hier noch sonst irgendwo ein Gewicht darauf gelegt wird, so entspricht das ganz dem jüdischen Gesetz. Der Sohn einer Priestertochter, welche die Gattin eines Davididen geworden ist und als solche Jesus geboren hat, ist darum keineswegs priesterlichen Geschlechts, sondern einer der vielen, die zu seiner Zeit sich rühmen konnten, aus dem »Hause Davids« zu sein.

Während die vornehmen Priester der höheren Priesterordnungen durchweg in Jerusalem ihren Wohnsitz hatten, wohnten die unteren, sozial tiefergestellten Klassen in Städten und Dörfern verstreut auf dem Lande. Es liegt nahe, die Heimatorte der Priesterordnungen vornehmlich in Judäa, in der Nähe der Hauptstadt zu suchen. Doch sind uns aus der jüdischen Tradition auch fünf Orte in Galiläa bekannt, die bereits vor der Zerstörung des Tempels im Jahre 70 n. Chr. Priesterstädte waren.

Des Lukas kurze Notiz »Maria ging eilends in das Gebirge nach einer Stadt Judas« führt uns aus Galiläa nach Judäa. Wie aber hieß die Stadt? Der Evangelist nennt uns keinen Namen. Warum? Wir wissen es nicht. So erfahrene Männer in der Palästinawissenschaft wie Origenes, Eusebius und Hieronymus schweigen über den Ort, der durch das Magnifikat einen unauslöschlichen Glanz erhalten hat. Wir werden uns also mit diesem Tatbestand abfinden müssen. Dennoch können wir es verstehen, wenn spätere Generationen nicht müde wurden, den Ort zu suchen. Wenigstens acht Städte streiten um des Täufers Wiege. Machärus, Betlehem, Sebaste, Jerusalem, Hebron, Jutta und Ain Karim wurden im Laufe der Jahrhunderte als Heimat des Täufers verteidigt. Die Philologen haben sich ver-

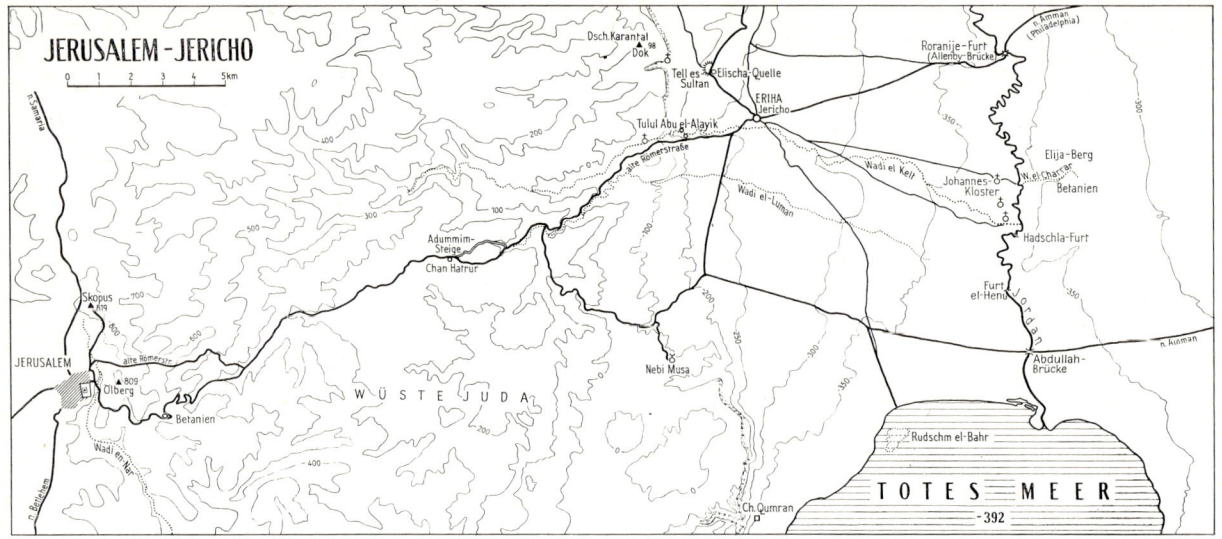

Abb. 127. *Die Umgebung von Jericho mit dem Jordantal und dem Wege nach Jerusalem. (Vgl. Abb. 138, 2, S. 233; Abb. 221, S. 392, und Abb. 224, S. 398.)*

geblich bemüht, in der allgemeinen Ortsangabe einen Anhaltspunkt für eine Lokalisation zu finden. Nach der Geburt des Johannes »sprach man im ganzen Gebirge von Judäa von allen diesen Dingen« (Lk 1, 65). Hier steht das gebräuchliche Wort »Judäa«, während die vorher gebrauchte Ortsangabe »Juda« einmalig ist. Einige Forscher vermuten darum, das seltene Wort »Juda« komme auf das Konto des Abschreibers, der beim Diktat statt »Jutta« Juda gehört habe. Die Stadt Jutta, eine der alten Priesterstädte, die im Buche Josua (15, 55; 21, 16) erwähnt wird, liegt etwa 10 km südlich von Hebron auf einem Hügel in anmutiger Umgebung. Für diese abgelegene Stadt der Edomiter, die erst um das Jahr 120 v. Chr. von dem Hasmonäerfürsten Johannes Hyrkan gewaltsam judaisiert worden war, fehlt aber jeder Hinweis in der jüdischen Tradition.

Auf eine andere Spur führt das Wort »oreine« — »Gebirge« —, das von Josephus als Bezeichnung für das judäische Bergland und die Umgebung Jerusalems benutzt wird (Jüd. Altert. XII, 1, 1). Plinius gebraucht dasselbe Wort in seiner »Naturgeschichte« (V, 14) und bezeichnet damit die Toparchie (Bezirk) Jerusalem, ohne den Namen Jerusalem zu nennen, da dieses zur Zeit des Plinius bereits zerstört war. Im Protoevangelium des Jakobus (150 n. Chr.) bezeichnet derselbe Ausdruck das Bergland um Jerusalem. Es ist möglich, daß das Wort »oreine« eine alte Lokalbezeichnung war, deren Sinn schon früh verlorengegangen ist.

Erst in später Zeit führt uns die Tradition in die Nähe von Jerusalem. Der Pilgerbericht des Theodosius,

der die Wallfahrtsziele in Palästina um das Jahr 530 aufzählt, nennt uns zwar keinen Namen, gibt aber die Entfernung an: »von Jerusalem bis dorthin, wo die heilige Elisabet, die Mutter Johannes' des Täufers, wohnte, sind es fünf Meilen [ca. 7,5 km]«. Im Georgischen Festkalender erscheint dann zum erstenmal der Name »Ain Karim« (um 638), der nun für die späteren Generationen mit dem Geheimnis der Verkündigung und Geburt des Vorläufers Jesu verbunden blieb (vgl. Abb. 135, S. 228).[115] Ganz ähnlich wie bei der Kindheitsgeschichte Jesu faßt Lukas das verborgene Leben des Täufers in zwei Sätzen zusammen: »Der Knabe wuchs heran und ward stark im Geiste. Er lebte in der Wüste bis zu dem Tage, da er vor Israel erscheinen sollte« (Lk 1, 80).

Es ist die Wüste Juda, die sich östlich und südöstlich von Jerusalem nach dem Toten Meer erstreckt und zum alten israelitischen Stammesgebiet gehörte (vgl. Abb. 127).

Dieses Gebiet ist aber keine Wüste im üblichen Sinne, sondern zerklüftetes Bergland mit kahlen und öden Hängen, die von tiefen Tälern und felsigen Schluchten durchzogen werden. Im Frühjahr ist diese «Wüste« für wenige Wochen mit grünem Steppengras bedeckt, und manche Berghänge leuchten wie ein bunter Blumenteppich (vgl. Abb. 21, S. 41). Aber schon nach kurzer Zeit hat die Sonne den grünen Teppich zu einem trostlosen Ödland ausgebrannt. Nach Osten zu senkt sich das Bergland von Juda, dessen Kamm 800—1000 m hoch liegt, zum Toten Meer hin. Vor dem Ufer fällt das Gelände plötzlich steil ab und bildet ein felsiges Plateau, das terrassenförmig zum Meeresstrand absinkt. So liegt die Wüste Juda vor uns, so lag sie auch vor 2000 Jahren da. Wer würde an der »Wüste« interessiert sein? Mit einem Schlag war es die ganze Welt, als im Jahre 1948 die ersten Nachrichten von Handschriftenfunden aus der

Wüste Juda die Zeitungen wie Sensationsmeldungen füllten. Die Entdeckungen der Höhlen, die Ausgrabungen des alten Klosters Qumran bilden seitdem ein Forschungsgebiet ersten Ranges, das aber nicht nur die Fachwissenschaft angeht, sondern die ganze christliche Welt interessiert.[116] Fast handgreiflich liegt vor unseren Augen ein Milieu, das tausendneunhundert Jahre unberührt im Sand der Wüste ruhte; ein Milieu, das zeitlich und geographisch die Ereignisse des Lebens Jesu umgibt. Wir lernen an Ort und Stelle den Glauben und die Lehre, die Organisation und die religiöse Praxis einer spätjüdischen Gemeinschaft kennen, deren Mitglieder hier in der Wüste als Einsiedler lebten. Josephus nennt sie die »Essener« — »die Frommen«.

Die Erforschung von Qumran hilft uns, den zeitgeschichtlichen Hintergrund jener Welt aufzuhellen; zeigt uns aber auch, wie der Ruf Gottes in einer einzigartigen neuen Weise an Johannes, den Einsiedler in der Wüste, erging.

Die Höhlenfunde am Toten Meer

Die aufsehenerregende Geschichte begann an einem Sommertag des Jahres 1947, als der junge Beduine Mohammed ad Dib (»der Wolf«), aus dem Stamme der Ta'-amireh, etwa 12 km südlich von Jericho seine Ziegenherde hütete. Als er einem verirrten Tier nachstieg — so lautet ein Bericht —, entdeckte er den Eingang zu einer Höhle. Die Neugierde lockte ihn, diese Höhle, die etwa 8 m lang, 2 m breit und durchschnittlich 2,5 m hoch ist, mit seinem Freunde zu untersuchen. Dabei entdeckten sie mehrere mit Deckeln verschlossene Tonkrüge, die zwischen den Scherben anderer, zerschlagener Krüge standen (vgl. Abb. 128 und Abb. 130, 1, S. 218).

Schon wähnten sich die beiden Hirten als die glücklichen Finder eines verborgenen Goldschatzes, und sofort begannen sie aufgeregt, die Krüge zu untersuchen. Aber alle, bis auf einen, waren leer. Aus dem einen gefüllten Krug zogen sie eine große und zwei kleinere Lederrollen, die sorgfältig in eine anscheinend mit einem Gemisch aus Wachs und Asphalt getränkte Leinwand gewickelt waren. Enttäuscht zogen sie mit ihrem Fund ab. Nach einiger Zeit brachten die Beduinen eine Lederrolle zu dem syrischen Antiquitätenhändler Kandu nach Betlehem. Kandu, der ein Mitglied der syrisch-jakobitischen Gemeinde war, hielt die Schrift für syrisch. Er gab den Hirten den Rat, sich an das syrische St.-Markus-Kloster in Jerusalem zu wenden. Nach einigem Hin und Her kaufte der syrisch-orthodoxe Erzbischof Mar Athanasios, der im Kloster residierte, den Beduinen die Rollen ab. Die Bewohner des Klosters ließen sich von ihnen die Fundstätte der Schriftrollen zeigen. Bei späteren Untersuchungen der Höhle müssen sie die restlichen Rollen, die zur ersten Höhle gehören, gefunden haben.

Abb. 128. Handschriftenkrug aus Qumran.

Der aus vielen Bruchstücken zusammengesetzte Krug wurde zur Aufbewahrung der Handschriften benutzt. Die Krüge, die heute in Jerusalem aufbewahrt werden, haben eine Höhe von etwa 65 cm, bei 26,5 cm Durchmesser. Die Größe des Deckels beträgt etwa 16–18 cm. Aus den in der Höhle 1 gefundenen Scherben schließt man, daß mehr als 50 solcher Schriftkrüge dort in Sicherheit gebracht worden waren. Die Oberfläche der Krüge ist glatt. Wie man an der Innenfläche der Scherben noch feststellen kann, sind die Krüge auf der Töpferscheibe gedreht worden.

Das gestellte Photo zeigt noch links unten eine alte Öllampe und rechts einen der drei Töpfe mit silbernen Münzen, die in den Ruinen von Qumran gefunden wurden.

Als der bedeutende Archäologe William F. Albright Ende Februar 1948 die Fotokopie einer Schriftrolle zugesandt bekam, schrieb er in echter Forscherfreude begeistert per Luftpost seine Antwort nach Jerusalem zurück: »Herzlichen Glückwunsch zum größten Handschriftenfund unserer Zeit! Ich zweifle nicht im geringsten, daß die Schrift älter ist als die des Papyrus Nash ... Ich würde sie am ehesten um das Jahrhundert vor Christus ansetzen ... Was für ein unglaublicher Fund! Es kann nicht der mindeste Zweifel an der Echtheit der Handschriften bestehen.«[117]

Es würde zu weit führen, das bewegte Schicksal der gefundenen Schriftrollen im einzelnen zu schildern. Begnügen wir uns mit den wichtigsten Ergebnissen.

Heute befinden sich die sieben aus der ersten Höhle stammenden Rollen im sogenannten »Handschriften-Tempel« des Israel-Museums. Die wichtigste Schrift ist die sogenannte »Jesaja-Rolle von St. Markus« (1QIsᵃ)[118] (vgl. Abb. 192, S. 341). Der Text ist hebräisch, und die 54 Schriftkolumnen enthalten das ganze Buch des Propheten Jesaja. Diese Jesaja-Rolle ist die älteste aller gefundenen Schriftrollen und zugleich das älteste in sich abgeschlossene Manuskript eines Buches der Bibel. Die große Bedeutung dieser Schriftrolle liegt darin, daß der Text wegen seines hohen Alters einen wichtigen Beitrag zur Frage nach dem ursprünglichen Text des Alten Testaments und seiner Überlieferung bietet. Das Ergebnis lautet: Unser heutiger Text stimmt im wesentlichen mit den alten Schriften überein. So bestätigt diese Schriftrolle aus dem 1. Jahrhundert v. Chr. die zuverlässige Überlieferung der Heiligen Schrift.

Neben dieser vollständigen Jesaja-Handschrift fanden sich in der ersten Höhle noch ansehnliche Fragmente einer zweiten Jesaja-Rolle (1QIsᵇ); ferner ein Kommentar zum Buch des Propheten Habakuk (1QpHab). Eine weitere, fast 2 m lange Lederrolle enthält die Vorschriften einer jüdischen Glaubensgemeinschaft. Sie wird jetzt nach den Anfangsworten »serek hajjahad« die »Gemeinschaftsregel« oder »Handbuch der Unterweisung« — »Manuale disciplinae« — (1QS) genannt. Der erste Teil beschreibt einen »Bund ewiger Liebe«, der die Mitglieder der geweihten Gemeinde mit Gott verbindet. Der zweite Teil handelt von den »beiden Geistesarten des Menschen«, dem Geist des Lichtes und der Wahrheit und seinem Widersacher, dem Geist des Irrtums und der Finsternis. Darauf folgen die Ordensregeln mit einer ausführlichen Darstellung der Aufnahmebedingungen und der Strafen für Verstöße gegen die Gemeinderegel. Den Abschluß bildet eine lange Dankeshymne. Mit der »Gemeinschaftsregel« wurde in der ersten Höhle noch ein zweites Schriftstück gefunden, das mit der »Gemeinschaftsregel« zusammengerollt, wahrscheinlich sogar zusammengenäht war. Die Schrift bezeichnet sich selbst als »Regel für die ganze Gemeinde« (1QSa). Der Unterschied zwischen den beiden Regeln wird von manchen Erklärern darin gesehen, daß die eine

sich an die eigentliche, zölibatäre Mönchsgemeinde wendet, die andere an den »weltlichen« Zweig, an die verheirateten Mitglieder der Sekte. Wer zu ihnen gehört, soll vom 11. bis zum 20. Lebensjahr im Buche der Weisung und in allen Vorschriften des Bundes unterwiesen werden. Frühestens mit 20 Jahren sei ihm erlaubt, eine Frau zu ehelichen. Mit 25 Jahren erhält der junge Mann Sitz und Stimme in der Gemeinde. Mit 30 Jahren kann er zu allen führenden Ämtern aufsteigen. Die Träger dieser Ämter sind jedoch wieder den Priestern, den Söhnen Aarons, und den Ältesten der Gemeinde zu Gehorsam verpflichtet. Je nach der Wichtigkeit seines Amtes soll dem einen mehr Ehre entgegengebracht werden als dem anderen. Die Amtsträger sollen sich von ihren Ämtern zurückziehen, wenn sie alt geworden sind. (Nach 1QS V, 20—VII, 25.)

Der Schluß der Rolle handelt von der Sitzordnung beim feierlichen eschatologischen Mahl, bei dem der Messias anwesend sein wird. An erster Stelle kommt der Hohepriester, dann die gesamte Priesterschaft, dann der Messias, dann die weltlichen Würdenträger, schließlich die übrigen Tischgenossen, wiederum in der Reihenfolge ihrer Würde.

Die Gemeinde betete neben den biblischen Psalmen noch ihre eigenen Psalmen, die auf einer Rolle, zum Teil verstümmelt, aufgefunden wurden. Die rund 40 Psalmen beginnen alle mit den Worten »Ich preise dich, Herr«. Die Rolle erhielt darum den Namen »Hodajot« — »Preislieder« (1QH).

Abb. 129. Chirbet Qumran auf der Mergelterrasse.

Im Vordergrund die tiefe Schlucht des Wadi Qumran, in der Mitte des Bildes die Hochfläche mit den Ruinen des Klosters, im Hintergrund der nördliche Teil des Toten Meeres mit der Bergwand des ostjordanischen Hochlandes. Im Norden, Osten und vor allem im Süden ist das Terrassenplateau von steilen Mergelabhängen umgeben. Nur nach Westen läuft das Plateau in einen schmalen Hals auf den Gebirgsabfall des Wadi Qumran aus. Von diesem Mergelplateau her kann man nicht nur jeden Teil der Westküste bis zum Ras Feschcha überblicken, sondern auch die Straße durch das Wadi Qumran, die Straße über den Ras Feschcha-Paß und nach Norden das Gelände bis zum Wadi Dschaufat Zabin. Die etwas erhöhte Lage der Siedlung bot den Bewohnern nicht nur günstige Verteidigungsmöglichkeit, sondern bedingte auch eine luftigere Atmosphäre über dem Niveau des Jordangrabens und der Oberfläche des Toten Meeres. Dennoch kann das Thermometer noch im September bis auf 35 °C klettern. Gemildert wird die Hitze durch den schützenden Schatten, der bereits am frühen Nachmittag wegen des steilen Gebirgsabfalls die Terrasse bedeckt. Die Mergelterrasse von Qumran haben die Mitglieder der essenischen Bewegung etwa 200 Jahre bewohnt, so wie es in der »Großen Regel« hieß: »Sie sollen sich absondern aus den Wohnungen der Sünder und in die Wüste gehen, um dort den Weg des Herrn zu bahnen, wie geschrieben steht: »Bereitet in der Wüste einen Weg für Jahwe, machet gerade in der Steppe eine Straße unserem Gott«« (1QS VIII, 12—14).

Eine Schriftrolle, die über den »Krieg der Söhne des Lichtes gegen die Söhne der Finsternis« handelt, wird die »Kriegsrolle« (1QM) genannt.

Die 7. Rolle aus der ersten Höhle wurde aufgrund des Namens Lamech, der auf einem Fragment gelesen wurde, zunächst als »Lamech-Apokalypse« bezeichnet. Bei der genauen Untersuchung des aramäisch geschriebenen Inhalts erwies sie sich als ein Midrasch zur Genesis.

Nach den Kriegswirren wurde im Frühjahr 1949 erstmalig die Höhle 1 von Wissenschaftlern aufgesucht und systematisch untersucht. In der etwa einen halben Meter hohen Staubschicht wurden noch einige hundert Lederfetzen und Papyrusfragmente von Schriftrollen gefunden; dazu Leinwandreste und Tonscherben von Krügen, in denen die Handschriften geborgen waren. Es scheint, daß die Höhle schon in früheren Zeiten entdeckt worden war und nur der kleine Rest von sieben Schriftrollen der Plünderung entgangen ist. In einem syrisch geschriebenen Brief berichtet der nestorianische Patriarch Timotheus I. von Bagdad-Seleuzia († 823) von einem Fund hebräischer Schriften in einer Höhle nahe bei Jericho. Ebenso erwähnt bereits Origenes, man habe bei Jericho in einem Krug eine Übersetzung der Psalmen gefunden, zusammen mit anderen griechischen und hebräischen Handschriften. Ob es die Höhle von Qumran war? (Vgl. Abb. 130, 1, S. 219.)

Mit der Entdeckung dieser alten Handschriften tauchten sofort viele Fragen auf: Wer hat die Schriftrollen hier in diesen Höhlen versteckt; woher stammen sie; wann wurden sie geschrieben; in welchem Verhältnis stehen sie zu der Frohbotschaft Jesu?

In der Nähe des Wadi Qumran, nicht ganz 1 km von der Höhle entfernt, in der die ersten Schriftrollen entdeckt wurden, liegen einige Ruinen. Sie sind seit dem Altertum unter dem Namen »Chirbet Qumran« — »Ruine Qumran« — bekannt und wurden für die Überreste eines alten Kastells aus der Römerzeit gehalten. Da es im Vorderen Orient viele solche Ruinen gibt, muß schon ein besonderer Grund vorliegen, wenn die Archäologen ihre Mühe und Zeit auf ein solches Objekt verwenden. Sollten diese Ruinen aber doch eine Beziehung zu den gefundenen Handschriften haben?

Plinius der Ältere erwähnt in seiner »Historia naturalis« ein Kloster, das er etwas nördlich von En-Gedi am westlichen Ufer des Toten Meeres gesehen hatte. Er nennt es ein Kloster der Essener. Vielleicht war es unser Chirbet Qumran? Plinius schreibt: »... ein einsames und in der ganzen Welt vor anderen merkwürdiges Volk, ohne alle Frauen, das jeder Liebe entsagt hat und ohne Geld bei den Palmen wohnt. Tag für Tag wird in gleichem Maß die Schar derer, die zusammenkommen, wiedergeboren durch zahlreiche Hinzukommende, die das Schicksal, da sie des Lebens müde geworden sind, in Strömen zu ihrer Lebensweise hinzubringt. So ist durch die Jahrtausende — es klingt wun-

derbar — ein Volk ewig, in dem niemand geboren wird. So fruchtbar ist für sie die Reue anderer über ihr Leben« (V, 17). Zwei Forscher, G. L. Harding, Direktor der Jordanischen Altertumsverwaltung, und Pater Roland de Vaux OP, Leiter der Jerusalemer Bibelschule des Dominikanerordens, entschlossen sich, der Frage auf den Grund zu gehen. Ende November 1951 begannen sie mit 15 Mann die Ausgrabungen. Die Ergebnisse dieser Expedition haben alle Erwartungen übertroffen: Sie fanden das Kloster Qumran, in dem die Schriftrollen geschrieben worden waren (vgl. Abb. 130, S. 219, und Abb. 131, S. 221).

In den sechs aufeinanderfolgenden Jahren wurde das ganze Ruinengelände durch systematische Grabungen freigelegt. Die eingehenden Untersuchungen ergaben,

Abb. 130. Die Umgebung von Qumran mit dem Plan der Ruinen. (Vgl. Abb. 131, S. 221.)

Die Wüste Juda grenzt an das Westufer des Toten Meeres. Die Wolken, die den Regen vom Mittelmeer bringen, verlieren ihre Feuchtigkeit beim Anstieg auf den Höhenkamm, so daß der Ostabfall des Gebirges im Regenschatten liegt. Die jährliche Niederschlagsmenge, die in Hebron noch rund 500 mm beträgt, verringert sich am Toten Meer auf 100 mm. Dieser geringe Regenfall macht die Landschaft zur Wüste. Östlich der Wasserscheide sinkt das Gebirge in verschiedenen Höhenstufen nach dem Toten Meere ab. Längs der Küste zieht sich eine durchschnittlich 300 m hohe Bergwand hin, die steil zum Ufer abfällt und von tiefen Schluchten durchbrochen wird. Auf einer Mergelterrasse, etwa 50 m über dem Spiegel des Toten Meeres, liegt die Ruinenstätte Qumran, 12 km südlich von Jericho und 24 km östlich von Betlehem. Unmittelbar südlich der Siedlung haben die Wassermassen in den langen Jahrtausenden ein tiefes Wadi in die Bergwand eingeschnitten (vgl. Abb. 129, S. 217). Die Höhle 1 liegt etwa 1,5 km nördlich der Ruinen. Nachdem die Beduinen die Höhle 2 entdeckt hatten, wurde im Frühjahr 1952 von der Jordanischen Altertumsverwaltung eine Expedition beauftragt, die Umgebung Qumrans nach Höhlen abzusuchen. In einer Ausdehnung von 8 km wurde der Ostabfall des jüdischen Berglandes von sieben Trupps, bestehend aus je einem wissenschaftlichen Experten und drei bis vier Beduinen, durchgekämmt. In 26 Höhlen und Felsspalten fanden sich Keramikreste vom gleichen Typ wie in Höhle 1, jedoch wurden nur in zwei Höhlen Handschriftenfragmente gefunden. In der Höhle 3 lag die berühmt gewordene Kupferrolle (3Q 15) (vgl. Abb. 263, S. 471). Im September 1952 fanden die Beduinen in den Felspartien die Höhle 6 und auf der Mergelterrasse die Höhle 4. Wenn auch keine vollständige Handschrift gefunden wurde, so lieferte doch die Höhle 4 mehr als 20 000 Fragmente von rund 400 verschiedenen Handschriften (vgl. Abb. 134, S. 226). Die Archäologen eiferten den Beduinen nach und entdeckten auf der Mergelterrasse noch die Höhlen 5 und 7–10. Den Abschluß bildete die Entdeckung der Höhle 11 – 2 km nördlich von Qumran – im Jahre 1956. Etwa 3 km südsüdwestlich von Chirbet Qumran entspringt am Fuße des Steilabfalls die wasserreiche Quelle Ain Fescha, die nicht nur den Bedarf der dort lebenden Menschen

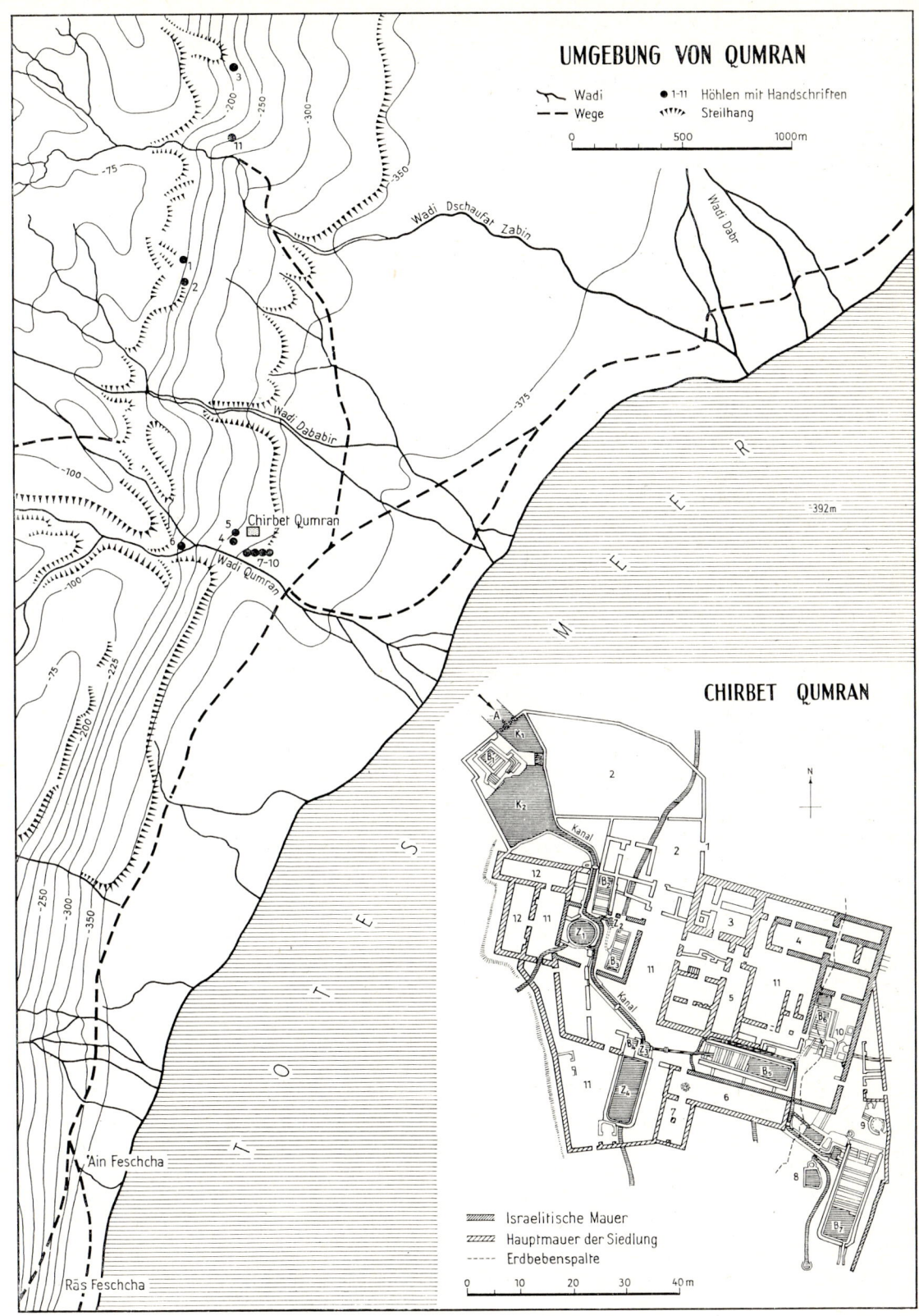

UMGEBUNG VON QUMRAN

⌇ Wadi	● 1-11 Höhlen mit Handschriften
– – Wege	⋀⋀⋀ Steilhang

0 ——— 500 ——— 1000m

Wadi Dschaufat Zabin

Wadi Dabr

Wadi Dababir

-375

-392m

Chirbet Qumran

5
4
6
7-10

Wadi Qumran

-100

-225

-75

-200

-250

-300

-350

T O T E S   M E E R

'Ain Feschcha

Räs Feschcha

CHIRBET QUMRAN

N

▨	Israelitische Mauer
▨	Hauptmauer der Siedlung
- - -	Erdbebenspalte

0   10   20   30   40 m

und Tiere befriedigen konnte, sondern auch der Bewässerung des zwischen Chirbet Qumran und Ain Feschcha gelegenen Küstenstreifens diente und so eine Ackerwirtschaft auf diesem Gelände möglich machte. Heute ist dieser Küstenstrich versumpft. In den folgenden Jahren wurden in der weiteren Umgebung des Westufers noch verschiedene Höhlen entdeckt, die aber mit der Siedlung Qumran in keinem Zusammenhang stehen. Die eine Fundstätte liegt 18 km weiter südlich im Wadi Murabba'at, die andere ist die Stätte von Chirbet Mird, wo im 5. Jahrhundert der hl. Sabbas auf den Ruinen der alten Festung Hyrkania das Kloster »Castellion« gegründet hatte. An beiden Stellen wurden biblische und andere Handschriften gefunden. Als eine israelische Expedition in den Jahren 1960/61 das Felsgelände zwischen En-Gedi und Masada absuchte, wurde ihre Mühe durch den Fund eines Papyrusbündels gekrönt, das 15 Briefe des Simon ben Koseba, des Führers des Zweiten Aufstandes (132–135 n. Chr.), enthielt.

Der Plan zeigt im Grundriß die Bauten von Chirbet Qumran. Mit der Außenwelt war die Siedlung der Qumran-Essener durch eine zum Teil noch erkennbare Straße verbunden. Es ist keine Straße in unserem Sinn, sondern ein Saumpfad, der in Serpentinen durch das Wadi Qumran aufwärts führt. (Vgl. Abb. 131, S. 221.)

Im Gebirge stößt er auf die Straße, die Jericho mit Betlehem und Jerusalem verbindet. Der Haupteingang (1) führte in einen doppelten Hof (2), welcher der Nordseite des Gebäudekomplexes vorgelagert war. Die ganze Klosteranlage bestand aus zwei Teilen: dem östlichen Haupt- und dem westlichen Nebengebäude. Das zweistöckige Hauptgebäude, das in der ersten Periode der Ansiedlung (I a) errichtet worden war, bildete einen großen, fast quadratischen Block von 30 auf 37 m. Die NW-Ecke, in der Nähe des Eingangs, sicherte ein mächtiger Turm (3), dessen Mauern 1,2–2,5 m stark waren. Die einzige Öffnung lag im zweiten Stockwerk und war nach der Hofseite gerichtet. Das untere Stockwerk war nur über eine Treppe aus dem zweiten Stock zugänglich und diente als Lagerraum. Im nördlichen Teil des Hauptgebäudes enthielt ein Raum (4) mehrere Feuerstellen, wahrscheinlich war es die Küche der Gemeinschaft. Das Scriptorium, in dem die Lederrollen beschrieben wurden, muß über dem Raum 5 gelegen haben. Im Schutt fanden sich noch die Trümmer der aus dem oberen Stockwerk herabgestürzten Schreibtische. Besondere Aufmerksamkeit erregte ein langgestreckter Raum (6) an der Südfront des Hauptgebäudes. Der 22 m lange und 4,5 m breite Saal wird als der Versammlungsraum der Gemeinschaft angesehen. An seinem westlichen Ende setzt sich eine mit kleinen Platten belegte runde Fläche vom Gipsboden ab; es muß der Platz des Vorstehers der Gemeinde gewesen sein. Mehrere Anzeichen deuten darauf hin, daß dieser Kapitelsaal auch als Refektorium benutzt wurde. Vom Wasserkanal, der quer durch die ganze Ansiedlung lief, führte eine Abzweigung in den Speisesaal. Eine an der entgegengesetzten, südlichen Seite liegende Senkung im Fußboden diente dem Abfluß des Wassers. Welch sakrales Zeremoniell die Mahlzeiten der Essener umgab, vernehmen wir von Josephus: »Wenn sie bis zur fünften Stunde fleißig gearbeitet haben, kommen sie wieder an einem bestimmten Ort zusammen, schürzen ein linnenes Tuch um und waschen sich den Leib in kaltem Wasser. Nach dieser Reinigung begeben sie sich in ein besonderes Gebäude, das kein Angehöriger einer anderen Sekte betreten darf, und versammeln sich hier, gereinigt, als ginge es in ein

Heiligtum, im Speisesaal. Dort setzen sie sich in aller Ruhe nieder, und es legt alsdann der Bäcker ihnen der Reihe nach Brote vor, während der Koch jedem eine Schüssel mit einem einzigen Gericht aufträgt. Ehe das Mahl beginnt, spricht der Priester ein Gebet, und vor dem Gebet darf niemand etwas verzehren. Nach dem Mahl betet er wiederum, so daß zu Anfang und zu Ende desselben Gott als der Spender der Nahrung geehrt wird. Nachdem sie sodann ihre gleichsam heiligen Kleider abgelegt, begeben sie sich wieder an ihre Arbeit bis zur Abenddämmerung« (Jüd. Krieg II, 8, 5).

In einem mit dem Speisesaal verbundenen Raum (7) entdeckten die Ausgräber eine große Kollektion von Geschirr, rund tausend Stück: 11 Krüge, 21 kleine Kannen, 38 Schüsseln, 75 Becher, 210 Teller, 708 Tassen, dazu ein vollständiges Gedeck, alles sauber und wohlgeordnet wie in einem renommierten Porzellangeschäft. Die klostereigene Keramikmanufaktur entdeckte man in der SO-Ecke des Hauptgebäudes. In einem Wasserbecken (8) wurde der Lehm geschwemmt und aufbereitet, dann in zwei neben der Töpferei liegenden Öfen (9) gebrannt. Im Ostflügel des Hauptgebäudes war ein großes Badebecken (B_6) angelegt sowie eine Reihe kleinerer Becken, von denen jeweils das eine niedriger lag als das andere; vermutlich war es die Wäscherei (10).

Im Jahre 31 v. Chr. zerstörte ein Erdbeben die ganze Siedlung. Noch heute sind an einigen Stellen die Spuren von Rissen und Bruchspalten zu sehen, am deutlichsten an der Treppe des Wasserbeckens B_6 im Ostteil des Hauptgebäudes. Die Bodendifferenz beträgt fast einen halben Meter. Nach dem Erdbeben blieb Qumran etwa 30 Jahre unbewohnt. Beim Wiederaufbau wurden einige Veränderungen vorgenommen. Der Turm erhielt an allen vier Seiten eine mächtige Verstärkung durch einen 4 m hohen und 1,5–2 m breiten Steinwall. Die Tür an der Südseite des Kapitelsaales wurde vermauert und die Wasserzuleitung gesperrt. Die Becken im Ostteil des Hauptgebäudes waren so schwer beschädigt, daß man sie in ihrem zerstörten Zustand ließ (vgl. Abb. 132, 3, (B_6), S. 222.) Anscheinend war die ganze SO-Ecke ein freier Hof geworden. Ebenso wurde das große Klärbecken (K_2) nur notdürftig repariert und in beschränktem Umfang benutzt. Östlich der Mauer des Hauptgebäudes lag der große Friedhof der klösterlichen Gemeinschaft, auf dem über 1100 Gräber entdeckt wurden. Die untersuchten Grabstätten, die bis zu 2 m tief in den Boden geschachtet waren, zeigten alle die gleiche Bestattungsweise. Die Toten lagen in parallelen Reihen, die sämtlich Nordsüdrichtung hatten. Der Leichnam war mit einer Lage von Steinen bedeckt, damit keine Erde den Körper berühre. In dem sorgfältig angelegten großen Friedhof wurden nur Gebeine von Männern gefunden, von denen keiner älter als 50 Jahre gewesen sein kann.[119] Zwei kleinere Friedhöfe mit den Gräbern von Frauen und Kindern lagen noch in der näheren Umgebung. Neben Gräbern von Menschen fand man noch auf dem Gelände des Klosters vergrabene Überreste von Tieren — Knochen von Schafen, Ziegen, Kühen, Kälbern und Lämmern, die sorgfältig in Tontöpfen beigesetzt worden waren. Warum? Auf diese Frage haben die Ausgräber noch keine Antwort gefunden.

Die Mauern von Qumran sind als stumme Zeugen übriggeblieben. Von dem Geist, der in diesen Mauern lebte, künden bis heute die aufgefundenen Schriften der Wüstenmänner: »Ich preise dich, Herr, denn du hast meine Seele aus dem Verderben erlöst. Und aus dem Verderben der Hölle hast du mich hinaufgeführt auf eine ewige Höhe« (1 QH III, 19–20).

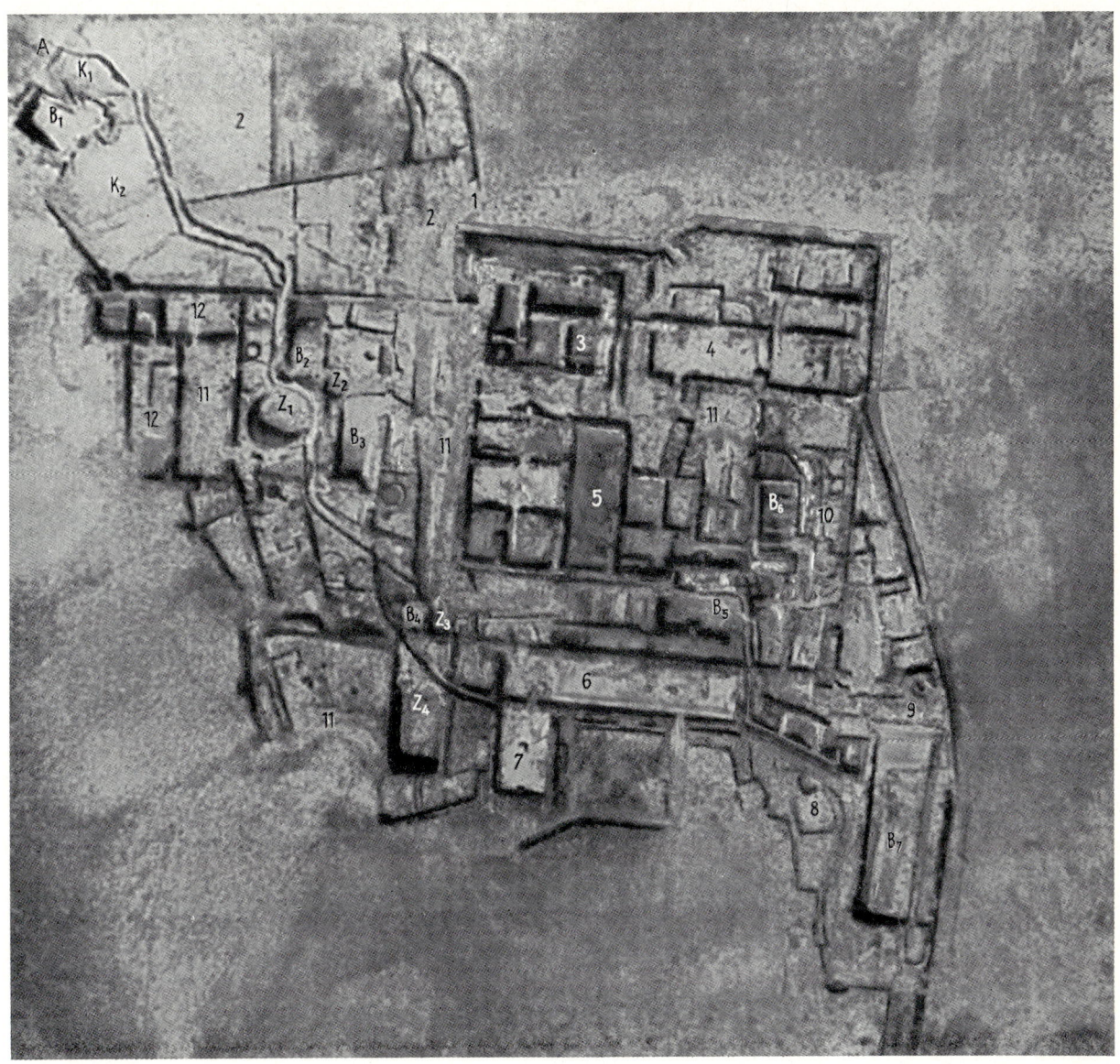

Abb. 131.   Luftaufnahme von Qumran.

Die Luftaufnahme läßt die Siedlungsanlage von Qumran bis in die kleinsten Details erkennen. Die einzelnen Bauten sind nach den Nummern des Planes (vgl. Abb. 130, S. 219) leicht auszumachen.

1	Haupteingang	8	Lehmwäscherei
2	Hof	9	Töpferei mit Brennöfen
3	Turm	10	Waschhaus
4	Küche	11	Höfe
5	Scriptorium	12	Vorratsräume
6	Kapitelsaal	B_{1-7}	Badebecken
	(Refektorium)	K_{1-2}	Klärbecken
7	Geschirraum	Z_{1-4}	Zisternen

daß die Stätte von Qumran bereits im 8. und 7. Jahrhundert v. Chr., während der Zeit des Königreiches Juda, bewohnt war. Nach den aufgefundenen Mauerresten muß es sich um eine bedeutende Siedlung gehandelt haben, für die heute noch eine mächtige Zisterne zeugt. Allgemein wird angenommen, daß hier die im Josuabuch (15, 62) genannte »Ir-Melach« — »Salzstadt« — gelegen hat. Wahrscheinlich wurde sie im Zusammenhang mit den Eroberungszügen Nebukadnezzars zu Beginn des 6. Jahrhunderts v. Chr. verlassen und erst wieder im 2. Jahrhundert v. Chr. besiedelt, als Anhänger der »Qumrangemeinde« dort ihre Niederlassung erbauten.

Die Forscher fanden eine große, von einer Mauer um-

Abb. 132. Die Wasseranlagen von Qumran.

Die Bezeichnungen und Nummern entsprechen den Angaben bei Abb. 130, die das Kanalnetz mit den angeschlossenen Badebecken und Zisternen in der Teilskizze zeigt.

1. Treppenanlage zum Becken B_1 am Kanaleinfluß;

2. Große Zisterne Z_1 von Norden aus gesehen;

3. Erdbebenspalte längs der Stufen zum Becken B_6.

Wenn auch die Forscher in der näheren Bestimmung der verschiedenen Bassins in Klärbecken, Zisternen und Badebecken geteilter Meinung sind, so zeigt doch die komplizierte Anlage, daß die Bewohner von Qumran, um die rituellen Reinheitsgesetze erfüllen zu können, auf eine zuverlässige Wasserversorgung besonderen Wert legten.

Die im Winter vom Gebirge herabströmenden Wasserfluten wurden über einen künstlich angelegten, etwa 700 m langen Aquädukt aus einem kleinen Seitental des Wadi Qumran in das Kloster geleitet. Die wohldurchdachte Anlage des Kanals, der im oberen Bereich des Wadi ein großes Wasserreservoir speiste, läßt aber erkennen, daß die Füllung der Zisternen und Becken im Gebäudekomplex keinesfalls nur einmalig und schlagartig in der kurzen Regenzeit erfolgte, sondern bei Bedarf die Wasserentnahme zu jeder Zeit mit Hilfe eines Schöpfwerkes möglich war und eine kontinuierliche Wasserzufuhr aus der Schlucht des Wadi gestattete. Der Kanal (A), der an der NW-Ecke in das Klostergelände mündete, ergoß sein Wasser zunächst in ein kleines Becken (K_1), dem sich ein breites, flaches Klärbecken (K_2) anschloß. Der nordwestliche Teil des Klärbeckens K_2 wurde durch das Badebecken B_1 eingenommen, das von Süden und Westen her über vier Stufen zugänglich war und zur Haupttreppe in das 3,4 m tiefe Becken führte (Bild 1). (Vgl. Abb. 130, B_1, S. 219.) Über zweimal drei und einmal zwei Stufen stieg man in das unterste Wasserbecken von 0,93 m Länge, 2,17 m Breite und 0,43 m Tiefe. Der arabische Wächter steht auf der letzten der oberen drei Stufen; in der linken oberen Ecke des Bildes sind die Stufen des südlichen, in der rechten die des westlichen Zuganges sichtbar. Die Gliederung der Haupttreppe mit den breiten Absätzen erweckt die Vermutung, daß der Wasserstand im Becken jeweils unterschiedlich war. Die Anlage läßt kaum einen Zweifel daran, daß das Becken zu Waschungen und rituellen Reinigungsbädern gedient hat. Wahrscheinlich wurde es von jenen Mitgliedern benutzt, die von draußen kamen. Dafür spricht auch die unmittelbar neben dem Wassereinlaß festgestellte kleine Pforte. Der Hauptkanal, der den Gebäudekomplex von NW nach SO in seiner ganzen Länge durchzog, verließ das Klärbecken in der SO-Ecke, bog nach etwa 8 m südwärts ab und stieß dann auf eine große Zisterne (Z_1), die er in einem Halbkreis östlich umlief (Bild 2). Das in südlicher Richtung aufgenommene Photo zeigt am linken Bildrand den kurvenreichen Kanal, dessen Lauf nach dem Plan leicht auszumachen ist. Die etwa 5,1 m tiefe Zisterne diente als Wasserreservoir, dessen Bau nach dem Grabungsbefund ins 8.–6. Jahrhundert v. Chr. zurückreicht. Ein Zulauf erfolgte von Süden her über den ca. 2 m entfernt davon vorbeistreichenden Hauptkanal (vgl. Abb. 130, Z_1, S. 219). Ein weiterer Zufluß, und zwar durch eine Röhre, befand sich in der Nordwand. Nördlich und östlich der großen Zisterne erstreckten sich zwei weitere Badebecken (B_2, B_3).

Zwischen beiden befand sich eine kleine Zisterne (Z_2), die unmittelbar mit dem Kanal in Verbindung stand und die beiden Becken mit Wasser versorgte. Wahrscheinlich diente das Becken B_2 der Reinigung jener Besucher, die durch den Haupteingang (1) das Hauptgebäude betreten wollten. Zu beiden Badebecken führten Treppenstufen hinab, an deren Ende die »Wanne« für die Bäder lag. In unmittelbarer Nähe des Versammlungsraumes (6) lag das einer großen Zisterne (Z_4) vorgebaute Becken B_4; es konnte über vier Stufen betreten werden. Das östlich davon gelegene Becken (Z_3), wohl ein Wasserreservoir, wurde unmittelbar durch den Hauptkanal gespeist. Vielleicht war es ursprünglich wie B_4 ein Badebecken und erhielt das Wasser aus der großen Zisterne (Z_4). Die Länge dieses Reservoirs betrug ca. 12,6 m bei einer Breite von 4,82 m und gleicher Tiefe. Die vier verschiedenen Verputzschichten hatten eine Stärke von 10 cm. Von dem Wasserreservoir Z_3 floß der Kanal in östlicher Richtung zu einem weiteren großen Badebecken (B_5), das unmittelbar der Versammlungshalle (6) vorgelagert war. Der Treppenabstieg mit seinen dreimal vier Stufen und die Größe des Beckens — die Länge betrug 17 m, die Breite 3,6 m und die Tiefe 4,35 m — betonen die Bedeutsamkeit dieser vor dem Versammlungsraum sich befindenden Anlage. Vor dem Becken zweigte noch eine Seitenrinne ab, die das Wasser neben der Eingangstür in den Versammlungsraum führte (vgl. Abb. 133, S. 225). Zwischen ihm und dem großen Badebecken (B_5) lagen noch zwei schmale, etwa 1,8 m tiefe Becken. Der Hauptkanal dagegen umfloß das große Becken an seiner nördlichen Längsseite bis zur NO-Ecke, von der ein Seitenkanal zu einem Becken (B_6) mit einer wiederum sehr geräumigen Treppenanlage abzweigte. Dem Becken, das wohl wegen des in der Nähe liegenden Waschhauses als Reinigungsbad diente, waren noch zwei kleinere Becken angegliedert. Auf die durch ein Erdbeben hervorgerufene Verschiebung deutet der Riß von Norden nach Süden, der längs durch das Becken läuft (Bild 3).
Der östliche Teil der Treppenanlage (linker Bildrand) liegt infolge der tektonischen Verschiebung um ca. 40 cm tiefer. Der Abstieg auf der langen Treppe (vgl. Abb. 130, B_6) zu dem relativ kleinen, etwa 4,05 m tief gelegenen Becken erfolgte über einmal vier, dann dreimal drei Stufen, die je durch einen breiten Absatz voneinander getrennt waren. Das Photo zeigt den obersten Absatz (etwa in der Bildhälfte,) von dem vier Stufen nach oben und drei nach unten zum nächsten Absatz führten. Die Treppe wird auf der Westseite (rechts) in einer Breite von 0,9 m von der Wasserrinne eingenommen, deren Zulauf in der rechten oberen Bildecke zu verfolgen ist. Ob die weiteren hochgestellten, flachen Platten, die mit einem Mörtelverputz überzogen sind, noch einer besonderen Regulierung des Wasserzulaufes dienten, konnte nicht geklärt werden.
Hinter dem großen Badebecken B_5 bog der Kanal scharf nach Süden ab und floß dann längs mehrerer Becken in südöstlicher Richtung weiter. Den Abschluß bildete ein Badebecken (B_7) von beträchtlicher Größe: 17,55 m lang, 5,2 m breit und 4,8 m tief. Die 11 m lange, dreigeteilte Treppe führte zu dem tiefgelegenen Wasserbecken. Da der Friedhof der Gemeinde jenseits der Mauer, östlich vom Becken lag, diente es entsprechend den strengen Reinheitsvorschriften der Essener zu rituellen Ganzbädern.
In einem Traktat der Mischna ist uns die sogenannte »Tugendkette« überliefert. Sie drückt in knappster Form die religiösen, asketischen und theologischen Vorstellungen auch

der essenischen Gemeinde aus: »Der Eifer (in der Erfüllung der Gebote) führt zur (leiblichen) Reinheit, diese führt zur (levitischen) Reinheit, diese zur Enthaltsamkeit, diese zur Heiligkeit, diese zur Demut, diese zur Sündenscheu, diese zur Frömmigkeit, diese zum heiligen Geist (zu prophetischer Begabung), dieser zur Auferstehung der Toten, und diese kommt durch den Propheten Elija, gesegneten Angedenkens. Amen!« (Sota 9, 15)

gebene, durch einen festungsartigen Turm geschützte Siedlung: ein quadratisches Hauptgebäude, mehrere Nebengebäude, dreizehn Zisternen mit einem komplizierten System von Zuleitungen und die Begräbnisstätten der Gemeinschaft.

Die interessanteste Entdeckung war ein Raum, der ehemals als Schreibstube gedient hatte. Die Archäologen fanden die zertrümmerten Schreibtische, die sie mühsam zusammensetzten; dazu noch drei Tintenfässer, Tonscherben mit Schriftzeichen versehen, auf denen die Abc-Schützen ihre ersten Versuche gemacht hatten.

Außerhalb des Zentralbaues lagen die Ruinen von Werkstätten, darunter eine vollständige Töpferei. Die gefundenen Tonkrüge zeigten die gleiche Form wie jene, in denen die Handschriften in den Höhlen versteckt waren. Diese Funde beweisen immer eindeutiger, daß die Höhlen mit den Schriftrollen und das freigegrabene Kloster zusammengehörten.

Nach dem archäologischen Befund darf der freigelegte Gebäudekomplex aber nicht einseitig im Sinne eines »Klosters« mit festen Wohngemächern und Zellen interpretiert werden. Nach Josephus war die Gesamtanlage »ein heiliger Bezirk« einer religiösen Gemeinschaft, deren ganzes Streben auf Armut, Heiligung und levitische Reinheit ausgerichtet war. Nach Philo war Qumran ein Sammlungsort, wo die besonderen Reinheitsriten, die »Mysterien des heiligen Lebens« vollzogen wurden. Die Gemeinschaft wohnte wahrscheinlich in der engeren und weiteren Umgebung in einer Art Zeltsiedlung, die dem Ideal des Lagers des Gottesvolkes entsprechen sollte. Andere werden die Einsamkeit der vielen Höhlen an dem steilen Gebirgsabfall vorgezogen haben. Möglicherweise bezieht sich auch Philos Bemerkung auf die Lebensweise der Essener: »Jetzt leben sie aber in Wahrheit so, als wären sie in der Einsamkeit für sich oder als wären sie körperlose Seelen geworden, als wüßten sie nichts von Stadt, Dorf, Haus, überhaupt von menschlicher Gesellschaft, sehen über das hinweg, was die Allgemeinheit billigt, und suchen die Wahrheit für sich allein zu erforschen« (De migrat.).

Die Frage nach den ökonomischen Grundlagen der Gemeinde und dem Lebensunterhalt der Bewohner Qumrans, die für die letzte Periode auf etwa 200 Personen geschätzt werden, ist verständlich. Zunächst konnten diese das Wort Jesu über den Täufer auch für sich in Anspruch nehmen: »Was zu sehen, seid ihr in die Wüste hinausgegangen? Siehe, die in prächtiger Kleidung und in Üppigkeit leben, trifft man in den Palästen der Könige« (Lk 7, 25).

Josephus drückt das gleiche mit ein wenig mehr Worten aus: »Den Reichtum verachten sie, und bewundernswert ist bei ihnen die Gemeinschaft der Güter, so daß man niemand bei ihnen findet, der mehr besäße als die anderen. Es besteht nämlich die Vorschrift, daß jeder, der der Sekte beitreten will, sein Vermögen der Gesamtheit abtreten muß, und so bemerkt man durchgehends weder niedrige Armut noch übermäßigen Reichtum, sondern alle verfügen wie Brüder über das aus dem Besitztum der einzelnen Ordensmitglieder gebildete Gesamtvermögen. Öl halten sie für Schmutz, und wenn einer wider seinen Willen gesalbt worden ist, so wischt er seinen Körper ab. Denn eine rauhe Haut zu haben gilt ihnen für ebenso ehrenvoll, wie beständig in weißen Gewändern einherzugehen« (Jüd. Krieg II, 8, 3).

Die Ausgrabungen haben gezeigt, daß die Ansiedlung zum größten Teil in der Versorgung auf sich gestellt war. 3 km südlich von Qumran liegt die kleine Oase Ain Feschcha. Unmittelbar nördlich der großen Süßwasserquelle wurde 1958 ein Gebäudekomplex freigelegt. Die noch erkennbaren Substruktionen schließen ein Hauptgebäude mit Verwaltungsraum und Magazinen ein, dazu eine große Einfriedung für das Vieh, anliegende Schuppen und Bassins, die wahrscheinlich als Gerberei benutzt wurden. Der gleiche Keramikfund wie in Qumran weist den Bau als landwirtschaftliche Filiale des Klosters aus. Bei intensiver Bearbeitung konnte die zwischen Qumran und Ain Feschcha liegende, von ein wenig salzigen Quellen bewässerte Ebene für den Feld- und Gartenbau kultiviert werden. Die vielen gefundenen Dattelkerne lassen an eine Plantage von Dattelpalmen denken, in deren Schatten die Essener (nach dem älteren Plinius) »ihre Zeit verbracht haben«. Und der Bericht Philos über das große Interesse der Essener an der Bienenzucht erinnert uns sofort an die Nahrung des Täufers.

Je deutlicher es wurde, daß die Ruinen von Qumran der Mittelpunkt einer besonderen jüdischen Gemeinschaft waren, je mehr aus den aufgefundenen Schriften das religiöse Leben dieser Gemeinde bekannt wurde, um so drängender stellte sich die Frage, ob wir es hier mit den schon aus anderen literarischen Quellen bekannten Essenern zu tun hätten. Von den Essenern berichten vor allem der jüdische Philosoph Philo von Alexandria (um 13 v.–45/50 n. Chr.) und Josephus. Philo nennt sie »Athleten der Tugend«.

Josephus, der die Essener neben den Pharisäern und Sadduzäern als »philosophische Schule« erwähnt, widmet ihnen im »Jüdischen Krieg« fast ein ganzes Kapitel (II, 8). Er schätzt ihre Zahl auf 4000, die zerstreut im ganzen Lande wohnen, und rühmt sie als Männer vortrefflicher Sitten. »Wer in die Sekte aufgenommen sein will, erhält nicht sogleich Zutritt, sondern er muß zunächst außerhalb des Ordens ein Jahr lang derselben

Lebensweise wie die Mitglieder sich unterziehen, nachdem man ihm vorher eine kleine Axt, ein Lendentuch und ein weißes Gewand gegeben hat. Hat er in diesem Zeitraum die Mäßigkeitsprobe bestanden, so tritt er der Genossenschaft um einen Schritt näher: er nimmt an der reinigenden Wasserweihe teil, wird jedoch zu den gemeinsamen Mahlen noch nicht zugelassen. Nachdem er nämlich seine Standhaftigkeit dargetan hat, wird nun in zwei weiteren Jahren auch sein Charakter geprüft, und erst wenn er in dieser Beziehung gleichfalls würdig erscheint, wird er förmlich in den Orden aufgenommen. Bevor er indes bei dem gemeinsamen Mahl erscheinen darf, muß er den Ordensangehörigen einen Eid schwören, daß er die Gottheit ehren, seine Pflichten gegen die Menschen erfüllen wolle ... Des weiteren verpflichtet er sich, stets die Wahrheit zu lieben ..., den Ordensbrüdern nichts zu verheimlichen, anderen dagegen keines ihrer Geheimnisse zu offenbaren, und sollte man ihn auch bis zum Tode martern; endlich, die Lehrsätze des Ordens niemand auf anderem Wege mitzuteilen, als er sie selbst kennengelernt. Durch solche Eidschwüre versichern sich die Essener der neu Aufzunehmenden« (Jüd. Krieg II, 8, 7).

Die Frage, ob die Bewohner von Qumran Essener waren oder nicht, ist bis heute von den Fachgelehrten nicht eindeutig beantwortet worden. Viele Gründe aber sprechen dafür, daß Qumran das Hauptzentrum des Essenertums war. Die essenische Bewegung entstand in der ersten Hälfte des 2. Jahrhunderts in Kreisen der Jerusalemer Priesterschaft, die sich von dem herrschenden Hochklerus trennten, weil dieser nicht streng auf die Erfüllung des Gesetzes achtete. Im Jahre 167 v. Chr. hatte der Syrerkönig Antiochus IV. den Tempel in Jerusalem entweiht und in einen Zeustempel umgewandelt. Das tapfere Priestergeschlecht aus Modeïn — wie bereits erwähnt — rief zum Kampf auf, und im Dezember 164 v. Chr. wurde der Tempel durch Judas Makkabäus von neuem geweiht. Hoherpriester wurde Alkimus, ein legitimer Nachkomme der zadokitischen hohepriesterlichen Familie. Bald entstand aber eine Entfremdung zwischen den Anhängern der religiösen Reformbewegung, die den Namen »Chassidim« — »Fromme« — trugen, und den Makkabäern. Die Spannung verschärfte sich, als 152 v. Chr. der Makkabäer Jonatan mit Hilfe der Syrer Hoherpriester wurde, obwohl das Geschlecht der Hasmonäer nicht hohepriesterlicher Abstammung war. Der Führer der Opposition wird uns nicht mit dem Namen genannt. Er war Priester, Theologe und Schriftausleger und ist sehr wahrscheinlich der Gründer der Qumrangemeinde. In den Qumranschriften heißt er der »Lehrer der Gerechtigkeit«, und rühmend wird erwähnt, daß Gott ihm die Gabe der rechten Erkenntnis und Auslegung verliehen habe. Unter der Führung des Lehrers der Gerechtigkeit trennte sich die »Priester-Opposition« vom Tempel und zog sich in die Wüste Juda zurück.

Das ganze Gelände zeigt die Spuren einer gewaltsamen Zerstörung. Eine Schicht Asche läßt darauf schließen, daß das Kloster durch Feuer zerstört wurde. Wann war das? Und wie lange war Qumran bewohnt?

Die gefundenen Münzen, etwa 400 Stück, die Keramikfunde und andere Anhaltspunkte erlauben eine ziemlich sichere Datierung. Die erste geschlossene Münzenfolge beginnt mit Münzen des Hasmonäerfürsten Johannes Hyrkan (135–104 v. Chr.) und des Seleukidenkönigs Antiochus VII. (138–129 v. Chr.) und erstreckt sich bis zum Beginn der Herrschaft des Herodes im Jahre 37 v. Chr. Dann kommt eine große Lücke.

Die nächste Gruppe von Münzen stammt aus der Zeit, da Archelaus im Jahre 4 v. Chr. seinem Vater in der Regierung über Judäa folgte. Diese Münzen reichen bis 68 n. Chr. Dann folgt wieder eine große Lücke. Die letzten gefundenen Münzen fallen in die Zeit des Bar Kochba-Aufstandes während der Jahre 132–135 n. Chr.

Vermutlich ließ sich die Gemeinschaft unter den Makkabäern Jonatan (161–143 v. Chr.) oder wahrscheinlicher unter Simon (143–135 v. Chr.) auf den Ruinen der alten israelitischen »Salzstadt« nieder (Periode I a). Bald darauf, wohl zur Zeit Hyrkans I. (135–104 v. Chr.), erforderte die Entwicklung der Gemeinde eine beträchtliche Ausdehnung der Siedlung. Diese Periode (I b) endete durch Feuer und Erdbeben. So berichtet Josephus von einem schweren Erdbeben, das im 7. Jahre des Herodes, das ist das Jahr 31 v. Chr., Judäa erschütterte und etwa 30 000 Todesopfer forderte. Die große Lücke in den Münzfolgen läßt darauf schließen, daß das Kloster nach der Zerstörung nicht gleich wieder aufgebaut, sondern erst während der Herrschaft des Archelaus wieder besetzt wurde. Der Grund, warum die Mitglieder so lange von dem Mittelpunkt ihrer Gemeinschaft fernblieben, läßt sich schwer angeben. Ob Herodes, der in dem nur 12 km entfernten Jericho in einem luxuriösen Winterpalast residierte, die strengen Aszeten und Vertreter des genuinen Judentums nicht duldete?

Nach des Herodes Tode kehrten sie zurück und begannen den Wiederaufbau des Klosters (Periode II). Dann war Qumran ununterbrochen bis zum Beginn des Jüdischen Krieges um das Jahr 68 n. Chr. bewohnt. Ascheschichten, Brandspuren und Pfeilspitzen verraten, daß das Leben in diesem Kloster ein plötzliches und gewaltsames Ende gefunden hat. Nach Josephus hielt sich im Juni 68 n. Chr. der römische Feldherr und spätere Kaiser Vespasian in Jericho auf und hinterließ dort eine Besatzung. Um diese Zeit muß die Siedlung angegriffen und zerstört worden sein. Sicher aber haben die Bewohner beim Herannahen der römischen Legion mit einer Eroberung und Plünderung gerechnet. In kluger Voraussicht bargen sie die kostbaren Schriftrollen in Tonkrügen und versteckten sie in den umliegenden Höhlen. Nach der Zerstörung diente die Ruine den Römern als Wachtposten, um die Westküste des Toten Meeres zu kontrollieren.

Menschliche Neugierde und mühsame wissenschaft-

Abb. 133. Die Ruinen von Qumran mit dem Steilufer des Toten Meeres.

Im Vordergrund der kleine Seitenkanal, der das Wasser in das Refektorium (6) leitete, anschließend der Raum (7), in dem das Geschirr gefunden wurde. Die beiden Pfeiler trugen einst die Decke des Raumes. Im Hintergrund das Steilufer von Ras Feschcha (vgl. Abb. 130, S. 219).

liche Forschungsarbeit haben das Leben von Qumran wieder ins helle Licht gehoben. Was uns an Qumran aber besonders interessiert, ist die zeitliche und räumliche Nähe zu den Evangelien.

Als die ersten Nachrichten über die Funde in den Höhlen am Toten Meer bekannt wurden, hat es nicht an Stimmen gefehlt, die dem Christentum jede Originalität absprechen und in Jesus nur einen Essener sehen wollten. Man glaubte in den Schriften des Neuen Testaments, in der Predigt und Tätigkeit Jesu, selbst in seinem Kreuzestod nur eine Nachahmung dessen zu finden,

Abb. 134.   Steilfelsen mit Höhle 4. (Vgl. Abb. 130, S. 219.)

Die Entdeckung der Höhle, deren ursprünglicher Zugang an der steilen Felswand sichtbar ist, hat eine seltsame Geschichte. Als sich einige Beduinen am Lagerfeuer über die Schriftfunde unterhielten, erzählte einer von ihnen von einer Höhle, in die er in jungen Jahren hinabgestiegen sei, um ein angeschossenes Rebhuhn, das sich in die Felsspalte gerettet hatte, herauszuholen. Dabei habe er dort auch eine alte Öllampe gefunden. Die Zuhörer ließen sich den Ort beschreiben, gingen auf die Suche und entdeckten die Höhle. Sie wurde mit der Höhle 1 zum wichtigsten Fundort. Man fand dort Tausende von Schriftfragmenten aus über 400 verschiedenen Werken. In mühseliger Arbeit, die noch viele Jahre dauern wird, setzt eine internationale Gruppe von Gelehrten in Jerusalem diese Fragmente zusammen und sucht die einzelnen Handschriften zu rekonstruieren.

was bereits in den Schriften der Qumransekte vorhanden war: ein Christentum vor Christus.

Eine sorgfältige Untersuchung der Qumrantexte läßt aber heute den Wesensunterschied klar erkennen, auch wenn in manchen Formulierungen und Gebräuchen eine äußere Ähnlichkeit festzustellen ist. Sehen wir zunächst den Lehrgehalt der Qumrantexte.

Das erste, was in diesen Schriften besonders auffällt, ist der Auserwählungsgedanke. Die Mitglieder dieser Gemeinschaft, die in den Schriften keinen festen Namen trug, nannten sich »Söhne des Lichtes« — »Männer der Wahrheit« — »Erwählte Gottes« — »Die Armen« — »Die heilige Gemeinde«. Sie wollten aufgrund höherer Erleuchtung über die Forderung des Gesetzes frömmer, gerechter und heiliger leben als die Masse des Volkes. Darum sonderten sie sich in die Einsamkeit der Wüste ab. Diese Absonderung hatte aber noch einen anderen Grund. Der Tempel in Jerusalem wurde von »unreinen« Priestern bedient, deren Opfer und Gottesdienste Gott nicht gefallen konnten. Die Inhaber der Hohenpriesterwürde konnten ihre Abstammung nicht von jenem Priester Zadok ableiten, der als Nachkomme Aarons von Salomo in dieses Amt eingesetzt worden war. Der Hasmonäer Simon (143—135 v. Chr.) hatte durch Volksbeschluß die Hohepriesterwürde erlangt und galt darum in den Augen der Qumrangemeinde nicht als »legitim«. So standen sie im Gegensatz zum Tempel. Dieser Gegensatz zeigte sich sogar in einem eigenen Kalender, der nicht wie der Kalender des Tempels ein Mondkalender war, sondern vom Lauf der Sonne bestimmt wurde. Dem Mondkalender gegenüber hatte der Qumrankalender den entscheidenden Vorzug, daß die jährlichen großen Feste stets auf den gleichen Wochentag fielen.

Das Lebensziel der Gemeinschaft wird zu Beginn der »Ordensregel« (Manuale disciplinae) klar ausgedrückt. Die Mitglieder verpflichten sich, »Gott zu suchen, zu tun, was gut und recht ist vor ihm, wie er durch Mose und durch alle seine Diener, die Propheten, befohlen hat; alles zu lieben, was er erwählt, und alles zu hassen, was er verworfen hat; fern von allem Bösen zu bleiben und allen guten Werken anzuhangen; Wahrheit und Gerechtigkeit und Recht im Land zu üben; nicht länger in der Verstocktheit eines schuldigen Herzens zu wandeln und mit Augen der Unzucht, die nur Böses tun; alle, die sich dargeboten haben, Gottes Gebote zu tun, in einen Bund beständiger Liebe zu bringen; im Ratschluß Gottes vereint zu sein und vor ihm vollkommen zu wandeln hinsichtlich aller Dinge, die für die festgesetzten Zeiten ihrer Zeugnisse geoffenbart sind; alle Söhne des Lichtes zu lieben, jeden gemäß seinem Losanteil im Rate Gottes, und alle Söhne der Finsternis zu hassen, jeden entsprechend seiner Schuld in Gottes Rache; und alle, die sich seiner Wahrheit dargebracht haben, sollen all ihr Wissen, ihre Kraft und ihre Habe in die Gemeinschaft Gottes einbringen, um ihre Erkenntnis in der Wahrheit der Gebote Gottes zu reinigen, ihre Kraft zu verteilen, gemäß der Vollkommenheit seiner Wege, und alle ihre Habe nach seinem gerechten Rate; kein einziges Wort Gottes zu seiner Zeit zu übertreten; nicht ihre Zeiten zu verrücken, noch eines der vorgeschriebenen Feste zu versäumen; nicht von seinen wahren Geboten abzuweichen nach rechts oder nach links« (Manuale disciplinae I, 1—15).[120]

Eng mit diesem Auserwählungsgedanken ist ein zweites Element verbunden: die Erwartung der Endzeit. Schon für jeden gläubigen Israeliten war die Erwartung der Aufrichtung der Gottesherrschaft durch Jahwe ein Wesensstück seiner Religion. Für die Qumranleute ist diese Erwartung die Mitte ihrer Frömmigkeit. Sie warten voll Sehnsucht auf die Durchsetzung der Gottesherrschaft. Die ganze Lebensführung der Sekte will diesem Ziel dienen. Aber vorläufig ist das Ende noch nicht da. Die Herrschaft der Bosheit geht ihrem Höhepunkt entgegen. Die Gemeinde der »Söhne des Lichtes« ist rings umdrängt von der Herrschaft des Satans. Aber Gott hat ihm nur eine begrenzte Zeit gelassen. Die Anzeichen des heranziehenden Endgerichtes mehren sich. Dann werden die Abtrünnigen in Israel ausgerottet werden.

Ein drittes Element der Qumran-Theologie ist der Gedanke an den »Neuen Bund«. Es gehört mit zu den größten Überraschungen der Schriften, daß man unmittelbar vor dem Kommen Christi und des von ihm gestifteten Neuen Bundes eine Gemeinschaft entdeckte, die sich selbst als »Neuer Bund« verstand. Dieser »Neue Bund« soll dauern »vom Tag der Hinwegnahme des einzigen Lehrers, bis der Messias von Aaron und Israel ersteht«.

Nach dem Qumrantext werden in der messianischen Zeit drei Amtsträger auftreten: zuerst der vorbereitende Prophet, der in den Schriften der »Lehrer der Gerechtigkeit« genannt wird. Dann sollen zwei »Gesalbte« gleichzeitig auftreten, einer von priesterlicher Würde und ein zweiter von königlicher Macht. Auch hier zeigt sich der Protest gegen die Hasmonäer-Dynastie, die Priestertum und Königtum in einer Person vereinigte.

Große Diskussion hat der Lehrer der Gerechtigkeit ausgelöst.[121] Nie wird diese geheimnisvolle Persönlichkeit mit einem Eigennamen erwähnt. Sein Gegenspieler wird der »Frevelpriester« genannt. Dieser ist unbestritten der Hohepriester der fraglichen Zeit. Wir erfahren aus den Texten, daß er am Anfang seiner Herrschaft zunächst den Anschein erweckte, er sei wahrhaftig. Bald enthüllte er aber sein wahres Wesen: Er wurde hochmütig, übertrat die Gebote, ging auf »Greuelwegen«; schließlich wurde er von den Heiden gequält und getötet. Zuvor aber hat der Hohepriester und Frevelpriester den Lehrer der Gerechtigkeit verfolgt bis zum Ort seines Exils. Wo das Exil zu suchen ist, erfahren wir nicht.

Der gewaltsame Tod des Frevelpriesters bietet einen sicheren Anhaltspunkt für eine chronologische Festsetzung. Im Jahre 152 v. Chr. wurde Jonatan, wie schon erwähnt, von den Syrern zum Hohenpriester ernannt, im Jahre 143 wurde er gefangengenommen und nach längerer Gefangenschaft umgebracht. Damit ist ein fester Anhaltspunkt für die Datierung des Lehrers der Gerechtigkeit gewonnen: der Konflikt mit dem Hohenpriester in Jerusalem hat während dessen Amtszeit 152 bis 143 v. Chr. stattgefunden. Wahrscheinlich zog sich in dieser Zeit eine ansehnliche Gruppe der Essener, die sich von dem offiziellen Judentum trennten, nach Qumran in die Einsamkeit der Wüste am Toten Meer zurück.

Für die Organisation der Qumrangemeinde lassen die Schriften folgende rechtliche Verfassung erkennen: Die Leitung der Sekte lag in den Händen von 15 Männern, darunter 3 Priestern. Diese 15 Männer bildeten den Obersten Rat der Bruderschaft. An der Spitze stand der »Mebaqqer«, das heißt ein Mann, dem die Oberaufsicht anvertraut war. Er ist Lehrer, Prediger und Seelsorger, der sich der Seinen »wie ein Vater seiner Kinder erbarmt«; er ist der Schlichter bei Rechtsstreitigkeiten; bei ihm müssen Vergehen angezeigt werden; ihm allein steht das Recht der Aufnahme zu; er ist der Einberufer und Leiter der Gemeinde. Es lag nahe, daß manche Forscher im Mebaqqer von Qumran nicht nur das Gegenstück, sondern geradezu das Vorbild und den Vorläufer des christlichen Bischofs sehen wollten. Ja noch mehr: alles, was man in den Schriften der Qumransekte las, schien die Abhängigkeit Jesu von dieser Gemeinde am Toten Meer zu bestätigen.

Bei Anerkennung mancher Ähnlichkeiten, die durch die Verwurzelung beider im Alten Testament begründet ist, zeigen sich aber folgende Wesensunterschiede, die die Einmaligkeit der Frohbotschaft Jesu klar erkennen lassen:

1. Jesus von Nazaret stammt nicht wie der Lehrer der Gerechtigkeit aus aaronitisch-priesterlichem Geschlecht, sondern aus davidisch-königlichem Geschlecht. Darum schied er für eine führende Rolle in der Qumrangemeinde von vornherein aus.

2. In den Qumrantexten begegnet uns eine Gesetzesfrömmigkeit, die noch über die der Pharisäer hinausgeht. Die Heilighaltung des Sabbats wird beispielsweise so streng aufgefaßt, daß man nicht einmal einem Menschen, der in einen Brunnen gefallen war, einen Strick zureichen durfte. Jesus dagegen verkündet, daß der Sabbat für den Menschen da ist und nicht der Mensch für den Sabbat. Während in Qumran ängstlich die vielen Waschungen und kultischen Bäder beobachtet wurden, betonte Jesus, daß es auf die innere Gesinnung und nicht auf die äußeren Zeremonien ankomme.

3. Die Qumranleute legten besonderen Wert auf die radikale Absonderung von der »Welt«. »Die Männer

der Gemeinde« sollen sich scheiden von allen »Männern des Irrtums«. Jesus dagegen verkehrt in aller Freiheit selbst mit Zöllnern und Sündern; er läßt sich von der reuigen Sünderin die Füße waschen und betont, daß er gesandt sei zu den verlorenen Schafen Israels.

4. Die Qumranbewegung ist aus der Opposition einiger Priester gegen die Tempelpolitik der Makkabäer entstanden und bekämpft den Jerusalemer Tempelkultus. Jesus dagegen geht im Tempel ein und aus und nimmt sogar am Tempelweihfest teil, das der Hasmonäer Judas Makkabäus im Jahre 165 v. Chr. eingeführt hatte.

5. Die Qumransekte ist erfüllt von einem unduldsamen Heilspartikularismus; Jesu Botschaft gilt dem ganzen jüdischen Volk, ja der ganzen Welt.

6. In Qumran mußte sich der Novize unter Eid verpflichten, alle »Söhne des Lichtes« zu lieben, aber die »Söhne der Finsternis« zu hassen. Jesus dagegen verkündet seinen Jüngern als *das* Gebot die Nächsten- *und* die Feindesliebe.

7. Das Entscheidende aber ist schließlich dies: Man mag noch so sehr auf Ähnlichkeiten und Verwandtschaften im Denken Jesu und der Qumrangemeinde hinweisen; dieser Gemeinde fehlt die *Person* Jesu Christi. Es war ein vergebliches Bemühen, wenn ein Forscher den anonymen Lehrer der Gerechtigkeit mit all den Attributen auszustatten suchte, die Jesus Christus nach dem Neuen Testament zukommen. Man verstieg sich sogar zu der Behauptung, ein unveröffentlichter Text von Qumran spreche von dem Kreuzestod des Lehrers der Gerechtigkeit. Die Veröffentlichung dieses Textes entzog dieser Hypothese jede Basis.[122]

Wenn auch keine Rede davon sein kann, daß die Qumranfunde uns die geschichtliche Quelle des Christentums aufgedeckt haben, so darf doch die positive Bedeutung dieser Funde nicht geringgeachtet werden. Die Texte schließen eine wichtige Lücke zwischen dem Alten und dem Neuen Testament.

Steht Johannes der Täufer in dieser Lücke?

Qumran und der Täufer

Die Gegend, in der Johannes taufte, lag keine 20 km von Qumran entfernt. Hat Johannes die Bewohner dieses Klosters gekannt? Eine positive Beantwortung ist nicht als unmöglich abzuweisen. Manche Forscher glauben einen Anhaltspunkt bei Lukas zu finden. Der Evangelist schreibt: »Der Knabe aber wuchs heran und ward stark im Geiste. Er lebte in der Wüste bis zu dem Tage, da er vor Israel erscheinen sollte« (1, 80). Es scheint, daß der Ausdruck »in der Wüste« einen ganz bestimmten Ort bezeichnet. Auch die Einsiedler von Qumran nannten in ihren Schriften die Gegend, die sie bewohnten, »die Wüste«. Manches deutet darauf hin, daß das Kloster von Qumran auch Knaben in die Gemeinschaft aufnahm. Auch Josephus bemerkt: »Die Essener nehmen fremde Kinder auf, solange dieselben noch in zar-

tem Alter stehen und bildungsfähig sind, halten sie wie ihre Angehörigen und prägen ihnen ihre Sitten ein« (Jüd. Krieg II, 8, 2). (Vgl. Abb. 127, S. 214.)

Es ist nicht ausgeschlossen, daß der Priester Zacharias den Männern von Qumran, die alle aus priesterlichem Geschlecht stammten, seinen Sohn Johannes zur Erziehung anvertraut hat. Aber Johannes war mehr als ein Einsiedler der »Wüste«; und das unterscheidet ihn von Qumran, mag er dort seine Jugend verbracht haben oder nicht. Johannes hatte von Gott eine besondere Berufung erhalten. Die Qumrangemeinde hat das Prophetenwort des Jesaja: »Bahnt in der Wüste eine Straße für Jahwe« auf ihren eigenen Auszug in die Wüste gedeutet. Der Täufer hat diesen Prophetentext auf sich selber bezogen und das Wort vom Wüstenweg umgeformt in das Wort vom Wüstenpropheten: »Ich bin die Stimme eines Rufers in der Wüste: Bereitet dem Herrn den Weg« (Joh 1, 23). Als Prophet verließ Johannes im 15. Jahr der Regierung des Tiberius die Wüste.

Sein Auftreten erregte großes Aufsehen. Selbst Josephus widmet dem Täufer in seinen »Jüdischen Altertümern« ein ehrenvolles Zeugnis: »Es war ein ehrenwerter Mann, der die Juden zur Tugendübung begeisterte, zur Gerechtigkeit gegeneinander, zur Frömmigkeit gegen Gott und zum Empfang der Taufe ermahnte. Dann werde, verkündigte er, die Taufe Gott angenehm sein, weil sie dieselbe nur zur Heiligung des Leibes,

Abb. 135.   Ain Karim.

Ain Karim, etwa 7 km von der Altstadt Jerusalems entfernt, liegt in einem Tal des Gebirges Juda. Die Terrassen auf den Berghängen verraten die typischen Cenomanbänke. Der Ort trägt den Namen von der in der Talmulde entspringenden Quelle »Ain Karim« — »Quelle des Weinberges«. Das Alter des Dorfes reicht zurück bis in die frühe Bronzezeit, und der Name ist beim Propheten Jeremia (6, 1) bezeugt. Eine Besiedlung in den Tagen Jesu ist durch Gräber und herodianische Keramik erwiesen. Eine Tradition, die Ain Karim für den Geburtsort des Täufers hält, läßt sich erst seit dem 6. Jahrhundert nachweisen. Aus byzantinischer Zeit stammen die Fundamentreste und Mosaiken einer Kirche, deren Platz heute von der Kirche der Heimsuchung eingenommen wird. Sie steht am Berghang auf einem Felsplateau inmitten schlanker Zypressen, wie es die Abbildung im Vordergrund zeigt. Am nördlichen Ortsende, jenseits der Talmulde, liegt auf einer leichten felsigen Erhebung die Johanneskirche mit dem Kloster der Franziskaner. Die Kirche wurde 1675 erbaut, und ihr linkes Seitenschiff schließt mit einer Grotte ab, in der die Geburt des Täufers verehrt wird. Unter dem Portikus der Johanneskirche fand man die Mauerreste einer kleinen dreischiffigen Kapelle. Die Inschrift im Mosaikboden lautet: »Seid gegrüßt, ihr Martyrer Gottes.« Neben dieser Martyrerkapelle fand S. J. Saller OFM im Jahre 1941 eine mit Mosaiken geschmückte zweite Kapelle. Beide Kapellen stammen aus der byzantinischen Zeit. Sie stehen über einer bäuerlichen Siedlung, die aus der römischen Zeit stammt. In einer nahe liegenden Grotte fand Saller eine Sammlung von Vasen aus der herodianischen Epoche.

nicht aber zur Sühne für ihre Sünden anwendeten; die Seele nämlich sei dann ja schon vorher durch ein gerechtes Leben entsündigt. Um Johannes hatten sich viele versammelt, die durch seine Worte begeistert waren ...« (XVIII, 5, 2).

Da Josephus für Römer schreibt, verschweigt er den messianischen Sinn der Täuferpredigt. Er entwirft ein Bild von Johannes, das den gebildeten römischen Lesern, die der jüdischen Gedankenwelt fremd gegenüberstanden, nicht allzuviel sagen konnte. Anders die Evangelien.

Johannes tritt als Prophet auf, und in seiner Predigt klingen die großen Themen der alten Propheten Israels wider: Gericht und Umkehr. Die wenigen Sätze, die uns aus seinem Munde überliefert sind, lassen seine besondere Fähigkeit erkennen, in packenden Bildern und einprägsamen Formulierungen zu sprechen. »Zu den Scharen, die hinauszogen, um von ihm getauft zu werden, sprach er: Ihr Schlangenbrut, wer hat euch gelehrt, dem kommenden Zorn zu entfliehen?« (Lk 3, 7) Mattäus sagt uns genauer, an welche Adresse diese scharfen Worte gerichtet waren. Es sind Pharisäer und Sadduzäer, die ein nicht geringes Kontingent der Zuhörer ausmachten. Der Vergleich mit der Schlange hatte für alttestamentliche Ohren eine nicht mißzuverstehende Bedeutung.

Vielleicht war hinter dieser Anspielung noch eine zeitgemäße Spitze verborgen. Im Talmud heißt es: »Wehe dem Hause des Hannas wegen ihres Schlangengezisches« (Pesach 57).

Die Erkenntnis des unmittelbar bevorstehenden Zorngerichtes hat den Täufer aus der Wüste gerufen, und er greift die zentrale Lehre des Judentums an ihren Fundamenten an: das selbstgerechte Vertrauen auf die Abstammung von Abraham. »Bringt würdige Früchte der Bekehrung und denkt nicht daran, bei euch zu sprechen: Wir haben Abraham zum Vater. Denn ich sage euch: Gott vermag dem Abraham aus diesen Steinen da Kinder zu erwecken« (Lk 3, 8). Johannes sieht die Steine herumliegen (man sieht fast seine hinweisende Geste), und er macht aus den aramäischen Ausdrücken für »Söhne« — »benim« — und »Steine« — »abbenim« — ein Wortspiel, dessen Treffsicherheit die Zuhörer dem Propheten nicht absprechen konnten.

Diese Schärfe läßt sich nur aus der Nähe des gött-

Abb. 136. Die Taufstelle am Jordan.

Das Flußbett, das an den Ufern steil abfällt, hat sich seit den Tagen Jesu mehrfach verändert. So läßt die Luftaufnahme (Abb. 138, 1, S. 232) die alten Flußläufe im dunklen, breiten Hochwasserbett des Jordan noch deutlich erkennen. Heute zeigt man die Taufstelle ohne genaue Angabe des Ortes in der Nähe des Johannesklosters (vgl. Abb. 127, S. 214, und Abb. 141, 2, S. 239). Ein Überqueren ist aber nur noch im Boot möglich.

lichen Gerichtes erklären: »Die Axt liegt bereits an der Wurzel der Bäume« (Mt 3, 10). Nur *der* Baum bleibt, der Frucht bringt. Wirkliche Umkehr muß sich im Leben zeigen. So kommt die Frage aus den Scharen der Zuhörer: »Was sollen wir tun?« Die Volksscharen hören eine Antwort, die schon vom Geiste Jesu geprägt ist. Der Vorläufer fordert von den Zuhörern nicht, daß sie ihm in die Wüste folgen. Diese Weite seines Bußrufes, die nicht auf die »Kinder des Lichtes« beschränkt ist, unterscheidet ihn grundsätzlich von Qumran. Er zeigt seinen Zuhörern ein Ideal, das auch für den Mann der Straße erreichbar ist. Gott will die konkrete Hilfe für den bedürftigen Nächsten. Er fordert die Zöllner nicht auf, ihren Beruf aufzugeben, der bei den Juden für ehrlos galt. Er ermahnt sie aber, ihren Beruf nach dem Gesetz auszuüben. Selbst die Soldaten werden von der Predigt des Propheten ermuntert, eine Sinnerfüllung in ihrem Stand zu suchen.

Mit dem Aufruf zur Buße verband Johannes die Forderung, sich taufen zu lassen. Von dieser seiner eigentlichen Wirksamkeit hat er seinen Namen erhalten. Seine Predigt gipfelte in der Taufe. Über deren Sinn ließ Johannes seine Zuhörer nicht im unklaren. Sie sollte keine levitische Unreinheit beseitigen, wie es die vielen Waschungen der Juden anstrebten; seine Taufe war eine Taufe der Buße zur Vergebung der Sünden, und das mit der Taufe verbundene Sündenbekenntnis sollte den Menschen auf den Eintritt in das Reich Gottes vorbereiten.

Der Eindruck seiner Predigt war so tief, daß bei vielen der Gedanke aufkam, »ob er nicht gar der Messias sei« (Lk 3, 15). »Da erklärte Johannes allen: Ich taufe euch mit Wasser; aber es kommt ein Stärkerer als ich, dessen Schuhriemen zu lösen ich nicht würdig bin. Der wird euch im Heiligen Geist und Feuer taufen. Er hält die Wurfschaufel in seiner Hand, und er wird seine Tenne reinigen; den Weizen wird er in seine Scheune bringen, aber die Spreu wird er mit unauslöschlichem Feuer verbrennen« (Lk 3, 16. 17).

Auch aus Galiläa kam ein »Rabbi« an den Jordan, um sich taufen zu lassen. Es wird wohl um die Jahreswende 27/28 n. Chr. gewesen sein. Als der Täufer den im Volk noch unbekannten Jesus sah, begrüßte er ihn in prophetischer Schau: »Seht, das ist das Lamm Gottes, das die Sünde der Welt hinwegnimmt« (Joh 1, 29). Der Evangelist fügt hinzu: »Das geschah zu Betanien, jenseits des Jordan, wo Johannes taufte« (1, 28).

An den Ufern des Jordan

Der Jordan, geheiligt durch die Ereignisse der Heilsgeschichte, ist ein geologisches Phänomen.[123] Er durchfließt das tiefstgelegene Tal unserer Erde. Vor einigen Millionen Jahren, wohl gegen Ende des Tertiärs, senkte sich der Boden vom Roten Meer bis zum Taurusgebirge, so daß eine ungeheure Erdspalte entstand. Regengüsse und abschmelzende Gletscher füllten diese Senke und bildeten ein großes Binnenmeer. Nach dieser Regenperiode schrumpfte das Meer zu einem gewaltigen Fluß zusammen, der sein Bett immer tiefer in den gelblichen Boden grub und so in den vielen Jahrtausenden die diesem Tale eigentümlichen Terrassen bildete. Von diesem alten Meer blieben im Norden nur noch der Hule-See und der See Gennesaret übrig, im Süden das Tote Meer.

Das Quellgebiet des Jordan liegt heute am Abhang des Großen Hermon, etwa 500 m über dem Mittelmeer. Die gewöhnliche, aber keineswegs sichere Erklärung leitet den Namen Jordan von dem hebräischen Wort »jarad« — »hinabsteigen« — ab und bringt ihn in Zusammenhang mit dem großen Gefälle des Flusses. Von seiner Quelle bis zu seiner Mündung steigt der Jordan 915 m hinab. Das wäre bei einem langen Fluß schon ein beachtlicher Höhenunterschied, doch der Jordan ist kein langer Fluß. Er mißt in der Luftlinie nur um 200 km. Nach der Vereinigung der Quellflüsse ergoß sich der Jordan in den Hule-See.[124] Dieser See, der ein gefürchteter Brutplatz der Malariafliege war, ist heute auf den neuen Landkarten verschwunden. In den Jahren 1951 bis 1958 wurde er von den Israelis trockengelegt und urbar gemacht.[125] Der einstige See, der nach den neuesten Vermessungen bei der Trockenlegung nicht 2 m (wie es alle älteren Karten zeigen), sondern 71 m über dem Meeresspiegel lag, war ein 3—5 m tiefes Gewässer mit einem ausgedehnten Papyrussumpfgebiet. Die Ausdehnung des Sees in nordsüdlicher Richtung betrug 6,4 km, in westöstlicher Richtung 4,8 km.

Die an den Steilhängen des Hule-Beckens herunterbrausenden Bäche führen große Mengen Schwemmmaterial mit sich, das auf dem flachen Talboden abgelagert wird. Das Ausmaß dieses Prozesses läßt sich an den Ruinen einer spätbyzantinischen frührabischen Siedlung (7.—8. Jahrhundert n. Chr.) ablesen, die unter einer 4 m hohen Schicht von Schwemmerde aufgefunden wurden.

Aus der Niederung des Hule-Sees fließt der Jordan durch eine fruchtbare Ebene. Am Ufer wächst ein üppiges Dickicht von Rohr und Oleandersträuchern (vgl. Abb. 16, 2, S. 36). An der sogenannten »Brücke der Töchter Jakobs« passierte die Via Maris (Meeresstraße) den Jordan (Jes 8, 23). Dann aber, als besänne er sich, daß er ja der »Herabsteigende« heißt, stürzt er hastig die nächsten 16 km ab, um den 290 m tiefer liegenden See Gennesaret zu erreichen. Über zahlreiche Stromschnellen fließt er in einem schluchtförmigen Bett, welches die reißenden Wasser im Laufe der Jahrtausende aus dem vulkanischen Gestein herausgewaschen haben. Dann ergießt er sich, durch eine von ihm selbst angeschwemmte Barre gehemmt, langsam in den See Gennesaret, der bereits 215 m unter dem Meeresspiegel liegt (vgl. Abb. 156, 2, S. 271, und Abb. 171, S. 299).

Der Jordan verläßt den See an dessen Südwestecke und schlängelt sich weiter in unzähligen Windungen südwärts zum Toten Meer.

Zwischen dem Südende des Sees Gennesaret und dem Nordende des Toten Meeres haben wir denjenigen Teil des Jordangrabens, der von den Arabern einfach »el-Ghor« — »Niederung, Senkung« — genannt wird.

In gewissen Perioden der jüngsten geologischen Vergangenheit lag der Spiegel des Toten Meeres höher als heute, und der Jordan hatte ein geringeres Gefälle. Seine Strömung war träge, er zog in vielen Windungen über die ganze Breite des Jordantals und lagerte die mitgeführte Schwemmerde ab. Sobald sich der Spiegel des Toten Meeres senkte, beschleunigte sich die Strömung des Flusses, das Bett verkürzte seine Windungen, und eine neue Terrasse schnitt sich in die zuvor abgelagerte Schwemmerde ein. Heute beträgt die Länge des Ghor ungefähr 105 km, das Gefälle nahezu 180 m. Durch die vielen Windungen ist aber der Flußlauf dreimal so lang. Während der Ostrand des Jordangrabens im wesentlichen durch eine ziemlich gerade geologische Verwerfungslinie begrenzt ist, die, aus der Ferne gesehen, wie eine Mauer aufragt, ist das westjordanische Gebirgsplateau sehr unregelmäßig in verschiedene Stufen und einzelne Schollen zum Jordangraben hin abgesunken, so daß der Westrand des Grabens eine vielfach geschwungene, vor- und zurückspringende Linie bildet (vgl. Abb. 12, S. 29).

Südlich des Sees Gennesaret ist der Ghor zunächst 3—4 km breit, dann, nach etwa 12 km, springt er nordwestwärts weit in das Land hinein und nimmt den von der Jesreel-Ebene herkommenden Goliat-Fluß auf. Am Südrand des tief in den Boden eingeschnittenen Flußbettes erhebt sich der Ruinenhügel der Stadt Skythopolis, des antiken Bet-Schean. Südlich der Bucht von Bet-Schean, etwa in der Mitte zwischen dem See Gennesaret und dem Toten Meere, ragt das westliche Gebirge am weitesten in den Jordangraben hinein, dessen Breite hier nur etwa 3 km beträgt. Südlich der Einmündung des Jabbok, der mit dem Jarmuk zu den größten linken Nebenflüssen des Jordan gehört, tritt das Gebirge wieder zurück, und es folgt nun bis zum Toten Meer das breiteste Stück des Ghor, das von Westen nach Osten bis zu 20 km mißt (vgl. Abb. 12, S. 29).

In der Nähe der Jabbok-Mündung lag die ed-Damije-Furt. Hier schnitten die Gileaditer den flüchtenden Efraimitern den Weg ab. »Sagten nun die Flüchtlinge von Efraim: ›Ich möchte hinüber‹, so fragten ihn die Männer Gileads: ›Bist du ein Efratiter?‹ Sagte er: ›Nein!‹, dann sagten sie zu ihm: ›Sage doch Schibbolet [Ähre]!‹ Sagte er ›Sibbolet‹, weil er nicht richtig sprechen konnte, dann griffen sie ihn und metzelten ihn an den Jordanfurten. So fielen damals aus Efraim 42 000« (Ri 12, 5. 6).

In der Nähe der Furt befindet sich ein toter Arm des Jordan, der im Jahre 1266 n. Chr. entstand, als ein Stück des steilen, vom Wasser unterhöhlten Mergel-

Abb. 137. *Die große Jordanschleife südlich der Einmündung des Jabbok.*

Das Bild zeigt die Windungen des Jordan im spärlichen Gebüsch des ez-Zor, die Buckelberge am Rande des Flußtales und im Hintergrund die aufsteigenden Berge der jordanischen Hochfläche. Der alte Seeboden des diluvialen Überschwemmungsgebietes zwischen dem Toten Meer und dem See Gennesaret schied beim Austrocknen Salze und Gipse aus. Der Jordan hat sie wieder herausmodelliert, so daß sie wie stumpfe Kegel und Buckel herausstehen.

ufers einstürzte. Der untere Jordanlauf lag damals zehn Stunden trocken. Diese Begebenheit erinnert an den im Josuabuch erzählten Durchzug der Israeliten durch den Jordan. Auch wenn eine natürliche Ursache den Durchzug ermöglichte — er wurde als Großtat Gottes an seinem Volke verkündet.

Der Unterlauf des Jordan war noch an mehreren Stellen durch Furten passierbar. Um die Jahrhundertwende sind diese aber unbrauchbar geworden, da der Wasserspiegel des nahen Toten Meeres um etwa 3 m gestiegen ist. Die berühmteste Furt (Roranije-Furt) lag an der heutigen Allenby-Brücke, die bis zum Bau der neuen, weiter südlich liegenden Abdullah-Brücke (1963) die wichtigste Verbindung zwischen Jerusalem und dem Ostjordanlande war. Etwa 8 km südlich der Roranije-Furt, in der Nähe des heutigen griechischen Johannesklosters, lag ein weiterer uralter Übergang. Hier mündet am südlichen Ufer ein Bächlein in den Jordan, das Wadi el-Charrar, das seinen Ursprung in einigen Quellen hat, die etwa 2 km vom Jordan entfernt in einem Talkessel bei einem Hain alter Euphratpappeln entspringen. An der Südseite dieses Talkessels erhebt sich ein kleiner Hügel, der den Namen »Berg des heiligen Elija« trägt. Noch weiter südlich, in der Nähe der Mündung des Wadi el-Kelt, liegt die Hadschla-Furt. Der Weg dorthin lief südlich vom Wadi el-Kelt an der Hadschla-Quelle vorbei und führte dann zur Furt, die Judäa mit dem südlichen Peräa verband (vgl. Abb. 127, S. 214).

Bei Jericho ist der Fluß noch 4—6 m tief, dann ver-

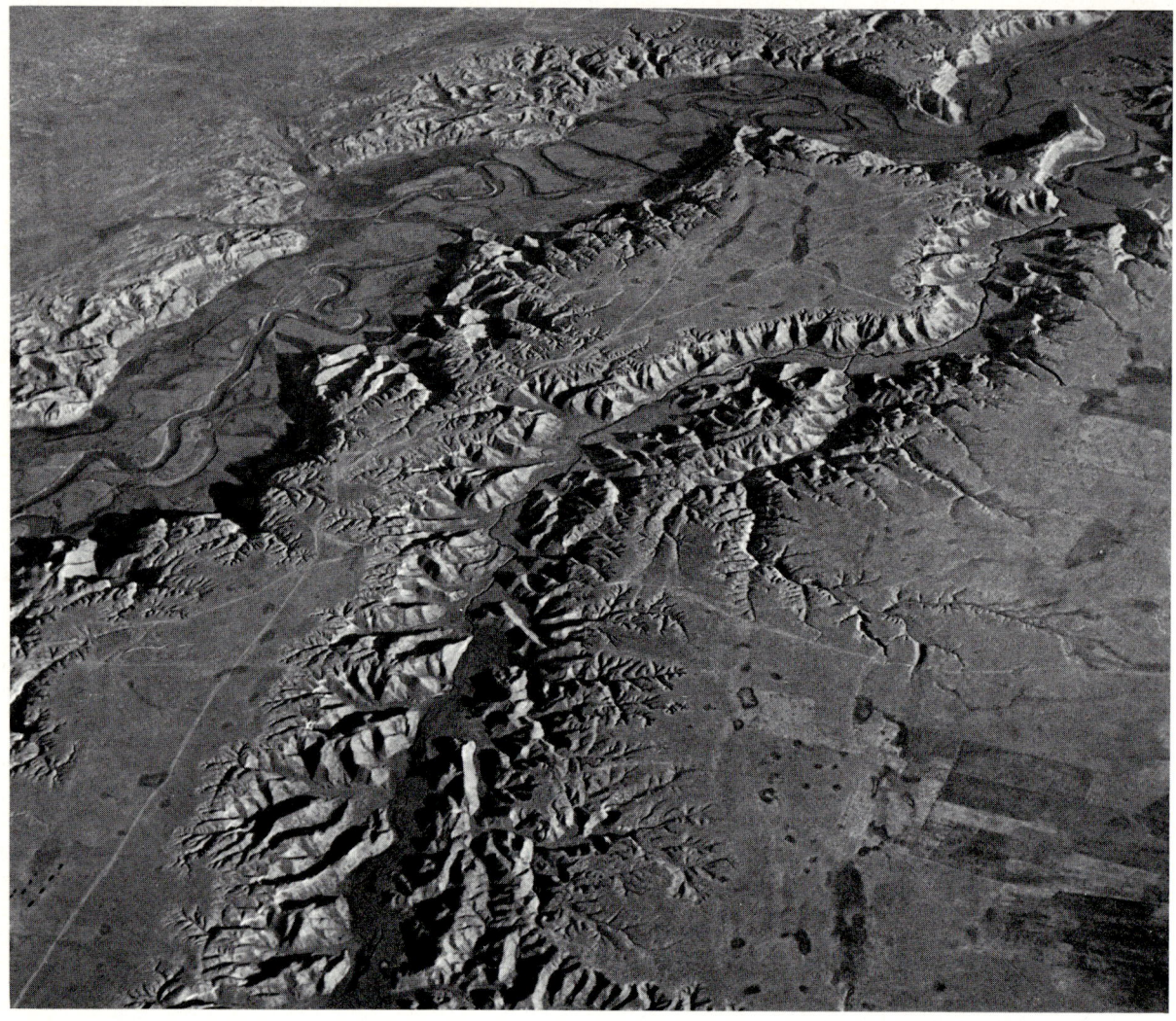

Abb. 138. Der Jordangraben.

1. Der Jordanlauf mit dem Wadi el-Mellaha.

*Das Bild zeigt den Jordangraben etwa 5—8 km südlich der
Jabbokmündung, in der oberen Hälfte von links nach rechts
den gewundenen Lauf des Jordan, längs der Bildmitte von
unten nach rechts oben das Wadi el-Mellaha, das dem Jordan das Wasser einiger Quellen vom Osthang des Graben-
bruches zuführt.*
*Die Aufnahme, die am späteren Nachmittag gemacht wurde,
läßt die dreifache Abstufung des Jordangrabens gut erkennen. Zunächst die weite flache Jordanniederung, die den arabischen Namen el-Ghor trägt. Den fast ebenen Boden im
Senkungsgraben bilden Ablagerungen eines Meeres, das in
diluvialer Zeit den ganzen Raum zwischen Totem Meer und
See Gennesaret ausgefüllt hat. In alluvialer Zeit haben kleine
Wadis die Ränder der Niederung zerfranst. Vom See Gennesaret bis etwa 15 km nördlich der Jabbokmündung wird der
Ghor landwirtschaftlich genutzt. In seiner größeren südlichen*

*Hälfte ist er aus Mangel an Niederschlägen ein Wüstengebiet
(vgl. Abb. 17, S. 38), sofern nicht Quellen und Bäche, die von
Osten und Westen kommen, kleine Oasen bilden. Tief in den
Mergel der Ebene eingeschnitten, folgt dann das etwa 1 km
breite Hochwasserbett des Jordan, das aber heute auch beim
höchsten Wasserstand nicht mehr ausgefüllt wird. Zwischen
diesem Hochwasserbett und dem Boden des Ghor liegt zu
beiden Seiten des Flusses ein durch Auswaschung stark zer-
rissenes Mergelgelände von je einigen hundert Metern Breite.
Schließlich schneidet sich noch tiefer das gewundene und oft
sich verändernde, etwa 30 m breite eigentliche Bett des Jordan ein. Der vielgewundene Flußlauf ist von einem schmalen
halbtropischen Waldstreifen, ez-Zor genannt, umwachsen, der
bei Hochwasser regelmäßig überschwemmt wird. (Der untere
Bildrand hat die Richtung Nordwest.)*

2. Das Jordantal bei Jericho.

*»Damals strömten Jerusalem und ganz Judäa und die ganze
Jordanniederung zu Johannes hinaus. Sie bekannten ihre Sün-*

den und wurden von ihm im Jordanfluß getauft« (Mt 3, 5. 6).
Den Schauplatz dieser Begebenheit zeigt das Bild. Etwa 15 km
des Jordanlaufes lassen sich überschauen, von der Einmündung des Wali el-Mellaha im Norden (linker Bildrand) bis zu
der letzten Jordanfurt el-Henu im Süden (rechter Bildrand).
Der eigentliche Lauf des Flusses ist nicht zu erkennen, sondern nur die durch ihre grüne Bewachsung dunkle Senke
(ez-Zor) des Flusses. Außer Neu-Jericho (linke untere Bildecke) ist keine Ortschaft sichtbar, nördlich (links) davon die
dunkle Bewässerungsfläche von Ain es-Sultan am Ruinenhügel von Alt-Jericho, der aber auf dem Bilde nicht mehr zu
sehen ist. Südlich (rechts) an Neu-Jericho vorbei zieht das
Wadi el-Kelt nach der Jordansenke hin, noch weiter südlich
das Wadi el-Luman. Etwas nördlich (links) von der Mündung
des Wadi el-Kelt ist auf dem jenseitigen, östlichen Ufergelände der kurze gewundene Lauf des Wadi el-Charrar zu erkennen. Der direkte Weg von Jerusalem ins Jordantal zweigte
noch im Gebirge von der Straße nach Jericho ab und lief südlich vom Wadi el-Kelt an der Hadschla-Quelle vorüber nach
der Furt. Man konnte aber auch auf der Straße nach Jericho
in das Jordantal hinabsteigen und nördlich vom Wadi el-Kelt
über Gilgal (vgl. Abb. 127, S. 214) die Furt erreichen. Dieser
Weg war für die Juden geschichtlich bedeutsam, denn nach
dem Buch Josua (3, 1 f.) mußten ihn die Israeliten genommen haben; nach 2 Kön 2 wäre auch Elijas letzte Wanderung
hier zu denken. Im Hintergrund das von Wolken bedeckte
Hochland des Ostjordanlandes.
(Unterer Bildrand: Westsüdwest.)

langsamer seinen Lauf und ergießt sich in zwei flachen und sumpfigen Armen in das Tote Meer, das in
der Bibel das Salzmeer genannt wird.

Das Tote Meer ist das größte Binnenmeer in Palästina und in seiner Art wohl eine der interessantesten
Naturerscheinungen in aller Welt. Sein Spiegel liegt
392 m unter dem Meeresspiegel und bildet damit den
tiefsten Punkt der Erdoberfläche — eine Tatsache, die
erst 1837 festgestellt wurde.

Die größte Länge des Meeres, das sich allmählich
nach Süden verlagert, beträgt 85 km, die größte Breite
18 km. Die Lisan-Halbinsel teilt das Tote Meer in ein
größeres Nord- und ein kleineres Südbecken. Das Nordbecken ist an manchen Stellen bis zu 400 m tief; südlich der Lisan-Halbinsel beträgt die Wassertiefe durchschnittlich nur 6 m. Wahrscheinlich ist das Südbecken
erst in historischer Vergangenheit entstanden, als eine
es vom Nordbecken trennende Schwelle absank, so daß
das Salzwasser nach Süden vordringen konnte. Mit
seiner länglichen Form ist das Tote Meer ein typischer
Grabensee. Seine flachen Nord- und Südufer stehen in
scharfem Gegensatz zu denen im Osten und Westen,
wo senkrechte Felswände ins Wasser tauchen und alte
Gesteinsschichten zutage treten — im Westen Kalke und
Dolomite des Turon und Cenoman, überlagert von

Abb. 139. Die Westküste des Toten Meeres bei Masada.

Senonkreide, im Osten rotbrauner und gelbbrauner Nubischer Sandstein, wahrscheinlich den Perioden der unteren Kreidezeit und des Jura entstammend. Das heutige Tote Meer aber ist gewiß einer der jüngsten Seen der Erde. Die an seinem Boden sich befindenden alluvialen Ablagerungen reichen in große Tiefe. Aufgrund geophysischer Proben glaubt man, daß festes Grundgestein stellenweise erst in 7000 m Tiefe beginnt.

Der Wasserspiegel ist Schwankungen unterworfen, sowohl im Laufe des Jahres als auch in größeren Perioden. Als am Ende der letzten Pluvialzeit das Tote Meer allmählich schrumpfte, verblieben drei Uferterrassen, deren höchste fast 200 m über dem gegenwärtigen Wasserspiegel liegt. Der jahreszeitlich bedingte Niveauunterschied kann bis zu 2 m betragen. Die ganz am Nordende liegende kleine Insel Rudschm el-Bahr war seit 1892 vom steigenden Wasser überflutet und lag dann zeitweise ungefähr 3 m tief unter dem Wasserspiegel. In jüngster Zeit hat ein erneutes Fallen des

234

Meeresspiegels eingesetzt, und so ist die kleine Insel wieder sichtbar geworden (vgl. Abb. 127, S. 214). Um die Schwankungen des Wasserspiegels zu überprüfen, wurde am 9. Oktober 1900 auf einem hervorragenden Felsen unweit von Ras Feschcha (vgl. Abb. 130, S. 219) eine horizontale Linie ausgehauen, die als Ausgangspunkt für die Messungen dienen sollte. Die Messung am 20. November 1964 ergab einen Wasserstand von 9,57 m weniger als im Jahre 1900. Ein Vergleich der gemessenen Regenmengen mit dem Wasserstand des Toten Meeres zeigt, daß beide einander entsprechen. Das Maximum an Niederschlag wurde 1919/1920 (802 mm), das Minimum 1959/1960 (210 mm) erreicht.[126]

Durch die große Hitze ist die Verdunstung so stark, daß das Wasser des abflußlosen Beckens bis zu 25 % mit verschiedenen Salzen angereichert ist, so daß kein Fisch darin leben kann. Ein Liter Wasser des Toten Meeres enthält 250 g Salz, ein Liter Wasser des Mittelmeeres 35 g, ein Liter Wasser der Ostsee in Küstennähe 2—4 g. In dem Geschichtswerk über den »Jüdischen Krieg« finden wir bei Josephus Flavius folgende interessante Tatsache beschrieben, deren Erprobung heute noch zum Programm eines jeden Vergnügungsreisenden gehört: »Das Wasser ist dabei so leicht [d. h. leicht tragend], daß es selbst die schwersten Gegenstände, die man hineinwirft, trägt und man bei aller Anstrengung nicht unterzutauchen vermag. So ließ auch der römische Feldherr Vespasian, als er an den See kam [68 n. Chr.], um ihn zu besichtigen, einige des Schwimmens unkundige Personen mit auf den Rücken gebundenen Händen in die Tiefe werfen, und siehe, sie alle trieben wie von einem Wind in die Höhe gehoben auf der Oberfläche umher. Merkwürdig ist ferner der Farbenwechsel des Sees; dreimal am Tage nämlich ändert er seine Oberfläche und wirft die Sonnenstrahlen in buntem Schillern zurück. An vielen Stellen stößt er schwarze Asphaltklumpen aus, die auf dem Wasser schwimmen« (IV, 8, 4).

Am östlichen Ufer erstreckt sich die flache Halbinsel el-Lisan (»die Zunge«) in das Meer. Von hier aus konnte man in römischer Zeit zum westlichen, judäischen Ufer hindurchwaten. Darum baute dort Herodes der Große die alte Makkabäerfestung Masada aus, um den Übergang zu decken. Hier hielten sich noch bis zum Jahre 73 n. Chr. die letzten Patrioten des Jüdischen Aufstandes, als Jerusalem schon längst erobert war. Am flacheren Westufer lagen noch die Oasen En-Gedi und jene von Ain Feschcha bei Qumran. Die fruchtbare Ebene östlich der Halbinsel el-Lisan ist wahrscheinlich der letzte Rest des wasserreichen Tales Siddim (Gen 13, 10; 14, 2. 3), das erst nach der Zerstörung von Sodom und Gomorra (Gen 19) vom Meer bedeckt wurde.

Einst lag der Wasserspiegel 200 m über dem jetzigen Niveau des Toten Meeres. Es brauchte Jahrtausende, bis das Wasser verdunstete. An den Westabhängen

kann man die Uferlinien des alten Meeres und ihr meterweises Absinken noch sehen. Der Verdunstungsprozeß geht weiter. Der Jordan kann nicht so viel Wasser heranschleppen, wie die heiße, trockene Wüstenluft dem Toten Meere an Feuchtigkeit entzieht. In einigen Jahrhunderten wird das Tote Meer der Vergangenheit angehören, wird hier nur Wüste sein. Und der Jordan? Einst klagte zukunftschauend der Prophet Sacharja (Zacharias): »Man hört die Hirten jammern. Man hört die jungen Löwen brüllen, denn die Pracht des Jordan ist dahin« (11, 3). Dennoch wird der Jordan der Fluß der Heilsgeschichte bleiben, auch wenn Pumpstationen, Rohrleitungen und Kanäle seinen Lauf verändern werden. Sein Name wird unsere Gedanken immer nach Betanien führen, wo Jesus getauft wurde.

Wo lag das Betanien in den Tagen des Täufers?[127] Markus und Mattäus lassen den Täufer in der Wüste am Jordan auftreten. Sein Wirken ist also am Unterlauf des Flusses zu suchen. Im Jahre 1884 wurde auf dem Fußboden einer griechischen Kirche in Madaba, dem alten Medeba, im Ostjordanland östlich vom Toten Meer, ein Mosaik wahrgenommen.[128] Es wurde aber nicht weiter beachtet, da alte Mosaikböden in dieser Gegend keine Seltenheit waren. Bei einem Neubau der Kirche, der in den folgenden Jahren über den Fundamenten der alten Kirche aufgeführt wurde, erlitt das Bodenmosaik schwere Beschädigungen. Als die Bauarbeiter gerade begonnen hatten, den alten Mosaikboden mit Steinplatten zu belegen, kam P. Kleophas, der Bibliothekar des griechischen Klosters in Jerusalem, auf einer Inspektionsreise nach Madaba. Was er sah, war erfreulich und traurig zugleich. Er erkannte auf den ersten Blick, daß dieses Mosaik eine Landkarte des Heiligen Landes darstellte. Leider war von der Mosaikkarte nicht einmal mehr die Hälfte erhalten. Dieses Mosaik, das aus dem 6. Jahrhundert stammt, stellt die älteste erhaltene Landkarte von Palästina dar.

Die Stadt Madaba, an der Römerstraße von Damaskus nach Petra gelegen, war vom 4. bis Anfang des 7. Jahrhunderts christlicher Bischofssitz. Nur wenige Kilometer von der Stadt entfernt erhebt sich der Berg Nebo, auf dem Mose vor seinem Tode nach dem verheißenen Lande Ausschau hielt (Dtn 34, 1). Die Erinnerung an diese ergreifende Begebenheit und das persönliche Erlebnis des einzigartigen Ausblickes von der Spitze des Nebo mag die Bewohner angeregt haben, eine Karte des verheißenen Landes mit seinen heiligen Stätten herstellen zu lassen und diese Illustration zur Bibel zu einem besonderen Schmuck ihrer Kirche zu machen.

Die Mosaikkarte umreißt das Gebiet von der Nilmündung bis nach Phönizien. Die Grundlage dafür bildete eine alte römische Straßenkarte, die dann im Hinblick auf die in der Bibel genannten Orte überarbeitet worden ist. In auffallender Weise stimmen die Inschriften der Mosaikkarte mit dem Onomastikon des

Eusebius (✝ 339), einem alphabetischen Verzeichnis der im Alten Testament und in den Evangelien vorkommenden Ortsnamen, überein (vgl. Abb. 140, S. 237).

Die Madaba-Karte zeigt die Taufstelle Jesu am Unterlauf des Jordan in der Nähe einer Furt, und zwar mit dem Namen Betabara — »Haus der Furt«. Diesen Namen finden wir in einigen griechischen Handschriften als andere Lesart für den uns vertrauten Namen Betanien — »Haus des Bootes« oder, nach einer anderen Ableitung, »Haus der Quelle«.

Johannes beschließt den Bericht über die Taufe mit den Worten: »Das geschah zu Betanien, jenseits des Jordan« (1, 28). Damit ist nicht ein Punkt am östlichen Ufer gemeint, sondern das »zu Betanien« weist auf einen Ort hin, der jenseits in einem gewissen Abstand vom Fluß gelegen hat. Weit entfernt vom Fluß konnte es aber nicht sein, da Johannes die Volksscharen im Jordan taufte. Dieser Ort mußte ferner nahe bei einer der Jordan-Furten liegen, durch die die Verkehrswege von Judäa nach dem Ostjordanlande führten. Nach Aussage der Evangelisten zogen die Bewohner von Jerusalem und Judäa zu Johannes hinaus. Steigt man von Jerusalem den Weg zum Jordantal hinab, so wird beim Verlassen der Bergwüste die Palmenstadt Jericho sichtbar. Dann führt der Weg ostwärts durch eine verlassene Ebene von etwa 8 km Länge. Da und dort, wo eine Quelle entspringt, sieht man das Grün einer Oase. Am Ende dieser Ebene erheben sich kahle, bizarr geformte Hügel aus Mergelkalk bis zu einer Höhe von 40–60 m. Dann steht man am breiten Hochwasserbett des Flusses, dessen grüne Uferlinie schon von ferne erkennbar ist (vgl. das Landschaftsbild, das auf Abb. 138, 2, S. 233, in der oberen Hälfte sichtbar ist). Ein bequemer Zugang ist aber nur an wenigen Stellen möglich. Die Uferwände ragen steil auf, und der Fluß hat sich tief in den weichen Boden des ehemaligen Meeres eingegraben.

An welchen Jordan-Furten am Unterlauf des Flusses dieses Betanien lag, läßt sich aus den Schriftworten nicht entnehmen. Von dem Evangelisten Johannes erfahren wir nur, daß Betanien »jenseits des Jordan« lag. Wir müssen also die Tradition befragen, wo sie den Ort der Taufe Jesu am Jordan verehrte.

Origenes findet den Taufort am Jordan ungefähr 180 Stadien (etwa 34 km) von Jerusalem entfernt. Die textkritischen Schwierigkeiten, die aus seinen weiteren Angaben entstehen, belasten unsere Frage nicht. In seinem Kommentar zum Johannesevangelium schreibt der größte Bibelgelehrte der Frühzeit: »Dies geschah zu ›Betara‹ jenseits des Jordan, wo Johannes taufte.« Dann fährt er fort: »Wir leugnen nicht, daß diese Lesart alt ist. Aber wir sind überzeugt, daß man nicht Betanien, sondern Betabara lesen muß, da wir an den Orten auf der Suche nach den Spuren Jesu, seiner Schüler und seiner Propheten gewesen sind.« Es scheint aber, daß Origenes den Jordan nicht selbst besucht hat, denn er gesteht: »Man sagt, daß man am Ufer des Jor-

dan Betabara zeige, wo, wie berichtet wird, Johannes getauft habe.« Seine Unsicherheit deutet er mit der verschiedenen Schreibweise Betara und Betabara an. Vom textkritischen Befund aus halten nahezu alle neueren Exegeten die in beachtlicher Breite überlieferte Lesart »Betanien« für den ursprünglichen Textbefund.[129]

Die von Origenes erwähnten 180 Stadien führen an das Ufer des Jordan in der Nähe der Stadt Jericho. Eusebius, der bei der Nennung des Namens der Autorität des Origenes folgt, weiß, daß ein Ort Betabara jenseits des Jordan die Taufstelle fest bestimmt.

»Der Ort wird gezeigt, wo bis heute sehr viele Brüder gern das Bad nehmen« (Onomastikon 58). Genauer beantwortet unsere Frage der Pilger von Bordeaux (333). Er beschreibt seinen Weg vom Toten Meer zur

Abb. 140. Die Taufstelle auf der Madaba-Karte.

Das Bild zeigt einen Ausschnitt aus der Mosaikkarte von Madaba mit der Gegend am Unterlauf des Jordan und seiner Mündung in das Tote Meer. Ein über den Fluß gespanntes Seil stellt die Jordanfurt dar, an der ein kurzes Boot liegt, das mit dem Mast gegen das Seil stößt. Der unmittelbar am Jordan stehende Wachtturm, zu dem eine Leiter hinaufführt, diente der Überwachung der Furt. Am Unterlauf auf dem diesseitigen westlichen Ufer bezeichnet der Name ΒΕΘ-ΑΒΑΡΑ — BETHABARA die Taufstelle, darunter die in der zweiten Hälfte des 6. Jh. erbaute Kirche der Taufe des heiligen Johannes ΤΟ ΤΟΥ ΑΓΙΟΥ ΙΩΑΝΝΟΥ ΤΟΥ ΒΑΠΤΙΣΜΑΤΟΣ — TO TOY AGIOY IOANNOY TOY BAPTISMATOS. Die Madaba-Karte bringt die Lesart »Betabara« statt »Betanien«, weil ihre Ortsnamen dem »Onomastikon« des Eusebius entnommen sind. Der Bischof von Cäsarea ist dem Origenes in seiner Bevorzugung von Betabara gefolgt. Am östlichen Ufer, Betabara gegenüber, liegt ΑΙΝΩΝ — AINON. Der Zusatz hinter diesem Namen ΕΝΘΑ ΝΥΝ Ο ΣΑΠΣΑΦΑΣ — ENTHA NYN O SAPSAPHAS will wohl sagen, daß dieser Ort einst Ainon, die Quelle, geheißen habe, jetzt aber auf aramäisch Sapsaphas, die Weide oder Euphratpappel, genannt wird. Die kleine Jagdszene mit der vor einem Löwen dahinfliehenden Gazelle verrät nicht nur die große Gestaltungsgabe des Künstlers, sie zeigt auch, wie realistisch die Natur dargestellt ist. Löwen und Panther waren noch bis in das Mittelalter im Jordantale heimisch. Im Fluß tummeln sich Fische, während im Toten Meer kein Lebewesen mehr zu sehen ist. Unterhalb des Bildmitte sieht man mit hohen Mauern und Türmen befestigte Palmenstadt ΙΕΡΙΧΩ — JERICHO. Links oberhalb von Jericho steht eine Kirche mit einer langen rechteckigen Mauer, die mit zwölf Steinen geschmückt ist, darüber der Name ΓΑΛΓΑΛΑ ΤΟ ΚΑΙ ΔΩΔΕΚΑ ΛΙΘΩΝ — GALGALA TO KAI DODEKA LITHON, Galgala, das biblische Gilgal — Kreis aus Steinen —, war der erste Lagerplatz der Israeliten nach der Durchquerung des Flusses bei Jericho. Zur Erinnerung an den wunderbaren Jordanübergang errichteten die Israeliten an dieser Stelle ein Denkmal aus zwölf Steinen — DODEKA LITHON —, die sie aus dem trockenen Flußbett mitgenommen hatten. Es ist nicht unwahrscheinlich, daß Johannes der Täufer mit seinen

Worten »Gott vermag dem Abraham aus diesen Steinen da Kinder zu erwecken« auf diese Gedenksteine der zwölf Stämme Israels anspielt. Unterhalb von Galgala (Gilgal) liegt an einer Quelle das Heiligtum des Propheten Elischa ΤΟ ΤΟΥ ΑΓΙΟΥ ΕΛΙΣΑΙΟΥ — TO TOY AGIOY ELISAIOY (vgl. 2 Kön 2, 19 f.); links davon ΑΡΧΕΛΑΙΣ — ARCHELAIS, ein vom Ethnarchen Archelaus gegründeter Ort. In der Nähe des Toten Meeres liegt unterhalb der Täuferkirche der Ort ΑΛΟΝ ΑΤΑΘ — ALON ATATH (Tenne Atad) verzeichnet. Nach Gen 50, 10 hielten die Söhne Jakobs an der Tenne Atad die siebentägigen Trauerfeierlichkeiten ab, als sie den Leichnam ihres Vaters von Ägypten nach Hebron brachten. Diese Lokalisierung bei dem angegebenen Ort ΒΗΘΑΓΛΑ — BETHAGLA ist aber zweifelhaft. In der rechten unteren Bildecke ist das bei Jos 18, 24 erwähnte ΓΟΦΝΑ — GOPHNA verzeichnet, darüber ΒΕΘΗΛ — BETHEL, das alte Heiligtum der Israeliten. ΡΕΜΜΩΝ — REMMON ist der bei Ri 20, 45 erwähnte Fels Rimmon, darüber der Ort ΕΦΡΩΝ Η ΕΦΓΑΙΑ — EPHRON E EPHRAIA. Es ist das vom Evangelisten Johannes genannte Efraim (11, 54), wohin sich Jesus nach dem Tempelweihfest zurückgezogen hatte. Links davon steht in größeren Buchstaben der Name ΤΟΥΡ ΓΩΒΗΛ — TOYR GOBEL (Berg Ebal). Die grauen Stellen in der linken oberen Ecke und am rechten Bildrand sind die Spuren einer leichtfertigen Zerstörung. (Unterer Bildrand: West.)

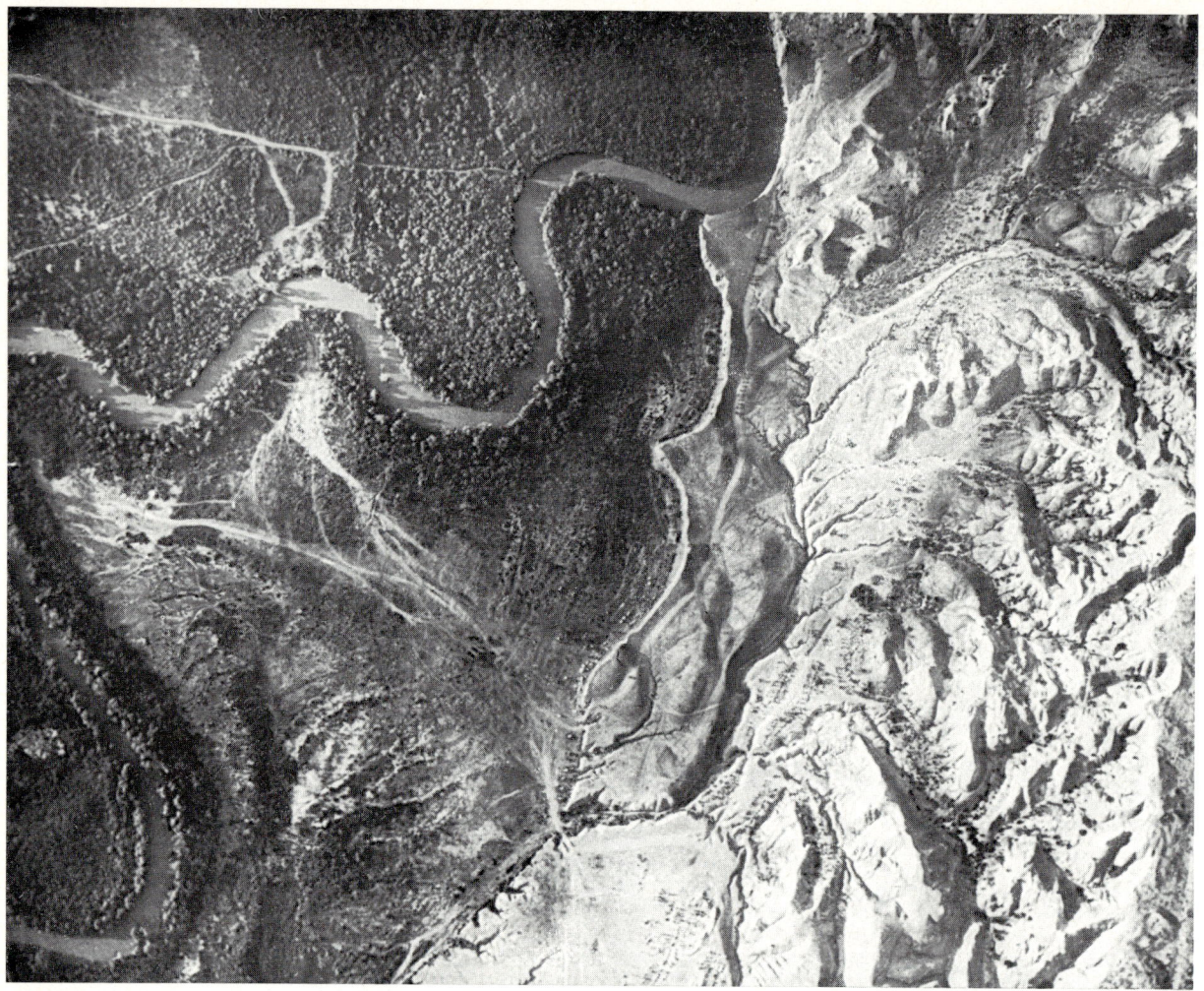

Abb. 141.   Die Jordanfurten bei Jericho.

1. Die Hadschla-Furt.

Ein Landschaftsbild von bestechender Einprägsamkeit: die
vegetationslose Wüste grenzt messerscharf an die Vegeta-
tionszone des Jordanlaufes. Die Aufnahme, die gegen
16.30 Uhr aus 3500 m Höhe gemacht wurde, zeigt den Jordanlauf an der Hadschla-Furt, die auf der folgenden Abbildung am unteren rechten Rand wiederzuerkennen ist. Der
sonst in der Jordansenke nur dunkel erscheinende Streifen
des ez-Zor (Dickicht) löst sich in der scharfen Optik der Linse
zu einem üppigen Bestand von Büschen und Bäumen auf. Der
zum Teil unverhüllt zutage tretende Senonkalk blendet in
der schattenlosen Gegend das Auge des Beschauers. Seit dem
Steigen des Toten Meeres ist die Furt unbrauchbar geworden.
Die starke Strömung, besonders im Frühjahr, und die Halt-
losigkeit der oft steilen Ufer machen den hier etwa 50 m
breiten, bis zu 6 m tiefen Fluß zu einer Grenze, die nur mit
der Fähre passiert werden kann. Die Furt lag nahe der oberen Biegung des Flusses, unterhalb einer vom Wasser unter-

spülten Mergelhöhe (am oberen rechten Bildrand), welche den
Aufstieg zur östlichen Ebene erschwerte. Der Weg, der hart
am Abfall der Mergelhöhe beginnt, ist als helle gerade Linie
noch zu erkennen. Der aus der linken oberen Bildecke zum
Flußtal führende Weg kommt von Jericho. Da in der Gegend der Mündung des Wadi el-Kelt (vgl. Abb. 138, 2) der
Jordan von der Ebene her besonders leicht zugänglich ist,
empfahl sich diese Stelle den eiligen Pilgern zum Besuch des
Flusses und wurde zur »Stätte der Taufe Jesu«. Die Bewohner Jerusalems, die von der Bußpredigt des Täufers hörten,
werden sich hier nicht verweilt haben, sondern nach Überschreiten der Furt zu dem etwa 2 km nördlich gelegenen
Wadi el-Charrar geeilt sein (vgl. Abb. 127, S. 214).

2. Der Jordan zwischen dem Wadi el-Kelt und dem Wadi
   el-Charrar.

Das Bild zeigt einen etwa 2 km langen Ausschnitt des Jordanlaufes. Im Norden (oberer Bildrand) mündet am östlichen

238

Ufer (rechts) das Wadi el-Charrar mit einer halbrunden Ausbuchtung in die Senke des Jordantales, im Süden (unten) das
Wadi el-Kelt am westlichen Ufer (links) mit der Hadschla-
Furt (vgl. Abb.138,2). Auch wenn niemand genau sagen kann,
an welcher Stelle die Furt war, wo der Täufer mit Jesus in
den Jordan stieg, so bleibt doch das Wirken des Täufers am
jenseitigen Ufer im Wadi el-Charrar ohne Schwanken seit
dem 4. Jahrhundert bezeugt. Darum ist uns dieses Bild mehr
als ein bloßes Photo, auch wenn das »Ortsschild Betanien«
nicht zu erkennen ist. Selbst das Ufergelände läßt uns kein
»Betabara« — »Furthausen« — im eigentlichen Sinn des
Wortes finden. Die Ufer sind hier zu hoch, und das Gelände
ist zu abschüssig. Aber der Jordan hat seine Launen und hat
sein altes Bett oft mit einem neuen vertauscht, wie es die
toten Arme im dunklen ez-Zor (Dickicht) zeigen. Auf der
halben Höhe der Ebene ist am westlichen Ufer gegenüber
der Mündung des Wadi el-Charrar das griechische Johanneskloster (Kasr el-Jehud) als kleines Quadrat auszumachen. Es
war schon zur Zeit des Kaisers Justinian (527—565) vorhanden und bot den Pilgern in der »Wüste« Schutz und Unterkunft. Im Jahre 1882 wurde das Kloster mit viereckigen

Türmen neu erbaut. Vom Johanneskloster führt ein Weg
ostwärts zum Jordan, gegenüber der Mündung des Wadi el-
Charrar. Einige topographische Gründe sprechen dafür, daß
hier die alte Furt gelegen haben kann. Am östlichen Jordanufer zieht sich ein breites, niedriges Gelände mit einer halbrunden Ausbuchtung hin, von welcher aus der Aufgang bei
der Mündung des Wadi in das eigentliche Jordantal leicht
möglich war. Das Wadi mit den kleinen Bächlein läuft in
ostnordöstlicher Richtung und endet nach etwa 2 km in einem
quellenreichen Kessel, in den von Süden her ein kleiner Hügel hineinragt: der »Berg des Elija«. Vom Johanneskloster
führt ein zweiter Weg südwärts nach der Mündung des Wadi
el-Kelt; von Jericho geht südlich vom Wadi el-Kelt ein Weg
in die Jordansenke und stößt auf die Hadschla-Furt, die auf
der bereits beschriebenen Abbildung 141, 1, im vergrößerten
Ausschnitt wiedergegeben ist. Der Jordan zieht in regellosen
Schlingen innerhalb der etwa 60 m tiefen Senke hin und her.
Gegenüber der Mündung des Wadi el-Kelt tritt der Fluß unmittelbar an die senkrecht aufsteigende Mergelwand heran,
von der er bei jedem Hochwasser ein Stück wegreißt. (Unterer
Bildrand: Süd.)

Taufstelle: »Von dort [vom Toten Meer] bis zur Taufstelle sind es 5 Meilen [etwa 7,5 km]. Dort ist auch der Ort, oberhalb des Flusses, ein Hügel an jenem Ufer, wo Elija in den Himmel entrückt wurde.« Diese 5 römischen Meilen führen genau vom Toten Meer zu der Furt am jetzigen griechischen Johanneskloster. Dieses Kloster, von den Arabern das »Judenschloß« genannt, liegt 600–700 m westlich vom Fluß auf einer der Mergelhöhen. Wahrscheinlich ist es auf der Madaba-Karte mit der Bezeichnung *TO TOY AΓΙΟΥ ΙΩΑΝΝΟΥ TOY BAΠTIΣMATOΣ* – »die (Kirche) der Taufe des heiligen Johannes« dargestellt (vgl. Abb. 140). Wie schon erwähnt, mündet hier am östlichen Ufer das Wadi el-Charrar in den Jordan (vgl. Abb. 141, 2, S. 239).

Ein ca. 500 m breiter Streifen östlich des Jordan ist bis zum Beginn der Mergelbauten heute bewässert und bestellt.[130] Nach dem Eintritt in die Mergelbankregion bildet das Wadi eine sanfte, durch den Wasserreichtum stark begrünte Mulde. Das Wasser der Quellen versikkert aber im Boden; zu eigentlichen Quellbächen kommt es nur im östlichen Oberlauf des Wadi. Ein von der Umgebung deutlich abgehobener, in die Senke herausragender Hügel wird von den Einheimischen als Dschebel Mar Eljas bezeichnet. Es ist fraglos der »monticulus« (kleine Berg) des Elija, den der Pilger von Bordeaux erwähnt (vgl. Abb. 127, S. 214).

Noch um die Jahrhundertwende fand ein Besucher auf dem etwa 80 m langen und 40 m breiten Hügel halbverwitterte Quadersteine, die anscheinend verschiedenen Bauten angehörten. Sie sind im Laufe der Zeit verschleppt und zum Häuserbau verwendet worden. Das Gerippe eines zusammengebrochenen Kamels, von zwei großen Quadersteinen flankiert, ist als stummes Denkmal treuer Pflichterfüllung im Mergelsand übriggeblieben. Bei späteren Untersuchungen zu Beginn der dreißiger Jahre fanden sich noch Spuren von Häusermauern, dazu Mosaikwürfel und Scherben, die zeigen, daß der Hügel in byzantinischer Zeit bewohnt war. Einige Keramikreste weisen noch weiter hinauf bis in die römische Zeit. Das Bild, das die literarischen Quellen bieten, erhält durch den archäologischen Befund eine überzeugende Bestätigung: der »monticulus« des Elija war vom 4. bis zum 7. Jahrhundert bewohnt.

Das Wadi selbst führt am Elijaberg vorbei und endet etwa 2 km vom Jordan entfernt mit einer kesselartigen Erweiterung, an deren in zwei Richtungen ausgebuchtetem Rund fünf oder sechs teils süße, teils salzige Quellen entspringen, denen die fast üppige Vegetation zuzuschreiben ist. Das Wadi ist hier etwa 200 m breit und steht in scharfem Kontrast zu der völlig unbewachsenen Kalkmergelebene, in die es eingeschnitten ist. In der Nähe der stärksten Quelle, der Ain el-Charrar, steht eine Gruppe alter Euphratpappeln. Es kann kein Zweifel sein, daß diese Quelle die in den Pilgerberichten genannte Elijaquelle ist. Auf der Madaba-Karte (vgl. Abb. 140, S. 237) ist die Quelle auf dem östlichen Ufer

angegeben und als *AINΩN ENΘA NYN O ΣAΨΑΦΑΣ* bezeichnet.

Als der Pilger von Piacenza um 570 die Taufstelle am Jordan besuchte, fand er das Wadi von Eremiten bewohnt. Einige Mönchshöhlen, die in den Absturz der Mergelbänke eingegraben waren, wurden in den letzten Jahren wiederentdeckt. In einem kunstvoll angelegten System von drei Höhlen, die miteinander verbunden waren, befand sich ein Raum, der in dieser »Dreizimmer-Eremitenwohnung« als Oratorium benutzt wurde. Über einer Wandnische war ein Kreuz erkennbar, dazu in einer Seitennische ein Platz für die Lampe.

Wir fassen das Zeugnis der Tradition zusammen: Nach dem Evangelisten Johannes lag Betanien jenseits des Jordan. Auch der Pilger von Bordeaux fand die Taufstelle Christi auf der östlichen Seite, denn er schreibt: »An jenem Ufer ist auch der Hügel, wo Elija in den Himmel entrückt wurde.« Diese Angabe paßt nur auf jenen kleinen Hügel, der an der Südseite des quellenreichen Talkessels, am Anfang des Wadi el-Charrar liegt. Auf der Madaba-Karte steht an dieser Stelle der Name »*AINΩN*« – »Quelle«.

Dieser Talkessel, etwa 2 km vom Jordan entfernt, war ein von der Furt aus leicht aufzusuchender, aber doch abseits gelegener Ort; die ideale Wohnstätte für den Täufer, der hier zu den Volksscharen predigen und sie dann zur Taufe an den nahen Fluß führen konnte.

Betanien, wo Johannes taufte, war aber nicht ein Übergang wie viele andere. Johannes wählte diese Furt, weil sie durch die Geschichte des auserwählten Volkes geheiligt war. Diesen Weg mußten nach Jos 3 die Israeliten genommen haben, als sie sich anschickten, das Gelobte Land zu erobern. Und hier kann man sich auch des Propheten Elija letzte Wanderung vor seinem Tod denken (2 Kön 2, 4 ff.).

Nach dem Propheten Maleachi ist es Elija, der vor »dem großen und schrecklichen Tag des Herrn« kommt (Mal 3, 23). An dieser Furt, die durch den Glanz des Propheten geheiligt war, erhält die Frage der Juden an den Täufer ihren eigentlichen Sinn: »Bist du der Elija?« (Joh 1, 21) Selbst wenn Johannes nicht Elija war, so nahm er doch das Werk des Elija auf, um ein erneuertes Israel aus dem Jordan erstehen zu lassen. »Im Geist und in der Kraft des Elija« (Lk 1, 17) begann er darum, hier zu wirken. Der Täufer trug ein Gewand aus Kamelhaar und einen ledernen Gürtel um seine Lenden (Mk 1, 6). Ein härenes Gewand und der Gürtel aus Leder werden in 2 Kön 1, 8 als Kennzeichen des Elija genannt.

Ohne die Taufe Jesu wäre aber dieser Ort wohl vergessen worden. Kirchliche Bauten, die schon in früher Zeit am östlichen Ufer errichtet wurden, hielten das Gedächtnis der Taufe Jesu an dieser Furt lebendig. So berichtet der Pilger Theodosius (530): »An dem Ort, wo der Herr getauft wurde, dort ist eine Säule aus Marmor, und auf diese Säule hat man ein eisernes Kreuz gestellt. Dort ist auch die Kirche des heiligen Johannes des Täufers, die Kaiser Anastasius errichtete, eine Kirche, welche über großen Gewölben hoch erbaut wurde mit Rücksicht auf das Hochwasser des Jordan.«

Noch um die Jahrhundertwende waren am östlichen Ufer nahe der Mündung des Wadi el-Charrar die Ruinen von zwei kleinen Bauwerken aus byzantinischer Zeit zu erkennen. Der eine Bau war unmittelbar an einem toten Arm des Jordan errichtet und ruhte auf einem gewölbeartigen Unterbau von 9 zu 10 m, der wohl dem Wasser freien Durchzug gewähren sollte. Es könnte die von Theodosius erwähnte Kirche sein. Etwas weiter vom Jordanufer entfernt lag noch der Unterbau einer quadratischen Kapelle von 5 × 5 m, bei dem 1902 vier korinthische Kapitäle gefunden wurden. Der bekannte Palästinaforscher Clemens Kopp berichtet in seinem Werk über »Die heiligen Stätten der Evangelien« von einem Gespräch, das er 1955 an dieser Furt mit einem griechischen Mönch geführt hat: »Mein Begleiter, der 70jährige griechische Mönch M. K. Karapiparis vom Abrahamskloster in Jerusalem, sagte mir, daß er vor einigen Jahrzehnten hier noch drei Bogen sah. Er glaubte, in der Anlage ein Baptisterium zu erkennen. Dann drehte er sich nach Osten um, zeigte nach links in nordöstlicher Richtung auf eine Stelle in der Niederung, etwa 10—20 m entfernt, und sagte: ›Damals war dort durch das Wasser eine gewaltige Marmorsäule losgespült worden, so dick, daß man sie kaum hätte umspannen können, etwa 6 m lang. Oben war ein Kreuz angebracht.‹ Da mein Begleiter in seinen Urteilen sehr nüchtern ist, glaube ich, daß er die Säule des Theodosius sah, einst von einer Hochflut umgerissen und begraben, dann von einer anderen für einige Zeit wieder nach oben gehoben. Daß hier ehemals das Flußbett war oder ein Seitenarm von ihm, läßt der Boden noch erkennen« (S. 159).

Wo das Betanien des Täufers genau lag, werden wir nicht mehr feststellen können. Die ältesten Zeugen der Tradition und die Ruinen weisen aber deutlich auf das Wadi el-Charrar hin. Eine solche Tradition hat ein Anrecht darauf, geachtet zu werden.

Wie kam das Gedächtnis der Taufe Jesu auf das Westufer des Jordan? Es ist bekannt, daß das Epiphaniefest ursprünglich Geburt und Taufe Jesu umfaßte und daß sich die gesonderte Weihnachtsfeier erst später in Palästina durchsetzte. Aber bereits Kyrill, der Bischof von Jerusalem (um 350), klagt in einem Brief darüber, daß es wegen der Entfernung von Betlehem und Jordan nicht möglich sei, sowohl die Geburt als auch die Taufe Christi an einem Tage zu feiern. Es ist nun auffällig, wie die Durchsetzung eines gesonderten Weihnachtsfestes in Palästina und der Übergang des Heiligtums am Jordan vom östlichen auf das westliche Ufer zeitlich nebeneinanderlaufen. Noch Hieronymus tadelt das Geburtsland Jesu, weil es keine eigene Feier der Geburt Jesu begeht.

Die Gegner des Konzils von Chalkedon (451) wehr-

ten sich in Palästina mit Leidenschaft gegen das neue Fest. Erst Kaiser Justinian hat 560 die Angleichung des Jerusalemer Kirchenkalenders an den sonst in der Christenheit üblichen Brauch erzwungen. Das erste eindeutige Zeugnis für die Feier des Weihnachtsfestes am 25. Dezember findet sich in einer Predigt des Jerusalemer Patriarchen Sophronius (634—638). Kehren wir zu den Pilgerberichten zurück.

Um 530 findet Theodosius den Taufort und die vom Kaiser Anastasius (491—518) erbaute Kirche auf dem Ostufer. Vierzig Jahre später zählt der Pilger von Piacenza alle biblischen Erinnerungen auf, die »an dem Ort, wo der Herr getauft wurde« zusammengefaßt waren. Er erwähnt nur einen von Schranken umgebenen Obelisken, von dem aus Stufen zu einem im Wasser errichteten Holzkreuz führten. Wahrscheinlich war damals schon die von Anastasius erbaute Johanneskirche zerstört, vielleicht durch Hochwasser oder durch Verlagerung des Flußbettes unterspült worden. Oberhalb des Flusses findet Theodosius am Westufer ein großes Kloster des heiligen Johannes, in dem zwei Pilgerhäuser waren. Diese Herbergen entstanden durch den wachsenden Zustrom der Gläubigen, die hier das Epiphaniefest feierten, das in der Nacht mit der Vigilfeier am Fluß begann. Die Errichtung der Johanneskirche auf dem von Betlehem — Jerusalem leichter zu erreichenden Westufer, wie sie der Pilger von Piacenza bereits vorfand und wie sie kurz darauf von der Madaba-Karte bestätigt wird, zeigt den Beginn des Wechsels an. Das Kloster mit der Kirche steht bereits auf der Westseite, am heutigen Platz des »Judenschlosses«, von den Arabern »Kasr el-Jehud« genannt; von dem Kloster »Der Mar Juhanna« verehrte man die biblischen Erinnerungen auf der anderen Seite des Jordan (vgl. Abb. 127, S. 214, und Abb. 141,2, S. 239). Als nach der arabischen Eroberung (638 n. Chr.) das Betreten des östlichen Ufers zu beschwerlich wurde, verlegte man das Gedächtnis der Taufe Jesu gänzlich auf das westliche Jordanufer. (Vgl. Abb. 136, S. 229.)

Schon der Pilger Arkulf (670) berichtet, daß am Westrand des Flusses eine kleine Kirche stand. Eine Brücke aus Stein führte in den Fluß. Dort war »an dem hochheiligen Ort ein hohes hölzernes Kreuz«. Auch diese Kirche ist den Unbilden der Natur und den Stürmen der Zeiten zum Opfer gefallen. Die Tradition hat aber die Erinnerung an die Taufe Jesu in dieser Gegend lebendig erhalten. Betanien — das verlassene Wadi mit dem Talkessel und das nahe gelegene Jordanufer haben mit Recht als gut fundierte Orte der Heilsgeschichte zu gelten.

Unmittelbar an die Taufe schließt sich bei den Synoptikern — nur fügt Lukas den Stammbaum Jesu dazwischen — der Bericht über die Versuchung Jesu an. Markus bringt diesen, im Gegensatz zu Mattäus und Lukas, in einer erstaunlichen Knappheit, der dennoch nichts von dem Schwergewicht des Ereignisses verlorengehen läßt: »Sogleich trieb ihn der Geist in die Wüste.

Er verweilte in der Wüste vierzig Tage und wurde vom Teufel versucht« (Mk 1, 12. 13). Woher stammt die Kenntnis dieses Ereignisses aus dem Innenleben Jesu? Kein geringerer Geist als Jesus selbst hat die Versuchungsgeschichte erzählen können, die wir bei Mattäus und Lukas, wenn auch in anderer Reihenfolge mit den dramatischen Einzelheiten lesen. Worum ging es bei der Versuchung Jesu?

Jesus wies das Wunder als geeignetes Mittel für seine persönliche Aufgabe und sein persönliches Leben ab. Er durfte als der Sohn Gottes das Wunder nicht anwenden, um das tägliche Brot zu finden und dadurch sich selbst zu helfen. Er sollte es Gott überlassen und sich mit dem begnügen, was er ihm geben würde. Er sollte auch keine Wunder tun, um sich die Ehre und Anerkennung der Menschen zu verschaffen, die ihm als dem Sohn Gottes zukam. In einer menschlich nichtssagenden Erscheinung hatte er den Glauben der Menschen zu finden. Drittens durfte er keinen Kompromiß mit dem Bösen schließen, um die ihm gehörende Weltherrschaft zu erlangen. Jesu Leben, seine Reden und Taten, bestätigen den Inhalt der Versuchungen.

Während die Synoptiker sofort nach der Taufe eingehend über die Versuchung Jesu berichten, erzählt uns Johannes, wie Jesus aus den Anhängern des Täufers wie ein stärkerer Magnet seine ersten Jünger an sich zog: »Am folgenden Tage stand Johannes wieder da mit zweien seiner Jünger, und als er Jesus daherkommen sah, sprach er: Siehe, das Lamm Gottes. Die beiden Jünger hörten ihn so sprechen und folgten Jesus. Da wandte sich Jesus um, und als er sah, wie sie ihm folgten, sprach er zu ihnen: Was sucht ihr? Sie antworteten: Rabbi — das heißt verdolmetscht: Lehrer —, wo wohnst du? Er antwortete: Kommt und seht. Sie gingen also und sahen, wo er wohnte, und blieben jenen Tag bei ihm. Es war ungefähr die zehnte Stunde« (Joh 1, 35—39). Noch im hohen Alter ist dem Evangelisten die Stunde seiner Berufung in lebendiger Erinnerung. Nach jüdischem Brauch rechnet er die Tagesstunden vom Sonnenaufgang an. Die 10. Stunde wäre also die Zeit um 16 Uhr.

Heute wie damals steht in diesem fruchtbaren Talkessel eine Feigenplantage. Betanien ist wie ein sprechendes Evangelienblatt. Man sieht den Feigenbaum und hört gleichsam, wie Philippus dem kritischen Natanael die beseligendste Botschaft seines Lebens mitteilt: »Wir haben den gefunden, von welchem Mose und die Propheten geschrieben haben: Jesus von Nazaret. Da antwortete ihm Natanael: Kann denn aus Nazaret etwas Gutes kommen?« Kurz darauf stand Jesus dem kritischen Natanael Aug in Aug gegenüber und sagte von ihm: »Schau, wahrhaftig ein Israelit, an dem kein Arg ist. Da entgegnete Natanael: Woher kennst du mich? Jesus antwortete ihm: Wie dich Philippus rief, als du unter dem Feigenbaum warst, sah ich dich. Darauf Natanael: Rabbi, du bist der Sohn Gottes, du bist Israels König« (Joh 1, 45—49).

Auf der Hochzeit zu Kana

Während Johannes der Täufer fortfuhr, die Bußtaufe zur Vergebung der Sünden zu vollziehen, kehrte Jesus mit seinen ersten Jüngern nach Galiläa zurück und setzte sich als Ehrengast an eine Hochzeitstafel. Der Evangelist schreibt: »Am dritten Tage wurde eine Hochzeit zu Kana in Galiläa gehalten, und die Mutter Jesu war dort. Auch Jesus wurde mit seinen Jüngern zur Hochzeit geladen« (Joh. 2, 1. 2). Der Evangelist erwähnt mit einer bestimmten Absicht Zeit und Ort jenes ersten großen Ereignisses, da Jesus mit einem Wunder seine Herrlichkeit offenbarte. Dennoch bleibt bei der Zeitangabe »am dritten Tage« für uns unklar, ob diese Tage vom Aufbruch Jesu von Betanien am Jordan an gezählt sind oder den Tag der Woche bezeichnen. Nach der Mischna fanden Hochzeiten nur an bestimmten Wochentagen statt. Der dritte Tag, also der Dienstag, war im jüdischen Volksglauben ein bevorzugter Hochzeitstag, da es im Schöpfungsbericht beim dritten Tag zweimal heißt: »Gott sah, daß es gut war« (Gen 1, 10. 12).

Der Weg von Betanien führte durch das Jordantal stromaufwärts bis an den See Gennesaret und von dort in das galiläische Bergland nach Kana. Der Zusatz des Evangelisten »Kana in Galiläa« soll das genannte Kana von einem außergaliläischen gleichnamigen Ort unterscheiden. In dem Buch Josua (19, 28) wird noch ein Kana in Phönizien südöstlich von Tyrus erwähnt (vgl. Abb. 119, S. 202). Heute streiten sich aber in Galiläa zwei Orte um die Ehre des ersten Wunders Jesu. Die Franziskaner hüten in einer Kirche in dem Orte Kafr Kenna das Andenken an das erste Wunder Jesu. Kafr Kenna liegt etwa eine Stunde nordöstlich von Nazaret an der kurvenreichen Straße, die zum See Gennesaret hinabführt (vgl. Abb. 156, 2, S. 271). Das andere Kana liegt auf einem unbewohnten Ruinenhügel am Nordrand der Battof-Ebene (Ebene Sebulon), etwa 14 km nördlich von Nazaret (vgl. Abb. 142, 1, S. 244, und Abb. 156). Beide Kana sind etwa 9 km in der Luftlinie von einander entfernt. Welches ist die biblische Stätte?[131] Nach dem Evangelisten gab es nur ein Kana in Galiläa. Die folgenden Ausführungen sollen uns bewußt machen, daß viele Orte und Wege aus dem Leben Jesu unter dem gleichen Gesetz der Geschichte stehen wie jedes andere Ereignis der Profangeschichte: Die Zeit geht weiter, und die Spuren werden nicht konserviert. Manche Ortsangaben, die den zeitgenössischen Lesern der Evangelien noch eindeutig waren, sind heute für uns oft schwer zu deuten. Dieser Tatbestand belastet in keiner Weise den geschichtlichen Charakter der berichteten Ereignisse, warnt uns aber, etwas sehen zu wollen, was längst vom Sturm der Geschichte verweht ist. Andererseits soll uns diese eingehende Untersuchung über die Ortslage des biblischen Kana zeigen, daß Geschichtsforschung und Altertumswissenschaft wohl in der Lage sind, Orte und Ereignisse der Vergangenheit mit abgestufter Gewißheit zu klären und zu sichern. Wo lag also das biblische Kana? Bedeutende Altertumsforscher entscheiden sich aufgrund der archäologischen Befunde und der besseren Bezeugung durch die Tradition für den heute menschenleeren Ruinenhügel Chirbet Kana. Der zeitgenössische jüdische Historiker Josephus erwähnt diesen Ort, als er zu Beginn des Jüdischen Aufstandes (66 n. Chr.) in einer Nacht mit zweihundert Mann von Kana nach Tiberias marschierte. Dieses Kana lag etwa 9 km nördlich von der alten galiläischen Hauptstadt Sepphoris entfernt und beherrschte als befestigter Ort die Battof-Ebene. Die Bedeutung von Kana wurde noch dadurch erhöht, daß es den Zugang zu dem nur etwa 3 km entfernten Jotapata sicherte, welches der letzte Zufluchtsort der Galiläer im großen Aufstand gegen die Römer war. Wie die Ausgrabungen zeigen, lag das alte Kana auf dem Gipfel des Hügels, der frei und steil aus der Battof-Ebene aufsteigt. Der Weg an der Südseite des Hügels führt zunächst auf eine Terrasse mit einer Zisterne, dann folgen, noch auf dem Abhang liegend, die Ruinen, die heute Chirbet Kana heißen. Die älteste Siedlung lag auf dem Gipfel des Hügels. Nach den Funden stand hier seit etwa 1200 v. Chr. ein Ort von einiger Bedeutung, der besonders in der römischen Zeit stark besiedelt war. In späterer Zeit rückte der Ort auf den Abhang des Hügels. Der in dem angesehenen Kana beheimatete Natanael hatte also Grund genug, auf das unbedeutende Nazaret stolz herabzusehen: »Was kann aus Nazaret schon Gutes kommen?« (Joh 1, 46)

Die vielfache Erwähnung des Ortes in den alten Pilgerberichten vor der Kreuzfahrerzeit läßt zwar eine sichere Entscheidung über die Lage des biblischen Kana noch offen, die Berichte begünstigen aber das heutige Chirbet Kana. Klar wird die Lokalisierung für diesen Ort durch den Kreuzfahrerchronisten Burchard, der um das Jahr 1290 seine »Descriptio Terrae Sanctae« — »Beschreibung des Heiligen Landes« — verfaßte. Burchard, der dem Dominikanerorden angehörte, stammte wahrscheinlich aus Barby bei Magdeburg. Er bereiste mehrmals das Heilige Land und suchte seine Kenntnisse aus der älteren geographischen Literatur durch persönliche und kritische Beobachtungen zu prüfen. Sein Werk blieb für Jahrhunderte das klassische Handbuch der »Heiligen Geographie«. Burchard findet das Kana in Galiläa auf dem Abhang eines Berges, der nach Süden auf die große Ebene blickt. Diese Beschreibung paßt nur auf das heutige Chirbet Kana, in dessen Namen der biblische Name noch erhalten geblieben ist. Auch das andere »Kana« wird schon früh als Ort erwähnt, aber es wird immer nur Kafr Kenna genannt. Chirbet Kana bedeutet »Ruine Kana«; Kafr Kenna dagegen das »Dorf der Schwiegertochter«. Es wäre schwer verständlich, wenn in christlicher Zeit der Ort des ersten Wunders Jesu seinen biblischen Namen Kana mit dem doch nichtssagenden »Kafr Kenna« — »Dorf der Schwiegertochter« — vertauscht hätte. Erst im 17. Jahrhundert wird das Andenken an die Hochzeit zu Kana in das »Dorf der Schwiegertochter« verlegt. Ein Grund dafür liegt wohl im Verfall des alten biblischen Kana. In Kafr Kenna hatten sich 1640 die Franziskaner niedergelassen. Der ungefähre Gleichklang beider Namen Kana — Kenna mag dazu beigetragen haben, das Wunder Jesu in Kafr Kenna zu lokalisieren. Dazu kam noch der Vorteil, daß dieser Ort an der Straße von Nazaret nach Tiberias lag, so daß die Pilger auf dem traditionellen Wege zum See Gennesaret Gelegenheit erhielten, auch das erste Wunder Jesu in Galiläa zu verehren. Sicher hat dieser Ort eine lange Geschichte. Die aufgefundenen Münzen aus der Hasmonäerzeit zeigen, daß auch Kafr Kenna bereits im 1. Jahrhundert v. Chr. besiedelt war. Beim Neubau der jetzigen Kirche, die im Jahre 1883 auf dem Gelände einer verfallenen Moschee errichtet wurde, stießen die Franziskaner auf einen noch unter dem Fußboden der Moschee gelegenen Mosaikboden, der mit einer hebräischen Inschrift geschmückt war: »Zum guten Andenken des Jose, Sohn des Tanhum, des Sohnes Butas, und seiner Söhne, die diese Tafel gemacht haben. Der Segen sei für sie. Amen!« Diese Mosaikinschrift stammt aus einer alten jüdischen Synagoge. Der bekannte jüdische Archäologe E. L. Sukenik schreibt in seinem Buche über »Alte Synagogen in Palästina und Griechenland«: »Sicher sind die Mosaiken dieser Art in den Synagogen nicht früher als das 5. Jh.« Es ist unwahrscheinlich, daß die Juden für ihr Gebetshaus einen Ort wählten, der den Christen durch ein Wunder Jesu heilig war. Ob nach der Zerstörung der Synagoge vor der Errichtung der mohammedanischen Moschee an dieser Stelle noch eine christliche Kirche gestanden hat, konnte beim Neubau der jetzigen Basilika im Jahr 1883 nicht geklärt werden. Soweit also der archäologische Tatbestand.

Der Bericht des Evangelisten läßt vermuten, daß Jesus mit Natanael, Simon Petrus, Andreas, Philippus und Johannes in Kana erst ankam, als die Hochzeitsfeierlichkeiten schon in vollem Gange waren. Einige Hochzeitssitten der Juden haben uns die Rabbinen in der Mischna überliefert. Den wesentlichen Teil und den eigentlichen Höhepunkt der Feier bildete die Überführung der Braut aus dem Elternhaus in das Haus des Bräutigams oder von dessen Vater.

Nach jüdischer Sitte wurde ein Mädchen mit zwölfeinhalb Jahren als heiratsfähig betrachtet. Der Heirat mußte aber noch die Verlobung vorausgehen, die ein ganzes Jahr dauerte. Gewöhnlich erfolgte die Einholung der Braut am Abend des ersten Festtages. Der Bräutigam zog mit seinen Familienangehörigen und Freunden in festlichem Gewande und mit dem Turban auf dem Haupt zum Hause der Braut. Dort wurde er von den Freundinnen der Braut, die dem nahenden Bräutigam entgegengingen, empfangen. Auf diese Hochzeitssitte weist Jesus in seinem Gleichnis von den klugen und törichten Jungfrauen hin: »Dann wird das Himmelreich zehn Jungfrauen gleichen, die ihre Lampen nahmen und

dem Bräutigam entgegenzogen« (Mt 25, 1). Einer jahrhundertealten, fest eingebürgerten Tradition folgend, übersetzen die Kommentare das griechische Wort »lampades« mit dem ähnlich klingenden Wort »Lampen«. Man denkt dann sofort an die kleinen tönernen Öllämpchen, wie man sie zu Tausenden bei Ausgrabungen und in alten Gräbern gefunden hat. Ein Anlaß für die traditionelle Deutung ist vermutlich die Erwähnung des Öls und der Krüge mit dem Reserveöl. Ganz abgesehen davon, daß das Öllämpchen in den Evangelien stets »lychnos« heißt, ist aber ein Öllämpchen für den Gebrauch außerhalb des Hauses völlig ungeeignet, weil es schon bei geringem Luftzug erlischt; ferner würde der schwache Schein im Freien die Nacht kaum erhellen, und schließlich bedurfte es wegen der langen Brenndauer nicht der Mitnahme des Reserveöles. In Wirklichkeit sind die im Gleichnis erwähnten »lampades« — »Fackeln« —, wie sie bei orientalischen Hochzeitszügen gebraucht wurden. Es sind dies lange Stangen, um deren oberes Ende große, ganz mit Olivenöl gesättigte Lappen gewickelt sind. Da diese Fackeln nur eine geringe Brenndauer haben, müssen sie immer neu mit Öl getränkt werden; darum wird in einem kleinen Krug das Öl zum Nachgießen mitgeführt. Mit den lodernden Fackeln zogen die Jungfrauen in feierlichem Festzug bis zum Hochzeitshause, wo sie Tänze und Reigen mit den Fackeln in der Hand aufführten, bis diese erloschen.[132]

Die noch verschleierte Braut erwartete den Bräutigam festlich geschmückt im Hause. Nachdem der Vater der Braut als Abschiedsgruß ein kurzes Segenswort gesprochen, setzte sich der Hochzeitszug, begleitet von den Jungfrauen mit den brennenden Fackeln, unter Musik

Abb. 142.   Frühling in Galiläa.

1. Die Battof-Ebene in Obergaliläa.

2. Blühende Anemonen (Anemone coronaria).

3. Am Ufer des Sees Gennesaret.

Die Landschaft zeigt im Frühjahr die ganze Blütenpracht der Natur und erinnert an das Wort Jesu: »Betrachtet die Lilien des Feldes.« Der hebräische Blumenname »schoschanna« wird von der Septuaginta mit »krinon« — »Lilie« — übersetzt und wird so auch im griechischen Text des Neuen Testaments wiedergegeben. Es ist aber unwahrscheinlich, daß Jesus die uns bekannte weiße Lilie damit meinte. Schon das hebräische Wort schließt eine Beschränkung auf eine Blumenart aus. So ist es wahrscheinlich, daß das Wort in Jesu Mund keiner besonderen Blumenart, sondern den Blumen des Feldes insgesamt gilt; ein Bild, das jedem Palästinenser bekannt war, wenn im Frühling die roten und purpurfarbenen wilden Blumen durch ihr massenhaftes Vorkommen die Landschaft verzaubern. Im Februar/März ist es die Kronenanemone (Anemone coronaria) mit ihren bis zu 8 cm weiten Blüten; ihr folgt im April der rotgefärbte Hahnenfuß (Ranunculus asiaticus) und im Mai als Nachzügler der Klatschmohn (Papaver rhaeas).

und Paukenschlag in Bewegung. Die Braut saß in einer Sänfte, nach einigen rabbinischen Berichten mit losem, niederwallendem Haar und unverhüllten Angesichts, so daß jedermann ihre Schönheit bewundern oder auch kritisieren konnte. In welch hohem Ansehen der Hochzeitszug stand, der als der eigentliche Trauungsritus galt, zeigt eine Bemerkung der Mischna. Die Schriftgelehrten lobten den König Herodes Agrippa I., daß er rücksichtsvoll gehandelt habe, als er vor einem entgegenkommenden Hochzeitszug vom Wege abbog, um nicht zu stören. Nach der Lehre der Schriftgelehrten war es ein verdienstliches Werk, einer Braut das Geleit zu geben. Humorvoll bemerkt die Mischna: »Noch die Sechzigjährige läuft dem Paukenschlag nach wie die Sechsjährige.« Selbst die abgeklärten Rabbinen unterbrachen ihr Torastudium, um mit ihren Schülern der Braut diesen Liebesdienst zu erweisen. Kurz gesagt: das ganze Dorf war auf den Beinen. Wer die Gleichnisse Jesu aufmerksam liest, wird darum nicht überrascht sein, wenn immer wieder das Motiv der Hochzeit, der Braut und des Bräutigams in seinen Worten anklingt. Ja noch mehr: in den Bildern der Hochzeit und des Hochzeitsmahles bringt Jesus die Herrlichkeit der messianischen Zeit zur Anschauung.

Singend und tanzend, mit einem Myrtenzweig in der Hand, gelangten die Hochzeitsgäste zum Haus des Bräutigams. An der Hochzeitstafel erreichte der Jubel seinen Höhepunkt. Das Hochzeitsmahl, bei dem die Lichter brannten, erhielt durch den Segensspruch, der bei einem Becher Wein für das Brautpaar gesprochen wurde, seinen religiösen Charakter. Nach der Heiligen Schrift galt der Hochzeitsjubel als Ausdruck höchster Freude. Darum waren auch die Freunde des Bräutigams, die während der ganzen Hochzeit mit Gesang und Tanz für die Unterhaltung des Brautpaares sorgen mußten, von manchen religiösen Übungen befreit, z. B. vom Fasten und

Abb. 143. Palästinensische Öllampen.

Fast alle in Palästina gefundenen Lampen sind aus Ton gefertigt. Die einfachste, bereits in der Bronzezeit (ca. 3000 bis 1200 v. Chr.) nachgewiesene Form ist eine flache, offene Schale, die in biblischer Zeit zumeist an einer Seite schnauzenförmig eingekniffen ist, um dem Docht eine feste Lage zu geben (1). Seit der persischen Zeit werden die Seiten mehr und mehr zusammengebogen, geblieben ist nur eine kleine Öffnung für den Docht und eine weitere für das Eingießen des Öles (2). Die Lampen der hellenistischen Zeit sind geschlossen und weisen einen langen Hals auf. Meist sind sie reich mit Ornamenten geschmückt (3). Eine einfache Formgebung mit einer runden Dochtöffnung zeigen die Lampen der herodianischen Zeit (4). Wie noch heute bei den Beduinen brannte die Öllampe die ganze Nacht. Sie sollte die Dämonen abwehren. Das Erlöschen der Lampe symbolisiert den Untergang. Vielleicht erklärt sich von daher, warum bei Ausgrabungen viel mehr Lampen in Gräbern als in Häusern gefunden wurden.

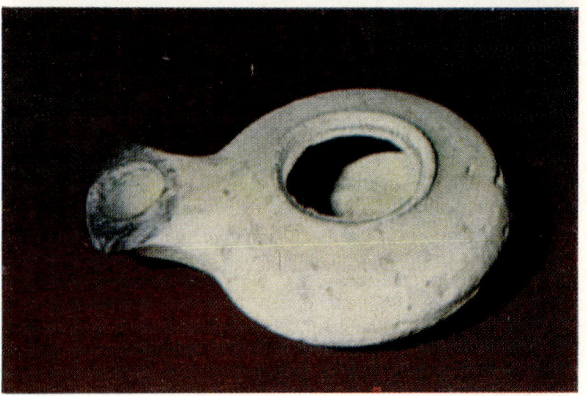

vom Achtzehngebet. Jesus erinnert an diese Sitte in seiner Antwort an die Jünger des Täufers: »Warum fasten wir und die Pharisäer häufig, deine Jünger aber fasten nicht? Jesus antwortete ihnen: Können denn die Hochzeitsgäste trauern, solange der Bräutigam in ihrer Mitte ist? Es wird aber die Zeit kommen, da ihnen der Bräutigam genommen ist, und dann werden sie fasten« (Mt 9, 14. 15).

Die Leitung der ganzen Festlichkeit lag in den Händen eines Freundes des Bräutigams. Die ehrenvolle Stellung dieses Amtes erwähnt Johannes der Täufer, der sich mit dem »Freund des Bräutigams« vergleicht: »Wer die Braut hat, ist der Bräutigam. Der Freund des Bräutigams, der dabeisteht und ihn hört, freut sich herzlich über die Stimme des Bräutigams. Diese meine Freude ist mir vollauf gewährt worden« (Joh 3, 29).

Nach jüdischer Sitte dauerte die Hochzeitsfeier bei einer jungfräulichen Braut sieben Tage, bei einer Witwe drei Tage. Täglich aber kamen und gingen neue Gäste. Nur die Brautführer hatten die volle Woche beim Brautpaar auszuhalten. Die Bewirtung der Gäste lag in den Händen eines Speisemeisters. Wenn eine Hochzeitsfeier also sieben Tage dauerte, dann ist es gar nicht verwunderlich, daß der Wein ausgehen konnte, auch in Kana. Mit wenigen kurzen Sätzen schildert uns der Augenzeuge Johannes den Tatbestand: »Da nun der Wein ausging, sagte Jesu Mutter zu ihm: Sie haben keinen Wein mehr. Jesus antwortete ihr: Frau, was habe ich mit dir zu tun? Meine Stunde ist noch nicht gekommen. Seine Mutter sagte zu den Dienern: Was er euch sagt, das tut. Es waren aber dort sechs steinerne Wasserkrüge aufgestellt, wie es den Reinigungsbräuchen der Juden entsprach, die je zwei bis drei Maß faßten. Jesus sagte ihnen: Füllt die Krüge mit Wasser. Sie füllten sie bis zum Rande. Dann sagte er zu ihnen: Schöpfet nun und bringt es dem Speisemeister. Sie brachten es. Als aber der Speisemeister das Wasser kostete, das zu Wein geworden war — er wußte nicht, woher es war, die Diener, die das Wasser geschöpft hatten, wußten es —, rief er den Bräutigam heraus und sagte ihm: Jedermann setzt zuerst den guten Wein vor, und erst wenn die Gäste trunken geworden, den geringeren. Du hast den guten Wein bis jetzt aufgehoben« (Joh 2, 3—10).

Diese kurzen, so einfach scheinenden Sätze des Evangelisten sind aber nicht leicht zu deuten.[133] Johannes will etwas wirklich Geschehenes erzählen, aber nicht um des materiell geschehenen Ereignisses willen, sondern weil er darin ein tieferes Zeichen sah. Alles hat darum für ihn einen tieferen Sinn. Es geht ihm nicht nur um ein konkretes Wunder, um eine wunderbare Hilfe für die in Verlegenheit geratene Hochzeitsgesellschaft, sondern um das Offenbarwerden einer neuen Wirklichkeit: »Christus ist das, was er spendet.«

Das Kanawunder muß im Zusammenhang mit den anderen Wundern und mit den Selbstaussagen Jesu im Johannesevangelium gesehen werden. Wie Jesus bei der Auferweckung des Lazarus diesem das Leben gibt, weil »Jesus das Leben« ist; wie Jesus dem Blindgeborenen das Licht der Augen gibt, weil »Jesus das Licht der Welt« ist; wie Jesus bei der Brotvermehrung die Menschen mit Brot speist, weil »Jesus das Brot des Lebens« ist, so wird das Weinwunder in seiner ganzen Tiefe erst verständlich, wenn wir im wunderbar gespendeten Wein das Symbol sehen für Jesus als den Wein des Lebens: »Ich bin der wahre Weinstock.« Wie das Brotwunder, so weist auch das Weinwunder auf die entscheidende Hingabe im Leben Jesu hin, auf die Hingabe des Leibes und Blutes des Herrn. Jesus ist das Brot des Lebens, indem er sein Fleisch als Nahrung für das ewige Leben reicht; und Jesus ist der Wein des Lebens, indem er sein Blut als Trank zum ewigen Leben gibt.

Dies wird in letzter Fülle offenbar werden, wenn »seine Stunde« gekommen ist. Diese Stunde bedeutet nicht einen bestimmten Zeitpunkt, sondern eine neue Epoche der Heilsgeschichte. Den Inhalt dieser Stunde bildet der Heimgang Jesu zum Vater. In ihr erreicht seine Sendung als Messias den Höhepunkt. Wenn auch die Erfüllung dieser Stunde in Kana noch der Zukunft angehörte, so reichten ihre Anfänge bereits in das messianische Wirken Jesu hinein. Was in Kana geschah, sei es die Erfüllung der Bitte seiner Mutter, sei es die Fülle des gespendeten Weines, war nur die Vorwegnahme dessen, was einmal sein wird, wenn seine Stunde gekommen ist.

Der Evangelist beschließt seinen Bericht über das Wunder mit den Worten: »Diesen Anfang der Wunder machte Jesus zu Kana in Galiläa, er offenbarte so seine Herrlichkeit, und seine Jünger glaubten an ihn« (Joh 2, 11). Nachdem die Jünger den Täufer verlassen hatten und Gefährten Jesu geworden waren, bildete das Wunder zu Kana den Beginn der Geschehnisse, die ihnen die Augen für das Geheimnis seiner Person öffnen sollten.

Das erste Osterfest in Jerusalem

Mit der Taufe am Jordan trat der Gottessohn aus seiner Verborgenheit und begann die Verkündigung der Frohbotschaft. Wie lange konnte Jesus die Botschaft vom Reiche Gottes frei und ungehindert verkünden?

Die Synoptiker lassen uns bei dem Versuch, diese Frage zu beantworten, im Stich. Warum? Ihrem chronologisch-geographischen Rahmen der »Taten und Worte« Jesu liegt ein das historische Geschehen vereinfachendes Schema zugrunde. Der Aufriß entspricht zwar im großen und ganzen dem tatsächlichen Verlauf der Ereignisse, zeigt aber auch, daß für die Einordnung verschiedener Ereignisse sachliche Gründe und theologische Absichten der Evangelisten eine Rolle spielten.

Markus, dem Lukas und Mattäus im wesentlichen folgen, bringt geographisch die »Taten und Worte« Jesu in drei großen Räumen unter: in Galiläa, auf den Wanderungen, in Jerusalem. Diese Anordnung spiegelt zugleich eine zeitliche Abfolge wider. Jesus beginnt sein Wirken in Galiläa und hat anfangs großen Zulauf beim Volk, das ihn begeistert umjubelt. Seine Auseinandersetzung mit den Pharisäern und Schriftgelehrten führt bald zu einer Scheidung der Geister. Jesus wird zum Rückzug gezwungen und zieht sich zurück: in das heidnische Gebiet im Norden, in die Dekapolis und auf das andere Ufer des Sees. Er widmet sich der Jüngerunterweisung und kündigt nach dem Messiasbekenntnis des Simon Petrus seine Passion an. Auf einer ausgedehnten Route zieht Jesus durch Peräa und über Jericho nach Jerusalem zum Osterfest und hält seinen feierlichen Einzug in die Stadt. Nach den Auseinandersetzungen mit den Vertretern der Pharisäer und Sadduzäer, den Herodianern und Abgesandten der Hohenpriester erfolgt die Verhaftung und Auslieferung an die Römer, die ihn ans Kreuz schlagen.

Dieser geographische Aufriß ist kein künstlich geschaffenes Schema, sondern paßt zu dem, was wir als den geschichtlichen Gang der Entwicklung anzunehmen haben. Dennoch läßt sich aus diesem Aufriß keine Zeitdauer für das öffentliche Wirken Jesu herauslesen oder gar errechnen.

Ganz anders dagegen liegen die Verhältnisse beim Evangelisten Johannes, der den Leser über den Ablauf der Geschichte Jesu nicht nur mit 33 konkreten Ortsangaben[134] überrascht, sondern auch mit präzisen Zeitangaben. Johannes gibt für das öffentliche Leben drei Osterfeste (2, 13; 6, 4; 11, 55) und fünf Jerusalembesuche (2, 13; 5, 1; 7, 10; 10, 22; 12, 12) an. Die Synoptiker dagegen erwähnen nur *einen* Jerusalembesuch. Sie lassen aber durchblicken, daß Jesus mehrmals in Jerusalem gewesen sein muß und sogar dort gepredigt hat (Lk 13, 34. 35). Wir haben gute Gründe, die drei erwähnten Osterfeste als geschlossene Folge anzusehen, und können damit die Dauer der öffentlichen Wirksamkeit Jesu auf zwei Jahre und einige Monate ansetzen.[135]

Nach Lukas begann der Täufer seine Bußpredigt im 15. Regierungsjahr des Kaisers Tiberius, das ist die Zeit vom 1. Oktober 27 bis zum 30. September 28 n. Chr., wenn wir die Regierungsjahre nach der syrischen Zählung berechnen. Da Jesus im Jahre 28 bereits auf dem Osterfest in Jerusalem öffentlich auftrat, müssen wir die Taufe Jesu vor diesem Termin ansetzen, also etwa um die Jahreswende 27/28 n. Chr. (vgl. Abb. 118, S. 201).

Auf dem Osterfest in Jerusalem ereignete sich ein Zwischenfall, der zum erstenmal die Aufmerksamkeit der Obrigkeit auf den Nazoräer lenkte: die Tempelreinigung. Die Synoptiker bringen den Bericht über dieses aufregende Ereignis im Rahmen der Passionszeit am Ende des Wirkens Jesu, aber aus sachlichen, nicht chronologischen Gründen. Sie hatten redaktionell keine andere Möglichkeit, da der synoptische Aufriß des öffentlichen Wirkens Jesu nur *einen* Jerusalembesuch kennt, nämlich die Reise zum Todespascha. Sie mußten also die Tempelreinigung, falls sie nicht auf den Bericht verzichten wollten, in die Passionszeit setzen. Wir sind ihnen für diese Entscheidung dankbar, auch wenn der vierte Evangelist die Tempelreinigung an den Anfang der Lehrtätigkeit Jesu setzt. Wollte Johannes die Synoptiker korrigieren?[136]

Mit dieser Annahme verkennt man die eigentliche Absicht des vierten Evangelisten. Die topographischen und chronologischen Angaben dienen einer größeren Sache. Während die Urkirche in der kürzesten Glaubensformel »Jesus Christus« — Jesus ist der Christus, der Messias, der Gesalbte, der Heilsbringer — die Einheit des historischen Jesus mit dem Christus des Glaubens ausspricht und verteidigt, verweigern die Irrlehrer um die Wende des 1. Jahrhunderts diesem Bekenntnis ihre Anerkennung. Dies führt aber zu einem vernichtenden Angriff auf den historischen Jesus, »das eigentliche Geschäft des Antichrist«, wie es Harnack im Anschluß an 1 Joh 4, 2. 3 formuliert: »Jeder Geist, der bekennt, daß Jesus Christus im Fleisch gekommen ist, ist aus Gott, und jeder Geist, der Jesus nicht bekennt, ist nicht aus Gott. Und das ist der Geist des Antichrist.« Darum das leidenschaftliche Interesse des alten Johannes an der Menschwerdung des Erlösers, am historischen Jesus, auch wenn sich in seinem Evangelium Geschichte und Verkündigung, sich erinnernde Augenzeugenschaft und Meditation so durchdringen, daß für uns eine Scheidung oft sehr schwierig ist. Das historische Interesse des Evangelisten gibt darum der Ansetzung der Tempelreinigung an den Beginn der Lehrtätigkeit Jesu eine beruhigende chronologische Gewähr. Er schreibt also:

»Im Tempel fand Jesus Leute, die Ochsen, Schafe und Tauben verkauften, auch Geldwechsler, die da saßen. Da band er eine Geißel aus Stricken und trieb alle aus dem Tempel hinaus, sogar die Schafe und die Ochsen; die Münzen der Wechsler verschüttete er und stieß ihre Tische um. Den Taubenhändlern sagte er: Nehmt das fort und macht das Haus meines Vaters nicht zu einem Krämerladen« (Joh 2, 14—16).

Schon in der Frühzeit Israels, auf dem Wüstenzuge nach dem Gelobten Land, wurde jeder männliche Israelit von seinem zwanzigsten Lebensjahr an zu einer Abgabe für das Heiligtum verpflichtet. Die Abgabe betrug einen halben Schekel Silber und wurde für das Heilige Zelt verwendet. Schekel war ursprünglich der Name eines in Vorderasien gebräuchlichen Gewichtes. Der heilige Schekel, das »Gewicht des Heiligtums«, nach dem die Tempelabgabe geleistet werden mußte, betrug 16,8 g. Später wurde der Name auf die geprägte Silbermünze übertragen. Nach der Babylonischen Gefangenschaft wog der heilige Schekel, das ist die jüdische Münzeinheit, 14,5 g. Auch zur Zeit Jesu war die Tempelsteuer in Schekeln heiligen Gewichtes zu leisten. Da die alten hebräischen Silberschekel kaum noch in Umlauf waren, wurde die Höhe der Tempelabgabe mit dem entsprechenden Münzwert einer kursierenden Silbermünze be-

Abb. 144. Persische Silbermünze der Provinz Juda aus dem 5./4. Jahrhundert v. Chr.

V.: Eine männliche Gottheit, mit einem Chiton, einem hemdartigen Gewand, bekleidet, sitzt auf einem geflügelten Rad, auf der linken ausgestreckten Hand ein Adler oder Falke; am unteren rechten Bildrand ist eine kahlköpfige Maske sichtbar. Die aus drei althebräischen Buchstaben bestehende Aufschrift »j h d« lautet: Jehud, d. i. der Name der persischen Provinz Juda im 5. und 4. Jahrhundert v. Chr. Der Name »Jude« bedeutet: Dankbarkeit. Er stammt von »Juda«; diesen Namen — auf hebräisch: Jehudah — gab Lea ihrem Sohn, denn »nun wollte sie dem Herrn danken« (Gen 29, 35). Die Deutung des Bildes ist unsicher. Manche Erklärer nehmen an, daß der Künstler kein Jude war, sondern ein Perser, der in Nachahmung griechischer Münzen den Gott Israels in synkretistischer Weise darzustellen suchte. Vielleicht wurde er dabei von der Beschreibung aus der Ezechielvision beeinflußt (Ez 10, 16–19). — Die Rückseite zeigt einen Männerkopf mit Helm.

Abb. 145. Attische Tetradrachme unter Alexander dem Großen (336–323 v. Chr.).

Im Mittelpunkt der hellenistischen Münzkunst stand das Herrscherporträt, das aber im Gegensatz zu den realistischen Darstellungen der Perserzeit ein ideal verklärtes Alexanderbildnis zeigt.

V: Der Kopf des Königs, als Herakles mit dem Löwenskalp geschmückt. (Herakles ist der mythische Ahnherr der Argeaden, der Name für die Mitglieder des makedonischen Königshauses.)

R: Der Name Alexander mit dem Bild des thronenden Zeus mit Adler und Szepter. Im Felde links eine Rose, unter dem Thron das Prägejahr: das 14. Jahr. Die Münze wurde um das Jahr 323 v. Chr. in Alexandria (Ägypten) geprägt.

zeichnet. Das war die tyrische Doppeldrachme, die gleich einem halben jüdischen Silberschekel heiligen Gewichtes war. So heißt es in einem Traktat der Mischna: »Alles Geld, von dem das Gesetz spricht, ist tyrisches Geld.«

Münzen führen trotz ihrer Unscheinbarkeit eine sehr eindringliche Sprache. Sie verraten in ihren Symbolen und Umschriften manchmal mehr als lange Berichte.[137]

Während der Perserherrschaft erhielt die Provinz Juda das Privileg, eigene Silbermünzen zu prägen. Aus dieser Zeit (5./4. Jahrhundert v. Chr.) ist uns in Jerusalem eine Münze mit der Aufschrift »Jehud« (Juda) erhalten. Alexander der Große hob das Recht der Eigenprägung wieder auf. Mit seinem Siegeszug kam griechisches Geld mit attischem Münzfuß in das Land. Die Münzeinheiten waren der Goldstater und die Silberdrachme (4,3 g), die in verschiedenen Wertstufen als Didrachme (Doppeldrachme = 8,7 g) und als Tetradrachme (Vierdrachmenstück = 17,4 g) im Umlauf waren. Die Tetradrachme wird im Neuen Testament auch Stater genannt. Nach dem Tode Alexanders des Großen führten die ägyptischen Ptolemäer in Palästina das phönizische (tyrische) Münzsystem ein, dessen höchste Einheit das Talent war. Auf ein Talent kamen 60 Minen oder 3000 Schekel oder 6000 Drachmen. Es ist möglich, daß die Ptolemäer den Juden das Recht, eigene Silbermünzen zu prägen, gewährten. Eine in Bet-Zur aufgefundene schlecht erhaltene Münze scheint den schwer lesbaren Namen eines Hohenpriesters Ezechias in althebräischen Buchstaben zu tragen. Die Nachfolger der Ptolemäer, die syrischen Seleukiden (198–138 v. Chr.), griffen wieder auf das griechische (attische) Währungssystem zurück, ließen aber daneben die phönizische Währung in Geltung, so daß von da an das Silbergeld in beiden Währungen in Umlauf war. Das Gewicht einer phönizischen (tyrischen) Tetradrachme (Stater) betrug 14,5 g, kam also an Wert einem jüdischen Silberschekel gleich. Aus diesem Grunde konnte die Tempelsteuer in tyrischer Währung entrichtet werden. Das tyrische Silbergeld war in Palästina für den Zahlungsverkehr auch während der Hasmonäerzeit und der Herrschaft der Herodianer in Geltung, da diese nur in Kupfer prägen durften. (Vgl. Abb. 144, Abb. 145 und Abb. 146, S. 249.)

Mit der Römerherrschaft (63 v. Chr.) kam noch römisches Geld nach Palästina. Die palästinensische Goldmünze war der römische Aureus zu 25 römischen Silberdenaren. Diese römische Silbermünze wird am häufigsten im Neuen Testament erwähnt. So heißt es bei Mattäus im Gleichnis vom unbarmherzigen Knecht: »Beim Hinausgehen traf jener Knecht einen seiner Mitknechte, der ihm 100 Denare schuldete, packte und würgte ihn und sagte: Bezahle, was du schuldig bist« (Mt 18, 28); im Gleichnis von den Arbeitern im Weinberg: »Das Himmelreich gleicht einem Hausherrn, der mit dem Frührot ausging, um Arbeiter in seinen Weinberg zu dingen. Er einigte sich mit den Arbeitern auf einen Denar für den Tag und schickte sie in seinen Weinberg«

(Mt 20, 1. 2); in seiner Antwort auf die Frage der Pharisäer nach der Berechtigung der Kaisersteuer (Mt 22, 19; Mk 12, 15; Lk 20, 24); bei Markus im Bericht über die erste Brotvermehrung: »Jesus antwortete seinen Jüngern: Gebt ihr ihnen zu essen. Sie darauf: Sollen wir vielleicht fortgehen, für 200 Denare Brot kaufen und es ihnen zu essen geben?« (Mk 6, 37; Joh 6, 7); im Bericht über die Salbung in Betanien: »Wozu geschieht diese Verschwendung von Salbe? Man hätte diese Salbe für mehr als 300 Denare verkaufen können!« (Mk 14, 5; Joh 12, 5); bei Lukas in dem Gespräch Jesu mit dem Pharisäer Simon über die Sünderin: »Ein Gläubiger hatte zwei Schuldner, der eine schuldete ihm 500, der andere 50 Denare« (7, 41); im Gleichnis vom barmherzigen Samariter:»Am anderen Morgen zog er 2 Denare hervor, gab sie dem Wirt mit den Worten: Sorge für ihn, und was du darüber hinaus aufwendest, werde ich dir bei meiner Rückkehr bezahlen« (Lk 10, 35).

Diese Beispiele zeigen, wie stark sich die römische Währung im täglichen Leben, in Handel und Wirtschaft durchgesetzt hatte. Die römischen Silberdenare kursierten in zwei verschiedenen Ausgaben; die von der kaiserlichen Münzstätte in Lyon geprägten Stücke trugen lateinische Aufschriften (vgl. Abb. 235, S. 414), die von der römischen Provinzialregierung in Syrien geprägten Münzen trugen alle griechische Aufschriften (vgl. Abb. 147). Unter Augustus wurde das Gewicht der attischen (griechischen) Tetradrachme von ursprünglich 17,4 g auf knapp 15 g reduziert, um die Umrechnung von Denar und Drachme zu erleichtern. Dennoch wurde der römische Denar von den Rabbinen als gültige Währung für die Tempelsteuer nicht anerkannt, er mußte in die heilige Münze, das ist die tyrische Drachme, gewechselt werden.

Die gewöhnlichste römische Kupfermünze war das römische As, dessen Wert auf $^1/_{16}$ des Denars festgesetzt war (vgl. Abb. 11, S. 28). Der vierfache Münzwert eines Asses wurde Sestertius genannt (vgl. Abb. 228, S. 405, und Abb. 233, S. 411), der doppelte Wert eines Dupondius. Ein solcher Dupondius ist im Ausspruch Jesu gemeint: »Kauft man nicht fünf Sperlinge für zwei Pfennige?« (Lk 12, 6) Der Münzwert heißt im griechischen Text: dyo assaria.

Als Teilstücke wurden noch der Semis = $^1/_2$ As und der Quadrans = $^1/_4$ As geprägt. Diese kleinste römische Münze diente Jesus in der Bergpredigt als Vergleich: »Wahrlich, ich sage dir, du wirst aus dem Gefängnis nicht herauskommen, bis du den letzten Heller [griechisch: kodranten] bezahlt hast« (Mt 5, 26).

Schließlich wird im Neuen Testament noch eine kleinere Kupfermünze erwähnt, die aber im römischen Münzsystem unbekannt ist: das Lepton. Nach Markus war das Lepton die Hälfte eines Quadrans, also $^1/_8$ As. »Als Jesus dem Schatzkasten gegenübersaß, sah er zu, wie viele Leute Geld in den Schatzkasten warfen. Auch viele Reiche opferten viel. Da kam auch eine arme Wit-

Abb. 146.   Tyrische Tetradrachme aus dem Jahre 4/3 v. Chr.

V: Der lorbeergeschmückte Kopf des phönizischen Baal, des Stadtgottes von Tyrus. Er wurde Melkart genannt, d. h. König der Stadt.

R: Ein Adler, mit dem rechten Fuß auf einem Schiffsbug stehend, neben dem Hals ein Palmzweig. Im linken Feld das Prägejahr: das 123. Jahr (nach der tyrischen Ära = 4/3 v. Chr.). Im rechten Feld ein Monogramm. Die Umschrift bezeugt das Asylrecht der Stadt: das heilige und unverletzliche Tyrus.

Abb. 147.   Römische Provinzialsilbermünze unter Augustus aus Syrien.

Diese Tetradrachme mit griechischer Umschrift entsprach dem Gewicht von vier römischen Denaren.

V: Der stilisierte Kopf des Kaisers, mit dem Lorbeerkranz geschmückt. Hellenistischem Herrscherbrauch folgend, setzte Augustus seinen Namen Cäsar Augustus in den Genitiv.

R: Die auf dem Felsen sitzende Schicksalsgöttin Tyche, mit einem Palmzweig in der Rechten, zu ihren Füßen ein schwimmender Flußgott. Das Prägejahr IB, d. i. im 12. Konsulat = 5–2 v. Chr. Die Deutung der danebenstehenden Monogramme ist unsicher.

we und warf 2 Heller [griechisch: lepta dyo] – das ist ein Quadrans – hinein. Da rief er seine Jünger herbei und sagte ihnen: Wahrlich, ich sage euch, diese arme Witwe hat mehr geopfert als alle, die etwas in den Schatzkasten geworfen haben. Denn sie alle haben von ihrem Überfluß gespendet, sie aber hat in ihrer Armut alles geopfert, was sie hatte, ihren ganzen Unterhalt« (Mk 12, 41–44).

Diese Vielfalt der in Palästina kursierenden Münzen macht die Existenz der Geldwechsler im Tempel verständlich, da die Steuer, wie bereits gesagt, in althebräischer oder tyrischer (phönizischer) Währung entrichtet werden mußte. Die Tempelsteuer wurde entweder direkt im Tempel bezahlt oder außerhalb Jerusalems und in der Diaspora von Männern, die von der Ortsgemeinde beauftragt waren, eingesammelt und dann nach Jerusalem abgeliefert. Der riesige Schatz von über 6000 tyrischen Tetra- und Didrachmen, die im Jahre 1960 bei Osvia im Karmelgebirge aufgefunden wurden, scheint nach Ansicht jüdischer Numismatiker von einem solchen Transport der Tempelsteuer zu stammen. Die Münzen, die als gültige Schekelabgabe für den Tempel bestimmt waren, konnten wohl wegen des ausgebrochenen römisch-jüdischen Krieges im Jahre 66 n. Chr. nicht weitertransportiert werden. So vergrub man sie zur Sicherheit, in der Hoffnung, daß ruhigere Zeiten den Transport wieder ermöglichen würden.

Alle diese Einzelheiten über die Abgabe der Tempelsteuer überliefert uns Mattäus mit historischer Treue in jenem für Petrus fast peinlichen Zwischenfall, den er mit den jüdischen Steuereinnehmern hatte. »Wie sie nun nach Kafarnaum kamen, traten die Steuereinnehmer an Petrus heran und sagten: Bezahlt euer Meister nicht die Doppeldrachme?« (Mt 17, 24)

Nach der Mischna (Scheqalim 1, 3) mußte die Tempelsteuer in der Zeit vom 15. bis zum 25. Adar (März/April) bezahlt werden. Wurde der Zahlungstermin überschritten, dann konnten die Säumigen gepfändet werden. Die Formulierung der Frage der Steuereinnehmer läßt darauf schließen, daß der letzte Zahlungstermin schon nahe oder gar überschritten war. Auf die Frage des Steuereinnehmers antwortete Petrus unbeschwert: »Jawohl!« »Als er nun ins Haus trat, überraschte ihn Jesus mit der Frage: Was meinst du, Simon? Von wem erheben die Könige der Erde Zoll oder Steuer? Von ihren Landeskindern oder von Fremden? Als er antwortete: Von den Fremden, sagte ihm Jesus: Dann sind also die Landeskinder frei. Damit wir ihnen kein Ärgernis geben, gehe ans Meer und wirf die Angel aus. Den ersten Fisch, den du fängst, nimm und öffne sein Maul; du wirst einen Stater finden. Den nimm und gib ihn ihnen für dich und für mich« (Mt 17, 25–27). Der Stater (Tetradrachme) entsprach genau dem vollgewichtigen heiligen Schekelstück, der Tempelsteuer für zwei Personen. Wer nicht in vorschriftsmäßiger Münze zahlte, mußte den Steuereinnehmern noch ein kleines Aufgeld entrichten, um den Tempelschatz vor Einbuße zu bewahren.

Die aus aller Welt in Jerusalem zusammenströmenden Pilger waren ebenfalls gezwungen, ihre Geldstücke, d. h. die nicht anerkannten römischen und griechischen Münzen, in die gültige Tempelwährung umzutauschen.

Zu diesem Zweck hatten sich im äußeren Vorhof des Tempels die Geldwechsler niedergelassen, die wiederum ein entsprechendes Aufgeld für den Umtausch einzogen.

Man schätzt den jährlichen Eingang an Steuern auf ein bis zwei Millionen Denare. Das Ausmaß der Summe, welche der Hohepriester in irgendeiner Form zu verwalten hatte, läßt sich daraus ermessen, daß nach der Plünderung des Tempels im Jahre 70 n. Chr. der Goldpreis in Syrien um 50 % sank. Es ist begreiflich, daß die Schatzmeister stets aus der Familie des regierenden Hohenpriesters genommen wurden.

Die Aktion der Tempelreinigung war ein direkter Angriff auf die Sippe der mächtigsten Familie des Landes. Der Talmud klagt über »die Kaufhallen der Söhne des Hannas«, das Warenhaus für Tempelrequisiten. Sie scheinen allmählich das Monopol für alle Dinge an sich gebracht zu haben, die die Besucher des Tempels für die Opfer benötigten. Sonst hätten sie es nicht fertigbringen können, selbstherrlich die Preise festzusetzen: daß ein Paar Tauben einen Golddenar (Ker. 1, 7) kostete — ein Wucherpreis, der durch das energische Auftreten des Rabbi Simeon ben Gamaliel, eines Sohnes des berühmten Gamaliel (Apg 5, 34), an einem Tag auf einen viertel Silberdenar gesenkt wurde. So war die Familie des Hohenpriesters an dem Handel mit Opfertieren und am Geldwechsel interessiert. Einen Sohn des Hannas bezeichnet Josephus geradezu als »einen Mann, der es verstand, Geldgeschäfte zu machen« (Jüd. Altert. XX, 9, 2). Wenn die Geldwechsler nicht gerade Agenten des Hauses Hannas waren, so spricht doch alles dafür, daß das Haus des regierenden Hohenpriesters in der Zeit der öffentlichen Wirksamkeit Jesu von ihnen mindestens eine regelmäßige Anerkennungsgebühr für die Tauschlizenz empfing; anders ist nicht zu erklären, wie sich die Händler und Geldwechsler in einem vom Hohenpriester verwalteten Gebiet so breitmachen konnten.

Das Vorgehen Jesu gegen die im Dienste des Tempels stehenden Geldwechsler und Händler erregte daher größtes Aufsehen. Wer war dieser Unbekannte, der so etwas zu tun wagte? Man wußte nur: ein Zimmermann aus Nazaret. Die Tempelpolizei war sofort zur Stelle, und die Vorsteher der Juden fragten gebieterisch: »Was für ein Wunderzeichen gibst du uns zum Beweis dafür, daß du das tun darfst! Jesus antwortete ihnen also: Brechet diesen Tempel ab, und in drei Tagen werde ich ihn wiederaufrichten. Da antworteten ihm die Juden: Sechsundvierzig Jahre lang ist an diesem Tempel gebaut worden, und du, du wirst ihn in drei Tagen aufrichten?« (Joh 2, 18–20)

Wir sind den Juden für diese Zahlenangabe höchst dankbar. Sie erlaubt uns aufs neue, die Datierung des Lebens Jesu zu überprüfen.

Herodes der Große begann den Tempelbau im 18. Jahr seiner Regierung (Jüd. Altert. XV, 11, 1). Umgerechnet in unsere Zeitrechnung, ist es das Jahr 20/19 v. Chr.

Addieren wir die 46 Jahre des Tempelbaues hinzu, dann kommen wir in das Jahr 27/28 n. Chr. Es ist die Zeitspanne, in die auch das 15. Regierungsjahr des Kaisers Tiberius fällt.

Dem Evangelisten geht es aber nicht nur um die Überlieferung dieser Zeitangabe. Bei der Niederschrift des Evangeliums schaut Johannes auf die Katastrophe des Jahres 70 n. Chr. zurück, die der politische Messianismus heraufgeführt hatte. Das Ereignis im Tempel und der erste Zusammenstoß mit den Vertretern der damaligen Hierarchie haben eine geheimnisvolle Tiefe: Jesus bringt das Ende und die Überwindung des Tempelkultes.

Aber nicht nur die Juden verstanden damals die dunklen Worte Jesu nicht. Auch den Jüngern blieben sie verschlossen. Ihr eigentlicher Sinn ging ihnen erst nach der Passion auf: Jesus, der Auferstandene, ist die neue, unvergängliche Wirklichkeit der Gegenwart Gottes.

Nikodemus – Pharisäer und Schriftgelehrter

Von dem Aufenthalt Jesu in Jerusalem während des ersten Osterfestes überliefert uns der Evangelist Johannes noch die Begegnung mit Nikodemus: »Da war ein Mann, der zu den Pharisäern gehörte, Nikodemus geheißen, ein jüdischer Ratsherr. Der kam nächtens zu ihm und sagte ihm: Meister, wir wissen, daß du von Gott als Lehrer gekommen bist, denn niemand kann diese Wunderzeichen tun, die du tust, wenn nicht Gott mit ihm ist« (Joh 3, 1. 2).

Um Jesu Lebensweg besser zu verstehen, müssen wir zunächst jene jüdischen Parteien näher kennenlernen, die zu seiner Zeit das politische und religiöse Leben Israels beeinflußten.

Das ganze Volk wartete auf den Messias, doch war diese Erwartung nicht bei allen gleich. Die leidenschaftlichsten Messianisten waren die Zeloten, die das Erscheinen des Messias gewaltsam zu beschleunigen suchten. Josephus nennt sie ausdrücklich »die Jungen«, die bereit waren, ihr Leben für die nationale Befreiung Israels hinzugeben. Sie empörten sich sowohl gegen den Idumäer Herodes als auch gegen die Römer. In kleinen Gruppen organisiert, verübten sie im ganzen Land ihre Überfälle und wurden als Sikarier (Dolchmänner) berüchtigt (Apg 21, 38). Als kompromißlose Gegner der Römer waren sie die führenden Kräfte in der jüdischen Freiheitsbewegung: Gott allein ist Israels König und kein römischer Heidenkaiser! In der Hoffnung auf Jahwes wunderbaren Beistand schürten sie zum offenen Kampf, der schließlich zum Ausbruch des großen Aufstandes im Jahre 66 n. Chr. führte. Simon, »der Zelot«, fand aus ihren Reihen den Weg in Jesu Apostelkreis. Wahrscheinlich ist das Wort Jesu eine Anspielung auf die Zeloten: »Von den Tagen des Täufers Johannes an bis jetzt leidet das Himmelreich Gewalt, und die Gewalt brauchen, reißen es an sich« (Mt 11, 12).

Zur Zeit Jesu bestimmten aber hauptsächlich die beiden Parteien der Sadduzäer und Pharisäer das religiöse und politische Leben des jüdischen Volkes.

Die führenden Schichten der Priesterschaft und die einflußreichsten Familien des Laienadels gehörten den Sadduzäern an, deren Name wohl von Zadok, dem Oberhaupt einer Priesterfamilie, abzuleiten ist. Sie bildeten eine fest geschlossene Gruppe mit einer ausgeprägten theologischen Lehre und Überlieferung. Als oberste und höchste Norm des Judentums erkannten die Sadduzäer nur die Tora, das geschriebene Gesetz des Mose, an und standen so im Gegensatz zu den Pharisäern. Bereits vor dem Beginn der Makkabäerkämpfe hatte sich dieser Gegensatz herausgebildet, als eine priesterliche Gruppe die Reinheitsvorschriften und Speiseregeln, die in der Tora nur den diensttuenden Priestern auferlegt waren, zur Norm auch für das Alltagsleben der Priester und für das Leben des gesamten Volkes erhob, um auf diese Weise die wahre »heilige Gemeinde« Israels zu bilden. In ihrer Lebenshaltung verwahrten sich die Sadduzäer gegen eine Verengung der Religion, die durch den einseitigen Abschluß von der weltlichen Kultur und der griechischen Bildung herbeigeführt wurde. Dennoch hielten sie sich für die echten Konservativen und verwarfen die Überlieferungen der Pharisäer als Entstellung und Entartung des alten genuinen hebräischen Geistes.

Über ihre theologischen Lehrmeinungen unterrichtet uns Josephus in seiner Selbstbiographie. Die Sadduzäer leugneten mit ihrer Ablehnung der Lehre von der Prädestination (Vorherbestimmung) jeden göttlichen Einfluß auf die guten und schlechten Taten des Menschen: Alles sei in seine eigene Hand gelegt, er allein sei für Glück und Unglück verantwortlich. Sie glaubten weder an die Unsterblichkeit der Seele noch an eine Wiederauferstehung der Toten, noch an Lohn und Strafe nach dem Tode. In ihrer Rechtsprechung besaßen sie einen eigenen Strafkodex, der sich durch Härte und Strenge von dem der Pharisäer unterschied. So hielten sich die sadduzäischen Richter z. B. bei Körperverletzungen an den genauen Wortlaut der Schrift: »Auge um Auge«, während die Pharisäer dieses Gebot im weiteren Sinne interpretierten und sich mit einer Geldstrafe begnügten, damit »nicht für ein Auge – ein Auge und ein Leben vernichtet werde«.

In der Geschichte des jüdischen Volkes blieben die Sadduzäer nur eine aristokratische Minderheit, deren Macht und Einfluß zur Zeit Jesu immer mehr zurückging. Bereits während der Regierungszeit der Königin Alexandra (76–67 v. Chr.) zogen die Pharisäer in das Synedrium ein und wurden ihre schärfsten Rivalen. Mit der Zerstörung Jerusalems verschwinden sie aus der Geschichte des jüdischen Volkes. Jesus wurde zunächst von den Vertretern dieser Herrenschicht wenig

Abb. 148.   Ein Wohnviertel der Reichen.

1. Die »Residenz« – Ruinen eines vornehmen Hauses aus der
   Zeit vor der Zerstörung des Tempels (70 n. Chr.).

Im Alten Testament wird der irdische Besitz, der Reichtum
an Viehherden und Äckern, an Gold und Silber durchwegs als
Segensfülle aus der Hand Gottes angesehen. Das Neue Testament wertet den Reichtum in einer radikal veränderten Sicht,
im Licht der Frohbotschaft vom Reiche Gottes.
Der habsüchtige Mensch schwebt immer in Gefahr, von Gott
abzufallen. Der Reiche wirft sich vor dem »Mammon« auf
die Knie, anstatt Gott seine Anbetung zu erweisen. So gefährdet der Reichtum den Eintritt in das Reich Gottes, wie es
das Gleichnis vom Sämann in eindringlicher Weise zum
Ausdruck bringt. Ja, Jesus kündigt in seinen Weherufen den
Reichen und Satten den Ausschluß aus dem Reiche Gottes
an (Lk 6, 24. 25) und bekräftigt den Weheruf mit dem bis ins
Detail gehenden Gleichnis vom reichen Prasser und vom
armen Lazarus (Lk 16, 19–31). Wer waren die Reichen? Jesus
wird sie doch gesehen haben, wie sie gelebt, gewohnt, gespeist und sich gekleidet haben.
Die seit 1969 im Judenviertel der Altstadt von Jerusalem
unter der Leitung von N. Avigad durchgeführten Ausgrabungen machten das Milieu der damaligen wohlhabenden Klasse
sichtbar; man entdeckte großzügig gebaute Häuser mit luxu-

riös ausgestatteten Innenräumen und Bädern, dazu kostbare Keramik und zahlreiches Hausgerät. (Vgl. Anm. 79, S. 574.) Das Judenviertel in der Altstadt erstreckt sich über den nordöstlichen Teil der Oberstadt des alten Jerusalem. (Vgl. Abb. 96, Planskizze, S. 166.) Von dem jüdischen Historiker Josephus, der in Jerusalem beheimatet war, wissen wir, daß diese Gegend mit dem Blick auf den Tempel das Wohnviertel der hasmonäischen Fürsten, der hohepriesterlichen Familien und der reichen Laienaristokratie war.

Das Photo zeigt das Grabungsfeld mit dem Blick auf die Südwestecke der Tempelmauer. Das Gelände liegt am südlichen Ende der Straße »Misgav Ladakh«. Der felsige Untergrund, der sich von West nach Ost senkt, bildet hier drei Terrassen. Auf der untersten Terrasse wurden die Mauern von zwei zusammenhängenden Gebäuden auf einer Fläche von etwa 600 m² freigelegt. War es eine Luxusvilla oder eine amtliche Residenz? Die Räume liegen um einen mit großen Steinplatten ausgelegten Innenhof (unterer Bildrand). Das in der Mitte des Bildes sichtbare herrliche Fußbodenmosaik mit einer sechsblättrigen Rosette schmückte wohl den Empfangssalon. Unterhalb des Mosaiks, am östlichen Rand des Innenhofes, sieht man die in einen großen Quaderstein gemeißelte runde Öffnung einer Zisterne. Die Zisterne selbst liegt unter den Steinplatten des Hofes. Vom Hof führen noch zwei Treppen zu einem tiefer liegenden Niveau. Die große Anzahl von Bädern, zu denen Stufen hinabführten, ferner die tief in den Felsen gehauenen Zisternen waren das besonders Auffällige an diesem Gebäudeteil. Die aus gut bearbeiteten Steinen errichteten Mauern sind am westlichen Flügel noch bis zu einer Höhe von etwa 3 m erhalten. Ursprünglich waren die Wände mit Fresken bemalt, die dem dekorativen pompejanischen Stil sehr ähnlich sind. Die gefundenen Putzfragmente zeigen in lebhaften, satten Farben verschiedene architektonische Stilelemente mit realistischen Naturmotiven (Bild 4). In einem Zimmer wurde ein Mosaikboden mit geometrischen Mustern in schwarzen und roten Steinen freigelegt (Bild 3).

In einem in der Nähe liegenden Haus aus der 2. Hälfte des 1. Jahrhunderts v. Chr. entdeckten die Archäologen drei Nischen, die als Wandschränke für das »Porzellan« ausgebaut waren. Die Schalen, bemalt im »pseudo-nabatäischen Stil«, lassen uns den Luxus des Hauses ahnen (Bild 2). Mehrere große Weinamphoren mit lateinischen Aufschriften weisen den Besitzer als wohlhabenden Mann aus, der sich den guten »Import«-Wein leisten konnte. Eine in diesem Hause festgestellte Besonderheit kann vielleicht die Existenz der zahlreichen unterirdischen Bäder erklären. Vor einer Treppe, die zu einem Bad hinabführte, war in einem Steinblock eine halbrunde Vertiefung ausgehauen. Wahrscheinlich diente das kleine Becken zur Reinigung der Füße, ehe man in das große Becken hinabstieg. Für die Archäologen besteht kein Zweifel daran, daß diese Reinigungsbäder kultische Bedeutung hatten.

Die »Residenz« ging bei der Eroberung Jerusalems im Jahre 70 n. Chr. in Flammen auf, wie es die Brandspuren in vielen Räumen erkennen lassen.

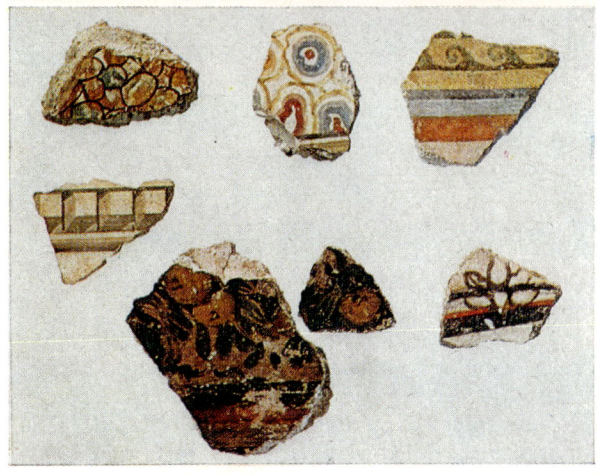

2. Herodianische Keramik.

3. Fußbodenmosaik.

4. Fragmente von Wandfresken.

beachtet. Als er jedoch Tempel und Hierarchie angriff, wurden sie seine konsequentesten Gegner.

Neben dieser alten Oberschicht des geistlichen und weltlichen Geburtsadels hatte sich in den letzten zwei Jahrhunderten vor dem Auftreten Jesu eine neue Führungsgruppe in Gestalt der Schriftgelehrten und der pharisäischen Gemeinschaften herausgebildet.

Als im 3. Jahrhundert v. Chr. mit dem Siegeszug des Hellenismus die Neigung für ausländische Kunst und Literatur, für Theater und Olympische Spiele auch in das jüdische Volk eindrang, schlossen sich die »Frommen« zu einer Partei zusammen, die das Gesetz und die ererbte Väterart gegen die Griechenfreunde schützen wollte. Die Not der Verfolgung und der Kampf auf Leben und Tod in der Makkabäerzeit schmiedeten die Anhänger des wahren Israel noch fester zusammen. Sie hießen jetzt die »Pharisäer«, die Abgesonderten. Dieser Name kennzeichnet den Charakter der Partei. Ihre Losung war die strengste Befolgung des Gesetzes und ihr äußerliches Merkmal der völlige Abschluß von allem nichtjüdischen, allem griechischen Wesen, aller Unreinheit, aller Berührung mit den Heiden, Zöllnern, Sündern und Gesetzlosen.

Im ganzen Lande, besonders aber in Jerusalem, bildeten die Pharisäer religiöse Vereine und Gemeinschaften mit strengen Satzungen. Der Aufnahme ging eine Probezeit voraus, in welcher der Bewerber seine Zuverlässigkeit in der Befolgung der Reinheitsvorschriften durch die Tat beweisen mußte. War die Probezeit bestanden, so erfolgte die Verpflichtung auf die Satzungen der Gemeinschaft. [138]

Das Gesetz — die Tora — war durch den Weltgeist bedroht gewesen, es sollte nun um so treuer beobachtet werden. Das Gesetz aber war hebräisch geschrieben, und das Volk sprach und verstand nur Aramäisch. So bildete sich ein neuer Stand heraus, der die Aufgabe hatte, das Gesetz zu verwalten, in Vorträgen zu erklären und in öffentlichen Diskussionen seine Anwendung auf das tägliche Leben zu zeigen. Es waren die Schriftgelehrten und Gesetzeslehrer.

Es ist aber wohl zu beachten, daß Pharisäer und Schriftgelehrter nicht einfachhin dasselbe bedeutete. Der Ausdruck »Schriftgelehrter der Pharisäer« bei Markus (2, 16) weist auf den Unterschied zwischen Pharisäern und Schriftgelehrten hin und deutet an, daß es auch nichtpharisäische Schriftgelehrte gegeben hat. Nach Josephus hatten auch die Sadduzäer ihre Schriftgelehrten (Jüd. Altert. XVIII, 1, 4); aber der Sadduzäismus war bei allem Eifer, den auch er für das Gesetz aufbringen mochte, innerlich erschlafft. In den pharisäischen Gemeinschaften dagegen, die das wahre Israel um sich sammeln wollten, wurde die Gesetzeskenntnis in die Mitte des religiösen Lebens gestellt. Die neue Oberschicht der Schriftausleger stammte aus allen Berufsgruppen des Bürgertums und des Mittelstandes. So nennt uns die Mischna unter ihren Vertretern Kauf-

leute, Wein- und Ölhändler, Handwerker der verschiedensten Gewerbe, wie Nagelschmiede, Flachsdreher und Zeltweber. Hillel, einer der berühmtesten Schriftgelehrten aus der Zeit des Herodes, war Holzfäller, d. h. Tagelöhner. Trotz ihrer kleinbürgerlichen Herkunft spielten die Schriftgelehrten im öffentlichen Leben eine bedeutende Rolle. Ihre Macht beruhte auf ihrem Wissen, der Kenntnis des Gesetzes.

Wer zu den Schriftgelehrten durch die Ordination beigezählt werden wollte, hatte ein jahrelanges Studium zu absolvieren, das sich hauptsächlich um drei Punkte drehte: die Sabbatruhe, den Zehnten und die gesetzliche Reinheit. Zur Zeit Jesu war Jerusalem neben den Lehrhäusern der babylonischen Diaspora die Hochburg der theologisch-juristischen Wissenschaft. Hillel, der aus Babylon nach Jerusalem gekommen war, soll allein achtzig Schüler um sich gesammelt haben. Im Lehrhaus wie im täglichen Leben lernten die Schüler von ihren Lehrern; ihr Lebensstil, ja selbst ihre einzelnen Bewegungen wurden nachgeahmt. Aber erst mit vierzig Jahren wurde ein Schüler in den Stand der Schriftgelehrten aufgenommen. Er durfte nun den Ehrentitel *Rabbi* führen und war in der Öffentlichkeit am langen Talar, der mit vier Quasten versehen war, zu erkennen. Dem Schriftgelehrten öffneten sich die führenden Stellungen in Rechtspflege, Verwaltung und Unterricht. Er war der einzige, dem außer den Oberpriestern und den Angehörigen der Patriziergeschlechter der Zugang zum Hohen Rat offenstand. So wird verständlich, daß die Schriftgelehrten — wie einst die Propheten — als Lehrer und Verkünder des göttlichen Willens im Volke mit unbegrenzter Achtung und ehrfürchtiger Scheu verehrt wurden. Ihre Worte waren absolute Autorität. Vor allem aber waren es die pharisäischen Gemeinschaften, die den pharisäischen Schriftgelehrten fraglos Gefolgschaft leisteten. Wer fromm sein wollte, mußte sich nach allgemeinem Urteil nach ihnen richten.

Einer der Grundsätze der pharisäischen Schriftgelehrsamkeit lautete: »Macht einen Zaun um das Gesetz!« Sie verglichen dabei das Gesetz mit einem kostbaren Blumenbeet, das unter keinen Umständen betreten werden darf und um das daher in einem gewissen Abstand ein »Zaun« gezogen wurde. Wer diesen, vielleicht unabsichtlich, zerbrach, hatte noch nicht das Beet selbst betreten. So wurden um das Gesetz eine Summe von zusätzlichen Bestimmungen gelegt und z. B. beim Sabbat festgesetzt, daß dieser nicht erst mit Sonnenuntergang beginne, sondern schon etwas früher. Hinter all diesen Bemühungen aber stand ein tiefer religiöser Ernst, den Willen Gottes zu erfüllen.

Da manche Gesetzesvorschriften dem Buchstaben nach sich nur schwer mit dem »neuzeitlichen« Leben vereinen ließen, legten die Gesetzeslehrer Hilfsmaßregeln fest, mit denen man das Gesetz umgehen konnte, ohne es zu verletzen. So war z. B. die Weglänge, die man am Sabbat gehen durfte, auf 2000 Ellen (etwa 1 km) festgesetzt. Wer nun weitergehen mußte, der konnte das Ende des Sabbatweges zu seinem neuen Wohnsitz erklären, indem er hier die Speise für zwei Mahlzeiten niederstellte. Jetzt konnte er wieder 2000 Ellen weitergehen, ohne das Sabbatgebot zu verletzen.

Zu den Vorschriften des »Zaunes« und den Hilfsmaßregeln kam noch die mündliche »Überlieferung der Alten« (Mk 7, 3), die im öffentlichen und religiösen Leben immer mehr an Bedeutung gewann.

Unter der Königin Alexandra (76—67 v. Chr.) brach das Goldene Zeitalter der Pharisäer an. Josephus berichtet: »Die Königin ließ die Pharisäer unbeschränkt gewähren und befahl auch dem Volk, sich ihnen zu fügen ... Alexandra trug den Königstitel, die Pharisäer besaßen die Königsmacht« (Jüd. Altert. XIII, 16, 2). Den Kommentar zu dieser »Königsmacht« lesen wir im Talmud: »Mehr Bedeutung haben die Worte der Schriftgelehrten als die Worte der Tora. Deshalb ist es auch schlimmer, gegen die Worte der Schriftgelehrten zu verstoßen als gegen die Worte der Tora« (Sanh. 11, 3).

Erst wenn wir diesen zeitgeschichtlichen Hintergrund berücksichtigen, verstehen wir den Gang der Ereignisse im Leben Jesu. Es war ein Wagnis ohnegleichen, als Jesus aus der Vollmacht seines Hoheitsbewußtseins heraus öffentlich und furchtlos auch an diese Männer den Bußruf richtete. Bereits von Anfang an herrschte ein Gegensatz zwischen Jesus und den pharisäischen Schriftgelehrten, der sich immer mehr verschärfte und schließlich damit endete, daß die Pharisäer die Hinrichtung des »Pseudopropheten« aus Nazaret forderten.

In schärfsten Worten geißelte Jesus die Veräußerlichung ihres religiösen Lebens. Ihr Beten: »Wenn ihr betet, sollt ihr nicht wie die Heuchler sein. Die lieben es, in den Synagogen und Straßenecken sich hinzustellen und zu beten, damit sie den Leuten in die Augen fallen. Wahrlich, ich sage euch, sie haben ihren Lohn empfangen. Wenn du betest, gehe in deine Kammer, mache deine Tür zu, und dann bete im verborgenen zu deinem Vater, und dein Vater, der ins Verborgene sieht, wird es dir vergelten« (Mt 6, 5. 6).

Ihr Fasten: »Wenn ihr fastet, macht kein finsteres Gesicht wie die Heuchler, denn die entstellen ihr Gesicht, damit die Leute merken, daß sie fasten. Wahrlich, ich sage euch, sie haben bereits ihren Lohn. Wenn du fastest, salbe dein Haupt und wasche dein Antlitz, damit die Menschen nicht merken, daß du fastest, sondern allein dein Vater, der im verborgenen ist« (Mt 6, 16—18).

Ihre Engstirnigkeit in der Beobachtung des Sabbatgebotes: »Einmal ging Jesus am Sabbat durch die Saaten. Seine Jünger aber, die hungrig waren, fingen an, Ähren zu rupfen und zu essen. Als die Pharisäer es sahen, sagten sie zu ihm: Deine Jünger tun etwas, was man am Sabbat nicht tun darf. Er antwortete ihnen: Habt ihr nicht gelesen, was David tat, als er samt seinen Gefährten Hunger hatte? Wie er in das Haus ging und die Schaubrote aß, die weder er noch seine Gefährten essen durften, sondern nur die Priester? Oder habt ihr nicht im Gesetz gelesen, daß am Sabbat die Priester im Tempel den Sabbat brechen und doch ohne Schuld sind? Ich aber sage euch: Hier ist Größeres als der Tempel. Hättet ihr begriffen, was es bedeutet: Erbarmen will ich, nicht Opfer, würdet ihr Unschuldige nicht verurteilt haben. Denn der Menschensohn ist über den Sabbat Herr« (Mt 12, 1—8).

Ihre kleinliche Ängstlichkeit in der Beobachtung der Zehntpflicht und der Reinheitsvorschriften: »Wehe über euch, Schriftgelehrte und heuchlerische Pharisäer, ihr verzehntet Minze, Dill und Kümmel, aber das Schwerere im Gesetz, das Recht, das Erbarmen und die Treue, laßt ihr dahinten. Das solltet ihr tun und das andere nicht lassen. Blinde Wegführer, ihr seht Mükken, aber verschluckt ein Kamel.

Wehe über euch, Schriftgelehrte und heuchlerische Pharisäer, ihr reinigt das Äußere des Bechers und der Schüssel, aber das Innere strotzt von Raub und Schmutz. Blinder Pharisäer, reinige zuerst das Innere des Bechers und der Schüssel, dann wird auch ihr Äußeres rein werden« (Mt 23, 23—26).

Das Urteil Jesu ist hart, aber es kann nur dann zu einem falschen Bilde führen, wenn man grundsätzlich den ernsthaften und religiösen Charakter des Pharisäertums übersieht. Es ist eine Tragik, daß gerade der Eifer für das Gesetz Gottes diese Männer, die religiöse Elite des Volkes, zu einer Erstarrung der Frömmigkeit führte. Wo aber Jesus ein echtes religiöses Anliegen spürte, nahm er sich Zeit zu einem langen Gespräch, wie es uns der Evangelist über Nikodemus berichtet.

Aus Joh 3, 10 erfahren wir, daß Nikodemus ein Schriftgelehrter war, und zwar, wie im griechischen Urtext der bestimmte Artikel vor »didaskalos« zeigt, ein solcher von anerkanntem Rufe. Um so mehr fällt auf, daß dieser anerkannte Gesetzeslehrer den viel jüngeren Zimmermann aus Nazaret respektvoll ebenfalls mit dem Titel der Rabbinen anredete: »Rabbi, wir wissen, daß du von Gott als Lehrer gekommen bist, denn niemand kann diese Wunderzeichen tun, die du tust, wenn nicht Gott mit ihm ist. Jesus entgegnete ihm darauf: Wahrlich, wahrlich, ich sage dir, wenn einer nicht wiedergeboren wird, der kann das Reich Gottes nicht sehen« (Joh 3, 2. 3).

Als Johannes der Täufer die Bußtaufe zur Vergebung der Sünden zu predigen begann, zeigten sich die Pharisäer und Schriftgelehrten an seiner Tätigkeit sehr interessiert. Sie entzogen sich aber der Bußtaufe und waren nicht bereit, seinem messianischen Ruf Folge zu leisten. Jesus aber kannte keinen Kompromiß. Wer dem Reiche Gottes angehören wollte, der mußte sich ganz auf die Heilstaten Gottes mit allen ihren Konsequenzen einlassen. Darum verlangte Jesus auch von Nikodemus die Wiedergeburt durch die Taufe aus Wasser und Geist. Jesus verlangte damit von dem Gesetzeslehrer, der nur die Autorität seines Standes anerkannte, den Glauben an seine göttliche Autorität und messianische Sendung. Nikodemus entgegnete darauf: »Wie ist das möglich?« Der Pharisäer wußte sich gerade dank seiner Kenntnis des Gesetzes auf dem richtigen Wege und hielt sich für ein Kind Gottes. Jesus antwortete: »Du bist Israels Lehrer und verstehst das nicht?« (Joh 3, 10)

Diese Unterredung zeigt uns, welch große Widerstände Jesus bei der Elite seines Volkes zu überwinden hatte. Man kann mit den Pharisäern mitfühlen. Sie waren doch »Gerechte« und sollten nun bedingungslos ihren eigenen Gerechtigkeitsanspruch vor dem Nazarener aufgeben.

Der Ehebruch am Fürstenhof

Nach dem Osterfest blieb Jesus noch einige Zeit in Judäa, predigend, heilend, die Frohbotschaft verkündend. Plötzlich brach Jesus seinen Aufenthalt im Süden ab. Die Evangelisten geben uns für diesen Ortswechsel verschiedene Gründe an. Nach Johannes war es das kritische Interesse der Pharisäer an seiner Predigttätigkeit: »Als nun der Herr erfuhr, die Pharisäer hätten gehört, er, Jesus, gewinne mehr Jünger als Johannes und taufe, obschon nicht Jesus selbst taufte, sondern seine Jünger, verließ er Judäa und begab sich wieder nach Galiläa« (Joh 4, 1—3). Nach Mattäus und Markus lag der Grund für die Rückkehr nach Galiläa in der Verhaftung des Täufers: »Als Jesus erfuhr, daß Johannes überliefert worden sei, zog er sich nach Galiläa zurück« (Mt 4, 12). »Herodes hatte nämlich wegen der Herodias, des Weibes seines Bruders Philippus, den Johannes gefangennehmen, fesseln und ins Gefängnis werfen lassen« (Mt 14, 3).

Über die Hintergründe dieser Verhaftung sind wir durch den zeitgenössischen Historiker Josephus Flavius wiederum informiert, der in seinem Hauptwerk, den »Jüdischen Altertümern«, im 18. Buch, 5. Kapitel, auf Johannes zu sprechen kommt.

Wie die meisten Mitglieder seiner Familie, so hatte auch Herodes Antipas enge Verbindung mit Rom, besonders zum Kaiserhof. Bei einem seiner Besuche in der Hauptstadt — es muß kurz vor dem Jahre 28 n. Chr. gewesen sein — hielt er sich bei seinem Halbbruder Herodes Philippus auf, dem Sohn der zweiten Mariamme, der aber nicht mit dem anderen, gleichnamigen Halbbruder, dem Vierfürsten Philippus, verwechselt werden darf.[139] Der Stammbaum der Herodianer kann dem Leser einige Schwierigkeiten bereiten; jeder war mit jedem verschwägert und verwandt, und viele tragen die gleichen Namen oder werden nur Herodes genannt (vgl. Stammbaum, S. 77).

Mattäus und Markus — Lukas ausgenommen — geben dem Herodes den Titel »König«, eine volkstümliche Redewendung und Ungenauigkeit, die wir auch bei Josephus finden. Dieser schreibt: »Als Herodes nun nach Rom reiste, kehrte er bei seinem Stiefbruder Herodes, dem Sohn der Tochter des Hohenpriesters Simon, ein. Hier faßte er eine so heftige Neigung zu dessen Gattin Herodias, die ihres gemeinschaftlichen Bruders Aristobul Tochter und Agrippas des Großen Schwester war, daß er mit dem Plan umging, sie zur Ehe zu nehmen. Herodias war damit einverstanden, und so kamen sie überein, daß sie gleich nach seiner Rückkehr aus Rom in sein Haus kommen solle, jedoch unter der Bedingung, daß er des Aretas Tochter verstoße.«

Herodes war bereits verheiratet, und zwar mit einer Tochter des mächtigen Königs von Petra, Aretas' IV., da er infolge seiner Machtbeschränkung auf ein gutes Einvernehmen mit den Nabatäern Wert legte. Paulus erwähnt den Vater dieser nabatäischen Prinzessin in seinem 2. Korintherbrief (11, 32).

»Herodes sagte das zu und reiste dann nach Rom weiter. Als er hier mit der Erledigung der in Frage stehenden Angelegenheiten fertig war und nach Hause zurückkehrte, verlangte seine Gattin, die von der Abmachung mit Herodias Kenntnis erlangt hatte, nach Machärus, einer auf der Grenze zwischen dem Gebiet des Herodes und dem des Aretas gelegenen Festung, gebracht zu werden, ohne von der Absicht, die sie dabei hegte, etwas verlauten zu lassen. Herodes erfüllte ihren Wunsch und ahnte nicht im entferntesten, daß sie um sein Vorhaben wußte. Sie aber hatte schon früher nach Machärus geschickt und an die ihrem Vater untertänigen Stämme. Als sie nun dort ankam, fand sie alles zur Weiterreise Erforderliche von dem Befehlshaber der Festung vorbereitet, brach daher gleich nach Arabien auf und gelangte, von einem Festungskommandanten zum anderen geleitet, in kurzer Zeit zu ihrem Vater, dem sie des Herodes Plan mitteilte« (Jüd. Altert. XVIII, 5, 1).

Die neue Heirat des Vierfürsten stieß aber noch auf ein zweites Hindernis. Sie war ein schwerer Verstoß gegen das jüdische Gesetz. Der leidenschaftliche Liebhaber setzte sich jedoch auch über dieses Hindernis hinweg und heiratete Herodias, die inzwischen mit ihrer Tochter Salome in Palästina angelangt war. Dies muß im Jahre 28 n. Chr. gewesen sein. Da trat Johannes der Täufer dem fürstlichen Ehebrecher mit Prophetenzorn entgegen: »Es ist dir nicht erlaubt, das Weib deines Bruders zu haben« (Mk 6, 18). Daraufhin ließ Herodes auf das Drängen dieser Frau den lästigen Mahner verhaften.

Es ist nicht unwahrscheinlich, daß der dramatische Konflikt in der Nähe der alten Taufstätte jenseits des Jordan begann. Als der Pilger Theodosius (530) Betanien aufsuchte, kam er von der Stadt Livias, dem ehemaligen Betharamphtha. Hier hatte sich Herodes der Große eine Sommerresidenz erbaut, inmitten üppiger Palmenhaine, die schon Plinius rühmend erwähnt. Es ist das heutige Tell er-Rama im Wadi Hesban, etwa 10 km nordöstlich der Jordanmündung. Nach seinem Tode wurde der Palast von den Aufständischen zerstört.

Abb. 149. Machärus.

Das Bild bietet einen Blick auf die Ost- und Südostseite der Festung Machärus, der Hinrichtungsstätte Johannes' des Täufers. Der steile, wahrscheinlich teilweise aufgeschüttete und abgeböschte Berg, der heute den Namen Kasr Meschneqe trägt, erhebt sich etwa 7 km östlich von der Küste des Toten Meeres in einer Höhe von 725 m über dem Meeresspiegel. Er steht ganz isoliert da, nur auf der Ostseite durch einen niedrigen Sattel mit dem Gebirgsrand verbunden. Daher ist der Berg von Osten her erst aus unmittelbarer Nähe sichtbar, überragt aber dominierend den westlichen Abfall des Gebirges zum Toten Meer. Auf der Nordseite führt ein tief eingeschnittenes Tal, das Wadi Sehara, nach Westen abwärts. Von seinem Gipfel aus hat man einen eindrucksvollen Blick auf das rund 1100 m tiefer liegende Tote Meer und auf sein westliches Ufer mit dem Steilabfall der Wüste Juda; dahinter ist am Horizont der Kamm des Gebirges Juda sichtbar. Der abgeflachte Gipfel bildet eine ungefähr ovale Fläche von Südosten nach Nordwesten. Zur Überprüfung der in den schriftlichen Quellen enthaltenen Angaben stehen uns bis jetzt nur Beobachtungen des Oberflächenbefundes zur Verfügung, da eigentliche Ausgrabungen wie auf Masada und Herodium noch fehlen. Aber an der Lage der Festung auf dem Gipfel besteht kein Zweifel, während über die Ortslage der von Herodes gegründeten Unterstadt die Meinungen auseinandergehen. Der nach Südosten gelegenen Flanke des Bergkegels ist ein schmaler Sattel vorgelagert; es ist möglich, daß es sich um den von Josephus erwähnten Belagerungsdamm handelt. Offenbar wurde er von den Römern aufgeschüttet, um die Belagerungsmaschinen an die im Osten oder Südosten an der Flanke des Berges gelegene Unterstadt heranzuführen. Der westliche Hang der Festungskuppe ist sehr steil und künstlich geböscht; an ihn reicht ebenfalls eine aufgeschüttete Steinrampe fast heran. Der an der Südostseite liegende Damm endet an den Resten einer Treppe, die von der Unterstadt zur Festung hinaufführte. Zwei in der Nähe der Treppe liegende Zisternen, deren Ausmaße etwa 20 × 9 m betragen, sind noch zu erkennen. Wahrscheinlich war die Unterstadt terrassenförmig rechts und links von der Treppe um die Seite des Berges gebaut. Auf dem Gipfel sieht man noch die Reste einer Mauer, die ein Rechteck umschließen, ferner die Höhlungen alter Zisternen. Nach Westen steigt das Gelände an; wahrscheinlich befanden sich dort die Hauptanlagen der Burg. Offenbar hatte man die Westseite der Festung durch zwei Ecktürme besonders stark gesichert, denn der Berg setzt sich in einem nur etwa 40 m tiefer liegenden Höhenrücken fort. In der Umgebung von Machärus lassen sich — ähnlich wie bei Masada — noch die Überreste der Umwallung ausmachen, die der römische Feldherr Bassus zur Bezwingung der Burg aufrichten ließ.

Herodes Antipas baute das Schloß und die Stadt neu auf und nannte sie, wie schon erwähnt, zu Ehren der Gemahlin des Augustus pflichtgemäß »Livias«. Als diese nach des Augustus Tod in die »Gens Julia« aufgenommen wurde, mußte auch das Ortsschild in »Julias« geändert werden. Wahrscheinlich residierte Antipas öfter in der Stadt, wenn er Peräa aufsuchte; zumal als nach seiner zweiten Heirat der Konflikt mit den Nabatäern drohend über diesem Landesteil lag. Derselbe Grund veranlaßte ihn, auch öfter nach Machärus zu ziehen. Der wohl von Haus aus griechische Name drückt die elementare militärische Aufgabe der Festung unmißverständlich aus: Wie ein vorgehaltenes »Schwert« sollte Machärus das Reich weit im Südosten absichern (vgl. Abb. 119, S. 202).[140]

Die Evangelisten nennen uns den Ort des Gefängnisses nicht.

Von Josephus erfahren wir, daß der Vierfürst den Täufer auf der Festung Machärus hat einkerkern lassen. Er scheint aber den Täufer nur in einer milden Haft gehalten zu haben: »Herodes fürchtete den Johannes, den er als gerechten und heiligen Mann erkannt hatte. Er schützte ihn, und obschon er, wenn er ihn hörte, bestürzt wurde, hörte er ihn doch gern« (Mk 6, 20).

Die Festung Machärus, mit der Herodes der Große sein Reich gegen Arabien schützen wollte, lag auf der Ostseite des Toten Meeres, etwas nördlich von der unpassierbaren Spalte, durch die der Arnon ins Tote Meer fließt. Es ist eine Gegend von erschreckender Wildheit und Einsamkeit. Auf einem kahlen Felskegel, 1100 m hoch über dem Toten Meer, erhob sich die Festung, die für jeden Angreifer uneinnehmbar schien. Eine eingehende Beschreibung der Festung lesen wir wiederum bei Josephus: »Als Herodes König geworden war, schien ihm der Platz mehr als jeder andere besonderer Sorgfalt und möglichst starker Befestigung wert. So umgab er einen weiten Raum mit Mauern und Türmen und gründete daselbst eine Stadt, die man erst passieren muß, um in die eigentliche Burg zu gelangen. Gleichwohl versah er auch noch den oberen Gipfel selbst ringsum mit einer Mauer und errichtete in deren Ecken Türme von je 160 Ellen Höhe [etwa 72 m]. Mitten in dem also befestigten Raum erbaute er dann einen Palast mit weitläufigen und prunkvollen Gemächern; auch legte er an den geeignetsten Stellen eine Reihe von Zisternen an, um das Wasser aufzufangen und die Umgebung reichlich damit zu versorgen, und suchte so, als wollte er sich mit der Natur in einen Wettstreit einlassen, die Uneinnehmbarkeit, die sie dem Platz verliehen, durch künstliche Befestigung noch zu überbieten. Ferner brachte er hier auch eine Menge von Geschossen und Geschützen unter und tat alles, damit die Bewohner auch der längsten Belagerung spotten könnten« (Jüd. Krieg VII, 6, 2).

Der Spott ist aber den Belagerten vergangen. Nach dem Falle Jerusalems (70 n. Chr.) war Machärus neben Masada und Herodium der dritte den Aufständischen verbliebene Stützpunkt im Lande. Während der römische Feldherr Lucilius Bassus mit der berühmten Legio Fretensis die Festung mit einem Wall einschloß und belagerte, versuchten die Juden durch tägliche Ausfälle die Schanzarbeiten zu stören. Dabei fiel Eleasar, ein Jüngling vornehmer Abkunft, in die Hände der Römer. Ein Legionär trug den unachtsamen jungen Mann einfach mit seiner ganzen Rüstung in das eigene Lager, während der Schrecken die von der Festungsmauer zuschauenden Juden lähmte. Bassus ließ den Eleasar vor den Augen der herabschauenden Juden geißeln und drohte, ihn ans Kreuz nageln zu lassen. Daraufhin ergaben sich die Verteidiger der Festung.

Machärus und die »Unterstadt« sind nach der Einnahme von den Römern zerstört worden. Spuren aus byzantinischer Zeit lassen erkennen, daß der Berggipfel von den Bewohnern des knapp 2 km entfernten by-

zantinischen Machärus benutzt wurde. Außer Keramikresten fand man in einer Zisterne ein in die Wand geritztes Kreuz. Dann versinkt die Erinnerung an Machärus auf diesem Bergkegel im Dunkel der Geschichte. Erst zu Beginn des vorigen Jahrhunderts ist die Identität des Berges mit Machärus wieder erkannt worden. Der arabische Name der Ruine »el-Mukawer«, etwa 2 km östlich vom Gipfel gelegen, hat die Erinnerung an Machärus als stummer Zeuge gehütet. Die Ruine einer mit Apsis versehenen und mit Mosaiken geschmückten Kirche war vielleicht dem Andenken des Täufers gewidmet. Heute ist es eine Gegend von trostloser Verlassenheit und Öde.

Hier oben packte den Täufer der Zweifel. Er schickte zwei seiner Jünger mit der erschütternden Frage zu dem Propheten aus Nazaret: »Bist du es, der da kommen soll, oder sollen wir auf einen anderen warten? Da antwortete ihnen Jesus: Geht und meldet dem Johannes, was ihr hört und seht: Blinde sehen, Lahme gehen, Aussätzige werden rein, und Taube hören, Tote stehen auf, und Armen wird die Frohe Botschaft verkündet. Und selig ist, wer an mir kein Ärgernis nimmt. Als diese weggingen, fing Jesus an, zur Menge über Johannes zu sprechen: Was zu sehen, seid ihr hinaus in die Wüste gegangen? Ein vom Wind geschütteltes Rohr? Was sonst wolltet ihr sehen? Einen in weichliche Gewänder gekleideten Mann? Sieh, die weichliche Kleider tragen, sind in den Königsschlössern. Also wozu seid ihr hinausgezogen? Einen Propheten zu sehen? Ich versichere euch: Er ist mehr als ein Prophet. Denn er ist es, von dem in der Schrift steht: Siehe, ich sende meinen Boten vor deinem Angesicht, der deinen Weg vor dir bereiten soll« (Mt 11, 2–10).

Am Jakobsbrunnen

Als Jesus erfuhr, daß die Tempelbehörde sich für seine Predigt und Tätigkeit zu interessieren begann, verließ er Judäa und begab sich wieder nach Galiläa. Für die Wege Jesu zwischen Judäa und Galiläa kamen die bereits erwähnten drei großen Verkehrsverbindungen Palästinas in Frage: die mittlere, welche durch das Bergland von Samarien führte, die östliche durch das Jordantal und die westliche längs der Küste. Jesus wählte den kürzesten Weg durch Samarien, den man in drei Tagen bewältigen konnte. Mitten in Samarien macht dieser Höhenweg einen großen Bogen und führt in ein fruchtbares Tal zwischen den Bergen Ebal und Garizim. Der Evangelist Johannes schreibt: »So kam er auch zu einer samaritischen Stadt namens Sychar, nahe bei dem Grundstück, das Jakob seinem Sohn Josef gegeben hatte. Dort befand sich der Jakobsbrunnen. Ermüdet von der langen Wegfahrt, setzte sich Jesus, so wie er war, auf den Brunnenrand. Es war um Mittag« (Joh 4, 5. 6).

Es gibt nur wenige Orte im Heiligen Land, die das Andenken an den Gottessohn so lebendig wachrufen wie der Jakobsbrunnen. Setzen auch wir uns an diesem Brunnen nieder und lauschen wir, was die Wasser aus der Tiefe berichten.

Beginnen wir mit der Geschichte des Landes. Zwischen den Juden und Samaritern herrschte eine jahrhundertealte Feindschaft. Im Jahre 722 v. Chr. wurde das Nordreich Israel von dem Assyrerkönig Sargon II. erobert und ein großer Teil der Bevölkerung nach Mesopotamien deportiert. In den leer gewordenen Städten und Dörfern Samariens siedelten die Eroberer assyrische Kolonisten an. So entstand im Laufe der Zeit aus den zurückgebliebenen Israeliten und den zugewanderten Kolonisten eine Mischbevölkerung, die in der Bibel die »Samariter« genannt wird. Auf Befehl des Assyrerkönigs wurde ein gefangener Priester nach Samarien zurückgebracht, der die Umsiedler in der Religion des Landes unterrichten sollte. So wurde der Gott Israels auch der Gott der Samariter. Nach der Babylonischen Gefangenschaft wollten sich die Samariter den zurückkehrenden Juden wieder anschließen und am Wiederaufbau des zerstörten Tempels mithelfen. Aber sie wurden von den gesetzestreuen Juden abgewiesen, wohl wegen der Vermischung mit Nichtisraeliten und gewisser heidnischer Gebräuche, die sie von den assyrischen Kolonisten übernommen hatten.

Von dieser Zeit an herrschte zwischen den Juden und den Samaritern Feindschaft. Diese erbauten auf dem Berge Garizim ihren eigenen Tempel, erklärten die fünf Bücher des Mose als ihre Heilige Schrift und führten einen Opferkult nach dem Vorbild des jüdischen Tempels in Jerusalem ein.

Der Garizim, der sowohl den Juden wie den Samaritern heilig war, spielte bereits in der israelitischen Frühgeschichte eine hervorragende Rolle. Nach der samaritischen Überlieferung stand auf dem Garizim, dem Berge des Segens, der von Josua erbaute Altar (Jos 8, 30). Infolge des religiös-politischen Gegensatzes zwischen beiden Völkern versuchten die Juden sowohl den Garizim als auch den Ebal den Samaritern abzusprechen, indem sie behaupteten, Garizim und Ebal lägen nicht in Samarien, sondern am Jordan; eine Kuriosität, die noch im Onomastikon des Eusebius und auf der Madaba-Karte ihren Niederschlag gefunden hat. Die Mosaikkarte zeigt den Garizim bei Sichem und bei Jericho (vgl. Abb. 140, S. 237). Jüdische Kreise versuchten im 2. Jahrhundert v. Chr. sogar eine antisamaritische Korrektur des Textes im Buche Deuteronomium (27, 4) und schrieben statt »Garizim« lieber »Ebal«, der den Samaritern religiös nichts bedeutete. Die Samariter entschädigten sich ihrerseits damit, daß sie ohne Grund bedeutende israelitische Traditionen, wie Isaaks Opferung, Jakobs Traum, auf den Garizim lokalisierten. Auch diese Menschlichkeiten gehören zum Leben.

Die Ortslage des Garizim bei Sichem steht aber aus anderen biblischen Texten über jeden Zweifel fest. Der nach Josephus um das Jahr 332 v. Chr. von den Samaritern auf dem Garizim erbaute Tempel wurde im Jahre 107 v. Chr. von dem Hasmonäerfürsten und Hohenpriester Johannes Hyrkan zerstört und nie mehr aufgebaut (Jüd. Altert. VIII, 4 f.). Dennoch blieb der Garizim der Heilige Berg der Samariter. So ist eine Synagoge der Samariter – wahrscheinlich aus dem 4. Jahrhundert n. Chr. –, die in den Jahren 1948/49 in Salbit zwischen Jerusalem und Lod freigelegt wurde, nicht nach Jerusalem orientiert, sondern in nordöstlicher Richtung auf den Garizim. Die letzten Nachkommen der Samariter wohnen heute in der Altstadt von Nablus am Fuße des Garizim, auf dem sie noch immer jedes Jahr nach uralten Bräuchen ihr Paschafest feiern. Ihre Gemeinde ist heute auf etwa 260 Personen zusammengeschrumpft.

So ist die samaritische Paschafeier eine kostbare Kultreliquie aus uralter Zeit, der einzige Rest des israelitischen Opferdienstes und sogar einer noch nicht an einen Tempel gebundenen Opfersitte. Es ist aber seltsam, daß doch nicht eine Festfeier des alten Efraim darin unmittelbar fortlebt, wie die Samariter meinen, sondern eine gesetzliche Vorschrift, deren Form dem Judentum angehört. Auch sie geben dadurch Zeugnis von dem Worte Jesu an die Samariterin: »Das Heil kommt von den Juden« (Joh 4, 22). Erst vor diesem geschichtlichen Hintergrund verstehen wir das Gespräch Jesu mit der Samariterin am Jakobsbrunnen.

»Es war um Mittag. Da kam eine samaritische Frau, um Wasser zu schöpfen. Jesus sagte zu ihr: Gib mir zu trinken. Er war allein, denn seine Jünger waren in den Ort gegangen, Speisen zu kaufen. Da sagte die Samariterin: Wie kannst du als Jude von mir, einer Samariterin, zu trinken verlangen? — Die Juden haben nämlich keinen Verkehr mit den Samaritern. Jesus anwortete ihr: Wenn du Gottes Gabe kenntest und wüßtest, wer der ist, der dir sagt: Gib mir zu trinken, du würdest ihn bitten, daß er dir doch lebendiges Wasser gebe! Die Frau anwortete: Herr, du hast keinen Eimer, und der Brunnen ist tief. Woher hast du denn das lebendige Wasser?« (Joh 4, 6–11)

Die kritische Forschung betrachtete es bis in die neueste Zeit als Fehler in der johanneischen Berichterstattung, wenn Johannes ausdrücklich davon redet, daß der Jakobsbrunnen Quellwasser – »lebendiges Wasser« – und nicht Zisternenwasser enthalte. Beim Jakobsbrunnen handelt es sich tatsächlich um Quellwasser, das unterirdisch vom Garizim herkommt und heute noch am Jakobsbrunnen wie weiter östlich im Gebiet des Wadi Far'a zutage tritt.

Die Samariterin fuhr fort: »Bist du vielleicht größer als unser Vater Jakob, der uns den Brunnen gegeben und der selbst wie seine Söhne und seine Herden aus ihm getrunken hat?« (Joh 4, 12)

Je lebhafter den Samaritern von den Juden die echt

Abb. 150.   Die Umgebung des Jakobs-
brunnens.

1. Die Eingangspforte zum Tal von Sichem.

2. Der Ruinenhügel von Sichem.

Der Garizim, heute Dschebel et-Tor genannt (Bild 1, linke Bildhälfte), bildet zusammen mit dem nördlich von ihm gelegenen Ebal (rechte Bildhälfte) die Eingangspforte zum Tal von Sichem (vgl. Karte,
Bild 3). Diese amphitheatralische Kulisse
war der Schauplatz der im Buch Josua (8,
30—35) berichteten Segen- und Fluchzere-
monie. Im Vordergrund (Bild 1) kommt die
Straße aus dem Jordantal und führt an der
unvollendeten Kirche, die in einem ummauerten Gartengelände über dem Jakobsbrunnen steht, vorbei (Bild 2 und 6, vgl.
Karte). Oberhalb des Brunnens mündet von
Süden die große Hauptverkehrsstraße des
Landes, die Jerusalem mit Galiläa verbindet, beim Dorf Balata in die Jordanstraße
ein. Nördlich (unterhalb) vom Dorf Balata
liegt der Ruinenhügel des alten Sichem mit
dem Josefsgrab (Bild 2, linker Bildrand, und
Bild 5). Im Hintergrund (Bild 1) ist auf der
Paßhöhe zwischen Garizim und Ebal die
Stadt Nablus, das alte Neapolis, sichtbar.
Der im Vordergrund des 2. Bildes liegende
Tell Balata barg die Geheimnisse der Stadtgeschichte Sichems. Auf dem im Durchmesser etwa 100 m großen Ruinenhügel begann
im Jahre 1913 E. Sellin die ersten Grabungen, die mit Unterbrechungen bis 1934 fortgesetzt wurden. Ein vollständiges Bild über
die Geschichte der Stadt konnte erst aus
den 1959—1964 unter Leitung von G. E.
Wright durchgeführten Ausgrabungen gewonnen werden. Die älteste Besiedlung beginnt um das Jahr 4000 v. Chr. Während
der Hyksoszeit wurde die Stadt befestigt
und der Tempelbezirk in das Stadtgebiet
einbezogen. Nach zwei ägyptischen Eroberungen begann um 1550 v. Chr. eine Neu-
besiedlung mit dem Bau eines Tempels, des
Heiligtums des El-Berit, des Stadtgottes
von Sichem. Die Mauern des 21 × 26 m
großen Tempels haben die erstaunliche
Dicke von 5 m. Der Innenraum war durch
je drei Säulen in drei Schiffe geteilt. Ein
Steinblock mit einer Vertiefung hat wahrscheinlich das Kultbild des »Bundesgottes«
getragen. Bei der Landnahme wurde Sichem
von den Israeliten nicht zerstört. Erst dem
Abenteuer Abimelechs fiel die Stadt zum
Opfer (Ri 9, 42—49). Nach vielen Jahrhunderten beginnt mit Alexander dem Großen
ein Wiederaufleben der Siedlung. Sichem
war dann die Hauptstadt der Samariter, bis
sie durch den Hasmonäer Johannes Hyrkan
(107 v. Chr.) für immer ausgelöscht wurde.

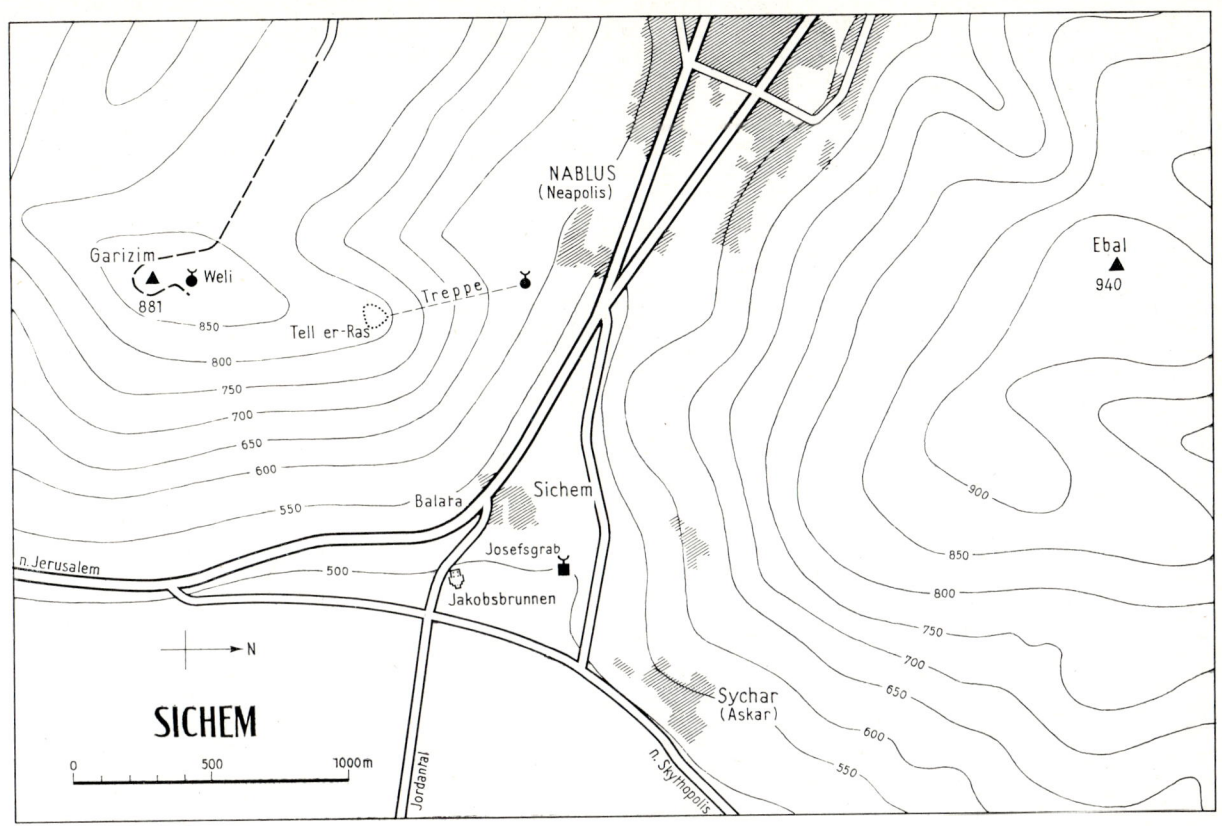

3. Sichem und Umgebung.

Der Garizim, dessen nördlicher Ausläufer am linken Bildrand (Bild 1) noch zu sehen ist, bildet einen massigen, aus hartem Kalkstein bestehenden Gebirgsstock. Seine höchste Erhebung befindet sich auf der südlichen Hälfte des breiten, langgezogenen Rückens, der in nordsüdlicher Richtung läuft (vgl. Bild 3). Der Gipfel senkt sich sanft gegen Norden und erhebt sich vor dem Abfall des etwa 400 m tiefer gelegenen Balata nochmals zu einer kleinen Kuppe, dem Tell er-Ras. Die Ostseite dagegen fällt steil gegen die Ebene el-Machna ab. Der Aufstieg führt von der Quelle Ras el-Ain in einem engen Tal den Berg hinauf. Im Jahre 35 n. Chr. ließ Pontius Pilatus auf den Hängen des Garizim eine große Anzahl Samariter von seinen Truppen brutal niederhauen. Diese Bluttat sollte dem römischen Beamten seine Stellung kosten. Gut 30 Jahre später, während des Jüdischen Aufstandes im Jahre 67 n. Chr., verschanzten sich die Samariter auf ihrem heiligen Berg. Es war ein heißer Sommer, und viele starben vor Durst. Die Römer hatten den Berg wie mit einem eisernen Ring umschlossen. Die noch Überlebenden lehnten eine Übergabe ab. Cerealis, der Präfekt der V. Legion, wiederholte zum letzten Mal seine Aufforderung, die Schwerter auszuliefern; dann ließ er den Gipfel stürmen. Nach Josephus (Jüd. Krieg III, 7, 32) fanden 10 600 Samariter am 27. des Monats Daesios den Tod. Das Grabmal eines römischen Centurio der V. Legion, das 1925 in der Nähe der heutigen Kaserne gefunden wurde, ist den wenigen Nachfahren der Samariter zu einem späten Heldendenkmal geworden. Nach dem Bar Koch-

ba-Aufstand (135 n. Chr.) baute Kaiser Hadrian auf dem Gipfel einen Jupitertempel. Die palästinensischen Münzen des Kaisers Antoninus Pius und seiner Nachfolger sind mit dem Bild dieses Tempels geschmückt. Vom Fuß des Berges führt eine große Treppe zu dem säulengeschmückten Tempel. Reste einiger Stufen, die in den Felsen geschlagen waren, lassen sich noch heute erkennen. Die genaue Lage des Tempels war aber bislang unbekannt geblieben. Bei den im Sommer 1964 auf dem Tell er-Ras durchgeführten Ausgrabungen wurden unter der Oberfläche die Fundamente eines Tempels im griechischen Stil entdeckt. Die Plattform, etwa 22,5 m lang, 14 m breit und 1,5 m hoch, enthielt sauber bearbeitete Steine, die von einem älteren Gebäude stammen und beim Neubau wiederverwendet wurden. Den Tempel umgab der »Temenos« — »der heilige Bezirk« —, ein 60 × 40 m großer Hof, der von einer 1,8 m dicken Mauer umgeben war. Der Eingang befand sich auf der Nordseite, und zwar dort, wo der Treppenaufgang hinführte. Unmittelbar unter der Plattform lag eine Schicht von zertrümmerten Steinen, dann die tiefen Fundamente eines alten Gebäudes, von dem die beim griechischen Tempel wiederverwendeten Steine stammen. Die aufgefundenen Scherben sind römisch, doch finden sich auch einige hellenistische Keramikreste aus dem 3./2. Jahrhundert v. Chr. Wenn der darunter liegende Tempel aus hellenistischer Zeit stammt — starke Indizien machen es fast gewiß —, dann kann es sich nur um den Tempel der Samariter handeln, der mit Erlaubnis des letzten persischen Königs Darius III. (336—331 v. Chr.) errichtet worden ist. Hadrians Zeustempel existierte noch im 4. Jahrhundert. Es scheint aber, daß die Samariter

zu Beginn des 4. Jahrhunderts wieder die alte Stelle ihres Tempels als Gebetsstätte benutzt haben. Zur Strafe eines Überfalles, den die Samariter am Pfingsttage des Jahres 484 auf die Christen von Neapolis verübten, wurden sie vom Garizim vertrieben. Der Kaiser Zeno ließ auf dem Gipfel eine Marienkirche erbauen. Die im Jahre 1928 begonnenen Ausgrabungen legten die Grundmauern der Theotokoskirche frei. Der oktogonale Bau von 37 m Länge und 30 m Breite stand in der Mitte einer rechteckigen Festung, die Kaiser Justinian zum Schutz der Kirche anlegen ließ. Aber auch das Kastell mit den großen Wachttürmen konnte die Kirche nicht vor der Zerstörung retten. Mit dem Untergang der Christengemeinde in Neapolis, etwa in der Mitte des 10. Jahrhunderts, schlug auch die Todesstunde für die Theotoskirche auf dem Garizim.[141] Die Araber bauten dann über dem Nordost-Eckturm ein Heiligengrab, das Weli des Schech Abu Ghanem.

Wenn heute die Samariter ihr jährliches Pascha auf dem Berge abhalten — die jetzige Opferstätte liegt ein wenig westlich vom Gipfel —, dann ist es eine Feier, bei der die Zeit stillzustehen scheint. Die Vergangenheit steht in der Gegenwart. Nur die Ruinen erinnern daran, wie bewegt die Geschichte des Berges war.

4. Das Osttor von Sichem.

Das Bild zeigt das Stadttor um 1575 v. Chr. vor der Eroberung der Stadt durch die Ägypter. Es war an beiden Seiten mit Wachttürmen von je 7 × 15,5 m Grundfläche bewehrt. Von den unten gelegenen Wachräumen führte eine Treppe in das obere Stockwerk. Das Tor selbst hatte zwei Zugänge von je 3,4 m Breite. Der Innenraum des Tores war ca. 8 × 5,5 m groß. Über eine Treppe mit fünf Stufen stieg man in das tiefer gelegene Stadtgebiet hinab.

5. Das Grab Josefs.

Etwa 400 m nördlich vom Jakobsbrunnen liegt das Grab Josefs. Das Bauwerk, 1868 restauriert, unterscheidet sich in nichts von einem mohammedanischen Weli. Im Jahre 1852 besuchte E. Robinson das Grab und »fand, daß es bloß eine Einhegung von beworfenen Mauern war, ohne Dach, und mit einer Tür auf der Nordseite«. (Vgl. Abb. 150, 3, S. 261.)

6. Die unvollendet gebliebene Kirche der Griechen über dem Jakobsbrunnen. (Vgl. Abb. 150, 3, S. 261, und Abb. 153, S. 266.)

israelitische Herkunft bestritten wurde, um so eifriger pflegten sie die an ihren Wohnsitzen haftenden Erinnerungen aus der Zeit der Patriarchen. Die Genesis schreibt den Patriarchen, die große Herden besaßen, das Graben zahlreicher Brunnen zu (Gen 26, 15 f.). Der Jakobsbrunnen zu Sichem wird aber im Buche Genesis nicht erwähnt. So ist die Angabe des Evangelisten ein Zeugnis für die alte samaritische Tradition über den Brunnen zu Sichem. Die Form der Frage, welche eine negative Antwort erwarten läßt, zeigt, wie wenig ernstlich die Samariterin an die Möglichkeit denkt, daß Jesus sein Wort wahr machen und sich größer als Jakob erweisen könne. Andererseits zeigt die ehrerbietige Anrede mit »Herr«, daß ihre Frage keinen spöttischen Beigeschmack hat. Sie mag zwischen der Meinung, daß sie es mit einem eitlen jüdischen Prahler zu tun habe, und der Empfindung, daß seinem Wort doch ein tieferer, ihr noch verborgener Sinn zugrunde liege, geschwankt haben.

»Jesus antwortete ihr darauf: Jeden, der von diesem Wasser trinkt, wird wieder dürsten; wer dagegen von dem Wasser trinkt, das ich ihm geben werde, den wird ewig nicht dürsten. Das Wasser, das ich ihm geben werde, wird in ihm zu einer Quelle, die ins ewige Leben strömt. Da sagte die Frau zu ihm: Herr, gib mir dieses Wasser, damit ich nicht dürste und nicht hierherzukommen brauche zum Wasserholen. Jesus darauf: Geh, ruf deinen Mann und komme wieder hierher. Da entgegnete ihm die Frau: Ich habe keinen Mann« (Joh 4, 13—17).

Die »Gabe Gottes« kennt die Samariterin noch nicht und weiß auch noch nicht, wer der mit ihr Redende ist. Jesus will sie zu dieser Erkenntnis führen. Er gibt dem Gespräch eine unerwartete Wendung und fordert sie auf, ihren Mann aus Sychar zu holen. Darauf reagiert die Samariterin empfindlich und meint mit ihrer halbwahren Erklärung die Einmischung dieses Fremden in ihr Privatleben abwehren zu können. Sie mußte aber die leichte Ironie verstanden haben, mit der Jesus ihre Antwort wörtlich wiederholt: »Du hast recht, einen Mann hast du nicht. Fünf Männer hast du nämlich gehabt; aber der, den du jetzt hast, ist nicht dein Mann. Das hast du richtig gesagt. Darauf die Frau: Ich sehe, Herr, daß du ein Prophet bist« (Joh 4, 17—19).

Die Antwort der Frau zeigt, daß sie in ihrem Gewissen getroffen ist. Vorläufig aber drückt sie es nur dadurch aus, daß sie ihn — zum dritten Mal — mit »Herr« anredet und bekennt: »Ich sehe, Herr, daß du ein Prophet bist.« Aber anstatt sich von einem Propheten belehren zu lassen, lenkt sie das Gespräch von diesem peinlichen Gegenstand auf eine den Kultus betreffende konfessionelle Frage ab, die zu ihrer Person und ihren Sünden keine nähere Beziehung hat. »Unsere Väter haben auf dem Berg da angebetet, ihr aber sagt, in Jerusalem sei der Ort, wo man anbeten müsse« (Joh 4, 20). Jesus verschmäht es nicht, der klugen Frau eine Antwort zu geben. Er tut es aber so, daß sie eine

Ahnung davon bekommen muß, daß dem konfessionell-nationalen Gegensatz zwischen Juden und Samaritern nur eine untergeordnete Stellung zukommt. Allein entscheidend für alle Menschen ist das innerliche und persönliche Verhältnis zu Gott. Ja, es wird die Zeit kommen, wo die Streitfrage zwischen Juden und Samaritern gegenstandslos werden wird. »Glaube mir, Frau, die Stunde kommt, da ihr weder auf diesem Berge noch in Jerusalem den Vater anbeten werdet. Ihr betet an, was ihr nicht kennt; wir beten an, was wir kennen, denn die Rettung kommt aus den Juden. Aber die Stunde kommt, und jetzt ist sie da, da die wahren Anbeter den Vater im Geist und in der Wahrheit anbeten, denn der Vater sucht solche Anbeter. Gott ist Geist, und die ihn anbeten, müssen im Geist und in der Wahrheit anbeten« (Joh 4, 21—24). (Vgl. Abb. 94, S. 161.)

Jesus bekennt sich als Juden nicht nur der Abstammung nach, sondern auch in religiöser Beziehung. Aber nicht die Kultusstätte als solche entscheidet, sondern die darin zur Darstellung kommende Gotteserkenntnis. Darum sagt er der Samariterin in aller Schroffheit: »Das Heil kommt von den Juden.« Weil Gott seit den Tagen Abrahams, Davids und der Propheten das Heil der Welt an Israel geknüpft hat, ist dieses Volk Träger und Inhaber der Offenbarung Gottes. Aber es kommt die Zeit, in der die Anbetung Gottes von dieser Bindung an einen Ort befreit wird. Das alles ändert aber nichts an der Tatsache, daß die Rettung der Welt von den Juden herkommt und ausgeht. Wenige Jahre später erfüllte sich das Wort Jesu: »Samaria hat das Wort Gottes angenommen« (Apg 8, 14). Von wem? Von den Juden, die Jünger Jesu geworden waren.

Die Samariterin wagt keine Widerrede, weder gegen das Bekenntnis zum jüdischen Volk als dem Inhaber der rechten Gotteserkenntnis noch gegen die Verkündigung einer jetzt schon möglichen, in Zukunft alle Frommen vereinigenden Gottesverehrung, die über alle örtlichen und nationalen Gegensätze erhaben ist. Fast zaghaft macht sie den ersten Schritt zum Glauben: »Ich weiß, daß Messias — der Christus genannt wird — kommt. Wenn der kommt, wird er uns alles verkünden« (Joh 4, 25).

An der entscheidenden Stelle des Gesprächs will Johannes gleichsam den originellen Laut des Wortes festhalten. Er schreibt: »Ich weiß, daß Messias kommt.« Wie einen Eigennamen ohne Artikel gebraucht hier der Evangelist die griechische Umschreibung des aramäischen »maschiach«. Da die Samariterin sich als eine auf den Messias wartende Seele bekannt hat, trägt Jesus kein Bedenken, sich ihr als den Messias zu bekennen: »Ich bin es, der mit dir redet« (4, 26).

Die Selbstoffenbarung Jesu am Jakobsbrunnen macht den Ort, der den Juden und Samaritern verehrungswürdig war, auch den Christen zu einer Gedenkstätte. Seine Geschichte soll uns jetzt beschäftigen. Die geschichtlichen und topographischen Notizen, von Johannes beiläufig eingestreut, werden sich in der kritischen Überprüfung bewähren.[142] Sie lassen auf einen Zeugen schließen, der Land und Leute aus eigener Anschauung kannte.

Beginnen wir mit der ersten topographischen Angabe. Wie schon erwähnt, wird der Brunnen in den Patriarchenerzählungen der Genesis nicht genannt. Erst Johannes führt ihn in die Geschichte ein. Er beschreibt die Lage des Brunnens: »So kam Jesus zu einer samaritischen Stadt namens Sychar, nahe bei dem Grundstück, das Jakob seinem Sohn Josef gegeben hatte. Dort befand sich der Jakobsbrunnen« (4, 5. 6). Es ist auffällig, daß die Lage der Ortschaft Sychar nach dem »Jakobsacker« bestimmt wird und nicht umgekehrt. Eine solche Ausdrucksweise erscheint nur sinnvoll, wenn das Grundstück eben gar kein gewöhnlicher Acker war, sondern eine unverwechselbare, eindeutige Örtlichkeit, die bekannter und wichtiger ist als der Ort Sychar selbst. Der »Jakobsacker« liegt am Eingang des Tales, welches den Garizim (881 m) vom Ebal (940 m), dem höchsten Berg Samariens, trennt. Nicht weit davon liegt die Kreuzung zweier uralter Karawanenstraßen, die von Ägypten nach Syrien und vom Mittelmeer nach Mesopotamien führten. (Vgl. Abb. 150, 3, S. 261, und Abb. 150, 1, 2, S. 260.)

Im ersten Buch der Bibel lesen wir, wie der Patriarch Jakob nach seiner Rückkehr aus Mesopotamien sein Lager bei Sichem aufgeschlagen hatte. Er kaufte das Grundstück und errichtete dort dem Herrn einen Altar. Auf dem Felde grub Jakob einen Brunnen, der nach ihm benannt wurde. Später schenkte Jakob dieses Feld seinem Lieblingssohn Josef. Und Josef hatte dieses Fleckchen Erde nie vergessen. In Ägypten nahm er seinen Brüdern den Eid ab, dereinst seinen Leichnam in das Land seiner Väter mitzunehmen. Als dann die Israeliten nach langer Zeit wieder in ihre Heimat zurückkehrten, nahmen sie die mumifizierten Gebeine des ägyptischen Josef mit und begruben sie auf dem Felde in Sichem, das Jakob einst gekauft hatte.

Der Evangelist erwähnt das Grab Josefs nicht, aber sowohl der spätjüdischen wie der samaritischen und frühchristlichen Tradition steht aufgrund von Jos 24, 32 fest, daß Josef auf dem Jakobsgrundstück bei Sichem begraben lag. Auch die Apostelgeschichte bezeugt indirekt diese Tradition (Apg 7, 15 ff.).[143] Bis zum 4. Jahrhundert n. Chr. war das Josefsgrab in der Hand der Samariter, die wohl über dem Grab ein Denkmal errichtet hatten. Der Pilger von Bordeaux (333) schreibt: »Dort [bei Sichem] ist ein ›monumentum‹, wo Josef beigesetzt ist auf dem Landgut, das ihm sein Vater Jakob gab.« Zu Beginn des 5. Jahrhunderts errichteten die Christen über dem Grab eine Kirche, die in der Folgezeit aber nicht mehr erwähnt wird. Einige herumliegende Säulenreste erinnern nur noch daran, daß hier ein größerer Bau gestanden haben muß. Heute zeigt man das in mohammedanischen Händen sich befin-

dende Josefsgrab etwa 200 m östlich von dem wieder ausgegrabenen Osttor des alten Sichem (Tell Balata).[144] (Vgl. Abb. 150, 4, S. 262.)

Bereits in der Zeit nach der Landnahme war Sichem die zentrale Kultstätte Israels, an der das Bundesfest gefeiert wurde. Wahrscheinlich bestand zwischen Sichem und den israelitischen Stämmen eine Art Bundesverhältnis, in dem noch die Traditionen aus der Zeit der Erzväter nachwirkten. Das Richterbuch (9. Kap.) erzählt uns dann die erregende Geschichte, wie Abimelech aus dem Stamme Manasse Stadtkönig von Sichem wurde. Er ist der erste Israelit, der sich König nannte. Nach dem Tode Salomos wurde Sichem das politische Zentrum der gegen Rehabeam (Roboam) von Jerusalem gerichteten Bewegung und beherbergte für kurze Zeit nach der Trennung der Nord- und Südstämme die Hauptstadt des Reiches Israel.

Die Ruinen des alten Sichem umschließt heute ein Hügel, nahe beim Dörfchen Balata gelegen. Da der Ortsname wahrscheinlich mit dem aramäischen Wort »bal-

Abb. 151. Die Krypta mit dem Jakobsbrunnen.

In der Kreuzfahrerkirche führte vom Hauptschiff rechts und links je eine Treppe nach unten in die Krypta an den Brunnen, der unter der Apsis des Mittelschiffes lag (vgl. Abb. 153). Der heutige Eingang ist weniger monumental. Die Treppen sind geblieben, zwei Blechbuden dienen als Ersatz für das Kirchenschiff. Die beiden Treppen führen in einen rechteckigen Raum von 6,65 m Länge und 2,9 m Breite. Über eine Stufe betritt man an der östlichen Seite den höher gelegenen, mit einem Tonnengewölbe versehenen Brunnenraum. Mehrere Anzeichen, zum Beispiel ein etwa 1,3 m tiefer liegendes Niveau eines Fußbodens, deuten darauf hin, daß die ursprüngliche Anlage anders aussah. Das Quadrat auf der Zeichnung des Arkulf umgibt einen runden, relativ weiten Brunnenrand (vgl. Abb. 153). Es scheint, daß der obere Brunnenrand später abgetragen worden ist. Wahrscheinlich hat er dann den verengten Hals erhalten, dessen Schlußstück mit der Schöpfanlage auf dem Bilde zu sehen ist. Eine späte Tradition weiß zu berichten, daß der ehrwürdige alte Brunnenrand als Reliquie nach Konstantinopel in die Hagia Sophia abtransportiert worden sei. Der jetzige Brunnenrand, dessen Alter, nach den vielen Abnützungsspuren zu urteilen, sicher Jahrhunderte zählt, hat eine Öffnung von 0,47 m und ist in einen rechteckigen Sockel von 1,16 m zu 0,77 m Größe eingebaut. Die Samariterin sagte zu Jesus: »Der Brunnen ist tief« (Joh 4, 11). Wenn man den Schöpfeimer mit einer brennenden Kerze in die Tiefe läßt, dann sieht man, daß der Brunnen von oben bis unten mit Felssteinen ausgelegt ist. Oben ist er eng wie ein Hals, dann erweitert sich der Schacht bis zu einer Breite von 2,5 m. In einer Tiefe von etwa 19 m erreicht der Eimer den Wasserspiegel. Die vielen Pilger glaubten sich alle verpflichtet, die Aussage der Samariterin über die Tiefe des Brunnens nachprüfen zu müssen; sie warfen kleine Steine hinein. Dadurch war der Brunnen öfter verstopft, und die Angaben über seine Tiefe wechselten. Als die griechischen Mönche 1955 den Brunnen wieder reinigten, betrug seine Tiefe rund 50 m.

lut« — »Eiche« — zusammenhängt, kann der Name die uralte Tradition an die Eiche beziehungsweise Terebinthe der Genesis gehütet haben: »Sie übergaben Jakob alle fremden Götter ..., und er vergrub sie unter der Terebinthe, die bei Sichem steht« (Gen 35, 4).

Wir stehen also auf urbiblischem Boden. Warum aber nennt uns Johannes in seinem Bericht über den Jakobsbrunnen den samaritischen Ort Sychar statt des biblischen Sichem? Gerade diese Bezeichnung zeigt uns, wie zuverlässig der Evangelist den zeitgeschichtlichen Tatbestand wiedergibt. Das alte Sichem war ebenfalls mit dem Heiligtum auf dem Berge Garizim von dem Makkabäer Johannes Hyrkan zerstört worden. Das Erbe dieser alten Stadt übernahm die Neugründung Neapolis, das heutige Nablus. Diese Stadt wurde aber erst im Jahre 72 n. Chr. vom Kaiser Vespasian erbaut. Der Evangelist stand also vor einem »Vakuum«. Das alte Sichem war zerstört, und die neue Stadt war noch nicht errichtet. So nannte der Augenzeuge den nächsten Ort, den er damals vorfand, und das war Sychar, das heutige Askar, etwa 1 km vom Jakobsbrunnen entfernt. (Vgl. Abb. 150,3, S. 261.)

Wie alt ist Askar? Die Keramikreste, die bei einer Durchforschung des Ortes nach Altertümern aufgelesen wurden, stammen aus den verschiedensten Epochen, angefangen von der Eisenzeit bis in die Ära der Mameluckenherrschaft. Besonders die zahlreichen Scherben aus hellenistischer und römischer Zeit sprechen eine anschauliche Sprache: Sychar-Askar muß nach der Zerstörung Sichems (107 v. Chr.) und vor der Gründung von Neapolis (72 n. Chr.) eine ziemlich große Ortschaft gewesen sein. Einen überzeugenden Beweis für diese Annahme liefert ein im Jahre 1971 freigelegter Sarkophag eines wohlhabenden Bürgers von Sychar-Askar (vgl. Abb. 154). Die Bedeutung des Ortes fand noch auf der Madaba-Karte ihren Niederschlag, die Sychar als besiedelte Ortschaft mit einer rot überdachten Kirche verzeichnet. Die vielen kleinen, in und um Askar gefundenen Mosaiksteinchen können aus dieser mosaikgeschmückten byzantinischen Kirche stammen. Der archäologische Befund steht also eindeutig auf der Seite des Evangelisten. Auch eine Gegenprobe führt zu dem glei-

chen Ergebnis. Manche Erklärer, angefangen bei Hieronymus bis Albright, meinten, der Name Sychar sei die aramäische oder korrumpierte Form von Sichem. Bei den unter der Leitung von G. E. Wright im Jahre 1962 auf dem Tell Balata, dem alten Sichem, zu Ende geführten Ausgrabungen konnte eine Besiedlung in neutestamentlicher Zeit nicht nachgewiesen werden. Nach seiner Zerstörung im Jahre 107 v. Chr. fand Sichem lange keinen Nachfolger, so daß der Name unterging und auch bei der Neugründung im Jahre 72 n. Chr. in »Neapolis« nicht fortlebte. So konnte Johannes nur die nächste Ortschaft nennen, und das war Sychar.

Wie steht es nun mit dem Jakobsbrunnen? Wer gibt uns die Gewähr, daß es der von Johannes gemeinte Brunnen ist? Viele Heiligtümer entstanden erst später, um ein biblisches Ereignis zu lokalisieren. Haben erst die Christen in der Nähe vom Feld Jakobs nach einem Brunnen gesucht und dann diesen gewählt? Die Antwort ist in diesem Fall einfach und klar. Der Jakobsbrunnen, wie er im Evangelium beschrieben wird, ist der einzige tiefe Schöpfbrunnen in der Umgebung, und die Tradition kannte über seine Lage nie einen Zweifel oder ein Schwanken.

Wohl schon früh werden die Christen hier am Brunnenrand des Herrn gedacht haben. Als sie unter Kaiser Konstantin die Freiheit erhielten, leiteten sie das Wasser in ein Baptisterium, wie es der Pilger von Bordeaux (333) bezeugt. Wohl unter Theodosius I. wurde um 380 n. Chr. über dem Brunnen eine kreuzförmige Kirche errichtet, die Hieronymus bezeugt. Wahrscheinlich fiel sie im letzten großen Aufstand der Samariter im Jahre 529 dem Fanatismus der Zerstörung zum Opfer. Den Plan der von Justinian restaurierten Kirche hat uns Arkulf (670) gezeichnet. Auf der Rückfahrt aus dem Heiligen Land wurde der gallische Bischof nach Schottland verschlagen. Als er den Mönchen des Klosters Jona seine Reise auf den Spuren Jesu schilderte, illustrierte er seinen Bericht mit kleinen Skizzen auf Wachstäfelchen. Nach Arkulfs Zeichnung hatte die Kirche die Form eines griechischen Kreuzes (vgl. Abb. 153, S. 266). Der Brunnen stand genau in der Vierung. Als die Kreuzfahrer ins Land kamen, fanden sie nur die Ruinen der byzantinischen Kirche vor. Auf den Trümmern des westlichen Kreuzarmes erbauten sie um 1150 eine dreischiffige Kirche, der ein Benediktinerinnenkloster angegliedert war, eine Filiale der Lazarus-Abtei zu Betanien (vgl. Abb. 212, S. 376). Nach der Kreuzfahrerzeit verfiel allmählich der Bau, die Ruine wurde als Steinbruch benutzt, und die Steine wurden verschleppt. Es blieb aber die Krypta mit dem Brunnen. Die Pilger kletterten über den Ruinenschutt in sie hinein. Im Jahre 1885 erwarben die orthodoxen Griechen das Gelände und beschlossen, auf den Fundamenten der Kreuzfahrerkirche einen Neubau aufzurichten. Der im Jahre 1903 begonnene Bau geriet durch den ersten Weltkrieg ins Stocken und wartet noch heute auf seine Vollendung. (Vgl. Abb. 150,6, S. 262.)

Abb. 152.   Das Seeufer zwischen Tiberias und Magdala. (Vgl. Abb. 156, 2, S. 271.)

Noch heute erinnert die Blütenpracht an die von Josephus gepriesene Fruchtbarkeit der Uferregion: »Den Gennesar [See Gennesaret] entlang erstreckt sich eine gleichnamige Landschaft von wunderbarer Schönheit« (Jüd. Krieg III, 10, 8). Die Straße kommt von dem nahen Tiberias, das hinter dem Hügel am Seeufer liegt, und führt über Magdala nach der Ebene Gennesar. Im kleinen Wäldchen ein russisch-orthodoxes Frauenkloster, auf der Anhöhe ein modernes Hotel, am Horizont das östliche Steilufer des Sees mit dem jordanischen Hochland.

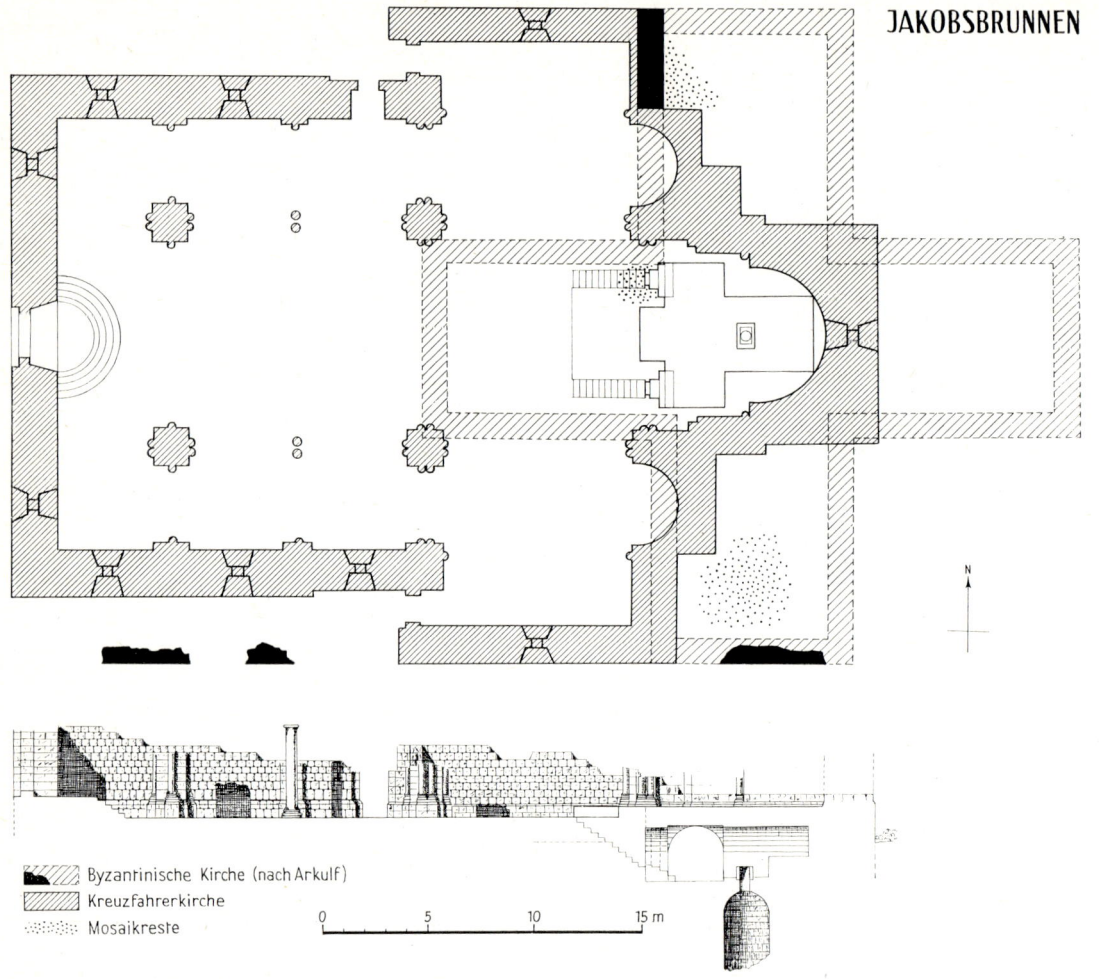

Byzantinische Kirche (nach Arkulf)
Kreuzfahrerkirche
Mosaikreste

0   5   10   15 m

Abb. 153. Die Kreuzfahrerkirche über dem Jakobsbrunnen (nach L.-H. Vincent OP [1958] und B. Bagatti OFM [1965]).

Die Zeichnung zeigt im Grundriß die Lage des Brunnens in der Kreuzfahrerkirche. Im Längsschnitt ist das Chor der Kirche mit der Krypta und dem Brunnen dargestellt. Die Beziehung der Kreuzfahrerkirche zu dem byzantinischen kreuzförmigen Bau, wie er uns in der Skizze des Bischofs Arkulf überliefert ist, hat nur hypothetischen Charakter. Nach den aufgefundenen Mosaik- und Mauerresten dürften die Kreuzesarme der byzantinischen Kirche eine Weite von 30 m besessen haben. Dieses Maß entspräche der Breite der Kreuzfahrerkirche. Die ungefähr 35 m lange Kreuzfahrerkirche hatte in der Vierung eine Kuppel. Ein tiefer gelegenes Bodenniveau läßt darauf schließen, daß der Zugang zum Brunnen in früherer Zeit auf der gleichen Höhe lag. Um für den Gottesdienst genügend Raum zu haben, erhöhten die Kreuzfahrer das Niveau. Das Chor stand nun über einer Krypta, die den Brunnen barg. (Vgl. Abb. 151, S. 264.)

Zwei Tage hielt sich Jesus bei den Samaritern auf, dann zog er nordwärts nach Galiläa. In markanten Worten überliefert uns der Evangelist Markus, der Dolmetsch des Petrus, wie Jesus unter seinen Landsleuten in Galiläa die Frohbotschaft ausrief: »Die Zeit ist erfüllt, das Reich Gottes ist nahe. Ändert euern Sinn und glaubt an die Frohbotschaft« (Mk 1, 15).

Der Zentralbegriff der Verkündigung Jesu, der gewöhnlich mit »Reich Gottes« übersetzt wird, hat nach seiner hebräisch-aramäischen Herkunft einen umfassenderen Sinn, der passender mit »Königtum« oder »Königsherrschaft Gottes« wiedergegeben wird. Der Begriff hat eine lange und reiche Geschichte, die weit in das Alte Testament zurückreicht. Das Besondere der Botschaft Jesu liegt darin, daß er das Königtum Gottes als eine nahe, eine schon wirksame und die Hörer zur Entscheidung rufende Wirklichkeit verkündigt. Was das Königtum Gottes ist, wird verstanden, wenn und in dem Maße einer seiner Botschaft glaubt und auf sie hin sich umkehrt.

Abb. 154.   Samaritischer Sarkophag aus Sychar-Askar.

Im Jahre 1971 stießen Arbeiter beim Bau einer großen Wasserleitung in dem heutigen Dorf Askar auf die Ruine eines Mausoleums. Die Wände der 5×5 m großen Grabkammer waren bis zu einer Höhe von etwa 1 m erhalten. Das Bild zeigt die Nordwestecke der Grabkammer und läßt sofort die erstklassige Arbeit an den sorgfältig behauenen Quadersteinen erkennen. Die herausspringende Mauerecke trug das Gewölbe. An deren linker Seite ist noch der Ansatz eines etwa drei Meter breiten Bogens sichtbar, der das Gewölbe an der Westwand stützte. Das Mausoleum war teilweise in den Felsabhang hineingebaut. Eine kleine Rinne längs der Außenwände leitete das herabströmende Regenwasser in eine Zisterne. Der Eingang lag an der Südfassade. Zum Öffnen und Schließen war ein Eisenring in die schwere Steintür eingelassen — er hat alle Plünderungen überstanden. Im Innern der Ruine steht dem Eingang gegenüber an der Wand unter dem zerstörten Gewölbebogen (oberer rechter Bildrand) ein Steinsarkophag mit einer in großen griechischen Buchstaben eingravierten Inschrift: »Justos, Sohn des Justos, Sohn des Theophilos, und seine Frau Archelaea, Tochter des Simon, Sohn des Alexander«. An dem einfachen Sarkophag, der in der westlichen Nische links von der Mauerecke (linker Bindrand) zu sehen ist, kann der auf der quadratischen Steinplatte eingravierte griechische Name »Sabbatios« gerade noch entziffert werden. Im Innenraum des Mausoleums stehen noch weitere sieben Sarkophage. Den prächtigsten zeigt das Photo. Er ist an drei Seiten mit Rosetten geschmückt. Girlanden, die über Ochsenköpfen hängen, geben ihm das feierliche Gepräge. Die Vorderseite seines flachen, dachartigen Deckels zieren zwei dreieckige Giebelflächen, den Rundbogen füllt eine Muschel, die oft bei antiken Sarkophagen den Hintergrund für das Porträt des Verstorbenen bildet. Alle Steinsärge waren leer. Die gefundenen Ton- und Glasscherben, die architektonischen Elemente der Grabstätte und der Stil der Inschriften machen es wahrscheinlich, daß Besitzer des Mausoleums eine reiche samaritische Familie gewesen ist, die gegen Ende des 2. oder zu Beginn des 3. Jahrhunderts n. Chr. in Sychar-Askar gelebt hat.[145]

Von Nazaret nach Kafarnaum

»Jesus verließ Nazaret, ging nach Kafarnaum am See im Gebiet von Sebulon und Naftali und nahm dort Wohnung. Damit das Wort des Propheten Jesaja erfüllt werde, der spricht: Land Sebulon und Land Naftali, am Meer gelegen, jenseits des Jordan, Galiläa der Heiden, das Volk, das im Finstern saß, sah ein großes Licht, und denen, die im Land des Todesschattens saßen, leuchtete ein Licht auf. Von da an begann Jesus zu predigen: Ändert euren Sinn, denn das Himmelreich ist nahe« (Mt 4, 13—17).

Der Stamm Sebulon wohnte in dem an die Mittelmeerküste grenzenden Hinterland, östlich von Akko. Bei der Landnahme war es dem Stamm nicht gelungen, die einheimische kanaanäische Bevölkerung zu vertreiben. Die Sebuloniten mußten in den Hafenstädten Frondienste leisten, und die Bevölkerung hatte unter den im 8. Jahrhundert beginnenden assyrischen Eroberungszügen viel zu leiden. Das Gebiet von Naftali lag auf dem Ostabfall des galiläischen Gebirges, etwa in der Höhe des Sees Gennesaret bis zum Hule-See. Mit dem Stamme Sebulon war Naftali am Kampf gegen Sisera beteiligt. An der Grenze zu den im Norden und Osten liegenden Großreichen verlor der Stamm seine Eigenständigkeit. Tiglat-Pileser III. (745–726 v. Chr.) annektierte das Stammesgebiet und deportierte die Oberschicht nach Assyrien (2 Kön 15, 29). Auf diese Situation spielt das Prophetenwort des Jesaja an, und der Evangelist sieht in der Wirksamkeit Jesu im Lande Sebulon und Naftali die Erfüllung dieser Weissagung. Das Reflexionszitat ist in der Textgestaltung und Deutung vom Evangelisten sehr frei behandelt. Es kommt ihm nicht auf eine vollständige Beschreibung des zur Zeit Jesu «Galiläa» genannten Gebietes an, sondern er will durch das Zitat die Übersiedlung Jesu nach Kafarnaum theologisch begründen. Es war kein bloßer Wohnungswechsel, sondern ein Heilsereignis. Dennoch geschah dies in Raum und Zeit unserer Erde.

Warum aber tauschte Jesus seine Vaterstadt gegen Kafarnaum ein? Einen Grund gibt uns Jesus selbst an: »Kein Prophet gilt etwas in seiner Vaterstadt« (Lk 4, 24). Der eigentliche Grund lag aber in Nazaret selbst. Es war ein zu kleiner, abgelegener Ort. Jesus brauchte Menschen und Straßen.

Wer den Spuren Jesu folgt, wird über die schmalen und holprigen Pfade, die teilweise im Altertum zu den bedeutendsten Verkehrsverbindungen zählten, erstaunt sein. Der Verkehr schloß sich durchweg an die von der Natur gegebenen Verhältnisse an, und man hat nur sehr unbedeutende Versuche gemacht, der Natur nachzuhelfen. Eine Behörde zur dauernden Instandsetzung der Straßen gab es nicht. Löcher wurden am zweckmäßigsten umgangen. Unter den alten Wegen Palästinas kann man zwei Klassen unterscheiden: Saumpfade und Straßen.

Die Saumpfade bestanden nur aus einer ausgetretenen Spur und boten in günstiger Lage zwei Fußgängern nebeneinander Platz. So unbedeutend diese Pfade scheinbar aussehen, sie haben der Natur doch die bequemste Linie abgerungen. Jede Ortschaft war mit ihren Nachbarinnen durch solche Saumpfade verbunden. Eigentliche Straßen waren die Wege des großen Verkehrs von Stadt zu Stadt, von Land zu Land. Aber auch hier müssen wir unserer Phantasie Grenzen setzen. Da in den Karawanen ein Tier hinter dem anderen trottete, war die Spurweite nach dem Rücken der Kamele abgemessen. Selbst die berühmten Römerstraßen, bei deren Ausbau man in Palästina oft die naturgegebenen Verkehrsverbindungen benutzte, waren in ihrer Breite nur für in Sechserreihen marschierende Legionäre angelegt, wie es uns Josephus mitteilt (Jüd. Krieg III, 6, 2). Eine künstliche Verbesserung der Straße bestand grundsätzlich nur im Wegräumen von Hindernissen. Die großen Steine wurden einfach an den Straßenrand gerollt. Auf unwegsamem Gelände zeigen die palästinensischen Römerstraßen oft nur kurze Stücke mit grober Pflasterung oder niedrig gehauene Stufen mit Rillen auf dem glatten Felsboden.

Folgen wir nun dem Wege Jesu von Nazaret nach dem See Gennesaret[146] (vgl. Abb. 156, 1, 2). Er ist durch die geographischen Verhältnisse, durch die Lage der Täler und Wadis, durch die an Quellen liegenden alten Ortslagen bestimmt, so daß es heute noch möglich ist, dieser alten Wegstrecke zu folgen. Auch wenn es im einzelnen nicht gelingt, alle alten Namen der am Wege liegenden Ortschaften ausfindig zu machen, so soll uns die Kenntnis dieser Wegstrecke zeigen, wie erfüllt die Landschaft von der Geschichte des auserwählten Volkes war, aus der Jesus lebte.

Nicht ohne Grund stellt der Evangelist das Prophetenwort an den Anfang der messianischen Heilszeit. An der Quelle von Nazaret (342 m) vorbei führte der Weg wohl auch damals in langen Windungen auf die Höhenkette des Nebi Sa'in (488 m), der die Talsenke von Nazaret im Norden abschloß. Der Gipfel bietet noch einmal einen umfassenden Blick auf das in der Talmulde liegende Nazaret. Das Evangelium läßt erkennen, daß es nicht der letzte Abschied Jesu von seiner Heimatstadt war. In der Synagoge sollte es noch einmal zu einer Auseinandersetzung mit den Einwohnern des Ortes kommen. Auf der Nordseite des Nebi Sa'in führt der Weg quer durch die beiden Anfänge eines Tales, das mit dem Wadi el-Melek zusammenhängt, wahrscheinlich ist es das Tal Jiftach-El, das im Josuabuch (19, 14) erwähnt wird. Am Anfang des ersten dieser quellenreichen Täler liegt heute das Dorf er-Rene, vielleicht ist es das alte Abel, da dieser hebräische Name bei Ortsnamen allgemein ein gut bewässertes Land bezeichnete. Am Rande des Dorfes sprudelt eine Quelle, die berühmte »Kressenquelle« der Geschichtsschreiber der Kreuzzüge.

Nicht weit von er-Rene sieht man an einem Hügel die zwei Kuppeln einer Moschee. Es ist das Dorf el-Meschhed, das alte Gat-Hefer in Sebulon (Jos 19, 13), die Heimat des Propheten Jona (2 Kön 14, 25). Die Mohammedaner verehren in der Moschee das Grab des einzigen Propheten aus Galiläa, an den wohl der arabische Name »Heiligtum des Martyrers« erinnern. C. Kopp, der sehr nüchtern die Traditionszeugen prüft, schreibt über seinen Besuch des Jonagrabes in der Moschee von Meschhed: »Über der Tür, die in das Innere führt, ist oben ein Stein eingemauert, der eine Inschrift trug. Sie ist aber so stark verwittert, daß kein Buchstabe mehr zu lesen ist. Nach der Art der Vertiefung, welche die Buchstaben im Stein hinterließen, muß man aber annehmen, daß es hebräische bzw. aramäische waren. Man kommt dann in einen neueren Vorraum, von dem man durch einen kleinen Gewölbebogen im matten Dunkel hinabsieht auf den gewölbten Eingang des Jonagrabes. In seinen Vorraum führt keine Treppe, ich kletterte etwa 5 m hinab. Dieser Raum ist alt, eingefaßt mit römischen Steinen, offenbar angelegt, als sich über dem Grabe ein Monument erhob. Dann steigt man durch den felsigen Bogen hinab in das Grabinnere, das nach meiner Schät-

zung ursprünglich ein rechteckiger Raum war von etwa 5 m Länge, 4 m Breite und 3 m Höhe. Man hatte seine Wände nicht durch feste Steine gesichert, so daß viel abbröckelte, die Form unregelmäßig wurde und der Boden mit einer Masse von staubigem Kalkstein bedeckt ist. Für das hohe Alter dieses Familiengrabes scheint mir folgendes zu sprechen: Am Ende rechts ist eine Höhle, besser ein Loch, das in parallelen Fällen die Knochen

Abb. 155.   Blick auf Nazaret vom Dschebel en-Nebi Sa'in.

Das Bild zeigt den nordöstlichen Teil des Ortes mit dem Gelände des Marienbrunnens, das von dem abfallenden Hang des Berges verdeckt ist. Der Brunnen mit der Gabrielskirche liegt nahe bei dem großen rechteckigen Gebäude in der Mitte des linken Bildrandes. Am Horizont die »mira rotunditas« — »auffallende Rundung« (Hieronymus) — des Tabor (vgl. Abb. 60, S. 111).

Abb. 156.   Das Land am See Gennesaret.

1. Satellitenaufnahme.

Das Infrarotfarbphoto, das aus ca. 435 km Flughöhe am 19. 9. 1973 bei tiefstehender Nachmittagssonne gemacht wurde, läßt in ungewöhnlicher Schärfe das Oberflächenrelief der Landschaft erkennen. Die in der Trockenzeit künstlich bewässerten Felder erscheinen rot gefärbt, während die in Regenfeldbau bewirtschafteten Äcker und Weiden als grüne Flächen zu erkennen sind.
Mit Hilfe der gegenüberliegenden Karte, die etwa den gleichen Ausschnitt zeigt, lassen sich die wichtigsten Orte der Evangelien, wie Nazaret, Magdala, Kafarnaum und Betsaida lokalisieren. Die zwischen den Höhenzügen gelegene Ebene

Battof hebt sich als langgestrecktes, dunkelgrün getöntes Becken deutlich von der Umgebung ab (vgl. Abb. 142, 1, S. 244). Das im Evangelium erwähnte Kana, die Heimatstadt Natanaels, lag am Nordrand der Ebene. Ein Teil der Ebene Jesreel ist noch in der linken unteren Bildecke zu sehen. Am nordöstlichen Rand der Ebene findet der aufmerksame Betrachter den Tabor, dessen Buckelform durch die im Schatten gelegene Nordostseite plastisch hervortritt. Westlich vom Tabor weist am Nordrand der Ebene Jesreel der tiefe Einschnitt des Dschebel el-Kafze den Weg nach Nazaret. Die vom Winde verwehten Schäfchenwolken am Nordwestrand des Sees sind ein kleiner »Schönheitsfehler«, der uns aber leichter den Siebenquell und Kafarnaum am Nordwestufer des Sees finden läßt. Das Photo kann dem Betrachter helfen, die Worte des Evan-

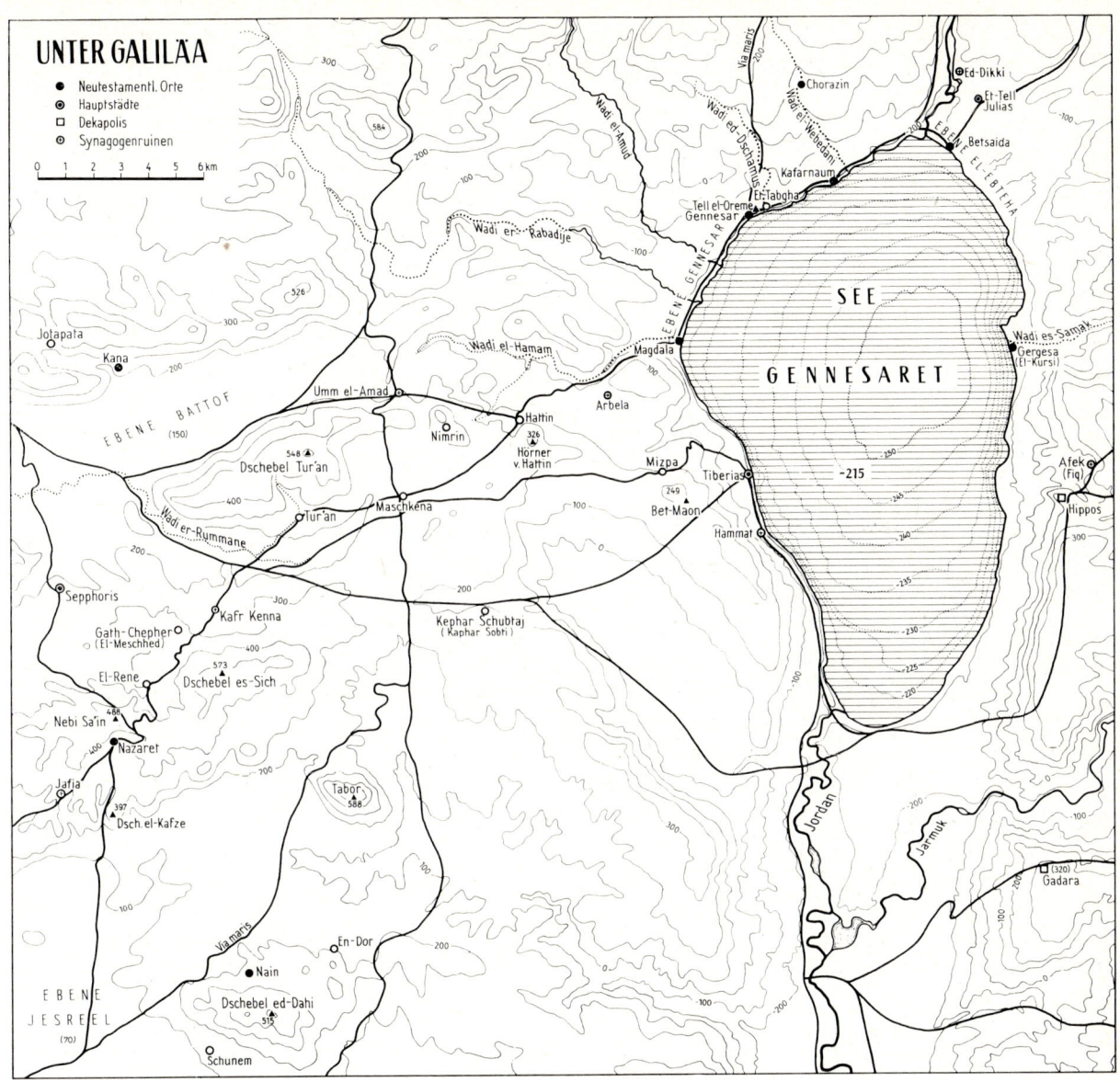

UNTER GALILÄA

- ● Neutestamentl. Orte
- ◉ Hauptstädte
- ▢ Dekapolis
- ◉ Synagogenruinen

0 1 2 3 4 5 6 km

SEE GENNESARET

-215

Jotapata
Kana
EBENE BATTOF (150)
Umm el-Amad
Nimrin
Dschebel Tur'an 548
Hörner v. Hattin 326
Hattin
Arbela
Mizpa
Wadi er-Rummane
Tur'an
Maschkena
Bet-Maon 249
Tiberias
Hammat
Sepphoris
Gath-Chepher (El-Meschhed)
Kafr Kenna
Kephar Schubtaj (Kaphar Sobti)
El-Rene
Dschebel es-Sich 573
Nebi Sa'in 488
Nazaret
Jafia
Dsch.el-Kafze 397
Tabor 588
En-Dor
EBENE JESREEL (70)
Nain
Dschebel ed-Dahi 515
Schunem

Chorazin
Ed-Dikki
Et-Tell Julias
Betsaida
Kafarnaum
Et-Tabgha
Tell el-Oreme Gennesar
Magdala
Wadi es-Samak
Gergesa (El-Kursi)
Afek (Fiq)
Hippos
Jordan
Jarmuk
Gadara 320

Via maris
Wadi el-Amud
Wadi ed-Dschamus
Wadi el-Webedan
Wadi er-Rabadije
Wadi el-Hamam
EBENE GENNESAR
EFFE EL-FITHA

2. *Das Untere Galiläa mit dem See Gennesaret.*

gelisten mit ganz anderen Augen zu lesen: »Jesus zog in ganz Galiläa umher, lehrte in den Synagogen, verkündete das Evangelium vom Reich und heilte im Volk alle Krankheiten und Leiden« (Mt 4, 23).

der Verstorbenen aufnahm, wenn man im Grabraum Platz für andere Tote der Familie brauchte. Erst in der hellenistisch-römischen Periode benutzten die Juden Steinkästchen (Ossuarien) für die Gebeine, wenn die

Begräbnisstätte keinen Verstorbenen mehr aufnehmen konnte. Mithin ist es durchaus möglich, daß diese Grabanlage in die israelitische Zeit des Jona zurückgeht. Die allgemeine Verehrung setzte aber sicherlich erst ein, als Galiläa nach 135 n. Chr. der religiöse Mittelpunkt der Juden wurde. Damals muß man eine feste Ortstradition vorgefunden haben. Hätte man sonst nicht ein Einzelgrab gewählt? Hier verschwand doch Jona, er war nur ein Glied seiner Familie, die in diesem Raum durch lange Zeiten ihre letzte Ruhestatt fand. So widerspricht nichts der Annahme, daß der Prophet hier beigesetzt und verehrt wurde.« [147]

Wenn Jesus den Schriftgelehrten kein anderes Zeichen

Abb. 157. Kafr Kenna.

Kafr Kenna, an der Straße von Nazaret nach Tiberias gelegen, zeigt mit den engen Gassen und flachen quadratischen
Häusern das typische Bild einer palästinensischen Kleinstadt.
Von den heutigen palästinensischen Dorfhäusern ist anzunehmen, daß sie mit ihrem Material und ihrer Gestalt jenen des
biblischen Altertums am nächsten stehen. Heute wie damals
bilden Kalkstein und Basalt die wichtigsten Baumaterialien.
In der Küstenebene und im Jordantale, wo der Fels nicht an
die Oberfläche trat, wurden Luftziegel verwendet. Lehmhal-
tige Erde wurde gesiebt, mit Wasser und Häcksel vermischt,
in Holzformen gestampft und schließlich an der Sonne getrocknet. Der Luftziegel galt aber als minderwertiges Bau-

material. Der Talmud erwähnt als Größe für ein kleines
Wohnhaus 6×8 Ellen (3×4 m), für ein großes Wohnhaus
8×10 Ellen (4×5 m). Die Höhe betrug 7–8 Ellen. Die Tür
diente nicht nur als Ein- und Ausgang, sondern sorgte in dem
oft fensterlosen Raum auch für Licht und Luft. An kleinen
Luken für den Abzug des Rauches wird es aber nicht gefehlt
haben. Das gewöhnliche Haus war meist einräumig und
konnte auf dem flachen Dach durch den darauf gebauten Söller einen zweiten Raum erhalten, der als Sommerschlafplatz
für die Familie diente. Auf ein einräumiges Haus weist auch
die Antwort des Hausherrn an den um Brot bittenden Freund
hin: »Belästige mich nicht; die Tür ist jetzt geschlossen, und
meine Kinder und ich sind zu Bett; ich kann nicht aufstehen
und dir geben« (Lk 11, 7).

als das des Propheten Jona versprach (Mt 12, 39; Lk 11, 29), dann stand hinter seinen Worten die Erinnerung an dieses Grab, das allen Galiläern bekannt war und von ihm aus dem nahen, nur 4 km entfernten Nazaret sicher besucht wurde.

Östlich vom Wege nach Gat-Hefer erhebt sich die Kuppe des Dschebel es-Sich (573 m), auf dem die offiziell beauftragten »Späher« auf das erste Erscheinen der jungen Mondsichel nach dem Neumond Ausschau hielten. Mit der Höhe von Gat-Hefer senkt sich langsam das Gelände zur Ebene von Turan, die im Norden durch einen Bergzug von der weiten Battof-Ebene getrennt ist. Auf einem der Abhänge liegt bei einer starken Quelle das heute mit drei Kirchen ausgezeichnete Kafr Kenna (vgl. Abb. 157). Die Kirchen der Melchiten, der Griechen und der Franziskaner sollen an das erste Wunder Jesu in Galiläa, in Kana, erinnern. Doch die Tradition in Kafr Kenna ist weder alt noch überzeugend (vgl. S. 242). Sicher dagegen ist, daß wir es hier mit einem alten jüdischen Dorf zu tun haben, an dessen Einwohner noch die aramäische Mosaikinschrift der alten Synagoge erinnert. Die aufgefundenen Münzen aus der Hasmonäerzeit zeigen, daß hier schon ein Jahrhundert vor Jesu Auftreten Juden wohnten.[148]

Von Kafr Kenna führt der Weg nordostwärts über steinige Abhänge in das Wadi er-Rummane, ein Seitental der Battof-Ebene. Dieses Tal zog die wichtige Verkehrsstraße von Ptolemaïs nach Tiberias entlang, die zugleich der Verbindung mit der alten Residenzstadt Sepphoris diente. Der Weg von Nazaret nach dem See von Tiberias mündete bald hinter Kafr Kenna in diese wichtige Querverbindung des galiläischen Berglandes. Für das am Nordrand der Ebene liegende Turan ist uns der alte jüdische Name nicht mehr bekannt. Südlich des Dorfes gabelt sich die Straße nach Tiberias in zwei Linien. Die eine geht zunächst in östlicher Richtung, dann mit einer südlichen Ausbuchtung an dem alten Kefar Schubtaj und an Bet-Maon vorüber nach Tiberias. (Vgl. Abb. 156, 2, S. 271.)

Die andere Linie führte nach dem im Jerusalemer Talmud genannten Maschkena, das als Treffpunkt in der Mitte zwischen Tiberias und Sepphoris lag. Wer das Nordufer des Sees als Ziel hatte, mußte in Maschkena in nordöstlicher Richtung abbiegen und stieß zum erstenmal auf den in der Umgebung des Sees liegenden dunklen Basalt, der an die Vulkane der Vorzeit erinnert. Hinter Maschkena sieht der Wanderer das hochgelegene Nimrin, das wohl mit der Priesterstadt Kefar Nimra identisch ist und als Teppichweberort berühmt war.

Weiter nördlich liegt die Synagogenruine von Chirbet Umm el-Amad. Vielleicht ist es das alte Kefar Uzziel,

wo die achte Priesterordnung Abija beheimatet war. Am nordwestlichen Rande der Hörner von Hattin (361 m), eines erloschenen Vulkans, fällt der Weg steil ab und führt an der Quelle von Hattin vorbei nach dem gleichnamigen Ort. Im Talmud trägt das Dorf den Namen Kefar Kattija, das als »Sünderort« keinen guten Ruf hatte. Leichtsinnige Leute hielten in einer Sabbatnacht in der Synagoge ein Festmahl, sie aßen und tranken und warfen schließlich mit den Knochen nach dem Synagogendiener (Ber. R 65/139ª). Wahrscheinlich ist Kefar Kattija das im Josuabuch (19, 35) genannte Dorf Ziddim im Stammesgebiet von Naftali.

Die Ebene von Hattin, die früher nach dem bedeutendsten Ort die Ebene von Arbela genannt wurde, war im Altertum als fruchtbares Getreideland berühmt. In der Ebene von Arbela schlug im Jahre 38 v. Chr. der junge Herodes, der den gleichen Weg von Sepphoris herabstieg, die Anhänger des Antigonus, des letzten Königs aus der Hasmonäerdynastie. Ein alter jüdischer Midrasch, den der Dichter Eleasar Kalir benutzte, verknüpft die Ebene mit der kommenden Erlösung: »In der Ebene von Arbela sproßt seine [des Messias] Schönheit, und Gewänder der Rache legt er an, wenn er sich schmückt.«

Nach der Durchquerung der Ebene senkt sich der Weg steil abwärts durch eine Schlucht in das Wadi el-Hamam und folgt ihm bis an den See. Hoch oben am Rande des Wadi el-Hamam liegen die Ruinen von Irbid, dem alten Bet-Arbeel des Propheten Hosea (10, 14), dem Arbela der Makkabäer und des Josephus. Die Trümmer der nach Süden ausgerichteten Synagoge mit zweigeschossigem Säulengang lassen vermuten, daß Arbela einst ein blühender Judenort gewesen sein muß. Die Synagoge wurde im Jahre 1905 von den deutschen Archäologen H. Kohl und C. Watzinger wiederentdeckt. Als Erbauer gibt der Talmud den um 190 n. Chr. verstorbenen Rabbi Nittaj oder Mattaj an. In den steilen, bis zu 300 m aufragenden Felswänden des Wadi el-Hamam befinden sich unzählige Höhlen, in denen wilde Tauben nisten. Nach dem Talmud gab es im nahen Magdala besondere Verkaufsstellen für die gefangenen Tauben, die als Opfertauben angeboten wurden. Die größte Felshöhle bildet ein fast unzugängliches Labyrinth, in dem nach dem ersten Makkabäerbuch die Einwohner der Stadt Arbela vor den Truppen des syrischen Königs Schutz suchten. Im Zeitalter Jesu zogen sich die freiheitsliebenden Zeloten im Kampf gegen Herodes den Großen mit ihren Familien in die Höhlen des Taubentales zurück. Nur durch eine Kriegslist konnte Herodes sich ihrer bemächtigen. Er ließ einige Soldaten in Kästen an den steilen Felswänden hinab, die dann Feuerbrände in die Höhlen warfen.

Unterhalb des gewaltigen Felsentores des Wadi el-Hamam endete der Weg von Nazaret am See Gennesaret bei der Stadt Magdala (vgl. Abb. 158, S. 274). Im Evangelium heißt es öfter: Jesus wanderte durch Galiläa

Abb. 158.   Uralter Handelsweg zwischen dem Mittelmeer und dem See Gennesaret.

Wenn Jesus aus dem Bergland von Galiläa zum See Gennesaret hinabstieg, führte ihn der Weg an diesen steilen Felswänden vorbei, die wie ein gewaltiges Tor den Eingang zum Wadi el-Hamam, zum Taubental, bilden. Die im Vordergrund sichtbare Straße begann im nahen Magdala, zog an den im Hintergrund liegenden Hörnern von Hattin vorbei, durchquerte die Battof-Ebene und endete schließlich in der Hafenstadt Ptolemaïs (Akko) am Mittelländischen Meer (vgl. Abb. 156, 2, S. 271). Der in Galiläa vorherrschende Kalkstein wird südwestlich vom See Gennesaret bis zum Rande der Jesreel-Ebene von basaltischem Lavagestein überdeckt. Die Hörner von Hattin sind die Überreste eines zusammengebrochenen riesigen Kraters, aus dem sich vor Jahrmillionen die glühende Lava über die ganze Gegend ergoß. Von seinem nördlichen, steileren Rand schaut man auf das weite, fruchtbare Tal von Hattin. Hier wurde am 4. Juli 1187 das Kreuzfahrerheer von den Truppen Saladins geschlagen.[149]

Die Entdeckung des Palaeanthropus palaestinensis, des Palästina-Menschen der Altsteinzeit, in den Höhlengebieten zwischen dem Karmel und dem See Gennesaret zeigt, daß hier bereits zu Beginn der Würmeiszeit vor etwa 100 000 Jahren Menschen lebten. Es waren Höhlenbewohner, die dem Neandertaler-Typ nahestanden. Berühmt ist der Schädelfund des »Galiläa-Mannes« im Jahre 1925 in einer Höhle nahe bei Kafarnaum.

Jahrtausende sind vergangen, und noch immer ziehen Menschen diesen uralten Handelsweg.

und predigte in ihren Synagogen. Nach Josephus (Jüd. Krieg V, 4, 5) zählte man zu seiner Zeit 204 Städte und Dörfer; etwa 35 davon nennt Josephus mit Namen, aber nicht alle lassen sich identifizieren. Zehn alte Ortschaften mit jüdischer Bevölkerung konnten wir an der Wegstrecke von Nazaret zum See nachweisen. Von den Evangelisten wird zwar keine namentlich erwähnt, aber sie alle lagen im Wirkungsfeld der Predigt Jesu.

Am See Gennesaret

Der geographische Mittelpunkt der Reich-Gottes-Predigt wurde der See Gennesaret und der neue Wohnsitz Jesu die Stadt Kafarnaum.

Zur Zeit Jesu gehörte die Uferregion des Sees, den die Einheimischen das »Auge Gottes« nannten, zu den am dichtesten besiedelten Gebieten des ganzen Landes. Der Fischreichtum des Sees, der im Altertum berühmt war, bot der Bevölkerung Nahrung und Einkommen. So ist es auch nicht verwunderlich, daß einige Jünger Jesu Fischer waren und die ergreifendsten Begebenheiten aus dem Leben Jesu mit dem See verbunden sind.

Im hebräischen Alten Testament wird der See — wie auch heute wieder — nach der bedeutendsten an ihm gelegenen Stadt benannt: »jam kinneret« — »See von Kinneret« (Num 34, 11; Jos 13, 27). Kinneret — arabisch: Tell el-Oreme — war in alter Zeit die wichtigste Randsiedlung am Nordwestufer und ist schon für die vorisraelitische Zeit bezeugt (vgl. Abb. 163, 1, S. 284, und Abb. 163, 2, S. 285). Für die an der Westseite gelegene kleine fruchtbare Ebene el-Ghuwer kennt die griechische Bibel mit dem hebräischen Wort »gan« — »Garten« — zusammenhängende Namen: Gennesar oder Gennesaret. Mit diesem uns geläufigen Namen, der aber mit dem Wort »Kinneret« ursprünglich nichts zu tun hat, ist auch der See genannt worden, wie es Josephus bezeugt; allerdings im Neuen Testament nur ein einziges Mal: »Einst stand er, als das Volk ihn umdrängte und das Wort Gottes hören wollte, am See Gennesaret« (Lk 5, 1). Aus der Angleichung an »Nazareth« war die übliche Schreibweise mit z entstanden: Genezareth. Sonst heißt der See bei den Synoptikern »See von Galiläa«, aber auch der jetzige Name »Tiberiassee« wurde schon von Johannes (6, 1; 21, 1) und in der rabbinischen Literatur verwendet.

Der 21 km lange und 12 km breite See, dessen Wasserspiegel bereits 215 m (1961/1962) unter dem Mittelmeerniveau liegt, erreicht im nordöstlichen Teil eine Tiefe von rund 50 m.

Die Ziffern schwanken mit den Jahreszeiten und dem Ausmaß der jährlichen Niederschläge. Das Wasser ist erheblich salziger als das des Jordan und der in den See mündenden kleinen Bäche. Der Salzgehalt steigert sich noch durch Mineralquellen, welche am Seegrund und an den Seeufern entspringen. Vom östlichen Galiläa her erreichen den See einige Bäche in der Gennesar-Ebene,

von denen der Nahr el-'Amud und der Nahr er-Rabadije ganzjährig Wasser führen. Von den Golan-Höhen kommen durch das Betsaida-Tal vier wasserreiche Bäche und einige kleinere Wadis in den See. Man hält die ursprüngliche Form des Sees für mehr oder weniger rechteckig. Das Nordufer rundete sich dann durch die mitgeführte reichliche Schwemmerde der von Nordwest und Nordost kommenden Bäche ab, während das zum südlichen Auslauf drängende Wasser die Seefläche nach Süden vergrößerte und die Ecken ausbuchtete. Die bis zu 300 m Höhe ansteigenden Berge umsäumen das westliche und östliche Ufer und bilden einen Bergkessel mit subtropischer Vegetation. Zur Winterszeit, die aber keine Kältegrade kennt (vgl. Abb. 18, S. 40, Temperaturdiagramm von Bet-Schean, etwa 25 km südlich vom See), sind Berge und Strand überall grün. Wenn aber im Mai und Juni das Thermometer bis auf 40 °C im Schatten klettert, dann breitet sich eine wüstenhafte Dürre über alles, was keine tiefen Wurzeln hat. Der Ausgleich der hohen Temperaturen des Bergkessels mit den vom Gebirge kommenden kalten Strömungen verursacht gefährliche und plötzlich auftretende Winde, die gerade wegen ihrer Plötzlichkeit von den Fischern gefürchtet werden. Im östlichen Teil des Sees, am jenseitigen Ufer, steigen die Wellen am höchsten. Am Westufer bietet das Gebirge Schutz, und es ist auffällig, wie rasch ein Boot aus der windgeschützten Zone in die vom Sturm aufgepeitschte See gerät (vgl. Abb. 161, S. 279). Noch heute kann man es erleben, wie die Fischer bei ihrer Arbeit innehalten und lauschen, ob der Wind nicht schon in der Höhe vernehmbar ist, ehe er auf den See herabstürzt (Lk 8, 23).

Die Lage im großen palästinensischen Einbruchsgraben bedingt, daß der See nur schmale Streifen kulturfähigen Landes an seinen Ufern aufweist. Am Ostufer ist dieser Streifen als wirkliche Uferebene ausgeprägt, während das Westufer viel weniger eben ist. An manchen Stellen, am Tell el-Oreme und südlich von Magdala, fällt die Bruchstelle steil zum See ab. Anders liegen die geologischen Verhältnisse am Ein- und Auslauf des Jordan. Im Norden bricht das Gelände nicht ab, sondern senkt sich allmählich in einer sanften Flexur und bietet den herrlichen Ausblick auf Safed, die hochgelegene Stadt an der einen Spitze des Dschebel Kan'an; noch weiter in der Ferne begrenzt der schneebedeckte Hermon den Horizont. Im Süden bildet die Barre des Sees einen niedrigen Übergang und läßt den Blick frei in das weite und nur hier fruchtbare Jordantal schweifen.

Zur Zeit Jesu war das Westufer dicht besiedelt. In dieser paradiesisch schönen Gegend lag Stadt an Stadt und Dorf an Dorf. Am südwestlichen Ufer leuchtete weithin sichtbar die prunkvolle Residenz, die sich der Vierfürst Herodes Antipas erst kurz zuvor hatte erbauen lassen. Seine alte Residenz Sepphoris lag im Bergland von Galiläa und hatte kalte Winter. Hier unten an dem blauen Gestade des Sees herrschte ein ewiger Sommer. So ent-

stand nahe bei den berühmten heißen Quellen von
Amathus eine neue Stadt, die der Vierfürst — nach seinem kaiserlichen Gönner — Tiberias nannte (vgl. Abb.
160, S. 277). Es ist nicht unwahrscheinlich, daß die
Gründungsfeier im Jahre 18 n. Chr. zum 60. Geburtstag des Kaisers stattfand. Nach dem Talmud errichtete
Herodes die neue Residenzstadt auf dem Gelände der
alten Ortschaft Rakkat, die das Buch Josua (19, 35) unmittelbar nach Hammat, dem heutigen Chirbet el-Ham-
mam, erwähnt. Er erbaute sie im hellenistischen Stil
jener Zeit, mit Stadion, Forum und Akropolis, und umgab sie mit einer Mauer. Da aber ein Teil der neuen
Stadt auf einem Friedhof errichtet wurde, blieb das Betreten der Stadt für einen gesetzestreuen Juden verboten. Aus diesem Grunde wird Tiberias im Evangelium
nur ganz beiläufig erwähnt (Joh 6, 23), obwohl viele
Ereignisse sich in der Nähe der neuen Hauptstadt ab-
spielten.

Die neue Stadtverwaltung hatte ihre Sorgen, unter
der jüdischen Bevölkerung der Umgebung die neuen
Einwohner für Tiberias zu finden. Schließlich mußte der
Landesfürst, zum Teil mit Gewalt, Bewohner aus allen
Gegenden zum Einzug zwingen. Josephus schreibt: »Tiberias war von zusammengelaufenem Volk bewohnt,
worunter sich auch viele Galiläer und gezwungene An-

*Abb. 159.   Luftaufnahme vom See Gennesaret mit dem
Ausfluß des Jordan.*

*Der im großen Einbruchsgraben Palästinas gelegene See ist
nur im Süden nach dem Jordangraben hin offen, abgedämmt
durch eine flache Hebung des Bodens, durch die der Jordan
in großen Windungen abfließt. Der langsame Prozeß der
Uferabtragung und Erweiterung des Sees nach Süden setzt
sich noch heute fort, wie es die in den See gestürzten Mauern
einer kanaanäischen Stadt des zweiten vorchristlichen Jahrtausends beweisen, die auf einer hohen Böschung an der
Südwestecke des Sees gestanden hat.*

*Für das Wirken Jesu hat die Gegend am Südende des Sees
keine unmittelbare Bedeutung gehabt. Anders ist es mit der
nördlichen Hälfte. Das Nordwestufer beginnt links in der
Gegend vom Tell el-Oreme, dem biblischen Kinneret-Gen-
nesar, führt über die Ortslage von Kafarnaum zur deutlich
erkennbaren Einmündung des Jordan bei Betsaida. Am Ostufer erscheint das tief eingeschnittene Wadi es-Samak mit
el-Kursi, dem vermutlichen Gergesa des Evangelisten Markus (5, 1), ganz rechts die zerklüftete Hochfläche von Hippos
(vgl. Abb. 156, 2, S. 271). Im Hintergrund ganz links das Bergland von Galiläa mit Safed, der hochgelegenen Stadt.*

*Die Krone der Landschaft ist der mit ewigem Schnee bedeckte
Hermon. Von den Arabern »Berg des Weißhaarigen« genannt, wird der leuchtende Schneeberg als Landmarke Palästinas vielfach im Alten Testament erwähnt. Die Bergkette,
die sich in einer Länge von ca. 30 km von Nordosten nach*

Südwesten hinzieht, ist die südliche Fortsetzung des Anti-libanon, von dem sie durch eine tiefe Schlucht getrennt ist. Das Gebirgsmassiv gleicht einem riesigen abgestumpften Kegel und besteht aus drei Gipfeln; der nördliche und der südliche sind von fast gleicher Höhe (2760 m). Die Aussicht erstreckt sich fast über ganz Syrien, von Damaskus im Nord-osten bis nach dem Mittelmeer im Westen. Im Norden schließt sich in großem Bogen die Kette des Libanon an, dann der Antilibanon mit der zwischen beiden gelegenen Tal-Hoch-ebene el-Beka, berühmt durch den Tempel des Sonnengottes in Baalbek – Heliopolis (vgl. Abb. 101, S. 178). Die Israeliten bewunderten den Hermon wegen seiner majestätischen Größe (Ps 89, 13); sie schätzten ihn als Wolkensammler (Ps 133, 3) und fürchteten seine wilden Tiere (Hld 4, 8).

Abb. 160.   Tiberias.

Das alte Tiberias begann etwa 3 km südlich (links) der heu-tigen Stadt bei den heißen Quellen von Hammat und zog sich von dort nach Norden bis an die Grenze der heutigen Stadt. Trümmer und Reste von Säulen, Kapitälen und Ge-simsen, die verstreut umherliegen, erinnern noch an die alte Ortslage. Auf der zerklüfteten Bergnase Kasr el-Bint (am

linken Bildrand), die vom höheren Randgebirge vorspringt, stand die Akropolis des Vierfürsten Herodes, etwa 175 m über dem See. Der mit Tierbildern und Skulpturen ge-schmückte Palast reizte die gesetzestreuen Juden ständig zum Widerspruch und blieb auch nach der Absetzung des Vier-fürsten ein Stein des Anstoßes. Kaum hatten die Juden zu Beginn des Aufstandes im Jahre 66 n. Chr. die Regierungs-gewalt an sich gerissen, als Josephus, der in Galiläa die mili-tärischen Operationen leitete, vom Synedrium in Jerusalem den Auftrag erhielt, die anstößigen Bilder und Statuen zu zerstören. Das Schloß des Herodes war im Norden und Sü-den mit einer Mauer verbunden, deren Reste noch in den Feldern zu sehen sind. An der Südmauer der Stadt, ober-halb der heißen Quellen und Bäder, wurden im Jahre 1962 Synagogengebäude freigelegt, deren älteste Teile aus dem 3. Jahrhundert n. Chr. stammen. Auf den Hängen über der modernen Stadt liegen die Gräber der berühmten Rabbinen: das Grab des Rabbi Akiba, der Bar Kochba als Messias be-grüßte; das Grab Johanans ben Sakkai, des Begründers des Lehrhauses in Jabne; und vieler anderer. Auch der in Cór-doba (Spanien) geborene Rambam Maimonides († 1204), einer der größten jüdischen Geistesmänner im Mittelalter, fand hier seine Ruhestätte. Am Horizont der Höhenzug des Dschebel ed-Dahi mit dem Tabor (rechte obere Bildecke).

kömmlinge befanden, die mit Gewalt dort angesiedelt wurden, obwohl sie zum Teil den besseren Ständen angehörten. Auch die Bettler, die im ganzen Lande aufgefangen wurden, erhielten hier Wohnungen angewiesen und bekamen mancherlei Vorrechte. Um sie an die Stadt zu fesseln, ließ Herodes ihnen Häuser bauen und Ländereien zuteilen, da es ihm wohlbekannt war, daß ihnen nach jüdischen Vorschriften das Wohnen daselbst nicht gestattet war« (Jüd. Altert. XVIII, 2, 3).

In dem bekannten Gleichnis von den geladenen Gästen und dem Hochzeitsmahl knüpft Jesus seine Belehrung an dieses »heiße Eisen« an. Die jüdischen Zuhörer werden ihm verständnisvoll zugenickt haben, als er sagte: »Ein Mann veranstaltete ein großes Gastmahl und lud viele ein. Zur Stunde des Mahles sandte er seinen Knecht aus und ließ den Geladenen sagen: Kommt, alles ist schon bereit. Da fingen sie alle, einer nach dem anderen, an, sich zu entschuldigen ..., da wurde der Hausherr zornig und sagte zu seinem Knecht: Geh hinaus auf die Landstraße und an die Zäune und nötige die Bettler hereinzukommen, damit mein Haus voll werde« (Lk 14, 16 ff.). Fast alle Gleichnisse aus den Predigten Jesu haben ihre Wurzel im täglichen Leben.

Die Stadt, deren Betreten einst die Juden für sieben Tage unrein machte, wurde mit Jerusalem, Hebron und Safed zu einer der heiligen Städte der Juden, als gegen Ende des 2. Jahrhunderts das Synedrium von Sepphoris und die berühmte Gesetzesschule von Jamnia — im Alten Testament Jabne, unter welchem Namen es auch in der rabbinischen Literatur häufig vorkommt — sich in Tiberias niederließen. Aus dieser Rabbinenschule gingen die berühmtesten Gesetzeslehrer des 3. Jahrhunderts hervor, die Generation der Tannaïten. Zu Beginn des 3. Jahrhunderts sammelte Jehuda ha Nasi, der den ehrenvollen Titel »Patriarch« erhielt, alle traditionellen Gesetze in einem Gesetzbuch. Es ist die »Mischna« — »Wiederholung« —, ein Buch, das heute noch zu den grundlegenden Büchern der jüdischen Gesetzesfrömmigkeit gehört. Von 230 bis 270 n. Chr. verfaßte Rabbi Johanan ben Sakkai als Kommentar zur Mischna die sogenannte Gemara, die zusammen mit der Mischna zum Talmud vereinigt wurde (vgl. Anm. 107).

Wie angesehen die Gesetzeslehrer in Tiberias waren, zeigt die Tatsache, daß Hieronymus in Tiberias bei dem Rabbi Bar Anina Unterricht im Hebräischen nahm, ehe er sich an die Bearbeitung seiner Bibelausgabe machte. Der Rabbinenschule von Tiberias ist es zu verdanken, daß uns der hebräische Text des Alten Testaments so getreu überliefert wurde. Nach den besten Handschriften stellten im 6. Jahrhundert die Rabbinen einen einheitlichen Text her, der die »Masora« — »Tradition« — genannt wurde. Zugleich stellten die Masoreten, wie diese Schriftgelehrten später genannt wurden, verbindliche Regeln für die konkrete Aussprache durch Kommentare, Vokalpunktation und Akzente auf, die heute noch gültig sind.

Bei seinen Fahrten auf dem See sah Jesus die Residenzstadt seines Landesvaters mit der aufragenden Akropolis und den hellenistischen Großbauten am Ufer liegen. Wir erfahren aber aus den Evangelien nicht, ob Jesus jemals die Stadt betreten hat. Sicher dagegen wissen wir, daß er die Gegend nördlich von Tiberias aufsuchte, die im Altertum Gennesar genannt wurde (vgl. Abb. 164, S. 286). Heute trägt die etwa 6 km lange und am Wadi el-'Amud bis zu 3 km breite Ebene den Namen el-Ghuwer. Ihre Schönheit und Fruchtbarkeit wurden schon im Altertum von Josephus gepriesen: »Den Gennesar [See Gennesaret] entlang erstreckt sich eine gleichnamige Landschaft von wunderbarer Natur und Schönheit. Wegen der Fettigkeit des Bodens gestattet sie jede Art von Pflanzenwuchs, und ihre Bewohner haben daher in der Tat alles angebaut; das ausgeglichene Klima paßt auch für die verschiedenartigsten Gewächse. Nußbäume, die im Vergleich zu allen anderen Pflanzen eine besonders kühle Witterung brauchen, gedeihen dort prächtig in großer Zahl. Daneben stehen Palmen, die Hitze brauchen, ferner Feigen- und Ölbäume unmittelbar dabei, für die ein gemäßigteres Klima angezeigt ist. Man könnte von einem Wettstreit der Natur sprechen, die sich mächtig anstrengt, alle ihre Gegensätze an einem Ort zusammenzuführen, oder von einem edlen Kampf der Jahreszeiten, von denen jede sich um diese Gegend wetteifernd bemüht. Der Boden bringt nicht nur das verschiedenste Obst hervor, das man sich kaum zusammen denken kann, sondern er sorgt auch lange Zeit hindurch für reife Früchte. Die königlichen unter ihnen, Weintrauben und Feigen, beschert er zehn Monate lang ununterbrochen, die übrigen Früchte reifen nach und nach das ganze Jahr hindurch« (Jüd. Krieg III, 10, 8).

Am Südende der Ebene el-Ghuwer bei der Einmündung des Wadi el-Hamam, etwa 5 km nördlich von Tiberias, lag Magdala, die Heimatstadt der Maria Magdalena.[150] (Vgl. Abb. 162, S. 280.) Maria aus Magdala gehörte zu den Frauen, die Jesus mit den Zwölf während seines galiläischen Wirkens »von Stadt zu Stadt und von Dorf zu Dorf« begleiteten und ihm mit ihrem Vermögen dienten (Lk 8, 1–3). In der Passionsgeschichte wird Maria Magdalena immer als erste unter den galiläischen Frauen aufgeführt. Der Auferstandene zeichnete sie durch seine erste Erscheinung vor allen anderen aus (Joh 20, 11–18).

Ehe Tiberias entstand, war Magdala wohl die bedeutendste Stadt am Westufer des Sees. Nach dem Talmud betrug die Steuer der Stadt eine ganze Wagenladung, und nach einem Midrasch »gab es 80 Läden von Webern der Tempelvorhänge in Migdala« (b. Ketub 106ª). Ihre Einwohnerzahl gibt uns Josephus mit 40 000 an, wobei aber zu bemerken ist, daß der jüdische Historiker aus verständlichem Nationalstolz ab und zu gern eine Null zuviel anhängt.

Der Ortsname Magdala, vom hebräischen »migdal«

Abb. 161.   Das Westufer des Sees Gennesaret bei Magdala.

*Der Mensch hat das Gesicht der Landschaft mannigfach um-
gestaltet. Das große Profil der Berge ist unverändert geblieben und bietet uns heute das gleiche Bild, wie es Jesus bei
seinen Fahrten auf dem See gesehen hat. Dem Westufer des
Sees ist eigen, daß bis über Tiberias hinaus sein Bergrand
nirgends durch einen tiefen Einschnitt durchbrochen wird.
Das ändert sich vom Wadi el-Ames, südlich von Magdala, ab.
Andere Täler folgen, und vor dem Auge erscheinen statt der
Wand einer Hochebene fünf gigantische, nach dem See
schauende Bergnasen, denen die Basaltschicht, welche sie bedeckt, ein finsteres und drohendes Aussehen verleiht.*

— »Turm« — abgeleitet, hat sich bis heute in der arabischen Form »el-Medschel« erhalten. Den eigentlichen
Namen Migdal Nunaija — »Turm der Fische« — überliefert uns der Talmud (b. Pesachim 46ᵃ). Diese Bezeichnung deutet an, daß die Ortschaft in irgendeiner
Weise mit dem Fischereigewerbe verbunden war. Nach
Josephus hat Magdala eine Fangflotte von 230 oder
330 Schiffen besessen. Er nennt uns auch den griechischen Namen der Stadt: Taricheä. Cassius, einer der

Mörder Cäsars, schrieb aus Taricheä an den römischen
Literaten Cicero einen Brief, der an postalischer Exaktheit nichts zu wünschen übrigläßt: »Data Nonis Mar-
tiis (Hirtio Pansa cos[s]), ex castris Taricheis« — »Lager von Taricheä, 7. März (43 v. Chr.). Der Prokonsul
Cassius an Cicero«.

»Tarichos« bedeutet das Einsalzen der Fische. Migdal
Nunaija — »Turm der Fische« — hatte nicht nur einen
bedeutsamen Fischereihafen, hier lag wohl auch das
Zentrum der Fischverarbeitung und des Fischhandels.
Die Lage der Stadt bot dafür die günstigsten Bedingungen. In unmittelbarer Nähe von Magdala gabelte sich
die Via Maris in zwei wichtige Verkehrs- und Handels-
wege. Die eine Straße führte durch das Tal von Arbela
in das westliche Bergland von Galiläa mit einer Abzweigung nach dem Mittelmeerhafen Ptolemaïs (Akko);
die andere Straße bog südlich von Magdala durch das
Wadi el-Ames nach dem Hügelland von Untergaliläa
und der Jesreel-Ebene ab. Die dritte Verkehrslinie von
Bedeutung war die Uferstraße selbst. Sie umging die auf
der Landseite ummauerte Stadt und war wegen der
Enge des ansteigenden Geländes leicht zu sperren (Jüd.
Krieg III, 10, 1–3). Die Mauer schützte aber die Stadt

Abb. 162.   Die Heimat der Maria
             von Magdala.

1. *Blick auf die Ruinen von Magdala am Ufer des Sees.*

2. *Plan des Ausgrabungsgeländes nach der 4. Grabungskampagne 1975.*

Auf dem Gelände des zerstörten Dorfes el-Medschel begannen 1971 die Franziskaner unter Leitung von P. Virgilio Corbo und P. Stanislao Loffreda die Suche nach dem biblischen Magdala. Die Schwierigkeiten waren groß. Ständige Wassereinbrüche, verursacht durch die zahlreichen Quellen, behinderten die Arbeit. Das Chaos der zerstörten Überreste ließ die Hoffnung auf eine gesicherte archäologische Bestandsaufnahme sinken. Die Häuser des arabischen Dorfes waren schon mit den verschiedensten Steinen und Trümmern vergangener Jahrhunderte erbaut worden. Die Bulldozer, die das Gelände nach der Zerstörung planierten und die Steine teilweise in den See wegdrückten, würfelten noch einmal alles durcheinander. Doch die Archäologen ließen sich nicht entmutigen, und ihre Mühe wurde überreich belohnt.

In der ersten Ausgrabungskampagne wurde ein großes byzantinisches Kloster freigelegt, ein Gebäudekomplex von 104 m Länge und 33 m Breite. Die Fassade des Hauptgebäudes lag zur Seeseite, fast unmittelbar am Ufer des Sees. War es das Kloster der Maria von Magdala, dessen Gründung von den alten Chronisten der Kaiserinmutter Helena († 330) zugeschrieben wird? Die einzelnen Räume waren mit einfachen Mosaikfeldern ausgelegt. Die Kirche, die der Dominikaner Ricoldus de Monte Crucis im Jahre 1294 bewundert hatte, als sie noch unzerstört war, konnte nur in vagen Umrissen lokalisiert werden. Wo aber lag das biblische Magdala aus dem Jahrhundert Jesu?

Das Photo (1) zeigt das Ausgrabungsgelände mit den freigelegten Mauern nach der 4. Grabungskampagne im Herbst 1975. Die einzelnen Objekte lassen sich mit Hilfe des Planes, der in die Sektoren A—E aufgeteilt ist, leicht bestimmen. In der linken unteren Bildecke (B) beginnt eine etwa 10 m breite Straße (I), die sich südwärts (II) in Richtung Tiberias fortsetzt. Die exakt verlegten Pflastersteine aus Basalt machen den Erbauern alle Ehre. In späterer Zeit wurden die Basaltsteine zum Bau eines Aquäduktes (A') verwendet, der teilweise über der Straße errichtet wurde. Die Pfeilerfundamente der Wasserleitung (A') sind an der rechten Straßenseite noch zu erkennen. In die Hauptstraße (I, II) münden zwei

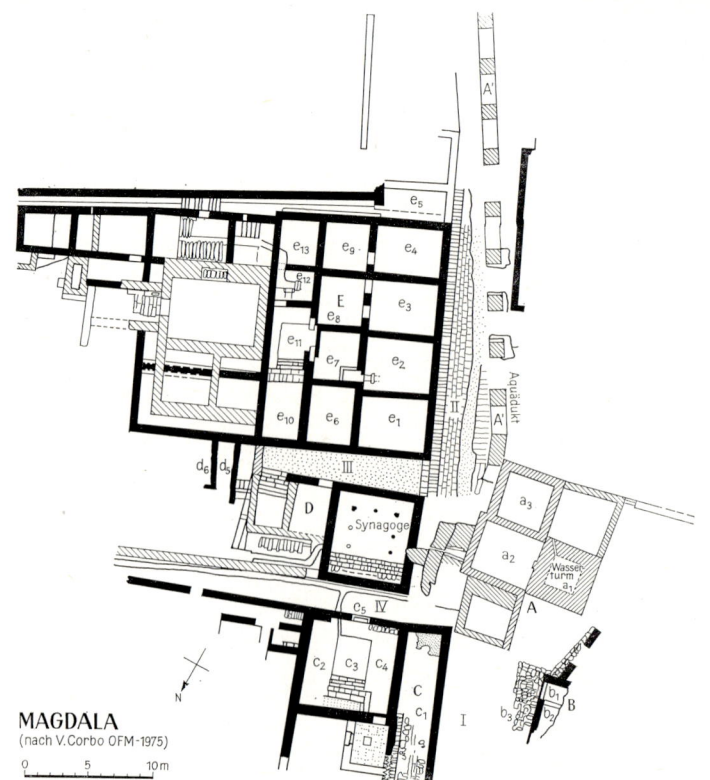

MAGDALA
(nach V. Corbo OFM - 1975)

0   5   10 m

3. Die Mini-Synagoge von Magdala.

andere Straßen, deren Pflastersteine aber verschwunden waren. Die Straße III war ferner bereits im 1. Jahrhundert v. Chr. durch zwei Mauerzüge (d_5, d_6) blockiert.

Auf dem Plan ist im Sektor B (rechte untere Bildecke) ein etwa 6 m langes Stück des Bürgersteiges eingezeichnet. Die Schwelle des Einganges zu dem mit Mosaiken ausgelegten Raum (b_1) wurde noch »in situ« aufgefunden.

Das östlich der Straße I gelegene Gebäude (C) war durch Drainagearbeiten stark in Mitleidenschaft gezogen. Ein luxuriöses Bürgerhaus mit zwei übereinanderliegenden Mosaikböden konnte noch lokalisiert werden. Der an der Straße IV gelegene Eingang (c_5) führte zunächst in den Innenhof (c_2, c_4), in dessen Mitte ein Wasserbecken (c_3) lag. Über 5 Stufen konnte man in das 1,4 m tiefe Becken hinabsteigen, das durch eine Zuleitung mit dem unter der Straße IV fließenden Kanal in Verbindung stand. Die gefundenen Münzen reichen vom Beginn des 1. Jahrhunderts v. Chr. bis in die Zeit Konstantins (✝ 337).

Während der Ausgrabungen im Jahre 1973 wurden im Sektor A die Mauerreste einer Wasserversorgungsanlage entdeckt, die teilweise auf dem Basaltpflaster der Straßen I und II errichtet worden war. An der Ostseite des massiv gemauerten, 6,5 m hohen Wasserturmes befindet sich ein hervorspringender, nach oben sich verjüngender Pilaster, der wahrscheinlich zu einer technischen Anlage gehörte, mit deren Hilfe das Wasser aus dem Sammelbecken a_2 in ein auf der Höhe des Turmes gelegenes Reservoir (a_1) gehoben wurde. Das an der Ostseite des Turmes gelegene Sammelbecken (a_2) hat eine Tiefe von 2,37 m und ist sorgfältig mit einer wasserdichten Kalkschicht verputzt. Von der Südostecke des Sammelbeckens führt eine Zuleitung in das angrenzende Becken a_3, das auf dem Photo am rechten unteren Rand zu sehen ist. Der helle, hervorspringende Mauerwinkel gehört zur Südostecke des Wasserturmes. Münzen und Keramik weisen den

Bau der Wasserversorgungsanlage mit Aquädukt dem 1. Jahrhundert v. Chr. zu.

Die größte Überraschung bot das östlich des Wasserturmes gelegene Gelände (D) mit einem fast quadratischen Gebäude, das im Norden von der Straße IV, im Westen von der Straße II und im Süden von der Straße III begrenzt wird. Das 3. Bild zeigt das Gebäude, das den Archäologen viele Rätsel aufgab, aus nordöstlicher Richtung. Der Eingang zu dem von einer etwa 0,75 m starken Basaltmauer umschlossenen Innenraum von 8,16 m Länge und 7,25 m Breite konnte nicht bestimmt werden. Das Dach des Gebäudes wurde aber augenscheinlich von den 7 Säulen getragen, die den Innenraum in ein »Mittelschiff« mit 3 »Seitenschiffen« (Säulengängen) gliederten. Dieser erste Eindruck wurde aber fragwürdig, als die tiefer liegenden Umgänge sich als Wasserbecken erwiesen. Die südlichen Ecksäulen, von denen die westliche (rechte) mit dem dorischen Kapitäl ganz erhalten geblieben ist, fallen durch ihre herzförmig gebildeten Schäfte besonders auf. Warum aber fehlt auf der Nordseite die Mittelsäule? Das mit sorgfältig gemeißelten Basaltsteinen ausgelegte, erhöhte »Mittelschiff« stößt an der Nordseite auf eine Treppe mit 5 Stufen von unterschiedlicher Höhe. Die mittlere Säule an der Nordseite fehlte, damit die auf den Stufen sitzenden den Blick auf das »Mittelschiff« nicht versperrte. Wie aber sollte das erhöhte »Mittelschiff« und die tiefer liegenden, mit Wasser gefüllten Umgänge gedeutet werden? Welchem Zweck diente das Gebäude, dessen ursprüngliches Niveau etwa 1 m tiefer als die vorbeiführende Straßen lag? War es eine jüdische Synagoge, oder wurde es als heidnisches Nymphäum benutzt? Alles Fragen, die den Archäologen die Lösung des Rätsels nicht leicht machten.

Da die typischen Merkmale eines römischen Nymphäums – die gewölbte Grotte mit der Nische – fehlten, hat diese Deutung trotz des Vorhandenseins der Wasserbecken wenig Wahrscheinlichkeit. Ein Vergleich mit den ältesten Synagogen aus dem Jahrhundert Jesu, die man auf Masada und Herodium gefunden hat, legt nahe, den Bau für eine kleine Synagoge, eine Mini-Synagoge, zu halten. Die Ausgrabungen erwiesen, daß das »Wasser« nicht zum Charakter des Gebäudes gehörte. Wahrscheinlich erfolgte der Wassereinbruch, verursacht durch die zahlreichen umliegenden Quellen, längere Zeit nach der Errichtung des Gebäudes im 1. Jahrhundert v. Chr. Es blieb den Bewohnern von Magdala nichts anderes übrig, als mit dem »Wasser« in ihrer kleinen Synagoge zu leben. So wurde das ursprüngliche Niveau der Synagoge im »Mittelschiff« bis zur Höhe der 2. Stufe gehoben, wie es die »eingebetteten« Säulen noch gut erkennen lassen. Der tiefer liegende Säulenumgang wurde an den Enden mit einer Mauer »dicht gemacht«, und die alte Synagoge diente den Einwohnern bis zur Errichtung des westlich gelegenen Wasserturmes als Wasserreservoir. Damit man den erhöhten Innenraum noch betreten konnte, wurde von der Straße III ein Übergang zum neuen Niveau der Synagoge angelegt. Immerhin, die Stadtväter von Magdala wußten sich zu helfen! Das südlich der Straße III gelegene Geländestück (E), das auf der linken Hälfte des 1. Bildes sichtbar ist, war – nach der Qualität der erhaltenen Mauern zu urteilen – ein bevorzugtes Wohnviertel. Die aus sorgfältig behauenen Basaltsteinen gebauten Häuser, die großen Räume (e₁–e₁₃) und Bäder verraten noch nach Jahrhunderten den Reichtum und Luxus der Stadt, die nach dem Talmud »wegen ihres Reichtums und ihrer Sittenlosigkeit« untergegangen ist.

Die auf dem Gelände gefundenen Münzen reichen von der Regierungszeit des Makkabäerkönigs Alexander Jannäus (103 bis 76 v. Chr.) bis zu Konstantin (324–337), darunter eine Münze des Tetrarchen Archelaus (4 v. Chr.–6 n. Chr.) und des ersten römischen Prokurators von Judäa, Coponius (6–9 n. Chr.).

nicht vor der Eroberung. Titus nahm sie im Jahre 66 n. Chr. ein und richtete unter den Einwohnern und Flüchtlingen ein furchtbares Blutbad an. Als Hadrian nach dem Bar Kochba-Aufstand (135 n. Chr.) die Juden aus Judäa vertrieb, siedelte sich, nach dem Lied des Eleasar Kalir, in Migdal Nunaija eine der Vierundzwanzig Priesterordnungen an: »Siehe, ich wurde umgetrieben im Sturm wie ein Schiff in Traurigkeit und Klage. Meine Gemeinde war wie Schafe zur Schlachtung bestimmt, und von ihrem Posten schwankte (die Priesterschaft von) Migdal Nunaija.«

In späterer Zeit fanden die christlichen Pilger den Ort noch mit seinem biblischen Namen vor. Theodosius (530) schreibt: »Von Tiberias bis Magdala, wo die Herrin Maria geboren ist, sind es zwei Meilen.« Willibald, der spätere Bischof von Eichstätt, war 724–726 in Palästina. Auf dem Wege von Tiberias nach Norden findet er am Seeufer das »Dorf der Magdalene«. Nach der Kreuzfahrerzeit werden die Zeugnisse immer spärlicher. In einem Pilgerbericht aus dem Jahre 1294 schreibt der Dominikaner Ricoldus de Monte Crucis: »In Magdala haben wir beim Anblick einer schönen, unzerstörten Kirche, die als Stall benutzt wurde, geweint. Dann haben wir gesungen und das Evangelium der Magdalena verkündet.« Der Franziskaner-Guardian Quaresmius (1616–1626) findet die Ortschaft verlassen. Nur Ruinen erinnern noch an das einstige Magdala.

Mit der Ortslage von Magdala hängt noch die Frage nach dem rätselhaften Dalmanuta zusammen, ein Name, der weder bei Josephus noch im Talmud vorkommt. Markus allein erwähnt den Ort nach der zweiten Brotvermehrung: »Gleich stieg er mit seinen Jüngern in das Schiff und kam in die Gegend von Dalmanuta« (8, 10). Wo lag Dalmanuta? Die Antwort wird noch erschwert durch den Parallelbericht bei Mattäus: »Dann entließ er die Menge, bestieg das Fahrzeug und kam in die Gegend von Magadan« (15, 39). Wo lag Magadan? Bei einigen Textzeugen lesen wir statt Magadan den Namen Magdala. Man ist zunächst geneigt, Dalmanuta im Markus-Text für das Ursprüngliche zu halten. Der Name ist gut bezeugt und wird von fast allen griechischen Handschriften überliefert. Bedenklich ist nur, daß wir trotz unserer relativ eingehenden Kenntnis der alten Geographie der Ufer des Sees Gennesaret gar nichts von einer Ortschaft namens Dalmanuta wissen. So neigen viele Exegeten zu der Ansicht, daß hier schon in früher Zeit ein verlesenes Wort von einem Abschreiber eingesetzt wurde. Da diese Lesart sehr alt ist, hat sie eine so große Verbreitung gefunden. Im Markus-Text selbst kann nur wie bei Mattäus Magadan gestanden haben, das mit Magdala identisch ist.

Der syrische Text des Neuen Testamentes, der uns vornehmlich in den Handschriften des Syrus Sinaiticus (5. Jh.), des Curetonianus (4./5. Jh.) und der Peschitta (5. Jh.) erhalten ist, stützt diese Annahme. Bei Mattäus heißt es in der Übersetzung: »Jesus kam in die Gegend von Magodu« (15, 39); bei Markus: »Jesus kam in das Gebiet von Monutho« (8, 10). Der Ort muß also Magodu oder Monutho geheißen haben, da die Vorsilbe »Dal« nur die syrische Doppelpräposition »d^e« und »l^e« ist, die zusammengezogen »dal« ergibt.

Von Magdala führte die Via Maris nicht am Uferrande des Sees entlang, sondern überquerte weiter landeinwärts am Rande der Gennesar-Ebene die drei erwähnten Wadis. Im Norden wird die Ebene von dem Kalkkegel Tell el-Oreme abgeriegelt (vgl. Abb. 163, 1, S. 284). Die Via Maris führte westwärts am Tell vorbei und zog sich nordwärts durch das Bergland von Obergaliläa, bis sie an der »Brücke der Töchter Jakobs« den Jordan kreuzte.

Etwa 250 m südlich vom Tell el-Oreme lag am Rande der Ebene zu beiden Seiten des Karawanenweges eine niedrige Anhäufung von Erde mit Mauerresten, die wie der in der Nähe liegende Chan den Namen Minje trug. Man hätte die Trümmer nicht mehr beachtet, wenn nicht einige Forscher im vergangenen Jahrhundert Kafarnaum oder Betsaida dort vermutet hätten. Im Auftrag der Görres-Gesellschaft begann A. E. Mader 1932 in Chirbet el-Minje mit einer Grabung, die alle Erwartungen übertraf.[151] Er legte die Umfassungsmauern eines Kastells von 70×70 m frei, das neun Rundtürme zählte. Das einzige Kastelltor in der Ostmauer ging auf die Via-Maris, die zwischen dem Kastell und dem nahen See vorüberzog, während der spätere Karawanenweg mitten über die bis 8 m tief verschüttete Kastellruine führte. Seine erste Vermutung, daß dieser wichtige Bau in seiner ursprünglichen Anlage zu einer Festung gehörte, die unter Trajan oder Hadrian zum Schutz der Via Maris errichtet worden war, wurde von seinem Mitarbeiter A. M. Schneider, der 1936 die Grabungen fortsetzte, nicht bestätigt. Er sah in der Anlage einen Palast der vorislamischen Zeit. Nur größere Grabungen konnten die Frage klären. Im Jahre 1937 begann O. Puttrich-Reignard mit der Räumung der Schuttmassen. Bald stieß er an der Südostecke auf die Gebetsnische einer — vielleicht erst später eingebauten — unvollendeten Moschee; daran schlossen sich die Gemächer des fürstlichen Bauherrn an. Das Prunkstück war eine quadratische Halle von 20 m Seitenlänge. Wände und Fußboden lassen in ihren Resten ahnen, wie sie einst im Marmor- und Mosaikschmuck glänzten. Eine Inschrift nennt den Omaijaden-Kalifen

el-Walid (705–715) als Bauherrn. Es scheint aber, daß der Palast nie vollendet wurde. Die an verschiedenen Stellen unternommenen Probegrabungen zeigten, daß unter dem Palast eine byzantinische Schicht lag und darunter noch eine römische. Ein in der Nähe liegender Aquädukt mit einem Felsenkanal und eine Badeanlage deuten an, daß sich schon in römischer Zeit auf dem Gelände von el-Minje eine Ortschaft erstreckte. Es ist wahrscheinlich, daß hier Gennesar lag, das in den Evangelien deutlich als Ort von der gleichnamigen Ebene unterschieden wird. Die schöne, jetzt einen Teich bildende Quelle »Ain et-Tine« — »Feigenquelle« —, nur 300 m von Chirbet el-Minje entfernt, hat sicherlich seit alter Zeit für eine menschliche Niederlassung Bedeutung gehabt (vgl. Abb. 163, 2, S. 285).

Kafarnaum

Von der Via Maris muß wohl auch in alter Zeit nördlich des Tell el-Oreme ein Uferweg abgezweigt sein. Er berührt zunächst die kleine Ebene am Siebenquell. An dem mit Palmen und Zypressen bewachsenen Ufergelände hat eine frühe Tradition die Speisung der Fünftausend, die Verkündigung der Seligpreisungen und die Übertragung des Primates lokalisiert (vgl. Abb. 182, S. 324). Offenkundig war das Quellgebiet mit der nahen Anhöhe der »ideale« Platz für die Verkündigung des Gottesreiches. Wir werden im einzelnen fragen, wieweit diese Traditionen gesichert sind.

Vom Siebenquell folgt der Weg in geringer Höhe und einigem Abstand dem mit Basaltgeröll bedeckten Ufergelände und erreicht nach etwa 2 km Kafarnaum, das zur Zeit Jesu nahe der Grenze zum Herrschaftsbereich des Vierfürsten Philippus lag.

Ein etwa 300 m breites Gelände trennt den See von dem allmählich aufsteigenden Hügelland. Das Vorgebirge des Ras Dschirnis gibt am Ufer Schutz gegen den Westwind, und eine kleine, weiter östlich liegende, jetzt verschüttete Bucht, die etwa 50 m in das Ufer hineinragte, ließ sich als Hafen verwenden. Hätten die Evangelisten den Namen nicht aufgeschrieben, er wäre längst im Dunkel der Vergangenheit verschollen.[152]

Es ist ein langer Weg von dem »Kafarnaum« aus der Zeit Jesu bis zum »Telhum« des 19. Jahrhunderts; aber die Entwicklung des Namens soll uns zeigen, daß die Skeptiker nicht immer recht haben. Die einzelnen Handschriften der Evangelisten überliefern uns den Namen in zwei Formen: Der Codex Alexandrinus schreibt »Kapernaum«; Sinaiticus und Vaticanus bieten »Kapharnaum«. Welcher Lesart der Vorzug zu geben ist, zeigt der hebräische Name des Ortes, der uns zum erstenmal zu Beginn des 2. Jahrhunderts in einem Midrasch begegnet. Es wird da berichtet, wie die »minim« — »Ketzer« (wahrscheinlich Judenchristen) — in Kefar Nachum einen gewissen Kanina bezauberten, so daß er mit dem väterlichen Gesetz brach und an einem Sabbat auf

Abb. 163.   Kinneret – Gennesar – Tell el-Oreme.

1. Luftaufnahme des Tell el-Oreme aus dem Jahre 1917.

Der Name Tell el-Oreme bedeutet »Hügel des kleinen Dammes«, wohl weil er wie ein Damm die Ebene Gennesar nach Norden sperrt. Der Kalkhügel, dessen Ostseite von Basaltschichten überlagert ist, rückte mit seiner steil abfallenden Felswand bis an den See heran und blockierte das Ufer so vollständig, daß der Uferweg ihn auf seiner Landseite umgehen mußte (vgl. Plan, S. 285). Auf dieser Westseite ist es nicht schwer, den Hügel an einer Einsenkung zu passieren, und hier hat sich deshalb auch die Via Maris fortsetzen müssen, die dann in nördlicher Richtung nach dem Jordan führte. Neben dem Aufstieg der Via Maris lag bis zum Jahre 1920 die Ruine des Chan el-Minje (linke obere Bildecke), einer Karawanserei aus dem 14. Jahrhundert, die aber wohl schon einige ältere Vorgängerinnen hatte. Etwa 300 m südlicher liegt Chirbet el-Minje mit dem aufgefundenen römischen Kastell, über dessen Ruinen später ein Weg zog (vgl. Plan). Der Tell el-Oreme, der 81 m hoch über den See aufragt, hat durch seinen natürlichen Schutz, seine herrliche Lage am See, durch die starke Quelle am Südfuß und durch die günstigen Verkehrsverbindungen schon in ältester Zeit zu einer Besiedlung eingeladen. Die Stadt muß so bedeutend gewesen sein, daß ihr Name Kinneret auch auf den See überging. Einige ägyptische Kleinfunde, das Fragment einer Stele des Pharao Thutmosis III. (1490–1436 v. Chr.), ein Skarabäus der Königin Teje und ein kultisches Keramikstück aus der Zeit Ramses' II. (1290–1224 v. Chr.) lassen vermuten,

daß es sich hier um das »knnrt« aus der Städteliste des Thutmosis handelt, das mit dem kanaanäischen Kinneret identisch ist. Der Lokalisierung der Stadt Kinneret auf dem Tell el-Oreme entspräche auch die Aufzählung im Städtekatalog des Josuabuches, in der Reihenfolge von Süden nach Norden: Hammat, Rakkat und Kinneret (19, 35).
Die Prüfung des Oberflächenbefundes und archäologische Grabungen bestätigen eine Besiedlung des Hügels bis in die mittlere Bronzezeit.[153] Im Jahre 1932 untersuchten R. Köppel und A. E. Mader durch vierzehn Probeschächte die Schichten des Hügels, die 8–15 m über dem anstehenden Kalkfelsen liegen. Ein in 70 m Seehöhe an der Südostseite gegrabenes Loch enthielt gebrannte Ziegel, festgestampfte Erde und einen Wall, der wohl zur Umfassungsmauer der alten Siedlung gehörte. Die im Jahre 1939 fortgesetzten Grabungen legten einen Teil der einstigen Unterstadt frei, kamen aber durch den Krieg zum Stillstand. Eine erneute Überprüfung des Fundmaterials und eine im März 1977 begonnene Voruntersuchung für eine weitere Ausgrabung auf dem Tell el-Oreme erlauben eine ungefähre Lokalisierung der Siedlungsfläche mit einer zeitlichen Fixierung der Besiedlungsfolgen. Der Kern der Siedlung lag auf der westlichen Seite des Hügels, der eine südliche und nördliche Erhebung aufweist. Der Südgipfel ist ein rechteckiger Tell, dessen Plateau 60×30 m mißt. Nordöstlich von ihm lag die Unterstadt, die nordwärts bis zum Nordgipfel aufstieg und eine Fläche von 60×90 m einnahm. Aber auch auf dem zum See hin abfallenden Osthang finden sich Spuren alter Bebauung. Die gesamte Ausdehnung der Siedlungsfläche wird auf 200×150 m geschätzt.
Die Keramikfunde aus der mittleren Bronzezeit lassen erken-

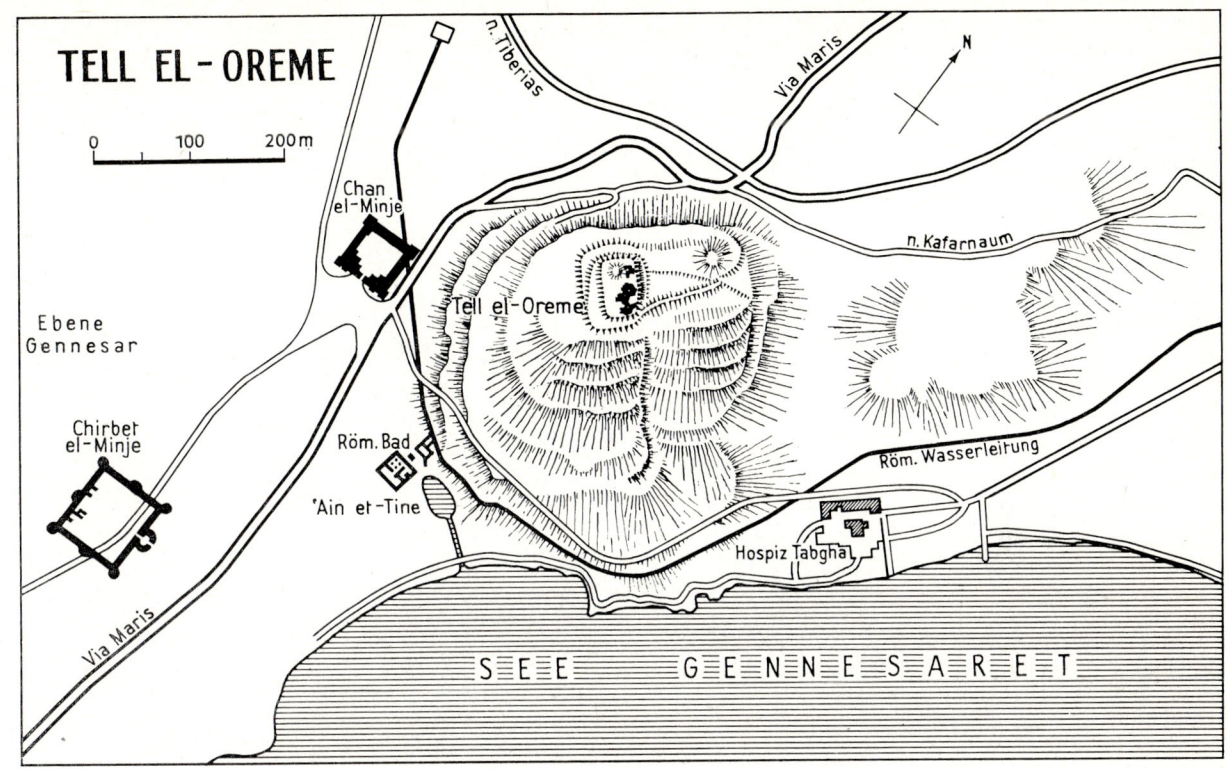

2. Die Umgebung des Tell el-Oreme.

nen, daß die erste Stadt im 18. oder 17. Jahrhundert v. Chr. gegründet worden ist. Es ist nicht ausgeschlossen, daß für die folgende Spätbronzezeit mit einer Unterbrechung der Be- siedlung zu rechnen ist. Die Siedlung der frühen Eisenzeit hat ebenfalls auf dem Hügel gelegen. Vermutlich war sie eine Neugründung des eingewanderten israelitischen Stammes Naftali. Der Ort ist später befestigt worden und hat nach den Keramikfunden vom 10. Jahrhundert an bis zum Unter- gang des Nordreiches Israel im 8. Jahrhundert bestanden. Wahrscheinlich ist die Stadt während der assyrischen Inva- sion durch Tiglat-Pileser III. (745–726 v. Chr.) zerstört und nicht mehr aufgebaut worden. Im 2. Buch der Könige steht der summarische Bericht: »In den Tagen Pekachs, des Königs von Israel, zog Tiglat-Pileser, der König von Assur, heran. Er eroberte Ijon, Abel-Bet-Maacha, Janoach, Kedesch, Hazor, Gilead, Galiläa, das ganze Land Naftali, und führte ihre Be- wohner in die Gefangenschaft nach Assur« (15, 29). In den Quellen der römischen und byzantinischen Epoche kommt Kinneret nicht mehr vor. Der Name wurde durch »Gennesar« abgelöst, mit dem der See und die Landschaft bezeichnet werden (Mt 14, 34; Mk 6, 54). Die jüdische Tra- dition kennt einen Ort Ginnosar, der mit Kinneret gleichge- setzt worden ist und im Talmud oft erwähnt wird. Nach ara- bischen Zeugnissen und mittelalterlichen Pilgerberichten lag die Stadt in der Ebene Gennesar. Vermutlich hat in der rö- mischen Epoche das in der Ebene neu gegründete Ginnosar (Gennesar) das auf dem Berg gelegene Kinneret abgelöst.

Am Südfuß des Hügels trennt eine Bank aus Schwemmland den See von einem kleinen Teich, den die Quelle speist, die unter der südwärts gerichteten Felswand des Berges in einer flachen Höhle hervorbricht. Es ist die »Ain et-Tine« — »die Feigenquelle« —, in deren Nähe Gennesar, die Erbin des alten Kinneret zu suchen ist. Auch der Aquädukt, der Felsenkanal und die Badeanlage beweisen, daß sich in römischer Zeit eine Ortschaft südlich vom Hügel erstreckte. Mit Hilfe von Sprengungen an der Ostseite des Tells und durch Benutzung des alten Kanals ist am Südhang des Hü- gels ein Weg geschaffen worden, der zum Pilgerhospiz Tabgha führt. Etwa 800 m östlich vom Hospiz liegt das Ge- lände des Siebenquells mit der Brotvermehrungskirche und der Primatskapelle (vgl. Abb. 182, S. 324, und Abb. 294, S. 548).

einem Esel durch die Stadt ritt (Midrasch Kohelet I, 8). Es ist mehr als wahrscheinlich, daß der zweite Teil von Kefar Nachum ein Eigenname ist. Aber wer steht da- hinter? Aus der rabbinischen Tradition ist bekannt, daß die Juden in dem Ort das Grab des Propheten Nachum und des Rabbi Tanchum besuchten. Der berühmteste Rabbi, der diesen Namen trug, ist der im 3. Jahrhundert verstorbene Tanchum ben Kanilai. Im Laufe der Zeit verdrängte der Name die alte Ortsbezeichnung Kefar Nachum, so daß nur noch Tanchum gebräuchlich war. Vom Hebräischen Tanchum ist der Weg zum arabischen Telhum nicht weit, das in europäischen Ohren zu Tell

Abb. 164. Das Ufergelände am Siebenquell mit der Ebene Gennesar.

Der Blick längs des Seeufers reicht vom Siebenquell über die Ebene Gennesar bis nach Magdala; es liegt am Ausgang des Wadi el-Hamam, dessen mächtiges Felsentor mit den dahinter liegenden Hörnern von Hattin am Horizont sichtbar ist. Während das Westufer steil zum See abfällt, hat am Nordende des Westufers das Schwemmland der drei hier mündenden Bäche, des Wadi el-Hamam, des Wadi er-Raba-dije und des Wadi el-'Amud, eine ehemalige Bucht des Sees ausgefüllt und dadurch die große, fruchtbare Uferebene geschaffen (vgl. Abb. 156,2, S. 271). Der Talmud rühmt von den Früchten der Ebene Gennesar, daß sie so rasch reifen, wie der Hirsch läuft. Im Vordergrund das Gelände des Siebenquells mit der ummauerten Hauptquelle (Q_2), einem polygonalen Wasserturm aus byzantinischer Zeit, am rechten Bildrand (vgl. Abb. 182, S. 324); es schließt sich an das Ufergelände des Pilgerhospizes Tabgha mit dem rechts aufsteigenden Tell el-Oreme an (vgl. Abb. 163,2, S. 285).

Hum wurde und die Phantasie zu der Vorstellung eines großen Ruinenhügels anregte. Telhum, Tanchum, Nachum sind die Erben des hebräischen Kefar Nachum, dem das griechische Kapharnaum entspricht, in dem Jesus das Bürgerrecht besaß.

In keiner anderen Stadt hat Jesus mehr gepredigt, mehr Zeichen seiner Allmacht gewirkt. In der Synagoge von Kafarnaum heilte Jesus den Besessenen (Mk 1, 23) und den Mann mit der verdorrten Hand (Lk 6, 6). »Alles staunte über seine Lehre; denn er lehrte wie einer, der Macht hat, und nicht wie die Schriftgelehrten« (Mk 1, 22). Hier in der Synagoge hielt Jesus die große Rede vom Brot des Lebens: »Ich bin das Brot des Lebens; wer an mich glaubt, hat das ewige Leben« (Joh 6). Hier in Kafarnaum warf sich Jairus, der Synagogenvorsteher, Jesus zu Füßen: »Mein Töchterchen liegt in den letzten Zügen, komm, lege ihm deine Hand auf, damit es gerettet wird und am Leben bleibt« (Mk 5, 22. 23). »Jesus nahm den Vater des Kindes, die Mutter und seine Begleiter mit sich und betrat das Zimmer, wo das Kind aufgebahrt war. Dann ergriff er die Hand des Kindes und sagte zu ihm: Talita kum, das heißt: Mädchen, ich sage dir, stehe auf. Sogleich stand das Mädchen auf und ging umher. Es war schon zwölf Jahre alt« (Mk 5, 40—42). »Talita« bedeutet im Aramäischen gewöhnlich »Lämmlein« und übertragen »Mädchen«. Der Evangelist wollte den zarten Ausdruck Jesu nicht verlorengehen lassen und mochte auch nicht im Griechischen »arnion« — »Lamm« — setzen. Darum beläßt er die ursprünglichen Worte in der Muttersprache Jesu.

Mattäus nennt Kafarnaum »seine Stadt« (9, 1), und Markus erwähnt mit besonderer Betonung: Hier war Jesus »zu Haus« (Mk 2, 1). Hinter dieser Redeweise verbirgt sich der Familienstolz des Fischers Simon Petrus, der in Kafarnaum verheiratet war und hier bei seiner Schwiegermutter wohnte. Markus, der Dolmetsch des Petrus, schreibt: »Sie verließen die Synagoge und kamen, Jakobus und Johannes mit ihnen, in das Haus des Simon und des Andreas. Nun lag die Schwiegermutter Simons fieberkrank darnieder, und gleich sprachen sie mit ihm von ihr. Da ging er zu ihr, faßte sie bei der Hand und ließ sie aufstehen. Sofort verließ sie das Fieber, und sie bediente sie« (Mk 1, 29—31). (Vgl. Abb. 169, S. 295, und Abb. 170, 1, 2, 3, 4, S. 296.)

Alles, was einen Grenzort auszeichnet, nennt uns das Evangelium: das Zollamt, den Militärposten mit einem Hauptmann an der Spitze. Viele Zöllner werden im Neuen Testament als Bewohner von Kafarnaum genannt (Mt 9, 9. 10; Mk 2, 14—16; Lk 5, 27—30). Vermutlich hatten sie den Zoll auf den Fischfang im See Gennesaret gepachtet. Dazu wurde von den Zöllnern der Zoll auf Waren, die von den Griechenstädten der Dekapolis nach Galiläa kamen, erhoben. Heute ist von dem einst blühenden Kafarnaum nichts anderes übriggeblieben als ein mit Ruinen übersätes Gelände. Das Ufer ist verlandet, und kein Mensch würde vermuten,

daß hier einst eine über 1 km lange Ortschaft mit einem Hafen gelegen hat. Die Ruinen, die heute den Namen Telhum tragen, liegen nur 4 km vom Jordan, also von der damaligen Grenze entfernt (vgl. Abb. 173, S. 304, und Abb. 156, 2, S. 271).

Sind die Ruinen von Telhum das biblische Kafarnaum? Die geographischen Angaben der Evangelisten, die uns als erste den griechischen Ortsnamen Kapharnaum überliefern, sind mehr als unbestimmt. Sie empfehlen aber eine Ortslage am Nordwestufer in der Nähe der Grenze zur Tetrarchie des Philippus, die der Jordan bildete.

Josephus berichtet in seiner »Vita« von einem persönlichen Mißgeschick bei den Kämpfen an der Jordanmündung in den See: »Das Pferd nämlich, auf dem ich den Kampf leitete, sank in einer sumpfigen Stelle ein und warf mich zu Boden. Mit einer Quetschung der Handwurzel wurde ich in ein Dorf ›Kepharnakon‹ gebracht« (Vita 72, 403). Bei der Schilderung der Landschaft Gennesar gibt er aber jeden Buchstaben von Kafarnaum getreu wieder. Kepharnakon und Kafarnaum dürfte ein und derselbe Ort sein, der am Nordwestufer gelegen hat. Die Entscheidung über die genaue Lage des Ortes wird uns die Tradition geben müssen.

Aus jüdischen Quellen wissen wir, daß der Ort im 2. Jahrhundert von Juden bewohnt war. Er wird darum auch eine Synagoge gehabt haben. Den starren jüdischen Geist seiner Bewohner betont Epiphanius, der um 315 n. Chr. bei Eleutheropolis, etwa 35 km südwestlich von Jerusalem, geboren wurde. Unter den Städten, in denen die Juden keine Fremden duldeten, wird auch Kafarnaum genannt. Der Ort hat also im 4. Jahrhundert noch existiert. Alle weiteren christlichen Zeugnisse der Frühzeit finden Kafarnaum eindeutig und klar an der Stelle von Telhum. In der Kreuzfahrerzeit werden die Berichte über den Ort immer seltener, aber noch im 12. Jahrhundert zeichnet ihn eine Karte richtig ein. Mit dem Abzug der Kreuzfahrer wurde die Gegend für die Pilger noch unsicherer. Der Franziskaner-Guardian Suriano (1485) schreibt über seinen Besuch am See Gennesaret: »Kafarnaum liegt am Gestade dieses Sees nach der Nordseite hin; diese Stadt ist ganz zerstört und unbewohnt.« So wird allmählich das klare Zeugnis der Tradition belastet von der Unansehnlichkeit und dem Verschwinden des Ortes. Die Ortslage von Chirbet el-Minje tritt in Konkurrenz mit Telhum. Dennoch bricht die Zeugenkette für das Nordwestufer nicht ab. Um das Jahr 1666/67 wandert der französische Jesuit P. Nau von Damaskus auf der Via Maris nach dem Chan Minje. Hier erkundigt er sich bei den Arabern nach dem Ort Kafarnaum. Sie weisen ihn nicht nach Chirbet el-Minje, sondern nach Telhum. Dort findet er die Ruine der Synagoge, die er für eine Kirche hält. Reisende aus der Gelehrtenwelt nahmen seine Ansicht über die Ortslage von Kafarnaum mit Skepsis auf. Die volle Verneinung setzte dann mit E. Robinson ein. Aber Telhum ist in der Auseinandersetzung mit den Skeptikern Sieger geblieben. Die lückenlose Tradition aus der Frühzeit bis in das 16. Jahrhundert wird durch die archäologischen Ergebnisse glänzend bestätigt.

Der Engländer Ch. Wilson war der erste, der 1866 das Ruinengelände durchforschte. Die große Überraschung waren die Reste einer Synagoge, die mit ihrem reichen ornamentalen und figürlichen Schmuck größtes Aufsehen erregte. In seiner Begeisterung schrieb er die Gründung dieser Synagoge dem Hauptmann zu, den der Evangelist erwähnt: »Denn die Juden sagten, er liebt unser Volk und hat uns die Synagoge gebaut« (Lk 7, 5). Die systematische Aufnahme des Ruinengrundstückes erfolgte durch H. Kohl und C. Watzinger, die 1905 im Auftrage der Deutschen Orientgesellschaft vier Wochen in Telhum gruben. Ihre Arbeit setzten die Franziskaner fort, denen das Gelände seit 1894 gehörte. Sie begannen aus den herumliegenden Trümmern den alten Synagogenbau soweit als möglich wiederaufzurichten.[154]

Die Ruine der Synagoge liegt heute etwa 100 m vom Seeufer entfernt, das früher wahrscheinlich näher herantrat. Der Bau war von Nord nach Süd orientiert. Längs der Westseite lief eine 3 m breite gepflasterte Straße. Von den angrenzenden, in einheimischem dunklem Basalt gebauten Häusern hob sich die Synagoge aus weißem Kalkstein leuchtend ab.

Was den Bauplatz der Synagoge anging, so forderten die Tannaïten, die Gesetzeslehrer des 1.–3. Jahrhunderts n. Chr., daß die Synagoge »am höchsten Platz der Stadt« errichtet werde (Tos. Meg. 4, 23). Im Traktat Schabbat wird die Forderung noch mit der Warnung verbunden: »Rabbi b. Mechasja [um 300] hat gesagt: Jede Stadt, deren Dächer höher sind als die Synagoge, wird schließlich zerstört werden« (11ª). Diese Vorschrift ließ sich nicht überall durchführen, besonders nicht an Orten, die wie Kafarnaum am flachen Seeufer lagen. Dennoch zeigten die Bewohner Kafarnaums ihren guten Willen: Sie errichteten ihre Synagoge auf einem großen erhöhten Podium, so daß sie die Häuser der Umgebung überragte.

Auf einer Freitreppe stieg man über eine 3,5 m breite und 25 m lange Terrasse zur Synagoge hinauf. Die Pilgerin Aetheria (um 383) macht in ihrem Bericht die kurze Bemerkung: »Zu der Synagoge steigt man auf vielen Stufen empor.« Nach vielen Jahrhunderten erregte diese nebensächliche Feststellung die Aufmerksamkeit der Archäologen. Aetherias Bemerkung bietet gleichsam den »Steckbrief« für die Synagoge von Kafarnaum. Die Stufen, die zu der schmalen Terrasse vor der Front der Synagoge hinaufführen, sind eine besondere Eigentümlichkeit von Kafarnaum, die bis jetzt bei keiner Synagoge Galiläas wiedergefunden wurde.

Das Bethaus bildete ein Rechteck von 24 m Länge und 18 m Breite. Die Fassade war durch ein großes Hauptportal und zwei niedrigere Seitentüren gegliedert. Im Mittelfeld der Fassade spannte sich über dem

Hauptportal ein großes Bogenfenster mit etwa 8 m Bogenlänge, darüber noch im Giebelfeld ein von kleinen Säulen umrahmtes Fenster. Der reichgeschmückte Türsturz des Hauptportales wurde unter den Trümmern wiedergefunden. Die figürliche Darstellung in der Mitte des Türsturzes, wahrscheinlich ein Adler mit ausgebreiteten Flügeln, ist aber weggemeißelt worden. Die Verwendung von ornamentalem und figürlichem Schmuck läßt erkennen, daß die Auffassungen von der Erlaubtheit solcher Darstellungen in den einzelnen Jahrhunderten gewechselt haben. Manche Forscher nehmen deshalb an, daß die weggemeißelten figürlichen Darstellungen an der Synagoge von Kafarnaum Spuren eines »Bildersturmes« sind. Nach dem Vorbild der hellenistischen Basiliken war die Synagoge durch zwei Säulenreihen in drei Schiffe geteilt. Über den Seitenschiffen lagen die Emporen der Frauen. Der Aufgang war aber nur von außen möglich, da der untere Raum den Männern vorbehalten blieb.

Über die weitere Inneneinrichtung der Synagoge, den »Sitz des Mose« mit den Sitzen der Ältesten, das Podium mit dem Pult für den Vorleser der Tora und schließlich den Toraschrein für die Schriftrollen, geben uns die Vorschriften der Mischna und die Ausgrabungen in Kafarnaum und in anderen Synagogen Galiläas wichtige Aufschlüsse. So wurden in Kafarnaum unter den Trümmern die Reste einer Kleinarchitektur gefunden, die C. Watzinger für eine Art Rückwand des Toraschreines hielt. Sie bestand aus zwei von kleinen Säulen umrahmten Nischen, die oben einen muschelförmigen Abschluß hatten. Darüber lag ein Giebel, an dessen Seiten ein frei schwebendes Gebälk bis zu den Säulen des Mittelschiffes reichte.[155]

Der Toraschrein als der eigentliche Kultmittelpunkt der Synagoge stand auf der Jerusalem zugewandten Schmalseite des Gebäudes. Ihn sah die in der Synagoge versammelte Gemeinde vor sich, solange sie die Gebetsrichtung einnahm, mag sie gestanden oder, wie es den bevorzugten Teilnehmern zukam, auf den Steinbänken an den Längswänden Platz genommen haben

Abb. 165.   Die Ruinen der Synagoge von Kafarnaum.

Die in Galiläa freigelegten Synagogen bilden nach Planung, Aufbau und Dekoration eine einheitliche Monumentengruppe. Der Bautypus stammt aus der hellenistischen Zeit und geht in seiner Grundform auf das antike Versammlungshaus, die basilikale Halle, zurück. Bezeichnend für den Grundriß ist die Dreischiffigkeit mit breitem Mittelschiff und schmalen Seitenschiffen und meist auch einem Umgang an der dritten Seite. Die Gliederung der Fassaden durch ein gewaltiges Doppelportal und niedrige Seitentüren, die Frontgiebel mit Mittelbogen, die Türumrahmungen, die korinthischen Kapitäle und die Gliederung des Gebälks fußen auf der syrisch-römischen Architektur jener Zeit. Die einheimischen Architekten waren bei den römischen Baumeistern der kaiserlichen Bauten in die Schule gegangen.

Die übriggebliebenen Trümmer von Säulen, Türstürzen, Friesen und Gesimsen lassen uns noch heute die Schönheit des einstigen Baues ahnen. Das Bild zeigt die Nordwand der Synagoge mit vier wiederaufgerichteten Säulen an der Rückseite des Mittelschiffes (vgl. Abb. 167, S. 291). Von den Säulen stand keine mehr am Platz. Sie wurden aus den herumliegenden Bruchstücken zusammengesetzt. Leider ist die Mehrzahl der Säulen auch in Kafarnaum verschleppt worden. Die etwa 3,7 m hohen Säulen standen auf fast meterhohen quadratischen Säulenfüßen. Die korinthischen Kapitäle waren mit Akanthusblättern geschmückt.

Auf einem an beiden Enden abgebrochenen Säulenschaft ist eine flüchtig in den Kalkstein eingeritzte dreizeilige aramäische Inschrift noch lesbar:

(1) Alfäus, Sohn des Zebedäus, Sohn des Johannes,

(2) machte diese Säule.

(3) Ihm sei der Segen!

Die im Vordergrund liegenden, reichverzierten Kalksteinblöcke gehörten zu dem Fries, der die Fassade der Synagoge schmückte. (Vgl. Rekonstruktion der Synagoge.) Auf der Terrassenmauer, rechts von der Treppe, ist ein langer Tür-

Rekonstruktion der Synagoge nach G. Orfali OFM.

sturz sichtbar, der deutlich die Spuren einer strengeren Auslegung des Gesetzes trägt: Zwischen den noch erkennbaren kleinen Palmen sind die Reliefs, wahrscheinlich Tiergestalten, weggeschlagen.

Abb. 166. Die nähere Umgebung der Synagoge von Kafarnaum.

Zum ersten Male ist es den Archäologen gelungen, eine von den Evangelisten genannte Ortschaft in Galiläa auszugraben. Die Luftaufnahme zeigt die Umgebung der Synagoge nach den Grabungen, deren Ergebnisse auf dem gegenüberliegenden Plan dargestellt sind. Die im Text vorkommenden Bezeichnungen beziehen sich auf den Plan (vgl. Abb. 167).

Das auf dem Photo südlich der Synagoge liegende Gelände (B) erwies sich, nachdem man die Schuttmassen beseitigt hatte, als ein in sich abgeschlossenes Wohngebiet, dessen freigelegte Mauerreste der Plan in allen Einzelheiten wiedergibt. Weiter südlich (oberer Bildrand) liegt ein umfriedeter Bezirk (A) mit den Ruinen der byzantinischen Basilika; ihr inneres Oktogon war über dem Hause des Petrus errichtet worden (vgl. Abb. 170, 1, S. 296). Die östlich (links) davon schon am Ufer des Sees liegenden Mauerreste (C) gehören zu Privathäusern des alten Kafarnaum. Zwei weitere Wohnbezirke umgaben die Synagoge im Osten (D) und Norden (E). Die Synagoge stand also »mitten im Dorf«.

Nach den ersten Grabungen auf dem Gelände der Synagoge zu Beginn des Jahrhunderts stapelte man alle gefundenen Steinblöcke, Säulenfragmente, Kapitäle und Mauerfriese auf der erhöhten Plattform (vgl. Abb. 165, S. 289). Als etwa zwei Jahrzehnte später G. Orfali OFM die Nordwand der Synagoge restaurierte und die vier Säulen des nördlichen Umgangs aufstellte, bemühte er sich bereits um eine Bestandsaufnahme der umherliegenden Architekturteile, die dann längs der Stylobaten und vor der Terrasse gelagert wurden.

Bei den jüngsten Ausgrabungen, die im Jahre 1968 begonnen wurden, entschlossen sich die Franziskaner-Archäologen V. Corbo und S. Loffreda, allen ungeklärten Fragen »auf den Grund« zu gehen. Ein doppeltes Ziel sollte erreicht werden: das Sichtbarmachen der architektonischen Struktur und eine wissenschaftlich nachprüfbare chronologische Einordnung des Synagogenbaues.

Unter großen Schwierigkeiten wurden die Steinblöcke bewegt, die störenden entfernt, die passenden an die alten Stellen gerückt, soweit diese noch zu erkennen waren. Die Mühe wurde durch den Fund von 2920 Münzen überreich belohnt. Der Schatz lag an der Südseite des westlichen Seitenschiffes in unmittelbarer Nähe des Einganges verborgen. Fast alle Münzen gehören dem Ende des 4. und dem Anfang des 5. Jahrhunderts an. Das Photo zeigt aber auch, daß das erste Ziel voll und ganz erreicht wurde. Nach Beseitigung aller umherliegenden Trümmer ist die Grundstruktur des Baues transparent wie die Zeichnung eines Architekten auf dem Reißbrett. Das 19 m lange und 8,5 m breite Mittelschiff, von Säulen und aufgestellten Kapitälen flankiert, ladet gleichsam zu einem gemessenen Durchschreiten des Raumes ein.

Auf dem Grundriß ist der jetzige Erhaltungszustand der Synagogenruine dargestellt. Wo die Steinplatten des Fußbodens fehlen, ist die Fläche weiß gelassen, die Stellen, an denen in der darunter liegenden Mörtelschicht noch die Abdrücke zu erkennen waren, sind gestrichelt wiedergegeben.

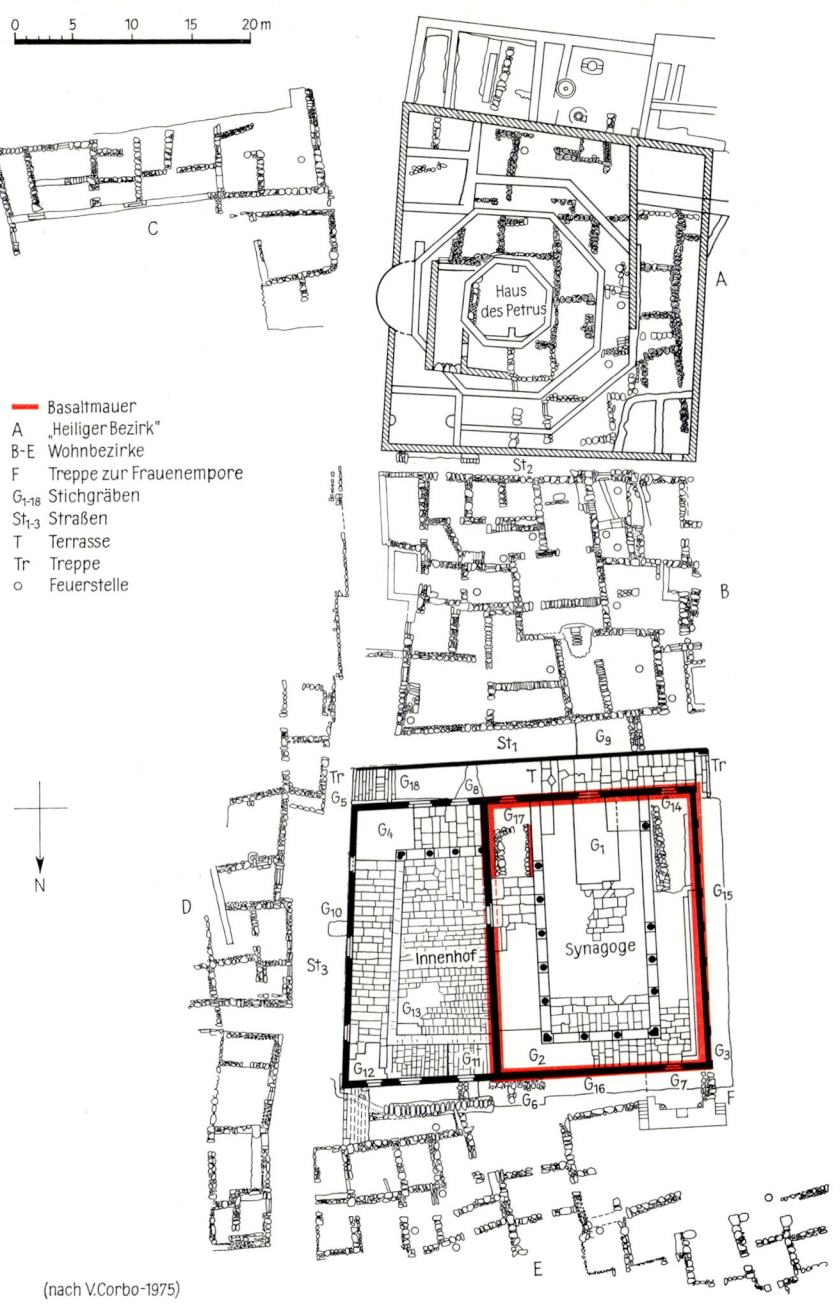

0 5 10 15 20 m

C

— Basaltmauer
A „Heiliger Bezirk"
B-E Wohnbezirke
F Treppe zur Frauenempore
G_{1-18} Stichgräben
St_{1-3} Straßen
T Terrasse
Tr Treppe
o Feuerstelle

Haus
des Petrus

A

St_2

B

St_1

G_9

Tr   T   Tr
G_{18}   G_8
G_5   G_{17}   G_{14}
G_4   G_1
                                         G_{15}
D
G_{10}
St_3   Innenhof   Synagoge
G_{13}
            G_{12}   G_{11}   G_2   G_3
                      G_6   G_{16}   G_7   F
E

N

(nach V.Corbo-1975)

Abb. 167. Plan der Synagoge mit den angrenzenden Häuserruinen des
alten Kafarnaum und dem Hause des Petrus im inneren Oktogon der byzantinischen Basilika
(nach V. Corbo OFM [1975]).

den Hauptbau angelehnt, nicht einmal die
Fundamentmauern waren ineinander ver-
zahnt. Als Material wurde für den Bau
weißer Kalkstein verwendet, nur in den
unteren Lagen finden sich einige Basalt-
blöcke. Auffällig ist die gute Qualität der
weißen Fußbodenplatten, die sorgfältig in
ein starkes Mörtelbett verlegt sind. Mit Ausnahme des südlichen Teiles sind die Boden-
platten im Atrium von schlechter Qualität.
Wir wenden uns nun dem südlich der Synagoge gelegenen Wohnbezirk (B) zu. Im
Norden ist er von einer etwa 3,8 m breiten
Straße (St_1) begrenzt, im Süden von dem
Gäßchen (St_2), das längs der Umfriedungsmauer läuft. Das westlich und östlich gelegene Gelände konnte nicht untersucht werden. Die besondere Lage der Wohnungen
und die Verteilung der Räume läßt an einen
abgeschlossenen Wohnblock denken. Alle
fünf an den Außenseiten liegenden Eingänge hatten eine Schwelle, d. h., sie konnten mit Türen verschlossen werden. Durch
diese betrat man das Wohngebiet, in dem
mehrere Höfe lagen. Von ihnen aus führten einfache Eingänge ohne Türschwellen
in die einzelnen Familienräume. Die kleinen Kreise (o) bezeichnen die Brennstellen
in den Höfen. Die Herde hatten einen
Durchmesser von 0,6 m und waren feuer-
fest verkleidet. Die kleinen Treppen, die
aus manchen Höfen auf das flache Dach
der Häuschen führten, erinnern auffällig
an die Heilung des Gelähmten, der durch
das aufgerissene Dach vor die Füße Jesu
niedergelassen wurde (Mk 2, 1—12).
Aus welcher Zeit stammen die Häuser? Auf
dem Plan wird die Straße zwischen der Syn-
agogenterrasse und dem Wohnbezirk am
westlichen Ende von einer breiten Mauer
blockiert (G_9). In Wirklichkeit liegt die
Mauer etwa 0,8 m unter dem Niveau der
Straße und setzt sich wahrscheinlich unter
der Synagoge noch weiter nordwärts fort.
Das aus dem 2./1. Jahrhundert v. Chr. stammende Haus wurde
beim Straßenbau zerstört. Um den am westlichen Ende der
Straße gelegenen Eingang weiter benutzen zu können, glich
man den Niveauunterschied durch Stufen aus. Von der Straße
stieg man in die tiefer gelegenen Wohnungen hinab. Die gefundenen Keramikreste von Krügen, Schüsseln und Töpfen
reichen von der späten hellenistischen Epoche (2./1. Jahrhundert v. Chr.) bis zum 4. Jahrhundert n. Chr.
Zu den wichtigsten Aufschlüssen über den Bau der Synagoge
führten die stratigraphischen Untersuchungen innerhalb und

Die in den Seitenschiffen umlaufenden Steinbänke sind, wie
das Photo an der nördlichen Hälfte der Westwand zeigt,
noch erhalten. Der Stylobat, auf dem die Säulen standen,
ist fast ganz intakt. Vor dem Gebäude liegt die lange, schmale
Terrasse mit einer großen Treppe an der Südostecke und einer
kleineren an der Südwestecke. Außerhalb des Hauptbaues
führt an der Nordwestecke eine Treppe zur Frauenempore (F)
hinauf. Die Untersuchungen ergaben, daß die einzelnen Gebäudeteile nacheinander errichtet worden sind. Das östlich
liegende Atrium mit den drei Säulenhallen erscheint wie an

außerhalb der Synagoge. Im ganzen wurden 18 Stichgräben zur Prüfung des Untergrundes ausgehoben: vier lagen innerhalb der Synagoge selbst (G$_1$, G$_2$, G$_{14}$, G$_{17}$), vier auf der Grundfläche des Hofes (G$_4$, G$_{11}$, G$_{12}$, G$_{13}$), zwei auf der Terrasse (G$_8$, G$_{18}$), die anderen an den Außenmauern des Geländes. Das Ergebnis läßt sich kurz in drei Punkten zusammenfassen:

1. Die Mauern der Synagoge waren nicht auf gewachsenem Fels gegründet. Bei G$_1$ stieß man erst in einer Tiefe von 4 m auf den Felsgrund. An mehreren Stellen zeigte der Befund, daß die Synagoge über einer Wohnsiedlung aus dem 1. Jahrhundert v. Chr. errichtet worden war. So fanden die Archäologen in dem Stichgraben G$_{17}$, der im östlichen Seitenschiff in der Nähe des Eingangs und unter den noch »in situ« liegenden alten Steinplatten angelegt wurde, die Mauerreste eines Privathauses. Die 0,82 m breite Tür öffnete sich nach Süden. Zur Wohnung gehörten noch zwei Feuerstellen. Der eine Herd lag innerhalb des Raumes und war in den aus gestampfter Erde bestehenden Fußboden hineingebaut. Der Durchmesser betrug 0,68 m, die noch erhalten gebliebene Höhe etwa 0,20 m (vgl. Plan der Synagoge, G$_{17}$).

Zu ihrer größten Überraschung erkannten die Ausgräber immer deutlicher, daß die Synagoge auf einer Fundamentmauer aus Basalt ruhte. Die Basaltmauer war schon bei früheren Grabungen in den Stichgräben G$_1$, G$_2$, G$_3$, G$_{11}$, G$_{14}$, G$_{15}$, G$_{17}$, G$_{18}$ gesichtet worden, aber erst 1975 konnte der Beweis erbracht werden, daß alle vier Grundmauern der weißen Kalksteinsynagoge auf dieser etwa 1,2–1,3 m breiten Mauer aus dunklen Basaltsteinen ruhten. Sofort entstand die Frage: Gehörten beide Mauern zu einem und demselben Bau, oder benutzte der Architekt die bereits vorhandene Basaltmauer als Fundament für seinen neuen Bau? Die Archäologen neigten mehr zu der zweiten Möglichkeit, da die Achse beider Bauelemente um etwa 0,3 m divergierte.

2. Die Synagoge mit dem Innenhof war auf einer künstlichen Plattform errichtet worden. Die an der Südseite bis zu einer Tiefe von 3 m reichende Füllung bestand aus unbehauenen Basaltsteinen, Kalksteinsplittern, Erde, Asche und vielen Scherben. Münzen und Keramik weisen die Aufschüttung der 2. Hälfte des 4. Jahrhunderts n. Chr. zu. So wurden an der Südseite des Hofes bei G$_4$ unter dem Steinpflaster in einer Tiefe von 1,25 m zwei Münzen gefunden. Die erste war zu Ehren Konstantins des Großen nach seinem Tode in den Jahren 341–346 geprägt worden, die andere stammt aus der Zeit des Kaisers Constantius (351–360).

3. Die Füllung war mit einer etwa 0,3 m starken Mörtelschicht abgedeckt, auf der das Steinpflaster der Synagoge ruhte. Der aus weißem Kalk bestehende Mörtel mußte importiert worden sein, da in der Umgebung von Kafarnaum nur Basaltgestein anzutreffen ist. Die bis zu 0,55 m starken Kalksteinplatten des Synagogenpflasters wurden in das noch weiche Mörtelbett verlegt. Die früheste in der Mörtelschicht gefundene Münze stammt von Konstantin († 337), die späteste von Kaiser Valentinianus (383). Die letzte Münze gibt also die Zeitgrenze für den Bau der Mörtelschicht und des Steinpflasters an.

(vgl. Abb. 167). So war der letzte Sitz der oberen Steinbank an der Westwand auf der Eingangsseite durch eine Armlehne als »Sitz des Mose« besonders ausgezeichnet (vgl. Abb. 177, S. 314).

Die Anordnung der Türen auf der Jerusalem zugewandten Schmalseite der Synagoge bedingte, daß die Besucher den Innenraum nicht in der Gebetsrichtung, sondern ihr entgegengesetzt betraten und sich dann umdrehen mußten, um in die gottesdienstlich richtige Stellung zu kommen. Diese Anordnung der Türen erscheint noch zweckwidriger und rätselhafter, wenn man bedenkt, daß gerade auf der Jerusalem zugewandten Schmalseite in der Mittelachse und in nächster Nähe der Wand der Toraschrein stand und die Verwendung der Mitteltür als Ein- und Ausgang der Gottesdienstbesucher unwahrscheinlich machte. Bei den Juden stand aber nicht der Mensch im Mittelpunkt, sondern Gott, dessen Vertreterin die Tora ist. Für die Tora ist der Eintritt in den Versammlungsraum von der Jerusalem zugewandten Seite her nicht sinnwidrig, sondern das gegebene; sie kommt ja von demselben Gott, zu dem hin die Betenden ihre Blicke richten. Die Zweckwidrigkeit des Eintretens der Menschen von der gleichen Seite her wurde dann unbedenklich in Kauf genommen. Ein äußeres Zeichen der Wertschätzung der mittleren Tür bildete der Schmuck, wie er an der Synagoge von Kafr Bir'am noch zu erkennen ist (vgl. Abb. 111, S. 191).

Die Innenwände der Emporen waren mit reichen Wanddekorationen ausgestattet. Ob auch die unteren Wände des Innenraumes bemalt waren, ließ sich durch die Ausgrabungen nicht feststellen. Nach einer Notiz im Jerusalemer Talmud aus dem 3. Jahrhundert n. Chr. war das Schmücken der Wände mit bildlichen Darstellungen erlaubt. Die wiederentdeckte Synagoge von Dura-Europos am Euphrat, die um das Jahr 245 n. Chr. erbaut worden war, hat diese Sitte in der überraschendsten Weise bestätigt. Die Innenwände waren mit einem ganzen Bilderzyklus aus dem Alten Testament ausgemalt (vgl. Abb. 112, S. 193). In Kafarnaum war der Fries der Fassade und das Gesims des Dachgiebels mit Palmen, Laubwerk, Früchten und geometrischen Figuren in verschwenderischer Fülle geschmückt.

Ostwärts schloß sich an die Synagoge noch ein mit Säulenhallen versehener Vorhof an, der auch für den Unterricht der Kinder benutzt wurde. Die Unterrichtung der Kinder sollte mit dem 5. oder 6. Lebensjahr beginnen. Wie ernst und wichtig die Juden die Unterrichtung ihrer Kinder nahmen, zeigen viele Stellen in der Mischna. »So traf Rabbi Chijja b. Abba [um 280 n. Chr.] den Rabbi Jehoschua b. Levi, wie er sich ein Tuch um den Kopf warf und sein Kind selbst in die Synagoge zur Schule brachte ...« (Quid 30^a). Aber auch damals gab es die ewig-alten Schulprobleme: »Raba [† 352] hat gesagt: Seit der Verordnung des Jehoschua b. Gamla brauchte man ein Kind nicht mehr von einer Stadt in die andere zur Schule zu bringen, da jeder Vater verlangen konnte, daß in seiner Stadt eine Schule errichtet würde« (BB 2, 3). »Wohl aber durfte man das Kind von einer Schule in die andere bringen, falls mehrere Kinderschulen an einem Ort waren« (BB 21^a).

Abb. 168. Die Pracht der Synagoge.

»Es gereiche mir zum Guten, daß ich hineingehe und dort den
Schöpfer des Urbeginns verherrliche« (Meg. 29ª).

1. Fries mit dem »Pentagramm« — »Davidsstern«.

2. Relief mit der »Bundeslade«.

3. Schmuckstein der Fassade.

Das gesamte Leben im alten Israel wurde von geistig-religiösen Ideen bestimmt. Durch das Bilderverbot (Ex 20, 4) waren
der künstlerischen Betätigung bestimmte Grenzen gesetzt.
Noch von dem jüdischen Philosophen Philo († 45/50 n. Chr.)
wird der Ausspruch überliefert: »Mose hat die bildende Kunst
aus seinem Staat verbannt.« Die Praxis der folgenden Jahrhunderte zeigt aber, daß das Bilderverbot eine unterschiedliche Auslegung erfuhr. Die Synagogenbauten beweisen, daß
sich die Kunst der Synagoge nicht wesensmäßig von ihrer
Umwelt unterschied. Im Gegenteil, das Judentum der römischen Epoche erhob den Anspruch, sich mit der Umwelt durch
die Pracht seiner Synagogen zu messen, wenn auch die Auswahl der künstlerischen Motive durch religiöse Leitlinien bestimmt wurde.[156]

Die Pracht der Synagoge zeigt sich besonders in der reichen
Verwendung ornamentalen und figürlichen Schmuckes. Die
verschiedensten jüdischen Symbole sind in den Wandfriesen
der Synagoge von Kafarnaum eingemeißelt. Zwischen Rosetten und Kränzen finden wir den Siebenarmigen Leuchter,
den Krug der Wasserspende, den Feststrauß mit den Zitrus-
früchten und den Toraschrein. Im dekorativen Schmuck der
Friese erscheinen auch das Penta- und das Hexagramm. Der
Ausschnitt (Bild 1) zeigt das Symbol als »Fünfstern«, als
Pentagramm. Die Ursprünge des Pentagramms liegen im dunkeln. Als magische Zeichen finden wir das Hexagramm
(»Sechsstern«) und das Pentagramm bei vielen antiken Völkern. Für Israel ist das Symbol erstmalig auf einem hebräischen Siegel aus dem 7. Jahrhundert nachweisbar. Ob aber
das Penta- oder das Hexagramm im Gegensatz zur Menora,
dem Siebenarmigen Leuchter, im Altertum als eigentliches
Symbol des Judentums galt, wissen wir nicht. Erst seit dem
13. Jahrhundert taucht in der jüdischen Literatur für das
Hexagramm die Bezeichnung »Davidsstern« und »Davids-
schild« auf, heute volkstümlich auch »Judenstern« genannt.
Im 17. Jahrhundert wird der Stern zum Symbol der Hoffnung
auf die messianische Erlösung.

Besonderes Interesse fand ein Relief, das ein Besucher im
Jahre 1910 auf dem Ruinengelände der Synagoge entdeckte
(Bild 2). Von den Archäologen wird das Relief allgemein als
Bundeslade gedeutet. In der Form eines kleinen Tempels
ruht die Lade auf einem Wagen, dessen abgeschrägte Räder
sichtbar sind.

Wie stark die künstlerische Gestaltung von dem religiösen
Bewußtsein geprägt wurde, zeigt das letzte Bild. Von der Fassade der Synagoge ist ein Stein erhalten, der jedem Besucher
der Synagoge den ersten Psalm in Erinnerung bringen sollte:
»Selig der Mann, der Freude hat am Gesetz Jahwes. Wie
ein Baum ist er, an Wasserbächen gepflanzt, der seine Frucht
bringt zur rechten Zeit; und seine Blätter welken nicht« (Ps
1, 1–3).

Aus dem Hause des Gesetzes, aus dem dauerhaften Fundament ewiger Ordnungen, wächst der Baum des Lebens. Und
der Mensch selbst, der so aus dem Gesetz hervorwächst, ist
wie »der Baum«, den der 1. Psalm preist.

Sind diese Ruinen die Überreste jener Synagoge, in der Jesus gepredigt und die Wunder gewirkt hat? Die im Jahre 1968 von den Franziskanern wieder aufgenommenen Grabungen ließen erkennen, daß die Synagoge nicht vor der Mitte des 4. Jahrhunderts errichtet worden sein kann. Dieses unerwartete Ergebnis hat die bisherige Annahme korrigiert, der Bau stamme aus der Wende vom 2. zum 3. Jahrhundert. Doch hat die oft geäußerte Vermutung, daß die Synagoge auf dem Platz ihrer Vorgängerin steht, durch die Entdeckung der Basaltmauer neues Gewicht erhalten. Aber nur weitere Ausgrabungen können die Frage klären, ob es die Synagoge ist, die »der Hauptmann den Bewohnern von Kafarnaum erbaut hat« (Lk 7, 5).[157]

Als die Pilgerin Aetheria um 383 Kafarnaum besuchte, stand die »aus Quadersteinen erbaute Synagoge« am Seeufer. Aber kein späterer Pilger zählt die Synagoge in seinem Reiseprogramm mehr auf. Wurde sie durch Menschenhand oder durch Erdbeben zerstört? Der Pilger von Piacenza hatte in Nazaret sein großes Interesse an der Synagoge der Heimatstadt Jesu bekundet. Kafarnaums Synagoge übergeht er mit Schweigen. Seine Aufmerksamkeit gilt anderen Heiligtümern des Ortes, die schon Aetheria in ihrem Reisebericht erwähnt: »Aus dem Haus des Fürsten der Apostel wurde eine Kirche gemacht, dessen Wände bis heute so stehen, wie sie einst waren.« Knapp 200 Jahre später findet der Pilger von Piacenza bereits eine Basilika über dem Haus des Petrus.

Auch in Kafarnaum konnte die archäologische Forschung die Knappheit der alten Pilgerberichte ergänzen und die Zuverlässigkeit einer Tradition, die bis in das Jahrhundert Jesu zurückreicht, sichern.[158] Etwa 35 m südlich der Synagoge stießen im Jahre 1921 die Franziskaner bei ihren Ausgrabungen auf drei konzentrische achteckige Grundmauern eines Gebäudes von etwa 22,5 m Durchmesser (vgl. Abb. 169, S. 295). Es sind die Überreste eines byzantinischen Zentralbaues aus dem 5. Jahrhundert. Der Fußboden war mit einem einzigartig schönen Mosaikpflaster geschmückt, das mit blauen, gelben, roten und weißen Steinchen einfache geometrische Muster darstellte. In der Mitte des inneren oktogonalen Ringes fanden die Ausgräber in einem Kreis von 1,5 m Durchmesser das Bild eines Pfaues, dessen bunter Schwanz wie ein Rad um den ganzen Körper gelegt war. Bei den Grabungen blieben die archäologischen Untersuchungen auf die Freilegung der Mauern des Oktogons beschränkt. Die zunehmende Gefährdung der Mosaikreste durch die Unbilden der Witterung gab den Anlaß, im Jahre 1968 größere Restaurierungsarbeiten zu beginnen. Die Umbettung der Mosaikfelder bot zugleich die Möglichkeit, die Sondierung des Geländes auf die tiefer liegenden Schichten auszudehnen.

P. Virgilio Corbo OFM, der die Ausgrabungen leitete, begann die Arbeit im inneren Ring des Oktogons.

Nachdem sie eine etwa 0,9 m tiefe Schicht aus rötlicher Erde, die mit byzantinischer und römischer Keramik durchsetzt war, entfernt hatten, stießen die Ausgräber auf eine neue Schüttung, die bis zu einer Tiefe von 1,5 m unter den Mosaikboden des Oktogons reichte. Die Aufschüttung bestand augenfällig aus den Trümmern und dem Schutt eines zerstörten Gebäudes. Eine sorgfältige Prüfung der gefundenen Bauelemente, der Steine und der getönten Verputzstücke, die Graffiti in griechischer, syrischer und hebräischer Schrift trugen, ließ keinen Zweifel daran aufkommen, daß die Trümmer von einem älteren Sakralbau stammten. Wo aber stand dieses Gebäude? War es das Haus des Petrus, von dem Aetheria berichtet: »Aus dem Haus des Fürsten der Apostel wurde eine Kirche gemacht, dessen Wände bis heute so stehen, wie sie einst waren«? Nicht nur Aetheria sah die »Wände, wie sie einst waren«, auch unsere Augen können sich von der Verehrung dieses Hauses, die bis in das 2. Jahrhundert nachweisbar ist, überzeugen. Sehen wir kurz die Ergebnisse der Ausgrabungen.

Zunächst untersuchte V. Corbo das Gelände um den äußeren Ring des Oktogons. An der Ostseite wurde in einer angebauten Apsis der byzantinischen Basilika das Taufbecken entdeckt. Zwei kleine Treppen mit je zwei Stufen führen in das tiefer gelegene Wasserbecken. Die größte Überraschung stand aber den Ausgräbern noch bevor. Nach Entfernung einer Schuttschicht aus rötlicher Erde, Basaltsteinen und Verputzresten wurde ein Netz von Mauerwerk sichtbar, das offensichtlich von alten kleinen Häusern stammte. Der Boden war mit großen Basaltsteinen gepflastert. Bei den weiteren Untersuchungen konnten die Archäologen die Reste eines größeren Hauses bestimmen, die bis über die Südwest- und Nordwestecke des inneren Oktogons hinausreichten. Der vorgefundene Tatbestand machte es gewiß, daß die in der oberen Schuttschicht aufgefundenen Verputzstücke, Graffiti und Mauerreste von diesem Hause stammten. Damit war die erste Frage über die Herkunft des Bauschuttes geklärt. War es das Haus des Fürsten der Apo-

Abb. 169. Das Oktogon der byzantinischen Basilika in Kafarnaum. (Vgl. Abb. 167, S. 291.)

Das aus östlicher Richtung aufgenommene Bild läßt den oktogonalen Grundriß der Basilika an den freigelegten, etwa 1,6 m hohen Fundamentmauern deutlich erkennen. Zwei konzentrische achteckige Gebäudeteile bilden den Zentralbau, dem an fünf Seiten — im Süden, Westen und Norden — ein Portikus (Säulenumgang) vorgelagert ist (vgl. Abb. 170, 1, S. 296). In der Nordost- und in der Südostecke befanden sich die Sakristeien (S) mit einigen Nebenräumen (N). Ehe die im Vordergrund sichtbare Apsis (A) mit dem Taufbecken (B) angebaut wurde, waren die beiden Sakristeien durch einen schmalen Korridor miteinander verbunden.
Die äußere Gestalt des Oktogons ist uns als Ruine auf einer Skizze erhalten geblieben, die der englische Palästinareisende James Silk Buckingham im Jahre 1816 während seines

Aufenthaltes in Kafarnaum gezeichnet hat. Nach dieser Skizze (linke Bildhälfte) bildeten acht schlanke ionische Säulen das äußere Oktogon. Auf den mit Voluten verzierten Kapitälen ruhte der hohe Architrav. Das mittlere Oktogon bestand aus massiv gemauerten Wänden, die durch acht, etwa 4 m weite Rundbögen durchbrochen waren. Das innere Oktogon war 1816 bereits zerstört. Wahrscheinlich war es von einer Kuppel überwölbt, die auf einem Tambour ruhte.

Die Ruine des Oktogons nach einer Zeichnung von J. S. Buk-kingham aus dem Jahre 1816.

stel? Die Grabungen wurden auf die Umgebung des Hauses ausgedehnt. In der gleichen Tiefe, etwa 1,5 m unter dem byzantinischen Mosaikboden, lagen um das Oktogon die Mauerreste einer kleinen Ansiedlung mit erhalten gebliebenen Türschwellen, zwei kleinen Feuerherden und vielen Keramikstücken aus römischer Zeit. Die Häuser gehörten alle zum alten Kafarnaum, in dem Jesus gewohnt, gepredigt und Wunder gewirkt hatte. Inmitten dieser kleinen Häuschen, gebaut aus den Steinen, die man am Seeufer fand, lag das bereits erwähnte Haus, das sich durch die Größe und die sichtbaren Zeichen einer Verehrung von den übrigen unterscheidet. V. Corbo zögert nicht, in diesem etwa 7 × 6,5 m großen Raum die Hauskirche der judenchristlichen Gemeinde von Kafarnaum zu sehen, in die das Haus des Petrus im 2. Jahrhundert n. Chr. umgewandelt wurde. In der ersten Hälfte des 5. Jahrhunderts, als mit der konstantinischen Ära auch im jüdischen Galiläa der Einfluß der Kirche »aus den Heiden« sich immer mehr durchsetzte, verschwand das kleine judenchristliche Heiligtum unter dem Neubau der byzantinischen Basilika. Die Lage des Hauses bestimmte den Mittelpunkt des Neubaues, des inneren Ringes des Oktogons (vgl. Abb. 170, 1, S. 296).

Wenn wir uns auf diese Steintrümmer setzen und das Evangelium aufschlagen, dann ist es, als ob die Zeit stillstünde. Der Evangelist schreibt: »Am Abend nach Sonnenuntergang brachte man alle Kranken zu ihm; die ganze Stadt drängte sich an der Tür zusammen. Und

Abb. 170.   Das »Haus des Petrus«.

1. *Plan der Ausgrabungen in Kafarnaum.*

*Der Plan zeigt in einem Geviert von etwa 27 m Seitenlänge
die Mauerreste der kleinen Häuser und Wohnungen aus dem
1. Jahrhundert n. Chr. (1, 5–19), die Hauskirche der Judenchristen (1, 2, 3, 4) und schließlich den oktogonalen Bau der
byzantinischen Basilika.*

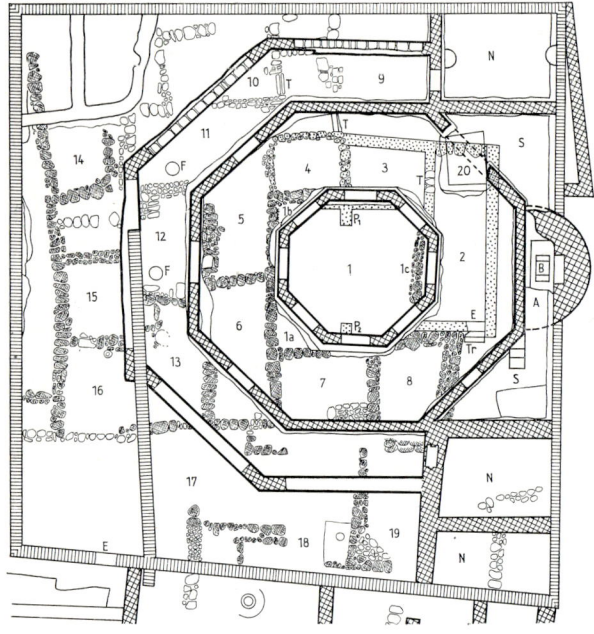

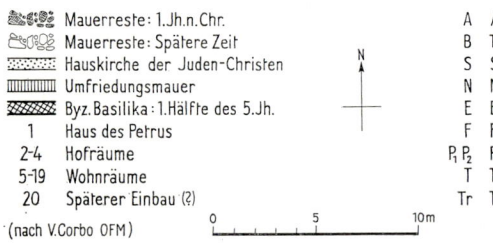

▨▨▨ Mauerreste: 1.Jh.n.Chr.	A Apsis
▨▨▨ Mauerreste: Spätere Zeit	B Taufbecken
▨▨▨ Hauskirche der Juden-Christen	S Sakristei
⫿⫿⫿ Umfriedungsmauer	N Nebenräume
▨▨▨ Byz.Basilika : 1.Hälfte des 5.Jh.	E Eingang
1 Haus des Petrus	F Feuerstelle
2-4 Hofräume	P₁ P₂ Pfeiler
5-19 Wohnräume	T Türschwelle
20 Späterer Einbau (?)	Tr Treppe

(nach V.Corbo OFM)

0   5   10m

*Der Portikus, der die Basilika an fünf Seiten umgab, beginnt
im Norden und Süden an den Nebenräumen (N) der Sakristeien (S). Die gut erhaltene Nord- und Nordwestseite läßt
zwischen den massiven Eckfundamenten die großen rechtek-
kigen Steinplatten der über 6 m breiten Durchgänge des Portikus erkennen. Die westliche Fundamentmauer des Portikus
ruht teilweise auf der inneren Umfriedungsmauer. Die geringe
Abweichung glich der Architekt durch eine Stützmauer an der
Außenseite der Umfriedung aus. An der Nordostseite ist der
äußere Ring des Oktogons durch einen späteren Einbau (20),
dessen Zweck nicht geklärt werden konnte, zerstört. Das
innere Oktogon ist augenscheinlich über einem Haus aus
dem 1. Jahrhundert errichtet; nur die Südwestecke (1a) und
die Nordwestecke (1b) des Hauses ragen über die Mauern des
Oktogons hinaus (vgl. Bild 2). Von dem etwa 7 × 6,5 m großen Raum, dessen kultische Verehrung eingeritzte Symbole*

und Inschriften bezeugen, ist ein Teil der Ostmauer (1 c) an der Innenseite des Oktogons erhalten (vgl. Bild 4). Die etwa 0,7 m starke Westmauer konnte in ihrer ganzen Länge bis zu einer Höhe von 0,6–0,8 m freigelegt werden. Die Westseite des Kultraumes (1) grenzt an zwei langgestreckte Räume (5, 6). Die Sondierungen in dem 2,5 m breiten und 6,5 m langen Raum 6 ergaben, daß das untere Basaltpflaster aus dem 1. Jahrhundert n. Chr. stammt. Die Nordwand des Raumes 5 konnte nicht bestimmt werden. In der Südwestecke befand sich eine Vertiefung zur Aufnahme kleiner Krüge. Die Untersuchungen der Mauerreste (3, 4) lassen vermuten, daß sich hier ursprünglich ein Hof befunden hat, der sich noch an der Ostseite (2) des Kultraumes fortsetzte, denn das Steinpflaster ist nicht durch alte Mauern aus dem 1. Jahrhundert überbaut. Später wurden die Hofräume (2, 3, 4) in den Bezirk der Hauskirche einbezogen. Die Türschwelle (T) mit einem Türpfosten an der östlichen Mauer (3) ist noch gut erhalten. Die weiter nördlich gelegenen Mauerreste des Raumes 9 mit einer etwa 1,1 m breiten, aus einem Basaltblock gehauenen Türschwelle an der Westwand stammen aus der späteren römischen Periode. Eine besondere Überraschung bot der Raum 11. Unter einem Fußboden aus gestampfter Erde lag wieder das alte Basaltpflaster, in dem nahe der Südwand eine runde Feuerstelle (F) mit einem Durchmesser von etwa 0,7 m eingebaut war. Eine weitere Feuerstelle wurde noch in dem südlich angrenzenden Raum 12 entdeckt. Nahe der Feuerstelle lag der »Aschekasten«. Die weiter westlich und südlich gelegenen Räume (7, 8, 13, 14, 15, 16, 17, 18, 19) sind dem Keramikbefund nach wieder dem 1. Jahrhundert n. Chr. zuzuweisen.

Der Entdeckung einer Hauskirche der Judenchristen kommt eine besondere Bedeutung zu, da wir über die judenchristlichen Gemeinden des 2. und 3. Jahrhunderts keine literarischen Zeugnisse besitzen. Wahrscheinlich hat schon die erste Generation der Judenchristen in Kafarnaum das »Haus des Petrus« (1) als Versammlungs- und Betraum benutzt. Im Laufe der Zeit wurde das Haus unter Einbeziehung der Nebenräume zur Hauskirche umgebaut. An der Ostseite des Kultraumes (1) wurde ein Atrium (2) errichtet und der alte Hof an der Nordseite mit Nebenräumen (3, 4) überbaut. Zwei Stützpfeiler (P$_1$, P$_2$) mußten das neue Dach stützen.

Die schon erwähnte Umfriedungsmauer umgab den »Heiligen Bezirk« an allen vier Seiten. Der Westmauer war ostwärts eine fast parallel laufende Mauer vorgebaut, so daß eine Art Korridor entstand, in den der an der Seeseite gelegene Eingang (E) führte. In der ersten Hälfte des 5. Jahrhunderts mußte die kleine Hauskirche der Judenchristen dem repräsentativen Neubau der byzantinischen Basilika weichen. Für uns aber bleiben die spärlichen Mauerreste ein kostbares Zeugnis des alten Kafarnaum.

2. Häuserruinen des alten Kafarnaum unter der byzantinischen Basilika.

»Sie verließen die Synagoge und kamen, Johannes und Jakobus mit ihnen, in das Haus des Simon und Andreas« (Mk 1, 23). Vor unseren Augen liegen die stummen Zeugen der Vergangenheit.

1. Die nordwestliche Hälfte der byzantinischen Basilika mit den Fundamentmauern des Portikus (1), des äußeren (2) und inneren (3) Oktogons; innerhalb des zweiten und dritten Ringes sind die Ruinen der kleinen Wohnungen (4, 5, 6) aus dem Jahrhundert Jesu sichtbar (vgl. Plan, 11, 12, 5).

Die Mauerreste lassen erkennen, daß die Räume aus roh bearbeiteten Basaltsteinen ohne Mörtel erbaut waren. Die Löcher wurden mit Kieselsteinen ausgefüllt und mit bloßer Erde verschmiert. Die Schichten der übereinanderliegenden Fußböden weisen auf eine lange Benutzung der Räume hin. Die tiefer gelegenen Böden bestanden einfach aus festgestampfter Erde, über die dann in späterer Zeit ein Pflaster aus Basaltsteinen gelegt wurde.

2. Die Südwestecke des »Hauses des Simon Petrus« (vgl. Plan, 1a). Noch erkennbare Dekorationsspuren zeugen von einer Verehrung des Hauses durch die Judenchristen Kafarnaums. Die Wände hatten einen farbigen Verputz, durch den sich der Raum auffällig von allen anderen Wohnungen unterscheidet. Auf einem der mit Graffiti versehenen Verputzstücke stehen die beiden Namen ΠΕΤΡΟ[Υ] (Petrus) und ΒΙΡΙΝΙΚ[Η] (Birinike), ein anderes Fragment zeigt die Skizze eines Fischerbootes (vgl. Abb. 196, S. 349).

3. Die Südostseite des Oktogons mit den Fundamentmauern des inneren (5) und äußeren (6, 7) Oktogons; in der Tiefe der mit Basaltsteinen gepflasterte Fußboden (4) einer Wohnung aus dem 1. Jahrhundert n. Chr. (vgl. Plan, 8). Im Vordergrund ist ein Teil der zur Hauskirche gehörenden Räume – die Mauer (1, 3) und der Fußboden (2) – sichtbar (vgl. Plan, 2).

4. Das »Haus des Petrus« im inneren Oktogon (1). Von dem ursprünglichen Bau ist an der Innenseite der Ostmauer des Oktogons ein Mauerrest (3) von etwa 3,6 m Länge und einer Breite von 0,7 m zu erkennen (vgl. Plan, 1c). Eine genaue Untersuchung des Fußbodens (2) führte zu einem bedeutsamen Ergebnis. Elf übereinanderliegende Schichten zeigten, wie der Fußboden im Laufe der Zeit immer wieder erneuert wurde. Unter den beiden jüngsten Schichten aus gestampftem Kalk befand sich ein Pflaster aus Basaltsteinen, das in das 1. Jahrhundert n. Chr. datiert werden kann. Unter den Basaltsteinen lag eine Schicht aus festgestampfter schwarzer Erde, in der ein Topf aus der herodianischen Zeit gefunden wurde. In den darunter liegenden vier Fußböden (5.–8. Schicht), die aus weißer Kalkerde bestanden, wurden einige Bruchstücke herodianischer Lampen entdeckt (vgl. Abb. 143, 4, S. 245). Die folgenden drei Schichten aus gestampfter Erde führen bereits in das 1. Jahrhundert v. Chr.

Jesus machte viele gesund, die mit vielerlei Krankheiten geplagt waren« (Mk 1, 32. 33).

Und wenn sich unser Blick zum Strand wendet, dann ist es, als ob in den Strahlen der untergehenden Sonne das Bild auftaucht, wie Jesus vom Boote aus den vielen Tausenden die Frohbotschaft verkündet; wie er mit ausgebreiteten Armen den Menschen zuruft: »Ihr alle, die ihr mühselig und beladen seid, kommt her zu mir. Ich will euch erquicken!« (Mt 11, 28)

Betsaida

Eines Tages sagte Jesus zu Simon und seinen Gefährten: »Laßt uns anderswohin gehen, in die benachbarten Ortschaften, damit ich auch dort predige« (Mk 1, 38). Von Kafarnaum führt ein Uferweg an die etwa 4 km

entfernte Mündung des Jordan in den See. Ursprünglich lag im Mündungsgebiet des Flusses eine weit nach Nordosten hineinreichende Bucht, die im Laufe der Jahrtausende allmählich durch das Schwemmland der hier von Norden und Nordosten einmündenden Wasserläufe in eine sumpfige Ebene verwandelt wurde (vgl. Abb. 171, S. 299). Lagunen sind als Reste der einstigen Bucht übriggeblieben und geben dem nordöstlichen Ufer das eigentliche Gepräge. Die Alluvialebene, die heute den Namen el-Ebteha trägt, war nach Josephus von mehreren Dörfern besiedelt (Jüd. Altert. XX, 8, 4). Nach alten Angaben hat Betsaida nahe dem Jordan gelegen und muß nach seinem Namen ein Fischerort gewesen sein, wahrscheinlich sogar ein Fischerplatz ersten Ranges, für den der Name »Betsaida« — »Fischhausen« — nur natürlich war. Die Lagunen waren als Naturhäfen gut geeignet, und die von den kleinen Flußläufen angeschwemmten vegetabilischen und tierischen Stoffe lockten die Fische an das Nordostufer.

Das Ostufer des Jordan gehörte zum Herrschaftsbereich des Vierfürsten Philippus. Josephus berichtet, daß Philippus das »Dorf Betsaida« am See Gennesaret zu seiner Hauptstadt ausgebaut hat (Jüd. Altert. XVIII, 2, 1). Seine Romtreue bekundete der Herodessohn dadurch, daß er den Namen des Ortes mit dem Namen der Kaisertochter Julia schmückte. Aber schon im Jahre 2 v. Chr. verbannte Augustus seine mißratene Tochter Julia wegen ihres sittenlosen Lebenswandels nach der Insel Pandateria. Also muß der Vierfürst diese Stadt gleich nach seinem Regierungsantritt im Jahre 4 v. Chr. umbenannt haben; denn es ist undenkbar, daß er dies später noch hätte wagen dürfen.

Wo lag das »Dorf Betsaida«? Gustaf Dalman, der wie selten ein Forscher den Wegen Jesu nachgegangen ist, berichtet: »Am 10. Oktober 1921 sah ich selbst, daß man den Jordan bei seiner Mündung in den See beinahe trockenen Fußes hätte überschreiten können. Eine völlig trocken liegende Sandbank lag vor der Mündung. Vom Ufer war nur ein kurzes Stück zur Sandbank zu waten, und in ihrer Mitte befand sich ebenfalls eine Öffnung, durch welche die Strömung des Flusses in den See hinauslief.«[159] Diese Mündungsfurt, deren Benutzung vom Wasserstand abhängig war, wird nie ein Hauptübergang gewesen sein. Die bevorzugte Furt lag etwas nördlicher und führte durch die mehrfach geteilten Jordanarme auf das östliche Ufer.

Etwa 3 km von der Furt entfernt — sie trägt den arabischen Namen Umm Sidre — erhebt sich ein Hügel, den die Einwohner nur »et-Tell« — »Hügel« — nennen. Trotz ihrer geringen Höhe von 25 m beherrscht die felsige Anhöhe die flache Alluvialebene und bot durch ihre natürliche Lage alle Vorzüge für eine fürstliche Residenz. Am Fuße des Hügels sprudelte eine Quelle und sicherte den Menschen die notwendigste Voraussetzung für ihre Existenz; in der Nähe lag die Furt mit den Verbindungen zu den großen Verkehrsstraßen des Landes.

Abb. 171. Betsaida.

Das von einer westlich des Jordan gelegenen Anhöhe aus aufgenommene Bild zeigt im Vordergrund den Einfluß des Jordan durch das Schwemmland in den See Gennesaret, dahinter die Ebene von el-Ebteha mit der vermuteten Ortslage von Betsaida; es folgt die weite Lagune von el-Aradsch. Im Hintergrund das Ostufer des Sees mit der steil ansteigenden Hochebene (vgl. Abb. 156, 2, S. 271).

Es gilt als sicher, daß der et-Tell eine alte Ortslage ist. Für die Lage von Julias auf dem et-Tell finden wir bei Josephus ein bestimmtes Zeugnis. In seiner Biographie erwähnt er die Kämpfe der Juden gegen die Streitmacht Agrippas II., der auf der Seite der Römer stand. Er gibt die Entfernung der Stadt Julias von einer Jordanfurt mit einer Stadie (ca. 213 m) an. Diese Furt kann nur Umm Sidre sein, da in ihrer Nähe die Straße von Seleuzia nach Gamala führte, die Herodes Agrippa besetzt hielt.

Die archäologischen Untersuchungen auf dem et-Tell, dessen Oberfläche sich etwa 25 ha weit ausbreitet, haben aber bis jetzt nur zu spärlichen Ergebnissen geführt. Neben den Trümmern von unbehauenen Basaltblöcken sind nur einige rohe Türstürze, Säulenstümpfe und der Untersatz einer Olivenmühle entdeckt worden.

Ein Rest der Stadtmauer schien am Nordostrand der Gipfelfläche noch erkennbar. Das ist die ganze Herrlichkeit, die von der Hauptstadt Julias, in der Philippus begraben wurde, übriggeblieben ist. Was sollen wir da vom Fischerdorf Betsaida erwarten?

Nach Dalmans Untersuchungen konnte Betsaida östlich von der Jordanmündung auf der schmalen Nehrung gelegen haben, die eine im Osten offene Lagune vom See abtrennt. Diese Lage war für einen Fischerort gut geeignet, da die Lagune einen natürlichen Hafen bildet, der die Boote vor den gefürchteten Westwinden schützte. Durch Aufschwemmen von feinem Basaltsand hat der See eine flache Düne gebildet, die sich deutlich von dem hinter ihr liegenden sumpfigen Gelände abhebt. Auf einer kleinen Erhöhung dieser Nehrung, etwa 1 km östlich der Jordanmündung, liegt heute die Ruinenstätte el-Aradsch, die in der steinlosen Umgebung an den Mauerresten und herumliegenden Keramikstücken erkennbar ist. Dalman sah noch 1912 eine Skulptur, die dann verstümmelt beim Bau einer Hofmauer um ein in der Nähe gelegenes Haus Verwendung gefunden hatte. Sie stammte wahrscheinlich von der Synagoge des Ortes.

Der durch die natürlichen Verhältnisse gegebene Zusammenhang mit der Ruinenstätte et-Tell macht es wahrscheinlich, daß hier das biblische Dorf Betsaida gelegen hat, das, wie es aus dem Bericht des Josephus zu schließen ist, nach der Gründung der fürstlichen Residenz zu einer politischen Gemeinde zusammenwuchs. (Vgl. Abb. 119, S. 202.)

Die Ebene am See bot der Bevölkerung alles, was sie brauchte. Ebenso wie in der Gennesar-Ebene am Westufer luden der Wasserreichtum und das warme Klima zu intensivem Fruchtanbau ein. Erst als man in späteren Jahrhunderten die Bodenkultivierung und Entwässerung vernächlässigte, wurde die Ebene zu einem trostlosen Sumpfgebiet.

In Betsaida waren nach dem Evangelisten (Joh 1, 44) drei der Jünger Jesu zu Haus: die Brüder Simon und Andreas, ferner Philippus. Wahrscheinlich hatten auch die Söhne des Zebedäus — dieser wird uns im Evangelium als größerer Fischereiunternehmer vorgestellt — hier ihren Wohnsitz.

Wenn Johannes den Philippus aus »Betsaida in Galiläa« (12, 21) stammen läßt, dann spiegelt diese Redeweise den allgemeinen Gebrauch der Zeit wider. Ebenso wie der Talmud die politischen Grenzen ignoriert, so hat sich auch der Volksmund nicht um die stets wechselnden Grenzen gekümmert. Die Bewohner von Betsaida waren durch tausend Fäden mit der galiläischen Heimat verbunden, sie redeten den gleichen harten Dialekt (Mt 26, 73), lebten am und vom »Galiläischen Meer«. Trotz der Zollgrenze bestand ein reger Verkehr mit der über den See nur 4 km entfernten Nachbarstadt Kafarnaum, wo Petrus auch seine Braut suchte und fand. Die Fischer von dort und hier trafen sich bei ihrem Gewerbe. Wo Juden lebten, gab es auch eine Stätte der öffentlichen Gesetzesverlesung und des Gebetes. Von einer Synagoge Betsaidas ist uns, außer der erwähnten Skulptur, keine Spur bekannt. Aber schon in dem nur 1½ km nordwestlich von et-Tell im Jordantal liegenden ed-Dikki hat man die Reste einer einfachen Synagoge gefunden. Ein bedeutend größerer Ruinenbau mit zweigeschossigem Säulengang liegt 12 km von Betsaida im Südosten auf dem Hochland mit weitem Blick auf den See. Etwa 7 km von Betsaida entfernt, zeugt ein Türsturz mit aramäischer Inschrift für eine dritte Synagoge in derselben Gegend. Wenn auch jene Synagogenruinen erst aus dem 3. Jahrhundert stammen, so waren doch die Juden, die hier beteten, die Nachkommen einer seit langem dort ansässigen Judenschaft.

Wer in Betsaida aufgewachsen war, wird nicht nur Aramäisch gesprochen, sondern auch Griechisch verstanden haben, wie es der Evangelist bei Philippus ausdrücklich nahelegt (Joh 12, 21).

Daß Jesus öfter in Betsaida war, setzt sein Weheruf über diese Stadt voraus. Ausdrücklich erwähnt Markus Jesu Aufenthalt in Betsaida, als er den Blinden heilte, den er dazu vor die Stadt führte (8, 22). Lukas erwähnt den Ort im Zusammenhang mit der Brotvermehrung (9, 10).

In den alten Pilgerberichten finden wir Betsaida bei Eusebius, Theodosius, Arkulf und Willibald erwähnt. Theodosius (530) wanderte über die Pilgerorte des Westufers von Tiberias nach Kafarnaum und schreibt dann: »Von dort [Kafarnaum] sind es 6 Meilen bis Betsaida, wo die Apostel Petrus und Andreas und die Söhne des Zebedäus geboren wurden.« In der Kreuzfahrerzeit scheint die genaue Ortslage nicht mehr bekannt gewesen zu sein, und man zeigte den Pilgern in den kommenden Jahrhunderten den Ort auf der Westseite des Sees; die einen suchten ihn in Chirbet el-Minje, andere hielten die Ruinenstätte von Telhum für das Betsaida des Petrus und des Andreas. Man wird an den Weheruf Jesu erinnert: »Wehe dir, Chorazin, wehe dir, Betsaida, wenn in Tyrus und Sidon die Wunder geschehen wären, die bei euch geschehen sind, sie hätten längst in Sack und Asche Buße getan. Darum sage ich euch: Tyrus und Sidon wird es am Gerichtstag erträglicher gehen als euch« (Mt 11, 21. 22).

Die neue Gerechtigkeit

Mit seinen Jüngern »zog Jesus in ganz Galiläa umher und lehrte in ihren Synagogen, predigte die Frohbotschaft vom Reich und heilte jegliches Gebrechen im Volke. Und der Ruf von ihm verbreitete sich über ganz Syrien« (Mt 4, 23. 24).

Im Vergleich zum Talmud, der 63 galiläische »Städte und Dörfer« erwähnt, wirken die Angaben der Evangelisten geradezu ärmlich. Die Namen sind schnell aufgezählt: Nazaret, Kafarnaum, Betsaida, Chorazin, Kana, Nain und Dalmanuta-Magadan. Das ist alles. Der summarische Bericht des Evangelisten, der unübertrefflich mit einem Satz die Wirksamkeit Jesu umreißt, berechtigt uns aber, viele Städte und Dörfer Galiläas zu den Stätten der Wirksamkeit Jesu zu zählen. Da jede jüdische Gemeinde mindestens ein Lehrhaus hatte, wird Jesus in nicht wenigen Synagogen gepredigt haben. Ein Blick auf die Karte mit den in Galiläa ausgegrabenen Synagogen gibt dem Bericht die lebendige Vielfalt und das örtliche Kolorit (vgl. Abb. 156, 2, S. 271).

Auf den ersten Blick hatte Jesu Auftreten viel Ähnlichkeit mit dem eines Rabbi und sein Verhältnis zu den Jüngern viel Ähnlichkeit mit dem zwischen den Rabbinen und ihren Schülern. Es kommt gewiß nicht von ungefähr, daß der Talmud für Jesu Jünger das sonst den Rabbinenschülern vorbehaltene Wort »talminidim« gebraucht. Auch Jesus erhob wie ein Rabbi den Anspruch, Gottes Willen zu verkünden; er trat in den Synagogen als Lehrer auf; er ließ sich in Diskussionen über den Sinn der Schrift und über gewisse rabbinische Lehrmethoden und Argumentationen ein. Eingehende Untersuchungen der evangelischen Texte haben zu der Erkenntnis geführt, daß Jesus selbst sich gewisser technischer Lehrmethoden der Rabbinen bedient hat, um das Wesentliche seiner Botschaft der Nachwelt zu übermitteln.[160]

Aber man muß auch die Unterschiede sehen. Jesus traf sich nicht regelmäßig mit einem festen Schülerkreis im Lehrhaus. Er lehrte auch nicht nur in Synagogen, sondern oft irgendwo im Freien, auf öffentlichen Plätzen, am Seeufer, auf dem Feld, am Berghang, während der Wanderung. Er bezeichnete sich nicht, wie es die Rabbinen mit Stolz taten, als Schüler eines berühmten Lehrers; im Gegenteil, bei seinen Landsleuten galt er als Mensch ohne »Schulbildung«: »Woher hat er diese Weisheit?« (Mt 13, 54)

Sein Auftreten wich grundsätzlich von dem eines gelehrten Rabbi ab. Niemals berief sich Jesus nach rabbinischer Sitte auf irgendwelche Vätertraditionen. Während der Schriftgelehrte seine eigentliche und vornehmste Aufgabe darin sah, die Tora auszulegen — aber nicht nach eigenen Erkenntnissen, sondern in skrupelhafter Treue zu den Überlieferungen der Ältesten —, nahm Jesus für sich die Vollmacht in Anspruch, den Willen Gottes, unabhängig von der Schrift, zu kennen. Ja er entschied souverän, ob im Einzelfall die Überlieferung wirklich der reine Ausdruck des Willens Gottes sei oder nicht. So wie Jesus in den Antithesen der Bergpredigt oder in der Erklärung über die Ehescheidung (Mk 10, 3—12) sprach, hat nie ein Rabbi geredet, ja nicht einmal ein Prophet: »Ihr habt gehört, daß den Alten gesagt wurde: Du sollst nicht töten; wer aber tötet, der soll dem Gericht verfallen. Ich aber sage euch: Jeder, der seinem Bruder zürnt, soll dem Gericht verfallen ... Ihr habt gehört, daß gesagt wurde: Auge um Auge und Zahn um Zahn. Ich aber sage euch: Widersteht dem Bösen nicht. Vielmehr, schlägt dich einer auf die rechte Backe, so halte ihm auch die andere hin. Wer mit dir rechten und dir den Mantel nehmen will, dem überlaß auch den Rock. Wer dich um eine Meile Spanndienst preßt, dem leiste zwei ... Ihr habt gehört, daß gesagt wurde: Du sollst deinen Nächsten lieben und deinen Feind hassen. Ich aber sage euch: Liebet eure Feinde und betet für eure Verfolger, auf daß ihr Söhne eures Vaters im Himmel werdet, der seine Sonne aufgehen läßt über Schlechte und Gute und regnen läßt über Gerechte und Ungerechte« (Mt 5, 21. 38. 43—45).

Den Inhalt dieser Forderung, die Jesus an jeden seiner Jünger richtete, zeichnet der Evangelist Matthäus in einer Rede auf.

Von den fünf großen Reden des Matthäusevangeliums ist die Bergpredigt (5.—7. Kap.) die umfangreichste und theologisch die wichtigste.[161] Sie ist nichts anderes als die Verkündigung des absoluten sittlichen Willens Gottes. Daß diese Rede ebenso wie die vier anderen eine aus verschiedenen Worten Jesu zusammengeordnete Komposition des Evangelisten ist und keine in sich geschlossene, ursprüngliche Einheit darstellt, läßt bereits eine aufmerksame Lektüre des Textes wie auch ein Vergleich mit dem Lukasevangelium erkennen (6, 20—49).

Den Namen »Bergpredigt« hat die Rede davon erhalten, daß nach Matthäus (5, 1) Jesus diese Worte auf einem Berg sprach, während Lukas die Rede auf ein Feld verlegt, zu dem Jesus vom Berg hinabstieg (6, 17). Dabei will bedacht sein, daß im Aramäischen des Palästinensischen Talmuds das Wort »tur« — »Berg« — auch für »Feld« gebraucht wird.

Den großartigen Auftakt der Rede bilden die Seligpreisungen — bei Matthäus acht, bei Lukas vier.[162] Den lukanischen Seligpreisungen entsprechen vier Weherufe, die in negativer Form unterstreichen, was die Seligpreisungen positiv herausheben.

»Selig sind die Armen im Geiste, denn ihrer ist das Himmelreich.

Selig sind die Trauernden, denn sie werden getröstet werden.

Selig sind die Sanftmütigen, denn sie werden das Land erben.

Selig sind, die hungern und dürsten nach der Gerechtigkeit, denn sie werden gesättigt werden.

Selig sind die Barmherzigen, denn sie werden Barmherzigkeit finden.

Selig sind, die lauteren Herzens sind, denn sie werden Gott anschauen.

Selig sind die Friedensstifter, denn sie werden Söhne Gottes heißen.

Selig sind, die Verfolgung leiden um der Gerechtigkeit willen, denn ihrer ist das Himmelreich.

Selig seid ihr, wenn sie euch schmähen und verfolgen und alles Schlechte lügnerisch wider euch reden um meinetwillen. Freuet euch und frohlockt, denn euer Lohn ist groß im Himmel« (Mt 5, 3—12).

Man muß diese Seligpreisungen einmal, zweimal, ja vielmal still und besinnlich lesen, bis die Worte Jesu unseren tiefsten Seelengrund bewegen und jene echte Freude des Herzens wecken, die absolute Freiheit und Unangreifbarkeit der Kinder Gottes!

Nach den Evangelisten lag der Berg der Seligpreisungen in der Nähe von Kafarnaum. Lukas schreibt: »Nachdem Jesus all seine Reden vor dem lauschenden Volk beendet hatte, ging er nach Kafarnaum hinein« (Lk 7, 1). Sicher ist diese Ortsangabe kein bloßes Stilmittel des Evangelisten, um der Rede eine »Situation« zu geben. Auch wenn wir die Zusammenfassung in einer Rede den Evangelisten verdanken, hat Jesus die sittliche Grundlegung der Gesinnung seiner Jünger immer wieder den Menschen verkündet. Daß dies in besonderer Weise in Kafarnaum, dem Zentrum seiner galiläischen Wirksamkeit geschah, liegt nahe. Der Umgebung von Kafarnaum ist es eigen, daß vom Seeufer ein ziemlich gleichmäßiger, allmählicher Aufstieg zu einem Hügelland von etwa 250 m Meereshöhe hinaufführt. Dieses Gelände erfüllt voll und ganz die Anforderungen des Evangelisten, der sich begnügt — genau gesagt —, die Bergwelt oberhalb von Kafarnaum als eine Stätte zu bezeichnen, die für Jesu Leben, sein Beten und Lehren, von besonderer Bedeutung war.

Wir werden uns darum mit der allgemeinen Angabe des Evangelisten begnügen, obwohl nur an wenigen Orten in Galiläa die Erinnerung an Jesus so lebendig geblieben ist wie an diesem Seeufer in der Umgebung von Kafarnaum. »Und dort sangen wir das Evangelium, und dort haben wir gepredigt, und dann haben wir uns auf das Gras gesetzt und haben gegessen mit Freude und mit Tränen der Freude.« Das sind die Worte eines Florentiners aus dem 13. Jahrhundert; sie sind angefüllt mit der Innerlichkeit der Seligpreisungen und geben Zeugnis von den Empfindungen der Pilger aller Jahrhunderte, die in der Umgebung von Kafarnaum, besonders in der Nähe des Siebenquells, dem heutigen Tabgha, nach dem Berg der Seligpreisungen suchten.

Aus der Frühzeit ist Aetheria (381–384) die erste, die uns eine Lokaltradition bezeugt. Sie besucht Kafarnaum und berichtet: »Nicht weit von dort [Kafarnaum] sieht man die Steintreppe, auf der unser Herr stand ... Auf dem Berge ganz in der Nähe befindet sich eine Anhöhe [Grotte]. Dorthin stieg der Herr, um die Seligpreisungen zu verkünden.«[163] Der zitierte Text stammt aus der Schrift »De locis sanctis« des Petrus Diaconus (1137), des Bibliothekars von Monte Cassino, der 1137 aus verschiedenen Quellen ein »Buch über die heiligen Orte« verfaßte. Ob im ursprünglichen Text »specula« – »Anhöhe« – oder »spelunca« – »Grotte« – gestanden hat, ist umstritten. Schon gegen Ende des 19. Jahrhunderts erregten die Ruinen neben einer Grotte, nördlich der Straße, die nach Kafarnaum führt, die Aufmerksamkeit der Archäologen (vgl. Abb. 182, S. 324). Bei den im Jahre 1935 von B. Bagatti durchgeführten Ausgrabungen wurden eine Kapelle und sich anschließende Gebäudereste, die wohl zu einem Kloster gehörten, freigelegt. Das einschiffige, mit einem Atrium ausgestattete Kirchlein mißt nur 4,5 m auf 10 m. Die Länge des Atriums betrug 2,65 m. Die Kapelle war über der Grotte erbaut, die wahrscheinlich als Krypta benutzt wurde. Es ist möglich, daß die Kapelle schon zur Zeit der Aetheria stand. Nach einer Zerstörung wurde sie im Laufe des 5. und 6. Jahrhunderts erneuert. Der reiche Scherbenbefund zeigt, daß der Ort zwischen dem 5.–10. Jahrhundert bewohnt war und dann verlassen wurde.

War die »Grotte der Seligpreisungen« die »specula« – »Anhöhe« –, die Aetheria erwähnt, oder meinte sie eine »Anhöhe«, die weiter in der Hügellandschaft lag? (Vgl. Abb. 294, S. 548.) Aus den nachfolgenden Jahrhunderten liegt uns kein Zeugnis vor, um diese Frage zu entscheiden. Die Berichte aus der Kreuzfahrerzeit legen die zweite Annahme nahe. »Zwei Meilen von Kafarnaum ist der Abstieg des Berges, auf dem er zu den Scharen predigte. Eine Meile von jenem Abstieg ist der Ort, wo er die fünftausend Menschen speiste.«

Der Ort war also etwa 2,5 km von Kafarnaum entfernt und 1,2 km vom Siebenquell. Der Höhenzug nördlich vom Siebenquell schließt nach Nordwesten eine breite Mulde ab, die sich nach Süden dem Wadi ed-Dschamus zuwendet. Dieses Wadi bildet vor seiner Mündung in den See die kleine Ebene am Siebenquell. Mauerreste auf dem Höhenzug nennen die Beduinen »Der Makir«. Wenn das Wort mit »makarios« — »selig« — zusammenhängt, dann hieße der Ort »Kloster der Seligkeiten«. Ruinen einer Kirche oder eines Klosters sind aber nicht freigelegt worden, sondern nur Reste von Siedlungen aus prähistorischer Zeit.

Nach dem Wegzug der Kreuzfahrer wird der See immer weniger besucht, man wagt höchstens den Weg von Nazaret nach Tiberias. So kommt der Berg der Seligpreisungen den Pilgern sozusagen entgegen und wandert auf die Hörner von Hattin, die östlich an der Pilgerstraße von Nazaret nach Tiberias liegen (vgl. Abb. 156, 2, S. 271, und Abb. 158, S. 274).

Langsam erlosch die Erinnerung an den Berg der Seligpreisungen, er ist bis in unser Jahrhundert einsam und verlassen geblieben. Im Jahre 1938 erbauten die Franziskaner auf dem Hang nordöstlich vom Siebenquell eine Gedächtniskirche. Über einem Oktogon, an dessen Wänden je eine Seligpreisung geschrieben steht, wölbt sich eine Kuppel und erinnert an den »Berg, den der Herr bestieg« (vgl. Abb. 172 und Abb. 294, S. 548).

Die Wahl der Apostel

Die Zahl der Anhänger Jesu wuchs von Tag zu Tag: »denn er lehrte sie wie einer, der Macht hat, und nicht wie die Schriftgelehrten« (Mk 1, 22). Das Verhältnis Jesu zu seinen Jüngern war nicht wie bei den Rabbinen bloß eine Gemeinschaft des Lehrens und Lernens, sondern darüber hinaus eine Gemeinschaft persönlichen Zusammenseins. Bei den Rabbinen fand die Gemeinschaft ihr Ende, wenn der Schüler ausgelernt hatte und selbständiger Rabbi geworden war. Für den Schüler Jesu — das ist der eigentliche Sinn des griechischen Wortes »mathetes«, das gewöhnlich mit »Jünger« übersetzt wird — gab es keine Entlassung aus dem Nachfolgeverhältnis, kein Hineinwachsen in die Stelle eines selbständigen Lehrers oder Meisters: »Ihr sollt euch nicht Rabbi nennen, denn einer ist euer Meister, ihr aber seid Brüder« (Mt 23, 8).

Bedeutsamer noch ist ein weiterer Unterschied. Die Rabbinenschüler wählten aus der Vielzahl der Schriftgelehrten ihrer Zeit und Umgebung irgendeinen als Lehrer aus, den sie wegen seiner Torakenntnis als Autorität schätzten. Schüler, Jünger Jesu dagegen wurde man nicht, indem man ihn sich als Lehrer nahm, sondern dadurch, daß man von Jesus berufen wurde: »Nicht ihr habt mich erwählt, sondern ich habe euch erwählt« (Joh 15, 16). Gewiß, jede der Berufungen, die

*Abb. 172.   Anhöhe bei Kafarnaum mit der Kirche der Selig-
preisungen.*

uns in den Evangelien überliefert werden, hatte ihre
Vorgeschichte, aber der entscheidende Anstoß zur Jüngerschaft ging von Jesus aus.

Im Bergland bei Kafarnaum nahm Jesus die Auswahl seiner Jünger vor. »Er stieg auf einen Berg und
rief die zu sich, die er selbst wollte, und sie kamen zu
ihm. Er bestellte zwölf zu seiner Gefolgschaft und für
die Aussendung zur Predigt. Er gab ihnen die Vollmacht, Geister auszutreiben. Er bestellte diese Zwölf:
den Simon, dem er den Namen Petrus beilegte, den
Jakobus, den Sohn des Zebedäus, den Johannes, des Jakobus Bruder — den beiden legte er den Namen Boaner-
ges bei, was Donnersöhne bedeutet —, den Andreas,
den Philippus, den Bartolomäus, den Mattäus, den

Tomas, den Jakobus, den Sohn des Alfäus, den Taddäus, den Kananäer Simon und den Judas aus Kariot,
der ihn dann verriet« (Mk 3, 13–19).

Die Wahl der Apostel mußte für Jesus eine tiefe
religiöse Bedeutung haben, denn Lukas ergänzt den
Bericht mit der Feststellung: »Jesus ging hinaus auf
einen Berg, um zu beten, und er verbrachte die ganze
Nacht im Gebet zu Gott« (Lk 6, 12). Schon mehrfach
hat Lukas das Beten Jesu hervorgehoben: »Als es Tag
wurde, ging er fort und begab sich an einen einsamen
Ort« (Lk 4, 42) und: »Jesus aber zog sich in die Einsamkeit zurück und betete« (Lk 5, 16). Die hier benutzten Wendungen enthalten einen ganz besonderen Nachdruck. Das Wort »die Nacht durchwachen« findet sich
nur hier vor der Apostelwahl. Während dieser Nacht
stellte Jesus sein Werk dem Vater vor und hielt Zwie-
sprache mit ihm. Gott, der Vater, war es, der letztlich
die zu Wählenden bestimmte. Einen Einblick in ein sol-

Abb. 173.   Das Nordwestufer des Sees Gennesaret.

Für immer bleibt die Landschaft am Nordwestufer des Sees
Gennesaret mit der Ebene Gennesar und den Orten Kafarnaum, Chorazin und Betsaida mit dem Wirken Jesu verbunden. »In der Frühe, da es noch ganz finster war, ging er fort
und begab sich an einen einsamen Ort und betete dort« (Mk
1, 35). Zwischen dem Wadi ed-Dschamus und dem westlich
von Chorazin gelegenen tiefen Wadi el-Webedani lag das
Bergland von Kafarnaum, ein mit Basaltblöcken und Geröll
übersätes ödes Gelände, das zum großen Teil nur als Weideland zu gebrauchen ist und darum immer einsam gewesen
sein wird. Wer in Kafarnaum die Stille suchte und allein sein
wollte, fand hier oben nicht nur an einer Stelle einen geeig-
neten Platz. Im Frühjahr sind die eintönigen Abhänge mit
grünen Kräutern und Blumen bedeckt, die mit ihrer wechselnden Blütenpracht die kahle Landschaft verzaubern. Was

die Einsamkeit auf diesen Abhängen so kostbar macht, ist die
Aussicht auf die den Beschauer umgebende Landschaft. Unten
liegt, weit ausgedehnt und umrahmt von den dunklen Bergen, die Fläche des tiefblauen Sees, hinter dem die Ferne im
Dunst der Jordanniederung verschwindet. Im Norden, am
Einfluß des Jordan in den See, lag auf einer kleinen Anhöhe
die Residenz des Vierfürsten Philippus, ihr zu Füßen am Ufer
des Sees das Fischerdorf Betsaida; in südlicher Richtung sah
man in Tiberias aus den Neubauten die Burg des Herodes
emporragen, und am jenseitigen Ufer erhob sich auf steiler
Anhöhe das hellenistische Hippos der Dekapolis. All das Treiben der Menschen, der Juden, Griechen und Römer, ihre Not
und ihre Sehnsucht, alles lag hier vor den Augen Jesu ausgebreitet, da er mit seinem Vater sprach. (Vgl. Abb. 156, 2, S.
271, und Abb. 159, S. 276.)

ches Gebet Jesu gibt uns Johannes im hohepriester-lichen Gebet: »Vater, ich habe deinen Namen den Menschen geoffenbart, die du mir aus der Welt gegeben hast. Dein waren sie, und du hast sie mir gegeben« (Joh 17, 6). »Für sie bitte ich, nicht für die Welt bitte ich, sondern für die, die du mir gegeben hast, denn sie sind dein eigen« (Joh 17, 9).

In den Evangelien begegnen uns drei Bezeichnungen für die Männer in der Umgebung Jesu. Er berief Jünger zur Nachfolge; er erwählte aus ihren Reihen die Zwölf, er machte sie zu Aposteln; vorläufig während seiner öffentlichen Lehrtätigkeit, endgültig nach seiner Auferstehung.

Das griechische Wort »apostolos« ist die Übersetzung des aramäischen »schaliach« und hat die Bedeutung: senden, mit Vollmacht senden. Unter diesem Begriff wurde im Spätjudentum ein fest umgrenztes Rechts-verhältnis verstanden, das seine Wurzeln im altorien-talischen Botenrecht hatte. Die Rabbinen verwendeten den Ausdruck zur Bezeichnung derer, die das Synedrium von Jerusalem zu den Juden der Diaspora entsandte. Ihre Aufgabe war, den Kalender aufzustellen, die Gaben einzusammeln, Ortsgemeinden zu besuchen, Lehrer zu ernennen und die Bande zwischen der Diaspora und Palästina zu festigen. Nie aber werden jene, die mit der Gewinnung von Proselyten beauftragt sind, »Gesandte« genannt.

Im Neuen Testament hat dieser Ausdruck aber einen noch tieferen Sinn. Wenn Jesus die Zwölf zu seinen Aposteln wählte, so machte er sie weder zu einfachen Boten noch zu Herolden, die eine Botschaft offiziell zu verkünden hatten. Jesus machte die Zwölf zu seinen rechtlichen und persönlichen Repräsentanten.[164]

Die Verkündigung der Gottesherrschaft und die Überwindung der Macht des Bösen waren der Inhalt der Sendung Jesu. An dieser messianischen Aufgabe wollte Jesus seinen Aposteln Anteil gewähren. In welchem Ausmaß die Apostel seine Repräsentanten sein sollten, sagt Jesus mit klaren Worten: »Wer euch aufnimmt, nimmt mich auf, wer aber mich aufnimmt, nimmt den auf, der mich gesandt hat« (Mt 10, 40). »Wer euch hört, der hört mich; und wer euch verwirft, verwirft mich; wer aber mich verwirft, verwirft den, der mich gesandt hat« (Lk 10, 16). So wird der Name »Apostel« ein spezifisch christlicher Begriff für den Träger der christlichen Verkündigung.

Auch die Zwölfzahl ist nicht zufällig. Sie entspricht der Zahl der Söhne Israels, die den Grundstock des auserwählten Gottesvolkes gebildet hatten. Als Apostel hatten die Zwölf den Messias zu repräsentieren, und als Zwölf repräsentierten sie das Neue Israel. Diese einmalige Funktion übten einzig die Zwölf aus. Sie waren immer bei Jesus, von den Anfängen seiner öffentlichen Tätigkeit an bis zu seinem Tod. Sie hatten alle Unterweisungen an das Volk gehört, sie waren von Jesus besonders unterrichtet worden, sie waren Zeugen

seines Leidens, seines Todes und seiner Auferstehung. Auf dem Zeugnis dieser Männer sollte der Glaube der Kirche ruhen. Diese Aufgabe verlieh den Zwölfen eine einmalige und einzigartige Bedeutung. Darum war der Tod des letzten der Zwölf ein für die Geschichte der Kirche und der Offenbarung bedeutsamer Zeitpunkt. Die Aufgabe des Apostels blieb bestehen, aber die Bezeichnung »Apostel« blieb auf die Zwölf beschränkt. Die apostolische Vollmacht, Christus zu vergegenwärti-gen, pflanzte sich fort. Sie wird fortdauern in den Nachfolgern der Apostel bis zur Wiederkunft des Herrn.

Die Liste der Zwölf, die viermal im Neuen Testament vorkommt (Mt 10, 2—4; Mk 3, 16—19; Lk 6, 14 bis 16; Apg 1, 13), kann in drei Gruppen zu je vier Aposteln eingeteilt werden. Bei jeder Gruppe steht jeweils derselbe Name am Anfang; die drei anderen Namen finden sich gleichmäßig bei jeder Gruppe, doch nicht immer in der gleichen Reihenfolge.

Mt 10, 2 ff.	Mk 3, 16 ff.	Lk 6, 14 ff.	Apg 1, 13
Simon	Simon	Simon	Petrus
Andreas	Jakobus	Andreas	Johannes
Jakobus	Johannes	Jakobus	Jakobus
Johannes	Andreas	Johannes	Andreas
Philippus	Philippus	Philippus	Philippus
Bartolom.	Bartolom.	Bartolom.	Tomas
Tomas	Mattäus	Mattäus	Bartolom.
Mattäus	Tomas	Tomas	Mattäus
Jakobus	Jakobus	Jakobus	Jakobus
Taddäus	Taddäus	Simon	Simon
Simon	Simon	Judas	Judas
Judas Isk.	Judas Isk.	Judas Isk.	(Judas Isk.)

Daß Petrus in den Verzeichnissen stets am Anfang steht und der Verräter Judas am Schluß, ist leicht ver-ständlich. Petrus verdankt seine Führungsrolle unmittelbar dem Willen Christi. Jesus selbst gab ihm den Namen Kefas — Fels. Der neue Name bezeichnet die Aufgabe des Namensträgers: Der Apostel Simon soll der Fels sein, auf dem Jesus seine Kirche gründet. Nach der Himmelfahrt des Herrn übernahm Petrus die Führung der jungen Christengemeinde, leitete die Wahl des Mattias, der nach dem Verrat des Judas in das Kollegium der Zwölf aufgenommen wurde. Nach der Hinrichtung des älteren Jakobus durch Herodes Agrippa I. (44 n. Chr.) wurde auch Petrus verhaftet, aber wunderbar befreit. Er »begab sich an einen anderen Ort« (Apg 12, 17), vielleicht Rom. Im Jahre 49/50 war er wieder in Jerusalem und leitete das Apostelkonzil. Von seinen späteren Missionsreisen ist wenig bekannt. Einen Niederschlag seiner Predigten finden wir im Markus-evangelium. Der Kirchenhistoriker Eusebius († 339) hat uns folgenden Bericht des Bischofs Papias († um 150) überliefert: »Markus hat als Dolmetscher des Petrus nach seiner Erinnerung Worte und Taten des Herrn genau, freilich nicht der Reihe nach, aufgeschrieben. Denn er hatte den Herrn nicht gehört, noch war er ihm nachgefolgt; jedoch später dann dem Petrus. Dieser richtete seine Predigten nach den Bedürfnissen ein, ohne eine zusammenhängende Darstellung der Worte des Herrn zu geben« (Hist. eccl. III, 39, 15). Den gleichen Tatbestand finden wir in einem Bericht des Bischofs Klemens von Alexandria († um 215), den uns ebenfalls Eusebius in seiner Kirchengeschichte aufgezeichnet hat: »Als Petrus in Rom das Wort öffentlich verkündigte und die Heilsbotschaft ausrief, da baten die Anwesenden Markus als einen Mann, der schon lange den Petrus begleitete und sich an seine Lehrvorträge erinnerte, das gesprochene Wort des Petrus aufzuzeichnen. Als Markus das getan hatte, habe er das Evangelium denen mitgeteilt, die ihn um die Abfassung gebeten hatten. Als Petrus das erfahren hatte, da hat er weder mahnend es gehindert, noch hat er ihn dazu ermuntert« (Hist. eccl. IV, 14, 6). Unter Nero, zwischen den Jahren 64 und 67, starb Petrus in Rom den Kreuzestod. Die Tradition vom Begräbnis des Apostels auf den Vatikanischen Hügeln ist durch die Ausgrabungen unter der Peterskirche (1940—1949) neu erhärtet worden.

Andreas, der Bruder des Petrus, steht im Verzeichnis bei Mattäus und Lukas an zweiter Stelle, Markus und die Apostelgeschichte nennen ihn an dritter Stelle. Daß Andreas bei Markus, dem Dolmetsch des Petrus, nach den Zebedäussöhnen steht, ist wiederum ein Zeichen der Demut des Apostelfürsten. Er hat weder sich noch seinen Bruder in seinen Predigten in den Vordergrund gestellt. Andreas gehörte vor seiner Berufung zu den Jüngern des Täufers. Mit Johannes war er der erste, der dem Herrn nachfolgte. Er verkündigte seinem Bruder Simon die Frohbotschaft. »Wir haben den Messias gefunden!« (Joh 1, 41) In den Evangelien tritt er dreimal hervor: bei der Brotvermehrung (Joh 6, 8), mit der Frage über das Vorzeichen des Endes (Mk 13, 3) und als Vermittler zwischen einigen Griechen und Jesus (Joh 12, 22). Nach Origenes und Hieronymus soll er das Evangelium in Südrußland und in den Balkanländern verkündet haben. Unter dem Statthalter Ägeas hat er den Martyrertod in Patras (Griechenland) durch Kreuzigung erlitten.

Das zweite Brüderpaar, Jakobus und Johannes, gehörte mit Petrus zu den drei Vertrauten Jesu. Sie wurden Zeugen seiner Herrlichkeit und Erniedrigung, Zeugen seiner Macht bei der Auferweckung der Tochter des Jairus (Mk 5, 37), sie gehörten zu den Auserwählten, die Jesu Verherrlichung auf dem Tabor schauen durften (Mk 9, 2), und sie waren Augenzeugen der schwersten Stunde Jesu im Ölgarten (Mk 14, 33). Die Namen ihrer wohlhabenden Eltern werden uns im Evangelium genannt: Zebedäus und Salome, die dem

Herrn mit ihrem Vermögen diente. Jakobus, der, zur Unterscheidung zum anderen Apostel des gleichen Namens, der Ältere genannt wird, weil er zuerst berufen wurde, starb als erster Märtyrer von den Aposteln in Jerusalem (Apg 12, 2).

Johannes war der persönliche Freund Jesu, der ihm mit besonderer Liebe zugetan war. Er nennt sich selbst den Jünger, den Jesus liebte. Als einziger von den Aposteln stand er unter dem Kreuz, ihm vertraute der sterbende Herr seine Mutter an. Nach einer auf Polykarp († um 150) zurückgehenden Überlieferung hielt sich Johannes später in Ephesus auf und leitete von dort aus die Christengemeinden Kleinasiens. Unter Kaiser Domitian (81—96) wurde er nach der Insel Patmos verbannt, wo er die »Geheime Offenbarung« verfaßte. Unter Nerva (96—98) kehrte er nach Ephesus zurück und schrieb im hohen Alter sein Evangelium. Johannes erwähnt in seinem Evangelium niemals seinen Namen, er nennt sich nur den Jünger, den der Herr liebhatte. Nur ein einziges Wort überliefert er uns, das er zu Jesus gesprochen: »Meister, wo wohnst du?« (Joh 1, 38) Niemand aber hat unter den Aposteln so klar das Göttliche erschaut wie er, niemand hat so tief von Gott geredet wie er. Mit Recht ist der Adler zu seinem Symbol geworden. Hochbetagt starb er in Ephesus unter dem Kaiser Trajan (98—117).

In der zweiten Gruppe der Apostelverzeichnisse steht immer Philippus an erster Stelle. Als Jude trug er einen griechischen Namen, der »Pferdefreund« bedeutet. Er gehörte zu den Erstberufenen und hat Natanael zu Jesus eingeladen. In den Apostelverzeichnissen der Synoptiker fehlt der rein semitische Name Natanael (= Geschenk Gottes; griechisch: Theodor). Da die von Johannes bei der Taufe Jesu genannten Jünger, zu denen auch Natanael gehört, höchstwahrscheinlich Mitglieder des Apostelkollegiums sind, nehmen die Schrifterklärer an, daß Natanael mit einem der in den Apostelverzeichnissen Genannten gleichzusetzen ist, und zwar mit Bartolomäus, was kein Eigen-, sondern Vatername ist: Sohn des Tolmai. Für diese Gleichsetzung spricht auch, daß Bartolomäus in den Apostelverzeichnissen der Synoptiker immer auf Philippus folgt, der den Natanael zu Jesus geführt hat.

Tomas und Mattäus bilden das nächste Paar in den Verzeichnissen bei Mattäus, Markus und Lukas. Der Apostel und Evangelist Mattäus stellt sich aber in seinem Evangelium bescheiden an die letzte Stelle, obwohl anzunehmen ist, daß die durch die mündliche Überlieferung bereits feststehende Folge bei Markus und Lukas wiedergegeben ist. Mattäus führt hinter seinem Namen noch den Beruf an. In auffälliger Weise werden im Mattäusevangelium die einzelnen Geldsorten sehr genau unterschieden. Der ehemalige Steuereinnehmer bringt in seinem Evangelium 37 Angaben von Geldbeträgen und nennt dabei 10 verschiedene Geldsorten: 24mal erwähnt er griechische, 8mal römi-

Abb. 174.   Angler und Fischer am See Gennesaret.

Unter den ersten Jüngern Jesu waren mehrere Fischer. Ausdrücke und Bilder aus ihrem Berufsleben finden wir oftmals in den Evangelien. Der Fischfang am See Gennesaret wurde mit Angeln und Netzen betrieben.

Der See zählt nicht weniger als 24 Fischarten, von denen der bekannteste der Chromis nisoticus -- Kammfisch — ist (unteres Bild). Der kurze, aber breite Fisch, dessen Maul in keinem Verhältnis zu seiner Größe steht, wird auch Chromis Petri (Petrusfisch) oder Paterfamilias (Familienvater) genannt. weil die jungen Tiere — bis zu 150 an der Zahl — das Maul des Vaters als Kinderstube und sichere Zuflucht vor Raubfischen benutzen. Wenn der Fisch gefangen wird, fallen die Fischlein wie »Silbertropfen« aus dem Maul. Der Paterfamilias erinnert uns an das Wort Jesu zu seinem ersten Apostel: »Wirf die Angel aus. Den ersten Fisch, den du fängst, nimm und öffne sein Maul; du wirst einen Stater finden« (Mt 17, 27). Die Statere sind rar geworden, der Chromis Petri nicht. So mancher Pilger hat mit einem Geldstück probiert, ob es auch wirklich in das Maul solch eines Fisches paßt.

Das obere Bild zeigt einen Angler, der in der Nähe von Kafarnaum am Einfluß des Siebenquells eine stablose, etwa 10—15 m lange Angelschnur mit Haken und Köder in den See wirft. Heute wie damals lockt das warme Wasser des Siebenquells die Fische in Ufernähe und macht die kleine Bucht zu einem bevorzugten Fangplatz des Sees (vgl. Abb. 182, S. 324).

Bei größeren Unternehmungen wurde mit Netzen gefischt. Das einfache »amphiblestron«, das Mattäus bei der Berufung der Brüder Simon und Andreas erwähnt (Mt 4, 18), war ein rundes Wurfnetz von 3—5 m Durchmesser, am Rande mit Steinen beschwert. Es wurde meist vom Ufer her flach aufs Wasser geworfen, wo es auf den Grund sank und dann schnell zusammen- und herausgezogen wurde.

Auf hoher See wurde mit dem bei Mattäus 13, 47 erwähnten Netz »sagene« gefischt. Es war ein bis zu 250 m langes und 5 m breites Schleppnetz, das von zwei Booten gezogen wurde. Nach dem Fang zog man es entweder in die Boote hinein oder auf den flachen Strand. Das sonst von den Synoptikern (Mt 4, 20 f.; Mk 1, 18 f.; Lk 5, 2) und von Johannes (21, 6) »diktyon« genannte Netz war vermutlich ein Auslegenetz, das in Ufernähe über Nacht ausgeworfen und dann am frühen Morgen eingezogen wurde.

sche und 5mal vorderasiatische Münzen. Dabei fällt es auf, daß der Evangelist griechische und römische Geldsorten gut auseinanderhält und jede dort erwähnt, wo sie bei Zahlungen in Frage kommt. Im Verhältnis zu Mattäus erwähnt Lukas nur sechs und Markus nur fünf verschiedene Münzwerte. Als Zöllner wird er neben seiner aramäischen Muttersprache wohl auch Griechisch, die damalige Weltsprache des Mittelmeerraumes, beherrscht haben. In dem von ihm für die Judenchristen Palästinas geschriebenen Evangelium faßt er die Hauptthemen der Predigt Jesu in sieben große Redekompositionen zusammen.[165] Sein Hauptanliegen ist der Nachweis, daß Jesus von Nazaret der Messias von Israel ist, der aber von seinem Volke verworfen wurde — alles, wie es die Schriften des Alten Bundes prophezeit haben. So erklären sich die häufigen Zitate aus dem Alten Testament und die vielen Anspielungen auf jüdische Sitten und Gebräuche. Über den weiteren Lebensweg des Apostels Mattäus und seinen Tod ist sonst nichts mit Sicherheit bekannt.

Tomas, auch mit dem griechischen Namen Didymus (= der Zwilling) genannt, wird bei den Synoptikern nur in den Apostellisten erwähnt. Bei Johannes tritt er in den letzten Tagen vor dem Leiden Christi und nach dessen Auferstehung hervor. Über seinen weiteren Lebensweg schweigt die Heilige Schrift. Nach den Berichten der Kirchenväter soll er das Evangelium bei den Parthern und in Indien verkündigt haben, wo er den Martyrertod erlitt. Sein Grab wird in Edessa verehrt.

Als erster in der dritten Gruppe wird immer Jakobus, der Sohn des Alfäus, genannt. Der Apostel wird im Neuen Testament außer in den Verzeichnissen nicht mehr erwähnt.

Der nächste Apostel trägt den Doppelnamen Judas Taddäus, wahrscheinlich: Judas der Mutige. Lukas nennt ihn Judas des Jakobus, wohl: Sohn des Jakobus. Mit dem Herrenbruder Judas (Mk 6, 3; 15, 40) kann der Apostel kaum identisch sein, da dieser ein Sohn des Kleopas war. Ferner heißt es von den Brüdern Jesu, von Jakobus und Joses, Simon und Judas, ausdrücklich: »Sie glaubten nicht an ihn« (Joh 7, 5).[166] Im Neuen Testament wird Judas Taddäus nur noch beim letzten Abendmahl erwähnt. Er stellt dann an Jesus die Frage: »Herr, was ist geschehen, daß du dich uns offenbaren willst und nicht der Welt? Jesus entgegnete ihm: Wenn einer mich liebt, wird er mein Wort halten, und mein Vater wird ihn lieben, und wir werden zu ihm kommen und Wohnung bei ihm nehmen« (Joh 14, 22. 23).

Auch der nächste Apostel wird mit seinem Beinamen erwähnt: Simon der Eiferer. Der hebräische Name »Kananäus« deutet wohl an, daß er vor seiner Berufung ein Anhänger der radikalen Zelotenpartei war. Simon wird nur in den Apostelverzeichnissen erwähnt. Über sein weiteres Leben fehlen sichere Nachrichten. An letzter Stelle steht in allen Verzeichnissen Judas Iskariot, das heißt »Mann aus Kariot«, einem kleinen Dorf in Südjudäa (vgl. Abb. 119, S. 202). Judas war also der einzige Nichtgaliläer unter den Aposteln.

Aus dem gemeinschaftlichen Leben mit Jesus überliefern die Synoptiker seine Verhandlung mit dem Hohen Rate, sein Auftreten beim letzten Abendmahl (Mt 26, 25) und den Judaskuß (Mt 26, 48—50). Mattäus allein berichtet dann noch das Ende des Verräters (Mt 27, 3—5). Johannes, der uns auch Judas' Vater nennt (6, 71), deutet mit kurzen, aber scharfen Bemerkungen den Charakter und den inneren Entwicklungsgang des Verräters an: seinen Unglauben nach der eucharistischen Rede (Joh 6, 70) und sein Murren bei der Salbung in Betanien: »Das sagte Judas nicht, weil ihm an den Armen gelegen wäre, sondern weil er ein Dieb war und, da er die Kasse hatte, die Einkünfte beiseite zu schaffen pflegte« (Joh 12, 6). Offenbar hatte sich Judas aus irdisch-messianischen Hoffnungen heraus dem Propheten aus Nazaret angeschlossen. Als Jesus ein weltlich-nationales Königtum verwarf und den Glauben an religiöse Werte forderte, sagte sich Judas von Jesus los. Obwohl aber durch seinen Unglauben der Bruch mit seinem Meister bereits innerlich vollzogen war, blieb äußerlich alles beim alten.

Was hat Jesus bewogen, einen künftigen Verräter in den Kreis seiner engsten Mitarbeiter aufzunehmen. Wir dürfen annehmen, daß diese Frage Jesus in der Nacht vor der Apostelwahl besonders bewegte. Johannes schreibt: »Jesus wußte ja von Anfang an, wer die sind, die nicht glauben, und auch wer der ist, der ihn verraten wird. Jesus sagte: Darum habe ich euch gesagt: Niemand kann zu mir kommen, wenn es ihm nicht vom Vater gegeben worden ist« (Joh 6, 64. 65).

Blinde sehen, Lahme gehen, Tote stehen auf

»Nicht lange danach begab er sich in eine Stadt namens Nain; seine erwählten Jünger und viel Volk gingen mit ihm. Als er sich dem Stadttor näherte, siehe, da trug man einen Toten heraus, den einzigen Sohn seiner Mutter, die selbst Witwe war. Zahlreiches Trauergefolge aus der Stadt ging mit ihr. Als der Herr sie sah, erbarmte er sich über sie und sagte zu ihr: Weine nicht. Dann trat er hinzu und berührte die Bahre; als die Träger stillstanden, sagte er: Jüngling, ich sage dir, stehe auf. Da richtete sich der Tote auf und fing an zu sprechen; er aber gab ihn seiner Mutter. Da ergriff alle Furcht, sie priesen Gott und sagten: Ein großer Prophet ist unter uns aufgestanden, und Gott hat sein Volk heimgesucht. Die Kunde davon verbreitete sich in ganz Judäa und in den umliegenden Gebieten« (Lk 7, 11—17).

Lukas allein berichtet, wie Jesus den einzigen Sohn einer Witwe von den Toten erweckt. Die zeitliche Festlegung ist ganz unbestimmt, die örtliche dagegen um so genauer. Das Ziel der Wanderung war Nain, etwa

35 km südwestlich von Kafarnaum entfernt. Die genaue Übersetzung »Jesus machte eine Wanderung nach Nain« besagt aber nicht, daß er die Wegstrecke, die mehr als acht Stunden betrug, mit seiner großen Begleitung an einem Tage zurücklegte.

Andererseits demonstriert der weite Radius seiner galiläischen Wirksamkeit überzeugend, wie buchstäblich die Worte gemeint sind: »Und Jesus zog durch ganz Galiläa umher, lehrte in ihren Synagogen, verkündete die Frohbotschaft vom Reiche und heilte jede Krankheit und alle Gebrechen im Volke« (Mt 4, 23).

Die Rabbinen leiten den Namen der Stadt von »na'im« — »die Liebliche« — ab. Lukas schreibt: »Nain«. Die schwankende Überlieferung des Schlußkonsonanten wird nach Analogie der verschiedenen hebräischen und aramäischen Pluralendungen -im und -in entstanden sein. Nur ein Ort in Galiläa trägt diesen Namen, so daß die Ortslage gesichert ist. Die Schlußbemerkung »Die Kunde davon verbreitete sich in ganz Judäa und in den umliegenden Gebieten« wird gern den schlechten geographischen Kenntnissen des syrischen Evangelisten angelastet, doch mit Unrecht. Abgesehen davon, daß man nach Josephus nicht entscheiden kann, ob Nain damals politisch zu Galiläa gehörte oder nicht, will »Judäa« als jüdisches Land im Gegensatz zu den umliegenden heidnischen Gebieten verstanden werden.

Die Stadt lag am Fuße des Dschebel ed-Dahi, nahe der Via Maris, die vom See herauf an der Westseite des Tabor die Ebene Jesreel durchquerte (vgl. Abb. 156, 2, S. 271). Die nach Nordwesten abgedachte und entwässerte Ebene steht im Osten durch zwei Täler mit der Jordansenke in Verbindung. In ihrem Beginn werden diese durch den Höhenzug des Dschebel ed-Dahi getrennt, der mit 515 m ü. d. M. nur wenig unter dem Tabor zurückbleibt. Nördlich vom Hauptgipfel ist dem Fuße des Berges eine Terrasse vorgelagert, welche die Wasserscheide zwischen Mittelmeer und Jordan bilden hilft. Auf ihr liegt das heutige Dörfchen Nein, das biblische Nain. Seine Ruinen, die sich über die Grenzen des heutigen Dorfes nach Norden hin ausdehnen, warten noch auf eine systematische Untersuchung. So ist auch das Tor, durch welches man den Toten trug, bis jetzt nicht aufgedeckt, auch Reste der Stadtmauer sind noch nicht sicher nachgewiesen. Nur alte Felsgräber im Südosten am Abhang des Berges haben sich erhalten.

Für das ummauerte Nain aus dem Jahrhundert Jesu vermutet man ein Westtor mit dem Ausgang zur Quelle und nach der großen Ebene, ebenso aber auch ein Osttor nach dem nahen En-Dor und dem im Norden liegenden Daburije. Ein schnurgerader Weg, der von der Via Maris abzweigte, führte hier durch die Felder nach Nain hinauf. Vor einem Jahrhundert ließen sich in dem Trümmerfeld noch zwei Kirchenruinen in schwachen Umrissen erkennen. Die eine lag in nächster Nähe der Quelle, sie war 18 m lang und 12 m breit. Die andere lag höher am Abhang, mitten in den Ruinen der

Stadt. Beide Kirchen waren in Moscheen umgewandelt worden, die aber schon im vergangenen Jahrhundert verfallen waren. Die Franziskaner erwarben die Ruine an der Quelle und errichteten dort 1880 eine Kapelle (vgl. Abb. 175, S. 310).[167]

Der älteste Zeuge der christlichen Tradition ist Eusebius (265—339), der den Ort 12 Meilen südlich vom Tabor lokalisiert. Hieronymus, der die Entfernung verkürzt, beschreibt seine Lage exakt: »nahe bei En-Dor«. Wann die erste Kirche erbaut wurde, wissen wir nicht. Die Nachrichten aus der Kreuzfahrerzeit sind spärlich. Man begnügte sich, aus der Ferne vom westlichen Verkehrswege oder vom Tabor aus einen Blick auf das abseits liegende Nain zu werfen, dessen Lage durch die spitze Kuppe des Dschebel ed-Dahi leicht auszumachen war. Bald wurde der Berg mit dem Hermon identifiziert — wohl weil dieser mit dem nahen Tabor »über den Namen Gottes jauchzt« (Ps 89, 13) —, ein Irrtum, der sich heute noch in der Bezeichnung »Kleiner Hermon« für den Dschebel ed-Dahi erhalten hat.

Auch wenn die Geschichte des Ortes im dunkeln liegt, wir haben die Gewißheit, daß Jesus mit seinen Jüngern den Weg nach Nain hinaufstieg. Wenn er die Abzweigung von der Via Maris bei Daburije benutzte, konnte er die Stadt durch das Osttor betreten, in dessen Nähe am südöstlichen Abhang die Felsgräber lagen. Die Kirche am östlichen Ausgang konnte darum die Erinnerung an die Totenerweckung hüten, bis in unsere skeptische Gegenwart.

»Der Gedanke des Wunders als Mirakel ist für uns heute unmöglich geworden, weil wir das Naturgeschehen als gesetzmäßiges Geschehen verstehen, also das Wunder als eine Durchbrechung des gesetzmäßigen Zusammenhangs des Naturgeschehens; und dieser Gedanke ist uns heute nicht mehr vollziehbar.«[168] Wir dürfen unsere Naturerkenntnis aber nicht überschätzen, die Wunder Jesu waren auch für seine Jünger und Jesu Zeitgenossen eine harte Zumutung. Den Männern, die vom Täufer kamen, gab Jesus die Antwort auf den Weg: »Selig ist, wer an mir nicht Ärgernis nimmt« (Lk 7, 23).

Die Diskussion um das Wunder hat zu verschiedenen Zeiten verschiedene Aspekte gehabt.[169] In den vergangenen Jahrhunderten hat man zu einseitig die Wunder mit den Naturgesetzen konfrontiert, ohne ihren theologischen Gehalt voll zu berücksichtigen. Nach Auskunft der Synoptiker sind die Wunder Jesu Zeichen der anbrechenden Königsherrschaft Gottes, in welchen seine eigene Messianität ausgewiesen wird.

Heute steht die historische Frage wieder im Vordergrund: Hat Jesus überhaupt Wunder gewirkt und lassen sich dafür in den Evangelien historisch zuverlässige Anhaltspunkte finden? Daß es nicht leicht ist, die Wunderwirksamkeit Jesu als geschichtliches Faktum nachzuweisen, zeigt die moderne Literatur zur Genüge. Eine Analyse der evangelischen Überlieferung selbst

Abb. 175.   Nain mit dem Blick auf den Tabor.

bietet uns Hilfen, um zu einem klaren Urteil zu kommen. Man sieht es heute als eine entscheidende Erkenntnis an, daß die Evangelien keine biographischen Notizen, sondern Verkündigungsschriften sind, das heißt Zweckschriften, mit denen etwas erreicht werden soll. Der Leser soll nicht nur informiert, sondern zur Entscheidung geführt werden. Dieser Jesus, der als Mensch erscheint, ist in Wirklichkeit der Messias, der Sohn Gottes.

Diesen kerygmatischen Charakter der Evangelien als Beweis ihres geschichtlichen Unwertes zu gebrauchen geht aber nicht an. Gerade mit Hilfe wissenschaftlicher Methoden, wie sie die Formgeschichte bietet, sind Kriterien ausgearbeitet worden, die eine Rückverbindung zum geschichtlichen Jesus sichern. Von der Gefolgschaft und Nachfolge, »dem Sitz im Leben« des vorösterlichen Jüngerkreises, führt eine kontinuierliche Linie zur frühchristlichen Tradition.

Zunächst steht fest: Die Evangelien, so wie sie vor uns liegen, bezeugen einstimmig, daß Jesus Wunder gewirkt hat, und dies in so enger Verbindung mit dem Gesamtzeugnis über Jesus, daß eine Streichung der Wunder Jesu dieses Zeugnis selber zerstören würde.

Nach den Evangelien heilt Jesus Kranke und befreit Besessene. Er gebietet dem Sturm und wandelt vor den Augen der Jünger über den See. Mit nur wenigen Broten sättigt er Tausende. Er erweckt drei Tote.

Von diesen Taten spricht das Neue Testament mit verschiedenen Worten. Die eigentliche griechische Bezeichnung »teras« — »Wunder, ungeheuerliche Erscheinung« — kommt im Neuen Testament nur in Verbindung mit dem Wort »semeion« — »Zeichen« — vor. Anders dagegen steht es mit dem Wort »dynamis« — »Krafttat« —, das im Neuen Testament geradezu zum »Terminus technicus« für die Wundertaten wird.

Die Kritik erhebt den Einwand, daß die dichtende Phantasie des Volkes zu allen Zeiten einen Gottesmann mit Wundern ausgestattet hat, es also auch bei Jesus so geschehen sei. Gerade die Erzählung von der Erweckung des Jünglings von Nain bietet dafür genügend Anhaltspunkte. Nain war nur eine knappe Wegstunde von Schunem entfernt, am Südwesthang des Dschebel ed-Dahi gelegen. Hier erweckte Elischa den Sohn einer Schunemiterin von den Toten. Was lag näher, als diese »Legende vom Gottesmann« auch auf Jesus zu übertragen? Die Ähnlichkeit der Berichterstattung verlockt zu einer solchen Schlußfolgerung. Bei Lukas heißt der Tote nur »der Sohn einer Witwe von Nain« wie »der Sohn der Schunemiterin« im Buche der Könige bei Elischa (2 Kön 4, 8—37). Wie Elischa übergibt Jesus den Sohn mit einem kurzen Wort seiner Mutter.

Doch hier bieten uns die Evangelien das wirksamste Gegenargument. Von Johannes dem Täufer, »dem größten unter den vom Weibe Geborenen«, berichten die Synoptiker nicht ein einziges Wunder. Der vierte Evangelist betont es sogar ausdrücklich: »Johannes hat zwar keine Wunder gewirkt« (10, 41). Wenn die christliche Überlieferung von diesem Propheten kein einziges Wunder erzählt, widerlegt das jene Ansicht, daß Juden und Christen sich das Werk eines Gottesmannes nicht ohne Wunder vorstellen konnten.

Doch damit ist die Frage nach der Geschichtlichkeit erst gestellt. Bei den Wundern Jesu in der Überlieferung müssen wir unterscheiden zwischen Wunder und Wunderbericht. Jeder Bericht ist zugleich Interpretation. Der Glaube der Jünger an den Auferstandenen ändert die Sehweise. Was von und über Jesus berichtet wird, ist das Glaubensbekenntnis der Jünger, die Jesus als den Sohn Gottes bekennen. Die entscheidende Frage lautet darum: Geht vom Christus des Glaubens der Entwurf eines irdischen Jesus aus, wie ihn die Evangelisten bieten, oder war es der geschichtliche Jesus, der den Evangelisten den Christus des Glaubens lieferte?

Träfe das erste zu, dann müßte man voller Skepsis die Evangelien zuschlagen und das Christentum als Mysterienkult betrachten, der sich im nachhinein seinen Mythos erdichtet hat. Daß sich dieser Mythos um eine geschichtliche Gestalt rankt, von der man weiß, daß sie unter Pontius Pilatus gekreuzigt worden ist, hebt den Mythos nicht auf, sondern zwingt zu der unbequemen Frage, warum gerade das Christentum diese vom Nebel der Vergangenheit fast aufgesogene Gestalt zum Helden seines Mythos machte. Tatsächlich ist die Verlegenheit groß. Es bleibt nur als Alternative die Möglichkeit: Der Anstoß zur Entfaltung des Christusbekenntnisses ging von dem geschichtlichen Jesus aus, von Jesus, wie er leibte und lebte, wie er wirkte und lehrte. Wir sind aber bei diesen Überlegungen nicht auf bloße Denkmöglichkeiten angewiesen, hier helfen uns die Schriftgelehrten aus dem Jahrhundert Jesu, die ja in keiner Weise in ihrem Urteil über den Zimmermann aus Nazaret in unserem Sinne vorbelastet sind.

An der Faktizität der Wunder Jesu wird kein Zweifel erhoben. Nicht ein einziges Mal wird behauptet, daß solche Wundertaten nicht geschehen seien; sie werden aber nicht Gott, sondern den Dämonen zugeschrieben. In der berühmten Beelzebul-Perikope sind es die härtesten Gegner Jesu selbst, die als Zeugen seiner Wundertätigkeit auftreten: »Der treibt doch nur mit Hilfe Beelzebuls, des Obersten der Geister, die Geister aus« (Mt 12, 24).

Daß es sich bei diesem Streitgespräch, in dem es ja um die Wundertätigkeit Jesu geht, um echt Historisches aus dem vorösterlichen Leben Jesu handelt, also um Fakten, die nicht aus der Glaubenssicht der nachösterlichen Gemeinde beurteilt werden, bestätigt eine jüdische Überlieferung, die uns im Babylonischen Talmud erhalten ist: »Es ist überliefert: Am Rüsttage des Pascha hat man Jeschu [von Nazaret] gehängt. Ein Ausrufer ging vierzig Tage vor ihm her: Er soll gesteinigt werden, weil er gezaubert und verführt und Israel abwendig gemacht hat« (Sanh. 43ª). Mit anderen Worten: an der Tatsächlichkeit der Ereignisse wird nicht gezweifelt, nur die Erklärung ist verschieden. Für die Schriftgelehrten ist es Zauberei mit der Kraft des Bösen, für Jesus ist die Heilung ein Zeichen der anbrechenden Herrschaft Gottes.

Genügt nun heute ein solches Zeugnis, um die Geschichtlichkeit der Wunder Jesu zu beweisen? Die Kritik leugnet es entschieden, und zwar mit einem religionsgeschichtlichen Argument. Wundertäter und Wunderkräfte waren in der antiken Welt und im Zeitalter Jesu nichts allzu Besonderes. Die ganze Welt war erfüllt vom Glauben an magische Kräfte, an Zauberei und Wundertaten. Unter den Thaumaturgen im Jahrhundert Jesu sind Simon Magus (Apg 8, 9 ff.), Bar Jesus Elymas (Apg 13, 6 ff.) und vor allem die Neupythagoräer Apollonius von Tyana in Kappadozien (gest. um 100 n. Chr.) und Alexander von Abonutichos (um 100—171 n. Chr.) die bekanntesten. Antike Ärzte heilen ihre Patienten nicht mit Arzneien oder chirurgischen Eingriffen, sondern mit Methoden der Magie. Hat es Jesus nicht in ähnlicher Weise gemacht, als er nach magischem Rezept dem Blinden den aus Speichel und Staub gefertigten Brei auf die Augen klebte? Es waren nicht nur die einfachen, ungebildeten oder religiös anfälligen Menschen, die dem Wunderglauben anhingen. Plinius berichtet seinen Lesern von Wunderheilungen des Arztes Asklepiades; Tacitus und Sueton erzählen, daß auch Kaiser Vespasian Kranke wunderbar geheilt habe. Wie weit verbreitet solche Wundergeschichten sind, zeigt eine Notiz bei dem griechischen Philosophen Lucian: »Ich möchte dich gern fragen, was du von all denen hältst, die die Dämonischen von den Plagegeistern befreien und so deutlich die Gespenster beschwören. Davon brauche ich gar nicht ausführlich zu reden; alle kennen ja den Syrer aus Palästina, der sich auf diese Fälle versteht. Alle, zu denen er kommt: die mondsüchtig sind und die Augen verdrehen und den Mund voll Schaum haben, die richtet er wirklich auf und entläßt sie gesund für hohen Lohn, nachdem er sie von der Plage befreit hat.«[170]

Das Christentum trat in eine Welt, die des Wunderglaubens voll war. Die Evangelien zeigen uns Jesus als den Sohn Gottes. Wie konnte in diesem glanzvollen Bild das fehlen, was den Herrschern dieser Welt als geradezu selbstverständliches Attribut zu eigen ist? Sie alle wirkten Wunder! Warum sollten die Christen ihrem »Gott« diese Gabe absprechen?

Wir geben zu: Ein erster Vergleich der antiken Wundergeschichten mit den Evangelien zeigt eine gewisse Ähnlichkeit, die bestechend sein kann. Eine genauere Untersuchung liefert aber eindeutige Indizien für die Originalität der evangelischen Berichte.

Die besonders in Epidauros erhalten gebliebenen Inschriften führen die meisten Heilungen und Totenerweckungen, Kindersegen und kurioseste Mirakel auf eine Traumerfahrung im Tempel zurück, während der Gott zum Teil groteske Operationen vornimmt. Auch in jenen Fällen, in denen der Heilgott Asklepios nicht selbst auftritt, wird seine Hilfe als zauberhafte Intervention verstanden. Nicht zuletzt geht es, wie die Honorarfrage zeigt, um das nötige Geld und um das unantastbare Prestige des Gottes, dessen Schmälerung abschreckende Strafwunder zur Folge hat.

Ein genauer Vergleich zeigt: Zwischen den außerchristlichen Wundergeschichten und denen der Evangelien tun sich ganz verschiedene Welten auf. Die neutestamentlichen Wunder haben nichts zu tun mit Zauberei und Magie. Sie geschehen nicht im Dunkeln, in ekstatischer Atmosphäre, sondern immer im Wachzustand und im Milieu der Öffentlichkeit. Scheinbar magisch anmutende Handlungen, wie die Benutzung des Speichels, haben einen anderen Sinn (vgl. die Heilung des Blindgeborenen, S. 358). Und schließlich: Die Wunder Jesu kennen keine Honorarfrage!

Niemals läßt sich Jesus in die Rolle eines bloßen Wundertäters drängen, weder von seinen ungläubigen Gegnern noch vom Volk, das materielle Hilfe sucht. Die Wunder Jesu werden hervorgerufen durch das krafterfüllte Wort Jesu, das mit Zauberformeln nichts zu tun hat: »Ich will, sei rein!« (Mt 8, 3)

Mit der Macht Gottes überwindet Jesus die Einbruchssphäre der dämonischen Mächte, die sich in Sünde, Krankheit und Tod offenbaren. Damit stoßen wir in den innersten Bereich der neutestamentlichen Wunderauffassung vor. Die Taten Jesu sind Zeichen der hereinbrechenden Gottesherrschaft. Damit ist der grundlegende Unterschied zu allen übrigen antiken Wundergeschichten unüberbrückbar aufgedeckt. Und noch ein Faktum kommt hinzu: Die Wunder Jesu haben den Glauben an seine Macht und Sendung zur Voraussetzung. In Nazaret kann Jesus nur wenige Wunder wirken, weil der Glaube fehlt (Mt 13, 58). Die Jünger Jesu können den Knaben nicht heilen, weil ihnen der Glaube mangelt (Mt 17, 16 f.). Nicht die Kenntnis irgendwelcher Mittel und Formeln, sondern die personale Beziehung zwischen Gott und den Menschen macht das Wunder möglich.

Um die Geschichtlichkeit der Wundertätigkeit Jesu zu sichern, brauchen wir aber unseren Glauben nicht als Stütze zu nehmen. Eine Untersuchung der evangelischen Überlieferung selbst bietet Einsichten, die an der Geschichtlichkeit der Wundertätigkeit Jesu keinen Zweifel aufkommen lassen. Eine eingehende Prüfung der Wherufe über die Städte zeigt, daß wir hier eine alte aramäische Überlieferung vor uns haben, die nicht in der nachösterlichen Gemeinde entstanden ist. Abgesehen von Sprache und Stil, ergibt sich die Altertümlichkeit dieses Logions auch daraus, daß nur hier eine Nachricht über eine Wirksamkeit Jesu in Chorazin aufbewahrt ist.[171] Die Nichterwähnung der Stadt Chorazin in der übrigen evangelischen Überlieferung zeigt das Desinteresse der nachösterlichen Gemeinde an dieser Stadt, die doch nur wenige Kilometer von Kafarnaum entfernt war. Der Weheruf über die Städte stammt unmittelbar aus Jesu Mund. Erschüttert stellt Jesus fest, wie sich die Bewohner weigern, in seinen Kraftaten, den Heilungen und Dämonenaustreibungen, die hereinbrechende Gottesherrschaft anzuerkennen.

Lassen sich aber auch einzelne bestimmte Wunder Jesu, wie sie die Evangelien überliefern, als ureigenste Taten Jesu erkennen, die für ihn bezeichnend sind und die nur er gewirkt haben kann? Diese Frage kann bejaht werden. Das Kriterium ist die antipharisäische Tendenz, die antirabbinische Spitze, die sich in zahlreichen Wundern Jesu zeigt, besonders in seinen Sabbatheilungen.

Abb. 176. Die Ruine der Synagoge von Chorazin.

Chorazin, etwa 4 km von Kafarnaum entfernt, wird nur einmal im Evangelium in dem Weheruf Jesu erwähnt. Die Größe der Synagoge läßt darauf schließen, daß der Ort in den ersten Jahrhunderten unserer Zeitrechnung eine gewisse Bedeutung gehabt haben muß. Aber schon Eusebius († 339) kennt ihn nur noch als Einöde. Warum der Ort so früh verlassen wurde, wissen wir nicht. Die meisten Ruinen der alten Stadt sind in die Bauten des jetzt verlassenen arabischen Dor-

fes Chirbet Keraze eingegliedert. Die Synagoge, die aus einheimischem schwarzem Basalt gebaut ist, wurde im Jahre
1926 freigelegt. Unter den Trümmern befand sich auch der
»Sitz des Mose« — »der Präsidialsitz für den Synagogenvorsteher« (Mt 23, 2). (Vgl. Abb. 177.) Unter Leitung des israelischen Archäologen Z. Yeivin wurden 1962 die Grabungen wieder aufgenommen, mit dem Ziel, die nähere Umgebung der
Synagoge mit dem alten Stadtgebiet zu erforschen. Die Stadt
nahm ein Gelände von etwa 6 ha ein und war in vier Wohnviertel gegliedert. Im Zentrum, auf dem höchsten Punkt,
stand die Synagoge gemäß der Vorschrift der Mischna (Tos.
Meg. 4, 23). Die aufgestellten Architekturteile deuten den
Grundriß des Baues an, der sich kaum von dem der Synagoge
in Kafarnaum unterscheidet (vgl. Abb. 167, S. 291). Der etwa

25 m lange und 18 m breite Bau hatte ein dominierendes
Hauptschiff mit einem an drei Seiten umlaufenden Nebenschiff. Die drei Portale lagen an der Südseite (Bildvorder-
grund). Die Synagoge war also wie alle anderen Synagogen
Galiläas nach Süden orientiert. Die Arbeit der einheimischen
Maurer und Steinmetzen an der Synagoge von Chorazin ist
nicht so elegant wie die an der benachbarten Synagoge von
Kafarnaum, ihr Schmuck mit naturalistischen Skulpturen aber
reicher und üppiger. Girlanden, die von Vögeln und Flügel-
pferden getragen werden, Kränze mit Adlern und Tauben
schmückten die Wände. An den Friesen im Innern war die
Traubenernte in fröhlichen Bildern dargestellt. Im Gegensatz
zu Kafarnaum zeigen die Skulpturen nicht die geringsten
Spuren eines Bildersturmes.

Diese »antipharisäischen« Wunder haben mit religions-geschichtlichen Analogien nur in Äußerlichkeiten und in der Darstellungsweise einige Gemeinsamkeiten; das unaustauschbare, bestimmte zeitgeschichtliche Kolorit macht die Berichte zum Urgestein der Überlieferung.

Zeigen wir das an einem Beispiel, das sich nur aus der konkreten geschichtlichen Situation begreifen läßt. »Ein Aussätziger kam zu ihm und bat ihn kniefällig: Wenn du willst, kannst du mich reinigen. Jesus streckte voll Erbarmen seine Hand aus, berührte ihn und sagte: Ich will, sei rein! Während er sprach, wich sofort der Aussatz von ihm, und er wurde rein. Da fuhr er ihn an und trieb ihn sogleich fort mit den Worten: Sieh zu, daß du niemandem etwas sagst. Aber geh hin, zeige dich dem Priester und bringe ihnen zum Zeugnis das Reinigungsopfer dar, das Mose verordnet hat. Als er fort war, fing er gleich an, vieles zu erzählen und die Sache weiterzutragen. Daher konnte er nicht mehr öffentlich in eine Stadt gehen, sondern hielt sich draußen an einsamen Orten auf. Von allen Seiten aber kam man zu ihm« (Mk 1, 40–45).

Markus überliefert die Heilung des Aussätzigen, die sich nach Mattäus in der Nähe von Kafarnaum ereignete, ohne jede Orts- und Zeitangabe. Damit wird aber das Ereignis im Leben Jesu nicht wurzellos, sondern erhält durch die bloße Faktizität programmatische Bedeutung innerhalb der messianischen Wirksamkeit Jesu. Es wird gleichsam zum Modell. Was die Heilung des Aussatzes für Jesus bedeutete, zeigt der zeitgeschichtliche Hintergrund. Erst dieser Rahmen gibt der Perikope die eigentliche Aktualität. Ausführliche Regeln darüber, wie Aussätzige zu behandeln sind — die Krankheit wird im Alten und Neuen Testament Lepra genannt —, gibt die Tora:

»Der Aussätzige, der das Mal der Krankheit an sich trägt, soll in zerrissenen Kleidern umhergehen, er lasse das Haupthaar ungepflegt, verhülle den Bart und rufe: Unrein! Unrein! ... Er soll abgesondert wohnen. Sein Bleiben sei außerhalb des Lagers« (Lev 13, 45 f.).

Die Schriftgelehrten haben diesen Vorschriften große Aufmerksamkeit geschenkt und in dem Mischnatraktat Negaim die Ansichten der großen Rabbinen zusammengestellt.[172] Das furchtbare Schicksal der Kranken drückt ein einziger Satz aus: »Vier werden einem Toten gleichgestellt: der Arme, der Aussätzige, der Blinde und der Kinderlose« (Ned. 64b Bar). Die auffallend strengen Bestimmungen des Gesetzes hatten aber nicht den Zweck, die Ansteckungsgefahr zu beseitigen, sondern sie besaßen kultischen Sinn: Der Aussatz machte kultisch unrein. Daher trat auch die Priesterschaft als Gesundheitsbehörde auf. Die Unreinheit des Aussätzigen übertraf jede andere gesetzliche Unreinheit, denn er machte nicht nur das unrein, was er berührte, seine Anwesenheit genügte schon, alles, auch ohne jede Berührung, an dem betreffenden Ort zu verunreinigen. »Wenn ein Aussätziger in ein Haus tritt, so sind mit dem Augenblick sei-

Abb. 177. »Sitz des Mose« aus der Synagoge in Chorazin.

Der aus einem schwarzen Basaltblock gehauene Ehrensitz hat die Maße von 56,5 × 73 × 56 cm. Der einzige Schmuck ist eine Rosette an der Rückenlehne. Die auf der Frontseite in drei Feldern eingemeißelte aramäische Inschrift lautet:

(1) Zum guten Andenken an Judan, Sohn des Ismael,

(2) der diese Stoa errichtet hat

(3) und ihre Treppen. Für sein Werk möge

(4) er seinen Teil haben unter den Gerechten.

nes Eintretens alle Geräte darin unrein, selbst bis zum obersten Balken hinauf.« Der Aussatz galt als legitimer Scheidungsgrund. Der Aussatz erschien, und das war das Furchtbarste, als eine unmittelbare Strafe Gottes. Nach schriftgelehrtem Urteil galt er als Strafe für Verleumdung, für Blutvergießen, für falschen Schwur, für Unzucht und Raub. Das war das Entsetzlichste für den Kranken, daß er sich als ein von Gott Verfluchter, als ein von Gott Verstoßener ansehen mußte. Wie der Aussatz als ein göttliches Verhängnis angesehen wurde, so stand auch seine Heilung nur bei Gott. Man erwartete darum auch von der messianischen Heilszeit eine Beseitigung dieser Krankheit. Sehen wir nun vor diesem Hintergrund den Bericht des Evangelisten.

Die Schriftgelehrten lehren: »Es ist verboten, vier Ellen weit östlich von einem Aussätzigen zu gehen« (LvR 16/116c). Rabbi Simon ben Lakisch (um 250, aus Tiberias), von dem diese Auslegung stammt, bewarf einen Aussätzigen mit Steinen und rief ihm zu: »Geh an deinen Ort und beflecke nicht die Menschen!« Die Rabbinen Asi und Ammi gingen nicht in eine Gasse, in der Aussätzige lebten. Rabbi Meir (um 150) aß kein Ei aus einer Gasse, in der ein Aussätziger war. Und Jesus? Er wich dem Verfemten nicht aus, wie es die Rabbinen taten. Im Gegenteil, er streckte seine Hand aus und rührte ihn an. Das griechische Verbum »haptesthai« bedeutet noch mehr: Jesus umarmte den Aussätzigen. Die

Mißachtung der rabbinischen Vorschriften konnte deutlicher, ja anstößiger nicht demonstriert werden. Für Jesus ist der Kranke kein von Gott geschlagener Sünder, wie es die Rabbinen lehren. Ihm gehört das Mitleid Gottes. Durch die Umarmung schenkt ihm Jesus sichtbar die Nähe Gottes, von der er nach Ansicht der Rabbinen als Verfluchter ausgeschlossen war. Mit einem souveränen Machtwort stellte Jesus nicht nur seine Gesundheit, sondern auch seine kultische Reinheit wieder her: »Ich will, sei rein!« Sein Wort hat Gewalt. Die Krankheit fällt von ihm ab.

Der Text selbst bietet noch einige Auffälligkeiten, die nur aus der historischen Situation zu begreifen sind. Die späte Handschrift D (Codex Bezae, 5./6. Jahrhundert; vgl. Abb. 53, S. 101) bietet statt des sich erbarmenden Jesus die Lesart »Jesus ward zornig«. Warum wurde Jesus zornig? Nicht über den Kranken, der die Vorschriften des Gesetzes mißachtete, sondern über das Unrecht, das man den Aussätzigen in Israel antat. Es ist der göttliche Zorn gegen die falsche Gesetzlichkeit, mit der man gegen die Kranken vorgeht. Dieser Zorn bewegt den Herrn in solchem Ausmaße, daß er den Geheilten »anschnaubte und sofort wegjagte«. Wozu? »Sieh zu, daß du niemand etwas sagst. Aber geh hin, zeige dich dem Priester und bringe ihnen zum Zeugnis das Reinigungsopfer dar, das Mose verordnet hat« (Mk 1, 43 f.).

Die bloße Annahme, daß Jesus das Gesetz, nachdem er es durch die Berührung gebrochen hatte, erfüllen wollte, ist wohl eine zu brave Interpretation. Jesu Tat ist Zeugnis gegen sie; Zeugnis gegen ihre Selbstgerechtigkeit und Zeugnis für ihre Blindheit, die anbrechende Gottesherrschaft in seiner Person nicht anerkennen zu wollen. Galt doch dem zeitgenössischen Judentum die Heilung und Beseitigung des Aussatzes als Zeichen der anbrechenden messianischen Heilszeit. So werden diejenigen, die von Amts wegen die Heilung konstatieren müssen, in ihrer Gesinnung entlarvt. Gerade den »Geschlagenen« gehört die Gottesherrschaft, und sie werden in die Gemeinschaft des Messias aufgenommen. So bilden die Seligpreisungen der Bergpredigt mit den Taten Jesu eine unlösliche Einheit.

Nimmt man diesen Tatbestand ernst — man hat nicht einen einzigen Grund, daran zu zweifeln —, dann steht die Heilung mitten in der Auseinandersetzung mit den Pharisäern und Schriftgelehrten als reales Faktum. Alle »Zeichen« lenken den Blick auf den, der sie wirkt, und machen die ihm verliehene Heilsmacht transparent. »Werden die Menschen dem Menschensohn glauben?«, so finden wir bei Lukas (18, 8) die entscheidende Frage überliefert.

Das Verhältnis von Wunder und Glaube läßt sich nicht auf eine einfache Formel bringen. Die Wunder wollen den Glauben wecken, können ihn aber nicht erzwingen. Das Wunder ist kein Experiment, das uns den Glauben beweist. Die Wunder können den Glauben nicht erzwingen, weil sie ihn schon irgendwie voraussetzen.

Der eigentlichen Wundererfahrung muß eine Offenheit vorausgehen, die im Menschen den Raum schafft für das Reich Gottes. So haben die Wunder Jesu Ruf- und Entscheidungscharakter — bis zum heutigen Tag.

Die Ermordung des Täufers

Wir zählen das Jahr 29 n. Chr. Es sollte für Jesus kein gutes Jahr werden. In diesen Wochen war sein Verwandter doch der Rache der Herodias zum Opfer gefallen. »Da kam ein gelegener Tag, als Herodes an seinem Geburtstag ein Festmahl gab« (Mk 6, 21). Wo diese Feier stattfand, erfahren wir durch den Evangelisten nicht; Josephus nennt uns den Namen: Machärus. Unter den Gästen sah man neben dem Hofstaat und den hohen Offizieren einige Vornehme aus Galiläa. Warum feierte Herodes seinen Geburtstag auf dieser Festung inmitten der trostlosen Moabiterberge und nicht in seinem Prunkschloß am blauen See von Tiberias? Der Grund ist leicht zu finden. Antipas war, wie schon erwähnt, mit einer Tochter des Königs Aretas verheiratet. Der Vater war über die schimpfliche Behandlung seiner Tochter empört. Es entstand eine bedrohliche Situation, und Herodes mußte mit einer kriegerischen Auseinandersetzung rechnen.

Machärus, der Wachtturm gegen Arabien, war im Süden die entscheidende Festung zum Schutze der herodianischen Gebiete. Darum begab sich Herodes Antipas persönlich in die Grenzfestung, um für alle Fälle strategisch gerüstet zu sein. So kam es also, daß der Vierfürst seinen Geburtstag »an der Front« feiern mußte. Doch die Herren wußten sich zu amüsieren. (Vgl. Abb. 119, S. 202, und Abb. 149, S. 257.)

Markus schildert uns die Szene: »Da trat die Tochter der Herodias herein und führte einen Tanz auf. Wie sie dem Herodes und den Gästen gefiel, sagte der König zu dem Mädchen: Verlange von mir, was du willst, ich werde es dir geben. Ja, er schwur ihr: Was immer du forderst, werde ich dir geben, selbst die Hälfte meines Reiches. Sie ging hinaus und fragte ihre Mutter: Was soll ich fordern? Die darauf: Das Haupt Johannes' des Täufers.

Gleich ging sie voll Eifer zum König hinein und forderte also: Ich will, daß du mir auf der Stelle auf einer Schüssel das Haupt des Täufers Johannes gibst. Da wurde der König recht betrübt, aber wegen der Schwüre und der Gäste wollte er sie nicht darum bringen. Gleich sandte der König den Henker aus und befahl, sein Haupt zu bringen. Der ging hin und enthauptete ihn im Gefängnis. Dann brachte er das Haupt auf einer Schüssel und gab es dem Mädchen, und das Mädchen gab es ihrer Mutter« (Mk 6, 22—28).

Die geschichtlichen Ereignisse lassen uns mit einiger Wahrscheinlichkeit die Zeit dieser Geburtstagsfeier abgrenzen. Um das Jahr 28 n. Chr. war Herodias mit ihrer Tochter Salome nach Galiläa geflohen. Um das Jahr 30

Abb. 178. Münze des Königs Aristobul von Kleinarmenien und seiner Gemahlin Salome.

V: *Der Kopf des Königs mit der Umschrift: Basileos Aristoboulou — des Königs Aristobul.*

R: *Der Kopf der Königin, mit dem Diadem geschmückt; die Umschrift lautet: Basilisses Salomes — der Königin Salome.*

n. Chr. heiratete Salome bereits ihren Onkel Philippus, den Vierfürsten von Ituräa. Der Mord an dem Täufer muß also innerhalb dieser Zeitspanne erfolgt sein, da Salome noch bei ihrer Mutter war; der Evangelist nennt sie noch »Mädchen«.

Philippus, der erste Gatte der Salome, starb im 21. Jahr der Regierung des Tiberius, das ist im Jahre 33/34 n. Chr. Nach seinem Tode heiratete Salome ihren Vetter Aristobul, den sie einmal abgewiesen hatte. Unter Nero wurde Aristobul König von Kleinarmenien und danach von Chalkidike. Der Ehe entsprossen drei Kinder. Auf einer Münze Aristobuls sehen wir noch das Bild der Salome; es ist das einzige Porträt, das wir von einem Mitglied der Herodesfamilie aus der Zeit Jesu besitzen (vgl. Stammbaum der Herodesfamilie, S. 77).

Den Tod der Salome erzählt die Legende, die uns in einer syrischen Handschrift aus dem 6./7. Jahrhundert erhalten ist. In einem apokryphen Brief schildert Herodes dem Pilatus das Ende seiner Tochter, die auf ganz ähnliche Weise wie der Vorläufer Jesu umgekommen ist. Herodias erlebte den Tod Salomes mit und wurde durch das schreckliche Ende ihrer Tochter bestraft. Der apokryphe Brief lautet: »Herodes, Vierfürst von Galiläa, entbietet Pontius Pilatus, dem Prokurator der Juden, seinen Gruß. In großem Leid gemäß den heiligen Schriften schreibe ich dir, so daß auch du sehr betrübt sein wirst, wenn du alles gehört hast. Meine geliebte Tochter Herodias [!] starb, als sie auf dem bis zum Uferrand zugefrorenen Flusse spielte: plötzlich versank ihr Körper im Wasser bis zum Nacken. Ihre Mutter ergriff sie am Kopf, damit sie nicht vom Wasser weggespült würde. Doch das Haupt des Mädchens wurde abgeschnitten, so daß nur das Haupt zurückblieb. Meine Frau aber hält das Haupt des Kindes auf ihren Knien und weint; unser ganzes Haus ist von nicht enden wollendem Schmerz

betroffen.«[173] Wohlgemerkt, das ist eine Legende! Sie zeigt uns aber in drastischer Weise, wie sich die Berichte der Evangelien von den apokryphen Erzählungen unterscheiden.

Die gefährliche Spannung zwischen Aretas und seinem treulosen Schwiegersohn, dem Vierfürsten Antipas zog sich mehrere Jahre hin. Der offene Krieg brach im Jahre 36 n. Chr. aus, und Antipas erlitt eine vernichtende Niederlage. Er wandte sich an Kaiser Tiberius in Rom und bat um Hilfe. Nach einigem Zaudern befahl Tiberius dem syrischen Legaten Vitellius, den Krieg gegen Aretas weiterzuführen. Als dieser sich nach langem Zögern an die Front begeben wollte, erreichte ihn die Nachricht von des Tiberius Tode (37 n. Chr.). Er war froh, nicht für Antipas kämpfen zu müssen, dessen Stern mit des Tiberius Ende langsam zu sinken begann. Wie Josephus berichtet, gönnte das Volk dem Vierfürsten die Niederlage und sah in ihr eine gerechte Strafe für die Ermordung des Täufers.

Markus beschließt seinen Bericht über den Tod des Täufers: »Als die Jünger des Johannes das erfuhren, kamen sie, nahmen den Körper und bestatteten ihn in einem Grabmal« (Mk 6, 29). Heute wird das Grab des Täufers in dem kleinen Dorf Sebastije, dem römischen Sebaste und alten Samaria, gezeigt (vgl. Abb. 180, S. 318). Da der Täufer, wie wir aus den Evangelien und durch Josephus wissen, auch nach dem Tode große Verehrung genoß, ist kaum daran zu zweifeln, daß die Stätte seines Grabes bekannt blieb und verehrt wurde. Es liegt nahe, jede Lokaltradition bei dem Überangebot von Legenden als verdächtig abzuwerten und in das Reich der frommen Phantasie zu verweisen. Doch die Wirklichkeit ist vielschichtiger. Mit einem echten Sproß kann viel wildes Beiwerk wuchern. Nur eine nüchterne Prüfung kann die verschiedenen Elemente sichten. Wir wollen es bei der Tradition über das Johannesgrab versuchen[174] und beginnen mit der Bestandsaufnahme.

Fest steht, daß im 4. Jahrhundert das Grab des Täufers in Samaria-Sebaste verehrt wurde. Über der Grabkrypta erhob sich eine Kirche, von der sich noch einige Steinschichten in den unteren Lagen der Nordmauer erhalten haben. Die Kreuzfahrer fanden die byzantinische Johanneskirche in Ruinen vor und bauten in der 2. Hälfte des 12. Jahrhunderts über dem Grab eine neue Kirche, von der noch die südliche Apsis, einige Mauerflächen und ein Stück der Westfront stehen (vgl. Abb. 180, 3, S. 320). Das alte Chor ist überdeckt und dient heute als Moschee. In dem offenen Kirchenschiff steht über der Grabkrypta ein Kuppelbau. Die Moslems, die eine sehr späte christliche Tradition aus dem 12. Jahrhundert übernommen haben, zeigen im Fußboden ein Loch, das angeblich zur Stätte der Haft und Hinrichtung des Täufers führt. Diese Lokaltradition ist aber nie zur allgemeinen Anerkennung gelangt. Anders steht es mit dem Grabe. Eine Treppe von 20 Stufen führt nach unten in eine Krypta, an deren Eingang eine alte römische

Abb. 179. Der Stadthügel von Samaria-Sebaste.

Die große Straße von Jerusalem nach Galiläa führte am Jakobsbrunnen, nur 10 km östlich von Sebaste, vorbei. Ob Jesus
die heidnische Stadt betreten hat, wissen wir nicht. Die auf
einer etwa 440 m hohen Bergkuppe wie »eine stolze Krone . . .
im herrlichen Glanz über dem fruchtbaren Tal« (Jes 28, 1)
gelegene Stadt hatte eine bewegte Vergangenheit hinter sich.
Nachdem Jerobeam (926–907 v. Chr.) die Hauptstadt des
Nordreiches von Sichem nach Tirza verlegt hatte, kaufte Omri
(878–871 v. Chr.), der fünfte König von Israel, von einem gewissen Semer die flache Bergkuppe und erbaute auf ihr die
neue Hauptstadt. Der Name des alten Besitzers ging auf die
neue Stadt über, die Samaria genannt wurde (1 Kön 16, 24).
Die in den Jahren 1908–1910 begonnenen, 1931–1935 und
1964–1965 fortgeführten Ausgrabungen haben die verschiedenen Schichten der römischen, hellenistischen, assyrischen
und schließlich der israelitischen Königszeit freigelegt. Der
Palast Omris zeigt die Form der orientalischen Hausanlage;
um kleine und größere Höfe gruppieren sich Säle und Kammern. König Ahab (871–852 v. Chr.) erweiterte den Bau, und
der »Elfenbeinpalast« geht als Glanzstück israelitischer Bau-
kunst in die Geschichte der Könige von Israel ein (1 Kön 22,
39). Die vielen gefundenen Einzelstücke aus Elfenbein lassen
uns die verschwenderische Pracht ahnen, sie veranschaulichen
aber auch das verächtliche Prophetenwort: »Sie liegen auf
Lagern von Elfenbein« (Am 6, 4). Die im Palast aufgefundenen Ostraka, mit Tinte beschriebene Tonscherben, enthalten
Quittungen über Naturallieferungen an den königlichen Hof.

Auf dem Rande einer zertrümmerten Tonschüssel waren die
Buchstaben »l j h« eingeritzt, wahrscheinlich: »für Jahwe«,
die Bezeichnung eines Opfergefäßes.
Im Jahre 722 v. Chr. wurde Samaria von den Assyrern zerstört, wie es der Prophet Micha angedroht hatte: »Ich mache
aus Samaria einen Trümmerhaufen im freien Felde und
Pflanzstätten für Weinberge. Seine Steine lasse ich rollen ins
Tal, und seine Grundfesten lege ich bloß« (Mich 1, 6). In der
hellenistischen Zeit wurde die Stadt zweimal zerstört und
wiederaufgebaut. Nach der Zerstörung durch den Hasmonäer
Johannes Hyrkan im Jahre 107 v. Chr. blieb der Hügel jahrzehntelang als Ruinenhaufen liegen, bis mit dem Wiederaufbau durch den römischen Feldherrn Gabinius im Jahre 57
v. Chr. eine neue Blütezeit begann.
Als Augustus die Stadt dem Herodes schenkte, nannte der
sie zu Ehren des Kaisers: Sebaste — Augusta —, ein Name,
der bis heute in dem am östlichen Abhang des Stadthügels
sichtbaren Dorf Sebastije (rechte Bildhälfte) weiterlebt. Er beweist aber, daß der Neubau der Stadt nicht vor dem 16. Januar des Jahres 27 v. Chr. errichtet worden sein kann, denn
an diesem Tage wurde dem Octavianus der Titel »Augustus«,
griechisch »Sebastos«, zuerkannt. Nach Josephus »schmückte
Herodes die Stadt auf vielfältige Weise, da er einerseits die
Notwendigkeit der Sicherheit sah und sie daher zu einer gewaltigen Festung mit mächtigen Mauern ausbaute, und andererseits es als schön ansah, die Stadt als Denkmal seiner
Menschenliebe, hervorgegangen aus seiner Liebe zur Schönheit, der Nachwelt zu hinterlassen« (Jüd. Altert. XV, 8, 5).
(Vgl. Abb. 180, S. 318.)

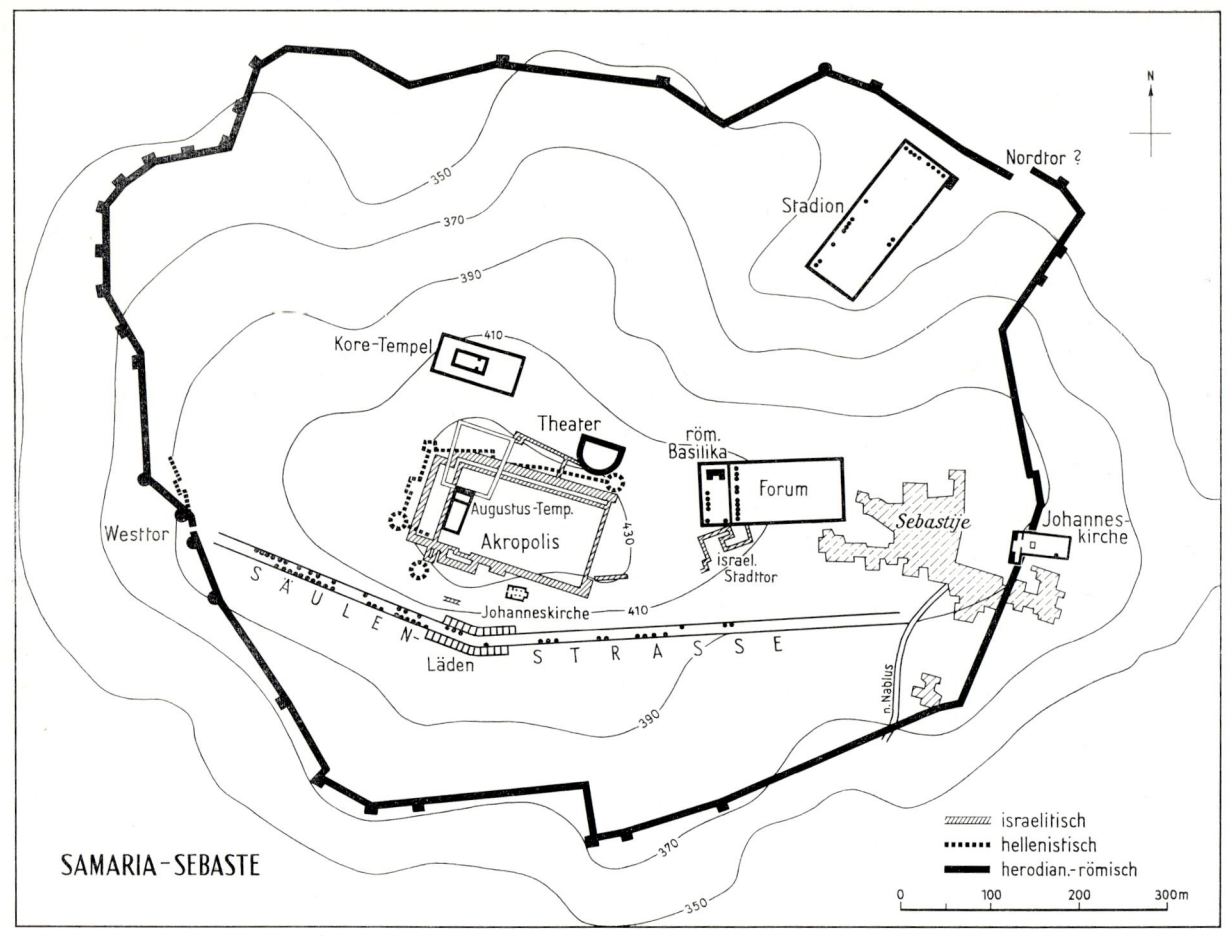

Abb. 180.   Samaria-Sebaste, Stadtplan und Ruinen.

Die Zeichnung zeigt das Stadtareal des römischen Sebaste mit den Mauerresten der hellenistischen Ära und der israelitischen Königszeit auf dem Hügel von Samaria. Das alte Samaria war sehr schwer auszugraben, da die hellenistischen und römischen Bauherren ihre gewaltigen Bauten auf den gewachsenen Fels setzten, so daß die israelitischen Schichten durcheinandergebracht wurden. Die Mauern und Gebäude kann man aber bis zu einem gewissen Grade noch erkennen, da die Architekten Omris und seiner Nachfolger die Fundamente nicht nur auf dem Felsboden errichteten, sondern selbst den Felsen für die Mauern einschnitten. Das Stadtareal in der israelitischen Königszeit umfaßte etwa 6 ha. Die Paläste Omris (878–871 v. Chr.) und Ahabs (871–852 v. Chr.) lagen innerhalb der starken, etwa 2,5 m breiten Kasemattenmauer, die im Umriß wiedergegeben ist. Die hellenistischen Bauten und Türme stammen aus der Zeit Alexanders des Großen und seiner Nachfolger. Herodes der Große befestigte das etwa 80 ha große Stadtgebiet mit einer starken Mauer und baute Sebaste nach hellenistischem Vorbild mit Forum und Akropolis, Kore- und Augustustempel, Theater und Stadion zu einer der schönsten Städte seines Reiches aus.

Die große Säulenstraße endete am Westtor, das von zwei Rundtürmen gesichert wurde, deren Durchmesser etwa 12 m betrug. Während der nordwestliche Turm auf den Fundamenten hellenistischer Bauten stand, war der südöstliche in den natürlichen Felsen eingelassen. Im Oberteil eines jeden Turmes befanden sich vier Räume, wahrscheinlich die Wachstuben. Ein dritter runder Turm lag etwa 50 m südöstlich vom Tor. Die Säulenstraße selbst, die zunächst in südöstlicher Richtung verlief, bog dann in einem flachen Winkel nach Nordosten ab und bildete eine große Handels- und Einkaufsstraße. Auf der Nordseite lagen überwölbte Zimmer mit einer Apsis in der rückwärtigen Wand. Je zwei Zimmer waren durch eine 1 m dicke Wand getrennt. Auf der Südseite der Straße gab es zweistöckige Gebäude. Läden und Zimmer waren so angeordnet, daß bei beiden die Türen und Eingänge abwechselnd auf eine Säule ausgerichtet waren. Danach läßt sich die Zahl der Säulen, welche die Straße säumten, auf mindestens 600 berechnen. Außer dieser bekannten Säulenstraße, die südlich des Stadthügels verlief, wurde bei den Ausgrabungen eine zweite freigelegt, die nördlich der Akropolis einen ungefähr parallelen Lauf nahm. Sie endete am Forum und bildete den Zugang zu den Staatsgebäuden. Das Forum mit einer Länge von 128 m und einer Breite von 72,5 m war von Säulenhallen umgeben. An seiner Westseite schloß sich eine römische Basilika an, deren Apsis nach Norden gerichtet war (Bild 1). Eine gefundene Inschrift des L. Annius Rufus, der um das Jahr 14 n. Chr. Prokurator von Judäa-Samarien war, weist den dreischiffigen Bau noch der herodianischen Zeit zu.

Westlich vom Forum erhob sich auf der höchsten Erhebung des Stadthügels der Tempel des Augustus, den Herodes seinem Gönner errichtete. Aus einem trapezförmigen, etwa 70 m langen Vorhof führte eine breite Freitreppe auf der Nordseite zu dem 24×35 m großen Tempel empor (Bild 2). Vor der untersten Stufe fand sich der große Altar (rechter Bildrand), in dessen Nähe ein 3 m hohes, kopfloses Bruchstück einer Kolossalstatue des Kaisers lag. Die Identifizierung als Kaiserstatue ist durch die Imperator-Insignien auf der rechten Brust gesichert. Von der Vorhalle aus schweift der Blick weit hin über das Land bis nach Cäsarea am Meer. Unter dem Tempel lagen die Schichten der hellenistischen, assyrischen und israelitischen Zeit. Vermutlich stand der Augustustempel an der Stelle des Baaltempels, den Ahab unter dem Einfluß seiner phönizischen Frau Isebel (Jezabel) erbaute. Nördlich vom Augustustempel stand in der Mitte eines heiligen, von Säulen umgebenen Bezirkes der Tempel der Kore.

Zwischen Forum und Koretempel lag das Theater, dessen Zuschauerraum sich an den Hügel lehnte. Der Bau, der 1964/65 ganz freigelegt wurde, stammt aus der späteren Kaiserzeit. Die schönste erhaltene Ruine aus der herodianischen Zeit ist, abgesehen vom Augustustempel, ein Stadion, das am Talrand, nördlich des Siedlungshügels erbaut und in die Ummauerung einbezogen ist. Es handelt sich um ein rechteckiges Peristyl; innen herum lief ein überdachter Säulengang. Die Arena mit der Rennbahn hatte die für die Olympischen Spiele vorgeschriebenen Maße.

Die Apostelgeschichte berichtet: Der Diakon »Philippus kam in die Hauptstadt von Samarien und predigte ihnen den Messias« (Apg 8, 5). »Als die Apostel in Jerusalem hörten, Samaria habe das Wort Gottes angenommen, sandten sie Petrus und Johannes zu ihnen« (Apg 8, 14). Seit dem 4. Jahrhundert ist die Verehrung des Täufergrabes in Samaria-Sebaste bezeugt. Aus byzantinischer Zeit stammt die erste Johanneskirche, die genau am Ostrand der römischen Stadtmauer errichtet und später durch

1. Forum mit römischer Basilika.

2. Freitreppe des Augustustempels.

3. Die Ruinen der Johanneskirche am Ostrand von Sebastije.

eine Kreuzfahrerkirche abgelöst wurde. Ihr Umriß hat sich mit Ausnahme der Apsis erhalten. Die 48 m lange und 23 m breite Kirche galt als eine der schönsten in Palästina. Sie hatte drei Schiffe, die durch Pfeiler mit vorgesetzten Säulen voneinander abgegrenzt wurden (Bild 3). Von dem Gebäude des 12. Jahrhunderts stehen nur einige Mauerflächen, ein gutes Stück der Westfront, einige Pfeilerbündel und Gurtbögen. Nur das alte Chor ist überwölbt und dient als Moschee, deren Minarett auf dem Bild zu sehen ist. Das Kirchenschiff liegt offen, in seiner Mitte steht ein Kuppelbau, der sich über der Grabkrypta erhebt. In einem kleineren, seitlich liegenden Kuppelbau führen 20 Stufen nach unten in die Krypta. An ihrem Eingang liegt eine römische Basalttür, die einst die Grabkammer abschloß. »Es ist ein gewöhnliches römisches Grab aus dem 2. oder 3. Jahrhundert, wenn nicht noch früher« (C. Kopp).
Der Platz einer anderen Johanneskirche, die in den Pilgerschriften des Mittelalters erwähnt wird, wurde bei den Ausgrabungen 1931 entdeckt. Die Kirche, die zwischen dem 5. und 7. Jahrhundert erbaut war, lag nahe am südlichen Abhang des Stadthügels südlich der Akropolis. (Vgl. Stadtplan.)

Basalttür liegt, die einst die Grabkammer abschloß. Es ist ein gewöhnliches römisches Grab aus dem 2. oder 3. Jahrhundert, wenn nicht aus noch früherer Zeit. Die Grabnischen sind mit Platten abgedeckt, in denen sich sechs runde Löcher befinden. Die drei unteren sollen nach der Ortstraditon die Gräber der Propheten Elischa, des Täufers Johannes und des Propheten Obadja (Abdias) enthalten. Nach einer mittelalterlichen Tradition sollen in den oberen Grabnischen die Eltern des Täufers bestattet sein.

Aus byzantinischer Zeit stammt noch eine Kirche, die im Jahre 1931 nahe der Akropolis, etwas südöstlich vom Augustustempel, freigelegt wurde (vgl. Abb. 180, S. 318). Diese Kirche, die der »Auffindung des Hauptes« geweiht war, erfuhr das gleiche Schicksal der Zerstörung. In der Kreuzfahrerzeit wiederaufgebaut, verfiel sie langsam in den folgenden Jahrhunderten. Links von dem Altar führen Stufen in eine gewölbte Kammer, an deren östlichem Ende über einer Nische ein verstümmeltes Fresko die Hinrichtung des Täufers und die Auffindung des Hauptes darstellt. Wie kam die Lokalisierung der Hinrichtung des Täufers an diesen Ort? Die Erklärung, daß die Bewohner die Ruine des Tempels für den Palast des Herodes Antipas hielten, ist wenig überzeu-

gend. Als die Kirche erbaut wurde, stand das römische Sebaste noch, ebenfalls war die Lokaltradition in Machärus während der byzantinischen Zeit noch lebendig. Es genügt wohl die Annahme, daß mitten in der Stadt noch eine Kirche dem Gedenken des Täufers geweiht war und diese Kirche allmählich mit dem Titel auch den Ort der Enthauptung an sich zog, als die Tradition über Machärus sich im Dunkel der Vergangenheit verlor.

Wie steht es aber mit den geschichtlichen Zeugnissen für das Johannesgrab? Die erste Nachricht stammt von Hieronymus, der dem Onomastikon (um 330) des Eusebius die Worte einfügt: »wo die Gebeine Johannes' des Täufers beigesetzt sind«. Aus einem Brief zitiert er: »Wann wird der Tag kommen, wo wir mit dir nach Samaria gehen können, um dort zusammen die Asche Johannes' des Täufers, Elischas und Obadjas zu verehren?« (Ep. 108, 13) Was geschehen war, erfahren wir von Rufus aus Aquileia († 410). Er berichtet, wie christliche Mönche, die zur Zeit des Kaisers Julian Apostata (361 bis 363) nach Samaria gekommen waren, um das Täufergrab zu verehren, die schändliche Entweihung des Grabes durch die Heiden mit erleben mußten. Die Gebeine wurden verbrannt, und die Asche auf die Felder verstreut. Schwerlich war damals die Verehrung des Täufergrabes jungen Datums. Wir besitzen zwar keine früheren Zeugnisse, doch spricht für das Alter der Tradition ihre feste Verwurzelung in Samaria. Das Grab des Täufers hat zu keiner Zeit irgendwo einen Konkurrenten gehabt, obwohl sich den Besitz des Hauptes schon früh Konstantinopel (vor 394), Emesa (453), d. i. der alte Name von Homs am Orontes in Syrien, und Damaskus streitig machten.

Als weiteres Altersindiz kann der Tatbestand angesehen werden, daß das Täufergrab in Samaria mit demjenigen des Propheten Elischa in ein und demselben Mausoleum vereinigt war. Der Prophet hatte in Samaria ein Haus (2 Kön 6, 32) und erhielt dort vor seinem Tod noch den Besuch des Königs Joasch (2 Kön 13, 14). Dann folgt die kurze Notiz: »Hierauf starb Elischa, und man begrub ihn« (2 Kön 13, 20). Leider sagt uns der Hagiograph nichts Genaues über den Ort des Grabes.

Die Lage außerhalb der damaligen Stadt spräche aber für die Echtheit des Grabes. Die erste spätjüdische Tradition für das Elischagrab in Samaria ist uns in den »Vitae prophetarum« (vor dem Jahre 70 n. Chr.) erhalten. Die Tradition eines jüdischen Heiligengrabes in einer heidnisch-hellenistischen Stadt legt die Folgerung nahe: Es war wirklich dort.

Anders steht es mit der Verehrung des Propheten Obadja, von dem wir nur seinen Namen und ganze 21 Verse kennen. Eine frühe Gleichsetzung mit dem gleichnamigen Haushofmeister des Königs Ahab (871—852 v. Chr.) verleitete dazu, sein Grab in Samaria zu suchen (vgl. 1 Kön 18, 3 ff.).

Wie erklärt es sich aber, daß das Grab des Täufers in Samaria gesucht wurde, obwohl doch Josephus ausdrücklich berichtet, daß der Täufer in der Festung Machärus enthauptet worden war? Wir können darauf keine sichere Antwort geben. J. Jeremias schreibt: »Aber vielleicht ist die Vermutung nicht ganz abwegig, daß die Jünger des Johannes, die nach Mk 6, 29 seinen Leichnam fortschafften, ihn aus dem Herrschaftsbereich seines Mörders Herodes Antipas herausbrachten und daß sie Samaria trotz der weiten Entfernung deshalb als Begräbnisstätte wählten, weil sich dort ein Zentrum der Bewegung gebildet hatte. Daß die Wirksamkeit des Täufers auch auf samaritisches Gebiet ausgestrahlt hat, ist auf jeden Fall aus seiner Tauftätigkeit in Änon bei Salim (Joh 3, 23) zu erschließen, das nach Eusebius etwa 12 km südlich von Skythopolis lag, also unmittelbar an der samaritischen Nordgrenze.«[175] (Vgl. Abb. 119, S. 202, und Abb. 12, S. 29.)

Die Tradition des Täufergrabes in Samaria-Sebaste ist alt. Ist sie unglaubwürdig? Kirchliche Traditionen über biblische Orte im Heiligen Land erfreuen sich nach Robinsons Vorbild keiner besonderen Sympathie. C. Schick, der ein ganzes Menschenalter in Palästina geweilt hat, berichtet von sich selbst: »Ich habe lange ähnlichen Ansichten gehuldigt, bin aber nach und nach bei eingehenden Studien an Ort und Stelle und in Verbindung mit dem Studium der Geschichte einzelner Orte zu meiner Verwunderung von der Richtigkeit der Tradition in betreff verschiedener Orte überzeugt worden.«[176]

Die wunderbare Brotvermehrung

Als Jesus vom Tod des Täufers hörte, zog er sich in die Einsamkeit zurück. Jesus wußte, dieser Tod war ein Vorzeichen kommender Dinge und ein Wahrzeichen für das Schicksal seiner Jünger in dieser Welt. So konnte er es nicht wagen, nach Jerusalem zum Osterfest zu ziehen. Mit seinen Jüngern fuhr er über den See, um allein zu sein; aber die Volksscharen waren eher da als er. Was nun geschah, berichten alle vier Evangelisten ausführlich:

»Jesus stieg nun auf den Berg und setzte sich dort mit seinen Jüngern. Ostern, das Fest der Juden, war nahe. Da nun Jesus seine Augen erhob und sah, daß viele Leute zu ihm strömten, sprach er zu Philippus: Woher sollen wir Brot kaufen, damit diese essen können? Das sagte er aber, um ihn auf die Probe zu stellen; er selbst wußte, was er tun wollte. Philippus antwortete ihm: Brote für 200 Denare reichen für sie nicht aus, wenn jeder auch nur ein kleines Stück bekommen soll. Einer von den Jüngern — es war Andreas, der Bruder des Simon Petrus — sagte ihm: Hier ist ein Knabe, der fünf Gerstenbrote und zwei Fische hat; aber was ist das für so viele? Jesus sagte: Laßt die Leute sich setzen. Es wuchs aber viel Gras an der Stelle. Da setzten sich die Männer, an Zahl ungefähr fünftausend. Darauf nahm Jesus die Brote, sprach das Dankgebet und verteilte sie an die Lagernden, ebenso auch von den Fischen, soviel sie wollten« (Joh 6, 3—11).

Zunächst eine kleine topographische Vorbemerkung. Zu der bei Mattäus und Markus geläufigen Bezeichnung »See von Galiläa« (wörtlich: »Meer« von Galiläa) fügt Johannes noch die umständliche Erweiterung hinzu: »Jesus begab sich an das andere Ufer des Galiläischen Meeres, des Tiberiensischen« (Joh 6, 1). Die Verwendung des griechischen Wortes »thalassa« — »Meer« — sollte bei einem landesunkundigen Leser nicht den Eindruck erwecken, es sei das Große Meer, nämlich das Mittelländische Meer, gemeint.

Ein Vergleich des johanneischen Berichtes mit den Synoptikern, besonders mit Markus, zeigt nicht nur eine Ähnlichkeit der Darstellung, sondern auch eine gleiche Verknüpfung der Geschehnisse: Brotvermehrung — Joh 6, 1—13; Mk 6, 34—44; Seewandeln — Joh 6, 16—21; Mk 6, 45—52; Rückkehr an das Westufer — Joh 6, 24 f. (Kafarnaum); Mk 6, 53 (Gennesar); Zeichenforderung — Joh 6, 30; Mk 8, 11; Petrusbekenntnis — Joh 6, 68 f.; Mk 8, 29.

Über dieses Nebeneinander von Gemeinsamkeiten haben die Exegeten verschiedene Ansichten geäußert, angefangen bei Klemens von Alexandria bis in unsere Zeit. Die einen bestreiten eine Abhängigkeit und Benutzung der synoptischen Tradition durch den vierten Evangelisten; die anderen setzen in verschiedener Weise eine Kenntnis und Abhängigkeit voraus. Am wahrscheinlichsten läßt sich wohl die Übereinstimmung durch die Abhängigkeit von der mündlich über-lieferten, festgeformten Urkatechese, an der Johannes als Augenzeuge einen nicht geringen Anteil hatte, er-klären. Johannes hat aber den Stoff weiter theologisch durchgearbeitet und transparent gemacht. Für ihn ist das Wunder ein Zeichen, das auf Jesus hinweist: »Ich bin das Brot des Lebens« (Joh 6, 35). Das Zeichen ist der eucharistischen Rede vorangestellt, die nicht als die Verkündigung einer zeitlosen Wahrheit auftritt, son-dern mit der Tat und der Person Jesu untrennbar ver-knüpft ist. Das Lebensbrot ist keine dingliche Gabe, kein »Manna«, sondern er selbst.

Im johanneischen Bericht tritt Jesus als der Han-delnde auf. Er stellt an Philippus die Frage »Wo sol-len wir Brote kaufen, damit diese essen können?« Der Evangelist fügt sofort hinzu: »Das sagte er aber [man hört gleichsam das stark betonte ›er‹], um ihn auf die Probe zu stellen.« Jesus gibt den Jüngern die An-weisung, daß sie die Leute sich lagern lassen sollen. Er nimmt die Brote und spricht darüber das Dank-gebet.[177] Er selbst verteilt die Brote an die Leute. So ist Jesus die das ganze Geschehen beherrschende Gestalt. Die Jünger sind, anders als bei Markus oder gar bei Mattäus, an dem Geschehen selbst nicht aktiv be-teiligt, sie fungieren lediglich als Statisten und Zeugen. Nur das Einsammeln der Reste überläßt Jesus seinen Jüngern.

Bei einem weiteren Vergleich mit dem synoptischen Bericht fallen einige einzelne, scharf gezeichnete Züge besonders auf. Es sind: die Bezeichnung der Brote als »klasmata« — »Gerstenbrote« (Joh 6, 13) —, der Fische als »opsaria« — »eingemachte Fische« (6, 11) —, die An-gaben, »daß das Pascha nahe bevorstand« (6, 4) und daß der Platz grasreich war (6, 10), ferner die spätere Angabe der Entfernung von 25 bis 30 Stadien (6, 19) und die Ankunft der Schiffe aus Tiberias (6, 23), schließ-lich die Erwähnung des namenlosen Knaben (6, 9) und die Namen der beiden Apostel Philippus und Andreas. Für alle diese Einzelfakten gibt es nur eine überzeu-gende Erklärung: Die Evangelisten benutzten Augen-zeugenberichte. Die Übereinstimmung mit den Synop-tikern in anderen Einzelheiten, wie den Zahlen der Fische und Brote, der 200 Denare, der zwölf Körbe und der fünftausend Männer, bestätigt nur diese Annahme.

Das Wunder der Brotvermehrung machte auf alle Beteiligten einen ungeheuren Eindruck. Die Galiläer waren entschlossen, den Nazoräer zum Messias auszu-rufen: »Als die Leute das Wunder sahen, das Jesus gewirkt hatte, sagten sie: Der ist wahrhaftig der Pro-phet, der in die Welt kommen soll« (Joh 6, 14). Was das aber bedeuten sollte, das wußte Jesus sehr genau. Zur gleichen Zeit kam es in Jerusalem zu einem blu-tigen Handgemenge. Pilatus, der einen Aufstand be-fürchtete, ließ eine Schar galiläischer Festpilger brutal von seinen Legionären auf dem Tempelplatz nieder-schlagen. Dieser Gewaltakt des Römers hatte im gan-zen Land zu heller Empörung geführt. Selbst Herodes, der Landesvater der Ermordeten, sah sich in seiner Autorität gekränkt. Was wird nun Jesus tun? Wird er sich in diesen Machtkampf um die nationale Freiheit seines Volkes einspannen lassen? Jesus gab nur eine Antwort: »Wenn ihr euch nicht bekehrt, werdet ihr alle ebenso umkommen« (Lk 13, 3).

Die wenigen Angaben der Evangelisten lassen er-kennen, daß die wunderbare Brotvermehrung auf dem Ostufer des Sees stattgefunden hat. Als der Besuch die-ser einsamen Gegend in den folgenden Jahrhunderten für die Pilger immer gefährlicher wurde, verlegte man das Andenken an dieses große Ereignis auf das west-liche Ufer in die Nähe von Kafarnaum und reihte die Gedenkstätte als ein Glied in die Kette der dortigen heiligen Stätten ein. Wie alt diese Tradition ist, zeigt uns schon der Bericht der Pilgerin Aetheria. »Dort am Meere (von Galiläa) ist eine Ebene mit viel Gras und Palmen und daneben sieben Quellen, die (unendlich)

Abb. 181.   Das Nordostufer des Sees Gennesaret.

Während das Westufer im Jahrhundert Jesu dicht besiedelt war, lag das Ostufer vereinsamt da. Die enge Begrenzung des Ufergeländes ist der Grund, daß sich hier keine bedeu-tendere Ortschaft jemals entwickelte. Dem schmalen Strande, der sich bei den in den See mündenden Tälern zu einer klei-nen Alluvialebene erweitert, folgt bald ein steiler Aufstieg zu der etwa 500 m höher liegenden Hochebene. Dort lagen die großen Ortschaften, die mit den drei nächstgelegenen Städten Julias, Hippos und Gadara bereits zum Gebiet der Dekapolis gehörten (vgl. Abb. 156, 2, S. 271). Das autonome Hippos lag Tiberias gegenüber auf einem schmalen tafelför-migen Gipfel, der wie ein trotziges Vorgebirge nach dem See zu emporragt. Die Evangelien erwähnen die Stadt nie, ob-wohl sie nach Josephus (Jüd. Krieg II, 18, 5) auch eine jüdi-sche Bevölkerung hatte; aber überall am See mußte die 370 m über seinem Spiegel thronende Stadt als die »Stadt auf dem Berge« (Mt 5, 14) erscheinen. Magdala gegenüber mündet das Wadi es-Samak in den See. Ruinen um das heutige Dorf el-Kursi am südlichen Ufer des Wadi verraten eine alte Orts-lage, wahrscheinlich das im Evangelium erwähnte Gergesa (Lk 8, 26). (Vgl. Abb. 194, S. 345.) Weiter nördlich mündet das auf dem Bilde (rechte Bildseite) sichtbare Wadi Barbutije in den See, etwa 6 km von Betsaida entfernt. Die biblischen Angaben über das »Wo« der Brotvermehrung verlangen ein Berggelände, nicht allzuweit vom Ufer entfernt, das geeignet war, einer größeren Schar von Menschen Platz zu bieten. Das Gelände nördlich vom Wadi Barbutije scheint diese Bedin-gungen zu erfüllen. Es bot zunächst für die Schiffe den ge-eigneten Landeplatz. Während das südliche Ufer des Wadi schroffer zum See abfällt, beginnt nördlich der Mündung eine Erweiterung des Uferstreifens. Die Abdachung, die sich sanft zum See senkt, bot leicht einer großen Schar Platz zum La-gern. Wie noch heute die Gegend verlassen ist, so wird es auch damals an größeren Ortschaften gefehlt haben. Einsam waren die Abhänge und Vorgipfel der Hochebene, die nur als Weide-land für die Herden ihre Bedeutung hatten. Das Gras war natürlich keine Grasmatte, wie wir sie von gepflegten Wie-

sen kennen, sondern der üppig wilde Wuchs von Gräsern und Kräutern, die den unbebauten Boden während des ganzen Frühlings bedeckten. Die nahen Anhöhen boten Jesus leicht die Möglichkeit zu einem schnellen Rückzug: »Da aber Jesus wußte, daß sie kommen und ihn wegführen würden, um ihn zum König zu machen, ging er fort, wiederum auf den Berg, er allein« (Joh 6, 15). Vor seinen Augen lag der See, flach und glänzend wie ein Silberspiegel im Schein der untergehenden Sonne. »Als es Abend wurde«, sah er, »wie seine Jünger zum See hinabgingen, ein Schiff bestiegen und die Fahrt auf das andere Ufer des Sees nach Kafarnaum begannen« (Joh 6, 16. 17). (Vgl. Abb. 156, 2, S. 271.)

reichlich Wasser liefern. In dieser Ebene hat der Herr mit fünf Broten und zwei Fischen das Volk gespeist. Der Stein, auf den der Herr das Brot legte, ist zu einem Altar gemacht.« (Vgl. Abb. 183, S. 325.)

Dieser Bericht der Aetheria gibt uns eine der ältesten Traditionen des Heiligen Landes wieder. Die erste christliche Kirche nicht nur am See, sondern in ganz Galiläa, die von einem Pilger gesehen und uns bezeugt wurde, war dem Gedächtnis der Brotvermehrung geweiht. Wenn auch das Wunder seine Stätte nach den Berichten der Evangelisten am jenseitigen Ufer des Sees hatte, so zeigt uns doch die Verehrung am Siebenquell nicht nur die räumliche, sondern auch die innere Beziehung der Brotvermehrung zur heiligen Eucharistie. Weil der Glaube an das Brot des Lebens an diesem Ort eine so ergreifende Sichtbarkeit hinterlassen hat, ist er uns verehrungswürdig, auch wenn die bloße Frage nach der Echtheit des Ortes negativ beantwortet werden muß. Dennoch: das ganze Ufer des Sees, von Betsaida bis Tiberias, von Kafarnaum bis Gennesar, Magadan und »Dalmanuta« – das sind die Ortsnamen, die uns mit der Brotvermehrung in den Evangelien genannt werden –, ist erfüllt vom Widerhall der Tat Jesu. Mattäus schreibt: »Sie fuhren hinüber und landeten in Gennesaret. Und die Leute jenes Ortes erkannten ihn und sandten Boten in die ganze Umgebung, und man brachte alle Kranken zu ihm« (Mt 14, 34. 35). Gennesar, das alte Kinneret und spätere Chirbet el-Minje, liegt nur etwa 1,5 km vom Siebenquell entfernt. Wir sind also wenigstens in evangelischer Nähe (vgl. Abb. 156, 2, S. 271).

Die Geschichte des Siebenquells ist schnell erzählt. Im Jahre 1887 hatte der »Palästina-Verein für das katholische Deutschland« den Uferstreifen von Chirbet el-Minje bis zur Ain et-Tabgha, dem Siebenquell, erworben.[178] Als die ersten Siedler, zwei Bayern und zwei Westfalen, auf dem Gelände zwischen dem Tell el-Oreme und der Talsohle des Wadi ed-Dschamus mit dem Bau ihrer Farm begannen, ahnten sie noch nicht, auf welchem welt- und heilsgeschichtlichen Boden sie standen. Schon bei den Fundierungsarbeiten ihrer Wohnhäuser am »Minet en-Nachle« – »Palmenhafen« – stießen sie auf sorgfältig behauene Basaltsteine, Grundmauern und Mosaikreste. Eine mächtige Mauer von 1,5 m Dicke lief zur Bucht des Hafens parallel, die durch eine Landzunge molenartig in den See ragt.

Der reichliche Befund von römischen, byzantinischen und arabischen Kulturresten auf dem Gelände östlich und westlich des Wadi ed-Dschamus lenkte bald die Aufmerksamkeit der Archäologen auf den in der ganzen Seelandschaft einzigartigen Siebenquell, der in kleinen Bächen dem See zuströmt; seit ältesten Zeiten muß er die Menschen an diese Bucht gezogen haben. Die Ausgrabungen sollten diese Vermutung überreich bestätigen. Schon bei den im Jahre 1911 begonnenen Grabungen konnte die Anlage einer dreischiffigen Kirche festgestellt werden. Der archäologische Befund und der wiederaufgefundene Altarstein stimmten so auffällig mit den topographischen Angaben des Berichtes der Aetheria überein, daß die Bedeutung dieses Ortes allen Beteiligten klar war. Nach einem baldigen Grabungsverbot durch die türkische Regierung mußten leider die Arbeiten eingestellt werden und ruhten zwanzig Jahre. Unter günstigeren Voraussetzungen wurden die Grabungen 1932 wiederaufgenommen.[179] Obwohl die Mauern der Kirche im Laufe der Jahrhunderte abgetragen und sämtliche Säulen mit Basen und Kapitälen ausgerissen und verschleppt worden waren, fand

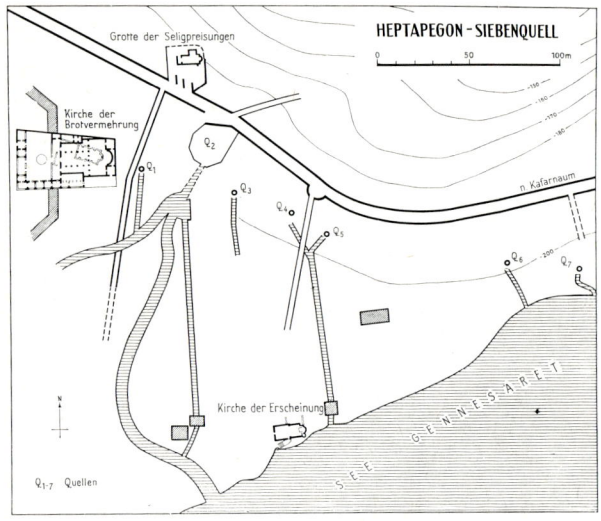

Abb. 182. Das Gelände am Siebenquell.

Drei biblischen Ereignissen gilt das Gedenken am Siebenquell: der Verkündigung der Seligpreisungen, dem Wunder der Brotvermehrung und der Erscheinung des Auferstandenen. (Vgl. Abb. 164, S. 286, und Abb. 294, S. 548.)

Jenseits der Straße, die aus dem nahen Kafarnaum nördlich des Quellgrundes vorüberführt, liegt am Hang die Grotte der Seligpreisungen. Bei der Brotvermehrungskirche ist die Lage der ersten Kirche im Grundriß der großen byzantinischen Kirche eingezeichnet. Die Felsstufen an der Kirche der Erscheinung des Auferstandenen sind nur angedeutet. Alle Quellen liegen am West- und am Südfuß des Kalkhügels von Schech 'Ali. Die wasserreichste Quelle, Ain et-Tabgha – Birket 'Ali ed-Daher (Q₂), wird von einem gemauerten Oktogon umschlossen. Die Anlage, die nur wenig aus dem Boden herausschaut, stammt aus byzantinischer Zeit (vgl. Abb. 164, S. 286). Der größte Durchmesser dieses polygonalen Wasserturmes beträgt 22,8 m. Von den 20 Stufen sind jetzt nur mehr zehn vorhanden. Diese Quelle gilt allgemein als die »Quelle von Kafarnaum«, die Josephus erwähnt: »Denn abgesehen von der milden Witterung, trägt zur Fruchtbarkeit dieser Gegend auch die Bewässerung durch eine sehr kräftige Quelle bei, die von den Einwohnern des Landes Kafarnaum genannt wird« (Jüd. Krieg III, 10, 8).

ursprünglich mit Metall ausgelegt. Der Altarunterbau ist dem Stein sorgfältig ringsum angepaßt. An seinen Ecken lagern vier kleinere Steine mit quadratischen Löchern, in denen kleine Marmorsäulen standen, welche die Altarplatte trugen, so daß der Stein darunter sichtbar blieb. Eine etwa 1 m lange, vollständig erhaltene Altarsäule wurde 1911 noch freigelegt, später aber verschleppt. Weitere Reste fand man bei den späteren Ausgrabungen. Liegt der Stein hier »in situ«, d. h., war er schon vor Erbauung der Kirche an derselben Stelle, wo er sich jetzt befindet, oder ist er an dieser Stelle nicht »gewachsen«, sondern herbeigebracht worden? Nähere Untersuchungen ergaben, daß der Stein kein gewachsener Fels ist; ob er aber aus näherer oder größerer Entfernung hergebracht wurde, ist nicht nachweisbar. Sicher ist nur, daß der Stein bereits in der ersten Kirche (um 350) im Mittelpunkt der Verehrung stand. Das Brot-und-Fisch-Mosaik, das zum Teil nach der Auffindung ergänzt wurde, liegt zwischen Choraltar und dem Präsidialsitz, einer Steinbank in der Apsisrundung, knapp 1 m vom Stein entfernt. Das Mosaik stellt einen Korb dar, aus dem vier runde, kreuzgezeichnete Brote ragen. (Für neugierige Frager: Das fünfte Brot [Mk 6, 38] liegt darunter!) Auf beiden Seiten ist der Korb von je einem Fisch flankiert, dessen gedrungene Form mit dem großen Kopf sofort an den Chromis Petri, den Petrusfisch, erinnert. Rechts und links wird das Mosaik von einer langgestreckten Raute begrenzt. Nach der Größe der Steine zu urteilen, scheint dieses Mosaik nicht zu dem ursprünglichen Boden der Kirche gehört zu haben, sondern stammt aus einer späteren Restauration, wie es eine Inschrift am nördlichen Rande des Mosaikfeldes nahelegt. Sie lautet: »Zum Gedächtnis und zur Seelenruhe des Stifters, des ehrwürdigen Patriarchen M .. T ....« Von dem Namen des Patriarchen ist nur der erste Buchstabe M und ein T teilweise erhalten. Die Paläographen haben durch Schriftvergleiche den Stifter gesichert. Unter den 88 Patriarchen Palästinas gibt es nur drei, deren Namen mit M beginnen, nämlich: Martyrios (479–486), Makarios (563–574) und Modestus (631–634). Das Zentimetermaß gab Martyrios die Ehre des Stifters, da zwischen dem M und dem noch vermuteten T nur zwei Buchstaben Platz haben.

Abb. 183. Der »Heilige Stein« mit dem Mosaik in der Brotvermehrungskirche. (Vgl. Abb. 185, S. 327.)

Mittelpunkt und hochverehrtes Kleinod der Brotvermehrungskirche war jener Stein, auf den nach dem Bericht der Aetheria der Herr die Brote gelegt hatte. Der Stein, der in der Hauptachse der Kirche in der Mitte des Presbyteriums liegt, ist ein unregelmäßiger, nicht künstlich behauener Kalkstein von 1 m Länge und 0,57 m Breite. Er ragt bis zu 0,17 m über das Bodenniveau des Chores heraus, in dessen Boden er fest eingemörtelt ist. Das im nördlichen Drittel eingemeißelte, 0,10 m große Kreuz war man doch noch genügend Mauerreste, um den Grundriß der Kirche aufnehmen zu können (vgl. Abb. 184).

Die eigentliche Überraschung bildeten die herrlichen Bodenmosaiken, mit denen die ganze Kirche ausgelegt war (vgl. Abb. 187, S. 330). Als 1936 die Mosaiken

Abb. 184. Die Brotvermehrungskirche in et-Tabgha am See Gennesaret.

Hart an der Straße, die nach Kafarnaum führt, etwa 50 m westlich der von einem gemauerten Oktogon umschlossenen Quelle »Birket 'Ali ed-Daher« (vgl. Abb. 182, Q₂) sah man im 19. Jahrhundert einige Mauerzüge aus dem Boden ragen. Bei der Anlage einer landwirtschaftlichen Siedlung wurden 1887 die ersten Mosaikreste entdeckt. Als der Münchener Professor Johann Nepomuk Sepp davon hörte, schrieb er: »Natürlich hatten die Fischer in ihren Hütten kein Marmorpodium, sondern die bloße Erde zum Fußboden. Meine Antwort war, die (!) Mosaik können nur von einer Kirche herrühren.« Der Münchener Professor sollte recht behalten. Zwei Kirchen waren hier im 4. und 5. Jahrhundert zum Gedenken an das Wunder Jesu errichtet worden.
Im März 1911 begann P. Karge mit dem Freilegen der Mauern. Bald mußte er seine Grabungen wegen der ungeklärten Grenzverhältnisse am südlichen Rand des Grundstückes einstellen. Erst im Februar 1932 konnten sie unter Leitung von A. E. Mader wieder aufgenommen werden. Das Bild zeigt die freigelegte Ruine der II. Kirche mit dem Weg nach Kafarnaum (linker Bildrand), in der oberen Mitte das gemauerte Oktogon. Der Befund ließ erkennen, daß man zum Bau der Kirche einen Teil des Hügels abschachten mußte. Die nördliche Außenwand der Kirche (linker Bildrand) war im Chorteil noch 1,85 m hoch sichtbar (vgl. Abb. 185, A), in Höhe des Langschiffes und des Narthexes etwa 1,3 m (Abb. 185, bei M, O, P). Die Mauern der Nordsakristei (A) ragten noch 1,1 m, die Apsismauer (bei A') etwa 0,6 m aus dem Boden. Von den anderen Mauern waren größtenteils nur noch die Fundamente vorhanden. Sie lagen mit einer Stärke

von 0,9 m bis zu einer Tiefe von 1 m in der Erde. Die darauf ruhenden Mauern waren 0,2–0,3 m schwächer. Als Baumaterial verwandte man roh zugehauene Basaltsteine in der Größe von 0,3–0,5 m. Die noch erhaltenen Türschwellen (unterer linker Bildrand) sowie die Stylobatsteine des Presbyteriums bestehen dagegen aus weißlichem »mizzi«-Kalkstein. Als Bindemittel wurde ein weißer, mit Seekies und kleinen Muscheln durchsetzter Kalkmörtel verwandt. Die Innenwände trugen einen weißen, zum Teil rot bemalten Verputz.

Abb. 185. Plan der Kirchenruine mit den erhaltenen Mauerresten und Bodenmosaiken (nach B. Gauer [1932]).

A, B	Sakristeien
A'	Chorumgang
C	Steinbank für Bischof und Kleriker
D	Brot-und-Fisch-Mosaik
E	Der »Heilige Stein«
F	Platz der Sängerschola
G, H	Nördlicher und südlicher Transept-Arm mit Mosaikfeldern (Flora- und Faunamosaiken)
I, K	Nördliches und südliches Seitenschiff mit geometrischen Mosaikflächen
L	Hauptschiff mit Rautennetz und Kreuzrosetten
M, M'	Wirtschaftsräume des Klosters
N	Narthex
O	Ölpresse und Weinkelter
P	Postament
Q	Quaderblöcke
R	Klosterräume

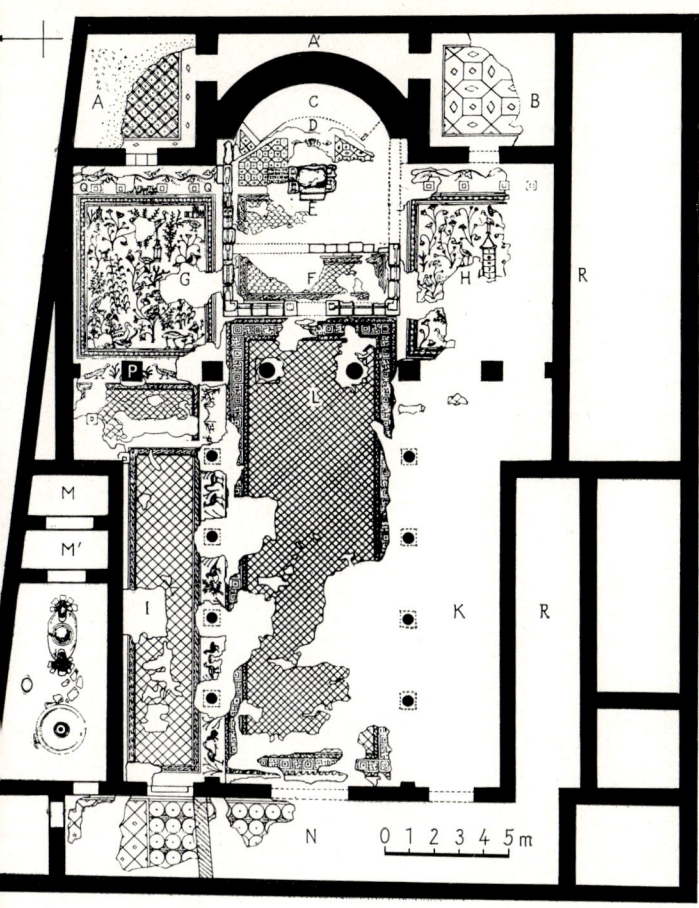

N 0 1 2 3 4 5 m

Der Vorhof ist auf dem Plan weggelassen (vgl. Abb. 182, S. 324), ebenso ist die Lage der I. Brotvermehrungskirche im Grundriß der II. Kirche nicht berücksichtigt (vgl. Abb. 182, S. 324, und Abb. 186, S. 328).

Der Grundriß zeigt eine fast genau geostete Säulenbasilika; sie hatte eine Gesamtlänge von 56 m und war 24–33 m breit. Der Basilika war ein unregelmäßiges breites Atrium vorgelagert. An einen Narthex (Vorhalle) schloß sich das fast 13 m lange Langhaus an. Das 18,7 m breite Transept (Querschiff) wurde vor dem Presbyterium von einer nordsüdlich laufenden Säulenreihe durchzogen. Ein besonderes Rätsel im Grundriß bildet die schräge Nordmauer, die den Gebäudekomplex gegen den hier vorüberführenden Weg nach Kafarnaum abschließt und an der Nordseite des Transeptes einen toten Winkel bildet. Es ist nicht ausgeschlossen, daß die schräge Außenmauer schon bestand, als die Kirche erbaut wurde. Vielleicht stammt sie von einem römischen Bau, einem römischen Bade, das hier am wasserreichen, warmen Siebenquell eine ideale Lage gehabt hätte. Von diesem Bau kann das spätrömische Marmorkapitäl stammen, das in der Säulenreihe des Transeptes wiederverwendet wurde, ebenso ein großes viereckiges Postament mit einer Rundbasis. Da die sonstigen Architekturteile alle aus Kalkstein sind, fallen die

Marmorreste um so mehr auf. Im Süden und Westen war die Kirche von den Räumen eines Klosters, im Norden von Wirtschaftsräumen mit Öl- und Weinkelter (O) umgeben.

Ein Blick auf den Plan läßt sofort erkennen, daß die Proportionen der Kirche nicht die sonst üblichen sind. Das Transept (Querschiff) beansprucht mehr als die Hälfte des Raumes. Besonders aufwendig ist die 1,2 m starke Apsismauer. Sie wird von zwei Sakristeien (A, B) flankiert, die über den Bogenscheitel hinausragen. Der so entstandene schmale Raum hinter der Apsis diente als Verbindungsgang (A'). Die aus drei Steinen bestehende Schwelle zur nördlichen Sakristei (A) ist noch erhalten. Das 6 × 9 m große Presbyterium war durch eine Schranke vom übrigen Vorraum getrennt. Vor der Apsis stand der Choraltar, über dem »Heiligen Stein« (E) errichtet. Der Boden war mit dem herrlichen Brot-und-Fisch-Mosaik geschmückt (vgl. Abb. 183, S. 325). Hinter dem Altar und dem Brot-und-Fisch-Mosaik lief vor der Rundung der Apsis eine 1,1 m breite Presbyterbank, von der nur der Nordteil erhalten geblieben ist. Vor den Eingängen der Sakristeien befinden sich je vier, mit kleinen Vertiefungen versehene, quadratische Steine (Q) von 0,4 m Seitenlänge (vgl. Abb. 186); ihr Abstand voneinander beträgt 1 m und der zur Wand 0,8 m. Es sind die Fundamentlöcher einer Schranke, die die Zugänge zu den Sakristeien sperren sollte, so daß sie nur durch den Chorraum betreten werden konnten. In dem auf dem Grundriß so breit erscheinenden Querschiff ruhte die eigentliche Westhochwand des Transeptes auf der nordsüdlichen Pfeiler- und Säulenreihe. Das bei den jüngsten Ausgrabungen gemachte Photo zeigt das noch »in situ« gebliebene große quadratische Postament (1. Quadrat von links). (Vgl. Abb. 186, P, S. 329.) Wahrscheinlich überspannte das Mittelschiff ein weiter Triumphbogen, der bei einem Erdbeben einstürzte. Darauf errichtete man die beiden im Hauptschiff stehenden Säulen, die zwar die Sicht auf das Chor behinderten, aber die Hochwand sicherten. Die Säulenbase der linken Säule aus weißem Marmor wurde 1911 wiedergefunden. Das Langhaus ist durch zwei Kolonnaden von je fünf Säulen in drei Schiffe geteilt. Von den Säulenbasen wurde keine mehr an Ort und Stelle gefunden. Die Zahl der Säulen und der etwa 3,3 m betragende Abstand (Interkolumnium) ist durch die Beschädigungen in der Mosaikfläche noch zu erkennen. Von den drei Eingängen der Westfassade ist nur der zum nördlichen Seitenschiff führende Zugang erhalten. Die Steinschwelle des etwa 1,85 m breiten Portals zeigt noch zwei Türpfannen und einige Riegellöcher. Die Breite des Hauptportals kann auf 3,2 m angesetzt werden.

Den eigentlichen Glanz dieses Bauwerkes bilden die herrlichen Bodenmosaiken, mit denen die ganze Kirche ausgelegt war. Vor Beginn der Grabungen im Jahre 1911 plätscherte hurtig und munter ein künstlich angelegter Bach durch die Kirchenruine, umwachsen von üppigen Büschen. Als der zum Teil bis zu 2 m hohe Schutt weggeräumt worden war, lagen die Mosaiken, die als die schönsten in Palästina gelten, vor den Augen der Ausgräber (vgl. Abb. 187). Das ganze Hauptschiff ist mit einem feinen Rauten- oder Karonetz, in dem sich eine Kreuzrosette befindet, teppichartig ausgelegt. Obgleich der Bach fast diagonal von Südost nach Nordwest durch das Hauptschiff floß, sind drei Viertel der Mosaikfläche erhalten geblieben. Die Mosaiken im nördlichen und südlichen Querschiff stellen die am See vorkommende Tier-

und Pflanzenwelt dar. Nicht weniger als 22 meist verschiedene Vögel — Störche, Reiher, Kormorane, Höckerschwäne, Wasserhühner, Wildenten — stelzen, schwimmen und tummeln sich zwischen Schilf- und Papyrusstengeln. Da der Künstler seine Flora und Fauna der Seelandschaft entnommen hat, werden auch die Bauten, wie der abgebildete Turm, am See zu suchen sein. Vielleicht ist es der »Tannur Ejjub« — »Turm Ijobs« —, der zur östlichen Quelle gehört, etwa 250 m entfernt (Abb. 182, Q₇, S. 324).

Vor der Westfassade lag ein 3,3 m breiter Narthex (N). Da nur noch die Fundamentmauern erhalten waren, läßt sich über die Ausgänge zum Atrium nichts Sicheres sagen. Das Atrium selbst bildete ein unregelmäßiges Viereck, das an der Süd- und an der Westseite von zwei Räumen umgeben war. Innerhalb des Atriums, genau in der Mittelachse der Kirche, befanden sich noch die Fundamentreste eines Reinigungsbrunnens von etwa 5 m Durchmesser. Der Zustandsplan zeigt, daß der südliche Teil der Kirche weniger gut erhalten ist. Er lag einerseits nur wenig unter der Erdoberfläche, andererseits wurde dieses Geländestück durch den Wassergraben stark in Mitleidenschaft gezogen.

Die von B. Gauer im Jahre 1936 restaurierten Mosaikflächen wurden durch den Bau einer einfachen Hallenkirche vor der Zerstörung geschützt.

neu eingebettet wurden, stieß man in einer Tiefe von 0,55 m auf Steine, die als Fundamente einer älteren Kirche erkannt wurden. Sie war ungefähr 10 m breit und 18 m lang, wich aber um 28° von der späteren Basilika nach Süden ab (vgl. Abb. 182, S. 324). Bei den von S. Loffreda OFM im Jahre 1970 durchgeführten Grabungen konnte ein Rest der nördlichen Mauer über eine Länge von 9,7 m verfolgt werden. Die noch vorhandenen Fundamentmauern mit einer Stärke von 0,80 bis 0,95 m ruhten auf gestampfter Erde; ebenso konnten die Fundamente zweier an der Nordmauer gelegenen Lisenen lokalisiert werden (vgl. Abb. 186, S. 328). Nahe der Nordwestecke des Presbyteriums der zweiten Brotvermehrungskirche lag ein mit einem Gesims versehener, gut behauener »mizzi«-Kalksteinblock, der offenbar von einem älteren Bau wiederverwendet worden ist. Es ist die Kirche, die Aetheria gesehen hat. Der kleine Bau hatte im Chor vor der etwa 2,6 m tiefen Apsis den »Heiligen Stein«. Aus welcher Zeit stammt die erste Brotvermehrungskirche? Wie Eusebius berichtet, ließ Joseph, Graf von Tiberias, im Auftrag Konstantins verschiedene Kirchen in Galiläa erbauen. Man vermutet, daß die erste Kirche am Siebenquell zu ihnen gehörte.[180] Ob er noch wußte, daß die Brotvermehrung am jenseitigen Ufer des Sees stattgefunden hat?

Im Jahre 419 erschütterte ein schweres Erdbeben das ganze Land und zerstörte Städte und Dörfer. Auch die Kirchen blieben nicht verschont. So kann für den Bau der zweiten Brotvermehrungsbasilika, die mit den Mosaiken geschmückt wurde, die Mitte des 5. Jahrhunderts angesetzt werden. Als man sich entschloß, auf dem-

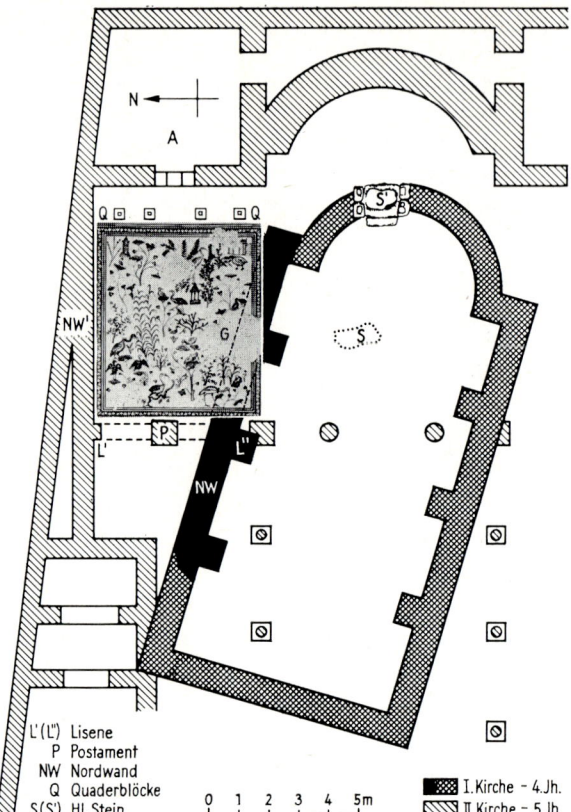

L'(L'')   Lisene
P   Postament
NW   Nordwand
Q   Quaderblöcke
S(S')   Hl. Stein

0 1 2 3 4 5m

▪ I. Kirche - 4.Jh.
▨ II. Kirche - 5.Jh.

BROTVERMEHRUNGSKIRCHE — ET-TABGHA

Abb. 186.   Grabungen in der Brotvermehrungskirche.

Im Jahre 1970 mußten die kostbaren Mosaikböden erneut vor dem Verfall gerettet werden. Aus einer ungeklärten Ursache geriet der Untergrund in Bewegung, so daß die Mosaikflächen wellenförmig aufgeworfen wurden. Mit Hilfe eines Spezialisten wurden die Mosaiken abgehoben und in neue Betonplatten gelagert. So boten die Restaurierungsarbeiten die Gelegenheit, den Untergrund zu untersuchen und die Lage der I. Kirche genauer zu bestimmen. Die Sondierungen wurden von dem Franziskaner-Archäologen S. Loffreda durchgeführt.

Auf dem Photo sehen wir das Grabungsfeld im nördlichen Transept-Arm (G). (Vgl. Abb. 185, S. 327.) Alle archäologischen Einzelheiten lassen sich mit Hilfe der Skizze lokalisieren: das große, in der Mitte des Bildes sichtbare Postament (P), die Lisene (L') an der Nordwand (NW') und die vier kleinen Quaderblöcke (Q) der Schranke vor der Sakristei (A). Die alte Nordwand (NW') der II. Kirche, die in ihrer erhalten gebliebenen Höhe in den jetzigen Bau mit einbezogen wurde, läßt deutlich die stärkeren Fundamente erkennen, auf denen, leicht abgesetzt, die schwächere Mauer aus roh behauenen Basaltsteinen ruht. Auf der rechten Bildhälfte ist die nördliche Fundamentmauer (NW) der I. Kirche zu sehen. Sie besteht aus grob behauenen Steinen, deren unebene Oberseite für die nächste Steinlage mit Kalk und kleinen

Steinen geebnet wurde. Die im Vordergrund über dem Mosaik liegende Fläche gehört zum Fundament der mittleren Lisene (L'') an der Nordmauer (NW) der I. Kirche.

selben Platz eine größere Kirche zu errichten, mußte man wegen des ansteigenden Geländes die neue Apsis einige Meter nach Osten versetzen und die Richtung der Achse dieser neuen Kirche verschieben. Ein Teil des verehrten Steines wurde abgehoben und in das Zentrum der neuen Apsis unter dem Choraltar verlegt. Das große Erdbeben von 551 zerstörte auch diese Kirche. Wiederaufgebaut, ging sie im Persersturm 614 in Flammen auf und blieb als Ruine liegen. Arkulf, der um 670 das Westufer des Sees besuchte, beschreibt die schon früher gerühmte kleine, grasreiche Ebene am Siebenquell. Er sah aber dort kein Gebäude mehr, sondern »nur einige Steinsäulen am Rand der Quelle liegen«. Willibald (um 726), der sonst gewissenhaft alle Kirchen verzeichnet, die er sah, kennt die Brotvermehrungskirche nicht mehr, auch nicht deren Ruine. Das Gras wuchs auch über dem Ruinengelände, und jede Erinnerung erlosch. Nach vielen Jahrhunderten kündet das Brotmosaik von dem Geheimnis der Eucharistie, die hier gefeiert wurde — zum Gedächtnis an den Herrn, der den Bewohnern am See selbst das Brot gereicht hat.

Wenn wir vor diesem alten Mosaikbild mit den eucharistischen Symbolen den Bericht des Evangelisten Johannes über die Verheißung der Eucharistie nachlesen, dann gewinnen die Worte eine neue Lebendigkeit: »Ich bin das Brot des Lebens. Eure Väter haben in der Wüste das Manna gegessen und sind gestorben. Das ist das Brot, das vom Himmel herabkommt, so daß der, der davon ißt, nicht stirbt. Ich bin das lebendige Brot, das vom Himmel herabgekommen ist; wenn einer

von diesem Brot ißt, wird er leben in Ewigkeit. Das Brot aber, das ich geben werde, ist mein Fleisch für das Leben der Welt« (Joh 6, 48—51).

Hier am See erlebte Jesus den Höhepunkt seiner messianischen Tätigkeit. Hier am See erfuhren die Jünger in einem zeitlich und geographisch umgrenzten Geschichtsraum in Jesus die Epiphanie Gottes: »Ich preise dich, Vater, Herr des Himmels und der Erde, daß du dies vor Weisen und Klugen verborgen, aber Einfältigen geoffenbart hast. Ja, mein Vater, also hat es dir gefallen« (Mt 11, 25. 26).

Am Betesda-Teich

Nach diesen Ereignissen, so berichtet Johannes, war ein Fest der Juden, und Jesus zog hinauf nach Jerusalem. Johannes nennt uns den Namen des Festes nicht. Das ist der einzige Fall dieser Art im Johannesevangelium. Es kommen nur die drei Wallfahrtsfeste in Frage: Ostern, Pfingsten und das Laubhüttenfest. Wir entschließen uns aufgrund der besser bezeugten Lesart — »ein Fest der Juden« — für das Pfingstfest, und zwar des Jahres 29 n. Chr.

Die Juden feierten dieses Fest sieben Wochen nach Ostern, genauer: 50 Tage nach Ostern. Daher erhielt es die rabbinische Bezeichnung »Fest der fünfzig Tage — Pentekoste«, woraus das deutsche »Pfingsten« entstanden ist. Dieses Fest war keine Erinnerungsfeier an ein Ereignis aus der Geschichte Israels, sondern ein Erntedankfest. So wurden an diesem Fest, das nur einen Tag dauerte, zwei Brote aus der neuen Ernte als Speiseopfer im Tempel dargebracht. Es gehörte mit Ostern und dem Laubhüttenfest zu den sogenannten Pilgerfesten, an denen jeder männliche Israelit verpflichtet war, den Tempel in Jerusalem aufzusuchen. Im strengen Sinn galt dieses Gebot aber nur für die Bewohner Judäas.

In Jerusalem ereignete sich nun ein Zwischenfall, der der eigentliche Anlaß zur Strafverfolgung Jesu werden sollte. Jesus heilte am Betesda-Teich einen seit 38 Jahren Gelähmten, und zwar am Sabbat. Der Mann stand sofort auf, nahm sein Bett und ging davon. Da dies alles am Sabbat geschah, war die Tempelpolizei sofort zur Stelle. Aber nicht genug, daß dieser Nazoräer den Sabbat mißachtete, er nannte öffentlich Gott seinen Vater.

Johannes berichtet: »Es ist aber in Jerusalem beim Schafteich die auf hebräisch Betesda genannte Stätte mit fünf Säulenhallen« (Joh 5, 2). Betesda bedeutet: Haus der Barmherzigkeit.[181]

Es ist noch nicht lange her, daß diese Angabe des Evangelisten äußerster Skepsis ausgesetzt war. Im Jahre 1936 behauptete der französische Religionsgeschichtler Alfred Loisy, Johannes habe aus dem Betesda-Teich willkürlich einen Teich mit fünf Hallen gemacht; dieser Symbolismus erlaubt es ihm, das Gesetz aus dem Pentateuch — Fünf-Buch des Mose — zu zitieren, das Jesus mit der Krankenheilung erfüllen wollte.

Abb. 187. »Schaut hin auf die Vögel des Himmels ...« (Mt 6, 26).

Die drei Ausschnitte stammen aus dem Bodenmosaik im nördlichen Transept der II. Brotvermehrungskirche (vgl. Abb. 185, G, S. 327).

1. Ein Höckerschwan, darunter zwei Kormorane, welche die Gewohnheit haben, die Flügel in der Tageshitze zu lüften, dazu Schilf, Papyrus und blühende Staudengewächse mit zwei großen, kelchartig gebildeten Dolden. Der Ausschnitt ist auf dem Gesamtbild der Mosaikfläche in der linken unteren Ecke zu finden (vgl. Abb. 186).

2. Zwischen der Lisene der Nordwand und dem ersten Pfeiler der nördlichen Transepthälfte stolziert der prächtige Pfau. Das Tier ist mit großer Naturtreue dargestellt und vorherrschend braunrot koloriert; darüber drei vierblättrige Rosettenblüten (vgl. Abb. 185, P, S. 327).

3. Die gierige Ringelgans »frißt ihr Futter« in der rechten oberen Ecke des Mosaikfeldes; über der Gans ist ein von zwei Ecktürmen flankiertes Stadttor sichtbar (vgl. Abb. 186).

Die Mosaikwürfel bestehen durchweg aus dem harten, verschiedenfarbig gefleckten »mizzi«-Kalkstein des Landes. Nur an einigen wenigen Stellen, so bei den blaßgelben Stengeln der Pflanzen und der roten Füllung der Blüten, verarbeitete der Mosaist ein weicheres, poröses Gestein. Er liebte es, die einzelnen Farben ineinander übergehen zu lassen, wodurch oft der Eindruck einer fast plastischen Gestaltung erreicht wird. Die Konturen der einzelnen Figuren sind mit einer ihnen folgenden weißen Steinlage umgeben; im Bereich der Blätter und der Blüten ist die weiße Steinsetzung nicht ganz durchgeführt.

Bei den Untersuchungen des Bodens konnte die Technologie der Mosaikarbeit eingehend studiert werden. Eine Folge von drei Schichten aus kompaktem Steinschotter, gestampfter Erde und einer lockeren Füllung reiner Erde diente als Untergrund. Darauf lagen flache Steine, die mit Kiesmörtel eine feste Unterlage bildeten. In die darüber liegende, etwa 2 cm starke Schicht aus feinstem weißem Kalk wurden schließlich die bunten Steinwürfel hineingedrückt. Die relativ gute Erhaltung der großen Mosaikflächen zeigt, daß die sorgfältigen Fundamentierungsarbeiten nicht vergeblich waren. Dennoch erfreute sich der Schmuck der Kirche nicht immer der ungeteilten Anerkennung. Nilus († 430), ein Schüler des hochberühmten Chrysostomus, beklagt sich in einem Brief, daß »sogar im Hause des

Herrn, das allen zugänglich ist, Tausende von Kreuzen sowie allerlei Vögel, Vieh, Reptilien und Gewächse abgebildet werden«. Er bezeichnet es als lächerlich und kindisch, die Augen der Gläubigen auf solchen Darstellungen umherschweifen zu lassen. Es genüge, wenn jeder Raum mit einem einzigen Kreuz ausgeschmückt werde. Ob Nilus die Flora und Fauna der Brotvermehrungskirche mit ihren über 1000 Kreuzen gesehen hat? Wir können uns trösten: Die Probleme sind immer die gleichen und die Ansichten der Menschen verschieden.

Von den Kritikern wurden gegen den Evangelisten besonders zwei Gründe ins Feld geführt: 1. kein Historiker, nicht einmal der in Jerusalem geborene Josephus, erwähnt diesen Teich, und 2. nirgendwo ist man in Jerusalem auf eine Spur dieses Teiches gestoßen. Daraus wurde der Schluß gezogen, daß es diesen Teich nur in der Phantasie des Liebesjüngers gegeben habe und daß schon aus diesem Grunde die Heilung des Gelähmten nie geschehen sein könne. Beide Bedenken sind in den letzten Jahren aus dem Weg geräumt worden, und zwar in einer Weise, wie man es auch mit der größten Phantasie nicht für möglich gehalten hätte.

Beginnen wir mit dem literarischen, außerbiblischen Zeugnis für den Betesda-Teich. Nach jahrelangen Vorbereitungen und sorgfältigen Übersetzungsstudien wurde im Jahre 1959 der Text der in Qumran aufgefundenen Kupferrolle (3Q 15) veröffentlicht. Die Bedeutung des Fundes liegt nicht im Hinweis auf verborgene Schätze des Tempels — wir kommen darauf noch im einzelnen zu sprechen (vgl. S. 471 und Abb. 263, S. 471) —, sondern in den geographischen Angaben. Unter den 64 Namen, die als Verstecke großer Schätze aufgeführt werden, konnte der polnische Qumran-Forscher T. L. Milek in der XI. Kolumne, 12. Zeile, die Buchstaben BT'SDTYN entziffern. Der ganze Text des 57. Versteckes lautet: »Ganz in der Nähe, in BT'SDTYN = Bet Eschdatajin, im Teich, da, wo der Zugang zu ›jemumit‹ ist: Gefäß mit wohlriechenden Stoffen aus l'h (= Aloeholz), Gefäß mit Parfüms von syr (= Weißfichten[?]-Harz).« Das hebräische Wort »bet eschdatajin« ist eine Dualform (Zweifall) zu Betesda, die andeutet, wie es auch die Grabungen erwiesen haben, daß es sich um zwei Teiche handelt. Die Zweizahl der Teiche bezeugt auch indirekt das Wort »jemumit«, das eine Verkleinerungsform zu dem Wort »jam« — »Meer« — ist, also das Meerlein, das kleine Meer bedeutet, das ist der kleinere Nordteich.[182] Betesda auf der Kupferrolle von Qumran! Wir dürfen unsere Genugtuung über die Rehabilitierung des Evangelisten ruhig aussprechen.

Im Lichte dieser außerbiblischen Bezeugung erhalten auch die folgenden Pilgerberichte ein ganz anderes Gewicht. Nach einer alten Jerusalemer Lokaltradition, die uns der Kirchenhistoriker Eusebius (✝ 339), der Pilger von Bordeaux (333) und der Jerusalemer Bischof Kyrill (348/49–387) überliefern, war dieser Schafteich ein Doppelteich, der von vier Säulenhallen umgeben war. Die fünfte Säulenhalle, in der die Kranken lagen, lief mitten durch den Teich.

Eusebius schreibt in seinem berühmten »Onomastikon« über Betesda (Bezeta): »Ein Teich in Jerusalem, der der Schafteich ist und einst fünf Hallen hatte. Er wird noch jetzt dort gezeigt als Zwillingsteich. Jeder der beiden Teiche wird durch die jährlichen Regengüsse gefüllt, der eine hat aber sonderbarerweise rötlich gefärbtes Wasser, eine Spur, wie man sagt, der ehemals dort getöteten Opfertiere. Darum heißt er auch Schafteich, wegen der Opfer« (58, 21 ff.).

Die Bemerkung des Eusebius, daß die Teiche mit Regenwasser gefüllt waren, kann noch als weiterer Hinweis benutzt werden, um die allgemeine Bezeichnung des Evangelisten »ein Fest der Juden« (Joh 5, 1) näher zu bestimmen und zeitlich abzugrenzen. Da der Teich zur Zeit des Festes und der Heilung Wasser führte, kann mit der Bemerkung des Evangelisten »ein Fest der Juden« nicht das Laubhüttenfest gemeint sein, das im September/Oktober gefeiert wurde. Im Herbst sind die Regenwasserteiche in Jerusalem ausgetrocknet. Es bleiben also von den Pilgerfesten nur noch das Oster- und das Pfingstfest übrig. Die größere Wahrscheinlichkeit hat das Pfingstfest.

Aus anderen Pilgerberichten erfahren wir, daß dieser Doppelteich im Norden des Tempelplatzes gezeigt wurde, unweit von dem Stadttor, das zum Kidrontal führte. Es ist das heutige Stephanstor. Zur Erinnerung an die Heilung des Gelähmten war dort bereits in der ersten Hälfte des 5. Jahrhunderts eine Kirche errichtet worden. Es war die fünfte große Basilika, die das byzantinische Jerusalem schmückte. Aber auch sie teilte das Schicksal der anderen Bauten und fiel bei der Eroberung Jerusalems durch die Perser (614) der Zerstörung zum Opfer. Vom Abt Modestus wiederaufgebaut, wurde sie nun dem Gedächtnis der Geburt Marias und der Heilung des Gelähmten geweiht. Kurz vor der Kreuzfahrerzeit ist dann die Basilika vom ägyptischen Sultan Hakim (1008–1020) vollständig zerstört worden, so daß nur die Grundmauern blieben. Als Ersatz erbauten die Kreuzfahrer zwei Kirchen: die große dreischiffige St.-Anna-Kirche an der Ostseite des Teiches zum Andenken an die Geburt Marias und eine kleine einschiffige Kirche, den sogenannten »Moustier«, über dem Nordteich zum Andenken an die Heilung des Gelähmten (vgl. Abb. 188, S. 332, und Abb. 189, S. 334). Unter Verwendung byzantinischer Mauern legte man über der Zisterne (1) zunächst eine Krypta an, von der aus eine Treppe zum Wasser der Zisterne hinunterführte. Über der Krypta baute man dann die kleine Kirche, die ungefähr den Raum der hinteren Hälfte des linken Seitenschiffes der byzantinischen Basilika einnahm. Diese Kirche und die unter ihr liegende Zisterne waren jetzt der »Teich Betesda«. Die riesigen Wasserbecken der alten Teichanlage wurden während der

*Abb. 188. Die Kirche der Kreuzfahrer über dem Betesda-
Teich mit der St.-Anna-Kirche.*

Das Bild zeigt die nach Osten gerichtete Apsis der Kreuzfahrerkirche und einen Teil der Westfassade mit der kleinen
Eingangstür. An der Südmauer, in der Nähe der Apsis, liegt
der gewölbte Eingang zur Krypta; unter der Krypta befindet
sich die von den Byzantinern in ein kleines Teichbecken umgewandelte Zisterne, zu der man auf einer Steintreppe hinabsteigen kann (vgl. Abb. 189, Zisterne 1). In der linken
unteren Bildecke erscheint die ausgegrabene Südostecke des
Nordteiches. Die drei Säulenfragmente stammen noch aus
der byzantinischen Zeit. Hinter der Apsis schließt sich das
Gelände an, das im Jahrhundert Jesu eine jüdische Badeanlage barg, dann ein römisches Asklepios-Serapis-Heiligtum
und schließlich von dem Chor der byzantinischen Basilika
überbaut wurde. Das große Quadrat in der Mitte des linken
Bildrandes birgt den Mosaikboden des byzantinischen Martyrions, rechts davon ein noch »in situ« stehendes Säulen-
postament. Im Hintergrund die St.-Anna-Kirche, die von der
Königin Alda, der Witwe Balduins I., vor 1150 erbaut
wurde. Die 34 m lange Kirche hat drei Schiffe, die in ein
Querschiff mit drei Apsiden münden. Über der Kreuzung
von Mittel- und Querschiff erhebt sich eine Kuppel von 18 m
Höhe. Die Kirche steht über einer aus dem Fels geschlagenen
Krypta, die seit dem 5./6. Jahrhundert als die Geburtsstätte

Marias verehrt wird. Eine sichere Tradition über den Geburtsort der Mutter Jesu gibt es jedoch nicht. Nach der Eroberung Jerusalems (1187) wurde die Kirche in eine Moschee
und die angrenzende Benediktinerinnen-Abtei in eine Koranschule umgewandelt. Zum Dank für die während des Krim-
krieges (1856) geleistete Hilfe schenkte der Sultan Abdul
Medschid die St.-Anna-Kirche der französischen Regierung.
In den Jahren 1863–1877 wurde sie von dem Architekten
C. Mauss stilgerecht restauriert und der Obhut der Weißen
Väter anvertraut.

Kreuzfahrerzeit mit Schutt aufgefüllt und mit Häusern
überbaut. In den folgenden Jahrhunderten verlor sich
die Erinnerung an den mit Trümmern verschütteten
Teich so vollständig, daß man den nördlich des Tempelplatzes gelegenen »Birket Israil« — »Teich Israel« —
für den Teich Betesda hielt. Er mußte das Gedächtnis
an die Heilung des Kranken übernehmen und behielt
es bis zum Ende des 19. Jahrhunderts. Neuere Ausgrabungen haben nun die Lage des alten Teiches wieder
ans Licht gebracht.[183] Die erste Entdeckung begann im
Jahre 1866 bei Restaurierungsarbeiten an der Annakirche. Unter den Füllsteinen des mittelalterlichen Ge-

wölbes wurde das Fragment eines Fußes aus weißem Marmor mit einer griechischen Inschrift entdeckt (vgl. Abb. 191, 4, S. 337). Es handelt sich um ein Weihegeschenk einer Römerin aus dem 2. Jahrhundert n. Chr., sehr wahrscheinlich eine Votivgabe an den hellenistischen Heilgott Asklepios (Äskulap). Die jüngsten Ausgrabungen aus dem Jahre 1958 sollten den eindeutigen Beweis erbringen, daß diese Votivgabe aus dem Betesda-Teich stammt, an dessen Ostseite die Römer ein großes Asklepios-Heiligtum, geschmückt mit Fresken und Mosaiken, errichtet hatten. In späteren Jahrhunderten dienten die alten Bauten als Steinbrüche, und so wurde die Votivgabe der Ponpeia Lukilia im Gewölbe der Kreuzfahrerkirche vermauert. Zur Zeit der Entdeckung der Votivgabe war aber die Herkunft des Steines noch ungeklärt.

Im Jahre 1873 fand man tief unter dem Schutt, etwa 30 m nordwestlich von der Annakirche, die bereits erwähnte Zisterne (1) unter der Kreuzfahrerkirche. Sollte die aus dem Fels gehauene überwölbte Zisterne von 16,3 m Länge und 6 m Breite zum verschollenen Doppelteich gehören? Spätere Untersuchungen ergaben, daß über der Zisterne die Reste der alten byzantinischen Betesda-Kirche lagen. Der ganze Fund wurde aber geheimgehalten, um Grundstücksspekulationen zu verhindern. Man wußte mit genügender Wahrscheinlichkeit, daß man Betesda wiederentdeckt hatte. Für die weiteren Untersuchungen, die von den Weißen Vätern durchgeführt wurden, mußten zunächst die umliegenden Grundstücke erworben werden. Schritt für Schritt wurde nun das Dunkel über Betesda erhellt. Zunächst legten die Ausgräber eine weitere Zisterne (2) von über 19 m Länge frei. War diese bereits der zweite Teil des alten Doppelteiches? Genauere Untersuchungen ergaben, daß sie aus späterer Zeit stammte. Im Jahre 1914 wurde nun das Rätsel gelöst. Südlich der beiden Zisternen entdeckte man zunächst den einen Teich des ursprünglichen Doppelteiches. Er hatte die beträchtliche Größe von rund 60×50 m. An seiner Nordseite lief eine auf dem Felsen ruhende Zwischenwand von 6,5 m Breite, die diesen Südteich von dem im Jahre 1931 entdeckten Nordteich trennte. Wie mühevoll diese Arbeiten waren, zeigt allein die Tatsache, daß der jahrhundertealte Schutt bis zu 25 m hoch über dem Boden der Teiche lag.

Bereits 1914 hatte L.-H. Vincent OP in seinem großen Standardwerk über Jerusalem einen Plan mit der Rekonstruktion der alten Teichanlage veröffentlicht. Wenn die im Jahre 1958 wiederaufgenommenen Ausgrabungen seinen Plan auch teilweise korrigierten, so wird die Leistung des großen Archäologen dadurch nicht geschmälert. Vincents Vermutung, daß die byzantinische Basilika über der Trennwand der beiden Teiche errichtet worden war, hat sich im wesentlichen bestätigt, wenn auch in umgekehrter Richtung. Die Vorhalle und die westliche Hälfte der Basilika standen über dem Teich, und zwar so, daß das Mittelschiff über der 6,5 m breiten

Trennwand ruhte, während die beiden Seitenschiffe rechts und links über den Becken standen (vgl. Abb. 189, S. 334). Das rechte Seitenschiff wurde von sieben riesigen arkadenförmigen Stützpfeilern getragen. Einer dieser Pfeiler ist noch ganz erhalten und konnte vollständig freigelegt werden (vgl. Abb. 191, 2, 6, S. 336 f.). Er trug die Westmauer der Basilika, die teilweise bis zu einer Höhe von 2,05 m erhalten ist. Mosaikfragmente, etwa 0,45 m unter dem Niveau der Kreuzfahrerkirche, Keramikfunde und Münzen weisen das Mauerstück eindeutig in die byzantinische Ära.

Abb. 189. Plan des Betesda-Teiches (nach J.-M. Rousée OP) (S. 334).

Die Zeichnung dient der Erklärung des nicht leicht überschaubaren Photos (vgl. Abb. 190) mit der Apsis der Kreuzfahrerkirche (in der linken oberen Ecke) und dem östlich der Teichbecken gelegenen Ausgrabungsfeld.

Die Hauptskizze A zeigt die Lage der beiden Teichbecken nach dem Befund der Ausgrabungen aus den Jahren 1958 bis 1964; ferner die dreischiffige byzantinische Basilika, die teilweise über den Teichbecken und der Trennmauer erbaut ist, die Kreuzfahrerkirche über der Zisterne 1 und schließlich die südöstlich liegende St.-Anna-Kirche. Die sieben Stützbogenpfeiler, auf denen das südliche Seitenschiff der byzantinischen Basilika ruhte, sind, bis auf einen, der vollständig erhalten ist, nach den noch vorhandenen Pfeilerresten rekonstruiert. Der punktierte Bereich zeigt den Umfang der bisherigen Ausgrabungen. Die unterbrochenen Linien deuten die noch unsicheren Positionen der Teichbecken an. In der nordwestlichen Ecke des Südbeckens befindet sich das kleine Rückhaltebecken mit den großen Felsstufen und der Mauer. Reste einer Treppe wurden in der Südwestecke entdeckt. Die punktierten Linien bezeichnen die unterirdischen Ableitungskanäle; in der Trennmauer der Einstiegsschacht (■) zu den Kanälen.

Der 14,45 m tiefe Kamin war durch Einkerbungen so eingerichtet, daß ein Mann bequem einsteigen konnte, um die drei Kanäle zu säubern und den Abfluß des Wassers zu regulieren. Von diesen drei Kanälen geht der unterste mit zwei übereinanderliegenden Öffnungen vom Boden des Nordteiches ab; er führt unter dem Südteich entlang und biegt nach 55,5 m in Richtung Ost auf das Kidrontal zu. Er diente sicher als Abfluß für das Wasser des Nordteiches, wenn man das Becken säubern wollte. Der mittlere und der oberste Abflußkanal dagegen leiteten das Wasser des Nordteiches, wenn es die entsprechende Höhe erreicht hatte, in den Südteich. Der oberste Abflußkanal, 9,85 m über der Sohle des Beckens, ist außerordentlich sorgfältig ausgebaut und auszementiert. Das Wasser stürzte etwa 1,8 m in die Tiefe, geriet dann in einer zylinderförmigen Vertiefung von 0,71 m Durchmesser in eine rotierende Bewegung und brodelte schließlich unter hohem Druck im Südteich auf.

Die Nebenskizze B entspricht dem Ausschnitt des Photos und zeigt das Gelände östlich der beiden Teichbecken (1, 2) unter der byzantinischen Basilika (3) mit den Ruinen und Überresten von Grotten, Zisternen, Bädern, Mauern und Mosaiken aus jüdischer, römischer und byzantinischer Zeit.

BETESDA-TEICH

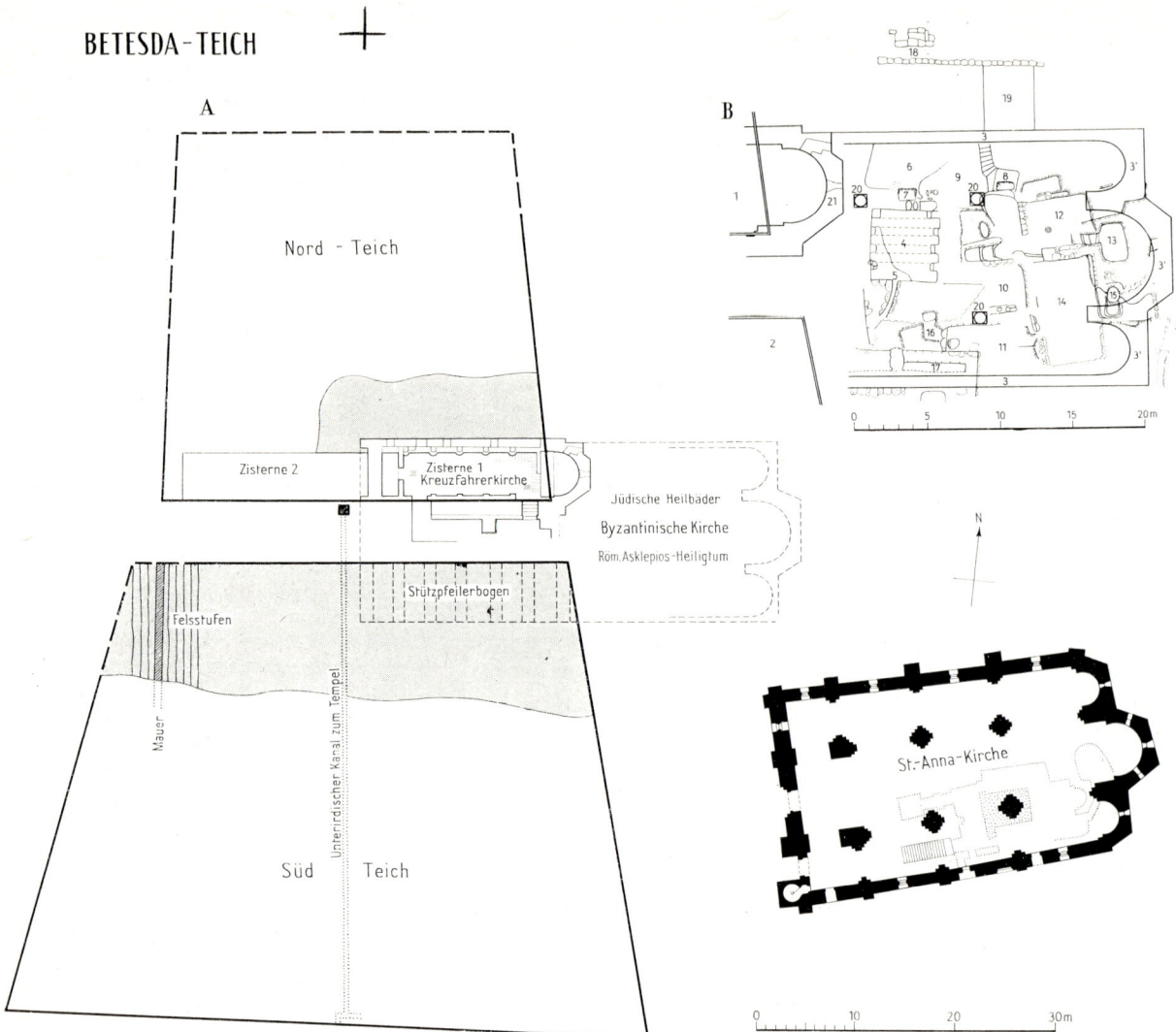

Die Bauten erstreckten sich im Süden bis unter die St.-Anna-Kirche, deren unterirdische Grotten schon früher bekannt waren.

Im Zentrum liegt die etwa 8,5 m tiefe Naturhöhle (4), die wahrscheinlich im 2. Jahrhundert v. Chr. mit dem Bau der Teichbecken in eine Zisterne umgewandelt wurde. Ein im Süden liegender Kanal (5) diente der Zuleitung des Wassers. Die Höhle war von einer Anzahl alter jüdischer unterirdischer Bäder umgeben. In römischer Zeit diente sie dem Asklepios-Kult, der vornehmlich in unterirdischen Grotten gefeiert wurde. Wohl im 3. Jahrhundert n. Chr. ersetzte man das Felsgewölbe durch ein gemauertes Gewölbe, das wiederum den Fundamenten der byzantinischen Basilika weichen mußte. Die Wände der Grotte wurden mit großen Blöcken verstärkt und schließlich das Ganze mit Steinen gefüllt. Die Ansätze der Gewölbebögen sind auf dem Photo noch zu erkennen.

Die Grotte (4) stand in nördlicher Richtung mit einer weiteren unterirdischen Höhle (6) in Verbindung, von der fünf Stufen zu einem tiefer liegenden Bad (7) hinabführten. Das östlich gelegene Bad (8) hatte eine ähnliche Treppenanlage, die dann von der Nordmauer der byzantinischen Basilika (3) überbaut wurde. Zwischen den beiden Bädern (7, 8) lag eine Zisterne (9). An der Ostseite der Grotte (4) führte eine Treppe zu den unterirdischen Räumen 10 und 11. Im Raum 10 befanden sich an der Südwand drei Stufen mit einem erhöhten Felsen. Ob es ein Altar war, ließ sich nicht mehr klären. Die ganze Anlage stammte aus jüdischer Zeit und wurde von den Römern übernommen. Der weiter östlich liegende Raum 12 hatte ein aus dem Felsen gehauenes Gewölbe, seine Westwand bestand aus einer Mauer. In der Mitte des Raumes wurde ein rundes, etwa 0,4 m großes Bassin freigelegt. Aus der südöstlichen Ecke gelangte man über drei Felsstufen zu einem noch tiefer liegenden Keller.

334

Die ursprüngliche Form des südlich liegenden Raumes 14, den die Römer in einen rechteckigen Saal umbauten, konnte nicht festgestellt werden. Beim Umbau wurde das alte Bad (15) unbrauchbar gemacht.

Südlich der großen Grotte (4) führte eine Treppe zu einem kleinen Bad (16), ähnlich den anderen jüdischen Bädern (7, 8, 15). Die große Mauer (17), deren Fundament bis in eine Tiefe von 7 m reicht, läßt auf ein großes Gebäude schließen, das von den Römern errichtet worden war. Aus römischer Zeit stammt noch die im Norden liegende Mauer (18), die starke Erosionsspuren aufweist. Wahrscheinlich gehörte sie zu einem Dampfbad, dessen Steinbänke noch teilweise zu erkennen sind. Durch den Bau der byzantinischen Basilika, von der die Fundamentspuren der drei Apsiden (3'), das Mosaikfeld des Martyrions (19) und einige Säulenpostamente (20) erhalten sind, erlebte Betesda eine erneute Umgestaltung.

Abb. 190.   Ausgrabungen auf dem Gelände von Betesda.

Die verschiedenen Objekte auf dem östlich der Teichbecken gelegenen Ausgrabungsfeld lassen sich mit Hilfe der Skizze B von Abbildung 189 anhand der folgenden Numerierung ausmachen:

1	Nordteich	12	Unterirdische Räume
2	Südteich	13	Unterirdische Räume
3	Byz. Basilika	14	Unterirdische Räume
4	Große Grotte	15	Jüdisches Bad
5	Kanal	16	Jüdisches Bad
6	Höhle	17	Römischer Bau
7	Jüdisches Bad	18	Römische Mauer
8	Jüdisches Bad	19	Martyrion-Mosaik
9	Zisterne	20	Byz. Säulenpostamente
10	Unterirdische Räume	21	Kreuzfahrerkirche
11	Unterirdische Räume	22	Jüd. Wasserbecken

Abb. 191.   Die Zeugen für Betesda.

1. Jüdisches Wasserbecken. Die etwa 1×1 m großen, aus einem Block gehauenen Steinbecken, von denen im ganzen 11 Stück gefunden wurden, sind an den unteren Ecken durchlöchert. Auf dem Gesamtbild der Ausgrabungen sind am unteren Bildrand einige Becken zu sehen, wie sie an der Westseite des Raumes 11 freigelegt wurden (vgl. Abb. 190, 22). Da eines der Steinbecken von den Römern zur Blockierung eines Wasserkanals benutzt wurde, müssen diese noch zur jüdischen Badeanlage gehört haben.

2. Die Nordostecke des Südteiches. Die großen Felsstufen an der Nordwand des Beckens (linker oberer Bildrand) verraten augenscheinlich die Konstruktion der Trennmauer auf dem Felsfundament. Die Teichanlage liegt in dem kleinen, von Norden nach Süden führenden Tal es-Sahireh (vgl. Abb. 82, S. 141). Der Felsboden fällt von Ost nach West bis zur Talsohle, die etwa in der Längsachse des Teiches liegt, ab und steigt dann wieder in westlicher Richtung an. Um der auf dem Felsen errichteten Trennmauer ein sicheres Fundament zu geben, wurde der abfallende Felsen treppenförmig eingeschnitten. Die Tiefe der Teichbecken betrug ursprünglich etwa 10 m. Die Pfeilerreste stammen von den Substruktionen der byzantinischen Basilika (vgl. Abb. 189, S. 334).

3. Bruchstücke aus dem römischen Asklepios-Heiligtum. Die Verehrung des griechischen Heilgottes Asklepios (lateinisch: Aesculapius) fand in Verbindung mit dem ägyptischen Serapiskult in Palästina unter den Römern eine große Verbreitung. Das Attribut des Asklepios war die Schlange, die auf dem unteren Fragment neben den zwei kleinen Säulen noch sichtbar ist. Das obere Bruchstück zeigt den Ziergiebel eines Tempelchens. Unter der Muschelschale sind die Spitzen zweier Ähren zu erkennen.

Die östliche Hälfte der Basilika mit den drei Apsiden war bereits auf festem Boden errichtet, der aber eine noch größere Überraschung barg. Die Freilegung der Ruinen führte zur Entdeckung des römischen Asklepios (Äskulap)-Heiligtums, das wiederum nur eine Badeanlage aus jüdischer Zeit abgelöst hatte (vgl. Abb. 189, B, S. 334, und Abb. 190, S. 335).

Sehen wir nun die Ergebnisse der jüngsten Ausgrabungen im einzelnen. Zunächst haben sie das bekannte Bild von der Form und der Lage der Teiche korrigiert. Die beiden Becken haben mehr die Form von zwei unregelmäßigen Trapezen, deren Längsachsen zueinander verschoben sind (vgl. Abb. 189, A). Die gesamte Teichanlage — man schätzt ihre Größe auf etwa 5000 m² — konnte noch nicht freigelegt werden. So bleiben die genauen Maße und die Form der Becken zum Teil noch ungesichert. Am besten ist das größere, südliche Teichbecken erforscht, nur die genaue Lage der Nordwestecke ist noch ungeklärt. In der Trennwand und unterhalb der Wasserbecken lag ein kompliziertes Kanalisationssystem zur gesonderten Füllung und Leerung der beiden Becken. Ein Einstiegsschacht in der Trennwand ermöglichte den Zugang zu einem gewölbten unterirdi-

4. Votivgabe zum Dank für die Heilung. Das Fragment eines Fußes aus weißem Marmor trägt die griechische Inschrift:

ΠΟΝΠΗΙΑ ΛΟΥΚΙΛΙΑ ΑΝΕΘΗΚΕΝ

»GEWIDMET VON PONPEIA LUKILIA«

5. Bodenmosaik aus dem Martyrion der byzantinischen Basilika (vgl. Abb. 190,19, S. 335). Das mit Kreuzornamenten versehene Mosaik wird allgemein der byzantinischen Ära zugeschrieben. Der in der linken oberen Ecke sichtbare quadratische Sockel, der in der runden Vertiefung eine der vier kleinen Säulen aufgenommen hat, welche die Altarmensa trugen, scheint aber offensichtlich in das bereits vorhandene Mosaik eingesetzt worden zu sein. Vielleicht stammt das Mosaik noch aus römischer Zeit.

6. Blick aus östlicher Richtung auf den nördlichen Teil des Südbeckens (vgl. Abb. 189). Die linke Bildhälfte zeigt den ausgeschachteten Teil des Südbeckens mit dem erhalten gebliebenen Stützbogenpfeiler, der das südliche Seitenschiff der byzantinischen Basilika trug; darüber ein Mauerrest der Westfassade. Das Fußbodenniveau der Basilika (in Höhe des kleinen Schildes über dem Rundbogen) war an den vorhandenen Mosaikspuren noch zu erkennen. Durch die Öffnung des Stützbogenpfeilers mit einer Bogenhöhe von 11 m geht der Blick auf die kleinen Felsstufen des Rückhaltebeckens. Die rechte Bildhälfte zeigt einen Teil der alten Trennwand zwischen den beiden Teichbecken. Sie reichte ursprünglich etwa bis zur Höhe der Plattform, die über dem Spitzbogen liegt; in der rechten oberen Bildecke ein Mauerstück von der Westfassade der Kreuzfahrerkirche. Der untere Gang liegt auf der Höhe der Krypta, deren Südmauer an der rechten Bildseite sichtbar ist.

schen Kanal, durch den das Wasser des Nordbeckens unter dem Südbecken hinweg nach dem Tempelgelände geleitet werden konnte (vgl. Abb. 189). Das südliche Becken wurde nach dem bisherigen Befund durch einen besonderen Kanal gespeist, der längs der westlichen Seite des Nordbeckens in die Nordwestecke des Südteiches mündete. Die dort noch vorhandenen großen Felsstufen innerhalb eines kleinen Rückhaltebeckens dienten wohl der Regulierung des Wassers (vgl. Abb. 189, A). Nach einer Notiz des Aristeasbriefes aus dem 1. Jahrhundert v. Chr. war der Wasserbedarf im Tempel sehr groß. Da der Doppelteich in der Nähe lag, diente sein Wasser sicher kultischen Zwecken. Wann die Becken angelegt wurden, läßt sich nicht mit Sicherheit sagen. Im Buche Jesus Sirach wird der Hohepriester Simon (220 bis 195 v. Chr.) wegen seiner Sorge um den Tempel gelobt: Er habe »einen Wasserteich gegraben, ein Becken wie ein Meer im Umfang« (50, 3). Da die »Birket Israil« erst unter Herodes dem Großen angelegt wurde, bleibt der Betesda-Teich allein in der Nähe des Tempels übrig. Zur Zeit Jesu lag die Teichanlage außerhalb der Stadtmauer. Als Herodes Agrippa (41–44 n. Chr.) mit dem Bau der dritten Stadtmauer das Tal blockierte, verlor wohl der Teich seine Bedeutung als Wasserreservoir für den Tempel. Wahrscheinlich stammt aus dieser Zeit die große Zisterne (1), die in der Südostecke des Nordteiches erbaut wurde. Sie genügte, um das restliche Regenwasser des Tales aufzunehmen.

Die jüngsten Ausgrabungen haben aber den Beweis erbracht, daß die Teichanlage ihre kultische Bedeutung nicht verlor. Die Wasserbecken waren mehr als ein Wasserreservoir. Vielleicht schon nach der Zerstörung Jerusalems durch Titus hielt der Asklepios-Kult in Jerusalem seinen Einzug, der dann im 2. und 3. Jahrhundert in der neuen römischen Kolonialstadt Aelia Capitolina zu großer Blüte kam. Als die Byzantiner im 5. Jahrhundert über dem Betesda-Teich ihre große dreischiffige Basilika erbauten, fiel das römische Asklepios-Heiligtum mit den Bädern der Zerstörung zum Opfer. Die noch gefundenen Fresken und Mosaikreste, die mannigfachen Votivgaben und Inschriften lassen auf eine große Anlage schließen, die den fünf Säulenhallen aus der Zeit Jesu wohl in keiner Weise nachstand. Die Ausgrabungen machten es aber gewiß, daß der Heilgott Asklepios an dieser Stelle nur eine ältere Tradition übernommen hatte. Bereits vor der römischen Herrschaft waren auf diesem Gelände östlich der beiden Becken eine Anzahl von Bädern errichtet. Wozu? Die Mosaikspuren und primitiven Fresken lassen den Schluß zu, daß dieser Ort, der für jedermann offenstand, in besonderer Weise ausgezeichnet war. Die aufgefundenen jüdischen Münzen reichen von der Regierung des Hasmonäerkönigs Alexander Jannäus (103—76 v. Chr.) bis in das Jahr 68 n. Chr., also fast in die Belagerungszeit Jerusalems. Joachim Jeremias, Professor für das Neue Testament, beschließt seine Abhandlung über die Wiederentdeckung des Betesda-Teiches mit den Worten: »Es ist etwas Großes, wenn eine verschollene Stätte der Heiligen Geschichte aus dem Schutt der Jahrhunderte wieder an das Tageslicht kommt. Von dem Funde gilt insbesondere, daß er ein neues und eindrucksvolles Licht für die Zuverlässigkeit unserer evangelischen Überlieferung im allgemeinen und für die Güte der Jerusalemer Lokalangaben des Johannes-Evangeliums im besonderen darstellt. Für die glaubende Gemeinde aber ist darüber hinaus das wiedergefundene Betesda, die ›Stätte der göttlichen Barmherzigkeit‹, eine neue Bezeugung dessen, daß der lebendige Gott sich in der Geschichte und an bestimmten Stätten der Geschichte geoffenbart hat.«[184] Jesus heilte den Gelähmten am Sabbat. »Darum verfolgten die Juden Jesus, weil er das am Sabbat getan hatte. Jesus aber entgegnete ihnen: Mein Vater wirkt bis auf diese Stunde, und auch ich wirke. Darum suchten die Juden noch eifriger, ihn zu töten, weil er nicht nur den Sabbat aufhob, sondern sogar Gott seinen Vater nannte und sich so Gott gleichmachte« (Joh 5, 16—18).

Zwei Tatsachen werden uns hier vom Evangelisten überliefert: die Heilung am Sabbat und der Anspruch der Gottgleichheit Jesu.

Nicht nur, daß Jesus den Gelähmten am Sabbat heilte, er forderte den Kranken zu einer Verletzung der Sabbatgesetze geradezu auf: »Steh auf, nimm dein Bett und geh umher« (Joh 5, 8). Die schon in den synoptischen Wunderberichten festzustellende antirabbinische Tendenz erhält hier eine gefährliche Steigerung. Der Geheilte selbst sollte mit dem Tragen seiner Matratze die gesetzestreuen Schriftgelehrten herausfordern — was auch prompt eintrat. In den Auseinandersetzungen mit den Pharisäern, die durch die Sabbatverletzung seiner Jünger beim Ährenpflücken entstanden, berief sich Jesus auf das messianische Urbild des Königs David (Mk 2, 23—28). Hier tritt Jesus seinen Gegnern mit dem Anspruch seiner Gottgleichheit entgegen. Es kann kein Zweifel sein, daß Jesus mit dem Anspruch aufgetreten ist, der Messias zu sein; aber ganz anders, als ihn die Juden erwartet hatten. Immer wieder spricht Jesus von seinem Vater und beansprucht göttliche Rechte für seine Person. Unverständlich bliebe die Gegnerschaft der Schriftgelehrten, wenn man von diesem unerhörten Anspruch Jesu absähe: daß er der »Eingeborene des Vaters« ist und daß er für sich verlangen konnte, als der Repräsentant des unsichtbaren Vaters aufgenommen zu werden. Kein anderer Grund wird schließlich beim Todesprozeß für seine endgültige Verurteilung angegeben werden.

So erhält die Provokation ihren letzten Sinn. Es sollte eine Gelegenheit mehr geschaffen werden, mit dem ganzen Anspruch und der ganzen Forderung vor sein Volk zu treten.

Die Strafverfolgung Jesu

Das Evangelium verschweigt, wie Jesus einer Verhaftung entgangen war. Johannes macht nur die kurze Bemerkung: »Die Juden suchten ihn zu töten.« In Galiläa angekommen, heilte Jesus wieder genau an einem Sabbat einen Kranken. »Jesus ging in eine Synagoge. Dort war ein Mann, der eine verdorrte Hand hatte. Da gaben sie acht, ob er ihn am Sabbat heilen werde, um eine Anklage wider ihn zu haben. Er sagte dem Mann mit der verdorrten Hand: Stell dich in die Mitte. Dann sagte er ihnen: Ist es erlaubt, am Sabbat Gutes oder Böses zu tun, ein Leben zu retten oder zu vernichten? Sie aber schwiegen. Voll Zorn schaute er im Kreise umher, und betrübt über die Verstockung ihrer Herzen, sagte er dem Mann: Strecke deine Hand aus. Er streckte sie aus, und seine Hand war wiederhergestellt. Da gingen die Pharisäer gleich hinaus und beratschlagten wider ihn mit den Herodianern, wie sie ihn vernichten könnten« (Mk 3, 1—6).

Jesus aber ließ sich nicht einschüchtern. »Ein Aussätziger kam zu ihm, fiel vor ihm auf die Knie nieder und flehte ihn an: Wenn du willst, Herr, kannst du mich rein machen. Da streckte Jesus seine Hand aus, berührte ihn und sagte: Ich will, sei rein. Sogleich wurde sein Aussatz getilgt« (Mt 8, 2. 3).

Nach den Gesetzesvorschriften, die mit vielen Einzelbestimmungen im Buch Levitikus (14, 1—32) enthalten sind, mußte die Heilung eines Aussätzigen von einem Priester begutachtet werden. So schickte Jesus den Geheilten zur priesterlichen Gesundheitsbehörde nach Jerusalem: »Gehe hin, zeige dich dem Priester und opfere die Gabe, die Mose vorgeschrieben hat, zum Zeugnis für sie« (Mt 8, 4).

Die Wirkung blieb nicht aus. Ein ganzer Stab von Pharisäern und Synedrialbeamten kam in Galiläa an, um an Ort und Stelle den »Fall Jesu« zu untersuchen. Ihr juristisches Gutachten lautete: Seine Wunder, z. B. die Heilung des Gelähmten, sind Tatsachen. Seine Gesetzesübertretung, z. B. das Ährenpflücken am Sabbat, ist eine ebenso klare Tatsache. Also ist dieser Nazoräer ein Pseudo-Prophet; denn Gott kann nicht mit einem Gesetzesverächter wirken. Seine Wunder sind nichts anderes als das Blendwerk des Satans. »Die Schriftgelehrten, die von Jerusalem herabgekommen waren, sagten: ›Er ist von Beelzebul besessen‹ und: ›Im Bunde mit dem Obersten der bösen Geister treibt er die bösen Geister aus‹« (Mk 3, 22).

Die Schreibung und Deutung des Namens des Dämonenfürsten sind umstritten.[185] Die lateinische Vulgata schreibt — wohl in Abhängigkeit von 2 Kön 1, 2 ff. —: »Beelzebub« = »Fliegenherr«. Es ist der »Baal« der Philisterstadt Ekron. Im griechischen Text des Neuen Testaments ist allein der Name »Beelzebul« gesichert und erscheint als Eigenname des Teufels. Die Erklärung des Namens, der in der älteren jüdischen Literatur nicht vorkommt, ist schwierig. Wahrscheinlich bedeutet er »Herr des Mistes«, eine Bezeichnung, die in rabbinischen Texten in Verbindung mit dem Wort »düngen« für den götzendienerischen Opferkultus verwendet wurde. Inhaltlich tut diese Unklarheit dem Verständnis der Auseinandersetzung mit den Pharisäern aber wenig Abbruch. Der Sinn ist klar: Jesus steht mit dem Teufel im Bunde! Darum »paßten die Schriftgelehrten und Pharisäer auf ihn auf, um eine Äußerung aus seinem Munde aufzufangen« (Lk 11, 54). In seinem Bericht über die Heilung des Gelähmten schreibt Johannes: »Darum verfolgten die Juden Jesus, weil er das am Sabbat getan hatte« (Joh 5, 16). Das vom Evangelium verwendete griechische Wort »diokein« bedeutet »verfolgen« im gerichtlichen Sinn.

Schon das Alte Testament enthält ausführliche Strafbestimmungen gegen Pseudopropheten, Abfallprediger und Gesetzesverächter. Diese wurden im Laufe der Jahrhunderte den veränderten Zeitverhältnissen angepaßt und haben in der Mischna und im Talmud ihren Niederschlag gefunden. Wenn wir die Auseinandersetzung Jesu mit den Schriftgelehrten und Pharisäern vor diesem juristischen Hintergrund betrachten, erhalten die evangelischen Berichte eine geradezu erregende Spannung.

»Tritt bei dir ein Prophet auf … und bietet dir ein Zeichen oder Wunder an, und das Zeichen oder das Wunder trifft ein … und spricht: Wir wollen anderen Göttern folgen …, so sollst du nicht auf die Worte jenes Propheten hören. Er soll des Todes sein!« (Dtn 13, 1—6; vgl. Sanh. 7, 7, 11; b. Sanh. 90ª)

»Wer das Sabbatgebot übertritt, ist ein Gesetzesverächter« (Num 15, 30 ff.; vgl. Traktat Schabbat).

»Wer in frecher Weise gegen die Tora spricht, der sei der Ausrottungsstrafe verfallen« (SNm 15, 30 f.).

»Wer den Gottesnamen offen ausspricht, ist ein Gotteslästerer; er muß sterben!« (Sanh. 56ª Bar.; vgl. Lev 24, 16)

»Hörst du in einer deiner Städte: Nichtswürdige Leute haben die Bewohner verführt …, dann untersuche, forsche und frage genau« (Dtn 13, 13—15).

»Ist es wahr, dann sollst du die Bewohner der Stadt mit dem Bann belegen« (Dtn 13, 16; vgl. Tos. Sanh. 11, 7).

»Jeder Jude ist berechtigt und verpflichtet, einen Verführer durch Hinterlist in die Falle zu locken, ihn auf die Probe zu stellen und ihn zu entlarven« (vgl. Sanh. 6, 8; b. Sanh. 43ª).

»Der Pseudoprophet muß durch das Synedrium abgeurteilt und in Jerusalem hingerichtet werden« (Tos. Sanh. 11, 7; vgl. Dtn 17, 13).

»Du sollst keinen Blick des Mitleids für ihn haben … Nein! Du sollst ihn umbringen« (Dtn 13, 9. 10; vgl. Sanh. 6, 8; b. Sanh. 43ª Bar.).

»Der überführte Gotteslästerer wird gesteinigt. Nach der Steinigung wird sein Leichnam an einen kreuzförmigen Pfahl gehängt« (Sanh. 6, 4; vgl. Dtn 21, 22).

»Sein Leichnam darf nicht über Nacht am Holze hängen (Dtn 21, 23; vgl. Sanh. 6, 4).[186]

Sehen wir nun den Verlauf der Ereignisse nach diesen jüdischen Strafbestimmungen im einzelnen. Jesus ist sich über den Ernst der Lage im klaren. Und auch die Jünger spüren gleichsam den scharfen Blick der Spitzel in ihrem Nacken. Wird ihr Rabbi verhaftet? Wird die Stadt Kafarnaum mit dem Bann belegt? Die Verwandten Jesu unternahmen einen verzweifelten Rettungsversuch. Sie erklärten Jesus für unzurechnungsfähig. Markus schreibt wörtlich: »Sie sagten nämlich, er sei von Sinnen« (Mk 3, 21).

Wie sehr sich die Lage Jesu verschlechtert hatte, zeigt die auch unter seinen Anhängern beginnende Opposition: »Viele seiner Jünger traten zurück und gingen fortan nicht mehr mit ihm« (Joh 6, 66). Jesus aber kannte keinen Kompromiß. »Er sagte zu den Zwölfen: Wollt auch ihr fortgehen? Simon Petrus antwortete ihm: Herr, zu wem sollen wir denn gehen? Du hast Worte des ewigen Lebens. Und wir haben geglaubt und wissen, daß du der Heilige Gottes bist« (Joh 6, 67—69). Wiederum war es Petrus, der als Sprecher für die Zwölf auftrat und das feierliche Bekenntnis des Glaubens an die messianische Sendung Jesu aussprach. Der Hoheitstitel, den Petrus wählte, gehörte aber nicht zu den gebräuchlichen Messiasbezeichnungen, nur die bösen Geister gebrauchten ihn. Der Besessene, den Jesus in der Synagoge von Kafarnaum geheilt hatte, schrie: »Laß uns, was haben wir mit dir zu schaffen, Jesus von Nazaret? Du bist gekommen, uns zu vernichten. Ich weiß, wer du bist: der Heilige Gottes« (Mk 1, 24).

Der Weheruf über Kafarnaum läßt vermuten, daß auch »seine Stadt« von ihm abfiel: »Und du, Kafarnaum, bist du nicht bis zum Himmel erhöht worden? Bis zur Hölle sollst du hinabsteigen. Denn wenn in Sodom die Wunder geschehen wären, die in dir geschehen sind, es stünde bis auf den heutigen Tag. So sage ich euch: Dem Lande Sodom wird es am Gerichtstag erträglicher gehen als dir« (Mt 11, 23. 24).

Selbst in Nazaret, seiner Heimatstadt, zeigte sich der offene Widerstand. Der Empfang war zunächst verheißungsvoll. Nach seiner Gewohnheit besuchte Jesus am Sabbat den Synagogengottesdienst. Der Vorsteher lud ihn ein, die Predigt im Anschluß an die Lesung des Propheten zu halten. Lukas schreibt: »Der Diener reichte ihm das Buch des Propheten Jesaja« — wir müssen nun auf jedes Wort achten —, »Jesus rollte das Buch auf und fand die Stelle, wo geschrieben steht: Geist des Herrn liegt über mir, darum hat er mich gesalbt, Armen die Frohbotschaft zu bringen; gesandt hat er mich, Gefangenen Befreiung und Blinden das Gesicht zu künden, Gebrochene in Freiheit zu entlassen, ein Gnadenjahr des Herrn auszurufen« (Lk 4, 17—19). Der Evangelist fährt fort: »Jesus rollte das Buch zu, gab es dem Diener und setzte sich; die Augen aller in der Synagoge waren auf ihn gerichtet« (Lk 4, 20).

Es ist eine eigenartige Fügung, daß gerade in unseren Tagen eine solche Buchrolle mit dem Text des Propheten Jesaja aus dem Jahrhundert vor Jesus wiederaufgefunden wurde. Es ist die berühmte Schriftrolle aus der ersten Höhle am Toten Meer. Wir sind nicht nur in der Lage, kritisch den Text nachzuprüfen, den Jesus vor zweitausend Jahren vorgelesen hat. Unsere Augen können auch sehen, wie eine solche Buchrolle, die Jesus in den Händen gehabt hat, beschaffen war. Es ist gut, eine solche Tatsache im Gedächtnis zu behalten (vgl. Abb. 192, S. 341).

Die Wirkung der Predigt Jesu beschreibt Lukas mit einem Satz: »Sie staunten über die Worte voll Anmut, die aus seinem Munde kamen« (Lk 4, 22). In der sich anschließenden Diskussion gewann die Opposition jedoch bald die Oberhand. Die Nazarener fragten entrüstet: »Ist das nicht der Zimmermann?«, das heißt:

Der hat doch nicht mehr studiert als wir. Wie in einer Momentaufnahme überliefert uns der Evangelist das Ende der Diskussion: »Sie sprangen auf, trieben ihn aus der Stadt hinaus und führten ihn bis an den Rand des Berges, auf dem ihre Stadt gebaut war, um ihn hinabzustürzen. Er aber schritt mitten durch sie hindurch und ging fort« (Lk 4, 29. 30).

Die Synagogenbesucher waren entrüstet, weil Jesus sich als den Bringer der Heilszeit verkündete, da er die Worte des Propheten Jesaja auf sich bezog. Das war für die Zuhörer eine Gotteslästerung, die nach dem Gesetz mit der Steinigung bestraft werden mußte. Nach der Beschreibung des Talmuds wurde der Gotteslästerer rücklings von einer etwa 3—4 m hohen Anhöhe vom ersten Zeugen hinabgestoßen. »Wenn er dadurch tot war, hatte der erste Zeuge der Pflicht genügt; wenn nicht, nahm der zweite Zeuge einen Stein und warf ihn auf sein Herz. Wenn er dadurch tot war, hatte er der Pflicht genügt; wenn nicht, geschah seine Steinigung durch ganz Israel« (Sanh. 6, 4).

Wo lag nun im alten Nazaret dieser Berg des Absturzes? Der Evangelist gibt uns einen kleinen Hinweis: »Sie führten Jesus bis an den Rand des Berges, auf dem ihre Stadt gebaut ist.« Dieser Berg kann nur der heutige Nebi Sa'in sein, dessen Höhen im Norden, Westen und Osten das Gelände um die Quelle, an der das alte Nazaret gelegen hatte, umschließen. Wenn auch auf diesen Höhen keine steilen Abgründe liegen, so gibt es doch Steilhänge, die den jüdischen Strafbestimmungen für die Steinigung entsprachen. Noch heute kleben an solchen Steilhängen in Nazaret die Häuser wie die Schwalbennester. (Vgl. Abb. 60, S. 111.)

In Syrophönizien

Jesus mußte seine Vaterstadt verlassen. Auch für diese Situation gilt sein Wort: »Die Füchse haben ihre Höhlen, und die Vögel des Himmels haben ihre Nester, aber der Menschensohn hat nicht, wohin er sein Haupt legen könnte« (Mt 8, 20).

Dennoch haben wir keinen Anhalt dafür, daß Jesus bei der Verkündigung der Frohbotschaft das Gebiet des jüdischen Volkstums überschritten hat. Er wirkte im galiläischen Bergland, das fast gänzlich eine jüdische Bevölkerung hatte; er predigte am Nord- und Westufer des Sees, das hellenistische Tiberias aber bewußt meidend. Gelegentlich dehnte Jesus seine Wirksamkeit auch auf das Ostufer des Sees aus, aber auch hier wohnte noch eine gemischte Bevölkerung. Immer hatte Jesus seine Predigt auf Israel begrenzt, und auch seinen Jüngern hat er diese Beschränkung auferlegt: »Beschreitet nicht den Weg zu Heiden und betretet auch keine Samariterstadt, gehet vielmehr zu den verlorenen Schafen des Hauses Israel« (Mt 10, 5. 6).

Inzwischen wurde das Verhältnis Jesu zum Synedrium in Jerusalem immer gespannter. Überall warteten die

Abb. 192. Die Jesaja-Rolle (1QIs^a) aus der Höhle 1 von Qumran.

Die Schriftrolle, die heute in der Neuen Hebräischen Universität in Jerusalem aufbewahrt wird, besteht aus 17 mit Zwirn zusammengenähten Lederstücken. Im aufgerollten Zustand beträgt die Länge der Rolle 7,34 m, ihre größte Höhe 27 cm. Im Unterschied zu dem ebenfalls aus Tierhäuten gewonnenen Pergament wurde das Leder durch ein einfacheres und billigeres Verfahren hergestellt. Das Leder war aber nur auf einer Seite zum Schreiben geeignet. Auf unserem Bilde zeigt die nichtbeschriebene Rückseite, die beim Rollen von den Fingern des Lesers berührt wurde, deutliche Gebrauchsspuren. Der gesamte Text des Propheten Jesaja ist in 54 Schriftkolumnen (Schriftblöcken) von verschiedener Breite angeordnet.

Das Bild zeigt von rechts nach links die Kolumnen 32, 33 und den rechten Teil der Kolumne 34. In der zweiten Zeile der Kolumne 33 (der mittleren) beginnt der Text mit dem dritten Vers des 40. Kapitels: »Eine Stimme ruft: ›Bahnt in der Wüste eine Straße für Jahwe, macht in der Steppe einen ebenen Weg für unseren Gott! Jedes Tal soll aufgefüllt, jeder Berg und Hügel abgetragen werden; was krumm ist, soll gerade, was zerklüftet ist, zu einem Talgrund werden. Dann wird die Herrlichkeit Jahwes offenbar, und sehen wird es alles Fleisch miteinander. Denn der Mund Jahwes hat gesprochen‹« (Jes 40, 3–5).

Die Zeilen hat sich der Schreiber vorgezeichnet, d. h. mit einem harten Griffel ins Leder eingedrückt. Die Zahl der Zeilen schwankt zwischen 29 und 32. Eine Kapitel- oder Verseinteilung war damals noch unbekannt.

Der Text ist nach Sinnabschnitten gegliedert, die jeweils mit einer neuen Zeile am rechten Rand beginnen. Schreibfehler, Auslassungen und Wiederholungen von Buchstaben oder Wörtern sind bei solch einem langen Text unvermeidlich. Diese Fehler sind aber fast immer sorgfältig korrigiert worden. Unbrauchbar gewordene Schriftrollen wurden nicht verbrannt oder sonstwie vernichtet, sondern in der sogenannten Geniza einer Synagoge verborgen und nach einer gewissen Zeit in geweihter Erde begraben.[187]

Abgesandten des Hohen Rates und suchten Jesus in eine öffentliche Diskussion über die Gültigkeit des Gesetzes zu verwickeln. »Da kamen von Jerusalem Pharisäer und Schriftgelehrte zu Jesus und sagten: Warum übertreten deine Jünger die Überlieferung der Alten? Sie waschen sich ja nicht die Hände, ehe sie essen.« Jesus antwortete scharf mit einer Gegenfrage: »Warum übertretet denn ihr den Befehl Gottes um eurer Überlieferung willen? Denn Gott hat befohlen: Ehre Vater und Mutter, und: Wer Vater oder Mutter beschimpft, soll des Todes sterben. Ihr aber sagt: Wenn einer zu Vater und Mutter spricht: Weihegabe sei, was dir von mir zusteht, der braucht seinen Vater oder seine Mutter nicht zu ehren. So macht ihr das Gesetz Gottes unwirksam eurer Überlieferung zuliebe. Ihr Heuchler, über euch hat der Prophet Jesaja richtig gesagt: Dieses Volk ehrt mich mit den Lippen, aber ihr Herz ist weit von mir. Ihr Gottesdienst ist eitel, lehren sie doch Lehren, die Menschensatzungen sind« (Mt 15, 1–9). Nach dieser Diskussion kamen die Jünger besorgt zu Jesus und sagten: »Weißt du, daß die Pharisäer, wie sie die Rede hörten, Ärgernis genommen haben?« Gelassen antwortete Jesus: »Jede Pflanze, die nicht mein himmlischer Vater gepflanzt hat, wird ausgerottet werden. Laßt sie, sie sind blinde Führer von Blinden. Wenn aber ein Blinder einen Blinden führt, fallen beide in die Grube« (Mt 15, 12–14).

Zum erstenmal berichten nun Mattäus und Markus, daß Jesus nach diesen Auseinandersetzungen das von Juden bewohnte Gebiet verließ. »Darauf ging Jesus von dort fort und zog sich in die Gegend von Tyrus und Sidon zurück« (Mt 15, 21). Bei Mattäus steht ein griechisches Verbum, das ein Entweichen, eine Flucht bezeichnet.

Das Gebiet von Tyrus und Sidon reichte damals weit nach Osten in das Binnenland hinein. Vom See Gennesaret bis zur Grenze waren es etwa 50 km. Die Evangelisten geben uns aber keinen Hinweis, wie der Reiseweg verlief und wie tief Jesus in das tyrische Gebiet eindrang, d. h., es wird nicht gesagt, daß Jesus die Städte Tyrus und Sidon besucht hat. Seit Pompeius (63 v. Chr.) gehörte das Gebiet dieser Städte zu Syrien und hieß Syrophönizien.

Tyrus, die Mutterstadt Karthagos, lag im Altertum auf einer dem Festland vorgelagerten Insel, die durch den Tempel Melkarts, des phönizischen Baal, berühmt war. Sein Kopf schmückte die tyrischen Silbermünzen noch im Jahrhundert Jesu; aber das hinderte die Juden nicht daran, die tyrische Silberdrachme als gültige Tempelmünze anzuerkennen (vgl. Abb. 146 S. 249). Unter dem König Hiram (um 1010 v. Chr.), der aus der Bibel durch sein Bündnis mit David und Salomo bekannt ist, erlebte Tyrus seine größte Blüte. Hiram lieferte beiden Königen Gold, Zypressen und die berühmten Zedern vom Libanon, ferner geschickte Handwerker für den Bau der Königspaläste und vor allem für den Tempel. Von Salomo erhielt er dafür ein Gebiet im Norden Palästinas mit 20 kleineren Städten (1 Kön 9, 11–13).

Die berüchtigte Isebel (Jezabel), die mit Ahab (871 bis 852 v. Chr.), dem König von Israel, verheiratet war, stammte aus Tyrus und förderte in Samaria, der Hauptstadt des Nordreiches, den Baalskult ihrer Heimat.

Unter Alexander dem Großen (332 v. Chr.) wurde die Stadt zerstört. Vom Festland baute er einen 60 m breiten und 600 m langen Damm zur Insel und eroberte

nach siebenmonatiger Belagerung die Stadt. Durch den angeschwemmten Sand bildete sich allmählich in den vielen Jahrhunderten aus dem künstlichen Damm eine Landzunge, die die Inselstadt für immer mit dem Festland verband. Unter der Römerherrschaft erhielt Tyrus als alte Münzstätte eine autonome Verwaltung. Schon in der Frühzeit der apostolischen Mission wird in Tyrus eine Christengemeinde erwähnt. Paulus besuchte die Stadt auf seiner Reise nach Jerusalem (58 n. Chr.) und hielt sich bei den Christen sieben Tage auf (Apg 21, 3–6).

Nach Mattäus zog sich Jesus in das Gebiet von Tyrus zurück, d. h., er wollte einsam und unerkannt bleiben. Jesu Wunsch ging aber nicht in Erfüllung. »Denn gleich hörte eine Frau von ihm, die eine Tochter hatte, welche von einem unreinen Geiste besessen war. Sie kam und warf sich ihm zu Füßen. Die Frau war eine Griechin, Syrophönizierin von Geburt« (Mk 7, 25. 26). Mattäus nennt sie eine Kanaaniterin und will mit dieser biblischen Bezeichnung die Frau als Heidin charakterisieren. »Sie schrie ihm zu: Erbarme dich meiner, Herr, Sohn Davids. Meine Tochter wird von einem bösen Geist arg geplagt« (Mt 15, 22). Bei Mattäus wird Jesus mit diesem messianischen Namen »Sohn Davids« nur von Juden angeredet (9, 27; 12, 23); hier ruft ihn eine Heidin mit diesem Namen. »Jesus aber antwortete ihr kein Wort.« Als ihn die Jünger drängten: »Entlaß sie doch, sie schreit ja hinter uns her«, hofften sie wohl, daß er der Bitte der Frau entsprechen würde. Jesus aber erwiderte: »Ich bin nur gesandt zu den verlorenen Schafen Israels« (Mt 15, 23. 24).

Diese ausschließliche Sendung hat Jesus oft betont. Dennoch gab er auch zu verstehen, daß er durch sein Leiden und Sterben »alle an sich ziehen werde« (Joh 12, 32). In dem Gleichnis vom guten Hirten sagte er: »Ich habe noch andere Schafe, die nicht aus dieser Hürde sind; auch die muß ich führen, sie werden meine Stimme hören, und es wird ein Hirt und eine Herde werden« (Joh 10, 16). Im hohepriesterlichen Gebet sprach er zum Vater: »Doch nicht allein für sie bitte ich, sondern auch für die, welche auf ihr Wort hin an mich glauben werden« (Joh 17, 20). Jesus hatte stets ein Apostolat vor Augen, das keine Grenzen kannte; doch erst sein Tod sollte seinem Evangelium dieses weltweite Feld öffnen. In der kurzen Spanne seiner eigenen Wirksamkeit gehörte sein Ruf dem eigenen Volke.

Die bittende Heidin ließ sich aber nicht abweisen. »Sie fiel vor ihm nieder und sagte: Herr, hilf mir« (Mt 15, 25). Die Antwort Jesu scheint hart: »Es ist nicht recht, den Kindern das Brot zu nehmen und es den Hündlein hinzureichen« (Mt 15, 26).

Im griechischen Text steht die Diminutivform »Hündlein«. Einige Schrifterklärer weisen darauf hin, daß das Aramäische solch eine abschwächende Form nicht kennt, so daß das Wort »Hund« in seiner ganzen Schärfe dasteht. Bei den Juden galt dieses Wort als Bezeichnung für die Heiden. In einer Erklärung der Mischna zu der Stelle »Es soll heilige Festversammlung für euch sein« (Ex 12, 16) heißt es: »Für euch und nicht für die Fremden, für euch und nicht für die Hunde« (Meg. 7[b]).

Da sich die Heidin durch die Antwort Jesu nicht entmutigen ließ, fällt es schwer, anzunehmen, daß sich Jesus diesem Sprachgebrauch »der Straße« angeschlossen hat. Im Gegenteil, die Heidin machte sofort aus Jesu Antwort ein neues Argument für ihre Bitte: »Ja, Herr, aber auch die Hündlein essen von den Brosamen, die vom Tische ihrer Herren fallen« (Mt 15, 27). Solch einer treffenden Antwort konnte Jesus nicht widerstehen. Er antwortete ihr: »Frau, dein Glaube ist groß. Dir geschehe nach deinem Begehr« (Mt 15, 28).

Die Heidin hatte dem Herrn recht gegeben, so gab er auch ihr recht. Weil sie seinen Willen als heilig geehrt hat, erfüllte er auch ihren Willen: »Ihre Tochter war von jener Stunde an geheilt.«

Nach dem Bericht des Markus »verließ Jesus wieder das Gebiet von Tyrus und kam durch Sidon hindurch an das Galiläische Meer mitten durch das Gebiet der Zehn Städte« (Mk 7, 31). Mit dieser mehr summarischen Angabe des Reiseweges wollte Markus wohl nur andeuten, daß Jesus es vermied, jüdisches Gebiet zu betreten.

Die Dekapolis — Zehnstadt — bestand aus einer Reihe von Städten, die seit der Zeit Alexanders des Großen zu Orten mit vorwiegend griechischer Bevölkerung und hellenistischer Kultur geworden waren. Der Hasmonäerkönig Alexander Jannäus (103—76 v. Chr.) eroberte dieses Gebiet und nahm den Städten ihre Selbständigkeit. In römischer Zeit wurden sie unter Pompeius (63 v. Chr.) von der jüdischen Herrschaft befreit. Sie schlossen sich zu einer Art Städtebund zusammen, der ursprünglich 10 Städte umfaßte. Obwohl sich in späterer Zeit die Zahl der angeschlossenen Städte erweiterte, wurde der Name Dekapolis — Zehnstadt — beibehalten. Die berühmtesten Städte waren Damaskus, Pella, Gerasa, Gadara, Hippos, Skythopolis und Philadelphia. Sie lagen alle, mit Ausnahme von Skythopolis, östlich des Jordan und waren der Oberhoheit des Statthalters von Syrien unterstellt. Doch gewährte ihnen Rom eine autonome Verwaltung mit eigenem Münzrecht (vgl. Abb. 119, S. 202).

Die vom Evangelisten angedeutete Marschroute läßt vermuten, daß Jesus auf seiner Wanderung durch die Dekapolis bei Gadara das Ufer des Sees wieder erreichte. Die eigentliche Stadt lag etwa 10 km südlich vom See Gennesaret. Noch heute zeugen die ansehnlichen Ruinen der Dekapolisstadt, die durch ihre hohe Lage auf einem Bergrücken südlich des Jarmuktales mit einer weitumfassenden Aussicht auf den See und den Jordangraben ausgezeichnet war, von der Bedeutung dieser hellenistischen Stadtgründung. Daß das Gebiet von Gadara aber bis an den See reichte, ist nicht nur aus dem Hinweis bei Mt 8, 28 zu schließen, sondern

auch aus den Münzen von Gadara, auf denen öfter ein Schiff abgebildet ist. Herodes hatte diese Stadt, obwohl sie noch zur Dekapolis gehörte, seinem Reiche einverleibt. Nach seinem Tode (4 v. Chr.) wurde sie von Augustus wieder dem Städtebund angeschlossen. Jesus war in diesem Gebiet kein Unbekannter. Die Heilung des Besessenen im Gebiete der Gadarener hatte damals die Bevölkerung in großes Erstaunen versetzt, denn der Geheilte »ging fort und fing an, in der Dekapolis zu verkünden, was alles Jesus an ihm getan« (Mk 5, 20).

In dem Bericht über die Heilung des Besessenen stoßen wir bei den Synoptikern auf verschiedene Ortsangaben. Bei Matthäus steht, daß Jesus in das Land der »Gadarener« gekommen sei. Einige Textzeugen bieten auch »Gergesener«. Bei Markus finden wir beide Lesarten. Die Lesart »Gerasener« muß trotz der starken Verbreitung in den Handschriften aus sachlichen Gründen ausscheiden, weil die Stadt, das heutige Dscherasch, über zwei Tagereisen vom See entfernt lag (vgl. Abb. 12, S. 29). »Gerasa« dürfte darum eine Verbesserung von »Gergesa« sein. So bleiben »Gadara« und »Gergesa« übrig. Beide Orte liegen in der Dekapolis, und die Schweinezucht kennzeichnet den nichtjüdischen Charakter dieses Distriktes. Origenes spricht von Gergesa, »einer alten Stadt am See«. Der Ort, den der Talmud »kursa« nennt, ist als die kleine Ortschaft el-Kursi identifiziert worden und liegt Magdala gegenüber auf einer kleinen Erhebung südlich des Wadi es-Samak (vgl. Abb. 156, 2, S. 271, und Abb. 181, S. 323).

Eine christliche Tradition für »Gergesa« — »el-Kursi« — läßt sich weit zurückverfolgen. Eusebius († 339) schreibt in seinem Onomastikon: »Gergesa ist heute ein Dorf, auf einem Abhang am See von Tiberias gelegen.« Schon im 5. Jahrhundert muß dort eine Kirche zum Gedenken an das Wunder Jesu errichtet worden sein. Auf seiner Reise zu den Heiligtümern Galiläas besuchte der Abt Sabas (491) auch el-Kursi, »um dort

Abb. 193. Das römische Forum von Gerasa in der Dekapolis (S. 344).

Gerasa, etwa 55 km südöstlich des Sees Gennesaret, wurde wahrscheinlich durch Alexander den Großen als hellenistische Siedlung gegründet. Unter dem Hasmonäerkönig Alexander Jannäus (103—76 v. Chr.) kam es unter jüdische Herrschaft und hatte seitdem einen starken jüdischen Bevölkerungsanteil. Im Jahre 63 v. Chr. wurde die Stadt von Pompeius mit weitgehender Selbstverwaltung unter römischer Oberhoheit wieder der Dekapolis angegliedert. In neutestamentlicher Zeit war Gerasa ein bedeutender Handelsplatz. Seine größte Blüte erreichte es unter dem Kaiser Trajan im 2. Jahrhundert n. Chr. Bereits im 4. Jahrhundert hatte diese bedeutendste Stadt der Dekapolis eine christliche Gemeinde. Aus byzantinischer Zeit sind bisher neun Kirchen bekannt, darunter Kolossalbauten wie die drei zu einem Bau zusammengefaßten Kirchen von St. Kosmas, St. Johannes und St. Georg,

die den römischen Tempeln an Größe nicht nachstehen. Auf dem Konzil von Chalkedon (451) unterschrieb Flacus als »Bischof von Gerasa«. Nach der Eroberung durch die Araber (634) verlor die Stadt allmählich ihre Bedeutung. Ein arabischer Geograph aus dem 13. Jahrhundert kennt Dscherasch nur noch als verwüsteten Ort. Nach 500 Jahren völliger Vergessenheit wurde Gerasa von dem Orientreisenden U. J. Seetzen in den Jahren 1805–1807 für die Wissenschaft wiederentdeckt. Die bedeutendsten Gebäude, deren Ruinen noch heute zu sehen sind, entstanden im 2. Jahrhundert n. Chr., darunter zwei große Tempelanlagen, ein Theater mit 4500 Sitzen und eine prachtvolle Säulenstraße. Das Bild zeigt das Forum der Stadt. Der Platz ist hufeisenförmig mit 56 Säulen von 5,6 m Höhe umstellt, welche ionische Kapitäle tragen und mit Steinbalken verbunden sind. In einer Breite von 71 m öffnet sich die Säulenreihe für die Treppe des Zeustempels, dessen Säulentrommeln im Vordergrund des Bildes sichtbar sind. Die Trümmer liegen ringsumher, als hätte erst gestern ein Erdbeben dort gewütet. An der Nordseite des Forums beginnt die über 800 m lange Hauptstraße, welche die ganze

antike Stadt durchzieht. Von den 520 Einfassungssäulen, die ursprünglich vorhanden waren, stehen nur noch wenige aufrecht. Sie sind von verschiedener Größe, 6,5–9 m hoch, mit korinthischen oder einfachen ionischen Kapitälen geschmückt. Im Mittelpunkt links, am Ende der Säulenstraße, steht ein halbkreisförmiges Nymphäum, ein mit Delphinen und Ranken reich ausgestattetes Quellhaus. Links anschließend beginnt das Gelände des Artemis-Tempels. Der im römisch-korinthischen Stil erbaute Tempel beherrscht das ganze Stadtbild und ist die imposanteste Ruine Gerasas. Über eine 5 m breite Treppe gelangte man in den Tempelhof, den 160 Säulen umstanden. Die Ecksäulen waren aus zwei Halbsäulen gebildet, ähnlich denen der Synagoge in Kafarnaum (vgl. Abb. 167, S. 291). In der Mitte erhob sich auf einem Sockel der Tempel der Göttin. Unterhalb des Artemis-Tempels (linker oberer Bildrand) liegen die Ruinen der Bischofskirche mit umgestürzten Säulen, Kapitälen und Mosaikresten — das ist alles, was übriggeblieben ist. Rechts im Hintergrund das heutige Tscherkessendorf Dscherasch, das zum großen Teil aus den Steintrümmern der antiken Stadt erbaut ist.

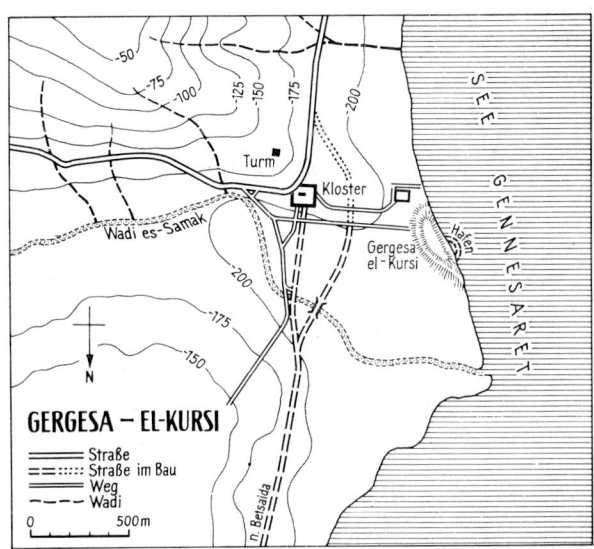

des Wadi als Verkehrsverbindung nach den auf der Hochebene gelegenen Siedlungen der Dekapolis benutzt haben.
Genau an der Kurve der Straße ist das von der großen Mauer umschlossene, fast quadratische Klostergelände noch zu erkennen. Über der von der Straße angeschnittenen Südostecke liegen am Abhang die Reste des viereckigen, im Unterbau massiven Turmes von 8 m Seitenlänge. Die Kalkfelsen der Umgebung, besonders über der Turmruine, weisen viele große natürliche Höhlen auf.
Am Ufer des Sees (auf dem Photo nicht mehr sichtbar, vgl. die Karte) erhebt sich ein kleiner Tell, der nach dem archäologischen Befund eine alte Ortslage birgt. Bei dem im Jahre 1970 herrschenden tiefen Wasserstand konnte das Hafengelände von einer Unterwasserexpedition sorgfältig untersucht, vermessen und photographiert werden. Der künstlich angelegte Hafen nahm eine Fläche von 1500 m² ein und war durch den Schwemmsand des Wadi es-Samak vor einer Erosion geschützt worden. Die halbrunde Hafenanlage, deren Mauerreste teilweise aus dem Wasser ragen (Bild 3), paßte sich den Uferverhältnissen an. Zum Schutz gegen die starken Westwinde, die sich besonders am Ostufer gefährlich auswirkten, lag die Hafeneinfahrt an der Nordwestseite.

Abb. 194.   Die Umgebung vom Tell el-Kursi mit dem byzantinischen Kloster.

1. Das Ostufer des Sees Gennesaret an der Mündung des Wadi es-Samak.

2. Die Umgebung von el-Kursi mit der alten Ortslage von Gergesa.

3. Mauerreste der alten Hafenanlage von Gergesa.

Steil abfallende Berghänge und ein schmaler Uferstreifen alluvialer Schwemmerde geben der Ostküste des Sees Gennesaret das typische Gepräge (Bild 1). Der Aufstieg zu der über 500 m höher liegenden Hochebene ist nur durch die Wadis möglich, deren Bäche den See aber schon im Frühjahr nicht mehr erreichen. Das Bett des ausgetrockneten Wadi es-Samak ist am linken Bildrand noch sichtbar. Der Strandweg, der ohne besondere Hindernisse am Ufer entlangzieht, wird darum auch in frühester Zeit die tiefeingeschnittene Schlucht

zu beten«. Als Willibald, der spätere Bischof von Eichstätt, in den Jahren 724/726 das gleiche Wallfahrtsziel aufsuchte, bemerkte er: »Dort war eine Kirche der Christen«, d. h., die Kirche war bereits zerstört. Im Mittelalter scheint das Ostufer wenig besucht worden zu sein. Man begnügte sich mit einem Blick auf das gegenüberliegende Ufer. Der Anstieg vom schmalen Seeufer war mühsam, und so ist die Gegend einsam geblieben bis in unsere Zeit. Als man 1970 mit dem Bau einer Straße längs des Ostufers begann, stand das alte Gergesa-Kursa plötzlich im Brennpunkt des Interesses.[188] Ein weites Ruinenfeld am Seeufer und ein byzantinisches Kloster am Ausgang des Wadi es-Samak wurden freigebaggert (vgl. Abb. 194,2).

Abb. 195. Die Klosterkirche von el-Kursi — Gergesa.

1. Die freigelegte Ruine der Kirche.

2. Die Stifterinschrift im Fußbodenmosaik.

3. Die Grabkrypta des Klosters.

Nach der Entdeckung der byzantinischen Klosterruinen am Ostufer des Sees Gennesaret begannen 1971 israelische Archäologen mit deren Freilegung. Die dreischiffige Kirche des Klosters, etwa 500 m südöstlich von der alten Ortschaft gelegen, hatte die beträchtliche Größe von 45 m Länge und 23,5 m Breite (Bild 1). Der an der Ostseite gelegene Haupteingang (unterer Bildrand) führte zunächst in einen schmalen Außenhof, dem sich ein großer quadratischer Innenhof anschloß. Der Kirche selbst war ein Narthex vorgelagert. Die Apsis, einbezogen in das große Rechteck des Gesamtbaues, hatte zwei »Pastophoria« — »Kapellen« — an den Seiten. Vor der Innenwand der Apsis ist noch der halbrunde Mauerkranz zu erkennen, der in der Mitte die »Cathedra« trug, umgeben von den Sitzen der Presbyter. Das Chor für die Sängerschola lag zwei Stufen höher als das Niveau der Kirche und ragte etwa 4 m in das Hauptschiff hinein. Die südlich (links) der Apsis gelegene Kapelle, auch »Diakonikon« genannt, diente als Taufkapelle. Das kleine aus Ziegeln gemauerte Taufbecken lag an der Ostwand.

Die am Eingang in den Fußboden eingelassene Mosaikinschrift mit der Jahreszahl 585 nennt Stephanos, den Abt des Klosters, als Erbauer (Bild 2). An der Südseite (Bild 1, linker Bildrand) der Kirche waren zwei schmale, rechtwinklige Kapellen angebaut, die mit Mosaiken ausgelegt waren. Die gleiche Raumaufteilung zeigt auch die Nordseite der Kirche (rechter Bildrand). Doch gab es hier keine Anhaltspunkte dafür, ob auch die Räume als Kapellen benutzt wurden. Die Rundung einer Ölpresse ist im Fußboden des mittleren, quadratischen Raumes noch zu erkennen. Während die Höfe vor der Kirche mit großen Basaltplatten ausgelegt waren, bestanden die Fußböden in der Kirche aus Mosaikfeldern, die sich in den Seitenschiffen und in den Pastophorien gut erhalten haben. Leider waren die Vögel und Tiere in der Mosaikfläche herausgehauen worden, als die Kirche im 8. Jahrhundert für Wohnungen und Speicherräume zweckentfremdet wurde.

Unberührt aber blieb die Grabkrypta des Klosters, die man unter einer Kapelle fand (Bild 3). Die Lage der Skelette ließ erkennen, daß in den vielen Jahrhunderten die Ruhe der Toten nicht gestört worden war.

Das Klostergelände war von einer 0,9 m starken und 2—3 m hohen Steinmauer umgeben, die ein Rechteck von etwa 145 × 123 m begrenzte. Die freigelegten Mosaiken weisen den Bau des Klosters in das 5. Jahrhundert. Weitere Scherbenfunde in der Umgebung zeigen aber, daß der Ort bereits in römischer Zeit besiedelt war. Etwa 500 m nordwestlich vom Kloster entfernt liegen die Ruinen des alten Gergesa-Kursa mit den Resten einer Hafenanlage. Eine halbrunde Kaimauer ist aus großen Basaltblöcken in den See hinausgebaut. Wenn el-Kursi die alte Ortslage von Gergesa ist — und dagegen läßt sich ein begründeter Einwand nicht erheben —, dann bilden die Ruinen den stummen Hintergrund für den einfachen Satz des Evangeliums: »Dann landeten sie am jenseitigen Ufer, im Land der Gergesener« (Mk 5, 1).

Die Bevölkerung bereitete dem Wundertäter am Ostufer des Sees einen großen Empfang. »Da kam viel Volk zu ihm, das Lahme, Krüppel, Blinde, Stumme und viele andere mitbrachte, sie legten sie vor seine Füße nieder, und er heilte sie. Da verwunderten sich die Scharen, als sie Stumme reden, Krüppel gesund, Lahme umhergehen und Blinde sehen sahen« (Mt 15, 30. 31). Der Evangelist beschließt diese Aufzählung mit dem kurzen, aber inhaltsreichen Satz, der den Aufenthalt Jesu unter den Heiden zukunftweisend deutet: »Und sie priesen den Gott Israels« (Mt 15, 31). Eine größere Anerkennung hätte ein Jude bei den Heiden nicht finden können.

Das Messiasbekenntnis

Nach seiner Rückkehr aus Syrophönizien und der Dekapolis stieß Jesus bald wieder mit den amtlichen Vertretern seines Volkes zusammen. Es schien, als ob sie ihn erwartet hätten. Kaum war Jesus nämlich auf jüdischem Gebiet am Westufer des Sees gelandet, »da kamen die Pharisäer heraus und begannen mit ihm zu streiten. Sie verlangten, um ihn zu versuchen, von ihm ein Zeichen vom Himmel« (Mk 8, 11).

Jesus entgegnete mit feiner Ironie: »Wenn es Abend wird, sagt ihr: Es wird schön, denn der Himmel ist gerötet. Und am Morgen: Heute gibt's Regen, denn der Himmel ist gerötet und trüb.« Dann wurde seine Antwort schärfer: »Das Aussehen des Himmels versteht ihr zu beurteilen, aber die Zeichen der Zeit vermögt ihr nicht zu beurteilen. Ein böses und ehebrecherisches Geschlecht begehrt ein Zeichen. Aber es wird ihm nur das Zeichen des Jona gegeben werden« (Mt 16, 2–4). »Dann ließ er sie stehen, stieg wieder ein und fuhr nach dem jenseitigen Ufer« (Mk 8, 13).

Jesus zog sich von seinem Volke zurück und widmete sich der Schulung seiner Jünger. Mit ihnen verließ er das jüdische Gebiet und wanderte das obere Jordantal hinauf nach Norden. Am Fuße des schneebedeckten Hermon, in der Gegend von Cäsarea Philippi, fragte er die Zwölf: »Für wen halten die Leute den Menschensohn?« (Mt 16, 13)

Der Name kommt in den Evangelien sehr häufig vor, bei den Synoptikern etwa 70mal und bei Johannes etwa 10mal. Die moderne Kritik lehnt diesen Namen aus dem Munde Jesu ab. Das überzeugendste Argument für eine Selbstbezeichnung Jesu als »Menschensohn« bleibt aber die Tatsache, daß die Evangelien den Titel nie im Bericht oder in der Anrede an Jesus, sondern nur aus dem Munde Jesu kennen. Er ist eine wörtliche Übersetzung eines semitischen Ausdrucks, der einfach »Mensch« bedeutet. Die bei den Evangelisten vorkommende Verwendung zeigt aber, daß der Name »Menschensohn« weder eine bedeutungslose Umschreibung für »ich« ist noch Jesu wahre Menschennatur bezeichnen will und noch weniger ein Deckname für »Gottessohn« ist. Für Jesus ist der Name »Menschensohn« Ausdruck seines Selbstbewußtseins als Messias, dessen Amt das Sterben für die Menschen und das Gericht über sie zugleich umfaßt. Jesus gebraucht ihn immer, wenn er von seinem Messiasamt spricht, und zwar verwendet er dabei stets die dritte Person. Im damaligen Judentum war »Menschensohn« kein geläufiger Messiasname, darum die vielfältige Antwort der Jünger: »Sie antworteten: Die einen für Johannes den Täufer, andere für Elija, wieder andere für Jeremia oder sonst einen der Propheten« (Mt 16, 14).

Die Jünger gaben die Meinungen wieder, die unter dem Volke über Jesus kursierten. Niemand hielt ihn für einen gewöhnlichen Menschen, aber auch niemand für den Messias, den Israel erwartete. Im Spätjudentum war das Prophetentum ausgestorben. Es blieb aber im jüdischen Denken die Auffassung lebendig, daß zu gegebener Zeit wieder Propheten im Volke Israel auftreten würden. Jesus hat sich aber nie als Propheten verstanden. Darum begnügte er sich nicht mit dieser Antwort seiner Jünger.

Er stellt die Frage von neuem, aber jetzt in der verbindlichen, zu einer klaren Stellungnahme zwingenden Form: »Ihr aber, für wen haltet ihr mich?« Wieder war es Petrus, der das Bekenntnis des Glaubens sprach: »Du bist der Messias, der Sohn des lebendigen Gottes« (Mt 16, 15. 16).

Das griechische Wort »christos« ist nichts anderes als die Übersetzung des hebräischen Wortes »maschiach«, der Gesalbte. Die essenische Damaskusschrift und die Qumrantexte aus dem Jahrhundert Jesu bezeugen, daß der Messiasgedanke im Spätjudentum eine beachtliche Rolle gespielt hat. Jesus selbst hat von Anfang an ein ausgesprochenes Messiasbewußtsein bekundet und den Anspruch erhoben, der verheißene Messias zu sein. Das geht schon aus dem Munde des Zwölfjährigen im Tempel hervor: »Wußtet ihr nicht, daß ich im Hause meines Vaters sein muß?« (Lk 2, 49) Die Taufe Jesu zeigt uns nicht nur die Bereitschaft Jesu zur Ausübung des messianischen Amtes, sondern auch die feierliche Proklamation seiner Messiaswürde, die sein Vater durch die Worte bestätigt: »Das ist mein geliebter Sohn, an dem ich mein Wohlgefallen habe« (Mt 3, 17). Diese Worte hörten die Jünger als krönenden Abschluß der Verklärung auf dem Berge Tabor (Mt 17, 5). Am Beginn seiner Lehrtätigkeit offenbarte er sich in der Synagoge von Nazaret als den beim Propheten Jesaja (61, 1 f.) angekündigten Gottesknecht. Die Frage der vom Täufer zu ihm gesandten Jünger, ob er es sei, der da kommen solle, oder ob sie auf einen anderen zu warten hätten, beantwortet er mit dem Hinweis auf seine vom Propheten Jesaja geweissagte Tätigkeit (Mt 11, 4 f.). Jesus enthüllt seinen Jüngern auf dem Wege nach Jerusalem, daß er in seinem Leiden, Sterben und in seiner Auferstehung die Vorhersagen der Propheten verwirklichen werde (Lk 18, 31—33).

In seinem Bekenntnis verband Petrus mit dem Würdetitel »Messias« noch die Aussage »Sohn Gottes« (Mt 16, 16). Die Bezeichnung »Sohn Gottes« beziehungsweise »Söhne Gottes« hatte für das jüdische Volk noch eine weite und allgemeine Bedeutung, insofern alle Menschen Kinder, Söhne Gottes sind. Jesus erhob aber den Anspruch, »Sohn Gottes« im ausschließlichen Sinne zu sein. Er hat diesen Anspruch durch Wunder bekräftigt, vor allem durch die Vollmacht, Sünden zu vergeben. Selbst die Schriftgelehrten sahen sich zu der Äußerung gezwungen: »Sünden vergeben kann nur Gott allein« (Mk 2, 7). In deutlichster Weise setzte Jesus seine Gottessohnschaft vom allgemeinen Kindheitsverhältnis aller Menschen zu Gott ab. Im Munde Jesu haben die Worte »Mein Vater« (Mt 7, 21; Lk 2, 49) eine ganz andere Bedeutung als in den Gebeten der übrigen Menschen. Sein Wissen und seine Macht führte Jesus auf die Lebensgemeinschaft und Willenseinheit mit dem ewigen Vater zurück: »Alles ist mir von meinem Vater übergeben. Niemand erkennt den Sohn als nur der Vater, und den Vater erkennt niemand als nur der Sohn und wem es der Sohn offenbaren will« (Mt 11, 27). In diesem göttlichen Geheimnis findet die Seligpreisung Jesu ihre letzte Begründung.

Während Markus (8, 27—31) und Lukas (9, 18—21) an das Bekenntnis des Petrus unmittelbar das Schweigegebot Jesu anfügen, folgen bei Mattäus die Primatsworte: »Da erwiderte ihm Jesus: Selig bist du, Simon, Sohn des Jona, denn nicht Fleisch und Blut haben es dir geoffenbart, sondern mein Vater im Himmel. Und ich sage dir: Du bist Petrus, und auf diesen Felsen will ich meine Kirche bauen, und die Pforten der Hölle werden sie nicht überwältigen. Dir will ich die Schlüssel des Himmelreiches geben. Was immer du auf Erden binden wirst, soll auch im Himmel gebunden sein, und was immer du auf Erden lösen wirst, soll auch im Himmel gelöst sein« (Mt 16, 17—19).[189]

Die Echtheit der Primatsverheißung im textkritischen Sinn, d. h. ihre Zugehörigkeit zum ursprünglichen Text des Mattäus, wird heute nur noch von einigen Außenseitern in Frage gestellt.[190] A. v. Harnack, der mit seiner Kritik nicht sparsam umging, faßt das gültige Urteil in einem Satz zusammen: »Es gibt nicht viele Abschnitte in den Evangelien, aus denen die aramäische Grundlage nach Gedanke und Form so sichtlich durchschimmert wie aus diesem streng geschlossenen Stück.«[191]

Diese Verse können nur aus palästinensischer Tradition stammen. Doch gab sich die Kritik mit diesem Tatbestand nicht zufrieden. Der Text, so sagt man, wurde von der schöpferischen Kraft der palästinensischen Urgemeinde geschaffen: Mt 16, 17—19 sei kein

Herrenwort. Es sei zwar von dem Evangelisten geschrieben, aber nicht von Jesus gesprochen worden.

Die Einwände, die gegen die historische Echtheit des Primatstextes erhoben werden, kann man in vier Punkten zusammenfassen:

1. Jesus hat keine religiöse Gemeinschaft gründen wollen, und das Wort »ecclesia« wird von ihm sonst nicht verwendet.

2. Jesus hat an die unmittelbar bevorstehende Parusie geglaubt.

3. Es sei nicht denkbar, daß Jesus gerade den wankelmütigen und unzuverlässigen Petrus zum Felsenfundament seiner Kirche gewählt hat.

4. Petrus hat in der Urgemeinde nicht die Stellung eingenommen, die der Mattäusstelle entsprechen würde. Dagegen sei das Wort als Ausdruck des Glaubensbewußtseins der Urgemeinde gut verständlich.

Die moderne Exegese hat sich mit diesen Argumenten ernstlich auseinandergesetzt, und als Ergebnis erkennen namhafte Gelehrte den Primatstext nicht bloß als ursprünglichen Bestandteil des Mattäusevangeliums, sondern auch als echtes Logion des Herrn an.[192] Jesus hat diese Worte zu Petrus gesprochen.

Der Name Kefas zeugt für die Geschichtlichkeit der Worte des Herrn. Petrus, der ursprünglich Symeon (Apg 15, 14) oder Simon (so durchweg in den Evangelien) hieß, erhielt von Jesus den Beinamen Kefas. Ob Simon nur die gräzisierte Form von Symeon ist oder ob der Apostel von Anfang an in seiner zweisprachigen Heimat Betsaida neben seinem Namen den klanglich entsprechenden griechischen Namen trug, ist belanglos.

Ebenso ist es unwesentlich, wann Jesus dem Simon den Beinamen Kefas gegeben hat. Nach Johannes hat Jesus dem Apostel schon bei der ersten Begegnung mit ihm seinen künftigen Beinamen mitgeteilt, und zwar gebraucht Johannes hier die aramäische Form »Kefa« (Joh 1, 42). Markus scheint anzudeuten, daß Simon seinen Beinamen schon bei der Apostelwahl von Jesus erhielt (Mk 3, 16). Die meisten Erklärer nehmen an, daß Jesus den Apostel erst bei Cäsarea Philippi zum Felsenmann erklärte.

Der innere Grund, warum Simon den Beinamen Petrus erhielt und warum dieser Beiname schließlich den Familiennamen ganz verdrängt hat, kann nur in den Primatsworten Mt 16, 18 gesucht werden. Der neue Name, der weder als Eigenname noch als Beiname gebräuchlich war, wurde ins Griechische übersetzt, und der Name Petros verdrängte schnell den Namen Kefas. Als man für die hellenistischen Christen in Katechese und Gottesdienst die Primatsstelle verwerten wollte, mußte man die dem Namen Kefa zugrunde liegende

Bedeutung wiedergeben, um das dort geprägte Wortspiel möglichst gut zur Geltung zu bringen. Der griechische Übersetzer des Mattäusevangeliums übertrug mit Sachkenntnis das erste »Kefa« mit »Petros«, einem weniger gebräuchlichen griechischen Wort für Fels; für das zweite »Kefa« wählte er die gebräuchlichere Femininform »Petra«.

Hätte Jesus dem Bekenntnis des Petrus nicht sein Wort über Petrus angefügt, so wäre »Kefa« nie zum kennzeichnenden Namen für Simon geworden; und stünde dieser einzige Vers nicht im Neuen Testament, so bliebe es philologisch vollkommen unverständlich, warum an die Stelle von »Kefa« die Form »Petros« getreten ist.

Der Evangelist beschließt nun seinen Bericht wie Markus und Lukas mit den Worten: »Dann gab er ihnen die strenge Weisung, niemand zu sagen, daß er der Messias sei« (Mt 16, 20).

Warum erlegte Jesus seinen Jüngern dieses Schweigegebot auf? Den Grund finden wir in den zur Zeit Jesu herrschenden Vorstellungen über den Messias. Für weite Kreise des Volkes war der Messias der politische Befreier vom Joch der Fremdherrschaft und der glanzvolle Erneuerer des davidischen Königtums. Auch die Jünger teilten diese Meinung: »Wir aber haben gehofft, daß er Israel befreien werde« (Lk 24, 21). Diese weitgehende Politisierung der Messiasidee war die Wirkung der jahrhundertelangen Unterjochung des jüdischen Volkes durch fremde, heidnische Staaten. Jesu Sendung war aber von diesem vorherrschenden Messiasideal so weit entfernt als nur irgend möglich. Er wollte nicht die Befreiung vom Römerjoch bringen; er wollte den Menschen von der Gewalt Satans und der Sünde erlösen. So konnte Jesus mit der Botschaft, daß er der Messias sei, nicht vor die Juden treten, ohne ein radikales Mißverständnis seiner Sendung und Person zu veranlassen. Darum hat er die Selbstbezeichnung »Messias« stets in seiner Predigt vermieden; selbst den Dämonen hat er die Offenbarung seiner Messianität und Gottessohnschaft untersagt. Den von den Krankheiten Geheilten verbot Jesus regelmäßig, die Kunde davon zu verbreiten. Er nannte sich selbst »Menschensohn«, denn dieser Messiasname aus dem Propheten Daniel (7, 13) war nicht mit irdischen und nationalen Vorstellungen belastet. Durch ein kluges pädagogisches Verfahren suchte er zunächst das Interesse seiner Zuhörer für seine Lehre zu wecken und durch seine Wunder die Menschen zum Nachdenken über seine Person zu veranlassen. Aber die große Masse des Volkes mit ihren Führern war für ein wirkliches Verständnis seiner Lehre und für den Glauben an seine höhere Sendung nicht zu gewinnen. Darum zog sich Jesus schließlich vom Volk zurück, um das Geheimnis seiner Messiaswürde ausschließlich seinen Jüngern zu offenbaren. Er begann zunächst, ihren noch unvollkommenen Glauben an seine Messianität zu korrigieren. Das Neue, was Jesus jetzt ganz offen seinen Jüngern mitteilte, war die notwendige Zugehörigkeit des Leidens und Sterbens zu seiner Aufgabe als Messias. »Von da an begann Jesus seinen Jüngern zu zeigen, er müsse nach Jerusalem ziehen. Dort müsse er viel leiden von den Ältesten, Hohenpriestern und Schriftgelehrten. Er werde getötet werden, aber am dritten Tage werde er auferstehen« (Mt 16, 21).

Die Gegenwehr des natürlichen Denkens gegen das göttliche Geheimnis vom leidenden Messias zeigt die Reaktion des Petrus. Wieder macht er sich zum Spre-

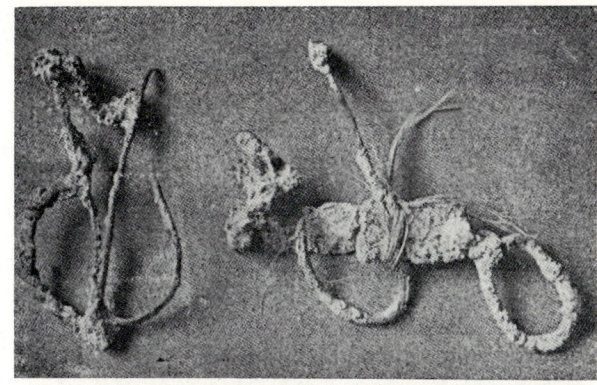

Abb. 196. Der Fischer Simon Petrus.

Ein Skeptiker mag lächeln, aber die Angelhaken haben Altertumswert. Sie wurden im Hof der judenchristlichen Hauskirche in Kafarnaum gefunden. Wir behaupten nicht, daß sie dem Fischer Simon gehörten. Das gefundene Graffito mit dem Namen des Petrus bürgt aber für die Qualität der Tradition in Kafarnaum. Das mit dem Graffito versehene Verputzstück wurde im Schutt des inneren Oktogons der byzantinischen Kirche gefunden (vgl. Abb. 170, 1, S. 296). Es gleicht den noch »in situ« erhalten gebliebenen Verputzresten der Südwestecke des »Hauses des Simon Petrus« (vgl. Abb. 170, Bild 2, S. 296).
Der Schreiber des Graffito drückte seine besondere Verehrung für den Apostel, den der Herr zum »Menschenfischer« berief, noch durch die beigefügte Skizze eines Fischerbootes aus, das auf dem rechten Verputzstück zu sehen ist.

Abb. 197. Die Pan-Grotte mit einer der Quellen des Jordan
            bei Cäsarea Philippi.

In früher Zeit entsprang der Nahr Banijas, der östlichste
Quellfluß des Jordan, in der im Mittelgrund sichtbaren
Grotte. Die nach einem Erdbeben entstandenen Felsverschie-
bungen verschafften dem Quellwasser im Vorfeld der Grotte
einen neuen Austritt. Das Bild zeigt im Vordergrund, wie
das aus dem Erdboden quellende Wasser in einer breiten
Kaskade abfließt.
Schon den Ureinwohnern galt der Hermon als heilig, und
die vielen in der Nähe und auf dem Berg liegenden Tempel
geben von dem alten Bergkult Zeugnis. Auch die Grotte mit
einem nahen Hain hoher Bäume war einer Lokalgottheit geweiht. Mit der im 3. Jahrhundert v. Chr. beginnenden Helleni-
sierung des Landes wurden Pan und Nymphen die neuen »Besitzer« der Grotte. Am rechten Bildrand ist in der Felswand
noch eine der Nischen sichtbar, in denen Statuen standen.
Zahlreiche erhalten gebliebene Inschriften zeugen von der
Hochschätzung des Ortes, den Herodes der Große mit einem
Tempel aus weißem Marmor schmückte. Das in der linken
oberen Ecke sichtbare Gebäude — heute ein Weli der Mohammedaner und Drusen — war in alter Zeit dem hl. Georg geweiht.

cher für alle: »Da nahm ihn Petrus beiseite und fing an, auf ihn einzureden: Um Gottes willen, Herr, das soll dir nimmer widerfahren!« (Mt 16, 22)

Wo legte Petrus sein erstes Messiasbekenntnis ab? Die Synoptiker erwähnen nur die Dörfer bei Cäsarea Philippi. Diese Stadt, die im Altertum Paneas hieß, lag im Quellgebiet des Jordan am südlichen Abhang des Hermon. Die Grotte, aus der das Wasser sprudelte, war von den Einwohnern dem Hirtengott Pan geweiht; darum nannte man den Ort Paneas. Augustus schenkte dieses Gebiet Herodes dem Großen, der dann seinem kaiserlichen Gönner an der Grotte ein Denkmal errichtete. Josephus schreibt: »Herodes erbaute dort dem Kaiser einen Tempel von weißem Marmor, und zwar an den Quellen des Jordan. Hier erhebt sich ein Berggipfel zu ungeheurer Höhe [gemeint ist der 2760 m hohe Hermon], und an der Seite der unter dem Berge befindlichen Schlucht öffnet sich eine schattige Grotte, in deren Innerem sich eine unermeßliche Kluft senkt, die mit stehendem Wasser gefüllt ist und für das Senkblei ergründlich ist. Außen am Rand dieser Grotte sprudeln die Quellen hervor, und hier befindet sich, wie einige meinen, der Ursprung des Jordan« (Jüd. Krieg I, 21, 3). (Vgl. Abb. 197, S. 350.)

Ist Cäsarea Philippi auch der historische Ort der Primatsworte Jesu an Petrus? Da die geschichtliche Echtheit der Primatsworte für uns feststeht, hat diese Frage nur eine untergeordnete Bedeutung. Wie schon erwähnt, bringt Mattäus über Markus und Lukas hinaus als Antwort Jesu auf das Petrusbekenntnis die Primatsverheißung. Sind diese Worte bei Mattäus ein Einschub echter Jesusworte, die aber von Jesus in einer anderen Situation zu Petrus gesprochen worden sind, oder bildet der Bericht des Apostels eine Einheit?

Die Ansichten sowohl katholischer wie protestantischer Exegeten darüber gehen auseinander. Der katholische Exeget J. Schmid schreibt: »Würde tatsächlich Mattäus den vollständigeren und insofern auch ursprünglicheren Bericht über die Szene bei Cäsarea Philippi bieten, so würde das Schweigen des älteren Markus gerade über diese nicht nur für Petrus, sondern auch für die Urgemeinde ungewöhnlich bedeutungsvollen Worte Jesu zu einem schweren Problem. Eine einleuchtende Antwort auf die Frage, warum Markus oder die Überlieferung, aus der er schöpft, den Bericht verstümmelt, ihm geradezu das Herzstück herausgerissen haben sollte, hat noch niemand zu geben vermocht; denn weder die angebliche, in Wirklichkeit gar nicht vorhandene petrusfeindliche Tendenz des Markus noch seine Geheimnistheorie kann diese merkwürdige Lücke in seinem Text verständlich machen. Dieses unlösbare Problem verschwindet aber, wenn Mattäus die Primatverheißung erst in den Markus-Rahmen eingefügt hat. Ist diese demnach ein Einschub des ersten Evangelisten, so ist damit noch nichts gesagt über ihre ›Echtheit‹, d. h. Geschichtlichkeit. Nur die ge-

schichtliche Situation dieses wichtigen Wortes Jesu bleibt uns dann unbekannt.« [193]

Demgegenüber vertreten andere Exegeten die Ansicht, der Primatstext füge sich ungezwungen in den unmittelbaren Zusammenhang bei Mattäus ein und werde von der Situation gefordert. Selbst R. Bultmann, der die geschichtliche Echtheit des Textes selbst als Jesuswort nicht anerkennt, erklärt: »Nicht mehr Mattäus steht im Verdacht, etwas hinzugefügt zu haben, sondern Markus, etwas weggelassen zu haben und die einheitliche Perikope, die ein unteilbares Ganzes darstellt, verstümmelt zu haben.« [194]

Die Frage, die Jesus an seine Jünger richtete, hatte keinen informatorischen Charakter; sie sollte Jesus vielmehr die Gelegenheit geben, sich selbst über seine messianische Sendung zu äußern. Wenn Jesus bei Markus und Lukas zu dem Messiasbekenntnis des Petrus keine Stellung nimmt, es weder bestätigt noch zurückweist, sondern den Jüngern lediglich befiehlt, mit niemandem davon zu reden, so ist das an dieser Stelle »vollkommen unbefriedigend«. Die Frage Jesu in dieser bedeutsamen Stunde konnte nicht den Zweck haben, das Messiasgeheimnis weiterhin zu verhüllen und das Schweigegebot weiterhin einzuschärfen. Sie verlangte »eine bestätigende Erklärung und Stellungnahme Jesu selbst« [195].

So stehen Gründe gegen Gründe. Wir haben darum keine Veranlassung, den Rahmen, in dem sich die Primatsworte bei Mattäus finden, für ungeschichtlich zu erklären.

Ob Jesus auch diese Stadt betreten hat, erfahren wir von den Evangelisten nicht. Das Messiasbekenntnis des Petrus in der Gegend von Cäsarea Philippi aber hat den Namen dieser Stadt unsterblich gemacht, auch wenn ihre Spuren längst vom Sturm der Zeiten verweht sind.

Der Berg der Verklärung

Als Jesus aus dem hohen Norden wieder nach Galiläa zurückkehrte, rüsteten sich seine Verwandten gerade für die Reise zum Laubhüttenfest nach Jerusalem. »Da sprachen seine Brüder zu ihm: Geh fort von hier und begib dich nach Judäa, damit auch deine dortigen Jünger deine Werke, die du vollbringst, schauen können. Denn es tut doch keiner etwas im verborgenen, der selbst bekannt zu werden sucht. Wenn du solche Dinge zu tun vermagst, dann offenbare dich doch der Welt. Selbst seine Brüder glaubten nämlich nicht an ihn.« Doch Jesu Wege standen unter einem höheren Gesetz. Er antwortete ihnen: »Meine Zeit ist noch nicht da, eure Zeit ist allezeit vorhanden. Euch kann die Welt nicht hassen, mich aber haßt sie, weil ich von ihr bezeuge, daß ihre Werke schlecht sind. Geht ihr nur hinauf zu dem Fest. Ich gehe nicht hinauf zu diesem Fest, denn meine Zeit ist noch nicht erfüllt. Als er ihnen das gesagt hatte, blieb er in Galiläa« (Joh 7, 3–9).

»Nach sechs Tagen«, so schreibt Markus, »nahm Jesus den Petrus, den Jakobus und den Johannes mit sich und führte sie abseits und allein auf einen hohen Berg« (Mk 9, 2).

Diese präzise Zeitangabe bei Markus überrascht. Neben der Passion ist dies die einzige genaue Zeitbestimmung in seinem Evangelium. Markus, der in der Urgemeinde der »Dolmetsch Petri« genannt wird, gibt hier in auffälliger Weise den Bericht des Apostels wieder, für den das Messiasbekenntnis als persönliches Erlebnis in unvergeßlicher Erinnerung geblieben ist. Um so mehr aber fällt auf, daß der Ort der Verklärung nicht genannt wird. Markus und Mattäus sprechen nur von einem hohen Berge, auf den Jesus die drei Auserwählten hinaufführte. Wo lag dieser Berg? War es der Hermon (2760 m), dessen schneebedeckte Gipfel die ganze Landschaft krönten und in dessen Nähe sich Jesus mit seinen Jüngern aufgehalten hatte? (Vgl. Abb. 16,1, S. 36, und Abb. 159, S. 276.) In den Evangelien bleibt der Ort der Verklärung ein Geheimnis.

Eine alte Tradition nennt uns den Tabor, der als heiliger Berg in der Geschichte Israels bekannt ist.[196] Für unsere Begriffe ist er allerdings kein hoher Berg, da er nur 588 m hoch ist. Durch seine isolierte Lage aber ragte er in der ganzen Höhe wie eine Kuppel majestätisch aus der Ebene empor (vgl. Abb. 156, 2, S. 271, und Abb. 155, S. 269). Von dem tiefer gelegenen Jordantal aus gerechnet, beträgt seine Höhe 774 m (vgl. Abb. 160, S. 277).

Die Araber nennen ihn noch heute Dschebel et-Tur, d. h. einfach: der Berg. Es ist der gleiche Name, mit dem die Einheimischen auch den Sinai, den Ölberg und den Garizim bezeichnen. Es fällt auf, daß Lukas den Ort der Verklärung in der gleichen Weise mit dem bestimmten Artikel kennzeichnet: »Jesus stieg auf den Berg« (Lk 9, 28).

In der israelitischen Zeit war der Tabor die Grenze zwischen den Stämmen Issachar und Sebulon. Als die Israeliten von der ansässigen kanaanäischen Bevölkerung bedrückt wurden, sammelten sich alle waffenfähigen Männer auf dem Tabor. Auf Befehl der Prophetin Debora stiegen sie in die Ebene hinab zum Kampf und besiegten am Kischon ihre Bedrücker. Ihr Sieg wird in einem der schönsten Siegeslieder Israels, dem Deboralied (Ri 5, 2–31), besungen.

Während die Psalmen die Schönheit des Tabor preisen, deutet Hos 5, 1. 2 an, daß es dort eine uralte heilige Kultstätte gab. Unter den Eroberungen Ramses' II. (1290–1224 v. Chr.) wird bereits eine Stadt auf dem Gipfel erwähnt, die später unter dem Namen Itabyrion bekannt ist und von dem Makkabäerkönig Alexander Jannäus um das Jahr 100 v. Chr. erobert wurde. (Vgl. Abb. 37, S. 72.)

Zu Beginn des Ersten Aufstandes der Juden (66 n. Chr.) ließ Josephus Flavius, der damals noch den Oberbefehl über die jüdischen Truppen in Galiläa führte, in aller Eile das ganze Hochplateau auf dem Tabor mit einer Ringmauer befestigen. Wie groß der Ort auf dem Berg war, gibt der jüdische Historiker nicht an. Aber selbst wenn der Berg zur Zeit Jesu bewohnt war, gab es auf dem ausgedehnten Plateau oder an den Berghängen einsame Plätze genug, wo sich die Verklärung ohne Zeugen abspielen konnte.

Die frühesten Berichte, die den Tabor als Ort der Verklärung erwähnen, reichen bis in das 4. Jahrhundert zurück.[197] Seit dieser Zeit ist der Tabor ein regelmäßig besuchter Pilgerberg. Nach einem alten Bericht stiegen die Pilger auf 4340 Stufen zum Gipfel empor. Die Abhänge waren mit Steineichen, Johannisbrotbäumen und Terebinthen bewachsen. Auf einer Synode von Jerusalem (518) wird bereits ein »Bischof des heiligen Berges Tabor« erwähnt. Nach dem Pilger von Piacenza, der um 570 den Berg bestieg, gab es auf dem Tabor »drei Basiliken, wo von einem Jünger das Wort fiel: Lasset uns drei Hütten bauen«.

Während der Kreuzfahrerzeit gründeten deutsche Benediktiner auf dem Tabor ein Kloster, das sie aber nach der Niederlage der Kreuzfahrer in der Schlacht von Hattin (1187) wieder aufgeben mußten. Kirche und Kloster sanken in Trümmer, und in den folgenden Jahrhunderten wagten die Pilger nur selten, den Berg zu besteigen. Erst im Jahre 1631 gelang es den Franziskanern, sich auf dem Berge anzusiedeln. Die jetzige Kirche, die den Gipfel beherrscht, wurde von ihnen in den Jahren 1921–1924 nach dem Vorbild syrischer Kirchen des 5. Jahrhunderts errichtet. Von den Terrassen der Verklärungskirche aus überschaut der freie Blick fast ganz Galiläa. Im Norden erheben sich die Berge von Obergaliläa mit der hoch gebauten Stadt Safed, alles überragend der schneebedeckte Hermon. Im Osten sieht man jenseits der Jordansenke und des Sees Gennesaret das syrische Hochland von Baschan, an das sich südlich das tiefe Tal des Jarmuk anschließt. Am westlichen Horizont erhebt sich der lange Höhenzug des Karmel und, ihm vorgelagert, das Hügelland von Untergaliläa mit Nazaret. Im Süden sieht man in der Ferne die Berge von Samarien und das Gilboa-Gebirge mit dem »Kleinen Hermon«. (Vgl. Abb. 156, 2, S. 271.)

Auch wenn uns die Heilige Schrift über den Berg der Verklärung keine genaue Angabe macht, so bleibt doch der Tabor durch die Tradition für uns Christen ein heiliger Berg. Der Pilger, der heute den Tabor besteigt und im Anblick der Heimat Jesu den Bericht des Evangelisten liest, weiß sich im Glauben dem Geheimnis der Verklärung nahe: »Da wurde er vor ihnen verwandelt. Seine Gewänder leuchteten in glänzendem Weiß, wie sie kein Walker auf Erden so leuchtend machen kann. Es erschienen ihnen Elija und Mose im Gespräch mit Jesus. Da wandte sich Petrus an Jesus und sagte: Meister, es trifft sich gut, daß wir hier sind. Wir wollen drei Hüt-

Abb. 198. Der Berg Tabor.

ten bauen, dir eine, dem Mose eine und dem Elija eine. Er wußte nämlich nicht, was er sagte, waren sie doch außer sich vor Furcht. Da kam eine Wolke, die sie überschattete, und eine Stimme aus der Wolke erklang: Dieser ist mein vielgeliebter Sohn, ihn höret« (Mk 9, 3—7).

Dieses wichtige Ereignis, bei dem für einen Augenblick der innere Glanz der Gottherrlichkeit in Jesus aufstrahlt, war für die beteiligten Jünger — und ist es auch für uns — mit dem Schleier des Geheimnisvollen umgeben und deshalb nicht restlos erklärbar. So registrieren die Evangelisten nur die überlieferten Fakten.

Jesus nimmt bei seinem Aufstieg die drei Jünger mit, die zuvor als die einzigen die Auferweckung der Jairustochter mit erlebt hatten und die bald darauf die alleinigen Zeugen der »menschlichsten« Stunde Jesu werden sollten. Petrus wird stets als erster genannt. Dann werden im Markus- und Mattäustext Jakobus und Johannes angeführt. Lukas dagegen nennt Johannes vor dessen älterem Bruder. Lukas, der in großen Linien dem Markus folgt, ergänzt ihn doch in manchen Einzelheiten. Wer hat sie ihm gegeben? Ein Augenzeuge? Er bezeugt als einziger, daß »Jesus den Berg bestieg, um zu beten« (Lk 9, 28). Der dritte Evangelist hat das Gebet Jesu er-

wähnt: bei seiner Taufe (3, 21), bei der Wahl der Apostel (6, 12), beim Bekenntnis Petri (9, 18).

Die Verklärung war nicht der Zweck des Aufstieges, sondern das Mittel, dessen sich Gott bediente, um seine Gegenwart kundzutun. Dieser Tatbestand schien dem Evangelisten so bedeutsam, daß er ihn ausdrücklich noch einmal ausspricht: »Während Jesus betete«, geschah die Verklärung. Lukas beschreibt die Wirkung des Gebetes ganz einfach: »Das Aussehen seines Antlitzes wurde ein anderes« (9, 29). Die aus dem Inneren hervorbrechende Lichterscheinung durchdrang den Leib Jesu so, daß sie selbst durch seine Kleider hindurch wahrnehmbar wurde. Auch hier ist der Ausdruck des Lukas sehr einfach: »Sein Gewand wurde leuchtend weiß« und steht im Kontrast zu den erklärenden bildhaften Worten von Mattäus und Markus.

So hat die Verklärung begonnen, ohne daß sich die drei Zeugen darüber Rechenschaft ablegten. Sie wurden vom Schlaf überwältigt; »als sie erwachten, schauten sie seine Herrlichkeit und die zwei Männer, die bei ihm standen« (Lk 9, 32).

Woran Elija und Mose erkannt werden, wird nicht gesagt; auch daß sie, wie auf Raffaels berühmtem Bild, mit dem verklärten Jesus in der Luft schwebten, sagt der Text nicht. Den Inhalt ihres Gesprächs mit Jesus nennt nur Lukas: »Sie sprachen über sein Ende, das er zu Je-

Abb. 199.   Das ummauerte Hochplateau auf dem Tabor.

Die Luftaufnahme, von Nordwesten her aufgenommen, zeigt den Gipfel des Tabor, der ein Hochplateau von 1200 m Länge und 400 m Breite bildet. Die nach Südosten führende gerade Straße beginnt im Vordergrund an dem restaurierten Festungstor der arabischen Mauer, dem Tore der Winde (vgl. Geländeskizze, 7, S. 355). Die Kreuzfahrer gaben den Tabor in die Hände der Benediktiner, die auf der Ostseite des Plateaus ein Kloster errichteten (2). Das stark befestigte Gelände umschloß die alte Verklärungskirche mit den Kapellen des Mose und Elija. Die am Ende der Straße sichtbare neue Verklärungsbasilika wurde von den Franziskanern in den Jahren 1921—1924 auf dem Gelände der byzantinischen Kirche errichtet. Die beiden quadratischen Türme der Fassade erheben sich über den alten Kapellen des Mose und Elija. Im Inneren der Basilika führt vom Hauptschiff eine breite Treppe zu einer offenen Krypta, in der die Apsis und der alte Altar der byzantinischen Kirche noch erhalten sind. Nach der Eroberung des Tabor durch die Truppen Saladins (1187) baute der Sultan Melik el-Adil von Damaskus zu Beginn des 13. Jahrhunderts das Hochplateau zu einer Festung aus. Der Verlauf der

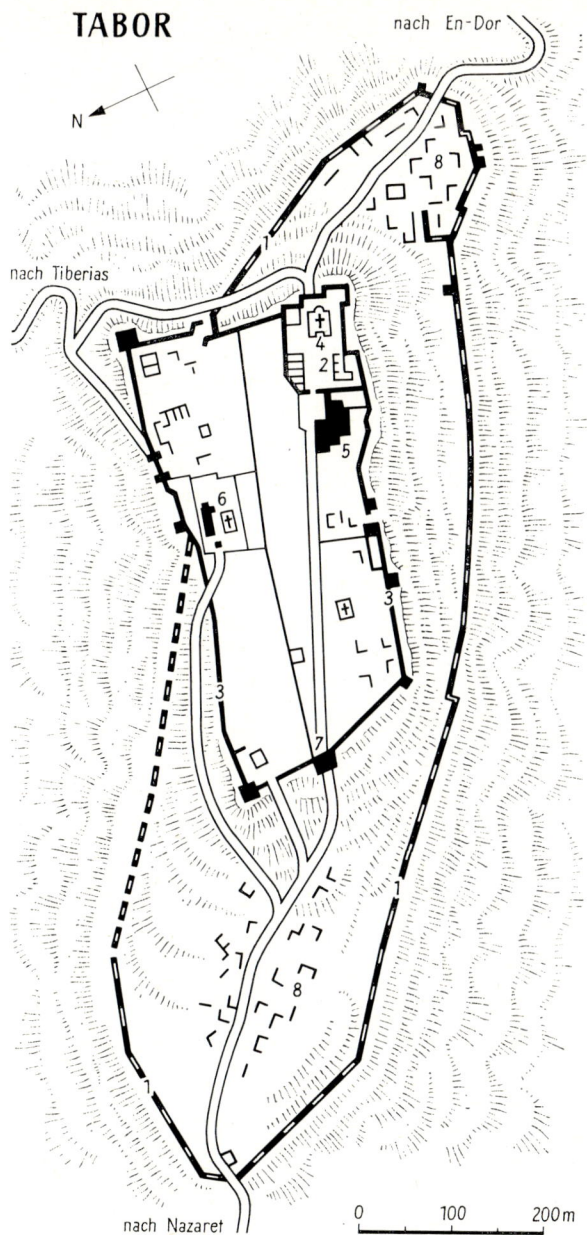

TABOR

N

nach En-Dor

nach Tiberias

nach Nazaret

0   100   200m

rusalem erfüllen sollte« (Lk 9, 31). Die folgende Szene wird einfach so erzählt, wie sie sich abgespielt hat. Jeder Evangelist hat aber seinen Stil. Die den einfältigen Vorschlag des Petrus entschuldigende Bemerkung bei Markus: »Er wußte nämlich nicht, was er sagte« findet sich bei Mattäus nicht. Lukas dagegen übergeht den begründenden Satz, mit dem Markus die Fassungslosigkeit des Petrus begreiflich zu machen sucht: »waren sie doch außer sich vor Furcht« (Mk 9, 6).

In der Tat, was Petrus sagt, ist weder ein genialer Einfall noch eine Eingebung des Heiligen Geistes. Daß er dazu Jesus ausgerechnet in dem Augenblick, da sich die höchsten Repräsentanten des Alten Bundes vor ihm verneigen, nur mit »Rabbi« anredet, macht das Maß voll. Lukas hat recht: »Petrus wußte nicht mehr, was er sagte« (Lk 9, 33).

»Während Petrus noch redete, siehe, da überschattete sie eine leuchtende Wolke« (Mt 17, 5). Die Wolke ist keine Regenwolke, sondern der Schleier, mit welchem Gott sich verhüllt, wenn er auf Erden erscheint. Sie ist in der ganzen heiligen Geschichte Israels eines der großen Zeichen Gottes, das Merkmal seiner Gegenwart und seiner Offenbarung. Die Reaktion der Jünger gibt Lukas in einem einzigen Satz zu verstehen: »Als jene in die Wolke hineingingen, fürchteten sie sich« (Lk 9, 34). Schon der bloße Gedanke, ihn nicht bei sich zu haben, erfüllte sie mit Schrecken.

Wie am Jordan auf das Bekenntnis des Täufers eine bestätigende Antwort vom Himmel erfolgte, so hören die Jünger auf die Ankündigung seines Sterbens eine Antwort vom Himmel. Die Form dieser göttlichen Erklärung lautet in den drei Evangelien verschieden. Bei Lukas lesen wir: »Dieser ist mein auserwählter Sohn«; Markus schreibt: »Dieser ist mein vielgeliebter Sohn« und Mattäus: »Dieser ist mein geliebter Sohn, an dem ich Wohlgefallen habe.« Jesus ist zugleich Christus, der Auserwählte Gottes, und der vielgeliebte Sohn, durch den Gott spricht, darum: »Ihn höret!« »Als die Jünger das hörten, fielen sie auf ihr Angesicht und fürchteten sich sehr« (Mt 17, 6). Diese Ausdrucksweise, die biblisch ist, schildert ein Verhalten und ein Empfinden, das ebenfalls biblisch war. Sie warfen sich auf ihr Antlitz nieder, wie sie dies von ihren Vorfahren gelernt hatten

arabischen Ringmauer läßt sich mit Hilfe der Geländeskizze an einigen Stellen, besonders an der Nordwestseite, noch ausmachen. Im Jahre 1263 schlug der ägyptische Sultan Bibars sein Lager am Abhang des Tabor auf und zerstörte alle christlichen Gebäude. Heute wird dieses Gelände von einer Mauer in zwei Hälften geteilt. Der südliche Teil ist im Besitz der Franziskaner (5), der Nordteil gehört den orthodoxen Griechen (6). Die neuerbaute griechische Elijakirche steht auf den Ruinen der alten Kirche, von der noch zwei Apsiden und Teile des Mosaikbodens erhalten sind. Der Hintergrund der Luftaufnahme zeigt einen Teil der fruchtbaren Ebenen, die sich östlich an die Jesreel-Ebene anschließen.

und in den heiligen Schriften lasen. Was blieb von dieser grandiosen Manifestation übrig? Die Evangelisten sagen es mit zwei Worten: »Jesus allein.« Er allein ist von Bedeutung, ihm gilt es zu folgen, was er auch tun mag.

Auf dem Laubhüttenfest in Jerusalem

Nach der Verklärung am Tabor, als seine Verwandten und die galiläischen Festpilger bereits zum Laubhüttenfest abgereist waren, brach auch Jesus mit seinen Jüngern nach der Heiligen Stadt auf, aber »nicht öffentlich, sondern für sich allein«. Sicherlich wählte Jesus, da die Zeit drängte, den kürzeren Weg durch Samarien über den Jakobsbrunnen. Vorsorglich schickte er einige seiner Jünger voraus, um in einem Samariterdorf Unterkunft für die Nacht zu besorgen. Als die Samariter aber merkten, daß es Jerusalempilger waren, verweigerten sie ihnen die Aufnahme. Die Donnersöhne zeigten ihr Temperament: »Herr, willst du, daß wir Feuer vom Himmel herabrufen und sie vernichten? Da wandte Jesus sich um und verwies es ihnen. Und sie zogen nach einem anderen Ort« (Lk 9, 54—56).

Das Laubhüttenfest hatte bei den Juden eine doppelte Bedeutung. Einmal galt es der Erinnerung an die Zeit des Wüstenzuges und die gnädige Bewahrung des Volkes durch den Herrn während der vierzig Jahre. Dann war es die Feier der Weinlese und des Erntedankes. Es wurde genau sechs Monate nach dem Osterfest gefeiert und währte eine ganze Woche. Von den drei großen Jahresfesten, die mit einer Wallfahrt nach Jerusalem verbunden waren, war es das fröhlichste und volkstümlichste Fest. So heißt es im Talmud: »Wer die Freude des Wasserschöpfens am Laubhüttenfest nicht gesehen hat, der hat sein Lebtag keine Freude gesehen.« Das Volk wohnte im Freien in Hütten, die aus Zweigen auf Plätzen, Terrassen und Hausdächern errichtet wurden. Beim Betreten der Laubhütte mußte das Gebet gesprochen werden: »Gepriesen seist du, Jahwe, unser Gott, König der Welt, der uns geheiligt hat durch seine Gebote und uns geboten, in der Laubhütte zu wohnen!« Am Abend wurde der Tempel festlich illuminiert, und in den Vorhöfen tanzten die Männer im Schein der Fackeln, von der Musik der Leviten begleitet.

Weitere Gebräuche, die dem Laubhüttenfest das besondere Gepräge gaben, waren der Feststrauß, die Wasserspende und der Umzug um den Brandopferaltar. Jeder israelitische Mann war zum Tragen des Feststraußes, des sogenannten Lulab, verpflichtet. Er bestand aus einem Palmenwedel, zwei Weiden- und drei Myrtenzweigen. Hinzu kam noch der Ethrog, eine Zitrusfrucht (vgl. Abb. 200, S. 356). Bereits zum Morgengottesdienst des ersten Festtages mußten die Pilger mit dem Lulab erscheinen. Von dem Schriftgelehrten R. Jehoschua b. Chananja (um 90 n. Chr.), der in seiner Jugend noch im Tempel am Laubhüttenfest teilgenommen hat, wird uns in einer Ergänzung zur Mischna ein Ausspruch

Abb. 200. Tetradrachme mit dem Feststrauß des Laubhüttenfestes aus dem Bar Kochba-Aufstand (132—135 n. Chr.).

Die meisten Münzen des Zweiten Jüdischen Aufstandes sind Überprägungen. Die Aufständischen hatten es gar nicht nötig, eigene Schrötlinge von genau festgesetztem Gewicht zu gießen und für die Prägung herzurichten, da sie über genügend große Mengen verschiedenartigen, wohl meist erbeuteten Geldes verfügten. Oft blieben Teile der ursprünglichen Prägung, wie Profil und Titulatur des Kaisers, noch erkennbar. Die Rückseite dieser überprägten römischen Silbermünze zeigt den Feststrauß (Lulab) mit Palmwedel, Weiden- und Myrtenzweigen; links neben dem Lulab eine kleine Zitrusfrucht (Ethrog). Die Umschrift lautet: Jahr 2 der Freiheit Israels. (Zur Vorderseite vgl. Abb. 107, S. 185.)

überliefert, der wie ein Seufzer klingt: »Während der ganzen Dauer des Festes kannten wir keine Ruhepause. Bereits frühmorgens standen wir auf, um im Tempel am täglichen Morgenopfer teilzunehmen« (Suk. IV, 5). Sobald die Leviten nach der Darbringung des Morgenopfers das Hallel (Ps 113—118) anstimmten, sprach jeder Festpilger still das Gebet: »Gepriesen seist du, Jahwe, unser Gott, König der Welt, daß du uns am Leben erhalten und uns hast bestehen und diese Zeit erreichen lassen!« Wenn dann die Leviten im Hallel zu den Worten kamen: »Danket Jahwe!« (Ps 118, 1), dann erhoben alle Pilger die Feststräuße und schüttelten sie zum Zeichen der Freude.

Ein anderer Festbrauch war die Wasserspende. Jeden Morgen zog bei Tagesanbruch feierlich eine Prozession von dem Teiche Schiloach zum Tempel. Ein Priester trug die goldene Kanne mit dem Wasser, das er aus dem Teiche geschöpft hatte. Am Tempeleingang wurde die Prozession feierlich mit drei Trompetenstößen begrüßt. Das Wasser wurde zusammen mit dem Trankopfer auf dem Altar ausgegossen, in Erinnerung an die Verheißung des Propheten Jesaja: »Ihr werdet mit Freuden Wasser schöpfen aus dem Heilsbrunnen« (Jes 12, 3). In diesem lebendigen Festmilieu gewinnen die Worte und Taten Jesu erst ihre eigentliche Aktualität. Das Interesse der Juden an dem Rabbi aus Nazaret beschreibt Johannes im 7. Kapitel.

»Während des Festes suchten ihn die Juden und sag-

Abb. 201. Silberdenar mit dem Krug der Wasserspende.

Die Umschrift des überprägten römischen Denars lautet: Für die Freiheit Israels.

ten: Wo ist er? Es war viel Gerede unter den Leuten über ihn; die einen sagten: Er ist gut, die anderen: Nein, im Gegenteil, er verführt das Volk. Aber keiner sprach frei und offen über ihn aus Furcht vor den Juden« (Joh 7, 11—13).

Die Opposition der führenden Kreise Israels, der Pharisäer und des Hohen Rates, hatte also ihre Wirkung nicht verfehlt. Es war bereits gefährlich, mit dem Nazoräer zu sympathisieren. Der Evangelist fährt fort: »Als das Fest bereits halb vorüber war, ging Jesus hinauf in den Tempel und lehrte dort. Da staunten die Juden über seine Lehre und sagten: Wie kann der die Schriften verstehen, da er doch nicht studiert hat? Jesus antwortete ihnen darauf: Meine Lehre ist nicht die meine, sondern die Lehre dessen, der mich gesandt hat. Wenn einer dessen Willen tun will, der wird erkennen, ob meine Lehre von Gott ist oder ob ich aus mir rede ... Einige von den Leuten aus Jerusalem sagten: Ist das nicht der, den sie zu töten suchen? Da sieh, er spricht offen und frei, und keiner sagt ihm etwas. Ob vielleicht die Vorsteher richtig erkannt haben, daß er der Messias ist? Aber wir wissen ja, woher er ist. Wenn aber der Messias kommt, weiß keiner, woher er ist« (Joh 7, 14—17. 25—27).

Am letzten Tage, dem höchsten Festtage, war es den Israeliten gestattet — es war das einzige Mal im ganzen Jahr —, den Priestervorhof zwischen Tempelhaus und Altar zu betreten. In feierlicher Prozession umzogen die Männer siebenmal den mit Weiden umstellten Altar und erbaten von Gott Regen für das trockene Land. Während dieser Prozession goß der Hohepriester mit erhobener Hand das Wasser auf den Altar, das er bei Sonnenaufgang aus dem Teiche Schiloach geschöpft hatte. Während dieser feierlichen Zeremonie ertönte plötzlich die bekannte Stimme des Rabbi aus Nazaret. Der Evangelist schreibt: »Jesus schrie: Wenn einen dürstet, der komme zu mir und trinke. Wer an mich glaubt — wie die Schrift sagt —, Ströme lebendigen Wassers werden aus seinem Schoße fließen« (Joh 7, 37. 38).

Sofort schickte der Hohepriester ein Kommando der Tempelpolizei, um den Nazarener zu verhaften. Johannes bemerkt: »Aber keiner legte Hand an ihn; denn seine Stunde war noch nicht gekommen.« Mit leeren Händen kamen die Tempelpolizisten zurück. »Die Hohenpriester fragten: Warum habt ihr ihn nicht gebracht? Die Knechte antworteten: Niemals hat ein Mensch so geredet wie dieser Mensch. Darauf entgegneten ihnen die Pharisäer: Habt auch ihr euch verführen lassen? Glaubt denn einer von den Ratsherren oder von den Pharisäern an ihn? Das tut doch nur dieses Volk — verflucht sollen sie sein —, das das Gesetz nicht kennt. — Da sprach einer aus ihrer Partei, Nikodemus, derselbe, der früher zu Jesus gekommen war, zu ihnen: Verurteilt denn unser Gesetz einen Menschen, ohne ihn gehört zu haben und ohne zu wissen, was er getan hat? Da antworteten sie ihm: Bist du vielleicht auch ein Galiläer? Schau dich doch um und sieh, daß aus Galiläa kein Prophet ersteht!« (Joh 7, 44—52)

Die Pharisäer versuchten es deshalb noch einmal mit einer anderen Methode. Ein Paragraph der jüdischen Ketzergesetze lautete: »Jeder Jude ist berechtigt, einen verdächtigen Verführer durch Hinterlist in die Falle zu locken, ihn zu entlarven und bloßzustellen.« Das geeignete Objekt war die auf frischer Tat ertappte Ehebrecherin. Johannes schildert uns diese Szene mit allen Nuancen. Jesus saß im Tempel, umgeben von einer großen, still lauschenden Volksmenge. Plötzlich tauchte eine Gruppe von Pharisäern und Schriftgelehrten auf, in ihrer Mitte eine junge Frau. Die Tempeljuristen eröffneten sofort die Diskussion: »Rabbi, dieses Weib ist beim Ehebruch auf frischer Tat ertappt worden. Nun hat uns Mose im Gesetz befohlen, derartige Frauen zu steinigen. Was sagst du dazu?« Die Frage war raffiniert gestellt, der Evangelist betont: »Das sagten sie bloß, weil sie ihm eine Falle stellen wollten, damit sie etwas hätten, um ihn anzuklagen« (Joh 8, 4—6). Bei wem? Nach der Absetzung des Herodessohnes Archelaus im Jahre 6 n. Chr. hatte der Hohe Rat die Blutgerichtsbarkeit verloren, d. h., er konnte zwar Todesurteile fällen, die Ausführung und die Vollstreckung des Todesurteiles standen jedoch nur der römischen Verwaltungsbehörde zu. Der Text des Evangelisten läßt erkennen, daß das Urteil über die Ehebrecherin vom Hohen Rat bereits gefällt ist, die Richter kamen also vom Rathaus. Sie sahen aber keine Möglichkeit, die Hinrichtung durchzuführen, denn das Schwertrecht stand allein dem römischen Statthalter zu. Jede Kompetenzüberschreitung kostete den Hohenpriester sein Amt. Vielleicht aber ließ sich der Nazoräer für diese Entscheidung mißbrauchen. Das war die raffiniert versteckte politische Falle in der Frage der Juden: »Was sagst du dazu?«

Aber Jesus beherrschte souverän die Situation. »Er bückte sich zur Erde und schrieb mit dem Finger auf den Boden« (Joh 8, 6). Das Schreiben Jesu im Sand ist schwer zu deuten. Nicht unmöglich erscheint es, daß sich

Jesus der Gewohnheit der römischen Rechtsprechung bedient habe, das Urteil vor der Verkündigung zu fixieren. Mit anderen Worten: Jesus durchschaute die Absicht seiner Gegner, ihn mit den Römern in Konflikt zu bringen. Mit überlegener Ruhe nahm er diese Provokation an und drückte das seinen Widersachern unmißverständlich durch die symbolische Geste des Schreibens aus.

»Als sie fortfuhren, ihn zu fragen, richtete er sich auf und sagte: Wer von euch ohne Sünde ist, der werfe als erster einen Stein auf sie. Dann bückte er sich wieder und schrieb weiter auf den Boden. Als sie das hörten, ging einer nach dem anderen fort, zuerst die Ältesten. Er blieb allein zurück mit der Frau, die in der Mitte stand. Da richtete Jesus sich auf und sagte ihr: Frau, wo sind sie geblieben? Hat keiner dich verurteilt? Sie antwortete: Keiner, Herr. Jesus sagte ihr: Auch ich verurteile dich nicht. Geh hin und sündige fortan nicht mehr« (Joh 8, 7—11).

In den ältesten und besten Handschriften des Johannesevangeliums, auch im Papyrus 66, fehlt die Erzählung von der Ehebrecherin. Daß sie aber zur echten Überlieferung gehört, zeigen nicht nur das Zeugnis des Papias, eines Schülers des Evangelisten, sondern auch die in der Erzählung dargestellten Rechtsverhältnisse. In der jüdischen Rechtsgeschichte unterscheiden wir das sadduzäische und das pharisäische Strafrecht. Zur Zeit Jesu war das sadduzäische Recht gültig; es war in seinen Bestimmungen härter und rigoroser als das pharisäische, das erst nach der Zerstörung Jerusalems vorherrschend wurde und in der Mischna seinen Niederschlag gefunden hat.

Die Schriftgelehrten legten Jesus die Fangfrage vor, ob er dafür sei, daß an der beim Ehebruch ertappten Frau die gesetzliche Todesstrafe der Steinigung vollzogen werde. Diese Frage setzt voraus, daß im damals geltenden Recht die Steinigung die gegen eine Ehebrecherin anzuwendende Strafe war. In der Mischna dagegen finden wir die Strafbestimmung, daß eine Ehebrecherin und ihr Verführer zu erdrosseln seien (Sanh. 11, 1).

Die Darstellung dieser Begebenheit zeigt wieder den mit Macht und Vollmacht auftretenden Jesus. Für einen jungen und noch dazu nicht ordinierten Rabbi wäre es eine Vermessenheit gewesen, vor kompetenten Schriftgelehrten seine Meinung zu äußern. Jesus ergriff mit Selbstverständlichkeit die ihm angetragene Möglichkeit, eine Entscheidung zu fällen; ja noch mehr, er setzte eine Bedingung, die über das geltende Gesetz Gottes hinausging, die sogar letztlich die Ausübung dieses Gesetzes unmöglich machen mußte. Jesus aber wußte in sich die Berechtigung, dieses Gericht des Sündenlosen zu vollziehen. Sein Wirken geschieht auch hier in Macht und Vollmacht. Und Jesus wird es weiter zeigen.

Eine besondere Freudenveranstaltung des Laubhüttenfestes bestand in der Illumination des Tempels, die

aber nur am ersten Festtage erfolgte. Im Frauenvorhof wurden vier mächtige Kandelaber aufgestellt, die das ganze Gebäude beleuchteten. Wahrscheinlich knüpfte Jesus an dieses Ereignis an, als er während des Festes beim Schatzhaus im Tempel lehrte: »Ich bin das Licht der Welt; wer mir nachfolgt, wandelt nicht in der Finsternis, sondern wird das Licht des Lebens haben!« (Joh 8, 12) Allen Zuhörern drang dieser Ruf ins Herz. Jeder spürte: Hier tritt ein Mann auf mit einem Machtanspruch, der nur Gott zukommt.

Der Kampf um die Wahrheit

Mit unerhörter Dramatik schildert uns Johannes die Heilung des Blindgeborenen: »Im Vorübergehen sah Jesus einen Mann, der von Geburt an blind war. Seine Jünger fragten ihn: Meister, wer hat gesündigt, der oder seine Eltern, daß er blind geboren ist? Jesus antwortete: Weder der noch seine Eltern haben gesündigt, sondern es ist geschehen, damit Gottes Werke an ihm offenkundig werden. Ich muß die Werke dessen wirken, der mich gesandt hat, solange es Tag ist. Es kommt die Nacht, da niemand wirken kann. Solange ich in der Welt bin, bin ich das Licht der Welt. Als er dies gesagt hatte, spie er auf den Boden, machte mit dem Speichel einen Teig und strich den Teig auf die Augen des Blinden und sagte ihm: Geh und wasche dich im Teiche Schiloach. Das heißt verdolmetscht: Gesandter. Der ging fort, wusch sich und kam sehend zurück« (Joh 9, 1—7).

Die Heilung des Blinden vollzog Jesus nicht durch ein bloßes Machtwort wie beim Gelähmten am Betesda-Teich, sondern durch eine umständliche Behandlung, die Johannes bis ins einzelne beschreibt. In der Volksmedizin seiner Zeit galt der Speichel als Heilmittel.[198]

Gewöhnlich wird Jesu Tun als magische Geste interpretiert, die in den Zauberpraktiken der Antike viele Parallelen hat. Doch damit wird der »Sitz im Leben« dieser Begebenheit völlig verkannt. Jesus ging es nicht darum, die Heilkraft des Speichels zu erproben und diesem durch sein Tun eine magische Kraft zu verleihen. Seine Handlung hatte eine demonstrativ antirabbinische Tendenz. Nach dem Gesetz war die Anwendung des Speichels am Sabbat verboten. Um diese Anwendung aber recht deutlich zu machen, vollzog Jesus die umständliche und auffällige Prozedur: »Er spie auf den Boden« — man spürt es gleichsam, welche Genugtuung der Evangelist an der Aufzählung der Sabbatverletzungen empfindet —, »machte mit dem Speichel einen Teig und strich diesen Teig auf die Augen des Blinden« (Joh 9, 6). Dann schickte Jesus den noch Blinden zum Teich Schiloach, nicht weil das Wasser des Teiches als heilkräftig galt, sondern um seinen Glauben auf die Probe zu stellen.

Wie schon erwähnt, ließ der König Hiskija (Ezechias) (725—697 v. Chr.) auf die Kunde vom Herannahen des Assyrerkönigs Sanherib das Wasser der Gihonquelle durch einen Felskanal in das Innere der Stadt leiten. Der Name Schiloach kommt von dem hebräischen Wort »schalach« — »senden, schicken« —; Schiloach bedeutet dann: der Sender, die Leitung, der (Wasser-)Kanal. Ursprünglich bezeichnete der Name nur den Kanal, wurde dann aber auch auf den Teich, dem er das Wasser zuführte, übertragen. Johannes macht aus der Bezeichnung des Teiches einen symbolischen Namen: der Gesandte, das ist Jesus.

Wo lag der Teich Schiloach? Jesaja spricht von den »stillfließenden Wassern Schiloachs« (8, 6) in Verbindung mit einem oberen Teich: »Geh hinaus zu Ahas an das Ende der Wasserleitung [Schiloach] des oberen Teiches« (7, 3) und von einem unteren Teich (22, 9).

Viele Gründe sprechen dafür, die Lage des unteren Teiches mit der der jetzigen Birket el-Hamra, des Roten Teiches, nahe der Stelle, wo Tyropöon- und Kidrontal zusammentreffen, gleichzusetzen (vgl. Abb. 204, S. 362). Das Tyropöontal bildet in seinem Unterlauf einen tiefen Einschnitt und war schon in frühester Zeit als Regensammler für das alte Jerusalem benutzt worden. Man brauchte die Talmulde nur durch eine Sperrmauer gegen das Kidrontal abzuschließen, und das Staubecken sicherte den Bewohnern einen Wasservorrat bis in die Mitte des Sommers. Da heute der Zufluß durch die Verschüttung und durch hemmende Mauern unterbunden ist, erinnert nur der üppige Baumwuchs in der Teichmulde an seine Lage (vgl. Abb. 202, S. 360). Der südliche Abschluß des Teiches ist in einer etwa 70 m langen, oben 3,3 m dicken Sperrmauer noch zu erkennen. Bliss und Dickie entdeckten bei ihren unermüdlichen Grabungen in den Jahren 1894—1897, bei denen sie oft Hunderte von Metern wie Maulwürfe unter der Oberfläche durch von ihnen gegrabene Kanäle krochen, eine zweite Sperrmauer, die im unteren Teil etwa 6 m dick und durch sieben gewaltige Strebepfeiler verstärkt ist. Sie ist der ersten Mauer in ihrer ganzen Länge in etwa 18 m Distanz östlich vorgelagert und aus großen gerändeten Blöcken ohne Mörtel aufgeführt. Die Archäologen datierten in ihrer Entdeckerfreude die dicke Mauer wegen ihres »antiken Aussehens« in die Zeit der Könige von Juda. Die jüngsten Ausgrabungen ergeben mit Sicherheit, daß die Mauer nur 800 Jahre jünger und der Bautätigkeit Herodes' des Großen oder Herodes Agrippas I. (41–44 n. Chr.) zuzuweisen ist. Diese Korrektur mindert aber weder die große Leistung der Ausgräber noch das Alter der ursprünglichen Teichanlage, wie es die in der Nähe des Teiches entdeckten Kanäle aus der Eisenzeit II zeigen.

Schon in früher Zeit benutzte man das Staubecken nicht nur zum Sammeln des Regenwassers, sondern suchte das abfließende Wasser des Gihon dem Teich zuzuführen. Dazu dienten die beiden Kanäle I und II, die am Ostrand des Stadthügels südwärts liefen (vgl. Abb. 204). Der tiefer gelegene Kanal I, den Masterman 1902 entdeckte, scheint noch aus der Bronzezeit zu stam-

men und war wohl von den Jebusitern zur Bewässerung des Kidrontales angelegt worden. Der fast 4 m höher liegende Kanal II wurde 1886 von C. Schick etwa 250 m südlich der Quelle am Abhang entdeckt. Er lief am Ostrand des Hügels in vielen Windungen entlang, teils als offener Kanal, teils mit Steinplatten bedeckt. Die an seiner Ostwand in bestimmten Abständen angelegten Öffnungen ermöglichten einen Abfluß zur Bewässerung der Terrassen im Kidrontal. Auf diesen Kanal bezogen sich die Worte des Propheten Jesaja, als er des Königs Ahas mangelndes Vertrauen rügte: »Weil dieses Volk die stillfließenden Wasser Schiloachs verachtet…« (Jes 8, 6). Nicht nur die Bezeichnung Schiloach paßt auf den Kanal, sein Gefälle entsprach einem stillfließenden Wasser. R. Weill hat für die ersten 230 m ein Gefälle von nur 4 mm pro Meter festgestellt, 5 mm für die nächsten 100 m, nur an seinem Ende beim Durchfluß unter der Südspitze des Hügels wächst das Gefälle auf 5 cm pro Meter. Wahrlich ein sanft fließender Schiloach!

Bei einer genaueren Untersuchung des Kanals entdeckten die Ausgräber zu ihrem Erstaunen, daß er an manchen Stellen anscheinend absichtlich zugeschüttet worden war. Die Abflußstellen in das Tal waren verstopft, und Felsblöcke hemmten den Wasserablauf. Nach den im Schutt des Kanals gefundenen Scherben zu urteilen, war der Kanal in den letzten Jahrhunderten der Königszeit unbrauchbar gemacht worden. Dieser Tatbestand würde den biblischen Bericht bestätigen, der den Bau eines neuen Schiloachs, einer neuen Wasserleitung, durch den König Hiskija bezeugt. Der historische Anlaß, der zum Bau des über 350 m langen Kanals führte, ist bereits im Kapitel der Stadtgeschichte Jerusalems beschrieben worden (vgl. S. 159). Hier interessiert uns nur noch der archäologische Tatbestand.

Im Alten Testament wird der Bau des Schiloach dreimal erwähnt. Das 2. Buch der Könige stellt nur die Tatsache fest: »Die übrige Geschichte des Hiskija aber und alle seine Siege, wie er den Teich und die Wasserleitung anlegte und das Wasser in die Stadt leitete, das ist ja aufgeschrieben im Buche der Geschichte der Könige von Juda. Dann legte sich Hiskija zu seinen Vätern, und Manasse wurde König an seiner Statt« (2 Kön 20, 20. 21). Der Chronist präzisiert diese allgemein gehaltene Feststellung: »Derselbe Hiskija verstopfte den Ausfluß der Wasser des Gihon und leitete sie zum Westen der Stadt Davids ab« (2 Chr 32, 30). Aus späterer Zeit findet sich noch eine Notiz bei Jesus Sirach, die vielleicht zur Klärung der Frage, wie die ursprüngliche Anlage des Teiches Schiloach ausgesehen haben mag, eine Stütze bieten kann: »Hiskija sicherte die Stadt, indem er das Wasser mitten in die Stadt hineinleitete. So durchbohrte er mit Erz den Felsen und baute Zisternen« (Sir 48, 17). Ein genialer Plan, dem die technische Leistung nicht nachstand. Da die Zeit drängte, wurde die Arbeit an beiden Seiten begonnen, im Tyropöontal, etwa 80 m nordwestlich der Sperrmauer des unteren Teiches und

Abb. 202. *Das Tyropöontal mit dem Schiloachteich.*

Das alte, tiefe Tyropöontal, das im Jahrhundert Jesu die Oberstadt von der Unterstadt trennte, ist nur noch als flache Mulde zu erkennen. Die Mündung des Stadttales in das von Norden kommende Kidrontal lag an der »Birket el-Hamra«, am »Unteren Teich«, dessen alte Ortslage der üppige Baumbestand verrät. Ein wenig oberhalb, rechts neben dem Minarett, liegt der Ausfluß des Schiloachtunnels mit dem heutigen Schiloachteich. Die senkrechte Felswand an der Südspitze des alten Stadthügels läßt die künstliche Bearbeitung des Felsens gut erkennen. Im Hintergrund ein Teil der südlichen Stadtmauer aus der Türkenzeit, in der linken oberen Bildecke »St. Peter zum Hahnenschrei« — »in Gallicantu« (vgl. Abb. 249, S. 438).

an der Ostseite im alten Quellgang des Gihon. Der Punkt des Zusammentreffens im Kanal ist noch heute an dem Niveauunterschied der Sohle und an der entgegengesetzten Richtung der Meißelspuren an den Wänden erkennbar. Das große Ereignis wurde durch eine Gedenktafel am südlichen Ausgang des Tunnels im

wahrsten Sinne verewigt (vgl. Abb. 203, S. 361). Daß der vom Quellgang ab 512 m lange Kanal nicht in gerader Linie, die nur etwa 324 m betragen hätte, den Hügel durchquert, hat von jeher Erstaunen erregt. Er geht erst westlich in den Hügel hinein, wendet sich dann nach Süden, um wieder nach dem Ostrand des Hügels zu gelangen, läuft diesen ein Stück entlang und biegt erst an der Südspitze des Hügels wieder nach Westen aus.

Die so auffällige S-Form hat bisher keine befriedigende Erklärung gefunden. Zuerst meinte man, die Biegungen seien durch die technische Unzulänglichkeit des königlichen Tiefbauingenieurs bedingt. Das »Wunder« des Zusammentreffens zeigt aber, daß doch ein Plan dahinterstand. Eine einzige brennende Öllampe hätte auch genügt, um den schwitzenden Mineuren den Umweg und die Verschwendung ihrer Kräfte in einem kurvenreichen Gang zu demonstrieren. Später wurde die Lage der »Königsgräber« für die südliche Biegung als Grund angesehen. Auffällig bleibt, daß der Tunnel größtenteils in die weichen Schichten des »meleke«-Kalkes hineingehauen wurde, wie dies auch bei fast allen Felsgräbern in Jerusalem der Fall ist.

1. Zeile: »(Es wurde vollendet) der Durch-
stich, und dies war der Hergang
des Durchstichs: Als noch (die
Steinhauer)

2. Zeile: die Spitzhacke (schwangen), einer
dem andern entgegen, und als
noch 3 Ellen bis zum Durchsti(ch)
waren, (hört)e jeder . . .

3. Zeile: (und s)ah [?] den andern, denn
es war ein Spalt [?] im Felsen
rechts und (lin)ks. Und am Tag
des

4. Zeile: Durchstichs stießen die Steinhauer einer gegen den andern,
Hacke gegen Hacke. Da flossen

5. Zeile: die Wasser von der [Gihon-]
Quelle in den [Schiloach-]Teich,
etwa 1200 Ellen weit und hu(n-
der)

6. Zeile: t Ellen betrug die Höhe des Felsens über dem Kopf der Stein-
hauer.«

Abb. 203. Die Schiloach-Inschrift.

Im Sommer 1880 badeten einige Araberjungen im Schiloachteich. Während des Badens kroch ein Junge tiefer in den
Felstunnel und sah, etwa 8 m vom Eingang entfernt, kleine
Striche an der Felswand. Als Baurat C. Schick davon hörte,
stieg er in den Tunnel und entdeckte an der östlichen Felswand eine glatt und eben ausgearbeitete Fläche, deren Umgebung roh belassen war. Die einst polierte Fläche hatte die
Höhe von ca. 0,5 m bei einer Breite von 0,7 m. Damals war
der Kanal noch nicht ausgeschlämmt, so daß der untere
Rand der Tafel mit den Schriftzeichen ins Wasser reichte.
Die Höhe des Tunnels oberhalb der Tafel bis zur Decke betrug damals etwa 2 m. Gegenüber der Tafel befand sich im
Felsen eine Nische für eine Lampe. Die Inschrift war nur in
die untere Hälfte der geglätteten Fläche eingemeißelt. Eine
überzeugende Erklärung für diesen merkwürdigen Tatbestand haben die Archäologen noch nicht gefunden. Vielleicht
war die obere Fläche für den Namen und die Regierungszeit
des Königs vom Steinmetz frei gelassen worden. Nach mehreren mißglückten Abklatschversuchen von C. Schick gelang
es H. Guthe, nachdem er die Inschrift mit verdünnter Salz-
säure gereinigt hatte, einen Gipsabdruck herzustellen, den
er durch eine Zeichnung an Ort und Stelle ergänzte. Die
Entzifferung der althebräischen Inschrift beschäftigte nun
die Fachgelehrten in der ganzen Welt.
Das weitere Schicksal der Inschrift beschreibt H. Guthe nicht
ohne Bitterkeit: »Im Juli des Jahres 1890 hat ein angesehener
Einwohner Jerusalems die Schiloach-Inschrift durch einige Fel-
lachen von Silwan aus der Wand des Felstunnels, in dem sie
mehr als 2000 Jahre verborgen geblieben war, heraushauen
lassen und in seinen Besitz gebracht. Bei dieser Arbeit ist der
Stein leider in sechs bis sieben Stücke zersprungen, von denen eines großen Umfang hat, fünf bis sechs dagegen kleineren Umfangs sind. Es ist wohl die ganze beschriebene Fläche
herausgemeißelt worden, auch der Teil links von der großen,
aus den Abbildungen ersichtlichen Spalte; jedoch sind meh-

rere Buchstaben an den Bruchstellen verletzt worden, wenn
auch nicht wesentlich. Gelegentlich des Aushauens der echten
Inschrift scheint auch die gefälschte Inschrift aufgetaucht zu
sein.« Als der Diebstahl ruchbar wurde, fahndete der Direktor des Türkischen Museums nach der verschwundenen Inschrift. Die Täter wurden gefaßt, und der Auftraggeber wanderte ein halbes Jahr ins Gefängnis. Heute befindet sich die
Inschrift in Instanbul.[199]
Die Bedeutung der Schiloach-Inschrift liegt darin, daß sich an
ihr und mit Hilfe anderer archäologischer Funde die Entwicklung des kanaanäisch-phönizisch-hebräischen Alphabets durch
die Geschichte Israels bis in die Zeit Jesu verfolgen läßt. Seit
der Spätbronzezeit (1600–1200 v. Chr.) waren in Palästina
mindestens vier Schriftsysteme gleichzeitig in Gebrauch: die
ägyptische Hieroglyphenschrift, die syllabische babylonische
Keilschrift (Amarnabriefe) sowie zwei alphabetische Schriften: das Keilschriftalphabet von Ugarit und das lineare
kanaanäisch-phönizische Alphabet.
Die kanaanäisch-phönizische Schrift ist uns in vollendeter
Form auf dem Sarkophag des Königs Ahiram von Byblus
(10. Jh. v. Chr.) überliefert. Die 22 phönizischen Konsonan-
tenzeichen verbreiteten sich hauptsächlich von Byblus aus
nach Süden zu den Hebräern in Kanaan, nach Osten zu den
Aramäern in Syrien. Für die fehlenden Vokalzeichen entwickelten die Aramäer einen fragmentarischen Ersatz, indem
h, w, j als »Matres lectionis« — »Lesemütter« für a, o, u, i
verwendet wurden.
Die Hebräer übernahmen die kanaanäische Alphabet-Schrift
und entwickelten aus ihr eine eigene Schrift. Das bisher
älteste Dokument in der alten hebräischen Schrift, etwa aus
der Zeit Salomos, ist eine 7,5 × 10 cm große Tontafel, die
bei Geser gefunden und als Bauernkalender von Geser bekannt wurde. Die Schiloach-Inschrift bietet uns die Schrift-
form, der sich die Propheten Jesaja und Jeremia bedienten.
Die Schriftrollen von Qumran schließlich zeigen uns die
Schrift, in der man zur Zeit Jesu hebräische und aramäische
Texte schrieb.

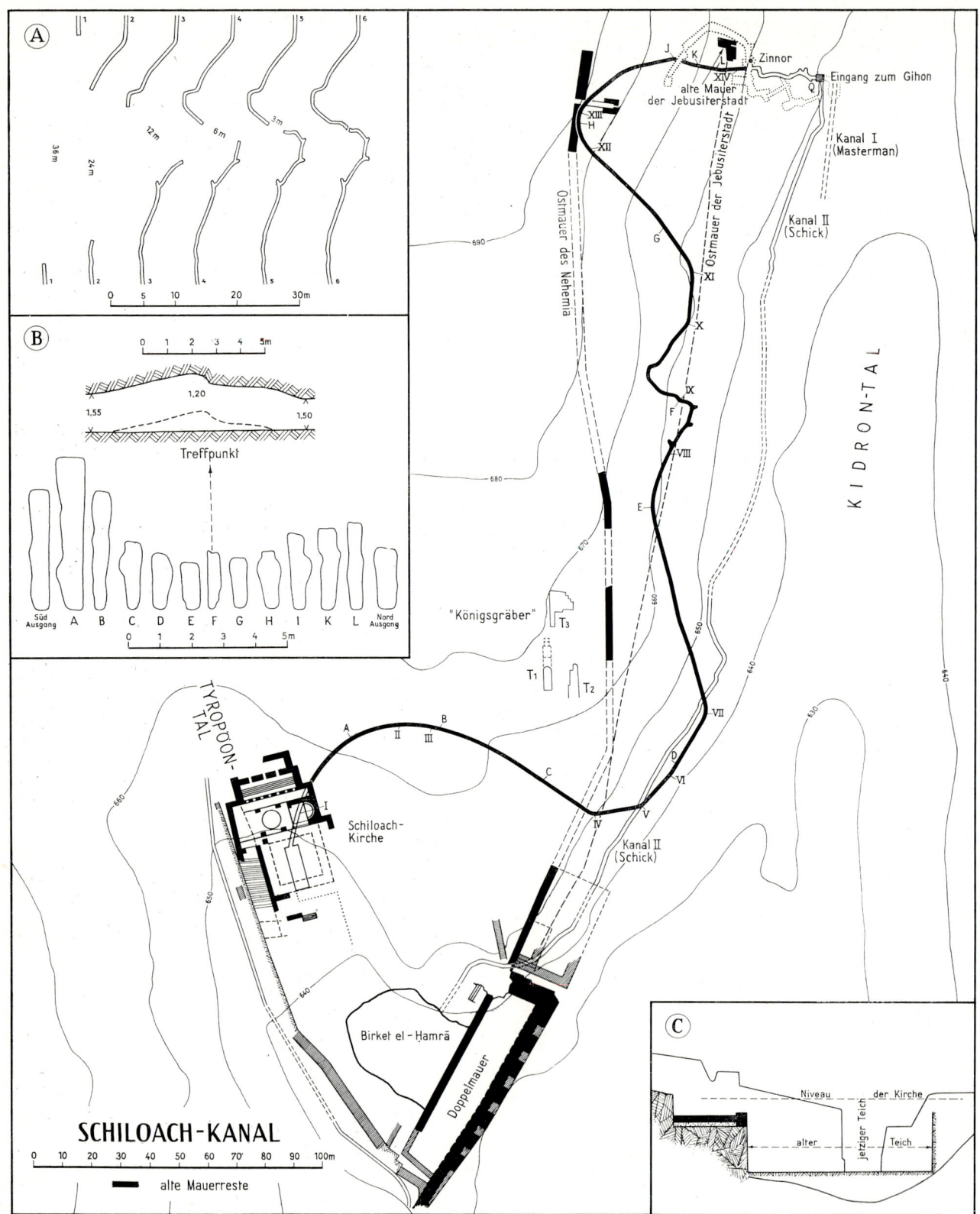

A

36m 24m 12m 6m 3m

0 5 10 20 30m

B

0 1 2 3 4 5m

1,55   1,20   1,50

Treffpunkt

Süd Ausgang A B C D E F G H I K L Nord Ausgang

0 1 2 3 4 5m

C

Niveau der Kirche

alter   jetziger Teich   Teich

alter Teich

J K L Zinnor
XIV
alte Mauer der Jebusiterstadt
Eingang zum Gihon
Q

Kanal I (Masterman)

XIII H
XII

Kanal II (Schick)

Ostmauer des Nehemia

Ostmauer der Jebusiterstadt

690

G

XI

X

K I D R O N - T A L

680

IX

F

VIII

E

670

"Königsgräber"
T₃

650

660

T₁
T₂

VII

640

650

640

TYROPÖON-TAL

A   B
II   III

C

Schiloach-Kirche

I

IV   V

VI
D

Kanal II (Schick)

660

650

640

Birket el - Ḥamrā

Doppelmauer

SCHILOACH-KANAL

0 10 20 30 40 50 60 70 80 90 100m

━━━ alte Mauerreste

362

Abb. 204. *Plan des Schiloachkanals. (Unterer Bildrand: Süd.)*

Die Hauptskizze zeigt den Lauf des Wassertunnels, den König Hiskija (Ezechias) vom Gihon durch den Hügel nach der Westseite der Stadt hat bauen lassen. Die Teilskizzen bringen die Ausschnitte: die Phase der Annäherung mit der Stelle des Zusammentreffens (A), die wechselnden Profile und den Niveauunterschied an der Stelle des Zusammentreffens (B); schließlich ist im Schnitt die Lage des heutigen Teiches schematisch dargestellt (C).

Die Inschrift am Ausgang des Tunnels (I) gibt die Länge mit 1200 Ellen an, das sind rund 540 m. Sie entspricht fast der Länge von 533,10 m, die mit modernen Meßgeräten festgestellt worden ist. Beim Bau des Tunnels wurde die Arbeit an der Ost- und Westseite des Stadthügels zur gleichen Zeit aufgenommen. Der am Schiloachteich beginnende Stollen liegt nach 66 m mit einer Kurve in nordöstlicher Richtung unter dem Kamm des Hügels (II). Nach einer kurzen Strecke in östlicher Richtung (II–III) biegt er auf den nächsten 65 m wieder in der verlängerten West-Ost-Linie auf die Höhe seiner Mündung zurück (III–IV). Nach einer Korrektur in östlicher Richtung stießen die Arbeiter auf sehr schlechte Gesteinsverhältnisse. Nur wenige Meter fehlen, und die Arbeiter hätten den Osthang des Hügels durchstoßen (V). Dies erklärt die resolute Kursänderung nach Nordost. Jedoch nach 45 m droht abermals die Gefahr, daß die Oberfläche am Osthang erreicht wird (VII). Von VII bis VIII führt der Stollen mit einer kleinen Ausbuchtung in nördliche Richtung und nähert sich der Stelle des Zusammentreffens (VIII–X). Die »Arbeitskolonne Süd« grub unter günstigeren Verhältnissen. Weiche Gesteinsschichten und Naturhöhlen ermöglichten ein schnelleres Vorankommen. Der entscheidende Vorzug aber war die bessere Belüftung durch einen Schacht im Anschluß an einen natürlichen Felsspalt bei VI. Ehe wir das Zusammentreffen eingehender beschreiben, untersuchen wir den Lauf des Tunnels weiter. Hinter der Stelle des Zusammentreffens ist der Tunnel in nördlicher Richtung genau auf die Quelle ausgerichtet (X–XI), weicht dann aber auf einer Strecke von 75 m fast gradlinig in nordwestlicher Richtung aus (XI–XII) und biegt schließlich mit einer leichten Krümmung zur Quelle ab (XIII–XIV).

Von dem Augenblick an, als die Arbeiter bei VIII und IX nur noch etwa 30 m voneinander entfernt und die Meißel- und Hammerschläge auf beiden Seiten zu hören waren, verliert der Tunnel seinen ruhigen und stetigen Lauf. Die fieberhafte Hast, das Zusammentreffen so schnell wie möglich zu erzwingen, bewirkte das Gegenteil. Der südliche Stollen tappt gleichsam von links nach rechts (vgl. Skizze A), dann von rechts nach links. Die irrtümlichen Versuche, die bald aufgegeben wurden, sind an den kurzen Blindgängen zu erkennen. Die Ungeduld, welche die Arbeiter auf den letzten 10 m packte, hat ihre Spuren an den äußerst roh behauenen Stollenwänden hinterlassen.

Die Skizze B zeigt im Längsschnitt die Stelle des Zusammentreffens auf den letzten 10 m. Das verschiedene Niveau der Tunnelsohle ist an den Wänden noch zu erkennen. Ganz klar zeigt sich die Differenz an der Tunneldecke. Als der nördliche und der südliche Arbeitstrupp sich benachbart wissen, hört jede Sorgfalt auf. Weder die Höhe des Niveaus noch eine Begradigung der Wände werden beachtet; es gibt nur ein Vorwärts. Eine äußerste Nervosität hat die Mineure ge-

packt, wie es die ziellosen Schläge an den Ausbuchtungen der nördlichen Seite zeigen. Man ist nur noch »drei Ellen« voneinander entfernt und »hört das gegenseitige Rufen«. Werden die Stollen aufeinander stoßen oder aneinander vorbeilaufen? Wir können uns die Spannung vorstellen und hören fast den Schrei der Begeisterung, als die beiden Mineure durch das erste Loch im Durchstoß einander die Hände reichen.

Nachdem die Parker-Expedition den Kanal vom Schlamm der Jahrhunderte gesäubert hatte, konnte man überrascht feststellen, daß auffällige Unterschiede in der Höhe bei gleichbleibender Breite von 0,58 bis 0,65 m bestanden (Skizze B). Die Unebenheiten an der Decke des Tunnels waren schon lange bekannt, nun mußte man beträchtliche Niveauunterschiede an der Sohle registrieren. Vor der Ausschlämmung schätzte man das Gefälle vom Gihon bis zum Teich auf nicht ganz 0,3 m; in Wirklichkeit beträgt die Differenz 2,18 m, das sind 4 mm pro Meter. Auf die ganze Länge des Tunnels ist aber das Gefälle unregelmäßig verteilt. Die verschiedene Höhe der Profile läßt sich am besten durch eine nachträgliche Bearbeitung und Senkung der Tunnelsohle erklären. Die größten Profilhöhen liegen an den beiden Anfängen des Tunnels. Am Gihon beginnt der Tunnel mit 1,94 m und erreicht nach 50 m die Höhe von 3,1 m. Der größte Teil der Strecke liegt aber unter 1,8 m. Am Schiloachteich liegt zu Beginn die Höhe bei 3,96 m und steigt dann bis zu 5,08 m an. Gerade hier an der Mündung läßt sich die Überhöhe nur durch ein späteres Senken der Tunnelsohle erklären.

An diesen geologischen Tatbestand knüpft eine neue Erklärung an, die in der 3. Zeile der Schiloach-Inschrift noch eine Stütze findet, wenn das unbekannte hebräische Wort »zdh« mit »Spalt« übersetzt wird (vgl. Abb. 203, S. 361). In den vielen Jahrtausenden hatte das abfließende Wasser sich einen Weg durch das weiche Gestein gesucht und einen mehr oder weniger großen »Spalt« ausgewaschen, dem die Mineure nur zu folgen hatten. Dies erklärt ihren Optimismus, mit dem sie die Arbeit gleichzeitig an den so weit auseinanderliegenden Stellen begannen, nämlich bei der Quelle im Kidrontal und beim Abfluß des unterirdischen Rinnsals im Tyropöontal; dies erklärt ferner ihre Hoffnung, daß sie sich schon irgendwo im Berg treffen würden.

Der Tunnelbau des Hiskija konnte in den folgenden Jahrhunderten die Stadt vor einer Eroberung nicht schützen. Da der ursprüngliche Ausfluß des Gihon in das Kidrontal verschüttet blieb, geriet das ganze unterirdische Kanalsystem in Vergessenheit. Im Jahrhundert Jesu kannte man nur eine Schiloachquelle am Schiloachteich, wie es auch Josephus bezeugt: »Die Schlucht, die den Namen Käsemachertal trägt, erstreckt sich bis zum Schiloach; so nennen wir nämlich die süße und reichlich fließende Quelle« (Jüd. Krieg V, 4, 1). Die erste sichere Erwähnung der eigentlichen Quelle, des Gihon, finden wir erst im 14. Jahrhundert. Damals ahnte man aber den Zusammenhang der Quelle mit dem Schiloach noch nicht. Erst im 16. Jahrhundert wird der Gihon wieder

363

mit dem Schiloach in Verbindung gebracht. Die erste genaue Beschreibung verdanken wir E. Robinson, der während seiner Palästinareise im Jahre 1839 den Tunnel von einem Ende zum anderen durchwatete. Sein Bericht ist heute noch lesenswert:

»Als wir eines Nachmittags [27. April 1838] uns nach Siloam begaben, um das Wasserbehältnis zu messen, fanden wir hier niemanden; und da das Wasser in dem Becken so niedrig war, benutzten wir diese Gelegenheit, unser Vorhaben auszuführen. Wir zogen Schuhe und Strümpfe aus, rollten unsere Unterkleider bis über die Knie auf und gingen dann mit Lichtern und Meßschnuren in den Händen hinein. Das Wasser war nirgends über einen Fuß [30,48 cm] tief und meistenteils nicht mehr als drei oder vier Zoll mit einer kaum bemerklichen Strömung. Der Boden ist überall mit Sand bedeckt, welcher von den Wassern hineingebracht ist. Der Durchgang ist ganz durch den massiven Felsen gehauen; überall an zwei Fuß breit, und etwas gebogen, aber im allgemeinen in der Richtung NNO. An den ersten hundert Fuß [30,48 m] ist er 15 bis 20 Fuß hoch; ein anderes Hundert oder mehr Fuß weiter 6 bis 10 Fuß, und darnach nicht mehr als 4 Fuß hoch; indem er so allmählich niedriger wurde, je weiter wir vorwärts gingen. Am Ende von 800 Fuß war er so niedrig, daß wir nicht weiter vordringen konnten, ohne auf allen Vieren zu kriechen und uns ganz in das Wasser hineinzulegen. Da wir hierauf nicht vorbereitet waren, so hielten wir es für besser, zurückzugehen und an einem andern Tage von dem andern Ende aus einen neuen Versuch zu machen. Nachdem wir daher an der Decke mit dem Rauche unserer Lichter die Anfangsbuchstaben unserer Namen und die Figuren 800 als ein Zeichen unseres Fortschreitens an dieser Seite angebracht hatten, kehrten wir mit etwas nassen und beschmutzten Kleidern zurück.

Es waren erst drei Tage verflossen [30. April], als wir im Stande waren, unsere Untersuchungen und Ausmessung des Durchganges zu vervollständigen. Wir kamen jetzt zu der Quelle der Jungfrau [Gihon], und nachdem wir die äußere Entfernung (1100 Fuß) bis nach der Klippe östlich von Siloam gemessen hatten, schlossen wir, daß, da wir schon 800 Fuß von dem unteren Ende aus hineingegangen waren, jetzt nur noch 300 oder 400 Fuß zum Untersuchen übrig sein könnten. Wir fanden das Ende des Kanals an der oberen Quelle mit kleinen losen Steinen roh zugebaut, in der Absicht, das Wasser in größerer Tiefe in dem ausgehöhlten Becken zurückzuhalten. Nachdem wir durch unsere Begleiter diese Steine hatten hinwegräumen lassen und uns selbst einfach in ein paar weite arabische Hosen gekleidet hatten, gingen und krochen wir hinein, in der Hoffnung, bald nach dem Punkte zu gelangen, welchen wir von der anderen Quelle aus erreicht hatten. Der Kanal ist hier im allgemeinen viel niedriger als an dem anderen Ende; den größten Teil des Weges konnten wir allerdings auf unseren Händen und Knien zurücklegen; jedoch an

verschiedenen Stellen konnten wir nur noch vorwärts, indem wir der Länge nach ausgestreckt lagen und uns auf die Ellenbogen weiter fortschleppten. Der Sand auf dem Boden hat wahrscheinlich eine beträchtliche Tiefe, wodurch er den Kanal zum Teil ausfüllt; denn sonst würde es unbegreiflich sein, wie der Durchgang jemals so durch den harten Felsen hätte zu Stande gebracht werden können. Jedenfalls hat immer nur eine einzelne Person auf einmal darin arbeiten können; und das ganze Werk muß viele Jahre Zeit gekostet haben. Es gibt hier viele Biegungen und Zickzacken. An verschiedenen Stellen hatten die Arbeiter eine Strecke hin geradezu weitergehauen, dann hatten sie damit aufgehört und wieder weiter zurück in einer anderen Richtung begonnen; so daß man zuerst einen sich abzweigenden Kanal vor sich zu sehen glaubt. Wir untersuchten alle diese falschen Einschnitte bis ins Einzelnste, in der Hoffnung, einen solchen Seitengang zu finden, durch welchen Wasser aus einer anderen Gegend hineinkommen möchte. Wir fanden jedoch nichts der Art. Der Weg schien unendlich lang zu sein; und wir hegten eine Zeitlang den Argwohn, daß wir in einen Kanal geraten wären, der von dem zuerst von uns betretenen verschieden sei. Aber zuletzt, als wir 950 Fuß gemessen hatten, erreichten wir unser früheres Merkzeichen von 800 Fuß, wie es auf der Decke mit Rauch eingetragen stand. Daraus ergeben sich für die ganze Länge des Hohlganges 1750 Fuß, oder einige hundert Fuß mehr als die grade Entfernung außerhalb — ein kaum begreifliches Resultat, wiewohl der Kanal sich vielfach windet. Wir kamen bei der Quelle Siloam wieder heraus.«[200]

Ausgrabungen bringen nicht nur Licht in das Dunkel der Vergangenheit, sie geben uns auch neue Rätsel auf. Nach den mit aller Umsicht durchgeführten Grabungen von Bliss und Dickie schien die Baugeschichte Jerusalems und die Führung der Stadtmauer wenigstens im Süden geklärt zu sein: Das Tyropöontal wie auch der Westhügel lagen zur Zeit des Hiskija innerhalb des Stadtgebietes, und der Schiloachteich befand sich im Schutz der Stadtmauern. Die von Kathleen M. Kenyon in den Jahren 1961—1967 durchgeführten Grabungen haben die traditionelle Auffassung über die Lage des alten Jerusalem erheblich korrigiert. Die Streitfrage nach der Lage des alten Jerusalem ist endgültig geklärt: Die Königstadt lag auf dem Südosthügel. K. M. Kenyon hat aber auch die traditionelle Ansicht über den Verlauf der südlichen Stadtmauer des alten Jerusalem in Frage gestellt. Nach den vorgenommenen Sondierungen kam sie zu dem Schluß, daß der Südosthang des Westhügels bis zum 1. Jahrhundert n. Chr. unbesiedelt und nicht in das Stadtgebiet einbezogen war. Mit anderen Worten: der Schiloachteich lag außerhalb der schützenden Stadtmauern. Wenn es sich aber so verhielt, bedarf es einer Erklärung, warum Hiskija dennoch das Wasser des Gihon auf die Westseite der Stadt umleitete, um die Wasserversorgung zu sichern.

Aufgrund der Bodenverhältnisse nimmt K. M. Kenyon an, daß es sich beim ursprünglichen Teich nicht um ein offenes Becken gehandelt habe, sondern um eine große, in den Felsen gehauene Zisterne, in die das Wasser mündete und in der es gespeichert wurde. Auf eine uns heute nicht mehr erkennbare Weise war die unterirdische Zisterne vom Innern der Stadt aus zu erreichen, wahrscheinlich über eine Treppe mit einem Schachtgang. Selbst der Ausfluß des Wassers sollte verborgen bleiben. Unterhalb des Schiloachteiches ist das Südwestende des Osthügels wie mit einem Messer abgeschnitten, und das Gestein bildet einen Überhang. Darunter sieht man den Ausfluß des alten Schiloachteiches als unterirdischen Kanal. So blieb das Wasserreservoir der Stadt im Tyropöontal raffiniert getarnt und war den Blicken der Menschen verborgen. In späterer Zeit — wann, wissen wir nicht — muß die Zisternendecke eingestürzt sein. Die späteren Bauten auf diesem Gelände haben dann jede Spur verwischt.

Diese kühne Hypothese der verdienten Archäologin hat nicht die ungeteilte Zustimmung ihrer Fachkollegen gefunden. So bleibt die Frage offen und bedarf einer weiteren Klärung.

Wie zur Zeit Jesu die Teichanlage im Tyropöontal ausgesehen haben mag, wissen wir nicht. Was erhalten blieb, ist der Ausfluß des Wassertunnels in den schmalen Rest einer quadratischen, hofartigen Anlage von 22,5 m Seitenlänge aus römischer Zeit. Wahrscheinlich ist es das Tetranymphon des Kaisers Hadrian, das er zu Ehren der Nymphen an der einzigen »Quelle« der Stadt, an der »Schiloachquelle«, errichten ließ.

H. Guthe (1881) und F. J. Bliss (1894—1897) haben im vergangenen Jahrhundert die Teichanlage wiederentdeckt, die zum erstenmal vom Pilger von Bordeaux (333) in seinem Pilgerbericht beschrieben wird.[201] Ehe er den Sion hinaufsteigt, sieht er »auf der linken Seite, abwärts im Tal neben der Mauer einen Teich, der Schiloach heißt. Er hat einen Säulengang an seinen vier Seiten (Quadriportikus), und ein anderer großer Teich ist weiter draußen.« Der »Quadriportikus« kann nur das bereits erwähnte Tetranymphon Hadrians sein, in das der Kanal mündete. Bliss und Dickie entdeckten an der

Abb. 205. Der Felskanal.

1. Der Eingang zum Gihon.

Das im Quellbecken aufgenommene Bild zeigt die uralte Höhle; im Hintergrund sind die Stufen des jetzigen Treppenabstiegs sichtbar. Die einzelnen Details, das Quellbecken (B) und die Höhle (E), lassen sich nach dem Plan des Gihon bei Abb. 86, S. 148, ausmachen.

2. Im Inneren des Wassertunnels.

Das Felsprofil entspricht etwa der Stelle bei D und ist ungefähr 140 m vom südlichen Ausgang entfernt.

Abb. 206.   Der Teich Schiloach im 19. Jahrhundert.

Die Aufnahme zeigt den Zustand des Teiches im Jahre 1897. Ein Vergleich mit der umseitigen Aufnahme demonstriert in überzeugender Weise, daß nichts auf unserer Erde in seinem ursprünglichen Zustand erhalten bleibt. H. Guthe, der verdienstvolle Retter der Schiloach-Inschrift, schrieb im Jahre 1882: »Der jetzige Schiloachteich, der das Wasser der Schiloachquelle zunächst aufnimmt, hat seit 1879 ein besseres Aussehen bekommen. E. Robinson (1838) und T. Tobler (1846) berichten von seinem theilweise verfallenen Zustande, und Ch. Wilson (1865) klagt, daß das Ganze dem Verfall entgegengehe und die Schuttanhäufung ringsum sehr groß sei.« Diese Klagen sind nicht neu. Schon der Ulmer Dominikaner Felix Faber (1483) berichtet: »Vor der Quelle ist ein Teich; derselbe ist von Mauern und Gewölben umgeben, wie der Umgang eines Klosters, und die Gewölbebogen werden von marmornen Säulen gestützt. Diese Anlagen sind zum Teil eingestürzt, zum Teil sind sie dem Einsturze nahe. Es wäre ein leichtes, die Ruinen an der heiligen Quelle wieder aufzurichten, aber niemand berührt sie oder legt die Hand an, und so verfällt die Stätte von Tag zu Tag mehr, wie die Gebäude anderer heiliger Stätten.« Von der einstigen Pracht des römischen Quadriportikus, den der Pilger von Bordeaux (333) erwähnt, ist als einsamer

Nordseite des Quadriportikus noch die Ruinen einer byzantinischen Kirche. Wahrscheinlich war es die Kaiserin Eudokia († 460), die den Ort mit einer Kirche auszeichnete. Wie bei der Betesda-Kirche war es das gleiche Motiv: ein Gedächtnisbau in engster Verbindung mit dem Ort, der durch ein Wunder Jesu geheiligt war.

Ausdrücklich wird die Kirche in der Biographie von Petrus dem Iberer bezeugt, der 451 an einem Gottesdienst »in der Kirche des sogenannten Schiloach« teilnahm. Um das Jahr 570 besuchte der Anonymus von Piacenza die Heilige Stadt. Er stieg vom Tempelplatz den Stufenweg hinab und schildert in seinem Bericht eindrucksvoll das bewegte Treiben am »Volksbad Schiloach«: »Über Schiloach steht eine Basilika mit einer Kuppel (basilica volubilis). Unter ihr entspringt Schiloach mit zwei Baderäumen, von Menschenhand gemacht; zwischen den beiden Räumen läuft eine Schranke, In dem einen baden die Männer, in dem anderen die Frauen. Vor dem Atrium ist ein großer Teich, durch Menschenhand errichtet, in welchem beständig das Volk badet« (Geyer, S. 176). Das am Südrand beschädigte

Stadtbild Jerusalems auf der Mosaikkarte von Madaba zeigt in dieser Gegend zwei eng benachbarte Gebäude. Wahrscheinlich stellt das eine die »basilica volubilis« am Schiloach dar (vgl. Abb. 251, 13, S. 447).

Wie alle anderen Kirchen Jerusalems fiel auch die Kirche des Schiloach beim Einfall der Perser (614) der Zerstörung zum Opfer. In den Pilgerberichten der kommenden Jahrhunderte finden wir keine Nachricht über einen Wiederaufbau. Nur die Nordwand des Quadriportikus ist als stummer Zeuge über dem Ausgang des Schiloachkanals übriggeblieben, dazu noch einige Säulenreste (vgl. Abb. 206).

Trotzdem bleibt die eine Tatsache gewiß: Alle Bauten und alle Teiche lagen immer nahe am Ausgang des Kanals. So geht auch hier der Fuß über jenen Teich, in dem sich der Blinde in gläubigem Gehorsam die Augen wusch. Wenn der Pilger Felix Faber im 15. Jahrhundert »Augen und Antlitz mit dem Wasser am Schiloach« wusch, wiederholte er nur einen frommen Brauch, der dem Andenken des Wunders Jesu galt und das Wasser des Schiloach unvergeßlich gemacht hat.

*Zeuge der in der Mitte des Beckens aufra-
gende Säulenstumpf übriggeblieben. Als
C. Schick im Jahre 1881 das Becken untersuchte, steckte die Säule tief im Boden, der
hier etwa 1 m hoch über dem Felsen liegt.
Weitere Säulenreste stehen am oberen Rand
des Beckens oder sind als Stützen in die
Seitenwände eingemauert worden. Das Bild
zeigt über dem Wasserspiegel noch die ältere Einfassungsmauer, die unmittelbar auf
den Marmorplatten des Beckens aufruht.
Die darüber stehenden »neuen« Außenmauern sind im Westen, Süden und Osten
etwa 0,5 m nach außen gerückt. Wer »ans
Wasser« wollte, mußte an der abgeschräg-
ten Ostwand (rechter Bildrand) hinabklet-
tern. Doch gab es auch früher schon eine
Treppe, die – wie heute – zum Wasser hinabführte. Im Hintergrund überragt den
am Ende der Wasserfläche zwischen den Trümmern gerade noch sichtbaren Ausfluß des
Schiloachkanals eine aus römischer Zeit
stammende Mauer, die einstmals den viereckigen Säulenhof von 22,5 m Seitenlänge
einfaßte (vgl. Abb. 208, S. 368). Unmittelbar über der Nordwand des Quadriportikus
stand die Kirche, die dem Gedächtnis der
Heilung des Blinden geweiht war. In der
Mitte der Nordwand des Beckens bilden
zwei Säulenstümpfe, auf denen ein großer
Stein liegt, ein schmales, niedriges Tor,
durch welches das Wasser einströmt.
Die nächste Abbildung zeigt den Teich nach
seiner Renovierung. Unter dem im Jahre
1911 erbauten Bogen fließt das Wasser der Gihonquelle aus
dem Felskanal in ein 15,5 m langes und 5,5 m breites Becken,
zu dem man von einem Vorplatz über 18 Stufen hinabsteigt.
In dem Wasser, das in dem Becken gestaut wird, ehe es nach
dem Tale abfließt, waschen heute die Frauen des nahen Dorfes Silwan ihre Wäsche. (Vgl. Abb. 85, S. 146.)*

Auf den Bericht über die Heilung folgt die Diskussion über das Wunder. Die Heilung erschien den Nachbarn und Bekannten des Blinden so unglaublich, daß
man eher an seiner Identität zweifelte, als die Heilung
anzuerkennen. Johannes schreibt: »Die Nachbarn und
die Leute, die ihn früher als Bettler gesehen hatten,
sagten: Ist das nicht der nämliche Mann, der dasaß und
bettelte? Einige sagten: Er ist es. Andere: Durchaus
nicht, er sieht ihm nur ähnlich. Jener aber sagte: Ich
bin es wirklich. Da sagten sie zu ihm: Wie bist du denn

sehend geworden? Jener antwortete: Der Mann, der Jesus heißt, machte einen Teig, strich ihn auf meine Augen
und sagte: Geh hin zum Schiloach und wasche dich. Da
bin ich gegangen, habe mich gewaschen und bin sehend
geworden. Sie fragten ihn: Wo ist jener? Er antwortete:
Ich weiß es nicht« (Joh 9, 8–12).

Auf die Diskussion der Nachbarn folgt die Untersuchung durch die Pharisäer: »Da brachten sie ihn, der
früher blind gewesen war, zu den Pharisäern. Nun war
es gerade Sabbat an dem Tage, als Jesus den Teig ange-
rührt und den Mann sehend gemacht hatte. Jetzt fragten ihn auch die Pharisäer, wie er sehend geworden sei.
Er erzählte ihnen: Er hat einen Teig auf meine Augen
gestrichen, ich habe mich gewaschen, und jetzt sehe ich.
Da sagten einige von den Pharisäern: Dieser Mensch
ist nicht von Gott, da er den Sabbat nicht hält. Andere
dagegen sagten: Wie kann ein Sünder solche Zeichen
tun? Und sie waren geteilter Meinung. Nun sprachen
sie wieder zu dem Blinden: Was sagst du denn von

KIRCHE AM SCHILOACH-TEICH

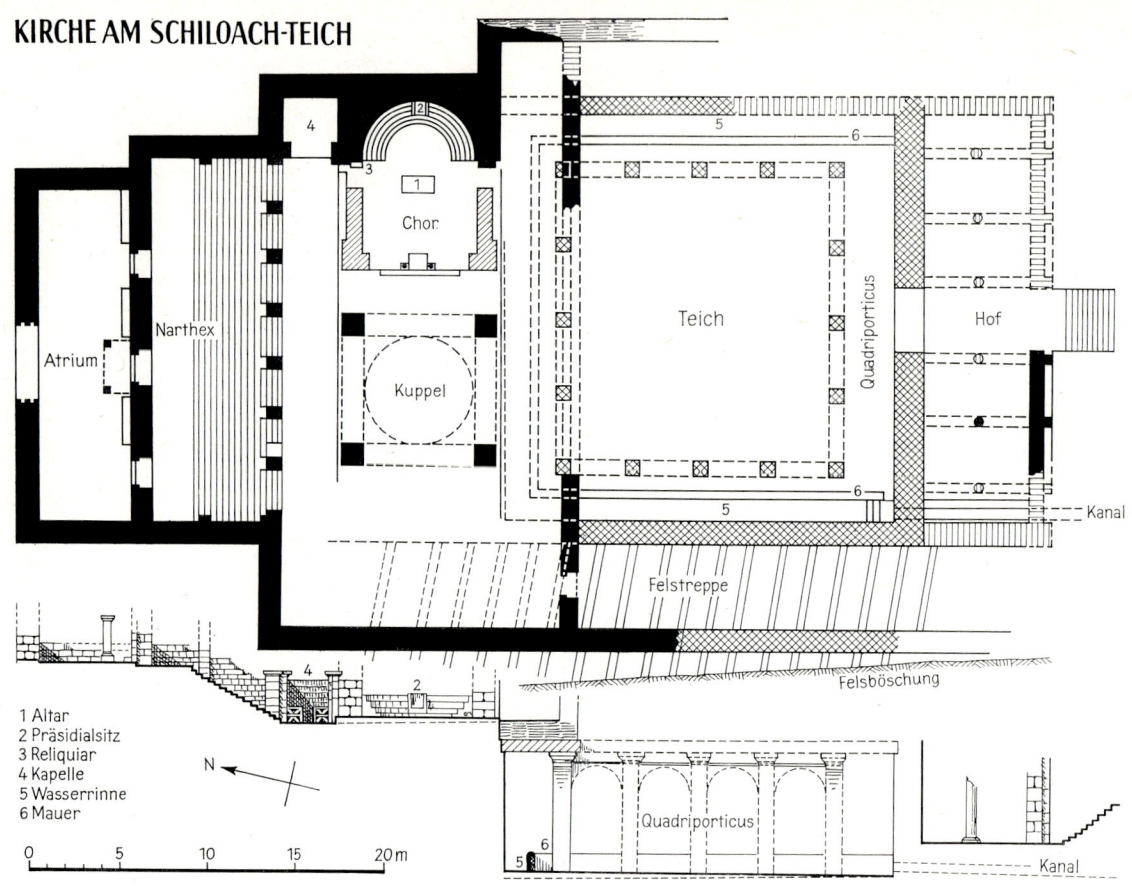

1 Altar
2 Präsidialsitz
3 Reliquiar
4 Kapelle
5 Wasserrinne
6 Mauer

N

0   5   10   15   20 m

*Abb. 208.   Die Kirche am Schiloachteich (nach F. J. Bliss und
L.-H. Vincent OP).*

Die Wiederauffindung der Kirche am Schiloachteich war ein
in der Geschichte der Archäologie immer wiederkehrender Zufall: Man sucht etwas Bestimmtes und findet etwas anderes.
Bei der Untersuchung der Stufen, die an der westlichen Felsböschung zum alten Teichgelände hinabführten, wollten F. J.
Bliss und E. C. Dickie nur die Breite der Treppe messen. Dabei stießen sie auf eine dicke Mauer, die aber schräg zur Böschung stand. Mit anderen Worten: sie war später errichtet
worden. Was nun mit der Mauer verbunden war, wurde die
große Überraschung, die das Messen der Treppe uninteressant machte. Es war die Westmauer der Kirche am Schiloachteich. Die erhalten gebliebenen Reste befanden sich in einem
relativ guten Zustand, so daß der ganze Bau mit großer Zuverlässigkeit rekonstruiert werden konnte, auch wenn die Untersuchungen nur durch ein raffiniert angelegtes System von
Schächten und unterirdischen Stollen erfolgten. Die Lage und
Größe der Kirche war durch die Geländeverhältnisse bestimmt. Im Süden ist sie vom Quadriportikus Hadrians begrenzt, im Westen durch eine fast senkrechte Felsböschung,
im Norden durch das stark abfallende Gelände und schließlich
im Osten durch den Ausfluß der »Schiloachquelle«. Die Abbildung zeigt den Grundriß der Kirche über dem Ausfluß des
Schiloachtunnels, ferner die Teichanlage des Quadriportikus
aus der Zeit Hadrians. Im Längsschnitt ist die Gesamtanlage

von Nord nach Süd dargestellt (vgl. Abb. 204, S. 362). Die
im Basilikastil erbaute Kirche ist nach Osten orientiert, hatte
aber die Hauptfassade mit den Eingängen auf der Nordseite.
Die schwierigen Bodenverhältnisse im engen Tal ließen für
einen westlichen Eingang keinen Raum. Der Zugang erfolgte
über ein schmales Atrium, an dessen innerer Südseite drei
Toreingänge festgestellt wurden. An der Nordwand des
Atriums konnte die Spur eines Eingangs nicht mehr aufgefunden werden. Der Haupteingang war durch einen Vorbau
mit zwei Pfeilern ausgezeichnet und führte zu dem mit einer
breiten Treppe ausgestatteten Narthex. Sechzehn Treppenstufen waren notwendig, um das starke Gefälle des Untergrundes zu überwinden. Die Treppe, die noch ausgezeichnet erhalten war, führte zum nördlichen Seitenschiff der Kirche.
Sieben bogengeschmückte, offene Eingänge gaben auf einer
Front von 19,5 m den Blick auf den ganzen Kirchenraum frei.
Die dreischiffige Kirche hatte eine Gesamtlänge von über
33 m bei einer Gesamtbreite von 15,5 m. Während die Seitenschiffe noch gut erhaltene Mosaikböden aufwiesen, war
das Hauptschiff mit weißen Marmorplatten ausgelegt. Überragt wurde das Mittelschiff von einer auf vier Pfeilern ruhenden Kuppel. Den Eingang zum Chorraum schmückten zwei
Säulen. Vor der mit aufsteigenden Treppen versehenen Apsis,
in deren Mitte der Präsidialsitz (2) stand, entdeckten die Ausgräber einen in den Marmorboden eingelassenen Sockel, 1,9 m
lang und 0,96 m breit. Seine Lage in der Kirche und die
augenfällige Beziehung zu der darunter sich befindenden

Mündung des Wassers in den Teich kennzeichnen genügend, daß hier der Altar (1) stand. Besonderes Interesse erregte eine Vertiefung im Fußboden in der östlichen Ecke des Hauptschiffes, die wohl zur Aufnahme des Reliquiars (3) gedient hatte. Am östlichen Ende des nördlichen Seitenschiffes befand sich ein quadratischer Kapellenraum (4). Das südliche Seitenschiff stand in seiner ganzen Breite über der nördlichen Säulenhalle des Teiches. Leider ist von der Südwand des Seitenschiffes, dessen Mosaikboden 8 m über dem Pflaster des Teiches lag, nichts mehr erhalten. Die an der Südwestecke der Kirche gelegene Tür ermöglichte das Benutzen der alten Treppe, die über 34 Stufen zum Teich hinabführte. Die zum Teil in den Felsen gehauenen Stufen sind nur die Fortsetzung eines großen Treppenweges aus der Oberstadt nach dem Unteren Teich. Bei der Errichtung der Westwand wurde die Treppe mit ihren abwechselnd breiten und schmalen Stufen zum Teil überbaut. An der westlichen Seite werden die Stufen von einer Felsböschung begrenzt, die sich noch weiter in südöstlicher Richtung fortsetzt. Ihre allmählich abnehmende Höhe wird durch eine starke Mauer ausgeglichen, die bis zur großen Sperrmauer am Abschluß des Tyropöontales führt. Böschung und Mauer — ihre Länge von der Kirche bis zum Sperrdamm beträgt etwa 160 m — bildeten die westliche Begrenzung des alten Unteren Teiches. Im Bereich der Kirche wird der Treppenweg an seiner östlichen Seite von einer über 1,2 m dicken Mauer begrenzt, die zugleich die westliche Außenmauer des quadratischen Arkadenumganges war. Die Länge der Westseite betrug 21,6 m, die der Nordseite 22,8 m. Die Teichanlage bildete also in ihrer ursprünglichen Form fast ein Quadrat. Es besteht kein Zweifel, daß dieser vierseitige Arkadenumgang identisch ist mit dem Quadriportikus, den der Pilger von Bordeaux im Jahre 333 gesehen hat. Sowohl die Nord- als auch die Westwand lassen erkennen, daß sie teilweise in die ausgehauene Felswand hineingebaut waren. Es ist darum wahrscheinlich, daß die dahinter liegenden roh behauenen Felswände im Westen und im Norden die ursprüngliche Begrenzung bildeten, die der Teich vor der Errichtung des Quadriportikus zu Beginn der Römerzeit (135 n. Chr.) hatte. So können wir uns wenigstens eine Vorstellung von der Größe des Schiloachteiches machen, die er im Jahrhundert Jesu besaß. Die südliche Begrenzungsmauer hatte eine Stärke von etwa 1,5 m. In der südwestlichen Ecke führten drei Felsstufen in den Arkadenumgang, der aber in seiner ganzen Länge auf der West-, Nord- und Ostseite durch eine kleine, etwa 75 cm hohe und 30 cm breite Mauer (6) geteilt war. Die NW- und die NO-Ecke des Teiches wurden bereits in früheren Jahren von H. Guthe entdeckt. Bei der Untersuchung der NW-Ecke wurde festgestellt, daß ihr Niveau etwa 0,3 m höher liegt als das der SW-Ecke. Es ist anzunehmen, daß das Quellwasser längs der drei Außenseiten in der 1,36 m breiten Rinne (5) den Teich umfloß und dann unter der Treppe in der SW-Ecke durch einen Kanal in den Unteren Teich abgeleitet wurde. Die kleine, oben abgerundete Mauer (6) diente vielleicht als Sitzgelegenheit, und die Pilger konnten bequem ihre Füße im Wasser baden. Im Süden war dem Arkadenumgang ein etwa 11 m breiter Hof vorgelagert, zu dem eine Treppe mit acht Stufen hinabführte. Das Pflaster des Hofes lag aber immer noch 1,7 m höher als das Niveau des Teiches. Wie dann der Zugang zum Arkadengang erfolgte, ließ sich wegen der totalen Zerstörung nicht mehr genau feststellen. Die Untersuchungen von Bliss und Dickie waren für die damalige Zeit eine hervorragende Leistung.

ihm, da er dich doch sehend gemacht hat? Er antwortete: Er ist ein Prophet« (Joh 9, 13—17).

Der Bericht des Geheilten brachte auch die Pharisäer in große Verlegenheit. Es gab für sie nur einen Ausweg: die Tatsache der Heilung anzufechten. So ließen sie die Eltern des Blindgeborenen rufen: »Ist das hier euer Sohn, von dem ihr behauptet, er sei blind geboren worden? Wie kann er jetzt sehen? Da antworteten seine Eltern: Wir wissen, daß der da unser Sohn ist und daß er blind geboren wurde. Wie es gekommen ist, daß er jetzt sieht, wissen wir nicht. Wer ihn sehend gemacht hat, wissen wir ebensowenig. Fragt ihn doch selber, er ist alt genug, er kann für sich selbst sprechen. Das sagten seine Eltern, weil sie die Juden fürchteten; die Juden waren sich nämlich bereits einig geworden, daß jeder, der ihn als Messias bekennen würde, aus der Synagoge ausgestoßen werden sollte. Darum sagten seine Eltern: Er ist alt genug, fragt ihn selbst« (Joh 9, 19—23).

Die Befragung der Eltern führte nicht zu dem gewünschten Ziel. Die Tatsache der Heilung stand zwar fest, aber die Überzeugung der gesetzestreuen Pharisäer war ebenso sicher: Ein Übertreter des Sabbatgebotes ist ein Sünder, und ein Sünder kann das Wunder nicht gewirkt haben. So waren sie sich auch darüber einig, die Heilung nicht als Beglaubigungszeichen für einen Autoritätsanspruch Christi gelten zu lassen. »Sie riefen den Mann zum zweitenmal, der blind gewesen war, und sagten ihm: Gib Gott die Ehre. Wir wissen, daß dieser Mensch ein Sünder ist« (Joh 9, 24). Diese feierliche Beschwörung hatte den Zweck, den Mann zu der Aussage zu bringen, daß gar kein wirkliches Wunder an ihm geschehen sei. Der Geheilte aber antwortete: »Ob er ein Sünder ist, weiß ich nicht. Eines weiß ich: daß ich blind war und jetzt sehe« (Joh 9, 25).

Die Pharisäer waren von dieser Feststellung in keiner Weise beeindruckt. Sie blieben bei ihrer These, daß es sich um kein gottgewirktes Wunder habe handeln können. So versuchten sie es noch einmal, dem Blindgeborenen einen Fehler in seinem Bericht nachzuweisen. »Was hat er mit dir angefangen, wie hat er dich sehend gemacht? Er darauf: Ich habe es euch bereits gesagt; aber ihr habt nicht darauf gehört. Warum wollt ihr es noch einmal hören? Ihr wollt doch nicht auch seine Jünger werden? Da beschimpften sie ihn und sagten: Du bist sein Jünger; wir sind des Mose Jünger. Wir wissen, daß zu Mose Gott gesprochen hat; woher der kommt, wissen wir nicht. Da entgegnete der Mann: Das ist doch sonderbar, daß ihr nicht wißt, woher er kommt, da er mich doch sehend gemacht hat. Wir wissen doch, daß Gott Sünder nicht erhört; wenn aber einer gottesfürchtig ist und seinen Willen tut, den erhört er. Noch nie hat man vernommen, daß einer einen Blindgeborenen sehend gemacht hat. Wenn er nicht von Gott wäre, könnte er nichts wirken« (Joh 9, 26—33).

Da der Mann unbeirrt bei seiner ersten Angabe blieb

und offen erklärte, daß er nicht nur von der Wirklichkeit des Wunders überzeugt sei, sondern es auch als ein Zeichen Gottes ansehe, gab es für die Pharisäer wieder nur *ein* Argument: ihre Autorität. Sie mußten es als Schriftgelehrte wissen. »Sie antworteten ihm darauf: Du bist ganz in Sünden geboren und willst uns belehren? Da stießen sie ihn hinaus« (Joh 9, 34).

Abtrünnige, Ketzer und Häretiker wurden nicht mit dem Synagogenbann belegt, der ein Besserungsmittel war, sondern wurden ausgestoßen. Durch diese Maßnahme sollte auch dem einfachsten Mann aus dem Volke zum Bewußtsein gebracht werden, daß zwischen der Synagoge und dem Ausgestoßenen keinerlei Gemeinschaft mehr bestehe. Jeder menschliche und geschäftliche Kontakt mit ihm war verboten. Diese Bestimmung wurde so streng beachtet, daß die Heiden in dieser Hinsicht wesentlich günstiger dastanden als jene. Niemand durfte ihnen in Gefahr Hilfe bringen, im Tempel wurden ihre Opfer abgewiesen, und sie selbst wurden bei den Gottesdiensten feierlich verwünscht.

Wir verstehen darum das Mitleid Jesu mit dem Ausgestoßenen. Ja, Jesus war bereit, ihn aufzunehmen und ihn zum vollen Glauben zu führen: »Als er den Geheilten traf, sagte er: Glaubst du an den Sohn Gottes? Jener entgegnete darauf: Wer ist es denn, Herr, damit ich an ihn glaube? Jesus sagte ihm: Du siehst ihn: der mit dir spricht, ist es. Er sagte: Ich glaube, Herr. Da warf er sich vor ihm nieder« (Joh 9, 35–38).

Dieser Bericht über die Heilung des Blindgeborenen zeigt uns in aller Schärfe den wesentlichen Punkt der Auseinandersetzung zwischen Jesus und den Pharisäern. Diese waren durch nichts zu bewegen, den Anspruch Christi anzunehmen. Sie wissen sich im Besitz der Offenbarung und der Autorität Gottes. Sie halten sich für die letzte Instanz, bei der man den Willen Gottes und den Weg zu ihm erkunden könne. Als nun der Zimmermann aus Nazaret mit dem absoluten Autoritätsanspruch auftrat, im Namen Gottes zu sprechen, gab es für sie nur *eine* Alternative: sie oder der Nazoräer. Beide Autoritäten ließen sich nicht miteinander vereinen, eine mußte weichen.

Die letzten Monate in Freiheit

In den Wochen nach dem Laubhüttenfest zog Jesus in Judäa umher, bald hier, bald dort auftauchend. In der zweiten Hälfte des Dezember feierten die Juden das Fest der Tempelweihe. Es dauerte acht Tage und sollte an die Wiedereinweihung des Tempels durch Judas Makkabäus (165/164 v. Chr.) erinnern. Da während des Festes vor den Häusern Lichter angezündet wurden, trug es auch den Namen »Fest der Lichter«. Josephus gibt dafür eine symbolische Erklärung: »... weil, wie ich glaube, die freie Ausübung unserer Religion uns

unerwartet wie ein Lichtstrahl aufgegangen ist« (Jüd. Altert. XII, 8, 7).

Die Pharisäer waren gespannt: Wird der Rabbi aus Nazaret zum Fest nach Jerusalem kommen? Ja, Jesus kam. Johannes schreibt: »Es war Winter. Jesus wandelte im Tempel in der Halle Salomos. Da bildeten die Juden einen Kreis um ihn und sagten ihm: Wie lange hältst du uns hin? Wenn du der Messias bist, dann sage es uns frei heraus. Jesus antwortete ihnen: Ich habe es euch gesagt ... Aber ihr glaubt es nicht, weil ihr nicht zu meinen Schafen gehört ... Ich gebe meinen Schafen das ewige Leben ... Ich und der Vater sind eins« (Joh 10, 22–26. 28).

In der kürzesten Form bringt der Evangelist in diesem Bericht nochmals eine Zusammenfassung der entscheidenden Auseinandersetzung zwischen Jesus und seinen pharisäischen Gegnern. Die Frage der Pharisäer nennt den wesentlichen Punkt der Auseinandersetzung: das Amt Jesu und den damit verbundenen Autoritätsanspruch. Die Antwort Jesu enthält in unmißverständlicher Form diesen schon so oft wiederholten Anspruch. Sich für den Messias zu erklären war in pharisäischen Ohren noch keine gefährliche Sache. Der Messias wurde erwartet und mußte sich doch kundtun. Gefährlich wurde es erst mit dem Anspruch Christi, Gott zu sein. Jesus ließ aber seine Gegner über diesen seinen Anspruch in keiner Weise im unklaren. In der denkbar klarsten Form antwortete er auf ihre Fragen mit dem ausdrücklichen Bekenntnis zu seiner Gottgleichheit. Mit wenigen Worten legte Jesus noch einmal seinen Standpunkt dar. Er war mit seiner Botschaft vor die Pharisäer getreten, er hatte seine Sendung mit Zeichen beglaubigt, die unzweifelhaft dem Vater zugeschrieben werden müssen. Und dennoch, die Pharisäer wollten seine Autorität nicht anerkennen.

»Die Juden entgegneten ihm: Nicht wegen eines guten Werkes wollen wir dich steinigen, sondern wegen der Lästerung, und weil du, abschon du ein Mensch bist, dich selbst zu Gott machst« (Joh 10, 33). Jesus suchte den Widerstand der Schriftgelehrten mit einem Schriftargument zu entkräften: »Steht nicht in eurem Gesetz geschrieben: Ich habe gesagt, Götter seid ihr? Wenn er also jene Götter nennt, an die das Wort Gottes ergangen ist, und wenn die Schrift nicht aufgelöst werden kann, wie dürft ihr dann von dem, den der Vater geheiligt und in die Welt gesandt hat, sagen: Du lästerst, weil ich gesagt habe: Ich bin Gottes Sohn? Wenn ich nicht die Werke meines Vaters tue, dann glaubt mir nicht, wenn ich sie aber tue — nun, wenn ihr auch mir nicht glauben wollt —, dann glaubt den Werken, damit ihr ein für allemal erkennt, daß in mir der Vater ist und ich im Vater bin« (Joh 10, 34–38). Aber auch dieses Argument verlangte noch einmal den Glauben an seine amtliche Sendung und die Heiligung durch den Vater. Wiederum sind die Fronten klar, und die Pharisäer waren bereit, die Konsequenz zu ziehen:

Der Nazoräer muß beseitigt werden. So flogen die ersten Steine. Der Evangelist beschließt die gefährliche Situation mit den Worten: »Jesus entwand sich ihren Händen und begab sich wieder über den Jordan an den Ort, an dem Johannes zuerst getauft hatte« (Joh 10, 39. 40).

Es war die letzte Atempause vor dem Sturm. Bald kamen die Pharisäer aus Jerusalem über den Jordan gestiegen und suchten Jesus zu überreden, sich wieder in ihren Machtbereich zu begeben. Das östliche Ufer des Jordan, das im Herrschaftsgebiet des Vierfürsten Herodes lag, gehörte nicht mehr zum Verwaltungsbezirk des Hohen Rates von Jerusalem. Mit geheuchelter Sorge warnten sie Jesus: »Geh fort und entferne dich von hier, denn Herodes will dich töten« (Lk 13, 31). Jesus gab beiden eine Antwort: »Geht und sagt diesem Fuchs: Siehe, ich treibe Geister aus und vollbringe Heilungen heute und morgen, und am dritten Tage bin ich fertig. Aber heute, morgen und am folgenden Tag muß ich wandern; denn es geht nicht, daß ein Prophet außerhalb Jerusalems umkommt« (Lk 13, 32. 33).

Daß Herodes wirklich die Absicht gehabt hatte, Jesus zu töten, ist wenig wahrscheinlich. Die ihm bei einem Festgelage abgerungene Tötung des Täufers beunruhigte den abergläubischen Fürsten noch lange nachher. Andererseits ist aber auch nicht anzunehmen, daß die Mitteilung der Pharisäer nur eine lügnerische Erfindung war, um Jesus in ihre Falle zu locken. Mit Mißtrauen und landesväterlicher Sorge hatte Herodes die religiöse Volksbewegung des Nazoräers auf seinem Territorium beobachtet. Er wäre sicher erleichtert gewesen, den Propagandisten in Jerusalem zu sehen. Jesus gab den Pharisäern zu verstehen, sie sollten dem Landesfürsten mitteilen, daß er seinen Plan durchschaute. Seine nicht einmal ernst gemeinte Drohung könne ihn in seinem Tun und Lassen nicht einschüchtern. Die wenig respektvolle Titulatur seines Landesvaters sollte bei den Zuhörern jeden Zweifel über seine Worte beheben. Den Pharisäern selbst sagt er: Seid unbesorgt, es geht nicht anders; Jerusalem gebührt der Vorzug, eine Prophetenmörderin zu bleiben. Habt also Geduld!

Die genaue Interpretation der beiden letzten Verse 13, 32. 33 bereitet den Exegeten dennoch nicht geringe Schwierigkeiten. Will man sich nicht mit dem Bescheid zufriedengeben, in den parallelen Zeitangaben liege ein nicht mehr erkennbarer tieferer Sinn verborgen, dann wird man kaum umhinkönnen, hier eine Textverderbnis anzunehmen. Die ursprüngliche Antwort Jesu könnte gelautet haben: »Siehe, ich treibe Geister aus und vollbringe Heilungen, heute und morgen, und am dritten Tage bin ich fertig. Aber am folgenden [= am 4. Tag] muß ich wandern, denn es geht nicht, daß ein Prophet außerhalb Jerusalems umkommt.«

Die Auferweckung des Lazarus

Während Jesus noch im Ostjordanland weilte, wurde sein Freund Lazarus krank. Seine beiden Schwestern Maria und Marta schickten einen verzweifelten Hilferuf über den Jordan: »Rabbi, siehe, dein Freund ist krank! Als Jesus das hörte, sagte er: Diese Krankheit ist nicht zum Tode, sondern sie ist gekommen um der Verherrlichung Gottes willen, damit der Sohn Gottes durch sie verherrlicht werde. Jesus liebte nämlich die Marta und ihre Schwester und den Lazarus. Als er nun hörte, er sei krank, blieb er zunächst an dem Orte, an dem er sich aufhielt, noch zwei Tage. Als sie vorüber waren, sprach er zu den Jüngern: Laßt uns wieder nach Judäa gehen.« Die Jünger erwiderten fassungslos: »Meister, soeben suchten die Juden dich zu steinigen, und du gehst wieder dahin?« (Joh 11, 3–8) Jesus aber kannte nur ein Gesetz: den Willen des Vaters. »Da sagte Tomas, der ›Zwilling‹ heißt, zu seinen Mitjüngern: Laßt auch uns hingehen, um mit ihm zu sterben« (Joh 11, 16).

Es ist das erste Mal, daß die Jünger, wenn auch resigniert, sich bereit erklären, das Schicksal ihres Meisters auf sich zu nehmen. Der beispielhafte Tod Jesu sollte später ihre resignierte Ergebenheit in eine klare Entschlossenheit wandeln.

Johannes allein erzählt die Auferweckung des Lazarus. Es ist das größte der von ihm berichteten Wunder. Zunächst informiert der Evangelist den Leser über den Ort der Handlung: Betanien. Und um jede Verwechslung mit dem Betanien jenseits des Jordan auszuschließen, fügt er hinzu: »das Dorf der Maria und ihrer Schwester Marta«. Die nachfolgende Entfernungsangabe, »etwa 15 Stadien von Jerusalem« — das sind 2,7 km —, dient einer noch genaueren Lokalisierung.

Der biblische Ort lag am östlichen Abhang des Ölberges an der Straße von Jerusalem nach Jericho und ist wahrscheinlich mit dem bei Nehemia genannten Ananeja (11, 32), das nach dem Exil von den Söhnen Benjamins bewohnt wurde, identisch. (Vgl. Abb. 226, 2, S. 401.)

Die Ortslage des alten Betanien ist durch die von den Franziskanern in den Jahren 1949–1953 durchgeführten Ausgrabungen gesichert.[202] Das Dorf des Lazarus und seiner Schwestern Maria und Marta lag weiter westlich von der heutigen Ortschaft el-'Azarije[203] auf einem südlichen Ausläufer des Ras esch-Schijah, an dessen Fuße die Reste eines alten Dorfes freigelegt wurden. Die arabische Ortsbezeichnung läßt noch eine Beziehung zu den biblischen Ereignissen erkennen. El-'Azarije ist aus dem griechischen Namen entstanden, den der Ort bereits in der zweiten Hälfte des 4. Jahrhunderts getragen zu haben scheint. Denn schon die Pilgerin Aetheria gebraucht für Betanien den dann immer allgemeiner werdenden Ortsnamen »Lazarium«. Die nahen Gräber, die die alte Ortslage umgeben, zeigen,

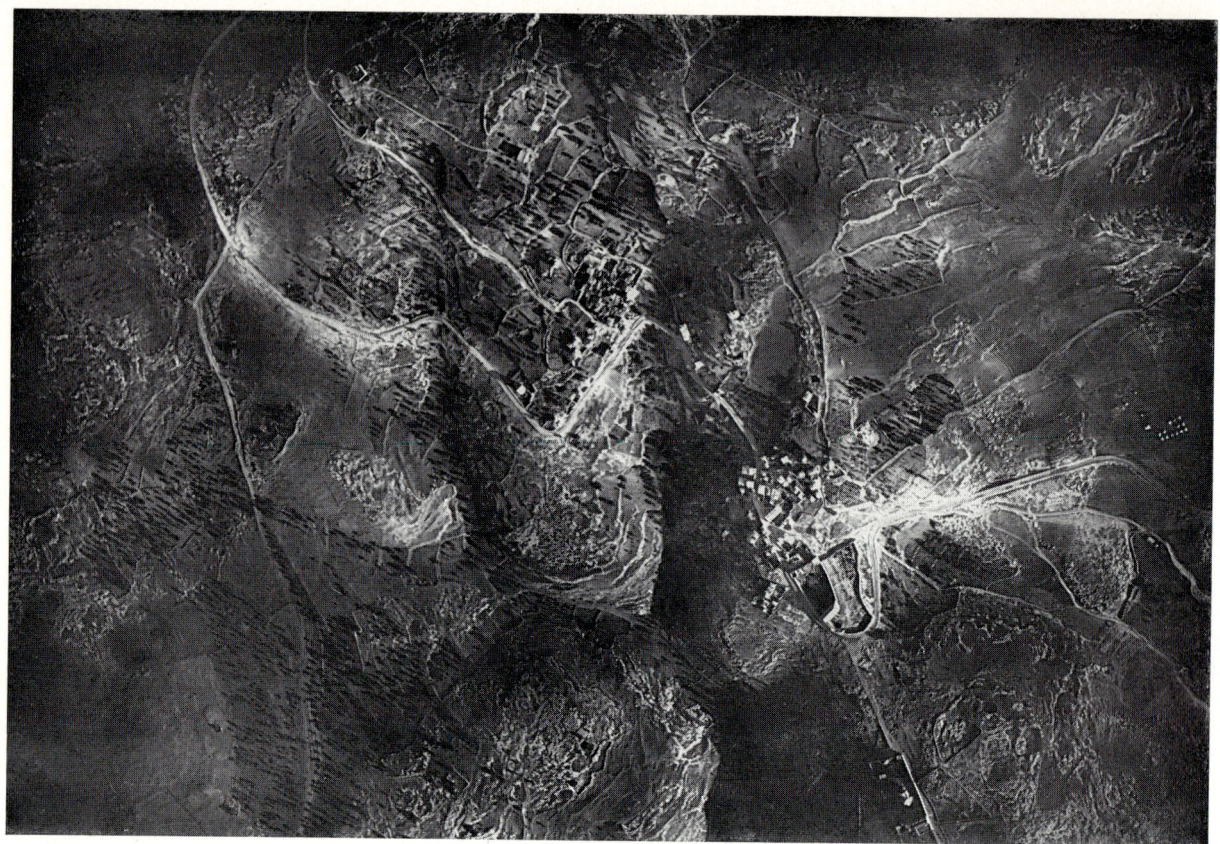

daß das Dorf nicht groß war (vgl. Abb. 210, S. 373). Die gefundenen Keramikreste reichen bis in das 6. Jahrhundert v. Chr. zurück und stützen die bei Nehemia (11, 32) erwähnte Wiederbesiedlung der Ortschaft durch die Benjaminiter nach dem Exil. Das Jahrhundert Jesu wird durch Mauerreste, Zisternen, landwirtschaftliche Silos, Keramik und Lampen bezeugt. Die aufgefundenen Münzen garantieren eine zuverlässige und exakte Datierung.

Aber eine noch greifbarere Spur führt uns in das Dorf des Lazarus. Etwa 400 m westlich vom Lazarusgrab wurde 1950 eine Höhle entdeckt, von deren Existenz seit Jahrhunderten kein Zeichen mehr erkennbar war. Nachdem der völlig versperrte Zugang und das Innere vom Schutt freigelegt waren, bot sie das Aussehen vieler anderer Grotten, wie sie zu Tausenden in Palästina zu finden sind. Eine eingehendere Untersuchung durch Dominikaner der Jerusalemer »École Biblique et Archéologique« machte die Höhle, die wahrscheinlich als Zisterne zu kultischen Zwecken benutzt wurde, zu einer »sprechenden Chronik« des alten Betanien (vgl. Abb. 210, S. 373, und Abb. 211).[204] Die vielen semitischen, griechischen und lateinischen Namen der Graffiti sind ein beeindruckendes Zeugnis von den unzähligen Pilgern, angefangen vom 4. bis zum 7. Jahr-

Abb. 209.   Luftaufnahme von Betanien.

Auf zwei Wegen gelangt man von Jerusalem nach el-'Azarije: entweder über den Ölberg an dem traditionellen Betfage vorbei oder auf der großen Jerichostraße, die auf der Luftaufnahme zu sehen ist. Die auffällige Straßenführung, die wie eine auf dem Rücken liegende Drei in der linken oberen Bildecke beginnt, und die spitzen Kurven erleichtern mit Hilfe der gegenüberliegenden Karte die Orientierung auf dem nicht leicht zu überschauenden Gelände. Die Straße kommt von links oben aus dem nahen Jerusalem, macht zwei große Kurven und umschließt fast in einer Kehre den heutigen Ort el-'Azarije. Das alte Betanien liegt etwa 250 m westlich davon, an dem Wege, der etwa 500 m vor dem Ort von der großen Jerichostraße abzweigt und ebenfalls am linken oberen Bildrand beginnt und vor der spitzen Kehre wieder auf die Hauptstraße trifft (vgl. Abb. 210). Die Gräber, die den Ort im Westen, Süden und Osten begrenzen, lassen auf eine kleine Ortschaft schließen. Der Ausgrabungsbefund bestätigte diese Annahme. Betanien lag auf einem Ausläufer des Ras esch-Schijah, der, wie eine schmale Zunge rechts und links von einem Tal begrenzt, im Süden an einem Quertal, dem Wadi Abu Dis, endet. Die Gräber, die aus der Zeit vor dem Jahre 70 n. Chr. stammen, liegen alle längs des alten Weges. Das Grab des Lazarus bildet den Abschluß am östlichen Rand der Ortschaft (vgl. Abb. 210). Etwa 500 m östlich vom Lazarusgrab verehren die orthodoxen Griechen an der Stelle ihres Klosters ed-Dschenene den Ort der Begegnung des Herrn mit

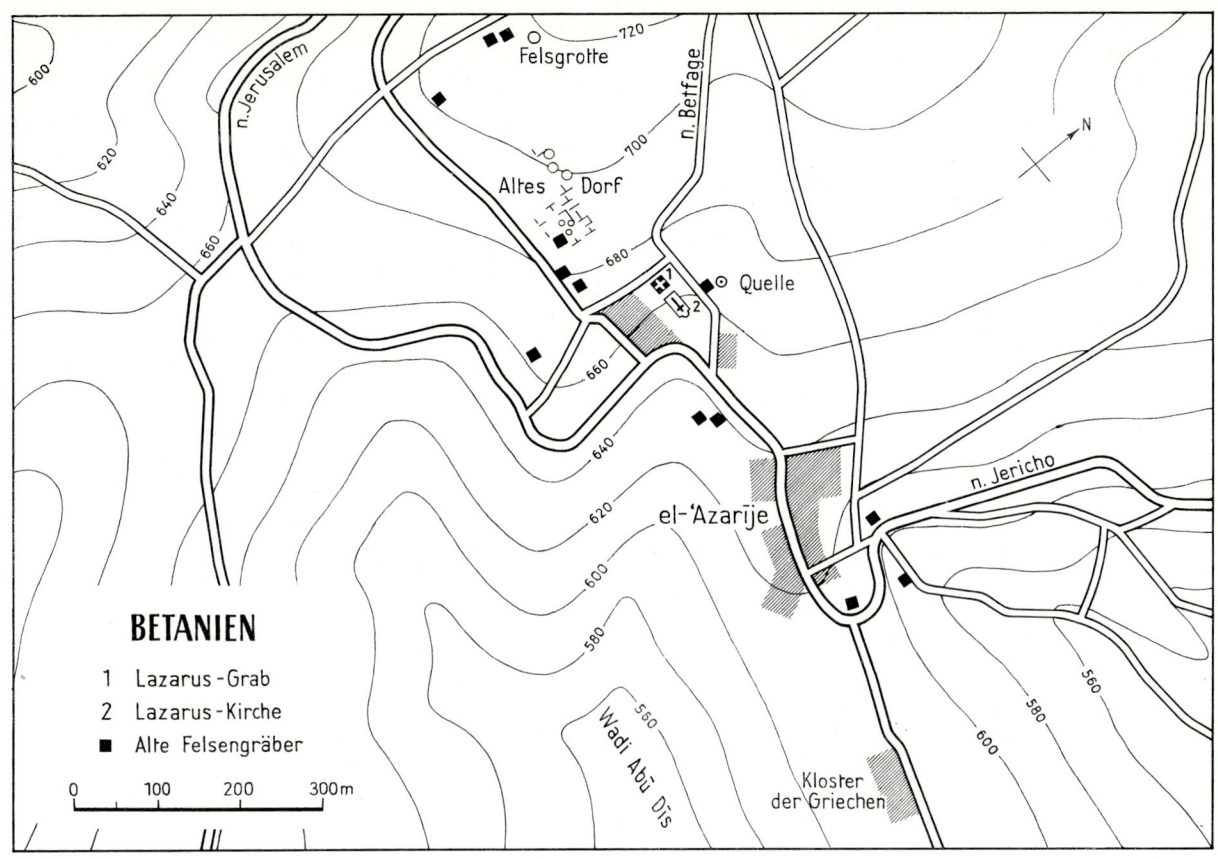

Abb. 210. Die alte Ortslage von Betanien.

Marta. Die 1881 wiederaufgebaute Kirche steht auf den Fundamenten einer früheren Kirche und birgt einen Teil ihrer Apsis in ihren Mauern. Die älteste Kirche geht bis in die byzantinische Zeit zurück. Die Quelle, die erst in jüngster Zeit wiederentdeckt wurde, und die vielen Zisternen lassen erkennen, daß es dem Ort an Wasser nicht gefehlt hat, obwohl er bereits im Regenschattengebiet östlich der Wasserscheide liegt.

So sah der Pilger Bernard (um 870) einen großen Teich (piscina), der nördlich vom Lazarusgrab gelegen hat, und der russische Abt Daniel (1106/07) erwähnt noch die ausgezeichnete Quelle, zu der man auf Stufen hinabstieg. Die alten Pilgerberichte aus dem 7. und 8. Jahrhundert rühmen die reiche Vegetation an Öl- und Feigenbäumen in dieser Gegend. Daß sich die Südabhänge auch für den Weinbau eigneten, zeigen die alten, in den Felsen gehauenen Kelteranlagen. Nordöstlich von el-ʾAzarije führt die Straße in langen Windungen das Wadi el-Hod hinab. In einer Straßenkehre liegt die Sonnenquelle (Ain el-Hod), die im Buch Josua (15, 7; 18, 17) mit dem Namen En-Schemesch erwähnt wird; seit dem 14. Jahrhundert heißt sie die »Apostelquelle«. (Vgl. Abb. 224, S. 398.) (Unterer Bildrand: Südsüdost; zur Gesamtlage vgl. Abb. 226, 2, S. 401.)

hundert, die hier in die Höhle hinabgestiegen sind. Warum, wissen wir nicht, da das Grab des Lazarus ja zur gleichen Zeit am östlichen Ortsrand verehrt wurde. Nur eines ist gewiß: daß sich hier am westlichen Rand des alten Dorfes, an der Straße nach Jerusalem, eine Gedächtnisstätte befand, die in den frühen Jahrhunderten von den Christen, welche das Lazarusgrab besuchten, ebenfalls verehrt wurde. Wir können uns darum auch vertrauensvoll auf den Weg nach Betanien machen.

Den Ablauf der Ereignisse schildert der Evangelist als Augenzeuge mit großer Meisterschaft und hält den Leser von Anfang bis zum Ende in Spannung.

»Als Jesus ankam, fand er Lazarus bereits vier Tage im Grabe liegend. Viele von den Juden waren zu Marta und Maria gekommen, um sie über den Verlust des Bruders zu trösten. Als nun Marta hörte, daß Jesus komme, ging sie ihm entgegen. Maria aber blieb im Hause. Da sprach Marta zu Jesus: Herr, wärest du hier gewesen, dann wäre mein Bruder nicht gestorben. Aber auch jetzt weiß ich, daß dir Gott geben wird, was immer du von Gott erbittest. Jesus sagte ihr: Dein Bruder wird auferstehen. Marta darauf: Ich weiß, daß er bei der Auferstehung am Jüngsten Tage auferstehen wird. Jesus sagte ihr: Ich bin die Auferstehung und das Leben. Wer an mich glaubt, wird leben, wenn er auch gestorben ist. Und jeder Lebende, der an mich glaubt, wird in Ewigkeit nicht sterben. Glaubst du das? Sie erwiderte ihm: Ja, Herr, ich habe den Glauben, daß du der Messias bist, der Sohn Gottes, der in die Welt kommen soll« (Joh 11, 17—27).

Mit knappen Worten beschreibt der Evangelist das Trauermilieu. Das Begräbnis hatte bereits stattgefunden. Wegen der rasch eintretenden Verwesung ist es im Orient Sitte, den Toten noch am Sterbetag zu bestatten. Betont erwähnt Johannes die Anwesenheit vieler Trauergäste aus dem nahen Jerusalem. Nach dem Talmud existierte für die Tröstung der Hinterbliebenen ein kompliziertes Zeremoniell, das bereits nach der Bestattung auf dem Heimweg begann. Die Leidtragenden stellten sich in einer Reihe auf, das Trauergefolge zog an ihnen, sein Beileid aussprechend, vorüber. Für die Trauerbesuche war eine Frist von sieben Tagen angesetzt. Nach der Lehre der Rabbinen zählten die Beileidsbesuche zu den Liebeswerken. Sie wurden darum von den Schriftgelehrten und Pharisäern stets empfohlen und eingeschärft.

Der Bericht läßt erkennen, daß Marta den Herrn noch vor der eigentlichen Ortschaft traf und dort mit ihm sprach. Jesus sagte kein Wort. Marta sprach als erste; sie wiederholte nur die Überlegungen, die sie mit ihrer Schwester in den vergangenen traurigen Tagen oft und oft angestellt hatte: »Herr, wärest du hier gewesen, dann ...« Aber es war kein Vorwurf, denn sie sprach sofort ihr absolutes Vertrauen aus, das sie wie ein Bekenntnis formulierte: »Aber auch jetzt weiß ich, daß dir Gott geben wird, was immer du von Gott erbitten wirst.«

Der Dialog zwischen Jesus und Marta wurde zu einem Glaubensgespräch; der tote Bruder war gleichsam vergessen, eine neue Wirklichkeit trat vor die Jüngerin Jesu. Jesus forderte sie auf, das Geheimnis seiner Sendung im Glauben anzunehmen. Ihr Bekenntnis übertraf alles, was wir bisher an Aussagen über Jesus beim Evangelisten Johannes lesen konnten. Es war nicht die Konsequenz menschlicher Überlegungen, sondern Erkenntnis im göttlichen Licht: »Du bist der Messias, der Sohn Gottes, der in die Welt kommen soll« (Joh 11, 27).

Nach diesem Gespräch schildert Johannes die Begegnung mit ihrer Schwester Maria: »Als Marta das gesagt hatte, ging sie fort, rief ihre Schwester Maria und sagte ihr leise: Der Meister ist da und ruft dich. Als jene das hörte, stand sie schnell auf und ging zu ihm. Noch war Jesus nicht ins Dorf gekommen, sondern befand sich noch an dem Ort, wo Marta ihm begegnet war. Als nun die Juden, die bei Maria im Hause waren und sie trösteten, sahen, wie sie schnell aufstand und hinausging, folgten sie ihr, in dem Glauben, sie gehe zum Grabe, um sich dort auszuweinen. Als nun Maria an den Ort kam, wo Jesus war, und ihn sah, fiel sie

GROTTE VON BETANIEN

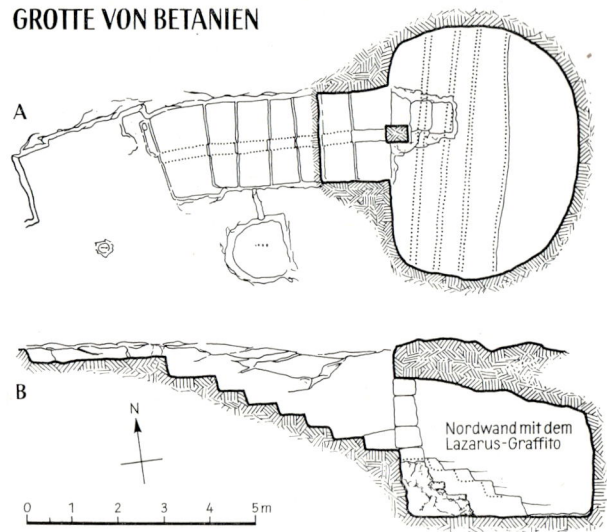

Abb. 211. Die Felsgrotte von Betanien. (Vgl. Abb. 210.)

1. Der Eingang zur Grotte mit dem Treppenabstieg, von innen gesehen.

2. Plan der Grotte im Grundriß (A) und im Längsschnitt (B) (nach »Revue Biblique« 1951).

3. Das »Lazarusgraffito« an der Nordwand der Grotte.

Über eine in den Kalkstein gehauene Treppe steigt man in die etwa 5,4 m breite und 4 m tiefe Höhle hinab, deren Höhe sich von 3 m am Eingang bis auf 2,2 m an der Rückwand senkt. Auffälligerweise war die aus sieben Stufen bestehende Treppe wie eine moderne, viel begangene Passage durch einen schmalen Maueransatz in einen Ab- und Aufgang geteilt. Am Eingang erkennt man an der Süd- und an der Westseite des

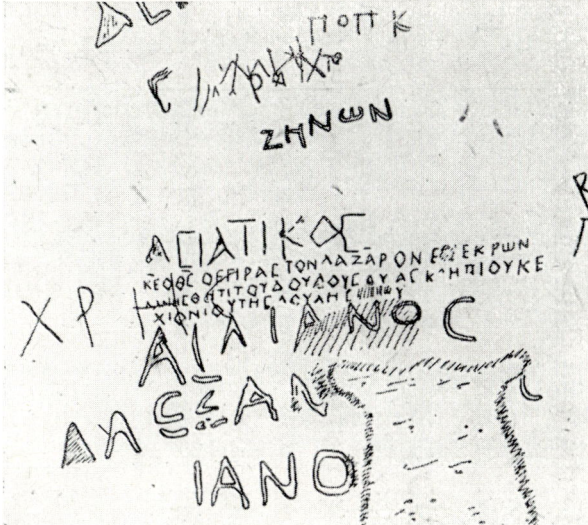

KE Ο ΘΣ Ο ΕΓΙΡΑΣ ΤΟΝ ΛΑΖΑΡΟΝ. Ε[Κ] ΝΕΚΡωΝ
ΜΝΗΣΘΗΤΙ ΤΟΥ ΔΟΥΛΟΥ ΣΟΥ ΑΣΚΛΗΠΙΟΥ· ΚΕ
ΧΙΟΝΙΟΥ ΤΗΣ ΔΟΥΛΗΣ [ΣΟ]Υ.

HERR, GOTT, DER DU LAZARUS VON DEN TOTEN
ERWECKT HAST, GEDENKE DEINES DIENERS AS-
KLEPIOS UND DEINER DIENERIN CHIONION

Vorgelände künstlich in den Felsen gehauene, etwa 0,5 m
tiefe Löcher, die mit dem Eingang zur Höhle durch einen
kleinen Kanal in Verbindung stehen, der dort aber mit einem
Stein blockiert ist. Die Ausgräber glauben, hier die Reste
einer ursprünglichen Zisternenanlage vorzufinden, die dann
durch den Bau der Treppe eine Umgestaltung erfuhr, so daß
die Weiterführung des Kanals zerstört wurde. Der etwa
1,65 m hohe Eingang ist ganz aus dem Felsen gehauen und
wird durch einen aus Steinen gebauten Pfeiler in zwei »Türen« geteilt. Im Innern der Höhle besteht die abwärts führende Treppe aus drei Stufen von je 0,6 m Höhe. Man erkennt
aber bald, daß dieser halsbrecherische Abstieg später eingebaut
wurde, um eine alte Treppe zu ersetzen. Sie bestand aus vier
Stufen, die die ganze Breite der Grotte einnahmen. Von der

letzten Stufe bis zur Rückwand der Höhle betrug der freie
Raum nur 1,45 m. Später wurden die Stufen weggemeißelt,
ihre Begrenzungsspuren sind aber an der Nordwand noch gut
zu erkennen. Der Boden ist heute mit Feldsteinen roh gepflastert und mit einer festgestampften Erdschicht bedeckt. Der
ursprüngliche Boden hat sich darunter noch in einigen Resten
erhalten. Er bestand aus einem Verputz, wie ihn noch in besser erhaltenem Zustand die Höhlenwände zeigen. Bei der genauen Prüfung konnten die Archäologen zwei Verputzschichten an den Wänden feststellen. Den ersten, unteren Verputz
bildete eine dicke Schicht aus Sand und Kalk. Sie entspricht
genau dem Material, das in alter Zeit zur Abdichtung von
Zisternen benutzt wurde. Es besteht kein Zweifel, daß die
Höhle ursprünglich als Zisterne diente. Die Treppe ermöglichte den bequemen Zugang bei jedem Wasserstand.
Bei einer späteren Renovierung der Höhle wurde der alte
Putz fachgerecht mit dem Hammer bearbeitet, damit die neue
Schicht eine bessere Bindung erhielt. Der neue, aus Asche
und Kalk bestehende Verputz ist von gröberer Art und bläu-
lich getönt. Mit der zweiten Verputzschicht beginnt eine neue
Benutzungsperiode der Grotte. Auch die Materialien des zweiten Verputzes sind in Palästina als Abdichtung für Zisternen
nachweisbar. In unserem Falle diente das Wasser der Zisterne
aber nicht mehr dem täglichen Gebrauch, sondern wurde für
einen kultischen Zweck verwendet. Dies zeigen in eindrucksvoller Weise die vielen Graffiti, die von den Pilgern in die
Wand eingeritzt worden sind. Die bedeutsamste Inschrift an
der Nordwand der Grotte lautet: »Herr, Gott, der du Lazarus
von den Toten erweckt hast, gedenke deines Dieners Asklepios und deiner Dienerin Chionion« (Bild 3).
Eine spätere Übermalung mit einer Kalktünche bot den Pilgern erneut die Möglichkeit, sich zu verewigen; eine »Un-
sitte«, die in diesem Falle unschätzbaren dokumentarischen
Wert hat. Beim Übertünchen schmückte man die Wand außerdem mit mehr oder weniger dekorativen Kreuzen in roter
Farbe und einer zweizeiligen Inschrift. Leider sind nur noch
wenige Buchstaben erkennbar. Einige Fragmente lassen sich
zu dem Wort »waschen« ergänzen und würden den sakralen
Zweck der Zisterne bestätigen. Auf die Zeit der Verehrung
folgte eine Periode der Profanierung und schließlich der Vergessenheit. Als der Pilgerbesuch nach der arabischen Eroberung immer mehr nachließ, begann die Zweckentfremdung
dieser Gedächtnisstätte. Die Höhle wurde wieder als Zisterne,
als Lagerraum und Stall benutzt. Um mehr Platz zu gewinnen, meißelte man die alte Treppe weg. Der Boden erhielt das
neue Pflaster aus Feldsteinen. Wann die Höhle verlassen
wurde, läßt sich nicht mehr feststellen. Der Schutt häufte sich,
und als der Eingang der Höhle verschüttet wurde, verschwand sie nicht nur aus den Augen, sondern auch aus dem
Bewußtsein der Menschen. Es gibt nicht viele Orte in Palästina, die ein so lebendiges Zeugnis des Glaubens aus alter
Zeit gehütet haben.

ihm zu Füßen und sagte zu ihm: Herr, wärest du hier
gewesen, wäre mein Bruder nicht gestorben« (Joh 11,
28–32).
Es fällt auf, daß Maria den gleichen Gedanken aussprach wie ihre Schwester: »Herr, wärest du hier gewesen ...« Aber ihre Trauer war bewegter, sie warf
sich Jesus zu Füßen — keine Bitte, nur Tränen. Die Er-

griffenheit Jesu schildert uns der Evangelist mit ungewöhnlichen Worten: »Als Jesus sah, wie sie weinte und wie auch die Juden weinten, die mit ihr kamen, war er innerlich tief bewegt und erschüttert. Er sagte: Wo habt ihr ihn begraben? Sie antworteten ihm: Herr, komm und siehe. Da weinte Jesus. Die Juden sagten: Seht, wie er ihn liebhatte! Einige aus ihnen aber sagten: Konnte der, der die Augen des Blinden geöffnet hat, nicht auch bewirken, daß dieser nicht zu sterben brauchte? Jesus ging, abermals innerlich tief bewegt, zum Grabe. Es war aber eine Gruft, auf der ein Stein lag« (Joh 11, 33–38).

Die Worte des Evangelisten lassen erkennen, daß das Grab außerhalb der Ortschaft lag, so wie es die Bestimmungen des Gesetzes forderten. Die Ausgrabungen bestätigen diesen biblischen Tatbestand (vgl. Abb. 210, S. 373) und stützen die These von der Echtheit des Grabes, die von einer langen Traditionskette bezeugt wird. Der Pilger von Bordeaux (333) schreibt kurz und bündig: »1500 Schritte östlich von da [Ölberg] liegt ein Dorf, das Betanien genannt wird. Dort ist eine Krypta (cripta), wo Lazarus beigesetzt worden ist, den der Herr auferweckt hat« (Geyer, S. 23). Von Hieronymus, der von 385 bis 419 im nahen Betlehem lebte, erfahren wir aus dem von ihm übersetzten »Onomastikon«, daß beim Grab des Lazarus eine Kirche stand. Seine Angaben erlauben sogar eine genauere Datierung. Hieronymus übersetzte das »Onomastikon« des Eusebius (330) um das Jahr 390. Da sich in den sechs Jahrzehnten nach der Anerkennung des Christentums manches in Palästina verändert hatte, fügte er der Angabe des Eusebius »Betania, ein Dorf, zwei Meilen (2974 m) von Aelia am Abhang des Ölberges, wo der Herr den Lazarus auferweckt hat« die Bemerkung hinzu: »dessen Grab die jetzt dort errichtete Kirche beweist«. In ähnlicher Weise spricht Hieronymus von der Getsemanikirche, deren Errichtung dem Kaiser Theodosius I. (378–395) zugeschrieben werden kann.

Aber nicht nur die Zeit der Erbauung, auch die Lage der Lazaruskirche werden durch den kurzen Satz des Hieronymus fixiert: »Sie ist beim Grabe des Lazarus errichtet.« Die Ausgrabungen haben diesen Befund eindeutig bestätigt (vgl. Abb. 214, S. 379). Kirche und Grab waren nur durch einen etwa 16 m langen Platz voneinander getrennt. Was bislang die mündliche Überlieferung gesichert hatte, sollte nun der sichtbare Bau der Kirche fortsetzen: »Hier befindet sich das Grab des Lazarus, den der Herr auferweckt hat.«

Aus der gleichen Zeit stammt der eindrucksvolle Bericht der Pilgerin Aetheria (381–384). Bis in alle Einzelheiten schildert sie uns die liturgischen Gebräuche der Jerusalemer Christengemeinde am »sechsten Tage« vor Ostern. Im Mittelpunkt der liturgischen Feier steht die Lazaruskirche in Betanien: »Sobald aber der Morgen sich zu heben beginnt, wenn der Samstag heraufleuchtet, opfert der Bischof und bringt das Opfer am

Samstagmorgen dar. Und sobald nun die Entlassung erfolgen soll, erhebt der Archidiakon seine Stimme und spricht: ›Alle seien wir heute zur siebenten Stunde [13 Uhr] beim Lazarium bereit!‹ Und so also, wenn die siebente Stunde sich zu erfüllen beginnt, kommen alle ins Lazarium. Das Lazarium aber, d. h. Betanien, ist etwa zwei Meilen von Jerusalem entfernt.

Wenn man von Jerusalem nach dem Lazarium geht, sieht man, etwa 500 Schritt davon entfernt, an der Straße eine Kirche an der Stelle, wo dem Herrn begeg-

Abb. 212. Betanien mit der Lazaruskirche. (Vgl. Abb. 214, S. 379, und Abb. 215, S. 381.)

*Im Vordergrund die neue Lazaruskirche der Franziskaner, die nach den Plänen des Architekten A. Barluzzi in den Jahren 1952–1954 erbaut wurde; dahinter folgt das Gelände, auf dem die Haupt- und die Seitenschiffe der ersten drei Kirchen standen (vgl. Abb. 214, 12, 13). Die noch sichtbare Ruine mit dem Torbogen und dem darüber liegenden Fenster — links vom Torbogen (12') ein quadratischer Pfeiler (15), rechts eine mächtige Mauerecke — stammt vom westlichen Ende des nördlichen Seitenschiffes (12) in der III. Kirche. Hinter den Ruinen zweigt ein Querweg nach links ab, dessen höher liegendes Niveau gut zu erkennen ist. Unter dem Weg liegt noch die Vorhalle mit dem Portikus der II. und III. Kirche. Weiter westwärts, jenseits des Querweges, beginnt das von einer Mauer umschlossene Gelände der Moschee (18). Die Tür (17) an der Nordseite führt zunächst zu einer Terrasse, auf der links der Baum und rechts der quadratische Bau der Schule steht. Von der Terrasse steigt man über die Treppe in den mehrere Meter tiefer gelegenen Hof (18). Es ist der eigentliche Gebetsplatz der Moschee mit dem Mihrab (Gebetsnische) an der Südwand. Das Mihrab zeigt die Gebetsrichtung nach Mekka an. Verschiedene Baureste, wie ein Säulenstumpf neben der Gebetsnische, verraten, daß hier in früherer Zeit ein Sakralbau gestanden hat; bei der Verlegung der Treppe stieß man noch auf ein altes gewölbtes Portal. So ist es wahrscheinlich, daß der Hof mit dem großen Steinpflaster und den gut behauenen Steinen der Nord- und der Südwand zum Atrium der I. Lazaruskirche gehörte. An der Westseite des Hofes liegt das Mausoleum des Heiligen von el-Azarije, des Propheten el-Uzer (20). Das neue Minarett der Moschee steht über der Apsis (19) und dem Hochaltar der zweiten Kreuzfahrerkirche. Felix Faber (1483) berichtet noch, daß er nach dem Besuch des Lazarusgrabes zum Hochaltar hinaufstieg.
Das Bild läßt das nach Westen ansteigende Gelände gut erkennen, in dessen Abhang das Lazarusgrab gehauen ist. (Vgl. Abb. 210, 1, S. 373, mit den nach Westen zunehmenden Höhenlinien.) Der neue Eingang liegt in der Mauer längs des Weges, der zur neu erbauten Kirche der orthodoxen Griechen emporführt. Im Hintergrund, links vom Minarett, ragt die bizarre Turmruine aus der Kreuzfahrerzeit in den Himmel. Die beiden etwa 10 m hohen Mauerreste zeigen, daß der Bau ohne viel Sorgfalt aus Feldsteinen jeglicher Art einfach »aufgetürmt« wurde. Anders dagegen verhält es sich mit dem aus sauber behauenen Steinen erbauten Fundament. Es bildet ein Quadrat von etwa 14,8 m Seitenlänge. Die Mauern selbst sind 4 m stark. Unter dem Turm liegt eine aus den Felsen gehauene 6 m tiefe Zisterne (vgl. Abb. 215, S. 381).*

Abb. 213.   Der Felsendom.

Als der Kalif Omar ibn el-Khattab, der zweite Nachfolger Mohammeds, im Jahre 638 in Jerusalem einzog, fand er den Tempelplatz als Schuttabladestätte vor. Mit eigenen Händen trug er den ersten Korb voll Schutt weg und erklärte den Platz zur Gebetsstätte. Im Koran heißt der Tempelplatz »Mesdschid el-Aksa« — »das (von Mekka) am weitesten entfernte Heiligtum«. Im Verlauf politischer Auseinandersetzungen gelang es dem alten Aristokratengeschlecht der Omaijaden, die Herrschaft im Kalifat zu erringen. Die neuen Machthaber schlugen in Damaskus ihre Residenz auf. Abd el-Malik (685–705), der zweite Kalif von Damaskus, versuchte auch in religiöser Hinsicht seine Stellung gegenüber Mekka auszubauen. Er verbot den nördlichen Stämmen die Wallfahrt nach Mekka und ließ in den Jahren 688–691 in Jerusalem ein neues »Erhabenes Heiligtum« — »Haram esch-Scherif« — mit dem Felsendom errichten, zu dem jetzt die Muslimin seines Machtbereiches pilgern sollten.

Der Felsendom, zu Unrecht »Omar-Moschee« genannt — er stammt weder von Omar, noch ist er eine Moschee —, steht auf einer den umliegenden Tempelplatz überragenden Terrasse, an deren Seiten breite Treppen hinaufführen.[205]

In der Kuppel steht mit goldenen Lettern auf blauem Grund eine alte Inschrift; sie lautet, übersetzt: »Erbaut hat diesen Dom der Knecht Allahs Abd el-Malik, Beherrscher der Gläubigen, im Jahre 72. Allah möge ihn in Gnaden aufnehmen.« Das Jahr 72 des islamischen Kalenders entspricht dem Jahr 691 n. Chr. Heute jedoch lautet diese Inschrift etwas anders. Statt des Namens »Abd el-Malik« heißt es »Abul-Abbas Abdallah el-Mamun«. Wie kam es dazu? Als die Omaijaden-Dynastie 750 gestürzt wurde, versuchten die nachfolgenden Abbasiden alles, um das Andenken des alten Regimes auszulöschen. Der Name des Erbauers wurde durch den Namen Mamun (813–833) ersetzt. Glücklicherweise — oder war es Absicht — übersah der Maler die Jahreszahl 72, und so kam die Fälschung, wenn auch erst im 19. Jahrhundert, ans Tageslicht.

Die Außenwände des achteckigen Zentralbaues sind mit weißblauen Fayencen und Marmorplatten verkleidet. Der Innenraum teilt sich in die Zentralrotunde mit der Kuppel und in einen niedrigen Seitenbau, der durch acht ein Oktogon bildende Pfeiler und sechzehn dazwischen gestellte Säulen in zwei Schiffe geteilt wird. Die kostbaren Säulen stammen sämtlich aus antiken Monumenten und könnten von manch seltsamen Geschicken berichten, durch die aus heidnischen Tempeln oder christlichen Basiliken in das Heiligtum Allahs gekommen sind. Über dem Bogen des Umganges steht in alter kufischer Schrift ein Vers aus dem Koran, der sich an die Christen wendet: »O Volk der Schrift, übertreibt nichts in eurer Religion und sprechet von Allah nur die Wahrheit. Der Messias Jesus, der Sohn der Maria, ist der Gesandte Allahs und sein Wort, das er in Maria legte, und Geist von ihm. So glaubet an Allah und an seinen Gesandten und sprechet nicht: ›Drei.‹ Stehet ab davon, gut ist's euch. Allah ist nur ein einziger Gott; Preis ihm, daß ihm sein sollte ein Sohn! Sein ist, was in den Himmeln und was auf Erden, und Allah genügt als Beschützer« (4. Sure, 171).[206]

Der innere Umgang trägt auf vier großen Pfeilern und zwölf antiken Säulen die 30 m hohe Kuppel. In seiner Mitte erhebt sich 1,25–2 m über dem Boden der Heilige Felsen (vgl. Abb.

109, 1, S. 186, und Abb. 109, 2, S. 187). Die Farbenpracht der inneren Wölbung der Kuppel steht in starkem Kontrast zur nüchternen Kahlheit des Felsens. Auf Goldgrund ausgelegte Ornamente geben dem Raum eine majestätische Würde. Zwischen der oberen und der unteren Dekoration läuft an der Kuppelrundung ein breites Schriftband, von Rosen und Sternen eingefaßt, mit dem berühmten Thronvers des Korans: »Allah! Es gibt keinen Gott außer ihm, dem Lebendigen, dem Ewigen! Nicht ergreift ihn Schlummer und nicht Schlaf. Sein ist, was in den Himmeln und was auf Erden. Wer ist's, der da Fürsprache einlegt bei ihm ohne seine Erlaubnis? Er weiß, was zwischen ihren Händen ist und was hinter ihnen, und nicht begreifen sie etwas von seinem Wissen, außer, was er will. Weit reicht sein Thron über die Himmel und die Erde, und nicht beschwert ihn beider Hut. Denn er ist der Hohe, der Erhabene« (2. Sure, 256).

Beim Anblick des Bildes schließen wir uns dem Urteil des arabischen Geographen Mukaddasi aus dem 10. Jahrhundert an: »Wenn in der Morgendämmerung das Sonnenlicht zuerst die Kuppel berührt und die Wände die Strahlen auffangen, dann bietet das Heiligtum einen wunderbaren Anblick; seinesgleichen habe ich im ganzen Islam nicht wieder gesehen.«

net war Maria, die Schwester des Lazarus. Wenn also der Bischof dorthin kommt, treten ihm alle Mönche entgegen, das Volk zieht ein, gesungen wird ein Hymnus und eine Antiphon, und gelesen wird jene Stelle aus dem Evangelium, wo die Schwester des Lazarus dem Herrn begegnete. Und wenn das Gebet gesprochen und alle gesegnet sind, dann geht man von da unter Hymnengesang zum Lazarium.

Wenn man aber zum Lazarium gekommen ist, versammelt sich alle Menge so, daß nicht nur der Platz selbst, sondern auch alle Felder ringsum voll sind von Menschen. Gesungen werden auch Hymnen und Antiphonen, passend für Zeit und Ort, ebenso Lesungen, passend für den Tag alle, die gelesen werden. Und nunmehr, wenn die Entlassung erfolgen soll, wird das Osterfest angekündigt, d. h., es tritt ein Priester auf einen höheren Platz und liest jene Stelle vor, die geschrieben steht im Evangelium: ›Als gekommen war Jesus nach Betanien, sechs Tage vor dem Osterfest usw.‹ Wenn also diese Stelle gelesen und das Osterfest angekündigt ist, erfolgt die Entlassung.

Deshalb aber geschieht dies an diesem Tage, weil, wie es im Evangelium geschrieben steht, dies sechs Tage vor dem Osterfest in Betanien geschehen war; vom Sabbat nämlich bis zum Donnerstag, an dem nach dem Abendmahl nachts der Herr ergriffen wird, sind es sechs Tage. Es kehren also alle zur Stadt zurück, geradewegs zur Anastasis [Grabeskirche], und es folgt die Vesper nach dem Brauch« (Peregrinatio Aetheriae 29, 3–6).

Aber auch das Lazarium teilte das wechselvolle Schicksal der vielen anderen Kirchen im Heiligen Land, oftmals zerstört und immer wieder aufgebaut.

Abb. 214. Die Lazaruskirche.

1. Grundriß der I., II., III. und IV. Lazaruskirche mit einem
   Profil des Geländes von Südwest nach Nordost (nach
   S. Saller OFM [1953]).

Die Zeichnung ist nicht genordet, um die Orientierung auf
dem Photo bei Abb. 212, gegenüber von S. 376, zu erleichtern. Der Längsschnitt zeigt das Bodenprofil von A nach B.

1 Lazarusgrab: Vorhalle
2 Lazarusgrab: Grabkammer
3 Alter Eingang
4 Neuer Eingang
5 Apsis – I. Kirche
6 Nordsakristei – I. Kirche
7 Südsakristei – I. Kirche
8 Turm – IV. Kirche
9 Nordsakristei – II., III. Kirche
10 Apsis – II., III. Kirche
11 Südsakristei – II., III. Kirche
12 Nördl. Seitenschiff – I., II., III. Kirche
12' Westl. Ende des nördl. Seitenschiffes – II., III. Kirche
13 Südl. Seitenschiff – I., II., III. Kirche
13' Zisterne
14 Räume mit Mosaikböden
15 Strebepfeiler – III. Kirche
16 Portikus – II., III. Kirche
17 Eingang zum Hof
18 Hof der Moschee
19 Apsis – Zweite Kreuzfahrerkirche
20 Kenotaph
21 Krypta-Moschee
22 Griechische Kapelle
23 Kapelle – II. Kirche
24 Bauten der Abtei
25 Halle mit byzantinischen Gräbern
26 Kreuzgang
27 Wirtschaftsraum mit Ölpresse
28 Turm der Abtei
29 Kuppel – IV. Kirche

Die Baugeschichte der einzelnen Lazaruskirchen konnte
durch die im Oktober 1949 begonnenen Ausgrabungen geklärt werden. Das stark abfallende Gelände erforderte eine
Nivellierung des Baugrundes. So wurde der Felsgrund im
Westen abgetragen und der Boden im Osten aufgeschüttet.
Von der durch ein Erdbeben zerstörten I. Kirche konnten die
Fundamentmauern an fünf Stellen untersucht werden. An
der Nordostecke bestand die Mauer aus 17 Steinlagen. Die
Stärke der Außenmauer an der Ostseite der Nordsakristei (6)
konnte mit 1,2 m sicher festgestellt werden. Die Höhe der
Aufschüttung vom Felsgrund bis zum Niveau des Mosaikfußbodens betrug 6,71 m. Die halbrunde Apsis (5) mit einem
Radius von etwa 3 m war in einen mächtigen rechtwinkeligen Block hineingebaut. Die einzelnen Steinlagen hatten eine
Höhe von 0,30 bis 0,45 m. Manche Blöcke mit einer Länge
von 1,23 bis 1,3 m nahmen die ganze Stärke der Mauer ein.
Der freigelegte Mosaikboden im Hauptschiff zeigt, daß der
Altarraum nicht nur die Apsis umfaßte, sondern auch in das
Hauptschiff hineinragte. Leider konnten die einzelnen Architekturteile, die das Gitter bildeten, chronologisch nicht sicher
eingeordnet werden. Der Altar selbst hatte die Form eines

Halbkreises. Die größte Überraschung boten die freigelegten
Mosaikfußböden, die das Hauptschiff und die Seitenschiffe
schmückten. Die gut erhaltenen Mosaikfelder erlaubten eine
räumliche Begrenzung der I. Kirche. Sie erstreckten sich
unter dem Querweg hin (bei 16; vgl. Abb. 212) bis in den
Hof der Moschee (18); wahrscheinlich reichte die I. Kirche
westwärts bis zur Mauer der Moschee. Bei einer Breite von
18 m hätte dann die Kirche eine Länge von etwa 35 m gehabt (vgl. Bild 2 und 3, S. 380).
Aber auch die mächtigen Mauern konnten den Gewalten der
Natur nicht trotzen. Die Zerstörung durch ein Erdbeben
mußte so große Ausmaße gehabt haben, daß man sich zu
einem Neubau entschloß. Die Gesamtanlage entsprach der
I. Kirche: ein dreischiffiger Innenraum mit eingebauter Apsis,
die wieder rechts und links von den Sakristeien flankiert
war. Der schon von Aetheria (383) beklagte Mangel, daß der
Platz zwischen der Kirche und dem Lazarusgrabe die Menschen nicht fassen konnte, bewog den Architekten, das ganze
Gebäude trotz des abschüssigen Geländes um 13 m nach Osten
vorzuziehen. Die Länge der II. Kirche betrug 27 m, die Breite
entsprach dem alten Bau. Die neue Auffüllung mit dem Fundament für die Apsis (10) wurde solider gebaut, mit Steinen
und Säulenresten der I. Kirche. Die neuen Längsmauern, die
teilweise auf den alten Fundamenten ruhten, hatten aber nur
eine Stärke von 0,7 m. Sie waren darum mit den Pfeilerabständen durch Pilaster bis zu 1,7 m verstärkt. Die östliche
Außenmauer, in der die Apsis eingebaut war, ruht wieder
auf dem Felsen und ist bis zu einer Höhe von 3,54 m erhalten
geblieben. Auffällig an den Wänden war das Fehlen von
Fenstern. Nur die Westmauer hatte über jedem Portal ein gewölbtes Fenster (12'). Der Innenraum erhielt sein Licht hauptsächlich durch die Kuppel, die auf vier Pfeilern ruhte. Wie in
der I. Kirche schmückten farbige, aber einfachere Mosaikfelder
mit geometrischen Motiven den Fußboden. Da sein Niveau
etwa 0,6 m über dem alten Mosaikboden liegt, blieb dieser
wie unter einer Schutzdecke konserviert. Nur die Fundamente
der neuen Pfeiler, die auf Stylobaten ruhten, beschädigten die
Ränder und Zwischenfelder. Drei Portale führten in den vor
der Kirche liegenden Portikus (16), der wahrscheinlich auch
noch die Süd- und Nordseite des Atriums umschloß. An der
bis zu einer Höhe von 6 m erhalten gebliebenen Südmauer
des Atriums führt eine Tür in einen langgezogenen Raum
(23), der wahrscheinlich als Seitenkapelle benutzt wurde. Die
baulichen Veränderungen, die die Architekten der Kreuzfahrer vornahmen, dienten vor allem der Sicherung der Kirche.
Die Pilaster der Nordwand wurden von außen durch mächtige, etwa 2,3 m große quadratische Anbauten gestützt (15).
Im Inneren der Kirche wurden an die vier Zentralpfeiler, die
die Kuppel trugen, neue Pfeiler von 1,7 m Länge angebaut,
auf denen die Verstärkungsbogen ruhten.
Von der über dem Lazarusgrabe errichteten zweiten Kreuzfahrerkirche haben sich nur Reste der Nord- und Südmauer
und die Krypta erhalten. Ein Stück der nördlichen Innenwand ist in der Kapelle der orthodoxen Griechen (22) sichtbar, ebenso am Zugang des Lazarusgrabes. Beim Neubau des
Minaretts im Jahre 1954 wurden Steine der mittleren Apsis
(19) freigelegt, die Frater L. Thönnessen OFM um die Jahrhundertwende mit der damals noch sichtbaren Südapsis in
seinem Plan eingezeichnet hatte. Das abschüssige Gelände
erforderte einen mächtigen Unterbau, in dem die Krypta (21)
mit dem Gang (3) zum Lazarusgrabe (1) lag. Aus Sicherheitsgründen wurden damals einige Veränderungen an der

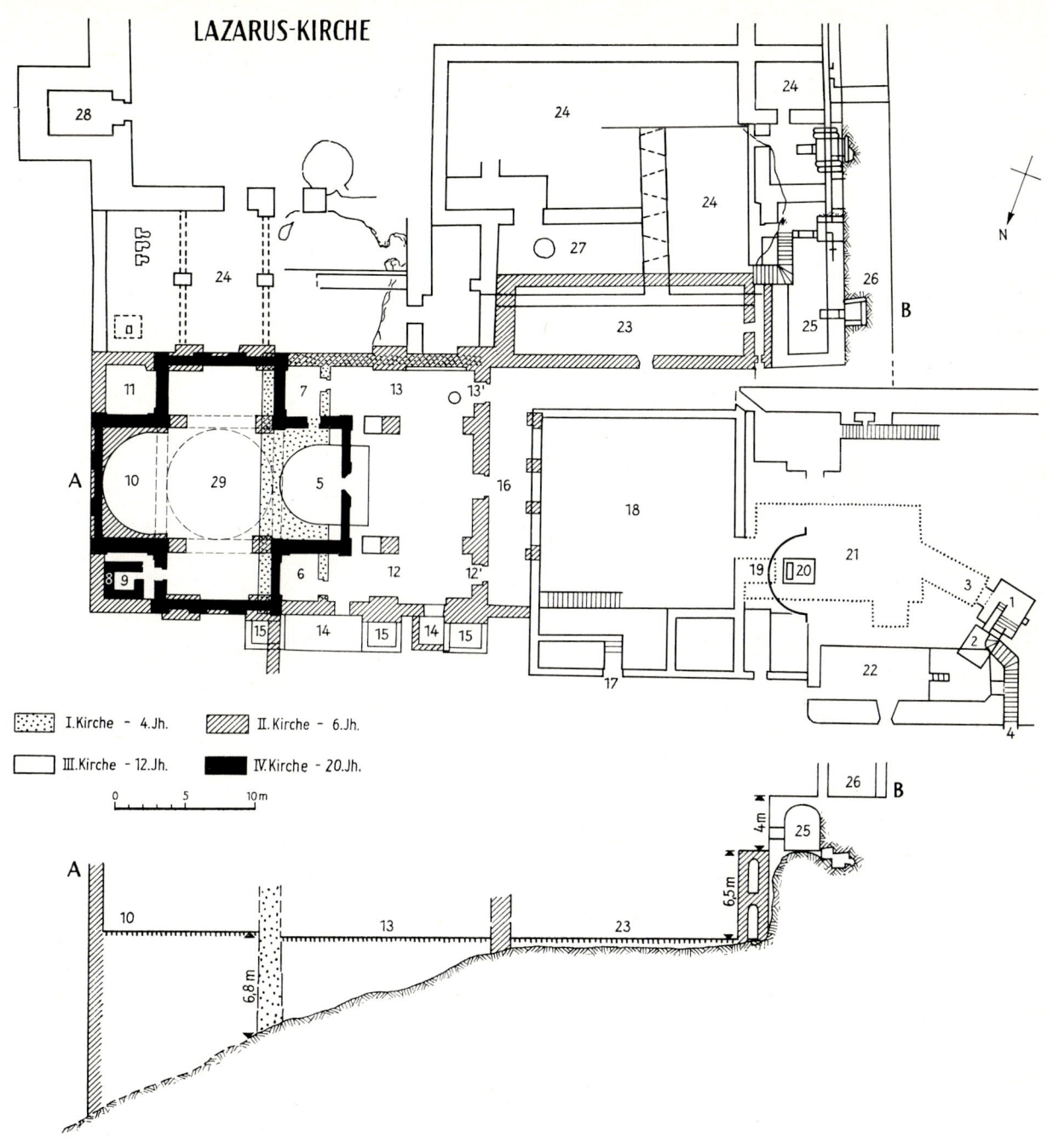

LAZARUS-KIRCHE

⠿	I. Kirche – 4. Jh.	▨	II. Kirche – 6. Jh.
☐	III. Kirche – 12. Jh.	■	IV. Kirche – 20. Jh.

0   5   10 m

Vorhalle (1) und an der Grabkammer (2) vorgenommen. Wohl schon im 14. Jahrhundert wurde die Krypta in eine Moschee verwandelt. Die dicken Mauern und das Spitzbogengewölbe erinnern noch an den Kreuzfahrerbau. Rechts vom Eingang steht auf einem Podium das Kenotaph des Esra — el-Uzer (20). An der Westwand beginnt eine etwa 1 m über dem Fußboden liegende Nische. Sie ist 2,55 m breit, 2,6 m hoch und 5,25 m tief. Es ist der alte Zugang (3) zu dem wei-

ter westlich liegenden Lazarusgrab, den die Muslimin vermauert haben. (Vgl. Abb. 216,3, S. 383.)

Wahrscheinlich diente die neue Kirche als Klosterkirche der im Süden errichteten Benediktinerinnen-Abtei. Die Klosterbauten bildeten ein Rechteck von 62 × 50 m. Auch hier erforderte das abschüssige Gelände mächtige Substruktionen. Der Kreuzgang (26) lag auf der oberen Westterrasse und führte wahrscheinlich zum Portal der Abteikirche. Der Querschnitt (26, 25) läßt deutlich die Niveauunterschiede des Klostergeländes erkennen. Aus einer Halle des Westflügels (25) führte eine Treppe zu den byzantinischen Gräbern. Im Nordflügel der Abtei waren die Wirtschaftsräume untergebracht. In dem 11 × 5 m großen gewölbten Raume (27) stand noch die alte Ölpresse aus der Kreuzfahrerzeit. Die Ostmauer der Abtei schützte ein Turm (28), dessen Steinlagen bis zu einer Höhe von 7,1 m erhalten sind. Mit dem Auszug der Benediktinerinnen verfielen Kloster und Kirche. Im 14. Jahrhundert stürzte die Kuppel der III. Kirche ein; von der Lazaruskirche bestand nur noch die Krypta, die dann in eine Moschee verwandelt wurde.

2. Apsis und Mosaikboden im Hauptschiff der I. Kirche. (Vgl. Grundriß, 5, S. 379.)

Als die Ausgrabungen im September 1949 endlich in Angriff genommen werden konnten, waren die Räume, die in die Ruinen des südlichen Seitenschiffes (13') hineingebaut waren, noch bewohnt (vgl. Abb. 215, S. 381). So begann man zunächst mit der Freilegung der Apsis, deren Mauern noch teilweise an der Oberfläche auszumachen waren. Das Photo läßt erkennen, wie die Rundung der Apsis in die mächtige Mauer der Ostwand hineingebaut ist. Die drei Pfeiler – der vierte in der linken oberen Ecke ist zerstört – stammen aus der II. und der III. Kirche. Die beiden unteren Pfeiler standen im Hauptschiff. Die Kreuzfahrer verstärkten sie mit einem Anbau. Der obere rechte Pfeiler ist einer der Eckpfeiler, welche die Kuppel über der Vierung trugen (vgl. Grundriß, 29). Leider war der Mosaikboden im Presbyterium fast ganz zerstört. Um so größer war die Überraschung, die sich bei der Freilegung des Hauptschiffes bot. Wie ein kostbarer Teppich lag das Fußbodenmosaik vor den Augen der Ausgräber. Von einigen Schadstellen abgesehen – das am unteren Rand sichtbare schwarze Rechteck sind die Umrisse eines Grabes –, war das Mosaik bis zur Westmauer der II. Kirche erhalten geblieben. Westlich der Mauer, unter dem Querweg (vgl. Grundriß, 16), wurden nur spärliche Reste entdeckt. Der westliche Teil der Kirche, die sich bis in den Hof der Moschee erstreckte, konnte nicht untersucht werden.

Das etwa 5 m breite und 6 m lange erhalten gebliebene Mittelfeld wird von einem 1,15 m breiten Rand eingerahmt. Die aus roten Mosaikwürfeln bestehende Grundfläche ist mit großen weißen Blüten dekoriert, in deren Rundungen ein rotes oder schwarzes Kreuz aus fünf Würfeln eingelegt ist. Das als großes Rautennetz erscheinende Ornament wird aus den verlängerten vier schwarzen Blütenblättern gebildet, die sich auf der roten Fläche kreuzförmig überschneiden. Während im Hauptfeld nur drei Farben zu finden sind, bilden die blauen, gelben, roten, schwarzen und weißen, etwa 1 cm großen Würfel einen belebenden Rahmen. Als Ornament dienen zwei konzentrische Kreise, von denen der innere geschlossen ist. Die äußere Kreislinie dagegen rollt sich an vier Punkten zusammen und verknotet sich zu einem neuen Kreis.

Aus welcher Zeit stammt das Mosaik? Da eine Stifterinschrift fehlt, läßt sich eine Datierung nur durch Vergleiche ermöglichen. Der Mosaikboden der Synagoge von Apamea in Syrien zeigt dieselben Stilmotive wie das Hauptfeld. Eine Stifterinschrift datiert das Mosaik in das Jahr 391. So könnte diese Zeitbestimmung auch ein Anhaltspunkt für die Entstehung des Mosaiks in Betanien sein.

3. Nördliches Seitenschiff mit dem Mosaikfeld der Nordsakristei der I. Kirche. (Vgl. Grundriß, 6, 12, S. 379.)

Ein Blick auf den Grundriß erleichtert die Übersicht im tiefgestaffelten Raum. Das im Vordergrund liegende quadratische Mosaikfeld schmückte einst den Boden der Nordsakristei (6). Es schließt sich an das langgestreckte Seitenschiff (12) an; am linken oberen Bildrand erscheint der Pfeiler, ihm gegenüber die Lisene der Nordwand. Die im Hinter-

Abb. 215.   Betanien mit dem Gelände der Lazaruskirche vor den Ausgrabungen (1949).

grund sichtbare Türöffnung lag in der Westmauer der II. und III. Kirche. Das Portal (12') führte aus der II. und III. Kirche in den Portikus (16), der das Atrium (18) umschloß. An den Rändern des langgestreckten Mosaikfeldes erkennt man deutlich den Niveauunterschied der einzelnen Kirchen. Der um etwa 0,6 m erhöhte Fußboden der II. Kirche konservierte wie eine Schutzdecke den kostbaren Untergrund. Nur die Fundamente der neuen Pfeiler, die auf Stylobaten ruhten, beschädigten die Zwischenfelder und Ränder, wie dies besonders am linken Rand des Sakristeimosaiks zu beklagen ist. Das etwa 2 m große Quadrat ist durch eine Vielzahl von kleineren Quadraten, Rechtecken, Rhomben und Dreiecken aufgeteilt. Die vielen Flächen bilden jeweils neu das Hauptmotiv, einen Stern mit acht Rauten.

Das Seitenschiff war — wie das Hauptschiff — wahrscheinlich nur mit einem großflächigen Mosaikfeld ausgeschmückt. Das Mosaik beginnt mit einer Fläche aus weißen Kuben, die durch kleine Kreuze und Quadrate aus roten und schwarzen Steinchen gemustert ist. Es schließt sich das langgestreckte Mosaikfeld an, das im Hintergrund durch die Westmauer der II. und III. Kirche blockiert wird. Das Mosaik zeigt das bekannte Motiv der »geflochtenen Achtecke«, deren Seiten wiederum Sechsecke, Quadrate und Dreiecke bilden. (Vgl. Bild 2, S. 380.)

Um das Jahr 1862 erwog die fromme Marquise Pauline de Nicolay den Plan, das Lazarusgrab zu kaufen, um dort eine Kirche mit Hospiz errichten zu lassen. Ihr Mittelsmann, der Dragoman am Französischen Konsulat, streckte behutsam seine Fühler aus; er bekam den lakonischen Bescheid, das Objekt sei unverkäuflich. Die Marquise gab nicht auf. Sie erwarb ein kleines Grundstück, südlich vom Lazarusgrab gelegen, und schenkte es 1863 den Franziskanern. Fast hundert Jahre sollten vergehen, bis der Plan eines Kirchenbaues verwirklicht werden konnte. Ein Blick auf das Photo erspart jeden Kommentar. Es schien ein hoffnungsloses Unternehmen zu sein, das Gelände der alten Kirche käuflich zu erwerben, um mit den Ausgrabungen beginnen zu können. Daß dies dennoch gelang, bleibt das Verdienst der Jordanischen Altertumsverwaltung. Ein Vergleich mit Abb. 214 erleichtert die Orientierung. Das Photo zeigt das alte Minarett der Moschee, nach Norden (nach unten) schließt sich der Hof der Moschee mit dem Baum an, dann der Querweg mit dem bebauten Gelände. Die Häuser (im Vordergrund) stehen auf den Ruinen der alten Kirchen aus dem 4., 6. und 12. Jahrhundert (vgl. Abb. 213). Unverändert ragt am Horizont die Turmruine der Benediktinerinnen-Abtei in den Himmel.

Schließlich wurde in den Ruinen eine Moschee errichtet. Im Jahre 1949 begannen die Franziskaner beim Neubau einer Kirche, das Gelände um das Lazarusgrab sorgfältig zu untersuchen. Die Ausgrabungen legten die Mauer- und Mosaikreste von drei alten Kirchen frei. Die erste Kirche, die aus dem 4. Jahrhundert stammt — es ist das Lazarium der Pilgerin Aetheria —, war eine dreischiffige Basilika, die durch einen Vorhof mit dem Lazarusgrab verbunden war. Sie wurde aber bereits im 5. oder 6. Jahrhundert von einem Erdbeben zerstört. Beim Neubau verschob man die Apsis um 13 m nach Osten, der Vorhof wurde mit großen Steinplatten gepflastert und diente als Friedhof. Arkulf (670) schildert den Bau als prächtige Basilika und Kirche eines Klosters. Eine Menge Graffiti im Mauerputz lassen noch erkennen, welch großer Hochschätzung sich die Stätte erfreute, an der die Pilger das Gedächtnis der Auferweckung des Lazarus feierten. Viele suchten sich hier einen bescheidenen Grabplatz zu sichern.

Die Kreuzfahrer stellten den zweiten Bau wieder her, und die Betreuung des Kultortes wurde den Benediktinerinnen übertragen, deren Kloster im Jahre 1138 von Melisendis, der Gemahlin des Königs Fulco von Jerusalem, gegründet wurde. Damals errichteten die Kreuzfahrer in unmittelbarer Nähe des verehrten Grabes eine neue Kirche, und die alte Kirchenanlage wurde mit dem Bericht über die Salbung des Herrn durch die Schwester des Lazarus in Verbindung gebracht. Bereits im Jahre 1187 eroberte Saladin Betanien. Es scheint aber, daß die Nonnen weiter im Kloster leben durften. Die letzte Erwähnung der Abtei stammt vom 29. August 1259. Als der Dominikaner Felix Faber aus Ulm um 1483 Betanien besuchte, fand er die Kirche noch erhalten, den mächtigen Turm und das Kloster dagegen als Ruine (vgl. Abb. 214). Gegen ein gutes Trinkgeld öffnete man die verschlossene Tür, und er durfte die Kirche besichtigen. Garben von Getreide lagen umher und gaben ihr das Aussehen einer Scheune. An der rechten Seite fand er den Eingang zum Grab des Lazarus, in das er hinabstieg.

In den folgenden Jahrhunderten wurde die gesamte Anlage profaniert und für Wohnzwecke dienstbar gemacht. Im Jahre 1949 gelang es, das Grundstück aufzukaufen und damit die Voraussetzungen für die so aufschlußreichen Ausgrabungen zu schaffen. Auf dem östlichen Gelände der alten Lazaruskirche erstand nun der Neubau, der 1954 eingeweiht wurde.

In der etwa 50 m westlich gelegenen Krypta (Pilger von Bordeaux [333]) hat die kirchliche Tradition das Grab des Lazarus gesehen, und zwar zu allen Zeiten bis zurück in das 4. Jahrhundert. Ist es nach diesem Befund auch von vornherein wahrscheinlich, daß die Tradition der ersten drei Jahrhunderte über das Grab keine andere war als die des 4. Jahrhunderts, so bleibt doch zu erwägen, wie man sich nach Johannes die Grabstätte zu denken hat, d. h. wie sich die örtlichen

Angaben des Evangelisten im 11. Kapitel zu der Überlieferung der Pilger und dem jetzigen lokalen Befund verhalten.

Johannes beschreibt das Grab als »eine Höhle, auf (vor) der ein Stein lag« (11, 38). Diese Ausdrucksweise ist zu allgemein, als daß man Näheres daraus schließen könnte. Der Eingang konnte durch einen Rollstein verschlossen oder mit einer Steinplatte zugedeckt sein. Weiter enthält der Text keine Angaben darüber, ob das Grab aus einem oder mehreren Räumen bestand, ob die Grabkammer einfache Schiebegräber (Kokim) oder Bankgräber enthielt. Wir können nur sagen, daß die Lage des Grabes außerhalb der Ortschaft den Vorschriften der Mischna entsprach und vom Text des Evangelisten gestützt wird. Eine in unmittelbarer Nähe liegende Grabkammer mit acht Schiebegräbern (vgl. Abb. 210, nördlich von 2) macht es wahrscheinlich, daß auch die Grabstätte des Lazarus ein Familiengrab war. Der lokale Befund des Lazarusgrabes bestätigt diese Vermutung, wenn auch die Grabanlage in den vielen Jahrhunderten nicht unberührt geblieben ist. Der Besitz eines solchen Felsgrabes mit drei Bankbogengräbern setzt einen gewissen Wohlstand voraus, der nach dem Bericht des Evangelisten für das Haus der Geschwister in Betanien durchaus anzunehmen ist.

Abb. 216.   Das Grab des Lazarus.

Die Photos zeigen den neuen Eingang (Bild 1) mit der Treppe (Bild 2) zur Grabanlage, die auf der Zeichnung im Grundriß und im Querschnitt dargestellt ist.

1   *Neuer Eingang (Bild 1)*
2   *Vorraum*
3   *Ehemaliger Eingang zur Kirche (jetzt Moschee)*
4   *Altar*
5   *Treppenabstieg (Bild 2)*
6   *Mit Platten bedeckter Gang*
7   *Grabkammer*

Als bei der Errichtung der Moschee zu Beginn des 17. Jahrhunderts der alte Zugang (3) zur Grabkammer durch die Krypta der Kreuzfahrerkirche gesperrt wurde, erhielt der Franziskaner Angelus a Messana, Guardianus de Monte Sion, gegen eine Geldsumme die Erlaubnis, einen neuen Zugang (1) von der im Norden vorbeiführenden Straße her schlagen zu lassen (Bild 1; vgl. Abb. 214, 4, S. 379). Die Eingangspforte, die früher verschließbar war, ist nur 1,21 m hoch und 0,72 m breit. Auf einer schmalen Treppe von 24 Stufen steigt man zur Grabanlage hinab.

Die in den weichen Kalkstein gehauene Grotte besteht zunächst aus einem Vorraum (2), 3,35 m lang und 3,2 m breit. Das ist etwa die Größe, wie sie von der Mischna für eine jüdische Grabanlage vorgeschrieben war. Mitten in der Ostwand (3) sieht man die Umrisse einer 2,55 m hohen und 1,1 m breiten vermauerten Tür. Es ist der ursprüngliche Eingang zum Lazarusgrab (vgl. Abb. 214, 3, S. 379). Der dahinter liegende etwa 5,25 m lange und 2,55 m breite Gang

LAZARUSGRAB

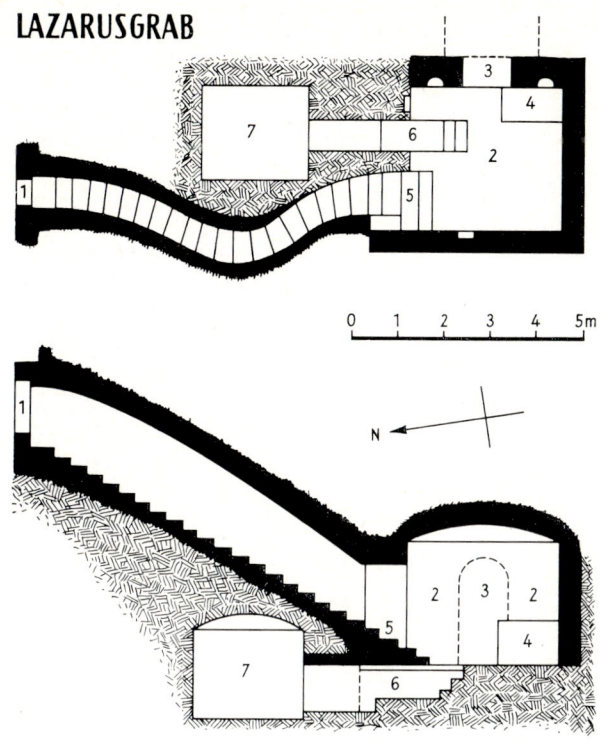

führte in die Krypta der neuen Lazaruskirche der Kreuzfahrer. Die Lage des alten Einganges entspricht den topographischen Verhältnissen. Das nach Westen ansteigende Gelände erforderte einen von Osten zur Höhle führenden Zugang (vgl. Abb. 210, 1, S. 373).

Ob die Höhe von etwa 3 m ursprünglich ist, läßt sich nicht sagen. Nach dem Bericht des Dominikaners Burchard (1283) war der Vorraum wie das Grab selbst reich mit Marmor ausgestattet. Heute ist von dieser Pracht nichts mehr zu sehen. In der Südostecke ragt ein tischartiger Maueransatz von 1,3 m Länge, 0,8 m Breite und etwa 1 m Höhe in den Raum. Es ist ein Altar (4). Die Wände zeigen mehrere viereckige oder apsidenartige Nischen, die zur Aufnahme von Lampen und Kerzen dienten. Im nordöstlichen Viertel der Vorhalle befindet sich der enge Zugang zu der eigentlichen Grabkammer. Man steigt zwei Stufen hinab, durchschreitet einen engen, in den Felsen geschlagenen Gang von 1,55 m Länge, 0,55 m Breite und 1,08 m Höhe und steht vor der Grabkammer. Der Zugang muß früher mit einer Steinplatte verschließbar gewesen sein, die horizontal vor den beiden Stufen zum Gang der Grabkammer lag. Johannes beschreibt das Grab des Lazarus als »eine Höhle, auf (vor) der ein Stein lag« (11, 38). Daß diese Art des Grabverschlusses neben dem Gebrauch eines Rollsteines im Jahrhundert Jesu üblich war, zeigt die Nekropole der königlichen Familie von Adiabene im Norden von Jerusalem.

In der 2,45 m langen und 2,3 m breiten Grabkammer sieht man zunächst nur die aus großen, behauenen Steinen gemauerten Wände. Durch einige Risse im schadhaften Mauerwerk kann man aber feststellen, daß auf drei Seiten in dem dahinter liegenden Felsen halbrunde Nischen ausgehauen sind, die sich nach unten erweitern. An der Ostseite läßt sich die Dimension der Nische in einer Höhe von 0,75 m über dem Boden (d. i. die Höhe des Risses) auf etwa 1,4 m Breite, 0,74 m Tiefe und 0,84 m Höhe angeben. Ähnlich ist es auf der Westseite. Da die Nordmauer am besten erhalten ist, läßt sich nur durch zwei Löcher das Vorhandensein einer Nische gerade noch bestätigen. Es sind also Bankbogengräber. Der Tote lag auf einer Felsbank unter einem in den Felsen geschlagenen Bogen. Der Körper war in Leinentücher gehüllt, das Gesicht mit einem Schweißtuch bedeckt, Hände und Füße waren mit Tüchern festgebunden.

Wenn auch der Bericht des Evangelisten keine Beschreibung im Detail zuläßt, so kann doch gesagt werden, daß das heute vorhandene Grab den von Johannes angedeuteten Fakten in keiner Weise widerspricht.

Mit Ergriffenheit hören heute die Pilger an dieser Stätte den Bericht des Evangelisten: »Jesus sagte: Nehmt den Stein fort. Marta, die Schwester des Verstorbenen, entgegnete ihm: Herr, er riecht schon, er ist schon seit vier Tagen tot. Jesus sagte ihr: Habe ich dir nicht gesagt, daß du, wenn du zu glauben vermagst, die Herrlichkeit Gottes schauen wirst? Da hoben sie den Stein auf. Jesus aber hob seine Augen nach oben und sagte: Vater, ich danke dir, daß du mich erhört hast. Ich wußte, daß du mich allezeit erhörst. Aber wegen der Menge, die hier steht, habe ich es gesagt, damit sie zum Glauben kämen, daß du mich gesandt hast. Als er das gesagt hatte, rief er mit mächtiger Stimme: Lazarus, hierher! Heraus! Da kam der Tote heraus, noch gebunden an Händen und Füßen mit Binden; sein Gesicht war mit einem Schweißtuch umwickelt. Jesus sagte ihnen: Bindet ihn los und laßt ihn gehen« (Joh 11, 39—44).

Die Auferweckung des Lazarus hatte für Jesus schwerwiegende Folgen. Die Tat, durch die er einen Toten zum Leben erweckte, sollte ihm selber den Tod bringen.

ZUR PASSION

Der Haftbefehl

Die Nachricht von der Auferweckung des toten Lazarus hatte sich in kürzester Zeit über das ganze Land verbreitet. In Jerusalem hielt der Hohe Rat eine Sondersitzung ab. Johannes hat uns einen Kurzbericht aus dieser Sitzung überliefert, der aus bester Quelle stammt, von zwei Senatoren des Hohen Rates selbst: Nikodemus und Josef von Arimatäa. Die entscheidende Frage lautete: »Was sollen wir tun, da dieser Mensch so viele Wunder tut? Wenn wir ihn so gewähren lassen, dann werden alle an ihn glauben; die Römer werden kommen und unser Land und unsere Leute wegnehmen« (Joh 11, 47. 48). Dieser Satz enthüllt uns die Motive, warum die Führer des Volkes den Nazoräer als Messias ablehnten. Während die Pharisäer ihm aus religiösen Gründen feindlich gegenüberstanden, waren es bei den Hohenpriestern, die alle zur Partei der Sadduzäer gehörten, politische Gründe. Die Römer beobachteten jede »messianische Bewegung« mit tiefem Argwohn. Wenn also die Hohenpriester den Nazoräer unbehelligt ließen, würden die Römer mit Waffengewalt einschreiten und ihnen noch den letzten Rest der Freiheit und den Tempel nehmen. Jeder Messiasanspruch bedeutete darum in ihren Augen eine Bedrohung des Volkes und ihrer eigenen Position. Auch für sie gab es nur *eine* Alternative: der »Prophet« aus Nazaret oder sie — wenn auch aus anderen Gründen als bei den Pharisäern.

Kajafas, der amtierende Hohepriester, war aber mit der unentschlossenen Haltung der Ratsmitglieder unzufrieden. Selbstherrlich schloß er die Sitzung: »Ihr wißt nichts und kommt auch nicht darauf, daß es besser für euch ist, wenn ein Mensch für das Volk stirbt und nicht das ganze Volk zugrunde geht« (Joh 11, 49 und 50). Der Evangelist fügt noch hinzu: »Das sagte er nicht aus sich selbst. Er weissagte vielmehr als Hoherpriester jenes Jahres, daß Jesus im Begriff war, für das Volk zu sterben, und nicht nur für das jüdische Volk, sondern damit er die zerstreuten Kinder Gottes in eins zusammenbringe. Von jenem Tage an waren sie entschlossen, ihn zu töten« (Joh 11, 51–53).

Die kurze Anmerkung des Evangelisten — »als Hoherpriester jenes Jahres« — findet ihre beste Erklärung in einem Satz des Talmuds: »Zur Zeit des Zweiten Tempels [des Herodes] bezahlte man Geld, um Hoherpriester zu werden, jedesmal eine Entrichtung für zwölf Mo-

nate« (Joma 8b—9a). Kajafas hatte, wie schon viele Jahre zuvor, auch in diesem Jahr das meiste geboten.

Das greifbare Ergebnis dieser Sitzung des Hohen Rates war der Haftbefehl gegen Jesus. Johannes schreibt: »Wenn einer wisse, wo er wäre, solle er es anzeigen, damit man ihn festnehme« (Joh 11, 57). Wie zuverlässig diese Nachricht ist, zeigt wiederum ein unabhängiger Bericht der Gegner Jesu. In einem rabbinischen Traditionsstück aus dem 2. Jahrhundert, das uns im Babylonischen Talmud überliefert worden ist, heißt es: »Am Rüsttag des Pascha hat man Jeschu (von Nazaret) gehängt. Ein Ausrufer ging vierzig Tage vor ihm her: Er soll gesteinigt werden, weil er gezaubert und verführt und Israel abwendig gemacht hat. Jeder, der für ihn eine Rechtfertigung weiß, komme und begründe sie für ihn; aber man fand für ihn keine Rechtfertigung, und so hängte man ihn am Rüsttag des Pascha« (Sanh. 43a).

Die Behauptung, Jesus sei als Verführer verurteilt worden, spiegelt die Auffassung der Juden über Jesus wider. Die außerordentlichen Taten Jesu, seine Wunder, werden nicht geleugnet, aber als Zauberei erklärt und auf teuflische Kräfte zurückgeführt. Der mehrdeutige Ausdruck »hängen« ist nach dem damaligen Sprachgebrauch, wie wir ihn bei Josephus Flavius, in der Apostelgeschichte und bei Paulus wiederfinden, als Umschreibung der Kreuzigung aufzufassen.

Wenn wir uns an die Zahlenangabe von vierzig Tagen halten, dann fiel der Erlaß des Haftbefehls in den Februar des Jahres 30. Die steckbriefliche Fahndung aber verlief ergebnislos. Johannes gibt uns auch den Grund an: »Jesus wandelte nicht mehr öffentlich unter den Juden; sondern er ging von dort in die Gegend nahe bei der Wüste in eine Stadt mit Namen Efraim. Dort verblieb er mit seinen Jüngern« (Joh 11, 54).

Es gilt heute als gut begründet, in der Bergsiedlung et-Taijibe nicht nur das im Alten Testament mehrmals genannte Ofra (1 Sam 13, 17; Jos 18, 23), ebenso das Efron—Efrain von 2 Chr 13, 19 und das Efraim von 2 Sam 13, 23 zu sehen,[207] sondern auch jenes Efraim, wohin sich Jesus mit seinen Jüngern zurückzog. Die Lage des Ortes wird aber vom Evangelisten nicht mit ausreichender Genauigkeit bestimmt, so daß wir nur auf die Tradition angewiesen sind. (Vgl. Abb. 119, S. 202.)

Efraim — et-Taijibe, etwa 20 km nordöstlich von Jerusalem entfernt, liegt 869 m hoch auf einer die Umgebung beherrschenden Kuppe. Eine kurze Notiz bei Jose-

Abb. 217.   Wüstenlandschaft östlich von Efraim.

Weit reicht der Blick über das abfallende Gebirge in die Ferne; im Vordergrund das verwitterte Kalkgestein der Wüste mit den zum Jordantal ablaufenden Trockentälern; im Mittelgrund der Jordangraben mit dem als dunklen Strich erscheinenden Hochwasserbett des Flusses; im Hintergrund die steil ansteigende Hochfläche des Ostjordanlandes.

phus deutet auf diese Lage von Efraim hin. Vespasian »besetzte die beiden Städtchen Bet-El und Efraim, dann ritt er mit seinen Reitern bis vor Jerusalem« (Jüd. Krieg IV, 9, 9). Bet-El, das heutige Betin, liegt 7 km von Efraim — et-Taijibe entfernt.

Der Ort hat eine ausgezeichnete Lage auf einer Kuppe am Ostrand der Gebirgshöhe mit einer weitreichenden Sicht. Nach Süden ist der ganze östliche Gebirgsabfall zu überschauen, nach Osten ist der Blick frei hinunter in den Jordangraben und auf einen großen Teil des ostjordanischen Gebirges. Nach Norden und nach Westen ist die Aussicht durch das höher ansteigende Gebiet begrenzt. Eine alte Ortslage auf der Anhöhe ist durch Keramikfunde aus verschiedenen Zeiten gesichert, angefangen von der alttestamentlichen Königszeit bis in die Kreuzfahrerära. Auf der südöstlich des Dorfhügels gelegenen Erhebung des Dschebel ed-Dschizze stehen die Reste einer Kirche. Der ursprüngliche Bau stammt aus

dem 5./6. Jahrhundert. Er war wohl nur eine kleine Gedächtniskapelle mit drei Apsiden, also in der Form eines Kleeblattes. Wann dieser älteste Bau zerstört wurde, ist unbekannt. Beim Wiederaufbau wurde die Kirche nach Westen zu einer einschiffigen Hallenkirche erweitert.[208] In der Kreuzfahrerzeit baute man, unter Verwendung älterer Bauteile, eine kleine Kirche südlich an. Über die Bestimmung dieser christlichen Bauten auf der abgelegenen Berghöhe kann nichts Bestimmtes gesagt werden. Daß sie dem Gedächtnis des Aufenthaltes Jesu in Efraim geweiht waren, liegt nahe. Am Ende des vergangenen Jahrhunderts wußten die Einwohner von et-Taijibe noch zu sagen, daß der Ort früher einmal Afra geheißen habe. Die byzantinischen Überreste der Kirche machen es wahrscheinlich, daß Eusebius (✝ 339) mit dem zu seiner Zeit noch bestehenden Ort Aphr(ain), 5 Meilen östlich von Bet-El gelegen, denselben Ort Aphra — Afra — et-Taijibe meint. Man darf also die Gleichsetzung von Efraim mit et-Taijibe als berechtigt ansehen.

Warum hat sich Jesus nach Efraim, einem Ort außerhalb des Bezirkes von Jerusalem, in Sicherheit gebracht? Der Gottessohn war bereit, in den Tod zu gehen, aber er wollte als das wahre Osterlamm am Osterfest hingeopfert werden. Als diese seine Stunde nahe war, machte sich Jesus auf zum Todesgang nach Jerusalem.

Die Angaben der Evangelisten erlauben es, den Ablauf der letzten Lebenstage Jesu mit genügender Sicherheit festzulegen: »Das Ostern der Juden war nahe; viele Leute gingen aus der Gegend vor Ostern hinauf nach Jerusalem, um sich zu heiligen. Sie suchten nun nach Jesus und sprachen untereinander: Was meint ihr, wird er nicht zum Feste kommen?« (Joh 11, 55. 56)

In der letzten Woche vor dem Osterfest verließ Jesus sein Versteck. Mit seinen Jüngern stieg er von Efraim die Römerstraße in die Jordanebene hinab. Heute führt von et-Taijibe eine neue Fahrstraße nach Jericho hinab. Sie folgt im großen ganzen der Römerstraße Aphairema (hellenistischer Name von Efraim) nach Jericho. Die Strecke der Römerstraße ist durch zahlreiche Meilensteine markiert.[209] Die meisten Straßen bauten die Römer zwar erst nach den beiden jüdischen Aufständen aus, sie benutzten aber die alten Verkehrsverbindungen.

Mit drei kurzen Sätzen gibt uns Markus einen Situationsbericht, wie er realistischer nicht geschrieben werden konnte: »Sie waren auf dem Weg hinauf nach Jerusalem. Jesus schritt ihnen voran, so daß sie staunten. Denn seine Begleiter waren voller Furcht« (Mk 10, 32). Jesus ließ sie über den Ernst der Lage in keiner Weise im unklaren: »Er nahm die Zwölf beiseite und begann, ihnen von dem zu sprechen, was ihm bevorstünde: Siehe, wir gehen hinauf nach Jerusalem. Der Menschensohn wird den Hohenpriestern und Schriftgelehrten überliefert werden. Sie werden ihn zum Tode verurteilen und ihn den Heiden ausliefern. Dann wird man ihn verspotten und ihn anspeien; man wird ihn geißeln und töten, aber nach drei Tagen wird er auferstehen« (Mk 10, 32—34).

Jericho

Vor den Toren Jerichos traf Jesus mit galiläischen Festpilgern zusammen, die ihren Landsmann begeistert begrüßten. Das moderne Jericho — arabisch: Eriha — liegt etwa 9,5 km nördlich vom Toten Meer in einer subtropischen Oase, 250 m u. d. M. Die Überreste des alten Jericho ruhen 2,5 km nordwestlich der heutigen Stadt unter einem 20 m hohen, eirunden Schutthügel, dem Tell es-Sultan, an der Karawanenstraße (vgl. Abb. 127, S. 214, und Abb. 218, S. 388).

Die Ruinenstätte des alten Jericho hat schon seit langem zu archäologischen Forschungen verlockt. Die ersten großen Grabungen wurden in den Jahren 1907 bis 1909 von E. Sellin und C. Watzinger durchgeführt. Sie zeigten, daß die Ortslage archäologisch reiche Erträge zu bieten hatte. Die großen Fortschritte, die nach dem ersten Weltkrieg in der Kenntnis der palästinensischen Keramik erzielt wurden, machten eine nachträgliche Revision der vorgeschlagenen Datierungen erforderlich. Aus diesem Grund unternahm J. Garstang zwischen 1930 und 1936 weitere Ausgrabungen. Sie ergaben, daß die Stadt am Ende der Steinzeit, vor der Erfindung der Töpferei, gegründet wurde. Besonderes Interesse fand

die sogenannte »D Stadt«, die von einer doppelten Ziegelmauer umgeben war und durch ein Erdbeben zerstört worden zu sein schien; in die Spätbronzezeit datiert, konnte sie die von Josua eroberte Stadt sein. Wegen seiner Bedeutung für die Landnahme der Israeliten war das Datum dieser Zerstörung daher Gegenstand heftiger Diskussionen. Garstang glaubte umfangreiches Material für die Zerstörung der Stadt bei der Landnahme durch Josua gefunden zu haben. Im Streit der Meinungen konnten nur Fakten entscheiden.

Neue Ausgrabungen, die unter der Leitung von K. M. Kenyon in den Jahren 1952—1957 durchgeführt wurden, brachten völlig neue Erkenntnisse und klärten die Frage der Besiedlungsschichten. Die sogenannte »doppelte Ziegelmauer« der »D Stadt«, die in Wirklichkeit keine Doppelmauer war, stammte nicht aus der Spätbronzezeit (ca. 1550—1200 v. Chr.), sondern aus dem 3. Jahrtausend und stand zur Landnahme der Israeliten im 12. Jahrhundert v. Chr. in keiner Beziehung. Die Klärung dieser Frage brachte aber eine Enttäuschung: Die Schichten aus der Zeit der Eroberung durch die Israeliten sind von Wind und Regen abgetragen und zerstört worden. Wir müssen uns also vorläufig mit dem Bericht der Bibel begnügen.[210] Um so großartigere Ergebnisse lieferten die tiefsten Schichten des Schutthaufens: Jericho gilt zur Zeit als die älteste bekannte Stadt der Welt. Die Besiedlung der Ortslage begann etwa um 8000 v. Chr.; eine kleine Siedlung von seßhaft gewordenen Jägern, Sammlern und Fischern, die an der reichlich fließenden Quelle ihre Hütten bauten. Etwa um 7000 v. Chr., also in einer Zeit, in der weder Metalle noch Töpferei bekannt waren, existierte bereits eine städtische Siedlung, die ein Areal von etwa 3 ha einnahm. Die erstaunlichste Leistung dieser frühen Bewohner von Jericho ist die Steinmauer, mit der die Stadt umgeben war und die teilweise eine Stärke bis zu 1,75 m hatte. Wohl noch im 7. Jahrtausend v. Chr. wurde die Stadt zerstört und erst später mindestens zweimal wiederaufgebaut. Anscheinend waren die jüngeren Anlagen das Werk einer anderen Bevölkerungsgruppe, denn die Bauten sind nun in ganz anderer und besserer Art errichtet. Das wohl noch vor 5000 v. Chr. anzusetzende und offenbar katastrophale Ende brachte die städtische Entwicklung in Jericho für lange Zeit zum Erliegen.

Die nächste Stadtmauer, an der sich 17 Wiederaufbauphasen registrieren lassen, stammt aus der Frühbronzezeit (ca. 3100—2100 v. Chr.). Eine meterdicke Ascheschicht im Süden zeugt davon, daß ein Feind versucht hat, die Mauer durch ein großes Feuer zu vernichten und damit die gesamte Stadt durch einen Brand zu zerstören.

Während der Mittelbronzezeit (ca. 2100—1550 v. Chr.) wurde die Mauer von Jericho dreimal erneuert und in der Periode der Hyksosherrschaft mit einem Stadtgraben umgeben. Nach dem Sturz der Hyksos beginnt die Unterwerfung Kanaans durch Ägypten. Um 1550 v. Chr.

Abb. 218. Der Ruinenhügel von Alt-Jericho mit dem Hippo-
           drom des herodianischen Jericho.

Der eiförmige, etwa 300 m lange und 160 m breite Hügel auf
der rechten Hälfte des Bildes ist der Tell es-Sultan, der Ruinenhügel des alten Jericho aus der israelitischen und vor-
israelitischen Zeit. Die Zerfurchung der Oberfläche stammt
von den Grabungen der Archäologen. Die Entstehung eines
Tell — wie ein künstlicher Hügel zum Unterschied vom
Dschebel, dem natürlichen Berg, genannt wird — ist schnell
erklärt. Irgendwann siedelten Menschen an einer Quelle oder
auf einem günstigen Gelände. Die Siedlung wurde mit einem
Wall umgeben. Nach einer Zerstörung der Stadt ebneten
Regen und Wind allmählich die Oberfläche ein. Die tiefer
gelegenen Mauern und Schichten blieben so vor der Erosion
geschützt und wurden für die wißbegierige Nachwelt konser-
viert. Mit der Besiedlung durch neue Bewohner wiederholte
sich in den jahrhundertelangen Abläufen der Geschichte das
Gesetz des Aufbaues und der Zerstörung immer wieder.
Jede Siedlungsepoche hinterließ ihre Spuren, die wie die
Schichten einer Torte immer höher stiegen. In Jericho beträgt
die Höhe der Trümmerschichten nur etwa 20 m. Rechts vom
Hügel liegt die berühmte Elischa-Quelle. Die Straße, die vom
Hügel aus in südöstlicher Richtung sichtbar ist, begrenzt das
dunkel erscheinende Bewässerungsgebiet der Quelle und führt
nach Neu-Jericho, dem heutigen Eriha. Vom Jericho des
Neuen Testaments, das etwa 2 km in südwestlicher Richtung
lag, sieht man am unteren Rand die halbkreisförmige Nord-

kehre der Pferderennbahn Herodes' des Großen. Das Hippodrom erinnert noch an den geplanten Massenmord des sterbenden Königs (vgl. S. 99). Die vom Gebirge zur Jordanebene herabführenden Wadis liegen im tiefen Schatten der
von der Morgensonne beschienenen östlichen Randhöhe.
(Unterer Bildrand: Südsüdost.)

Abb. 219. Das alttestamentliche Jericho mit dem »Berg der
           Versuchung«.

In Jericho, das wahrscheinlich »Weg« bedeutet, ist tatsächlich
der Weg des Menschen über 10 000 Jahre hinweg zurückzu-
verfolgen. Von 1952 bis 1958 wandte die englische Archäologin Kathleen M. Kenyon für die Grabungen in Jericho die
verbesserte Schnittmethode mit großem Erfolg an. Im wesentlichen schließt diese Methode die sorgfältige Verwendung von
Probeschnitten in sich, um eine genaue Stratifikation (Schichtenfolge) zu bestimmen, bevor man an die Ausgrabung des
Areals geht. An drei Stellen wurde der alte Ruinenhügel an-
gegraben, je ein Längsschnitt im Norden und im Süden und
ein Querschnitt in der Mitte, so daß eine Ringmauer des Hügels immer angeschnitten wurde. Das Bild zeigt den Stichgraben in der Mitte des Hügels mit dem Blick nach Westen
(vgl. Abb. 218).
Die senkrechte Grabenwand enthüllt die Geschichte der Stadt
von der obersten Mauer aus der Zeit um 1550 v. Chr. bis
hinab zu den ältesten Überresten auf dem Felsboden, die

etwa aus dem 8. Jahrtausend stammen. Die Frühbronzezeit (ca. 3100–2100 v. Chr.) ist in Jericho vor allem durch bedeutende Verteidigungsanlagen bezeugt. Im Profil des Stichgrabens (rechter Bildrand) kann man mehrere Stadtmauern dieser Epoche erkennen, die alle aus luftgetrockneten Ziegeln erbaut waren. Zu Beginn der Mittelbronzezeit (ca. 2100 v. Chr.) wurden, wie überall in Palästina, auch in Jericho neue Verteidigungsanlagen erprobt. Sie bestanden aus einem steil abfallenden Wall, der mit einer Ziegelmauer gekrönt war. Drei solcher massiven Verteidigungsanlagen lassen sich im Graben nachweisen. Die dritte Böschung, sorgfältig mit Steinen verkleidet, ist bis zu einer Höhe von etwa 4,75 m erhalten und im Graben am unteren Bildrand noch sichtbar. Der Wall wurde von den Ägyptern unter dem Pharao Amosis (1552–1527 v. Chr.) zerstört.

Durch die Ruinenhügel hindurch geht der Blick zum Dschebel Karantal. Dieser kahle Felskegel, der westlich von Jericho 348 m steil aus der Jordanebene aufragt, gilt seit dem 12. Jahrhundert als der traditionelle »Berg der Versuchung«. Auf halber Höhe klebt wie ein Schwalbennest ein griechisch-orthodoxes Kloster an der steilen Felswand. Schon im 4. Jahrhundert haben hier byzantinische Einsiedler in den Felshöhlen gelebt. Auf dem Gipfel des Berges, einer Platt-form von 100 m Länge und 40 m Breite, lag die alte Makkabäer-Festung Dok. Da der Gipfel auch von dem westlich angrenzenden Gebirge stark abgesetzt ist, war die Festung nicht so leicht anzugreifen. Reste von Säulentrommeln, ionischen Kapitälen und anderen Bruchstücken aus dem Mergelkalkstein der Jordanebene erinnern noch an diese stolze Burg über dem Jordantal, in der im Jahre 135 v. Chr. der Hohepriester Simon mit seinen zwei Söhnen von seinem Schwiegersohn Ptolemäus bei einem Festmahl ermordet wurde (1 Makk 16, 11–16). Die Kirche der byzantinischen Laura von Duka, die an der Stelle der Burg erbaut worden war, ist noch in zwei Chorschrankenpfeilern zu erkennen. Der vor dem ersten Weltkriege begonnene Neubau der Kirche ist un-vollendet geblieben. Von dem Gipfel geht der Blick weit über das Jordantal und die Bergwüste Juda bis zum Ölberg (vgl. Abb. 13, S. 30, und Abb. 37, S. 72).

wurde Jericho von dem Pharao Amosis (1552–1527 v. Chr.) verwüstet. Die nächsten Spuren einer Besiedlung stammen erst aus der Mitte des 14. Jahrhunderts v. Chr. Von einer Mauer aus der Spätbronzezeit hat man bisher noch nichts entdecken können, da die obersten Schichten des Tells abgetragen oder eingeebnet waren, ehe die Forschungen begannen. Die letzten Reste stammen aus der Zeit zwischen 900 und 600 v. Chr. So liegen 8000 Jahre menschlicher Geschichte in ihrer tragischen und glücklichen Abfolge vor unseren Augen.

Das Jericho zur Zeit Jesu lag etwa 2 km südwestlich vom alten Jericho entfernt. Die Landschaft von Jericho war damals die fruchtbarste und ertragreichste Gegend von Palästina. Nach Strabon befand sich bei Jericho »der Palmenwald« in einer Ausdehnung von 100 Stadien und der »Balsamgarten«, welcher das kostbare, als Heilmittel gebrauchte Balsamharz lieferte. Da beide Erzeugnisse hoch im Preis standen, nennt Josephus diese Gegend ein göttliches Geschenk: »Mit Recht kann man deshalb diesen Landstrich, in welchem die seltensten und kostbarsten Erzeugnisse der Natur in so reicher Fülle gedeihen, einen gottgesegneten nennen. Auch was die sonstigen Fruchtarten angeht, kann nicht leicht eine andere Gegend der Erde mit ihm verglichen werden — so reichlich gibt der Boden zurück, was man hineinlegt hat. Es scheint mir dies von der Wärme der Luft und der vorzüglichen Beschaffenheit des Wassers herzukommen, indem jene die Pflanzen hervorlockt und ihr üppiges Wachstum befördert, die Feuchtigkeit aber dieselben starke Wurzeln schlagen läßt und ihnen im Sommer Kraft verleiht. In letzterer Jahreszeit ist die Gegend so drückend heiß, daß nicht leicht jemand ins Freie hinausgeht. Das Wasser, welches man vor Sonnenaufgang

schöpft und dann der Luft aussetzt, wird sehr kalt und nimmt eine der umgebenden Luft entgegengesetzte Temperatur an; im Winter dagegen erwärmt es sich und ist dann zum Baden sehr geeignet. Auch ist die Luft in dieser Jahreszeit dort so mild, daß die Eingeborenen sich in Leinwand kleiden, während es im übrigen Judäa schneit« (Jüd. Krieg IV, 8, 3). In dieser subtropischen Landschaft hatte Herodes seine Prunkbauten errichtet und die Palmenstadt zu einem luxuriösen Badeort gemacht. Ein Amphitheater, eine Pferderennbahn und große Parkanlagen mit künstlichen Teichen lockten ein zahlungskräftiges Publikum in diese berühmte Oasenstadt. Im Schatten der Bergfestung Kypros lag die königliche Winterresidenz, in der der Kindesmörder von Betlehem drei Jahrzehnte zuvor sein dramatisches Ende gefunden hatte (vgl. Abb. 220 und Abb. 222, S. 393).

In Jericho lud sich Jesus in das Haus des reichen Oberzöllners Zachäus ein — ein in den Evangelien einzig dastehender Fall. Zachäus (dieser Name ist wohl die Kurzform für Zacharias) war als höherer Finanzbeamter in der wichtigen Grenzstadt Jericho für Rom tätig.

Die einzelnen römischen Provinzen mußten dem Kaiser direkte und indirekte Steuern zahlen. Die letzteren bestanden hauptsächlich in Zöllen mannigfachster Art, wie Wege-, Brücken-, Tor-, Hafen-, Einfuhr- und Ausfuhrzöllen. Zum Zwecke der Steuererhebung waren die Provinzen in Bezirke aufgeteilt. In Judäa allein gab es elf solcher Steuerbezirke. Die Erhebung der direkten Steuer, der sogenannten Kopf- und Vermögenssteuer, erfolgte durch die einheimische Behörde, die Eintreibung der indirekten Steuern dagegen wurde den meistbietenden Steuerpächtern überlassen.[211] Der Staat gewann dadurch eine feste Einnahme ohne jedes Risiko, da der Steuerpächter die vorgeschriebene Summe in jedem Falle abliefern mußte. Die Steuerpächter wiederum ließen die Steuern durch Unterbeamte, Zöllner genannt, eintreiben. Diese Praxis führte zu einer skrupellosen Ausbeutung der Bevölkerung; denn jeder Pächter war eifrig bemüht, ein Vielfaches der Pachtsumme aus den Steuerzahlern herauszupressen. Es ist darum gar nicht verwunderlich, daß die Bewohner Jerichos für diese Ausbeuter wenig Sympathien zeigten und die gesetzestreuen Juden in den Zöllnern Sünder sahen.

Bei den jüngsten Ausgrabungen im herodianischen Jericho hat man am Westausgang der Stadt die Überreste eines Bürgerhauses freigelegt. Die gefundenen prunkvollen Mosaikböden lassen uns heute noch den Wohlstand und den verschwenderischen Luxus dieser Klasse ahnen. Die im Sonderbericht des Lukas gezeichneten Einzelzüge spiegeln diese Situation realistisch wider. Man spürt gleichsam, wie betont der Evangelist diese Begebenheit erzählt: »Da war ein Mann mit Namen Zachäus; er war ein Oberzöllner und sehr reich. Der wünschte sehr, zu sehen, wer Jesus wäre, konnte es aber nicht wegen der Volksmenge, weil er klein von Gestalt war. Er lief nun voraus an die Spitze und kletterte,

Abb. 220.   Das neutestamentliche Jericho.

Nur noch wenige Palmen erinnern an die Fruchtbarkeit der alten Palmenstadt in der Jordanebene am Ausgang des Wadi el-Kelt. Nach Josephus hat sich die bewässerte Fläche über 70 Stadien in der Länge und 20 in der Breite, also über mehr als 45 Quadratkilometer erstreckt. Das Wasser wurde über fünf Aquädukte aus dem Gebirge in die Ebene geleitet. Zwei von ihnen kamen von der Quelle Ain Fara und schlängelten sich auf einer etwa 12 km langen Strecke durch die Berge der judäischen Wüste. Das Wasser wurde dann in einem großen Sammelbecken, das jetzt den Namen Birket Musa trägt, aufgefangen, wo auch die drei anderen Leitungen aus Ain Kelt endeten. Im Vordergrund die Ausgrabungen auf dem Gelände der herodianischen Palastbauten; im Hintergrund die Bergkuppe, auf der die Festung Kypros lag.

19,—4). Der Name drückt die beiden Ähnlichkeiten aus: der Blätter mit dem Maulbeerbaum (Morus nigra); der Früchte mit dem Feigenbaum (Ficus carica). Der immergrüne Baum, dessen Stamm oft bis zu 3 m Umfang messen kann, erreicht eine Höhe von etwa 15 m. Er wurde hauptsächlich wegen seiner Verwendung als Bauholz angepflanzt. Seine saftreichen, wenig süßen Früchte, die kleinen Feigen ähnlich sehen, sind aber meist wurmstichig. Der Baum gedieh vor allem in der Schefela und in der Jordansenke.

»Als Jesus an die Stelle kam, blickte er empor und sagte zu ihm: Zachäus, steige geschwind herab, denn heute muß ich in deinem Hause bleiben« (Lk 19, 5).

Man kann sich diese Szene ruhig in aller Realistik vorstellen: wie der kleine, gutgenährte Oberzöllner vom Baume rutschte, unter dem Gelächter aller Umstehenden. Zachäus aber strahlte übers ganze Gesicht, denn er hatte sein Lebensglück gefunden: »Er nahm Jesus mit Freuden auf« (Lk 19, 6).

Den bösen Zungen der Kritik, daß er bei einem Sünder Wohnung nehme, entgegnete Jesus: »Der Menschensohn ist ja gekommen, zu suchen und zu retten, was verloren war« (Lk 19, 10).

In Jericho wirkte Jesus sein letztes von den Synop-

um ihn sehen zu können, auf einen Maulbeerfeigenbaum, an dem er vorbeikommen mußte« (Lk 19, 2—4).

Im bewußten Gegensatz zu dem populären Gebrauch, wie wir ihn auch in der Septuaginta finden, unterscheidet Lukas mit seinen medizinischen Fachkollegen Dioskorides (um 50 n. Chr.) und Galenus (129—ca. 200 n. Chr.) exakt zwischen Maulbeerbaum (sykaminos — Lk 17, 6) und Maulbeerfeigenbaum (sykomorea — Lk

Abb. 221. Das herodianische Jericho mit der Straße nach Jerusalem.

Vor unseren Augen liegt die Landschaft, wie sie im Jahrhundert Jesu war. Noch immer ragen die Gipfel zum Himmel, die den steilen, kurvenreichen Weg von Jericho nach Jerusalem mit ihrer erschreckenden Kahlheit säumen (vgl. Abb. 127, S. 214). Unvermindert rauschen im Winter die Wassermassen tosend das Wadi el-Kelt in die Jordanebene hinab. Aber die Geschichte der Menschen ist weitergegangen. Blättern wir zweitausend Jahre zurück, und das herodianische Jericho mit den Palastbauten des Königs der Juden liegt zu beiden Seiten des Wadi el-Kelt – an der Stelle, wo sich das Wadi aus dem jüdäischen Gebirge herausschlängelt und in die Jordansenke eintritt – vor unseren Augen ausgebreitet. Am südlichen Ufer des Wadi el-Kelt, in der linken unteren Bildhälfte, sehen wir einen runden, mit einem Kreuz signierten Buckel, gleichsam wie eine Warze aus der Umgebung sich erhebend. Er heißt Tulul Abu el-Alayik. Der Name – Tulul ist der Plural von Tell – zeigt, daß es sich um zwei Erhebungen handelt. Der zweite Tell liegt etwa auf gleicher Höhe am nördlichen (rechten) Ufer des Wadi – genauer: am Ostufer des kleinen Wadi Schaqq ed-Debi, eines nördlichen Zuflusses des Wadi el-Kelt – und ist gerade noch an der schwachen Rundung mit den schwarzen Punkten zu erkennen (vgl. Abb. 222, Tell 2). Das Zentrum des herodianischen Jericho

befand sich im Umkreis des heutigen Tulul Abu el-Alayik auf beiden Seiten des Wadi el-Kelt. Nach Strabon sicherten die Festungstürme Threx und Tauros den Zugang zum Wadi mit der wichtigsten Querverbindung des Landes. Die Festungsbauten wurden von Pompeius während seines Palästinafeldzuges (63 v. Chr.) erobert und zerstört.
Über diesem königlichen Jericho thronte am Aufstieg zur Wüste, südlich (links) von der Straße, auf dem etwas hervorstehenden Gipfel, die Burg Kypros[212] (Jüd. Altert. XVI, 5, 2). Einige Mauerreste unterhalb des Gipfels, die Ruinen eines Gebäudes auf dem Gipfel mit 20 m im Quadrat und Stücke einer um diese oberste Befestigung laufenden Umfassungsmauer erinnern noch an dieses »Adlernest«. (Unterer Bildrand: Nordost.)

Abb. 222. Ausgrabungen auf dem Gelände der Tulul Abu el-Alayik.

Geländeskizze mit dem Plan der Ausgrabungen (nach J. L. Kelso, J. B. Pritchard [1951] und E. Netzer [1973]).

Winterpalast der Hasmonäer – Tell 2
   1 Zentralgebäude
   2 Pavillon
   3 Teichanlage

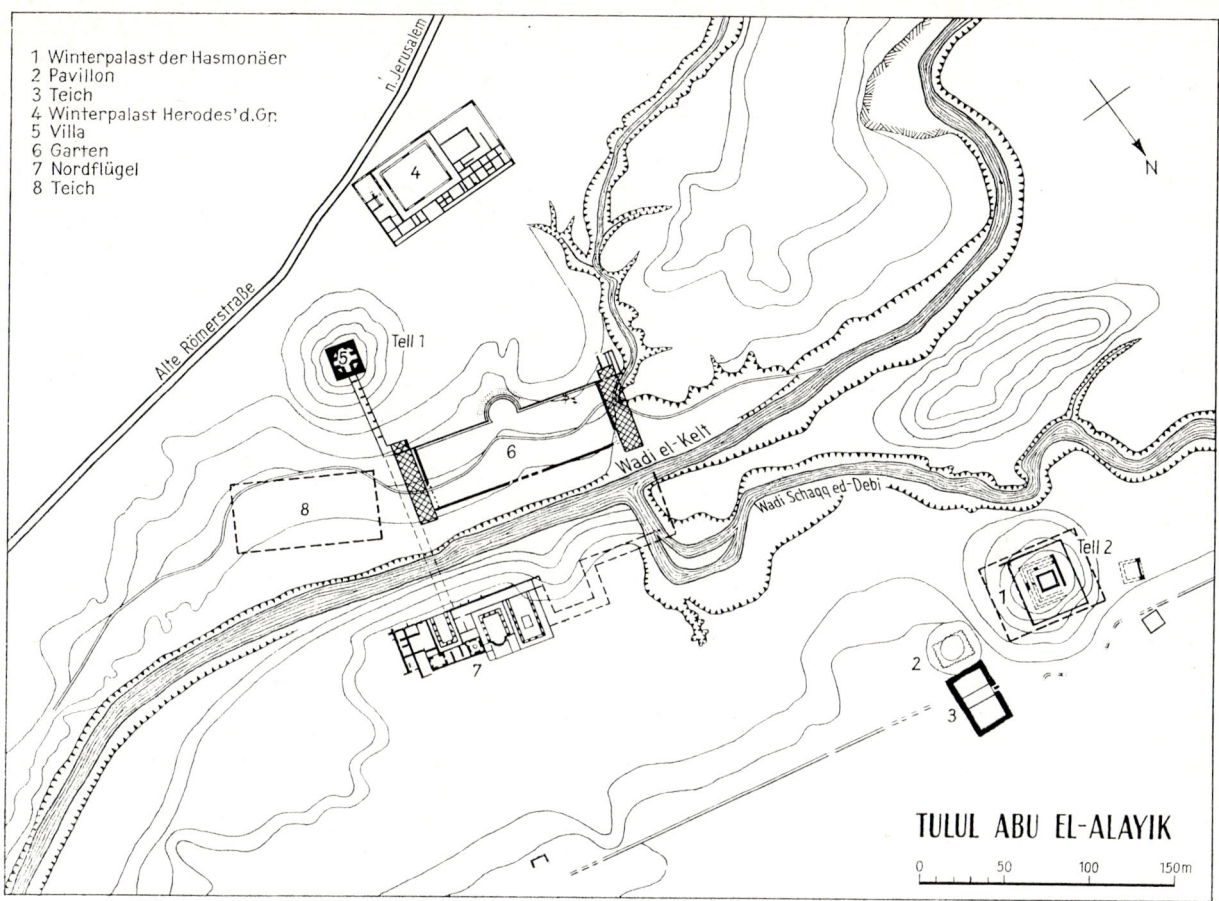

Winterpalast Herodes' des Großen

    4 Alter Palast
    5 Privatvilla – Tell 1
    6 Exedra und Garten
    7 Neuer Palast mit Empfangssaal
    8 Teich

In den Jahren 1950–1951 wurde das Gelände von den amerikanischen Archäologen J. L. Kelso und J. B. Pritchard untersucht.[213] Auf dem Tell am Nordufer des Wadi (vgl. Plan, Tell 2) wurden Backsteinmauern von beträchtlichem Ausmaß entdeckt, dazu ein quadratischer Turm. Im Umkreis des südlichen Tells (Tell 1) konnte ein kleiner Teil des neutestamentlichen Jericho freigelegt werden. Die Grabungen auf dem Tell erbrachten viel Keramik aus dem Chalkolithicum und der Frühbronzezeit und lassen darauf schließen, daß sich hier zu Beginn des 3. Jahrtausends v. Chr. eine größere Ansiedlung befand. Dazugehöriges Mauerwerk wurde aber nicht gefunden. Wahrscheinlich lebten die Bewohner nur in leichten Hütten. Dann aber blieb die Ortslage des Tells verlassen bis in die hellenistische Zeit, aus der einige Mauerreste stammten. Bei den von dem Jerusalemer Archäologen E. Netzer im Jahre 1973 durchgeführten neuen Grabungen wurden einige der früher vertretenen Ansichten und Schlußfolgerungen korri-

giert. So hat sich die von J. L. Kelso geäußerte Vermutung, daß der auf dem Tell 2 gefundene quadratische Turm eine der beiden Burgen Threx oder Tauros darstellt, nicht bestätigt. Die weitere große Überraschung war die Entdeckung eines Winterpalastes der Hasmonäer, der den amerikanischen Archäologen verborgen geblieben war. Dieser Palast auf dem Tell 2 am Nordufer des Wadi el-Kelt bestand aus einem Zentralgebäude (1), einem Pavillon (2) und einer Teichanlage (3). Das etwa 50 × 50 m große Hauptgebäude, dessen Mauern teilweise bis zu einer Höhe von 6 m noch aufrecht stehen, umschloß einen großen Hof. Die Wände zeigten noch Reste der alten Fresken und Stuckarbeiten. Nordöstlich vom Hauptgebäude lag ein 34 × 20 m großer Teich. Über einen 6 km langen Aquädukt wurde das Wasser von Ain Duk in den etwa 4 m tiefen Teich geleitet, der durch eine 6 m breite Zwischenwand in zwei Becken geteilt war. Ein gepflasterter Weg umgab das Teichgelände an drei Seiten. Die noch vorhandene Erde läßt vermuten, daß eine Gartenanlage mit Ziersträuchern und Blumen den Badeplatz verschönerte. Das an der Südseite stehende Gebäude (2) diente wahrscheinlich als Pavillon.

Die auf dem Gelände gefundenen Münzen stammen von Antigonus, dem letzten König der Hasmonäer (40–37 v. Chr.), der von den Römern in Antiochia hingerichtet wurde. Verschiedene Spuren reichen aber bis in die Zeit Alexanders Jannäus (103—76 v. Chr.) zurück. Es scheint, daß Herodes zu Beginn seiner Herrschaft diesen Palast noch bewohnt hat. Vielleicht war es einer der Teiche, die Josephus bei der Ermordung des jungen Hohenpriesters Aristobul erwähnt: »Da es aber an diesem Ort sehr heiß war, traten sie (Herodes und Aristobul) an die Teiche, die in beträchtlicher Größe die Anlagen umschlossen. Zunächst sahen sie einigen ihrer Freunde zu, wie diese in dem Wasser schwammen, und als sich dann Aristobul auf Zureden des Herodes gleichfalls unter sie mischte, tauchten ihn die Freunde des Herodes, welche dieser entsprechend beauftragt hatte, unter dem Schein des scherzhaften Spiels unter und ließen ihn nicht eher los, als bis sie ihn ertränkt hatten« (Jüd. Krieg XV, 3, 3).

Einige Jahre später baute sich Herodes am südlichen Ufer des Wadi einen eigenen Palast (4), der zunächst seinen Ansprüchen genügte. Das 87 m lange und 46 m breite Gebäude mit einem Empfangssaal, Wohnräumen und Bädern umschloß einen großen, fast quadratischen Innenhof, dessen Südseite zur Jordanebene und zum Toten Meer offen war: Bald aber genügte diese Winterresidenz dem zu Macht und Ansehen gelangten König der Juden nicht mehr. In großzügigster Weise plante der königliche Bauherr eine Vergrößerung seiner Winterresidenz, die sich durch die architektonische Anlage und Konstruktion von den früheren Bauten unterschied. Zunächst wurde ein künstlicher Hügel (Tell 1) aufgeschüttet (vgl. Bild 1, rechte obere Ecke). An seiner Nordseite führte eine etwa 50 m lange, steile Treppe, die auf Pfeilern ruhte, zur Anhöhe hinauf. Es sind nur noch Spuren der Fundamentmauern vorhanden, die ein quadratisches Gebäude mit einem kreisrunden Innenraum (5) vermuten lassen. War es die Privatvilla des Königs? Der Aufenthalt auf dem Dach muß — abgesehen von der leichten Brise, die vom Toten Meer her über die Ebene strich — einen einzigartigen Blick über die Palastanlagen und die umgebende Landschaft gewährt haben.

1. Der Empfangssaal des herodianischen Winterpalastes; in der rechten oberen Bildecke der aufgeschüttete Tell 1.

2. Das Frigidarium (Kaltbad), dessen typisch römisches Mauerwerk (opus reticulatum) mit den netzartig diagonal verlaufenden Fugen für den ganzen Orient einmalig ist.

Nördlich des Tells wurde am Südufer des Wadi el-Kelt eine 113 m lange Mauerfront freigelegt, die an beiden Enden in je einen rechtwinkelig stehenden Säulengang ausläuft. Die Mauer zerfällt in zwei gleich große Teile, die in je fünfundzwanzig abwechselnd halbkreisförmige und rechteckige Nischen gegliedert und durch eine große Exedra (runde Apsis) miteinander verbunden sind. Die Exedra (6) ähnelt einem Freilufttheater mit einem Treppenaufgang in der Mitte und sehr niedrigen Sitzreihen, die terrassenartig den Hang hinabsteigen. Doch die Blumentöpfe, die noch »in situ« in der Erde hinter den Sitzreihen gefunden wurden, lassen eher auf einen terrassenförmigen Garten schließen. Der Exedra war ein Wasserbecken vorgelagert. Die gegenüberliegende Nordmauer des Gartens, die nur an der Nordwestecke erhalten ist, lief das rechte Ufer des Wadi entlang.

Östlich des Gartens wurde 1973 ein Teich (8) von 90 × 42 m Größe entdeckt. Die schräge Lage des Beckens zur Gesamtanlage der Bauten war wahrscheinlich durch das abschüssige Gelände bedingt. Zwischen dem Teich und dem Garten führte eine Brücke auf das Nordufer des Wadi, wo das Hauptgebäude (7) des neuen Winterpalastes lag. Dieser Nordflügel der gesamten Anlage wurde durch eine Einbuchtung des Wadi gleichsam halbiert. Das unebene Gelände erforderte ferner eine Nivellierung der Grundfläche, auf welcher dann der 85 m lange und 35 m breite östliche Teil des Nordflügels mit zwei Höfen, einem großen Empfangssaal, einer römischen Badeanlage mit kleinen Wohnräumen errichtet wurde. Von der einstigen Pracht des Empfangssaales (Bild 1) zeugen nur noch die negativen Abdrücke der Marmorplatten, die in das weiche Mörtelbett verlegt wurden. Ein 5 m breiter Eingang führte in die 29 m lange und 19 m breite Halle, die an drei Seiten von einem Säulengang umschlossen war. Auch wenn alle Säulen im Laufe der Jahrhunderte zerstört und geraubt worden sind, die Fundamentspuren verraten ihre Lage und Größe. Im Mittelfeld der Halle ist ein Rechteck ausgespart. Die noch gefundenen Mosaiksteinchen deuten darauf hin, daß diese Fläche mit einem kostbaren Mosaik geschmückt war.

Östlich des Empfangssaales schloß sich ein Innenhof an, der an drei Seiten von korinthischen Säulen umgeben war. Den Abschluß an der vierten Seite bildete eine Apsis. Nördlich des Hofes lag die Bäderabteilung, die nach römischem Vorbild aus dem Frigidarium, dem Kaltbad (Bild 2), dem Caldarium, dem Warmbad, und den anderen notwendigen Räumen bestand. Selbstverständlich hatte der Architekt auch an eine kleine Bar gedacht. Das runde Frigidarium mit einem Durchmesser von 8 m hatte vier halbrunde Nischen. Das Bild läßt die römische Bauweise der netzartig vermauerten Steine (opus reticulatum) besonders gut erkennen.

Die Datierung der Bauten ist durch die aufgefundenen Münzen gesichert: 12 von Herodes, 22 von Archelaus, 3 von römischen Prokuratoren und 5 von Agrippa I. Der archäologische Befund entspricht dem Bericht des Josephus. Kurz nach dem Tode Herodes' des Großen (4 v. Chr.) plünderte Judas, der Sohn Ezechias' des Galiläers, den Palast, dann brannte ihn Simon, ein Sklave des Königs, nieder. Archelaus baute den Palast seines Vaters wieder auf.

tikern erzähltes Heilungswunder; einem Blinden wurde das Augenlicht geschenkt. »Als Jesus mit seinen Jüngern und vielem Volk Jericho verließ, saß der Sohn des Timäus, Bartimäus, ein blinder Bettler, am Wege« (Mk 10, 46).

Diese Perikope liegt bei jedem der Synoptiker in einer merklich verschiedenen Fassung vor. Nach Mattäus heilte Jesus zwei Blinde beim Auszug aus der Stadt (20, 29—34), nach Markus nur einen Blinden beim Auszug (10, 46—52) und schließlich bei Lukas einen Blinden beim Einzug in Jericho (Lk 18, 35—43). Man hat die verschiedensten Lösungen vorgeschlagen, um diese Berichte zu harmonisieren. Begnügen wir uns mit zwei Feststellungen. Die Zahl der Heilungen war so groß, daß es gar nicht in der Absicht der Evangelisten lag, jede zu registrieren; sie wählten aus. In der Anonymität der vielen Heilungen ist aber die Namensnennung des Blinden so auffällig, daß darin ein Beweis echter geschichtlicher Überlieferung zu sehen ist. Das kommt sonst, abgesehen von den Jüngernamen und einigen Frauen aus dem Gefolge Jesu, nur noch bei Jairus (Mk 5, 22) und Zachäus (Lk 19) vor. Der Blinde ist nicht irgendwer, sondern der Sohn des Timäus, Bartimäus. Jesus hat ihm nicht nur das Augenlicht geschenkt, sondern auch die innere Schau, den Glauben. »Er folgte dem Sohn Davids auf seinem Wege.« Bartimäus wird in der Christengemeinde kein Unbekannter geblieben sein. So hielt es der Evangelist für wichtig, seine Heilung zu überliefern. Der Bericht zeichnet sich wieder durch lebendige Anschaulichkeit aus: »Wie er hörte, es sei Jesus von Nazaret, hub er an zu schreien: Jesus, Sohn Davids, erbarme dich meiner!« (Mk 10, 47) Es ist das einzige Mal bei Markus, daß Jesus mit dem Titel »Sohn Davids« angeredet wird. Es ist das erste Mal, daß dieser messianische Titel laut und öffentlich verkündet wird, ohne daß Jesus gebietet, das »Messiasgeheimnis« zu wahren. Vom Messias erwartete man, daß er auch die Blinden heilen werde (Jes 35, 5), und das gab dem Bartimäus den Mut, laut zu schreien: »Jesus, Sohn Davids, erbarme dich meiner!« Da er den Umstehenden mit seinem Geschrei auf die Nerven ging, »herrschten sie ihn an, er solle schweigen. Er aber schrie noch viel mehr: Sohn Davids, erbarme dich meiner! — Jesus blieb stehen und sagte: Ruft ihn. Da riefen sie den Blinden und sagten ihm: Habe Mut, stehe auf, er ruft dich! Der aber warf seinen Mantel ab, sprang auf und eilte zu Jesus. Da sprach Jesus zu ihm: Was willst du, daß ich dir tun soll? Der Blinde antwortete: O Meister, daß ich wieder sehen kann. Jesus sagte ihm: Geh, dein Glaube hat dich gesund gemacht. Auf der Stelle konnte er sehen und folgte ihm auf seinem Wege« (Mk 10, 47—52).

Auf dem Wege nach Jerusalem

»Sechs Tage vor dem Osterfest kam Jesus nach Betanien, wo Lazarus wohnte« (Joh 12, 1). Es war die letzte Station vor Jerusalem.

Der etwa 25 km lange Weg von Jericho nach Jerusalem ist durch das Gleichnis vom barmherzigen Samariter unsterblich geworden. Unmittelbar hinter Jericho begann im Wadi el-Kelt der Aufstieg ins Gebirge (vgl. Abb. 127, S. 214, und Abb. 221, S. 392). Die Wanderer hatten einen Höhenunterschied von rund 1200 m zu überwinden, ehe sie in Betanien, östlich vom Ölberg, ankamen. Der steile Paßweg, die sogenannte Adummim-Steige, auf dem einst David vor seinem revoltierenden Sohn Abschalom geflohen war, bot die »ideale« Landschaft für Straßenräuber. Stundenlang führte der Weg durch tiefe Schluchten und gefährliche Hohlwege. Das ziegelrote Gestein gab dem gefürchteten Weg noch den entsprechenden Namen: Adummim bedeutet Blut. Dieser durch Überfälle und Mord berüchtigte Weg ist der lokale Hintergrund für das Gleichnis Jesu. Auch hier erkennen wir wieder, wie realistisch Jesus an die gegebenen Verhältnisse anknüpfte. Jericho gehörte nämlich zu den Priesterstädten und zählte viele Leviten unter seinen Bewohnern. Ihr Beruf brachte es mit sich, Jerusalem öfter zum Tempeldienst aufzusuchen. So waren immer einige unterwegs. Heute zeigt man am Ende der Blutsteige, etwa 19 km von Jerusalem entfernt, die »Herberge des Barmherzigen Samariters«. Es muß ein uralter Rastplatz sein, an dessen Zisterne die Wanderer Schutz und Wasser fanden.

Ein frühes Zeugnis für die Blutsteige findet sich bereits in der Grenzangabe der Stämme Juda und Benjamin: »Die Grenze ging hinauf ... gegenüber der Steige von Adummim« (Jos 15, 7; 18, 17). Die von Herodes oberhalb Jerichos erbaute Burg Kypros und die älteren von Pompeius zerstörten Kastelle Threx und Tauros, die Strabon (64 v. Chr.–19 n. Chr.), der bedeutende griechische Geograph, erwähnt (Geographika XVI, 2, 40), haben sicherlich auch dem Schutz der gefährdeten Straße gegolten (vgl. Abb. 221, S. 392, und Abb. 222). Noch Eusebius († 339) berichtet von einem Wegkastell an der Blutsteige, und Hieronymus fügt bei der Namenserklärung »Adummim« hinzu: »wegen des Blutes, das hier oft von den Räubern vergossen wird«. Von der Höhe des Chan Hatrur führte der Weg nach etwa 3 km zu einer Senke hinab und gabelte sich in zwei Wegstrecken nach dem gleichen Ziel. Die in westlicher Richtung weiterführende Strecke erreichte die Ölbergkette in dem Sattel, der zwischen der heutigen »Augusta-Viktoria-Stiftung« im Norden und der Galiläa-Kuppe mit der griechischen Kirche »Viri Galilaei« im Süden liegt (vgl. Abb. 226, S. 401). Es ist die Wegstrecke, die später zur Römerstraße ausgebaut wurde, wie es noch vereinzelt römische Meilensteine andeuten. Auf der Ölbergkette hatte die Römerstraße Anschluß an die große

Nordsüdachse, die Jerusalem mit Neapolis (Samaria-Sebaste) und Cäsarea verband. Der andere Weg verließ die Römerstraße am Wadi es-Sidr und führte in südwestlicher Richtung durch das tief eingeschnittene Wadi el-Hod an die östlichen Vorhöhen des Ölberges heran. Die kurz vor Betanien am Weg liegende Quelle sichert dieser Strecke ein hohes Alter. Die Bibel nennt diese an der Grenze von Juda und Benjamin gelegene Quelle »En-Schemesch« — »Sonnenquelle« (Jos 15, 7; 18, 17); seit dem 14. Jahrhundert heißt sie »Apostelquelle« (Ain el-Hod). Beide Wege konnten Jesus nach Betanien führen.

Johannes schreibt also: »Sechs Tage vor dem Osterfest kam Jesus nach Betanien, wo Lazarus wohnte, den er von den Toten auferweckte hatte. Dort bereitete man ihm ein Gastmahl. Marta wartete auf, und Lazarus gehörte zu denen, die mit ihm zu Tische saßen« (Joh 12, 1. 2).

Die Römer zählten bei ihren Datierungen den Tag, von dem an sie rückwärts rechneten, mit. Die Griechen dagegen, denen wohl Johannes folgt, schlossen den Termin, von dem an sie rückwärts rechneten, von der Zählung aus. Da das Osterfest mit der Schlachtung der Paschalämmer am Nachmittag des 14. Nisan begann, wäre Jesus am 8. Nisan in Betanien eingetroffen.

Auch Mattäus und Markus berichten von einem Festmahl in Betanien, verlegen es aber in die Passionswoche. Da Johannes ein bestimmtes Datum nennt, wird man seiner zeitlichen Ansetzung den Vorzug geben. Dafür entschädigen uns Markus und Mattäus, indem sie uns den Namen des Gastgebers nennen: »Simon der Aussätzige«. Johannes erwähnt den Lazarus nur als Tischgenossen, Marta als Aufwärterin und ihre Schwester, Maria, die bei Mattäus und Markus nicht mit Namen genannt wird.[214]

Wenn man die zwölf Männer aus der Begleitung Jesu zählt, dazu den Gastgeber, den Lazarus und Jesus, dem »zu Ehren das Festmahl« veranstaltet wurde, dann zählte die Tischgesellschaft mindestens 15 Personen. Daß diese Zahl aber viel zu gering ist, braucht wohl nicht erst bewiesen zu werden. Es war eine stattliche

Abb. 223.   Der Weg von Jericho nach Jerusalem im Wadi el-Kelt. (Vgl. Abb. 127, S. 214.)

»Das Tal des Todesschattens«, so nennt der Psalmist die tiefe Schlucht, an deren steiler Südwand (linke Bildhälfte) der Weg von Jericho nach Jerusalem entlangführt. Wer dieses Bild betrachtet, wird die Psalmworte neu entdecken: »Und walle ich im Tal des Todesschattens, ich fürchte keinerlei Gefahr, denn du begleitest mich« (Ps 23, 4). Es gibt westlich vom Jordan kein Tal, das in so großartiger Weise die Wildheit der Natur offenbart. An einigen Stellen treten die Wände so nahe zusammen, daß die Strahlen der Sonne nur wenige Minuten die Schlucht erhellen, in deren Tiefe von Winter zu Winter ein Bach rauscht. Das Wadi el-Kelt ist das einzige Tal in Judäa, das mehrere Quellen hat. Ohne Zweifel war das ein

Grund, weshalb Herodes der Große am Ausgang des Tales seine beiden Paläste erbaute. Das Quellwasser wurde in Kanälen und Rinnen an den Steilwänden der Schlucht (vgl. die Wasserrinne an der linken Steilwand) in die Ebene geleitet, versorgte durch ein Röhrensystem die beiden Paläste, füllte die Wasserbecken und Teiche der ausgedehnten Gärten und floß dann den Bewässerungsanlagen der berühmten Balsamhaine zu. Einer der hohen Aquädukte, die das Wasser über die tiefe Schlucht führten, steht noch als stummer Zeuge der Vergangenheit im Tal des Todesschattens.

*Abb. 224.   Die Straße von Jericho nach Jerusalem mit Beta-
nien und dem Tempelplatz.*

*Die Luftaufnahme, die am frühen Nachmittag aus 3000 m
Höhe gemacht wurde, zeigt das Gelände südöstlich von Jerusalem mit den letzten südlichen Ausläufern der Ölbergkette
und den zur Wüste Juda abfallenden Trockentälern. Die
auffällige, zum Teil kurvenreiche Straße gehört zur letzten
Strecke der Jerichostraße, die in der Nähe des Chan Hatrur
von der Römerstraße abgezweigt ist. Am unteren Bildrand
beginnend, steigt sie im Wadi el-Hod über Betanien nach
Jerusalem empor. Die Ortslage von Betanien läßt sich mit
Hilfe der Karte (vgl. Abb. 226, 2, S. 401) ein wenig oberhalb
der spitzen Serpentinen ausmachen. In der rechten oberen
Bildecke ist der südliche Teil des Tempelplatzes mit dem*

*Felsendom auf dem sonnenerhellten Plateau sichtbar; links
davon die Mündung des Kidrontales in das Ge-Hinnomtal,
das im Süden und Westen den Stadthügel umgreift. Beide
Täler finden ihre Fortsetzung im Wadi en-Nar, das am letzten, südlichsten Ausläufer des Ölberges vorbei in südsüd-
östlicher Richtung (nach links) zum Toten Meer abfließt.
Oberhalb des Tempelplatzes beginnt die Hebronstraße mit
der Rephaim-Ebene. Unterhalb des Tempelplatzes nach dem
im tiefen Schatten liegenden Kidrontal ist die Himmelfahrtskuppe mit den Häusern des Dorfes et-Tur sichtbar. Von der
unteren linken, bebauten »Ecke« der Himmelfahrtskuppe läßt
sich auf dem sonnenbestrahlten welligen Abhang der Weg
über Betfage nach Betanien verfolgen. Von der Ölberghöhe
(818 m) fällt das Gelände bis nach Betanien um 200 m ab,
um weitere 300 m bis in die Mündung des Wadi el-Lehham,*

das in der rechten unteren Bildecke noch parallel zum Wadi el-Hod läuft. Nach dem ermüdenden Marsch durch die Wüste Juda bedurfte es nach der kurzen Rast an der Quelle »Ain el-Hod« — »Apostelquelle« — im Wadi el-Hod (genau in der ersten unteren Kehre der Straße gelegen) einer letzten Kraftanstrengung, und die Pilger hatten ihr Ziel erreicht. (Unterer Bildrand: Ost.)

Gesellschaft, die Zeuge der folgenden Begebenheit wurde.

Während des Mahls kam Maria, die Schwester des Lazarus, mit einem Pfund kostbarer Salbe. Mit einem gewissen Stolz betont der Evangelist: »Es war aber echte Narde!« Sofort verstummte das Tischgespräch. Man hörte das Zerbrechen des Alabastergefäßes, und schweigend salbte Maria die Füße Jesu und trocknete sie mit ihren Haaren. Das ganze Haus wurde vom Duft der Salbe erfüllt.

Es war allgemein Sitte, an festlichen Tagen das Haupt der Gäste mit duftendem Öl zu salben. »Du bereitest vor mir einen Tisch, du salbst mein Haupt mit Öl und schenkst mir voll ein« (Ps 23, 5), sagt David, als er die Freude an der Gemeinschaft mit Gott unter dem Bilde eines von Gott bereiteten Mahles beschreibt. In dieser menschlich ergreifenden und weihevollen Atmosphäre ereignete sich ein peinlicher Zwischenfall: Judas berechnete mit einem tiefen Atemzug die Preislage dieser duftenden Verschwendung und kritisierte: »Warum hat man diese Salbe nicht für 300 Denare verkauft und den Erlös den Armen gegeben?« Johannes bemerkt mit scharfem Blick: »Das sagte er nicht, weil ihm an den Armen gelegen gewesen wäre, sondern weil er ein Dieb war und, da er die Kasse hatte, die Einkünfte beiseite zu schaffen pflegte« (Joh 12, 5. 6).

Jesus verwies dem Judas seine ungerechte Kritik an der Tat der Maria, aber er sprach nicht aus, was Johannes im stillen dachte, sondern: »Laß sie gewähren, damit sie das für den Tag meines Begräbnisses besorge. Arme habt ihr allezeit unter euch, mich aber habt ihr nicht allezeit« (Joh 12, 7. 8).

Grundlegend für das Verständnis der Antwort Jesu ist die Unterscheidung von Almosen und Liebeswerk. Das Spätjudentum unterscheidet von den Pflichtgeboten der Tora, deren es 613 gab, die guten Werke, nämlich Almosen und Liebeswerke. Das Almosen wird durch drei Merkmale vom Liebeswerk unterschieden: Es wird den Armen gegeben, erstreckt sich nur auf Lebende und besteht in einer Geldgabe. Das Liebeswerk dagegen umfaßt neben den Armen auch die Reichen, neben den Lebenden auch die Toten, und es erfordert neben der Geldaufwendung zugleich den persönlichen Einsatz. Darum steht das Liebeswerk über dem Almosen.

Zu den bei Jesaja 58, 6. 7 zusammengestellten wichtigsten Liebeswerken werden im Spätjudentum weitere Liebeswerke hinzugezählt, darunter auch die Totenbestattung. Aus dieser religiösen Wertung heraus konnte

Abb. 225.   Salbenflasche (»Alabastron«).

Das kostbare Gefäß befindet sich im Gustaf-Dalman-Institut für biblische Landes- und Altertumskunde der Ernst-Moritz-Arndt-Universität Greifswald. Die Höhe der Salbenflasche beträgt 16 cm, ihr größter Umfang 26,5 cm. Das Volumen kann auf ca. 275 cm³ geschätzt werden. Nach Plinius (Hist. nat. XIII, 3) nannte man Salbengefäße auch «Alabastron», wenn sie aus Glas oder anderem Material verfertigt waren.

Jesus den Vorwurf des Judas mit der Begründung zurückweisen: Die Frau hat ein Liebeswerk getan — und das Liebeswerk steht höher als das Almosen. Sie hat ein Liebeswerk getan, zu dem bald keine Gelegenheit mehr sein wird — nämlich das Liebeswerk der Totenbestattung, vollzogen an einem, der vor der Hinrichtung steht und dem das Schicksal droht, ohne Salbung in das Verbrechergrab geworfen zu werden.

Der Ölberg

Am nächsten Tage — es war der fünfte Tag vor dem
Osterfest — hielt Jesus seinen triumphalen Einzug in
die Heilige Stadt. Der knapp 3 km lange Weg führte
von Betanien an Betfage vorbei über den Ölberg.

In Jerusalem gehört der Ölberg zu den Orten, die untrennbar mit dem Leben Jesu verbunden sind. Zwölfmal
wird der Name »Berg der Ölbäume« oder »Berg des sogenannten Olivenhaines« (Apg 1, 12) im Neuen Testament erwähnt. Wenn Jesus während seines letzten Aufenthaltes in der Stadt die Nächte in Betanien verbrachte, mußte er zweimal am Tage den Weg über den Ölberg

Abb. 226. Der Ölberg.

1. *Blick auf die Altstadt mit dem Tempelplatz und dem Ölberg. Die Luftaufnahme zeigt im Vordergrund den mittleren Teil der Altstadt mit der Grabeskirche und dem Turm
der Erlöserkirche, im Mittelgrund den Tempelplatz mit
dem Felsendom, im Hintergrund den westlichen Abhang
des Ölberges mit dem hohen Russenturm am Horizont.
Das Bild läßt deutlich erkennen, wie der langgestreckte
Höhenzug mit der Himmelfahrtskuppe im Süden steil abfällt (vgl. Karte). (Unterer Bildrand: West.)*

2. *Die Umgebung des Ölberges mit dem Tempelplatz und Betanien. (Unterer Bildrand: Süd.)*

400

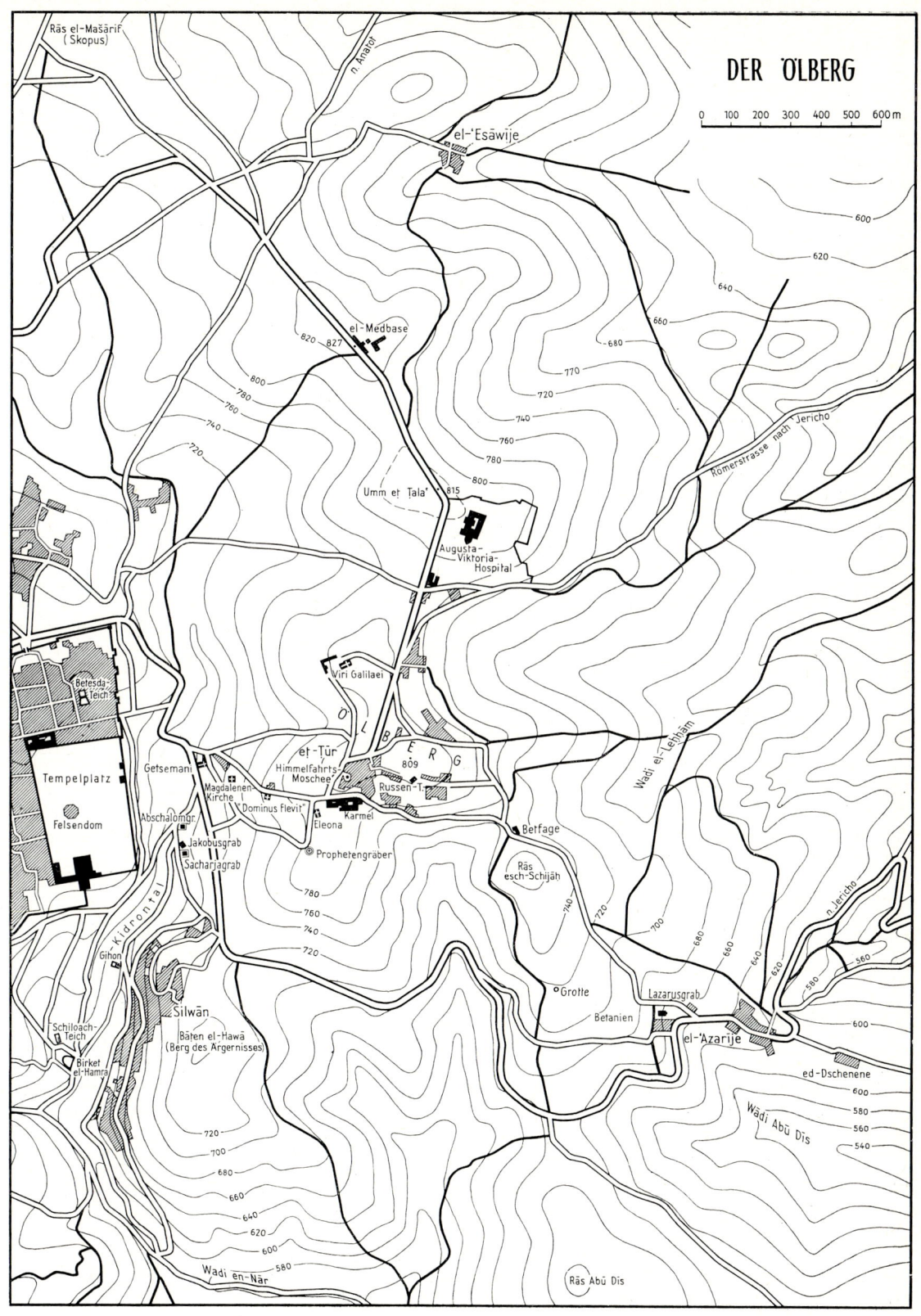

DER ÖLBERG

0 100 200 300 400 500 600 m

Rās el-Mašārif
(Skopus)

n. Anatot

el-'Esāwije

el-Medbase
820 827

800
780
760
740
720

Umm eṭ-Ṭala' 815

Augusta-
Viktoria-
Hospital

770
720
740
760
780
800

Römerstrasse nach Jericho

640
620
600
660
680

Betesda-
Teich

Viri Galilaei

Ö
L
B
E
R
G

Tempelplatz

Felsendom

Getsemani

Magdalenen-
Kirche

Abschalomgr.

Jakobusgrab

Sacharjagrab

et-Ṭūr

Himmelfahrts-
Moschee

Dominus flevit

Karmel

Eleona

809

Russen-T.

Prophetengräber

780
760
740
720

Betfage

Rās
esch-Schijāh

740

720
700
680
660

Wadi el-Lehham

n. Jericho

Lazarusgrab

Grotte

Betanien

el-'Azarije

600

620
640
660
680

560
580

ed-Dschenene

Kidrontal

Gihon

Schiloach-
Teich

Birket
el-Hamra

Silwān

Bāten el-Hawā
(Berg des Ärgernisses)

720
700
680
660
640
620
600
580

Wadi en-Nār

Rās Abū Dis

600
580
560
540

Wadi Abū Dis

zurücklegen. Die Wegstrecke war ihm nicht unbekannt. Nach Johannes (8, 1) zog sich Jesus bereits bei einem früheren Jerusalembesuch auf den Berg zurück. Am Ölberg, »dem Tempel gegenüber«, verkündete Jesus in prophetischer Schau die Zerstörung der Stadt und das Ende der Welt; nach dem letzten Abendmahle nahm Jesus seine Jünger mit an den Ölberg nach Getsemani. Auf dem Ölberg erreichte die Herrlichkeitsoffenbarung Christi in der Rückkehr zum Vater ihren Abschluß. Es liegt nicht in unserer Absicht, der Versuchung nachzugeben, »Spuren« zu suchen, die der Wind längst verweht hat. Die Gewißheit aber, daß es der gleiche Berg ist, den der Herr geschaut hat, kann uns mit den in den Evangelien geschilderten Ereignissen lebendiger verbinden. Das leichtere Sichzurechtfinden auf dem so oft dargestellten Panorama der Stadt soll der Lohn für den sein, der die Mühe der folgenden geographischen Exkursion auf sich genommen hat (vgl. Abb. 226, 2).

Der Ölberg ist keine nach allen Seiten frei stehende Anhöhe, sondern der südlichste Teil einer langen Bergkette, deren Grat mehrfach steigt und fällt und sich bei den Steigungen zu flachen Kuppen erweitert, während die Abhänge durch breite Falten gegliedert sind.[215] Der Anfang der Ölbergkette liegt im Norden Jerusalems, in der Nähe des historischen Skopus (819 m), etwa 2 km vor der Stadtmauer. Die Ölbergkette zieht sich zunächst in südöstlicher Richtung mit nur wenig wechselnder Höhenlage über die Kuppe el-Medbase (827 m) hin, die heute die Gebäude der alten Hebräischen Universität trägt, bis zur Anhöhe Umm et-Tala (815 m) mit der deutschen »Augusta-Viktoria-Stiftung«, führt dann in südlicher Richtung zur Himmelfahrtskuppe, dem Dschebel et-Tur (809 m), und sinkt schließlich nach einem merklichen Abfall mit dem letzten südlichen Ausläufer von 740 m auf die etwa 580 m tief liegende Sohle des Wadi en-Nar ab (vgl. Abb. 226, 1). Der südliche Abschluß der Ölbergkette, über den die Wege nach Betanien führten, verdient eine ausführliche Beschreibung.

Von der Nordostecke der Stadtmauer zieht sich ein tiefer Einschnitt, der auf der Ostseite ein entsprechendes, aber breiteres Gegenstück hat, zur Höhenlinie der Bergkette hinauf und scheidet durch einen schmalen Sattel den südlichen Teil der Ölbergkette von ihrer Fortsetzung nach Norden. Dieser südliche Abschluß der Ölbergkette bildet einen dreifachen Gipfel: Zwei Kuppen setzen die Richtung der Kette nach Süden fort, eine dritte ist der letzten Kuppe östlich vorgelagert.

Die nördlichste Erhebung (805 m) mit der Kapelle und dem Kloster »Viri Galilaei« der orthodoxen Griechen trägt seit dem 13. Jahrhundert den Namen »Berg von Galiläa« und wurde später einfach »Viri Galilaei« genannt. Der Name findet seine wahrscheinlichste Erklärung in der irrtümlichen Annahme, daß es der »Berg von Galiläa« sei, wohin der Auferstandene seine Jünger nach Mt 28, 16 beschieden hatte. Ein »Galiläa« in der Nähe Jerusalems hat es nie gegeben.

Etwa 400 m südlicher liegt auf dem langgestreckten Höhenrücken die nur wenige Meter höher gelegene Himmelfahrtskuppe (809 m), von den Arabern einfach »et-Tur« — »der Berg« — genannt. Die Anhöhe liegt dem Tempelplatz (744 m) genau östlich gegenüber, von dem sie durch das etwa 120 m tiefer gelegene Kidrontal getrennt ist; eine Feststellung, die auch bei Josephus nachzulesen ist (Jüd. Krieg V, 2, 3). Auf dem flachen Gipfel steht heute eine Moschee, die in den Jahren 1834/35 an der Stelle einer aus dem 4. Jahrhundert stammenden Kirche errichtet wurde. Daß diese Anhöhe der »Ölberg« oder genauer der »Berg der Ölbäume« des Altertums war, beruht auf einer seit dem 4. Jahrhundert gleichbleibenden und ungetrübten Tradition, die im Einklang mit den Zeugnissen des Alten Testament steht. Seinen Namen hat der Berg von den Ölbäumen, mit denen früher sein Westhang bewachsen war. In seiner endzeitlichen Theophanie beschreibt der Prophet Sacharja (Zacharias) die Lage des Berges eindeutig: »Seine Füße werden an jenem Tage auf dem Berg der Ölbäume stehen, der Jerusalem im Osten gegenüberliegt« (Sach 14, 4). Ezechiels prophetische Schau kann nur dem Ölberg gelten: »Die Herrlichkeit Jahwes stieg empor aus der Stadt und machte halt auf dem Berg, der im Osten der Stadt liegt« (Ez 11, 23).

Im Alten Testament wird der Ölberg noch bei der Flucht Davids erwähnt, die über den Gipfel führte, »wo man Gott anzubeten pflegte« (2 Sam 15, 32). Vom Tempelplatz führte man am Versöhnungstage die rote Kuh durch das Osttor über den Kidron auf den Ölberg, wo sie verbrannt wurde (Num 19, 1–10; Para 3, 6). Im Jahrhundert Jesu scheint der Gipfel nicht bebaut gewesen zu sein, da nach dem Talmud dort »zur Zeit des Zweiten Tempels gepflügt worden sei« (b. Pesach. 14[a]). Heute schließt sich an das Himmelfahrtsheiligtum das kleine, enggebaute Dorf et-Tur an, das zuerst im 15. Jahrhundert erwähnt wird.

Ein südlicher Ausläufer der Himmelfahrtskuppe fällt im Süden steil zu einem etwa 725 m hoch gelegenen schmalen Sattel ab, über welchen die Fahrstraße nach Betanien und Jericho führt. An der fast rechtwinkligen Biegung des südlichen Ölbergweges liegen die sogenannten Prophetengräber, eine Rotunde mit zwei halbkreisförmigen Galerien und 28 Schiebestollen.[216] Die Anlage stammt nach ihren Inschriften aus dem 4. und 5. Jahrhundert und war für christliche Pilger geschaffen worden. Es scheint aber nicht ausgeschlossen, daß diese Grabanlage mit dem von Josephus genannten »Felsen des Taubenschlags« identisch ist. Ein letzter Ausläufer, der sich zu einer langgedehnten Erhebung erweitert, schließt sich in südwestlicher Richtung an und trägt den Namen »Berg des Ärgernisses«. Auch wenn die Bezeichnung erst seit dem Mittelalter nachweisbar ist, scheinen auf diesem Höhenrücken die »östlich von Jerusalem, südlich vom Ölberg« (2 Kön 23, 13) von Salomo errichteten heidnischen Kulthöhen gelegen zu haben. Mit dem

Abfall des letzten Ausläufers in das etwa 590 m tief gelegene Wadi en-Nar findet die ungefähr 3,5 km lange Ölbergkette ihr Ende (Vgl. Abb. 226, 1, S. 400.)

Die dritte, östlich des Ölberges gelegene Kuppe kann von Jerusalem aus nicht gesehen werden, obgleich sie mit 817 m die höchste ist. Wohl aber sieht man den hohen, um 1887 erbauten Glockenturm, der auf dem der russischen Kirche gehörenden Gelände steht. Die Anhöhe wird darum die »Russenkuppe« genannt. Von der Höhe des Turmes aus — für die Zeit Jesu gilt das gleiche, da das Gelände nicht bebaut war — reicht der Blick weit über das ganze Land. Im Osten glänzt der 1200 m tiefer liegende Wasserspiegel des Toten Meeres, und dahinter steigt wie eine bläuliche Kulisse die hohe Wand der Berge Moabs empor. Das schmale grüne Band des »ez-Zor«, das den Lauf des Flusses andeutet, windet sich in der fast weißen, wüstenhaften Umgebung des Jordangrabens nach Norden, wo nordostwärts der Jabbok die Berglandschaft von Gilead durchbricht.

Nach der Mischna kündigten Feuerzeichen vom Ölberg den ersten Tag des neuen Monats an. An lange Zedernlatten wurden trockene Zweige, Schilfrohr mit Werg zusammengebunden, entzündet und so lange hin und her geschwenkt, bis von der nächsten Station auf der Spitze des Karn Sartaba (379 m), im Nordosten am Abfall zum Jordangraben, die leuchtende Antwort sichtbar wurde. Von dort wurde das Zeichen über das »Agrippion« auf dem Kokab el-Hawa nach dem Tabor weitergeleitet, um so bis nach dem Hauran zu gelangen. In südöstlicher Richtung ist der »Russenkuppe« die kleine, aber auffallende Anhöhe des Ras esch-Schijah (767 m) vorgelagert. Auf dem schmalen Sattel führt ein Weg über den langsam abfallenden Berghang nach dem etwa 800 m südöstlich gelegenen biblischen Betanien, dem Heimatdorf des Lazarus.

Johannes berichtet, daß Jesus von Betanien aufbrach, ehe er seinen Einzug in Jerusalem hielt; eine Tatsache, die Origenes auch für Markus nach dem besser bezeugten westlichen Text annimmt. Mattäus bestimmt die letzte Wegstrecke noch genauer durch die Angabe eines Ortes: »Als sie sich Jerusalem näherten und nach Betfage an den Ölberg kamen, da entsandte Jesus zwei seiner Jünger mit dem Auftrag: Geht in das Dorf, das vor euch liegt, gleich werdet ihr eine Eselin angebunden finden mit ihrem Füllen. Bindet sie los und bringt sie mir. Falls einer euch etwas sagt, so sprecht: Der Herr bedarf ihrer. Sofort wird er sie ziehen lassen. Das ist geschehen, damit der Ausspruch des Propheten erfüllt werde: Sagt der Tochter Zion, siehe, dein König kommt zu dir in Sanftmut. Er sitzt auf einem Esel und auf dem Füllen eines Lasttieres. Die Jünger gingen fort und taten, wie ihnen Jesus geheißen hatte. Sie brachten die Eselin und das Füllen herbei, legten ihre Kleider auf sie, und er setzte sich darauf« (Mt 21, 1—7).

Zunächst zeigen diese wenn auch spärlichen Ortsangaben, daß die Berichte entscheidend und untrennbar

an die Orte gebunden sind, an denen sie spielen. Sie sind keine vom Evangelisten gemalte Kulisse, sondern sie tragen — hier muß man es sagen — biographischen Charakter. Wo lag Betfage?

Auffällig ist, daß alle Evangelisten den Ort nur »kome« nennen, eine Bezeichnung, die strenggenommen nur für alleinstehende Gehöfte oder Weiler im Bereich einer größeren Gemeinde oder Stadt Verwendung fand. In der rabbinischen Literatur wird Betfage — die gewöhnliche Deutung des Namens lautet: »Haus der grünen Feigen« — oftmals erwähnt und als entlegenster Stadtteil noch zum Stadtbezirk Jerusalems gezählt. So galt die Entfernung Jerusalem—Betfage als Maß zur Bestimmung einer genauen Grenze, innerhalb deren eine heilige Sache, z. B. das Essen des Paschalammes, getan werden darf.[217]

Die alte Ortslage des Dorfes auf dem Ras esch-Schijah kann durch die jüngsten Ausgrabungen als gesichert angesehen werden.[218] Die Tradition lokalisierte schon im 4. Jahrhundert den Ort der Eselsbesteigung gegenüber von Betfage und erbaute dort eine Kirche, die noch von Theodosius (530) bezeugt wird. Die Kreuzfahrer errichteten auf dem Gelände zwei Türme, von denen einer als Kirche diente. Der Pilger Theoderich (1172) erwähnt noch »einen Stein«, von dem aus der Herr den Esel bestieg. Im Jahre 1876 fand ein Bauer beim Suchen nach Steinen den mit Fresken und Inschriften der Kreuzfahrer versehenen quadratischen Felsblock. Die Franziskaner erwarben das Grundstück. Beim Bau ihrer Kirche stießen sie in unmittelbarer Nähe des Steines auf die Apsis der Kreuzfahrerkirche. In den folgenden Jahren wurden in der Umgebung der Kirche alte Felsgräber mit Grabtrögen und Rollsteinen entdeckt. So lockte das Gelände zu weiteren archäologischen Untersuchungen. Die von S. Saller OFM durchgeführten Grabungen ergaben, daß die Umgebung der Kirche vom 2. Jahrhundert v. Chr. bis zum 8. Jahrhundert n. Chr. besiedelt war. Die zahlreich aufgefundenen Münzen reichen bis in die Regierungszeit des syrischen Königs Antiochus IV. (175 bis 164 v. Chr.) zurück. Unter den elf freigelegten Felsgräbern erregte besonders eine Grabanlage die Aufmerksamkeit der Archäologen. Das mit einem Rollstein versehene Grab war mit einer Fülle von Graffiti geschmückt. Die eingehenden Untersuchungen von E. Testa OFM haben ergeben, daß alle Symbole — das Zeichen der Erlösung, des Paradieses, des Tausendjährigen Reiches — in den Glaubensvorstellungen der Judenchristen ihre Wurzeln haben. Den Abschluß des aufgezeichneten langen Symbolzyklus bildet das Zeichen für den Namen Jesus Christus. So führen uns die Gräber bis in das Jahrhundert Jesu.

Wenn Jesus von Betanien kam, konnte der weitere Weg kein anderer sein als derjenige, der nach Überschreiten des Passes zwischen dem Ras esch-Schijah und dem Ölberg am südlichen Hang der »Russenkuppe« entlangführt und dann die langgestreckte Himmel-

Abb. 227. Betfage.

Schon der Pilger Arkulf (670) fühlte sich gedrängt, den faszinierenden Eindruck dieser Landschaft der Nachwelt zu überliefern. Die Fernsicht vom Ölberg nach dem Toten Meer beeindruckte ihn wie uns.

Der kleine Sattel zwischen der Himmelfahrtskuppe und dem im Mittelgrund liegenden Ras esch-Schijah wird als die Ortslage von Betfage angesehen. Auf den Ruinen einer aus der byzantinischen Zeit stammenden Kirche erbauten die

Franziskaner im Jahre 1883 eine neue Kirche, die in der linken unteren Bildecke sichtbar ist. Hinter dem runden Buckel des Ras esch-Schijah erscheint tief im Tal das Dorf el-Azarije — Betanien — mit dem hohen Minarett der Moschee; oberhalb von Betanien die Ortschaft Abu Dis, östlich (links) davon das Wadi Abu Dis (vgl. Abb. 224, S. 398, und Abb. 226, 2, S. 401).

Im Hintergrund die Wüste Juda mit dem Abfall zum Toten Meer, am Horizont jenseits des Toten Meeres die ostjordanische Hochfläche.

fahrtskuppe an ihrem südlichen Ende kreuzt. (Vgl. Abb. 226,2, S. 401.)

Auf der Höhe sah dann der von Osten Kommende zum erstenmal die Heilige Stadt vor sich liegen, die von diesem Punkt aus ganz besonders als die Stadt des Tempels erscheint (vgl. Abb. 301, S. 559).

Unmittelbar über dem Kidrontal erhob sich das gewaltige, rechteckig gemauerte Plateau des Tempelplatzes 300 × 480 m groß; darauf wie ein funkelndes Kleinod der Tempel. »Der äußere Anblick des Tempels bot alles dar, was Auge und Herz entzücken konnte. Auf allen Seiten mit schweren goldenen Platten bekleidet, schimmerte er bei Sonnenaufgang im hellsten Feuerglanz und blendete das Auge gleich den Strahlen des Tagesgestirns« (Jüd. Krieg V, 5, 6). Vom Ölberg aus sah man in die Höfe des Heiligtums hinein und konnte die Rauchwolke beobachten, die vom Brandopferaltar vor der hohen glänzenden Fassade des eigentlichen Tempelhauses emporstieg. (Vgl. Abb. 230, S. 407.)

Am nordwestlichen Rand des Tempelplatzes lag wie ein grober Pflasterstein die Burg Antonia, mit vier mächtigen Türmen bewehrt. Jenseits des Tyropöontales, am westlichen Stadtrand, sah man die drei hohen Türme des prunkvollen Herodesschlosses in den Himmel ragen. Die ganze Stadt mit ihren etwa 30 000 Einwohnern war mit einer zum Teil doppelten Mauer umgeben, die an der Ostseite des Tempelplatzes eine Höhe von über 50 m erreichte.

Der Blick in die Zukunft

»Als Jesus näher kam und die Stadt erblickte, weinte er über sie und sprach: Wenn doch auch du erkenntest, und zwar an diesem deinem Tage, was dir zum Frieden ist! Jetzt aber ist es vor deinen Augen verborgen. Es werden Tage über dich kommen, da werden deine Feinde einen Wall um dich aufwerfen, sie werden dich ringsum einschließen und von allen Seiten bedrängen. Sie werden dich und deine Kinder, die in dir sind, zu Boden schmettern und nicht einen Stein in dir auf dem anderen lassen, darum, weil du die Stunde der Heimsuchung nicht erkannt hast« (Lk 19, 41–44).

Kaum vierzig Jahre sollten vergehen, und Jesu Prophezeiung über das Ende der Stadt wurde furchtbare Wirklichkeit. Im Jahre 66 n. Chr. forderte der römische Prokurator Gessius Florus 17 Talente aus dem Tempelschatz. Die Juden revoltierten, eroberten die Burg Antonia und machten die Besatzung nieder. Als das tägliche Opfer für den Kaiser im Tempel eingestellt wurde, kam das einer Kriegserklärung gleich. Das Kriegsglück war zunächst auf seiten der Juden. Eine vom syrischen Statthalter Cestius Gallus entsandte Legion wurde von jüdischen Freiheitskämpfern vernichtend geschlagen. Das ganze Land jubelte auf. Die Führer des Aufstandes aber wußten, daß Rom diese Niederlage nicht kampflos

hinnehmen würde. In aller Eile wurde die unvollendete dritte Stadtmauer, die König Agrippa im Jahre 44 n. Chr. nicht weiterbauen durfte, im Norden Jerusalems ausgebaut. Mit 90 Türmen versehen, sollte die 17 m hohe Mauer die schwächste Seite der Stadt schützen.

Inzwischen waren die Nachrichten über den Jüdischen Aufstand nach Rom gelangt. Der Kaiser Nero ernannte den Feldherrn Titus Flavius Vespasianus, der sich bereits bei den Kämpfen in Britannien ausgezeichnet hatte, zum Oberbefehlshaber. In seiner Begleitung befand sich sein Sohn Titus, der spätere Eroberer Jerusalems. Mit drei Legionen und rund 50 000 Mann Hilfstruppen begann Vespasian den Feldzug. Bereits im Frühjahr 68 n. Chr. war ganz Galiläa in seiner Hand. Schonungslos wurde das Land verwüstet, die Bevölkerung niedergemacht oder als Kriegsgefangene und Sklaven verschleppt. Der Selbstmord Neros brachte im Sommer 68 n. Chr. das ganze militärische Unternehmen zum Stillstand; denn mit dem Tode des Kaisers erlosch der Auftrag an den Feldherrn. Vespasian war auch an den kommenden politischen Entscheidungen mehr interessiert als am Krieg. Als ihn die Truppen des Ostens zum Kaiser ausriefen, übertrug er seinem Sohn Titus den Oberbefehl und segelte nach Rom.

Æ

Abb. 228. Römische Münze des Kaisers Vespasian (69–79 n. Chr.) zum Gedenken an den Sieg über die Juden (Sestertius).

V: Der Kopf des Kaisers im Lorbeer mit der Umschrift: IMP(erator) CAES(ar) VESPASIAN(us) AUG(ustus) P(ontifex) M(aximus) TR(ibunicia) P(otestate) P(ater) P(atriae) CO(n) S(ul) III (= 71 n. Chr.).

R: Neben der Palme, dem Wahrzeichen Judäas, ein mit den Händen auf dem Rücken gefesselter Jude und eine sitzende trauernde Jüdin. Die Umschrift: JUDAEA CAPTA – Judäa erobert; S(enatus) C(onsulto) – auf Beschluß des Senats.

Die Zeit arbeitete für die Römer. Ihr Zögern bewirkte, daß sich das gläubige Vertrauen der Juden in die Uneinnehmbarkeit Jerusalems grenzenlos steigerte. Gott hat bisher seine Stadt noch immer beschützt, was konnten ihr die Römer anhaben! Von den politischen Ereig-

405

Abb. 229.   Ein ganzer Schekel aus dem Jahre 66/67 n. Chr.

Um den völligen Bruch mit Rom zu dokumentieren, begannen die Führer des Aufstandes eigene Silbermünzen zu prägen, die ersten seit der Perserzeit. Als Münzmotive wurden bekannte jüdische Kultsymbole verwendet. Die althebräischen Inschriften sind fast immer die gleichen, nur die Daten der Jahre variieren von 1–5 (Aleph bis He) = 66–70 n. Chr.

V: Ein Kelch mit der Umschrift »Schekel Israel«. Über dem Kelch die Datierung A (Aleph) für 1, d. i. das erste Jahr der Befreiung = 66/67 n. Chr.

R: Ein aufrecht gestellter Granatapfelzweig mit drei Blüten im Übergang zur Frucht. Die Umschrift »Jerusalem ist heilig«.

nissen unbeirrt, von der gefährlichen Situation unbeeindruckt, führten sie den Tempeldienst mit allen seinen Vorschriften in ehrfürchtiger Sorgfalt fort und hielten es weder für nötig, sich ausländische Bundesgenossen zu suchen, noch sich untereinander zu einigen.

Drei Gruppen fochten in der Stadt den Bruderkrieg gegeneinander aus: die Partei der galiläischen Patrioten unter Johannes von Gischala; die Jerusalemer Zeloten, geführt von Eleasar ben Simon, und die Freibeuterschar des Simon ben Giora. Erst die allgemeine Notlage der Stadt einte die Parteien zur gemeinsamen Verteidigung. Der gemäßigte Simon ben Giora übernahm die schwierigste Aufgabe: den Schutz der nördlichen Stadtmauer. Der Zelot Johannes von Gischala verteidigte die Burg und das Tempelgelände.

Nach gründlichen Vorbereitungen begann Titus im Frühjahr des Jahres 70 die Operationen zur Einnahme Jerusalems. Von drei Seiten ließ er seine Streitmacht — vier Legionen und eine ungewöhnlich große Zahl von Hilfstruppen — gegen die Stadt vorrücken. Von Emmaus im Westen rückte die V. Legion an, von Osten über Jericho kam die X., während Titus in Cäsarea die XII. und XV. Legion sowie alle Hilfstruppen sammelte, die er mitten durch das nördliche Judäa gegen die Hauptstadt führte.

Die Belagerung begann mit den üblichen Formalitäten: Die Römer forderten die Stadt zur Übergabe auf, die Juden lehnten stolz und voller Hohn ab. Genau wie Nebukadnezzar rund 600 Jahre zuvor die Belagerung Jerusalems im Norden begonnen hatte, so eröffnete auch

Titus seinen Angriff von dieser Seite. Die Gärten vor der Stadtmauer, die Olivenhaine und Obstbäume wurden niedergehauen und das ganze Gelände für die großen Belagerungsmaschinen planiert. Die Juden kämpften mit dem Mut der Verzweiflung. Dem ständigen Beschuß der Bogenschützen ausgesetzt, warfen die Verteidiger Feuerbrände auf die hölzernen Mauerbrecher und Belagerungsmaschinen und störten immer wieder die militärischen Absichten der Angreifer. Nach zwei Wochen gelang es aber den Römern, eine Bresche in die dritte Mauer zu schlagen. In der Vorstadt Bezeta tobte der Straßenkampf. Haus um Haus mußte erobert werden. An der nächsten Stadtmauer, hinter der die Juden eine neue Verteidigungslinie aufbauten, kam der Kampf vorläufig zum Stehen. Diese sogenannte zweite Stadtmauer lag nur 350 m vor der letzten Verteidigungslinie der Stadt, der »Davidsmauer«. Die zweite Stadtmauer begann beim Herodesschloß in der Nähe des Gartentores und lief dann im rechten Winkel auf die Burg Antonia zu (vgl. Abb. 82, S. 141, und Abb. 272, S. 495).

Aber schon nach fünf Tagen war auch die zweite Stadtmauer bezwungen, und die Römer standen vor der letzten Mauer. Vor den Augen der kampfgeschwächten Verteidiger und der ausgehungerten Bevölkerung veranstaltete Titus eine viertägige Truppenparade. Am Schluß dieser machtvollen Demonstration machte der Römer sein letztes Kapitulationsangebot. Die Juden lehnten ab. Bisher war es den Verteidigern noch möglich gewesen, sich durch geheime Zugänge und unterirdische Gänge vom Lande her mit Lebensmitteln versorgen zu lassen. Als Titus davon hörte, ließ er die ganze Stadt mit einem hohen Erdwall umgeben, der von den Legionären in der Rekordzeit von drei Tagen aufgeschüttet wurde.

»Ein wahrhaft dämonischer Eifer beseelte die Soldaten. Nachdem die Umwallungslinie festgelegt war, suchten nicht nur die Legionen, sondern sogar die einzelnen Kohorten und Zenturien im gleichen Legionsverband einander zu übertreffen; der Gemeine suchte dem Dekurio, der Dekurio dem Zenturio, der Zenturio dem Tribun aufzufallen; zwischen den Tribunen und Legaten war der gleiche Wetteifer entbrannt, und diesen Wetteifer belohnte der Cäsar, der selber oft am Tage die Arbeit besichtigen kam.

Der Wall lief vom Lager der Assyrer [2 Kön 18, 17], wo das Hauptquartier war, gegen die tiefer gelegene Neustadt, von dort über den Kidron zum Ölberg, umfaßte, nach Süden gewandt, den Berg bis zum Taubenschlagfelsen und die ihm benachbarte Höhe, die das Tal der Schilaochquelle überragt, und zog sich dann nach Westen in das Tal der Quelle hinein. Dann stieg der Wall wieder bergauf nach dem Grabmal des Hohenpriesters Hannas zu, umgab die Höhe, auf der des Pompeius Lager gestanden hatte, ging wieder nach Norden über den Erbsenhof, schloß dann das Grabmal des Herodes ein und gewann endlich am Hauptquartier An-

Abb. 230.   Der westliche Abhang des Ölberges.

Die Luftaufnahme zeigt den westlichen Abhang des Ölberges, das Kidrontal und einen Teil des Tempelplatzes mit dem Felsendom. Am Abhang des Ölberges sieht man die drei Ölbergwege, die sich im Kidrontal beim Garten Getsemani vereinigen (vgl. Abb. 226, 2, S. 401). Der steilste Aufstieg von Jerusalem her ist der mittlere. Er nimmt seinen Weg auf der westlichen beziehungsweise südwestlichen Schulter des Ölberges und führt ein wenig südlich der höchsten Erhebung an der Himmelfahrtsmoschee vorbei über den Bergrücken. Der mittlere Ölbergweg ist sicher ein echter Heilandsweg. Er ist die kürzeste Verbindung von Jerusalem nach Betanien, wohin sich Jesus in den Tagen vor seinem Leiden mehrfach zurückgezogen hat. Ist er aber auch der Weg des Einzuges? Gegen diese traditionelle Annahme, die seit dem 4. Jahrhundert bezeugt ist, spricht die Tatsache, daß das abschüssige Gelände zum Reiten wenig einladend ist. Man nahm deshalb an, daß Jesus hier vom Esel abgestiegen sei. Nach einem Pilgerbericht aus dem 9. Jahrhundert zählte der mittlere Ölbergweg 537 Stufen und galt als der beschwerlichste Aufstieg zur Höhe. Die Prozession, die am Palmsonntag von Betfage nach Jerusalem zieht, meidet den mittleren, abschüssigen Weg. Nachdem sie die Himmelfahrtskuppe erreicht hat, biegt sie zwischen »Eleona« und dem Kloster der Benediktinerinnen in den südlichen Ölbergweg ab, der in einem großen Bogen an den Prophetengräbern vorbei zum Kidrontal hinabführt und bei Getsemani wieder auf den mittleren Weg stößt. Der dritte, nördliche Ölbergweg, der für Jesu Einzug noch in Frage käme, hatte den Vorzug, daß er als Verbindung zur Römerstraße diente, auf der die Pilger von Jericho nach Jerusalem kamen. Am mittleren Ölbergweg liegt die Kapelle »Dominus flevit« — »der Herr weinte« — zur Erinnerung an die Prophezeiung Jesu über den Untergang Jerusalems. Die Lage der Himmelfahrtsmoschee in der runden Umfriedungsmauer läßt sich mit Hilfe der Karte (Abb. 226) in der Mitte des rechten unteren Bildviertels ausmachen (vgl. Abb. 301, S. 559). (Unterer Bildrand: Südost.)

schluß an seine Ausgangsstelle. Der Erdwall war 39 Stadien [ca. 8,2 km] lang; von außen waren ihm 13 Kastelle eingefügt. Das ganze Werk ward in drei Tagen vollendet — unglaublich schnell, da es die Arbeit von Monaten gefordert zu haben schien« (Jüd. Krieg V, 12, 1 ff.). Dieser Erdwall machte eine Flucht aus der Stadt fast unmöglich. Jeden ergriffenen Flüchtling kreuzigten die Legionäre unbarmherzig vor den Mauern der Stadt, täglich oft bis zu 500. In der Stadt selbst wurde die Hungersnot immer größer. Niemand hatte mehr Kraft und Zeit, die vielen Toten zu bestatten. Zu Tausenden wurden sie über die Stadtmauer geworfen.

Abb. 231.   Die Klagemauer.

Die 18 m hohe Mauer an der westlichen Tempelumwallung, an der die Juden seit dem Mittelalter die Zerstörung des Tempels beklagen, stammt bis zu einer Höhe von 12 m noch aus der herodianischen Zeit. Unter dem heutigen Niveau des Platzes befinden sich noch 19 Steinlagen, die über 20 m tief im Schutt liegen. Die Mauer zeigt die für die herodianischen Bauten typischen Bossenquadern. Der unterschiedliche Erhaltungszustand hat in der Verschiedenheit des Materials seine Erklärung. Der weiche »meleke«-Kalkstein ist der Erosion durch Regen und Wind mehr ausgesetzt als der härtere »mizzi-jehudi«. Die Bossenquadern, deren Randfugen 50 bis 102 mm breit und 7–13 mm tief sind, haben eine durch-schnittliche Höhe von 1,07 m. Bemerkenswert ist, daß die obere Randfuge breiter ist als die untere. Da der Betrachter die Mauer stets von unten sah, berücksichtigte der Architekt auch diesen optischen Effekt.

Zu allen Zeiten war die Klage der Juden ergreifend, die in einer alten Litanei ihren Niederschlag gefunden hat. Der Vorsänger beginnt: Wir bitten dich, erbarme dich Zions. — Das Volk anwortet: Sammle die Kinder Jerusalems. — Vorsänger: Eile, eile, Zions Erlöser! — Volk: Sprich zum Herzen Jerusalems. — Vorsänger: Schönheit und Majestät mögen Zion umgeben. — Volk: Ach wende dich gnädig zu Jerusalem. — Vorsänger: Möge Friede und Wonne einkehren in Zion. — Volk: Und der Zweig Isai aufsprossen in Jerusalem!

Anfang Juli erstürmten die Römer die Burg Antonia. Der Kampf um das Tempelgelände begann, auf das sich Johannes von Gischala mit seinen todbereiten Männern zurückgezogen hatte. Aus der Schilderung der folgenden Kämpfe geht hervor, daß sich zwischen der Antonia und der Tempelhofmauer ein freies Gelände befand, das etwas niedriger als der eigentliche Tempelplatz lag und nach der Eroberung der Burg Niemandsland war (vgl. Abb. 102, S. 179).

Fast einen ganzen Monat dauerte die Schlacht um den Tempel. Zuerst versuchte Titus, durch einen nächtlichen Angriff die Wachen am Tor des Tempelhofes zu überraschen. Er konnte nur eine kleine Truppe einsetzen, da der Raum nicht mehr faßte. Aber die jüdische Wache war auf der Hut und bemerkte das Vorhaben. Auf ihr Geschrei hin kam aus dem Tempelhof sofort Verstärkung herbei. Es entspann sich ein heftiger Kampf »auf einem engen Platz«, wo »kein Teil Raum hatte, weder zum Fliehen noch zum Verfolgen«. Nach acht Stunden wurde der Kampf abgebrochen; es war den Römern nicht gelungen, den Zugang zum Tempelhof zu erzwingen. So mußten sie zur Belagerung schreiten. Zunächst bahnten die römischen Legionäre einen breiten Zugang durch die Antonia zu dem Gelände, das unmittelbar vor der Tempelmauer lag. Während sie dann vier Wälle gegen die höher stehende Mauer des Tempelhofes aufwarfen, steckten sowohl die Verteidiger als auch die Angreifer die Verbindungshallen von der Antonia zum Tempel in Brand, dem dann die ganze Nordsäulenhalle bis an den Kidron zum Opfer fiel. Als die Wälle fertig waren, begannen die Mauerbrecher ihre Arbeit. Aber selbst die schwersten Belagerungsmaschinen versagten an den gewaltigen Quaderblöcken der Tempelfundamente. Darum befahl Titus, die silberbeschlagenen Außentore in Brand zu schießen.

Die Endphase des Kampfes beschreibt Josephus Flavius als Augenzeuge im 6. Buch des »Jüdischen Krieges«: »Unterdessen hatten die Soldaten bereits Feuer an die Tore gelegt, und das überall schmelzende Silber eröffnete den Flammen den Zugang zu dem hölzernen Gebälk, von wo sie prasselnd hervorbrachen und die Hallen ergriffen. Als aber die Juden ringsum den Brand auflodern sahen, da entsank ihnen mit der Leibeskraft auch der Mut; vor lauter Schrecken getraute sich niemand, Widerstand zu leisten, sondern wie gelähmt standen sie da und sahen zu. So niederschlagend übrigens der Brand auf sie einwirkte, so dachten sie doch nicht im entferntesten daran, ihren Sinn zu ändern; vielmehr zeigten sie sich nur um so erbitterter gegen die Römer. Den ganzen Tag und die folgende Nacht hindurch wütete das Feuer; denn die Römer konnten die Hallen nur einzeln und nicht alle zugleich in Brand setzen.

Tags darauf beorderte Titus einen Teil des Heeres zum Löschen und ließ zugleich bei den Toren einen regelrechten Weg anlegen, um den Legionen den Aufstieg zu erleichtern. Dann beschied er die sechs vornehmsten Offiziere zu sich ... und hielt mit ihnen allen Kriegsrat wegen des Tempels. Die einen meinten, man solle dem Kriegsrecht freien Lauf lassen; denn solange der Tempel, dieser Sammelpunkt aller Juden, noch stehe, würden sie niemals aufhören, an Empörung zu denken. Andere äußerten ihre Ansicht dahin, daß man, wenn die Juden den Tempel räumten und niemand mehr zu seiner Verteidigung das Schwert ziehe, ihn erhalten, wenn sie dagegen bei ihrem Widerstand beharrten, ihn verbrennen solle; denn dann sei er eben eine Festung und kein Tempel. Auch würden im letzteren Falle nicht die Römer sich einer Gottlosigkeit schuldig machen, sondern lediglich die, welche sie dazu genötigt hätten. Titus aber hielt dafür, man solle, selbst wenn die Juden vom Tempel herab sich wehren würden, seine Rache nicht an leblosen Dingen statt an Menschen auslassen und unter keinen Umständen ein so herrliches Bauwerk den Flammen preisgeben ... Darauf entließ der Cäsar [Titus] die Versammlung und befahl den Offizieren, ihren Truppen Ruhe zu gönnen, damit sie in den kommenden Gefechten desto kräftiger losschlagen könnten; nur aus den Kohorten las er eine bestimmte Anzahl Leute aus, die den Weg durch die Trümmer bahnen und das Feuer löschen sollten.

An jenem Tage wagten die Juden vor Ermattung und Bestürzung keinen Angriff; am folgenden aber sammelten sie ihre Streitkräfte und machten mit frischem Mut um die zweite Stunde durch das östliche Tor einen Ausfall gegen die Wachen des äußeren Tempelhofes. Diese setzten dem Angriff nachdrücklichen Widerstand entgegen, und indem sie sich vorn mit ihren Schilden deckten, standen sie dicht gedrängt wie eine Mauer. Der Cäsar jedoch, der von der Antonia aus zusah, kam den Seinigen mit einer auserlesenen Reiterschar zu Hilfe. Deren Angriff hielten die Juden nicht auf, sondern sie flohen, nachdem die Vordersten gefallen waren, größtenteils davon. Sobald die Römer abgezogen waren, machten die Juden kehrt und fielen ihnen in den Rücken; daraufhin wandten sich nun auch die Römer wieder um und schlugen ihre Gegner abermals in die Flucht, so daß um die fünfte Stunde des Tages alle überwältigt und in das Innere des Tempels eingeschlossen waren ...

Am folgenden Tage kam es zu einem Handgemenge zwischen der Besatzung des Tempels und denjenigen Mannschaften, die das Feuer in den Gebäuden des inneren Vorhofes löschen sollten [vgl. Abb. 102, S. 179]. Als nun die letzteren den zurückweichenden Juden nachsetzten und bis zum Tempelgebäude vorgedrungen waren, ergriff einer der Soldaten, ohne einen Befehl dazu abzuwarten oder die schweren Folgen seiner Tat zu bedenken, wie auf höheren Antrieb einen Feuerbrand und schleuderte ihn, von einem Kameraden emporgehoben, durch das goldene Fenster, wo man von

Abb. 232. Der Siebenarmige Leuchter
am Titusbogen in Rom.

Geschichte und Gestalt des Siebenarmigen Leuchters stehen im Zwielicht der Überlieferung. Mit den gefangenen Juden wurde er im Triumphzug der Sieger in Rom mitgeführt. Im Jahre 455 brachte der Vandalenkönig Geiserich den goldenen Leuchter nach Karthago, von wo ihn Belisar im Jahre 533 zurückholte. Schließlich überführte der Kaiser Justinian den Leuchter wieder nach Jerusalem. Dann verliert sich die Spur; wahrscheinlich raubten ihn die Perser, als sie 614 Jerusalem plünderten.

Über die Gestalt des Leuchters besitzen wir eingehende Beschreibungen bei Josephus, Philo und im Talmud, ferner zahlreiche Abbildungen in der jüdischen und christlichen Kunst des Altertums. Von einer Mittelsäule zweigen drei halbkreisförmige Armpaare ab, deren Enden in einer Linie liegen und zur Aufnahme von sieben Öllampen bestimmt sind. Die Diskussion beginnt erst bei der Form des Fußes. Im Gegensatz zur Menora des Titusbogens sind nach der traditionellen Auffassung Leuchter und Fuß aus einem Stück gearbeitet. Die Mittelsäule läuft regelmäßig in einem Dreifuß aus (vgl. Abb. 108, S. 185). Nur auf dem Titusbogen zeigt der Leuchter eine achteckige abgestufte Basis, deren Seitenwände figürlichen Schmuck tragen. Der untere Teil der Mittelsäule endet in einem umgestülpten Blattkelch und bedeckt die Innenfläche des oberen Oktogons. Der eigentliche Leuchter ist orientalisch, die Basis hellenistisch. Eine befriedigende Erklärung für diese Stildiskrepanz und die unterschiedliche Darstellung steht noch aus.

Norden her in die den Tempel umgebenden Gemächer eintrat, ins Innere. Sowie die Flammen aufloderten, erhoben die Juden, entsprechend der Größe des Unglücks, ein gewaltiges Geschrei und rannten, ohne der Gefahr zu achten oder ihre Kräfte zu schonen, von allen Seiten herbei, um dem Feuer zu wehren: denn es drohte unterzugehen, was sie bisher vor dem Äußersten zu bewahren gesucht hatten.

Ein Eilbote meldete es dem Titus. Schnell sprang dieser von seinem Lager im Zelt, wo er eben vom Kampfe ausruhte, auf und lief, wie er war, zum Tempel hin, um dem Brande Einhalt zu tun — ihm nach die sämtlichen Offiziere und die durch den Wirrwarr erschreckten Legionen. Wie bei der ungeordneten Bewegung einer solchen Menschenmenge leicht erklärlich, entstand nun ein fürchterliches, mit betäubendem Lärm untermischtes Getümmel. Der Cäsar wollte durch Schreien und Handbewegungen den Kämpfenden zu verstehen geben, man solle löschen; sie aber hörten

sein Rufen nicht, da es von dem noch lauteren Geschrei der anderen übertönt wurde, und die Zeichen, die er mit der Hand gab, beachteten sie nicht, weil sie teils von der Aufregung des Kampfes, teils von ihrer Erbitterung völlig eingenommen waren. Keine gütlichen Vorstellungen, keine Drohungen vermochten den stürmischen Andrang der Legionen aufzuhalten: Die Wut allein führte das Kommando. An den Eingängen kam es zu einem so schrecklichen Gedränge, daß viele von ihren Kameraden zertreten wurden; viele auch gerieten auf die noch glühenden und rauchenden Trümmer der Hallen und teilten so das Schicksal der Besiegten. In die Nähe des Tempels gekommen, stellten sie sich, als hörten sie nicht einmal die Befehle des Feldherrn, und schrien ihren Vordermännern zu, sie sollten Feuer in den Tempel werfen. Die Empörer hatten übrigens die Hoffnung, den Brand noch eindämmen zu können, völlig aufgegeben; denn allenthalben wurden sie niedergemetzelt oder in die Flucht getrieben. Auch ganze

Haufen von Bürgern, lauter schwache, wehrlose Opfer, fielen, wo der Feind sie traf, dem Schwert zum Opfer. Besonders um den Altar her türmten sich die Toten in Massen auf: Stromweise floß das Blut an seinen Stufen, und dumpf rollten die Leichen derer, die oben auf ihm ermordet wurden, an seinen Wänden herunter.

Als nun der Cäsar dem Ungestüm seiner wie rasend gewordenen Soldaten nicht mehr zu wehren vermochte und die Flammen immer weiter um sich griffen, betrat er mit den Offizieren das Allerheiligste und beschaute, was darin war. Alles fand er weit erhaben über den Ruf, den es bei den Fremden genoß, und ganz entsprechend der fast prahlerisch hohen Meinung, welche die Einheimischen davon hatten. Da übrigens das Feuer bis in die innersten Räume noch nicht vorgedrungen war, sondern nur erst die an den Tempel anstoßenden Gemächer verzehrte, glaubte er, und zwar mit Recht, das Werk selbst könne noch gerettet werden. Er sprang also hervor und suchte nicht nur persönlich die Soldaten zum Löschen anzuhalten, sondern befahl auch dem seiner Leibwache angehörenden Centurio Liberalis, die Widerspenstigen durch Stockschläge zu zwingen. Aber Erbitterung, Judenhaß und die allgemeine Kampfwut erwiesen sich stärker als die Rücksicht auf den Cäsar und die Furcht vor seiner Strafgewalt. Die meisten freilich feuerte die Aussicht auf Raub an, da sie der festen Überzeugung waren, es müsse, weil sie außen alles von Gold gefertigt sahen, das Innere erst recht von Schätzen aller Art strotzen. Während nun der Cäsar heraussprang, um die Soldaten zurückzuhalten, hatte schon einer von denen, die in das Innere eingedrungen waren, im Dunkel Feuer unter die Türangeln gelegt, und da jetzt auch von innen plötzlich die Flamme hervorschoß, zogen sich die Offiziere mit dem Cäsar zurück, und niemand gab sich mehr die Mühe, die außen um das Heiligtum streitenden Soldaten von weiterer Brandlegung abzuhalten. Auf diese Weise ging der Tempel gegen den Willen des Titus in Flammen auf« (Jüd. Krieg VI, 4, 1–7).

Lesen wir noch einmal beim Evangelisten Markus die Prophezeiung Jesu: »Als Jesus aus dem Tempel hinausging, sagte einer der Jünger zu ihm: Meister, sieh, was für Steinblöcke und was für Bauten! Jesus entgegnete ihm: Siehst du diese mächtigen Bauten? Kein Stein wird auf dem andern bleiben, der nicht niedergerissen wird« (Mk 13, 1. 2).

Der Einzug in die Stadt

Als die römischen Belagerungsmaschinen die Mauern der Stadt zertrümmerten, stürzte auch das östliche Doppeltor, das Susa-Tor, zusammen, durch das der Weg vom Tempelplatz nach dem Kidrontal zum Ölberg führte. Die mächtigen, mehr als 1 m hohen und 10 m langen Quaderfundamente, die Torschwellen und Torpfosten trotzten der Zerstörung und sind als stumme

Æ

Abb. 233. Römische Münze zum Gedenken an den Sieg des Feldherrn Titus über die Juden (Sestertius).

V: Der Kopf des Feldherrn im Lorbeer mit der Umschrift: T(itus) CAES(ar) VESPASIAN(us) IMP(erator) PON(tifex) TR(ibunicia) POT(estate) CO(n)S(ul) II (= 72 n. Chr.).

R: Verschleierte trauernde Jüdin, neben einer Palme sitzend, den Kopf auf die linke Hand gestützt. Dahinter der stehende Kaiser (Vespasian) in voller Rüstung mit Kurzschwert in der Linken und Speer in der Rechten. Die Umschrift: JUDAEA CAPTA — Judäa erobert; S(enatus) C(onsulto) — auf Beschluß des Senats.

Es ist nicht unwahrscheinlich, daß die sitzende Jüdin eine ironische Anspielung auf das Prophetenwort bedeutet: »Gefallen ist, nicht steht wieder auf die Jungfrau Israel! Sie ist auf ihr Land niedergeworfen, keiner richtet sie auf« (Am 5, 2).

Zeugen liegengeblieben. Auf ihnen baute man in späterer Zeit, wohl erst im 6. Jahrhundert, das Doppeltor wieder auf, das nun das Goldene Tor genannt wurde. Als der Anonymus von Piacenza (570) aus dem Kidrontal zum Tempelplatz hinaufstieg, sah er wahrscheinlich das Tor noch als Ruine in der Ostmauer liegen. Er nennt es das »Schöne Tor« — »Porta speciosa« —, »dessen Schwelle und Gebälk noch steht«. Der Name galt eigentlich der Pforte am Eingang des Frauenhofes im Tempel (vgl. Abb. 102, S. 179) und wird bei der Heilung des lahmen Bettlers in der Apostelgeschichte (3, 2) erwähnt. Da der Tempel zerstört war, wanderte schon in byzantinischer Zeit der Name des Tempeltores und die Begebenheit der Heilung des lahmen Bettlers vom Eingang des Frauenvorhofes an die Stelle des Susa-Tores, dessen Ruine noch von der einstigen Pracht zeugte. Der Pilger nennt es darum die »Porta speciosa«. Durch falsche Übersetzung des griechischen Namens »thyra horaia« wurde das Tor im Lateinischen zur »Porta aurea«, zum »Goldenen Tor«. Zur Zeit der Kreuzfahrer wurde es nur zweimal im Jahr geöffnet: am Palmsonntag und am Fest der Kreuzerhöhung. Es entstand die Legende, daß Christus bei seiner Wiederkunft durch das Goldene Tor in Jerusalem einziehen werde. Darum ließ es der Sultan Suleiman aus abergläubischer Angst zumauern. So ist es verschlossen geblieben bis zum heutigen Tag. (Vgl. Abb. 224, S. 413.)

Durch dieses Tempeltor waren an jenem Morgen die Festpilger zum Ölberg geströmt, als sich in ganz Jerusalem die Nachricht verbreitete: Der Prophet aus Nazaret kommt! Mattäus schreibt: »Die ganze Stadt geriet in Erregung« (Mt 21, 10).

Die Volksscharen bereiteten Jesus eine Ovation nach der anderen. Mit Palmen in den Händen riefen sie in nicht abreißenden Sprechchören: »Gebenedeit sei der König, der im Namen des Herrn kommt; Friede im Himmel und Ruhm in der Höhe« (Lk 19, 38). Es ist schwer für uns Spätgeborene, das heiße Pathos dieser messianischen Demonstration, bei der religiöse Erwartungen mit nationalen Wünschen zu einer Volksidee verschmolzen waren, zu verstehen. Die Palme war seit alters her das Symbol der politischen Unabhängigkeit Israels. Wir finden die Palme auf den Freiheitsmünzen der Makkabäer und in den Händen der Festpilger.

Jesus war sich aber darüber im klaren, daß es sich bei dieser Huldigung um ein tragisches Mißverständnis handelte. So antwortete er auf die irdisch gefärbten Erwartungen seiner Anhänger mit einer gänzlich unpolitischen Geste: Jesus ritt auf einem Esel in die Stadt. Der Esel war nach dem Propheten Sacharja das Kennzeichen des gewaltlosen Friedenskönigs und das Bekenntnis zur Niedrigkeit und zur Passion.

Während sich nun der Zug dem Tempelplatz näherte, hatten die Pharisäer die Tempelbehörde bereits alarmiert. Das Verhaftungskommando stand bereit. Resigniert aber mußten die Pharisäer feststellen: »Da seht, daß ihr nichts ausrichtet. Sieh, alle Welt läuft hinter ihm her!« (Joh 12, 19) Viele fragten: »Wer ist dieser? Die Volksscharen sagten: Das ist Jesus, der Prophet aus Nazaret in Galiläa« (Mt 21, 10. 11). »Da kamen Blinde und Lahme zu ihm in den Tempel, und Jesus heilte sie. Als die Hohenpriester und Schriftgelehrten die Wunder sahen, die er wirkte, und die Kinder hörten, die im Tempel ›Hosanna dem Sohne Davids!‹ riefen, wurden sie unwillig und sagten zu ihm: Hörst du, was die da rufen? Jesus entgegnete darauf: Ja, habt ihr denn niemals gelesen: Aus dem Munde von Kindern und Säuglingen hast du dir Lob bereitet? Dann ließ er sie stehen, ging aus der Stadt hinaus nach Betanien und übernachtete dort« (Mt 21, 14—17).

Am Tage darauf, es war der vierte Tag vor dem Osterfest, trat Jesus wieder öffentlich im Tempel auf. Lukas schreibt: »Das ganze Volk war gespannt, ihn zu hören« (Lk 19, 48). Vor den ständig wachsenden Pilgerscharen hielt Jesus die große Abrechnung mit seinen Gegnern. Mit unerhörter Schärfe griff Jesus die Hüter des Gesetzes an:

»Wehe euch, Schriftgelehrte und heuchlerische Pharisäer, ihr verschließt das Himmelreich vor den Menschen. Denn ihr selbst geht nicht hinein, noch laßt ihr, die hineingehen wollen, eintreten.«

»Wehe über euch, Schriftgelehrte und heuchlerische Pharisäer, ihr bereist Meer und Land, um einen einzigen Überläufer zu machen, und wenn er es wird, macht ihr ihn zu einem Höllensohn, doppelt so schlimm wie ihr.«

»Wehe über euch, blinde Wegführer, die ihr sagt: Wenn einer beim Tempel schwört, so gilt es nicht, wer aber beim Gold des Tempels schwört, ist gebunden. Ihr Toren und Blinde! Was ist denn größer, das Gold oder der Tempel, der das Gold heiligt?«

»Wehe über euch, ihr Heuchler! Ihr bindet schwere und untragbare Lasten zusammen und legt sie den Menschen auf die Schultern. Ihr selbst aber wollt keinen Finger krumm machen.«

»Wehe über euch, heuchlerische Pharisäer, ihr reinigt das Äußere des Bechers und der Schüssel; aber das Innere strotzt von Raub und Schmutz.«

»Wehe über euch, ihr Prasser! Ihr verlebt die Häuser der Witwen und sagt dafür lange Gebete her.«

»Wehe über euch, ihr Wölfe in Schafspelzen! Wehe über euch, ihr blinden Führer des Volkes! Wer wird euch bewahren vor dem baldigen Gericht?«

Wer diese Gerichtsreden bei Mattäus im 23. Kapitel nachliest, der spürt heute noch den heißen Atem der Erregung. Um sich aber einen rechten Eindruck vom eigentlichen Charakter der Weherufe zu machen, muß man sie in ihrer Gesamtheit zu verstehen suchen. Sonst entsteht die Gefahr, daß man von den Menschen, die doch im besten Sinn das religiöse Ideal Israels verkörperten, ein falsches Bild bekommt.

Pharisäer und »Pharisäer« bedeutete schon zur Zeit Jesu einen großen Unterschied. Selbst der Talmud unterscheidet humorvoll in seiner Selbstkritik zwischen guten und schlechten Pharisäern und stellt sieben Kategorien auf. »Es gibt«, so heißt es in dessen bilderreicher Sprache, »siebenerlei Pharisäer:

1. die Ehrgeizlinge; sie posaunen ihre Taten aus, damit die Menschen sie ehren;

2. die Stolperer, die durch die Straßen gehen und, damit man sie bemerkt, ihre Füße auf der Erde schleifen und an die Steine stoßen;

3. die Prüden, die ihre Augen schließen, damit sie die Frauen nicht sehen, und darüber mit ihrem Kopf an die Mauern rennen;

4. die krummen Demütigen, die mit sich selbst zerfallen sind;

5. die Pharisäer aus Berechnung, die das Gesetz nur erfüllen, um die verheißene Belohnung zu erhalten;

6. die Pharisäer aus Angst, die Gutes nur aus Furcht vor Strafe tun;

7. die Pharisäer aus Pflichtbewußtsein; und das sind die guten.«

Der größte Gegner der pharisäischen Partei, der jüdische Makkabäerkönig Alexander Jannäus (103—76 v. Chr.), sagte auf dem Sterbebett zu seiner Frau — der

Abb. 234. Das Goldene Tor.

Das Goldene Tor liegt etwa 315 m nördlich von der Südostecke und springt mit seiner Ostfront 1,45 m über die Mauerlinie hinaus. Wahrscheinlich ist die Ortslage identisch mit dem in 2 Chr 23, 5 erwähnten »Grundtor«. Zwei mächtige, etwa 4 m hohe Quadersteine im Innern des östlichen Durchganges weisen auf ein hohes Alter hin. So wie die Fassade des Tores jetzt aussieht, stammt sie aus der byzantinischen und arabischen Zeit. Die ganze Toranlage, von außen gemessen, ist 24,6 m lang und 17,25 m breit. Die Breite der Torhalle beträgt aber nur 11,5 m; folglich entfallen auf die Stärke der Mauern etwa 5,75 m. Auch diese Tatsache zeigt, daß die Gesamtanlage weder römisch noch byzantinisch ist. Im Innern wird die Torhalle durch zwei monolithische Säulen von 8,3 m Höhe in zwei Schiffe geteilt. Betrachtet man die auf dem Bilde sichtbare Ostfront genauer, dann kann man mindestens vier verschiedene Bauphasen feststellen. Zunächst gilt als sicher, daß die jetzige Fassade vor das alte Tor gesetzt ist. Am ältesten sind an der Fassade die 2 m breiten Pfeiler, auf denen sauber ausgehauene Kapitäle stehen. Zwei reich gegliederte Halbkreisbogen über den einstigen Eingängen bilden den Abschluß. In der Mitte ruhten die Bogen auf einer Säule, die — wie an der Westfront des Tores — wahrscheinlich noch in der Mauer steckt. Die Eckpfeiler wurden auf beiden Seiten in späterer Zeit durch eine etwa 1,3 m breite, etwas abfallende Mauer verstärkt. Über den Halbbogen erhebt sich noch ein Oberbau mit einer Höhe von 6,8 m. Den Abschluß bilden fünf Zinnen mit einem eingemauerten korinthischen Kapitäl. Die Rückseite des Goldenen Tores zeigt Abb. 226, 1, S. 400.

späteren Königin Alexandra (76—67 v. Chr.), unter deren Regierung die Pharisäer ihre Blütezeit erlebten —: »Fürchte nicht die wahren Pharisäer, noch weniger fürchte die, welche keine sind; aber besonders fürchte die Scheinpharisäer, die keine Pharisäer sind, sich aber als solche ausgeben!«

Christus selbst wandte sich immer wieder mit Wort und Tat an die wahren Pharisäer, die Elite seines Volkes, um sie zu gewinnen. Selbst in seinen Weherufen anerkannte er ihre eifrige Verkündigung, ihre Gewissenhaftigkeit, ihre Gesetzestreue und ihren Gebetseifer. Aber gerade sie, die Gott nahestehen wollten, verweigerten ihm die Anerkennung und entzogen sich seinem Ruf. Der tiefste Grund für diese Haltung war ihre Selbstsicherheit und ihr Stolz. Seine Weherufe sollten

nichts anderes bewirken, als diesen Stolz zu zerbrechen, indem er die Fehlleistungen und das Versagen des Pharisäismus aufzählte.

Die Tempelbehörde war entschlossen, dieser Herausforderung ein Ende zu bereiten. Aber wie? Markus schreibt: »Die Hohenpriester und Schriftgelehrten überlegten, wie sie ihn vernichten könnten. Aber sie hatten Furcht vor ihm, denn alles Volk staunte über seine Lehre« (Mk 11, 18). Eine öffentliche Festnahme hätte zu einem gefährlichen Tumult führen können. So versuchten sie es zunächst mit der bewährten Methode, einen unliebsamen Gegner bloßzustellen. Eine Delegation nach der anderen erschien auf dem Tempelplatz, und sie suchten Jesus in eine öffentliche Diskussion zu verwickeln.

Es kamen die Vertreter der einzelnen Parteien, die romfreundlichen Herodianer und ihre Gegner, die romfeindlichen Pharisäer, einig aber in dem Willen, dem Rabbi aus Nazaret das heißeste Eisen der Tagespolitik zuzuschieben, an dem er sich die Finger verbrennen mußte. Markus hat uns dieses hochinteressante Rededuell in aller Freimütigkeit überliefert. »Sie schickten einige von den Pharisäern und Herodianern zu ihm, um ihn durch ein Wort in der Schlinge zu fangen« (Mk 12, 13). Diese Herren hatten sich ihre Taktik wohl überlegt. Sie begannen mit einem Kompliment: »Rabbi, wir wissen, daß du wahrhaftig bist und dich um keinen kümmerst. Denn du siehst nicht auf das Gesicht des Menschen, sondern lehrst in Wahrheit den Weg Gottes.« Dann aber kam die hinterlistige Falle: »Ist es nun erlaubt, dem Kaiser Tribut zu zahlen oder nicht? Sollen wir ihn geben oder nicht geben?« (Mk 12, 14) [219]

Eben erst war Pilatus, der Vertreter des Kaisers, mit seiner Kohorte von Cäsarea in Jerusalem einmarschiert, um während des Osterfestes bei etwaigen Unruhen an Ort und Stelle zu sein. Die Abgesandten wiederholten die Frage in aller Klarheit: »Sollen wir zahlen oder nicht?« Sagte Jesus ja, dann war er vor dem Volke erledigt; denn Knechtschaft und Tribut bedeuteten das gleiche. Dazu kam noch die religiöse Vorstellung, daß die Kopfsteuer eines Israeliten — und das bedeutete der Zensus — allein Gott gehörte. Sagte Jesus aber nein, dann fiel er in die erbarmungslosen Hände der Römer. Die Falle schien also sicher. Der Evangelist fährt fort: »Jesus aber durchschaute ihre Heuchelei und sagte ihnen: Was versucht ihr mich? Bringt mir einen Denar« — und mit nicht überhörbarer Ironie fügte er hinzu: »damit ich ihn ansehe« (Mk 12, 15).

Moderne Kritiker haben die historische Glaubwürdigkeit dieses Berichtes anzweifeln wollen, weil Münzen mit dem Kaiserbildnis wegen des jüdischen Bilderverbotes in Palästina undenkbar gewesen seien. Gewiß, der Kaiserkult war den Juden ein Greuel, und die Römer nahmen als Realpolitiker im allgemeinen auf diese religiöse Anschauung der Juden Rücksicht. Aber in Geldfragen war man nicht kleinlich. Immer wieder bestätigen die Münzfunde in Judäa, daß die reichseinheitliche silberne Steuermünze, der Denar, im Judenland trotz des Bilderverbotes in Umlauf und außerdem sehr geschätzt war; denn alle einheimischen Münzen durften nur aus Kupfer sein.

Jesus wußte das alles sehr genau; darum verlangte er diese silberne Steuermünze und nannte sie als Jude mit dem lateinischen Fremdwort, dem römischen Fachausdruck: »Bringt mir einen Denar, damit ich ihn ansehe!« Jesus wußte, auf dieser Münze gab es allerhand zu sehen (vgl. Abb. 235).

Im Münzkabinett der Berliner Staatlichen Museen kann man eine ganze Kollektion römischer Münzen aus der Kaiserzeit bewundern. In unserer Diskussion handelt es sich um einen Tiberius-Denar. Wir wissen ge-

Abb. 235. *Silberdenar des Kaisers Tiberius (14—37 n. Chr.).*

nau, wann und wo diese Münzen geprägt wurden. Der Kaiser bezog diesen silbernen Denar aus der Reichsmünzstätte Lyon in Gallien. Er wurde dort in drei verschiedenen Formen geprägt und war die maßgebende Steuermünze für das ganze Reichsgebiet, auch für Palästina. Noch in dem entfernten Vorderindien hat man 1914 einen solchen silbernen Tiberius-Denar wiedergefunden.

Schauen wir uns diesen Tiberius-Denar einmal genauer an. Auf der Vorderseite trägt unser »Zinsgroschen« das Brustbild des Kaisers Tiberius, geschmückt mit dem Lorbeerkranz, dem Symbol seiner kaiserlichen Würde. Und die Umschrift? Jesus kannte sie genau. Sie lautet in ihrem vollständigen Text: TI(berius) CAESAR DIVI AUG(usti) F(ilius) AUGUSTUS. Die Übersetzung zeigt uns sofort, wie anstößig diese Inschrift für einen Juden war: Kaiser Tiberius, der verehrungswürdige Sohn des göttlichen Augustus. Die Rückseite zeigt das Bild der Kaiserinmutter Julia Augusta Livia, auf einem Götterthron sitzend, mit dem Szepter in der Rechten und einem Ölzweig in der Linken. Die Umschrift bringt den Abschluß der kaiserlichen Titulatur: PONTIF(ex) MAXIM(us), das heißt: Hoherpriester. Immerhin, schon die bloße Existenz dieser Steuermünze in ihrem Lande war für alle gesetzestreuen Juden eine ständige Herausforderung. Und wie erst in der eigenen Tasche!

Darum antwortete Jesus: »Bringt mir einen Denar!« Seine Gegner, die so auf Gesetzestreue pochten, wurden gezwungen, diese anstößige Steuermünze aus der eigenen Tasche zu holen — ein Faktum, das allein schon die glatte Niederlage für sie bedeutete! Jesus aber ließ nicht locker. Er fragte weiter: »Wessen Bild und Umschrift ist das?« Die gesetzestreuen Heuchler mußten antworten: »Des Kaisers!« Mit einem einzigen Satz beschloß Jesus die Diskussion: »So gebt dem Kaiser, was des Kaisers ist, und Gott, was Gottes ist!« (Mk 12, 16. 17) Die Provokateure mußten geschlagen abziehen. Wieder stand der Nazoräer unangreifbar da.

Aber schon bald kam die nächste Abordnung, dieses Mal mit einer moraltheologischen Frage. Die Fragesteller gehörten zu den Sadduzäern. Obgleich auch diese eine bestimmte theologische Richtung vertraten, stand doch bei ihnen mehr das politische Interesse im Vordergrund. Die Hohenpriester und der Adel des Landes gehörten zu dieser politischen Partei. Es ging ihnen vor allem um die Erhaltung ihrer Macht und ihres Einflusses beim Volk. In rabbinischen Schriften erscheinen sie als Leugner der Auferstehung. Mit ihrer Frage wollten sie darum den Auferstehungsglauben ins Lächerliche ziehen und den Rabbi aus Galiläa öffentlich in Verlegenheit bringen: »Rabbi, Mose hat uns vorgeschrieben: Wenn jemandes Bruder stirbt, der eine Frau zurückläßt, aber kein Kind hinterläßt, so soll sein Bruder die Frau nehmen und seinem Bruder Nachkommenschaft erwecken. Nun waren sieben Brüder. Der erste nahm ein Weib, aber er starb und hinterließ keine Nachkommenschaft. Da nahm sie der zweite und starb ebenfalls, ohne Kinder zu hinterlassen. Und der dritte ebenso. Und alle sieben hinterließen keine Nachkommenschaft. Zuletzt von allen starb auch die Frau. Wessen Frau wird sie nun bei der Auferstehung, falls es eine gibt, sein?« Jesu Antwort war kurz. Mit einem Satz brach er der hinterhältigen Frage die Spitze ab: »Ihr seid im Irrtum, weil ihr weder die Schrift noch die Macht Gottes kennt. Bei der Auferstehung von den Toten wird man weder freien noch heiraten, sie sind vielmehr wie Engel im Himmel.« Dann belehrte Jesus die Sadduzäer über den jüdischen Glauben an die Auferstehung: »Was aber die Auferstehung von den Toten angeht, habt ihr denn nicht im Buch des Mose in der Geschichte vom Dornbusch gelesen, wie Gott zu ihm gesprochen hat: Ich bin der Gott Abrahams, der Gott Isaaks und der Gott Jakobs? Gott aber ist nicht Gott der Toten, sondern der Lebendigen. Ihr seid also gewaltig im Irrtum« (Mk 12, 19–27).

Für dieses Glaubensbekenntnis erhielt Jesus sogar die Anerkennung einiger Pharisäer, die ja in ihren theologischen Auffassungen die Gegner der Sadduzäer waren: »Rabbi, du hast gut gesprochen!« (Lk 20, 39)

Zwei Tage vor dem Osterfest, also am Mittwoch, lud Kajafas, der amtierende Hohepriester, die Mitglieder des Hohen Rates zu einer dringenden »Dienstbesprechung« in seinen Palast. Die Ratsherren entschlossen sich zur Gewaltanwendung: »Die Hohenpriester und Schriftgelehrten suchten nun, wie sie sich seiner mit List bemächtigen und ihn töten könnten.« Sie hatten nur die eine Sorge: »Nur nicht am Festtag, damit kein Lärm im Volk entsteht« (Mk 14, 1. 2). Man rechnete dabei auf die Mithilfe eines Verräters. Und Judas, wohl schon seit Monaten geheimer Spitzel im Apostelkollegium, sagte zu. Ja, Judas war sogar gegen eine entsprechende Summe bereit, ihnen den Nazoräer persönlich in die Hände zu spielen. Er hatte eine glänzende Idee und wartete nur auf eine günstige Gelegenheit.

Das jüdische Paschafest

Am Donnerstag beabsichtigte Jesus, mit den Aposteln das Paschafest zu feiern. Das Paschafest — Osterfest — wurde von den Juden mit dem ersten Frühlingsvollmond, dem 14. Nisan, gefeiert. An dieses Fest schloß sich unmittelbar das Mazzotfest an, das siebentägige Fest der Ungesäuerten Brote (15.–21. Nisan). Um die Mittagsstunde des 14. Nisan mußte alles mit Sauerteig gebackene Brot aus dem Hause sein. Am übrigen Tag sowie an den sieben folgenden Festtagen kam nur ungesäuertes Brot auf den Tisch. Ursprünglich waren es zwei getrennte Feste, die aber später miteinander verschmolzen wurden. Sie hießen deshalb zusammen entweder »Pascha« — »Ostern« — oder »Die Ungesäuerten«.

Dieses Fest gehörte zu den drei großen Pilgerfesten, an denen jeder männliche Israelit von seinem 13. Lebensjahr an gehalten war, den Tempel in Jerusalem zu besuchen. Im Mittelpunkt stand das Pascha-Ostermahl mit dem Genuß des Paschalammes zum Andenken an die Befreiung und Herausführung Israels aus Ägypten.

Das erste Pascha — der Name bedeutet «Vorübergehen» — feierten die Israeliten in Ägypten. Als der Pharao die geknechteten Israeliten trotz der verheerenden neun ägyptischen Plagen nicht ziehen lassen wollte, kündigte ihm Mose das Gericht des Herrn an; den Tod jeder Erstgeburt in Ägypten. Auf diesen Tag sollten sich die Israeliten in besonderer Weise vorbereiten. Jeder Hausvater hatte für seine Familie ein einjähriges, fehlerloses männliches Lamm zu wählen, das er zwischen Sonnenuntergang und Dunkelheit schlachten sollte. Das Blut war mit einem Büschel an die Türpfosten und die Oberschwelle jedes israelitischen Hauses zu streichen, worauf niemand mehr vor die Tür gehen durfte. Das Lamm wurde zum Essen vorbereitet und mußte ganz, mit Kopf, Schenkeln und inneren Teilen, gebraten werden, ohne daß ein Knochen zerbrochen werden durfte. Zur Mahlzeit gehörten ferner ungesäuertes Brot und Bitterkräuter. Während die Israeliten ihr Paschamahl hielten, schlug der Herr in der Nacht vom 14. zum 15. Nisan alle Erstgeburten der Menschen und des Viehs in Ägypten. Israel aber blieb verschont, um der Paschalämmer willen, die für die Erstgeborenen gestorben waren. Der Weg zum Auszug aus Ägypten war frei. Als Erinnerung an diese Befreiung, das grundlegende Heilshandeln Gottes an Israel, wurde im Gesetz die jährliche Wiederholung des »Vorübergehens« — »Pascha« — angeordnet, zusammen mit dem Fest der Ungesäuerten Brote. Das Paschalamm durfte aber nur am Ort des Heiligtums geschlachtet und in Jerusalem gegessen werden.

Am Nachmittag des 14. Nisan vollzog der Eigentümer bzw. sein Beauftragter die Schlachtung des Paschalammes im Tempel. Das Blut sammelten die Priester in Schalen und gossen es am Fuß des Brandopferaltares aus. Während dieses Sühnerituals sangen die Leviten die Psalmen 113–118, das sogenannte Hallel.

Nach Josephus wurde um das Jahr 63 n. Chr. eine Zählung der Opfertiere veranstaltet (Jüd. Krieg VI, 9, 3). Diese Statistik — es wurden 255 600 Lämmer und 2 700 000 Festteilnehmer gezählt — wird aber von modernen Historikern mit Recht angezweifelt. Aufgrund der örtlichen Verhältnisse (Größe des inneren Vorhofes usw.) und nach der zur Verfügung stehenden Zeit schätzt man die Zahl der Paschalämmer auf rund 18 000. Nach der Festvorschrift vereinigten sich zehn bis zwanzig Personen zu einer Tischgemeinschaft. (Vgl. Jüd. Krieg VI, 9, 3; Talmud, b. Pes. 64[b].)

So schätzt man, daß mit den Einwohnern der Stadt, deren Zahl mit etwa 25 000—30 000 angenommen wird, rund 150 000 Menschen zum Osterfest in Jerusalem versammelt waren.[220] Es war aber unmöglich, daß alle Wallfahrer innerhalb der Mauern der Stadt Unterkunft fanden. Der Großteil der Pilger mußte vielmehr in Zelten übernachten, die rings um Jerusalem, besonders in der Ebene nördlich der Stadt, aufgeschlagen wurden. Ferner erwies es sich im ersten vorchristlichen Jahrhundert als unmöglich, die seit dem Exil geübte Praxis beizubehalten, daß sämtliche Festteilnehmer das Paschaopfer in den Tempelvorhöfen aßen. Man war daher aus Raummangel gezwungen, Schlachtort und Mahlort zu trennen. So fand nur die Schlachtung seit dem ersten vorchristlichen Jahrhundert auf dem Tempelplatz statt, das Paschamahl wurde in die Häuser Jerusalems verlegt.

Auch Jesus kümmerte sich um die Tischgemeinschaft. Am Donnerstagvormittag beauftragte er zwei seiner Jünger, alle Vorbereitungen für das Ostermahl zu treffen. »Es kam der Tag der Ungesäuerten Brote, an dem man das Osterlamm schlachten mußte. Da schickte Jesus Petrus und Johannes fort mit dem Auftrag: Geht hin und bereitet uns das Ostermahl, damit wir es essen« (Lk 22, 7. 8).

Jesus nannte den beiden aber weder die Ortslage des Hauses, in dem er das Paschamahl feiern wollte, noch den Namen des Besitzers. Er kannte seinen Verräter und wollte diesen Abend noch ungestört verbringen. Jesus aber gab seinen beiden Jüngern ein Erkennungszeichen. Er sagte ihnen: »Seht, wenn ihr in die Stadt kommt, wird euch ein Mann begegnen, der einen Wasserkrug trägt. Folgt ihm in das Haus, in das er hineingeht« (Lk 22, 10).

Da in Jerusalem das Wasserholen zur Frauenarbeit gehörte, war Jesu Hinweis ein auffälliges Erkennungszeichen. Die beiden machten sich also auf den Weg in die Stadt. Plötzlich stieß Johannes seinen Begleiter in die Seite: Da kommt der Mann! Unauffällig folgten sie ihm. Im Hause trug Petrus sein Anliegen vor: »Der Meister läßt dir sagen: Wo ist das Gemach, in dem ich mit meinen Jüngern das Ostermahl essen kann?« (Lk 22, 11) Bereitwillig zeigte der Hausbesitzer den beiden Abgesandten ein großes mit Tischpolstern ausgestattetes Obergemach.

Der Abendmahlssaal

Wo lag dieses Haus mit dem Obergemach, in dem Jesus mit den Zwölfen das Ostermahl des Neuen Bundes feierte? Es ist verständlich, daß spätere Generationen für diesen Ort großes Interesse zeigten. Aber die Absicht Jesu, die Ortslage des Abendmahlssaales geheimzuhalten, ist gewahrt geblieben bis zum heutigen Tag. Bei den Evangelisten suchen wir vergeblich einen Hinweis auf die Lage des Hauses in der Stadt. Der Auftrag Jesu: »Wenn ihr in die Stadt hineinkommt, wird euch ein Mann begegnen, der einen Wasserkrug trägt« führt uns in die Gegend des Teiches Schiloach, aus dem das Wasser für das Ostermahl geholt werden mußte.

Ein alter Stufenweg, der vor einigen Jahren freigelegt wurde, führte aus der Gegend des Schiloachteiches in den südwestlichen Teil der alten Oberstadt, dorthin, wo der heutige Abendmahlssaal liegt. Die Versuchung ist groß, dem Wasserträger auf diesem alten Stufenweg aus der Zeit Jesu zu folgen und im heutigen Abendmahlssaal den Ort zu sehen, wo Jesus das Ostermahl gefeiert hat.[221] Aber diese Annahme führt uns nicht in die früheste Zeit (vgl. Abb. 82, S. 141).

Eine Jerusalemer Ortstradition gedenkt frühestens in der ersten Hälfte des 5. Jahrhunderts der Stiftung der heiligen Eucharistie in der Sionskirche auf dem Südwesthügel der Stadt. Im Armenischen Lektionar (zwischen 417 und 439) ist kurz die Feier eines Wortgottesdienstes auf dem »Heiligen Sion« notiert. Nach der Liturgie in der Grabeskirche ziehen die Armenier am Donnerstag vor Ostern »nach dem Heiligen Sion«. Dort wird der Bericht über die Feier des Abendmahles nach Markus und der Bericht über die Einsetzung der heiligen Eucharistie aus dem 1. Korintherbrief verlesen. Als weiterer Zeuge des 5. Jahrhunderts für die Identifizierung des »Obergemaches« der Pfingstüberlieferung mit dem Abendmahlssaal kann der gelehrte Presbyter Hesychios, ein Zeitgenosse des Jerusalemer Bischofs Juvenal (422—458), gelten. Er erwähnt den Diakon Stephanus als »Tischdiener« (vgl. Apg 6, 2) und bringt ihn gerade mit der Sionskirche in Verbindung. Das Schwanken der Tradition im 6. Jahrhundert zeigt aber, wie ungewiß noch vielen der Abendmahlssaal auf dem Sion blieb. Theodosius (530) findet das Gedächtnis des letzten Mahles in der Grotte im Kidrontal. Dieser sichere Widerspruch zu den Evangelien konnte sich nur behaupten, weil keine feste Überlieferung über den Ort des Abendmahles existierte. Erst der Einfluß des Jerusalemer Patriarchen Sophronius († 638) sicherte endgültig die Feier des Abendmahles auf dem Südwesthügel in

Abb. 236.   Der heutige Abendmahlssaal. (Vgl. Abb. 241, B, S. 422.)

der Sionskirche. In einer Ode lokalisiert er auf dem Sion die Herabkunft des Heiligen Geistes, das Abendmahl mit der Fußwaschung und den Tod Marias. Seitdem sind diese drei Gedächtnisse fest mit der Sionskirche verbunden. (Vgl. Abb. 240, S. 420.)

Angesichts dieser erst spät und zaghaft vorgenommenen Lokalisierung ist es aussichtslos, für den Abendmahlssaal einen sicheren Ort namhaft machen zu wollen. Schon Jesus hat auf die Anonymität des Ortes Wert gelegt. Um so sicherer führt uns die Tradition nach dem »Heiligen Sion«, die dort das Zentrum der nachösterlichen Christengemeinde lokalisiert. Als »Kirche der Apostel«, als Stätte der Herabkunft des Heiligen Geistes ist sie immer bezeugt, und die Linie der Tradition kennt keinen Bruch.

Von Josephus erfahren wir, daß der Südwestteil der Oberstadt der Zerstörung im Jahre 70 n. Chr. entging, da der Widerstand der Juden bereits vor der Oberstadt zusammengebrochen war. Der in Palästina geborene Schriftsteller Epiphanius (315–403) berichtet in einem seiner Werke, einer Art Bibellexikon, von einer Inspektionsreise des Kaisers Hadrian in den Vorderen Orient. Als dieser um das Jahr 130 n. Chr. Jerusalem besuchte, fand er alles zerstört, »ausgenommen einige Häuser und die kleine Kirche Gottes, die an dem Ort war, wo die Jünger, zurückgekehrt vom Ölberg – nach der Himmelfahrt des Erlösers –, in den Obersaal hinaufstiegen. Dort war sie gebaut, nämlich auf dem Sion« (De mensuris et ponderibus 14). Dies ist genau die Gegend im Südwestteil der Oberstadt.

Lukas berichtet: In diesem Obergemach »verharrten alle einmütig im Gebet mit den Frauen und Maria, der Mutter Jesu, und mit seinen Brüdern« (Apg 1, 14). Dieses »Obergemach« der Apostelgeschichte war im elterlichen Haus des Evangelisten Markus und wurde bald der lokale Mittelpunkt der Jerusalemer Urgemeinde. Hier erwarteten die Apostel den verheißenen Tröster, und der Heilige Geist erfüllte das ganze Haus. Hier beteten die Jünger unablässig zum Herrn, als Petrus verhaftet und ins Gefängnis geworfen worden war. Nach der wunderbaren Befreiung des Apostels war sein erster Gang zu diesem Haus.

Kann man dieses erste christliche Gemeindezentrum noch mit der bei Epiphanius erwähnten Synagoge in Verbindung bringen? Er berichtet, daß auf dem Sion noch sieben Synagogen übrigblieben, »von denen eine bis in die Zeit des Bischofs Maximos [um 335–349] und des Kaisers Konstantius existierte, vergleichbar einer ›Hütte im Weinberg‹, wie es in der Hl. Schrift steht«. Der Pilger von Bordeaux (333) bestätigt das Zeugnis des Epiphanius: »Im Innern der Mauern von Sion sieht

man den Ort, wo David seinen Palast hatte. Von den sieben Synagogen, die dort waren, blieb nur eine übrig, die andern werden bestellt und beackert, wie der Prophet Jesaja voraussagte.«

Der als Sionsberg bezeichnete Hügel lag außerhalb der Grenzen der von Hadrian (117–138 n. Chr.) gegründeten Militärkolonie Aelia Capitolina. Erst die Kaiserin Eudokia hat im 5. Jahrhundert eine Mauer bauen lassen, die auch diesen Bezirk in die Stadt mit einschloß. Da nach dem Bar Kochba-Aufstand (135 n. Chr.) den Juden das Betreten Jerusalems unter Todesstrafe verboten war – nach Eusebius, der sich auf Ariston von Pella (140 n. Chr.) beruft, hatten die Juden den heimatlichen Boden nicht einmal mehr aus der Ferne sehen dürfen (Hist. eccl. IV, 6, 3) [222] –, kann diese Synagoge von Juden zum Gottesdienst nicht benutzt worden sein. Wohl aber konnten Heidenchristen den Platz von den vertriebenen Judenchristen übernommen haben. Von Eusebius erfahren wir ferner, daß in dem Jerusalemer Gemeindezentrum auf dem Sionshügel neben der gottesdienstlichen Versammlungsstätte auch eine Bibliothek mit Archiv vorhanden war. Der Kirchenhistoriker, der selbst in diesem Archiv gearbeitet hat, führt die Gründung auf den Bischof Alexander zurück, der in der ersten Hälfte des 3. Jahrhunderts lebte (Hist. eccl. VI, 20, 1). Das Archiv enthielt aber noch Schriftstücke, die aus dem Osterfeststreit am Ausgang des 2. Jahrhunderts stammten. Daß die heidenchristliche Kirche der römischen Militärkolonie Aelia ein betontes Traditionsbewußtsein besaß, zeigt außer der Verehrung der »Cathedra Jacobi« in der Sionskirche (Hist. eccl. VII, 19) die Existenz einer Bischofsliste. Sie reicht mit den Bischöfen »aus der Beschneidung« vom Herrenbruder Jakobus bis zum Jahre 135 n. Chr. und enthält ferner den Anfang der anschließenden heidenchristlichen Bischöfe. [223]

Im Jahre 1951 wurde der Raum, der unter dem heutigen Abendmahlssaal liegt und allgemein »Grab Davids« genannt wird, von dem jüdischen Archäologen J. Pinkerfeld erstmalig untersucht. [224] Das Ergebnis war mehr als überraschend. Die apsidenartige große Nische ist genau nach dem Tempel ausgerichtet (vgl. Abb. 239, S. 419, und Abb. 241, S. 422). Vergleiche mit den alten Synagogen von Eschtemoa und Naveh erlauben den Schluß, daß wir hier einen Synagogenbau aus dem Jahrhundert nach der Zerstörung des Tempels vor uns haben. Wir stellen erneut die Frage: Gehörte dieser Raum der judenchristlichen Gemeinde von Jerusalem, die ja noch ganz im »Schatten des Tempels« lebte? Wurde er nach Vertreibung der Judenchristen von den Heidenchristen übernommen? Die Veröffentlichung der von J. Pinkerfeld an den Wänden des »Davidsgrabes« entdeckten Graffiti erlauben eine positive Beantwortung. Ein aus vier Buchstaben bestehendes Graffito läßt folgende Deutung zu: Siege, Herr, Barmherzigkeit! – Selbst wenn eine andere Deutung möglich wäre – der Name Jesus auf einem weiteren Graffito beweist den

417

Abb. 238. »Nebi Daud« mit dem Gebäude des Abendmahlssaales.

Auf dem Gelände des christlichen »Sion« erhebt sich ein großer klosterartiger Gebäudekomplex, gekrönt mit einem Minarett und vielen kleinen Kuppeln. Der Bau wird von den Mohammedanern »Nebi Daud« — »Prophet David« — genannt. Er umschließt jenes Gebäude, das im Erdgeschoß das sogenannte »Davidsgrab« beherbergt, im oberen Stockwerk den Abendmahlssaal (vgl. Abb. 241, S. 422).

1. Die Nordseite des »Nebi Daud«.
2. Der Innenhof mit der Südseite des Abendmahlsgebäudes (vgl. Abb. 241 B).

Abb. 239. Das »Grab Davids« unter dem Abendmahlssaal (S. 419).

»Und David legte sich zu seinen Vätern und wurde in der Stadt Davids begraben« (1 Kön 2, 10). Nach den Königsbüchern sind mit David und seinem Sohn Salomo noch dreizehn Könige von Juda in dem königlichen Erbbegräbnis bestattet worden. Wo die königliche Nekropole lag, wissen wir nicht, genauer gesagt: noch nicht; denn die Archäologen scheinen am Westhang des Tyropöontales eine Spur entdeckt zu haben. Auch Josephus, der Kronzeuge der Stadtgeschichte Jerusalems, läßt uns im Stich. Wir erfahren zwar, daß Herodes nach einer versuchten, aber mißlungenen Plünderung des Grabes »am Eingang desselben mit großen Kosten ein Denkmal aus weißem Marmor errichten ließ« (Jüd. Altert. XVI, 7, 1), über die Lage des Grabes sagt er aber nichts. Nach Dio Cassius hat das von Herodes errichtete Sühnedenkmal die Zerstörung Jerusalems (70 n. Chr.) überstanden und ist erst kurz vor dem Bar Kochba-Aufstand (132—135 n. Chr.) eingestürzt (Hist. Rom. 69, 14). In der neuen römischen Kolonie Aelia Capitolina erlischt die Erinnerung an das Grab Davids. Eine christliche Tradition suchte dann das Grab in der »Stadt Davids«, und das ist Betlehem. Mit Eusebius wird es dort bereits vom Pilger von Bordeaux (333) bezeugt. Erst kurz vor der Jahrtausendwende kehrt die Tradition des Davidsgrabes nach Jerusalem zurück. Die Christen feierten das Fest des jüdischen Königs, des Ahnherrn Jesu, auf dem »Berge Sion« am 26. Dezember. Es ist der Raum, der unter dem Abendmahlssaal liegt (vgl. Abb. 241, A, S. 422). Die Muslimin haben im späten Mittelalter die Tradition von den Christen übernommen und

das »Grab Davids« zu einer Moschee gemacht. Heute ist dieser Raum ein jüdisches Heiligtum.
Das Bild zeigt den oberen Teil des Kenotaphs mit der dahinter liegenden Apsis. Die großen Quadersteine stammen noch von dem alten synagogalen Bau des 2. Jahrhunderts. Der Steinsarg, eine Kopie eines römischen Sarkophags aus der Kreuzfahrerzeit, ist von einer mit Sternen bestickten Decke umhüllt und mit silbernen Torakronen geschmückt.

christlichen Ursprung dieser Inschriften. Wir können weiter zeigen, daß die alte Stätte des Obergemaches unvergessen blieb. Kyrill, Bischof von Jerusalem, spricht im Jahre 348 in einer Katechese von der »Oberkirche« auf dem Sion, die der Herabkunft des Heiligen Geistes geweiht war, und Aetheria schildert wenig später die liturgischen Feiern am Pfingstfest in der Basilika der »Ober- oder Apostel-Kirche«. Die Gläubigen verbringen die Nacht in der Grabeskirche, und nach dem Frühgottesdienst »begleitet das ganze Volk bis auf den letzten Mann den Bischof unter Hymnen auf den Sion, so daß sie, wenn die dritte Stunde vollendet ist, auf dem Sion sind. Ist man dort angekommen, so wird der Abschnitt aus der Apostelgeschichte über die Herabkunft des Heiligen Geistes verlesen ... Darauf folgt der Gottesdienst

nach seiner Ordnung.« Es fällt auf, daß Aetheria, die uns über alle liturgischen Feiern in den einzelnen Kirchen Jerusalems eingehend informiert, von einer Feier am Gründonnerstag in der Sionskirche nicht ein Wort erwähnt. Im Gegenteil, sie bezeugt ausdrücklich, daß das Abendmahl am Gründonnerstag »post crucem« — »hinter dem Kreuz«, d. h. hinter dem Kreuzesfelsen in der Grabeskirche gefeiert wurde (vgl. Abb. 277,4, S. 503). »Wenn die Entlassung aus dem Martyrion erfolgt ist, zieht man hinter das Kreuz, dort wird nur ein Hymnus gesungen, es folgt ein Gebet, und der Bischof bringt dort das Opfer dar, und alle kommunizieren. Mit Ausnahme dieses einen Tages wird niemals im ganzen Jahr hinter dem Kreuz ein Opfer dargebracht« (Peregrinatio 35, 2). Der Ort des Abendmahles war unbekannt und blieb darum ungenannt.

In dem Pilgerbericht des Theodosius (530) wird die Sionskirche, die zu den prächtigsten Gotteshäusern Jerusalems gehörte, die »Mutter aller Kirchen« genannt. »Sie war das Haus des heiligen Markus.« Nach dem archäologischen Befund war die große Basilika rechtwinklig an den alten, kleinen synagogalen Bau angebaut (vgl. Abb. 240, S. 420). Die Mosaikkarte von Madaba zeigt die Sionskirche am Südwestrand der Stadt (vgl. Abb. 251, S. 447). Rechts von der Basilika liegt ein kleines quadratisches Gebäude, das wohl zur Basilika gehörte. Ein Erklärer der Mosaikkarte schreibt: »Wenn die Texte es erlaubten, würde man gern hier den ersten Wiederaufbau des Obergemaches der Jünger erkennen.« Allmählich finden wir nämlich die Spuren einer neuen Tradition, die die beiden Obergemächer des Abendmahles und der Herabkunft des Heiligen Geistes an den gleichen Ort zusammenlegte. Seit dem 7. Jahrhundert wird dann allgemein angenommen, daß die Sionskirche den Ort des Abendmahles in sich schließe. So heißt es in einem armenischen Pilgerbericht, der nach der arabischen Eroberung (638) die Heiligtümer Jerusalems aufzählt: »Rechts von der Kirche ist die Kammer der Geheimnisse und eine hölzerne Kuppel, in welcher das heilige Abendmahl des Erlösers gemalt ist. In ihr ist ein Altar, an dem die Liturgie gefeiert wird.«

Auch die Sionskirche erlitt das gleiche Schicksal wie die vielen anderen Heiligtümer. Nach der Eroberung Jerusalems (1099) wurde die zerstörte Kirche wiederaufgebaut. Die Sionskirche der Kreuzfahrer, in der sich die »Kapelle« des Abendmahles befand, stand nur bis zum Jahre 1219. Im Jahre 1228 kamen die Franziskaner zum erstenmal nach Jerusalem. Wir besitzen noch das Original eines Schutzbriefes vom 11. Juli 1309, in dem der Sultan »den Strickbrüdern im Kloster auf dem Sion, am Heiligen Grab und in Betlehem alle Privilegien bestätigt, die ihnen von seinen Vorgängern verliehen worden waren«. Nach einem Kaufbrief aus dem Jahre 1335 erwarb Margarita von Sizilien ein kleines Grundstück auf dem Sion und schenkte es den Franziskanern. Diese erbauten darauf den Abendmahlssaal in seiner heutigen Gestalt. Es ist ein schmuckloser Raum von 14 m Länge, 9 m Breite und 6 m Höhe. In der Mitte stehen zwei Säulen, die das gotische Gewölbe tragen. An der Südostecke führt eine Treppe in einen kleinen Raum hinauf, in dem die Stätte des Pfingstfestes verehrt wird. Einst stand in dieser Kirche am Sion die Herabkunft des Heiligen Geistes im Vordergrund, heute gilt der größere Raum dem später an dieser Stelle verehrten Abendmahl (vgl. Abb. 241, S. 422).

Wir fassen zusammen: Die Tradition verbürgt uns, daß auf diesem Gelände im südwestlichen Teil der Oberstadt das Haus stand, in dem die Jünger den Heiligen Geist erwarteten. Das Haus, in dem Jesus mit seinen Jüngern das Abendmahl feierte, liegt in geheimnisvollem Dunkel.

Gustaf Dalman, der verdiente Palästinaforscher, beendigt seine Untersuchung über die Tradition des Abendmahlssaales: »Wenn auch das Abendmahl im jetzigen Abendmahlssaal nicht eingesetzt wurde, so ist doch das Gedächtnis an Jesu Sühnetod hier schon frühzeitig gefeiert worden. Der Kelch, den die Jünger segnen, und das Brot, das sie brechen, haben hier ihre älteste Heimstätte. Hier ist daher die Mutter aller Kirchen zu sehen.«[225]

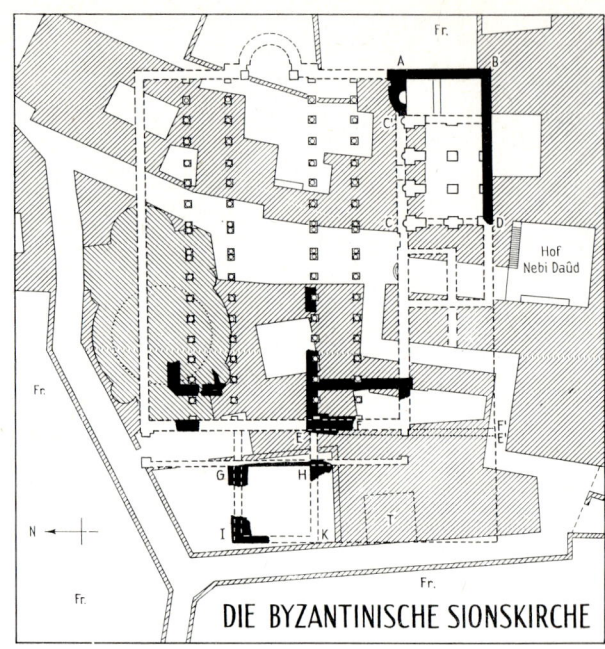

DIE BYZANTINISCHE SIONSKIRCHE

▬▬ Alte Mauerreste
A–B Antike Ostmauer der Synagoge ("Abendmahlssaal")
B–D Antike Südmauer der Synagoge ("Abendmahlssaal")
E–F–F' Westfassade der byz. Sionskirche
E–E' Westfassade der Kreuzfahrerkirche
G–H–I–K Treppe zur Vorhalle
H Fundament des Turmes der Kreuzfahrerkirche
T Turm der Dormitio Fr. Friedhöfe

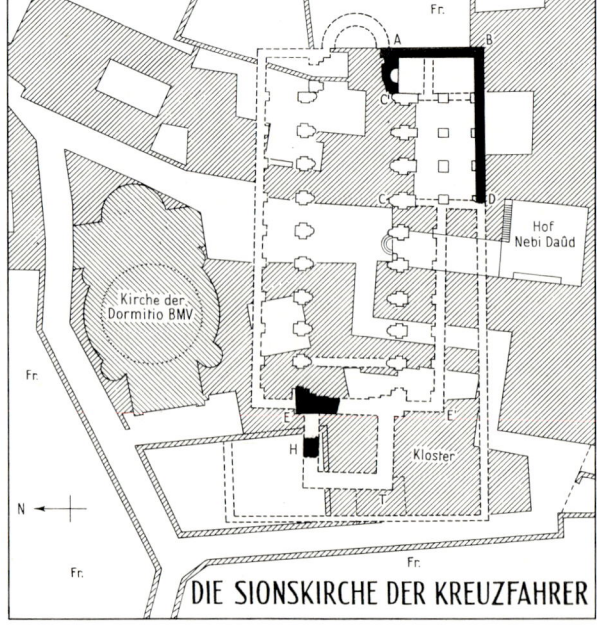

DIE SIONSKIRCHE DER KREUZFAHRER

Abb. 240. Die Sionskirchen mit dem Abendmahlssaal (nach H. Renard, M. Gisler u. L.-H. Vincent OP).

Die Pläne zeigen die Rekonstruktion der Sionskirchen aus der Zeit der Byzantiner und der Kreuzfahrer auf dem Gelände des Südwesthügels, des christlichen »Sion«, mit dem rechtwinklig dazu stehenden, ursprünglichen synagogalen Bau und späteren Coenaculum (A, B, C, D). Die byzantinische »Apostelkirche«, die »Mutter aller Kirchen«, war wahrscheinlich eine fünfschiffige Basilika. Leider haben die Ausgrabungen im Jahre 1899 beim Bau der »Dormitio« nichts Wesentliches zur Klärung ihrer verschiedenen Perioden beitragen können, weil die Trümmer fast restlos als Steinbruch gedient hatten. Das wichtigste gefundene Mauerstück (E, F) gehörte zur Hauptfassade. Diese Zuordnung ist eine Meisterleistung von L.-H. Vincent. Nicht ohne Gefahr und Belästigungen kletterte der Dominikaner-Archäologe auf die Dachterrasse des Abendmahlssaales. Dort stellte er mit Hilfe eines Präzisionskompasses fest, daß die Fluchtlinien des von den Kreuzfahrern hinzugefügten Mauerteiles (E, E') anderthalb Grad von jenen des ursprünglichen, byzantinischen Baues (E, F, F') abwichen. Aufgrund dieser Feststellung vermochte er die rätselhafte Fundamentruine (E, F) von 6 m Länge und 3 m Breite in zwei Bestandteile zu gliedern, deren Bauperioden um reichlich sieben Jahrhunderte auseinanderlagen. Die danach aufgestellte Berechnung für die Länge der Kirche ergab fast die gleichen Maße wie die von der Kreuzfahrerkirche, etwa 54 m. Über die genaue Lage der Kirche, d. h. über ihre Zuordnung zu dem vorgegebenen alten synagogalen Bau (A, B, C, D) gingen die Meinungen auseinander. Es tut den Verdiensten von L.-H. Vincent keinen Abbruch, wenn die Archäologen nicht alle seine Hypothesen übernommen haben. Er legt die Hauptachse der Kirche mehr nach Süden, so daß der alte synagogale Bau in den Kirchenbau hineinragte.

Der von dem Architekten der »Dormitio«, H. Renard, gezeichnete Plan läßt den synagogalen Bau außerhalb der Kirche, so daß die Hauptachse der Basilika weiter nördlich verläuft. Ein vor der Hauptfassade in Bruchstücken entdeckter Vorbau (G, H, I, K) mit einem Treppenaufgang läßt mit großer Wahrscheinlichkeit die Hauptachse festlegen. Danach kommt der synagogale Bau außerhalb der Kirche zu liegen. Wahrscheinlich gibt das Stadtbild von Jerusalem auf der Mosaikkarte von Madaba die Lage als Anbau richtig wieder (vgl. Abb. 251, 14, S. 447).

Die wichtigsten Angaben über die Kreuzfahrerkirche verdanken wir F. Francesco Suriano OFM, dem zweimaligen Guardian vom Berge Sion. Als er 1485 seinen »Traktat über das Hl. Land« veröffentlichte, war nicht nur die Apsis der Kirche teilweise erhalten, sondern auch die Mauerzüge waren im Erdboden noch erkennbar. Die Größe der dreischiffigen Kirche gibt er mit 100 zu 50 Ellen an. Die von L.-H. Vincent nachgemessene Länge ergibt 55,5 m. Die erhalten gebliebenen, mit großen Halbsäulen geschmückten Pfeiler an der Nordseite des Abendmahlssaales (C, C'), 2 m in der Breite und 3 m in der Dicke messend, waren offenbar Pfeiler des Mittelschiffes (vgl. Abb. 241, A, S. 422).

Im Jahre 1898 erhielt Wilhelm II. bei einem Besuch in Jerusalem vom Sultan Abdul Hamid ein Grundstück, das unmittelbar an die Gebäudegruppe des Abendmahlssaales grenzte. Seit dem 7. Jahrhundert gilt dieses Gelände als die Stätte des »Heimgangs der Jungfrau Maria«. Kloster und Kirche, die den Titel »Dormitio Beatae Mariae Virginis« tragen, wurden vom »Deutschen Verein vom Heiligen Land« gebaut und 1906 eingeweiht. Den Benediktinern von Beuron ist die Obsorge für die Kirche übertragen.

Der letzte Abend

Am Abend kam Jesus mit den übrigen Aposteln. Darunter war auch der Verräter. Jesus sagte zu ihnen: »Mit großer Sehnsucht habe ich verlangt, dieses Ostermahl mit euch zu halten, bevor ich leide; denn ich sage euch, ich werde es nicht mehr essen, bis es seine Erfüllung gefunden hat im Reiche Gottes. Dann nahm er den Kelch, sprach das Tischgebet und sagte: Nehmt hin und verteilt ihn unter euch. Denn ich sage euch, ich werde von jetzt an nicht mehr vom Gewächse des Weinstocks trinken, bis das Reich Gottes gekommen ist« (Lk 22, 15 bis 18).

Das Ostermahl war nach den vier vorgeschriebenen Weinbechern gegliedert. Zu Beginn wurde der Erste Becher mit Wein und Wasser gefüllt. Der Hausvater sprach darüber die zwei vorgeschriebenen Segensformeln: »Gelobt seist du, Jahwe, unser Gott, König der Welt, der du die Frucht der Rebe schaffst.« — »Gelobt seist du, Jahwe, unser Gott, König der Welt, der du deinem Volk Israel Festtage zur Freude und zum Gedächtnis gegeben hast. Gelobt seist du, Jahwe, der du Israel und die Zeichen heiligst.«

Darauf wurden ungesäuerte Brote und grüne Kräuter aufgetragen, die der Hausvater verteilte, nachdem er seine Hände gewaschen, ein Dankgebet gesprochen und gekostet hatte. Jetzt brachte man das gebratene Osterlamm. Der Zweite Becher wurde gemischt, und der Hausvater gab eine kurze Erklärung über den Sinn des Festes, die Wohltaten Jahwes an seinem Volke und dessen Befreiung aus Ägypten. Alle Teilnehmer sangen den ersten Teil des Hallel, das aus den Psalmen 113—118 bestand. Nach erneuter Händewaschung und nach dem Lobgebet wurde das Osterlamm gegessen, dazu bittere Kräuter und ungesäuerte Brote.

Der Dritte Becher wurde gemischt, der der Segensbecher genannt wurde, weil dabei die Danksagung über das Mahl gebetet wurde. Schließlich fand das Mahl mit dem Vierten Becher, bei dem der zweite Teil des Hallel gesungen wurde, seinen Abschluß.

In diesem Ritus des Ostermahles, von dem die Evangelisten im einzelnen nichts berichten, vollzog sich aber noch etwas Besonderes, etwas ganz Neues: Jesus gab zum Gedächtnis seines Todes den Jüngern während des Mahles Brot und Wein als sein Fleisch und Blut. Zu Beginn und am Ende des Mahls benutzte Jesus zwei Mahlsitten: das Brotbrechen und den Dritten Becher, um an sie sein letztes testamentarisches Vermächtnis für die Seinen zu knüpfen. Ja noch mehr, Jesus gab diesen jüdischen Mahlbräuchen einen neuen Inhalt. Beim jüdischen Mahl blieben Brot und Wein das, was sie waren: natürliche Genußmittel für das Mahl. Unter den Händen Jesu wurden Brot und Wein zu Trägern eines andersartigen Inhaltes, so daß deutende Worte unentbehrlich wurden. So wird die »Eucharistiefeier« mehr als ein Brudermahl. Die Abendmahlshandlungen Jesu

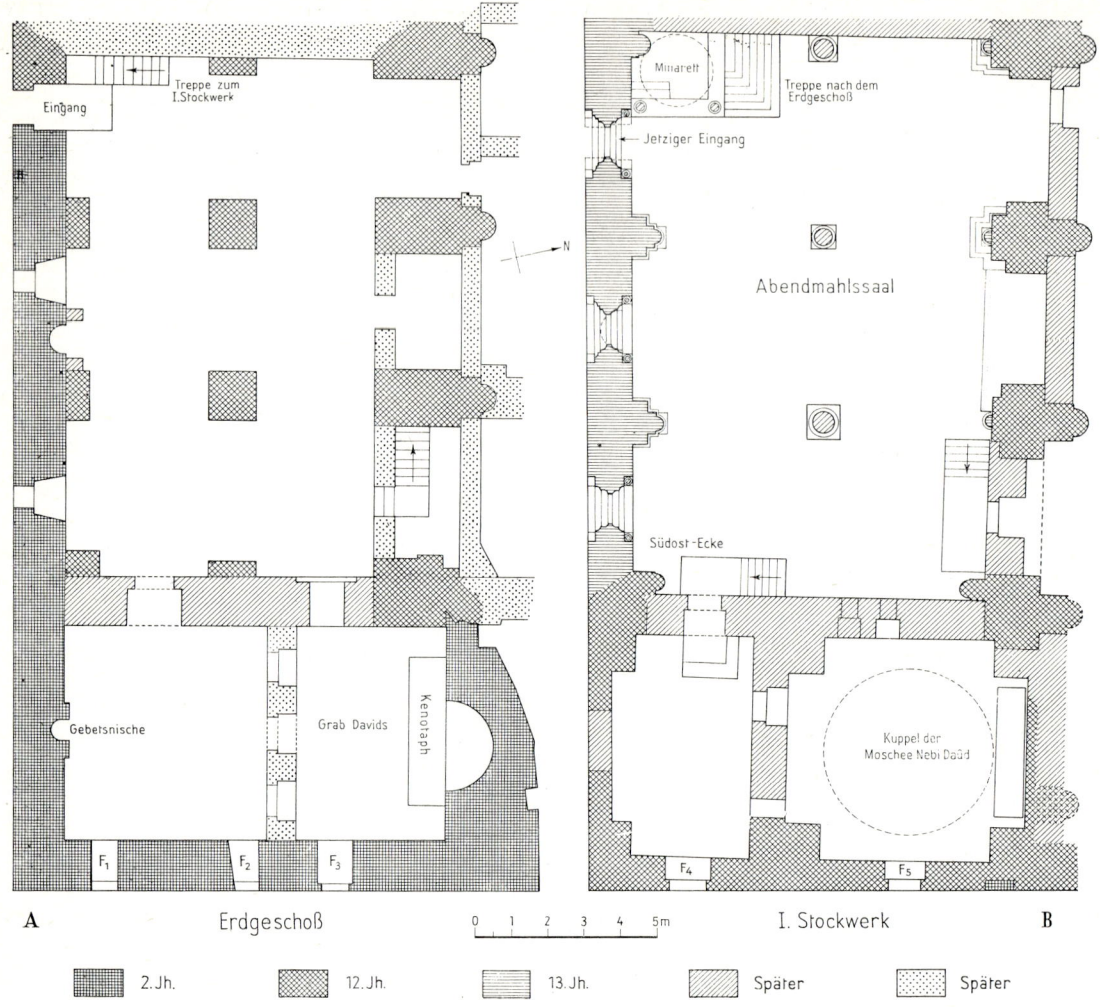

A   Erdgeschoß   0 1 2 3 4 5m   I. Stockwerk   B

2. Jh.   12. Jh.   13. Jh.   Später   Später

Abb. 241.   *Plan des »Davidsgrabes« und des Abendmahls-*
saales (nach J. Pinkerfeld u. L.-H. Vincent OP).

Plan A zeigt das Erdgeschoß mit dem Raum des »Davidsgra-
bes«. Die archäologischen Untersuchungen von J. Pinkerfeld
aus dem Jahre 1951 haben ergeben, daß der östliche Teil des
Gebäudes auf alten Mauern steht, die aus der Römerzeit stam-
men. Die Nordwand mit der Apsis, die genau nach dem Tem-
pel ausgerichtet war, hat eine Stärke von 2,8 m und ist wie
die schwächere Süd- und Ostmauer aus großen Quadersteinen
erbaut. Die Länge des Gesamtraumes beträgt 10,5 m; die
Breite konnte wegen der fehlenden Westmauer nicht mehr
festgestellt werden. Es ist aber wahrscheinlich, daß der Raum
in seinem ursprünglichen Maß breiter war als die späteren
Bauten. Die Apsis, deren Höhe 2,44 m, Breite 2,48 m und
Tiefe 1,2 m betragen, beginnt etwa 1,2 m über dem heutigen
Boden.
Die Untersuchungen aber haben gezeigt, daß der ursprüng-
liche Boden viel tiefer liegt. Das Kenotaph läßt erkennen,
daß sich das Pflaster aus der Kreuzfahrerzeit 0,12 m unter

dem heutigen Boden befindet, noch tiefer beginnt der Mosaik-
boden der byzantinischen Periode. Der ursprüngliche Fuß-
boden, der wahrscheinlich ebenfalls mit Mosaiksteinen be-
deckt war, liegt 0,7 m tief. Die jetzige Westwand und die Ge-
wölbe stammen aus der arabischen Zeit, ebenso die kleine
Gebetsnische an der Südwand, die nach Mekka zeigt. Die Zwi-
schenwand ist erst in der Türkenzeit eingezogen worden. Der
westliche Vorsaal stammt aus der Kreuzfahrerzeit.
Plan B zeigt, daß das Obergeschoß mit dem traditionellen
Abendmahlssaal dem unteren Stockwerk entspricht. Der grö-
ßere Raum mit den beiden Säulen ist der Abendmahlssaal,
östlich davon die »Stätte der Herabkunft des Heiligen Gei-
stes« (vgl. Abb. 238, 1, S. 418).
Da der alte Treppenaufgang gesperrt ist, legte man an der
Außenseite des Gebäudes einen neuen Aufgang an. Vom
Hofe der Moschee führt eine Treppe auf eine Terrasse vor der
Südfront des Abendmahlssaales. Die Tür wurde unter dem
westlichen Spitzbogenfenster in die Mauer gebrochen (vgl.
Abb. 238, 2, S. 418, und Abb. 240, S. 420: Die Sionskirche
der Kreuzfahrer).

ABENDMAHLSSAAL · OSTMAUER

Abb. 242.   Die Ostmauer des »Davidsgrabes« und des Abendmahlssaales (nach L.-H. Vincent OP).

Auf dem Ausschnitt der Ostmauer läßt sich die Lage der Fenster und der dazugehörigen Räume mit Hilfe der Grundrisse leicht bestimmen. Auffällig sind die vier Steinschichten (A bis D) mit den großen Blöcken, die vom Bau der alten Synagoge übriggeblieben sind. Die darüber liegenden acht Steinschichten stammen wahrscheinlich aus der Kreuzfahrerzeit.

geben der Feier eine zeichenhafte Tiefe, die sich allen Versuchen, diese innerweltlich einzuordnen, widersetzt.[226]

Die Selbsthingabe, an der Jesus seine Jünger teilnehmen läßt, erhält noch eine beispielhafte Verdeutlichung. »Da Jesus wußte, daß die Stunde gekommen war, aus dieser Welt zum Vater zu gehen, und da er die Seinen, die in der Welt waren, liebte, erwies er ihnen Liebe bis zuletzt.« Er stand vom Mahle auf, »legte die Oberkleider ab, nahm ein Linnentuch und umgürtete sich. Darauf goß er Wasser in ein Becken und fing an, die Füße der Jünger zu waschen und sie mit einem Linnentuch abzutrocknen, mit dem er umgürtet war« (Joh 13, 1–5).

Nach der Fußwaschung zog Jesus sein Oberkleid wieder an und nahm seinen alten Platz ein. Der Erste Becher wurde getrunken und die Grünkräuter aufgetragen, die in die gemeinsame Schüssel eingetaucht wurden. Die

geheimnisvolle Andeutung während der Fußwaschung: »Ihr seid rein, aber nicht alle« (Joh 13, 10) lag wie ein Alpdruck auf der Tischgemeinschaft. Doch Jesus kannte keinen Kompromiß, er war entschlossen, die Entscheidung herbeizuführen. Nach dem ersten Bissen sprach Jesus: »Einer von euch wird mich verraten.« Dieser Vorwurf traf jeden, und ein unruhiges Fragen begann: »Einer nach dem anderen sagte zu Jesus: Ich bin es doch nicht? — Und ein anderer: Ich doch auch nicht? Jesus antwortete: Der mit mir die Hand in die Schüssel taucht, der wird mich verraten. Da antwortete ihm sein Verräter Judas: Ich bin's doch nicht, Meister?« (Mt 26, 21–25)

Schon diese Frage läßt uns die Abgründigkeit des Verrates ahnen. Jesus antwortete: »Du hast es gesagt!« Judas, der inzwischen Gewißheit darüber gewonnen hatte, wo Jesus die Nacht verbringen würde, verließ darauf die Gesellschaft Jesu.

Die Evangelisten lassen kaum einen Zweifel offen, daß der Verrat des Judas darin bestand, der jüdischen Behörde den Ort bekanntzugeben, wo Jesus am ehesten ohne Aufsehen und Tumult verhaftet werden konnte. In der neueren Forschung hat man den Verrat vielfach anders zu deuten versucht: Was Judas den Hohenpriestern verraten habe, soll bald sein Messiasgeheimnis gewesen sein, bald Jesu Anspruch auf die Gottessohnbezeichnung, bald sein Wort von der Zerstörung und dem Wiederaufbau des Tempels. Noch weniger Rückhalt in den Evangelien hat die Hypothese, Judas habe aus den Abendmahlsgesprächen die Überzeugung gewonnen, daß Jesus am nächsten Morgen einen Umsturzversuch unternehmen wolle; diesen Plan habe der Verräterapostel noch in der Nacht den Hohenpriestern hinterbracht. Wäre diese oder jene Deutung des Verrates richtig, dann müßte man erwarten, daß Judas im Prozeß vor dem Synedrium als Zeuge aufgetreten wäre, wofür jedoch nicht der mindeste Anhaltspunkt vorliegt.

Dennoch bleibt der Verrat des Apostels voller Rätsel. Geldgier allein kann es nicht gewesen sein. Um an Geld zu kommen, hätte Judas mit der Kasse flüchten können. Sicherlich war die Summe größer als der Verräterlohn, den er erhalten sollte. War er enttäuscht? Hatte er sich den Messias Israels anders vorgestellt? Johannes deutet bereits nach der großen eucharistischen Rede in Kafarnaum diesen Grund an: »Unter euch gibt es einige, die ungläubig sind. Jesus wußte ja von Anfang an, wer die sind, die nicht glauben, und auch wer der ist, der ihn verraten wird« (Joh 6, 64). Unglaube und Finsternis sind bei Johannes adäquate Begriffe. So kommentiert er den Weggang des Verräters mit einem einzigen Satz: »Es war Nacht« (Joh 13, 30).

Das Abendmahl nahm seinen Fortgang. Beim Paschamahl fand das Brotbrechen nicht zu Beginn des gesamten Mahlvorganges, sondern erst zu Beginn des eigentlichen Hauptmahles statt. Der Hausvater nahm einen meist tellerförmigen Brotfladen in die Hände. Nachdem er sich auf seinem Liegepolster aufgerichtet hatte, sprach er darüber im Namen aller einen Lobpreis: »Gepriesen seist du, Jahwe, unser Gott, König der Welt, der Brot aus der Erde hervorgehen läßt. Gepriesen seist du, Jahwe, unser Gott, König der Welt, der uns durch seine Gebote geheiligt und ungesäuertes Brot zu essen geboten hat.« Alle antworteten: »Amen.« Danach brach er für jeden Mahlteilnehmer ein Stück Brot ab und teilte aus. An diesen jüdischen Tischbrauch knüpfte Jesus an: »Er nahm Brot, sprach das Dankgebet, brach es und gab es ihnen« (Lk 22, 19). Es war nicht Brauch, die Austeilung mit deutenden Begleitworten zu versehen. Jesus aber sprach: »Das ist mein Leib, der für euch hingegeben wird« (Lk 22, 19). Diese Handlung wird den Jüngern noch zur Wiederholung anbefohlen: »Tut dies zu meinem Andenken« (Lk 22, 19).

Nach dem Essen des Osterlammes wurde der Dritte Becher getrunken. Der Hausvater nahm den ihm kredenzten Weinbecher sitzend in die Rechte, hielt ihn eine Hand breit über den Tisch und sprach darüber für alle das vorgeschriebene Dankgebet: »Der Barmherzige (Gott), er würdige uns der Tage des Messias und des Lebens der zukünftigen Welt, er stifte Frieden über uns und über ganz Israel. So sprecht: Amen!« Nach der üblichen Sitte trank der Hausvater aus seinem Becher, was für die anderen Tischgenossen das Zeichen war, aus ihrem eigenen Becher zu trinken. Entgegen dieser Sitte

hat nun Jesus beim letzten Abendmahl seinen Becher allen Tischgenossen dargereicht: »Nehmt ihn und verteilt ihn unter euch« (Lk 22, 17). Und zusätzlich zur gewöhnlichen Sitte sprach er die Worte: »Dieser Kelch ist der Neue Bund in meinem Blute, das für euch vergossen wird« (Lk 22, 20). Jesus beschloß die Handlung mit dem Auftrag: »Tut das, sooft ihr ihn trinket, zu meinem Andenken.«[227]

Am Ende des Ostermahles war es Sitte, noch einige Zeit bei ernstem Gespräch beisammenzubleiben. Jesus sprach von seinem Tod, und sofort versicherten ihm die Jünger ihre Treue, selbstverständlich auch bis zum Tod. Zum Beweis legten sie gleich zwei Schwerter auf den Tisch. Was aber tat Jesus? Er teilte ihnen sein Vermächtnis mit: »Ein neues Gebot gebe ich euch: Ihr sollt einander lieben, wie ich euch geliebt habe, damit auch ihr einander liebt. Daran werden alle erkennen, daß ihr meine Jünger seid, wenn ihr Liebe zueinander habt« (Joh 13, 34. 35).

Johannes hat die Abschiedsworte Jesu in seinem Evangelium in zwei Gespräche (14., 15., 16. Kap.) und in ein Gebet an den Vater (17. Kap.) zusammengefaßt.

Die Ankündigung der bevorstehenden Trennung versetzte die Jünger in Furcht und Schrecken. Deshalb ist das erste Wort Jesu ein Wort der Ermutigung, und es bestimmt den Ton des ganzen Gespräches: »Euer Herz werde nicht bestürzt. Ihr glaubt an Gott, so glaubt auch an mich. Im Hause meines Vaters sind viele Wohnungen. Wäre es nicht so, dann hätte ich es euch gesagt. Ich gehe ja fort, euch eine Wohnstätte zu bereiten. Wenn ich fortgegangen bin und euch eine Wohnstätte bereitet habe, dann werde ich wiederum kommen und euch zu mir nehmen, damit auch ihr dort seid, wo ich bin« (Joh 14, 1—3).

Die Grundvoraussetzung der Jüngerschaft aber ist die Liebe, und darum betont Jesus sie nochmals: »Wenn ihr mich liebt, so haltet meine Gebote. Und ich werde den Vater bitten, und er wird euch einen anderen Beistand geben, damit er auf ewig bei euch sei: den Geist der Wahrheit, den die Welt nicht empfangen kann, weil sie ihn nicht sieht und nicht kennt. Ihr kennt ihn, weil er bei euch bleibt und in euch sein wird« (Joh 14, 15 bis 17).

Die Gabe, die die Jünger Jesu aus dieser Liebe empfangen, ist der Friede. Dieser Friede, den die Jünger in der Nähe Jesu schon verkostet hatten, sollte ihnen durch seinen Weggang nicht genommen werden; im Gegenteil, der Weggang sollte dazu beitragen, diesen Frieden innerlicher, tiefer und unzerstörbar zu machen: »Frieden hinterlasse ich euch, meinen Frieden gebe ich euch, nicht wie die Welt gibt, gebe ich euch. Euer Herz betrübe sich nicht und zage nicht« (Joh 14, 27).

Den Höhepunkt des Gespräches Jesu mit seinen Jüngern bildet das Gleichnis vom Weinstock und den Reben: »Ich bin der Weinstock, ihr seid die Zweige. Wer in mir bleibt und ich in ihm, der bringt reiche Frucht;

denn getrennt von mir vermögt ihr nichts zu tun. Wenn ihr in mir bleibt und wenn meine Worte in euch bleiben, dann bittet, um was ihr wollt: Es wird euch zuteil werden« (Joh 15, 5–7).

Und noch einmal bekräftigt Jesus: »Ich sage euch die Wahrheit: Es ist gut für euch, daß ich fortgehe. Denn wenn ich nicht fortgehe, wird auch der Beistand nicht zu euch kommen; wenn ich aber fortgehe, werde ich ihn euch senden ... Noch vieles habe ich euch zu sagen, aber ihr könnt es jetzt nicht tragen. Wenn aber jener kommt, der Geist der Wahrheit, wird er euch in alle Wahrheit einführen« (Joh 16, 7. 12. 13).

Schon lange vorher hatte Jesus seinen Jüngern Drangsale und Verfolgungen angekündigt. Jetzt aber ist die Lage bereits offenbar geworden, es ist keine gefahrlose Sache mehr, Jesu Jünger zu sein: »Glaubt ihr jetzt? Siehe, es kommt die Stunde, und sie ist schon gekommen, daß ihr, jeder von euch, versprengt werdet in eure Behausung und mich allein lasset. Aber ich bin nicht allein, weil der Vater mit mir ist. Das habe ich euch gesagt, damit ihr in mir Frieden habt. In der Welt habt ihr Bedrängnis, aber habt Mut, ich habe die Welt besiegt« (Joh 16, 31–33).

Nachdem Jesus seine Abschiedsreden beendet hatte, erhob er seine Augen und betete: »Vater, die Stunde ist gekommen. Verherrliche deinen Sohn, damit dein Sohn dich verherrliche ...« (17, 1ff.). — »Steht auf, laßt uns gehen!«

Die Verhaftung

Inzwischen war einiges geschehen. Judas hatte die Tempelbehörde alarmiert und dem ungeduldig wartenden Hohenpriester das entscheidende Stichwort zugeflüstert: Getsemani!

Wo Jesus sich aufhielt, solange er sich nicht in der Öffentlichkeit zeigte, konnten nur seine Anhänger wissen. Und tatsächlich war es einer aus seiner engsten Umgebung, der das Angebot der Synedristen annahm, ihnen Jesus in die Hände zu spielen. Judas wußte spätestens am Donnerstagabend, daß Jesus die folgende Nacht in einem Garten am Ölberg verbringen würde. An den vorhergehenden Abenden hatte sich Jesus regelmäßig nach Betanien, dem Wohnort des Lazarus, zurückgezogen und dort übernachtet. Am Donnerstagabend dagegen begab sich Jesus an den Ölberg, und zwar in einen auf dem östlichen Ufer des Kidron gelegenen Garten (Joh 18, 1). Warum? In der Paschanacht mußten die Pilger in Jerusalem bleiben; damit dies allen möglich wurde, erklärte man die an die Stadt angrenzenden Bezirke zum »Groß-Jerusalem«, das sich bis nach Betfage erstreckte. Betanien dagegen lag schon außerhalb dieses erweiterten Stadtbezirkes und durfte darum in der Paschanacht von den Festpilgern nicht aufgesucht werden. (Vgl. Abb. 226, 2, S. 401.)

Als der Tempeloberst den Namen Getsemani hörte,

gab er sofort seine Befehle. Die Tempelwache wurde verstärkt, und schweigend, aber schwer bewaffnet, machte sich das Verhaftungskommando auf den Weg.

Getsemani ist einer der wenigen Orte aus der Leidensgeschichte Jesu, dessen Name sich bis zum heutigen Tage, noch unvergessen und unverändert an einer bestimmten Stelle haftend, erhalten hat. Mattäus (26, 36) und Markus (14, 32), die den Namen Getsemani ausdrücklich erwähnen, bezeichnen damit ein Landgut; nach Johannes ist es ein Garten (18, 1), der jenseits des Kidronbaches lag. Weiter erwähnen die Evangelisten drei voneinander sachlich unterschiedene, aber örtlich nicht näher bestimmte Stätten innerhalb des Getsemanibereiches: nämlich erstens den Ort, an welchem die acht Apostel zurückgeblieben sind, zweitens die Gebetsstätte des Herrn und drittens die Stelle, an der die drei Jünger warteten und eingeschlafen sind. Daß diese drei Örtlichkeiten nicht weit voneinander entfernt lagen, überliefert Lukas mit der volkstümlichen Entfernungsangabe »Jesus entfernte sich von ihnen ungefähr einen Steinwurf weit« (Lk 22, 41). Die Jerusalemer Lokaltradition stellt den unbestimmten Aussagen der Evangelisten konkrete Angaben an die Seite und weist schon frühzeitig der Stätte des Verrates und der Todesangst Jesu genau angegebene Örtlichkeiten zu.

Wer heute durch das Kidrontal zum Ölberg geht, der stößt am Anfang des südlichen Ölbergweges auf eine Kirche, die von einer Mauer umgeben ist (vgl. Abb. 243, S. 426). Diese umschließt den südlichen Teil jenes Gartens, den die Evangelisten Getsemani nennen, das heißt Ölkelter. Das Gelände, das an die Todesangst Jesu und seine Verhaftung erinnert, steht seit dem 14. Jahrhundert unter dem Schutz der Franziskaner. In dem Garten stehen jetzt noch acht alte Ölbäume (vgl. Abb. 246, S. 429).

Zur Zeit Jesu befand sich auf diesem Gelände am Abhang des Ölberges ein Gehöft mit einer Ölkelter, in der die Oliven ausgepreßt wurden (vgl. Abb. 247, K, S. 430). Sie gab dem Gehöft den Namen: Getsemani. Wir haben gute Gründe, anzunehmen, daß Jesus mit dem Besitzer bekannt war. Die Evangelisten betonen immer wieder: »Jesus ging nach seiner Gewohnheit hinaus an den Ölberg« (Lk 22, 39; Joh 18, 2).

Ganz in der Nähe lag eine große Naturhöhle, die Jesus und seinen Jüngern eine sichere, wenn auch nicht gerade bequeme Unterkunft für die Nacht bieten konnte (vgl. Abb. 243, S. 426, und 244, S. 427).

Das früheste Zeugnis, daß die Jerusalemer Christen auf dem Landgut Getsemani im Gebet der Todesangst und des Verrates Christi gedachten, stammt von Eusebius, der um 330 sein »Onomastikon« verfaßte. Fast um die gleiche Zeit besuchte der Pilger von Bordeaux die Heilige Stadt (333) und bezeugt, wo innerhalb des Getsemanibereiches nach der Jerusalemer Lokaltradition Jesus verraten und gefangengenommen wurde. Der Pilger verläßt die Stadt durch das Osttor (Stephanstor)

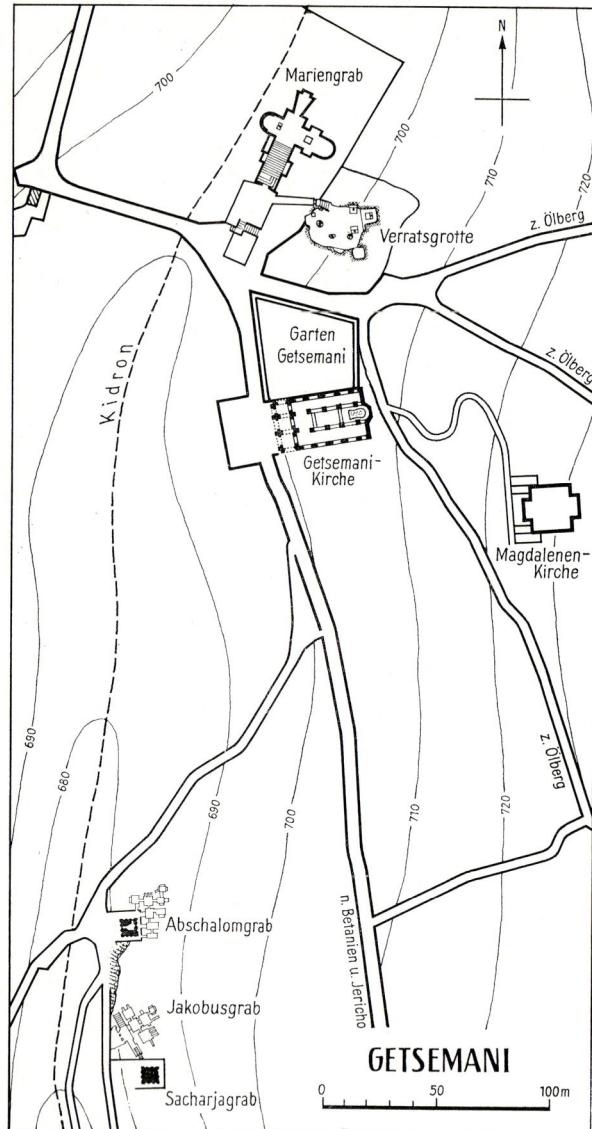

Abb. 243. Die Umgebung von Getsemani.

und steigt in südöstlicher Richtung in das Kidrontal; er berichtet weiter: »Linker Hand, wo die Weinpflanzungen liegen, befindet sich der Fels, wo Judas Iskariot Christus verriet. Rechts aber steht der Palmbaum, von dem die Kinder die Zweige nahmen und beim Herannahen Christi sie diesem zu Ehren auf den Boden streuten.« Noch weiter von hier sieht er, gegen Süden zu, die Grabdenkmäler des Joschafattales, wie er das Kidrontal nennt. Der Weg, den er einschlug, hatte ungefähr die Richtung des heutigen Ölbergweges. Die noch zum Teil erkennbaren Stufen weisen auf dessen hohes

Alter hin. Der Fels zur Linken, d. h. nördlich vom Weg, ist das felsige Gelände in der Umgebung der Grotte. Die Angaben des Bordelesen lassen erkennen, daß er die Verratsstätte — wie spätere Pilger ausdrücklich bezeugen — an der Grotte fand. Möglicherweise klingt in dieser Lokaltradition der wirkliche evangelische Sachverhalt nach, nämlich daß diese Höhle von den Aposteln als nächtliche Herberge benutzt worden ist. Kyrill, der Bischof von Jerusalem (348), zählt in seinen Katechesen Menschen und Orte auf, die für Christus Zeugnis ablegen: Zu ihnen gehört auch »Getsemani, das Einsichtige noch immer den Judas sehen läßt« (Kat. X; 19), »Getsemani, wo der Verrat geschah« (Kat. XIII, 38).

Zur Zeit der Pilgerin Aetheria (um 383) hatte die Grotte des Verrats ihren festen Platz in der Karfreitagsliturgie der Gemeinde von Jerusalem. Die Abend- und Nachtstunden des Gründonnerstages feierten die Christen auf der Anhöhe des Ölberges. »Beim ersten Hahnenschrei steigt man hinab unter Hymnengesang und geht zu dem Ort, wo der Herr gebetet hat, wie geschrieben steht im Evangelium: Und er ging einen Steinwurf weit weg und betete usw. An diesem Ort steht nämlich eine prächtige Kirche (ecclesia elegans).« Nach Gebet, Hymnus, Verlesung des Abschnittes aus dem Evangelium »steigen alle bis auf die kleinsten Kinder zu Fuß mit dem Bischof nach Getsemani herab ... Über 200 Kirchenleuchter hat man als Licht für das ganze Volk bereitgestellt.« Nach Gebet und Hymnus wird »jene Stelle aus dem Evangelium verlesen, wo der Herr gefangengenommen wurde«. Die »ecclesia elegans«,

Abb. 244. Die Verratsgrotte.

Die in den gewachsenen Felsen geschlagene Höhle liegt etwa 100 m nördlich der Getsemani-Kirche am Abhang des Ölberges und ist heute über einen langen, schmalen Gang östlich vom Vorhof der Marienkirche aus zugänglich (vgl. Abb. 243). Über eine Reihe von Stufen steigt man in die unregelmäßige Grotte hinab, die etwa 19 m lang, 10 m breit und 3,5 m hoch ist. Sie kann rund 100 Personen fassen. Ihr Licht bekommt sie durch eine quadratische Öffnung in der Decke, und in den Abendstunden erhellt der Schein der tief stehenden Sonne über den Zugang der Grotte indirekt das Innere.
Die Höhle hat im Laufe der Zeit manche Veränderungen erfahren. Im 4. Jahrhundert wurde die einst zum Ölpressen benutzte Höhle in einen Kultraum umgewandelt und ein neuer Eingang an der Nordwestseite angelegt. Vier Felsenpfeiler mußten das Gewölbe der nach Süden und Westen erweiterten Grotte tragen. An der Südost- und an der Westwand haben sich noch einige Reste von Steinbänken erhalten. Verschwunden sind alle steinernen Tische, die in den Pilgerberichten erwähnt werden. Bei der letzten Renovierung nach dem Hochwasser im Jahre 1955 wurden alle gemauerten Stützpfeiler entfernt. Gleich südlich vom jetzigen Eingang fand man einen älteren Zugang. Als im Jahre 1112 die byzantinische Kirche des Mariengrabes restauriert wurde, verbanden die Architekten die Kirche mit der in der Nähe liegenden Grotte. Die Tür, die in dem neuen in den Felsen geschlagenen Zugang führte,

ist heute noch am Anfang der monumentalen Treppe in der Wand zu sehen. Aber schon 1187 ließ Sultan Saladin den neuen Zugang sperren. Die obere Kirche des Mariengrabes wurde mit dem angrenzenden Benediktinerkloster zerstört. Die untere Kirche, die heutige Krypta des Mariengrabes, verschonten die Muslimin aus Hochachtung, die sie der Sitti Marjam, der Herrin Maria, nach dem Koran schuldig sind, was sie aber nicht hinderte, den Zugang zur Verratsgrotte zu vermauern. Die einheimischen Christen erhielten dann die Erlaubnis, einen neuen Eingang zur Grotte anzulegen. Es ist, von kleinen Ausbesserungen abgesehen, der heutige, der am Vorplatz des Mariengrabes beginnt (vgl. Abb. 243, S. 426).

Der Felsboden barg eine Nekropole aus dem 5.–8. Jahrhundert. Aus der Kreuzfahrerzeit wurden noch über zwei Dutzend Gräber entdeckt. Leider war bei ihrer Anlage der mit Mosaiken ausgelegte Fußboden zerstört worden. Reste eines noch älteren Mosaiks fanden sich in den Ecken der Grotte. Die Wände, die schon in früheren Jahrhunderten bemalt waren, wurden im 12. Jahrhundert mit neuen Fresken geschmückt. Eine wohl aus dem 14. Jahrhundert stammende Inschrift an der nördlichen Krümmung der Höhle zeigt bereits den Wechsel der Tradition an. Die Grotte übernimmt das Geheimnis der Todesangst Jesu aus der zerstörten Kirche des Getsemani-Gartens.

die älteste Vorgängerin der heutigen Getsemanikirche, war also der Todesangst und dem Gebet des Herrn geweiht. Der Name Getsemani haftet an der Stelle des Verrates, etwa 100 m nördlich von ihr. Die vielen Lichter dienten wohl zur Erleuchtung der Grotte.

In den kommenden Jahrhunderten bleibt die Tradition, daß Jesus an der Grotte verhaftet wurde, so lückenlos fest, daß auch die Kreuzfahrer sie einmütig übernehmen. Aus einem Pilgerbericht erfahren wir, »daß jenseits des Kidronbaches eine Höhle ist, und über ihr eine Kirche an dem Ort, wo die Juden am Donnerstag nach dem Mahl den Erlöser gefangennahmen«. Von dieser wohl kleinen Kirche hat sich nicht die geringste Spur erhalten. Als in den folgenden Jahrhunderten alle Kirchen in Trümmer sanken, zog die zwar geplünderte, aber nicht zerstörte Grotte das Geheimnis der Todesangst Jesu an sich und wurde als Stätte der Agonie verehrt.

Im Jahre 1361 erhielten die Franziskaner von Papst Innozenz VI. den Auftrag, im Tal Joschafat (Kidrontal) ein Kloster zu errichten, um die beiden Heiligtümer, den Garten und die Grotte, für die Pilger zu betreuen.[228] Der Bau eines Klosters konnte nicht durchgeführt werden. Die muselmanischen Besitzer, die die Höhle als Stall für ihre Haustiere benutzten, erlaubten aber eine beschränkte Verehrung der Grotte, deren Wände noch mit den Fresken aus der Kreuzfahrerzeit geschmückt waren. Der Gottesdienst war zwar mit mancherlei Unannehmlichkeiten verbunden, diese taten aber der Frömmigkeit und Andacht der Pilger keinen Abbruch. So schreibt der Ulmer Dominikaner Felix Faber (1483): »Vom Sankt-Stephans-Tor sind wir gegangen in das Tal Joschafat ... und nahmen wunders, daß alle Menschen, die je gewesen sind, in das Tal kommen müssen zu dem Jüngsten Gericht, da es doch nicht so groß ist, daß drinnen könnten stehen alle Menschen allein aus Schwaben. Dann sind wir kommen an den Bach Kidron und gingen über eine gewölbte Brücke, wiewohl den ganzen Sommer nicht ein Tröpflein Wasser da rinnt ... Wir gingen den heiligen Ölberg ein wenig aufwärts und kamen in eine weite Höhle in dem Felsen, da ist der Ort, da Jesus Christus sein Gebet tat zu drei Malen zu seinem himmlischen Vater und bat, daß er den Kelch seines Leidens von ihm nehme ... Gar große Liebe und Gnade hatt' ich zu der heiligen Höhl und hab' ein Meß drin gehört«(Pilgerfahrt, S. 47 f.). Noch 1595 erwähnt ein Pilger, daß »die Grotte den Mauren als Stall dient, wo sie ihre Tiere unterbringen«. Doch die Pilger waren an Ochs und Esel gewöhnt. In seiner im Jahre 1676 in Dresden gedruckten »Orientalischen Reisebeschreibung« erwähnt Franz Ferdinand von Troilo noch eine Inschrift. Links, nicht weit vom Altar, habe er die folgende Inschrift gelesen, die in Fels gehauen ist:

HIC REX CHRISTUS SUDAVIT SANGUINEM
SEPE MORABATUR DOMINUS CHRISTUS

MI PATER SI VIS TRANSFER
CALICEM ISTUM A ME[229]

Hier hat der König Christus Blut geschwitzt,
oft verweilte der Herr Christus,
mein Vater, wenn du willst,
nimm diesen Kelch von mir.

Die aus dem 14. Jahrhundert stammende Inschrift bezeugt noch die damalige Verehrung der Todesangst Christi in der Grotte. Im Jahre 1681 gelang es endlich den Franziskanern, in den Besitz der Grotte zu kommen. Die bereits sehr verwischte Inschrift wurde ausgebessert. Dabei hat man den Sinn der beiden Abkürzungen wohl nicht mehr richtig verstanden, und so wurde die Inschrift auf drei Zeilen reduziert, wie man sie heute noch sehen kann. Als man im Jahre 1920 an der alten Agoniestätte im jetzigen Garten der Franziskaner die Ruinen der »ecclesia elegans« aus dem 4. Jahrhundert entdeckte, kam die älteste Tradition wieder zu ihrem Recht.[230]

Lukas schreibt: »Als Jesus an den Ort kam, sagte er zu ihnen: Betet, daß ihr nicht in Versuchung kommt« (22, 40). Der dritte Evangelist berichtet den Gebetskampf des Herrn nicht so ausführlich und vollständig wie Mattäus und Markus. Lukas zieht alles summarisch zusammen; er bezeichnet nicht einmal den Ort, wo der Gebetskampf am Ölberg stattfand, sondern setzt ihn als bekannt voraus. Die Auswahl, die Jesus unter den elf Aposteln vornahm, die dreifache Wiederholung des Gebetes und die Warnrufe an Petrus werden übergangen. Mit betonter Zurückhaltung schreibt er: »Jesus kniete nieder«; Markus dagegen: »Er fiel auf die Erde«

Abb. 245. Getsemani am Fuße des Ölberges.

Seit 1392 bemühten sich die Franziskaner, im Kidrontal ein Kloster zu errichten, um die dortigen Heiligtümer betreuen zu können. Aber erst im Jahre 1681 gelang es ihnen, den Garten und die Grotte käuflich zu erwerben. Ihre Sorge und Mühe um Getsemani wurde durch die Freilegung der »ecclesia elegans« aus dem 4. Jahrhundert belohnt. Die neue Kirche, die in den Jahren 1919–1924 erbaut wurde, hütet das Geheimnis der Todesangst Jesu, das man seit frühester Zeit verehrte. Am linken Bildrand, vom Laubwerk des großen Baumes verdeckt, liegt der Anfang der drei Ölbergwege (vgl. Abb. 243); im Mittelgrund die russische Magdalenenkirche, weiter rechts, am mittleren Ölbergweg, die Kapelle »Dominus flevit« (vgl. Abb. 226, 2, S. 401). Die Palme im Vordergrund — sie ist keine hundert Jahre alt — erinnert, ob man es will oder nicht, an den Bericht des Pilgers von Bordeaux (vgl. S. 426). Auch Kyrill, der Bischof von Jerusalem, kennt die Palme (Kat. X, 19). Man sieht, wie »Lokaltraditionen« hartnäckig an einer Stelle Wurzel schlagen können. Traditionen sind für die einen treue Hüter der Vergangenheit, für andere unausrottbare Produkte der Volksphantasie. An der Schönheit des Bildes und der Palme aber erfreuen sich — hoffentlich — alle.

und Mattäus: »Er fiel auf sein Angesicht.« Trotz der verknappten Darstellung bietet Lukas einige bedeutsame Einzelzüge. Ihm verdanken wir die Erwähnung des Blutschweißes, des stärkenden Engels und die unrühmliche Tatsache, daß die Jünger eingeschlafen waren. Lukas allein bestimmt die Entfernung zwischen dem betenden Herrn und den Jüngern: »etwa einen Steinwurf weit« (22, 41).

Das früheste Zeugnis von der Stätte der Todesangst Jesu stammt von der Pilgerin Aetheria. Es ist der bereits erwähnte Bericht über die Feier der Liturgie am Ölberg in der Nacht vom Donnerstag auf den Freitag. Sie nennt die Kirche an dem Orte, wo der Herr betete, eine »ecclesia elegans«. Hieronymus (390), der den griechischen Text des »Onomastikons« übersetzte, erweiterte den Bericht des Eusebius mit dem Zusatz: »Jetzt ist darüber eine Kirche gebaut.«

Die beiden literarischen Zeugen, die eine Kirche an der Stätte der Agonie vor dem Jahre 385 voraussetzen, erhielten eine glänzende, wenn auch sehr späte Bestätigung im 20. Jahrhundert. Es war, so beginnt die wahr-

Abb. 246.   Ölbaum im Garten Getsemani.

Im Garten der Franziskaner stehen zwischen den Blumenbeeten acht alte Ölbäume. Es sind die übriggebliebenen »Veteranen« des Olivenhaines, der am Fuße des Ölberges lag. Der Umfang der Bäume ist beträchtlich: 6–8 m. Ihr genaues Alter aber läßt sich schwer schätzen, da Ölbäume wegen der ununterbrochenen Vegetation keine Jahresringe im Holz absetzen. Dennoch kann man mit einiger Sicherheit eine Grenze nach unten und nach oben angeben. Aus der Zeit Jesu stammen sie nicht. Nach dem Bericht des Josephus ließ Titus während der Belagerung Jerusalems alle Bäume bis zu einem Umkreis von 20 km abholzen. Die wulstartige Narbe, die den stärksten der Bäume etwa eine Handbreit über dem Erdboden umgibt, läßt darauf schließen, daß der jetzige Ölbaum dem Wurzelstumpf eines abgehauenen entsprossen ist. Oft ließ man von der Wurzel des alternden Baumes einen Schößling aufwachsen und hieb dann den alten Ölbaum um. Der junge Stamm, der jetzt die ganze Kraft der Wurzel bekommt, wächst schneller und bringt eher Früchte als ein neu gepflanzter Baum, der acht bis zehn Jahre braucht, bevor er Früchte trägt. So ist es durchaus wahrscheinlich, daß der ursprüngliche Ölbaum schon zur Zeit Jesu im Garten Getsemani stand und dann später, im Jahre 70 n. Chr., der allgemeinen Abholzung zum Opfer gefallen ist. Die anderen Bäume sind jünger, aber auch wahre Patriarchen ihrer Art.[231]
In den Schriften des Alten Testaments wird der Ölbaum nicht selten erwähnt. Die Sprache der Propheten und Psalmisten zeigt, daß man sein Wachstum und seine Fruchtbarkeit gut beobachtet hat. Genügsam wächst er nicht nur in Talmulden, sondern auch an steinigen Berghängen. Am schönsten ist er im Frühling, wenn die weißgelben Blüten dicht an den Zweigen sitzen und die jungen Jahrestriebe wie Silber glänzen. Im Herbst aber, wenn die noch grünen oder schon reifen blauschwarzen Oliven zwischen den schmalen, steifen Blättern der Zweige leuchten, bietet der Baum ein Bild der Anmut und Fülle.

lich aufregende Geschichte, im Herbst 1891, als bei Erdarbeiten — es handelte sich nur um die nützliche Anlage eines Humushaufens — südlich des Gartens mit den uralten Bäumen einige »antike« Mauerreste entdeckt wurden. Die angedeutete Apsisrundung ließ auf eine Kirche schließen. Bei der Fortführung der Arbeiten wurde ein Fragment mit einer kufischen Inschrift freigelegt. Die Nachricht von einem sensationellen Fund verbreitete sich in der ganzen Stadt. Wie so oft befürchteten die Franziskaner auch hier administrative Schwierigkeiten der türkischen Behörden. Sie brachen die Arbeiten sofort ab und vertrauten den »Schatz« der schweigenden Erde an. Der ganze Platz wurde wieder zugeschüttet.

Ganze 18 Jahre ungeduldigen Wartens mußten vergehen, bis günstigere Zeitverhältnisse die Fortführung der Arbeiten erlaubten. Feierlich wurde am 1. März 1909 die Ausgrabung eröffnet. Fr. Lukas Thönnessen OFM führte die Oberaufsicht und registrierte fast skrupulös jede Einzelheit. In mühsamer Arbeit wurden die Mauerzüge freigelegt, die sich als Grundmauern der Kirche aus dem 12. Jahrhundert erwiesen (vgl. Abb. 247, S. 430). Von einer älteren Kirche wurden nur wenige Spuren entdeckt. Die logische Konsequenz schien überzeugend: Die Kreuzfahrer hatten ihre Kirche genau auf den Grundmauern der »ecclesia elegans« aus dem 4. Jahrhundert errichtet. Der Plan eines Neubaues wurde gefaßt, kam aber erst nach dem ersten Weltkrieg zur Ausführung. Schon war 1920 der Grundstein gelegt, als der italienische Architekt A. Barluzzi die zweite sensationelle Entdeckung machte: Eine freigelegte alte Mauer ließ sich in keiner Weise in das Mauergefüge der Kreuzfahrer einordnen. Der Architekt entschloß sich, der Sache auf den Grund zu gehen. Er ließ die Grabungen in nordöstlicher Richtung fortsetzen. Die Überraschung war groß. Zwei Meter unter dem Niveau der Kreuzfahrerkirche stießen die Arbeiter auf einen herrlichen Mosaikboden, der augenscheinlich zu einem Gebäude gehörte, dessen Mauerzüge auffällig von der Achse der Kreuzfahrerkirche nach Norden abwichen. Es war die Kirche der Aetheria aus dem 4. Jahrhundert. Beim Anblick der farbigen Mosaikfelder bedurfte es für den Namen der »ecclesia elegans«, wie die Pilgerin die Kirche beschrieb, keines Kommentars mehr. Die Kirche, wahrscheinlich unter Theodosius I. (379–395) erbaut, war 25 m lang, 16 m breit und endete in drei Apsiden, eine für Palästina erstmalig auftretende Bauform. Die Westostachse wich um 13° nach Norden von der Hauptachse der Kreuzfahrerkirche ab. Vor der Hauptapsis lag der »Heilige Felsen«. Er war, nach damaliger Vorstellung, in besonderer Weise geheiligt worden durch das Gebet und den Blutschweiß Christi.

Auch die »Kirche der Agonie« teilte das Schicksal der anderen Heiligtümer Jerusalems: Sie wurde beim Einfall der Perser (614) zerstört und blieb Ruine. Das »Gedächtnis der Todesangst« haftete aber weiter an dieser Stelle. Nach Jahrhunderten bezeugt Johannes von

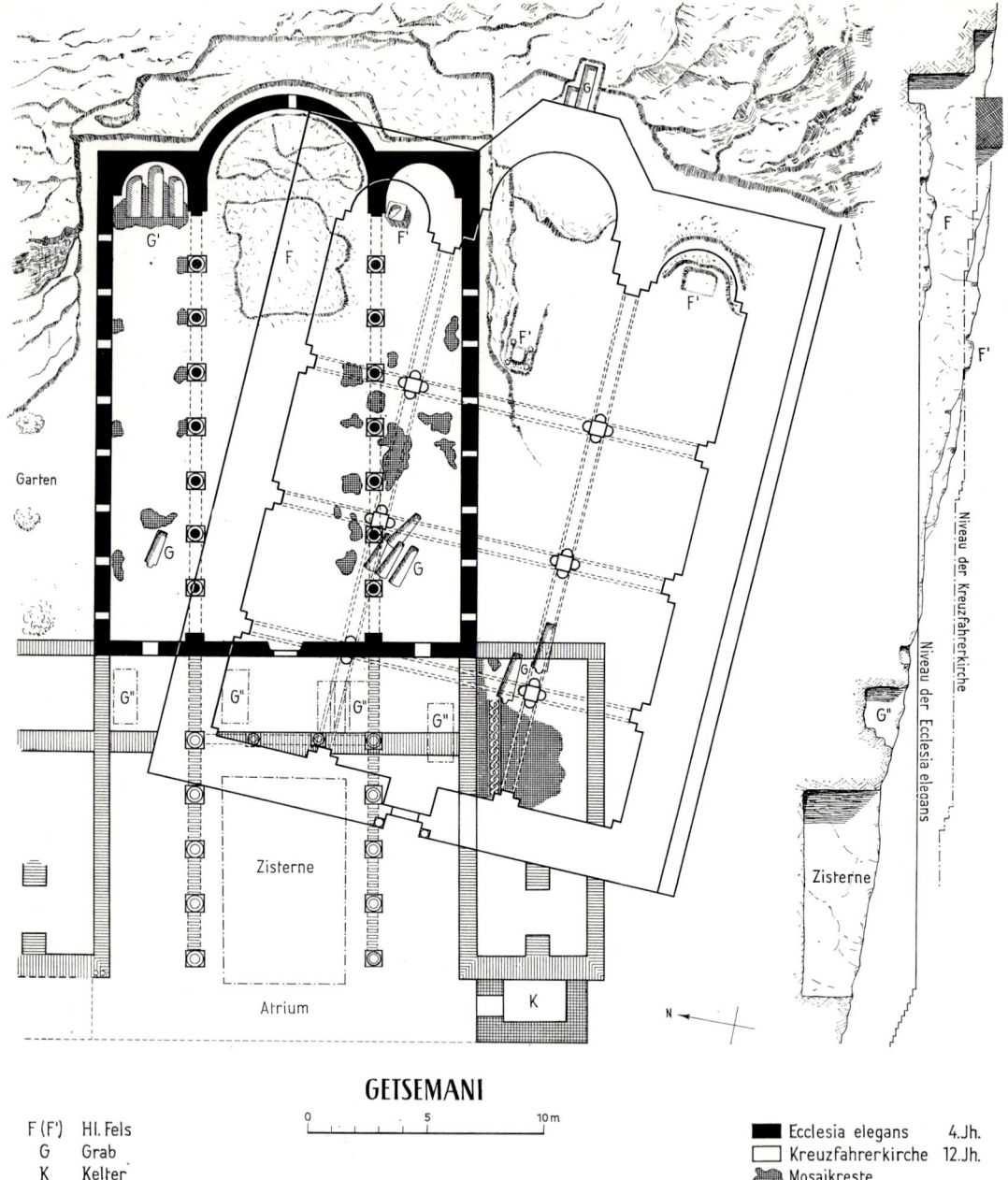

Garten

G'

F

F'

G

G

G'

G'

G'

G"

G"

G"

G"

Zisterne

Atrium

K

N

F

F'

G"

Zisterne

Niveau der Kreuzfahrerkirche

Niveau der Ecclesia elegans

GETSEMANI

0   5   10 m

F (F')   Hl. Fels
G   Grab
K   Kelter

■ Ecclesia elegans   4. Jh.
□ Kreuzfahrerkirche   12. Jh.
▦ Mosaikreste

*Abb. 247.   Grundriß der Getsemani-Kirche
(nach L.-H. Vincent OP).*

Der Plan zeigt die Grundrisse der Kirchen des 4. und 12. Jahrhunderts, der »ecclesia elegans« und der Kreuzfahrerkirche. Die Chorhauben sind in den Felsen hineingebaut, der wegen des ansteigenden Geländes für die Fundamente abgetragen werden mußte. Diese nicht leicht zu zerstörenden Begrenzungen sicherten die zuverlässige Fixierung der Gebäude noch nach Jahrhunderten. Die zuerst freigelegte Kreuzfahrerkirche ist ein genau nach Osten orientierter Bau von 29,75 m Länge

und 17,7 m Breite. Besonders auffällig wirken die 2,35 m starken Außenmauern. Genauere Untersuchungen ergaben, daß die Mauern, bei deren Bau alte Steine wiederverwendet wurden, etwa zu Beginn des 13. Jahrhunderts aus unbekannten Gründen verstärkt worden waren. Die an den Innenwänden mit doppelten Vorsprüngen stehenden Pilaster trugen die Gewölbebogen. Eine Unregelmäßigkeit zu den im Hauptschiff stehenden achteckigen Pfeilern ließ den Verdacht aufkommen, daß diese ebenfalls nicht zum ursprünglichen Bau gehörten. Bei der Sondierung eines Fundamentes konnten die alten, kreuzförmig angeordneten Säulenpfeiler mit einem

Durchmesser von 1,62 m entdeckt werden. Drei Steine (F') in den Apsiden bezeichnen die Stellen, wo nach der damaligen Tradition der Herr dreimal sein »Vater, nicht mein, sondern dein Wille geschehe« betete. Der Stein in der Hauptapsis war ein aus dem gewachsenen Felsen fast quadratisch zugehauener Block von 0,75 m Länge und 0,6 m Breite. Er ragte etwa 0,10 m aus dem erhöhten Chor der Hauptapsis heraus und war an drei Seiten von einer kleinen Mauer umgeben. Die Löcher an den Ecken nahmen kleine Säulen auf, die wohl einen Baldachin trugen. Der Fußboden, der mit einem groben Mosaik aus großen, unregelmäßigen, mehrfarbigen Steinen gepflastert war, zeigte noch Spuren eines edleren Mosaiks. In den Fußboden war auch das Fragment mit der kufischen (altarabischen) Inschrift eingemauert, die zum Abbruch der ersten Grabungen führte. Die in der Kirche und um sie herum liegenden Felsgräber (G) stammen aus verschiedenen Jahrhunderten vor und nach dem Bau der Kreuzfahrerkirche. Nur ein einziger Grabstein — »Hier ruht N, der Sohn des Gerbers Lambert aus Akko« — konnte mit Sicherheit der Kreuzfahrerzeit zugewiesen werden.

Die Hauptachse der vor 385 erbauten byzantinischen Kirche weicht um 13° von der Kreuzfahrerkirche nach Norden ab. Der rechteckige Bau von 25,05 m Länge und 16,35 m Breite wird durch zwei Säulenreihen, die auf die vorgezogenen Mauern der Hauptapsis ausgerichtet sind, in drei Schiffe geteilt. Im Vergleich mit den Mauern der Kreuzfahrerkirche wirken die Mauern der »ecclesia elegans« wie dünne Holzwände. Da die quadratischen Fundamente der Säulenbasen größtenteils noch »in situ« vorhanden waren, konnte ein Säulenabstand von 2,4 m festgestellt werden. Nach den aufgefundenen Säulenstümpfen zu urteilen, betrug ihr Durchmesser 0,51 m; die Höhe der Säulen wird auf 5,2 m geschätzt. Das einzige erhaltene korinthische Kapitäl ist von klassischer Schönheit. Vor der Hauptapsis ragt ein unregelmäßiges Felsstück (F) etwa 0,35 m über das Niveau des Fußbodens. Alles weist darauf hin, daß der Architekt beim Bau der Kirche auf diesen Stein Rücksicht nehmen mußte. Er hätte sich wohl sonst nicht die Mühe gemacht, die Kirche in den Felsen hineinzubauen. So wurde der nach der Tradition durch das Gebet Jesu geheiligte Felsen zum Zentrum der Kirche. »Weder die fromme Habgier der Pilger noch die Plünderungen der kommenden Jahrhunderte konnten den Felsen zerstören. Im Laufe der Zeit rauh und rissig geworden, von Kerben durchfurcht, setzt er in der neuen Kirche sein zum Nachdenken anregendes Gedächtnis fort« (L.-H. Vincent). Dem Stil und Luxus jener Zeit entsprechend, war der Fußboden der »ecclesia elegans« mit prächtigen Mosaikfeldern ausgelegt. In den Seitenschiffen herrschten geometrische Muster aus blauen, schwarzen, roten und gelben Steinen vor, während im Hauptschiff einige stilisierte Blumenmotive die Pracht des Baues noch ahnen lassen. Die Wände waren wohl mit erlesenen Marmorplatten verkleidet. Das der Kirche vorgelagerte Atrium zeigt einige Besonderheiten. Im Norden und Süden wird der Vorhof von zwei rechteckigen Gebäuden begrenzt. Wahrscheinlich führten auf der Westseite Stufen zum Atrium empor, in dessen Mitte eine große Zisterne (Z) lag. Längs der Außenmauern wurden mehr als 150 Felsgräber entdeckt. Der wasserdichte Verputz an den Gräbern vor der Fassade (G'') läßt darauf schließen, daß sie später als Wasserbecken verwendet wurden. Die von Mosaikfeldern umrahmten drei Gräber (G') in der Apsis des nördlichen Seitenschiffes waren wohl bevorzugte Ehrengräber. Ein Epitaph wurde nicht ent-

deckt, wohl aber ein eisernes Segenskreuz. Noch ein Fund erregte das Interesse der Ausgräber. Vor der Südwestecke der Kreuzfahrerkirche lag der Fels in einer Tiefe von 2,75 m unter dem Niveau der ursprünglichen Kirche. Das Fundament kreuzte hier die Ruinen eines alten Hauses aus dem Beginn der byzantinischen oder gar noch römischen Zeit. Besonders auffällig war ein Raum (K), der wohl als Ölkelter gedient hatte und sorgfältig mit weißen Mosaiksteinen ausgelegt war. Wenn man in Rechnung zieht, daß sich die byzantinischen Substruktionen mit einer auffallenden Sorgfalt an diese Baulichkeit anlehnen, wird man den Gedanken nicht abwegig finden, daß es dafür einen besonderen Grund gegeben haben muß. Ist diese Kirche als genuines Stück der Urtradition anzusehen? Da der Name Getsemani immer an diesem Gelände haftete, verdient die Tradition unser Vertrauen.

Würzburg (1165) den Bau einer neuen Kirche, genannt »Kirche des Erlösers«. In jeder der drei Apsiden wurde das Gedächtnis des dreifachen Gebetes Jesu verehrt. Über die Stätte des »Blutschwitzens«, die in der »ecclesia elegans« im Zentrum der Kirche lag, zog sich die nördliche Außenmauer (vgl. Abb. 247, F, S. 430). Bald nach dem Abzug der Kreuzfahrer verfiel die Kirche und verschwand aus dem Bewußtsein der Pilger. Das Gedächtnis der Todesangst wanderte in die nahe liegende Grotte und wurde dort verehrt, bis in unseren Tagen das Zeugnis der ältesten Tradition abermals in den Ruinen der Kirche des 4. Jahrhunderts sichtbar wurde. Die neue, im Jahre 1924 vollendete Kirche der Todesangst Jesu umschließt mit dem Gelände der »ecclesia elegans« wieder den Felsen, auf dem nach der Tradition aus dem 4. Jahrhundert Jesus betete.

»Darauf kam Jesus mit ihnen zu einem Gehöft namens Getsemani. Er sagte zu den Jüngern: Laßt euch hier nieder, ich will indessen dorthin gehen und beten« (Mt 26, 36). Auch Judas kannte diesen Ort genau (Joh 18, 2), als er das schwerbewaffnete Verhaftungskommando nach Getsemani führte. Aber alles kam anders, als es die Tempelbehörde befürchtet hatte. Jesus erwartete sie, und die Verhaftung verlief programmgemäß. Judas küßte Jesus, und das Unglaubliche geschah: Der Nazoräer ließ sich fesseln.

Das Wort Jesu: »Freund, wozu bist du gekommen?« sollte als Stachel in der Seele des Verräters zurückbleiben.

»Simon Petrus aber, der ein Schwert hatte, zog es heraus, schlug den Knecht des Hohenpriesters und hieb ihm das rechte Ohr ab. Der Knecht hieß Malchus. Da sagte Jesus dem Petrus: Stecke dein Schwert in die Scheide. Soll ich den Kelch nicht trinken, den mir der Vater gegeben hat?« (Joh 18, 10. 11) Die Synoptiker nennen weder den Jünger, der zuschlägt, noch den getroffenen Knecht; Johannes nennt beide. Daß der Evangelist nicht nur den Namen des persönlichen Dieners des Hohenpriesters — Johannes nennt ihn »den« Diener des Hohenpriesters — weiß, sondern sogar das verwandtschaftliche Verhältniss zwischen Malchus und einem anderen Bedienten des hohepriesterlichen Hauses kennt (Joh 18, 26), läßt sich nicht mit einer symbolischen Verwendung des Namens, sondern nur durch Kenntnis der wirklichen Verhältnisse erklären. Wir gehen darum nicht fehl, wenn wir in »jenem Jünger, der mit dem Hohenpriester bekannt war« (Joh 18, 15), den vierten Evangelisten sehen.

»Die Kohorte, der Oberst und die Knechte der Juden ergriffen jetzt Jesus, banden ihn und führten ihn zuerst zu Hannas« (Joh 18, 12). Außer dem Verhaftungskommando des Synedriums erwähnt Johannes noch eine weitere Gruppe: die »speira« mit ihrem »chiliarchos«. Beide Bezeichnungen lassen zunächst an römisches Militär denken, das in der Antonia stationiert war und aus einer Kohorte unter dem Kommando eines Militärtribuns bestand. Lukas, der sich in der Apostelgeschichte mit dem römischen Militärwesen gut vertraut zeigt — er kennt sogar die Bezeichnung einzelner Kohorten (Apg 10, 1; 27, 1) —, nennt mehrfach den Kommandanten dieser Kohorte »chiliarchos« (Apg 21, 31 bis 33; 22, 24). Es liegt darum nahe, mit vielen Auslegern dieser Stelle anzunehmen, daß römische Soldaten an der Verhaftung Jesu mit beteiligt waren. Eine Mitwirkung der römischen Besatzungsbehörde an der Festnahme Jesu ist jedoch in der Tat aus verschiedenen Gründen höchst unwahrscheinlich. Eine Speira (Kohorte), der zehnte Teil einer römischen Legion, bestand aus etwa 600 Mann; falls man statt Speira die nächstkleinere Einheit vorzieht, den »Manipel«, dann stehen immer noch 200—300 Mann zur Verfügung. Ein solches Soldatenaufgebot zum Zwecke der heimlichen Verhaftung erscheint unmotiviert hoch und der Einsatz der Speira ohne Befehl des in Jerusalem anwesenden Oberkommandierenden »militärisch« unmöglich. Nach der Darstellung der Evangelisten hatte Pilatus offenbar noch keine Kenntnis von dem Fall Jesu, ehe dieser von den Synedristen vor sein Tribunal geschleppt wurde. Johannes legt außerdem großen Wert darauf, die Tatsache herauszustellen, daß sich Pilatus von Anfang an gegen den Fall gesträubt (18, 31), mehrmals Jesu Unschuld beteuert und seine Freilassung versucht hat.

Ein weiterer Grund ist noch überzeugender. Wäre Jesus unter Mitwirkung römischer Soldaten verhaftet worden, dann hätte der nächste Weg nach der Burg Antonia, der Garnison der Kohorte, geführt. Alle Evangelisten bezeugen dagegen, daß Jesus zu den Hohenpriestern gebracht wurde. Es ist schwer zu glauben, daß ein römischer Militärtribun sich dazu hergegeben haben soll, seinen Gefangenen zunächst dem Exhohenpriester Hannas vorzustellen, und dann der Empfehlung des Hannas gefolgt ist, seinen Gefangenen noch dem Hohenpriester Kajafas vorzuführen. Bei dieser Sachlage ist es näherliegend, daß Johannes die Ausdrücke »speira« und »chiliarchos« zur Bezeichnung jüdischer Kommandos verwendet. In der Septuaginta und

auch bei Josephus finden wir die gleichen Wendungen zur Bezeichnung jüdischer Militärorgane. Die einzige militärähnlich organisierte Truppe, über welche die jüdische Behörde in Jerusalem damals verfügte, war die Tempelpolizei, die unter dem Kommando des Tempelobersten stand. Darum ist es wahrscheinlicher, daß Johannes mit »speira« und »chiliarchos« die Abteilung der Tempelwache und deren Kommandanten bezeichnet.

Aus diesen aufregenden Ereignissen berichtet uns noch Markus eine echt menschliche Szene: »Ein Jüngling folgte ihm, nur bekleidet mit einem Linnen auf dem bloßen Leib. Als die Häscher ihn festnehmen wollten, ließ er das Linnen fahren und floh nackt davon« (Mk 14, 51. 52).

Viele Schrifterklärer sehen in der Gestalt des Jünglings den Evangelisten selbst, der sich mit der Erwähnung dieser Begebenheit als Augenzeuge still lächelnd ein Denkmal setzen wollte. Es ist möglich, daß der junge Markus auf diesem Landgut gewohnt hat, durch den Lärm der Verhaftung aus dem Schlaf geschreckt wurde und dann mutig und keck, nur mit einem Linnentuch bedeckt, dem Zug neugierig gefolgt ist.

Das Vorverhör bei Hannas

Der Gefangene wurde durch das Kidrontal in die Stadt zurückgeführt, und zwar zunächst in das Haus des Hannas. Über die Auseinandersetzung zwischen Jesus und Hannas existiert nur ein Bericht des vierten Evangelisten. Die Synoptiker erwähnen dieses Vorverhör nicht. Mattäus berichtet, Jesus sei unmittelbar zum amtierenden Hohenpriester Kajafas gebracht worden (26, 57), und sowohl Markus (14, 53) als auch Lukas (22, 54) lassen nicht erkennen, ob der vernehmende Hohepriester Hannas oder Kajafas gewesen ist, da sie seinen Namen nicht nennen.

Johannes gibt folgende Darstellung: »Die Kohorte, der Oberst und die Knechte der Juden ergriffen jetzt Jesus, banden ihn und führten ihn zuerst zu Hannas« (Joh 18, 12). Wenn die Worte »zu Hannas« bedeuten sollen »in die Wohnung des Hannas«, dann wurde Jesus auf etwa demselben Wege zurückgebracht, auf dem er nach Getsemani gekommen war (vgl. Abb. 237, S. 417). Der vor wenigen Jahren freigelegte Stufenweg im Süden der Altstadt gehörte dann zu der Strecke, die uns vom bitteren Weg des Herrn sichtbar übriggeblie-

Abb. 248. Gräber im Kidrontal. (Vgl. Abb. 243, S. 426.)

Der Weg von Getsemani zur Oberstadt führte im Kidrontal an vielen alten Gräbern vorbei, von denen besonders drei durch ihre Größe und Eigenart auffallen: das Abschalomgrab, das Grab des Jakobus und die Sacharja- (Zacharias-) Pyramide. Auch wenn ihre Namen aus späterer Zeit stammen, so sind sie doch stumme Zeugen aus der Zeit Jesu, die bei der Zerstörung Jerusalems unangetastet blieben. Das so-

genannte Abschalomgrab, mit einer Höhe von 15 m, ist aber kein selbständiges Grab, sondern nur das Denkmal der mit ihm verbundenen sogenannten Grabhöhle Joschafats. Der Eingang des Grabes war lange verschüttet und wurde erst 1925 freigelegt. Die große Grabanlage hat acht in den Felsen gehauene Kammern mit Kokim- und Bankgräbern. Der würfelförmige Unterbau des Denkmals besteht aus einem Monolithen von gut 6 m Seitenlänge, den man aus dem umgebenden Felsgestein herausgelöst hat. Über dem Gesims bilden große Steinblöcke einen quadratischen Grundriß und darüber einen Zylinder, auf dem ein runder Spitzturm sitzt. In der Südfassade befindet sich oberhalb des Kranzgesimses eine Öffnung. Eine Treppe mit sieben ungleichen Stufen führt zu einem kleinen quadratischen Raum, der eine in den Felsen gehauene Bank enthält. Der Name des Grabes kam im 16. Jahrhundert auf. Man berief sich auf die Worte in 2 Sam 18, 18: »Abschalom aber hatte schon bei Lebzeiten ein Steinmal geholt und es im Königstal aufgestellt. Denn er hatte gesagt: ›Ich habe keinen Sohn, um meinen Namen im Andenken zu erhalten.‹ So nannte er das Steinmal nach seinem Namen. Daher heißt es ›Abschaloms Denkmal‹ bis auf diesen Tag.«

Etwa 25 m entfernt befindet sich das Grab der Jerusalemer Priesterfamilie Bene Hesir. Die aus dem Felsen geschlagene Vorhalle ist mit Säulen geschmückt, auf denen ein dorischer Architraph mit einer verstümmelten Inschrift in hebräischer Quadratschrift liegt. Der rekonstruierte Text lautet wahrscheinlich: »Dies ist das Grab und die ›nephesch‹ (Denkstein) von Eleasar, Haniah, Joasar, Jehudah, Schimeon, Johannan,

(den) Söhnen Josefs des Sohns Orebs, (sowie) von Josef und Eleasar, (den) Söhnen Haniahs, Priester (aus der Familie) der Bene Hesir.« Einen Hesir erwähnt 1 Chr 24, 15 als Vorsteher der 17. Priesterordnung. Nach dem Exil taucht der Name im Protokoll des Nehemia über die von der Gemeinde übernommenen Pflichten auf. Es scheint darum gesichert, daß die Grabanlage im Besitz einer Familie von Priestern war, die sich auf eine lange Ahnenreihe berufen konnte. Nach einer späten Tradition soll hier der hl. Jakobus, der Bruder des Herrn und erste Bischof von Jerusalem, begraben worden sein. Er war nicht weit von hier hingerichtet worden. Nach Hegesipp stürzte man Jakobus von der »Zinne des Tempels« in das Kidrontal hinab. Dicht daneben liegt das Sacharjagrab, ein aus dem Felsen herausgearbeiteter viereckiger Block von 9 m Höhe mit einem pyramidenförmigen Dach. Die 5 m breiten Wände sind mit ionischen Säulen geschmückt. Nach dem Volksmund soll in der Grabkammer das Grab des Propheten Sacharja liegen, der zwischen Tempel und Altar ermordet wurde (Lk 11, 51).

Seit dem 4. Jahrhundert wird das Kidrontal auch das Tal Joschafat genannt und als Stätte des Letzten Gerichtes und der Auferstehung bezeichnet. So wurde der Abhang zu einem großen Friedhof, auf dem sich viele fromme Juden aus der ganzen Welt beisetzen ließen, wie es die vielen, leider umgeworfenen Grabsteine zeigen. Die jüngsten Ausgrabungen aber haben gezeigt, daß der westliche Abhang des Ölberges zu den ältesten Friedhöfen der Welt gehört. Eine Bestattung konnte seit der mittleren Bronzezeit (ca. 2100–1550 v. Chr.) für das älteste Jerusalem nachgewiesen werden.

ben ist. Das Hannas-Haus wird von der Tradition im Süden der Stadt ganz in der Nähe des Abendmahlssaales gesucht. Durch Josephus wissen wir, daß das Haus des späteren Hannas in der Oberstadt gelegen hat (Jüd. Krieg II, 17, 6). Für eine genauere Bestimmung fehlt aber jedes sichere Zeugnis. Den Hannas-Palast im Ölbaumkloster »Der ez-Zetuni« kennt die Legende erst seit dem 14. Jahrhundert.

Hannas war der Schwiegervater des amtierenden Hohenpriesters Kajafas. Dieses Vorverhör bei Hannas hatte darum weniger rechtlichen als vielmehr familiären, privaten Charakter. Der Schwiegersohn wußte genau, welchen Ehrenrespekt er dem Haupt der hohepriesterlichen Familie entgegenzubringen hatte. Wir gehen aber nicht fehl, wenn wir annehmen, daß der alte Hannas der eigentliche Gegenspieler Jesu war. Der Messiasanspruch des Nazoräers schien ihm für Religion und Volk gefährlich. War Jesus der Messias, so bedeutete dies das Ende von Tempel, Kult und Hierarchie. Wer aber die Existenz des Tempels bedrohte, gefährdete auch die Existenz des Hannas, ganz konkret: seine Macht, seine soziale und finanzielle Position.

So begann Hannas bald, den Nazoräer zu hassen, nicht aber mit einem blinden fanatischen Haß, sondern mit kühler Berechnung. Seine Existenz war erst dann gesichert, wenn der Gegner nicht mehr lebte. Darum war Hannas am Donnerstagabend sehr interessiert, wie das nächtliche Unternehmen gegen den Nazoräer ausgehen würde. Er gönnte sich keine Ruhe, obschon die Dauer seines Wartens nicht vorauszusehen war. Aber seine Geduld wurde belohnt. Mit Genugtuung sah er, wie ihm der »Prophet« aus Nazaret gefesselt vorgeführt wurde.

Während des Verhörs vor dem Haupt der Hohenpriesterfamilie kam es zu einer kurzen, aber harten Auseinandersetzung. Hannas fragte Jesus nach seinen Jüngern und seiner Lehre. Jesus blieb dem alten Hannas keine Antwort schuldig: »Öffentlich habe ich zur Welt gesprochen. Ich habe allezeit gelehrt in der Synagoge und im Tempel, wo alle Juden sich einfinden, und im verborgenen habe ich nichts gesagt« (Joh 18, 20).

Jesus berief sich auf den legitimsten Anspruch eines Angeklagten, den auch Hannas respektieren mußte. Bei allen Völkern, auch bei den Juden, legte nie ein Angeklagter für sich selber Zeugnis ab. Darum erwiderte Jesus: »Was fragst du mich? Frage die, die gehört haben, was ich zu ihnen gesprochen habe« (Joh 18, 21). Ein für die devote Umgebung des Hohenpriesters beispielloser Freimut! Mit einem rohen Schlag auf die Wange Jesu glaubte ein Diener des Hannas das verletzte Ansehen seines Herrn wiederherstellen zu müssen: »Antwortest du so dem Hohenpriester?« (Joh 18, 22)

Er konnte es unbehelligt tun. Ein Paragraph der jüdischen Prozeßordnung lautete: »Gegen einen Verführer und Pseudopropheten entfallen die sonst geltenden humanen Bestimmungen.« (Vgl. Dtn 13, 9.10; Sanh. 6, 8.)

Jesus nahm die Mißhandlung nicht unwidersprochen hin. Er berief sich wieder klar auf den Rechtsstandpunkt: »Habe ich unrecht geredet, so gib Zeugnis von dem Unrecht, wenn aber recht, was schlägst du mich?« (Joh 18, 23)

Nach dem kurzen Verhör ließ Hannas den Gefangenen gefesselt zu Kajafas, dem amtierenden Hohenpriester, abführen. Dieses Verhör läßt ahnen, daß Jesus bei seinen Richtern wenig Gnade, geschweige denn Gerechtigkeit finden wird. Es zeigt aber bereits, daß die Ankläger um das notwendige Beweismaterial in Verlegenheit sind. Wird es gelingen, in der eigentlichen Prozeßverhandlung einen Rechtsgrund für das beabsichtige Todesurteil zu finden?

Der religionsgesetzliche Prozeß vor dem Synedrium

Trotz der späten Nachtstunde hatten sich die Mitglieder des Hohen Rates bei Kajafas eingefunden, denn nach den Bestimmungen der Mischna konnte ein falscher Prophet nur durch das Große Synedrium verurteilt werden (Sanh. 1, 5). Vor diesem höchsten Gerichtshof begann nun der eigentliche religionsgesetzliche Prozeß.[232]

Die Angaben der Evangelisten lassen aber erkennen, daß die Gerichtssitzung nicht im offiziellen Amtsgebäude des Hohen Rates am Tempelberg stattgefunden hat, sondern in der Privatwohnung des Hohenpriesters (Lk 22, 54). Von den Evangelisten erfahren wir jedoch nichts über die Lage dieses Hauses. Nach der Überlieferung stand der Palast des Kajafas im Südwesten der Oberstadt. So schreibt der Pilger von Bordeaux (333): »Geht man nun aus Jerusalem hinaus, um den Sion zu besteigen, so ist links der Teich Schiloach. In der gleichen Gegend steigt man auf den Sion hinauf, und es wird sichtbar, wo das Haus des Priesters Kajafas war.«

Da der Pilger noch den »Palast Davids« erwähnt — er meint damit das Herodesschloß auf dem Südwesthügel —, läßt sich nach seiner Angabe das Haus des Kajafas ungefähr auf dem »christlichen Sion«, an seinem südwestlichen Rande lokalisieren. Die Ruine des Kajafas-Palastes muß im 4. Jahrhundert so bekannt gewesen sein, daß der Jerusalemer Bischof Kyrill in seiner Katechese sagen konnte: »Das Haus des Kajafas wird dich anklagen. Durch seine jetzige Zerstörung lehrt es die Macht dessen, der damals in diesem Hause verurteilt wurde« (Kat. XIII, 38). Wann die erste Kirche am Ort des Verhörs entstand, ist unsicher. Zuerst wird sie von Theodosius (530) bezeugt: »Vom heiligen Sion zum Hause des Kajafas, das eine Kirche des heiligen Petrus ist, sind es etwa 50 Schritte.« Heute gehört das Grundstück den Armeniern (vgl. Abb. 240, S. 420). Die Kapelle stammt aus dem 15. Jahrhundert und ist dem »Heiligen Erlöser« geweiht. Die spärlichen Reste erlauben die Annahme, daß die Kirche wahrscheinlich im 6. Jahrhundert erbaut wurde. Wieweit die Tradition über das Kajafas-Haus zuverlässig berichtet, läßt sich nicht näher beweisen. Nach dem Bericht steht nur fest, daß man damals die Stelle des Kajafas-Palastes am südwestlichen Rande der Oberstadt angab. Wer heute in Jerusalem nach den biblischen Orten sucht, muß immer daran denken, daß die alte Stadt unter einer Schuttdecke von 6 bis 10 m liegt (vgl. Abb. 249, S. 438).

Bedeutend besser sind wir über die Institution des Hohen Rates unterrichtet. Das Synedrium (die Versammlung) — so lautete der offizielle Name — war die höchste religionsgesetzliche Behörde des jüdischen Volkes. Ursprünglich kam dem Synedrium die politische und religiöse Hoheit über Israel zu. Selbst noch unter der römischen Herrschaft blieb dem Hohen Rat nicht bloß die Entscheidung in allen religiösen Fragen ganz überlassen, sondern auch die Verwaltung und die Rechtspflege lagen zum großen Teil in den Händen dieser Institution, wenn es auch die römischen Prokuratoren an Übergriffen nicht haben fehlen lassen. Beim jüdischen Volk stand diese einzige dem Volk selbst angehörende Behörde in großem Ansehen. Auch die jüdischen Gemeinden in der Diaspora erkannten freiwillig die Entscheidungen des Synedriums an.

Nach den Angaben des Josephus bestand der Hohe Rat aus drei Personengruppen: den Hohenpriestern, den Ältesten und den Schriftgelehrten. Es sind genau die drei, die uns Markus aufzählt: »Nun führten sie Jesus ab zum Hohenpriester, bei dem sich alle Hohenpriester, die Ältesten und die Schriftgelehrten versammelten« (Mk 14, 53).

Das Hohe Kollegium zählte 71 Personen. Uns interessiert die Frage, wer in den Tagen Jesu zum Hohen Rat gehörte. Selbstverständlich besitzen wir keine Mitgliederliste dieses Gerichtshofes. Dennoch können wir erstaunlich viele Männer mit Rang und Namen nennen, die im Prozeß Jesu Sitz und Stimme hatten.

Der erste Mann, zugleich Gerichtspräsident, war der amtierende Hohepriester. Er hieß Josef und trug den Beinamen Kajafas (= vielleicht »Seher« oder »Inquisitor«). Das Bild, das wir aus dem Neuen Testament über Kajafas gewinnen, würde der einen Deutung des Beinamens entsprechen: ein kluger Jurist und gewiegter Diplomat. Mit der Einheirat in die herrschende Hohepriesterdynastie der Hannas begann er seine Karriere. Im Jahre 18 n. Chr. wurde er von den Römern als Hoherpriester eingesetzt. Kajafas hat es dann fertiggebracht, sich neunzehn Jahre an der Macht zu halten — eine Rekordzeit, die im ganzen Jahrhundert auch nicht annähernd von einem anderen Hohenpriester erreicht wurde. Die Tatsache, daß Kajafas kurz nach dem Sturz des Pilatus (36/37 n. Chr.) ebenfalls von dem syrischen Statthalter Vitellius abgesetzt wurde — wahrscheinlich Ostern 37 n. Chr. (Jüd. Altert. XVIII, 4, 3) —,

bestätigt eine Vermutung seiner Zeitgenossen, daß er von Roms Gnaden lebte. Die römischen Beamten haben mit den Trägern dieses Amtes gern gewechselt und die Hohepriesterwürde, wie schon erwähnt, gewöhnlich dem Meistbietenden übertragen. Kajafas, dessen Familienreichtum sprichwörtlich war, wird den römischen Prokuratoren die Mühe, auf dem umständlichen Wege einer Neubesetzung zu ihrem Gelde zu kommen, erspart haben.

Zu den engsten Mitarbeitern des Hohenpriesters zählten die ehemaligen Inhaber des hohen Amtes, die diesen Titel auch nach ihrer Enthebung weiterführen durften. Außer Hannas kennen wir als Hohepriester noch seinen ältesten Sohn Eleasar (etwa 16—17 n. Chr.). Sein Vorgänger Ismael (etwa 15—16 n. Chr.) stammte aus der Familie des Phiabi, die bei den Zeitgenossen keinen guten Leumund hatte. Über die Gewalttätigkeit der hohepriesterlichen Familien in jener Zeit klagt eine talmudische Tradition: »Weh mir ob des Hauses Boëthos', weh mir wegen ihres Spießes! Weh mir ob des Hauses Kathoros', weh mir wegen ihrer Feder! Weh mir ob des Hauses Hannas', weh mir wegen ihres Schlangengezisches! Weh mir ob des Hauses Ismaels ben Phiabi, weh mir wegen ihrer Faust! Sie sind Hohepriester, ihre Söhne Schatzmeister, ihre Schwiegersöhne Tempelaufseher, und ihre Knechte schlagen das Volk mit Stöcken« (b. Pesach. 57[a]).

Die jüngsten Ausgrabungen[233] im sogenannten Judenviertel der Altstadt bieten einen realistischen Kommentar zu diesem talmudischen Bericht. In bester Lage, am sonnigen Osthang der ehemaligen Oberstadt, nur etwa 170 m vom Tempel entfernt, wurde im Februar 1970 das Haus des Bar Kathoros freigelegt. Alles lag noch so da, wie das Haus im Jahre 70 n. Chr. beim Brande zusammengestürzt war. Als stumme Zeugen dieser Katastrophe sind die Hand- und Vorderarmknochen eines jungen Mädchens übriggeblieben. Das Erdgeschoß bestand aus einer Eingangshalle, vier Räumen und einer Küche. Überall lagen die Reste von Möbelstücken herum, dazu Ton- und Steingefäße. Schüsseln und Becher, Handmühlen aus Basalt mit Stößeln, ein kompletter Satz von Meßgefäßen und Gewichten, schließlich noch viele Silbermünzen mit dem Aufdruck »Jahr 2, Jahr 3, und Jahr 4 der Befreiung Zions«. Es sind Aufstandsmünzen aus den Jahren 67, 68 und 69 n. Chr. Wie gesagt, es waren wohleingerichtete Räume eines repräsentativen Hauses. Wer war der Besitzer? Auf einem der gefundenen Steingewichte war der Name »Bar Kathoros« eingeritzt. Die günstige Lage des Hauses in der Nähe des Tempels macht es wahrscheinlich, daß das Haus der hohepriesterlichen Familie der Kathoros gehörte.

Der Nachfolger Eleasars war Simeon, der Sohn des Kamithos (17—18 n. Chr.). Er wurde in der Geschichte seines Standes dadurch unsterblich, daß er am höchsten Ehrentage eines Hohenpriesters, nämlich am Versöhnungsfest, amtsunfähig war. Ein Araber traf ihn am Tage zuvor mit seinem Speichel, und so wurde er nach den strengen Bestimmungen des Gesetzes unrein. Deshalb vollzog sein Bruder an seiner Stelle die hohepriesterlichen Funktionen und wurde damit in der Liste der amtierenden Hohenpriester mitgezählt. Auch er hatte also im Synedrium Sitz und Stimme. So waren mit Kajafas höchstwahrscheinlich noch fünf Exhohepriester beim Prozeß Jesu vertreten. Außer diesen Exhohepriestern gehörten die fünf Oberpriester in die erste Gruppe des Hohen Rates: der Tempeloberst, der Tempelaufseher und drei Tempelschatzmeister. Wahrscheinlich gehörten sie alle zur hohepriesterlichen Familie der Hannas. Der Tempeloberst, der die höchste Polizeigewalt hatte und die Verhaftung Jesu leitete, war ein Schwager des Kajafas und hieß Jonatan. Sein Name wird von Lukas in der Apostelgeschichte (4, 6) erwähnt: »Auf den folgenden Tag versammelten sich der Hohepriester Hannas, Kajafas und Johannes (Jonatan) und Alexander und alle, die aus hohepriesterlichem Geschlecht stammten.« Der Tempeloberst Jonatan endete im Jahre 60 n. Chr. unter den Dolchen der Meuchelmörder, die im Dienste des römischen Prokurators Felix standen.

Das Bild, das uns die jüdische Überlieferung von diesen Männern zeichnet, läßt eines mit Sicherheit erkennen: Für das Geheimnis Jesu hatten sie kein Verständnis. Sie standen geschlossen hinter ihrem Familienchef Hannas, einig in dem Willen, den gefährlichen Nazoräer zu beseitigen.

Die zweite Gruppe im Synedrium, die sogenannten Ältesten, stellten die einflußreichsten Vertreter der jüdischen Laienaristokratie. Einen nennt uns das Evangelium mit Namen: Josef von Arimatäa, einen Grundbesitzer, der am Stadtrand von Jerusalem einen Garten besaß. Lukas bezeichnet ihn als einen gerechten Mann, der dem Beschluß des Hohen Rates, den Nazoräer zu töten, nicht zugestimmt hatte (Lk 23, 50. 51).

Die dritte Gruppe im Hohen Rat bildeten die Vertreter der Schriftgelehrten, die alle zur Partei der Pharisäer gehörten. Waren die Hohenpriester und die Ältesten die Vertreter der adeligen Oberschicht, so waren die Schriftgelehrten die Anwälte des Bürgertums, aus dessen Reihen die meisten Mitglieder der pharisäischen Bewegung kamen.

Vor diesem Gremium fand mitten in der Nacht vom Donnerstag zum Freitag im Palast des Kajafas die entscheidende Sitzung statt: »Das ganze Synedrium suchte Zeugnis gegen Jesus, um ihn zu töten« (Mk 14, 55). Daß ein Todesurteil gegen den Volksverführer gefällt werden sollte, stand fest; unklar war nur die Begründung. So begann man die Beweisaufnahme mit der Zeugenvernehmung. Das Ergebnis aber war nicht nur mager, es war geradezu unbrauchbar. Nicht eine Zeugenaussage stimmte mit der anderen überein. Nach der jüdischen Prozeßordnung gehörte zu einem rechtskräf-

tigen Zeugnis die Aussage von zwei Zeugen: »Ein Zeuge kann nicht gegen eine Person aussagen, daß sie sterbe« (Num 35, 30).

Die Mischna beschreibt uns die Zeugenvernehmung ausführlich: »Nachdem man die Zeugen verwarnt hatte, ließ man sie hinausgehen und behielt nur den Angesehensten unter ihnen zurück. Man sprach zu ihm: Sage, wieso weißt du, daß dieser schuldig ist? ... Man führte den zweiten Zeugen herein und prüfte ihn ...« (Sanh. 3, 6). Markus berichtet weiter: »Zwar legten viele falsches Zeugnis wider ihn ab; aber ihre Aussagen stimmten nicht überein. Wir haben ihn sagen hören: Ich werde diesen mit Händen gemachten Tempel zerstören und einen anderen, der nicht mit Händen gemacht ist, in drei Tagen aufrichten. Aber nicht einmal so war ihr Zeugnis einstimmig« (Mk 14, 56—59).

Der Prozeß hatte seinen gefährlichen toten Punkt erreicht. Wieder stand der Prophet aus Nazaret unangreifbar da. Nun übernahm Kajafas, der Gerichtspräsident, persönlich die Vernehmung. Sein Beiname »der Untersucher« bürgte für seine Qualität und seinen Ruf. Er hatte sich schon oft als Untersuchungsrichter ausgezeichnet.

Markus schildert uns diese Szene in dramatischer Kürze. Der Angeklagte stand, der Hohepriester saß auf seinem erhöhten Platz. Plötzlich erhob sich Kajafas, und wie auf ein Kommando standen auch die übrigen Ratsherren auf. So verlangte es das Zeremoniell. Ein Paragraph der Prozeßordnung gegen einen Pseudopropheten erlaubte es dem Untersuchungsrichter, den Angeklagten einzuschüchtern. So näherte sich Kajafas dem Angeklagten, trat ganz dicht an ihn heran, und plötzlich brüllte er den Gefesselten an: »Antwortest du nichts auf das, was diese wider dich bezeugen?« (Mk 14, 60) Jesus aber ließ sich nicht einschüchtern. »Er schwieg und antwortete nichts« (14, 61). Er wußte ebensogut wie Kajafas, daß die Zeugenaussagen wertlos waren. So stieß auch der raffiniert berechnete Angriff des Untersuchungsrichters im Schweigen Jesu ins Leere. Zum zweiten Male war der Prozeß festgefahren.

Der Hohepriester sah sich gezwungen, um jeden Preis eine Entscheidung herbeizuführen. Er stellte seine letzte Frage. Antwortete der Angeklagte mit Ja, dann hatte er, der Hohepriester, gewonnen; antwortete er mit Nein, dann war er frei, gab sich aber selbst auf. Das spürte auch Kajafas. Im Bewußtsein seiner theokratischen Autorität erhob der Hohepriester seine Stimme: »Jesus von Nazaret, ich beschwöre dich bei dem lebendigen Gott, daß du uns sagst, ob du der Messias, der Sohn des Hochgebenedeiten, bist!« Totenstille herrschte nach der Frage des Hohenpriesters. Wird der Nazoräer antworten? Ja! Alle hörten seine Stimme: »Ich bin es. Und ihr werdet den Menschensohn zur Rechten der Kraft sitzen und auf den Wolken des Himmels kommen sehen« (Mk 14, 61. 62).

Nach den synoptischen Evangelien hat Jesus es während seiner Lehrtätigkeit vermieden, sich öffentlich als den Messias zu bezeichnen. Diese Zurückhaltung hatte ihren Grund darin, daß er die irdisch gefärbten und nationalpolitischen Messiashoffnungen seiner Zeitgenossen nicht bestärken wollte. Jetzt aber, da er vor der Erfüllung seines Auftrages stand, zögerte er nicht, die klar gestellte Frage in aller Offenheit zu beantworten. Jesus begnügte sich aber nicht mit der bloßen Feststellung »Ich bin es«. Er wollte den Hohenpriester in keiner Weise darüber im unklaren lassen, daß er der wahre Messias sei. So ergänzte er seine Aussage durch die Prophezeiung, daß seine Ankläger ihn dereinst als verherrlichten Menschensohn in himmlischer Majestät zur Rechten Gottes sitzen und als Richter auf den Wolken des Himmels würden kommen sehen. Das heißt: Seine Wiederkunft wird die Offenbarung seiner Messiaswürde sein, die jeden Widerspruch, auch den des Kajafas, ausschließen wird.

Für den Hohenpriester hatte Jesus mit diesem Bekenntnis eine Gotteslästerung ausgesprochen. Nach der jüdischen Überlieferung war jeder Jude beim Hören des Gottesnamens verpflichtet, seine Kleider zu zerreißen. So riß Kajafas den Einschnitt seines Obergewandes auf, und alle Ratsherren folgten dem Beispiel ihres Gerichtspräsidenten.

Kajafas hatte sein Ziel erreicht. Lakonisch bemerkte er: »Wozu brauchen wir Zeugen? Ihr habt die Lästerung gehört!« So forderte er die Ratsherren zur Urteilsabgabe auf: »Was dünkt euch?« (Mk 14, 63. 64)

Der Paragraph der jüdischen Strafgesetze lautete: »Wer sich göttliche Ehren anmaßt, ist ein Gotteslästerer. Er muß mit dem Tode bestraft werden.«

Markus schließt den Bericht über die Gerichtsverhandlung mit den Worten: »Da urteilten alle, daß er des Todes schuldig sei« (14, 64).

Seit Hans Lietzmann, Professor der alten Kirchengeschichte in Berlin, seine berühmte Studie über den Prozeß Jesu veröffentlicht hat, werden immer wieder Bedenken gegen die Geschichtlichkeit von Mk 14, 55—65 erhoben. Lietzmanns These lautet: Die jüdische Behörde hat weder ein Todesurteil gefällt noch ein Gerichtsverfahren gegen Jesus durchgeführt, sondern diesen nach der Verhaftung an die römische Behörde ausgeliefert. Der ganze Abschnitt von Mk 14, 55—65 ist ungeschichtlich. Diese These sucht Lietzmann mit folgenden Überlegungen und Argumenten zu stützen:

1. Kein Apostel oder Jünger Jesu war während des Verhörs vor dem Synedrium anwesend.

2. Mk 14, 55—65 ist bereits das Ergebnis eines urgemeindlich oder noch später formulierten christologischen Bekenntnisses, also ein sekundärer Einschub in den geschlossenen Zusammenhang der Verleugnungsgeschichte.

3. Die Erwähnung des Synedriums bei Mk 15, 1 nimmt auf den vorangehenden Text 14, 55—65 keine Rücksicht.

4. Die Juden hatten zur Zeit Jesu unumschränkte Blutgerichtsbarkeit. Hätte das Synedrium ein Todesurteil gefällt, dann wäre Jesus als Gotteslästerer gesteinigt worden.[234]

Auf den ersten Einwand antwortet J. Blinzler in seinem Werk über den Prozeß Jesu: »Daß die Jünger Jesu nach der Kreuzigung nichts unversucht ließen, Näheres über die letzten Stunden ihres Meisters zu erfahren, ist für den selbstverständlich, der gewohnt ist, sich die Glieder der Urgemeinde als Menschen und nicht als blutlose Schemen vorzustellen. Überhaupt wird man fragen müssen, ob das Bild, das sich einige unserer Formgeschichtler von den Urtradenten der evangelischen Stoffe zu machen pflegen, nicht schon wieder ebenso einseitig und unrealistisch ist, wie das einer vergangenen Epoche, die in den Evangelisten förmliche Historiographen sehen wollte. Das Interesse für das geschichtlich Tatsächliche ist doch eine zu elementare menschliche Anlage, als daß es durch die vermuteten Interessen dogmatischer, apologetischer, kultischer und sonstiger Art so gründlich hätte erstickt werden können, wie heute vielfach angenommen wird. Die Evangelien sind beides: die Überlieferung dessen, was aus der Erinnerung an Taten und Worte Jesu dazu diente, das christliche Leben zu gestalten, und die Überlieferung dessen, was das biographische Interesse befriedigte« (S. 53). Zu den anderen Einwänden Lietzmanns, besonders zur Blutgerichtsbarkeit, wird in den entsprechenden Kapiteln Stellung genommen.

Da eine nächtliche Verurteilung den jüdischen Prozeßvorschriften widersprach — man wollte ja in aller Form einen legalen Prozeß führen —, wurde die offizielle Urteilssprechung auf den frühen Morgen verschoben. Der Gefangene wurde den Gerichtsdienern in Gewahrsam gegeben, die sich dann auf ihre Weise die Wartezeit mit dem Nazoräer verkürzten. »Die Männer, die ihn bewachten, verspotteten und schlugen ihn; sie verhüllten ihn und fragten ihn: Weissage, wer ist es, der dich geschlagen hat?« (Lk 22, 63.64)

Noch eine Szene schildert Johannes aus dem Palast des Hohenpriesters. Simon Petrus und ein anderer Jünger — es ist der Evangelist selbst — waren Jesus in den Palast des Hohenpriesters gefolgt. Sie standen mit den Knechten um ein Feuer und wärmten sich. »Da sagten sie zu ihm: Bist nicht auch du einer von seinen Jüngern? — Jener leugnete es und sagte: Ich bin es nicht. Einer von den Knechten des Hohenpriesters, ein Verwandter von dem, dem Petrus das Ohr abgehauen hatte, sagte: Habe ich dich nicht mit ihm im Garten gesehen? Wiederum leugnete Petrus, und sogleich krähte ein Hahn« (Joh 18, 25—27). Lukas bemerkt noch dazu: »Da wandte sich der Herr um und schaute den Petrus an. Nun erinnerte sich Petrus des Wortes des Herrn, wie

Abb. 249. Die Kirche der Reue Petri.

Wer vom Teiche Schiloach aus nach Westen schaut, sieht am Osthang des westlichen Stadthügels eine neue Kirche. Im Mittelalter nannten die Kreuzfahrer die hier stehende Kirche »Sanctus Petrus in Gallicantu« — »Sankt Peter zum Hahnenschrei«. Es ist die Kirche der Reue Petri: »Und Petrus ging hinaus und weinte bitterlich« (Mt 26,75). Neben der Kirche läuft der alte Stufenweg (vgl. Abb. 237, S. 417); er ist nur ein Teil jenes Weges, der vom Tyropöontal den Südwesthügel hinaufführte. Im Jahre 1888 begannen die Assumptionisten auf diesem Osthang ihre Ausgrabungen.[235] Überall fand man auf dem Gelände die Spuren der Vergangenheit: Straßenpflaster, Wasserleitungen, Mauern von Häusern, Getreidesilos, eine Mühle, Bäder mit Mosaiken, Ziegelsteine mit dem Zeichen der X. Legion: L·X·F (Legio Decima Fretensis). In der byzantinischen Zeit dienten die Höhlen, Zisternen und unterirdischen Räume vielen Mönchen als »Wohnung ohne Komfort«. Inmitten dieses Gewirrs von Bauresten und Fundamenten entdeckten die Ausgräber einen rechteckigen Bau von etwa 21 × 16 m Größe. Es ist eine Kirche aus der byzantinischen Zeit. Um die Kirche auf diesem untergrabenen Felsgelände zu bauen, wurden die Felsdecken durchschlagen und die Mauern der Kirche in die Felsräume gesetzt. Neben der Kirche lag ein mit weißen Steinen ausgelegtes Mosaik mit der griechischen Inschrift »Der Herr bewahre deinen Eingang und Ausgang«. In der Nähe des Portals steht noch das alte Wasserbecken, in dem man sich Hände und Gesicht wusch, bevor man die Kirche betrat. In der neuen, 1931 eingeweihten Kirche steigt man über eine Treppe das steil abfallende Felsgelände zu einer Krypta hinab. Dort sieht man im Fußboden ein mit drei Kreuzen geschmücktes Loch, durch das man in einen 6 m tiefer liegenden unterirdischen Raum schauen kann.

Die Grotte ist etwa 4 m lang, an der Ostseite fast 3 m und an der Westseite 4 m breit. Die Südwand ist später für einen schmalen Eingang durchbrochen worden, um den Pilgern das Betreten dieser Grube zu erleichtern. Steht man unten, dann sieht man hoch über dem Boden an der Ostseite eine durch einen Pilaster in zwei Hälften geteilte Öffnung mit dahinter liegenden, aufwärts führenden Felsstufen. An der Nordseite befindet sich eine hoch gelegene Öffnung, durch die man aus den sich anschließenden unterirdischen Galerien in das »Verlies« hinabschauen konnte. Was haben diese unterirdischen Räume und die umliegenden Ruinen zu bedeuten? Die neue Kirche der Assumptionisten trägt den Namen der alten Kreuzfahrerkirche: »St. Petrus in Gallicantu«. Die Besitzer der Kirche bemühen sich aber, alle alten Zeugnisse für das Haus des Kajafas, das die Tradition nördlich vom Coenaculum auf dem »christlichen Sion« lokalisiert, auf diese Kirche zu beziehen.

Man sieht in den Ruinen die Überreste des groß angelegten Kajafaspalastes und deutet die unterirdischen Galerien als Wachräume, die tiefe Grube als das Gefängnis, in dem Jesus die Nacht bis zum Beginn des Synedrialprozesses in den frühen Morgenstunden verbringen mußte. Abgesehen vom archäologischen Befund — viele Forscher sehen in der tiefen Grube nur eine Wasserzisterne —, hat das Bemühen der Assumptionisten, das Haus des Kajafas auf den Osthang nach »St. Petrus in Gallicantu« zu verlegen, wenig Anklang gefunden. Der Versuch scheitert an der objektiven Auslegung der Quellen. Das erste Zeugnis für die Existenz der byzantinischen Kirche am Osthang des Westhügels stammt von dem griechischen Mönch Epiphanius (750/800): »Rechts außerhalb der Stadt ist nahe der Mauer eine Kirche, wo Petrus, als er herausgegangen war, bitterlich weinte; und rechts von der Kirche, ungefähr drei Bogenschüsse weit, ist der Teich Schiloach.« Er trennt also klar die Verleugnung und die Reue des ersten Apostels und lokalisiert die Kirche der Reue Petri unmißverständlich auf dem Osthang. In der Kreuzfahrerzeit er-

freute sie sich besonderer Verehrung. Der englische Mönch Saewulf, der 1102 Jerusalem besuchte, fand »am Abhang des Berges Sion die Kirche des heiligen Petrus, die ›Gallicanus‹ heißt«, in deren Krypta der Apostel sich verbarg, um seine Schuld zu beweinen. Wenig später schreibt der russische Abt Daniel (1106), nachdem er das Haus des Kajafas, wo Petrus den Herrn verleugnete, erwähnt hat: »Nicht weit davon auf dem östlichen Hang des Berges ist eine tiefe Grotte, wo man auf 32 Stufen hinabsteigt.« Hier war der Ort des Weinens, über ihm die Kirche der Reue.

Die literarischen Quellen bezeugen mit genügender Klarheit, daß die Kirche am Osthang seit dem 6. Jahrhundert dem Gedächtnis an die Reue Petri geweiht war. Die Assumptionisten haben das große Verdienst, diese Stätte der Tradition wiederentdeckt zu haben.

er zu ihm gesagt hatte: Ehe der Hahn heute kräht, wirst du mich dreimal verleugnen. Und er ging hinaus und weinte bitterlich« (Lk 22, 61. 62).

Bei Anbruch des Tages wurde der Gefangene vom Palast des Kajafas in das offizielle Amtsgebäude des Hohen Rates übergeführt. Die Angaben der jüdischen Überlieferung über die Lage des »Rathauses« sind nicht eindeutig. Josephus, die Mischna und der Talmud geben verschiedene Orte an. Nach der Mischna tagte der Hohe Rat in einem Raum, dessen Name aber nicht sicher zu übersetzen ist. Entweder bedeutet er »Halle am Xystus« oder »Quaderhalle«. Diese sogenannte »Quaderhalle« lag im inneren Vorhof des Tempels.

Wir schließen uns den Angaben des Josephus an, nach denen das »Rathaus« am östlichen Ende der ersten Mauer lag. Diese Stadtmauer begann beim Herodesschloß am Turm Hippikus, zog dann genau ostwärts am Xystus und am »Rathaus« vorüber und endete an der die Westseite des Tempelberges umschließenden Säulenhalle. Der Xystus war ein freier, von Säulengängen umschlossener Platz, der zu Wettspielen und Volksversammlungen diente. Vom Xystus führte eine Brücke über das Tyropöontal hinüber auf den Tempelberg. Hier an der Südwestecke des Tempelplatzes wird das »Rathaus« gelegen haben (vgl. Abb. 82, S. 141, und Abb. 272, S. 495).

»Als es Tag wurde, versammelten sich die Ältesten des Volkes, die Hohenpriester und Schriftgelehrten und führten Jesus vor ihre Ratsversammlung« (Lk 22, 66). Die formalen Einzelheiten einer solchen Ratssitzung sind uns aus der Mischna bekannt. Die Ratsherren saßen im Halbkreis auf erhöhten Sitzen, damit sie einander sehen konnten. Rechts und links von ihnen standen zwei Gerichtsschreiber, die alle Aussagen zu Protokoll bringen mußten. In der Mitte stand der Angeklagte; dahinter war der Platz für die jungen Gerichtsreferendare und Rechtsstudenten, die aber auf dem Boden sitzen mußten. Aus den Angaben der Evangelisten und den erhalten gebliebenen jüdischen Prozeßvorschriften sind wir in der Lage, den Verlauf dieser

formellen Sitzung im wesentlichen zu rekonstruieren. Sobald die Zeugenvernehmung beendigt war, eröffnete der Hohepriester die eigentliche Sitzung und forderte die Ratsherren mit der amtlichen Formel zur Abstimmung auf: »Wollen die Herren ihr Urteil abgeben!« (Tanch. 126ᵃ) Der Gerichtsdiener rief nun jeden anwesenden Ratsherren mit Namen auf. Für eine gültige Urteilsfällung mußten wenigstens 23 Senatoren anwesend sein. Für einen Freispruch genügte die einfache Majorität; für einen Schuldspruch war eine Mehrheit von zwei Stimmen erforderlich (Sanh. 5, 5).

Die Abstimmung begann mit dem jüngsten Ratsherrn. Das Votum bestand jedesmal nur aus einem einzigen Wort: »Zum Leben!« oder »Zum Tode!«. Als letzter wurde der Hohepriester aufgerufen. Sein Votum kennen wir: »Zum Tode!« Darauf wurde der Angeklagte in den Sitzungssaal geführt. Die Ratsherren erhoben sich, und die Gerichtsdiener nahmen dem Angeklagten die Fesseln ab. Im Bewußtsein seiner Pflicht, das Gesetz Israels zu schützen, vollzog der Gerichtspräsident die Verkündigung des Urteils: Der Hohe Rat verurteilt den Zimmermann Jesus von Nazaret wegen Gotteslästerung zum Tode!

Nach jüdischem Recht hätte die Todesstrafe an Jesus durch die Steinigung mit nachfolgendem Aufhängen am Holz vollzogen werden müssen. Daß dies nicht geschah, lag an den politischen Verhältnissen.

Der politische Prozeß vor Pilatus

Wer heute in Rom die Ruinen der antiken Stadt aufsucht, der steht sinnend und nachdenklich vor dem großen Titusbogen, den die Römer dem Eroberer Jerusalems errichtet haben. Triumphierend tragen römische Legionäre den goldenen Siebenarmigen Leuchter des zerstörten Tempels, gefolgt von dem langen Zug der gefangenen Juden. Dieses Denkmal ist ein historisches Zeugnis von elementarer Ausdruckskraft. Es ist nichts anderes als der zu Stein gewordene Schrei, der Jerusalem an einem Freitagmorgen — es war wohl der 7. April des Jahres 30 n. Chr. — erbeben ließ: »Sein Blut komme über uns und unsere Kinder!« (Mt 27, 25)

Alle Evangelisten berichten über diesen Prozeß, der vor dem römischen Richter Pontius Pilatus stattfand. Johannes, der Augenzeuge der Passion, faßt die Ereignisse dieses Freitags in sechs Einzelszenen zusammen:

1. Die Verhandlung zwischen Pilatus und den Juden im »Prätorium«.
2. Erstes Gespräch zwischen Jesus und Pilatus im Innern des Gerichtsgebäudes.
3. Das Angebot der Osteramnestie: Jesus — Barabbas.
4. Die Geißelung und Verspottung Jesu.
5. Zweites Gespräch zwischen Jesus und Pilatus.
6. Die Verurteilung und Kreuzigung.

Dieser historische Ablauf der Passionsereignisse wird von Lukas noch durch den Bericht über die Vorführung Jesu beim Vierfürsten Herodes Antipas vervollständigt.

Der Hohe Rat hatte den Nazoräer als Gotteslästerer zum Tode verurteilt. Dieser Triumph war aber für die Juden mit einer harten Demütigung verknüpft. Der Hohepriester mußte das Urteil der römischen Verwaltungsbehörde vorlegen, der allein die Vollstreckung eines Todesurteils zustand. Johannes gibt diese Rechtslage mit der lakonischen Bemerkung wieder: »Uns ist es nicht gestattet, jemand hinzurichten« (18, 31). Gerade die Richtigkeit dieser Angabe wurde von der neueren Forschung mit rechtsgeschichtlichen Gründen bestritten. Gleichzeitig wurde behauptet, daß in religiösen Belangen das Synedrium auch zur Zeit der Römerherrschaft in Judäa, also ab 6 n. Chr., die volle Blutgerichtsbarkeit besaß. Als Beweis wird die Vollstreckung von Todesurteilen durch die Juden aus der Zeit 6—70 n. Chr. angeführt. Die Apostelgeschichte selbst berichtet die Steinigung des Stephanus (Apg 7, 58—60). Aus der Mischna ist ein Fall bekannt, daß in den Jahren vor der Zerstörung des Tempels eine Priestertochter wegen Unzucht auf dem Scheiterhaufen verbrannt wurde (b. Sanh. 52[b]). Josephus berichtet, daß der Hohepriester Hannas II. — es ist der jüngste Sohn des Hannas — nach dem Tode des Prokurators Festus die Vakanz des Statthalterpostens benutzt hatte, um den »Herrenbruder« Jakobus durch den Sanhedrin (Synedrium) verurteilen zu lassen. Die Warnungstafel im Vorhof der Heiden hätte jede Wirksamkeit verloren, wenn die Strafe nicht ausgeführt werden durfte.

Doch sind alle diese Belege kein Beweis gegen die Richtigkeit von Joh 18, 31. Bei der Steinigung des Stephanus handelt es sich eher um einen Akt tumultuarischer Volksjustiz als um eine Vollstreckung eines vorher legal gefällten Todesurteils. Die Verbrennung der Priestertochter kann wohl in die Zeit der Herrschaft des Königs Agrippa I. (41—44 n. Chr) fallen, der eine gewisse Selbständigkeit besaß. Die Amtsenthebung des Hohenpriesters Hannas II. nach der Hinrichtung des Jakobus durch die Römer zeigt deutlich, daß diese keine Kompetenzüberschreitung duldeten.

Einen entscheidenden Hinweis, daß das Synedrium während der prokuratorischen Verwaltung des Landes kein Recht hatte, Todesurteile zu vollstrecken, enthält die sogenannte Fastenrolle.[236] Darin wird urkundlich bezeugt, daß nach Abzug der römischen Kohorte aus Jerusalem im Jahre 66 n. Chr. zum ersten Mal wieder ein Todesurteil von einem jüdischen Gericht gefällt und ausgeführt worden ist. Wörtlich heißt es: »Am 17. des Monats Elul [August/September] verließen die Römer Jerusalem, am 22. desselben Monats begann man die Missetäter wieder zu exekutieren.« Zur Erinnerung an die Wiedergewinnung der Blutgerichtsbarkeit wurde der 22. Elul zum Nationalfeiertag

erklärt und durch ein Fastenverbot an diesem Tage ausgezeichnet. Die Nachricht des vierten Evangelisten (Joh 18, 31) entspricht also den rechtlichen Verhältnissen, die zwischen den Jahren 6 und 66 n. Chr. — ausgenommen die Regierung Agrippas I. — tatsächlich bestanden haben.

Dem Hohenpriester standen zwei Wege offen: Entweder ersuchte er den Vertreter des Kaisers, das Urteil des Hohen Rates zu bekräftigen, um Jesus wegen seiner Gotteslästerung hinrichten zu lassen, oder aber der Angeklagte wurde den Römern für ein gänzlich neues Gerichtsverfahren ausgeliefert.

Kajafas, der kluge Diplomat, wählte den zweiten Weg. Jesus, der das Reich Gottes verkündete, wurde zum Anführer gestempelt, der das Volk gegen die Römer aufwiegelte. Mit dieser völlig neuen Konzeption begann am Freitagmorgen der politische Prozeß gegen den Propheten aus Nazaret vor dem Vertreter des Kaisers. »Als der Tag graute, faßten alle Hohenpriester und Volksältesten den Beschluß wider Jesus, er solle getötet werden. Sie fesselten ihn, führten ihn fort und übergaben ihn dem Statthalter Pilatus« (Mt 27, 1. 2).

Pontius Pilatus

Pontius Pilatus kam als fünfter Prokurator im Jahre 26 n. Chr. nach Judäa, also etwa zwei Jahre vor dem Beginn der öffentlichen Wirksamkeit Jesu. Er stammte wahrscheinlich aus dem alten samnitischen Geschlecht der Pontier und gehörte dem Ritterstande an. Seine Ernennung verdankte er dem kaiserlichen Gardepräfekten Seianus. Aus Dankbarkeit gab Pilatus seinem Erstgeborenen den Namen seines Gönners: Aelius (Seianus).

Seianus war als Antisemit im ganzen Römerreich berüchtigt. Von dem neuernannten Beamten erwartete der Innenminister, daß er seinen antisemitischen Kurs auch im Heimatland der Juden in die Praxis umsetzte. Und in der Tat, Pilatus enttäuschte nicht. Bald konnte Seianus den neuen Prokurator mit dem Ehrentitel »Amicus Caesaris« — »Freund des Kaisers« — auszeichnen, eine historische Tatsache von höchster zeitgeschichtlicher Aktualität. Wir werden sehen, wie gerade dieser Titel die entscheidende Wende im Prozeß herbeiführen sollte. Belegen wir die Gesinnung des Pilatus mit einigen Maßnahmen aus seiner Amtszeit. Gleich seinem Amtsantritt begann Pilatus mit einer Provokation. Seine Vorgänger hatten aus Rücksicht auf die religiöse Anschauung der Juden, denen der Bilderkult ein Greuel war, stets vermieden, in Jerusalem die römischen Feldzeichen mit dem auswechselbaren Medaillon des Kaisers unverhüllt öffentlich zu zeigen. Pilatus befahl nun der römischen Kohorte, während der Nacht mit der unverhüllten Kaiserstandarte in Jerusalem einzumarschieren und sie demonstrativ am Tempelplatz vor der Burg Antonia aufzupflanzen.

Als die Juden am nächsten Morgen diese Herausforderung sahen, bemächtigte sich ihrer eine ungeheure Erregung. Sofort reiste eine starke Delegation nach Cäsarea am Mittelmeer, dem Amtssitz des Prokurators, und verlangte die sofortige Entfernung der kaiserlichen Standarte. Fünf Tage und fünf Nächte demonstrierten die Juden vor dem Palast des Römers, dem ehemaligen Herodesschloß. Am sechsten Tage ließ Pilatus die schreienden Demonstranten von seinen Legionären mit blanker Waffe in den Händen umzingeln und drohte, sie alle niederhauen zu lassen. Aber Pilatus, der Neuling, hatte sich verrechnet. Wie auf ein Kommando fielen die Juden auf ihre Knie nieder und riefen: »Lieber tot als dieses dulden!« Pilatus mußte einlenken und das römische Feldzeichen aus der Gottesstadt entfernen lassen (nach Jüd. Altert. XVIII, 3, 1).

Wiederum ein bedeutsames zeitgeschichtliches Faktum. Wir werden sehen, wie sich dieser Machtkampf im Prozeß Jesu auf Biegen und Brechen wiederholen sollte. Aber auch daraus werden die Juden mit ihrer kompromißlosen Konsequenz als Sieger hervorgehen.

Der jüdische Philosoph Philo aus Alexandria (um 13 v. Chr.–45/50 n. Chr.) schreibt in seinem Bericht über die Verfolgung der Juden durch die Römer: Pilatus ließ, »weniger um den Tiberius zu ehren, als um das Volk zu betrüben«, im Palast des Herodes goldene Weiheschilder aufhängen, die zwar nicht das Bild des Kaisers, aber doch seinen Namen trugen. Als sich hochgestellte Juden offiziell beim Kaiser selbst beschwerten, ordnete er die Entfernung der Weiheschilder an. Sie wurden nach dem Augustustempel in Cäsarea gebracht. (Vgl. Abb. 124, 1, S. 208.)

Dennoch ließ Pilatus keine Gelegenheit ungenutzt, um das Volk mit kleinen Schikanen zu reizen. Welch realistische Formen die fortwährenden Auseinandersetzungen annahmen, zeigen die Geldmünzen jener Zeit. Die Prokuratoren hatten das Recht, für den täglichen Kleingeldbedarf Münzen aus Kupfer zu schlagen. Sie sollten aber bei der Wahl von Bild und Umschrift jeden Anstoß vermeiden. Für Pilatus war das eine willkommene Gelegenheit, die Juden zu ärgern. Wir besitzen noch drei Kupfermünzen des Pilatus, die er in den Jahren 29, 30 und 31 n. Chr. in Umlauf bringen ließ. Sie sprechen deutlicher als lange Kommentare. Pilatus zwang die Juden, diese Geldmünzen, auf die Krummstab und Schöpfkelle – die beiden Wahrzeichen des kaiserlichen Priesteramtes – geprägt waren, in die Hand zu nehmen (vgl. Abb. 120, S. 203, und Abb. 250).

Josephus berichtet von noch einem blutigen Zusammenstoß, als Pilatus das Geld für den Bau einer Wasserleitung aus dem Tempelschatz nahm. Die Juden planten eine Protestdemonstration. Pilatus, der davon hörte, ließ Soldaten, als Zivilisten verkleidet, sich unter die Demonstranten mischen. Unter den Kleidern versteckt trug jeder einen Holzknüppel. Auf ein Zeichen des Pilatus zogen die Soldaten ihre Stöcke unter dem Ober-

Abb. 250.   Pilatusmünze aus dem Todesjahr Jesu.

V: *Simpulum, das Opfergerät des Kaiserkultes, mit dem Namen des Kaisers Tiberius und der Angabe des Regierungsjahres: das 16. Jahr = 19. 8. 29 bis 18. 8. 30 (nach der römischen Zählung).*

R: *Drei zusammengebundene Ähren mit dem Namen der Kaiserinmutter: Julia.*

gewand hervor und schlugen erbarmungslos auf die überraschten Juden ein. Eine große Panik entstand, und viele wurden im Gewühl zertreten (nach Jüd. Altert. XVIII, 3, 2).

Lukas erwähnt im 13. Kapitel einen weiteren blutigen Übergriff des Pilatus, der sich im Jahre 29 n. Chr. in Jerusalem ereignet hat. Beim Opferdienst ließ Pilatus eine Gruppe galiläischer Festpilger von seinen Legionären niedermetzeln. Die Ermordeten waren Untertanen des Herodes Antipas. Wahrscheinlich rührte die Feindschaft zwischen Pilatus und dem Vierfürsten, die Lukas im 23. Kapitel andeutet, von diesem willkürlichen und selbstherrlichen Übergriff her.

Das brutale Vorgehen des Prokurators gegen die Samariter im Jahre 36 n. Chr. führte schließlich zu seiner Beurlaubung. Ein samaritischer Pseudoprophet versprach seinen Anhängern, die heiligen Geräte des Mose zu zeigen, die auf dem Berge Garizim verborgen sein sollten. Pilatus, der eine Revolte vermutete, ließ den Berg von seinen Truppen besetzen. Als die Zahl der Samariter immer mehr zunahm, griffen die römischen Legionäre an. Viele Samariter wurden getötet, die anderen gefangengenommen. Die Anführer wurden später hingerichtet. Darauf reichte der Hohe Rat der Samariter, die für ihre politische Zuverlässigkeit in Rom in hohem Ansehen standen, bei Vitellius, dem römischen Legaten in Syrien, eine offizielle Anklageschrift gegen Pilatus ein. Nach ihrer Prüfung enthob der Legat den Prokurator Pilatus seines Amtes. Er wurde nach Rom zur Rechenschaft beordert, wahrscheinlich Ende 36 oder in den ersten Tagen des Jahres 37 n. Chr. (nach Jüd. Altert. XVIII, 4, 2). (Vgl. Abb. 150, 3, S. 261.)

In Rom angekommen, fand Pilatus den alten Tiberius nicht mehr unter den Lebenden. Ein Kommandant der kaiserlichen Leibgarde hatte den altersschwachen achtundsiebzigjährigen Greis, der nicht sterben wollte, in seinen Kissen erstickt. Das war am 16. März 37 n. Chr. Der neue Kaiser hieß Caligula. Dieser ließ den in Ungnade gefallenen Beamten überhaupt nicht zur Audienz vor, sondern setzte ihn einfach ab. Sein weiteres Schicksal liegt im dunkeln. Manches weist darauf hin, daß er eines ungewöhnlichen Todes gestorben ist.[237]

Pilatus war etwa zehn Jahre im Amt geblieben. Diese relativ lange Amtsdauer ist aber kein Zeichen für seine Tüchtigkeit. Josephus kommentiert die lange Regierungszeit des Prokurators mit folgender Anekdote: »Ein Wanderer lag blutig geschlagen am Wege, seine Wunden von Fliegen und Ungeziefer bedeckt. Ein Vorübergehender sieht ihn und will, von Mitleid gerührt, die Fliegen verjagen. — Laß das, sagt der Verwundete, diese Blutsauger sind schon von meinem Blute gesättigt und weniger gierig. Wenn du diese verscheuchst, kommen andere, die noch gieriger sind« (Jüd. Altert. XVIII, 6, 5).

Hören wir dazu noch eine Bemerkung über Pilatus aus einem Brief, den König Herodes Agrippa I. an seinen kaiserlichen Freund Caligula nach Rom geschrieben hat: »Pilatus war von Charakter unbeugsam und rücksichtslos hart. Zu seiner Zeit herrschten in Judäa Bestechlichkeiten, Gewalttaten, Räubereien, Bedrückungen, Demütigungen, fortwährende Hinrichtungen ohne Urteilsspruch und grenzenlose, unerträgliche Grausamkeit« (Philo, Legat. ad Gaium 38).

Das war also der Richter, zu dem Jesus an jenem Freitagmorgen von den Juden geführt wurde.

Der Prozeß Jesu im Urteil der antiken Historiker

Einige christliche Schriftsteller des Altertums deuten an, daß Pilatus dem Kaiser Tiberius einen Bericht über die Hinrichtung Jesu zugesandt habe, der in den kaiserlichen Archiven aufbewahrt werde. Um das Jahr 155 n. Chr. schrieb Justin eine Apologie, die er an den Kaiser Antoninus Pius (131—161 n. Chr.) richtete. Er sucht die Zuverlässigkeit seiner Darstellung über Jesus Christus dadurch zu erhärten, daß er sich auf die »Akten« des Pilatus beruft: »Daß das so geschehen ist, könnt ihr aus den unter Pontius Pilatus angefertigten Akten ersehen« (Apol. I, 35, 9; I, 48, 3).

Tertullian, geboren um 160 in Karthago, verfaßte gegen das Edikt des Kaisers Severus, das den Übertritt zum Judentum und gleichzeitig auch den zum Christentum verbot, das berühmte »Apologeticum«. Die Glaubwürdigkeit der bei der Kreuzigung Jesu unter Pontius Pilatus geschehenen Ereignisse, z. B. die Verfinsterung der Sonne, bekräftigt er mit dem Hinweis auf die Berichte in den kaiserlichen Archiven: »Und doch findet sich auch dieser Zwischenfall im Weltall in euren geheimen Archiven berichtet« (Apol. 21, 20). Ein amtlicher römischer Bericht über den Prozeß Jesu ist uns indes nicht erhalten geblieben. Die später entstandenen »Pilatusakten«, die im apokryphen Nikodemus-Evangelium enthalten sind, haben keinen historischen Wert, da sie nicht vor dem 4. Jahrhundert entstanden sind.

Zu Beginn des 2. Jahrhunderts sprechen drei römische Schriftsteller über Christus und die Christen: Plinius der Jüngere, Sueton und Tacitus.

Uns interessiert nur das Zeugnis des Tacitus, da er den Prozeß Jesu direkt berührt. Publius Cornelius Tacitus, Roms größter Historiker, lebte etwa von 55 bis 120 n. Chr. Unter dem Kaiser Trajan war er zwischen 112 und 116 Prokonsul der römischen Provinz Asia, des heutigen Kleinasiens. Nach der Veröffentlichung von kleineren Werken faßte Tacitus den Plan, die Geschichte seines Jahrhunderts vom Tode des Augustus (14 n. Chr.) bis zum Tode Domitians (96 n. Chr.) darzustellen. Die erste Hälfte dieses Werkes, gewöhnlich »Annalen« — »Jahrbücher« — genannt, behandelt in 16 Büchern die Epoche der Kaiser Tiberius, Claudius und Nero. Aus der Regierungszeit Neros berichtet Tacitus als besonderes Ereignis den großen Brand der Stadt Rom, der am 18. Juli 64 im Circus Maximus ausbrach und bald die ganze Stadt erfaßte. Innerhalb von sieben Tagen waren von den vierzehn Stadtbezirken zehn in Schutt und Asche gelegt. Unter der Bevölkerung entstand das Gerücht, der Kaiser selbst habe den Brand anlegen lassen, weil er sich ein neues Rom erbauen wollte. Und nun fährt Tacitus fort: »Um daher dieses Gerede zu vernichten, gab Nero denen, welche, wegen ihrer Schandtaten verhaßt, das Volk Christianer nannte, die Schuld und belegte sie mit den ausgesuchtesten Strafen. Derjenige, von welchem dieser Name ausgegangen, Christus, war unter des Tiberius Regierung vom Prokurator Pontius Pilatus hingerichtet worden; und der für den Augenblick unterdrückte verderbliche Aberglaube brach wieder aus, nicht nur in Judäa, dem Vaterland dieses Unwesens, sondern auch in der Hauptstadt« (Ann. XV, 44).

Drei Tatsachen werden also durch den Historiker Tacitus erwähnt:

1. Der Urheber »des christlichen Aberglaubens« ist Christus.
2. Christus wurde unter Tiberius durch Pontius Pilatus mit dem Tode bestraft.
3. Das »Übel« ist in Judäa entstanden.

Die entscheidende Frage lautet: Ist diese Stelle echt und ursprünglich? Die kurze und prägnante Darstellung entspricht ganz dem Stil und der Eigenart des römischen Historikers. So ist die Authentizität dieser Stelle kaum ernsthaft in Zweifel gezogen worden. Die Behauptung, die Annalen seien die Fälschung eines Humanisten des 15. Jahrhunderts, läßt sich leicht nachprüfen. Die älteste uns erhaltene Abschrift der Annalen (XI bis XVI) stammt aus dem 11. Jahrhundert (Codex Laur. plut. 68, 2; vgl. S. 100/101).

Schwieriger ist die Frage nach der Zuverlässigkeit des Autors, besonders die Frage, aus welchen Quellen Tacitus sein Zeugnis geschöpft habe, zu klären. Die Antwort wird von den einzelnen Forschern verschieden gegeben. Daß Tacitus seine Nachricht Christen verdanke, mit denen er als Prokonsul der römischen Provinz Asia in Berührung gekommen sein mag, wird man zwar nicht für unmöglich, aber auch nicht für sehr wahrscheinlich halten. Wenn Tacitus Dinge erzählt, die er nur vom Hörensagen kennt, pflegt er dies anzudeuten. Die unklaren Vorstellungen, die der römische Historiker über den Ursprung des Christentums verrät — hält er doch den Namen Christus für den Eigennamen Jesu —, können ein Anhaltspunkt dafür sein, daß der im übrigen so gut unterrichtete Tacitus nicht aus christlichen Quellen geschöpft hat. Unwahrscheinlich ist ebenfalls, daß Tacitus, der für das Judentum nur Verachtung übrig hatte, von Josephus abhängig ist. Manche Forscher nennen als Quelle den älteren Plinius († 79 n. Chr.), der zur Zeit des Ersten Aufstandes der Juden der Armee des Titus angehörte. Als Augenzeuge der Eroberung Jerusalems konnte er Einzelheiten über die Geschichte der Juden, die Ursachen des Krieges und damit über die Messiashoffnungen der Juden erfahren haben. Andere Historiker wiederum meinen, Tacitus verdanke seine Nachricht dem jüngeren Plinius († 113 n. Chr.), der als Statthalter von Bithynien mit Christen zu tun hatte. Aber das sind auch nur Vermutungen. Alles, was man sagen kann, ist dies: Tacitus stützt sich an der zitierten Stelle auf eine nichtchristliche, vermutlich heidnische Quelle.

Das zweite wichtige nichtchristliche Zeugnis über die Verurteilung Jesu durch Pilatus ist das sogenannte »Testimonium Flavianum«. Es steht bei Josephus Flavius im 18. Buch der Altertümer: »Um diese Zeit trat Jesus auf, ein weiser Mensch, *wenn man ihn einen Menschen nennen kann.* Denn er vollbrachte wunderbare Dinge, war der Lehrer jener, die die Wahrheit mit Freude aufnahmen und zog viele Juden und auch Griechen an sich. *Dieser war der Christus.* Auf die Anklage der Ersten unseres Volkes verurteilte Pilatus ihn zum Kreuzestod; aber seine Getreuen verleugneten ihre Liebe zu ihm nicht. *Denn am dritten Tag erschien er ihnen als Auferstandener, wie es die Propheten Gottes vorausgesagt und tausend andere wunderbare Dinge von ihm verkündigt hatten.* Noch heute besteht die Sekte, die nach ihm den Namen Christen erhalten hat« (Jüd. Altert. XVIII, 3, 3).

Die Echtheit dieser Stelle ist stark umstritten. Nach den Kriterien der Textüberlieferung läßt sich die Echtheit des Textes nicht entscheiden; denn die ältesten Handschriften gehen nicht unter das 10. Jahrhundert zurück. Als erster führt der Kirchenhistoriker Eusebius († 339 n. Chr.) diese Stelle in seiner Kirchengeschichte an (Hist. eccl. I, 11). Origenes (um 185—253 n. Chr.), der zwar die beiden Stellen des Josephus über den Täufer und über den Apostel Jakobus zitiert, erwähnt unsere Stelle nicht. So muß die Echtheit dieser Stelle nach inneren Kriterien beurteilt werden. Hier aber gehen die Meinungen schroff auseinander, und zwar bei katholischen wie protestantischen Forschern. Sowohl die Echtheit als auch die Unechtheit der gesamten Stelle wird vertreten.

Für die wesentliche Authentizität dieses Zeugnisses treten u. a. ein: Leopold von Ranke, Adolf von Harnack, F. C. Burkitt und Franz Dornseiff, der bekannte Leipziger Philologe. Von der radikalen Ansicht Schürers u. a., daß die ganze Stelle unecht sei, wird heute im allgemeinen abgerückt. Die meisten Forscher nehmen an, daß der Text teilweise von christlicher Hand interpoliert worden ist (siehe Kursivdruck). Das Bekenntnis »Dieser war der Christus« und das Zeugnis von der Auferstehung können nur auf einen gläubigen Christen zurückgehen. Andererseits sind weitere Aussagen dieser Stelle wieder so farblos und verschwommen, daß sie nicht aus der gleichen christlichen Quelle stammen können. Sie lagen im Text des Josephus vor und waren der Anlaß zu Einschüben eines Christen oder zu Randbemerkungen, die dann später zum Text hinzugenommen wurden.

Im ganzen gesehen, ist es nicht viel, was an außerchristlichen antiken Zeugnissen über Jesu Tod erhalten geblieben ist; aber darüber braucht man sich nicht zu wundern, in den Augen eines Chronisten jener Zeit waren die Ereignisse in Palästina nur eine kleine Episode inmitten des großen Weltgeschehens. Aber so spärlich die außerchristlichen Zeugnisse auch sind, es werden durch sie zwei wichtige Tatsachen mit voller Gewißheit verbürgt:

1. Das Vorgehen des Pilatus gegen Jesus geschah auf Betreiben des Hohen Rates.
2. Jesus ist aufgrund eines Urteilsspruchs des Prokurators Pontius Pilatus am Kreuz hingerichtet worden.

Das Prätorium

Der Evangelist Johannes legt Wert darauf, die Zeit und den Ort der Verurteilung Jesu genau zu nennen: »Nun führte man Jesus von Kajafas in das Prätorium. Es war früher Morgen« (Joh 18, 28). Prätorium, ein römischer, militärtechnischer Fachausdruck, bezeichnete zunächst ganz allgemein den Amtssitz des römischen Statthalters. Dies konnte, je nach den örtlichen Verhältnissen, ein Zelt sein; gewöhnlich aber war es die schönste Villa der eroberten Stadt und in den Hauptstädten die Residenz der Fürsten.

So erwähnt Lukas in der Apostelgeschichte während der Gefangenschaft des Paulus in Cäsarea den Herodespalast, in dem der römische Statthalter residierte (vgl. Abb. 123, S. 207). Lukas nennt den Palast das »Prätorium des Herodes« (Apg 23, 25; vgl. Phil 1, 13). In der Passionsgeschichte verwenden die Evangelisten den gleichen Ausdruck, um die Residenz des römischen Prokurators zu bezeichnen (Mk 15, 16; Mt 27, 27; Joh 18, 28; 19, 9). Zu den Machtbefugnissen des Prokurators gehörte die Gerichtsbarkeit innerhalb seines Amtsbereiches. Der Ort des Gerichtes hieß das Tribunal. Es hatte eine bestimmte traditionelle Form: eine halbkreisförmige Estrade mit zwei vorstehenden Ecken, wo die Beisassen und der Schreiber ihre Plätze hatten, und in der Mitte die »sella curulis« – der »Richterstuhl«. Johannes nennt das Gerichtstribunal mit dem damals gebräuchlichen Fachausdruck »bema«: »Pilatus setzte sich auf den Richterstuhl [bema]« (Joh 19, 13).

Diesen für uns so wichtigen Tatbestand hat der bekannte Historiker Mommsen in klassischer Weise zusammengefaßt: Das Tribunal konnte nur unter freiem Himmel oder an einem für die Öffentlichkeit zugänglichen überdachten Platz errichtet werden. Das Prätorium dagegen war ein festes Gebäude, in dem sich die Wohn- und Verwaltungsräume des Prokurators, die Stabswache und das Gefängnis befanden. Das Tribunal lag wohl neben, aber nicht innerhalb des Prätoriums; zu diesem hatte die Öffentlichkeit keinen Zutritt. Wenn nun der Prokurator an irgendeinem Ort, der nicht sein gewöhnliches Tribunal war, ein Urteil fällte, so brauchte er dort nur die »sella curulis« – »den Richterstuhl« – aufzustellen. Aber nun kommt die entscheidende Feststellung: Durch dieses Urteil wird dieser beliebige Ort noch lange kein Prätorium.[238]

Die Evangelisten nennen den Ort der Verurteilung Jesu ausdrücklich »das Prätorium« (Mk 15, 16; Mt 27, 27; Joh 18, 28. 33; 19, 9), was in diesem Zusammenhang nur die Amtswohnung des römischen Prokurators bedeuten kann. Den Ort, wo dieser Richterstuhl stand, nennt der Evangelist mit einem griechischen und einem aramäischen Namen: »an dem Ort, der Lithostroton heißt, auf hebräisch Gabbata«. Das hebräische »Gabbata« ist nicht sicher zu deuten. Es handelt sich aber nicht um eine Übersetzung des griechischen Wortes, sondern um einen anderen Namen des gleichen Ortes, der mit »Anhöhe«, »Buckel« nach der aramäischen Wurzel am sinnvollsten gedeutet werden kann. Das griechische Wort »lithostroton« – »gepflastert« – dagegen weist auf einen Platz hin, der mit Steinen bedeckt ist, angefangen vom einfachen Pflaster aus gewöhnlichen Steinen oder Platten bis zu feinster Marmor- und Mosaikarbeit.

Wo lag im alten Jerusalem jenes Lithostroton, auf dem der Richterstuhl des Pilatus stand? Wir können diese Frage heute nicht mehr mit Sicherheit beantworten. Bei der Zerstörung Jerusalems (70. n. Chr.) und in den Wirren zu Beginn des 2. Jahrhunderts blieb die Stätte des historischen Prätoriums nicht verschont. Dies erklärt, warum die Erinnerung an den Ort der Verurteilung Jesu verblaßte und die Zeugnisse der Tradition darum nicht einheitlich sind, ja parallel nebeneinander verschiedene Orte der Verurteilung Jesu angeben. Dazu kommt noch ein zuwenig berücksichtigter Faktor: Das

Gelände der beiden als Prätorium in Frage kommenden Stätten – die Burg Antonia und der Palast des Herodes – war von den römischen Truppen okkupiert. Auf dem Südwesthügel befand sich das Lager der X. Legion. Ein Betreten des militärischen Geländes durch Pilger oder gar die Errichtung einer Kultstätte erscheint unter dieser Rücksicht einfach undenkbar. Es wurden darum »Ausweichquartiere« für die heiligen Stätten gewählt, eine Tatsache, die wir für jüdische Heiligtümer nach der Zerstörung des Tempels historisch belegen können.

Vom 4. bis zum 8. Jahrhundert suchte man das Prätorium im Tyropöontal, westlich vom Tempelgelände. Nach der arabischen Eroberung (637) findet man die Stätte der Verurteilung Jesu auf dem Südwesthügel in der Nähe des Abendmahlssaales und des dort gesuchten Kajafas-Palastes. In der Kreuzfahrerzeit beginnt allmählich eine neue Tradition, die in der Burg Antonia an der Nordwestecke des Tempelplatzes das Prätorium des Pilatus sieht. Diese nunmehr sieben bis acht Jahrhunderte alte Überlieferung, die durch das Auffinden des berühmten Kalksteinpflasters unter dem Kloster der Sionsschwestern gleichsam die Patina eines noch höheren Alters erhalten hatte, wird heute mehr und mehr aufgegeben. Das Studium der Quellen und einige entscheidende archäologische Indizien weisen immer mehr nach dem Palast des Herodes auf dem Südwesthügel der Stadt hin. Versuchen wir den einzelnen Angaben der Tradition nachzugehen. Die Freude an einem Rundgang durch das frühchristliche Jerusalem mit dem Stadtplan der Madaba-Karte in der Hand und die gereifte Erkenntnis um die Vergänglichkeit aller »Spuren« mögen die Frucht dieser Mühen sein.

Das früheste Zeugnis über das Prätorium stammt vom Pilger von Bordeaux (333). Er will vom christlichen Sion, das noch außerhalb der Mauern von Aelia lag, in die Stadt hinabsteigen und schreibt: »Wenn man von Sion nach dem Neapolistor (Damaskustor) geht, so befinden sich rechts unten im Tal Mauern, wo das Haus oder das Prätorium des Pilatus gestanden hat. Dort ist der Herr vor seinem Leiden verhört worden. Zur Linken aber ist der Golgotahügel, wo der Herr gekreuzigt worden ist. Dort ist soeben auf Befehl des Kaisers Konstantin eine Basilika erbaut worden« (Geyer, S. 22). Diese Angaben sind so präzis, daß wir dem Pilger auf dem Stadtplan der Mosaikkarte von Madaba folgen können (vgl. Abb. 251, S. 447). Er betritt die Stadt im Süden durch das Sionstor und geht schnurgrade auf der mit Säulenhallen eingefaßten Hauptstraße nordwärts zum Neapolistor. Die Lage von Golgota ist durch die Grabeskirche unübersehbar markiert; »zur Rechten im Tal«, also etwa gegenüber, sieht er unten die wohl zerstörten Mauern des Prätoriums. Der Wert dieses ältesten Pilgerberichtes liegt darin, daß wir in ihm ein getreues Spiegelbild der in Jerusalem herrschenden Traditionen finden, d. h., der Pilger stellt nur fest und registriert, was er hört und sieht. So lassen seine weiteren Angaben über den Palast des Kajafas auf dem Südwesthügel erkennen, daß auch mit dieser Ortslage eine wenn auch verworrene Erinnerung an die Verurteilung und Geißelung — sie geschah durch Pilatus im Prätorium — verbunden war: »Auf dem Sion wird sichtbar, wo das Haus des Priesters Kajafas war, und dort ist noch die Säule, wo sie Christus mit Geißeln schlugen. Drinnen aber, innerhalb der Mauer, wird der Ort sichtbar, wo der Palast Davids war« (Geyer, S. 22). Die topographischen Angaben sind klar, alles andere aber wirr durcheinander. Der Palast lag innerhalb der Stadtmauer, aber es ist nicht der des David, sondern es sind die stehengebliebenen Ruinen des Herodespalastes. Wenn schon die Erinnerung an den Prachtbau Herodes' des Großen verblaßt war, warum sollte es um das Prätorium des römischen Prokurators besser bestellt sein? Begnügen wir uns mit dem Indiz, daß der Ort der Verurteilung und der Geißelung Jesu, wenn auch in falschem Zusammenhang, mit dem Westhügel verknüpft war.

Kehren wir zur Tradition über das Prätorium im Tyropöontal zurück. Die Angabe des Pilgers »rechts unten im Tal« ist zu allgemein, als daß man eine Lokalisierung vornehmen könnte. Wichtig erscheint uns die Frage, wie das Prätorium in diese Gegend gekommen ist. Auch hier mag eine verblaßte biblische Erinnerung den Anlaß zu dieser Lokalisierung gegeben haben. Am Westhang des Tyropöontales lagen die Ruinen des Hasmonäerpalastes (vgl. Abb. 82, S. 141). Hier wohnte der Vierfürst Herodes Antipas während des Osterfestes, als ihm Pilatus die Aburteilung Jesu anbot (Lk 23, 7—12). Nach dem Zeugnis Petri des Iberers (um 450) stand im Tyropöontal eine »Kirche, welche die des Pilatus heißt«. Ihren späteren Namen überliefert uns Theodosius (530): »ecclesia sanctae Sophiae« — »Kirche der Heiligen Weisheit«.

Den ausführlichsten Bericht über das byzantinische Prätorium lesen wir bei dem Anonymus von Piacenza (570): »Von Sion kamen wir in die Basilika der heiligen Maria« (die sogenannte »Nea« Justinians — vgl. Stadtbild auf der Madaba-Karte: Abb. 251, 1, S. 446), »wo eine große Schar von Mönchen wohnen, und wo Pilgerhäuser für Männer und Frauen sich befinden, mit unzähligen Tischen und mehr als 3000 Krankenbetten. Wir beteten auch im Prätorium, wo der Herr verhört worden ist. Dort befindet sich jetzt die Basilika der Heiligen Weisheit vor den Ruinen des Salomonischen Tempels. In dieser Basilika ... befindet sich der viereckige Stein, der mitten im Prätorium stand und auf den der Angeklagte gehoben wurde, damit er von allem Volk gehört und gesehen würde. Auf diesen ist auch der Herr gehoben worden, als er von Pilatus verhört wurde, und seine Fußspuren sind auf demselben zurückgeblieben« (Geyer, S. 175).

Die Kirche fiel bei der Eroberung Jerusalems (614) der Zerstörung zum Opfer, wurde aber anscheinend bald

Abb. 251. Das Stadtbild Jerusalems auf der Mosaikkarte von Madaba[239] (S. 447).

»Die heilige Stadt Jerusalem« — so lautet die griechische Beischrift — *bildete wohl den Mittelpunkt der ganzen Mosaikkarte, die ursprünglich etwa 24 m lang und 6 m breit war (heute 10,5 × 5 m). Die Stadt, deren Südostecke auf dem Mosaik leider zerstört ist, hat elliptische Gestalt, bei der die größte Länge von Nord nach Süd (von links nach rechts) 0,93 m, die größte Breite 0,54 m beträgt. Die tatsächliche Gestalt des im 6. Jahrhundert von Mauern umschlossenen Gebietes war natürlich ebenso wie die des heutigen Mauerlaufes ungefähr ein Trapez. Das Mosaikbild zeigt uns das von Konstantin († 337), der Kaiserin Eudokia († 460) und von Justinian (527—565) verschönerte Jerusalem. Das Stadtinnere hatte jenen großzügigen, monumentalen Charakter bewahrt, den Hadrians (117—138) genialer Architekt der neuen Stadtanlage gab, als er aus den Schuttmassen des zerstörten Jerusalem die kaiserliche Colonia Aelia Capitolina schuf.*

Die geschickte Wahl der farbigen Mosaiksteine läßt die Einzelheiten, die Mauern und Türme, die Straßen und Häuser, plastisch hervortreten. Im ganzen sind 36 Gebäude dargestellt, von denen aber nicht alle identifiziert werden konnten. Klöster und Kirchen unterscheiden sich von den anderen Bauten durch rote Dächer, Kirchen zeigen dazu noch goldgelbe Giebel. Eine Mauer, von hohen Türmen (T) unterbrochen, schützt das Stadtinnere. Ohne Mühe kann man 21 solcher Türme zählen, die wie die Mauern aus gleichfarbigen Würfelreihen bestehen und durch die onyxfarbenen und perlgrauen Vertikalstreifen besonders auffallen. Ebenso deutlich erkennbar sind die Tore (A—F), deren dunkel gezeichnete, oben durch einen Bogen abgeschlossene Öffnung mit weißen Steinen eingefaßt ist. Das Tor (A) an der Nordseite (links) fällt durch die sorgfältig gewählten Farben, durch seine Größe und die zwei hohen Türme besonders auf. Es hieß im 4. Jahrhundert »Porta Neapolitana«, weil hier die große, von den Römern ausgebaute Straße nach Sichem und Neapolis (Nablus) begann, auf der man auch die Häfen an der Küste erreichen konnte. Von den Toreingängen haben sich im heutigen Damaskustor erhebliche Reste erhalten. Sein arabischer Name »Bab el-'Amud« — »Säulentor« —, der ohne das Madaba-Mosaik unverständlich bliebe, findet seine Erklärung in der großen schwarzen Säule, die auf dem hellen Platz vor dem Tore steht. Wahrscheinlich ist sie einer der großen Meilensteine, die das Kennzeichen der römischen Heerstraßen waren. Das Tor (B) an der Ostmauer (oben) ist durch die Größe hervorgehoben, es ist die »Porta Benjamin« der Pilgerschriften, das heutige »Bab Sitti Marjam«, das Marien- oder Stephanstor. Auch das nächste Tor (C) an der Ostmauer ist durch besonders gewählte Farben ausgezeichnet, es ist das Goldene Tor, die »Porta speciosa« der Pilgerschriften. Ein weiteres Tor (D) steht etwas seitwärts vom südlichen Ende der großen Straße (II). Es liegt an der Stelle des heutigen »Bab el-Muraribe« (Misttor). Am Ende der großen Hauptstraße (I) im Süden (rechts) liegt das Sionstor (E) (Bab en-Nebi Daud), durch das der Pilger von Bordeaux (333) die Stadt Hadrians, Aelia, betrat. Im Westen (unten) befindet sich nur ein einziges Tor (F), dem das heutige Jaffator (Bab el-Chalil) entspricht.

Sehr deutlich heben sich aus dem Stadtbild die Straßen heraus. Die bedeutendste (I) läuft schnurgerade vom Neapolistor (A) bis zum Sionstor (E). Es ist der »Cardo maximus«,

die auf beiden Seiten von Säulenhallen eingefaßte Hauptstraße der römischen Militärkolonie Aelia Capitolina. Ein
Blick auf die Luftaufnahme (vgl. Abb. 96, S. 167, und Abb.
272, S. 495) zeigt, daß der Künstler mit dem Beginn der Straße
von der Wirklichkeit abgewichen ist. Sie läuft zwar auf der
erkennbaren Linie, die sich aus den heutigen Straßen des westlichen Tarik Bab el-'Amud, Chan ez-Zet, dem dreifachen Suk
(Markt) und des Tarik Bab en-Nebi Daud zusammensetzt,
gerade nach Süden, geht aber vom Damaskustor in schräger
Richtung ab. In der Achse des Tores dagegen liegt die Straße
des östlichen Tarik Bab el-'Amud, die Straße II der Madaba-
Karte. Dieser Verzeichnung liegt das Bestreben zugrunde, die
Straße (I), an der die wichtigsten Heiligtümer, vor allem die
Grabeskirche, liegen, zu betonen. Die gedeckten Säulenhallen
sind so dargestellt, daß sowohl die östliche (obere) wie die
westliche (untere) sich nach der Straße zu öffnen. Sie dienten für Läden aller Art, weshalb die Straße öfter als Markt
bezeichnet wird. Schon Eusebius († 339) bestätigt, daß die
Propyläen der Grabeskirche an der mittleren Marktstraße gestanden hatten. Es gab also schon damals drei.
Die große Basilika (1) am Ende der Marktstraße (I) nahe
beim Sionstor ist die von Justinian erbaute und im Jahre
543 geweihte »Neue Kirche der Gottesmutter Maria«, die
»Nea«. Die Fassade zeigt zwischen Malachitpfeilern onyx-
farbige Wandflächen; die Doppelportale sind mit goldgelben
Steinen ausgelegt. Befremdend wirkt, daß die zu den drei
großen Basiliken Jerusalems gehörende Kirche statt des goldgelben Giebels nur eine perlgraue Fläche zeigt. Vielleicht war
sie, als das Mosaik hergestellt wurde, noch im Bau. Mit der
Kirche waren zwei Hospize verbunden: das eine für fremde
Pilger, das andere für arme Kranke. Es ist nicht ausgeschlossen, daß die links neben der »Nea« liegenden Gebäude die
vom Anonymus von Piacenza (570) erwähnten Pilgerhäuser
(susceptio peregrinorum) sind. Über den Bau der Kirche berichtet ausführlich der byzantinische Historiograph Prokopios
(† nach 652). Wegen des abschüssigen Geländes mußten im
Süden und im Osten gewaltige Unterbauten errichtet werden.
Die rechts neben der »Nea« liegende perlgraue Fläche könnte
als Teil der Substruktionen gedeutet werden. Bei den im
Jahre 1970 durchgeführten Grabungen im sogenannten »Judenviertel« am Südrand der Altstadt wurden Mauerfunda-
mente riesigen Ausmaßes freigelegt. Die Quadersteine waren
bis zu 1,8 m lang und 1,35 m hoch. Die Rundung einer Apsis
mit einem Durchmesser von 5 m war noch zu erkennen.
N. Avigad, der die Ausgrabungen leitete, nimmt an, daß dieses mächtige Gebäude als die »Nea« Justinians identifiziert
werden kann, die gegen Ende des 8. Jahrhunderts durch ein
Erdbeben zerstört worden ist. Die Lage der Kirche auf der
Mosaikkarte entspricht dem Südrand des Judenviertels in der
Altstadt (vgl. Abb. 96, S. 166).
Die andere Hauptstraße (II) beginnt am Platz des Neapolis-
tores (A) mit einem prunkvoll ausgestatteten Triumphbogen.
Es ist die »Via triumphalis«, die zunächst nach Südosten
läuft, in Richtung des östlichen Tarik Bab el-'Amud, dann
aber nach Süden umbiegt, entsprechend dem heutigen Tarik
el-Wad, der Talstraße. Aus perspektivischen Gründen hat die
Straße auf dem Mosaik nur an der östlichen (oberen) Seite
eine Säulenhalle. Am Anfang der »Via triumphalis«, oberhalb des kleinen Prunkbogens, erhebt sich ein großes Gebäude (2) mit einem Turm, den ein weiß umrahmtes Fenster
schmückt. Der Prachtbau wird für den Palast der Kaiserin
Eudokia gehalten. Eudokia-Athenais, die Gattin des Kaisers

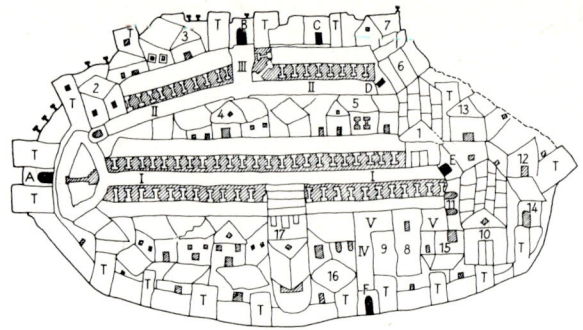

Planskizze zum Stadtbild der Mosaikkarte

A   Neapolistor – Damaskustor – Bab el-'Amud
B   Benjamintor – Stephanstor – Marientor
C   Porta speciosa – Susator – Goldenes Tor
D   Bab el-Muraribe – Misttor
E   Sionstor
F   Jaffator – Bab el-Chalil
T   Türme
I   Haupt- und Marktstraße – Cardo maximus
II Via triumphalis – Tarik el-Wad – Talstraße
III Tarik Bab Sitti Marjam – Beginn der »Via dolorosa«
IV Decumanus – Straße der Zehnten Legion
V   Straße zur Sionskirche
1   Neue Kirche der Gottesmutter – Nea
2   Palast der Kaiserin Eudokia
3   Betesdakirche
4   Sancta Sophia – Prätoriumskirche (?)
5   Sancta Sophia – Prätoriumskirche (?)
6   Stufen zum Schiloach (?)
7   Kreuzbasilika – Zinne des Tempels
8   »Davidsturm« – Phasaelturm
9   Mariammeturm
10 Sionsbasilika
11 Toreingänge
12 Sanctus Petrus in Callicantu
13 Schiloachkirche
14 Abendmahlssaal
15 Kajafaspalast
16 Baptisterium
17 Grabeskirche

Theodosius II., siedelte 441, durch Intrigen aus Konstantinopel vertrieben, nach Jerusalem über. Durch ihre Bautätigkeit bleibt ihr Name mit den Stadtmauern, die sie restau-
rieren ließ, immer verbunden.
An der Stelle, wo die Straße einen Winkel bildet, zweigt nach
Osten (oben) eine kurze Straße (III) ab, an deren Ende das
heutige Bab Sitti Marjam, das Marien- oder Stephanstor (B),
liegt. Die Straße entspricht der traditionellen »Via dolorosa«.
Auffälligerweise ist das von Hadrian erbaute dreiteilige östliche Stadttor, der sogenannte »Ecce-Homo-Bogen«, nicht dargestellt. Vielleicht kann das Fehlen des Torbogens als Hin-
weis dafür dienen, daß in byzantinischer Zeit mit der Burg
Antonia noch keine Erinnerung an die Passion verknüpft war.
Der reale Straßenverlauf auf Abbildung 272 zeigt, daß der
Treffpunkt mit der Straße II wieder leicht verzeichnet ist.
Die mit einem goldgelben Giebel und einer malachitgrünen

Fassade geschmückte Kirche (3) nahe dem Osttor (B) ist unverkennbar die von den Pilgerberichten wiederholt erwähnte Kirche des Schafteiches (Joh 5, 1). Die »Piscina probatica« — den Betesda-Teich — hat der Mosaist einfach, aber getreu mit den beiden weiß umrahmten schwarzen Quadraten als Zwillingsteich dargestellt. Die genau unter der Einmündung der heutigen »Via dolorosa« in die »Via triumphalis« liegende Kirche mit goldgelbem Giebel kann als die von den Pilgern des 6. Jahrhunderts öfters genannte »Sancta Sophia« (4), Prätoriumskirche, angesehen werden. Es ist die Gegend, welche der Pilger von Bordeaux (333) erwähnt: »Unten, im Tale, sind Mauern, wo des Pilatus Haus oder Prätorium war.« Das weiter rechts liegende Gebäude (5) mit goldgelbem Giebel und zwei Purpursäulen auf braunem Untergrund an der Langseite ist schwer zu deuten; einige Erklärer meinen, es sei die eben genannte »Sancta Sophia«, das byzantinische Prätorium. Die beiden auffällig betonten Säulen sollen an die Geißelung erinnern. Andere sehen in dem Gebäude die zur Marienkirche (1) gehörenden Empfangshallen der Pilgerhäuser. Über das braune eingerahmte und quergestreifte Rechteck (6) am Ende der Straße sind sich die Gelehrten auch nicht einig. Die einen halten die Darstellung für den vom Anonymus von Piacenza (570) erwähnten Stufenweg zum Teich Schiloach; andere sehen hier die gewaltigen Reste der Südmauer des

Tempelplatzes. Oberhalb dieses Rechteckes befindet sich die Südostecke des Tempelplatzes, die Zinne des Tempels: »Und dort ist die Kreuzesbasilika [basilica in cruce]« (7), wie es der Breviarius de Hierosolyma (530) überliefert.
Vom Westtor (F), dem Jaffator, läuft ebenfalls eine Straße (IV) in die Stadt hinein. Es ist der »Decumanus« — die »Straße der Zehnten Legion« — der römischen Militärkolonie Aelia Capitolina. Ihr Legionszeichen war das Schwein, das die Legionäre nach der Eroberung Jerusalems in das Stadttor meißelten.
Der »Decumanus« führt vom Jaffator zum Tempelareal. Um die Darstellung der repräsentativen Säulenhallen auf der Hauptstraße (I) nicht zu unterbrechen, verzichtete der Künstler auf eine Fortsetzung der untergeordneten »Straße der Zehnten Legion«. Im rechten Winkel zu ihr biegt eine andere Straße (V) südwärts (nach rechts) ab. Der große Turm, der in diese Straße hineinreicht, ist der sogenannte »Davidsturm«, der »Phasael« (8) des alten Herodespalastes. Das große, weiß umrahmte Fenster soll den Turm als ein in kirchlichen Gebrauch genommenes Gebäude kennzeichnen. »Wir erstiegen den Turm Davids, wo er die Psalmen sang; er ist sehr groß; die verschiedenen Säle dienen als Klöster« (Anonymus von Piacenza [570]). Links davon steht der Mariammeturm (9), der noch mit dem dritten, dem Hippikusturm,

447

den Palast des Herodes schützte. Wie Josephus berichtet, ließ Titus nach der Eroberung der Stadt die drei Türme stehen, um dort das befestigte Lager der X. Legion errichten zu können und um der Nachwelt zu zeigen, wie stark befestigt die Stadt gewesen war, die der römischen Tapferkeit unterlag (Jüd. Krieg VII, 11).

Die Straße (V) endet an einer prächtigen Basilika mit einem großen Doppelportal. Es ist die Sionskirche (10), die »Mutter aller Kirchen« (vgl. S. 419). Nach der Tradition hat auf dieser Stätte das Haus des Johannes Markus und seiner Mutter Maria gestanden, in dem sich die erste Christengemeinde zu versammeln pflegte (Apg 12, 12–17). Die beiden links von der Sionsbasilika liegenden Toreingänge (11) werden in den nördlich (links) der Kirche vorgelagerten Hallenbau geführt haben. Hier zogen die von der Pilgerin Aetheria (384) oft erwähnten, von der Grabeskirche kommenden Prozessionen ein. Der rechts oberhalb der Sionsbasilika liegende Bau (12) hat auf zwei Seiten Tore, und sein Dach ist sonderbar gestaltet, leicht gewölbt mit einem »offenen Auge« in der Mitte. Die meisten Erklärer sehen hier die Stätte, an der Petrus geweint haben soll, die Kirche »Sanctus Petrus in Gallicantu« (vgl. Abb. 249, S. 438). Weniger einig ist man sich in der Frage, ob das teilweise zerstörte Gebäude, das sich darüber befindet, die Schiloachkirche (13) ist. Das Haus (14) links neben der Sionskirche (10), dessen Türseite über einem onyxfarbenen Feld ein malachitgrünes Gesims zeigt, ist durch ein einfaches, aber rot ausgelegtes Pultdach als Kirche charakterisiert. Es dürfte die Stelle sein, wo man den Abendmahlssaal vermutet. Das ebenfalls links von der Sionskirche (10) abgebildete Gebäude (15) hat der Mosaist auf den Kopf gestellt, um die Zugehörigkeit zur Straße anzudeuten. Die Längswand zeigt einen breiten Eingang, während die Öffnung an der Giebelseite nicht recht dazu paßt. Sie müßte gerade umgekehrt gezeichnet sein. Wahrscheinlich hat der Künstler versucht, zwei Bauten darzustellen. Im Gebäude mit dem großen Eingang sehen manche Erklärer das Haus des Kajafas. Links neben dem Jaffator (F) erscheint wieder ein auf dem Kopfe stehendes Gebäude (16); wahrscheinlich ist es das bereits vom Pilger von Bordeaux (333) erwähnte Baptisterium hinter der Grabeskirche (17). Dieser Monumentalbau bildet den Glanz- und Mittelpunkt des Stadtbildes. Die ausführliche Beschreibung finden wir bei Abb. 284, S. 517.

»Die heilige Stadt Jerusalem«, so lautet die Überschrift des Mosaikbildes. Die Erklärungen haben gezeigt, daß das byzantinische Jerusalem eine Stadt der Kirchen war, die dem Gedächtnis des Herrn in Jerusalem geweiht waren.

wiederaufgebaut. Da die Angaben der Pilger topographisch nicht exakt sind, werden heute verschiedene Orte für die Sophienkirche angegeben. Die einen suchen sie in der Gegend der »Mechkeme«, des türkischen Gerichtshofes zwischen dem Wilson-Bogen und der Klagemauer (vgl. Abb. 272, S. 495), die anderen auf dem heutigen Gelände der Kirche »Notre-Dame du Spasme« — »Kirche von der Ohnmacht U. L. F.« — bei der heutigen IV. Kreuzwegstation (vgl. Abb. 264, S. 473). Leider erlaubt auch der Stadtplan auf der Madaba-Karte keine sichere Entscheidung. Er bietet uns zwei Kirchen zur Wahl an: das Gebäude links (nördlich) der großen Marienkirche Justinians, der sogenannten »Nea« — die bei-

den »Säulen« an der Westfront des Langhauses markieren den Bau —, oder die Kirche an der Mündung der vom Stephansturm kommenden Straße. Der archäologische Befund in der Krypta der Spasmenkirche scheint der nördlichen Lage den Vorzug zu geben. Im Ostteil des südlichen Schiffes der Krypta, deren Fußboden etwas unter dem Niveau des heutigen Tales liegt, sieht man zwei Mosaiklagen verschiedenen Alters. Das jüngere Mosaik ist ein einfaches grobes Ornamentalmosaik in Schwarz, Rot und Weiß. Das ältere zeigt zwei Füße in Gelb mit schwarzen Randlinien und Sandalenriemen. Wahrscheinlich hat das Mosaik die Tradition des wohl inzwischen verlorengegangenen Steines mit den Füßen Jesu, die der Anonymus von Piacenza (570) erwähnt, übernommen. Als die Kirche später wieder zerstört wurde, geriet auch die dort verehrte Stätte der Verurteilung Jesu in Vergessenheit, und die andere alte Lokalisation auf dem Berge Sion, die schon der Bericht des Pilgers von Bordeaux (333) erkennen läßt, tritt wieder in den Vordergrund. Ein zeitgenössisches Zeugnis, das jeden Zweifel ausschließt, finden wir in der Palästinabeschreibung des Epiphanius Monachus Hagiopolita (um 750 bis 800), dessen Quellen aber mindestens bis 700 zurückreichen: »Am Westtor [Jaffator] der Heiligen Stadt ist der Davidsturm, auf dem der König in der Asche saß und den Psalter schrieb. Rechts vom Turm ist das Hochpflaster [lithostroton], ... rechts vom Hochpflaster ist die heilige Sionskirche ... Und nahe dabei steht der Stein, auf dem sie Christus geißelten ... Und bei den heiligen Türen des Altares sind die Fußspuren Christi, wo er vor Pilatus verurteilt wurde ... Und in der Apsis der heiligen Sionskirche, d. h. des Prätoriums, ist ein kleiner Viersäulenraum ... Und an demselben Ort ist das Haus des Pilatus, des Hannas, des Kajafas und des Kaisers.«[240]

Diese Tradition fanden die Kreuzfahrer vor, als sie nach Jerusalem kamen. Die Gründe für eine erneute Verlegung des Prätoriums liegen im dunkeln. Da fast alle Heiligtümer in Jerusalem im Bereich der Griechen waren, mag dieser für die Lateiner mißliche Tatbestand ein Motiv gewesen sein, der Verehrung der Ereignisse aus dem Leben Jesu eigene Kultstätten entgegenzustellen, ausgenommen die Orte, die durch eine ununterbrochene Tradition und topographische Merkmale unverrückbar festgelegt waren. Der erste Zeuge für die Lage des Prätoriums auf dem Osthügel der Stadt ist der deutsche Pilger Theoderich (1172), dessen nüchterner Bericht ein ausgesprochenes historisches Interesse erkennen läßt: »Von den anderen öffentlichen und privaten Gebäuden habe ich keine oder nur wenige Spuren finden können, außer von dem Haus des Pilatus neben der Kirche der heiligen Anna und neben der ›piscina probatica‹ — ›Schafteich‹. Von dem ganzen Bau, den, wie Josephus berichtet, Herodes aufgeführt hat und der jetzt ganz zerstört ist, sieht man nur noch eine Seite, die von der Burg, die Antonia hieß, stehengeblieben ist, mit einem neben dem äußeren Vorhof gelegenen Tore« (Theodorici libellus, ed. Tobler, S. 10). Die Beschreibung ist klar: Die »piscina probatica« ist der Betesda-Teich neben der Annakirche; das erhaltene Tor am äußeren Vorhofe der Antonia kann nur der sogenannte Ecce-Homo-Bogen sein.

Mit der Burg Antonia und mit dem »Davidsturm«, dem Palast des Herodes, sind die beiden entgegengesetzten Ansichten über die Lage des Prätoriums gekennzeichnet.[241] Noch einmal stellen wir die Frage: Wo lag das Prätorium des Pilatus? Da die Tradition eine Entscheidung nicht erlaubt, sind wir auf das Studium der zeitgenössischen historischen Quellen mit Berücksichtigung der archäologischen Gegebenheiten angewiesen. Die Beschreibungen des Josephus sollen zunächst das alte Jerusalem lebendig vor unseren Augen erstehen lassen.

Ein Dutzend Jahre hatte die Burg Antonia dem König als bevorzugte Residenz gedient. Dann veranlaßten ihn die politischen Ereignisse, sich einen neuen Palast zu bauen. Dieser lag über der Stadt auf der Höhe des Westhügels, dort, wo sich heute das Jaffator und die Zitadelle erheben. Herodes wählte diesen Platz für seinen neuen Palast, weil er es für unklug hielt, diese beherrschende Erhebung der Stadt in anderen als in seinen Händen zu sehen. Die Burg Antonia hatte nämlich bei all ihrer Stärke den Nachteil, daß sie im Norden und im Westen von Hügeln überragt wurde und die Sicht von ihr aus im Süden durch den hohen Hang jenseits des Ge-Hinnomtales begrenzt war. Herodes hatte für seine Sicherheit ein zuverlässiges Signalsystem ausgebaut, das über eine Entfernung von 30 km funktionierte. Von der Burg Antonia aus aber konnte man mit keinem einzigen Glied der von ihm erbauten Festungskette in unmittelbare Signalverbindung treten. Das war für den um seine Macht besorgten König ein untragbarer Zustand. So wählte er die Höhe des Westhügels, die nach allen Seiten freie Sicht bot, so daß nach und von jeder Richtung bis in das entfernte Jericho Zeichen gegeben oder von dort empfangen werden konnten. Im Jahre 23 v. Chr. begann Herodes mit dem Bau des neuen Palastes. Er bestand aus zwei Teilen. Auf der Nordseite wurden drei mächtige Türme errichtet. Der erste trug den Namen seines gefallenen Freundes Hippikus. Der Turm maß an Grundfläche 13,7 m im Quadrat und war 40 m hoch. »In seinem Inneren wies er nirgends einen Hohlraum auf. Über diesem massiven, aus Felssteinen festgefügten Bau befand sich eine 20 Ellen [10 m] tiefe Zisterne zur Aufnahme des Regenwassers und darüber ein mit Doppeldach versehener Wohnblock, dessen Höhe 25 Ellen [12,5 m] betrug und der in verschiedenartig geschmückte Räume eingeteilt war. Über diesen Bau ragten ringsum zwei Ellen hohe Türmchen und darüber drei Ellen hohe Zinnen auf, so daß die gesamte Höhe sich auf 80 Ellen [40 m] belief. Der zweite Turm, den Herodes nach seinem Bruder Phasael benannte, hatte

gleiche Breite und Länge, und zwar je 40 Ellen [20 m]; 40 Ellen hoch war auch der massiv gemauerte Teil. Auf ihm führte eine 10 Ellen hohe Säulenhalle im Geviert herum, die durch Mauerschilde und Vormauern geschützt war. Inmitten der Säulenhalle war ein zweiter Turm aufgebaut, der in prächtige Wohnräume unterteilt war und sogar ein Bad enthielt, so daß dem Turm nichts fehlte, was zum Bild eines Königspalastes gehört. Oben aber war er im ganzen Umfang mit Zinnen und Türmchen gekrönt. Seine Höhe betrug ungefähr 90 Ellen, und sein Aussehen glich dem Turm auf der Insel Pharos, der für die nach Alexandria fahrenden Schiffer sein Licht ausstrahlt« (Jüd. Krieg V, 4, 3).

Während des Baues heiratete Herodes seine dritte Frau. Sie hieß Mariamme und war die Tochter eines Jerusalemer Priesters namens Simon. So nannte der königliche Bauherr den dritten Turm Mariamme. Josephus erwähnt aber, daß Herodes bei diesem Namen wohl mehr an seine erste Frau gedacht habe, die er sechs Jahre vorher in der Burg Antonia hatte hinrichten lassen.

Über die Qualität des Baues schreibt Josephus: »Die Größe der einzelnen Blöcke war bewundernswert; sie bestanden nicht aus gewöhnlichen Feldsteinen oder Felsstücken, wie Menschen sie tragen können, sondern waren weißer Marmor, den man herausgeschnitten hatte. Die Länge jedes Steinblocks maß 20 Ellen [10 m], 10 seine Breite und 5 die Höhe; sie waren außerdem so eng zusammengefügt, daß jeder Turm als ein einziger naturgewachsener und hochragender Fels erschien, der erst nachträglich von den Händen der Steinhauer geglättet wurde und dadurch seine Gestalt und seine Ecken erhielt. So wenig ließ sich an irgendeiner Stelle das Bindemittel des ganzen Gefüges erkennen« (Jüd. Krieg V, 4, 4).

Bei der Eroberung der Stadt im Jahre 70 n. Chr. blieben die drei Türme unzerstört. Titus ließ sie »als Denkmäler seines Glückes« stehen, um der Nachwelt zu zeigen, was für eine stark befestigte Stadt durch die Tapferkeit der Römer überwältigt wurde. Südlich dieser drei Türme lag der eigentliche Palast, der von einer 5 m hohen Mauer umgeben war. Seine prunkvolle Einrichtung stellte alles bisher Dagewesene in den Schatten. Die Bausteine, vom härtesten Granit bis zum feinsten Marmor, ließ der König aus aller Herren Ländern herbeischaffen. Im Innern waren große Gesellschaftsräume, riesige Speisesäle mit Ruhepolstern für Hunderte von Gästen. Sie waren mit auserlesenen Gemälden und Skulpturen geschmückt — alle Ausstattungsgegenstände aus Gold und Silber. Im Freien gab es wohlgepflegte Rasenflächen und Baumgruppen, umgeben von Säulenhallen und Arkaden. Überall sprühten bronzene Wasserspeier ihre Fontänen in die Höhe. An den Ufern künstlicher Teiche standen zierliche Türmchen, die von zahmen weißen Tauben bewohnt wurden (nach Jüd. Krieg V, 4. Kap.).

Von all dieser Herrlichkeit ist heute fast nichts übrig-

Abb. 252.   Der »Davidsturm« im Hofe der Zitadelle.

Bereits E. Robinson hat im Jahre 1838 darauf aufmerksam gemacht, daß der untere Teil des sogenannten »Davidsturmes« zu einem der alten Türme gehöre, die Titus nach dem Bericht des Josephus »als Denkmäler seines Glückes« habe stehenlassen. Nach Robinsons Meinung paßt die Lage für den Hippikus. Die von dem schwäbischen Baurat C. Schick durchgeführten Untersuchungen machten es wahrscheinlich, daß der »Davidsturm« mit dem Phasaelturm des Josephus identisch ist.[242] Durch die neueren Ausgrabungen wurde Schicks Vermutung bestätigt. Zunächst aber müssen wir unsere Vorstellungen, die wir im allgemeinen von einem Turm als einem hohen, meist schlanken Bauwerk haben, ein wenig korrigieren. Josephus schildert die alten Türme als massive Würfel, auf die ein Oberbau mit den Räumlichkeiten gesetzt war. Die Treppen führten von außen hinauf; selbst die Zisternen mit dem lebensnotwendigen Wasser befanden sich nicht im massiven Unterbau, sondern oben.

Das Bild zeigt die Nordwestecke des Turmes, vom Hof der Zitadelle aus aufgenommen (vgl. Abb. 254, S. 452). Der alte Unterbau ist an den typisch herodianischen Bossenquadern zu erkennen; der darüber liegende Oberbau stammt aus späterer Zeit. C. Schicks spannend geschriebener Untersuchungsbericht entbehrt nicht einer gewissen Komik. Nachdem ein erster Versuch, einen türkischen Unteroffizier durch ein Bakschisch für eine heimliche Inspektion zu gewinnen, fehlgeschlagen war — der Arme mußte für sein Vergehen mit einer Bastonade büßen —, gelang es C. Schick, vom türkischen Pascha die Genehmigung für eine Untersuchung des Turmes zu erhalten — wie groß das Bakschisch dafür war, erfahren wir allerdings nicht! Der schwäbische Baumeister brach zunächst die auf dem Bilde als Fenster erscheinende quadratische Öffnung auf. Aber es zeigte sich bald, daß es dahinter bloß Steine gab. Der alte Bossenquader war verwittert und zerbröckelt und täuschte eine Öffnung nur vor. Das gleiche Ergebnis brachte die Untersuchung, die von dem Oberbau aus bis zu einer Tiefe von 4,3 m vorgenommen wurde. Die Eisenstange stieß immer wieder auf »Steine«. Ein letzter Versuch an der Westseite führte durch einen schmalen Spalt, der gerade eine Steinlage hoch war, fast bis in die Mitte des Turmes. Das Ergebnis lautet: Der Sockel ist massiv. Die Quadern sind ohne Mörtel so aufgebaut, daß stets der obere quer über den unteren gelegt ist. Die Höhe und Breite der Steine, die fast alle sorgfältig bearbeitet sind, beträgt etwa 1,25 m, ihre Länge doppelt soviel. Im ganzen besteht der Unterbau aus 16 Lagen großer Steinblöcke, die insgesamt 19,7 m hoch sind; 8 Steinlagen sind über dem Erdboden sichtbar. An der Außenwand lassen die Steinblöcke erkennen, daß sie quer übereinanderliegen. Im Grundriß bei Abb. 254 ist im Sockel die Anordnung der Blöcke der vierten Lage von oben eingezeichnet. Da die Steinquadern nicht mit Mörtel aneinandergefügt sind, durchstreift die Luft den ganzen Turm und hält ihn trocken.

Der Grund, warum man den Turm massiv baute, leuchtet ein. In Zeiten der Gefahr konnte eine äußere Zugangstreppe schnell abgerissen werden, und die unzugängliche Höhe garantierte wenigstens eine befristete Sicherheit. Auffallenderweise haben die Außenquader an der Ostseite mehr gelitten als die an der westlichen Wetterseite. Wahrscheinlich waren die Steine bei einem Brande sehr starker Hitze ausgesetzt, so daß sie teilweise zersprangen und zu Kalk verbrannten.

Auf dem Stadtbild der Mosaikkarte von Madaba ist der »Da-

vidsturm« mit einem weiß umrandeten Fenster geschmückt. Der Künstler deutet damit ein kirchliches Gebäude an, wie es auch der Anonymus von Piacenza (570) bestätigt (vgl. Abb. 251, 8, S. 447).

Abb. 253.   Die Zitadelle mit dem Gelände des Herodespalastes.

Das Luftbild, das die Zitadelle mit dem »Davidsturm« auf dem Gelände des alten Herodespalastes zeigt, läßt mit den in einem weiten Bogen angeordneten drei Türmen eine frühere, ähnlich angeordnete Verteidigungslinie vermuten (vgl. Abb. 254). Die Ausgrabungen haben diese Vermutung bestätigt. Der jetzige Bau »el-Qal'a« — »die Zitadelle« — stammt aus dem frühen 14. Jahrhundert, dem Beginn der Mamelukenherrschaft in Palästina. Als eindrucksvoller Zeuge von der Stärke des Herodespalastes ist der sogenannte »Davidsturm« (vgl. Abb. 252) in der nordöstlichen Ecke der heutigen Zitadelle stehengeblieben.

Am Nordwestturm der Zitadelle liegt das Jaffator. Hier beginnt die »königliche Straße« (Arkulf [670]), die an Betlehem vorbei nach Hebron führt. So ist es heute, so war es vor Jahrtausenden, nur die Kamele und Esel wurden durch Autos abgelöst. Links vom Jaffator ist ein Teil der Stadt-

mauer sichtbar; im Süden setzte sie sich südlich der Zitadelle (rechte untere Bildhälfte) längs des Ge-Hinnomtales fort. Hinter der Mauer erscheint am rechten Bildrand das dunkle Geländestück mit dem nördlichen Teil des Gartens des Armenischen Klosters. Überreste einer mächtigen Plattform, die sich sowohl im Hof der Zitadelle als auch im Armenischen Garten nachweisen lassen, machen es wahrscheinlich, daß die Plattform von 300 bis 350 m Länge als Fundament für den Palast des Herodes gedient hat. Jenseits der Zitadelle und des Gartens beginnt das sogenannte »Armenische Viertel« mit dem Patriarchat der Armenier und der Jakobuskirche (vgl. Stadtplan bei Abb. 96, S. 166).

Bis in die früheste Zeit ist die Tradition der judenchristlichen Gemeinde mit dem Südwesthügel verknüpft, der bald den Namen »Sion« erhielt. Das »Zion« des Alten Testaments wanderte vom zerstörten Tempel nach dem neuen Gemeindezentrum. Eusebius († 339), der in dem dortigen Gemeindearchiv seine kirchengeschichtlichen Studien betrieben hat, schreibt über die »Cathedra«, den Bischofsstuhl des Jakobus: »Der Bischofsstuhl des Jakobus, der als erster vom Herrn und den Aposteln das Bischofsamt der Kirche von Jerusalem erhielt, ist noch heute erhalten und wird von den Brüdern dort ständig verehrt« (Hist. eccl. VII, 19). Beim Einfall der Perser (614) wurde das Kloster des Jakobus zerstört. Die heutige

Kirche stammt aus dem 12./13. Jahrhundert. Gegenüber der Zitadelle, in der Nähe der Brücke, befindet sich die anglikanische Christuskirche, in deren Hofraum einige Reste herodianischer Mauern, wahrscheinlich des Mariammeturmes, gefunden wurden.

In der Nähe liegt noch eine ehemalige Kirche, die vom Pilger Felix Faber (1483) »Kirche der Drei Marien« genannt wird, zur Erinnerung an die Erscheinung des Herrn am Ostertage. »An dem Ort ist auch gestanden eine Kirche, die jetzt gebrochen ist. Da steht ein hoher Stein, den wir küßten. Vor dem Ort steht ein Haus, da ist ein Heide inne. Da er sah, daß wir also den Stein küßten, da nahm er, als wir hinweggingen, einen Kübel dünnen Dreck und beschüttete den Stein damit uns zur Schmach, und das geschah uns an vielen Orten zu Jerusalem« (Pilgerfahrt, S. 37).

Links oberhalb vom »Davidsturm« liegt die Birket Hammam el-Batrak, der Patriarchenteich der Kreuzfahrer, bei Josephus heißt er Amygdalon-Teich. Die dunkle Kuppel der Grabeskirche mit dem stumpfen Glockenturm erscheint in der linken oberen Bildecke, rechts von der Grabeskirche der hohe Turm der Erlöserkirche. Am oberen Bildrand liegt im hellen Sonnenlicht das Tempelgelände, links beim Minarett der Antonia-Felsen, in der Mitte der Felsendom, rechts die El-Aksa-Moschee.

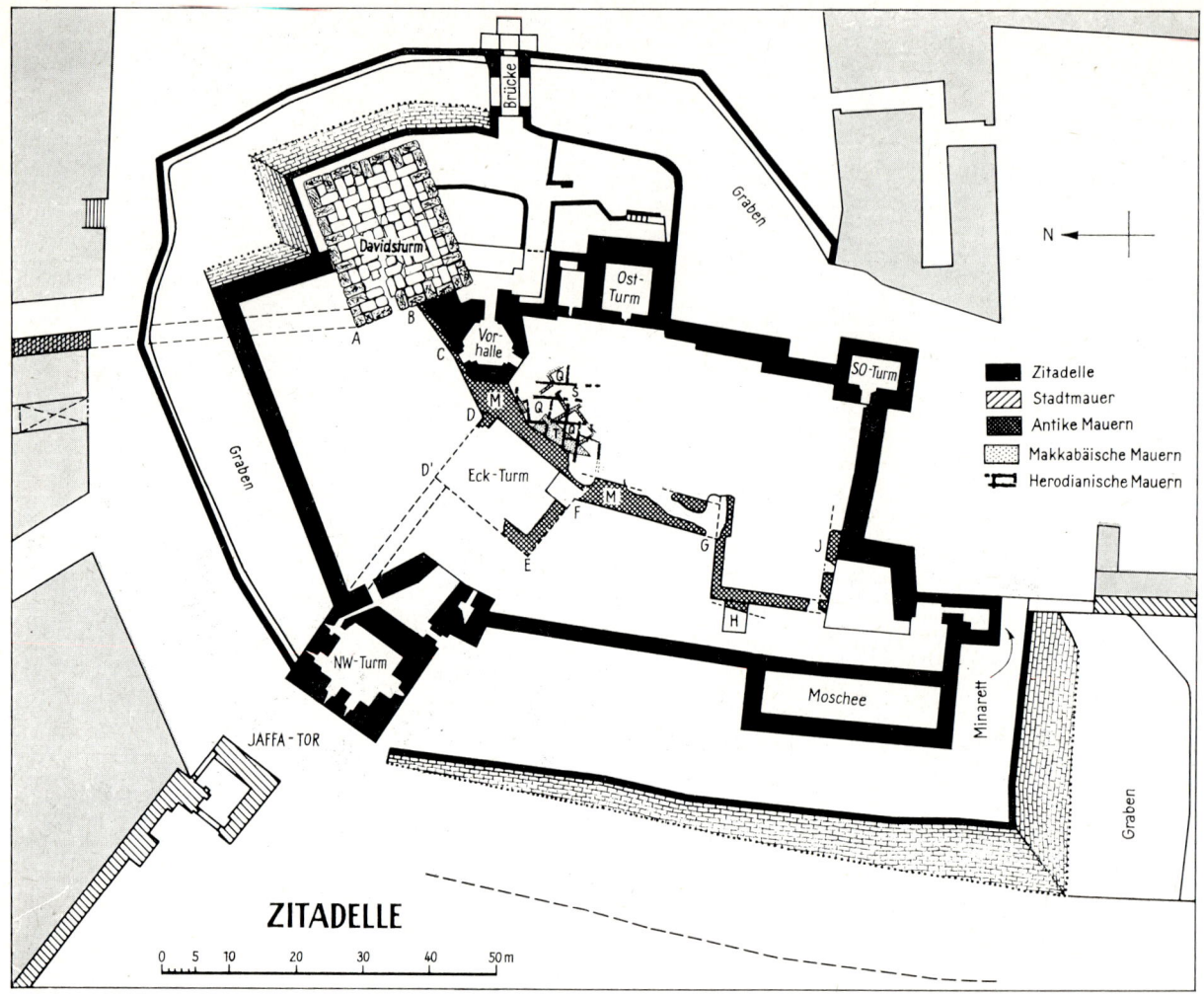

Abb. 254. Plan der Zitadelle mit dem Grabungsfeld (nach
C. N. Johns und R. Amiran — A. Eitan).

Der Plan zeigt den Grundriß der alten türkischen Zitadelle
mit dem Grabungsfeld im Hof der Zitadelle. Die beiden Photos illustrieren den archäologischen Befund:

1. Gesamtaufnahme des Grabungsfeldes.

2. Fundamentmauern des herodianischen Palastes.

Die Geschichte Jerusalems bestätigt, daß jeder Angriff auf
die Stadt von Norden her kam. Da der Südwesthügel am
verwundbarsten war, wurde er immer am stärksten bewacht.
Bereits in hellenistischer Zeit schützten starke Mauern die
Höhe. Hier hatte darum auch Herodes der Große seinen Palast mit den drei gewaltigen Festungstürmen ausgerüstet.
Nach der Zerstörung Jerusalems (70 n. Chr.) haben die verschiedenen, sich abwechselnden Machthaber der Stadt, angefangen von den Römern über die Kreuzfahrer bis zu den
Türken, hier ihre militärische Macht gesichert. Nach so viel
Zerstörung und Aufbau scheint es ein aussichtsloses Unter-
nehmen zu sein, das ursprüngliche Gelände des Herodes-

palastes zu rekonstruieren. Wir müssen uns mit den bislang
gefundenen Resten begnügen.[243]
Durch einen schmalen, etwa 760 m hohen Sattel ist der Südwesthügel zwischen der Birket Hammam el-Batrak (Amygdalon-Teich) und der Zitadelle mit dem nördlichen Ausläufer
des Höhenrückens verbunden (vgl. Abb. 82, S. 141). Der südlich der Zitadelle liegende Buckel, bis zu 771 m hoch, ist etwa
800 m lang und umfaßt in seinem südlichen Teil das Gelände
mit dem Abendmahlssaal und der Dormitio. Die westöstliche
Ausdehnung von der Stadtmauer bis zur Haret en-Nebi
Daud beträgt 280 m. Hier stand also eine durch ihre ziemlich gleichmäßigen Höhenverhältnisse ungeteilte Fläche von
22—24 ha für eine Besiedlung zur Verfügung. Die Ostseite
des Hügels ist in der nördlichen Hälfte weit nach Osten aus-
gebuchtet und trug einst den Palast der Hasmonäer (vgl.
Abb. 82, S. 141). Dorthin schickte Pilatus den gefangenen Na-
zarener, da der Vierfürst Herodes Antipas, der während des
Osterfestes im Hasmonäerpalast wohnte, der Landesvater
Jesu war. Ob auf dieser kleinen Anhöhe auch die syrische
Akra lag, ist umstritten.
Die Zitadelle aus der frühen Türkenzeit, von einem tiefen

Festungsgraben umgeben, steht auf den Ruinen einer Kreuzfahrerburg des 12. und 13. Jahrhunderts. Die damaligen Architekten bezogen die noch vorhandene römisch-byzantinische
Stadtmauer mit dem stehengebliebenen »Davidsturm« in ihren Bau mit ein.

Die von C. N. Johns während der Jahre 1934–1947 durchgeführten Ausgrabungen haben zunächst die von C. Schick im
vergangenen Jahrhundert geäußerte Ansicht bestätigt, daß der
»Davidsturm« mit dem Phasaelturm des Josephus identisch
ist (vgl. Abb. 252, S. 450). Die Untersuchungen ergaben ferner, daß der mächtige Turm wieder in ein älteres Verteidigungssystem einbezogen war. Die Zeichnung zeigt, daß die
alte Mauer (M) mitten durch den Hof läuft. Sie beginnt an
der Westseite des »Davidsturmes« (B) und erstreckt sich etwa
18 m in südwestlicher Richtung (B, C, D) bis zu einem her-
vorspringenden Eckturm (D, D', E, F), der eine Grundfläche
von etwa 18×10 m hat. Es ist interessant, festzustellen, wie
der viel später gebaute Nordwestturm der Zitadelle die gleiche strategische Position sichert. Hinter dem Eckturm biegt
die alte Stadtmauer (F, G) leicht südwärts ab und stößt bei G
auf ein rechteckiges Mauerfundament (G, H, J), das aber nicht
sicher zu identifizieren ist; wahrscheinlich handelt es sich
wieder um einen Eckturm, von dem dann die alte Stadtmauer
weiter nach Süden bis zur heutigen Stadtmauer führte (vgl.
Abb. 82, S. 141).

Auf dem Photo (1) sehen wir dasselbe Geländestück im Hof
der Zitadelle, aufgenommen 1935 vom Minarett der Moschee
aus. Ein Blick auf den Plan erleichtert die Orientierung. Am
unteren Bildrand erscheinen die Fundamentmauern eines her-
vorspringenden Turmes (G, H, J) in der alten Stadtmauer. Der
nach Norden (oben) führende Mauerwall (G, F) ist hinter dem
quadratisch aufgeschichteten Steinhaufen zu verfolgen. Der
große Eckturm (D, D', E, F) läßt sich gerade noch an der
rechtwinkligen Vertiefung, beginnend am linken Bildrand,
lokalisieren. Dann läuft die alte Mauer wieder nordwärts und
endet an der polygonalen Vorhalle bei der Tür. Die Vorhalle
ist der Südwestecke des »Davidsturmes« vorgelagert.

Der im Hof der Zitadelle liegende Mauerzug (M) gehört zur
sogenannten ersten Mauer Jerusalems und stammt noch aus
dem Anfang des 1. Jahrhunderts v. Chr. Die im Jahre
1968/69 wieder aufgenommenen Ausgrabungen setzten sich
das Ziel, die von C. N. Johns durchgeführten Untersuchungen
innerhalb der Stadtmauer fortzusetzen, um genauere strati-
graphische Daten für die Geschichte der alten Mauer zu erhalten. Im ganzen deckten die Archäologen acht Schichten auf,
angefangen von der untersten Schicht aus der späten Königszeit (800–587 v. Chr.) bis zur römischen Ära und darüber
hinaus. Die unterste Schicht (VII) ruhte unmittelbar auf dem
Felsgrund, etwa 9 m unter dem Niveau des Hofes. In dem
leider nur begrenzten Ausschnitt konnten dennoch fünf Fußböden übereinander in einer etwa 1,5 m starken Schicht festgestellt werden. Der unterste Fußboden bestand aus weißem
Kalk, die anderen aus gestampfter Erde. Im obersten Fußboden lag eine 0,5 m tiefe Aschengrube. Nach den gefundenen
Keramikresten zu urteilen, unter denen sich auch eine kleine
Tierfigur befand, gehört diese Schicht dem 7. Jahrhundert
v. Chr. an. Sie beweisen, daß der Südwesthügel schon in der
ausgehenden Königszeit besiedelt war. Darauf folgte die
hellenistische Schicht (VI), die mit starken Festungsmauern,
einem Turm und Häusern aus der Hasmonäerzeit vertreten
war. Der etwa bis zu einer Höhe von 3 m erhaltene Turm (T)
springt nach innen etwa 2,25 m aus der Mauer hervor und

konte auf einer Länge von 10 m untersucht werden (vgl. Bild 2, Pfeil). Die Räume, Zimmer und Höfe gehörten zu Gebäuden, die an die Stadtmauer angebaut waren. Spuren eines Brandes ließen sich an einer Aschenschicht erkennen. Von dem letzten hasmonäischen König Antigonus (40–37 v. Chr.) stammte eine zerbrochene steinerne Gußform, die bei der Herstellung von Münzen verwendet wurde.

Die beiden nächsten Schichten (V, IV) aus herodianischer Zeit zeigten bedeutsame Veränderungen. Die Ausgräber stießen auf eine ungefähr 3–4 m hohe Plattform, die gleichsam als Fundament für die darauf errichteten Gebäude dienen sollte (Bild 2). Die meterstarken Mauerzüge der Plattform bildeten große Quadrate (Q), die mit Schutt angefüllt waren. Die Aufschüttung enthielt Keramikreste verschiedenster Epochen, angefangen von der Eisenzeit II C (800–587 v. Chr.) bis in die herodianische Ära. Der interessanteste Fund war ein Siegel mit der Inschrift »von Mattanjahu, dem Sohn des Azarjahu«, ferner gestempelte Henkel persischer Krüge, herodianische Öllampen und zahlreiche Münzen. Es konnten auf der großen Plattform zwei Gebäude beiderseits einer Straße (S) freigelegt werden. Die zahlreichen buntgetönten Verputzfragmente zeigten, daß die Wände einst bemalt waren. Wahrscheinlich gehörten die Räume zu den Wirtschaftsgebäuden des Palastes. Auch an der alten Stadtmauer zeigten sich einige Veränderungen. Die Architekten hatten das Fundament des mächtigen hasmonäischen Turmes (T) in den Bau der Plattform mit einbezogen (vgl. Bild 2).

Das Ergebnis der Grabungen, die zum erstenmal – vom »Davidsturm« abgesehen – Mauerreste des Herodespalastes zutage förderten, warf neues Licht auf einige rätselhafte Funde, die kurz vorher etwa 350 m südlich der Zitadelle im Armenischen Garten gemacht worden waren. A. D. Tushingham, der Leiter der Ausgrabungen, schreibt: »Was uns in Verlegenheit versetzte, war die Existenz von Mauern, die auf dem Felsgrund ruhten ..., die aber frei nicht hätten stehen können. Es gab auch kein Anzeichen dafür, daß die aus roh behauenen Steinen errichteten Mauern ein Stockwerk oder Dach getragen haben. Die Füllung innerhalb der Mauern war durchweg nachexilisch ...«[244] Nach den gesicherten Ergebnissen innerhalb des Hofes der Zitadelle ist es mehr als wahrscheinlich, daß diese rätselhaften Mauerzüge zu der gigantischen Plattform gehörten, auf der die Gebäude des Herodespalastes standen. Die 1970/71 etwa 125 m südlich der Zitadelle fortgeführten Grabungen bestätigten diese Annahme. Wie Herodes beim Tempelbau gewaltige Substruktionen errichten ließ, um den Eindruck der Monumentalität seiner Bauten noch zu steigern, so erhöhte der König auch auf dem Südwesthügel das Gelände durch eine riesige Plattform. Ihre Länge vom Hof der Zitadelle bis zum südlichen Ende des Armenischen Gartens beträgt etwa 350 m, ihre bis jetzt feststellbare Breite, von der westlichen Stadtmauer ab gemessen, etwa 60 m. In östlicher Richtung war den Grabungen durch das bebaute Gelände mit der Jakobuskirche eine Grenze gesetzt (vgl. Abb. 253, S. 451). Das riesige Netzwerk von Mauern erinnert an das Betonfundament eines modernen Gebäudes und weckt zunächst Zweifel an seiner Stabilität. Die Schuttfüllungen in den Quadratfeldern, deren Seitenlänge etwa 2,5 m betrug, gaben aber den relativ schwachen, etwa 3,5 m hohen Mauern die notwendige Standfestigkeit. Leider konnte auch hier wie am südlichen Ende des Gartens keine Spur der Oberbauten entdeckt werden. Weitere Untersuchungen wurden an den Fundamenten der jetzigen Stadtmauer

angestellt, welche die westliche Begrenzung der Plattform bildet. Die Mauer aus der Zeit Suleimans II. (1520–1566) steht auf den Resten der doppelt so breiten hasmonäischen Stadtmauer, der sogenannten ersten Mauer des Josephus (vgl. Abb. 82, S. 141). Es ist derselbe Mauerzug, der bereits im Hof der Zitadelle freigelegt wurde. Die Bauten der herodianischen Schicht waren durch eine große Feuersbrunst zerstört worden. Nach den gefundenen Münzen kann es sich nur um die Zerstörung des Palastes im Jahre 70 n. Chr. handeln.

Die nächste Schicht (III B, III A) bestätigt dieses Ergebnis. Sie löst mit den Wohnquartieren der X. Legion die herodianischen Bauten ab. Die nächste Schicht (II) gehörte bereits dem 2. Jahrhundert n. Chr. an, der Ära der römischen Militärkolonie Aelia Capitolina. Drei Wasserkanäle durchquerten den Hof, und eine Röhrenleitung trug den Stempel der X. Legion (LXF – Legio Decima Fretensis). Die vielen Bauarbeiten der jüngsten Zeit hatten die oberste Schicht (I) gestört. Fünf gefundene Goldmünzen der Kaiser Mauritius und Phokas (582 bis 610 n. Chr.) erinnern noch an den Glanz des byzantinischen Jerusalem.

Von der einstigen Herrlichkeit des königlichen Palastes, die Josephus so begeistert schildert, ist wenig übriggeblieben. Die spärlichen Reste sind uns aber doch als Zeugen geschichtlicher Ereignisse bedeutsam.

geblieben. Der Palast brannte während der Belagerung des Jahres 70 ab. Von den stehengebliebenen Türmen hat sich nur der massive Sockel des Phasael erhalten, der jetzt den Unterbau des sogenannten »Davidsturmes« bildet (vgl. Abb. 252). Spuren des Turmes der Mariamme entdeckte man 1901 im Hofraum der anglikanischen Christuskirche.

Dem Herodespalast gegenüber stand auf dem östlichen Hügel an der Nordostecke des Tempelplatzes die Burg Antonia. Sie war Festung, Palast und Gefängnis zugleich. Hier wurden auch die hohepriesterlichen Gewänder aufbewahrt, die die Römer dem Hohenpriester nur zu den drei Hochfesten und am Versöhnungstage freigaben. Mit dieser Maßnahme hatten sie den Hohenpriester völlig in ihrer Hand; denn ohne die Kultgewänder war er amtsunfähig. Josephus schreibt: »Sieben Tage vor einem Fest wurde das Gewand vom Burghauptmann den Priestern übergeben, dann gereinigt und vom Hohenpriester benutzt. Am Tage nach dem Feste wurde es wieder in den Behälter eingeschlossen« (Jüd. Altert. XVIII, 4, 3). Nach der Schilderung des Josephus muß diese Burg ein Prachtbau gewesen sein. »Gebaut war sie über einem 50 Ellen [25 m] hohen, auf allen Seiten abschüssigen Felsen. Der Fels war von seinem Fuß an mit geglätteten Steinplatten belegt, einmal des schönen Aussehens wegen und dann auch, damit jeder, der hinaufzuklettern oder hinabzusteigen versuchen sollte, davon abglitte. Vor dem eigentlichen Burggebäude erhob sich sodann eine 3 Ellen hohe Mauer, innerhalb derer die Antonia selbst noch um 40 Ellen [20 m] anstieg. Das Innere hatte die Räumlichkeiten und die Einrichtung eines Palastes, denn es war in Gemächer jeder Art und

Abb. 255. Blick auf die Nordwestecke des Tempelplatzes.

Das Felsplateau an der Nordwestecke des Tempelplatzes, auf dem die Zwingburg des Tempels von Herodes errichtet worden war, ist noch in beträchtlichem Umfang zu erkennen. Die alte türkische Kaserne erinnert an die strategische Bedeutung des Antonia-Felsens. Heute steigt man auf einer Rampe von der Via dolorosa herauf (vgl. Abb. 257, S. 458). In der inneren Nordwestecke erhebt sich das höchste der vier am Haram stehenden Minarette. Es trägt den Namen »Medineh es-Sarai« und wurde um das Jahr 1297 von dem Kadi Abd er-Rachman, dem Aufseher der frommen Stiftungen zu Mekka, Medina und Jerusalem, erbaut.

Bestimmung geteilt, in Hallen, Bäder und geräumige Kasernenhöfe, so daß die Burg, was Ausstattung mit allen Bequemlichkeiten anging, den Eindruck einer Stadt, in bezug auf Pracht den eines Königspalastes machte. Das Ganze sah wie ein Turm aus, war aber an den Ecken wieder mit vier Türmen besetzt, von denen zwei je 50, die beiden anderen, nämlich der südliche und östliche, je 70 Ellen [35 m] hoch waren, so daß man von ihnen den ganzen Tempelraum überschauen konnte. Wo die Burg an die Tempelhallen grenzte, führte je eine Treppe in diese hinunter, auf welchen die Wach-

mannschaften der stets in der Antonia liegenden römischen Legion herabstiegen, um, in den Hallen verteilt, an Festtagen das Volk zu überwachen, damit es keine aufrührerischen Bewegungen anstelle. Wie der Tempel eine Zwingburg für die Stadt, so war dies für den Tempel die Antonia« (Jüd. Krieg V, 5, 8).

Da die Antonia, die in den Augen der strenggläubigen Juden stets unrein war, gleich zu Beginn des Aufstandes von den Zeloten in Brand gesetzt und dann von Titus völlig zerstört wurde, ist es schwierig, die Schilderung des Josephus nachzuprüfen. Eine genaue archäologische Untersuchung des Geländes wird noch dadurch erschwert, daß ihr ehemaliger Standort vollständig überbaut wurde. Die Ergebnisse der Ausgrabungen lassen aber erkennen, daß nach dem archäologischen Befund die Lage des Prätoriums in der Antonia positiv nicht erwiesen werden kann. Wir müssen darum noch einmal die profanen zeitgenössischen Texte bei Josephus und Philo befragen. Die Antonia beherrschte das »Herz der Stadt«, den Tempel. So wäre es durchaus verständlich, daß die Prokuratoren an den großen Festen die Burg an der Nordwestecke des Tempelplatzes als Residenz, also als Prätorium bevorzugten. Alle Texte aber, die von den Jerusalemreisen des Prokurators sprechen, zeigen, daß dieser nach der von Rom in allen Provinzen des

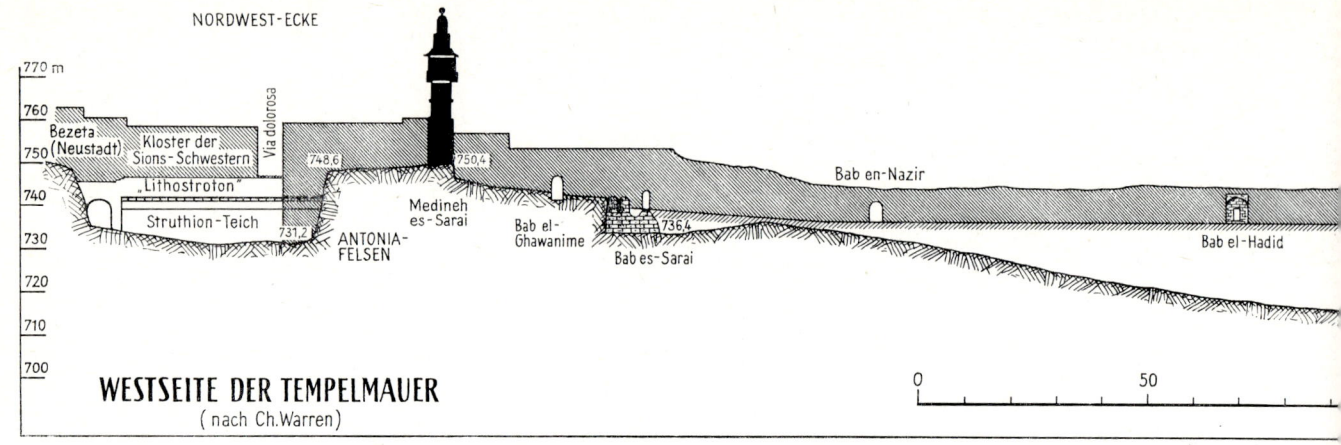

NORDWEST-ECKE

770 m
760
750
740
730
720
710
700

Bezeta (Neustadt)
Kloster der Sions-Schwestern
"Lithostroton"
Struthion-Teich
731,2
ANTONIA-FELSEN
Via dolorosa
748,6
750,4
Medineh es-Sarai
Bab el-Ghawanime
Bab es-Sarai
736,4
Bab en-Nazir
Bab el-Hadid

WESTSEITE DER TEMPELMAUER
(nach Ch.Warren)

0   50

Abb. 256.   Die Westseite der Tempelmauer mit dem Antonia-Felsen (nach Ch. Warren).

Der Längsschnitt, der das Felsprofil an der Westseite des Tempelplatzes zeigt, bestätigt in überzeugender Weise die strategisch beherrschende Lage der Burg Antonia. Um die Zeichnung mit dem Gewirr der An- und Vorbauten längs der Mauer nicht zu unübersichtlich zu machen, sind nur einige Gebäude zur Orientierung ausgewählt: das Minarett »Medineh es-Sarai« in der inneren Nordwestecke; der Felsendom in der Mitte des Harams; das »Mechkeme«, eine auf Gewölben errichtete Gerichtshalle, neben dem Wilson-Bogen und schließlich einige Vorbauten zwischen der Klagemauer und dem Robinson-Bogen an der Südwestecke. Auf dem Längsschnitt, der von der Südwestecke bis zur Anhöhe von Bezeta, der Neustadt im Norden, reicht, sehen wir zunächst den Felsgrund, wie ihn der englische Captain Ch. Warren in den Jahren 1867–1870 bei den Sondierungen längs der Mauer feststellen konnte. Auf dem Felsgrund steht die von Herodes dem Großen errichtete Umfassungsmauer des Tempelplatzes. Die vier von Josephus erwähnten Tore können nach dem archäologischen Befund an folgenden Stellen angesetzt werden: über dem Robinson-Bogen, am Barclay-Tor, über dem Wilson-Bogen und am Warren-Tor. Die Außenmauer des Harams mit den acht Zugängen ruht auf den in verschiedener Höhe erhalten gebliebenen herodianischen Steinquadern. An der Südwestecke steht der Fels bei 707,4 m an, im Norden liegt die höchste Stelle des Antonia-Felsens 750,4 m über dem Meeresspiegel. Der Felsgrund des nördlich der Antonia ausgehauenen Grabens liegt bei 731,2 m. Der Boden des Haram-Geländes ist im Durchschnitt 737 m hoch, so daß das Felsplateau ungefähr 13,5 m über das Niveau des Harams und fast 20 m über den Grund des Grabens emporragt.
Das Profil des Antonia-Felsens mit dem ausgehauenen Graben läßt erkennen, daß eine Ausdehnung des Burggeländes in nördlicher Richtung unwahrscheinlich ist. Die Antonia hätte ihren Wert als Festung verloren. Nur der genügende Abstand von dem nördlich ansteigenden Gelände der Neustadt gewährte der Burg Schutz und Sicherheit. Es ist darum wahrscheinlicher, daß das Gelände südlich des Felsplateaus noch zum Anbauten der Antonia eingenommen wurde. Manche Forscher sind sogar der Ansicht, daß das Felsplateau noch weiter nach Süden reichte und erst später zur Erweiterung der Haram-Fläche auf die jetzige Größe reduziert wur-

de. So besteht heute noch das nördliche Ende der Westseite auf einer Länge von über 30 m aus einer mehrere Meter breiten Felsbank (rechts neben dem Minarett), die nach Süden immer niedriger wird. Der anstehende Fels in der Nordwestecke des Harams, der in östlicher Richtung geschürft wurde, läßt ebenfalls auf eine größere Ausdehnung des Antonia-Felsens schließen. Dem Bericht des Josephus über die Eroberung des Tempels (Jüd. Krieg VI, 1 f.) können wir weiter entnehmen, daß die nördliche Säulenhalle des Tempels nicht bis zur Antonia reichte. Auf dem Haram selbst findet sich östlich vom Bab en-Nazir ein aus dem Felsen gehauener, nach Osten ziehender Graben von etwa 6 m Tiefe. Es ist darum mehr als wahrscheinlich, daß erst südlich des Grabens die von Josephus erwähnte nördliche Tempelmauer mit der Säulenhalle begann. In dieser Mauer lag das Tadi-Tor. Von der nördlichen Säulenhalle des Tempelplatzes führten zwei Verbindungshallen zur Burg. Die eine ging vom Westende der Nordsäulenhalle aus, die andere weiter östlich davon (vgl. Abb. 102, S. 179). Über diese beiden Verbindungen hatte die römische Wache immer Zugang zum Tempel, auch wenn die Tore geschlossen waren. Josephus beschließt seinen Bericht über die Antonia mit der sachlichen Feststellung: »Wie der Tempel eine Zwingburg für die Stadt, so war dies für den Tempel die Antonia« (Jüd. Krieg V, 5, 8). Die Höhe des Minaretts (40 m) entspricht fast der von Josephus für den südlichen und den östlichen Festungsturm angegebenen von 70 Ellen (35 m).

Reiches verfolgten Politik im alten Königspalast residierte, und das war der Palast des Herodes auf dem Südwesthügel. Bei dem Zwischenfall mit den goldenen Weiheschildern wohnte Pilatus im Palast des Herodes. Philo, dem wir den Bericht verdanken, nennt den »Palast des Herodes« die »Wohnung der Prokuratoren« (Leg. ad Gaium 38). Von dort beherrschte er die Stadt, vor allem an den Festtagen. Dort hielt er auch Gericht. Hätte Pilatus ausnahmsweise an einem anderen Ort ein Urteil gesprochen, so hätte dieser Ort nicht die Bezeichnung »Prätorium« verdient. Markus aber schreibt ausdrücklich: »Die Soldaten führten Jesus in den inneren Hof, in das Prätorium, und riefen die ganze Truppe zusammen« (15, 16). Das griechische Wort »aule« —

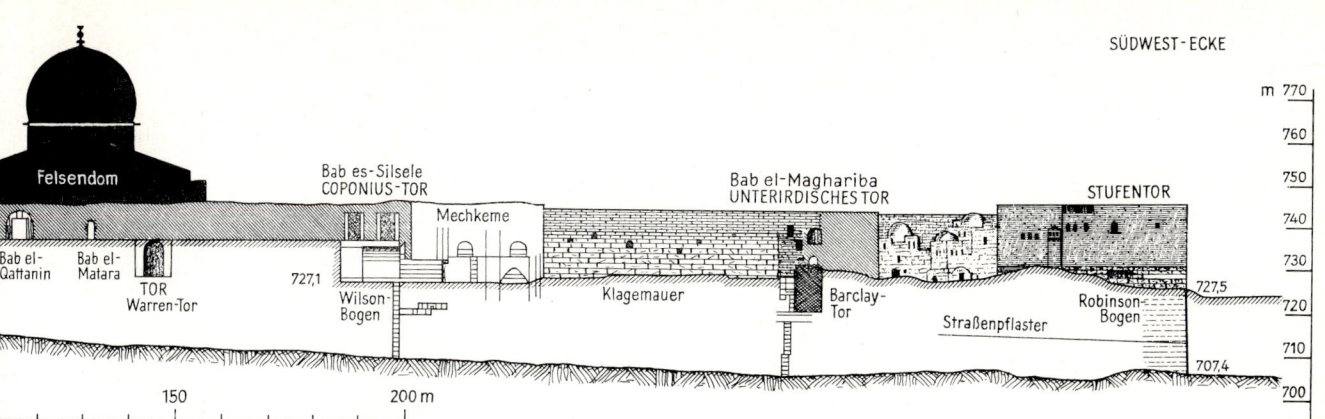

Abb. 257.   Das Gelände der Burg Antonia (S. 458).

»Hof« — finden wir bei Josephus als die übliche Bezeichnung für den »Palast« des Herodes (Jüd. Altert. XV, 11, 6), während die Burg Antonia niemals so heißt, sondern für sie das Wort »phrourion« — »Festung« — verwendet wird. So schreibt also Markus »aule« — »Hof« — nach der in Jerusalem üblichen Art, den königlichen Palast zu bezeichnen; dann verdolmetscht er für seine römischen Leser das Gesagte mit einem lateinischen Wort: Das ist das Prätorium. Sinngemäß heißt also die Stelle: »Die Soldaten führten Jesus in das Innere des Königspalastes, in das Prätorium.«

Matthäus fügt zu dem Bericht des Markus eine Kleinigkeit hinzu: »Da nahmen die Soldaten des Statthalters Jesus mit sich ins Prätorium und versammelten um ihn die ganze Truppe« (Mt 27, 27). Bei den Soldaten des Statthalters kann es sich nur um die prätorianische Kohorte handeln, die mit Pilatus von Cäsarea nach Jerusalem heraufzog. Und diese Stabswache des Prätors hatte, wie wir von Josephus genau wissen, ihr Quartier in der Kaserne des Herodespalastes.

Bei Johannes finden wir das Wort »Prätorium« viermal. »Sie führten Jesus von Kajafas zum Prätorium« (Joh 18, 28). Es gehörte zu den Gepflogenheiten des Hohenpriesters, in wichtigen Angelegenheiten mit einer möglichst großen Delegation vor dem Vertreter des Kaisers zu erscheinen. So hielt es auch Kajafas an jenem Freitagmorgen. Von vielen Ratsherren, geistlichen Würdenträgern und hohen Offizieren der Tempelwache begleitet, bestieg er die »Gabbata«, die Anhöhe zum Prätorium, um vom Vertreter des Kaisers die Vollstreckung des Todesurteils zu erwirken. Johannes, der Augenzeuge, fügt in seinem Bericht noch hinzu: »Sie selbst aber betraten das Prätorium nicht, um sich nicht zu verunreinigen und das Pascha essen zu können« (Joh 18, 28).

Daß es für einen gesetzestreuen Juden nicht immer leicht war, diesen Vorschriften der Paschafeier in den Wechselfällen des Lebens nachzukommen, zeigt eine selbstverständliche, hier fast grotesk wirkende Begeben-

Die Zeichnung zeigt das überbaute Gelände in der näheren Umgebung des Antonia-Felsens nach B. Bagatti OFM (1958) mit der Rekonstruktion der Burg Antonia nach L.-H. Vincent OP (1927). Auf dem Photo bei Abbildung 255, S. 455, liegt das gleiche Gelände in der Umgebung der Nordwestecke des Tempelplatzes.

Da die Stadt im Westen, Süden und Osten durch tiefe Täler geschützt war, mußte nur die Nordseite durch eine besondere Verteidigungslinie gesichert werden. Die Höhenlinien der Geländekarte (vgl. Abb. 82, S. 141) lassen mit einem Blick die schwächsten Stellen der Nordflanke erkennen. Am Osthügel ist es genau der breite Sattel zwischen dem beginnenden Quertal und dem Tyropöontal nördlich des Tempelplatzes. Darum baute bereits Nehemia (444–433 v. Chr.) nach der Rückkehr aus dem Exil in dieser Gegend den Turm Hananel wieder auf (Neh 3, 1; 12, 39; Jer 31, 38; Sach 14, 10). (Vgl. Abb. 95, S. 163.) Die Hasmonäer verstärkten die Verteidigungslinie durch einen tiefen Graben und errichteten auf dem Felsen an der Nordwestecke des Tempelplatzes die Burg Baris, d. i. der griechische Name für die bei Nehemia (2, 8) genannte Burg Bira. Als Pompeius im Jahre 63 v. Chr. Jerusalem belagerte, erkannte er sofort die schwache Stelle der Verteidigung; er ließ durch den Graben einen Wall aufwerfen und eroberte die Burg. Trotzdem hatte Herodes keine Veranlassung, die alte Verteidigungslinie aufzugeben. Eine seiner ersten Maßnahmen zur Sicherung seiner Macht war der Wiederaufbau der Burg auf dem Baris-Felsen. Er nannte sie nach seinem römischen Gönner: »Antonia«. Sie war Festung und Palast zugleich.

In seiner Beschreibung der Burg gibt uns Josephus nur die Höhe des Felsens mit 50 Ellen (25 m) an (Jüd. Krieg V, 5, 8). Über die Größe der Antonia schweigt er. So sind wir auf topographische Untersuchungen angewiesen, die vor allem im vergangenen Jahrhundert die Engländer Ch. Wilson und Ch. Warren durchführten. Die Anhöhe, auf der heute eine Schule steht, wird durch eine Felsbank gebildet, die in westöstlicher Richtung etwa 114 m lang ist (vgl. Abb. 255, S. 455). Die nordsüdliche Breite beträgt am östlichen Ende 42,5 m, am westlichen Ende 35 m. Hier hat der Fels aber noch einen Vorsprung nach Süden. An der südöstlichen Ecke des Plateaus liegt der Fels 740,4 m hoch; seine größte Höhe erreicht er weiter west-

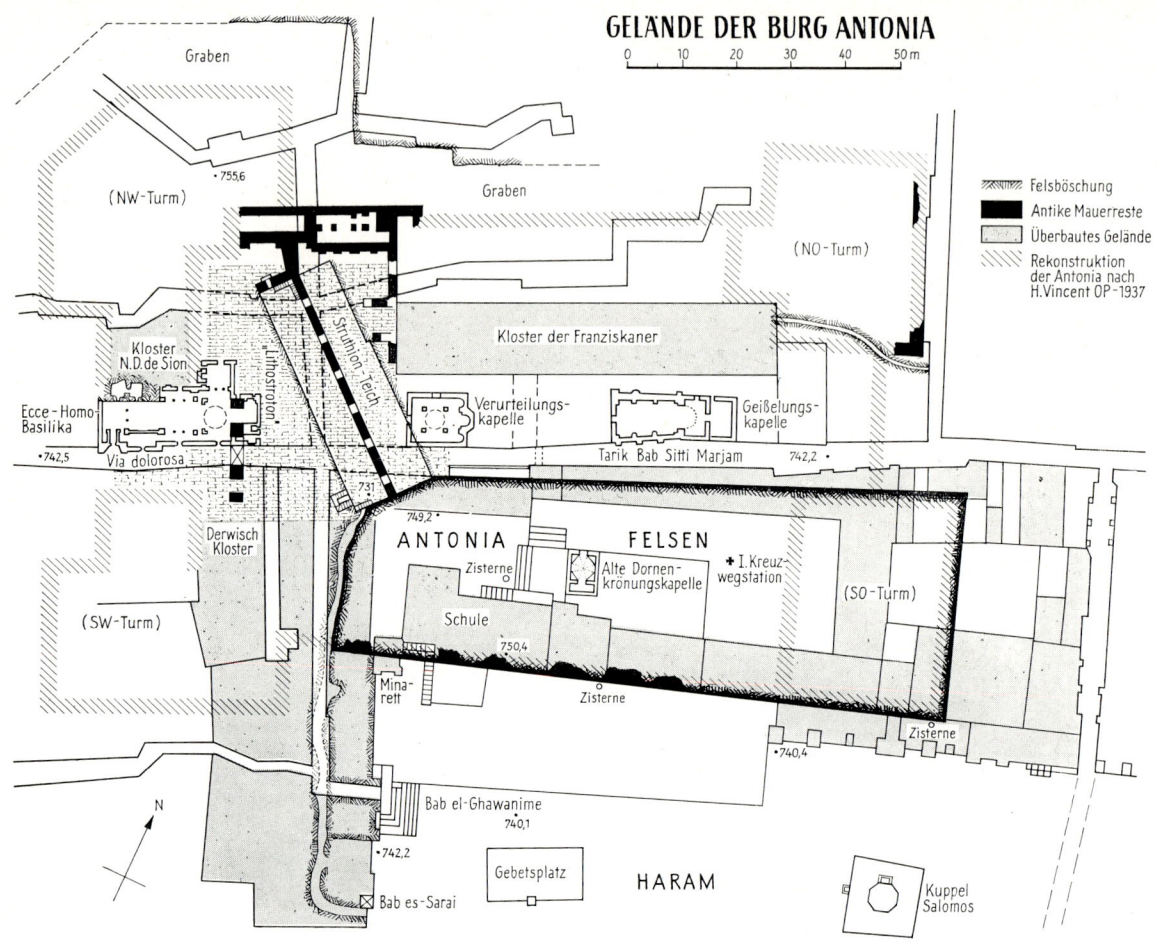

GELÄNDE DER BURG ANTONIA

0 10 20 30 40 50 m

Graben

(NW-Turm)

·755,6

Graben

(NO-Turm)

Felsböschung

Antike Mauerreste

Überbautes Gelände

Rekonstruktion der Antonia nach H. Vincent OP·1937

Kloster N.D.de Sion

Kloster der Franziskaner

Ecce-Homo-Basilika

Verurteilungs-kapelle

Geißelungs-kapelle

·742,5

Via dolorosa

Tarik Bab Sitti Marjam

742,2

·731

749,2

ANTONIA   FELSEN

Derwisch Kloster

Zisterne

Alte Dornen-krönungskapelle

✚ I.Kreuz-wegstation

(SO-Turm)

(SW-Turm)

Schule

750,4

Mina-rett

Zisterne

Zisterne

·740,4

N

Bab el-Ghawanime
740,1

·742,2

Gebetsplatz

HARAM

Kuppel Salomos

Bab es-Sarai

lich mit 750,4 m, so daß er noch heute etwa 10 m über der angrenzenden Haram-Fläche emporragt. Früher lag zwischen der Antonia und dem Tempel noch ein Graben, so daß die von Josephus geschätzte Höhe von 50 Ellen (25 m) ungefähr der Wirklichkeit entsprechen dürfte. Nach Norden zu war das Felsplateau durch einen tiefen Graben von dem ansteigenden Bezeta-Hügel getrennt. Die Gegenböschung wurde beim Bau des Klosters der Sionsschwestern etwa 50 m nördlich des Antonia-Felsens festgestellt. In westlicher Richtung umgreift sie das Felsplateau und wird in der Ecce-Homo-Basilika wieder sichtbar. Bei den Fundamentierungsarbeiten des Klosters (1863) stießen die Arbeiter auf einen in südöstlicher Richtung verlaufenden Tunnel, den Ch. Warren als den Arm eines großen, in den Felsen gehauenen Doppelteiches identifizieren konnte, dessen beide Abteilungen von einem Gewölbe überdeckt sind (vgl. Abb. 258, 3, S. 461).

Es galt früher als sicher, daß die Burg Antonia nur auf dem erhöhten, etwa einen halben Hektar umfassenden Felsplateau stand. Bei den in den Jahren 1931—1937 durchgeführten Ausgrabungen stellte L.-H. Vincent OP in der Senke zwischen dem sogenannten Antonia-Felsen und dem nordwestlich ansteigenden Hügel einen gepflasterten Hof fest, der von römi-

schem Mauerwerk und behauenem Felsen umgeben ist und zu welchem nahe bei dem heute noch stehenden Ecce-Homo-Bogen ein großes Doppeltor nach Westen in Richtung auf die heutige »Via dolorosa« führte. Aus diesem archäologischen Befund schließt L.-H. Vincent, daß nur ein einziger der von Josephus aufgeführten Türme auf dem Felsplateau gestanden haben kann, die übrigen drei aber nördlich, nordwestlich und westlich davon. Dann aber hatte die Antonia eine Ausdehnung von etwa 150 m in westöstlicher und 90 m in nordsüdlicher Richtung und bedeckte ein viermal so großes Areal, als man früher angenommen hatte. Im Mittelpunkt der Ausgrabungen stand der gepflasterte Hof, dessen Kalksteinplatten über der Doppelzisterne lagen (vgl. Abb. 258, 3, S. 461, und Abb. 259, S. 463). Noch gut erkennbar sind auf dem Steinpflaster die Wasserrinnen, die das Wasser in die unterirdische Zisterne leiteten. In Richtung einer von West nach Ost verlaufenden Straße hatte man die Kalksteinplatten durch quer laufende Rillen aufgerauht, um das Ausrutschen der Pferde zu verhindern.

Der um die Erforschung der Geschichte Jerusalems so verdiente französische Archäologe sah hier die Reste des Innenhofes der von Herodes erbauten Burg Antonia. Der Zugang zu dem etwa 1900 m² großen Innenhof führte vom Westen her durch einen Doppeltorbogen, dessen Mittelpfeiler in der heutigen Ecce-Homo-Basilika der Sionsschwestern verborgen liegt. An der Nordseite des Toreinganges befanden sich zwei Räume, die L.-H. Vincent als Wachstuben deutete. Vor dem Eingang der einen Wachstube sieht man auf dem ausgetretenen Pflaster die eingeritzten Linien eines Brettspieles. Vier der dazugehörigen Spielsteine fanden sich noch in einem Zapfenloch der benachbarten Tür. Vom Innenhof führten Treppen und andere Aufgänge zu den Kasernen, Prunkgemächern und Türmen. Die Burg wurde im Jahre 70 n. Chr. zerstört. Nach dem Bar Kochba-Aufstand wurde das Gelände enttrümmert und durch die Errichtung des Hadrian-Bogens, des sogenannten Ecce-Homo-Bogens, zum Vorplatz gemacht, der sich vor dem östlichen Stadttor der römischen Militärkolonie Aelia Capitolina erstreckte (vgl. Abb. 261, S. 468).

Aus dieser historischen Einordnung des Innenhofes ergab sich für L.-H. Vincent eine Brücke zur Passionsgeschichte. Er fand hier das »Lithostroton« von Joh 19, 13, auf dem Jesus bei seiner Verurteilung vor Pilatus stand, wo er gegeißelt und von den Soldaten verspottet wurde. L.-H. Vincent war von seiner Deutung der freigelegten antiken Baureste so überzeugt, daß er erklärte, seine Darlegungen könnten nicht durch philologische Analysen und literarische Zeugnisse entwertet werden; als einziges Gegenargument würde er anerkennen, wenn man ihm einen Fehler in der Interpretation der archäologischen Fakten nachwiese. Dies aber tat sein Mitbruder P. Benoit OP.[245] Mit zuverlässigen philologischen, juristischen und historischen Argumenten zeigt der Dominikanertheologe der Jerusalemer École Biblique, der auch L.-H. Vincent angehört, zunächst, daß sich der Name »Prätorium« und damit der Amtssitz des Pilatus bei dessen Aufenthalt in Jerusalem eindeutig mit dem Palast des Herodes auf dem Südwesthügel der Stadt verbindet. Das »Lithostroton« des Evangeliums sei allein dort zu suchen. Dazu kommt der neue archäologische Befund, daß das vielgerühmte Kalksteinpflaster in dem angenommenen Innenhof der Burg Antonia nicht aus herodianischer Zeit stammt. Durch diesen Beweis schrumpft der mächtige Bau der Antonia wieder auf jene Größe zusammen, die das Felsplateau bietet.

Betrachten wir die archäologischen Fakten im einzelnen und vergleichen wir sie mit den Worten des Mannes, der die Eroberung und Zerstörung der prächtigen und starken Burg persönlich mit angesehen hat; Josephus schreibt: »Der eine der beiden gegen die Antonia errichteten Dämme wurde von der V. Legion mitten im Struthionteich aufgeworfen und der andere von der XII. Legion in einem Abstand von 20 Ellen [10 m]« (Jüd. Krieg V, 11, 4). Wo befand sich der Struthionteich? Der Betesda-Teich und die Birket Israil kommen nicht in Frage; sie liegen zwar in der Nähe, ihre Entfernung zur Burg ist aber zu groß (vgl. Abb. 82, S. 141). Es bleibt nur die eine Annahme übrig: Die heute noch bestehende Doppelzisterne war der Struthionteich. Das würde bedeuten, daß die Zisterne außerhalb der Burg unter freiem Himmel gelegen haben muß. Die jüngsten Untersuchungen Bagattis[246] bestätigen mit hoher Wahrscheinlichkeit, daß die Doppelzisterne um das Jahr 70 n. Chr. als offenes Becken existierte. Bei seinen archäologischen Nachforschungen im Jahre 1956 kontrollierte er die das Gewölbe tragenden Stufen am Rande der Zisterne, soweit sie ihm auf dem Terrain der Verurteilungskapelle zugänglich waren. Es zeigte sich, daß man sie noch mit einer Art wasserdichtem Verputz behandelt hatte. Mög-

licherweise stieg man auf ihnen zum Teich hinab, um Wasser zu schöpfen, wie die zur Aufnahme von Gefäßen dienenden Löcher im benachbarten Felsen es vermuten lassen. Solche Felsstufen wurden von L.-H. Vincent bereits früher am ganzen Westrand der Zisterne entdeckt. Er hat sie aber, nachdem das darüber liegende große Kalksteinpflaster freigelegt worden war, im Sinne seiner These gedeutet. Alles spricht jedoch dafür, daß die Entstehung des Teiches und die des Hofes über dem zur Zisterne gewordenen Teich zeitlich auseinanderzuhalten sind. Das Becken existierte schon vor der überwölbten Zisterne, die mit dem Kalksteinpflaster eine architektonische Einheit bildet. Die in der Zisterne gefundenen Seleukiden- und Makkabäermünzen deuten auf eine vorherodianische Existenz des Beckens hin.

Wann aber wurde der Struthionteich eingewölbt und der darüber liegende Hof mit den Kalksteinplatten angelegt? Nach L.-H. Vincent wollte der Architekt des Herodes durch den Bau der Zisterne ein dreifaches Ziel erreichen: die Steine für den ausgedehnten Festungsbau brechen, die Wasserversorgung der Antonia sichern und den Platz für einen geräumigen Innenhof schaffen. Die jüngsten Untersuchungen an den Fundamenten des sogenannten Ecce-Homo-Bogens, dessen Mittelöffnung heute die Via dolorosa überspannt und dessen nördlicher Seitenbogen in die Ostwand der Ecce-Homo-Basilika einbezogen ist (vgl. Abb. 261, S. 468), widerlegen diese These. Die Zeichnung zeigt, daß der Bogen auf dem Gelände des »Innenhofes der Antonia«, also auf dem »Lithostroton«, steht. Archäologen und Historiker sind sich darüber einig, daß dieser dreiteilige Triumphbogen von Kaiser Hadrian (117 bis 138 n. Chr.) erbaut worden ist und das Osttor von Aelia Capitolina geschmückt hat. Sind nun die Kalksteinplatten — sie gleichen denen des Innenhofes — zeitlich früher oder gleich anzusetzen? Nach L.-H. Vincent ist der Hadrian-Bogen auf dem Steinpflaster (Lithostroton) aufgebaut, ohne daß die durch Rillen angedeutete Fahrbahn mit den lichten Öffnungen des Bogens übereinstimmt, d. h., das Kalksteinpflaster ist älter als der Bogen.

Als 1966 die Sionsschwestern beim Erneuern des Fußbodens in der Basilika den Nordpfeiler untersuchen ließen (vgl. Abb. 261, 4, S. 469), lautete das Ergebnis klar: Er steht nicht auf dem Kalksteinpflaster, dem »Lithostroton«, sondern auf Felsgrund.[247] Dieser ist bei der Errichtung des Triumphbogens noch für das Fundament des Pfeilers nivelliert worden. An der östlichen Seite der Begradigung ist eine Vertiefung in den Felsen gehauen, die eine Steinplatte von etwa 0,2–0,3 m Stärke aufnehmen sollte. Ihr Niveau liegt nur etwa 0,45 bis 0,50 m höher als das weiter östliche Steinpflaster, das in der Krypta des Klosters der Sionsschwestern zu finden ist und als »Lithostroton« angesehen wird (vgl. Abb. 259, 1, S. 463). Der Niveauunterschied erklärt sich durch das von Ost nach West ansteigende Gelände. Diese archäologische Untersuchung erlaubt den Schluß, daß das Kalksteinpflaster, das »Lithostroton«, aus der gleichen Zeit wie der Hadrian-Bogen stammt und in Verbindung mit ihm geschaffen wurde.

Bei Abwägung aller weiteren kritischen Einwände gegen die Rekonstruktion der Burg Antonia durch L.-H. Vincent erhält die Angabe des Josephus, daß die Burg auf einem 50 Ellen (25 m) hohen, nach allen Seiten abschüssigen Felsen stand (Jüd. Krieg V, 5, 8), wieder neues Gewicht. (Vgl. Abb. 256, S. 456, und Abb. 264, S. 473.)

Abb. 258.   Struthionteich und Doppelzisterne.
1. Die Nordwestecke des Antonia-Felsens.
2. Die nördliche Hälfte der Doppelzisterne.
3. Grundriß und Längsschnitt der Doppelzisterne.

Das ehemalige Gelände des Struthionteiches und der Doppelzisterne ist heute mit verschiedenen Gebäuden überbaut (Bild 1). Am südöstlichen Rand der Zisterne steht die im Vordergrund sichtbare Verurteilungskapelle; es folgen das Kloster der Sionsschwestern und die Ecce-Homo-Basilika mit der großen Kuppel am rechten Bildrand (vgl. Abb. 257, S. 458). Zwischen der Verurteilungskapelle und dem Nordrand des Antonia-Felsens (linke untere Bildecke) beginnt die Via dolorosa (Tarik Bab Sitti Marjam). (Vgl. Abb. 96, 7, 8, S. 166.)

Der einstige Struthionteich (vgl. Grundriß: A, B, C, D), in dessen nördlichem Teil (A, B, A', B') antike und moderne Mauern stehen und dessen südlicher Teil durch eine moderne Mauer (C', D') abgetrennt ist, bildet ein unregelmäßiges Par-

allelogramm von ungefähr 52 m Länge und 14,5 m Breite. Die verschiedene Höhe der Felswände läßt erkennen, daß der Teich als weitere Vertiefung in den Graben der Burg eingehauen worden ist. Im Norden beträgt die Tiefe 11 m, im Süden 18 m unter dem Niveau des heutigen Bodens (vgl. Abb. 256, S. 456). Die größte Wassermenge sammelte sich darum immer im Süden am Fuße des Felsplateaus, unter dessen Nordwestecke der Teich leicht eingreift (vgl. Abb. 257, S. 458). Die Höhe des Wasserstandes konnte durch einen Damm geregelt und das abfließende Wasser über einen in den Felsen gehauenen Kanal (K) nach Süden geleitet werden. In späterer Zeit, wahrscheinlich unter Hadrian (135 n. Chr.), wurde der große Teich mit Hilfe einer in das Becken hineingebauten Mauer (M) der Länge nach geteilt und mit einem Tonnengewölbe (T) überdeckt. Es ruht einerseits auf den Seitenrändern des Teiches, in die Stufen (S) gehauen sind; andrerseits auf der 1,75 m dicken, von Rundbögen durchbrochenen Längsmauer (M).

Das 2. Bild zeigt die nördliche (obere) Hälfte der Doppel-

STRUTHIONTEICH · DOPPELZISTERNE · LITHOSTROTON
(nach H.Vincent OP)

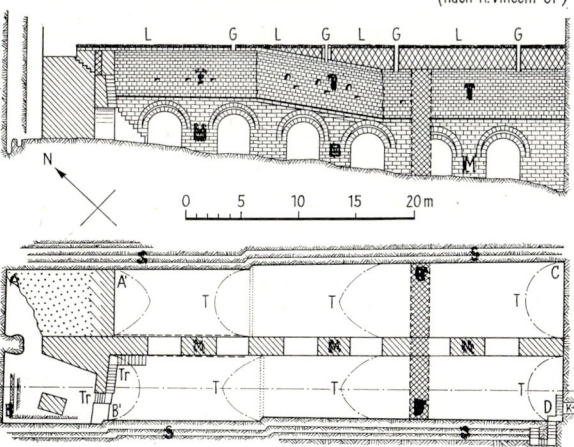

zisterne mit der modernen Trennungsmauer (C', D') im Hintergrund. Die großen Blöcke auf dem Grund der Zisterne sind aus dem schadhaft gewordenen Gewölbe herabgestürzt. Über diesem lag teilweise ein geräumiger Hof, der mit den berühmten Kalksteinplatten, dem sogenannten »Lithostroton« (L), gepflastert war (vgl. Abb. 259, S. 463). Die Wasserrinnen, die das Regenwasser zu den über der Zisterne liegenden Gullys (G) leiteten, sind noch zu sehen. Heute ist die Doppelzisterne vom Kloster der Sionsschwestern aus über eine Treppe (Tr) zugänglich.

heit, die uns in der Mischna überliefert wird: »In Bet-Dagon [Judäa] starb einmal am Rüsttag des Paschafestes ein Mann; man ging und begrub ihn. Die Frauen gingen in das Grab und banden ein Seil um den Verschlußstein; die Männer aber zogen ihn von draußen weg. Sie wollten durch die Grabhöhle nicht unrein werden, um das Paschalamm essen zu können. Dann gingen die Frauen hinein und setzten den Toten bei. Die Männer aber gingen und hielten am Abend ihre Paschafeier« (Ahiloth 3, 10).

Auch der Hohepriester und sein Gefolge wollten am Abend das Paschalamm essen. »Daher kam Pilatus zu ihnen heraus« (Joh 18, 29). Danach »ging Pilatus wieder in das Prätorium hinein« (18, 33), um Jesus zu verhören. Dann »ging Pilatus wieder zu den Juden hinaus« (18, 38). Anschließend begibt er sich wieder hinein, um Jesus geißeln zu lassen, und kommt mit ihm heraus (19, 4). Da es ihm nicht gelingt, die Juden zum Mitleid zu bewegen, geht er noch einmal zu einem letzten Verhör hinein (19, 9). Dann tritt der Vertreter des Kaisers mit Jesus heraus, um, auf dem Richterstuhl sitzend, das Urteil zu fällen (19, 13).

Kann man dieses Gehen und Kommen im Rahmen der Burg Antonia erklären? Die Befürworter der Burg Antonia behaupten, das »Lithostroton« sei mit dem Prätorium identisch. Dies ist aber mit den Texten unvereinbar. Wenn das Tribunal mit dem Richterstuhl auf dem Kalksteinpflaster des Innenhofes der Antonia, dem »Lithostroton«, errichtet wurde, dann spielte sich alles im Prätorium ab, das ja die Juden nicht betreten wollten und auch nicht betraten. Beim Palast des Herodes erscheint das Kommen und Gehen des Richters den Texten sinnvoller zu entsprechen. Einen ähnlichen Fall schildert uns Josephus. Als Pilatus aus den Mitteln des Tempelschatzes eine Wasserleitung bauen ließ, rottete sich die aufgebrachte Menge vor der Residenz des Statthalters, das ist der Palast des Herodes, zusammen. Pilatus empfing das Volk »von der Höhe seines Richterstuhles [bema] herab« (Jüd. Krieg II, 9, 4), d. h., der Richterstuhl stand vor dem königlichen Palast.

Noch überzeugender ist die Ähnlichkeit mit der im Evangelium geschilderten Szene bei einem Zwischenfall, der sich unter dem letzten römischen Prokurator Gessius Florus (64—66 n. Chr.) vor dem Ersten Aufstand zugetragen hat. »Florus, der im Königspalast abgestiegen war, ließ am nächsten Tage vor dem Palast den Richterstuhl [bema] aufstellen und nahm darauf Platz. Die Hohenpriester, die Vornehmen und überhaupt die Angesehensten der Bürgerschaft kamen herbei und stellten sich vor dem Richterstuhl auf« (Jüd. Krieg II, 14, 8). In der Tat, die Ähnlichkeit ist frappierend. Es muß vor dem Palast und der Schranke des Tribunals einen Platz gegeben haben, der die ganze Menge faßte. Herodes wäre nicht der vielgerühmte Bauherr gewesen, wenn es vor seinem Schloß nicht den »Schloßplatz« gegeben hätte. Daß dieser Platz sich durch eine besondere Pflasterung auszeichnete und darum auch den Namen »Lithostroton«, d. h. d a s Pflaster, verdiente, braucht nicht erst betont zu werden. Nicht weniger wahrscheinlich ist auch das Vorhandensein einer festen Tribüne (bema), auf welche die römischen Prokuratoren die »sella curulis« stellten, mit der Menge verhandelten und Gericht hielten. Wenn auch die Archäologie für das Tribunal vor dem Herodespalast bislang keinen direkten Beweis liefern konnte — bei den Ausgrabungen auf der Zitadelle wurde das angrenzende Gelände, die Kaserne, Häuser und Straßen, unter dem die Zugänge zum Palast liegen müssen, nicht berührt —, so ist der negative archäologische Befund auf dem vermeintlichen Gelände der Burg Antonia als Beweis zwingend: Die aufgefundenen Steinplatten sind nicht das »Lithostroton« des Evangeliums.

Das Datum des Todes Jesu

Die Evangelisten haben uns weder das genaue Monatsdatum noch das Jahr des Todestages Jesu überliefert. So bemühen sich die Exegeten seit vielen Jahrhunderten durch Auswertung der wenigen chronologischen Angaben des Neuen Testamentes, anderer jüdischer Zeugnisse und neuestens mit Hilfe astronomischer Berechnungen, jenen weltgeschichtlichen Tag nachträglich zu bestimmen. Eine Feststellung des genauen Datums wird aber durch folgenden Tatbestand erschwert: Alle Evangelisten stimmen darin überein, daß Jesus an einem Freitag gestorben ist. In den Angaben über den Monatstag gehen sie jedoch auseinander. Nach den Synoptikern (Mattäus, Markus und Lukas) feierte Jesus mit seinen Jüngern am Donnerstagabend das Ostermahl (Mk 14, 12—16), d. h., der Donnerstag war der 14. Nisan, an dem nach dem jüdischen Kalender das Osterlamm gegessen werden mußte. Der darauffolgende Freitag, der Todestag Jesu, war demnach der 15. Nisan, der erste Feiertag des jüdischen Mazzot-Festes. Nach Johannes dagegen war dieser Freitag, der Todestag Jesu, erst der Rüsttag des Festes, also der 14. Nisan, an dessen Abend die Juden das Osterlamm aßen (Joh 18, 28; Ex 12, 6—11).

Nach Johannes fand also das letzte Mahl mit den Jüngern bereits am Abend des 13. Nisan statt. Damit stehen wir vor dem Problem, dessen Lösung den Exegeten viele Schwierigkeiten bereitet und das noch keine befriedigende Erklärung gefunden hat. Für die Harmonisierung dieser Gegensätzlichkeit bieten sich im wesentlichen drei Möglichkeiten an:

1. Die Synoptiker sind im Recht, und Johannes ist nach diesen zu interpretieren, das heißt, das in Joh 18, 28 vorkommende Wort »pascha«« ist nicht auf das Osterlamm zu beziehen, sondern unter Berufung auf talmudische Aussagen mit »Festopferessen« zu übersetzen.

2. Johannes ist im Recht, und die Synoptiker sind dementsprechend zu deuten. Diese Annahme findet in der Zeitangabe des Markus (14, 1) die entscheidende Stütze: »In zwei Tagen war Ostern und das Fest der Ungesäuerten Brote«. Diese Deutung hat aber die Konsequenz, daß Jesu letztes Mahl kein Ostermahl war, sondern mehr den Charakter des Abschieds hatte, ohne aber damit leugnen zu wollen, daß dieses letzte Mahl Elemente enthalten haben kann, die zum Ritual des Ostermahles gehörten.

3. Sowohl die Synoptiker als auch Johannes sind im Recht. Nach dieser Ansicht wurde das Ostermahl im Todesjahr Jesu an zwei aufeinanderfolgenden Tagen gefeiert. Diese Annahme wird damit begründet, daß im Todesjahr Jesu (30 n. Chr.) der 15. Nisan ein Sabbat gewesen sei. Dadurch wäre aber das Schlachten des Osterlammes, das, wie eine Auslegung besagt, zwischen Sonnenuntergang und Dunkelwerden hätte erfolgen müssen, unmöglich gemacht worden; denn die Sabbatruhe brach bereits mit Sonnenuntergang an. Aus diesem Grunde wurden die Osterlämmer einen Tag früher geschlachtet, also am Donnerstag, dem 13. Nisan. Viele Juden haben unter dem Einfluß der Pharisäer das Ostermahl im unmittelbaren Anschluß an die Schlachtung des Lammes bereits am Donnerstagabend gehalten. Jesus hat sich diesem Brauch angeschlossen.

Die Sadduzäer dagegen, zu denen der Priesteradel und die Ältesten des Hohen Rates gehörten, feierten das Ostermahl zum üblichen Termin, am Abend des 14. Nisan. Der Evangelist Johannes folgte in seinem Bericht der offiziellen Datierung der Sadduzäer. Aber auch dieser Lösungsversuch befriedigt nicht ganz.[248]

Einen neuen, radikalen Versuch, all diesen Schwierigkeiten aus dem Wege zu gehen, hat die an der Sorbonne in Paris tätige Forscherin Annie Jaubert unternommen.[249] Die zwischen den Synoptikern und Johannes bestehende Differenz löst sich mit einem Schlag, wenn man annimmt, daß Jesus das Osterfest nicht nach dem offiziellen, sondern nach dem essenischen Kalender der Qumrangemeinde gehalten hat. Wenn die Synoptiker das letzte Mahl als Paschamahl charakterisieren, so haben sie recht. Jesus hat wirklich vor seinem Tod ein Paschamahl gefeiert, und zwar, nach dem essenischen Kalender, am Dienstagabend. Der essenische Sonnenkalender, der im Gegensatz zum offiziellen jüdischen Kalender (vgl. S. 464) 364 Tage zählte, erlaubte es, das Jahr in 52 Wochen ohne Rest aufzuteilen. Das neue Jahr begann im Frühling, und der Neujahrstag war immer ein Mittwoch; dementsprechend fiel auch der 14. Nisan, das Paschafest, immer auf einen Mittwoch. Wenn Johannes andererseits behauptet, Jesus sei am 14. Nisan gekreuzigt worden, so

hat er gleichfalls recht. Nach dem offiziellen Kalender war der Todesfreitag der Rüsttag des Paschafestes. A. Jaubert glaubt nun mit Hilfe verschiedener Indizien den Nachweis erbringen zu können, daß die am Freitagnachmittag zu Ende gegangene Passion nicht erst in der Nacht vom Donnerstag zum Freitag, sondern bereits in der Nacht vom Dienstag zum Mittwoch begonnen habe. Nach dieser dreitägigen Passionschronologie würden sich die Ereignisse in folgender Weise verteilen:

Dienstagabend: Letztes Mahl — Paschamahl, Getsemani, Verhaftung, Vorverhör bei Hannas, Petrusverleugnung.

Mittwoch: In der Frühe: Beginn der langen Verhandlung vor dem Synedrium, Zeugenbefragung, Beschwörung durch den Hohenpriester Kajafas, Mißhandlung Jesu.
Während der Nacht: Verwahrung im Gefängnis des Kajafas.

Donnerstag: In der Frühe: Neuer Zusammentritt des Synedriums zur Urteilsverkündigung, Überführung zu Pilatus, nach erstem Verhör Überweisung an Herodes Antipas.
Während der Nacht: Verwahrung in einem Gefängnis der römischen Garnison.

Freitag: In der Frühe: Fortsetzung der Verhandlung vor Pilatus, Freilassung des Barabbas, Geißelung, Dornenkrönung, Verurteilung, Gang nach Golgota.
Um die dritte Stunde: Kreuzigung.
Um die neunte Stunde: Tod.

Abb. 259. Das Kalksteinpflaster des sogenannten »Lithostroton«.

Die in den Jahren 1931—1937 unter dem Kloster »Notre Dame de Sion« freigelegten Kalksteinplatten von etwa 2 m Länge, 1,5 m Breite und 0,5 m Dicke sind heute in einer Krypta des Klosters zu besichtigen (Bild 1). L.-H. Vincent schätzt die Fläche des gepflasterten Geländes auf rund 1900 m². Die von West nach Ost über das Pflaster führende schmale Fahrstraße ist an den querlaufenden eingemeißelten Rinnen zu erkennen (unterer Bildrand).
Einige Kalksteinplatten in der nordöstlichen Ecke des Hofes tragen noch deutlich die Spuren römischer Spiele. Auf der quadratischen Platte (Bild 2) sind die Figuren eines solchen Spieles eingeritzt. Über dem Kreis liegt eine Krone, die rechts und links von dem Buchstaben B eingerahmt ist, wahrscheinlich der Anfangsbuchstabe von »ΒΑΣΙΛΕΥΣ« — »König«. Über die Figuren führen gewundene Linien, an deren Enden sich kleine Kreise oder Quadrate befinden.

Nach anfänglicher positiver Zustimmung in weiten Gelehrtenkreisen mehren sich heute die Stimmen der Kritik. Die Ansetzung der Passion auf die Zeit von Donnerstagabend bis Freitagnachmittag ist so gut und fest in den literarischen Quellen bezeugt, daß diese Eintagchronologie ohne einen überzeugenden Beweis der Dreitagechronologie nicht geopfert werden kann. Dennoch gebührt der scharfsinnigen Forscherin das Verdienst, den Erweis für das Nebeneinander zweier Kalender — des offiziellen Mondkalenders und des essenischen Sonnenkalenders — zur Zeit Jesu erbracht zu haben.

Es bleibt dabei: Wie man sich auch entscheidet, irgendeine Schwierigkeit muß man in Kauf nehmen. Heute scheinen viele Exegeten der johanneischen Chronologie den Vorzug zu geben, das heißt, Jesus starb als das wahre Osterlamm, als im Tempel am 14. Nisan die Osterlämmer geschlachtet wurden. Dieses Datum wird auch durch Markus selbst (14, 1. 2) gesichert: »In zwei Tagen war Ostern und das Fest der Ungesäuerten Brote. Die Hohenpriester und Schriftgelehrten suchten nun, wie sie sich seiner mit List bemächtigen und ihn töten könnten. Sie sagten nämlich: Nicht am Festtag, damit kein Lärm im Volk entsteht.«

Ferner stützen dieses Datum, daß Jesus am Rüsttag des Pascha gekreuzigt wurde, zwei Belege aus der jüdischen Tradition. Nach einer Angabe des Babylonischen Talmuds wird die Hinrichtung Jesu mit aller Bestimmtheit auf den Rüsttag des Paschafestes gelegt: »Am Rüsttag des Pascha hat man Jeschu von Nazaret gehängt« (Sanh. 43ᵃ). Die zweite Stelle, ein Traktat der Mischna (Pesachim VIII, 6, 6ᵃ), bezeugt die in der Passionsgeschichte der Evangelien erwähnte Sitte der Osteramnestie. Die Freilassung der Gefangenen erfolgte vor dem Abend des Ostermahles, also am 14. Nisan, damit der Amnestierte noch am Paschamahl teilnehmen konnte. Es dürfte damit gerechtfertigt sein, wenn man der johanneischen Chronologie den Vorzug gibt.

So stehen wir vor der nächsten Frage, zu deren Beantwortung die Astronomie ihren Beitrag liefern kann: Wann fiel in den entsprechenden Jahren des Pilatus der 14. Nisan, also der Tag des Frühlingsvollmondes, auf einen Freitag?

Astronomische Untersuchungen allein erlauben zwar in unserer Frage keine sicheren Schlüsse, aber sie können doch insofern von großem Wert sein, als sie ein auf anderem Wege gewonnenes Ergebnis bestätigen.

Die Juden bestimmten ihren Kalender nicht wie wir nach dem Lauf der Sonne, sondern nach dem Mond, genauer gesagt: nach Mond und Sonne. Am Abend des 29. eines jeden Monats versammelte sich die Kalenderkommission im Tempel und wartete auf die autorisierten Zeugen, die die schmale, leuchtende Mondsichel am westlichen Himmel kurz nach Sonnenuntergang, vor dem Erscheinen der ersten Sterne, beobachtet hatten.

War die junge Mondsichel von mindestens zwei glaubwürdigen Zeugen gesehen worden, dann wurde der neue Monat proklamiert; eine Methode, die allerdings durch schlechte Sichtverhältnisse mit mancherlei Unsicherheit belastet war. Dazu kam noch die Einfügung von Schaltmonaten in einem Intervall von sieben Jahren, um das Mondjahr, das ja nur 354 Tage zählte, mit dem Sonnenjahr in Einklang zu bringen.

Die Schaltung regelte sich nach der Gerstenreife.[250] Wenn sich im Adar, dem 12. Monat, ergab, daß am 16. des nächsten Monats, dem Opfertag der ersten Grünkorngarbe, die Gerste noch nicht grünreif sein würde, fügte man einen »zweiten« Adar ein.

Da es heute möglich ist, die astronomischen Neumonde bis auf einige Minuten genau zu berechnen, sind wir in der Lage, den jüdischen Kalender während der Lebenszeit Jesu annähernd zu rekonstruieren und mit einiger Wahrscheinlichkeit anzugeben, in welchen Jahren der Rüsttag des Osterfestes, also der 14. Nisan, auf einen Freitag fiel.

Nach den von Karl Schoch im Jahre 1928 überprüften Neulichttafeln des Berliner Astronomischen Recheninstituts fiel der Rüsttag des Osterfestes in den Jahren 28—34 n. Chr. zweimal auf einen Freitag, und zwar:

im Jahre 30 am 7. April,
im Jahre 33 am 3. April.

Welches Jahr verdient die größere Wahrscheinlichkeit? Folgende Gründe schließen das Jahr 33 als zu späten Termin aus:

1. Lukas (3, 1) datiert das erste Auftreten des Täufers in das 15. Regierungsjahr des Tiberius, das ist das Jahr 27/28 n. Chr. Nach der Chronologie des Johannesevangeliums hat das öffentliche Wirken Jesu mindestens zwei Jahre umfaßt. Addieren wir diese zwei Jahre zum Beginn der öffentlichen Lehrtätigkeit Jesu hinzu, dann kommen wir in das Jahr 30 n. Chr.

2. Nach Johannes (2, 20) wird die Zeitspanne des Tempelbaues mit 46 Jahren angegeben. Herodes begann den Tempelbau im Jahre 20/19 v. Chr. Die angegebenen Jahre des Tempelbaues führen uns in das Jahr 28 n. Chr., in das erste Osterfest des öffentlichen Wirkens Jesu. Johannes gibt uns drei Osterfeste an; das dritte war das Todespascha. Also kommen wir wiederum in das Jahr 30 n. Chr.

Nach Berücksichtigung aller Unsicherheitsfaktoren, die mit jeder chronologischen Festsetzung verbunden sind, ergibt sich, daß der Prozeß vor Pilatus und die Kreuzigung Jesu mit größter Wahrscheinlichkeit im Jahre 30 n. Chr. stattgefunden haben. Dieser Freitag war nach unserem Kalender mit größter Wahrscheinlichkeit der 7. April.[251]

Das erste Verhör

Da sich die Hohenpriester wegen des bevorstehenden Osterfestes weigerten, das Prätorium zu betreten, kam Pilatus zu ihnen heraus. Aber schon seine erste Frage war eine Verletzung ihrer nationalen Gefühle: »Welche Anklage erhebt ihr wider diesen Menschen?« Kajafas spürte sofort den gehässigen Unterton und erwiderte scharf: »Wenn der kein Übeltäter wäre, hätten wir ihn dir nicht überliefert!« Genau diese Antwort wollte Pilatus hören. Mit souveräner Verachtung erklärte er: »Nehmt ihr ihn und richtet ihn nach eurem Gesetz.« In aller Öffentlichkeit mußte der Hohepriester devot erklären: Hoher Herr, »uns ist es nicht gestattet, jemanden hinzurichten« (Joh 18, 29–31). Mit dieser Feststellung war der Stolz des Römers befriedigt. Die Ratsherren durften nun ihre Anklage vorbringen; aber siehe, Pilatus hörte kein Wort von dem, was in der Nacht vor dem Hohen Rat verhandelt worden war. Alle Beschuldigungen waren politisch gefärbt. Lukas überliefert sie uns getreu: »Diesen haben wir dabei getroffen, wie er unser Volk aufwiegelt und verbietet, dem Kaiser Steuern zu zahlen; auch behauptet er, er selbst sei der Messiaskönig« (Lk 23, 2). Damit war das Stichwort gefallen, das den Vertreter des Kaisers interessieren mußte. In der Tat, der kluge Kajafas hatte sich nicht verrechnet.

Der Augenzeuge Johannes schreibt weiter: »Pilatus zog sich in das Gerichtsgebäude zurück und ließ Jesus rufen« (Joh 18, 33). Pilatus wollte den Angeklagten persönlich vernehmen. Ein Dolmetsch wird dem griechisch sprechenden Römer die Personalien des Angeklagten übersetzt haben: seinen Namen, seine Herkunft — Pilatus merkte sich seine galiläische Heimat gut —, sein Alter: etwa 37 Jahre; seinen Beruf: Zimmermann: seit etwa zwei Jahren Wanderprediger. Seine Anhänger nennen ihn heimlich den Messias, den erwarteten König der Juden.

Es ist eine eigenartige Fügung, daß uns gerade die Hauptfrage dieses Verhörs auf dem ältesten Papyrus des Neuen Testamentes überliefert ist: »Pilatus fragte ihn: Bist du der König der Juden? Jesus antwortete: Sagst du das aus dir selbst, oder haben es dir andere von mir gesagt? Pilatus antwortete: Bin ich denn ein Jude? Dein Volk und die Hohenpriester haben dich mir überliefert. Was hast du getan? Jesus antwortete: Mein Reich ist nicht von dieser Welt. Wäre mein Reich von dieser Welt, dann würden wohl meine Knechte gekämpft haben, daß ich nicht den Juden überliefert worden wäre. Nun aber ist mein Reich nicht daher. Da sagte ihm Pilatus: Du bist also doch ein König? Jesus antwortete: Du sagst recht, ich bin ein König. Dazu bin ich geboren und dazu bin ich in die Welt gekommen, daß ich der Wahrheit Zeugnis gebe. Jeder, der aus der Wahrheit ist, hört meine Stimme. Pilatus entgegnete ihm: Was ist Wahrheit? Nachdem er das gesagt hatte, ging er wieder zu den Juden hinaus« (Joh 18, 33–38). (Vgl. Abb. 51, S. 97.)

Ein jüdischer Zimmermann, der von einem Königtum der Wahrheit redete, schien dem Vertreter des Kaisers der harmloseste Untertan seines Herrn zu sein. Kurz und bündig faßte Pilatus das Ergebnis seines Verhörs in den Worten zusammen: »Ich finde keinerlei Schuld an ihm.« Der römische Beamte war entschlossen, den Zimmermann aus Nazaret wieder laufenzulassen. Aber er suchte sein Ziel auf Umwegen zu erreichen. Im ganzen machte Pilatus drei mehr oder weniger entschlossene Versuche, den Anklägern ihr so stürmisch begehrtes Opfer zu entreißen.

Herodes Antipas

Da gerade der Vierfürst von Galiläa zum Osterfest in Jerusalem weilte, schien dem römischen Prokurator die galiläische Herkunft des Angeklagten ein passabler Ausweg zu sein, um ihn abzuschieben. Pilatus war keineswegs verpflichtet, diesen Rechtsfall an den Landesfürsten abzugeben. Aber er hoffte, auf diese Weise den lästigen Fall loszuwerden. Nebenbei erhoffte sich Pilatus von diesem Akt diplomatischer Höflichkeit eine persönliche Entspannung des gegenseitigen Verhältnisses. Herodes war nämlich verstimmt über das brutale Vorgehen des Prokurators gegen seine galiläischen Untertanen während des letzten Osterfestes und sah sich in seiner Autorität verletzt. Mit der Überweisung des Angeklagten an seinen Landesherrn wollte Pilatus seine frühere Rechtswillkür korrigiert sehen.

So bewegte sich am Freitagmorgen zum drittenmal dieser ungewöhnliche Zug von Hohenpriestern, Ratsherren, Offizieren und Soldaten mit dem gefesselten Angeklagten durch die Straßen von Jerusalem. Das Ziel war der alte Königspalast der Hasmonäer, in dem Herodes Antipas während seiner Jerusalembesuche abzusteigen pflegte. Der Palast lag westlich vom Tempel im Tyropöontal, genauer gesagt, am nordwestlichen Rand der Oberstadt. Herodes Antipas war der jüngste Sohn Herodes' des Großen. Er regierte bereits seit vierunddreißig Jahren über Galiläa. Seinen schlechten Ruf verdankte er aber mehr seiner geschiedenen Frau Herodias, deren Ehrgeiz er schließlich auch zum Opfer fallen sollte. Agrippa, ein Enkel Herodes' des Großen, trieb sich als Lebemann in Rom herum, wo er mit dem jungen Caligula Freundschaft geschlossen hatte. Als dieser im Jahre 37 n. Chr. Kaiser wurde, verlieh er seinem Freund und Zechgenossen das wenige Jahre vorher durch den Tod des Vierfürsten Philippus frei gewordene Gebiet und dazu noch den Titel eines Königs. Eine derartige Rangerhöhung Agrippas ließ der ehrgeizigen Herodias keine Ruhe. Sie konnte den Gedanken nicht ertragen, daß ihr liederlicher Bruder nun in Cäsarea Philippi, weniger als 50 km entfernt, als König herrschte, während ihr eigener Gatte nach 43 Jahren treuer Dien-

465

Abb. 260. *Die letzte Münze des Herodes Antipas aus dem Jahre 39 n. Chr.*

Der Vierfürst suchte mit dieser Münze den Kaiser für seine Pläne zu gewinnen, daß er ihm den Königstitel verleihe. Die Münze ist wichtig, weil man damit das Todesjahr Herodes' des Großen bestimmen und insofern das Geburtsjahr Jesu abgrenzen kann.

V: Der Name Herodes Tetrarch mit einem Palmzweig und die Jahreszahl: das 43. Jahr (seiner Regierung = 39 n. Chr.).
R: Der Name des Kaisers Caligula (37–41 n. Chr.) in vier Zeilen: Gaius Caesar Germanicus. (Caligula — das Stiefelchen — ist nur der Beiname, den ihm die Soldaten gegeben haben.)

ste für Rom und sein Volk noch immer nur Vierfürst war. Sie bewog ihren Mann, nach Rom zu fahren, um vom Kaiser auch für sich den Königstitel zu erbitten. Aber Agrippa hatte dort schon vorgesorgt und beim Kaiser gegen Antipas intrigiert. Josephus beschreibt diese Affäre mit sichtlicher Parteinahme für Agrippa: »Antipas traf glänzende Vorbereitungen, ohne irgendwelche Kosten zu scheuen, und schiffte sich dann in Begleitung der Herodias nach Rom ein. Agrippa aber, der von ihrer Absicht Wind bekommen hatte, traf auch seinerseits Vorbereitungen. Sobald er von ihrer Abreise erfuhr, schickte er den Fortunatus, einen seiner Freigelassenen, nach Rom zum Kaiser mit Geschenken und einer gegen Herodes gerichteten Schrift« (Jüd. Altert. XVIII, 7, 2).

Fortunatus kam unmittelbar nach Antipas in Italien an und brachte es zuwege, daß sein Brief dem Kaiser während der Audienz des Antipas überreicht wurde. Caligula hatte den Vierfürsten in seiner Sommerresidenz in Bajae an der Nordwestecke des Golfes von Neapel empfangen. Er unterbrach die Audienz sofort, als ihm gemeldet wurde, daß ein Brief seines Freundes Agrippa eingegangen sei. Josephus beschreibt die pikante Szene: »Der Kaiser las also zur selben Zeit, da er mit dem zuerst vorgelassenen Herodes sich besprach, die Anklageschrift Agrippas.« Der Inhalt war beunruhigend. Agrippa klagte seinen Schwager an, daß er, wie er sich früher an der Verschwörung des Seianus gegen Tiberius beteiligt habe, so jetzt mit dem Partherkönig Artabanus im Bunde gegen Rom sei. Als Beweis für die

letztere Beschuldigung führte Agrippa an, daß »der Vierfürst in seinen Zeughäusern eine so große Menge Waffen aufbewahre, daß man damit 70 000 Mann ausrüsten könne«. Josephus fährt fort: »Über diese Angabe erstaunt, fragte der Kaiser den Herodes, ob es sich mit den Waffen wirklich so verhalte. Herodes war nicht in der Lage zu leugnen und gab zu, daß er die Waffen besitze. Der Kaiser aber glaubte nun, auch das für wahr halten zu müssen, was ihm von der Verschwörung berichtet wurde. Er nahm daher dem Herodes seine Tetrarchie, verurteilte ihn zu dauernder Verbannung und wies ihm die Stadt Lugdunum[252] in Gallien zum Aufenthalt an« (Jüd. Altert. XVIII, 7, 2).

Herodias wollte der Kaiser als einer Schwester seines Freundes Agrippa den Privatbesitz lassen. Aber die stolze Frau verschmähte die kaiserliche Gnade und folgte freiwillig ihrem Mann in die Verbannung. Josephus bemerkt: »Herodias antwortete dem Kaiser: Du sprichst da zwar ein großes und deines Ranges würdiges Wort, Cäsar. Daß ich aber von deiner Gnade Gebrauch mache, daran hindert mich die Liebe zu meinem Gatten, den ich im Unglück nicht verlassen kann, nachdem ich sein Glück geteilt habe« (Jüd. Altert. XVIII, 7, 2). Josephus beschließt den Bericht mit dem selbstgefälligen Urteil: »So strafte Gott die Herodias für den Neid gegen ihren Bruder und den Herodes für die Nachgiebigkeit gegen die eitle Rede seines Weibes.«

Die frei gewordene Tetrarchie erhielt der Kläger Agrippa als neuen Beweis der kaiserlichen Gunst. Herodes Antipas starb in der Verbannung. Nach einer verworrenen Notiz bei dem Historiker Dio Cassius scheint der Verbannte von Caligula hingerichtet worden zu sein (59, 8). Wie Sueton berichtet, war es Caligulas Gewohnheit, Verbannte hinrichten zu lassen (Calig. 28). Die Absetzung des Vierfürsten geschah im Jahre 39 n. Chr.

Doch wir sind noch im Jahre 30 n. Chr. Lukas hat uns die erste und letzte Begegnung Jesu mit seinem Landesfürsten in allen Details überliefert: »Herodes freute sich sehr, als er Jesus erblickte; schon seit geraumer Zeit hatte er den Wunsch, ihn zu sehen, da er vieles über ihn gehört hatte; auch hoffte er, ein von ihm gewirktes Wunder zu sehen« (Lk 23, 8).

Herodes wäre sicher bereit gewesen, für eine unterhaltsame Vorstellung seine landesväterliche Hand über den Rabbi aus Nazaret zu halten. Aber die Erwartungen des Fürsten wurden nicht erfüllt. Jesus würdigte seinen Landesvater nicht eines Wortes. Herodes rächte sich mit der Rache kleiner Leute. Er schickte den Angeklagten mit schallendem Gelächter, als Narrenkönig ausstaffiert, zu Pilatus zurück. Immerhin, ein Ergebnis hatte dieser Besuch gehabt: »An diesem Tage wurden Herodes und Pilatus miteinander Freund; vorher hatten sie nämlich in Feindschaft zueinander gestanden« (Lk 23, 12).

Ein Skeptiker könnte wieder fragen, woher denn der

Evangelist all diese Einzelheiten habe wissen können. Keiner der Jünger Jesu hatte doch zu dem Palast des Herodes Zutritt. Lukas hat mit den Skeptikern gerechnet. So legte er besonderen Wert darauf, sich in all seinen Aussagen auf zuverlässige Zeugen zu berufen. In der Apostelgeschichte (13, 1) erwähnt Lukas einen gewissen Manaën, einen Jugendfreund des Vierfürsten Herodes. Manaën gehörte in Antiochia, der Heimat des Evangelisten, der dortigen Christengemeinde an.

Der gleiche Lukas erwähnt ferner eine Johanna, die Frau des Chuzas, der ein Hofbeamter des Vierfürsten Herodes war. Johanna wird von dem Evangelisten ausdrücklich als Jüngerin des Herrn erwähnt, von der Jesus auch finanziell unterstützt wurde (Lk 8, 3). Sie war während des Osterfestes in Jerusalem anwesend und gehörte wohl auch zu den Frauen, die dem kreuztragenden Jesus bis nach Golgota folgten.

Nach der mißlungenen Begegnung mit Herodes wurde Jesus zum vierten Mal an jenem Freitagmorgen durch die Straßen der Stadt geschleppt.

Barabbas

Wieder erschien Kajafas mit dem Angeklagten vor dem Prätorium des Römers. Die erste Runde des Kampfes war für alle Beteiligten unentschieden verlaufen. Pilatus war sich darüber im klaren, daß dem Drängen der Hohenpriester keine Loyalität gegenüber dem römischen Staate zugrunde lag, sondern ganz andere Motive. Darum war Pilatus in keiner Weise bereit, den Handlanger für ihre Interessen zu spielen, ja es bestärkte ihn, den Anklägern ihr so heiß begehrtes Opfer zu entreißen. Aber er suchte sein Ziel auf einem erneuten Umweg zu erreichen.

Sowohl aus den Berichten der Evangelisten als auch aus anderen zeitgenössischen Quellen ist uns verbürgt, daß die Juden am Paschafest das Recht hatten, die Amnestie eines Gefangenen von den Römern zu erbitten. Die Osteramnestie war aber keine barmherzige Einrichtung, um einem reumütigen Verbrecher noch eine Chance zu bieten, sondern hatte nur politische Bedeutung. Sie war ein Entgegenkommen seitens der römischen Behörde. In der bereits erwähnten Mischnastelle wird beim Schlachten des Osterlammes der mögliche Fall eines für die Entlassung vorgesehenen Gefangenen behandelt. Daraus läßt sich schließen, daß die Freilassung eines Gefangenen kurz vor dem Beginn des Paschamahles nichts Außergewöhnliches war.

Eine interessante Parallele aus der römischen Rechtspraxis über das Begnadigungsrecht der römischen Statthalter bietet ein ägyptischer Papyrus aus dem Jahre 85 n. Chr. mit dem Protokoll einer Gerichtsverhandlung. Der römische Statthalter Septimius Vegetus spricht zu dem Angeklagten Phibion: »Verdient hattest du, Geißelhiebe zu erhalten. Aber ich will dich dem Volke schenken.«[253]

So bot Pilatus den Mitgliedern des Hohen Rates den verhafteten Nazoräer zur Amnestie an. Dieser klug gemeinte Schachzug wurde dem Römer aber zum Verhängnis — er setzte sich selbst matt. Zur gleichen Zeit saß nämlich ein anderer Gefangener in seiner Todeszelle und wartete auf die Hinrichtung. Es war Barabbas, der bei einem Aufstand einen Mord begangen hatte und von den Römern festgenommen worden war. Seiner Sache sicher, wagte Pilatus das Spiel: »Wen soll ich euch freilassen, den Barabbas oder Jesus, den man den Messias nennt?« (Mt 27, 17)

Die Gegenüberstellung der beiden Gefangenen erhält noch eine besondere Zuspitzung durch die Angabe des Origenes, daß jener Barabbas gleichfalls Jesus geheißen habe: »Wen soll ich euch freilassen, Jesus, der Barabbas genannt wird, oder Jesus, den man den Messias nennt?« Origenes fand diese Lesart in »ganz alten« Handschriften. Es ist begreiflich, daß Origenes und manche andere an dieser Lesart Anstoß nahmen und zu ihrer Tilgung beitrugen.

In dieser gespannten Situation wurde dem Römer eine persönliche Botschaft seiner Frau überbracht. Seit Tiberius war es den Beamten der römischen Provinzialverwaltung gestattet, ihre Frauen in ihr Amtsgebiet mitzunehmen. Wir kennen mehrere Beispiele aus der römischen Geschichte, daß vornehme Römerinnen, selbst Frauen am Cäsarenhofe, sich an Fragen der jüdischen Religion interessiert zeigten. Mattäus allein berichtet über des Pilatus Frau: »Während er noch auf dem Richterstuhle saß, schickte seine Frau zu ihm und ließ ihm sagen: Laß ab von diesem Gerechten, denn ich habe heute im Traum viel um seinetwillen gelitten« (Mt 27, 19).

Aber auch Kajafas sah seine Chance. Die Gerichtsverhandlung wurde zur Volksversammlung. Wie ein einziger Schrei schlug dem Römer die Stimme des Volkes entgegen: »Den Barabbas!« Dieser Volksentscheid brachte den Richter völlig aus dem Konzept. Er beging einen neuen taktischen Fehler, indem er sich auf Verhandlungen einließ. Pilatus stellte die unvorsichtige Frage: »Was soll ich denn mit dem anfangen, den ihr den König der Juden nennt?« (Mk 15, 12)

Der Hohepriester brauchte nun seine geheimen Absichten nicht mehr zu tarnen. Sicher gemacht durch die Unsicherheit des Richters, ging Kajafas aufs Ganze. Wieder schlug dem Römer die Stimme des Volkes entgegen: »Kreuzige ihn!«

Pilatus demonstrierte seinen Widerstand mit der hilflosen Frage: »Was hat er denn Böses getan?« Der Hohepriester merkte sofort die Schwäche seines Gegners, und die Menge schrie nur um so lauter: »Kreuzige ihn, kreuzige ihn!« (Mk 15, 14)

Der Rechtsfall wurde zu einem politischen Machtkampf. Die Halbzeit dieses Ringens beschreibt Markus mit einem nüchternen Satz: »Da Pilatus das Volk zufriedenstellen wollte, gab er ihm den Barabbas frei;

Jesus aber ließ er geißeln« (Mk 15, 15). Warum? Es war der letzte Versuch des Römers, sich dem Willen des Volkes nicht zu beugen. Aber auch dieser Versuch sollte scheitern.

Die Geißelung

Mattäus, Markus und Johannes erwähnen die Geißelung nur mit einem kurzen Satz. Lukas spricht überhaupt nicht darüber. Aus antiken Zeugnissen wissen wir aber, in welch barbarischer Weise die römische Geißelung vollzogen wurde. Der Verurteilte wurde entkleidet, an einen kurzen Pfahl oder an eine Säule gebunden und von den Folterknechten so lange geschlagen, bis er blutüberströmt am Boden lag. Die Strafe wurde mit Peitschen ausgeführt, deren Lederriemen mit Stacheln, Knochenstücken oder Bleikugeln versehen waren. Mit welcher Erbarmungslosigkeit die Legionäre ihr Opfer zusammenschlugen, zeigt die Tatsache, daß Jesus auf dem Gang zur Richtstätte nicht mehr fähig war, den Kreuzesbalken selbst zu tragen.

Für die Soldaten hatte die Geißelung aber noch eine besondere Bedeutung. Die Garnisonen der Römer rekrutierten sich in den Kolonien gewöhnlich aus den Hilfstruppen anderer unterjochter Völker. In Judäa waren es meistens Truppen, die wegen ihres Judenhasses berüchtigt waren. Mit diesem Hinweis verstehen wir erst folgende Szene in ihrer ganzen Hintergründigkeit, die uns Markus überliefert: »Die Soldaten führten Jesus in den inneren Hof, in das Prätorium, und riefen die ganze Truppe zusammen. Sie zogen ihm einen Purpurmantel an und setzten ihm eine Krone auf, die sie aus Dornen geflochten hatten. Dann fingen sie an, ihn zu begrüßen: Sei gegrüßt, König der Juden! Sie schlugen ihn mit einem Rohr auf das Haupt und bespien ihn, dann beugten sie ihre Knie und huldigten ihm« (Mk 15, 16—19). Hierzu ist wohl jeder Kommentar überflüssig.

Als der bekannte schwedische Naturforscher C. von Linné († 1778) die Flora Palästinas beschrieb, nannte er den mit großen Dornen wachsenden Lotusbaum den »Zizyphus Spina Christi« — »Christusdornbaum«. Im Frühjahr sind die scharfdornigen Zweige des Christusdornes, der vor allem im Jordantal und in der Gegend um den See Gennesaret wächst, mit weißgelben winzigen, aber dichten Blüten geschmückt. Weil der Baum in der Nähe von Jerusalem selten vorkommt und die Soldaten sich wohl nicht die Mühe machten, die Dornen für die Inszenierung ihrer Königszeremonie lange zu suchen, muß man wahrscheinlich an andere dornige Zweige denken als an die des Christusdornbaumes. Eher waren es vielleicht die dornigen Zweige des »Poterium spinosum«, des Becherkrautes. In kleinen Sträuchern wächst das holzige Becherkraut an den Berghängen und wird von der Bevölkerung als Brennmaterial gesammelt. In den Dörfern liegt es auf den Höfen und Dächern bündelweise aufgestapelt. Es ist nicht unwahrscheinlich, daß

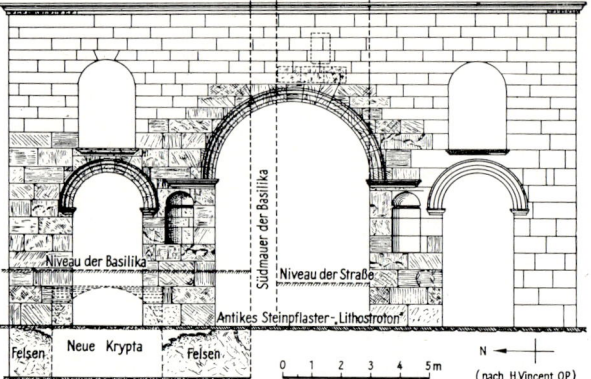

ÖSTL. STADTTOR - AELIA CAPITOLINA — ECCE - HOMO - BOGEN

Abb. 261. Der Ecce-Homo-Bogen. (Vgl. Abb. 257, S. 458.)

Zu den bekanntesten Bildern Jerusalems gehört das vom Ecce-Homo-Bogen über der Via dolorosa. Und in der Tat, Bogen und Pfeiler zeugen von einer bewegten Geschichte, die mit der Gründung der römischen Militärkolonie Aelia Capitolina im Jahre 135 n. Chr. begann. Der dreifache Hadrian-Bogen gehörte zum monumentalen Eingangstor der neuen Stadt, durch das die Straße — es ist die heutige Tarik Bab Sitti Marjam — zum Kidrontal und zum Ölberg führte.
Die Zeichnung (Bild 1) ist ein Rekonstruktionsversuch von

L.-H. Vincent OP nach den noch vorhandenen Mauerresten, die bei den Ausgrabungen im Jahre 1858 freigelegt wurden (Bild 2). Das 3. Bild zeigt den heute noch sichtbaren Bogen des Hauptdurchganges, der sich über die Via dolorosa spannt. Der kleinere, nördliche Durchgang ist mit dem Bogen beim Bau der Ecce-Homo-Basilika im Jahr 1865 in den Kirchenraum einbezogen worden. Vor ihm steht auf dem erhöhten Fußboden der Hochaltar (Bild 4). Alle Ansichten zeigen die Westseite des Stadttores. Der südliche kleine Tordurchgang liegt im heutigen Derwischkloster Ezbekiyeh und ist wohl größtenteils zerstört. Von den oberen Architekturteilen des Tores haben sich kleine Reste erhalten. Der Hauptdurchgang hatte eine lichte Weite von 5,2 m bei einer Höhe von 7,75 m über dem alten Straßenpflaster. Die Breite der Seitendurchgänge betrug nur 2,36 m, die Höhe 5,22 m. Die beiden Mittelpfeiler sind massiv gemauert, ihre Breite mißt 2,41 m, ihre Tiefe 2,5 m. Die ganze Breite des Bauwerkes, dessen einziger Schmuck das einfache Gesims über den Bogen ist, kann auf knapp 19 m angesetzt werden. Der dreifache Bogen ähnelt in auffallender Weise den anderen Stadttoren der hadrianischen Epoche, die in Gerasa und in anderen Städten der Dekapolis erbaut wurden. In den 0,95 m breiten und 1,92 m hohen Nischen standen wahrscheinlich Kaiserstatuen. Die über der linken Nische sichtbare griechische Inschrift (rechte obere Ecke bei Bild 4) läßt sich nicht mehr ganz entziffern, vielleicht war es der Name: Aurelius Marcellinus. Die Inschrift wurde aber erst später eingemeißelt.

Die Zeichnung (Bild 1) läßt deutlich erkennen, daß das alte Jerusalem unter dem wachsenden Schutt der Jahrhunderte begraben liegt. Die Pfeiler des Stadttores sind in den gewachsenen Fels eingelassen. Das alte Straßenpflaster gehört zu dem berühmten »Lithostroton«, das aber nicht aus herodianischer, sondern erst aus hadrianischer Zeit stammt. Das jetzige Straßenpflaster liegt etwa 1,5 m über den antiken Kalksteinplatten. In der Basilika erscheint der nördliche Bogen noch mehr verkürzt, da der Fußboden wegen der darunter angelegten Krypta erhöht wurde (vgl. Bild 2). Die hochgezogene Mauer, die den Hauptbogen fast halbiert, gehört zur Südmauer der Basilika.

die Soldaten die gewünschten Dornen für die Krönung des Judenkönigs im »Heizungskeller« ihrer Kaserne suchten und auch schnell fanden.

Pilatus glaubte, mit der Geißelung Jesu das Volk befriedigt zu haben. Wahrscheinlich hat er der grausamen Szene der Geißelung, Verspottung und Dornenkrönung zugeschaut. Überzeugt von der Hilflosigkeit und Ungefährlichkeit dieses jüdischen Thronprätendenten, ging er wieder vor das Gerichtsgebäude und antwortete, seiner Sache ganz sicher: »Seht, ich führe ihn zu euch hinaus, damit ihr seht, daß ich keinerlei Schuld an ihm finde« (Joh 19, 4). Pilatus wollte sagen: Aus dem Zustand, in dem ich euch den Angeklagten zeige, könnt ihr ersehen, daß ich ihn für harmlos halte.

Und schon wurde Jesus von der Wache herausgeführt, nur mit einem roten Soldatenmantel bedeckt. Auf dem Haupt trug er noch die Dornenkrone. Dieser Dornenkranz diente mehr dem Spott als der Marter. Pilatus selbst stellte das Opfer den Juden vor: »Seht, der

Mensch!« (Joh 19, 5) Dieses schwer zu deutende Wort war kein Aufruf zur Menschlichkeit oder zum Mitleid, sondern hatte wohl den Sinn: Schaut euch den Mann an; das soll euer König sein? »Als nun die Hohenpriester und die Knechte ihn sahen, schrien sie: Ans Kreuz, ans Kreuz mit ihm!« (Joh 19, 6)

Gereizt fuhr Pilatus die Ankläger an: »Nehmt ihr ihn und kreuzigt ihn, denn ich finde keine Schuld an ihm. Die Juden antworteten ihm: Wir haben ein Gesetz, und nach dem Gesetz muß er sterben, weil er sich selbst zum Sohne Gottes gemacht hat« (Joh 19, 7). Zum ersten und einzigen Mal enthüllten die Hohenpriester den eigentlichen Grund ihrer Anklage. Warum? Sah Kajafas ein, daß die politisch gefärbte Anklage am Starrsinn des Römers wirkungslos abprallte? Im Gegenteil, der Hohepriester wußte genau, daß ihre Forderung, auch wenn sie religiöser Natur war, ein Politikum ersten Ranges darstellte. Der Prokurator war als Vertreter des Kaisers gehalten, die religiösen Anschauungen Israels zu respektieren.

Und in der Tat, das Argument verfehlte seine Wirkung auf den Römer nicht. Es wurde ihm unheimlich: »Als Pilatus dieses Wort hörte, fürchtete er sich noch mehr. Er ging wieder in das Prätorium hinein und sagte zu Jesus: Wo bist du her? Jesus aber gab ihm keine Antwort. Pilatus sagte ihm dann: Du sprichst nicht mit mir? Weißt du nicht, daß ich Macht habe, dich zu kreuzigen, und Macht habe, dich freizugeben? Jesus antwortete: Du hättest keinerlei Macht über mich, wenn sie dir nicht von oben her gegeben worden wäre; darum hat der, der mich dir überliefert hat, größere Sünde« (Joh 19, 8—11).

Diese letzten Worte brachten den Richter völlig aus der Fassung. Er beendigte das Verhör und ging zu den Anklägern, entschlossen, den Rabbi aus Nazaret freizulassen. Der Hohepriester spielte nun seinen letzten Trumpf aus. Er griff die persönliche Stellung des römischen Beamten an: »Wenn du diesen freigibst, bist du kein Freund des Kaisers. Jeder, der sich selbst zum König macht, ist des Kaisers Widersacher!« (Joh 19, 12) Bei dieser Drohung kapitulierte Pilatus bedingungslos.

Was nämlich der Verlust der kaiserlichen Freundschaft[254] bedeutete, das konnte Pilatus an dem Schicksal seines Amtskollegen, des ägyptischen Statthalters Cornelius Gallus, studieren. Der Kaiser entzog diesem den Ehrentitel seiner Freundschaft, und der Beamte wurde aus dem Staatsdienst entlassen. Bald aber brach über den Entlassenen eine Flut von Beschuldigungen und Denunziationen herein, die dem abgesetzten Staatsbeamten nur einen Ausweg offenließen, den Selbstmord (Sueton, Augustus 66). Pilatus wußte das alles sehr genau.

Man darf als sicher annehmen, daß den Juden in Jerusalem sowohl die innenpolitische Situation des Römischen Reiches bekannt war als auch die besondere Lage des judäischen Prokurators. Kajafas wäre ein schlechter Politiker gewesen, hätte er das nicht ausgenutzt.

Wenn man den kurzen Bericht des Augenzeugen liest, dann spürt man geradezu noch die Angst, die dem Prokurator im Nacken saß: »Als Pilatus diese Worte hörte, führte er Jesus hinaus und setzte sich an dem Platz, der Steinpflaster genannt wird, hebräisch Gabbata, auf den Richterstuhl« (Joh 19, 13). Mit protokollarischer Genauigkeit fügt Johannes noch hinzu: »Es war aber Rüsttag des Osterfestes und um die sechste Stunde« (19, 14), d. i. gegen 12 Uhr.

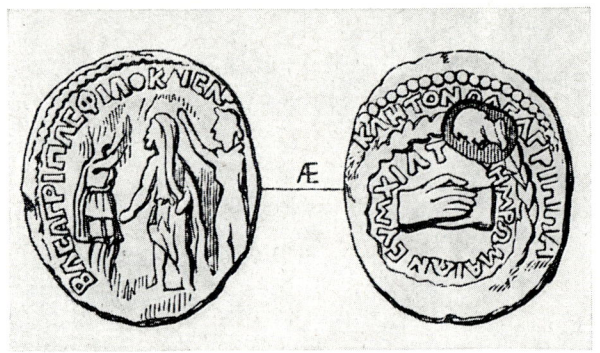

Abb. 262. *Münze zum Gedenken an das Bündnis zwischen dem jüdischen König Agrippa I. (37—44 n. Chr.) und dem römischen Volk.*

V: Der Name des Königs Agrippa mit dem Ehrentitel »Freund des Kaisers«. Diese Bezeichnung scheint in Rom vom ägyptischen Ptolemäerhofe übernommen worden zu sein. »Amici Caesaris« — »Freunde des Kaisers« — waren zunächst alle Senatoren; Ritter nur, soweit sie besonders dazu berufen waren. Pilatus entstammte nur ritterlichem Geschlecht. Durch seine Freundschaft mit dem allmächtigen Seianus hatte Pilatus diese dem zweiten Stande gesetzten Schranken überwunden. Tacitus schreibt: »Je vertrauter jemand mit Seianus war, um so mehr galt er in des Cäsars Freundschaft« (Ann. VI, 8). Die Bezeichnung »Amicus Caesaris« wurde titular nicht verwendet. Aber die Zugehörigkeit war wohl leicht an dem goldenen Ring mit Kaiserbild feststellbar, den der so Ausgezeichnete tragen durfte.

R: Zwei ineinandergeschlungene Hände mit dem Medaillon des Kaisers Claudius. Die Umschrift ist nicht mehr vollkommen lesbar.

Dem gekränkten Römer, der sich dem Willen des von ihm verachteten Volkes beugen mußte, blieb nur eine kleine Rache übrig: Er ahmte als Nichtjude eine typisch jüdische Sitte nach. Pilatus ließ sich Wasser holen und wusch sich demonstrativ vor den Augen des Volkes die Hände. Dabei sagte er: »Ich bin unschuldig an dem Blute dieses Gerechten.« Höhnisch erwiderte die Menge: »Sein Blut komme über uns und unsere Kinder!« (Mt 27, 24. 25)

Hakeldamach – der Blutacker

Das Schicksal des Judas, der Jesus seinen Feinden überlieferte, hat die Urgemeinde, wie es der Bericht des Petrus in der Apostelgeschichte erkennen läßt, stark beschäftigt. In den Evangelien berichtet nur Mattäus vom Ende des Verräters: »Da nun sein Verräter Judas sah, daß er verurteilt worden war, ergriff ihn Reue, und er brachte die dreißig Silberlinge den Hohenpriestern und Ältesten zurück und sagte: Ich habe Sünde getan, da ich unschuldiges Blut verraten habe« (Mt 27, 3. 4).

»Argyrion« — »Silberling« — als Bezeichnung einer bestimmten Silbermünze kommt in der Bibel nur bei Mattäus vor. Zweifellos sind damit die Schekel oder Doppeldrachmen gemeint. Im Vergleich zu den 300 Denaren, die Maria für das Öl zur Salbung Jesu verschwendete, zeigt der Preis von 30 Schekeln — das sind 60 Denare —, wie lumpig die Summe war. Es scheint, daß Judas, vom Gewissen gepeinigt, vor dem Gerichtsgebäude wartete und sich nach der Verurteilung den Hohenpriestern näherte, um ihnen das Geld zurückzugeben. Diese wandten sich aber kühl ab: »Was geht das uns an? Da sieh du zu! Da warf er die Silberlinge in den Tempel und machte sich davon; er ging hin und erhängte sich« (Mt 27, 4. 5). Mit einer gewissen Betonung schreibt der Evangelist weiter: »Die Hohenpriester hoben die Silberlinge auf und sagten: Man darf sie nicht in den Tempelschatz tun, weil es Blutgeld ist« (Mt 27, 6).

Das hier verwendete Wort »korbanas« wird allgemein mit »Tempelschatz« übersetzt. Doch findet sich das Wort in dieser Bedeutung nicht in der rabbinischen Literatur. In der Beschreibung der Tempelabgaben im Traktat Scheqalim der Mischna heißt es: »Dreizehn trompetenförmige [oben enge] Behälter waren im Heiligtum, auf denen geschrieben stand: ›Neue Schekel‹, ›Alte Schekel‹, ›Geflügelopfer‹, ›Tauben zum Ganzopfer‹, ›Holz‹, ›Weihrauch‹, ›Gold zu Belagplatten‹; die übrigen sechs waren für freiwillige Spenden.« Vermutlich hat man diese freiwilligen Gaben im Volksmund »korban« — »Geschenk, Geweihtes« — genannt, wie es auch aus Mt 15, 5 zu ersehen ist, und dann den Namen auf den Tempelschatz selbst übertragen (vgl. Abb. 35, S. 68).

Eine originale Verwendung des Wortes »korban« kann man auf einem Türstein lesen, der am Südwesthügel auf dem Gelände der Kirche »St. Petrus in Gallicantu« gefunden wurde. Die hebräische Inschrift lautet: »Für Reparationsopfer ist dies der *korban*.« Den Entdeckern gilt dieser Stein als überzeugender Beweis, daß auf dem Gelände der Kirche der ehemalige Palast des Hohenpriester Kajafas gestanden hat. Wahrscheinlicher aber ist die Annahme, daß der Stein aus dem Tempelareal für andere Bauten verschleppt wurde.

Wie schon erwähnt, ist der Tempelschatz in unseren Tagen eine fast greifbare Realität geworden. Unter den

Abb. 263. Die Kupferrollen von Qumran (3Q 15).

Das Bild zeigt die Kupferrollen, wie sie im Jahre 1952 in Höhle 3 aufgefunden wurden (vgl. Abb. 130, S. 219). Der hebräische Text ist auf der Innenseite eingehämmert und steht in 12 Kolumnen nebeneinander. Die Länge der Rollen beträgt zusammen 2,4 m bei einer Breite von rund 0,3 m. Heute befinden sie sich im Jordanischen Nationalmuseum in Amman.

Funden, die man in den Höhlen am Toten Meer gemacht hat, befanden sich auch zwei Kupferrollen (vgl. Abb. 263). Die Bleche waren ineinandergerollt und stark oxydiert, so daß es unmöglich schien, sie ohne Beschädigung aufzurollen. Nach langen Versuchen gelang es schließlich, die Rollen zu öffnen. Man sägte sie auf, indem man das Blech in schmale Streifen schnitt. Auf diesem Kupferblech war ein Verzeichnis von rund 60 Orten, von Hebron bis zum Garizim, eingraviert, an denen große Schätze verborgen sein sollten, z. B.

»In der großen Zisterne im Hof des Tempelumgangs, in einer Nische an ihrem Boden, in einer Höhlung gegenüber der oberen Öffnung versteckt: 900 Talente.«

»In der Zisterne unterhalb der Brustwehr an der Ostseite, an einer Stelle, die in den Felsen gehöhlt ist: 600 Silberbarren.«

»In der Nähe unter der Südecke der Halle, bei Zadoks Grab, unter dem Pilaster der Exedra: ein Kessel Weihrauch aus Fichtenholz und ein Kessel Weihrauch aus Cassia-Holz.«

»Im Brunnen danebnen, nördlich in einer Höhlung, die sich nach Norden öffnet, ist eine Abschrift dieser Urkunde mit Erklärungen, Maßen und allen Einzelheiten.«

Die Gesamtmenge der verzeichneten Schätze beträgt etwa 200 Tonnen Gold und Silber und andere Kostbarkeiten. Viele der angeführten Namen sind heute unbekannt, und keiner der Orte läßt sich mehr lokalisieren. Man vermutet, daß diese Reichtümer der Tempelschatz sind, der beim Herannahen der Römer in geheimen Verstecken sichergestellt wurde. Die Orte wurden auf dem erwähnten etwa 2,4 m langen Kupferblech aufgeschrieben. Als dann während der Belagerung die Gefahr immer größer wurde, wollte man auch die »Geheimnisse« in Sicherheit bringen. Man rollte das Kupferblech zusammen und schaffte es auf Schleichwegen an einen sicheren Ort, in eine der Höhlen am Toten Meer.

Da die 30 Silberlinge Blutgeld waren, legten die Hohenpriester diese nicht in den Tempelschatz. »Sie beschlossen daher, damit den Acker des Töpfers als Begräbnisstätte für die Fremden zu kaufen. Darum wird jener Acker bis heute Hakeldamach — Blutacker — genannt« (Mt 27, 7. 8).

Wo lag der Blutacker? Die Überlieferung bezeugt diesen Ort im Süden der Stadt im Ge-Hinnomtal »in der Nähe der Rogel-Quelle«, »auf der anderen Seite des Tales«. (Vgl. Abb. 82, S. 141, und Abb. 79, S. 134.)

An der Rogel-Quelle, der sogenannten Walker- (= Gerber-) Quelle übten die Gerber ihr Handwerk aus, da viel Wasser in der Nähe war. Es ist gut möglich, daß die Töpfer hier ebenfalls ihre Arbeitsplätze hatten, zumal ein Stadttor in Verbindung mit dem Ge-Hinnomtal vom Propheten Jeremia das Töpfer- und Scherbentor genannt wurde. So ist es nicht unwahrscheinlich, daß die Hohenpriester in dieser Gegend im Ge-Hinnomtal das Grundstück eines Töpfers kauften, das als Begräbnisstätte für die Fremden dienen sollte. Daß hier schon in alter Zeit ein Friedhof lag, zeigen die vielen alten jüdischen Felsgräber. Noch in den folgenden Jahrhunderten ist diese Gegend als Begräbnisplatz benutzt worden. So soll Helena, die Mutter des Kaisers, »am Töpferacker für das Begräbnis der Armen« eine Kirche gebaut haben.

Heute liegt am Bergabhang des Ge-Hinnomtales in der Nähe der Rogel-Quelle das griechische Kloster des hl. Onuphrius. Westlich von diesem Kloster wird der Acker des Töpfers lokalisiert, den die Hohenpriester als Begräbnisstätte für die Fremden kauften. Da auf ihm der Schatten des Judas lag, änderten die Christen den Namen in Blutacker, und er »wird so genannt bis zum heutigen Tag« (Mt 27, 8).

Der Kreuzweg

Nach den antiken Zeugnissen lautete das amtliche römische Todesurteil: »Ibis ad crucem« — »Du wirst das Kreuz besteigen.« Im Altertum galt der Kreuzestod als die grausamste Marter, die Menschen durch Menschen erfahren konnten. Der traurige Ruhm, diese Hinrichtungsart erdacht zu haben, gehört den Persern. Durch

die Karthager kam die Kreuzigung zu den Römern, die sie über Schwerverbrecher, entlaufene Sklaven und Partisanen verhängten. Römische Bürger durften zu dieser Strafe nicht verurteilt werden. In den römischen Provinzen dagegen war die Kreuzigung eines der wichtigsten Mittel, die unterjochten Völker in Ruhe und Gehorsam zu halten. So weiß die Geschichte Judäas unter den römischen Prokuratoren von unzähligen Fällen zu berichten. Quintilius Varus, der Statthalter von Syrien, ließ um die Zeitwende in einer einzigen Strafexekution 2000 Juden kreuzigen.

Die jüdische Justiz kannte die Kreuzigung als Todesstrafe nicht. Als der Hasmonäerkönig Alexander Jannäus (103—67 v. Chr.) an seinen politischen Gegnern Rache übte und diese — nach Josephus waren es gegen 800 Juden (Jüd. Altert. XIII, 14, 2) — auf grausame Weise kreuzigen ließ, bemerkt der Verfasser eines in Qumran geschriebenen Kommentars zum Propheten Nahum dazu: »Er hängte Männer bei lebendigem Leib auf, was nie zuvor in Israel geschehen ist« (4QpNah).

Das jüdische Strafrecht zählte vier Arten der Hinrichtung auf: Steinigung, Verbrennung, Enthauptung und Erdrosselung (Sanh. 7, 1). Es war aber bei den Juden eine alte Sitte, einen gesteinigten Gotteslästerer tot noch ans Kreuz zu hängen, zum Zeichen, daß er auch von Gott verflucht sei. Im Alten Testament heißt es: »Jeder, der am Holz hängt, ist von Gott verflucht« (Dtn 21, 23).

Diese religiöse Vorstellung muß man vor Augen haben, um zu verstehen, warum die Hohenpriester gerade für Jesus so leidenschaftlich die Kreuzigung forderten. Der Nazoräer sollte nicht nur getötet werden, sein Name sollte für alle Zeiten mit dem Fluche Gottes geächtet sein. Wenn wir heute ein Kreuz sehen, dann spüren wir nichts mehr von dem Skandal, der damals die Judenchristen belastete, wenn sie sich dem Gekreuzigten anschlossen.

In den Berichten der Evangelisten werden die Ereignisse nach der Verurteilung folgendermaßen dargestellt: Die Soldaten nahmen dem Verurteilten den roten Soldatenmantel ab und gaben ihm seine Kleider zurück. Vom Abnehmen des Dornenkranzes wird im Evangelium nichts berichtet, weshalb schon in früher Zeit die Meinung auftrat, Jesus sei mit der Dornenkrone auf dem Haupt gekreuzigt worden. Aber wahrscheinlich trug Jesus die Spottinsignien — den Purpurmantel, das Szepter und die Krone — nur während der Verhöhnung und der Verurteilung. Darauf wurde Jesus mitten durch die Stadt, es war das fünfte Mal innerhalb von 12 Stunden, zur Richtstätte geführt.

Das Exekutionskommando bestand aus einem römischen Hauptmann und vier Legionären. Es war Sitte, einen Schwerverbrecher zur Abschreckung auf den belebtesten Straßen durch die Stadt zu führen. Dabei mußte der Verurteilte sein Kreuz selber tragen, gewöhnlich aber nur den Querbalken, da der senkrechte Pfahl

Abb. 264.   Die Via dolorosa mit den Kreuzwegstationen.

Die Luftaufnahme zeigt die nördliche Hälfte der Altstadt. Am unteren Rand erscheint der Tempelplatz mit dem Felsendom, in der linken unteren Bildecke die El-Aksa-Moschee. In der Nordwestecke des Tempelplatzes liegt das Gelände der Burg Antonia (vgl. Abb. 257, S. 458, und Abb. 96, S. 167).

Die ältere Überlieferung hat eine Via dolorosa mit bestimmten Stationen noch nicht gekannt. Man begnügte sich mit dem Ort der Verurteilung und der Kreuzigung Jesu. Erst im 13. Jahrhundert ist durch die Franziskaner dieser Leidensweg festgelegt worden, alles aber unter der Voraussetzung, daß die Burg Antonia der Ort der Verurteilung war und daß die Straßenrichtungen der damaligen Stadt den alten Straßen entsprachen.

Ein Vergleich mit dem Stadtplan der Mosaikkarte von Madaba (Abb. 251, S. 447) läßt sofort erkennen, daß sich seit den Tagen der römischen Militärkolonie Aelia Capitolina wenig an der Straßenführung der Hauptverkehrswege verändert hat. Deutlich verläuft vom Damaskustor in südlicher Richtung (links) der »Cardo maximus«, im spitzen Winkel zweigt die Talstraße in Richtung des Tempelplatzes ab.

Heute beginnt der Kreuzweg im Hof der alten türkischen Kaserne (I.), führt über die Verurteilungskapelle (II.) unter dem Ecce-Homo-Bogen hindurch und mündet dann in die Talstraße, die vom Damaskustor kommt (III.). Hier folgt die Via dolorosa der Straße eine Strecke nach Süden mit der Kapelle von der Ohnmacht U. L. Frau (IV.). In dem Winkel, wo die Via dolorosa nach Golgota hinaufführt, liegt die V. Station mit der Kapelle zu Ehren des Simon von Zyrene. Die VI. Station, etwa 80 m weiter westwärts, ist durch eine Säule gekennzeichnet. Sie erinnert an das Haus der Veronika. Etwa 60 m weiter steht die VII. Station. In ihrer Nähe muß im alten Jerusalem die zweite Mauer mit einem Tor gelegen haben. Die Via dolorosa kreuzt nun die Straße, an der das deutsche Johanniter-Hospiz liegt, und führt zur VIII. Station. Der Ort lag zur Zeit Jesu bereits außerhalb der zweiten Stadtmauer. Bis zur ganz nahen IX. Station muß man einen großen Umweg machen, da heute die Via dolorosa durch das Kloster der Griechen verbaut ist.

Die letzten fünf Stationen befinden sich alle im Bau der Grabeskirche, vier auf Golgota und die XIV. Station im Heiligen Grab selbst. (Vgl. Abb. 287, B, S. 522, und Stadtplan bei Abb. 96, S. 166).

meistens schon an Ort und Stelle fest in den Boden ein-
gerammt stand.

Die Strapazen der letzten Stunden, die Verhaftung,
die langen Verhöre, die Geißelung, hatten die Kräfte
Jesu so geschwächt, daß der Hauptmann um die Ausführung seines Befehles bangen mußte. So zwangen die
Soldaten kurzerhand einen Vorübergehenden, der gerade vom Felde dem Zuge entgegenkam, für den Nazoräer das Kreuz zu schleppen. Markus nennt uns seine
Personalien: »Simeon von Zyrene, den Vater des Alexander und des Rufus« (Mk 15, 21).

Eine nebensächliche Notiz! Ein überraschender Fund
in Jerusalem hat aber nach 1900 Jahren die Aufmerksamkeit auf sie gelenkt. Im Jahre 1942 entdeckte der
jüdische Gelehrte Prof. Sukenik, dessen Name mit den
Schriftrollen von Qumran bekannt wurde, eine Grabanlage im Kidrontale, östlich von Jerusalem.[255] Diese
Grabanlage, die neun Ossuarien — Gebeinkästen — enthielt, gehörte einer Familie aus Zyrene, einer Landschaft in Nordafrika. Einer dieser Gebeinkästen enthielt
die Gebeine »Alexanders, des Sohnes Simeon von Zyrene«. Ist dieser Simeon von Zyrene mit dem in der
Passionsgeschichte genannten Kreuzträger identisch?

Daß es eine besondere Synagoge für die Diaspora-
juden aus der Zyrenaika in Jerusalem gab, bezeugt die
Apostelgeschichte (6, 9). Eine positive Beantwortung
wird ferner durch die Entdeckung eines judenchristlichen
Friedhofs am Westhang des Ölberges an der seit Jahrhunderten traditionellen Stelle »Dominus flevit« aus
apostolischer Zeit nahegelegt.[256] Bei der Errichtung einer
Umfassungsmauer stieß man auf Grabanlagen. Die darauf in den Jahren 1953—1955 durchgeführten Ausgrabungen legten eine umfangreiche Nekropole frei, dazu
noch die Überreste eines byzantinischen Klosters mit
einer Kirche. Unter den Grabstätten des Friedhofes, der
vom 1. Jahrhundert v. Chr. bis zum 4. Jahrhundert n.

FELSGRAB - ALEXANDER, SOHN DES SIMON

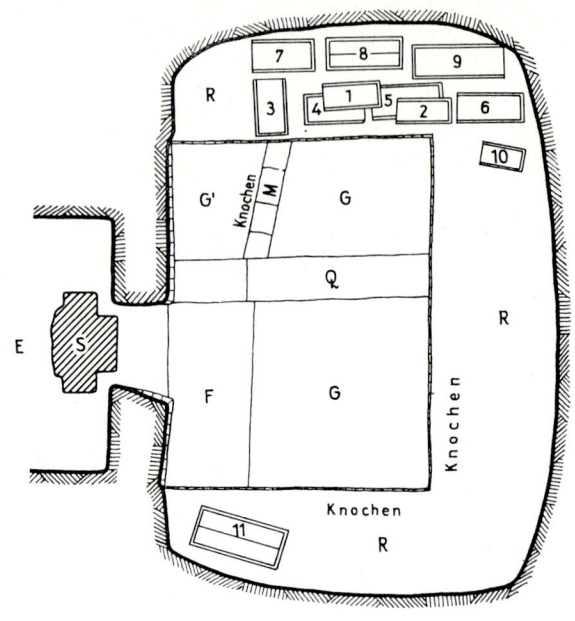

E	Eingang		F	Felsstufe
G	Grube		S	"Steinstöpsel"
Q	Querwand		R	Randstreifen
M	Mauer		1-11	Ossuarien

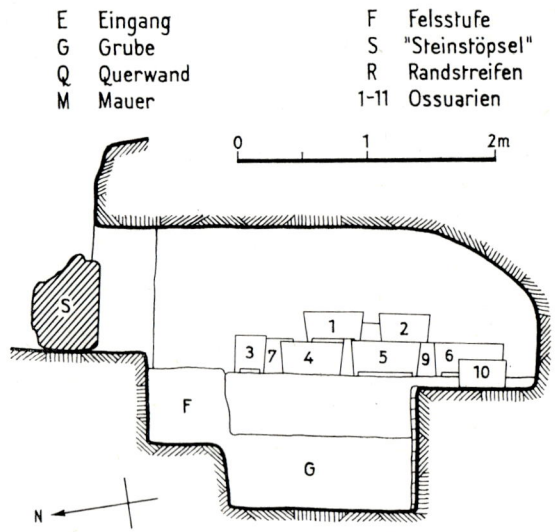

Abb. 265.   Alexander, Sohn des Simon.

*1. Felsgrab mit dem Ossuar: Alexander, Sohn des Simon —
Grundriß und Querschnitt (nach N. Avigad).*

*Es ist geradezu rätselhaft, wie dieses Grab, dessen schmaler
Eingang (E) nur mit einem teilweise zerbröckelten »Stein-
stöpsel« (S) verschlossen war, jahrhundertelang unberührt
bleiben konnte. Die Grabkammer besteht aus einem einzigen,
ungefähr rechteckigen Raum von 4,65 m Länge, 3,1 m Breite
und 1,15 m Höhe. Die Wände sind roh bearbeitet und leicht
abgerundet. Im Innern des Grabes liegt eine aus dem Felsen
gehauene 2,1 × 2,9 m große und 1 m tiefe Grube (G), so daß
an drei Seiten ein etwa 1 m breiter Randstreifen (R) entstand.
Die Grube selbst, an deren Eingangsseite sich eine lange Fels-
stufe (F) befindet, wird durch eine Querwand (Q) in zwei
Fächer geteilt. Der östliche Teil zeigt eine schräg laufende, gemauerte Wand (M). Die dadurch entstehende kleine Grube
(G') diente der Aufnahme von Gebeinen aus älteren Grabstätten. Die Wände der Grube sind mit einem ganz gewöhn-*
*lichen Belag aus Lehm und Kalk verputzt. Im Grundriß ist
die Lage der elf Ossuarien, wie sie bei der Entdeckung des
Grabes aufgefunden wurden, eingezeichnet. Zehn Gebeinkästen standen am östlichen Rand des Grabes, darunter auch
das Ossuar (9) mit der Inschrift: Alexander, Sohn des Simon.
Im Schutt der Grube und im Grabe verstreut lagen verschiedene Tongefäße und eine Lampe. Auf dem breiten Rand der
Süd- und der Westseite wurden noch Reste von Knochen gefunden. Wahrscheinlich legte man zunächst die Toten bei der
Bestattung auf die Ränder des Grabes, und später wurden ihre
Gebeine in den kleinen Ossuarien gesammelt.*

CIΜΩΝΑΛΕ
ΑΛΕΞΑΝΔΡΟΣ   CIΜΩΝ ΑΛΕ
CIΜΩΝΟC   ΑΛΕΞΑΝΔΡΟΣ
CIΜΩΝΟC

ΑΛΕΞΑΝΔΡΟΥ

א ל ש מ ק ו ר י ד ת ה

ΛΕΞΑΝΔΡΟC   ΑΛΕΞΑΝΔΡΟC
CIΜΩΝ   CIΜΩΝ

2. Ossuar mit der Inschrift: Alexander, Sohn des Simon.

Der aus einem Kalksteinblock gearbeitete Gebeinkasten ist etwa 70 cm lang und 20 cm breit. Auffällig ist die geringe Höhe von nur 30 cm und das Fehlen jeglichen Schmuckes. Der Name des Toten ist auf den drei Längsseiten des Ossuars in dünnen Strichen eingraviert. Auf dem Deckel (2), den die Abbildung zeigt, liest man den Namen Alexander in griechischen und hebräischen Buchstaben; dazu noch ein aramäisches Wort, das verschieden gedeutet wird. Abgesehen davon, daß der Schreiber Mühe hatte, das griechische Xi zu transkribieren, und sich dabei verbesserte, gab der letzte Buchstabe Anlaß zu einer Diskussion. Nach J. T. Milik, einem hervorragenden Schriftexperten, der sich bei der Entzifferung der Qumrantexte einen Namen gemacht hat, bedeutet die aramäische Inschrift: Alexander, der Kyrenäer. Die meisten Gelehrten schließen sich dieser Deutung an. N. Avigad, der an der Entdeckung des Grabes mit beteiligt war, hält noch eine zweite Deutung für möglich: Statt »Kyrene« liest er »Kyrenet«, den Namen einer aromatischen Pflanze.

Die auf der Vorderseite (1) zweizeilige griechische Inschrift lautet: Alexander (Sohn des) Simon. Der Vatersname steht im Nominativ. Auf der Rückseite (3) ist die Inschrift in Form und Inhalt sehr nachlässig ausgeführt. Der Schreiber begann mit dem Namen von Alexanders Vater: Simon. Nach den nächsten drei Buchstaben (Ale) bemerkte er seinen Irrtum, daß der Tote ja Alexander und nicht Simon heißt. Da er seinen Fehler nicht wegwischen konnte, blieb er für die Ge-

lehrten zur Korrektur eingraviert. Unbeschwert begann der Schreiber mit einer neuen Zeile und schrieb nun richtig: Alexander (Sohn) des Simon. Der väterliche Name steht korrekt im Genitiv.

Die gefundene Keramik weist die Belegung des Grabes in das Jahrhundert n. Chr. Augenscheinlich gehörte das schmucklose und einfache Felsgrab einer wenig begüterten Familie. Alle Fakten zusammen lassen nach N. Avigad den Schluß zu, daß die Familie aus der weiten jüdischen Diaspora stammt, aus Ägypten oder der Zyrenaika.

Chr. benutzt wurde, befinden sich 64 Familiengrüfte mit sogenannten Bankbogengräbern aus der Zeit von 135 n. Chr. bis zum Ende des 4. Jahrhunderts. Es sind neben einigen heidnischen Grabstätten zumeist christliche Gräber. Bedeutsamer aber für die biblische Archäologie sind 18 Grabanlagen, die aus einer oder mehreren Kammern mit sogenannten Schiebegräbern bestehen (vgl. Abb. 274, S. 498). Einige von diesen wurden vom 1. Jahrhundert v. Chr. bis zur Zerstörung Jerusalems (70 n. Chr.), andere bis zum Bar Kochba-Aufstand (135 n. Chr.) benutzt. In den 18 Grabanlagen wurden 7 Steinsarkophage und 122 Ossuarien gefunden, die zum Teil mit hebräischen, aramäischen und griechischen Namen beschriftet waren. Das Zusammentreffen vieler neutestamentlicher Namen, wie Hananias, Mattias, Johannes, Salomo, Zacharias, Simeon, Maria und Marta, die beide zusammen genannt sind, und die Verwendung christlicher Symbole deuten darauf hin, daß es sich um judenchristliche Gräber aus apostolischer Zeit handelt. Besonderes Interesse erregte ein Ossuar, das auf der Stirnseite das sogenannte Konstantinische Christusmonogramm trug und auf dem Deckel den Namen Sapphira. B. Bagatti und sein Mitarbeiter, der bekannte Qumranforscher J. T. Milik, datieren diese Inschrift in das 1. Jahrhundert n. Chr. Auf einem weiteren Ossuar befindet sich der Name des »Philon Kyrenaios«, eines Juden aus der Zyrenaika. Männer aus der Zyrenaika gehörten nach dem Zeugnis der Apostelgeschichte (11, 20; 13, 1) von Anfang an zu den bekanntesten Mitgliedern der Urgemeinde. Es ist darum durchaus wahrscheinlich, daß das aufgefundene Grab des Alexander tatsächlich der Familie des Simeon von Zyrene gehört hat, der Christus das Kreuz tragen half.

Die Wegstrecke vom Prätorium zur Hinrichtungsstätte wird die Via dolorosa — Schmerzensweg, Kreuzweg — genannt. Sie ist heute in Jerusalem mit 14 Stationen gekennzeichnet (vgl. Abb. 264, S. 473). Neun davon stammen aus den Berichten der Evangelisten. Der dreimalige Fall Jesu, die Begegnung mit seiner Mutter und das Schweißtuch der Veronika gehen auf Traditionen von unterschiedlichem Alter zurück.

Dennoch haben wir keinen Grund, unser kritisches Fragezeichen hinter diese Begebenheiten zu stellen. Wie realistisch sich alles abspielte, zeigt der evangelische Bericht über die Begegnung Jesu mit den weinenden Frauen von Jerusalem. Der Nazoräer war in Jerusalem kein Unbekannter. Als die Frauen den kreuztragenden Jesus blutig und entstellt auf der Straße dahinschwanken sahen, wurden sie von Mitleid gerührt. Mit Tränen in den Augen folgten sie ihm: »Jesus wandte sich zu ihnen und sagte: Töchter Jerusalems, weinet nicht über mich, weinet vielmehr über euch selbst und über eure Kinder. Siehe, Tage werden kommen, an denen man sagen wird: Selig die Unfruchtbaren, die Mütter, die nicht geboren und nicht gestillt haben. Dann wird man anfangen, zu den Bergen zu sagen: Fallet über uns, und zu den Hügeln: Bedeckt uns. Denn wenn das am grünen Holze geschieht, was wird dann am dürren geschehen?« (Lk 23, 28—31)

Golgota

Wenn es auf unserer Erde eine Stätte gibt, von der das Wort Gottes gilt: »Nahe dich nicht! Löse deine Schuhe von deinen Füßen, denn der Ort, worauf du stehst, ist heiliges Land« (Ex 3, 5), so gilt das von der Stelle, an der das Kreuz unseres Herrn gestanden hat. Sie war heilige Stätte und Gegenstand der Verehrung, solange es Christen gab; und sie wird es bleiben, solange es Christen gibt, auch wenn der Einwand zu hören ist: Was liegt denn eigentlich daran, ob Golgota hier oder tausend Meter weiter nördlich zu suchen ist?

Was uns die Evangelisten von der Stätte des Todes überliefern, ist wenig und schnell gesagt; was uns die Überlieferung davon zu melden weiß, ist viel und weit verzweigt. Ehrfurcht und nüchterne Unterscheidung sollen mithelfen, den Ort der Erlösung zu finden.[257]

Der synoptische Bericht geht auf die Darstellung des Markus zurück, dessen Angaben Mattäus, stilistisch leicht glättend, übernimmt. Markus schreibt: »Dann brachten sie Jesus an den Ort Golgota, was verdolmetscht Schädelstätte bedeutet« (Mk 15, 22). Der Evangelist sagt uns nichts über die Lage des Ortes im alten Jerusalem; er nennt uns nur einen Namen, der aber weder bei Josephus noch in der übrigen jüdischen Traditionsliteratur bezeugt ist. Lukas unterdrückt in seinem Bericht die semitische Ortsbezeichnung — wie er es bereits vorher mit dem Namen Getsemani gemacht hat —, die seinen heidenchristlichen Lesern schwer verständlich war. Er begnügt sich mit der einfachen, aber sehr präzisen Feststellung: »Als sie an den Ort kamen, der ›Schädel‹ genannt wird, kreuzigten sie ihn« (Lk 23, 33).

Wo lag der Ort, der Golgota — Calvaria — Schädel genannt wurde? Nach römischem und jüdischem Recht durften Hinrichtungen nur außerhalb des Stadtgebietes vorgenommen werden. Die knappen Hinweise bei Lukas und Johannes scheinen die Annahme dieses Rechtsbrauches auch bei der Hinrichtung Jesu zu empfehlen. Lukas sagt von dem bereits erwähnten Simeon von Zyrene, dem man das Kreuz Jesu aufzwang, daß er gerade

vom Acker kam (Lk 23, 26). Es liegt also nahe, anzunehmen, daß der Weg des Hinrichtungszuges aus der Stadt hinausführte. Johannes bestätigt diese Annahme mit der kurzen Bemerkung, daß viele Juden die Kreuzesinschrift lasen, »weil der Platz, wo Jesus gekreuzigt wurde, nahe bei der Stadt lag« (19, 20). Bekräftigt wird diese Tatsache noch durch ein Zeugnis aus apostolischer Zeit: »Jesus hat außerhalb des Tores gelitten« (Hebr 13, 12).

Diesen spärlichen Angaben genügt die seit frühester Zeit unverändert gebliebene Lokalisierung von Golgota am nordwestlichen Stadtrand des alten Jerusalem, dem Platz der heutigen Grabeskirche. Es ist einfach unwahrscheinlich, daß in einer Stadt, die seit dem ersten Pfingsttage — mit ganz kurzen Unterbrechungen in den Jahren 70 und 135 — eine christliche Gemeinde in ihren Mauern sah, die von Bischöfen geleitet wurde, über die wir eine lückenlose Liste besitzen, die Erinnerung an den Ort, wo Golgota war, entschwunden sein sollte.

Die Christen Jerusalems kannten die Stätte der Kreuzigung unter einem Namen, den die griechisch Redenden »Golgotha« aussprachen. »Golgotha« ist eine Verkürzung des aramäischen »Golgolta«, was dem hebräischen »Gulgolet« entspricht.[258] Es bedeutet im eigentlichen Sinne: »der Schädel«, nicht: »die Stätte des Schädels«. Zwar übersetzen Mattäus, Markus und Johannes »Golgota« mit »die Schädelstätte« (Mt 27, 33; Mk 15, 22; Joh 19, 17), aber diese Wortverbindung soll nur bedeuten: der Ort, welcher »der Schädel« heißt. Der lukanische Text bestätigt unmißverständlich diese Deutung: »Als sie an den Ort kamen, der ›Schädel‹ genannt wurde, kreuzigten sie ihn« (Lk 23, 33).

Woher hat nun dieser Ort seinen Namen? Das naheliegendste und — wie wir anschließend sehen werden — auch das wahrscheinlichste ist, an eine Flurbezeichnung zu denken. Der Name wurde von der Gestalt und dem Aussehen der Örtlichkeit abgeleitet. Aber schon in frühester Zeit hat sich die Tradition mit dieser nüchternen Erklärung nicht begnügen wollen. Man zog es vor, an eine öffentliche Hinrichtungsstätte zu denken. Die frei umherliegenden oder in eine Grube geworfenen Schädel haben dem Ort den Namen gegeben. So erklärt Hieronymus die Stelle bei Mt 27, 33, und sein hohes Ansehen hat diese Deutung in der abendländischen Kirche viele Jahrhunderte hindurch am Leben erhalten. Sie ist aber nicht nur nicht mit der klaren Aussage des lukanischen Textes in Einklang zu bringen, sie widerspricht dem jüdischen Gesetz (Dtn 21, 22. 23) und den jüdischen Bräuchen der Bestattung von Toten, auch von Hingerichteten (Sanh. 6, 5). Ferner scheint es undenkbar, daß ein jüdischer Ratsherr sich in unmittelbarer Nähe einer solchen Schädelstätte einen Garten mit seinem eigenen Grab hat anlegen lassen.

Eine andere Ansicht ist die, daß das Kreuz auf der Stelle gestanden habe, wo im Schoße der Erde der alte Adam ruhte, so daß das Blut Jesu durch den Felsspalt auf sein Haupt rann, um ihn zu erlösen. Schon Origenes erwähnt diese Deutung und verbindet sie ohne Kritik mit einer jüdischen Überlieferung, die das Grab Adams in Jerusalem, dem Mittelpunkt der Welt, finden wollte, obwohl die geläufige jüdische Tradition das Adamsgrab in Hebron suchte. Auf dem Wege über die Kunst fand diese Deutung weite Verbreitung: am Fuße des Kreuzesstammes liegt ein Totenschädel. Die jüngeren Pilgerberichte erwähnen darum durchweg auch die Adamskapelle (vgl. Abb. 267, 2, S. 482, und Abb. 287, 4, S. 522), die der Abt Modestus († 634) unter dem Golgotafelsen einrichtete, als er den von den Persern zerstörten konstantinischen Prachtbau erneuerte. In jedem Neubau der Grabeskirche lebte die Legende weiter. Im sogenannten Katholikon der Grabeskirche, genau unter der Vierung, steht heute noch eine Steinkugel, welche diese Stelle als Mittelpunkt, volkstümlich als »Nabel«, der Welt bezeichnet (vgl. Abb. 287, 8). Als Begründung der legendären Ansicht diente eine tiefsinnige Spekulation über den Namen Adam. Im Griechischen sind die vier Buchstaben ADAM die Anfangsbuchstaben der vier Weltgegenden: Anatole = Osten, Dysis = Westen, Arktos = Norden, Mesembria = Süden. Es wäre verfehlt, sich über diese Deutung erhaben zu fühlen. Auf ihre Weise drückt die »Legende« eine Wirklichkeit aus, nämlich daß die in Adam zusammengefaßte Menschheit auf Golgota ihre Erlösung gefunden hat.

Wenn wir die Aussagen der Evangelien zusammenfassen, dann ergibt sich, daß die Kreuzigungsstätte vor der Stadt an einem Wege lag, daß dieser Ort durch keine jüdische Tradition geheiligt war, aber auch keine offizielle, allgemein gebrauchte Richtstätte sein konnte.

Der Christ, der nach Jerusalem kam und nach dem Ort der Kreuzigung Christi fragte, erhielt von jedem Ortskundigen die Antwort: Golgota. Einen Ort »Golgota« — »Schädel« — zu nennen hatte nur Sinn, wenn die äußere Gestalt des Platzes bezeichnet werden sollte. Daß die Verwendung solcher Ortsnamen im alten Jerusalem üblich war, zeigen viele andere Bezeichnungen, wie »Ofel« — »Schwellung«, »Beule«; »Gihon« — »Sprudler«; »Goa« — »Brüller«; »Mischne« — »Mörser« (?); »Gabbata« — »Kahlheit am Vorderkopf«. Der Name »Golgota« — »Schädel« — entspräche also ganz dem Stile jerusalemischer Flurbezeichnungen.

So dürfte es wohl dem Tatbestand am ehesten entsprechen, wenn man an eine Felspartie denkt, die der Form eines Schädels ähnelte. Die volkstümlichen Bezeichnungen »Golgotahügel« oder »Kalvarienberg«, die sich seit den Kreuzzügen im Abendland mehr und mehr eingebürgert haben, geben also den topographischen Tatbestand nicht genau wieder, da die Evangelisten mit »Golgota« lediglich eine Örtlichkeit bezeichnen wollten. Es war wohl nur eine auffällig geformte Rundung, die Vorterrasse eines Hügels, welche diesen Namen führte. Die eigentliche Anhöhe nannte man damals, wie wir durch Josephus wissen, das »Assyrerlager«

(Jüd. Krieg V, 7, 3). Eine östliche Vorterrasse davon könnte Golgota sein, ein Terrain, das durch die westliche Mauer der damaligen Vorstadt von Jerusalem begrenzt wurde. Es ist sehr wahrscheinlich, daß entlang der Mauer eine Straße lief, die durch das Gennat-Tor in die Oberstadt führte (vgl. Abb. 272, S. 495). Im Süden endete die Vorterrasse Golgota an einer von Westen zum Stadttal hinablaufenden Senke; im Nordwesten mit dem erneut ansteigenden Terrain zur Anhöhe des »Assyrerlagers«. Nach diesen Gegebenheiten verbleibt für Golgota ein im Winkel der Westmauer der Vorstadt und der Nordmauer der Oberstadt liegendes ansteigendes Gelände von etwa 200 m Länge und 150 m Breite (vgl. Abb. 272).

»Als sie an den Ort kamen, der Golgota genannt wird, gaben sie ihm Wein zu trinken, der mit Myrrhe gemischt war. Jesus kostete davon, wollte ihn aber nicht austrinken« (Mt 27, 33. 34). Es entsprach jüdischer Sitte, daß man einem zum Tode Verurteilten mit Myrrhe oder Weihrauch gewürzten Wein reichte, um durch die Betäubung seine Schmerzen zu lindern. So heißt es in einem Traktat des Talmuds: »Dem, der hinausging, um hingerichtet zu werden, gab man ein Stückchen Weihrauch in einem Becher mit Wein, um ihm das Bewußtsein zu nehmen« (Sanh. 43ª). Jesus wies den Wein aber zurück, weil er den ihm von seinem Vater gereichten Leidenskelch mit klarem Bewußtsein austrinken wollte.

Die ganze Grausamkeit der Kreuzigung verhüllen die Evangelisten mit dem kurzen Satz: »Dort kreuzigten sie ihn« (Joh 19, 18). Um so gesprächiger sind die antiken Zeugnisse. Der Verurteilte wurde entkleidet, brutal zur Erde gestoßen und mit ausgebreiteten Armen an das am Boden liegende Querholz angenagelt. Darauf wurde dieser Querbalken mit dem Körper auf den senkrechten, bereits im Boden eingerammten Pfahl emporgehoben und daran befestigt. Das aus dem senkrechten Stamm und dem Querholz entstandene Kreuz hatte entweder die Form eines lateinischen T oder die uns bekanntere Form, daß der senkrechte Pfahl ein wenig überragt. Dann wurden die Füße angenagelt (vgl. Abb. 267, 1, 2, 3). Damit der schwer herunterhängende Körper nicht aus den Nägeln riß, war in der entsprechenden Höhe im senkrechten Stamm ein sogenannter Sitzpflock eingelassen, der den Körper zwischen den Beinen stützen sollte. Daran erinnert wohl die Formulierung des Todesurteils: »Du wirst das Kreuz besteigen.« Daß die am Kreuze Sterbenden nackt waren, bezeugen antike Autoren. Ob man Jesus nach jüdischer Sitte ein Lendentuch gelassen hat, ist ungewiß. Nach jüdischem Brauch war es verboten, die Delinquenten in völlig nacktem Zustand öffentlich hinzurichten; den zur Strafe der Steinigung verurteilten Männern wurde ein einfaches Schamtuch umgehängt. Es ist möglich, daß die römischen Soldaten, wie sie die jüdische Sitte des Betäubungstrankes duldeten, so auch gehalten waren, in diesem Punkt jüdisches Empfinden zu respektieren.

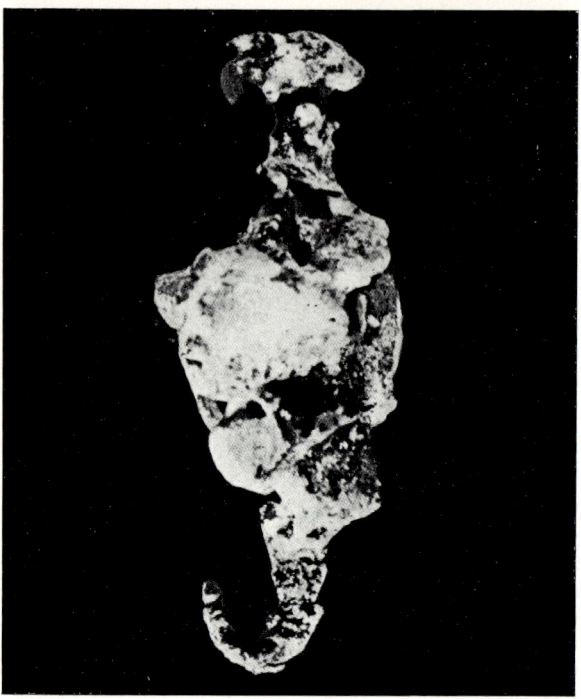

Abb. 266. *Nagel und Fersenbein — antikes Zeugnis einer Kreuzigung.*

1 *Nagelkopf*
2 *Rost- und kalkartige Ablagerungen*
3 *Holzreste*
4 *Kalkkruste*
5 *Rechtes Fersenbein — Calcaneus*
6 *Gelenkfläche für das Würfelbein — Os cuboideum*
7 *Rechte Stütze des Sprungbeines — Sustentaculum tali*
8 *Linke Stütze des Sprungbeines*
9 *Linkes Fersenbein*
10 *Nagelspitze mit Spuren von Olivenholz*

Im Jahre 1968 wurden auf einem weit ausgedehnten jüdischen Friedhof in Giv'at ha-Mivtar, nördlich von Jerusalem, vier in den Felsen gehauene Grabanlagen entdeckt, die in den Grabkammern zahlreiche Schiebestollen (Kokim) und Ossuarien enthielten.[259] Die Keramikfunde lassen ihre Belegung für die Zeit zwischen dem ausgehenden 2. Jahrhundert v. Chr. und dem Jahre 70 n. Chr. bestimmen. Die Untersuchungen der in den Ossuarien gefundenen Skelettreste ergaben, daß von den 35 Beigesetzten fünf Menschen eines unnatürlichen Todes gestorben sind. Der beeindruckendste Fund waren die Skelettreste eines etwa 24—28 Jahre alten Mannes, die eindeutig die Zeichen einer Kreuzigung aufwiesen.

Neben den Überresten des Gekreuzigten wurden auch die Gebeine eines drei- bis vierjährigen Kindes entdeckt. Der Gekreuzigte ist aufgrund der Inschrift an der einen Längsseite des Ossuars vermutlich der Vater des Kindes gewesen. Sein Name war Jehochanan.

Das obere Bild zeigt die von einem Nagel durchbohrten Fersenbeine. Nagel und Knochen befinden sich noch in dem Zustand, wie sie, mit einer dicken Kalkschicht überzogen, in dem Ossuar gefunden wurden. Der obere Knochenteil ist das rechte Fersenbein, vom linken Fersenbein blieb nur ein Bruchstück erhalten. Man erkennt, daß der Nagel das linke Fersenbein etwa an der gleichen Stelle wie das rechte, nämlich unterhalb der Gelenkverbindung zum Sprungbein, erfaßt hat.

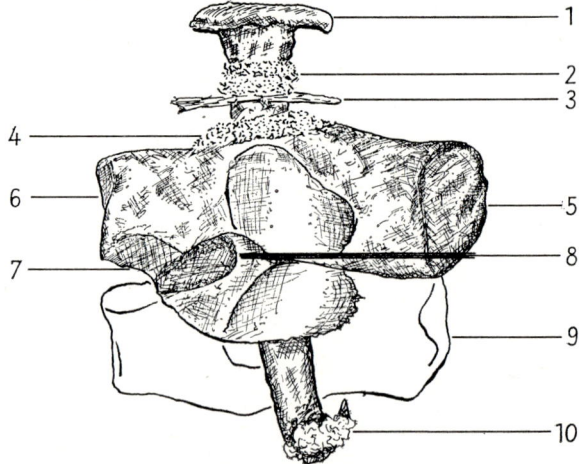

Die Zeichnung illustriert den anatomischen Befund der gereinigten Knochenreste. Der Nagel mit dem Knochen ist gegenüber dem Photo um etwa 180° gedreht. Auf dem unteren Bild sind das zerschlagene linke Schienbein (Tibia) und das Wadenbein (Fibula) zu sehen.

Am stark oxydierten Nagel befanden sich noch einige kleine Holzreste. Die unterhalb des Nagelkopfes liegende Holzscheibe stammt von einer Pistazien- oder Akazienart (3). Die an der umgebogenen Nagelspitze haftenden Spuren erwiesen sich bei einer mikroskopischen Untersuchung als Olivenholz. Die Länge des Nagels wird knapp 11,5 cm betragen haben. Da der Kopf des Nagels etwa 2 cm über dem Knochen steht, scheint er nicht in seiner ganzen Länge zur Befestigung gedient zu haben. Andererseits verraten die Holzreste zwischen Nagelkopf und Knochen, daß der Nagel zunächst durch eine Holzleiste getrieben wurde, welche dann die durchbohrten Füße breitflächiger an den Kreuzesstamm pressen sollte. Das gleichzeitige Durchbohren beider Fersenbeine mit einem Nagel und Reibungsverletzungen an der rechten inneren Speiche führen zu einer »Technik« des Annagelns, die der traditionellen Vorstellung einer Kreuzigung entgegensteht. Nach dem

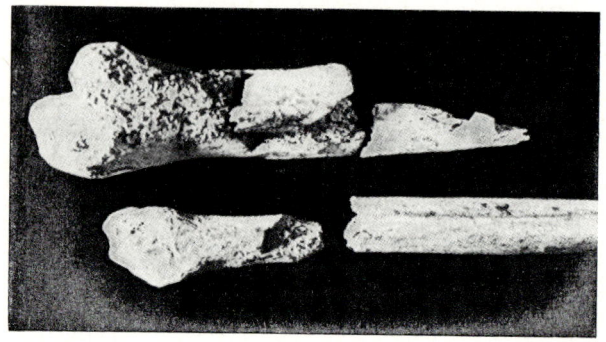

478

Befund geschah die Kreuzigung dieses Mannes in der Weise, daß die Füße durch eine gewaltsame Linksdrehung beider Knie seitlich parallel gestellt wurden und dann der Nagel, nachdem er in die Holzleiste geschlagen war, erst durch das rechte und dann durch das linke Fersenbein in den Balken getrieben wurde. Da die Deformierung des Nagels in unserem Falle für eine relativ lockere Befestigung der Füße spricht, dürfte ein Sitzbrett vorhanden gewesen sein, das aber auch sonst bei einer festeren Fixierung der Füße wohl erforderlich war. Die Arme waren jeweils mit einem im unteren Drittel zwischen Elle und Speiche eingetriebenen Nagel an dem Querbalken befestigt. Die Frakturen an dem rechten Schienbein und dem linken Waden- und Schienbein erinnern an den brutalen Henkersbrauch, dem Sterbenden am Kreuz noch die Beine zu zerschlagen, Schnittverletzungen am rechten Sprungbein lassen sich wohl so erklären, daß die Henker bei der Abnahme des toten Körpers die Füße einfach abhackten, um sich die Arbeit zu erleichtern. Dann wurden die angenagelten Füße mit dem Nagel entfernt. So sind die Knochenreste mitsamt dem Nagel ein erschütterndes Zeugnis für die Brutalität und Grausamkeit der Kreuzigung.

Über dem Haupt des Gekreuzigten wurde die Schuldtafel befestigt. Nach römischem Recht mußten drei Daten amtlich vermerkt werden: der Name des Verbrechers, seine Herkunft und seine Schuld. Da Palästina zur Zeit Jesu mehrsprachig war und Pilatus Wert darauf legte, daß die Schuldtafel von allen verstanden wurde, ließ er sie in aramäischer, lateinischer und griechischer Sprache schreiben.

Nach den Evangelisten, von denen nur Johannes den bei den Griechen seltenen lateinischen Ausdruck »titulus« gebraucht, lautet sie:

Mk 15, 26: *Ο ΒΑΣΙΛΕΥΣ ΤΩΝ ΙΟΥΔΑΙΩΝ*
DER KÖNIG DER JUDEN

Mt 27, 37: *ΟΥΤΟΣ ΕΣΤΙΝ ΙΗΣΟΥΣ Ο ΒΑΣΙΛΕΥΣ ΤΩΝ ΙΟΥΔΑΙΩΝ*
DIES IST JESUS, DER KÖNIG DER JUDEN

Lk 23, 38: *Ο ΒΑΣΙΛΕΥΣ ΤΩΝ ΙΟΥΔΑΙΩΝ ΟΥΤΟΣ*
DIES IST DER KÖNIG DER JUDEN

Joh 19, 19: *ΙΗΣΟΥΣ Ο ΝΑΖΩΡΑΙΟΣ Ο ΒΑΣΙΛΕΥΣ ΤΩΝ ΙΟΥΔΑΙΩΝ*
JESUS DER NAZORÄER, DER KÖNIG DER JUDEN

Es ist anzunehmen, daß jeder Evangelist sich bemüht hat, den Text des Schuldtitels möglichst exakt nach der ihm zur Verfügung stehenden Quelle wiederzugeben. Woher kommt nun diese Verschiedenheit?

Wir gehen nicht fehl, wenn wir für den Volltext folgenden Inhalt annehmen: »Dies ist Jesus von Nazaret, der König der Juden«.[260] Weiter kann es als sehr wahrscheinlich gelten, daß der aramäische, lateinische und griechische Text des Titulus in je einer Zeile angeordnet war. Aber nur das vokallose Aramäische konnte so viele Wörter in einer Zeile unterbringen. Der lateinische und griechische Text muß also Kürzungen enthalten haben. So lassen Markus, Mattäus und Lukas die lange Herkunftsbezeichnung weg. Es ist nun gut möglich, daß Markus den exakten Text der griechischen Version wiedergibt. In der Tat, diese knappe, aus nur zwanzig Buchstaben bestehende Formulierung ist am eindrucksvollsten. Daß Markus diesen Text von einem Augenzeugen hörte, läßt sich aus einem Tatbestand als fast gewiß erweisen. Markus allein nennt uns den Simeon als den Vater des Alexander und des Rufus, zweier Männer, die den Christengemeinden jener Zeit wohlbekannt gewesen sein müssen. Paulus schreibt im Römerbrief: »Grüßt mir den vom Herrn erwählten Rufus« (16, 13). Sicher gab es in Rom und anderswo Tausende, die Rufus hießen. Aber nur einer war vom Herrn erwählt: der Sohn des Simeon. Wir wissen, daß Markus in Rom gebeten wurde, die »Predigt« des Petrus niederzuschreiben. Es liegt nahe, einen Gewährsmann ehrenvoll mit dem Namen zu nennen.

Die Bündigkeit der lateinischen Sprache ließ es zu, einen längeren Textbestand zu übernehmen, und blieb dabei, was die Länge angeht, noch um zwei Buchstaben unter dem griechischen Text: »HIC EST REX JUDAEORUM«. Lukas übersetzte die lateinische Formulierung ins Griechische.

Johannes, der den Titulus mit eigenen Augen sah, übersetzt den vollen Text der aramäischen Fassung, er läßt nur das Demonstrativpronomen weg: »Jesus der Nazoräer, der König der Juden«.

Eine Rekonstruktion der Schuldtafel ergäbe dann den folgenden aramäischen, lateinischen und griechischen Text:

ישוע נצריא מלכא דיהודאי
HIC EST REX IUDAEORUM
Ο ΒΑΣΙΛΕΥΣ ΤΩΝ ΙΟΥΔΑΙΩΝ

(JESCHUA' NAZORAJA MALKA DIJEHUDAJE)
JESUS DER NAZORÄER, DER KÖNIG
DER JUDEN

Der Ausdruck »König der Juden« spiegelt den Sprachgebrauch jener Zeit wider. Die Ausdrücke »Israel« und »Israelit« verwendete das Volk der Hebräer als Selbstbezeichnung. So sagte Natanael bei seiner ersten Begegnung mit Jesus am Jordan: »Du bist Israels König«, nachdem ihm der Herr das Lob gespendet hatte: »Schau, wahrhaftig ein Israelit, an dem kein Arg ist« (Joh 1, 47). »Israel« war eine religiöse Bezeichnung, in der die Auserwählung und messianische Sendung einbegriffen war, während der Name »Jude« von Fremden, von Heiden, als völkische Bezeichnung benutzt wurde. So gebraucht der Verfasser des ersten Makkabäerbuches den Ausdruck »Israel«, wenn er selbst vom Volke Gottes spricht (1 Makk 8, 18; 10, 46; 11, 23; 11, 41; 14, 26). Wenn aber die Heiden das Volk erwähnen, wird durchweg von »Juden« gesprochen (1 Makk 10, 23; 11, 50; 13, 36; 15, 1. 2). Darum fragen die Magoi aus dem Morgenland: »Wo ist der neugeborene König der Juden?« (Mt 2, 2); darum sprechen Pilatus und die Soldaten vom »König der Juden« (Mt 27, 11. 29. 37; Mk 15, 2; Lk 23, 3).

Mit protokollarischer Genauigkeit vermerken die Evangelisten noch kurz: »Mit Jesus kreuzigten sie zwei Räuber, den einen zur Rechten, den anderen zu seiner Linken. So wurde das Schriftwort erfüllt: Er ist unter die Übeltäter gerechnet worden« (Mk 15, 27. 28).

Nachdem die Kreuzigung vollzogen war, blieb das Hinrichtungskommando als Wache an Ort und Stelle zurück, oft viele Stunden, bis der Tod des Verurteilten durch Erschöpfung, Erstickung, Kollaps oder Schock eintrat.[261] So schreibt der römische Philosoph Seneca in einem Brief: »Den so Verurteilten schwand das Leben Tropfen für Tropfen dahin« (Epistulae 101, 14).

Nach altem Henkersbrauch stand den Soldaten der Nachlaß des Verurteilten zu. Viel war bei Jesus allerdings nicht zu erben: das Obergewand, das Untergewand, der Gürtel und die Sandalen. Das Obergewand war eine Art Überwurf, der nach der Vorschrift der Pharisäer für einen Rabbi, einen Gesetzeslehrer, mit Quasten an den Enden versehen sein mußte. Markus erwähnt diese ausdrücklich bei den Krankenheilungen: »Und wo er in ein Dorf oder ein Gehöft oder eine Stadt kam, legte man die Kranken auf die freien Plätze und bat ihn, daß sie auch nur die Quaste seines Gewandes berühren dürften« (Mk 6, 56).

Das Untergewand bestand aus einem meist ärmellosen, bis auf die Knie oder die Knöchel reichenden Hemd aus Leinen. Da es aus *einem* Stück gewebt war — sicherlich eine Arbeit der Mutter Jesu —, tat es den Soldaten leid, dieses gute Stück in Teile zu zerschneiden. So warfen sie das Los darüber. Im 22. Psalm, der die Passion des Messias bis in alle Einzelheiten schildert, betete Israel seit vielen Jahrhunderten: »Meine Kleider haben sie unter sich geteilt und über mein Gewand das Los geworfen.« Aber der Haß hatte die Führer des Volkes, die der Kreuzigung auf Golgota beiwohnten, blind gemacht.

Kajafas wartete amtlich als Hoherpriester auf das Schuldbekenntnis des Apostaten, um diesen öffentlich absolvieren zu können. Aber er wartete vergebens. Da die Zeit drängte, verließen die Hohenpriester die Hinrichtungsstätte und gingen mit den Mitgliedern des Hohen Rates geschlossen zum Gottesdienst.

Am frühen Nachmittag begann im Tempel die feierliche Liturgie zur Vorbereitung des Osterfestes. Vor den Augen des Hohenpriesters wurde ein makelloses Opferlamm geschlachtet. Dann versammelten sich die Ältesten der Vierundzwanzig Priesterordnungen, und es begann das hochheilige Sühneritual des Pascharüsttages.

Die vielen Osterlämmer wurden geschlachtet, man schätzt ihre Zahl auf 18 000; Posaunen und Hornsignale verkündeten weithin hörbar das große Ereignis, daß Gott am blutbesprengten Opferaltar mit seinem Volke Frieden und Versöhnung schloß. Draußen aber vor dem Tore der Stadt verblutete das wahre Lamm Gottes, von seinem Volke nicht erkannt, von seinen Jüngern verlassen, nur von einigen Frauen und einem Apostel beweint.

Die Evangelisten nennen uns vier Frauen mit Namen. Drei von ihnen heißen Maria. Es ist Maria, die Mutter Jesu. Die andere Maria, eine Verwandte der Mutter Jesu, ist die Mutter des Jakobus und des Joses — die Mutter der »Brüder Jesu«. Die dritte Maria stammt aus Magdala, es ist Maria Magdalena. Markus nennt uns noch den Namen der vierten Frau: Salome, der Mutter des Evangelisten Johannes und seines Bruders Jakobus. Wenn man berücksichtigt, daß Jesus in Gegenwart der Salome und ihres Sohnes Johannes zu seiner eigenen Mutter sagte: »Frau, siehe deinen Sohn« und zu Johannes: »Siehe deine Mutter«, dann steht hinter diesen Worten eine neue geheimnisvolle Wirklichkeit. Vom Kreuz herab offenbart der Gottessohn die besondere Stellung seiner Mutter im Reiche der Erlösten.

Der Evangelist Mattäus berichtet weiter: »Um die neunte Stunde«, d. i. gegen 15 Uhr, »rief Jesus mit lauter Stimme: Eli, Eli, lema sabachtani? Das heißt verdolmetscht: Mein Gott, mein Gott, warum hast du mich verlassen? Einige von den Umstehenden, die es gehört hatten, sagten: Er ruft den Elija. Gleich lief einer von ihnen fort, nahm einen essiggetränkten Schwamm, steckte ihn auf ein Rohr und ließ ihn trinken. Die übrigen aber sagten: Laß es, wir wollen sehen, ob Elija kommt und ihn rettet« (Mt 27, 46—49). Diese Bemerkung enthüllt uns den eigentlichen Zweck des Essigtrunkes: Er sollte den Gemarterten möglichst lange bei Bewußtsein halten.

Während Jesus seinen Todeskampf kämpfte, erschallten noch einmal weithin hörbar die Posaunen über den Tempelplatz. Die Stunde des großen Abendgebetes war gekommen. Laut und feierlich betete ganz Israel — man schätzt die Zahl der Festpilger auf dem Tempelplatz auf 120 000 — den 31. Psalm: »Meine Zuflucht nehme ich, Herr, zu dir ... In deine Hände übergebe ich meinen Geist.« Der Gekreuzigte auf Golgota hörte dieses Gebet seines Volkes und sprach es mit: »In deiner Hand sind die Seelen der Lebenden und der Toten«;

Abb. 267. Golgota — einst und jetzt.

1. *Golgota auf dem Apsismosaik von Santa Pudenziana —
Ende 4. Jahrhundert.*

Die Evangelisten bezeichnen die Stätte der Kreuzigung nicht
als Hügel, sondern nennen nur den Namen »der Stätte, die
Golgota« heißt. Die topographischen Verhältnisse lassen
aber vermuten, daß die Hinrichtungsstätte auf einer Vorterrasse eines niedrigen Hügels lag, der in nordwestlicher
Richtung anstieg. Beim Bau der Grabeskirche wurde der Ort
der Kreuzigung von der felsigen Umgebung gelöst und
ragte frei empor. Nach den frühen Pilgerberichten war der
»monticulus Golgothae« — »das Hügelchen von Golgota« —
ein rauher, übermannshoher Fels mit einem Riß, zu dem
man auf Stufen hinaufstieg. Oben stand ein mächtiges mit
Gold und Edelsteinen geschmücktes Kreuz. Der ganze Fels —
oder nur das Kreuz — war wahrscheinlich von einem Ziborium überdacht. Am Fuße des Felsens befand sich ein Altar,
von silbernen Schranken umgeben. So stand Golgota im inneren Atrium, und zwar in seiner südöstlichen Ecke.

Wir haben gute Gründe, anzunehmen, daß
der »monticulus Golgothae« auf dem Apsismosaik der Kirche Santa Pudenziana in
Rom dargestellt ist (Bild 1). Wenn auch
das großartigste Mosaik der Kirchen Roms
heute nur mehr das Fragment einer Arbeit
aus dem späten 4. Jahrhundert ist — es
wurde bei den im 12. und 16. Jahrhundert
durchgeführten Restaurierungsarbeiten verkleinert —, so sind doch die für uns bild-
wichtigen Teile, der architektonische Hintergrund mit dem Golgotafelsen in der
Mitte und der Konstantinischen Anastasis
auf der linken Seite, größtenteils noch im
Originalzustand. Die rechte Seite mit dem
polygonalen Bau — es dürfte wohl die
Himmelfahrtskirche auf dem Ölberg sein —
ist bei den Restaurationen stark überarbeitet worden. Auf erhöhtem Thron sitzt
Christus im goldenen Gewand als Lehrer
der Wahrheit, in der Linken ein offenes
Buch haltend, in dem die Worte zu lesen
sind: »DOMINUS CONSERVATOR EC-
CLESIAE PUDENTIANAE« — »Der Herr
ist der Schutzherr der Kirche der Pudenziana«. Der Mantel trägt das Monogramm
L, der Saum der Tunika ist in verschiedenen
Farben gehalten. Zu beiden Seiten sitzen
die Apostel, hinter ihnen zwei Frauen mit
Kränzen: Pudenziana und Praxedis. Am
Himmel erscheinen die mächtigen Evange-
listensymbole. Unmittelbar hinter dem
von einem Glorienschein umgebenen Haupt
Christi erhebt sich auf einem Felsenhügel
ein riesiges juwelenbesetztes Prunkkreuz.
Ganz allgemein gilt dieses Bild als Beispiel
eines neuen Mosaiktypus, bei dem die dargestellten Szenen weit mehr als einen sym-
bolhaften oder nur rein dekorativen Charakter haben, sie geben eine geschichtliche
Wirklichkeit wieder. Aufgrund der ursprünglichen Proportionen der alten Apsis stand das Kreuz
im Mittelpunkt der Darstellung: »Alles auf Erden und im
Himmel zu Christus zu führen, der Frieden gestiftet hat durch
das Blut seines Kreuzes« (Kol 1, 20).
Das gemmengeschmückte Prunkkreuz auf dem Golgotafelsen
erhält seine eigentümliche und charakteristische Form dadurch, daß seine Enden leicht ausgeschweift und seine Ecken
mit mandelförmigen Zapfen besetzt sind. In beiden Eigentümlichkeiten scheint das Mosaikkreuz eine getreue Abbildung des Prunkkreuzes von Golgota zu sein, denn wir finden diese Kreuzesform mit den ausgeschweiften Ecken auch
auf dem Reliefbild der Ölfläschchen von Monza (vgl. Abb.
283, S. 514). Für die Pilgerin Aetheria (383) ist das Votivkreuz auf Golgota gleichsam der Orientierungspunkt, nach
dem sie den Ablauf der liturgischen Feiern am Gründonnerstag und Karfreitag beschreibt. Auch Hieronymus (†420) kennt
das Kreuz auf dem Golgotafelsen. Er benutzt dieselben Bezeichnungen für den Ablauf der Zeremonien »vor« oder »hinter« dem Kreuz wie Aetheria. Eine weitere Nachricht verdanken wir dem byzantinischen Historiker Theophanes (†817);
er erzählt, daß »die Frömmigkeit des Kaisers Theodosius II.

A Sacellum fouea Crucis.
B Sacellum crucifixionis.
C Scissura Montis Caluariæ.
D Sacellum D. Ioannis.
E Sepulchrum Godefridi Bullionēsis.
F Sepulchrum Balduini.
G Petra vnctionis.
H Ecclesiæ introitus.

(408—450) ein edelsteingeschmücktes Kreuz zum Ersatz für den Golgotafelsen nach Jerusalem schickte«.

Nach der Zerstörung der Jerusalemer Heiligtümer durch die Perser (614) wurde beim Wiederaufbau der Grabeskirche der frei stehende Golgotafelsen mit einem zweistöckigen Kapellenbau umkleidet. Im Oberstock hatte man in der Golgotakapelle auf der linken Seite den Felsen durch eine Marmorverkleidung völlig verdeckt. Das Loch, in dem der Kreuzesstamm stand, war aber sichtbar, rechts ließ man den dort höher steigenden Felsen mit seinem oben und nach vorn weitklaffenden Riß unverhüllt (Bild 3, C). Im Unterstock, in der Adamskapelle, die von Modestus, dem Abt des Theodosiusklosters (†634), von Westen an den Golgotafelsen angebaut wurde, sah man den Felsspalt wahrscheinlich in derselben Weise wie heute in einer Nische hinter der Apsis der Kapelle (Bild 2; vgl. Abb. 287, 4, 5, S. 522). In seinen Untersuchungen über »Golgotha und das Grab Christi« schreibt G. Dalman: »Was man unten in der Apside der Adamskapelle, nicht ganz genau unter dem oberen Spalt, sondern ein wenig weiter nördlich, sieht, ist eine etwa 1 m hohe Kluft, welche hinter der Kapellenmauer in einer Weite von etwa 1 m beginnt und sich hinten, in 1,32 m Entfernung von der Kapellenmauer völlig schließt. Links ist die Kluft durch einen eingesetzten, etwa 50 cm langen, nicht sehr hohen Stein seitlich künstlich abgeschlossen, doch sieht man den darüber hinausreichenden Abschluß des Felsens. Nach unten zu verhindert ein eingesetzter, nach hinten ansteigender platter Stein jede weitere Untersuchung. Oben stößt der Fels an die Kapellenmauer, aber nach rechts kann man in eine 70 cm tiefe Lücke zwischen Felsen und Mauer hineinfahren und dabei beobachten, daß die Apsidenmauer auswendig geradlinig verläuft und daß der Fels sie nicht, wie man gemeint hat, grottenartig umschließt. Die vordere Grenze des Felsens liegt nach meinen Messungen unten fast genau unter dem Vorderrand der mit Marmor bedeckten Oberfläche in der Kalvarienkapelle. Die Wahrscheinlichkeit spricht also dafür, daß eine dieser Oberfläche in ihrem Umfang ziemlich genau entsprechende Felsmasse von etwa 4,5 m Höhe hier hinter den Mauern vorhanden ist.«

Im Kreuzfahrerbau nahm ein Nebenschiff im Südarm des Transeptes die Golgotakapelle auf (vgl. Abb. 287, B 6, S. 522). Da der Bau im Innern keine festen Wände aufwies, war die Weihestätte vom Kirchenschiff aus zu überschauen, wie es der Kupferstich des Utrechters Jan van Kootwyck aus dem Jahre 1616 zeigt (Bild 3). Auf der rechten Seite sind die beiden Innentüren (H) des Doppelportales der Südfassade sichtbar. In der Umfriedung vor der Adamskapelle stehen noch die Sarkophage (E, F) der beiden ersten fränkischen Könige von Jerusalem: Gottfrieds von Bouillon (†1100) und Balduins I. (†1118); dahinter liegt die Adamskapelle (D) mit der Apsis, die den Felsspalt birgt (vgl. Bild 2). Im Obergeschoß befindet sich links Golgota (A) mit dem Kreuzaltar (C), rechts die Kreuzigungskapelle (B). Die Treppe zum Obergeschoß ist links von der Säule gerade noch sichtbar. Vorn im Querschiff liegt der Salbungsstein (G). Nach dem Bericht des Würzburger Priesters Johannes (1165) waren sowohl die nördliche Kapelle der »Kreuzerhöhung« als auch die südliche der

2. Felsspalt in der Apsis der Adamskapelle.

3. Golgotakapelle in der Kreuzfahrerkirche – Kupferstich 1616.

4. *Heutige Golgotakapelle.*

»Kreuzannagelung« reich mit Mosaikbildern und Mosaik-inschriften auf Goldgrund geschmückt. Noch im 17. Jahrhundert kopierte Quaresmius die erhalten gebliebenen Reste der Bilder und Inschriften.

Nach dem Brand vom Jahre 1808 wurde beim Wiederaufbau die Kapelle 2 m weiter nach Westen vorgezogen. Eine feste Mauer versperrt die Sicht auf die früher offenen Räume. Längs der Mauer führen zwei Treppen zu der hochgelegenen Kreuzigungskapelle, die auf dem vierten Bild zu sehen ist. Der Raum wird durch zwei Säulen geteilt und hat die Länge von 11,45 m und die Breite von 9,25 m. Der südliche Teil (rechte Bildhälfte) gehört den Lateinern, der nördliche (linke Bildhälfte) den Griechen. In dem Anteil der Lateiner werden die X. Station des Kreuzweges (Jesus wird seiner Kleider beraubt) und die XI. Station (Jesus wird an das Kreuz genagelt) verehrt. Das Mosaikbild über dem Altar der Kreuzannagelung (rechte Bildhälfte) stammt aus neuerer Zeit. (Vgl. Abb. 287, B, 6, XI, S. 522.)

*In dem Anteil der Griechen (linke Bildhälfte) steht der Kreuzigungsaltar. Zwischen den Säulen, die die Altarplatte tragen, bedeckt eine runde silberne Platte die Stelle, wo das Kreuz Christi aufgerichtet war (unter dem quadratischen Bild). Den unmittelbaren Felsteil, in den der Kreuzesstamm eingelassen war, meißelten die orthodoxen Griechen im Jahre 1809 her-*aus, um ihn nach Konstantinopel zu überführen. Wer sich darüber entrüstet, der möge den Bericht des Klosterbiographen der Franziskaner in Jerusalem überdenken: »Als dann am folgenden Tage die Brüder das leere Loch sahen, machten sie dem griechischen Sakristan Vorwürfe: ›Warum habt ihr denn ein so großes Unrecht begangen?‹ Darauf antwortete der Schelm: ›Warum habt ihr Lateiner denn die heilige Krippe des Herrn nach Rom geschafft?‹«[262] *Das Schiff strandete an der syrischen Küste, und das Felsstück ging für immer verloren. Unser Biograph drückt sich »gefühlvoller« aus: »Der erzürnte Himmel ... schickte jedoch ein so wütendes Unwetter, daß es jene gottesräuberischen Diebe in den tiefsten Abgründen des Meeres begrub.«*

Rechts und links vom Standort des Kreuzes Christi erinnern zwei schwarze Marmorplatten an die Kreuze der Schächer. Etwa 1,45 m südlich (rechts) der Kreuzesstelle sieht man unter einer verschiebbaren Metalleiste einen 15 cm breiten Felsspalt, der sich nach unten erweitert und in der tiefer liegenden Adamskapelle, deren Apsis genau unter dem Kreuzigungsort liegt, wieder sichtbar wird (vgl. Abb. 287, 5, S. 522). Kyrill von Jerusalem ermahnte in einer Katechese (348) seine Zuhörer, Christus nicht zu verleugnen. Sonst stünden viele Ankläger auf, z. B. der Fels von Golgota, »den man bis heute sehen kann und der noch jetzt zeigt, wie damals wegen Christus die Felsen sich spalteten« (Kat. XIII, 39).

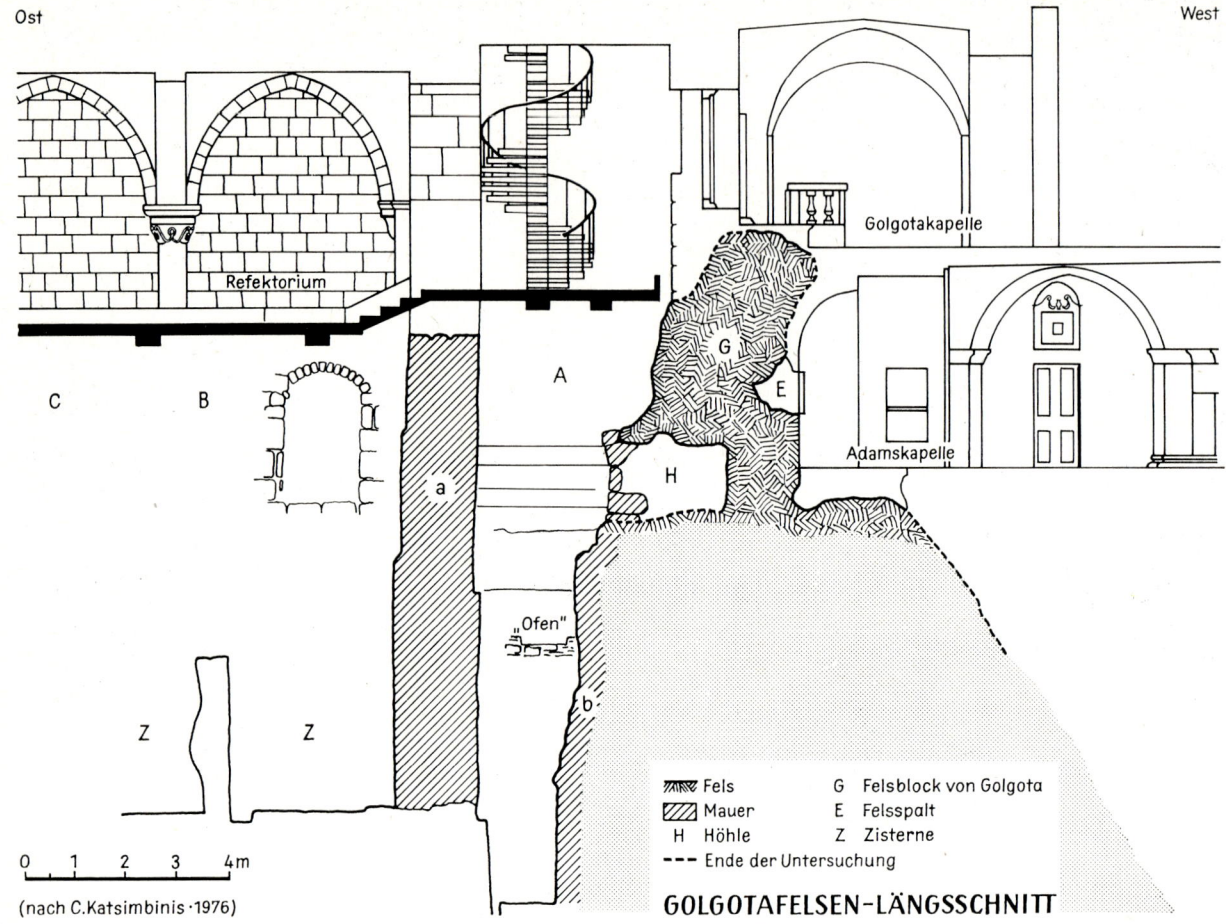

Ost

West

Refektorium

Golgotakapelle

C B A

G

E

H

Adamskapelle

a

"Ofen"

b

Z Z

0 1 2 3 4m

(nach C.Katsimbinis ·1976)

▨ Fels	G	Felsblock von Golgota
▧ Mauer	E	Felsspalt
H Höhle	Z	Zisterne
--- Ende der Untersuchung		

GOLGOTAFELSEN-LÄNGSSCHNITT

Abb. 268.   Grabungen am Golgotafelsen.

1. *Der Golgotafelsen mit seiner Umgebung im Längsschnitt von Ost nach West.*

2. *Plan der Ausgrabungen mit den topographischen Gegebenheiten des Golgotafelsens im Querschnitt (nach C. Katsimbinis [1976]).*

Obwohl die Lage von Golgota durch frühere Zeugnisse der Tradition gesichert ist, konnte die Archäologie bislang keinen nennenswerten Beitrag zur Erhellung der topographischen und stratigraphischen Verhältnisse von Golgota liefern. Lediglich an vier Stellen war die Existenz des Felsens hinter der Ummauerung feststellbar: in der Apsis der Adamskapelle (vgl. Abb. 287, 4, S. 522), in der Golgotakapelle an der rechten Seite des Kreuzigungsaltars (vgl. Abb. 267, 4, S. 483, und Abb. 287, 6, XII., S. 522), unter dem Altar der »Stabat Mater« und schließlich an der Nordseite von Golgota über dem Rundgang im Chor der Griechen.

Seit 1958 sind in dem sogenannten Refektorium der Kanoniker größere Restaurierungsarbeiten durchgeführt worden. Das aus dem 12. Jahrhundert stammende Refektorium ist ein mit zwei Kreuzgewölben ausgestatteter Raum (B, C), der

durch einen Bogen gegliedert ist und sich in östlicher Richtung an den Golgotafelsen (G) anschließt. Zwischen dem Refektor und der Ostseite des Felsens liegt noch ein schmaler Raum (A) mit einer Treppe, die eine Verbindung zu dem nahen Abrahamskloster herstellt.

Als an der östlichen Seite des Golgotafelsens der Verputz mit den Mauerresten entfernt war, lag das Felsgestein nach vielen Jahrhunderten frei vor den Beschauern, so daß eine Aufnahme des topographischen und stratigraphischen Tatbestandes möglich wurde.

Der Längsschnitt auf der Linie O—W schneidet den Felsen an der Felsspalte, die in der Golgotakapelle rechts neben dem Kreuzigungsaltar sichtbar ist, und zeigt den frei stehenden Felsen gleichsam als bizarre Silhouette. Zur Orientierung sind der Altar und die Südwand der Golgotakapelle und der Adamskapelle als Hintergrund eingezeichnet. An der östlichen und westlichen Wand des Felsens sind zwei verschieden große Aushöhlungen sichtbar. Der westliche Einschnitt (E) gehört zu der in der Apsis der Adamskapelle liegenden Felsspalte. Die Höhle (H) an der Ostseite ist größer und wird von einer Mauer gestützt. Nach Ansicht des Franziskaner-Archäologen B. Bagatti diente sie bereits den Judenchristen der Jerusalemer Urgemeinde als Kultstätte.

484

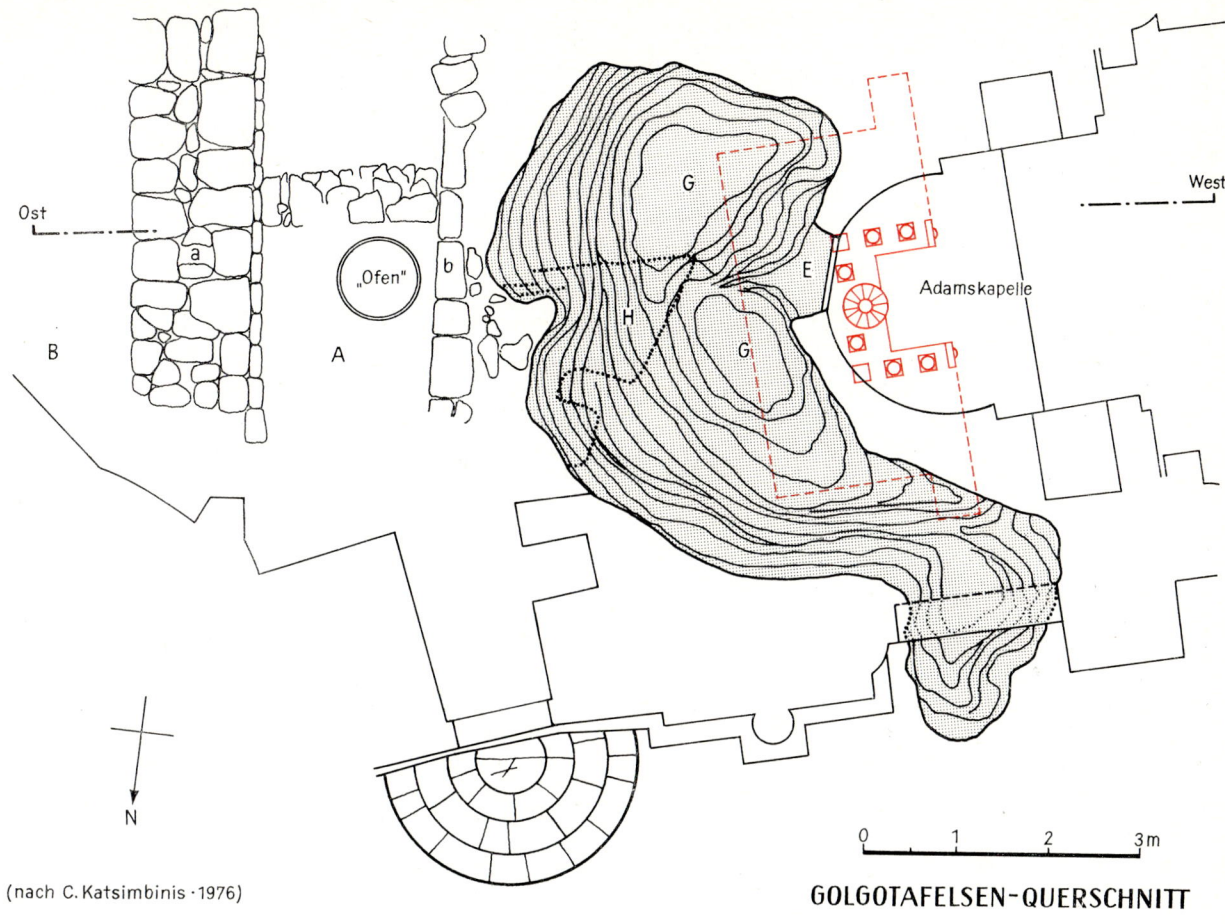

Ost

B

a

"Ofen"

A

b

West

G

E

Adamskapelle

H

G

N

(nach C. Katsimbinis · 1976)

0   1   2   3m

GOLGOTAFELSEN-QUERSCHNITT

Der horizontale Schnitt (Bild 2) zeigt den Felsen mit dem Terrain (A), auf dem die Grabungen durchgeführt wurden. Die weiter östlich liegenden Räumlichkeiten des Refektoriums (B, C) sind nicht dargestellt. Das »Golgotamassiv« (G) zeigt im Querschnitt in Höhe des Bodens der Adamskapelle die Form eines in der unteren Hälfte enger werdenden »S« mit einer Länge von etwa 7 m. Die größte Breite beträgt etwa 3 m. Der Grundriß der Golgotakapelle ist in roten Konturen angedeutet.

Die Arbeiten begannen im März 1974 mit der Reinigung der unter dem Refektorium (B, C) liegenden zwei Zisternen (Z). Bei den sich anschließenden Grabungen stieß man in einer Tiefe von 8 m auf Mauerreste aus konstantinischer Zeit. Bei 10 m Tiefe wurde der Felsgrund erreicht, der augenscheinlich das Ergebnis der Sondierungen auf dem Baugrund der Grabeskirche bestätigte: Das Gelände wurde in früher Zeit als Steinbruch benutzt.

In einer zweiten Grabungskampagne, die im Juni 1974 unter Leitung des Archäologen Florentino Diez begann, untersuchte man den Raum A, der unmittelbar hinter dem Golgotafelsen (G) liegt. Die zur Verfügung stehende Fläche maß in nord-südlicher Richtung 4,40 m, in ostwestlicher Richtung 2,40 m. An der Nord- und Ostseite wurde die Grube von dicken

Mauern begrenzt, an der Westseite vom Golgotafelsen. Zunächst erregte die an der Ostseite liegende Mauer (a) das Interesse der Ausgräber. Sie stammte aus konstantinischer Zeit, zeigte aber Steine und Architekturteile, die noch zum Forum Hadrians gehörten. In einer Tiefe von 0,60 m stieß man auf eine bislang unbekannte Mauer (b), die sich unmittelbar an den Golgotafelsen anlehnt. Eine neue Überraschung erwartete die Archäologen in einer Tiefe von 1,90 m. Es war ein rundes Gefäß mit einem Durchmesser von 0,80 m. Wegen der herumliegenden Asche hielt man dieses Gefäß zunächst für einen Ofen, doch schien mit dieser Bezeichnung der eigentliche Zweck des Gefäßes nicht geklärt zu sein. Südlich der Mauer wurde die Grabung fortgesetzt und schließlich in einer Tiefe von 5,50 m der Felsgrund erreicht. Auch hier waren die Spuren eines alten Steinbruches sichtbar. Die immer schlechter werdende Qualität des Gesteins, des weichen »meleke« (vgl. Abb. 86, 2, S. 151), führte wohl zur Stillegung des Steinbruches. So ist Golgota als kleine isolierte Anhöhe im Steinbruchgelände stehengeblieben. Durch die erschreckende Kahlheit des Geländes bot sich der Ort als Hinrichtungsstätte geradezu an.

485

aber nur der Gekreuzigte konnte weitersprechen: »Abba, Vater, in deine Hände übergebe ich meinen Geist.« Der Evangelist betont es besonders: »Jesus sprach dieses Gebet mit lauter Stimme« (Lk 23, 46), wie es die Sitte verlangte, und da er dies gesagt hatte, neigte er sein Haupt und gab seinen Geist auf.

»Als der Hauptmann, der ihm gegenüberstand, ihn so (mit lauter Stimme) verscheiden sah, sagte er: Wahrhaftig, dieser Mensch war Gottes Sohn« (Mk 15, 39). Die am Anfang des Satzes stehende Beteuerung »wahrhaftig« läßt erkennen, daß hier eine Aussage gemacht wird, die ausdrücklich als wahr betont wird. Von dem am Kreuz gestorbenen »Menschen« heißt es, daß er Sohn Gottes »war«. Das Evangelium nach Markus trägt in den meisten Handschriften den Titel »Anfang des Evangeliums Jesu Christi, des Sohnes Gottes«. »Sohn Gottes« ist Jesus nach Markus also nicht erst durch seine Auferstehung; er »war« es schon vorher. Jesus ist der vom »Herrn des Weinbergs« gesandte »geliebte Sohn« (Mk 12, 1–11). Nach dem Zeugnis des Evangelisten ist »Sohn Gottes« mehr als eine Amtsbezeichnung; sie drückt das einzigartige Verhältnis Jesu zu Gott, letztlich seine Herkunft von Gott, aus.

Alle Evangelisten erwähnen die Frauen als Zeugen der Kreuzigung: »Es waren auch viele Frauen da, die von ferne zusahen. Sie waren Jesus aus Galiläa gefolgt, um ihm Dienste zu leisten« (Mt 27, 55). Doch nicht genug damit, jeder der Evangelisten — Lukas nicht ausgenommen, wenn auch an anderer Stelle — sieht sich verpflichtet, jeweils drei Frauen aus der großen Schar namentlich anzuführen.[263] Maria von Magdala wird von Mattäus, Markus und Johannes genannt. Johannes erwähnt außerdem Maria, die Mutter Jesu, und Maria, die des Klopas (19, 25); die letztgenannte ist wohl mit Maria, der Mutter des Jakobus und Joses, identisch, die wir bei Mattäus (27, 56) und Markus (15, 40f.) finden. Diese nennen schließlich als dritte Frau die Mutter der Zebedäussöhne, Salome. Auch Lukas kennt drei Namen von den vielen Frauen, »die Jesus aus Galiläa gefolgt waren und nun dies mit ansahen« (23, 49). Er erwähnt sie aber namentlich erst bei der Auferstehung (24, 10). Wieder ist Maria von Magdala dabei, dann Maria, die Mutter des Jakobus, und schließlich Johanna, die Frau des Chuzas (Lk 24, 10; 8, 3).

Warum werden die Namen von drei Frauen genannt? Die Antwort kann nur lauten: Weil sie als Zeugen auftraten. Nach jüdischem Recht genügten zwei oder drei Zeugen, um einen Tatbestand zweifelsfrei zu sichern (Dtn 19, 15). Wenn auch die Frauen vor Gericht nicht zeugnisfähig waren, so hatte doch ihre Aussage in der apostolischen Verkündigung besonderes Gewicht. Was aber sollten die drei genannten Frauen bezeugen? Doch nicht die Kreuzigung? Hinter der Nennung der drei Zeugen verbirgt sich ein für die Anhänger des Gekreuzigten demütigender Begleitumstand. Der letzte Ruf Jesu am Kreuz scheint sofort nach seinem Tode wegen eines sprachlichen Mißverständnisses Anlaß zu einem peinlichen Gerücht gegeben zu haben. »Einige von den Umstehenden« (Mt 27, 47) brachten gleich nach der Kreuzigung die interessante Neuigkeit in die Stadt, daß der sterbende falsche Messias mit lauter Stimme gerufen habe: »Elija, komm!« Und Elija kam nicht. Der Nazoräer mußte verrecken wie jeder andere auch. Was war also wirklich geschehen? Denn sowohl die Gegner als auch die Anhänger Jesu glaubten die nackte Wahrheit zu berichten.

Versuchen wir das sprachliche Mißverständnis zu klären. Mattäus schreibt: »Um die neunte Stunde schrie Jesus mit lauter Stimme auf: ›Eli, Eli, lema sabachtani?‹, das heißt: Mein Gott, mein Gott, warum hast du mich verlassen? Einige von den Umstehenden, die es gehört hatten, sagten: Er ruft den Elija« (Mt 27, 46. 47). Das Interesse für die letzten Worte eines Sterbenden ist eine allgemeinmenschliche Erfahrung. So ist es nur natürlich, daß auch die Jünger Jesu daran interessiert waren, mit welchen Worten ihr Meister aus dem Leben geschieden ist.

Die Überlieferung des letzten Wortes Jesu bietet aber besondere Schwierigkeiten, die fast unlösbar zu sein scheinen. Alle vier Evangelisten zeigen auffallende Ähnlichkeiten, gleichzeitig aber unerklärliche Verschiedenheiten, ja Gegensätze. So berichten alle vier, daß Jesus mit einem Wort aus dem Alten Testament, genauer, mit einem Psalmwort auf den Lippen starb. Mattäus und Markus: »Mein Gott, mein Gott, warum hast du mich verlassen?« (Ps 22, 2); Lukas: »Vater, in deine Hände befehle ich meinen Geist« (Ps 31, 6); Johannes: »Mich dürstet« (Ps 22, 16). Mattäus berichtet noch von einem Schrei: »Jesus schrie nochmals mit lauter Stimme und gab seinen Geist auf« (Mt 27, 50). Johannes dagegen erwähnt ein kurzes Wort, unmittelbar nach dem Psalm: »Es ist vollbracht. Dann neigte er sein Haupt und gab den Geist auf« (Joh 19, 30).

Es ist verständlich, daß viele Exegeten wegen dieser Vielfalt der Überlieferung die Geschichtlichkeit eines Klagerufes überhaupt in Frage gestellt haben. Doch gerade das entstandene sprachliche Mißverständnis bei den Juden, Jesus habe den Elija gerufen, sichert die Geschichtlichkeit eines letzten Wortes aus dem Munde eines Sterbenden.

Was hat Jesus nun wirklich gesagt? Nach Markus und Mattäus schrie Jesus mit lauter Stimme: »Eli, Eli, lema sabachtani? — Mein Gott, mein Gott, warum hast du mich verlassen?« Die Anrede Gottes, »Eli«, ist hebräisch, die Klage aramäisch. Für die Anhänger Jesu war der Ruf an Gott gerichtet, für die umstehenden Gegner galt der Ruf Elija. Ein Versuch, den Inhalt des letzten Rufes Jesu festzulegen, muß von diesem sprachlichen Mißverständnis ausgehen. So kann das erste Wort, »Eli«, wegen des sprachlichen Mißverständnisses als gesichert gelten. Da die Judenchristen das Leben Jesu im Licht des Alten Testaments sahen, lag es nahe, den letzten Ruf Jesu mit dem Psalm 22, in dem der Messias von seinem Leiden sprach, zu deuten. Als Lukas sein Evangelium schrieb, hatte bei den Heidenchristen das sprachliche Mißverständnis seine Spitze verloren. Dennoch hat Lukas den letzten Ruf Jesu, »Eli«, sachlich nicht verändert, auch wenn er von dem des Markus und Mattäus grundverschieden klingt: »Vater, in deine Hände befehle ich meinen Geist« (23, 46). Beiden Auffassungen liegt das gleiche Motiv zugrunde, den »Eli«-Ruf Jesu mit Hilfe eines messianischen Psalmes zu deuten. Daß die Anrede Gottes »Eli« bei den Heidenchristen, für die Lukas schrieb, zu »Vater« verändert wurde, ist ein ganz natürlicher Prozeß, wie schon Gal 4, 6 und Röm 8, 15 zeigen. Der vierte Evangelist gibt eine doppelte Deutung von Jesu letztem Ruf: »Mich dürstet« und »Es ist vollbracht«. »Mich dürstet« ist eine sachlich korrekte Auslegung des »Eli«-Rufes im Lichte des 63. Psalmes: »Mein Gott, Eli, bist du, dich suche ich früh, meine Seele dürstet nach dir!« Wie Johannes im Prolog den Anfang des Lebens Jesu in Verbindung mit der Schöpfung setzte, so jetzt die Vollendung der Schöpfung mit dem Abschluß des Lebens Jesu: »Ich habe dich verherrlicht auf der Erde, indem ich das Werk vollbrachte, das du mir zu tun gegeben hast« (Joh 17, 4).

So haben die Evangelisten nach ihren Quellen drei verschiedene Psalmworte in den Mund Jesu gelegt, um damit seinen letzten Ruf zu deuten. Es bleibt noch eine Schwierigkeit zu klären. Wie haben die umherstehenden Juden, denen beide Wörter wohlbekannt waren, ein laut gerufenes »Eli« mit »Elija« verwechseln können? Einen Lösungsversuch bietet die Vermutung, daß Jesu letzter Ruf lautete: »Eli atta« — »Mein Gott bist du!« Die in der Nähe des Kreuzes stehenden Juden haben als selbstverständlich angenommen, daß Jesus aramäisch sprach, und konnten den Ruf wegen der Klangähnlichkeit als »Elija ta« — »Elija, komm« — auffassen. Für die Anhänger Jesu mußte diese Deutung peinlich wirken. Es war ihnen daran gelegen, dieses Gerücht über die letzten Worte ihres Meisters durch drei Zeugen zu widerlegen. Zweifellos waren mehr als drei Frauen unter dem Kreuz als Ohrenzeugen zugegen. Deshalb konnten verschiedene Erzähler verschiedene Namen angeben. Maria von Magdala muß sich augenscheinlich durch die Entschiedenheit, womit sie ihr Zeugnis ablegte, besonders hervorgetan haben. Darum wird sie von drei Evangelisten genannt. Wie entschieden die Anhänger Jesu das Gerücht der Juden zurückwiesen, zeigt noch die Tatsache, daß sie das, was die Gegner meinten gehört zu haben, neben das, was Jesus wirklich gerufen hat, stellten. Das Gerücht beruhte auf einem Hörfehler. Allmählich verstummte es, und der »Eli«-Ruf Jesu fing an, seine eigene Geschichte zu entfalten. Die Judenchristen haben »Eli atta« im Psalm 22 gefunden, in dem der Messias von seinem Leiden spricht. Da die Anreden »Eli atta« (Vers 11) und »Eli« (Vers 2) denselben In-

halt haben, wurden sie leicht umgetauscht, wie es die Septuaginta zeigt.

Nach den Evangelisten war das beispiellose Sterben Jesu von auffälligen Naturereignissen begleitet: »Von der sechsten Stunde an aber trat eine Finsternis ein über das ganze Land hin bis zur neunten Stunde« (Mt 27, 45). Und als Jesus seinen Geist aufgab, da riß der Vorhang des Tempels von oben bis unten entzwei, und die Erde bebte, und die Felsen barsten« (Mt 27, 51).

Aus dem knappen Bericht der Evangelisten ist nicht zu ersehen, ob die Nachricht vom Zerreißen des Vorhangs auf den äußeren oder inneren Vorhang zu beziehen ist. Wahrscheinlich ist der äußere Vorhang gemeint, der im Herodianischen Tempel vor der tagsüber geöffneten, von der Vorhalle in das »Heilige« führenden Eingangspforte hing (vgl. Abb. 102, S. 179).

Andere, wenn auch etwas abweichende Traditionen, die sich aber offenbar auf das gleiche Ereignis beziehen, reden von staunenswerten Vorgängen an diesem Portal des Tempelhauses. So heißt es im Talmud: »Vierzig Jahre bevor das Haus des Heiligtums zerstört wurde, erlosch die westliche Lampe, und das karmesinrote Wollenband blieb rot, und das Los Gottes kam zur linken Seite hervor; und man verschloß die Türen des Tempels am Abend, und als man am Morgen aufstand, fand man sie geöffnet. Es sagte Rabbi Johanan ben Sakkai: Tempel, warum erschreckst du uns? Wir wissen, daß dein Ende Zerstörung ist, wie geschrieben steht: ›Öffne, Libanon, deine Türen, und Feuer wird deine Zedern verzehren!‹ [Sach 11, 1]« (j. Joma 6, 43ᶜ).

Es ist nicht unwahrscheinlich, daß der von Josephus überlieferte Bericht sich auf dasselbe Ereignis bezieht: »Auch die Osttür des inneren Heiligtums, die, ganz von Erz und ungeheurem Gewicht, gegen Abend von zwanzig Männern nur mit Mühe geschlossen wurde und mit eisernen Querriegeln gesichert und mit tief in die aus einem Stück bestehende Schwelle eingelassenen Längsriegeln versehen war, sprang des Nachts, etwa um die sechste Stunde, von selber auf« [Jüd. Krieg VI, 5, 3). Josephus, der dies nach dem schriftlichen Bericht eines Augenzeugen erzählt, nennt zwar keine Jahreszahl, wohl aber gibt er an, daß es sich zur Zeit eines Pascha zutrug.

Jesu Tod muß bald nach 15 Uhr eingetreten sein. Diese Zeit ergibt sich aus dem Bericht des Evangelisten Markus und den Vorgängen, die sich noch zwischen dem Tod des Gekreuzigten und dem Beginn des Sabbats ereignen sollten. Nach jüdischer Sitte durfte kein Verurteilter über den Sabbat am Kreuze hängen bleiben. Aus diesem Grunde ersuchte der Hohepriester den Landpfleger, ihren Tod zu beschleunigen. Als die Soldaten kamen, um ihnen die Gebeine zu zerschlagen, war Jesus bereits gestorben (vgl. Abb. 266, 3, S. 478). Der Augenzeuge schreibt: »Einer der Soldaten stach mit einer Lanze in seine Seite, und sogleich kam Blut und Wasser heraus.« Johannes fügt hinzu: »Der es gesehen hat,

hat es bezeugt, und sein Zeugnis ist wahrhaftig. Er weiß, daß er die Wahrheit sagt, damit auch ihr glaubet« (Joh 19, 34. 35).

Abb. 269.　Das Zeichen des Kreuzes.

»Ich will mich nicht rühmen, es sei denn im Kreuze unseres Herrn Jesus Christus« (Gal 6, 14).

Das »Kreuzzeichen« läßt sich als uraltes Symbol in der gesamten Kulturwelt Vorderasiens nachweisen.[264] Wie das »Kreuzzeichen« genauer aussah, erfahren wir in der ersten Tempelvision des Propheten Ezechiel: »Gehe mitten durch die Stadt, mitten durch Jerusalem, und mache ein ›Taw‹ auf die Stirn der Männer« (9, 4). Aus der Mescha-Inschrift (um 840 v. Chr.), aus der Schiloach-Inschrift (um 700 v. Chr.), aus Siegeln und Gemmen vom 9.–5. Jahrhundert v. Chr. sowie aus den Münzen der Makkabäerzeit wissen wir, daß das Althebräische den Buchstaben Taw als liegendes Kreuz × bildete. Aber auch als stehendes Kreuz + ist das Taw bekannt. Welche religiöse Bedeutung hatte das Zeichen Taw im Judentum? Bei Ezechiel war es das Zeichen, das den göttlichen Schutz gegen alles Unheil garantierte, es ist aber auch das Eigentumszeichen Jahwes für die ihm Gehorsamen. So finden wir das »Kreuzzeichen« auf vielen jüdischen Ossuarien des 1. Jahrhunderts v. Chr. und n. Chr. als eschatologisches Schutz- und Eigentumszeichen Gottes (vgl. Abb. 105, S. 183). Vom jüdischen »Kreuzzeichen« zum Kreuze Christi auf Golgota führt aber kein direkter Weg. Wieweit die Judenchristen das Taw als christliches Symbol benutzten, muß im Einzelfall aus anderen Kriterien erwiesen werden. Paulus zeigt, daß das Kreuz im Christentum einen Neuansatz bedeutet. Schon das griechische Wort »stauros« für das Kreuz als Marterinstrument läßt den Bruch gegenüber dem Kreuzzeichen Taw erkennen. »Stauros« bedeutet zunächst: Pfahl, den senkrecht in die Erde gelassenen Holzstamm. Durch die Verwendung eines Querbalkens konnte das Kreuz mit dem griechischen Großbuchstaben T (Tau) wiedergegeben werden. Das Neue Testament zeigt vielfach, daß in den ältesten Zeiten der Kirche nicht so sehr der Glaube an die Auferstehung Christi den antiken Menschen Schwierigkeiten bereitete, wohl aber die Kreuzigung des Sohnes Gottes. Paulus bemüht sich nicht, diese Schwierigkeit zu lösen; im Gegenteil, er betont das Paradoxon: Als Zeichen des Todes Christi ist es das Siegeszeichen.

1. Das Kreuz von Herculanum.

Nur wenige Stunden dauerte die Katastrophe, als am 24. August 79 n. Chr. Pompeji und Herculanum vom Ascheregen des Vesuvs und von den Schlammfluten begraben wurden. Fast siebzehnhundert Jahre vergingen, bis die Städte wiederentdeckt wurden. Die Geschichte der Ausgrabungen, die noch bis in unsere Zeit fortdauern, ist atemberaubend; nicht weniger ist es unsere Frage: Gab es in Herculanum Christen? Paulus, der im Frühjahr 61 n. Chr. auf seiner ersten Gefangenschaftsreise in Puteoli, etwa 20 km westlich von Herculanum landete, erhielt dort von dem begleitenden römischen Hauptmann Julius die Erlaubnis, »sieben Tage bei den Brüdern zu bleiben« (Apg 28, 14). Es gab also in Puteoli

Christen. Und im nahen Herculanum? Im Jahre 1938 wurde in einem Hause am »Decumanus maximus« eine überraschende Entdeckung gemacht. In der ersten Etage des sonst luxuriös ausgestatteten Hauses fand man in einem dürftigen Zimmer, das wohl von Bediensteten oder Sklaven bewohnt wurde, den Umrisse eines lateinischen Kreuzes im Wandverputz eingedrückt. Das etwa 43 cm hohe »Holzkreuz« war in einem Rechteck aus Stuck eingelassen gewesen. Die Befestigungslöcher waren noch in der Wand zu sehen. Vor dem »Kreuz« befand sich eine Art kleiner Schrank aus Holz mit einem Aufsatz. War es ein Hausaltar? Wurde der einfache Raum von den »Brüdern« als Versammlungsort benutzt? Wir können diese Fragen nicht mit Sicherheit beantworten. Fest steht nur, daß beim Herannahen der Katastrophe im August des Jahres 79 n. Chr. das wie ein Kreuz aussehende Holzstück gewaltsam aus der Wand gerissen worden ist. Als Zeichen der Hoffnung und des Sieges im Angesicht des Todes? Aus den Wachstäfelchen, die noch im Hausarchiv gefunden wurden, war zu erfahren, daß die Hausherrin der Tochter der Freigelassenen Vitalis Petronia das Recht streitig machte, das Erbe ihrer verstorbenen Mutter anzutreten. Waren die Tochter Justa, die verstorbene Mutter Petronia Christen, Judenchristen? Eine letzte Gewißheit darüber werden wir nicht erhalten. Daß aber Christen in den Städten gewohnt haben, beweist ein – wenn auch schwer zu entziffernde – Graffito auf der Wand des Atriums im Hause Nr. 22 in Pompeji: »... BOVIUS (?) AUDIT (?) CHRISTIANOS SEVOS OSSORES (?)«.

2. *Das Spottkruzifix aus dem kaiserlichen Pädagogium auf dem Palatin.*

Wie Christus, der zwischen zwei Verbrechern am Kreuz starb, zum Verbrecher deklariert wurde, so haftete diese Schmach auch den Christen an. Sie wurden von Tacitus und anderen Schriftstellern als der Inbegriff des Menschenhasses, aller Scheußlichkeiten und alles Aberglaubens hingestellt. Von den frühen Apologeten hat uns der römische Rechtsanwalt Minucius Felix (um 200 n. Chr.) fast vollständig alle Vorwürfe der Heiden gegen die Christen in seinem Dialog »Octavius« überliefert; darunter auch die Verehrung eines Eselskopfes (c. 9), einen Vorwurf, den auch Tertullian bestätigt (Apologeticum 16). Nach Josephus (Contra Apionem II, 7) hat bereits der Grammatiker Apion (um 40 n. Chr.) die Juden desselben Aberglaubens bezichtigt, der dann auch auf die Christen übertragen wurde. Die Kritzelzeichnung, die 1857 in Rom auf einer Wand in dem sogenannten Pädagogium auf dem Palatin, dem Hügel des einstigen Kaiserpalastes, entdeckt wurde, bietet dazu die zeitgenössische Karikatur. Von hinten sieht man eine Gestalt mit einem Eselskopf, die ans Kreuz geschlagen ist. Links vom Kreuz steht ein Mann mit erhobenem Arm, dazu die griechische Erklärung: ΑΛΕΞΑΜΕ-ΝΟC ΣΕΒΕΤΕ ΘΕΟΝ« — »Alexamenos betet (seinen) Gott an«. Offenbar handelt es sich hier um einen jungen Christen aus der Schar der kaiserlichen Pagen, über den sich seine Kameraden lustig machten. Was den Christen aber das Kreuz bedeutete, überliefert der römische Philosoph Seneca († 65 n. Chr.), der als Augenzeuge die Schandtaten seines mißratenen Zöglings Nero mit erlebte: »Mitten unter diesen Qualen, da war einer, der nicht gestöhnt; nein, der hat nicht um sein Leben gefleht; auch das ist noch zuwenig, er hat gelächelt, ja, gelächelt fröhlichen Herzens« (Ep. 78).

Das Begräbnis

Im Altertum bedeutete das Ende des Lebens für einen Verurteilten noch nicht das Ende seiner Strafe. Das römische Recht kannte eine degradierende Begleitstrafe: den Verlust der Totenehre. Wir besitzen viele Zeugnisse darüber, daß es den Angehörigen eines Hingerichteten nicht erlaubt war, die Leiche zu bestatten und Totenklage zu halten. Zur Freigabe des Toten bedurfte es eines besonderen Gnadenaktes, der mit Ausnahme von Majestätsverbrechen im allgemeinen den bittenden Angehörigen gewährt wurde. Die Verweigerung des Begräbnisses war für jüdisches Empfinden etwas so Entsetzliches, daß man dies nicht einmal einem Verbrecher antun wollte. So bestimmte das jüdische Gesetz, daß selbst einem hingerichteten Gotteslästerer die Einhüllung in Linnentücher nicht verwehrt werden durfte.

Nach dem übereinstimmenden Zeugnis der vier Evangelisten bemühte sich Josef von Arimatäa um die Bestattung Jesu. Josef, der, wie sein Beiname andeutet, aus Arimatäa bei Lod stammte, war Mitglied des Hohen Rates. Johannes nennt ihn einen Mann, der auf das Reich Gottes wartete, einen geheimen Jünger Jesu, der aber bisher seine Gesinnung aus Angst vor den Pharisäern verheimlicht hatte. Der Tod Jesu machte ihn zum Bekenner. Er ging mutig zu Pilatus und bat um den Leichnam des Hingerichteten. Der römische Beamte hielt sich genau an seine Vorschriften. Er forderte den Bericht des diensthabenden Offiziers an. Als dieser den Tod des Nazoräers beglaubigte, gab Pilatus den Toten frei, »er schenkte ihn Josef« (Mk 15, 45).

In der nüchternen Weise reiht nun Markus die einzelnen Ereignisse aneinander: »Josef kaufte ein Linnentuch, nahm Jesus herab und wickelte ihn in das Linnen. Dann legte er ihn in ein Grabmal, das in den Felsen gehauen war, und wälzte einen Stein vor die Tür des Grabes« (Mk 15, 46).

Es kommt Markus darauf an, festzustellen, daß der Leichnam Jesu nicht nackt und pietätlos irgendwohin fortgeschafft wurde, sondern ein relativ würdiges Begräbnis erhielt. Wie die von dem Ratsherrn gekaufte Leinwand verwendet wurde, ob man sich eines einzigen Stückes oder mehrerer Stücke bediente, wird nicht beschrieben. Markus sagt nur: »Josef wickelte ihn in das Linnen.« Das griechische Wort »eneilein« bedeutet eigentlich »einzwängen, fest einpacken«. Der Bericht des Markus besagt also nicht, Jesu Leichnam sei mit einem Linnen nur bedeckt worden.[265]

All diese Handlungen werden formell nur über Josef allein ausgesagt. Aber es ist sicher anzunehmen, daß der angesehene Ratsherr nicht allein diese schwere und mühsame Arbeit bewältigt hat. Johannes nennt uns noch einen zweiten Namen. Der andere war Nikodemus, der Jesus einst bei dunkler Nacht aufgesucht hatte. Nikodemus brachte eine Mischung von Myrrhe und Aloe mit, gegen hundert Pfund. (Ein Pfund hatte damals

327 g, es waren also gut 32 kg.) Über die Art der Bestattung schreibt Johannes ausführlicher: »Sie nahmen den Leib Jesu und banden ihn mit Binden samt den Gewürzen, wie es der Begräbnissitte der Juden entspricht« (Joh 19, 40).

Was der summarische Bericht bei den Synoptikern noch offenläßt, stellt Johannes außer Zweifel: Man bediente sich nicht eines Leinwandlakens sondern mehrerer Stücke. Er gebraucht statt »sindon« — »Leinwand« — das Wort »othonion«, und zwar in der Mehrzahl. »Othonia« bezeichnet bei den antiken griechischen Autoren kleinere Stücke von Leinwand, namentlich Stoffstreifen zum Verbinden von Wunden. Daß auch hier bei Johannes das Wort in diesem Sinn gebraucht ist, zeigt zwingend das im Zusammenhang auftretende Zeitwort »binden, fesseln«. Die »othonia« — »Leinwandstreifen« — dienten als Bandagen, mit denen der Leichnam gebunden, fest umwickelt wurde.

Johannes Chrysostomus, der den palästinensischen Verhältnissen des 1. Jahrhunderts n. Chr. zeitlich und räumlich noch nahestand, überliefert uns folgende jüdische Begräbnissitte: Der Tote wurde mit vielen Tüchern eingehüllt, dabei wurden die Hände an den Leib gebunden und die Füße umschnürt. Von dem so eingewickelten Körper ist nichts mehr zu sehen, weder Augen noch Hände, noch Füße (in Matth. hom. 27, 4).

Zum Einwickeln des Kopfes verwendete man ein besonderes Tuch. Das ursprünglich lateinische Wort »sudarium« ist als Lehnwort ins Griechische übergegangen und wird auch in der rabbinischen Literatur verwendet. Es war ein unserem Taschentuch entsprechendes, großes Linnentuch, das man zum Abtrocknen des Schweißes, zum Aufbewahren von Geld (Lk 19, 20), zum Winken und Zeichengeben benutzte. Auch der Kopf des Toten wurde mit einem »soudarion« (Joh 20, 7) umbunden. Als am Ostermorgen der »andere Jünger« (Joh 20, 4) — es ist Johannes — von außen her ins Grab schaute, sah er die »othonia« — »Leinwandbinden« — daliegen. Dasselbe stellt auch Petrus fest. Als er aber tiefer in die Grabkammer hineinging, sah er noch mehr, nämlich auch das »soudarion« — »Schweißtuch« —, das »Jesus um das Haupt gebunden war. Es lag aber nicht mit den anderen Binden zusammen, sondern für sich abseits an einer Stelle zusammengewickelt« (Joh 20, 7).

Obwohl die Evangelisten nichts von einer Waschung des Toten erwähnen, so ist doch anzunehmen, daß die Männer den blutbefleckten Leib gewaschen haben, ehe sie ihn mit den reinen und frischen Linnentüchern umhüllten. Dabei wurden die Duftstoffe, die wohlriechende Myrrhe und das Aloeholz, in pulverisierter Form beim Herumlegen der Leinwand zwischen diese und den Leichnam gestreut. Darauf wurde der Tote in die Grabkammer getragen: »An dem Ort, wo Jesus gekreuzigt wurde, befand sich ein Garten und in dem Garten ein neues Grab, in dem noch niemand bestattet worden war« (Joh 19, 41). Wo lag dieser Garten?

Das durchweg felsige Gelände nördlich von der zweiten Stadtmauer gehörte zum Westhügel, auf dem die Oberstadt erbaut war. Im Nordosten wurde es von dem Haupttal der Stadt begrenzt, im Süden von einem Nebental. Nördlich von der zweiten Stadtmauer lagen die Vorstadtgärten von Jerusalem, auf die auch das nahe Gartentor hinwies. Durch Steinbrüche war in dieses Gelände eine Senkung eingeschnitten, die im Westen und Norden steile Wände hatte. An diesen Abhängen waren zur Zeit Jesu Felsgräber ausgehauen (vgl. Abb. 287, 3, 20', S. 522). Wenn wir die archäologischen Untersuchungen dieser Felsgräber durch die Angaben der Mischna ergänzen, dann können wir uns ein getreues Bild des Grabes Jesu machen (vgl. Abb. 270, S. 491).

In einem solchen Felsgrab bestatteten Josef und seine Begleiter den toten Nazoräer. Dann rollten sie den schweren Stein vor den Eingang und verließen die Grabstätte, denn der Sabbat war im Anbruch.

Die Grabeskirche

Heute steht über Golgota und dem Garten des Ratsherrn Josef von Arimatäa die Grabeskirche. Sie steht mitten in der Stadt, von vielen Häusern umgeben und eingezwängt. Leicht versteht man das Erstaunen oder gar die Bestürzung so mancher Jerusalempilger, die darauf gefaßt waren, etwas zu sehen, und nun nur eine alte Kirche vorfinden. Wie soll man da inmitten der vielen Kapellen und Altäre, inmitten der brennenden Ampeln und Ikonen den Felsen von Golgota erkennen und das Grab im Garten?

Gerade dieser Zweifel soll uns keine Mühe scheuen lassen, der Frage auf den Grund zu gehen. Die Untersuchungen der Altertumsforscher und die Baugeschichte der Grabeskirche sollen uns zeigen, auf welch zuverlässigem Boden wir stehen, wenn wir hier in Jerusalem das Grab Jesu, das Zeichen seiner glorreichen Auferstehung, verehren.

Zunächst besitzen wir die überaus genauen Ortsangaben der Evangelisten. Mit dem Namen der Hinrichtungsstätte erfahren wir, daß Jesus außerhalb der Stadt gekreuzigt worden ist, daß dieser Ort aber nahe bei der Stadt lag (Joh 19, 20), und zwar in der Nähe eines Stadttores (Hebr 13, 12). Dazu kommt noch die Angabe, daß sich in der Nähe von Golgota ein Garten befand. Selbst der Name des Besitzers wird nicht verschwiegen.

Die liberale Bibelkritik suchte immer wieder die Angaben der Evangelisten mit folgender Behauptung zu erschüttern: Der Ort, an dem heute die Grabeskirche steht, hat zur Zeit Jesu nie außerhalb der Stadt gelegen. Daraus folgt mit logischer Konsequenz, daß Jesus hier nicht begraben sein konnte; denn eine strenge Vorschrift verbot absolut jede Bestattung innerhalb der Stadtmauer. Nach der Mischna (Baba Bathra 2, 9) mußte ein Grab etwa 50 Ellen, das sind etwa 25 m, von der Stadtmauer entfernt sein.

Abb. 270.   Altes Felsgrab bei Jerusalem.

Die Skizze zeigt ein jüdisches Felsgrab im Grundriß und Längsschnitt (nach L. H. Grollenberg OP).

1 Offener Zugang	2a Steinerne Sitzbänke
1a Eingang mit Rollstein	3 Grabkammer
2 Vorraum	3a Bankbogengrab

*In den Berghang grub man zunächst einen offenen Gang (1), gewöhnlich mit einigen abwärts führenden Stufen, um schneller die nötige Tiefe zu erreichen. Hinter einer sehr niedrigen Öffnung (1a) schlug man in den Felsen eine quadratische Kammer (2), deren Seitenwände aus dem Felsen gemeißelte Sitzbänke (2a) aufwiesen. G. Dalman schreibt über die von ihm nachgemessenen Eingänge bei alten Felsgräbern in der Umgebung Jerusalems: »Ich verzeichne Abmessungen von 89 zu 71, 64 zu 58, 56 zu 47, 55 zu 49 cm, als ungewöhnlich 1,75 zu 1,13 m« (a. a. O., S. 391).
Der Eingang zum Vorraum konnte entweder mit einer Platte oder einem sogenannten Rollstein verschlossen werden. Noch heute befinden sich in der Umgebung von Jerusalem solche Rollsteine vor alten jüdischen Felsgräbern. Beim Betrachten dieser Steine verstehen wir die bange Frage der Frauen am Auferstehungsmorgen: »Wer wird uns den Stein vom Grabe wegwälzen?« (Mk 16, 3)
An den Vorraum schloß sich die eigentliche Grabkammer (3) an. Nach den Bestimmungen der Mischna mußte die Größe der Grabkammer 4×4 Ellen betragen, das sind rund 2×2 m. Die Toten wurden nun in Stollen (Kokim) hineingeschoben, die horizontal in den Felsen getrieben waren. (Unteres Bild.) Ein solches Grab nannte man ein Schiebegrab. Nach der Mischna bot der Normaltyp einer Grabkammer für 8 bis 9 Schiebegräber Platz.
Die andere Form war das sogenannte Bankgrab. Der Tote wurde flach auf eine Felsbank gelegt, die unter einem Rundbogen (3a) aus dem Felsen gehauen war. Eine Abart dieses Bankbogengrabes bildete das sogenannte Troggrab. Die flache Felsbank wurde ausgehöhlt, so daß eine trogartige Vertiefung entstand. Über die Größe eines Trogbogengrabes bemerkt G. Dalman: »Ein von mir vermessenes Grab im Norden Jerusalems besteht aus einem, außen gemessen, 1,97 m langen, 54 cm hohen und 63 cm breiten Troge, dessen Einsenkung 1,75 m lang, 47 cm breit und 37 cm tief ist. Die Bogenwölbung ist 83 cm hoch, ihre Rückwand oben etwas nach vorn geneigt« (a. a. O., S. 387).*

Der Einwand klingt bestechend, die große Frage ist aber nur, ob die Voraussetzungen stimmen. Es gibt nur wenige Probleme der biblischen Archäologie, die verwickelter sind als die Geschichte der Grabeskirche.[266] Diese Schwierigkeiten haben ihre Ursache zum großen Teil in der Beschreibung Jerusalems durch Josephus. Eine genaue Analyse seiner Angaben führte zu dem paradoxen Ergebnis, daß dem Kronzeugen Jerusalems aus dem Jahrhundert Jesu die Einsicht in eine geschichtliche Entwicklung der Stadt ganz abging. Schon das Jerusalem der Jebusiter im 2. Jahrtausend v. Chr. bestand für ihn aus den beiden Stadtteilen, die es zu seiner Zeit

Abb. 271. Die Grabeskirche (nach einer Aufnahme aus dem
           Jahre 1906).

Die Kirche, die die heiligsten Stätten der Christenheit umschließt, gleicht »einer altersgrau gewordenen Mutter, in deren Angesicht der Kampf eines langen Lebens tiefe Spuren
gegraben hat. Für den frommen Pilger sind die Runzeln ihres
gealterten Gesichtes ehrwürdig, denn sie erzählen ihm seine
Geschichte, in die sein eigenes Dasein unaufhörlich verschlun-
gen ist« (Gustaf Dalman).
Die Grabeskirche steht heute verdeckt und versteckt inmitten
von Häusern und Klöstern, so daß von ihrer äußeren Gestalt
nur die südliche Eingangsfassade, der Turm, die Kuppeln und
der Chorabschluß (rechter Bildrand) sichtbar sind. In seiner
Außenansicht überrascht der abendländisch-spätromanische
Bau durch einen orientalischen Charakter, den er mit den
Kuppeln und den flachen Dächern zur Schau trägt. Terrassenförmig bauen sich die Plattformen des Chorumganges, des
umlaufenden Emporenschiffes und des kreuzförmigen Hoch-
schiffes übereinander auf und tragen als Krönung auf ein-
fachem Tambour die dachlose Rundung der Kuppel (vgl. Abb.
287, S. 523). Abgesehen von der gestalteten Südfassade, finden sich überall nur glatte Wände, selbst die Fensteröffnungen sind ohne Schmuck.
Links neben der Portalfassade erhebt sich der mächtige quadratische Glockenturm, gegenwärtig ein Torso und seiner

obersten Stockwerke mit der Kuppel beraubt (vgl. Abb. 290, 2,
S. 529). Im Turm läuteten die Glocken nur bis 1187, dann
ließ sie der Ayyubidensultan Saladin (1169–1193) in Stücke
schlagen. Der Turm steht auf der Kapelle der Vierzig Martyrer, links, seitlich von ihm, die dachlose Magdalenenkapelle,
früher der Trinität geweiht und mit einer Kuppel bedeckt;
schließlich ganz links die byzantinische Jakobuskapelle (vgl.
Abb. 287, 33, 34, 35, S. 522). Weiter nach Westen (links vom
Turm) hat die Südseite der Kirche schon in der Kreuzfahrerzeit keine sichtbare Außenwand gehabt. Anders schaut es in
östlicher Richtung aus; dort liegt rechts vom Turm die große
Südfassade mit dem Hauptportal der Kirche.
Die große schwarze Kuppel (rechts hinter dem Glockenturm)
wölbt sich etwa 50 m hoch über dem Ort, an dem einst das
Felsgrab Christi gelegen hat. Leider sind durch drei Restaurationen alle alten Details verschwunden. Im Jahre 1719 gab
die Hohe Pforte in Konstantinopel die Erlaubnis, die schadhaft gewordene Kuppel wieder instand zu setzen, aber unter
der Bedingung, daß keine Veränderungen vorgenommen würden. Dennoch versuchte man eine solche. Die alte baufällige
Kuppel wurde entfernt. Ebenso das Mauerwerk des Tambours.
Nach der Beschreibung des Franziskanerguardians Quaresmius (1626) war die Kuppel aus Holz und hatte die Form
eines abgeschnittenen Kegels, durch dessen weite Kreisöffnung die Kirche Licht erhielt. Der Tambour wurde neu aufgeführt und erhielt 16 Fenster, da man anstelle der oben

offenen eine geschlossene Kuppel plante (vgl. Abb. 287, T). Allein die Hohe Pforte vereitelte das Unternehmen. Die Fenster mußten wieder vermauert und die alte, oben offene Kuppel wiederhergestellt werden. Nach dem Brand von 1808 erfolgte die zweite Restauration. Die neue hölzerne Kuppel hielt keine sechs Jahrzehnte. Im Jahre 1863 wurde sie durch die jetzige eiserne Konstruktion ersetzt.

An die Grabesrotunde schließt sich nach Osten (rechts) das »Chor der Griechen«, das alte Domherrenchor, an (vgl. Abb. 287). Die kreuzförmig angeordneten Würfel lassen die Lage des Chores und des Querschiffes besser erkennen als die Zeichnung des Grundrisses. Die helle Kuppel erhebt sich über der Vierung. Nicht weniger als 96 kleine Kragsteine tragen das Gesims des Tambours, und zwar in stets wechselnden Formen: Männerköpfe, Frauenköpfe, Ochsenköpfe, ein Baum, runde Öffnungen mit anderen ornamentalen Motiven.

Der Ort der Kreuzigung, der nach dem Pilger von Bordeaux (333) einen Steinwurf weit (etwa 40 m) vom Grab entfernt war, liegt unter der hinteren kleinen Kuppel, die auf dem flachen Dach (im rechten unteren Bildviertel) sichtbar ist.

Während der Außenbau bei der Wiederherstellung im Jahre 1810 unberührt geblieben ist, hat die Außenseite des Chorumganges (rechter Bildrand) eine Umgestaltung im groben Barockstil mit einer geschweiften Krönung erfahren. Darunterhin zieht sich ein Kranz von kleinen Nischen und runden Öffnungen. Die fünf großen Fenster haben noch die Umrahmung ihres oberen Teiles durch fortlaufende Halbbogen. Rechts und links von der Apsis sieht man die Enden der Seitenschiffe.

Nach dem Abzug der Kreuzfahrer wechselten die Besitzverhältnisse der Grabeskirche in mannigfaltigster Weise, und die Streitigkeiten am heiligsten Ort gereichten der Christenheit nicht zur Ehre. Saladin, der bei der Eroberung Jerusalems den Gesamtbau schonte, überließ die Kirche gegen einen Tribut von 40 000 Byzantinern (Goldmünzen) den einheimischen syrischen Christen. Im Jahre 1228 gewann Friedrich II. die Grabeskirche durch einen Vertrag für die Lateiner wieder zurück. Nachdem der Kaiser vom Bann gelöst und das Interdikt über Jerusalem aufgehoben war, wurde sie 1231 durch den Patriarchen Gerold in Gegenwart der Patriarchen von Antiochia und Aquileja und vieler Bischöfe feierlichst zum zweitenmal eingeweiht. Aber schon 1244 ging die Kirche nach der Eroberung Jerusalems durch die mittelasiatischen Choresmier und der ihr folgenden Eroberung durch die Ägypter unter Bibars (1260–1277) für immer den Lateinern verloren. Den Abendländern blieb sie verschlossen, bis im Jahre 1305 Robert von Sizilien den Mitbesitz der Grabeskirche, des Abendmahlssaales und der Geburtskirche für die lateinische Kirche erkaufte. Von 1342 an haben dann die Franziskaner die Sorge und den Dienst an diesen heiligen Stätten übernommen. Die Lateiner mußten sich mit der nördlich von der Grabesrotunde liegenden Marienkapelle (vgl. Abb. 287, 18, S. 522) und den westlich davon liegenden Räumen begnügen. Seit dem 16. Jahrhundert kam es wieder zu einem häufigen Wechsel in den Besitzverhältnissen. Heute sind in der Grabeskirche sechs verschiedene christliche Gemeinschaften vertreten: die Griechen, die Lateiner, die Armenier, die Kopten, die jakobitischen Syrer und die Abessinier, denen nur das »Grab des Josef von Arimatäa« gehört. Ihr kleines Kloster steht auf dem Dach der Grabeskirche.

Das Erdbeben von 1927 erschütterte auch diesen alten Bau. Da die Christen aus Angst vor einer Veränderung der Besitzverhältnisse sich über die Durchführung einer gründlichen Restaurierung nicht einigen konnten, ließ die damalige englische Mandatsmacht die baufällige Kirche mit Stahlgerüsten und Eisenbändern stützen und sichern. Der Anblick der häßlichen Eisenkonstruktion an der Südfassade und der Skandal der Uneinigkeit unter den Christen ließen schließlich die notwendige Instandsetzung Wirklichkeit werden. Nach sorgfältiger Vorbereitung konnte mit den Arbeiten im Juli 1962 begonnen werden. Ziel der Restaurierungsarbeiten ist, den Bau des 12. Jahrhunderts in seiner alten Struktur wiedererstehen zu lassen. So verbindet sich mit der Schönheit der alten Kirche auch das Zeugnis eines neuen Geistes.

besaß: einer Oberstadt auf dem Südwesthügel und einer Unterstadt auf dem Südosthügel. Nur aufgrund seiner Beschreibung der Stadtmauern blieb die Frage nach deren Lage offen.[267] Nach langer und mühsamer Prüfung der örtlichen Verhältnisse gelangten die Fachgelehrten zu einer Bestätigung der Tradition, daß Golgota und das Grab Jesu zur Zeit Christi außerhalb der Stadtmauer gelegen haben.

Sehen wir diese Tatsachen im einzelnen. Josephus Flavius erzählt in seinem Bericht über die Belagerung Jerusalems, wie die Römer nacheinander die drei Stadtmauern einnahmen. In Wirklichkeit war aber Jerusalem nicht ringsum von einer dreifachen Mauer umgeben, nur die Nordseite der Stadt besaß eine dreifache Verteidigungslinie. Diese Befestigungen werden allgemein in der Archäologie Jerusalems als »erste«, »zweite« und »dritte« Mauer bezeichnet. Wohlgemerkt, das ist der Bericht des Josephus für das Jahr 70 n. Chr.

Zur Zeit Jesu bestanden im Norden der Stadt nur die erste und zweite Mauer. Der Bau der dritten Mauer wurde erst während der Regierungszeit des Königs Herodes Agrippa I. (41—44) begonnen. Agrippa erfreute sich der besonderen Gunst der Römer. Von Roms Gnaden regierte er über das ganze Gebiet Herodes' des Großen. In militärischen Angelegenheiten duldeten die Römer aber keine Privilegien. Sie verboten dem König den Weiterbau der dritten Stadtmauer. Erst bei Beginn des Jüdischen Aufstandes im Jahre 67 wurden diese Arbeiten an der dritten Mauer fortgesetzt und in aller Eile vollendet.

Für die Frage nach der Echtheit von Golgota ist allein der Verlauf der zweiten Stadtmauer wichtig. Die entscheidende Frage lautet: Lagen die Hinrichtungsstätte und der angrenzende Garten innerhalb oder außerhalb dieser zweiten Mauer? (Vgl. Abb. 82, S. 141, und Abb. 272, S. 495.)

Der Kampf um die »zweite Mauer« wurde wie zu des Titus Zeiten erbittert geführt. Die Angaben unseres Gewährsmannes Josephus sind sehr knapp: »Die zweite Mauer ging vom sogenannten Gennat-Tor [Gartentor] aus, das zur ersten Umfassung gehörte. Sie umschloß einzig die nördliche Gegend und setzte sich bis zur Antonia fort« (Jüd. Krieg V, 4, 2).

Wir kennen also nach diesem Bericht den Ausgangs- und den Endpunkt der zweiten Mauer. Aber nur der Endpunkt an der Burg Antonia ist für uns greifbar. Für die Lage des Gennat-Tores – es hat seinen Namen wohl von den Gärten, zu denen man durch dieses Tor gelangte (vgl. Joh 19, 41) – liegen sichere Anhaltspunkte nicht vor. Der Ausdruck »kyklomenon«, den Josephus gebraucht, veranlaßt einige Forscher, eine Mauerführung anzunehmen, die in Form eines weiten Kreisbogens vom Gennat-Tor zur Burg Antonia führte. Das Grab Christi läge dann innerhalb der Mauer im Stadtgebiet und würde sich schon dadurch als unecht erweisen. Der Ausdruck »kykloûsthai« – »umschließen« – braucht aber nicht unbedingt eine Bogenlinie zu meinen. Im Gegenteil, alle archäologischen Befunde und die Zweckmäßigkeit einer strategischen Verteidigungslinie schließen eine solche Deutung aus. Felsböschungen, tiefe Gräben und Mauerreste, die bei Bauarbeiten entdeckt wurden, ergeben eine ganze Folge von Anhaltspunkten, die eine andere Mauerlinie erkennen lassen. Wenn auch über den Verlauf der zweiten Mauer wegen der ungeklärten Lage des Gennat-Tores noch keine letzte Sicherheit gewonnen worden ist, so sprechen doch alle archäologischen Befunde dafür, daß Golgota und das Grab im Garten Josefs von Arimatäa zur Zeit Jesu nicht zum Stadtgebiet gehört haben (vgl. Abb. 272).

Abb. 272. Das Gelände der Oberstadt mit der Grabeskirche und den drei Stadtmauern (nach L.-H. Vincent OP) (S. 495).

Die Höhenlinien, die mit einer Differenz von je 10 m eingetragen sind, lassen sowohl das in nordwestlicher Richtung ansteigende Gelände, in dessen Hang das Felsgrab Jesu eingehauen war, erkennen als auch die von der nächsten Umgebung sich abhebende Lage von Golgota. Da es schwierig ist, das Felsniveau innerhalb der bewohnten Stadt zu bestimmen, bleibt ein gewisser Spielraum in der Führung der Höhenlinien zu berücksichtigen. Der nackte Fels tritt zwar an verschiedenen Stellen zutage – im Hofe vor dem südlichen Eingangstor der Grabeskirche, in der Kirche selbst, in den sich östlich anschließenden Höfen und in den Gebäuden des anliegenden Straßenwinkels –, aber die Felsoberfläche ist nicht mehr die ursprüngliche, sondern vielfach bearbeitet worden. So hat man den westlichen Teil der Grabeskirche in den Felsen hineingebaut, um eine große ebene Plattform zu gewinnen. Der Fußboden in der Kirche liegt 753 m hoch, kaum 13 m westlich steht in der Christenstraße der Fels bei 761m an. Dennoch vermag das Gesamtbild eine hinreichend genaue Vorstellung von den Bodenverhältnissen zu vermitteln. Im Süden (oberhalb des Herodespalastes) wird die Vorterrasse, auf der Golgota lag, durch eine von Westen zum Tyropöontal hinablaufende Senke begrenzt. Die östliche Grenze bildet das Tyropöontal, das zum Teil von der Südwestecke des Tempelplatzes überbaut ist. Schon in der Makkabäerzeit wurde es von einer Bogenbrücke überspannt, die den Südwesthügel mit dem Tempelgebiet verband. Vermutlich war es die Brücke, die man im Jahre 63 v. Chr. abgebrochen hatte, um Pompeius den Zugang zum Tempelplatz abzuschneiden. Unter Herodes dem Großen wurde sie wahrscheinlich wiederaufgebaut. Im 19. Jahrhundert fand man tief im Schutt, etwa 180 m von der Südwestecke der Tempelmauer entfernt, die Reste eines Bogens, nach seinem Entdecker Wilson-Bogen genannt. Die Spannweite des Brückenbogens wird auf ca. 14 m geschätzt. Eine zweite Überbrückung des Tyropöontales bestand weiter südlich beim Robinson-Bogen, etwa 12 m von der Südwestecke entfernt (vgl. Abb. 82, S. 141, und Abb. 104, 2, S. 182). Der Verlauf der ersten und dritten Mauer ist bereits im einzelnen beschrieben worden (vgl. Abb. 96, S. 167). Die zweite Mauer ging nach Josephus vom Gennat-Tor (Gartentor) aus. Die genaue Lage des Tores ist uns aber nicht bekannt. Je nachdem man das Gennat-Tor in unmittelbarer Nähe des Herodespalastes oder weiter östlich, etwa in der Mitte zwischen dem Palast und der Tempelmauer, vermutet, bieten die Archäologen für den Beginn der zweiten Mauer zwei Möglichkeiten an, die beide auf dem Plan verzeichnet sind.

Nach der traditionellen Auffassung, die von Guthe, Schick und Vincent vertreten wird, lag das Gennat-Tor in unmittelbarer Nähe des Herodespalastes. Für den weiteren Verlauf der Mauer boten eine Reihe von Mauerresten, die bei Bauarbeiten und Straßenregulierungen zum Vorschein kamen, eine ganze Reihe von Anhaltspunkten. Etwa 50 m nördlich des »Davidsturmes«, des alten Phasaelturmes, wurde im Jahre 1885 bei einer Straßenregulierung und bei der Anlage eines Abzugskanals das Stück einer antiken Mauer freigelegt, wahrscheinlich handelt es sich um die Innenseite der Mauer. Die großen Steine wurden damals zerschlagen und weggeräumt. Als man einige Monate später in der Nähe die Fundamente für einen Neubau aushob, wurde die gleiche Mauer auf einer längeren Strecke freigelegt. Diesmal war es die nach Westen gekehrte Außenseite. Die etwa 1,5 m hohen Steinquadern waren in der Bearbeitung denen der Klagemauer und des »Davidsturmes« sehr ähnlich. Verlängert man die Linie der gefundenen Stücke nach Süden, so ergibt sich, daß hier eine etwa 3 m starke Mauer auf die Mitte des »Davidsturmes« zulief. Der deutsche Baurat C. Schick, der die Steine sorgfältig untersucht hat, hält die Mauer für den Anfang der zweiten Stadtmauer am Herodespalast. Das Gennat-Tor setzt er darum ganz in die Nähe des Phasaelturmes. Nach diesem freigelegten Mauerstück verschwindet jede Spur. Erst nach etwa 70 m in nordnordöstlicher Richtung erscheint wieder ein massiver vorspringender Winkel. Als E. Robinson 1837 Jerusalem besuchte, sah er nördlich des Amygdalon-Teiches (Birket Hammam) große freigelegte Steinblöcke einer Mauer von etwa 3 m Stärke. Weiter östlich, nur wenige Meter südlich der Grabeskirche, liegt die kleine Omarmoschee. Bei Bauarbeiten am Fundament des Minaretts entdeckte man 1908 unter einer mittelalterlichen Mauer einige große Steinblöcke. Leider wurden keine genaueren Untersuchungen angestellt. An die Moschee schließt sich in östlicher Richtung, genau südlich des freien Platzes vor der Grabeskirche, das griechische Getsemani-Kloster an, das auf mächtigen Mauerresten erbaut ist, die sich noch weit nach Osten fortsetzen und dort einst als Fundamente der Nordmauer des Johanniter-Hospizes gedient haben. Auf einer Länge von etwa 130 m setzt sich dann die antike Mauer bis zum Chor der heutigen Erlöserkirche fort. Eine tiefe Felsböschung mit den Mauerspuren wurde beim Bau der Kirche untersucht.[268] Es ist wahrscheinlich, daß die Mauer unter dem östlichen Teil der Kirche einen Winkel bildet. Diese Annahme empfehlen nicht nur die längs der Straße

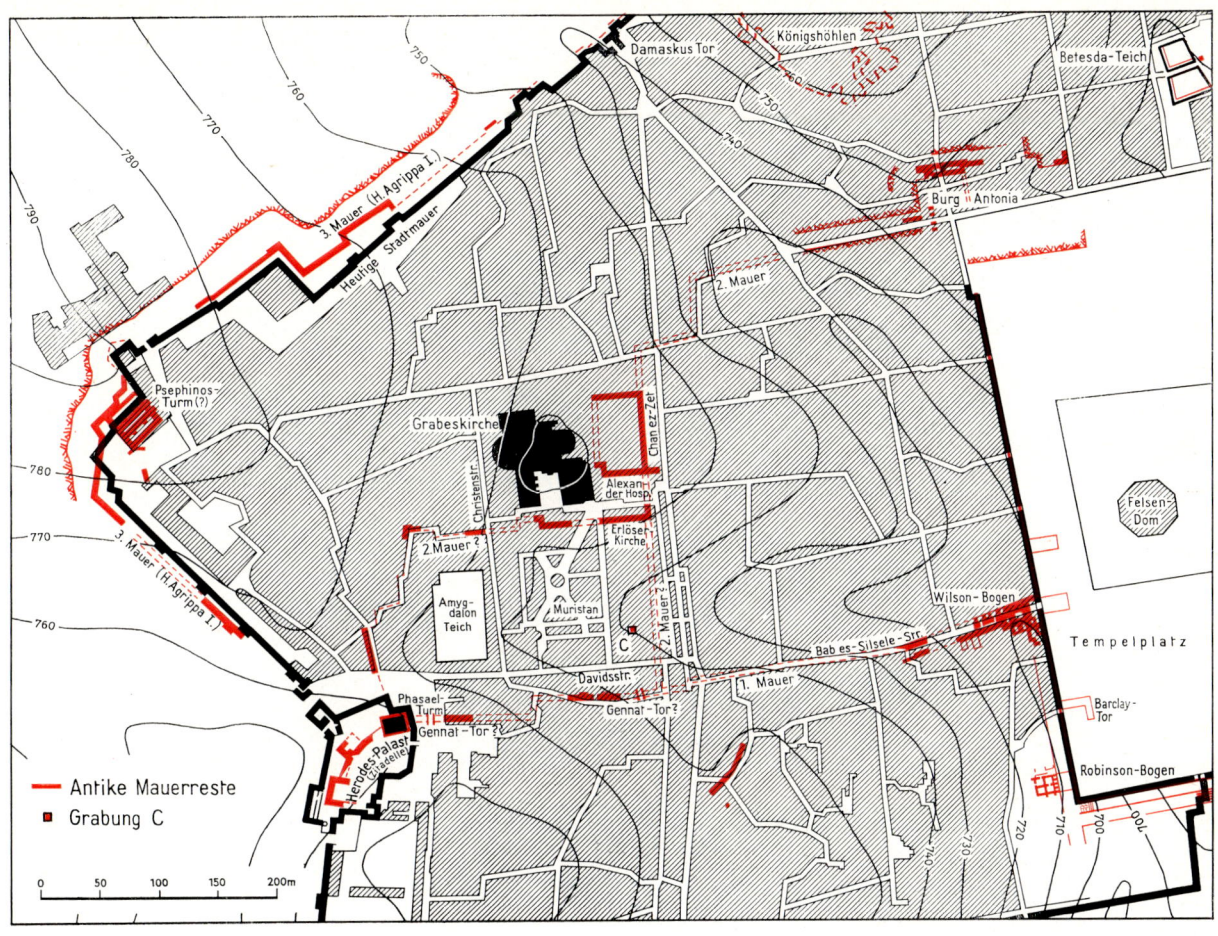

Chan ez-Zet aufgefundenen Mauerreste, sondern auch ein tiefer Graben, der sich nach einer scharfen Biegung nordwärts fortsetzt. Von der nach Norden führenden Mauer wurden unter dem russischen Alexander-Hospiz besonders eindrucksvolle Reste eines Triumphbogens entdeckt, den Kaiser Hadrian im Jahre 136 n. Chr. am Eingang des Forums der Colonia Aelia Capitolina errichten ließ. Bei den im Jahre 1883 durchgeführten Ausgrabungen fand man ferner die stark ausgetretene Schwelle eines Stadttores, das mit alten Mauerstücken in Verbindung stand. Die ganze Anlage läßt vermuten, daß dieser Teil der Umwallung von einem festungsartigen Bollwerk verstärkt war. Etwa 140 m nördlich der Erlöserkirche muß die Mauer wieder ostwärts abgebogen sein. Eine solche Mauerführung wird durch das nach Osten abfallende Felsgelände und einige antike Mauerreste an der heutigen VI. Kreuzwegstation nahegelegt (vgl. Abb. 264, S. 473). Eine weitere Spur wurde etwa 70 m nördlich entdeckt, wo eine 4–6 m hohe Gegenböschung hervorspringt; sie setzt sich auf einer Länge von rund 90 m in östlicher Richtung bis zum Ecce-Homo-Bogen vor der Burg Antonia fort.

Alle entdeckten Mauerreste gleichen sich in der Größe der Quadern und in der Art der Vermauerung. Die Blöcke sind in die Felsböschung eingelassen, an manchen Stellen ist die Mauer durch einen breiten, tiefen Graben geschützt. Die Stärke der Mauer beträgt etwa 3 m. Verbindet man die antiken Mauerreste miteinander, dann ergibt sich eine Linie, die am Herodespalast beginnt, in einem Winkel südlich und östlich an der Grabeskirche vorbeizieht und an der Burg Antonia endet. Aus topographischen Gründen halten Militärexperten diese Mauerführung für die günstigste Verteidigungslinie.

Eine neuere Auffassung, die von K. Galling, L. H. Grollenberg vertreten wird und in K. M. Kenyon ihre repräsentative Verteidigerin gefunden hat, geht von der Annahme aus, daß das Gennat-Tor (Gartentor) beinahe auf halbem Wege zwischen dem Herodespalast und dem Tempelgelände gelegen hat. K. M. Kenyon benutzte für ihre archäologische Untersuchung das einzige offene Geländestück im Bereich der Altstadt südlich der Grabeskirche (vgl. Abb. 273). Der Grabungsort ist auf dem Plan mit dem Buchstaben C markiert. Der dort festgestellte archäologische Befund empfahl eine Mauerlinie, die in Richtung der heutigen Straße Chan ez-Zet genau nach Süden führt und etwa in der Mitte zwischen Herodespalast und Tempelplatz auf die erste Mauer stieß. Auf dem Plan mit dem Gelände der Oberstadt sind die beiden möglichen Mauerführungen eingezeichnet. Für welche man sich auch entscheidet, in beiden Fällen läßt der archäologische Tatbestand erkennen, daß Golgota und das Heilige Grab zur Zeit Jesu außerhalb der Stadtmauer gelegen haben.

Abb. 273. Ausgrabungen auf dem Muristan-Gelände im Süden der Grabeskirche.

Das im Muristan (Hospitalviertel) gelegene Grundstück, das einst mit einem Kreuzfahrerhospiz bebaut war, liegt etwa 150 m südlich der Grabeskirche (vgl. Abb. 272, Kennzeichnung C). Durch die Unterführung (rechte Bildhälfte) gelangt man zur Davidsstraße. Jenseits der Straße markieren einige Bäume ungefähr die Stelle, an der des Josephus erste Mauer verlief, die vom Herodespalast zum Tempelplatz führte, etwa der Linie folgend, der heute die Davids- und die Bab es-Silsele-Straße entspricht (vgl. Abb. 272).

Der Bericht der englischen Archäologin Kathleen M. Kenyon — sie wird von ihren Fachkollegen mit Recht als die »First Lady« respektiert — soll uns einen unmittelbaren Eindruck von den Schwierigkeiten der Grabungen vermitteln.

»Bei Beginn der Grabung C konnte man sich noch keine Vorstellung von den Schwierigkeiten machen, die dort auf die Ausgräber warteten. Nur etwa 30 × 15 m betrug die auszugrabende Gesamtfläche, an deren Rändern sich der Schutt türmte. Bald nachdem man zu graben begonnen hatte, stellte sich heraus, daß zwei Meter hoher Schutt aus der Zeit nach 1920 das Grundstück bedeckte. Ein Problem stellt sich bei Grabungen in bewohntem Stadtgebiet immer: die Frage nach der Unterbringung des Abraums. Zwar wurde eine beträchtliche Menge ausgehobener Erde und zutage geförderter Steine beiseite geschafft, doch erwies sich dieses Verfahren als äußerst teuer. Alles mußte zunächst auf Eselsrücken bis dorthin gebracht werden, wo die Straße für Lastwagen passierbar war, die dann den Grabungsschutt eine Strecke von anderthalb Kilometern oder mehr bis hinaus vor die Stadt beförderten. Doch selbst danach war der noch zum Graben verbliebene Raum äußerst eingeschränkt. Als endlich archäologisch ergiebige Schichten erreicht wurden und die eigentliche Grabung begann, stand nur noch eine 7 × 7 m große Fläche zur Verfügung, und dabei galt es, noch 14,75 m in die Tiefe zu dringen. Die Verfasserin muß gestehen, daß sie, als sich nach und nach das Bild der dortigen Verhältnisse zu klären begann, mehr und mehr die Hoffnung aufgab, zu finden, wonach sie suchte.

Die obersten Gebäudereste, auf die man stieß, waren höchstwahrscheinlich Überbleibsel des Johanniter-Hospizes. Als man jedoch im neunzehnten Jahrhundert die heutige Anlage schuf, senkte man zugleich das Bodenniveau dermaßen, daß sich nur noch Fundamente massiver Pfeiler fanden, Teile eines großzügig angelegten Gewölbebaus. Darunter kamen Häuser aus der Araberzeit mit einer reichen Sammlung der reizvollen Keramik jener Periode zum Vorschein. Unter byzantinischen und römischen Bauwerken wurden dann schließlich die Schichten erreicht, denen dieser gesamte Vorstoß überhaupt galt. Zwei ganze Grabungsperioden hindurch hieß es, sich durch eine gewaltige Aufschüttung hindurchzuwühlen. Daß es sich um eine Aufschüttung handelte, unterliegt keinem Zweifel, denn immer wieder läßt sich verfolgen, daß das Material jeden nur möglichen Schüttwinkel bildet. Diese Aufschüttung wollte und wollte nicht aufhören. Die einzige Unterbrechung bedeutete ein sorgfältig angelegter unterirdischer Abzugskanal. Er läßt an den römischen Entwässerungskanal denken, der das Mitteltal hinabführt und noch immer die Hauptentwässerungsanlage der Jerusalemer Altstadt darstellt. Daß dieser Abzugskanal hier tatsächlich nur in die Aufschüttung eingebettet worden war, ließ uns daraus entnehmen, daß die Füllung über ihm sich in keiner Weise von der unter ihm unterschied. Er war nichts anderes als Teil eines städtebaulichen Plans, der unter anderem auch die Auffüllung dieses Geländestücks vorsah.

Wenn man in so große Tiefen vordringt wie hier, wird der ohnehin begrenzte Raum stets dadurch weiter eingeengt, daß man Stufen anlegen muß, über die jeder einzelne mit Erde gefüllte Korb seinen Weg nach oben nimmt. Als zum Schluß der natürliche Felsboden erreicht war, war die Weite des Schachts auf 4 × 4 m zusammengeschrumpft. Es schien ganz und gar unmöglich, auf dermaßen geringem Raum hinreichende Evidenz für weitergehende Folgerungen zu finden.

Die Aufschüttung war reich an Gefäßscherben aus dem 7. Jahrhundert v. Chr. sowie dem 1. Jahrhundert n. Chr.; dieses Stratum war 8,25 m tief, und seine Basis lag 12 m unterhalb der Oberfläche der unversehrten Schichten. Darunter änderten sich die Schichtverhältnisse unvermittelt, und es fand sich eine Aufschüttung, die eisenzeitliches Material aus dem 7. Jahrhundert v. Chr. enthielt. Diese setzte sich bis zum Felsengrund fort, aus dem man eine Reihe von Stufen und Simsen gebrochen hatte. Und tatsächlich handelte es sich um einen Steinbruch. Einzig und allein daraus ließen sich vielleicht etwas wie Rückschlüsse auf die Echtheit der überlieferten Kreuzigungsstätte Jesu ziehen. Wer Steine brechen will – dies gilt ganz besonders für die enggeschachtelten Städte des Orients –, tut dies nicht mitten in bewohntem Gebiet, sondern außerhalb des besiedelten Geländes. Demzufolge dürfte dieses Areal außerhalb der Stadt des 7. Jahrhunderts vor unserer Zeitrechnung gelegen haben. In den Schichten über der Steinbruch-Oberfläche gab es keinerlei Gebäude, keinerlei Besiedlungsspuren bis zum Zeitpunkt der großen Aufschüttung, die frühestens aus dem 1. Jahrhundert n. Chr. stammen kann. In welchem zeitlichen Zusammenhang die Aufschüttung zu betrachten ist, dafür bieten sich Vermutungen an, die manches für sich haben. Obwohl die Masse der Gefäßscherben jüngeren Datums aus dem

1. Jahrhundert n. Chr. stammt, gibt es doch einige wenige Stücke, die vermutlich noch etwas jünger sind. Wem bekannt ist, wie leicht man zum Beispiel in England gefundene Keramik des 1. Jahrhunderts n. Chr. von solcher des 2. Jahrhunderts n. Chr. unterscheiden kann, den mag es überraschen, daß hier Zweifel möglich sind, doch läßt die palästinensische Keramik sich noch keineswegs so exakt datieren wie die Keramik von manchen anderen Fundplätzen. Wenn sämtliches Material ausgewertet ist, wird man allerdings auch in Jerusalem eher in der Lage sein, sich auf eine bestimmte Zuweisung festzulegen. Doch darüber hinaus gibt es einen Faktor, der dafür spricht, daß die Aufschüttung nicht vor dem 2. Jahrhundert n. Chr. entstand. Es ist dies der unterirdische Abzugskanal, der die Füllung mitten durchzieht und zu ihr gehört. Es zeigt sich deutlich, daß er einem größeren, umfassend geplanten städtischen Bauvorhaben sein Entstehen verdankt. Schon frühere Ausgräber, die einen Schacht in den Boden trieben, entdeckten ihn und folgten ihm kriechend weit genug, um festzustellen, daß er ins Mitteltal hinabführte, wo er auf den großen römischen Abwässerkanal traf. Nach der einleuchtendsten Erklärung, die sich somit für die hier entdeckte Aufschüttung anbietet, müßte demnach ein Zusammenhang zwischen der hier entdeckten Auffüllung und der Anlage Aelia Capitolinas durch Hadrian (135 n. Chr.) bestanden haben – der Anlage jener Römerstadt, die Jerusalem ganz und gar verdrängen sollte. Damals säuberte man ohne Zweifel nicht nur Ruinengrundstücke vom Trümmerschutt früherer Häuser, sondern ebnete wohl auch durch Zuschüttung kleiner Bodenmulden und -senken das Gelände ein, um Baugrund für die ordentliche Anlage einer römischen Stadt zu gewinnen. Auch Abzugskanäle brachte man damals im Zuge der Stadtplanung in der jeweils erforderlichen Tiefe an. Demnach also befand sich das Gebiet der Grabung C außerhalb der Stadt des 7. Jahrhunderts v. Chr., und es blieb wüst und leer, bis die Römer Aelia Capitolina errichteten. Grabung C liegt unmittelbar südlich der Grabeskirche, und zwar zwischen dieser und der Linie, die als Verlauf der ›alten‹, der ›ersten‹ Nordmauer Flavius Josephus' gilt, von der man ja annimmt, daß ihrem Zuge die heutige Davidsstraße folgt. Da sich aber Grabungsgelände C mithin nachweislich außerhalb der Stadt befand, muß auch die Stelle der heutigen Grabeskirche außerhalb des Stadtgebietes gelegen haben. Damit entfallen sämtliche Versuche, den Verlauf der zweiten Nordmauer zu rekonstruieren, die davon ausgehen, daß das Gennat-Tor bei der heutigen Zitadelle lag. Als einzige Möglichkeit bleibt, das Gennat-Tor, zu dem Josephus' zweite Mauer führte, in der Mitte der ersten Nordmauer anzusetzen, wie der Plan zeigt. Nur bei einer solchen Mauerführung lagen sowohl Grabungsabschnitt C als auch die Stelle der heutigen Grabeskirche zur Zeit Jesu außerhalb des von den Stadtmauern umschlossenen Gebiets.

Damit ist klar erwiesen, daß das Golgatha der Überlieferung wirklich Schauplatz der Kreuzigung Jesu gewesen sein kann, daß die nach der Überlieferung als Jesu Grabstätte geltende Stelle Jesu wirkliche Grabstätte gewesen sein kann.«[269]

Die Lage des Grabes Jesu außerhalb der Stadtmauer fand durch die Entdeckung alter Felsgräber in unmittelbarer Nähe der Grabeskirche eine weitere überzeugende Bekräftigung. Schon beim Bau der Konstantinischen Grabeskirche stießen die Architekten auf eine jüdische

Grabanlage, eine Grabkammer mit je drei Schiebestollen auf drei Seiten. Die eine Seite wurde durch die Mauer der Grabeskirche zerstört, die gegenüberliegenden Gräber sind vermauert. Zwei Schiebestollen sind noch ganz erhalten. Diese Grabstätte wird heute das »Grab Josefs von Arimatäa« genannt (vgl. Abb. 274). Sie liegt direkt an der Grundmauer des Rundbaues, nur 0,15 m tiefer als das Niveau des Fußbodens der Grabeskirche, und ist von der Kapelle der syrischen Jakobiten aus zugänglich (vgl. Abb. 277,2, S. 503, und Abb. 287, 3, S. 522). Ein weiteres altes Felsgrab an der Nordseite der Grabeskirche, etwa 6 m von der nordwestlichen Ecke des »Gefängnisses Christi« entfernt, entdeckten koptische Mönche 1885 beim Bau einer Zisterne (vgl. Abb. 287, 20', S. 522).[270] Unter den Gebäuden, die die Grabeskirche ringsum einschließen, ist das Koptische Kloster an ihrer Nordseite wegen mancher alter Baureste, die es birgt, eines der wichtigsten. So findet sich teilweise unter dem Kloster die große Helenazisterne, deren Wasser wohl nie versiegt, aber wegen der Verunreinigungen nicht getrunken werden kann. Die Mönche faßten darum den Plan, eine neue Zisterne anzulegen. An einer ihnen geeignet erscheinenden Stelle fingen sie an zu graben und stießen bald auf den Rand eines dort anstehenden Felsens. Als sie am Felsrand weitergruben, legten sie seitlich eine türartige Öffnung frei, die in eine in den Felsen gehauene Grabkammer führte. In der 4×2 m großen Kammer liegen an den Seiten zwei Bankgräber. Eine weitere Tür führt in eine kleinere Grabkammer, die links und rechts ebenfalls Steinbänke hatte,

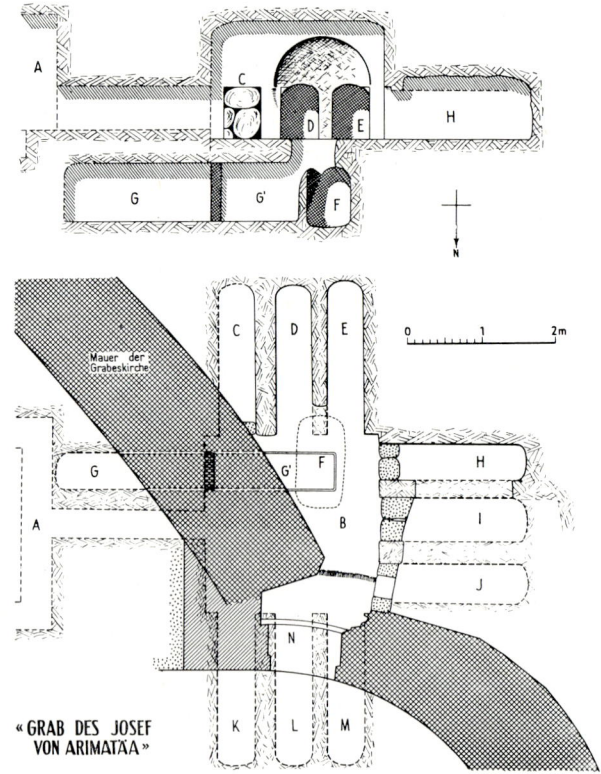

Abb. 274. Jüdische Felsgräber unter der Grabeskirche.

Plan der Grabanlage (nach L.-H. Vincent OP)

A	Ursprünglicher Eingang
B	Grabkammer
C D E	Schiebestollen
F	Kleines Ossuar im Felsboden der Grabkammer
G G'	Schiebestollen in tieferem Niveau. Das Grab war mit einer Steinplatte verschlossen und wurde erst 1874 entdeckt. Die Gesamtlänge in östlicher Richtung konnte nicht festgestellt werden.
H I J	Schiebestollen, deren Westwände in späterer Zeit beim Bau eines Vorraumes zerstört wurden.
K L M	Schiebestollen, von der Rotunde der Grabeskirche total zerstört.
N	Neuer Eingang, eröffnet beim Bau der Grabeskirche.

Das sogenannte Grab des Josef von Arimatäa, westlich vom Grabe Jesu gelegen, ist beim Bau der Grabrotunde zur Hälfte zerstört worden. Die östliche Grabseite mußte der Fundamentmauer, die am linken Bildrand gerade noch sichtbar ist, weichen. Das Bild zeigt die südliche Seite der Grabkammer mit den Schiebestollen C (vermauert), D und E (siehe Plan), im Felsboden F und G. Eine Untersuchung der erhalten gebliebenen Gräber läßt erkennen, daß hier eine Grabkammer von 2,24 m × 2,16 m Größe vorhanden war. Auf drei Seiten befanden sich je drei Schiebestollen (Kokim) von etwa 2 m Länge und rund 0,5 m Breite. An der vierten, nach Osten ausgerichteten Stelle lag der Eingang. Diese Anordnung bestätigt aufs neue die in der Umgebung der Grabeskirche angenommenen topographischen Verhältnisse. Die Gräber waren in das westlich ansteigende Gelände hineingebaut (vgl. Abb. 272, S. 495, und Abb. 287, S. 522).

dazu noch eine dritte Querbank an der Stirnseite. Der Felsboden der Grabstätte liegt hier etwa 0,60 m tiefer als der Fußboden der Grabeskirche (753,25 m). Die Reste von Zwischenwandungen außerhalb des Grabes lassen erkennen, daß ursprünglich noch eine oder mehrere Grabkammern hier vorhanden waren. Von ihnen unterscheidet sich das Grab Christi dadurch, daß es nur für *einen* Toten bestimmt war.

Aus welcher Zeit stammen diese Gräber? Wir wissen, daß den Juden das Betreten Jerusalems vom Jahre 135 n. Chr. bis zum Beginn des 4. Jahrhunderts unter Todesstrafe verboten war. Es steht ferner fest, daß das Gelände der Grabeskirche von Hadrian bis Konstantin überbaut war. Hier stand die künstlich aufgeschüttete Terrasse des Tempels der Aphrodite. Die Gräber müssen also aus der Zeit vor 135 n. Chr. stammen. Können wir den Zeitraum noch mehr abgrenzen? Zunächst scheidet die Zeit vom Mauerbau des Königs Agrippa (41—44 n. Chr.) bis zur Eroberung der Stadt im Jahre 70 aus. Sobald das Gelände zum Stadtgebiet gehörte, konnte es nicht mehr für Grabstätten benutzt werden. Es ist unwahrscheinlich, daß diese Gegend in dem kurzen Zeitraum von 70 bis 135 n. Chr. mit Gräbern belegt wurde. Der Aufstand des Bar Kochba hat gezeigt, wie ungebrochen die Kraft und die Hoffnung der Juden waren, Jerusalem wiederaufzubauen. Die Gräber können also nur aus einer Zeit stammen, da das Gelände noch nicht zum Stadtgebiet gehörte, d. h. aus der Zeit vor dem Mauerbau des Agrippa.

Wir stehen hier auf altem, heiligem Boden. Diese Gräber sahen den Leichenzug, der sich an jenem späten Freitagnachmittag zum angrenzenden Garten des Ratsherrn bewegte.

Die Erinnerung an das Grab Jesu ist in Jerusalem über alle Jahrhunderte erhalten geblieben, auch wenn der Sturm der Zeiten manch sichtbares Zeichen für immer verweht hat. Bereits während der Belagerung Jerusalems im Jahre 70 n. Chr. brach die erste Katastrophe über Golgota und das Grab herein. Nach Josephus Flavius lag der Schwerpunkt des römischen Angriffes auf die Stadt an der nördlichen Seite der zweiten Stadtmauer. Das ganze Gelände wurde durch die großen Belagerungsmaschinen und Rammböcke stark in Mitleidenschaft gezogen.

Dennoch blieb die Erinnerung an diese hochheilige Stätte für die Jerusalemer Urgemeinde und die Judenchristen gewahrt, die nach dem Jahre 70 aus Pella zurückkehrten und sich in der zerstörten Stadt wieder ansiedelten. Aber, so wird gelegentlich gefragt, ist es denkbar, daß die Urgemeinde die Erinnerung an Jesu Grab pflegte? Waren ihre Gedanken nicht so vollständig auf die Wiederkunft Jesu ausgerichtet, daß ihr solche geschichtlichen Reminiszenzen völlig fernliegen mußten? Darauf antwortet J. Jeremias in seiner Untersuchung über die »Heiligengräber in Jesu Umwelt«: »Wer sich das von der Forschung entfaltete Material angeeignet

hat, wird urteilen müssen, daß solche Fragen aus abendländischen Anschauungen heraus gestellt sind und morgenländischem Denken völlig fernliegen. Diese Welt der heiligen Gräber war ein realer Bestandteil der Umwelt, in der die Urgemeinde lebte. Es ist undenkbar, daß sie, in dieser Welt lebend, das Grab Jesu der Vergessenheit anheimgegeben haben sollte. Es ist um so weniger denkbar, als für sie Der, der in diesem Grabe gelegen hatte, mehr war als einer jener Gerechten, Martyrer und Propheten und sein Grab für sie nicht nur eine Stätte war, die seinen Leichnam geborgen hatte, sondern — wie es Eusebius formulierte — das hehre und hochheilige Denkmal der Auferstehung des Erlösers« (S. 144 f.).

Nach Eusebius bezeichnete die jerusalemische Überlieferung in der nach dem Bar Kochba-Aufstand (135 n. Chr.) begründeten Aelia Capitolina als Golgota den Bezirk eines heidnischen Tempels, den Kaiser Hadrian zu Ehren der Göttin Aphrodite errichten ließ: »Das Grab des Heils suchten sie vor dem Blicke der Menschen zu verbergen. Mit viel Mühe schleppten sie Erde herbei und überdeckten die heilige Höhle in der Tiefe mit einer mächtigen Aufschüttung. Darauf errichteten sie den Schlupfwinkel Aphrodites« (Vita Const. III, 26).

Ausführlicher beschreibt der Kirchenhistoriker Sozomenos, geboren um 400 bei Gaza, den gleichen Tatbestand: »Die Ungläubigen hatten den Ort rings um die Schädelstätte tief im Schutt verborgen und dem Ort eine Hochlage gegeben, obwohl er früher, so wie jetzt, niedriger war. Dann umfriedeten sie die ganze Auferstehungs- und Schädelstätte mit einer Mauer, pflasterten sie mit Steinen, errichteten der Aphrodite einen Tempel und stellten ihre Statue darin auf, damit die, welche Christus dort verehren würden, die Aphrodite zu verehren scheinen möchten und mit der Zeit der wahre Grund, warum der Ort verehrt wurde, in Vergessenheit käme« (HE II, 1).[271]

Die auffällige Verehrung dieses Ortes durch die Judenchristen kann als ein Grund gelten, daß Hadrian trotz der Geländeschwierigkeiten keine Mühe scheute, gerade an dieser Stelle den Tempel der Schutzgöttin der Colonia Aelia Capitolina zu erbauen. Die kirchliche Tradition hätte außerhalb des römischen Jerusalem viele stille und weihevolle Plätze zur Verfügung gehabt, um dort den Tod und die Auferstehung Christi zu verehren, wie dies noch im 19. Jahrhundert von einigen Schwärmern versucht wurde.[272] Sie hielt aber an dem Ort Golgota fest, der als unwahrscheinlich erscheinen mußte, da er nach der Gründung des römischen Jerusalem in der Mitte der Stadt lag, oberhalb der Hauptstraße — des »Cardo maximus«. Der zur Verfügung stehende Raum hatte eine Länge von etwa 150 m und war etwa 75 m breit. Zu dieser Lage des Heiligtums der Jerusalemer Schutzgöttin gibt es eine aufschlußreiche Parallele in dem Artemis-Tempel von Gerasa (vgl. Abb. 193, S. 344), der ebenfalls aus dem 2. Jahrhundert stammt. Von der Hauptstraße führten in Jerusalem mit Säulen geschmückte Propyläen zum Eingang in einen etwas höher liegenden äußeren Vorhof. Daran schloß sich auf einer erhöhten Terrasse der von einer Säulenhalle umgebene Haupthof des Tempels an, in dessen erhöhter Mitte sich die Cella erhob, welche den Verhältnissen nach über dem Heiligen Grab liegen mußte.

Eine Erinnerung an diesen Tempel hat sich auf vielen Münzen des römischen Jerusalem erhalten. Aus der Zeit Hadrians, seiner Nachfolger Antoninus, Marc Aurelius und Septimius Severus im 2. Jahrhundert, aber auch noch im 3. Jahrhundert finden wir auf den Münzen das Bild eines tetrastylinen Tempels, in dessen Eingang unter einem Halbbogen eine Göttin steht (vgl. Abb. 275). Da Hadrian ein Verehrer der Aphrodite war, darf man vermuten, daß er ihrem Schutz die neugegründete Stadt unterstellen wollte. Daß er für das Heiligtum der Göttin gerade Golgota wählte, könnte noch einen anderen Grund haben. Golgos soll ein Sohn der Aphrodite gewesen sein. Das alte Heiligtum der Aphrodite auf Cypern trug den Namen Golgoi. So konnte dem Römer aus der Ähnlichkeit des Namens der Ort Golgota als besonders geeignet für das Heiligtum der »Aphrodite Golgia« erscheinen.[273]

Da für das Tempelhaus im Westen ein ebenes Terrain zu schaffen war, mußte das Gelände durch Aufschüttung mindestens auf die Höhe des jetzigen Golgotafelsens (757,75 m) gebracht werden. So aber kam es, daß hier vieles Alte erhalten blieb und die Felsengräber jener Gegend dem Neubau nicht zum Opfer fielen. Aber noch mehr: diese für die Christen so hochheilige Stätte blieb für alle kommenden Generationen, auch während der schweren Zeiten der Unterdrückung, durch diesen heidnischen Tempel gekennzeichnet, bis das Christentum unter Konstantin durch das Toleranzedikt als »religio licita« — »erlaubte Religion« — zugelassen wurde. Eusebius schreibt: »Im Jahre 326 gab der Kaiser Konstantin den Befehl, mit reicher und königlicher Pracht einen Bau zu errichten, um die hochheilige Stätte des Todes und der Auferstehung des Erlösers dem Blick und der Verehrung aller darzubieten« (Vita Const. III, 25).[274]

Wo suchte man im 4. Jahrhundert das Grab Jesu? Genau unter dem Tempel der Aphrodite. Daß Konstantin gerade diesen Ort wählte, um darauf die Kirche zu bauen, ist ein zwingendes Zeugnis für die Festigkeit und damit Sicherheit der urchristlichen Tradition. Der Tempel der Aphrodite lag damals schon mitten in der Stadt, und zwar an der mit einer doppelten Säulenreihe geschmückten Hauptstraße, der sogenannten Oberen Marktstraße, die Jerusalem von Norden nach Süden durchquerte (vgl. Abb. 251, I, S. 446). Genau auf dieser Straße ging 333 der Pilger von Bordeaux und berichtet: »Wenn man zum Neapolistore geht, so sieht man auf der rechten Seite abwärts im Tal Mauern, wo das Haus oder Prätorium des Pontius Pilatus stand ... Auf der linken Seite aber liegt der Hügel Golgota, wo der Herr

Abb. 275. Münze des Kaisers Antoninus Pius (138—161).

Die Münzen der römischen Kolonialstadt Aelia Capitolina, die von Hadrian (135 n. Chr.) bis zu Valerian (253—260) reichen, fallen durch zwei Eigentümlichkeiten auf: Jerusalem wird nur zur Kolonie degradiert, auch die geschichtliche Existenz dieser Stadt soll aus dem Bewußtsein der Menschen getilgt werden. Nicht eine einzige Münze trägt eine Jahreszahl irgendwelcher Art. Von denen anderer Städte Palästinas unterscheiden sie sich ferner dadurch, daß sie ohne Ausnahme lateinische und nicht griechische Aufschriften tragen. Der Grund für beide Eigentümlichkeiten ist klar: Jerusalem — Colonia Aelia Capitolina — ist eine echte römische Kolonie. Sie besaß nicht das Recht auf eine eigene Datierung, das Kennzeichen einer freien Stadt. Auf den Trümmern einer völlig vernichteten Größe entstand eine neue Stadt.[275]

V: Kopf des Kaisers mit der Umschrift: IMP(erator) C(aesar) HAD(rianus) ANT(oninus) A(ugustus) P(ontifex).

R: Ein Tempel mit der Gestalt einer Göttin, darunter der Name der neuen Stadt: CO(lonia) AE(lia) CAP(itolina). Da die Kupfermünze in Jerusalem geprägt wurde, ist es wahrscheinlich der Tempel der Aphrodite, den Kaiser Hadrian (135 n. Chr.) über dem Grab des Herrn errichten ließ. Die Göttin stützt sich mit der linken Hand auf einen Speer und trägt die Mauerkrone. Das charakterisiert sie als Stadtgöttin. Was sie in der rechten Hand hält, läßt sich schwer deuten: manche sehen darin das Haupt des Adonis, des Geliebten der Aphrodite.

gekreuzigt wurde. Von dort ist etwa einen Steinwurf entfernt die Höhle, wo sein Leib beigesetzt war und am dritten Tage auferstand. Ebendort ist soeben auf Befehl des Kaisers Konstantin eine Basilika erbaut worden« (Geyer, S. 22).

Gewaltige Räumungsarbeiten waren notwendig, um den ursprünglichen Felsboden freizulegen. Eusebius schreibt: »Kaum war der Befehl des Kaisers gegeben, so wurde auch sofort das Werk des Truges (der Tempel) von oben bis unten gänzlich zerstört ... Doch dabei blieb der Eifer des Kaisers nicht stehen. Er befahl, die Trümmer des zerstörten Tempels an Holz und Steinen wegzuräumen und möglichst weit von dem Platz fortzuschaffen ... Aber auch damit war der Kaiser noch nicht zufrieden. Er befahl, an jener Stelle auch den Boden tief

Abb. 276.   Aus der Geschichte der Grabeskirche.

1. *Der Marmorboden in der Aula der Maria Magdalena*
   (12. Jahrhundert) vor den Ausgrabungen.
2. *Der freigelegte Felsgrund mit der Mauer Hadrians*
   (135 n. Chr.).
3. *Skizze des Grabungsfeldes.*

Auch die Archäologie lebt von Überraschungen. Der Kirchenhistoriker Sozomenos (um 445) überliefert die Nachricht, daß
das Heiligtum der Aphrodite den Bezirk der Anastasis und
des Golgotafelsens eingenommen hat. Niemand würde vermuten, daß der in Cosmatenarbeit ausgelegte Marmorboden
der Aula der Maria Magdalena (Bild 1) das Zeugnis der Tradition bis in unsere Tage »konserviert« hat.
Die Skizze zeigt die Lage der Aula (15) in einem Ausschnitt
des Gesamtplanes (vgl. Abb. 287, 15, S. 522) und erläutert
den Grabungsbefund (Bild 2). Die Tür (A) mit den halbrunden Stufen führt in die Kapelle der Erscheinung (vgl.
Abb. 287, 18); rechts von der Tür die Sakristei (17). Das
Mauerstück (S) in der linken oberen Ecke gehört zur Nordapsis; nach unten schließt sich einer der beiden Hauptpfeiler
(R) des inneren Säulenganges der Rotunde (R', R') an. Zwischen L und L' hindurch gelangt man zum Bogengang der
Hl. Jungfrau (vgl. Abb. 287, 16).

Im Zuge der Restaurierungsarbeiten in der Grabeskirche wur-
den auch die angrenzenden Kapellen und Räume renoviert.
Bereits 1964 war man längs der Mauer (R, S) beim Bau eines
Dränagekanals auf ein antikes Mauerstück (M') gestoßen.
Aus technischen Gründen mußte eine weitere Untersuchung
verschoben werden. Im Januar 1968 begann man mit der
Entfernung des mittelalterlichen Fußbodens (Bild 1). In einer
Tiefe von 0,17 m stieß man in der Nähe der halbrunden Stufen zunächst auf ein etwa 7 cm starkes Mörtelfundament (E),
in das ein älterer Fußboden eingebettet gewesen war. Diese
Schicht bedeckte noch größere Teile des Fußbodens, auch die
antike Mauer (M). Darunter wurde der Felsgrund aus »meleke«-Kalkstein sichtbar, der deutliche Bearbeitungsspuren
(1–5) zeigte. Das Gelände war früher als Steinbruch benutzt
worden. In der Nähe der Tür (A) lagen noch zwei Steinblöcke
(C), die bereits an der Seite von der Umgebung getrennt waren, am Grunde aber noch festsaßen.
Auf diesem Felsgrund sind die Mauern der Anastasis errichtet worden (vgl. Abb. 282, 2, S. 513). Bei den Grabungen an
der Ostseite konnte unter dem mittelalterlichen Fußboden
eine Fundamentmauer (L, L') der Anastasis-Fassade lokalisiert
werden (vgl. Abb. 287, L), die sich weiter südwärts (L'') fortsetzte. Unter dem Pfeiler der Ostseite (P) stießen die Archäologen auf das interessanteste Mauerstück (M). Die antike
Mauer verläuft zunächst etwa 2,5 m in westlicher Richtung,
biegt in einem Winkel auf einer Länge von 2 m nach Süden und setzt sich dann wieder in westlicher Richtung fort.
Auf dem letzten Stück ist nur noch das Mörtelbett der Mauer
sichtbar. Hier muß sie zwischen R und S auf eine römische
Zisterne (Z) gestoßen sein, von der wahrscheinlich das große
Mauerstück (N) stammt. Die antike Mauer (M) besteht aus
kleinen Kalksteinblöcken, die direkt mit viel Mörtel aus Kalk
und Asche auf den Felsgrund gemauert sind.
Die eingehende Prüfung des Grabungsbefundes endet mit
der Feststellung, daß die antike Mauer schon vor dem Bau
der Grabeskirche bestanden und zur Tempelanlage Hadrians
gehört hat.

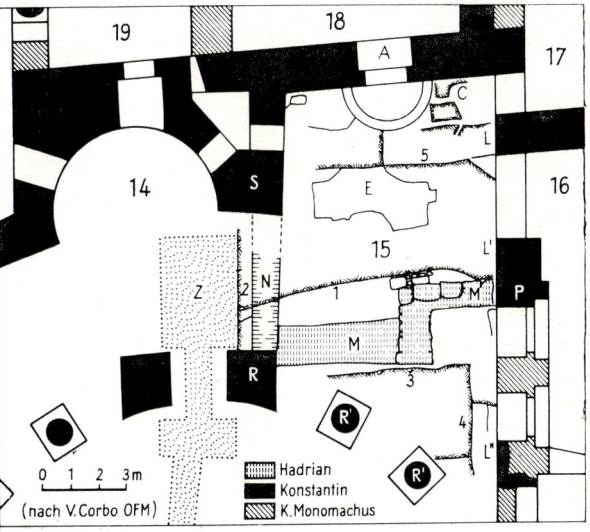

aufzugraben und ihn samt dem Schutt möglichst weit zu entfernen ... Wie nun aber Schicht um Schicht der Platz in der Tiefe der Erde ans Licht trat, da zeigte sich gegen aller Erwartung das erhabene und hochheilige Denkmal der Auferstehung des Heilandes. Der heiligsten Höhle sollte da ein ähnliches Wiederaufleben beschieden sein wie dem Erlöser selber; nachdem sie lange Zeit im Dunkel verborgen gewesen war, kam sie wiederum ans Licht ...« (Vita Const. III, 26–28).

Was mußten nun die Ausgräber Konstantins feststellen? Drei geradezu erregende Tatsachen! Der Evangelist Johannes schreibt: »Maria Magdalena schaute in das Grab hinein. Da sah sie zwei Engel dasitzen, den einen zu Häupten, den anderen zu Füßen, wo der Leichnam Jesu gelegen hatte« (Joh 20, 12). Als die Ausgräber das Felsgrab Jesu freischaufelten, fanden sie in der Grabkammer ein sogenanntes Bankgrab.

Kommen wir zur zweiten Tatsache. Der Augenzeuge berichtet: »An dem Orte aber, wo Jesus gekreuzigt wurde, befand sich ein Garten und in dem Garten ein neues Grab, in dem noch niemand bestattet worden war« (Joh 19, 41). Als die Ausgräber die Grabkammer freilegten, fanden sie darin nur eine einzige Grabstätte. Das ist ein in der ganzen Umgebung von Jerusalem einmalig dastehender Fall.

Die dritte Tatsache! Bei Markus lesen wir: »Petrus und Johannes gingen in das Grab und sahen einen Jüngling zur Rechten sitzen« (Mk 16, 5). Auch die Ausgräber fanden diese einzige Grabstätte auf der rechten Seite der Grabkammer. Es lohnt sich, darüber einmal nachzudenken!

Nach diesen Geschehnissen, so berichtet Eusebius, schrieb der Kaiser an Makarios, den damaligen Bischof der Kirche in Jerusalem, folgenden Brief: »Der Sieger Kaiser Konstantin der Große an Makarios ... Es muß also dein Scharfsinn für alles Nötige Vorsorge treffen, damit nicht nur eine Basilika erstehe, herrlicher als alle, die irgendwo sich finden, sondern auch das übrige so werde, daß dieser Bau die schönsten Werke in jeder Stadt überstrahle. Was nun die Ausführung und die Ausschmückung der Mauern betrifft, so wisse, daß ich die Sorge dafür unserem Freunde Drakilian, der die Stelle der angesehenen Statthalter vertritt, und dem Provinzstatthalter übertragen habe. Denn es ist von mir der Auftrag gegeben worden, daß Künstler und Handwerker und alles, was ihnen deine Einsicht als notwendig zum Bau eingibt, sofort durch ihre Fürsorge gesandt werde. Hinsichtlich der Säulen und des Marmors sollst du mir nach persönlicher Einsichtnahme eiligst schreiben, was du für das Kostbarste und Zweckdienlichste hältst, damit wir aus deinem Schreiben ersehen, wieviel und welcher Art nötig ist, um dies aus allen Gegenden herbeischaffen zu lassen; denn es ist nur gerecht, wenn der heiligste Ort auf der ganzen Welt auch nach Gebühr ausgeschmückt wird.

Ferner will ich von dir erfahren, ob die Decke der

Basilika nach deiner Meinung zu täfeln oder in anderer Weise herzustellen ist; wenn sie nämlich getäfelt werden soll, kann sie auch mit Gold ausgeschmückt werden. Im übrigen mögest du den genannten Beamten möglichst bald zu wissen geben, wieviel Handwerker und Künstler und wieviel Geld notwendig ist, und auch mir baldigst Bericht erstatten nicht nur über den Marmor und die Säulen, sondern auch über die Täfelung, wenn du es so für schöner erachtest. — Gott behüte dich, geliebter Bruder!« (Vita Const. III, 31–33)

Für die Jerusalemer Gemeinde begann mit dem Bau der Grabeskirche eine neue Epoche. War bislang der Bischof der Stadt, die noch den Namen der römischen Kolonie Aelia Capitolina trug, nur Suffragan des Metropoliten der Provinzhauptstadt Cäsarea, so erkannte man bereits nach dem Konzil von Nizäa (325) dem Jerusalemer Bischof »nach Brauch und alter Überlieferung« einen Ehrenrang zu, so daß die Bischöfe von Jerusalem auf den Teilnehmerlisten der folgenden Konzilien an der Spitze aller palästinensischen Hierarchen stehen.

Nach den Plänen des syrischen Architekten Zenobios — Eusebius nennt uns seinen Namen nicht — sollte die Weihestätte des Todes und der Auferstehung Jesu mit einer monumentalen Großkirche überdeckt werden. Der Neubau bestand im wesentlichen aus drei Teilen: dem »Martyrion«, einer fünfschiffigen Basilika, die dem Andenken der Passion geweiht war; daran schloß sich das »Atrium«, ein quadratischer mit Säulenreihen geschmückter offener Innenhof, an, in dem der Golgotahügel lag; den Abschluß bildete die »Anastasis«, eine Rundkirche, in der sich das Grab Jesu befand. Sie wurde darum die Kirche der Auferstehung genannt. Die Gesamtanlage bezeugt Eucherius, Bischof von Lyon, kurz und klar in einem Brief um 440: »Die Anastasis ist auf der Stätte der Auferstehung; Golgota aber, mitten zwischen der Anastasis und dem Martyrion, ist der Ort, wo der Herr gelitten und wo auch der Felsblock sichtbar ist, welcher einst das Kreuz mit dem Leib des Herrn getragen« (Geyer, S. 126).

Beginnen wir mit der Beschreibung der einzelnen Bauten, bei der wir uns auf die Berichte von Augenzeugen aus dem 4.–6. Jahrhundert und auf die Ergebnisse der archäologischen Untersuchungen stützen.[276]

Der Haupteingang zum äußeren Atrium lag an der schon erwähnten großen Verkehrsstraße, die Jerusalem von Norden nach Süden durchquerte. (Vgl. Abb. 251, S. 447, und Abb. 277, S. 503. — Alle in Klammern gesetzten Angaben beziehen sich auf den Plan der Konstantinischen Grabeskirche bei Abb. 277.) Noch heute stehen einige Säulenstümpfe der Propyläen, die einst die Prachtstraße geschmückt haben. Die Lage des äußeren Atriums mit dem auffälligen stumpfen Winkel von 92,22° an der Südostecke war durch die örtlichen Verhältnisse bedingt. Nach den Untersuchungen von H. Vincent OP hat der Baumeister Konstantins für die östliche Frontwand des Atriums eine ältere Mauer benutzt; sie

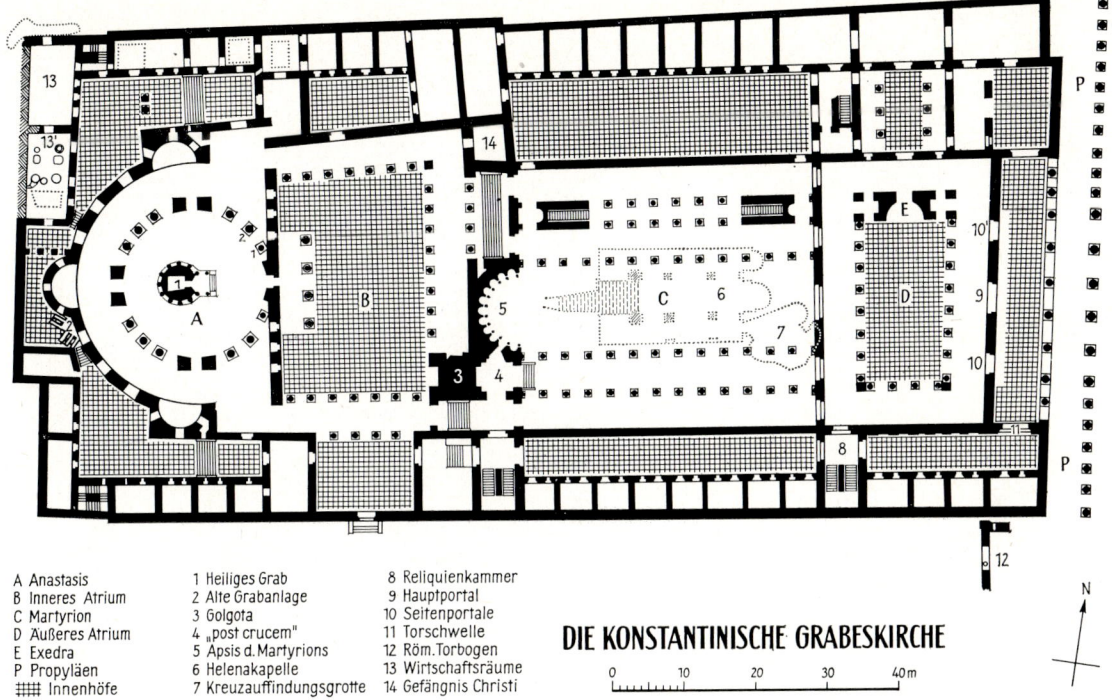

A Anastasis
B Inneres Atrium
C Martyrion
D Äußeres Atrium
E Exedra
P Propyläen
Innenhöfe

1 Heiliges Grab
2 Alte Grabanlage
3 Golgota
4 »post crucem«
5 Apsis d. Martyrions
6 Helenakapelle
7 Kreuzauffindungsgrotte

8 Reliquienkammer
9 Hauptportal
10 Seitenportale
11 Torschwelle
12 Röm. Torbogen
13 Wirtschaftsräume
14 Gefängnis Christi

DIE KONSTANTINISCHE GRABESKIRCHE

0   10   20   30   40m

N

Abb. 277. Plan der Konstantinischen Grabeskirche (Rekonstruktion nach Ch. Coüasnon OP [1968]).

Die Grabeskirche, eine Schöpfung des syrischen Architekten Zenobios, hat nicht nur der alten Stadt ein neues Zentrum gegeben, sondern auch entscheidenden Einfluß auf die Entwicklung der christlichen Basiliken ausgeübt.[277] Wo bisher die Christen nur eine geduldete Minderheit waren, die sich in bescheidenen und unauffälligen Versammlungshäusern zusammenfand, wurden sie nach der Anerkennung des Christentums als Staatsreligion gleichberechtigt. Die größeren Feiern des Gottesdienstes finden ihren Ausdruck in der Bauform der monumentalen, viele Menschen fassenden Basilika. In der Übernahme dieser profanen heidnischen Bauform in den Dienst der Gottesverehrung waren den Christen die jüdischen Gemeinden vorangegangen; nur war für die Synagoge der Name Stoa und nicht Basilika gebräuchlich gewesen. Kaiser Konstantin hat in seinem Brief an den Bischof Makarios I. von Jerusalem über die Bauten am Heiligen Grab die Bezeichnung »Basilika« (zum erstenmal für uns) auf den Typus des von ihm geplanten Kirchbaues angewandt. So hat sich denn die Forschung auch mit Recht unablässig bemüht, der Schilderung des Eusebius (Vita Const. III, 25 ff.), den Resten und Bauten an Ort und Stelle und den späteren Bildern, wie dem auf dem Mosaik von Madaba, eine Vorstellung von ihrer Anlage und Gestalt abzugewinnen. Das dadurch erschlossene, im ganzen wahrscheinliche Bild erfährt aber immer wieder durch neue Forschungen kleine Korrekturen. So konnte bei den Grabungen, die während der Restaurierungsarbeiten im Bereich der Grabeskirche durchgeführt wurden, vor allem die Struktur der früheren Gebäudekomplexe geklärt werden. (Vgl. Abb. 287, S. 522.) Die Zeichnung zeigt die Gesamtanlage der konstantinischen Bauten nach dem Stand der Grabungen im Jahre 1968. Die

Bodenverhältnisse mit den noch feststellbaren Felshöhen auf dem Gelände der Anastasis und der Umgebung von Golgota kommen auf dem Plan und dem Längsschnitt der heutigen Grabeskirche zur Darstellung. (Vgl. Abb. 287, S. 522/523.)
Da die Rotunde der jetzigen Grabeskirche auf den Grundmauern der Anastasis (A) steht (vgl. Abb. 282, 2, S. 513, und Abb. 287), die Lage des Martyrions (C) durch die freigelegte Apsis (4) bekannt und schließlich die östliche Begrenzung des äußeren Atriums (D) durch Mauerreste (9, 10, 11) und Säulenfragmente (P) markiert ist, lassen sich einige konkrete Einzelheiten angeben.
Der Monumentalbau Konstantins bildete mit den angrenzenden Höfen ein Rechteck von ungefähr 150 m Länge und 75 m Breite. Von der an der Ostseite vorbeiführenden Propyläenstraße (P) (vgl. Abb. 251, I, S. 447) stieg man zu dem etwa 1,2 m höher gelegenen äußeren Atrium (D) hinauf, blieb beim Durchschreiten des Martyrions (C) auf der gleichen Höhe und stieg dann über die Treppen in den Seitenschiffen etwa 1 m zum inneren Atrium (B) hinab, dessen tiefere Lage mit der künstlichen Freilegung des Felsgrabes (1) in der Anastasis (A) zusammenhing.

gehörte zu der Umgürtung, mit der die Bauleute Hadrians die Aufschüttung umgaben, auf der sein Aphroditetempel errichtet wurde. Die Mauer erwähnt auch Sozomenos in seiner Kirchengeschichte (vgl. Abb. 278).

Das äußere Atrium (D) war nach Eusebius mit Exedren geschmückt und »ließ den Besucher einen Staunen erregenden Anblick im Innern erwarten«. So spart der kaiserliche Biograph bei der Beschreibung der fünfschiffigen Basilika, des Martyrions (C), nicht mit über-

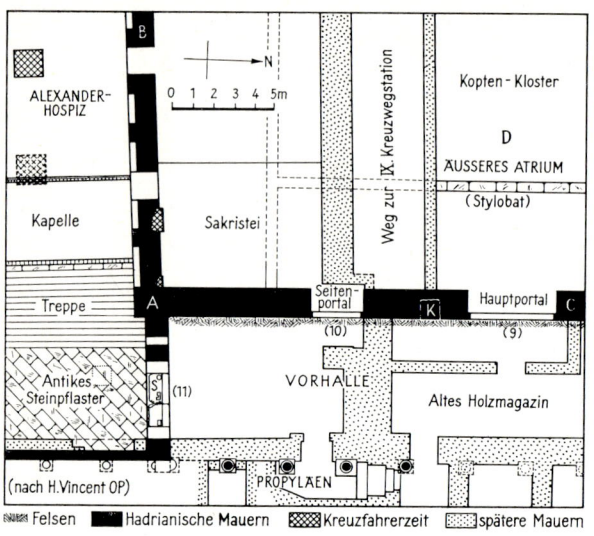

Abb. 278. Hadrianische Mauer mit dem südlichen Seitenportal der Grabeskirche Konstantins.

Der Kirchenhistoriker Sozomenos schreibt in seiner zwischen 443–445 verfaßten Kirchengeschichte: »Als dann Konstantin die Aufschüttung abtragen ließ, um das Grab Christi freizulegen, blieb der östliche Teil der Mauer als Eingangsfront stehen. Man brach drei Tore hinein, ein breites Hauptportal und zwei kleinere Seitentüren.« Nach fast 1500 Jahren konnten sich die Archäologen von der Zuverlässigkeit der Tradition überzeugen. Bei den im Jahre 1883 in den Räumen des russischen Alexander-Hospizes durchgeführten Grabungen wurde die südöstliche Ecke (A) des alten Atriums mit den angrenzenden Mauerzügen und Toröffnungen freigelegt (vgl. Abb. 277, zwischen 8, 11, 10, 9, 12).

Die Skizze zeigt das Grabungsgelände im Detail, das die Photos illustrieren. Die Bezeichnungen entsprechen den Zahlen auf dem Plan bei Abb. 277:

1. die Südostecke der hadrianischen Umfriedungsmauer von Süden gesehen;
2. der innere Winkel der hadrianischen Ostmauer;
3. die Fortsetzung der hadrianischen Ostmauer mit dem in die Mauer gebrochenen südlichen Seitenportal der Grabeskirche.

Die sogenannte »Propyläenmauer« Hadrians, die im Osten längs des »Cardo maximus« (vgl. Abb. 251, I, S. 447) den Tempel der Aphrodite begrenzte, läßt sich nordwärts (A–C) trotz aller Verbauungen in den heutigen Magazinräumen des Chan ez-Zet und im Koptenkloster stellenweise etwa 35 m weit verfolgen. An ihrem südlichen Ende im russischen Hospiz (A) biegt sie in einem Winkel, der ein wenig größer als ein rechter ist, nach Westen (B) um und ist in dieser Richtung noch auf einer Strecke von 18 m festzustellen. An der Südostecke (A), die das 1. Bild von außen (Süden) zeigt, sind die antiken Bossenquadern noch bis zu 5 Lagen übereinanderge-

schichtet und erreichen eine Höhe von fast 5 m. Die teilweise gut erhaltenen Steine sind mit Randfugen versehen. Auf dem Photo (1) sieht man noch den 1,56 m breiten Pilaster (linke Bildhälfte), hinter dem die Südmauer um 0,24 m zurückspringt (vgl. Skizze). Am rechten Bildrand erscheint ein Tor (11), das in die Vorhalle der Ostfassade führt. Die Torschwelle (S) lag noch unbeschädigt da. An ihren beiden Enden kann man noch die eingehauenen Löcher erkennen, in denen sich einst die unteren Zapfen der Torflügel bewegt haben (vgl. Skizze). Die Weite des Tores betrug etwa 2,6 m. In unmittelbarer Nähe der Torschwelle standen vier antike Säulenfragmente. Die granitenen Säulenschäfte mit einem Durchmesser von 0,62 m ruhten auf hohen Sockeln aus »meleke«-Kalkstein. Ihr regelmäßiger Abstand von 3,2 m läßt vermuten, daß sie den Portikus der Vorhalle bildeten. Etwa 12 m südlich der Südostecke steht isoliert ein römischer Torbogen (vgl. Abb. 277, 12), dessen heterogene Architekturteile auf eine mehrfache Restauration schließen lassen.

Die Ostfassade der Vorhalle bildete den interessantesten Teil der Ausgrabungen, die 1907 fortgesetzt werden konnten und eine Prüfung der Mauer auf einer Länge von 35,4 m ermöglichten. Sie ruht auf einer vorspringenden, roh behauenen Felsböschung, die um 0,95 m abfällt (Bild 2). Dann ist der Felsgrund wieder geebnet und der so entstandene Platz mit Platten belegt worden, von denen Reste noch erhalten waren. Die Bossenquadern messen 0,9–1,8 m in der Länge und 0,9–1,12 m in der Höhe. Da die Steine zum Teil stark verwittert sind, ist der Randschlag nicht mehr überall zu erkennen. Die Außen- wie die Innenseite weisen zahlreiche Zapfenlöcher auf, die zu einer Verkleidung mit Marmorplatten gedient haben.

Die Mauer ist von drei Toröffnungen, einer größeren mittleren (9) und zwei kleineren seitlichen (10), durchbrochen. Während bei dem südlichen (Bild 3) und mittleren Portal nur noch die Torpfosten in den unteren Lagen erhalten sind, existiert vom nördlichen Seitenportal noch heute der Türsturz, ein mächtiger Steinbalken von 0,9 m Höhe und mehr

als 3 m Länge. Die beiden Seitenportale (10) messen in der lichten Weite 2,52 m, das Hauptportal ist 4,28 m breit. Die versetzten Steinblöcke und kleine Ungenauigkeiten lassen erkennen, daß die drei Türöffnungen erst später in die Mauer gebrochen worden sind. So weist das Hauptportal eine mit einem Perlstab abgesetzte Umrahmung auf, die in die Bossenquadern eingemeißelt ist und den Randschlag zerstört. Die Lage der Tore entspricht der Gesamtstruktur der Konstantinischen Basilika, und so kann man die Breite der Fassadenmauer mit 38,88 m angeben.

Westlich der Fassadenmauer befand sich das äußere Atrium (D). Unter dem Schutt stieß man auf den Rest eines Säulensockels, der wohl zum westlichen Portikus des Atriums gehörte. In seiner Nähe begann ein Pflaster von Marmorplatten, etwa 4 cm stark, die wie im Feuer zersprungen schienen. Sie erinnern an den Palmsonntag des Jahres 936, als die Tore der Basilika in Brand gesetzt wurden. Die alte kufische Inschrift, die den Christen das Betreten des in eine Moschee umgewandelten Atriums verbot, wurde 1897 in der 5. Steinlage links vom Hauptportal (9) entdeckt (vgl. Skizze: K).

schwenglichen Worten: »An der Seite, die gegen Sonnenaufgang schaute, war die Basilika angefügt, ein ungeheurer Bau, der sich zu unermeßlicher Höhe erhob und in die Länge und Breite sehr weit ausdehnte. Die Innenflächen des Baues deckten Platten aus buntem Marmor, die äußere Seite der Mauern aber, die von geglätteten, genau aneinandergepaßten Steinen strahlte, gewährte einen außerordentlich schönen Anblick, der dem des Marmors in nichts nachstand. Oben unmittelbar am Dache wurde die äußere Seite mit Blei gedeckt, das sicheren Schutz gegen den winterlichen Regen bietet; die Innenseite des Daches bildete dagegen eine kunstvoll geschnitzte getäfelte Decke, die sich mit ihren aneinanderstoßenden Verbindungen wie ein großes Meer über die ganze Basilika ausdehnte; mit leuchtendem Gold über und über verziert, ließ sie den ganzen Tempel wie von Lichtstrahlen erglänzen. Zu beiden Seiten liefen sodann den Tempel entlang zwei Seitenwände mit doppelten Säulengängen auf ebener Erde und im ersten Stock, deren Decke ebenfalls mit Gold verziert war. Die an der Vorderseite des Hauses lagen, ruhten auf mächtigen Säulen, während sich die anderen innerhalb der vorderen über Pfeilern erhoben, die außen sehr reich verziert waren. Drei Tore, die gerade nach Sonnenaufgang hin sehr gut verteilt waren, nahmen die hereinströmenden Scharen gut auf. Diesen gegenüber war die Hauptsache des ganzen Werkes, eine Apsis, oben an der Spitze der Basilika hingestellt; sie umgab, entsprechend der Zahl der Apostel des Erlösers, ein Kranz von zwölf Säulen, deren Kapitäle mit sehr großen Mischkrügen aus Silber geschmückt waren; diese hatte der Kaiser selbst als schönstes Weihegeschenk seinem Gott dargebracht« (Vita Const. III, 36–38). (Vgl. Abb. 277, 5, S. 503, und Abb. 279, S. 507.)

Dieser Beschreibung ist nicht viel hinzuzufügen. Auffällig ist nur, daß Eusebius mit keinem Wort den Ort erwähnt, in dem nach späteren Berichten das Kreuz Christi durch die Kaiserinmutter Helena wiederaufgefunden worden sein soll. Wollte schon Eusebius diese Legende totschweigen? Der erste Zeuge, der uns in Jerusalem den Ort der Kreuzauffindung nennt, ist der Breviarius de Hierosolyma (um 530). Der Pilger besucht das Martyrion und berichtet: »Am Eingang der Basilika, auf der linken Seite, ist der Raum, wo das Kreuz des Herrn aufbewahrt ist.« (Vgl. Abb. 277, 8.) Dann betritt er die Kirche Konstantins und fährt fort: »Im

Westen ist eine große Apsis, wo die drei Kreuze gefunden wurden. Dort, oben darüber, befindet sich der reich versilberte und vergoldete Altar, der auf neun Säulen ruht. Rings um die Apsis stehen zwölf Säulen und auf diesen zwölf silberne Mischkrüge« (Geyer, S. 153). (Vgl. Abb. 279, S. 507.)

Der Plan der konstantinischen Bauten läßt erkennen, daß die Hauptachse der Anastasis sich nicht im Martyrion fortsetzt, auch nicht in einer gebrochenen Linie, wie es viele mittelalterliche Dome zeigen. Im Bau Konstantins sind es zwei verschiedene, wenn auch parallel verlaufende Achsen. Die Hauptachse der Anastasis (A) läuft von der kleinen Westapside der Rotunde über das Heilige Grab (1) nach dem Haupteingang der Fassade; die Achse des Martyrions (C) beginnt an der mittelsten Säule der Apsis (5) und führt über die Helenakapelle (6) bis zum Hauptportal (9) am äußeren Atrium. Daß die Achse des Martyrions der Achse der Anastasis nicht folgte, muß einen Grund gehabt haben. Ob nicht dem Ort der Kreuzauffindung, den der Breviarius angibt, beim Bau der Basilika eine nicht austauschbare Bedeutung zugewiesen wurde?[278] Selbst der Bericht des Eusebius läßt das erkennen: »Diesen gegenüber (den Eingängen) war die Hauptsache des ganzen Werkes, eine Apsis, oben an der Spitze der Basilika hingestellt ...« (III, 38).

Die Lage der Apsis in der Basilika Konstantins ist durch die jüngsten archäologischen Untersuchungen endgültig gesichert worden. Sie liegt genau dort, wo sie nach des Eusebius Bericht liegen muß: »an der Spitze«, d. h. am westlichen Ende des Martyrions (5). Dies sei einmal zur Ehrenrettung des kaiserlichen Biographen anerkennend vermerkt, auch wenn uns seine Beschreibung noch weitere Beschwerden machen wird. Die Mehrdeutigkeit seiner Ausdrücke und Angaben hat die Forschung über die Gestalt der Bauten Konstantins so verwickelt gemacht und zu immer neuen und gegensätzlichen Rekonstruktionen angeregt.[279]

Die heute östlich der Grabeskirche liegende Helenakapelle (6) mit der Kreuzauffindungszisterne (7) nahm in der Konstantinischen Basilika fast den ganzen Raum unter dem Mittelschiff des Martyrions ein (vgl. Abb. 280, S. 508). Theodosius (530) hatte vom Golgotafelsen bis zur Kreuzauffindungsstätte in der Basilika 15 Schritte (ca. 12 m), der Anonymus von Piacenza 50 Schritte (ca. 40 m) gemessen. So unvereinbar beide Zahlen erscheinen, sie haben beide ihren guten Sinn. Die erste Strecke führt vom Golgotafelsen bis zum Fuß der ersten Treppe in der Helenakapelle (6), die zweite bis zum Fuß der zweiten Treppe in der Kreuzauffindungszisterne. Die ganz aus dem Felsen herausgehauene Helenakapelle liegt etwa 5,4 m tiefer als das Niveau des Umganges der Kreuzfahrerkirche (vgl. Abb. 280, S. 508).

An das Martyrion schloß sich nach Eusebius das innere Atrium (B) an: »Darauf ging der Kaiser dazu über, einen sehr geräumigen Platz, der unter freiem Himmel

lag, zu schmücken; er ließ seinen Boden mit glänzenden Steinen bedecken und den Platz auf drei Seiten mit mächtigen, herumlaufenden Säulenhallen umgeben« (III, 35). (Vgl. Abb. 277, B.) Auch dieser Bericht gab zu heftigen Diskussionen Anlaß. »Eusebius hat in seiner Beschreibung der Bauten ... den Golgotafelsen im engeren Sinn mit keinem Wort erwähnt. Aber ungeheuer schnell schafft der fromme Glaube die sichtbaren Zeugen der Passion.«[280] Soll es wirklich so einfach zugegangen sein? Lassen wir die Augenzeugen des 4. Jahrhunderts sprechen.

Das nüchterne Zeugnis des Pilgers von Bordeaux (333), der auf seinem Stadtbummel durch die noch römische Aelia Capitolina die Lage des »monticulus Golgota« — des »Hügels Golgota« — präzisiert, läßt für einen Zweifel keinen Raum. Kyrill predigt zwölf Jahre nach der Einweihung der konstantinischen Bauten (336) vor dem Kreuzesfelsen. Viele seiner Zuhörer haben die Bauzeit noch mit erlebt und die Bauarbeiten mit eigenen Augen verfolgt. Wie hätte er die folgenden Worte sagen können, wenn Golgota »nur frommer Glaube« wäre: »Der Herr ist gekreuzigt worden. Du hast dafür die Zeugnisse. Du siehst den Ort Golgota und stimmst beifällig zu. Sieh zu, daß du es in der Zeit der Verfolgung nicht leugnest« (Kat. XIII, 23). In der X. Katechese sagt er unmißverständlich: »Dieses heilige, hier emporragende Golgota bezeugt es durch seinen Anblick« (X, 19).

Die wiederholten Aussagen der Pilgerin Aetheria (381—384) über das innere Atrium und den Golgotafelsen bei der Beschreibung der Karfreitagsliturgie des Jahres 383 beseitigen schließlich jeden Zweifel: »Sobald die sechste Stunde gekommen ist, geht man ›ante crucem‹ ›vor das Kreuz‹, ob es regnet oder heiß ist, weil der Platz unter freiem Himmel liegt, d. h. ein sehr großes und schönes Atrium zwischen Kreuz und der Anastasis ist« (Peregrinatio 37, 4). Der kurze Ausdruck »ante crucem« — er klingt wie eine zeremoniale Anweisung — wird zu einem »Terminus technicus«, ob der Gottesdienst im größeren Atrium (»ante crucem« — »vor dem Kreuz«) oder östlich von Golgota (»post crucem« — »hinter dem Kreuz«) in dem kleinen Raum am westlichen Ende des ersten südlichen Seitenschiffes gefeiert wird (vgl. Abb. 277, 4). Am Karfreitag früh wird zur Verehrung des heiligen Kreuzes »dem Bischof die Kathedra in Golgota ›post crucem‹ aufgestellt ... Ein mit Linnen bedeckter Tisch wird vor den Bischof gestellt, im Kreis um den Tisch stehen die Diakone; man bringt ein silbernes, vergoldetes Kästchen, in dem das Kreuz des Holzes liegt ... Wenn es also auf den Tisch gelegt ist, erfaßt der Bischof sitzend mit den Händen die Enden des heiligen Holzes; die Diakone, die im Kreise stehen, bewachen es, weil irgend einmal einer vom heiligen Holz etwas gestohlen haben soll ... Und so geht das ganze Volk vorüber, jeder einzeln, alle neigen sich, berühren zuerst mit der Stirn, dann mit den

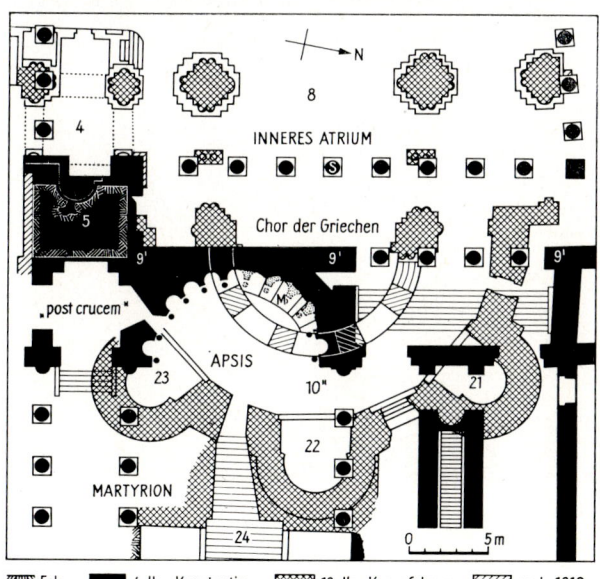

Fels ▨ | **4. Jh. – Konstantin** ■ | **12. Jh. – Kreuzfahrer** ▨ | **nach 1810** ▨

benen Apsis bildete einen Höhepunkt der Ausgrabungen. Bereits 1968 konnten der östliche Stylobat des inneren Atriums (vgl. Abb. 277, B, S. 503) und die Fundamente der Westmauer des Martyrions (9') lokalisiert werden. Die Säulenbase (S) auf dem Stylobat wurde nicht »in situ« gefunden, aber eine noch vorhandene Spur der alten Säulenstellung sichert ihren Platz. Wo aber lag die halbrunde Mauer der konstantinischen Apsis? War sie überhaupt auf dem rechteckigen Fundament, dessen Ecken nicht abgestumpft waren, errichtet worden? Man befürchtete schon, daß die Quadersteine nach Zerstörung des Martyrions anderswo verbaut worden waren. Hier konnte nur eine Sondierung des Untergrundes Klarheit schaffen. Das Wagnis wurde überreich belohnt. Unter den Bruchsteinen des Fußbodens, der noch aus dem 11. Jahrhundert stammt, wurde der halbrunde Mauerkranz (M) der konstantinischen Apsis sichtbar (vgl. Abb. 277, 5, und Abb. 287, 9, S. 522). Der Mauerwinkel am rechten Bildrand (Bild 1) gehört zur nördlichen Fundamentmauer der Apsis. Die große halbrunde Mauer (unterer Bildrand), die das Grabungsfeld umgibt, ist die mittelalterliche Apsis im jetzigen Chor der Griechen (Bild 2). (Vgl. Abb. 287, 8, S. 522.)

Abb. 279.   Die Apsis des Martyrions.

1. *Der freigelegte Mauerkranz (M) der konstantinischen Apsis.*

2. *Die Apsis im Chor der Griechen während der Restaurierungsarbeiten.*

Die Skizze erläutert den Grabungsbefund, der auf den Photos im Chor der Griechen zu sehen ist. In den Plan der Konstantinischen Basilika ist der Grundriß der Grabeskirche eingezeichnet. Alle Zahlen beziehen sich auf den Plan bei Abb. 287, S. 522; zur Gesamtlage vgl. Abb. 277, S. 503.
Die Freilegung der von Eusebius so überschwenglich beschrie-

Augen Kreuz und Inschrift, und das Kreuz küssend gehen sie vorbei ... Bis zur sechsten Stunde zieht das ganze Volk vorüber, durch eine Türe eintretend, durch die andere hinausgehend, da dies an demselben Ort geschieht, wo am Vortag, d. h. am Gründonnerstag, die ›oblatio‹ [Meßopfer] dargebracht worden ist« (37, 1–3).

Da der Raum »hinter dem Kreuz« sehr klein war, versammelten sich die Gläubigen im großen Atrium (B). In einer langen Prozession gingen sie dann einzeln, das Kreuz verehrend, hindurch. Nur zum Gottesdienst am Gründonnerstag wurde »post crucem« ein Altar aufgestellt. Der eigentliche Altar stand »ante crucem« an der

507

Abb. 280. *Die Helenakapelle mit der Kreuzauffindungsgrotte.*

1. *Das Mittelschiff mit der Hauptapsis der Helenakapelle.*

2. *Die Ostwand in der Kreuzauffindungsgrotte.*

3. *Der »heilige Bezirk«.*

Der heutige Eingang zur Helenakapelle liegt hinter dem Chor der Griechen (vgl. Abb. 287, 10″, S. 522). Auf 29 Stufen steigt man in die Krypta hinab, die ganz aus dem Felsen gehauen ist. Der erste Eindruck wirkt befremdend. Vier monolithene Säulen verschiedenen Umfangs und Materials, von übermäßig mächtigen Kapitälen geschmückt, tragen das mittelalterliche Gewölbe und die Kuppel. Das erste Bild zeigt das Mittelschiff mit den beiden östlichen Säulen und die Hauptapsis. Die Kapelle, die den Armeniern gehört, wurde 1950 restauriert. Der Hochaltar ist der Kaiserinmutter Helena geweiht, der Altar im nördlichen Seitenschiff gilt dem Gedenken an den guten Schächer. Die eigentliche Kapelle besteht aus einem 14,5×13,25 m großen Rechteck und ist durch vier Säulen in neun Felder geteilt. Über dem Mittelfeld, das ein Quadrat von 5 m bildet, erhebt sich heute auf Hängezwickeln und einem von vier Fenstern durchbrochenen Tambour eine Kuppel. Westlich legt sich, von der Kapelle durch zwei starke Pfeiler abgegrenzt, ein mit Kreuzgewölben gedeckter, 4,5 m breiter Innenarthex vor, in dessen mittlerem Teil die Treppe zum Umgang der Kreuzfahrerkirche hinaufführt. Im Bau Konstantins gelangte man über die Treppe unmittelbar in das Hauptschiff des Martyrions (vgl. Abb. 277, S. 503). Aus welcher Zeit stammt die architektonische Gestaltung der Krypta? Schon ein oberflächlicher Blick zeigt, daß die schönen Akanthuskapitäle mit dem Korbgeflecht in geradezu barbarischer Weise für die zu dünnen Säulenschäfte zurechtgehauen wurden, indem man die untere Reihe der Akanthusblätter wegmeißelte. Es kann kein Zweifel darüber bestehen, daß Säulen und Kapitäle von einem älteren Bau stammen. Bei der Zerstörung des Martyrions im Jahre 1007 blieb die Unterkirche nicht verschont. Aber schon der angelsächsische Mönch Saewulf (1102) und der russische Abt Daniel (1106/07) sahen inmitten der Trümmer des Martyrions »ein Kirchlein«. Die Helenakapelle gehörte zu den Bauten, die unter Kaiser Konstantin Monomachus zu Beginn des 11. Jahrhunderts restauriert wurden. So stammen die Säulen und Kapitäle mit großer Wahrscheinlichkeit aus dem zerstörten Martyrion. Der deutsche Pilger Theoderich (1172), der die Kapelle genauer beschreibt, sah sie in ihrer heutigen Grundrißgestaltung vor sich; sie hatte aber keine Kuppel, sondern nur eine einfache Öffnung. Die Kuppel, die heute im Klosterhof der Abessinier

sichtbar ist, stammt aus dem 13. Jahrhundert. Das Haupt- und das nördliche Seitenschiff der Kapelle enden in einer gemauerten Apsis. Aus dem südlichen Seitenschiff (rechter Bildrand) führt eine Treppe 13 Stufen hinunter in eine dunkle Grotte, in der nach der Tradition die drei Kreuze aufgefunden worden sein sollen (vgl. Abb. 287, 25, S. 522).

Das zweite Bild zeigt die Apsis, rechts davon unter dem überhängenden Fels den »heiligen Bezirk«; das dritte Bild bringt den gleichen Ausschnitt aus näherer Distanz. Dieses »dunkle Loch« galt bislang als der fragwürdigste Ort der ganzen Grabeskirche. Nirgendwo aber ist der originale Zustand so unverändert erhalten geblieben wie in dieser einstigen Zisterne, etwa 8 m tief unter dem Niveau der Grabeskirche. Die archäologischen Untersuchungen, von V. Corbo OFM im Jahre 1965 während der Restaurierungsarbeiten durchgeführt, haben einiges Licht in die dunkle Höhle gebracht.[281] Wie die Verratsgrotte von Getsemani (vgl. Abb. 244, S. 427) hatte man auch diese Höhle in früher Zeit in eine sakrale Grotte

umgewandelt. Die Form blieb fast unverändert, es wurden lediglich an der Nordseite eine Steinmauer aufgeführt und die Felswände teilweise durch Mauerwerk begradigt. Nachdem die Archäologen den Plattenbelag entfernt hatten, stießen sie auf eine Füllung, die hauptsächlich aus mittelalterlichem Schutt bestand. Darunter befand sich die Sohle der Zisterne. Der sehr unregelmäßige, bucklige Boden trug den im Altertum üblichen Aschenverputz zum Abdichten der Zisterne. Unter der Mörtelschicht erschien der natürliche Felsboden, aber deutliche Spuren wiesen darauf hin, daß er bearbeitet worden war. Dadurch wurde eine schon früher gemachte Feststellung bestätigt, daß das ganze Gelände um Golgota und den Garten Josefs von Arimatäa in einem alten Steinbruch vor den Toren der Stadt lag.

Die etwa 7,5 m lange und ebenso breite Zisterne war in eine etwa 10 m dicke Felsbank aus »meleke«-Kalkstein gehauen. In der Nordostecke (Bild 2, linke Hälfte) befindet sich eine gewölbte Apsis, deren Mauerwerk aus dem 11. Jahrhundert stammt. An die sich anschließende Ostmauer, die nur die Felswand begradigt, lehnt sich ein niedriges rechteckiges Podest mit erhöhten Rändern an (Bild 3, vgl. Abb. 287, 25, S. 522). Die an beiden Wänden entdeckten, leider sehr zerstörten Malereien deuten darauf hin, daß hier der sakrale Ort war, der von den Pilgern als Kreuzauffindungsstätte verehrt wurde. An der Ostmauer ist noch das fragmentarische Bild der Kreuzigung zu erkennen; während vom Apostel Johannes nur ein Arm und der Heiligenschein zu sehen sind, blieben das Antlitz des Gekreuzigten und die Gestalt der Mutter Jesu fast ganz erhalten. Die Untersuchungen ergaben daß das Bild, das aus dem 12. Jahrhundert stammt, nur die Übermalung eines älteren Bildes ist, das an den grün gehaltenen Farbtönen zu unterscheiden war. Die gleiche Farbtechnik zeigt auch das Bild an der Südmauer. Man erkennt noch die große Aureole um den Kopf eines Heiligen, der wie ein byzantinischer Mönch gekleidet ist, mit beiden Händen ein breites, helles Band haltend (rechts oberhalb von der Mitte des 3. Bildes). Eine weitere Gestalt kann mit Hilfe der fragmentarischen Inschrift ... PHAEL als der Erzengel Rafael identifiziert werden. Auch die Westwand ist mit Ornamenten, besonders mit großen Kreuzen geschmückt. Die vielen Inschriften im Verputz und auf dem Felsen sind als stumme Zeugen der langen Verehrung an dieser Stätte stehengeblieben. Ein kleines Öllämpchen, das bereits im 4. Jahrhundert das geheimnisvolle Dunkel der Grotte erhellte, stellt das älteste Zeugnis dar.

Westseite. Der Pilger Theodosius (530) sieht ihn »am Fuße des Berges«.

Mit großer Wahrscheinlichkeit besitzen wir im Apsismosaik von S. Pudenziana in Rom ein getreues Bild des Golgotahügels. Hinter dem thronenden Christus ragt ein vierseitiger, nach oben sich verjüngender Felsblock empor. Darauf steht ein großes gemmengeschmücktes Votivkreuz (vgl. Abb. 267, 1, S. 481). Auf dem Kreuzesfelsen selbst fand niemals der Gottesdienst statt, obwohl man nach Theodosius »von der einen Seite auf Stufen« hinaufsteigen konnte. Der Breviarius de Hierosolyma (um 530) bemerkt noch ergänzend, daß rings um Golgota »silberne Schranken sind ... und über dem Kreuz, das ganz mit Gold und Juwelen bedeckt ist, der offene Himmel« (Geyer, S. 153 f.).

Die Größe und Lage des fast rechteckigen Platzes lassen sich noch nach alten Mauerresten und den Fundamenten der drei Säulenhallen, die das innere Atrium im Norden, Osten und Süden umschlossen, bestimmen. In westöstlicher Richtung maß das Atrium etwa 25 m, in nordsüdlicher Richtung etwa 40 m. Die Ausgrabungen bestätigten eine alte Vermutung, daß der sogenannte Bogengang der Hl. Jungfrau in der Kreuzfahrer-kirche auf den Fundamenten des nördlichen Portikus stehe (vgl. Abb. 286, S. 521, und Abb. 287, 16′, S. 522). Um diese Überreste der konstantinischen Anlage zu schonen, verkürzten die Kreuzfahrer das nördliche Querschiff ihrer Kirche (Abb. 287, 10). Beim Bau des Martyrions wurde die Schädelstätte von der Umgebung isoliert und ragte als vierseitig behauenes Felsmotiv etwa 5 m hoch in der Südostecke empor (3). Die Lage der von den Pilgern erwähnten Treppe zum Plateau des Golgotafelsens läßt sich nicht mehr angeben. Das Fels-massiv ist später von Modestus (626) mit Mauerwerk umkleidet und in eine Kapelle mit Ober- und Unter-geschoß eingebaut worden. Heute liegt das Niveau des Golgotafelsens etwa 4,50 m über dem Boden der Gra-beskirche.

Beide Sondierungen[282] in der näheren Umgebung des Golgotafelsens führten zu der überraschenden Fest-stellung über das tief liegende Niveau des Felsbodens (vgl. Abb. 287, E, H, S. 522). In der unter der Kreu-zigungskapelle liegenden Adamskapelle (vgl. Abb. 287, 4) erreichten die Bohrungen (H) in einer Tiefe von 5,3 m noch keinen Felsgrund; nördlich vom Golgotafelsen (E) mußten die Bohrungen wegen technischer Schwierig-keiten bei 4,5 m Tiefe eingestellt werden, ohne daß man auf den Felsgrund gestoßen war. Auf der gegenüber-liegenden Seite (F) wurde das Ziel in einer Tiefe von 6,75 m unter dem Pflaster der Kirche erreicht. Die wei-teren Bohrungen in Richtung zur »Anastasis« ließen ein schnelles Ansteigen des Felsbodens erkennen. Längs der Nordwand des »Katholikon« ist der Fels bei K noch 4,5 m tief, 2 m westlich davon nur noch 0,3 m. An den großen Westpfeilern des »Katholikon« (A, D) liegt der Felsen an der Südseite bei 2,15 m, an der Nordseite bei 2,5 m. Die tiefe Lage des Felsniveaus um den quadrati-schen Block von Golgota war völlig unerwartet. Bislang nahm man an, daß der Ort der Kreuzigung nur eine mäßige Erhebung gewesen sei, da er nur etwa 5 m das Niveau der Umgebung überragte. Die Bohrungen ließen erkennen, daß westlich und nördlich vom Gol-gotafelsen der Felsboden mindestens 5,4 m unter dem Fußboden der Kirche liegt. Dies ergäbe also eine Höhe des Golgotamassivs von etwa 10 m. Es ist nun unwahr-scheinlich, daß die Architekten Konstantins den Fels-boden zuerst bis auf diese Tiefe abtragen ließen, um dann wieder das Fundament aufzuschütten. Golgota wurde also noch zu ihrer Zeit wenigstens an drei Seiten als Erhebung mit steilen Hängen vorgefunden. Es ist natürlich anzunehmen, daß die Steilheit des Felsens durch angewehte Erde gemildert wurde, aber das ändert am eigentlichen Felsrelief wenig. Beim Bau der Kirche wurde Golgota als quadratischer Block von der Umge-bung isoliert und dieser bis auf den felsigen Untergrund von allem Schutt befreit. (Vgl. Abb. 268, S. 484.)

Eine Schicht von großen Steinen, mit tonhaltiger roter Erde gemischt, bildete dann das Fundament des neuen Baues. Das Durchbohren dieser Steinfüllung bei E und F war sehr mühsam. Die in der Füllung gefundenen Scher-ben stammen aus römischer und byzantinischer Zeit (4. Jahrhundert). Die ursprüngliche Oberfläche des Fels-bodens, die noch Spuren eines alten Steinbruches zeigte und in den Rillen Scherben aus der Eisenzeit II (ca. 900 bis 600 v. Chr.) enthielt, war ein langsam abfallender Hang von Nordwest nach Südost. Bei E und F wurde etwa 0,3 m unter dem mittelalterlichen Fußboden eine alte Mauer von 1,3 m Stärke entdeckt. Die Steine ge-hören zu der westlichen Fundamentmauer des Marty-rions (vgl. Abb. 279, 9′, S. 507).

Den Abschluß des Monumentalbaues bildete die gro-ße Rotunde der Anastasis (A), die das Grab Jesu barg. »Über dem heiligen Grabe des Erlösers wurde das ›Neue Jerusalem‹ erbaut ... Zuerst ließ der Kaiser gleichsam als Haupt des ganzen Werkes die heilige Grotte aus-schmücken; es war dieses Denkmal überreich an unver-gänglichen Erinnerungen, da es die Siegeszeichen unse-res Erlösers über den Tod umfaßte, jenes Denkmal ... also ließ es der Kaiser mit auserlesenen Säulen und mit großer Pracht ausschmücken, indem er die verehrungs-würdige Grotte mit verschiedenem Schmuck zierte« (Vita Const. III, 33, 34).

Leider drückt der kaiserliche Biograph nur seine Ge-fühle aus, um das Werk des Kaisers zu preisen. Nicht mit einem Wort erwähnt er das, was uns interessieren könnte. Wenn aber selbst der Pilger von Bordeaux (333), der sonst nur die Meilensteine der römischen Straßen zählt, beim Anblick der gerade fertiggestellten Basilika den Ausdruck des Erstaunens »eine Kirche von wunder-barer Schönheit« nicht unterdrücken kann, dann sollten wir den gefühlsbetonten Überschwang des Bischofs mit Milde beurteilen. Dies um so mehr, als der kaiserliche Hofbischof überhaupt nicht in der Lage war, genauere Angaben über die architektonische Form der Anastasis zu machen. P. Ch. Coüasnon OP, einer der Chefarchi-tekten bei den jüngsten Renovierungsarbeiten der Gra-beskirche, vertritt die Ansicht, daß zu Lebzeiten des Eusebius († 339) nur das Grabmonument auf dem Ge-lände der Anastasis zu sehen war. So sind wir auf spä-tere Zeugnisse angewiesen, ferner auf die Ergebnisse der archäologischen Forschung. Beginnen wir mit den gesicherten und nachprüfbaren Fakten.

Die Architekten Konstantins hatten eine doppelte Aufgabe zu lösen: einerseits die Ortslage der heiligen Stätten zu respektieren, andererseits auf dem so unebe-nen Gelände die große Rotunde der Anastasis zu errich-ten. Zunächst wurde der Felsen, in dem die Grabhöhle lag, von der Umgebung isoliert und der Felsboden rings-um auf die gleiche Höhe mit dem Grabeingang gebracht. Wie schwierig die Nivellierungsarbeiten waren, zeigen die Bodenverhältnisse innerhalb und außerhalb der Kir-che (vgl. Abb. 287, Längsschnitt).

Sondierungen an den Fundamenten und Stützpfei-lern, die während der Jahre 1960–1961 in der Grabes-

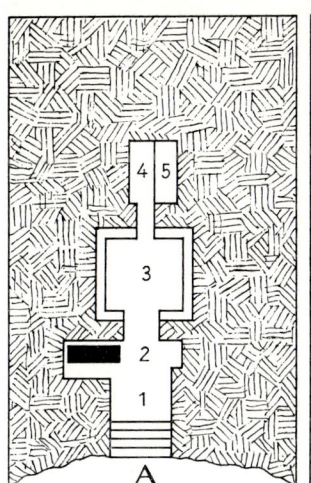  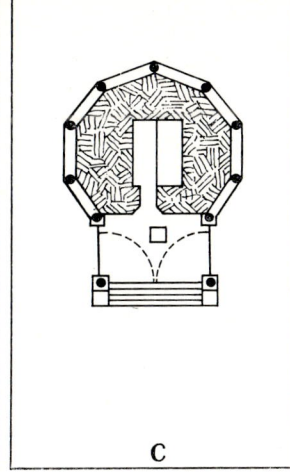 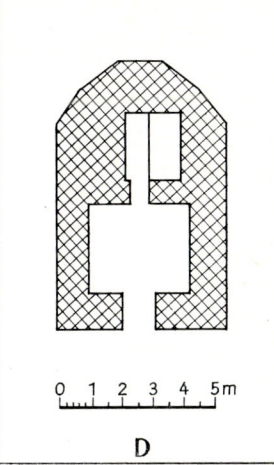

Abb. 281.   *Vom Felsgrab zur Grabeskapelle.*

Die vier Grundrisse veranschaulichen in vereinfachter Form die Umgestaltung des Felsgrabes in das konstantinische Grabmonument, das nach der Zerstörung im Jahre 1010 durch eine gemauerte Kapelle ersetzt wurde.

A *Das ursprüngliche Felsgrab im Garten des Ratsherrn Josef von Arimatäa.*

    1 Offener Treppenzugang
    2 Eingang mit Rollstein
    3 Vorraum mit Sitzbänken
    4 Grabkammer
    5 Bankbogengrab

B *Die von der felsigen Umgebung isolierte Grabkammer mit Bankbogengrab.*
  Der Eingang mit dem Vorraum fiel der Planung des Architekten zum Opfer.

C *Das mit kleinen Säulen geschmückte Grabmonument in der weiten Rotunde der Anastasis.*
  Der Längsschnitt der Grabeskirche bei Abb. 287, S. 523, zeigt den Niveauunterschied der freigelegten Fläche zu der felsigen Umgebung.

D *Der Grundriß der gemauerten Grabeskapelle in der heutigen Grabeskirche.*

Trotz aller Zerstörungen war man bemüht, die Größenverhältnisse der Grabkammer getreu zu überliefern.

kirche durchgeführt wurden, erzielten, entgegen allen Erwartungen, nicht nur ein zufriedenstellendes Ergebnis über den baulichen Zustand der Fundamente, sondern brachten auch wichtige Aufschlüsse über die Errichtung der Konstantinischen Grabeskirche. In das von Nordwesten nach Südosten abfallende felsige Gelände, dem der harte Kalkstein das typische Relief gab, ließen die Architekten Konstantins eine ebene Fläche schlagen, die das Gebäude aufnehmen sollte. Besonders im Norden und im Westen wurde der Fels stufenförmig abgetragen. Der ausgehauene Fels entsprach der Rundung der Außenmauer (vgl. Abb. 282, 2, S. 513). Den Übergang zu dem etwa 6 m höher stehenden Felsgelände löste der Architekt durch den Anbau von Nebengebäuden, die sich im Westen und im Norden an die Felsmauer anlehnten (vgl. Abb. 282, 3, S. 513, und Abb. 277, 13, 13', S. 503).

Der klassische Typ eines Mausoleums, wie er aus der gleichen Zeit durch den römischen Rundbau der hl. Constantia repräsentiert wird, wurde nur teilweise übernommen. Auch wenn die Kuppel auf einem kreis-

förmig angeordneten Säulenkranz ruhte, hatte die Kirche nur an der Westseite eine große, halbrunde Apsis, die durch drei kleine Apsiden verstärkt wurde. Die Außenmauer setzte sich ostwärts fort, bis sie die große vorgelagerte Fassade der Anastasis erreichte. Der Durchmesser des inneren Säulenkreises beträgt etwa 19,60 m, der Durchmesser der großen, halbrunden Apsis kann mit etwa 33,70 m angegeben werden. Die Stärke der Außenmauer läßt sich nirgendwo in Bodenhöhe messen. Bei einem Fenster hinter dem nördlichen Teil der kleinen Westapsis beträgt sie 1,42 m. Die Kuppel hatte wie das Pantheon in Rom ein »offenes Auge«. Das einfallende Regenwasser floß durch einen Gully im Fußboden der Anastasis nach einer nördlich gelegenen Zisterne ab, die bei den jüngsten Ausgrabungen lokalisiert werden konnte (vgl. Abb. 282, 1, S. 513, und Abb. 287, Z, S. 522).

Der Umgang zwischen dem inneren Säulenkranz und der Außenmauer endete in zwei großen Hallen, die an die Fassade grenzten. Nach den bei den Sondierungen gefundenen Mauerresten (vgl. Abb. 287, L) betrug die Breite der Fassade etwa 33,70 m. Sie entsprach also dem Durchmesser der großen Apsis und wird ihr gleich breites Gegenstück in der Ostfassade des Martyrions finden. Nähere Einzelheiten über das Aussehen der Fassade vor dem Rundbau ließen sich nicht ausmachen. Die weiteren Untersuchungen in den nördlich und westlich der Rotunde gelegenen Nebenräumen, die heute von dem Kloster der Franziskaner eingenommen werden (vgl. Abb. 287, 19, 19′), führten zu interessanten Feststellungen. Zunächst war die Apsis von einem offenen Hof umgeben, der erst in der Kreuzfahrerzeit überbaut wurde. Die Eckgebäude (13, 13′) hatten nicht nur den dekorativen Zweck, die kahlen, bis zu 6 m hohen Felswände zu verkleiden, sondern dienten auch wirtschaftlichen Zwecken, wie es die aufgefundenen Öl- und Weinkeltern zeigen; ferner unterirdische Keller, die als Depot für die Weinamphoren benutzt wurden (vgl. Abb. 282,3, S. 513).

Daß es bei der architektonischen Planung nicht ohne harte Auseinandersetzungen abging, läßt eine kurze Notiz bei Eusebius noch ahnen: »Es war seltsam, diesen (Grab-)Felsen zu sehen, wie er sich allein inmitten eines geräumigen Geländes erhob, aber nur einer einzigen Höhle Platz bot« (Theophaniae Fragm. III, 30). Mit anderen Worten: es war genug Platz da. Dennoch wurde der Vorraum des Grabes weggemeißelt, d. h. für immer vernichtet. Vielleicht ist diese Pietätlosigkeit – die neue Gestaltung des Grabmonumentes entfernte sich erheblich von der biblischen Tradition – der Grund dafür, daß Eusebius den Namen des syrischen Architekten Zenobios einfach totschweigt. Noch zwölf Jahre später klingt die Erbitterung über den kaiserlichen Architekten in den Worten Kyrills (348) nach. Er steht in der Anastasis genau auf dem Platz des einstigen Vorraumes und sagt: »Denn bevor das Grabmonument in dieser Art hergerichtet wurde, war vor dem Felsen eine Vorhöhle, wie es hier an den Eingängen Sitte ist ... Heute aber sieht man nichts mehr von ihr, weil damals die Vorhöhle wegen der Anbringung der gegenwärtigen Verzierungen weggehauen wurde« (Kat. XIV, 9). (Vgl. Abb. 281, B, S. 511.)

Wie die »Verzierungen« aussahen – Eusebius spricht nur von »auserlesenen Säulen und großer Pracht« –, wissen wir nicht. Unbestimmt bleibt auch die äußere Form des aus dem Felsmassiv herausgehauenen Grabmonumentes. So bleibt uns nichts anderes übrig, als die frühen Pilgerberichte nach weiteren Aussagen zu untersuchen. Wie werden aber sehen, wie die Mehrdeutigkeit der Quellen eine Rekonstruktion erschwert.

Aus dem Bericht der Pilgerin Aetheria (um 383) über die liturgischen Feiern in der Grabeskirche können wir entnehmen, daß der Platz der weggemeißelten Vorkammer mit einer Art Schranke oder Gitter umgeben war; dahinter stand vor dem Eingang zum Grab ein Altar. »Am siebten Tag«, so beginnt Aetheria ihre Beschreibung der sonntäglichen Vigilfeier, »versammelt sich vor dem Hahnenschrei alles Volk vor der Basilika. Sobald der erste Hahn gekräht hat, steigt der Bischof herab und betritt die Grotte der Anastasis. Alle Tore werden geöffnet, und das Volk betritt die Anastasis. Dann ergreift der Bischof, wo er steht, hinter den Schranken das Evangelium, geht zum Eingang und liest die Auferstehung des Herrn« (Peregrinatio 24, 9, 10). Zur Feier des Sonntagsgottesdienstes lesen wir: »Und wenn die Gläubigen in die Anastasis eingetreten sind, folgt der Bischof und geht sofort in den Gitterraum der Grotte. Zuerst werden Gott Danksagungen dargebracht, es folgt die ›oblatio‹ ...« Der Altar am Platz der vernichteten Vorkammer erhielt unter Kaiser Anastasius (491–518) ein Gegenstück an der westlichen Seite des Grabes. Der heutige Altar der Kopten hinter der Grabeskapelle zeigt, wie zäh die Tradition eine Erinnerung hüten kann. »Über dem Grab«, so schreibt der Breviarius (um 530), »ist eine Kirche in runder Form gesetzt. Über dem Grab selbst ist ein Dach (transvolatile) von Silber und Gold, und ringsum erstrahlt alles von Gold« (Geyer, S. 154, 10).

Der letzte Bericht über die Grabeskirche Konstantins vor ihrer Zerstörung durch die Perser (614) stammt vom sogenannten Anonymus von Piacenza, der Jerusalem um 570 besuchte. Dieser Pilger scheint uns endlich, was wir an den anderen Berichten immer vermißten, eine ausführliche Beschreibung des Heiligen Grabes zu geben: »Wir warfen uns nieder und küßten die Erde und betraten dann die Heilige Stadt, in der wir das Grabmal des Herrn verehrten. Weil das Grabmal aus dem natürlichen Felsen gehauen ist, ist auch das Troggrab (puteus) aus diesem Felsen herausgehauen, wo der Leichnam des Herrn geruht hat ... Der Stein, mit dem das Grab verschlossen war, liegt vor der Öffnung des Grabmals; seine Farbe aber ist die des Felsens, weil er herausgehauen ist aus dem Felsen Golgota.«

Abb. 282. Die Mauern Konstantins.

Die Fundamentmauern der Anastasis haben allen Versuchen der Zerstörung getrotzt und sind als eindrucksvolles Zeugnis der architektonischen Planung und soliden Bauausführung stehengeblieben.

1. Gewölberaum des hadrianischen Tempels und Zisterne der Grabeskirche.

Beim Ausschachten eines Kanalisationsgrabens kamen zufällig die Steine eines unterirdischen Gewölbes zum Vorschein. Die Archäologen nahmen einen Stein heraus und krochen in das Innere (vgl. Abb. 287, Z, S. 522). Bei der Untersuchung des Felsengrundes stellten sie eine deutliche rötliche Färbung des Gesteins fest, die immer dann auftritt, wenn der »meleke«-Kalkstein lange Zeit der Sonnenbestrahlung ausgesetzt ist. Die rötliche Färbung stand im Kontrast zu der hellen Gesteinsoberfläche, die südlich des Gewölbes in einem langen Tunnel sichtbar wurde. Der etwa 0,92 m breite und 1,3 m hohe Tunnel diente als Abflußkanal für das Regenwasser, welches durch das »offene Auge« der Kuppel in das Innere der Kirche fiel. Der Gully liegt an der Nordwand der Grabeskapelle. Mit dem abfließenden Wasser kamen im Laufe der Jahrhunderte viel Erde, Sand und andere Fremdstoffe in den unterirdischen Abfluß. Beim Ausräumen des Tunnels wurde alles sorgfältig gesiebt und untersucht. Außer den vielen Mosaiksteinchen, die von den alten Wandmosaiken herrühren, wurden die Ausgräber mit dem Fund von 29 Münzen für ihre Mühe belohnt. Die älteste war in Sidon in den Jahren 174—150 v. Chr. geprägt worden; die anderen stammten hauptsächlich aus der konstantinischen Ära — angefangen mit Constantius II. (351—354) bis Theodosius I. (379—395) —; die jüngste, aus der Kreuzfahrerzeit, hatte wohl ein Pilger damals verloren.

Die Außenmauern des etwa 2,9 m breiten und 2,5 m hohen Gewölberaumes ruhen auf dem Felsgrund. Der Felsboden zeigt noch viele rechtwinklige Vertiefungen und gerade Einschnitte, die vom Brechen der Steinblöcke herrühren. Auffällig sind am Gewölbebogen die etwa 8 cm breiten Verputzfugen, die teilweise den leichten Randschlag der konischen Steinblöcke verdecken. Der nördliche Teil des Gewölbes wird von einer mächtigen Fundamentmauer der Anastasis geschnitten. Mit anderen Worten: der Gewölberaum ist eher als die Mauer erbaut worden. Überzeugend wird diese chronologische Einordnung durch die Mauer bewiesen, an die auf dem Photo der Meßstab angelehnt ist. Sie ist nichts anderes als das Fundament der beiden darüber stehenden Pfeiler, welche die Kuppel der Anastasis tragen. Für den Abflußkanal und den südlichen Teil des Gewölberaumes ließen die Architekten Konstantins in der neuen Fundamentmauer den kleinen Durchgang offen.

2. Außenmauer der Nordapsis (vgl. Abb. 277, A, S. 503).

Die kleine halbrunde Nordapsis ist in einen quadratischen Block hineingebaut, dessen Außenwand auf dem Photo sichtbar ist. Die erhöhte Felsböschung läßt deutlich eine Bearbeitung des Felsgrundes (bei A) erkennen. Sie diente als Stütze und Verstärkung des Fundamentes. Auffällig ist die Sorgfalt, mit der die glatt behauenen Steinquadern (B) versetzt sind. Die alte Mauer ist bis zu einer Höhe von etwa 12 m erhalten.

3. Wirtschaftsraum hinter der Anastasis (vgl. Abb. 277, 13).

Der große, rechtwinklige Raum liegt an der Nordwestecke der Plattform, die beim Bau der Grabeskirche aus dem ansteigenden Gelände herausgehauen wurde. Der Boden ist gewachsener Fels, auf dem die Ostmauer des Gebäudes steht. An den Rändern haben sich noch spärliche Fragmente des alten Mosaikbodens erhalten. Während die Nordwand aus Felsblöcken gemauert ist, bildet die senkrecht abgehauene Felsbank aus »meleke« die Westwand. Die auf der linken Bildhälfte sichtbaren Fenster mit der anschließenden Tür führten in den Hof hinter der Apsis der Anastasis. Dieser Innenhof besaß in der Nähe der kleinen Westapsis ein mit drei Arkadenbögen geschmücktes Eingangstor. Ein weiterer Torbogen schloß sich an die Nordapsis an. Über eine Treppe stieg man zu den höher gelegenen Räumen hinauf. Hinter der Tür mit dem Rundbogen befanden sich weitere Wirtschaftsräume mit aus dem Felsen geschlagenen Weinkeltern, ferner Depots für die Weinamphoren (vgl. Abb. 277, 13'). Jenseits der Nordwand lag eine große Wasserzisterne.

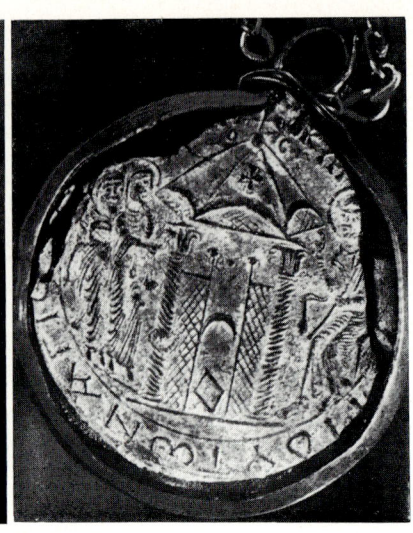

Und der Felsen selbst ist geschmückt mit Gold und Edelsteinen, und der Stein des Grabmals ist mühlsteinartig (molaris). Unzählige Schmucksachen sind dort. An eisernen Stiften hängen Armbänder, Handspangen, Halsketten, Ringe, Kopfschmuck, Gürtel, Wehrgehänge, Kaiserkronen aus Gold und Edelsteinen und Schmucksachen von Kaiserinnen. Das Grabmal ist so ungefähr nach Art einer Pyramide (in modum metae) mit Silber überdeckt unter goldenen Balken (sub solas aureos). Vor dem Grabmal steht ein Altar« (Geyer, S. 171, 18).

Die einzelnen Angaben des Pilgers — von »sub solas aureos«[283] abgesehen — erscheinen klar. Versucht man aber, diese zu einem Gesamtbild zusammenzusetzen, dann beginnen die Fragen. Was heißt »der Felsen des Grabmonumentes ist ›molaris‹«? Ist er rund wie ein Mühlstein, oder bezeichnet das Adjektiv nur die Gesteinsart? Was heißt ferner: »Das Grabmal ist so ungefähr nach Art einer Pyramide mit Silber überdeckt unter goldenen Balken«?

Einen — richtig ausgedrückt — Umweg zur Lösung dieser Fragen bietet der Pilger selbst an. Von seinem Besuch des Heiligen Grabes berichtet er: »Eine eherne Lampe brennt dort Tag und Nacht; wir schöpften segenspendendes Öl daraus und stellten sie wieder hin« (Geyer, S. 171, 18). Mit anderen Worten: Die Pilger gossen ein wenig Öl aus der Grabeslampe in ein anderes Gefäß ab, in eine kleine Ampulle, die sie als kostbares Andenken mit in die Heimat nahmen. Im Domschatz zu Monza in Oberitalien werden 16 Ölampullen der Langobardenkönigin Theodelinde (✝ 627) aufbewahrt, die alle aus Palästina stammen. Die eingeprägten Reliefs sind Abbildungen der heiligen Stätten in Jerusalem, besonders des Heiligen Grabes (vgl. Abb. 283, 1, 2, 3).[284] Das charakteristische an diesen Darstellungen ist, daß sie dem Grabmonument, mehr oder weniger getreu, diejenige Gestalt geben, welche es im

Abb. 283.   Das Heilige Grab auf den Ölampullen von Monza.

Ampullen sind kleine flaschen-, krug- oder kannenförmige Gefäße aus Glas, Ton oder Metall; sie dienten kultischen Zwecken und enthielten Wein und Wasser für das Meßopfer oder das am Gründonnerstag geweihte Öl für Täuflinge und Kranke. Schon aus dem 4. Jahrhundert sind Pilgerampullen von Wallfahrtsorten in Ägypten bekannt. Bald gehörten sie zu den beliebtesten Pilgerandenken von den heiligen Stätten in Jerusalem.

Die Ampullen, die im Domschatz von Monza aufbewahrt werden, sind aus vergoldetem Silberblech, Blei oder Metalllegierungen gefertigt. Die Langobardenkönigin Theodelinde (✝ 627) ließ solche für ihre Basilika in Monza, die dem hl. Johannes dem Täufer geweiht war, entweder direkt aus Jerusalem kommen, oder sie erhielt sie von Gregor dem Großen (✝ 604) geschenkt. Die griechische Umschrift bestätigt zunächst den vom Anonymus von Piacenza (570) überlieferten Brauch der Pilger, etwas Öl von der ehernen Lampe des Heiligen Grabes in ihre Ampullen abzugießen. Sie lautet, mit geringen Varianten: »Öl vom Baum des Lebens der heiligen Stätten Christi« oder »Geweihtes Öl der heiligen Stätten des Herrn Christus«. Die in das Blech geprägten Reliefs zeigen verschiedene Szenen der Passion Christi. Uns interessiert aber das Heilige Grab, das in mehrfacher Abwandlung dargestellt ist.

Beginnen wir mit der einfachsten Form auf der linken Ampulle. Wir sehen das frei stehende Grabmonument, so wie es aus dem umgebenden Felsgestein herausgehauen worden war. Die Frontalansicht des Monumentes läßt auf einen quadratischen Unterbau schließen, der von einer »meta«, einem stumpfen, pyramidenförmigen Dach, bedeckt ist, wie es der Anonymus von Piacenza beschreibt und später von Willibald (724/726) klar bestätigt wird: »Das Grab war in den Felsen gehauen, und jener Felsen steht über der Erde, er ist unten viereckig [quadrans] und oben spitzig [subtilis]« (Geyer, S. 232). Das Vorbild, das die Architekten für die Anlage des Grabbaues vor Augen gehabt hatten, lag nicht weit entfernt. Es war das Grab des Sacharja (Zacharias) im Kidrontal (vgl.

*Abb. 248, S. 433). Die Ähnlichkeit in der äußeren Frontal-
ansicht ist bestechend. Der einzige Unterschied besteht darin,
daß das Sacharjagrab noch in der umgebenden Felswand steht,
aus der es herausgemeißelt wurde, das Heilige Grab dagegen
ragt frei im Raum empor, und der umgebende Fels ist ganz
weggeschlagen.
Das Relief der mittleren Ampulle zeigt das Grabmonument
unter einem Ziborium, das auf Säulen mit Lilienkapitälen
steht: »Der Kaiser schmückte das Grabmal mit auserlesenen
Säulen und reichstem Schmuck« (Vita Const. III, 34). Auf
den Säulen, die durch Gitter verbunden sind, ruhen die »solas
aureos« (goldenen Balken) mit dem silbernen und goldenen
»transvolatile« (Dach), das von einem Kreuz gekrönt wird.
Die Gitter oder Schranken sind die »cancelli«, von denen
Aetheria (383) berichtet: »Dann ergreift der Bischof, wo er
steht, hinter den ›cancelli‹ das Evangelium und geht zum
Eingang und liest die Auferstehung des Herrn« (24, 10).
Wer in das Grab gelangen wollte, schritt durch den von Säulen und Gitterschranken umschlossenen Vorraum, in dem ein
Altar stand. Fast hat man den Eindruck, daß die Gittertüren
(rechte Ampulle) leicht geöffnet sind, um einen Blick in das
Innere zu ermöglichen. Ob das auf der Spitze stehende Rhom-
boid der Stein sein soll, der nach Kyrill vor dem Grab-
monument lag, oder ob es vereinfacht das Grab Jesu in der
Grabkammer darstellt, ist schwer zu entscheiden. Unter dem
Halbbogen erkennt man auf einem besser erhaltenen Reliefbild noch die eherne Lampe, aus der die Pilger das Öl in ihre
kleinen Ampullen schöpften und als teures Andenken in die
Heimat mitnahmen. Der Anonymus von Piacenza (570) er-
wähnt nur eine Öllampe, die Tag und Nacht im Grabe brennt.
Hundert Jahre später findet Arkulf bereits »zwölf brennende
Lampen nach der Zahl der Apostel« vor; ihre Zahl ist im
Mittelalter weitergewachsen — heute sind es genau dreiund-
vierzig Stück!*

Rahmen der konstantinischen Bauten erhalten hatte
und bis zum Persersturm (614) bewahrt hat. Wir sehen
die Vorderfront des Grabmonuments mit einer Doppel-
tür und einem anscheinend pyramidenförmigen Dach,
dessen Spitze von einem Kreuz gekrönt ist. Über dem
Grabmonument erhebt sich ein säulengetragenes Ziborium in der Form eines Zeltdaches. Bis zur halben
Höhe sind die Säulen durch ein Gitter verbunden, das
sich an der Vorderseite mit einer zweiflügeligen Tür
öffnet.

Ist nun das Grabmonument rund (molaris), wie es
auch Arkulf (670) später ausdrücklich betonen wird,
oder ist es ein quadratischer Felsblock, wie es Sophronius († 638) nach seiner Ode über die Grabeskirche vermuten läßt und der Pilger Willibald (724/26) unmißverständlich ausdrückt: »Jenes Grab war in den Felsen
gehauen, und jener Fels steht über die Erde empor und
ist unten viereckig (quadrans) und oben spitz (sub-
tilis)«? Ob sich diese »Quadratur des Kreises« lösen
läßt? Fast scheint es so, daß uns ein endgültiges Urteil
über die äußere Form des Grabmonumentes verwehrt
ist; es sei denn, man begnügt sich mit der einfachen
Lösung, die der wohl wenig veränderte Grundriß der

Grabeskapelle nahelegt. Von vorn gesehen, erscheint
sie viereckig (quadrans), von der Rückseite betrachtet,
rund (molaris). (Vgl. den Grundriß bei Abb. 292, 3,
S. 532.)

Ein weiteres Dokument von unschätzbarem Wert
stellt das Bild der Grabeskirche auf der Mosaikkarte
von Madaba (Ende 6. Jahrhundert) dar. Es ist das einzige authentische Bild, das wir von dem konstantinischen Monumentalbau besitzen (vgl. Abb. 251, S. 447,
und Abb. 284, S. 517).

Bei der Eroberung Jerusalems im Jahre 614 steckten
die Truppen des Sassanidenkönigs Chosroës II. auch
den Prachtbau Konstantins in Brand und plünderten
das Grabmonument völlig aus. Das kostbare Votivkreuz mit der Kreuzesreliquie, der Patriarch Zacharias
und eine große Schar von Gefangenen wurden von den
Truppen nach Persien fortgeführt. Der Patriarch ist
nicht wieder zurückgekehrt, das heilige Kreuz brachte
Kaiser Heraklius im Triumphzug am 3. Mai 628 wieder nach Jerusalem zurück. Noch während der Patriarch in Gefangenschaft saß, begann Modestus, der Abt
des Theodosiusklosters bei Betlehem, mit dem Wiederaufbau. Da er aber unter den damaligen Verhältnissen
nicht daran denken konnte, den monumentalen Bau
Konstantins in seiner Gesamtanlage und Pracht wiederherzustellen, baute er nur die einzelnen Teile in vereinfachter Form auf den alten Grundlinien wieder auf.
In den aus der Zeit um 660 stammenden Aufzeichnun-
gen eines armenischen Pilgers wird die Basilika noch
»Martyrion« genannt, sie führte aber bereits den neuen
Namen »Konstantinsbasilika« — »Hagios Konstanti-
nos« — und war als »ekklesia katholike« die Kathedrale des Patriarchen. Der Name hat sich im »Katholikon«, dem Chor der Griechen, bis zum heutigen Tage
erhalten. (Vgl. Abb. 287,8, S. 522.) Der armenische
Pilger hatte ein »Hobby«, er registrierte systematisch
die Zahl der Säulen, die er in den Sakralbauten Palästinas vorfand. In der »Katholike« hat er 65, nach
einer anderen Handschrift 75 Säulen gezählt, d. h., sie
war ein ansehnliches Gebäude.

An die Basilika schloß sich ein Hofraum an, er wurde
der »Heilige Garten« genannt, in dessen Mitte ein
Denkmal den »omphalos« — »den Nabel« —, den Mittelpunkt der Welt bezeichnete. Die mit Golgota ver-
knüpfte Vorstellung, daß sich hier die Mitte der Erde
befinde, wird schon von Kyrill bezeugt: »Christus breitete am Kreuz die Hände aus, damit er die Enden der
bewohnten Welt umfasse; denn dieser Ort Golgota ist
die Mitte der Welt« (Kat. XIII, 28). Aber auch die Vorstellung von der »Weltmitte« war ein uraltes Attribut,
das mit dem Heiligen Felsen im Allerheiligsten des
Tempels verknüpft war. Umfassend stellt ein Midrasch
diese jüdische Tradition zusammen:

»Das Land Israel liegt in der Mitte der Welt;
Jerusalem liegt in der Mitte des Landes Israel;

der heilige Bezirk liegt in der Mitte Jerusalems;
das Tempelhaus liegt in der Mitte des heiligen
Bezirkes;
die Bundeslade liegt in der Mitte des Tempelhauses;
der Heilige Felsen aber liegt vor der Bundeslade, denn
von ihm aus wurde die Welt gegründet.«
(Midr. Tanchuma)

Wie die zum Tempel gehörenden Adamsüberlieferungen nach Golgota übertragen worden waren, so war auch die Vorstellung von der »Weltmitte« aus dem Tempel nach Golgota »gewandert«.[285]

Den Abschluß in westlicher Richtung bildete die Rotunde der Anastasis, die aber von Modestus zu einer in sich abgeschlossenen Rundkirche ausgebaut wurde. Das Grabmonument wurde wahrscheinlich von einem schützenden Mauermantel umgeben und durch den Anbau einer von vier Säulen getragenen Vorhalle auf der Ostseite erweitert. Während früher der Kreuzesfelsen frei in der Südostecke des inneren Atriums aufragte, wurde er jetzt ummauert und in zwei Kapellen eingeschlossen. In der oberen Kapelle stand an der Stelle, wo einst der Kreuzesbalken in den Felsen gerammt war, ein großes silbernes Kreuz, darüber hing ein eherner Reif mit vielen Lampen. In der unteren Felshöhle, der sogenannten Adamskapelle, war in die aus dem Felsen gehauene Apsis ein Altar gestellt (vgl. Abb. 267, 2, S. 482). Mindestens eine Kirche der Gottesmutter und ein Baptisterium kamen als weitere Bauten noch hinzu; ferner einige kleine Kapellen, die den Geheimnissen der Passion geweiht waren. Nach etwa zehnjähriger Bauzeit konnte im Jahre 626 am Grabe Christi und an der Stätte der Passion wieder Gottesdienst gehalten werden.

Der erste Pilger, dem wir einen ausführlichen Bericht über die Bauten des Modestus verdanken, ist der gallische Bischof Arkulf (670). Neun Monate weilte er in Jerusalem. Auf der Heimfahrt wurde das Schiff an die Westküste Schottlands verschlagen. Adamnanus (624 bis 704), der Abt des Klosters Jona auf der Hebrideninsel Icomhill, nahm ihn gastfreundlich auf und schrieb Arkulfs Mitteilungen nieder. Arkulf selbst illustrierte seinen Bericht mit vier kleinen Skizzen (vgl. Abb. 285, S. 518).[286]

Über die Anastasis des Modestus berichtete Arkulf: »Diese sehr große Kirche, ganz aus Stein, bildet einen vollkommenen Kreis. Sie erhebt sich aus den Fundamenten in drei Scheidewänden, zwischen denen ein breiter Rundgang gelassen ist. Sie hat drei Altäre an drei Stellen, welche in der mittleren Scheidewand angebracht sind. Zwölf steinerne Säulen von bewundernswerter Größe tragen diese runde und sehr hohe Kirche.

Von den erwähnten Altären steht einer an der Südseite, der andere an der Nordseite, der dritte aber an der Westseite. Die Kirche hat zwei vierfache Tore durch drei zwischen den Zugängen aufgeführte Wände. Vier Ausgänge führen nach Nordosten, vier andere nach Südosten. In der Mitte des Innenraumes dieses runden Domes steht ein aus ein und demselben Felsen gehauenes rundes Grabmonument (tegurium), in welchem dreimal drei Menschen gleichzeitig stehend beten können. Vom Scheitel eines stehenden Menschen von mittlerer Statur mißt man bis zur Deckenwölbung des Grabes einen und einen halben Fuß (im ganzen etwa 2,15 m). Der Eingang des Grabmonumentes schaut nach Osten. Die Außenseite ist mit kostbarem Marmor umkleidet, und die mit Goldblech geschmückte Spitze trägt ein großes goldenes Kreuz. Auf der Nordseite der Grotte befindet sich das aus ein und demselben Felsen vertieft ausgehauene Grab des Herrn. Aber der Fußboden der Grotte ist niedriger als die Stätte des Grabes. Denn vom Fußboden bis an die Seitenkante des Grabes mißt die Höhe drei Spannen (etwa 0,60 m). So hat es mir Arkulf, welcher das Grab oft zu besuchen pflegte, auf Grund eigener Messung angegeben« (Geyer, S. 227f.). Der Abt gibt noch nach Arkulfs eigenhändiger Messung die Länge des Grabes mit sieben Fuß (etwa 2,13 m) an und fügt hinzu: »Den Grundriß der oben genannten Rundkirche mit dem runden Grabmonument in der Mitte, in dessen nördlichem Teile das Grab des Herrn sich befindet, macht die beigefügte Zeichnung deutlich.« (Vgl. Abb. 285.)

Auf die Frage des Abtes nach dem Aussehen des Grabes antwortete Arkulf: »Das Grab ist innen mit keinerlei Schmuck bekleidet und zeigt bis auf den heutigen Tag an den Wänden die Spuren der eisernen Werkzeuge, deren die Steinmetze bei ihrer Arbeit sich bedient haben; die Farbe des Felsen aber, aus welchem das Grabmonument und das Grab gehauen sind, ist nicht einheitlich, sondern es sind zwei Farben miteinander vermischt: Rot und Weiß, weshalb der Fels zweifarbig ist. Soviel mag hierüber genügen« (Geyer, S. 232). Da die Perser aus dem Innern des Grabes die kostbaren Votivtafeln und sämtlichen Schmuck geraubt hatten, war die ursprüngliche Grabbank noch sichtbar. Nach Arkulfs Bericht war das Grab keine flache Bank, sondern der Fels war wie ein Trog ausgehöhlt. Von den zwölf Lampen, die am Grab des Herrn brannten, waren nämlich »vier auf den untersten Teil der Grablagerstätte tiefer gestellt, die anderen acht sind höher an ihrem Rande angebracht«.

Arkulf erwähnt ferner den Stein, der in der Konstantinischen Anastasis vor dem Grabmonument gelegen hat. Er war von den Persern bei der Plünderung der Kirche zerschlagen worden. Adamnanus schreibt: »Arkulf berichtet, daß er in zwei Hälften gespalten worden sei, von denen die kleinere, mit dem Meißel behauen, als viereckiger Altar in der oben beschriebenen Rundkirche vor dem Eingang des Grabmonumentes zu sehen ist; die andere, größere Hälfte jenes Steines steht als zweiter viereckiger Altar unter einem Baldachin auf der Ostseite derselben Kirche.«

Weitere Einzelheiten erfahren wir noch aus dem Reisebericht des fränkischen Mönches Bernard (um 870): »In der Mitte befindet sich das Grab des Herrn, welches neun Säulen in seiner Umfassungsmauer hat, während die dazwischenliegenden Wände mit den ausgewähltesten Steinen bekleidet sind. Von diesen neun Säulen stehen vier vor der Front des Grabmals und umschließen mit ihren Wänden den Stein, der vor dem Grabe liegt« (Baldi, 939).

Bernard war der letzte abendländische Pilger, von dem wir einen Bericht über das Heilige Land vor dem Erscheinen der Kreuzfahrer besitzen. Samarien und Galiläa hat er aber nicht mehr besucht, vermutlich wegen der Unsicherheit in diesen abgeschiedenen Gebieten. Ein Rückblick auf die geschichtlichen Ereignisse soll uns zeigen, daß auch die Grabeskirche vom Lauf der großen Weltgeschichte nicht unberührt geblieben ist.

Kaum zwölf Jahre nach der Einweihung der wiederaufgebauten Grabeskirche beginnt ein neues Kapitel in der Geschichte Palästinas. Omar ibn el-Khattab, der zweite Kalif von Mekka, zog 638 mit großem Gefolge feierlich in Jerusalem ein, um die Kapitulation der Einwohner persönlich entgegenzunehmen und die kirchlichen Besitzverhältnisse zu regeln. Über die angeblich getroffenen Vereinbarungen sind uns ein christlicher und ein muselmanischer Bericht überliefert. Die christliche Fassung findet sich bei Eutychius (Sa'id ibn Batriq), der als melchitischer Patriarch von Alexandria im Jahre 940 gestorben ist. »Das Stadttor wurde geöffnet, und Omar zog mit seinem Gefolge ein und

Abb. 284.   Die Grabeskirche auf der Mosaikkarte von Madaba.

Der konstantinische Monumentalbau gab Jerusalem, der ehemaligen römischen Militärkolonie Aelia Capitolina, eine alles beherrschende Mitte, wie es das Stadtbild von Jerusalem auf der Mosaikkarte eindrucksvoll bestätigt. (Vgl. Abb. 251, S. 447.) Im Zentrum der Stadt, an der großen, auf beiden Seiten von Säulenhallen eingefaßten Hauptstraße — der Künstler hat die Säulen nach oben und unten umgelegt —, erhebt sich der Bau Konstantins. Wie das Gesamtbild zeigt, hat der Mosaist das Gebäude auf den Kopf gestellt, um die Zugehörigkeit zur Propyläenstraße zu betonen. Eine nicht unbedeutende Rolle als künstlerisches Ausdrucksmittel spielt das Material. Hier arbeitet der Künstler mit dem kostbarsten Material, das er besitzt: einem Schwefelgelb, welches das Gold ersetzen soll. Daß er bei der Darstellung nur andeutend verfahren ist, liegt in der Natur der Sache. Dennoch lassen sich die wichtigsten Teile gut erkennen.

Vor der Kirche ist der westliche Portikus unterbrochen. Statt dessen sehen wir zunächst ein schmales Band aus dunklen Steinchen, dann ein Feld mit hellgrünen und darüber einen breiten Streifen mit rötlichen Steinchen. Es stellt wahrscheinlich das Dach der Vorhalle dar, durch die man von der Propyläenstraße auf einer Treppe in das dahinter liegende äußere Atrium emporstieg. Die Front der Basilika, des Martyrions, ist nach Osten gerichtet und zeigt drei hohe, goldgelbe Tore,

eine klassische Illustration zu den Worten des Eusebius: »Drei Tore, die gerade nach Sonnenaufgang hin sehr gut verteilt waren, nahmen die hereinströmenden Scharen auf« (Vita Const. III, 37). Ein malachitgrüner Fassadenfries umrahmt den spitzwinkeligen goldgelben Giebel, den ein Fenster schmückt. Das Dach des Martyrions ist mit roten Steinen ausgelegt. Die roten Dächer unterscheiden die Kirchen von den anderen Gebäuden auf dem Stadtbild von Jerusalem. Hinter dem monumentalen Langhaus der Basilika erscheint ein Halbrund, das der Mosaist mit seinen kostbaren goldgelben Steinchen ausgelegt hat. Daß diese Verschwendung nur dem wichtigsten Teil des Baues, der Anastasis, gilt, darüber herrscht kein Zweifel. Uneinig ist man sich nur über die Art der Darstellung. Die meisten Erklärer sehen in dem goldgelben Halbrund nichts anderes als eine Kuppel mit ihrem Unterbau. Nach der durchgehenden Technik der Mosaikkarte stellen die beiden senkrechten Reihen malachitgrüner Steinchen, die rechts und links hinter dem Dach der Basilika sichtbar sind, nur die Wände oder Pfeiler eines Gebäudes dar, d. h., es sind die Mauern, welche die Kuppel der Anastasis tragen. Nach einer anderen Deutung wechselt der Künstler von der Frontalansicht zur Grundrißdarstellung über. Das hinter dem Dach auftauchende rechtwinklige Feld mit den dunklen Steinchen ist das »mit glänzenden Steinen gepflasterte Atrium«, dahinter im Grundriß der halbrunde Bau der Anastasis. (Vgl. Abb. 277, A, S. 503.) So sympathisch diese Deutung anmutet, der Frontalansicht gebührt der Vorzug. Das fragliche goldgelbe Halbrund ist die Kuppel der Anastasis, welche über die dahinter liegende Stadtmauer hinausragt.

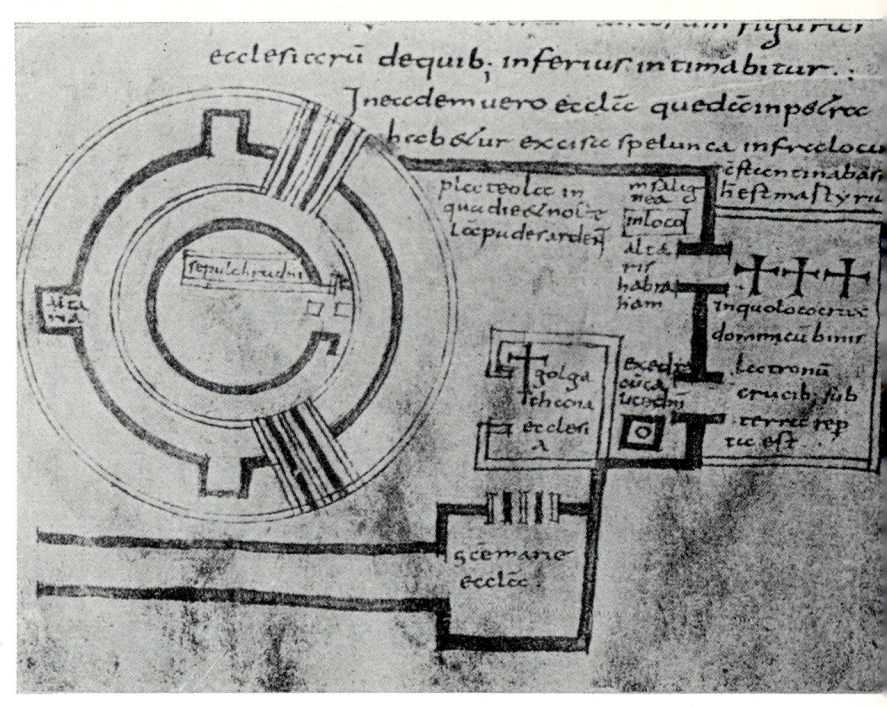

Abb. 285. Die Bauten des Modestus (626) nach der Planskizze des gallischen Bischofs Arkulf (670).

Arkulf erläutert seinen Bericht über die heiligen Stätten mit vier kleinen Zeichnungen: von der Grabeskirche, der Sionskirche, der Himmelfahrtskirche und der Kirche über dem Jakobsbrunnen (vgl. Abb. 153, S. 266, und Abb. 302, S. 561). Er ritzte sie auf ein Wächstäfelchen, und Adamnanus, der Abt des Klosters, übertrug sie dann auf Pergament. So sind uns diese Skizzen als originale Zeugnisse jener Zeit erhalten geblieben. Man erkennt aber auf den ersten Blick, daß der Bischof als Maler keinen Weltruhm erlangt hätte. Schon Adamnanus bemerkt — wohl lächelnd —: »Und so haben wir diese Figuren der vier Kirchen nach dem Muster, welches mir Arkulf auf ein Wachstäfelchen einritzte, abgezeichnet; nicht als ob deren Ähnlichkeit durch die Zeichnung wiedergegeben werden könnte, sondern damit durch eine solche, wenn auch mäßige Darstellung das Grabmal des Herrn als in der Mitte der runden Kirche befindlich dargestellt würde oder deutlich werde, welche Kirche derselben näher und welche weiter ab errichtet ist« (Geyer, S. 230).

Eine zweite Schwierigkeit kommt noch hinzu: Die Zeichnungen wurden in den verschiedenen Abschriften von den Kopisten im Laufe der Jahrhunderte mit kleinen Abweichungen nachgezeichnet, so daß es fast unmöglich ist, die Originalskizze zu rekonstruieren. Aus acht Kodizes wählen wir den »Standardtypus« aus. Die abgebildete Planskizze stammt aus dem Codex Parisinus 13 048, einer Handschrift des 9. Jahrhunderts. Fast die Hälfte des Bildes nimmt die Anastasis mit dem Grab Christi ein, so wie es bereits Adamnanus festgestellt hat. Ferner erkennt man sofort, daß sie zu einer in sich abgeschlossenen Rundkirche ausgebaut wurde. Es fehlt die große Ostfassade der Konstantinischen Anastasis mit dem Zugang nach dem inneren Atrium (vgl. Abb. 277, A, B, S. 503). Die noch fehlende Ostapsis zeigt, daß die Anastasis in dieser Zeit nicht als Haupt- und Gemeindekirche diente, sondern nur ein Memorialbau war. Das Grabmonument (der innere dunkle Kreis) ist von drei Mauerringen umschlossen, zwischen denen die Umgänge lagen. Das Grab (sepulchrum) ist als Rechteck in den innersten Kreis eingetragen. Der Kreis selbst, der den Grundriß des Grabmonumentes darstellt, ist viel zu groß gezeichnet, aber Arkulf legte auf die Wiedergabe richtiger Größenverhältnisse keinen Wert. Wie bei einer Kinderzeichnung wird das Wichtigste immer am größten dargestellt. Im Eingang erinnern die beiden Quadrate an die Altäre, die aus dem zerschlagenen Grabstein errichtet wurden. Den nächsten Ring gibt Arkulf mit einem doppelten Kreis wieder. Hier standen »zwölf Säulen von wunderbarer Größe«, auf denen die Kuppel ruhte. Die Außenmauer der Rotunde ist wieder stark betont. In den drei kleinen Apsiden stehen Altäre (altaria). Auffallend aber ist, daß der Bischof die kleinen Apsiden viereckig zeichnet, während sie doch halbkreisförmig sind (vgl. Abb. 277, S. 503).

Der letzte Außenring ist schwer zu deuten. Die Darstellung der zwei vierflügeligen Tore im Nordosten und im Südosten der Rotunde bereitete Arkulf offenbar einige Schwierigkeiten. Er hat die Linien, welche die vier Türen andeuten, nicht bloß durch die Wände, sondern auch durch die dazwischen liegenden Umgänge gezogen. Die Umgänge waren aber sicher von den Zugängen nicht getrennt. Die Lage der Eingänge erscheint zunächst unmotiviert. Der Grundriß der Konstantinischen Anastasis zeigt aber, daß östlich der kleinen Nord- und Südapsiden keine festen Mauern lagen, so daß der Neubau der Tore ohne besondere Schwierigkeiten an diesen Stellen möglich war (vgl. Abb. 277, A, S. 503).

An die Rotunde schließt sich in östlicher Richtung (rechts) ein Vorhof (plateola) an, »in dem Tag und Nacht Lampen brennen«. Er wird der »Heilige Garten« genannt und nimmt das Gelände des alten inneren Atriums ein. In der unteren Hälfte ist die quadratische, »über der Stätte von Calvaria« erbaute Golgotakirche (golgathana ecclesia) eingezeichnet, darunter die Marienkirche (sanctae mariae ecclesia). Die Lage dieser Kirche bereitet den Erklärern nicht wenig Schwierigkeiten, da eine Marienkirche an dieser Stelle vor dem Jahre 1009 nirgendwo bezeugt ist. Dennoch verdient Arkulfs Zeichnung Vertrauen. Auf dem Vorplatz der jetzigen Grabeskirche liegt an der Ostseite die Johanneskapelle der Armenier mit einem großen, fast ganz zugemauerten Bogen (vgl. Abb. 287, 31, S. 522, und Abb. 290, 1, S. 528). Die Kapelle ist nur die Apsis einer ehemaligen Kirche und jener Bogen der einstige Triumphbogen der Apsis. Ergänzt man die Apsis nach der Zeichnung von Arkulf zu einer quadratischen Kirche, dann wäre es genau die Lage der Marienkirche. Der weiter westwärts (links) führende schmale Gang ist die heute noch vorhandene lange Treppe zum griechischen Patriarchatskloster (vgl. Abb. 287, 36, S. 522).

Zwischen der Golgotakirche und der östlich (rechts) liegenden Konstantinsbasilika hat Arkulf ein Quadrat mit einem kleinen Kreis gezeichnet, darüber die Erklärung: »exedra cum calice domini«. Es ist eine kleine, mit einer Kuppel überdachte Kapelle, in der nach Arkulfs Bericht der Abendmahlskelch aufbewahrt wurde. Der Name »Exedra« hat sich in dem Vorbau neben dem heutigen Südportal noch erhalten. In der rechten oberen Ecke des Heiligen Gartens bezeichnet das Rechteck einen Holzaltar (mensa lignea), der an den alten Abrahamsaltar erinnern soll. Nach dem Bericht des Theodosius (530) stand dieser im inneren Atrium »ad pedem montis« – »am Fuße des [Golgota-]Hügels«. Schon früh hat die Kirche die Opferung Isaaks als Vorbild der Passion betrachtet. So lag es nicht fern, den Vergleich auszudehnen und auch den Abrahamsaltar, der im Tempel vom Ort des Brandopferaltares beheimatet war, nach Golgota zu übertragen.

Östlich (rechts) vom Heiligen Garten ist die Lage der Konstantinsbasilika – man muß sagen – gerade noch angedeutet. Die Inschrift beginnt über den drei Kreuzen: »constantina basilica hoc est martyrium in quo loco crux domini cum binis latronum crucibus sub terra reperta est« – »Basilika des Konstantin, d. i. das Martyrion, wo unter der Erde das Kreuz des Herrn mit den beiden Kreuzen der Schächer gefunden worden ist«. Man sieht sofort, daß die Planskizze auf die Größenverhältnisse keine Rücksicht nimmt und den östlichen Teil der großen Basilika, der mit dem äußeren Atrium bis zur Propyläenstraße reichte, ganz außer acht läßt. Das »Commemoratorium de casis Dei«, ein um 808 von lateinischen Mönchen verfaßter Bericht an Karl den Großen, bietet die erwünschte Korrektur. Nach einer Aufzählung des Klerus an der Grabeskirche, es sind im ganzen etwa 150 Personen, folgen am Schluß des Berichtes einige Angaben über die modestianischen Bauten: »Zwischen dem Hl. Grabe, dem Hl. Calvarium und dem hl. Konstantinus beträgt das Dach derselben im ganzen in der Länge 96 dextri [145 m], in der Breite 30 dextri [45,3 m].« Die angegebene Länge von 145 m entspricht der des Gesamtkomplexes von der Propyläenstraße bis zur Christenstraße unmittelbar westlich der Rotunde. Und die Breite: von der Nordwand des Gefängnisses Christi bis zur Südwand der Golgotakirche sind es rund 45 m (vgl. Abb. 277, 14, 3, S. 503).

Trotz aller Unzulänglichkeit in der künstlerischen Darstellung bleibt die Zeichnung Arkulfs ein zeitgenössisches Dokument ersten Ranges und ein eindrucksvolles Zeugnis für die bewegte Geschichte der Grabeskirche.

nahm Platz im Hof der Auferstehungskirche. Als die Zeit des Gebetes da war, sagte er zum Patriarchen Sophronius: Ich will beten, und der Patriarch erwiderte: O Fürst der Gläubigen, bete, wo du bist. Omar antwortete: Nicht hier werde ich beten! Da führte ihn der Patriarch zur Kirche Konstantins und breitete ihm mitten in dieser Kirche einen Gebetsteppich aus. Omar weigerte sich abermals, hier zu beten, und ging hinaus zu der Treppe, die vor der Tür östlich ist, und betete, er allein. Dann setzte er sich und sagte zu Sophronius: Weißt du, Patriarch, weshalb ich nicht innerhalb der Kirche beten wollte? Sophronius antwortete: O Fürst der Gläubigen, ich weiß den Grund nicht! Der Kalif sagte: Wenn ich innerhalb der Kirche mein Gebet verrichtet hätte, so würde dir die Kirche verlorengehen und aus deinen Händen kommen. Die Muslimin würden sie dir vielleicht nach meiner Zeit entreißen und sagen: Hier hat Omar gebetet! Bringe mir Papier, daß ich dir eine Urkunde aufsetze. Und der Kalif schrieb, daß kein Muslim auf den Stufen beten solle, sie sollten kein gemeinschaftliches Gebet halten und sollten nicht oberhalb zum Gebet rufen. Die Urkunde händigte der Kalif dem Patriarchen aus.«[287] Daß diese Geschichte tendenziös gefärbt ist, braucht nicht erst betont zu werden. Dennoch verbirgt sich hinter ihr ein doppelter historischer Tatbestand: der grundsätzliche Respekt der Muslimin vor dem Grab Christi und die Befürchtung der Christen, die heilige Stätte des Todes und der Auferstehung ihres Herrn zu verlieren. Die Geschichte der Grabeskirche in den folgenden Jahrhunderten bestätigt beide Fakten. Was Omar in dem bei Eutychius überlieferten Bericht nüchtern vorausgesehen hat, vollzog sich in einem langsamen Sterben. Die Grabeskirche wurde baufällig, aber das Interesse am kaiserlichen Hofe in Konstantinopel war gering. Für eine kurze Zeit hielt Karl der Große seine schützende Hand über Jerusalem. Harun ar-Raschid, der Kalif von Bagdad, gewährte dem Frankenkönig eine Art Protektorat über die heiligen Stätten. Doch das Abendland war weit, und die Kuppel der Grabesrotunde drohte zusammenzustürzen. Als Jerusalem für kurze Zeit von den Muslimin verlassen war, benutzte der Patriarch Thomas (✝ 821) diese Gelegenheit, um das Dach zu reparieren. Da die Renovierung ohne die Bauerlaubnis des Kalifen durchgeführt wurde, hatte sie, wie Eutychius ebenfalls zu berichten weiß, noch ein Nachspiel.

Zu Beginn des 10. Jahrhunderts nahmen die Muslimin die Hälfte des vorderen Hofes hinter den Propyläen für eine Moschee in Beschlag und ließen an der alten Ostfassade eine Inschrift anbringen, die den Christen den Zutritt verbot. (Vgl. Abb. 278, S. 504.) Es ist genau der Ort, an dem Omar vor 300 Jahren gebetet hatte. Nur wenig später kam es zu einem Tumult, und am Palmsonntag 936 gingen die Türen der Konstantinsbasilika in Flammen auf. Ein erneutes Unglück traf die Grabeskirche bei der Eroberung der Stadt durch den Kalifen Ibn Moy am 24. Mai 969. In die Tore der Anastasis wurde Feuer geworfen, die Kuppel stürzte ein, und der Patriarch kam in den Flammen um. Erst 984 war die Grabesrotunde notdürftig wiederhergestellt. Aber ihre Tage waren gezählt. Am 18. Oktober 1009 ließ Hakim Biamrillah, der Kalif von Ägypten, durch den Statthalter von Ramleh die Rotunde und die Konstantinsbasilika zerstören, und zwar alles, »bis auf das, dessen Zerstörung schwieriger war« (Wilhelm von Tyrus). Die Archäologen konnten am Mauerwerk der Rotunde genau feststellen, wo es »schwieriger« wurde und wo die Zerstörungswut zu erlahmen begann. Das konstantinische Mauerwerk mit sorgfältig behauenen Quadern reicht mit mehreren Lagen noch bis in den oberen Umgang hinauf, dann erscheinen darüber völlig andere Lagen aus Bruchsteinen von nur etwa 0,30 m Schichthöhe (vgl. Abb. 282,2, S. 513). Über das in der Mitte der Rotunde stehende Grabmonument berichtet der Benediktinermönch Ademar (†um 1034 in Jerusalem): »Da sie nicht imstande waren, den Felsen des Grabmonumentes zu zerschlagen, setzten sie es einem mächtigen Feuer aus.« Die Vollendung des Zerstörungswerkes kommentiert Ademar mit dem kurzen Satz: »Dann wurde das Grab des Herrn abgebrochen, und zwar am 29. September im Jahre 1010 nach seiner Menschwerdung.« Damit war die Anlage des Grabes, das sich der Ratsherr Josef von Arimatäa in seinem Garten hat schlagen lassen, für immer vernichtet, auch wenn nach einem Bericht des Chronisten Rodulf (†um 1046) geringe Reste der Steinbank, auf welcher der Leichnam des Herrn gelegen hatte, der Zerstörung trotzten: »Die Steinbank versuchten sie mit Axthieben zu zerschlagen, waren es jedoch nicht imstande« (Historia sui temporis I, 3).

Mit den Nachfolgern Hakims schlossen die byzantinischen Kaiser aber bald ein Abkommen über den Wiederaufbau der zerstörten Heiligtümer. Unter dem Kaiser Konstantin Monomachus (1048) erstand aus den Ruinen die neue Grabeskirche. Es ist der dritte Bau, der über dem Grabe Jesu errichtet wurde. Man begnügte sich aber mit der Wiederherstellung der Anastasisrotunde, gab ihr jetzt einen neuen östlichen Altarraum in einer angebauten Apsis und machte sie zur Hauptkirche. Ostwärts schloß sich die Helenakapelle an, nördlich davon das Gefängnis Jesu und schließlich im Süden die Golgotakapelle und die Marienkirche Arkulfs. Die große Konstantinsbasilika, das Martyrion, blieb als Ruine liegen. Da von dem einstigen Felsgrab nichts mehr übriggeblieben war, errichtete man das neue Grabmonument aus Mauerwerk auf den felsigen Grundlinien. Die Überreste der einstigen Grabbank wurden mit Marmorplatten verkleidet. Der Felsen konnte aber noch von den Pilgern durch drei kleine Öffnungen betrachtet werden.

Am 15. Juli 1099 zogen die Kreuzfahrer in Jerusalem ein. Mit einem furchtbaren Blutbad nahmen sie Rache und wähnten sich als Vollstrecker eines göttlichen Strafgerichtes. Im jähen Wechsel folgte das Zeichen ihrer Ernüchterung und Besinnung. Noch am gleichen Abend stiegen sie zum Heiligen Grab hinauf. Ein zeitgenössischer Chronist berichtet: »Sie wuschen ihre Hände und Füße, vertauschten ihre Kleider mit neuen Gewändern und betraten barfuß die heilige Stätte.«

Zwei Pilger, die Jerusalem kurz nach der Eroberung besuchten, beschreiben ausführlich die Bauten, welche die Kreuzfahrer vorfanden: der englische Kaufmann und spätere Mönch Saewulf (1102) und der russische Abt Daniel (1106/07). Dazu kommt noch der in Jerusalem geborene Wilhelm, der spätere Erzbischof von Tyrus. In seiner 23 Bücher umfassenden Geschichte Jerusalems und des Heiligen Landes hat er viele Quellen und Augenzeugenberichte verarbeitet. Das instruktive

Kapitel über die Grabeskirche des Kaisers Konstantin Monomachus (1048) beschließt er mit der Bemerkung: »Alles sehr bescheidene Bauten.« Aus den vor 1109 geschriebenen »Gesta Francorum« erfahren wir, daß die Ruinen der Konstantinsbasilika, die das Staunen über ihre Größe und Pracht bei den Eroberern wachriefen, noch zu sehen waren.

Der neue lateinische Patriarch, der dem 1099 gestorbenen griechischen Patriarchen folgte, und die Kreuzfahrer standen nun vor einer schweren Entscheidung. Sollten sie den Gesamtbau Konstantins, der so gut wie zerstört war, vollständig wiederaufrichten, oder sollten sie sich auf die Renovation des bescheideneren Baues des Kaisers Monomachus beschränken?

Sie wählten eine mittlere Lösung: Das Grab und der Kreuzeshügel sollten mit ein und demselben Bau umschlossen werden. Der vorhandene Rundbau, der auf den Grundmauern der Konstantinischen Anastasis stand, wurde zum größten Teil übernommen. Das Felsgrab wurde von einem Kapellenbau eingefaßt, der auch einen Vorbau erhielt. Die französischen Architekten lehnten an die Rotunde nach Osten hin ein Querschiff an, dem ein Presbyterium (Chor der Domherren) folgte. Im Südarm des Querschiffes nahm ein Nebenschiff die höher gelegene Golgotakapelle auf. Nach Osten zu begrenzten das Chor kleine Kapellen zum Gedenken an einzelne Ereignisse der Passion (vgl. Abb. 287, S. 522). Im Innern wies der Bau keine festen Mauern auf, so daß man beide Weihestätten mit einem Blick überschauen konnte: das Heilige Grab und Golgota. Offene Arkaden mit Emporen umzogen die Hauptschiffe. Die Fenster hinter und über den Emporen erhellten das Innere mit gedämpftem Licht. Das Goldmosaik der Gewölbe verlieh dem Raum einen unirdischen Glanz. Die mächtige Rotunde war reich mit Mosaiken und Marmorinkrustationen geschmückt. Der deutsche Pilger Theoderich (1172) sah auf der Südhälfte des Tambours die zwölf Apostel, in ihrer Mitte Konstantin; der hl. Michael, dem Kaiserbogen gegenüber, beschloß die Reihe. Auf der Nordhälfte sah er 13 Propheten, hinter dem sechsten die Kaiserinmutter Helena. (Vgl. Abb. 287, T.) In der Mitte des goldschimmernden Rundes erhob sich das Heilige Grab. Das Gewölbe des Kaiserbogens zeigte die Himmelfahrt: In der von Engeln getragenen Mandorla glänzte der thronende Christus. Die Wölbung des Chorabschlusses wurde von einem Mosaik ausgefüllt, das Theoderich wie ein in Begeisterung geratener Kommentator in einer Art Telegrammstil beschreibt: »Am Gewölbe des Sanctuariums dringt unser Herr Jesus Christus, in der Linken das Kreuz tragend, mit der Rechten Adam haltend, den Himmel mit Herrscherblick anschauend, mit gigantischem Schritt, den linken Fuß erhoben, den rechten noch auf der Erde, in den Himmel ein.«

Über den Beginn des Neubaus sind uns keine Nachrichten überliefert. Um so sicherer ist das Datum der Weihe erhalten geblieben. Quaresmius las an der Wand

über der Golgotakapelle noch die Reste einer langen lateinischen Inschrift in Hexametern. Das Fragment enthält die vorletzte Zeile und die Fortsetzung der bei Theoderich wiedergegebenen Weihe-Inschrift. Da Theoderich auch den auf der Inschrift verstümmelten Namen des Patriarchen nennt, läßt sich der Text mit Sicherheit rekonstruieren: »Dieser heilige Ort ist geheiligt durch Christi Blut, und unsere Weihehandlung fügt dieser Heiligkeit nichts hinzu. Der um dieses und über diesem Heiligtum errichtete Bau wurde am 15. Juli durch den Patriarchen Fulcher im Beisein vieler Bischöfe geweiht.« Fulcher, ein Aquitanier, kam als Erzbischof von Tyrus im Jahre 1146 auf den Jerusalemer Patriarchenstuhl. Die verstümmelte Inschrift nennt das vierte Jahr des Patriarchen. Die Weihe fand also am 15. Juli 1149 statt, dem 50. Jahrestage der Eroberung Jerusalems. Kurz vor Vollendung des Baues beunruhigte ein Ereignis die Bewohner Jerusalems nicht wenig. Am Weihnachtstage des Jahres 1147 schlug der Blitz in die Grabesrotunde, riß zwei mächtige Steine aus dem Pfeiler — der Chronist fügt entsetzt hinzu: »der dem Heiligen Grabe am nächsten stand«.

Stück eingeschoben. Der Säulenschaft selbst hat, wie es bei syrischen Bauten des 2.–6. Jahrhunderts nicht selten ist, etwa 0,4 m unterhalb seines oberen Endes noch einen Ring. Die dritte Säule trägt ein Kapitäl des 5. Jahrhunderts. Nach der Zerstörung der Kirche durch den ägyptischen Sultan Hakim (1009) ist bei der eiligen Restaurierung alles verwendbare alte Baumaterial wieder »verbaut« worden. Eine derartige Benutzung älteren Materials entsprach nicht dem Stil der Architekten des 12. Jahrhunderts, wie das herrliche Kapitäl mit dem dreifachen Kranz von Akanthusblättern auf der Säule im Vordergrund zeigt.

Abb. 286.   Der Bogengang der Hl. Jungfrau.

Zu den älteren Bauteilen, welche die Baumeister der Kreuzfahrer in die neue Kirche einschlossen, gehört auch der Bogengang der Hl. Jungfrau (vgl. Abb. 287, 16, S. 522). Er bildet einen Mauerzug mit sieben Bogen von etwa 20 m Länge, die wegen der in der Nähe liegenden Erscheinungskapelle (18) Bogen der Hl. Jungfrau genannt werden. Ihre Lage entspricht dem nördlichen Portikus des inneren Atriums im Bau Konstantins. Der jetzige Bestand des Bogenganges gehört wahrscheinlich der Restauration der Grabeskirche unter Kaiser Konstantin Monomachus (1048) an, wie es das Flickwerk der Säulen vermuten läßt. Drei von ihnen sind noch erhalten, die anderen durch Pfeiler ersetzt. Die erste, westlichste Säule trägt ein byzantinisches Korbkapitäl mit dreistreifigem Flechtwerk und korinthischem Abschluß (rechter Bildrand). Bei der zweiten Säule dient eine umgekehrte, aus zwei Wulsten bestehende Säulenbasis als Kapitäl. Um für die Säule die erforderliche Höhe zu erhalten, wurde ein schief abgeschnittenes

Abb. 287.   Plan der restaurierten Grabeskirche (nach V. Corbo OFM [1969]) mit einem Längsschnitt (nach L.-H. Vincent OP [1914]).

Die im Jahre 1962 begonnenen Restaurierungsarbeiten haben den alten Bau der Kreuzfahrer aus dem 12. Jahrhundert wieder in seiner ursprünglichen Schönheit erstehen lassen. Im Grundriß (A) ist das unterste Stockwerk mit den tiefer liegenden Zisternen im Vorhof dargestellt. Die Teilskizze (B) zeigt die Kreuzigungskapelle mit Golgota über der Adamskapelle.
Der Längsschnitt in der Hauptachse der Kirche über 13, 2, 8, 22 bringt die Nordseite zur Darstellung. Damit der Glockenturm die Sicht auf die Rotunde nicht verdeckt, ist er außerhalb des Baues gerückt worden. Seine Lage auf dem Plan entspricht fast dem Grundriß der Kapelle der Vierzig Martyrer (35). Nach den Restaurierungsplänen der Architekten sollen die auf der Zeichnung noch sichtbaren Pfeiler wieder durch Säulen ersetzt werden. Eine Säule wurde nach E. Horns Angaben bereits eingezeichnet (vgl. Abb. 288, 2, S. 524).

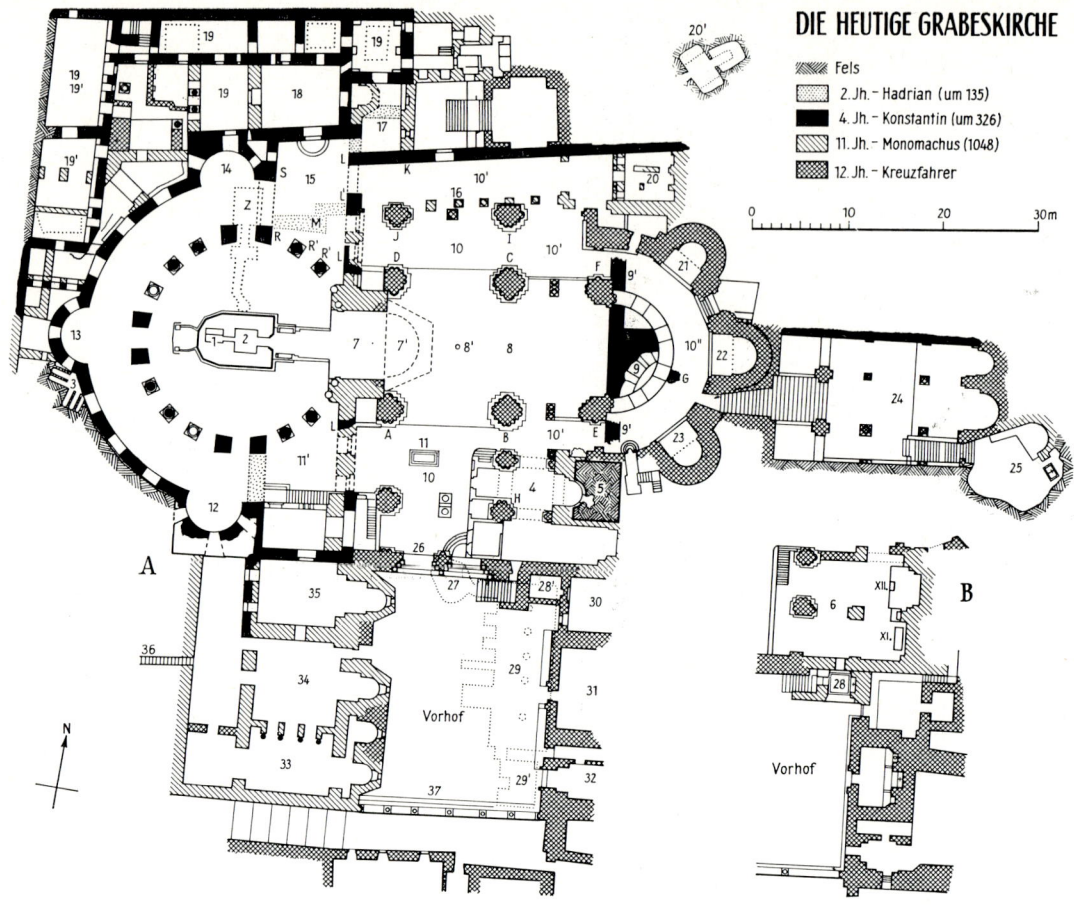

DIE HEUTIGE GRABESKIRCHE

- ▨ Fels
- ▢ 2. Jh. – Hadrian (um 135)
- ■ 4. Jh. – Konstantin (um 326)
- ▨ 11. Jh. – Monomachus (1048)
- ▨ 12. Jh. – Kreuzfahrer

0   10   20   30m

1 Heiliges Grab	14 Kleine Nordapside
2 Engelskapelle	15 Aula der Maria Magdalena
3 Alte jüdische Grabanlage	16 Bogengang der Hl. Jungfrau
(Grab des Josef von Arimatäa)	17 Sakristei
4 Adamskapelle	18 Erscheinungskapelle
(unter Golgota)	19 Kloster der Franziskaner
5 Felsblock von Golgota	19' Alte Wirtschaftsräume
6 Golgota	20 Gefängnis Christi
XI. Station: Kreuzannagelung	20' Koptengrab
XII. Station: Kreuzaltar	21 Longinuskapelle
7 Kaiserbogen	22 Kapelle der Kleiderverteilung
7' Ostapsis des Modestus	23 Verspottungskapelle
8 Domherrenchor – Chor der Griechen	24 Helenakapelle
(Katholikon)	25 Grotte der Kreuzauffindung
8' Vierung mit »Mitte der Welt«	26 Eingang mit Südfassade
9 Apsis des Martyrions	27 Altes Felsgrab
9' Westmauer des Martyrions	28 Frankenkapelle
10 Querschiff	28' Maria von Ägypten
10' Nebenschiff	29 Große Zisterne
10'' Umgang des Chores	29' Zisterne
11 Salbungsstein	30 Michaelskapelle
11' Platz der »Drei Marien«	31 Johanneskapelle der Armenier
12 Kleine Südapside	32 Abrahamskloster
13 Kleine Westapside	33 Jakobuskapelle
(Kapelle der Jakobiten)	34 Johannes- und Magdalenen-Kapelle

761,04 m

Fels

753,25 m

Turm   Rotunde   Vierung   Chor   Apsis

GRABESKIRCHE - LÄNGSSCHNITT

(nach H.Vincent OP-1914)

0   5   10   15   20 m

█ 4. Jh. - Konstantin (um 326)
▨ 12. Jh. - Kreuzfahrer
▧ nach 1809

35   Kapelle der Vierzig Martyrer
36   Treppe zum Patriarchatskloster
37   Bogengang
A—K   Sondierungsstellen
L   Mauerreste der konstantinischen Fassade der
      Anastasis
M   Fundamentmauer des Tempels der Aphrodite
Z   Unterirdisches Gewölbe aus der Zeit Hadrians

Zum Verständnis des nicht leicht zu überschauenden Planes ist es unumgänglich, sich die Grundidee der Grabeskirche zu vergegenwärtigen. Als sie im 12. Jahrhundert gebaut wurde, hatten die Architekten mit mehreren gegebenen Größen zu rechnen. Da war im Westen die vom Konstantinsbau stammende große Rotunde, welche das Grab Christi (1, 2) umschloß, im Südosten die Kapelle mit dem Golgotafelsen (5), im Nordosten der kleine viereckige Raum des Gefängnisses Christi (20), im Osten die alte Krypta der Helenakapelle (24) mit der Kreuzauffindungszisterne (25), vor ihr die Kapellen, an denen nach der Tradition die Geheimnisse der Passion – Geißelung, Verspottung und Kleiderverteilung – verehrt wurden (21, 22, 23).
Mit bewundernswertem Geschick haben die Architekten des 12. Jahrhunderts die schwierige Aufgabe gelöst, einen der Würde und Heiligkeit entsprechenden Monumentalbau aufzuführen. Zunächst beseitigten sie die später angebaute Ostapsis (7') an der alten Grabesrotunde und schoben an deren mächtigen Bogen den sogenannten Kaiserbogen (7), Vierung (8'), Querschiff (10) und Chor (8) eines abendländischen romanischen Domes, der mit seinen Nebenschiffen (10') und Umgängen (10'') alle heiligen Orte umschloß. Die unterirdische Helenakapelle (24) blieb außerhalb des Baues, nur die Marienkirche der »Spudaioi«, die Marienkirche auf Arkulfs Plan, mußte fallen. (Vgl. Abb. 285, S. 518.) Ihr Rest, die Apsis und der Bogen, hat sich in der Johanneskapelle der Armenier (31) erhalten (vgl. Abb. 290, 1, S. 528). So charakterisiert sich die neue Grabeskirche, vereinfacht ausgedrückt,

als Chor und Querschiff eines spätromanischen kreuzgewölbten Domes, dem das Langhaus fehlt. Überall herrscht der mehr oder weniger schwach stechende Spitzbogen der romanischen Übergangszeit. Einzelne Fenster erscheinen noch fast rundbogig, wie es der Längsschnitt zeigt. Dieser bringt von Westen (links) nach Osten (rechts) zur Darstellung: die dicke Außenmauer der kleinen Westapside (13), die Außenwand der Rotunde mit den Umgängen der Emporen (U, U'), das Heilige Grab (1, 2), darüber den Tambour (T) und die Kuppel mit der Laterne. An die Rotunde schließen sich an: der Kaiserbogen (7), die Vierung (8') mit dem nördlichen Querschiff (10), dahinter das Nebenschiff (10'), das Chor (8) mit der Apsis, der Umgang des Chores (10'') mit der Kapelle der Kleiderverteilung (22).
Die alte Grabesrotunde, deren Kuppel im Bau des Kaisers Konstantin Monomachus (1048) auf zwanzig Trägern ruhte, steht im Kern ihres Mauerwerkes noch heute aufrecht. Mit einer seiner Zeit weit vorauseilenden Methode hat P. Elzearius Horn OFM[288] den Bau der Kreuzfahrer in allen seinen architektonischen Teilen aufgenommen und mit an Ort und Stelle gemachten Federzeichnungen illustriert (vgl. Abb. 288). Säulen, Fenster und sonstige Monumente sind mit Ziffern oder Buchstaben versehen, die mit aller Akribie »in Fuß und Zoll« vermessen sind und beschrieben werden. Nach Horns gewissenhafter Zeichnung stand im Untergeschoß wie im Obergeschoß zunächst in der Nordsüdachse je ein Pfeilerpaar und ein drittes auf der Westseite, dem Kaiserbogen (7) gegenüber (vgl. Abb. 288, 1). Zwischen diesen Pfeilerpaaren blieb in der Westhälfte Platz für je 3 Stützen, und zwar unten je 3 Säulen, während im Obergeschoß Pfeiler und Säulen wechselten. An der Ostseite nahm der Kaiserbogen (7) so viel Raum ein, daß die dritte Säule durch ein schlankeres Säulenpaar ersetzt wurde, das sich unmittelbar an die Stirnwand des Bogens anlehnte (vgl. Abb. 288, 2). So standen unten 6 Pfeiler und 14 Säulen, oben 10 Pfeiler und 8 Säulen. Bei der Restauration im Jahre 1810 sind alle Säulen verschwunden oder in die 16 massiven Pfeiler eingemauert worden. Im

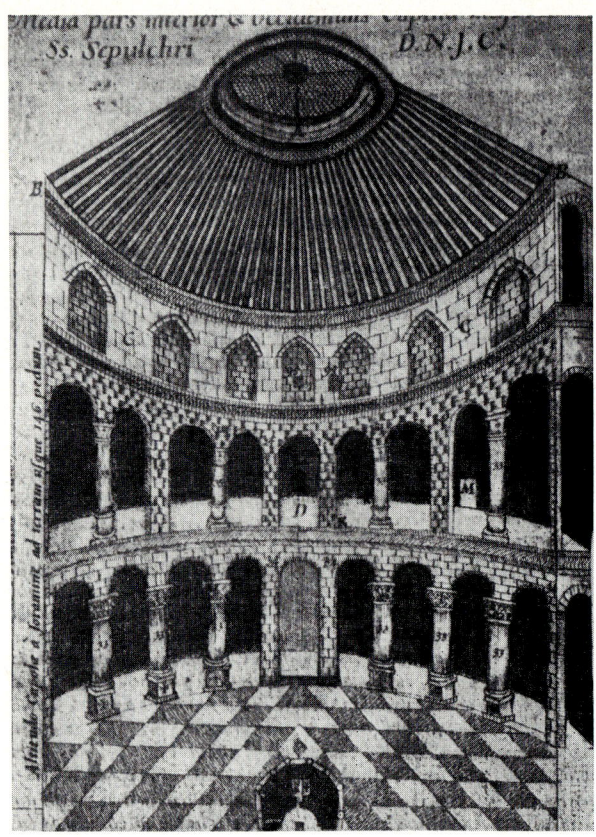

Abb. 288. Die Rotunde der Grabeskirche aus dem Werke »Ichnographiae Locorum et Monumentorum Veterum Terrae Sanctae, accurate delineatae et descriptae a P. Elzeario Horn Ordinis Minorum Provinciae Thuringiae (1725–1744)«.

1. Die westliche Hälfte der Rotunde mit dem Grundriß der Grabeskapelle (vgl. Abb. 292, 3, S. 532).
2. Die östliche Hälfte der Rotunde mit dem Kaiserbogen (vgl. Abb. 287, 7, S. 522).

Osten ist dieser Pfeilerkranz von dem 7 m breiten Kaiserbogen (7) durchbrochen, der mit seinem mächtigen, beide Geschosse durchgehenden Pfeiler die Verbindung mit der Vierung des Chores (8') bildet. Nach L.-H. Vincents Messungen beträgt der Gesamtdurchmesser der Rotunde 36,52 m, die lichte Breite des Umganges (U) 4,85 m, die Stärke der Umfassungsmauer 1,42 m, des Pfeilerkranzes 2 m. Der Boden der Empore (U') liegt 9,35 m über dem Erdgeschoß. Die im unteren Umgang (U) eingezogene Zwischendecke stammt aus dem Jahre 1810. Oberhalb der beiden Geschosse des Umganges setzt ein fensterloser Tambour (T) auf. Die 16 Blendnischen erinnern noch an die erzwungene Vermauerung der Fenster. Der Tambour trägt die eiserne Kuppel mit ihrer flachen Laterne. Sie ist die einzige Lichtquelle des ganzen mächtigen Baues.

Durch den knapp 15 m hohen und 6 m langen Kaiserbogen

(7) führt der Weg in das Domherrenchor, das Katholikon der Griechen (8). Die Vierung (8') mißt etwa 11 m, das Chor mit der Vierung 28 m, mit seinem Umgang (U'') 33 m; das Querschiff (10) 40 m, wovon 13 m auf das nördliche, 14 m auf das südliche kommen. Der Kreuzfahrerbau hatte also im Vergleich zu den abendländischen Domen und Kathedralen nur mäßige Dimensionen. Die Vierung (8') erhebt sich auf mächtigen kreuzförmigen Pfeilern (A, B, C, D). Ihre vier Bogen tragen mit Hilfe von Hängezwickeln einen Tambour (T'), welcher innen durch eine zierliche von 48 Säulchen getragene Blendarkatur gegliedert ist und durch acht mit Nischen abwechselnde Fenster erhellt wird. Über dem Tambour (T') wölbt sich eine leicht eiförmige Kuppel. Das nördliche Querschiff, das der Längsschnitt mit der Stirnseite zeigt, hat durch den Brand am wenigsten gelitten, so daß hier der ursprüngliche Zustand der Kreuzfahrerkirche am besten erhalten ist. Es besteht im Hochschiff aus einem Joch (10). (Vgl. Abb. 271, S. 492.) Die Wandfläche ist aufgelöst in eine zweigeschossige Arkade von je 2 Spitzbogen. Im Untergeschoß werden die Bogen links und rechts von einer Halbsäule, in der Mitte von einer Vollsäule getragen. Im Obergeschoß sind Pfeiler die Träger der Bogen, verstärkt durch ein Halbsäulenpaar an jeder Innenseite. Über dem Obergeschoß füllt die Spitze der Wandfläche ein gekuppeltes Paar kleiner Rundbogenfenster, deren innere Bogen von Säulchen getragen werden. Auch die Wand des Nebenschiffes (10') blieb nicht ganz ohne Gliederung. Im Untergeschoß respektierten die Baumeister den Rest einer Säulenhalle aus byzantinischer Zeit, den sogenannten

Bogengang der Hl. Jungfrau (16), bestehend aus Pfeiler, Säule, Pfeiler, zwei Säulen, Pfeiler (vgl. Grundriß und Abb. 286, S. 521). Der jetzige Befund zeigt aber, daß nur die westlichste Säule vollständig erhalten ist. Sie trägt ein Korbkapital der byzantinischen Ära. Die anderen beiden Säulen sind aus den verschiedensten Elementen zusammengesetzt.

An die Vierung (8') schließt sich das Chor (8) an, das aus einem rechteckigen Joch mit einem halbkreisförmigen Abschluß besteht. Nach Horns Zeichnung erhoben sich auf einem Halbrund sechs Paare schlanker Säulen, von denen die äußersten nur Halbsäulen waren. Die Säulen trugen auf fünf überhöhten Spitzbogen die Obermauer des Chorabschlusses. In die Zwischenräume der fünf Fenster waren je zwei durch Spitzbogen verbundene Säulen gestellt, über welchen sich endlich die Halbkuppel des Chorabschlusses erhob. Um das Ganze zieht sich ein zweigeschossiges Nebenschiff (10'), das sich auch vor die Süd- und die Nordseite des Querschiffes legt, am Rand des Chorabschlusses (10'') jedoch im Obergeschoß aussetzt. An den Umgang des Chores schließen sich drei Kapellen an (21, 22, 23). Heute ist der Kapellenraum fast vollständig eingebaut, nur die Rückwand der mittleren Kapelle (22) ist mit einem verzierten Fenster noch von außen zu sehen. Ein Kreuzgewölbe mit Wulstrippen deckt das Hochschiff; die übrigen Gewölbe sind rippenlose Kreuzgewölbe.

An das Joch des südlichen Kreuzarmes (10), das fast einem Quadrat ähnelt, grenzt an der Ostseite Golgota (5). Die Aufnahme des Golgotafelsens und das anschließende Seitenschiff bedingte die Einziehung eines Zwischengeschosses, das auch auf das südlich anstoßende Eckjoch ausgedehnt wurde. Zu ebener Erde liegt die Adamskapelle (4) mit den früher vorgelagerten Sarkophagen Balduins I. und Gottfrieds von Bouillon (vgl. Abb. 267, 3, E, S. 482), darüber die Golgotakapelle (6), südlich davon die Kapelle der Kreuzannagelung (XI. Station). Beide Kapellen haben durch den Brand von 1808, noch mehr aber unter der folgenden Restaurierung gelitten. Durch den Anbau zweier Treppen ragt nun der Vorbau 2 m westwärts in das Hauptschiff des Transeptes hinein.

Der Grabeskirche ist im Süden ein Hof vorgelagert. Auf seiner Ostseite liegt die Johanneskapelle der Armenier (31). Sie ist die erhalten gebliebene Apsis der alten Marienkirche, die einst den größten Teil des Hofes mit ihrem Schiff bedeckt haben muß. Die weiter westwärts (linker Bildrand) gelegene Treppenanlage (36) entspräche dann dem langen Gang auf Arkulfs Zeichnung, der von der Marienkirche nach Westen zum griechischen Patriarchatskloster führt. Bei den Renovierungsarbeiten wurde auch die große Zisterne (29) an der Ostseite des Vorhofes, sie hat eine Länge von 17,7 m und eine Breite von 4,8 m, geöffnet. Die 6,6 m tiefe Grube war fast 4 m hoch mit Schlamm und Schutt gefüllt. Die Säulen, die das Gewölbe tragen, bestehen aus ungleichmäßig hohen Säulentrommeln von 1 bis 1,15 m Durchmesser. Es ist nicht ausgeschlossen, daß sie, wie die Blöcke der Nordwand der Zisterne, noch von Hadrians Tempelbau stammen.

Ein Gang durch die Grabeskirche ist mühsam, die Lektüre ihrer Baugeschichte nicht weniger. Die Untersuchungen machen aber deutlich, daß es den Architekten des 12. Jahrhunderts trotz aller Schwierigkeiten gelungen war, eine Raumgestaltung von großer Harmonie und Schönheit zu erreichen.

Der Bau der Kreuzfahrer überstand im wesentlichen alle Stürme der Zeit, bis im Jahre 1808 eine Feuersbrunst die Grabesrotunde vernichtete. In der Nacht vom 11. zum 12. Oktober stellte ein trunkener Pilger einen Leuchter auf eine hölzerne Balustrade in der armenischen Kapelle der Grabeskirche. Die niederbrennenden Kerzen setzten zunächst das Geländer, dann die ganze Kapelle in Brand. Um 3.15 Uhr wurde das Feuer bemerkt. Obwohl man das Feuer zu löschen versuchte, ergriffen die Flammen die nahe Rotunde, und bald brannte auch das hölzerne Runddach der Kirche. Die zum Himmel lodernden Flammen erhellten wie eine Riesenfackel die erschreckte Stadt; dann, zwischen 5 und 6 Uhr morgens, stürzten die brennenden Balken der Dachkonstruktion in die Tiefe, und die Trümmer begruben das Heilige Grab. Der Feuersturm loderte durch das weite Griechenchor. Tausende von Lampen nährten mit ihrem Öl das Feuer. Die Marmorsäulen glühten wie große Kerzen, und das Metall der silbernen Leuchter und Geräte zerschmolz. Im südlichen Querschiff brannte das Feuer bis zur Golgotakapelle. Die Stätte der Kreuzigung konnte gerettet werden. Erhalten blieben der Turm, die Südfassade, das nördliche Seitenschiff mit dem alten Bogengang der Hl. Jungfrau, die Kuppel im Griechenchor mit dem Umgang und den anschließenden Kapellen.[289]

Wieder wurde die Grabesrotunde auf den alten konstantinischen Grundmauern errichtet. Es ist der fünfte Bau. Leider ging bei der Restaurierung, welche die orthodoxen Griechen allein und nach eigenen Plänen bei der »Hohen Pforte« durchzusetzen wußten, die Monumentalität der alten Kirche verloren. Die beiden Architekten Komnenos von Mytilene und Drako aus Rhodos restaurierten den Kreuzfahrerbau in einem groben Barockstil. In der Rotunde umkleidete man die beschädigten Säulen und Kapitäle und verwandelte sie in massive Pfeiler. Das Chor der Griechen wurde in eine eigene Kirche umgebaut und die Zwischenräume der Pfeiler und Säulen bis oben hinauf zugemauert. Überall verschwanden die feinen Profile und Ornamente des romanischen Stiles unter einem dicken Zementverputz.

Die Kuppel, die sich in der neuerrichteten Grabrotunde über dem Grabmonument wölbte, hielt gerade fünfzig Jahre. 1869 wurde sie durch eine eiserne ersetzt. (Vgl. Abb. 271, S. 492.) Die häßlichen Stahlkonstruktionen, die nun wieder (nach dem Erdbeben 1927) auch diese Kuppel stützen mußten, trugen nicht zur Verschönerung des Baues bei. Aber ob baufällig oder unästhetisch — der Ort ist echt: »An dem Ort aber, wo Jesus gekreuzigt wurde, befand sich ein Garten und in dem Garten ein neues Grab, in dem noch niemand bestattet worden war« (Joh 19, 41).

*Abb. 289.   Die Rotunde mit der Grabeskapelle nach einem
Stich aus dem Jahre 1714.*

*1. Die Rotunde der Grabeskirche vor der Brandkatastrophe
(1808).*

*Der Kupferstich des niederländischen Malers Cornelius de
Bruyn aus Den Haag gehört zu den eindrucksvollsten Bildern,
die wir von der Grabeskirche vor der Brandkatastrophe (1808)
besitzen. Trotz der perspektivischen Verzerrung wirkt die
Weite des Raumes hoheitsvoll und majestätisch. Unter der
gewaltigen Kuppel der Rotunde, die damals noch ein »offenes Auge« hatte, sehen wir die von dem Franziskaner-Guardian Bonifatius von Ragusa (1550) erneuerte Grabeskapelle.
Von der Höhe des Lichtrundes bis zum Erdboden maß E. Horn
146 arabische Fuß, das sind 46,7 m. Seit dem 12. Jahrhundert
war die Kuppel aus Holz. Die Balken liefen nach oben zusammen und ergaben die Form eines abgeschnittenen Kegels,
durch dessen weite Kreisöffnung die Kirche Licht erhielt.
E. Horn zählte genau 131 Zedernbalken, an denen spärliche
Reste der einstigen inneren vergoldeten Verkleidung noch zu
sehen waren. Über die Säulen des Umganges schrieb E. Horn*

*enthusiastisch: »Ich halte es der Mühe wert, die Säulen aus-
führlicher zu beschreiben, denn sie sind älteste Denkmäler,
die auch nach den vielen Verwüstungen der Kirche bis heute
und in Zukunft der Bewunderung würdig sind, da sie seit
Konstantins Zeiten an dieser Stelle stehen.«[290] Die Säule,
wie es das Bild im Vordergrund zeigt, hat einen verhältnismäßig kurzen, dicken Schaft. Sie steht auf einem manns-
hohen, reichgegliederten Postament und trägt ein von drei
Kränzen eingehülltes Akanthuskapitäl, das in der Mitte mit
einer Blüte geschmückt ist. Spätere Grabungen bestätigten,
daß E. Horns Vermutung, zumindest, was die Lage der Säulen anging, richtig war. Als um 1780 der Fußboden der Grabeskirche tiefer gelegt wurde, um den Felsen in der Mitte
höher hervortreten zu lassen, stellte man fest, daß einige
der damaligen Säulen auf antiken Basen ruhten, die in den
gewachsenen Felsen eingelassen waren. Von der Pracht der
Säulen ist nichts übriggeblieben. Sie brannten wie Fackeln.
Nur drei Säulen überstanden im wahrsten Sinn des Wortes
die Brandkatastrophe. Beim Wiederaufbau sicherte der Architekt die beschädigten Säulen mit Eisenbändern, dann wurden
sie als stumme Zeugen in massiven, gemauerten Pfeilern
»eingesargt«. (Vgl. Abb. 287, Längsschnitt, S. 523.)*

2. Die freigelegte »Säule« aus der Anastasis des 4. Jahrhunderts.

Bei den jüngsten Restaurierungsarbeiten entfernte man das Mauerwerk, und die stummen Zeugen begannen zu »sprechen«. Das Photo zeigt die zweite und dritte Säule der Rotunde, die auf dem alten Stich im Hintergrund auf der rechten Bildhälfte sichtbar sind. (Vgl. Abb. 287, Grundriß, R', R', S. 522.) Der geborstene Sockel der im Vordergrund stehenden dritten Säule hat eine Höhe von 1,78 m. Die Prüfung des Untergrundes ließ erkennen, daß der Sockel seit dem 4. Jahrhundert seine Lage nicht verändert hat. Die große Überraschung brachte dann die genaue Messung der Säulenschäfte. Der Durchmesser der dritten Säule beträgt unten 1,14 m und oben 1,10 m, die Schafthöhe 3,54 m. Bei der zweiten Säule wurden unten 1,10 m und oben 1,04 m gemessen, für die Schafthöhe 3,60 m. Die Architekten zweifelten keinen Augenblick daran, daß beide Teile zusammengehören. Der Wulst am oberen Rand der zweiten Säule zeigte klar, daß es wirklich der obere Teil war. Den gleichen Beweis lieferte die abgeschlagene Platte am unteren Rand der dritten Säule für den unteren Teil. Den letzten Zweifel daran, daß hier eine Säule etwa in der Mitte durchgesägt worden war, beseitigten die zusammenpassenden Schnittflächen mit dem gleichen Durchmesser von 1,10 m. Bei der Zerstörung der Anastasis im Jahre 1009 durch den ägyptischen Sultan Hakim Biamrillah wurde die Säule vom Sockel gestürzt. Da man beim Wiederaufbau auf die alte Monumentalität verzichten mußte, sägte man die Säule in zwei Teile, die dann als zweite und dritte Säule in der Rotunde aufgestellt wurden. Beide Schäfte ergeben zusammen eine Höhe von 7,15 m, wenn man den Schnittverlust mitrechnet. Insgesamt, mit Sockel, Kapitäl und Architrav, erreichte der Säulengang in der Rotunde eine Höhe von ca. 11 m. Es ist die gleiche Höhe, die in der Rotunde für das Mauerwerk des 4. Jahrhunderts gemessen werden kann. »Zwölf Säulen von bewundernswerter Größe tragen diese runde und sehr hohe Kirche.« In der Tat, das Urteil des gallischen Bischofs Arkulf (670) ist keine Übertreibung.

Abb. 290.   Die Südfassade der Grabeskirche (S. 528/529).

Im Jahre 1483 unternahm der Mainzer Domherr Bernhard von Breydenbach eine Pilgerfahrt ins Heilige Land.[291] Unter seinen Reisebegleitern befand sich auch der Utrechter Maler Erhard Reuwich, dem wir den Holzschnitt von der Grabeskirche verdanken. Ein Blick auf das Photo zeigt, wie wenig — vom Glockenturm abgesehen — sich an der alten 19,5 m hohen Fassade verändert hat. Das rechte Portal, das bereits zu Saladins Zeiten (1187) zugemauert worden ist, wirkt wie ein steinernes Symbol der Unverletzlichkeit und Respektierung gegebener Gesetze. Das Öffnen und Schließen besorgen noch heute mohammedanische Wächter, in deren Familien das »Schlüsselprivileg« seit 1244 erblich ist.
Wir beginnen die Beschreibung des Holzschnittes an der linken Bildseite. Hier haftet der Blick zunächst an einer Halbsäule mit einem Bogenansatz (vgl. Abb. 287, 37, S. 522). Die Säulenbase und das Kapitäl sind byzantinisch, während der Säulenschaft aus dem Mittelalter stammt. Das Korbkapitäl mit dreistreifigem Flechtwerk und korinthischem Abschluß gleicht dem Kapitäl auf der ersten westlichen Säule des Bo-

Hec est dispositio et figura
templi d(o)m(ini)ci sepulchri · abextra

*Dies ist die Anordnung und
das Aussehen der Grabes-
kirche des Herrn · von
außen*

Ante · templu(m) · sepulchri ·
d(o)m(in)i · locatus · e(st) · lapis ·
iste · sup(er) · quo · chr(istu)s ·
crucem · baiula(n)s · ceci · dit

*Vor der Grabeskirche des Herrn
liegt jener Stein, auf den
Christus, das Kreuz tragend,
gefallen ist*

1. *Die Südfassade nach einem Holzschnitt (1483).*

gens der Hl. Jungfrau (vgl. Abb. 286, S. 521, und Abb. 287, 16, S. 522). Außer der Halbsäule stehen am Südrand auf der zum Vorhof herabführenden Treppe noch vier Säulenbasen oder -stümpfe, von denen zwei byzantinisch sind. Die Reste, die wir heute sehen, gehören einem Bogengang aus der Kreuzfahrerzeit, der von dem Pilger Theoderich (1172) erwähnt wird; wahrscheinlich ersetzte er aber nur — wie es die antiken Basen »in situ« nahelegen — einen byzantinischen Bogengang, da hier die südliche Grenze der konstantinischen Anlage zu suchen ist. Links von der Fassade erhebt sich über der Kapelle der Vierzig Martyrer der mächtige Glockenturm. Bei seinem Bau reduzierte man die bereits vorhandenen Grundmauern der Kapelle durch Einbauten auf ein Quadrat und setzte auf dieses Fundament den Turm (vgl. Abb. 287, 35, S. 522). An seinen Ecken führen an der West- und an der Ostseite sich absetzende Strebepfeiler bis zur Höhe des dritten Geschosses hinauf. Der Holzschnitt zeigt den Glockenturm in seiner ursprünglichen Größe, auch wenn ihn der Künstler mit Rücksicht auf die wichtigere Fassade verkleinert dargestellt hat. Heute ist er ein Torso, seiner obersten Stockwerke und der ihn einst krönenden Kuppel beraubt (vgl. Abb. 271, S. 492). Über die Zeit der Erbauung gehen die Meinungen auseinander. Die meisten Autoren legen die Bauzeit in die Jahre 1160–1180. Da aber der Glockenturm bereits von dem arabischen Schriftsteller el-Idrisi in einer

1154 für den König Roger von Sizilien verfaßten Geographie erwähnt wird, kann als gesichert gelten, daß der Turm um 1154 auch schon stand. Dennoch muß er gegenüber der Fassade als das jüngere, in sie eingedrungene Bauwerk ausgegeben werden. Deutlich zeigt dies der Strebepfeiler an der Nordostecke. Während die anderen drei in mehrfachen Abschrägungen nach unten immer breiter werden, ist dieser in der Ecke zur Fassade fast in der Stärke des obersten Stückes gerade heruntergeführt, eine Unregelmäßigkeit, die sich sofort erklärt, wenn der Turm an eine bereits bestehende Mauer herangeschoben wurde; andererseits hat aber auch der Turmbau den ursprünglichen Plan der Fassade nicht zur Vollendung kommen lassen, wie die Untersuchungen der Fassade es erweisen werden. Eine noch im 17. Jahrhundert an der Südseite des Turmes vorhanden gewesene Inschrift lautete: »Jordanis me fecit«. Wer dieser Jordan war, wissen wir nicht, vielleicht ist er mit einem Jordan identisch, der in der Domherrenliste für das Jahr 1170 aufgeführt wird.
Über den Verfall des Turmes kursieren verschiedene Berichte: Nach einem griechischen brachte ein Erdbeben im Jahre 1545 die beiden obersten Stockwerke zum Einsturz, 1620 wurde noch ein weiteres Stockwerk abgetragen. Der Franziskaner E. Horn dagegen berichtet, daß 1719 bei der Wiederherstellung der großen Kuppel auch der Turm gesichert und um zwei Stockwerke niedriger gemacht wurde. Da nun gegenwärtig über der Kapelle der Vierzig Martyrer noch 2$\frac{1}{2}$ Stockwerke stehen, so würden sich für den ganzen Turm vier Fenstergeschosse ergeben. Ein Vergleich mit anderen zeitgenös-

2. *Die Südfassade nach der Restaurierung (1974)*.

sischen Stichen zeigt, daß E. Reuwich in der Darstellung der reich gegliederten Stockwerke ein wenig schematisch verfahren ist. Den Abschluß bildete ein achteckiger, mit spitzen Giebeln gekrönter Aufbau, der die achtflächige Kuppel trug.

Die seit 1962 durchgeführten Restaurierungsarbeiten haben die altersgraue Fassade in neuem Glanz wiedererstehen lassen. Die häßlichen Stahlgerüste, die nach dem Erdbeben von 1927 die Mauern stützen mußten, konnten entfernt werden. Im Gegensatz zu der schmucklosen Einfachheit des übrigen Außenbaues ist die Südfassade architektonisch gegliedert und mit Friesen und Gesimsen geschmückt. Ein Blick auf den Gesamtbau (vgl. Abb. 271, S. 492) und den Plan der Grabeskirche (vgl. Abb. 287, S. 522) zeigt, daß die Fassade in der Verlängerung des südlichen Querschiffes liegt, von ihm aber durch das niedrigere Seitenschiff getrennt ist. Da dieses für eine repräsentative Portalfassade eine zu geringe Höhe hatte, verstärkte man die Mauer in der Breite des Querschiffes, so daß sie etwa 0,7 m hervorspringt. Der so gebildete Risalit (Vorbau) erhebt sich kulissenartig um 1,7m über das flache Dach des Seitenschiffes. Auf der linken Seite ließ man aber den Risalit bis zum Turm weiterlaufen. Der inneren Gliederung des Nebenschiffes in Unter- und Emporengeschoß entsprechend, ist nun dieser Risalit durch Gesimse, die wahrscheinlich aus älteren Bauten stammen, in zwei Geschosse geteilt. Im unteren Geschoß öffnen sich zwei Tore, im oberen zwei Fenster. Spitzbogen decken die Tore, Rundbogen dagegen die wohl ursprünglich rundbogigen Fenster.

Die beiden Portale zeigen dreifach abgetreppte Wandung mit schlanken Säulen in den Ecken. Lange Reliefs, die wohl aus Frankreich stammen, schmücken die vorgezogenen Türstürze. Der linke zeigt biblische Szenen aus den letzten Wochen des Lebens Jesu: Auferweckung des Lazarus, Salbung Jesu in Betanien, die Vorbereitungen für Jesu Einzug in Jerusalem; der Einzug selbst fehlt. Das kostbare Fragment wurde im 19. Jahrhundert in der Nähe des Damaskustores gefunden. Es kehrte als »Souvenir« in das Heimatland zurück und kann heute im Louvre in Paris besichtigt werden. Den Abschluß bildet das Abendmahl. Das Relief über der zugemauerten Tür enthält einen Laubwerkfries mit kleinen Figuren von Menschen, Kentauren, Tieren und Vögeln. (Zu Beginn der Restaurierungsarbeiten wurden die wertvollen Reliefs aus Sicherheitsgründen entfernt und werden im Museum aufbewahrt.)

Die Tympana über den Stürzen sind heute leer. Die gerippten Steine der gewölbten Bogen erinnern an ein arabisches Motiv, während der Rest der Ornamente wieder romanisch ist. Beide Portalbogen umzieht ein Blattfries, der sich sowohl in westlicher als auch in östlicher Richtung als Mauerschmuck fortsetzt. Am westlichen Rand erscheint er aber wie abgeschnitten; das gleiche gilt für den darüber liegenden Stufenfries. Die beiden Fenster des Obergeschosses sind von einer reich mit Viertel- und Halbsäulen gegliederten spitzbogigen Nebenarchitektur eingefaßt. Um die Bogen legt sich das gleiche ornamentale Simsband mit schönem Rankenwerk wie im Untergeschoß. Besonders auffällig aber ist, wie auf der linken Seite der wulstige Blattfries gerade noch zu einem Bogen ansetzt, um, wie es scheint, ein westlich gelegenes Fenster zu umranken. Warum aber bricht der Blattfries unvermittelt ab? Es gibt nur eine Erklärung: Turm- und Fassadenbau gerieten hier in Kollision. So ist der Halbbogen als stummer Zeuge eines bitteren Kompromisses stehengeblieben. Für uns ist der Halbbogen aber das Kriterium

für die Zuverlässigkeit der Abbildung. E. Reuwich hat ihn genauso getreu wiedergegeben wie die unbestechliche Linse der Kamera.

Einst trug die Kuppel über der Vierung als Bekrönung eine Laterne, deren Ruine noch auf E. Reuwichs Holzschnitt erscheint. Ein Pilger aus dem Jahre 1346 beschreibt sie als ein auf sechs kleinen Säulen ruhendes Ziborium, auf dessen Kuppel nochmals eine Säule stand. Da der Pilger auf einem Treppchen hochsteigen konnte, sah er noch den Apfel, den die Säule trug. Immerhin, auch damals bot eine Pilgerfahrt einige Attraktionen.

Rechts neben den Portalen führt eine Treppe zu dem mit einer Kuppel gekrönten Vorbau hinauf. Es ist die sogenannte Frankenkapelle, die der Schmerzhaften Mutter geweiht ist (vgl. Abb. 287, 28, S. 522). Ursprünglich befand sich hier der äußere Treppenaufgang zur Golgotakapelle. Saladin (1187) ließ den Zugang sperren, wie es noch die hochgezogene Mauer auf Reuwichs Holzschnitt zeigt. Das Untergeschoß bildet ein einfacher, später zugemauerter Spitzbogen. Der Raum dient den Griechen als Kapelle und erinnert an die Bekehrung der hl. Maria von Ägypten, die im 6. Jahrhundert als Einsiedlerin in der Wüste östlich des Jordan lebte. Die an der Treppe stehende Säule soll früher eine Statue getragen haben. Das zierliche Obergeschoß erhebt sich auf einem Spitzbogen tragenden Pfeiler, wie es die offene Arkade noch erkennen läßt.

Auf der Ostseite (rechts) wird der Vorhof von der Johanneskapelle der Armenier begrenzt (vgl. Abb. 287, 31, S. 522). Sie ist unverkennbar nur die Apsis einer ehemaligen Kirche; und jener an der Außenwand sichtbare Bogen gehörte zu ihrem Triumphbogen. Es ist mit größter Wahrscheinlichkeit die Marienkirche, die Arkulf (670) erwähnt. Der russische Pilger Daniel (1106/07) sah sie noch, er nennt sie die Kirche der »Spudaioi«. So hießen die Mönche des griechischen Patriarchatsklosters. Die Kirche der »Spudaioi« war nach dem »Typikon der Anastasis« eine Theotokoskirche, eine Marienkirche. Da sie den Zugang zum Hauptportal an der Südfassade versperrte, mußte die alte Kirche dann dem Neubau der Kreuzfahrerkirche weichen. So helfen alte Zeugnisse und Bilder, manche Fragen zu klären.

Das versiegelte Grab

Mit Sonnenuntergang begann für die Juden die Sabbatruhe. Lukas schreibt mit einer gewissen Betonung: »Am Sabbat ruhten sie nach dem Gesetz« (Lk 23, 56). Nicht einmal die Pflichten der Pietät wagten die Jünger Jesu zu erfüllen und das Grab des Toten zu besuchen. Die Jünger Jesu beobachteten das Sabbatgebot mit größter Gewissenhaftigkeit. Nicht sie waren es, die den Frieden jenes großen Sabbats stören sollten, sondern die Ankläger Jesu. Die Hohenpriester waren offenbar sehr verärgert über das, was sich am späten Freitagnachmittag zugetragen hatte. Die Gebeine des gekreuzigten Nazoräers waren weder zerschlagen, noch war sein Leichnam auf dem Verbrecherfriedhof beigesetzt worden. Pilatus hatte den Toten zu einem ehrenvollen Begräbnis freigegeben. Damit war ihr ganzes Unterneh-

Abb. 291. Die östliche Tempelmauer bei untergehender Sonne; im Vordergrund, tief im Schatten, das Kidrontal mit dem Spitzturm des Abschalomgrabes (vgl. Abb. 243, S. 426, und Abb. 248, S. 433).

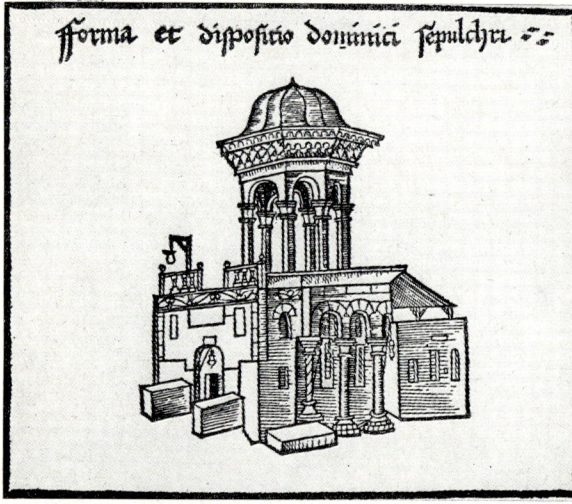

Abb. 292.   Das Grab Christi im Wandel der Zeiten.

Auch das Grab Christi war wie alle Dinge dieser Welt den Gesetzen der Vergänglichkeit unterworfen: »Kein Stein blieb auf dem anderen« (Lk 19, 44). Bereits die Architekten Konstantins (326) ließen den etwa 3×3 m großen Vorraum der Grabkammer wegmeißeln (Mischna, BB 6, 8), wahrscheinlich, um in der Rotunde mehr Platz zu gewinnen. Wie das von der felsigen Umgebung isolierte Grabmonument ausgesehen hat, ob quadratisch oder rund, läßt sich nicht mehr mit Sicherheit aus den Quellen erschließen. Wir werden beim 3. Bild einen Lösungsversuch anbieten, der beiden Formen gerecht wird und sich harmonisch in die großen Grundlinien des Planes der Konstantinischen Anastasis einfügt (vgl. Abb. 277, S. 503).

Zu den Schätzen der Kapelle Sancta Sanctorum gehört ein kleines hölzernes Kästchen, das aus der Mitte des 6. Jahrhunderts stammt.[292] Es ist mit einem Schiebedeckel versehen. mißt 24 cm in der Länge, 18 cm in der Breite, 4 cm in der Höhe und enthält Steine und Hölzer, die in eine früher weiche, dann aber hart gewordene Masse eingedrückt sind. Die noch teilweise lesbaren Namen — »aus Betlehem«, »vom Sion« — deuten darauf hin, daß es sich um Andenken von den heiligen Stätten aus Palästina handelt. Auf der Innenseite des Holzdeckels sieht man fünf auf goldenem Grund gemalte Miniaturen, die Szenen aus dem Leben Jesu wiedergeben. Mit den Ereignissen der Heilsgeschichte sind auch die Memorialstätten dargestellt, die von den Pilgern besucht wurden: das Heilige Grab, der Ölberg, Golgota, Betlehem und das Jordanufer. Auf dem ersten Bild des Holzkästchens mit der Darstellung der Frauen, die zum Grabe eilen und denen der Engel die Auferstehung verkündet, ist das Heilige Grab noch in der Gestalt erhalten, die es in der Konstantinischen Grabeskirche unter der mächtigen Kuppel der Anastasis gehabt hat (Bild 1). Die Miniatur, fast in Originalgröße abgebildet, läßt uns noch die feierliche Pracht und weihevolle Atmosphäre der Gedächtnisstätte spüren.

Als Schutz und Schmuck war über das aus der Felsumgebung isolierte Grabmonument ein golden und silbern glänzendes polygonales Ziborium gesetzt, wie das Breviarius de Hierosolyma (530) und der Anonymus von Piacenza (570) berichten. Hinter den geöffneten Gittertüren sieht man im Vorraum »den Stein, der damals weggewälzt wurde. Er liegt noch heute dort« (Kyrill, Kat. XIV, 22). Der Stein bildet den Altar und zeigt die Symbolik einer Altarplatte: das Kreuz in der Mitte und in den Ecken die »Gammadiae« — die vierfache Abwandlung des griechischen Gammas. Das Alter des Holzkästchens und der Vergleich mit den Reliefbildern auf den Ölampullen (vgl. Abb. 283, S. 514) bürgen dafür, daß wir in dieser Miniatur eine zuverlässige Darstellung des Grabes Jesu aus der Konstantinischen Basilika vor uns haben.

1. Das konstantinische Grabmonument (336) auf einem Reliquienkästchen der Capella Sancta Sanctorum des Lateran (Mitte des 6. Jahrhunderts).

2. Die Grabeskapelle in der Kreuzfahrerkirche (1149) nach einem Holzschnitt von Erhard Reuwich aus dem Jahre 1483.

3. Die Grabeskapelle nach dem Wiederaufbau durch Bonifatius von Ragusa (1555) nach einem Stich von Bernardino Amico aus dem Jahre 1609.

Nach der Plünderung des Grabes durch die Perser (614) renovierte Modestus das Felsgrab und erweiterte das Felsmonument durch den Anbau einer Vorhalle auf der Ostseite. Die Außenwände, so berichtet Arkulf (670), waren mit Marmorplatten verkleidet, und auf der Spitze ragte ein goldenes Kreuz empor. Da nur drei mal drei Menschen vor dem Grabe stehen konnten, wird die Breite der Grabkammer ohne Grab auf etwa 1 m angenommen werden können. Aus dem Pilgerbericht des Mönches Bernard erfahren wir zweihundert Jahre später, daß »um das Grab neun Säulen standen, deren Zwischenräume von den schönsten Steinen geschlossen waren. Von diesen neun Säulen standen vier an der Vorderseite des Monumentes« (Tobler-Molinier, S. 314). Die Säulen, die mit ihren Interkolumnien das Grabmonument schmückten, sind seitdem nie wieder vom Grab getrennt worden. Die barocken Halbsäulen an der Fassade des heutigen Grabbaues (Bild 5) haben eine letzte Erinnerung an sie bewahrt. Manchem Leser werden die subtilen Einzelheiten, nach »Fuß, Zoll und Meter« gemessen, als belanglos erscheinen oder gar als langweilig; sie können aber auch den oft notwendigen Erweis bringen, wie die Tradition trotz aller legendären Wucherungen und Veränderungen im Kern einen objektiven Tatbestand treu gehütet hat.

Im Jahre 1009 ließ Sultan Hakim Biamrillah, der Sohn einer Christin, das, was seit Konstantin und Chosroës erhalten geblieben war, bis auf den Grund, d. h. bis auf das Niveau der Umgebung weghauen. Es folgt dann in der Geschichte der Grabeskirche noch dreimal ein Wiederaufbau, bei dem aber die Maße und die Grundstruktur respektiert wurden.

Der Patriarch Nikephoros errichtete 1048 auf den felsigen Grundlinien des alten Grabmonumentes eine gemauerte Kapelle, welche die Architekten des 12. Jahrhunderts bei der Neugestaltung der Grabeskirche übernahmen. Das Grabmonument war auf der Rückseite abgerundet und hatte einen rechteckigen Vorbau mit drei Türen, von denen die nördliche als Eingang, die südliche als Ausgang für die Pilger diente. Da die Innenmaße der Grabkammer (nach der Mischna etwa 2 × 2 m) als unverletzlich gehütet wurden, fielen die Außenmauern und die Decke übermäßig stark aus, wie es auch der angelsächsische Mönch Saewulf (1102) auf den ersten Blick feststellt: »Das Grab des Herrn ist von einer sehr starken Mauer umgeben.« Daß er nicht übertreibt, zeigen die Maße: die Nordmauer 3½ Fuß (1,06 m), die Südmauer 4½ Fuß (1,37 m). Der russische Pilger Daniel (1106) und spätere Abt des bei Jerusalem gelegenen Klosters Mar Saba teilt uns noch weitere Einzelheiten mit, die wir auf Reuwichs Holzschnitt (1483) nachprüfen können (Bild 2). »Auf dem Dach war ein schöner Söller auf Säulchen errichtet, und es erhob sich ein rundes Türmchen, welches vergoldete Silberplatten deckten.« Der bei Saewulf erwähnte »Christus von Silber von der Größe eines Mannes«, der auf dem Türmchen stand, fehlt auf Reuwichs Holzschnitt. Die silberne Statue schmolz man bereits 1187 während der Belagerung Jerusalems ein, um der wachsenden Geldnot abzuhelfen. Reuwichs Holzschnitt zeigt die Nordostseite der Grabeskapelle. Die kleine Tür, durch die man nach Saewulf »nur auf den Knien rutschend hineinge-

4. Die Grabeskapelle nach dem Brand der Grabeskirche aus dem Jahre 1810.

5. Die Engelskapelle mit dem Eingang zum Grabe Christi.

langen konnte«, ist überzeugend getreu wiedergegeben. Nach den späteren Angaben bei Quaresmius (1626) war sie 0,56 m breit, 1,08 m hoch und 0,54 m tief. Die Form des Türmchens erscheint orientalisch. In der Tat, man braucht nur auf den Haram (Tempelplatz) zu gehen, um im Türmchen auf dem »Mimbar« (der mohammedanischen Kanzel), südlich vom Felsendom, das Original oder die Kopie zu sehen. An der Westseite (rechts) zeigt der Holzschnitt die angebaute ärmliche Kapelle der Kopten, die ihr »Heimatrecht« an dieser Stelle durch alle Jahrhunderte hindurch verteidigen konnten. Nachdem Saewulf den Stein, auf dem der Engel saß, erwähnt und die schönen Säulen gelobt hat, beschließt er seinen Bericht: »Das ist das Grab des Herrn, wie ich es beschrieben habe, nachdem ich es von denen erforschte, die lange da gewesen.«

Als im Jahre 1244 die Charesmier Jerusalem eroberten, verwüsteten sie das Grab, rissen die Marmorplatten herunter und schickten die Säulen nach Mekka. Bei der Wiederherstellung erhielt der Vorraum nur eine Tür, wie es bereits Burchard vom Berge Sion um 1283 bezeugt. Die dicken Mauern des Grabes, bald wieder mit neuen Säulen geschmückt, trotzten etwa fünf Jahrhunderte den Stürmen der Zeit und den Gewalten der Natur. Dann aber mehrten sich die Klagen über die Baufälligkeit dieser heiligen Stätte. Auf Bitten Kaiser Karls V. erteilte Sultan Suleiman II. im Jahre 1555 dem Franziskaner-Guardian Bonifatius von Ragusa die Erlaubnis, die baufällig gewordene Kapelle durch einen Neubau zu ersetzen.

Die neue Kapelle, nach dem Stich des Franziskaners Bernardino Amico aus dem Jahre 1609 (Bild 3, S. 532), zeigt, wie die äußere Form verändert wurde. Die Zeichnung ist durch den fast maßstabgerechten Grundriß besonders instruktiv. Der vordere Teil der Engelskapelle, in der ein quadratischer Stein an den Grabstein erinnert, hat rechtwinklige Mauern, während der hintere Teil mit einer Rundung abschließt. Da die Grabeskapelle auf den Grundlinien des alten Felsmonumentes errichtet wurde, liegt es nahe, hier die Lösung für die einander widersprechenden Berichte der Pilger zu sehen. Das Grabmonument war sowohl quadratisch als auch rund, je nachdem, ob der Pilger das Grabmonument von Osten oder Westen betrachtete. Frontal gesehen, wirkte das Felsgrab wie ein Block mit einem pyramidenförmigen Dach, wie ihn die erste Ampulle von Monza zeigt (vgl. Abb. 283, S. 514).

Nach den Angaben des Franziskaners E. Horn (1724–1744) betrug die Breite der Grabkapelle 4,35 m, die Länge etwa 8,7 m und die Höhe 4,09 m. Die Außenwände waren mit grauen Marmorplatten verkleidet und mit zehn Säulen dekoriert. Einige Inschriften von fränkischen Pilgern, deren Reise wir genau datieren können, verraten, daß die Marmorplatten älteren Datums sind und beim Bau der neuen Grabeskapelle wieder verwendet wurden. Daß E. Horn seine Untersuchungen kritisch durchführte, zeigt seine bissige Bemerkung in deutscher Sprache: »Wo Gott seine Kirche hat, baut der Teuffel sein Capell.«[293] Eine Marmorplatte trug nämlich vier kleine Vertiefungen, von denen eine Legende zu berichten wußte, sie seien die Fingerabdrücke des hl. Gregorius.

Bei der Brandkatastrophe des Jahres 1808 blieb die Grabeskapelle in der Mitte der Rotunde unter den Trümmern unversehrt, nur das Türmchen auf dem Dach war von den herabfallenden Balken beschädigt worden. Dennoch riß man die Kapelle bis auf die Fundamente ab und baute sie im türkischen Rokokostil wieder auf. Auch wenn der Neubau (Bild 4)

nicht ganz unserem Stilempfinden entspricht, so beugen wir uns doch vor der löblichen Absicht des Architekten, die er in einer Inschrift am Eingang verewigt hat: »Herr, gedenke deines Knechtes, des Kaiserlichen Baumeisters Komnenos von Mytilene, 1810« (Bild 6).

Die neue Kapelle ist außen 8,3 m lang, 5,9 m breit und 5,9 m hoch. Wir finden alle Bauelemente, von der die alten Pilger zu berichten wissen, in mehr oder weniger ansprechender Form vertreten. Die Wände sind wieder mit Marmor verkleidet und mit Säulen geschmückt. Den Abschluß auf dem flachen Dach, das mit Balustraden umgeben ist, bildet ein phantasievoller Aufbau in Form eines kleinen runden Pavillons. Die Fassade der Kapelle ist mit vier gewundenen Säulen verziert. Durch einen reich dekorierten Eingang betritt man das Innere der Kapelle. Das Grab Jesu bestand, wie es damals bei den Juden Sitte war, aus zwei Räumen: einem Vorraum und der eigentlichen Grabkammer (vgl. Abb. 270, S. 491).

Das 5. Bild zeigt den Vorraum in der heutigen Grabeskapelle, die sogenannte Engelskapelle, mit dem niedrigen Eingang in die Grabkammer. Die Inschrift über dem Eingang lautet: »Ihr Salben tragenden Frauen, was sucht ihr den Lebenden bei den Toten? Auferstanden ist der Kyrios!« In der Mitte der 3,4 m langen und 3,9 m breiten Kapelle steht ein in Marmor gefaßter Stein. Er soll an den »großen Stein« (Mk 16, 4) erinnern, der den einstigen Zugang des Grabes verschloß. Kyrill († 387), der Bischof von Jerusalem, sah ihn noch unversehrt vor dem Grabmonument in der Konstantinischen Anastasis liegen. Als die Perser (614) Jerusalem eroberten, zerschlugen sie den Stein. Modestus (616) ließ ihn zu zwei Altären zurechthauen. Der eine stand nach Arkulf (670) vor dem Eingang des Grabes (vgl. Abb. 285, S. 518). Später erinnerte an den Verschlußstein des Grabes vor dem Eingang auf dem Fußboden ein Stein, der nach Quaresmius unten 0,54 × 0,56 m maß und 0,27 m hoch war. Ein noch kleinerer Stein, von Marmorplatten umschlossen, wurde nach dem Brande von 1808 auf einen Sockel vor dem Grabeingang gestellt.

In seiner 13. Katechese, die Kyrill (348) in der Anastasis vor dem Felsgrab gehalten hat, sagte er seinen Zuhörern: »Wir aber wollen zuverlässig wissen, wo Jesus begraben worden ist!« Er fuhr fort: »Schauet in den starren Felsen, blickt hinein und sehet!« (Kat. XIII, 25) Von der Engelskapelle führt heute eine 1,33 m hohe Tür in die eigentliche Grabkammer (Bild 7). Was wir dort von der Grabstätte Jesu sehen, ist wenig, sagen wir es noch genauer: fast nichts. Im Jahre 1009 ließ Sultan Hakim Biamrillah das Grabmonument wegmeißeln und die trogähnliche Grabstätte zerstören. Die Reste der felsigen Grabbank wurden im 12. Jahrhundert mit Marmorplatten eingefaßt und mit einer Alabasterplatte bedeckt. Beim Neubau der Kapelle im Jahre 1555 mußte auch die Marmorverkleidung entfernt werden. Über dem Grabe wurden zwei an die Wand gemalte Engel sichtbar, die lateinische Spruchbänder hielten. Auf dem einen stand: »Surrexit non est hic« — »Er ist nicht hier, er ist auferstanden«. Der andere Engel zeigt auf die Grabstätte: »Ecce locus ubi posuerunt eum« — »Seht den Ort, wo er gelegen hat«. Bonifatius von Ragusa berichtet weiter: »Da wir uns genötigt sahen, eine

6. Die Fassade der Grabeskapelle mit dem Eingang.

der Alabasterplatten aufzuheben ..., so erblickten wir diesen Ort unbedeckt, wo unser Herr drei Tage lang geruht hatte.« Leider enthält dieses einzige authentische Dokument nichts Genaueres darüber, wie die »Überreste« des rotgeäderten Kalksteines ausgesehen haben.[294]

7. Die Grabkammer mit der Grabbank.

Das letzte Bild (7) zeigt die Grabkammer mit der kastenförmigen Verkleidung »des Ortes, wo er gelegen hat« (Mt 28, 6). Die Maße der jetzigen Grabkammer entfernen sich nicht allzusehr von den überlieferten Angaben der früheren Bauten, sie ist 2,07 m lang und 1,93 m breit. Die auf der rechten Seite der Grabkammer liegende Grabbank mißt 2,02 m in der Länge, 0,93 m in der Breite und 0,66 m in der Höhe. Die obere Marmorplatte zeigt eine eingemeißelte Rinne, damit »sie nicht«, wie Quaresmius berichtet, »wenn sie ganz erschiene, wegen ihrer Schönheit von den Türken weggenommen werde«.
Ob Marmor oder Fels, was dem Ort nicht weggenommen werden konnte, ist seine historische Echtheit: »Dann legte Josef von Arimatäa ihn in ein Grab, das in den Felsen gehauen war, und wälzte einen Stein vor die Tür des Grabes. Maria von Magdala und Maria, die Mutter des Joses, schauten zu, wo er bestattet wurde« (Mk 15, 46. 47).

men in Frage gestellt. Sie waren entschlossen, auch noch um den Toten zu kämpfen und ihre Hand auf den Leichnam zu legen.

Es ist Mattäus, der uns bis in alle Einzelheiten die Aktionen der Ankläger Jesu beschreibt: »Am folgenden Tage, also am Tage nach dem Rüsttag, versammelten sich die Hohenpriester und Pharisäer bei Pilatus und sagten: Herr, wir erinnern uns, daß dieser Betrüger, als er noch lebte, gesagt hat: Nach drei Tagen werde ich auferstehen. Ordne darum an, daß das Grab bis zum dritten Tage bewacht wird, damit nicht seine Jünger hingehen, ihn stehlen und dem Volke sagen: Er ist von den Toten auferstanden. Dann wäre der letzte Betrug ärger als der erste. Pilatus antwortete ihnen: Ihr habt ja eine Wache! Geht hin, sichert euch, so gut ihr es versteht. Da gingen sie hin und sicherten das Grab, indem sie den Stein versiegelten und eine Wache aufstellten« (Mt 27, 62—66).

In diesem Bericht ist jeder Satz von Bedeutung. Beginnen wir mit dem wichtigsten. Die Mitglieder des Hohen Rates stehen vor Pilatus und dokumentieren uns die Tatsache: »Dieser« — sie nennen Jesus einen Betrüger — »hat gesagt: Nach drei Tagen werde ich auferstehen!« Dieses Zeugnis ist von besonderem Wert: Es stammt von den Gegnern Jesu. Im Kampf gegen den Rabbi aus Nazaret kommen die Schriftgelehrten niemals auf den Gedanken, zu behaupten, er habe nicht gelebt. Im Gegenteil, Jesus war für sie eine harte Realität; er ist in ihren Augen ein Betrüger, ein Zauberer, ein Pseudoprophet, der Israel verführt hat. Sie waren aber entschlossen, auch der bloßen Möglichkeit eines Betruges jeden Boden zu entziehen. So forderten sie eine Wache: »Ordne an, daß das Grab bis zum dritten Tage bewacht wird« (Mt 27, 64). Was tat Pilatus? Mit offensichtlicher Genugtuung erwiderte er, nicht ohne Ironie: »Ihr habt ja eine Wache! Sichert euch, so gut ihr es versteht!« (Mt 27, 65)

Die Mitglieder des Synedriums hatten es sehr eilig. Der Rollstein, der den Eingang zur Grabkammer versperrte, wurde mit dem großen Amtssiegel des Hohen Rates verschlossen. Eine versiegelte Tür machte auch damals großen Eindruck. Dann zog die Wache auf. Die Hohenpriester konnten also beruhigt sein: Der Pseudoprophet lag im Grab, bewacht mit den Waffen Roms und geschützt durch das Amtssiegel Israels. So vergingen die Stunden des Sabbats, und die zweite Nacht brach an.

ZUR VERHERRLICHUNG

Im Morgengrauen des ersten Wochentages

»Da entstand plötzlich ein starkes Erdbeben. Ein Engel des Herrn stieg nämlich vom Himmel herab, trat hinzu, wälzte den Stein fort und setzte sich darauf. Sein Aussehen glich dem Blitz, und sein Gewand war weiß wie der Schnee« (Mt 28, 2. 3). Hinter diesen Worten des Evangelisten verbirgt sich ein Geheimnis: das Wunder der Auferstehung Christi.[295]

David Friedrich Strauß, der bedeutendste und geistvollste Rationalist des 19. Jahrhunderts, gesteht unumwunden zu: »Den Mittelpunkt des Mittelpunktes, das eigentliche Herz des Christentums, bildet die Auferstehung Jesu.«

Eigentlich sagte Strauß damit nichts Neues. Bereits Paulus war sich vor tausendneunhundert Jahren der Bedeutung dieses Ereignisses bewußt. An die Gemeinde von Korinth schrieb er: »Wenn Christus nicht auferstanden ist, dann ist auch unsere Predigt leer, leer auch euer Glaube« (1 Kor 15, 14). Ja, Paulus scheut sich nicht, die Konsequenz auszusprechen: »Wenn aber Christus nicht auferstanden ist ..., dann sind auch die in Christus Entschlafenen verloren« (1 Kor 15, 17. 18). Dieser Ausspruch des Apostels gilt nicht nur in dem dogmatischen Sinn, daß unser ganzer Heilsglaube und unsere Erlösungszuversicht auf dem Glauben an die Auferstehung beruhen, sondern er gilt auch in apologetischer Bedeutung: Das Auferstehungswunder ist das wichtigste Beglaubigungswunder Christi. Die Auferstehung ist das große Siegel Gottes, das Jesus als den gottgesandten Heiland ausweist.

Ohne die Überzeugung, daß Jesus nicht im Tode geblieben ist, wäre das Zusammenkommen der ortsfremden Jünger in der Hauptstadt, wäre vor allem der Entschluß zur »christlichen« Predigt in der heiligen Stadt des Judentums schlechthin unverständlich. »Es muß also etwas eingetreten sein, was binnen kurzem nicht nur einen völligen Umschlag ihrer Stimmung hervorrief, sondern sie auch zu neuer Aktivität und zur Gründung der Gemeinde befähigte. Dieses ›Etwas‹ ist der historische Kern des Osterglaubens.«[296]

Zum richtigen Verständnis der Auferstehung sind darum zwei Feststellungen wichtig: Die Auferstehung ist in ihrem Inhalt und Wesen ein Geheimnis des Glaubens. Was mit Jesus geschah, ist nicht das unmittelbar einleuchtende Ergebnis menschlicher Schlußfolgerungen und kritischer Studien. Wir können um dieses Heilsereignis nur wissen, soweit es uns von Gott erschlossen und geoffenbart worden ist. Obwohl die Auferstehung Jesu zu seinem Leben gehört, steht sie schon jenseits der irdischen Welt. Jesus ist nicht einfach in seine frühere Daseinsweise zurückgekehrt wie etwa der tote Lazarus oder der Jüngling von Nain, denn dann hätten ihn nicht nur seine Jünger, sondern auch seine Feinde sehen können. Die neue Existenz des Auferstandenen ist geheimnisvoll verborgen und war nur für den sichtbar, den das Licht der Gnade traf. Die Auferstehung ist der Beginn einer neuen, verklärten und himmlischen Seinsweise, die nur im Glauben erfaßbar ist. Dieser Glaube ist Gottestat, übernatürlich nach seinem Gegenstand und nach seinem Ursprung, ein Geschenk Gottes.

Aber auch das andere gilt: Die Tatsache der Auferstehung ist als geschichtlich erweisbares Geschehen eine der entscheidenden Grundlagen dieses Glaubens. Obwohl die Auferstehung in ihrem Wesen ein Mysterium ist, steht sie doch mit einer Reihe von Gegebenheiten und Ereignissen in einem so unlösbaren Zusammenhang, daß wir von ihnen aus zu einer Gewißheit über die Tatsache der Auferstehung gelangen können. Christus selbst hat sich um diese Sicherheit und Gewißheit bei seinen Aposteln bemüht. Wenn wir Jesu Umgang mit seinen Aposteln nach seiner Auferstehung betrachten, dann stellen wir fest: Jesus behandelte sie als freie Menschen. Er versetzte sie nicht in Begeisterung, faßte sie auch nicht von der gefühlsmäßigen Seite, rührte nicht an ihr Gemüt; sondern sie sollten in der Klarheit und Sicherheit des Verstandes erfassen, daß er, der am Kreuz gestorben war, wieder lebendig vor ihnen stand.

Was für die Jünger galt, gilt auch für uns. Der Glaube ist die freie, unter dem Einfluß der Gnade gegebene Zustimmung zu der von Gott ergangenen Offenbarung. Gott verlangt aber keine blinde Zustimmung. So gewiß die Inhalte des Anspruchs Jesu, seine Göttlichkeit und sein Welterlösertum, ihrem Wesen nach der übernatürlichen und übergeschichtlichen Sphäre angehören, so gewiß gehört der Anspruch selbst samt den Selbstzeugnissen, durch die er ihn belegt, der geschichtlichen Wirklichkeit an und bedarf deshalb wie jedes andere geschichtliche Phänomen der rational-kritischen Untersuchung und Begründung. Erst dann kann ich als denkender und reifer Mensch zu der in Christus erschienenen Gottesoffenbarung ja sagen, wenn mir die Tatsache der Offenbarung sicher bezeugt und für mein Wissen und Gewissen glaubwürdig gemacht ist. Der übernatürliche, gottgeschenkte Glaube an das Mysterium Christi setzt die rationale Einsicht in die Glaubwürdigkeit Jesu und seiner Zeugnisse voraus. Diese Prüfung will den Glauben nicht beweisen, sie kann aber für den denkenden Menschen die notwendige Voraussetzung schaffen, daß es vernünftig ist, die Botschaft Jesu anzunehmen. Wohlgemerkt, das ist nur eine Voraussetzung; sie ist aber von grundlegender Bedeutung.

Die Ereignisse am Ostermorgen stehen im Raum und in der Zeit menschlicher Geschichte. Wie die Apostel die Begebenheiten gesehen und untersucht haben, um dann mit der Gnade Gottes das Geheimnis der Auferstehung zu bejahen, so wollen auch wir diese historischen Grundlagen unseres Glaubens prüfen und sicherstellen.

Zunächst stellen wir nochmals fest: Niemand hat Jesus aus dem Grab hervorgehen sehen, und im Evangelium finden wir niemand, der behauptet, es gesehen zu haben. Alles andere aber wird uns bis in viele Einzelheiten geschildert, sowohl von seinen Freunden als auch von seinen Feinden: Das Grab ist leer, und der Tote ist spurlos verschwunden.

Wenn wir die Berichte der Evangelisten lesen, dann spüren wir noch heute den heißen Atem der Erregung. Die Berichte brechen immer rasch ab, durchkreuzen einander, ja scheinen sich in kleinen Einzelheiten zu widersprechen. Etwas Unglaubliches ist passiert.

»In aller Frühe am ersten Wochentag«, so schreibt Markus, »als die Sonne eben aufging, kamen die Frauen zum Grabe« (Mk 16, 2). Es sind dieselben, die auch am Freitagnachmittag unter dem Kreuz den Tod Jesu miterlebt hatten: Maria aus Magdala, Maria, die Mutter des Jakobus und des Joses, und Salome. Auch an der Beisetzung Jesu haben diese Frauen teilgenommen, mit ihren eigenen Augen haben sie gesehen, wohin der Leichnam Jesu gelegt worden war.

Die Sabbatruhe war für sie eine schwere Belastung. Den ganzen Tag mußten sie untätig warten. Kaum aber war am Abend die Sonne untergegangen, wollten sie keine Minute mehr verlieren. Sie eilten sofort in die Geschäfte — wie es Markus eigens vermerkt —, um Öl und wohlriechende Essenzen zu kaufen. Lukas ergänzt noch, daß sie dann noch am Abend mit der Zubereitung der Salben begannen. Nach einer sehr kurzen Nacht standen sie vor Sonnenaufgang am Stadttor. Unterwegs hatten sie nur die eine große Sorge: »Wer wird uns den Stein vom Grabe wälzen?« (Mk 16, 3) Ja, wir können nur sagen: Die guten, ahnungslosen Frauen! Hätten sie nämlich etwas von den Sicherheitsmaßnahmen des Hohen Rates erfahren, sie wären noch sorgenvoller zum Grabe gegangen. Aber alles sollte ganz anders kommen. Diesen mehr summarischen Bericht über den Besuch der Frauen am Grabe ergänzt Johannes mit einigen Einzelheiten.

Maria aus Magdala hatte sich bereits im Dunkeln allein auf den Weg gemacht. Zu ihrer Überraschung fand sie den Stein vom Eingang weggenommen und das Grab leer. Sofort lief sie in die Stadt zurück.

Inzwischen kamen die anderen Frauen zum Grabe. Kaum hatten sie das Gartengelände betreten, als sie den offenen Eingang des Grabes bemerkten. Der Stein war weggewälzt. Markus betont: »Der Stein war nämlich sehr groß« (Mk 16, 4). Wir müssen den Mut der Frauen bewundern, daß sie es wagten, die Grabkammer zu betreten. Nun folgte eine Überraschung auf die andere. Der Tote war nicht mehr da. Während sie noch ratlos dastanden, wurde plötzlich, am Grabe sitzend, eine strahlendweiße Gestalt sichtbar. Der Engel beruhigte sie, und dann folgte eine nüchterne Feststellung des Tatbestandes: »Ihr sucht Jesus von Nazaret, den Gekreuzigten. Er ist auferstanden, er ist nicht hier.« Der Engel fuhr nun fort: »Seht den Ort, wo man ihn hingelegt hatte« (Mk 16, 5 f.). Der Engel wollte die Frauen über den Tatbestand nicht in Unklarheit lassen. Wo aber war der Tote? Der Bote Gottes verkündete es ihnen: »Er ist auferstanden!« Er gab den Frauen den Auftrag, den Aposteln diese Frohbotschaft zu überbringen. Freudig überrascht, aber auch voll Schrecken über diese noch unbegreifliche Wendung der Ereignisse verließen sie das Grab und eilten zu den Jüngern in die Stadt.

Die folgenden Begebenheiten schienen sich nun zu überstürzen. In der Zwischenzeit war Maria Magdalena in die Stadt zurückgelaufen, und zwar zu Simon Petrus. Auch nach der Verleugnung des Herrn war Petrus für die Jüngergemeinde der entscheidende Mann. Maria berichtete: »Sie haben den Herrn aus dem Grabe fortgenommen, und wir wissen nicht, wohin sie ihn gelegt haben« (Joh 20, 2). Wiederum eine bemerkenswerte Feststellung. Maria sah das leere Grab, und ihre logische Schlußfolgerung lautete: Man hat den Leichnam weggenommen, und wir wissen nicht, wohin man ihn gelegt hat. Kein Gedanke an eine Auferstehung! Warum nicht? Weil die Auferstehung aus der menschlichen Erfahrung nicht abgeleitet werden kann. Gott gab die Antwort, wo der Tote war.

Petrus und Johannes machten sich sofort auf den Weg zum Grabe — »sie liefen«. Und nun folgte eine kleine Szene, die aber mehr als bloße Höflichkeit bedeutete. Johannes, der ja viel jünger war als Petrus, kam als erster am Grabe an: »Er beugte sich vor und sah die Binden daliegen, ging aber nicht hinein« (Joh 20, 5). Er wartete, bis Petrus kam. Johannes ließ Simon den Vortritt, weil es dem Petrus zustand, zu sehen und zu handeln.

Rufen wir uns noch einmal die Beschreibung der Grabkammer in Erinnerung. Wir sehen die etwa 2 × 2 m große Kammer, auf der rechten Seite die etwa 60 cm hohe Felsbank, deren ebene Fläche ausgehöhlt ist (vgl. Abb. 270, S. 491). Der Augenzeuge schreibt nun: »Petrus ging in das Grab hinein und sah die Binden und das Schweißtuch daliegen, das auf seinem Haupte war. Es lag aber nicht mit den Binden zusammen, sondern abseits an einer Stelle zusammengewickelt« (Joh 20, 6. 7). Warum beschreibt der Evangelist diese Nebensächlichkeiten so genau? Johannes will den folgenden Tatbestand sicherstellen: Das Grab war leer, und der Tote war nicht da. Johannes fügte noch hinzu: »Er sah und glaubte.« Johannes bekennt, daß er in diesem Augenblick den Glauben gefunden hat. Aber sein Bekenntnis enthüllt uns noch mehr. Dieser Glaube war keine bloße menschliche Glaubensgewißheit, die auf rein irdischen Einsichten beruht. Die menschliche Gewißheit ist zwar unerläßlich, Johannes läßt aber erkennen, daß ihm der Glaube geschenkt wurde. Die menschliche Glaubensgewißheit wird zum göttlichen Glauben, der absolut und untrüglich ist, der nicht auf menschlichen Schlußfolgerungen gründet, sondern auf dem Zeugnis Gottes.

Inzwischen waren auch die anderen Frauen in die Stadt zu den Aposteln zurückgelaufen und berichteten alles, was sie erlebt hatten. Mit einem Satz beschreibt Lukas die Reaktion der Apostel: »Diese Mitteilung erschien ihnen wie leeres Gerede, und sie glaubten den Frauen nicht« (Lk 24, 11).

Die gleiche Aufregung finden wir aber auch im anderen Lager. »Die Soldaten liefen in die Stadt und meldeten den Hohenpriestern alles, was geschehen war« (Mt 28, 11). Das Peinlichste, was passieren konnte, war geschehen: Der Leichnam war trotz strengster Bewachung verschwunden. Wo aber war der Tote? Sollte er wirklich auferstanden sein? Das auf keinen Fall. Was also tun? Es wurde eine Propagandalüge in Umlauf gesetzt. Mattäus hat sie der Nachwelt erhalten: »Die Hohenpriester versammelten sich mit den Ältesten zur Beratung, dann nahmen sie reichlich Geld und gaben es den Soldaten mit den Worten: Sagt, seine Jünger sind nachts gekommen und haben ihn, während wir schliefen, gestohlen. Und wenn das dem Statthalter zu Ohren kommt, werden wir ihn bereden und sorgen, daß ihr unbekümmert sein könnt. — Sie nahmen das Geld und taten so, wie sie belehrt worden waren. Und dies Gerede geht bis heute bei den Juden um« (Mt 28, 12–15).

Es scheint, daß diese Behauptung damals doch noch ein Nachspiel bei der römischen Staatsbehörde gehabt hat.[297]

Wo aber war der Tote?

Er ist auferstanden

Den sichersten Ausgangspunkt für den historischen Nachweis der Auferstehung bietet das Glaubenszeugnis der Apostel. Kein Evangelium und kein Brief wäre geschrieben worden, wenn nicht die Apostel und mit ihnen die ganze Urkirche von der Tatsache der Auferstehung Christi überzeugt gewesen wären. An seinen Schüler Timotheus schrieb Paulus: »Gedenke, daß der Herr Jesus Christus, der Sproß Davids, von den Toten auferstanden ist. So lautet mein Evangelium, um dessentwillen ich Leiden dulde, selbst Fesseln trage wie ein Übeltäter« (2 Tim 2, 8). Dieses Glaubenszeugnis steht einwandfrei fest und wird auch von niemand bestritten. Der Osterglaube der Apostel ist aber kein Mythos, kein inneres Erlebnis einer gläubigen Phantasie, sondern Bekenntnis zu einer geschichtlichen Wirklichkeit. Ihre Osterbotschaft, die sie der ganzen Welt verkünden, ruht auf der Gewißheit, daß Christus wahrhaftig und wirklich auferstanden ist.

Wie ernst es die Apostel mit ihrem Zeugnis für die Auferstehung nahmen, zeigte die Ersatzwahl für das Zwölferkollegium: »So muß denn einer von den Männern, die während der ganzen Zeit, in der der Herr Jesus ein- und ausging, mit uns zusammen waren, von der Taufe des Johannes angefangen bis zu dem Tage, da er von uns fort hinaufgenommen wurde, mit uns Zeuge seiner Auferstehung werden« (Apg 1, 21. 22). Das eigentliche Motiv der Wahl ist also: Der Apostel muß als Zeuge der Auferstehung auftreten. Denn das Zeugnis für die Auferstehung ist die wichtigste Aufgabe des Apostelamtes.

Die Petruspredigten, die uns in der Apostelgeschichte überliefert werden, haben zum inhaltlichen Kern: »Christus ist am dritten Tage von den Toten auferstanden, dessen sind wir Zeugen.« Die Auferstehung steht in einer Linie mit dem Tod und Begräbnis des Herrn. Sie ist ein historisches Geschehen, genau wie diese beiden Tatsachen. Die Apostel bezeugen nicht etwas, was sie nur glauben oder erhoffen oder was ihnen nur innerlich religiös gewiß ist, sondern sie bezeugen das, was sie gesehen haben: »Wir sind Zeugen von allem, was er im Judenland und in Jerusalem getan hat. Und den haben sie getötet, indem sie ihn ans Kreuzesholz hängten. Diesen hat Gott am dritten Tage auferweckt und sichtbar erscheinen lassen vor den von Gott bestimmten Zeugen« (Apg 10, 39—41). Der Apostel begründet also sein Zeugnis mit der Tatsache, daß der Auferstandene ihm erschienen ist. Das leere Grab war auffällig, aber noch kein eindeutiges Zeichen. Entscheidend war, daß die Jünger den Auferstandenen gesehen haben.

Im ersten Korintherbrief, den Paulus um das Jahr 55 n. Chr. geschrieben hat, gibt er uns eine summarische Liste jener Zeugen, die den Herrn gesehen haben. Was veranlaßte Paulus zu dieser eingehenden Aufzählung der Erscheinungen Jesu? In der Gemeinde von Korinth waren Zweifel an der Auferstehung der Toten laut geworden. Man bezweifelte keineswegs ein Fortleben der Seele nach dem Tode. Für das hellenistische Denken war die Unsterblichkeit des Geistes kein Problem. Aber man stieß sich an der Auferstehung des Leibes. Paulus erkannte sofort, daß mit diesem Zweifel an den Grundlagen des Christentums gerüttelt wurde: »Gibt es keine

Auferstehung der Toten, so ist auch Christus nicht auferweckt worden.« So geht es Paulus darum, die leibliche Auferstehung Christi von den Toten als wirkliches Geschehen nachzuweisen. »Ich tue euch, Brüder, das Evangelium kund, das ich euch gepredigt habe, das ihr eurerseits angenommen habt und in dem ihr feststeht. Durch dieses werdet ihr auch gerettet, wenn ihr es so festhaltet, wie ich es euch verkündet habe; denn sonst wäret ihr vergeblich gläubig geworden. Denn vor allen Dingen habe ich euch überliefert, was ich selbst überkommen habe, daß Christus für unsere Sünden gestorben ist gemäß den Schriften, daß er begraben wurde und auferweckt wurde am dritten Tage gemäß den Schriften und daß er dem Kefas erschienen ist, danach den Zwölf. Danach erschien er mehr als fünfhundert Brüdern auf einmal, von denen die meisten bis jetzt geblieben sind, einige sind aber auch entschlafen. Danach erschien er dem Jakobus, darauf allen Aposteln. Zuletzt von allen, wie der Fehlgeburt, erschien er auch mir« (1 Kor 15, 1—8).

Dieses Zitat gilt mit Recht als das älteste Zeugnis von der Auferstehung, in dem die Auferstehung ausdrücklich bezeugt wird. Wir haben gute Gründe, anzunehmen, daß dieses Bekenntnis dem Paulus bei seiner Bekehrung (um 35 n. Chr.) oder bei seinem Besuch in Jerusalem (um 38 n. Chr.), spätestens aber Anfang der vierziger Jahre überliefert wurde. Zu Beginn hebt der Apostel selbst die Wichtigkeit seines Zeugnisses hervor. Er nennt es sein »erstes« Lehrstück und beruft sich auf seine Traditionsgrundlage. Es ist das »Evangelium« — wir müssen den vollen Klang hören: die »Frohe Botschaft«, nicht unsere »Evangelien« —, das er »empfangen« hat und das er »weitergibt«.

Paulus benutzt die gleichen Ausdrücke, mit denen auch die Rabbinen seiner Zeit ihre Lehre als Überlieferungsgut kennzeichneten. Er ist sich also bewußt, daß er hier ein Kernstück des von den Aposteln überlieferten Evangeliums vorträgt.

Die eigentümliche Stilisierung, die gleichartige Satzkonstruktion läßt an eine liturgische Formulierung denken, die wahrscheinlich dem urchristlichen Taufbekenntnis unmittelbar entnommen ist. In diesem Bericht tritt uns darum das Bekenntnis der Urgemeinde aus der frühesten Zeit entgegen. Das überlieferte »Evangelium« enthält vier Tatsachen:

1. »daß Christus für unsere Sünden gestorben ist gemäß den Schriften«. Paulus gebraucht den Namen ohne Artikel. Was ursprünglich der Titel für den in Israel verheißenen und erwarteten Messias war, das war inzwischen schon zum Eigennamen dessen geworden, der in der Gemeinde als der »Herr« anerkannt und angebetet wurde. Von Christus wird nicht nur die bloße Tatsache bezeugt, daß »er gestorben ist«, sondern sein Tod wird durch zwei Zusätze bestimmt und im Glauben gedeutet.

2. Als zweites Faktum, das sich zugetragen hat, wird das Begräbnis genannt: »daß er begraben wurde«. Diese Tatsache wird ohne jeden Zusatz erwähnt. Dennoch kann die Frage, ob diese Angabe auch eine Anspielung auf die Tatsache des leeren Grabes enthält, bejaht werden. Der Glaube an den Auferstandenen entstand nicht am leeren Grab, aber das leere Grab gehört zu dem Wege, auf dem sich der Auferstandene bezeugt. Gegenüber der Bezeugung des Auferstandenen hatte das Faktum des leeren Grabes kein Gewicht, es war eine Selbstverständlichkeit.[298]

3. »daß er auferweckt wurde am dritten Tage gemäß den Schriften«. Für die Urgemeinde ist Christus nicht mehr tot, sondern er existiert fort als der Auferstandene. Das Geschehen der Auferstehung wird ebensowenig beschrieben wie in den Evangelien. Die Überwindung der Todesmacht läßt sich nicht in Worte fassen. Um so mehr fällt der Zusatz auf: »am dritten Tage«. Für die apostolische Urgemeinde ist die Auferstehung Christi ein in unserer Zeit und Geschichte datierbares Ereignis.

4. »daß er erschienen ist«. Viermal verwendet Paulus nun im folgenden den gleichen Ausdruck: »ophthe« — »erschien«. Eingehende sprachliche Untersuchungen über Verwendung und Bedeutung dieses Ausdruckes haben gezeigt, daß der eigentliche Bedeutungsinhalt mehr in die Richtung weist, daß etwas sichtbar wird, in dem Sinne eines Hervortretens aus dem Unsichtbaren, und zwar ohne Zutun von seiten des Subjektes, dem die Erscheinung zuteil wird. Damit rückt die Aktivität Gottes, sein mächtiges Handeln an Jesus, nach der Überzeugung der Urgemeinde stark in den Vordergrund, die auch sonst in der Verkündigung von der Auferweckung und Erhöhung des gekreuzigten Herrn immer wieder betont wird. Eine Bestätigung und weitere Bekräftigung dieser Realität der Auferstehungserscheinungen Jesu liegt darin, daß zur Bezeichnung der Erfahrungen der Jünger Ausdrücke des konkreten Sehens stark betont werden.

Zu dem »Evangelium« gehört auch das Aufzählen der Zeugen. Diese werden erwähnt, weil die Christen nur durch sie Kenntnis von der Auferstehung Christi erhielten und die große Zahl der benannten Zeugen die Glaubwürdigkeit des Zeugnisses unterstreicht. Worauf stützt sich unser Glaube an die Auferstehung? Nach der Aussage der Schrift einzig und allein auf die Offenbarung Gottes, die darin besteht, daß Gott seinen auferweckten Sohn den Zeugen erscheinen, sichtbar werden ließ, um ihnen damit zugleich die Glaubenssicherheit zu schenken: Er ist wahrhaft auferstanden.

Der urchristliche Auferstehungsglaube war ein Glaube an ein einmaliges Ereignis. Nirgendwo werden innere Gründe für die Auferstehung angeführt; sondern man läßt nur den einen Beweis zu, den historische Fakten verlangen: das Zeugnis derer, die die Wirklichkeit des Ereignisses erfahren und festgestellt haben.

Die Kritik hat alles versucht, dieses Zeugnis als das Produkt einer krankhaften Phantasie, als Täuschung und Halluzination hinzustellen. Alle diese Behauptungen scheitern aber an den Tatsachen, eine große Schar von Zeugen bestätigt das gleiche Ereignis. Paulus betont: »Viele von denen leben noch«, das heißt, ihr könnt euch bei diesen erkundigen. Der Bericht des Evangelisten Lukas über die Emmausjünger soll uns diesen Nachweis bis in alle Einzelheiten zeigen. Auch sein Bericht tritt bewußt in den Dienst der missionarischen Apologie, um den Gläubigen, wie er es bereits am Anfang seines Evangeliums betont hat, »von der Zuverlässigkeit der Lehre« zu überzeugen, in der er unterrichtet wurde.

Die Emmausjünger

Wenn Lukas aus den Auferstehungsberichten gerade diese Erscheinung besonders hervorgehoben hat, so geschah dies ohne Zweifel deshalb, weil er über die Einzelheiten aufs beste informiert gewesen ist. Er hat die betreffenden Zeugen gesprochen und sich bei ihnen erkundigt. So nennt er uns das Datum der Erscheinung, den Namen eines Zeugen und auch den Ort. Wir haben gute Gründe, anzunehmen, daß seine Gewährsmänner aus der Verwandtschaft Jesu stammten. Jesus war Mensch geworden, und zum Menschsein gehört auch die nicht immer leichte Last einer großen Verwandtschaft. Die Evangelisten nennen uns vier Männer aus der Verwandtschaft des Herrn, die nach dem damaligen orientalischen Sprachgebrauch »Brüder« genannt werden: Jakobus und Joses, Simon und Judas.

Wir können sogar mit ziemlicher Genauigkeit angeben, wann Lukas seine Informationen gesammelt hat. Es war während der Gefangenschaft des Paulus in Jerusalem und Cäsarea in den Jahren 58—60 n. Chr.

Das Osterfest hielt nicht alle Pilger die ganzen acht Tage in der Stadt zurück. Viele begaben sich bereits am 16. Nisan, das ist unser Ostersonntag, wieder nach Hause: »Und siehe, zwei von ihnen wanderten am selben Tage nach einem Dorf namens Emmaus, das (hundert)sechzig Stadien von Jerusalem entfernt war. Sie sprachen untereinander über alle diese Dinge, die sich zugetragen hatten. Da geschah es, als sie so sprachen und überlegten, da näherte sich ihnen Jesus und wanderte mit ihnen. Ihre Augen aber waren gehalten, so daß sie ihn nicht erkannten. Er sagte zu ihnen: Was sind das für Reden, die ihr da beim Wandern miteinander führt? Da blieben sie traurig stehen. Einer von ihnen, namens Kleopas, entgegnete ihm: Bist du der einzige Fremdling in Jerusalem, der nicht weiß, was in diesen Tagen dort geschehen ist? Da fragte er sie: Was für Dinge? Sie antworteten ihm: Das mit Jesus von Nazaret, der ein Prophet war, mächtig in Werk und Wort vor Gott und vor allem Volk. Die Hohenpriester

und unsere Ratsherren haben ihn dem Tode überantwortet und ihn gekreuzigt. Wir aber hofften, daß er es sei, der Israel erlösen werde. Und nun ist über alledem der dritte Tag da, seit das geschehen ist. Wohl haben einige von unseren Frauen uns in Aufregung versetzt; sie waren frühmorgens am Grabe, und als sie seinen Leichnam nicht fanden, kamen sie und sagten, sie hätten auch eine Erscheinung von Engeln gehabt, die sagten, daß er lebe. Da sind auch einige von den Unsern zum Grabe gegangen und fanden es so, wie es die Frauen gesagt hatten, ihn selbst aber sahen sie nicht« (Lk 24, 13—24).

An diesem Bericht, der wegen der Schönheit der Darstellung mit Recht gerühmt wird, interessieren uns besonders die Namen. Der eine Wanderer hieß Kleopas, der Name des zweiten bleibt im Evangelium ungenannt. Eine alte Tradition sieht in ihm einen Sohn des Kleopas namens Simeon (Simon). Kleopas war in der Jerusalemer Christengemeinde und unter den Aposteln kein Unbekannter. Er war der Bruder des hl. Josef, also ein Onkel Jesu, wie es uns ausdrücklich Eusebius unter Berufung auf Hegesippus[299] bezeugt (Hist. eccl. III, 11). Der Sohn des Kleopas, Simeon, wurde nach der Steinigung des Jakobus im Jahre 62 n. Chr. der zweite Bischof von Jerusalem. »Nachdem Jakobus der Gerechte aus demselben Grund wie der Herr den Zeugentod erlitten hatte, wurde wiederum der Sohn eines Onkels desselben [des Herrn], Simeon, der Sohn des Kleopas, als Bischof eingesetzt; ihm gaben alle den Vorzug, weil er ein zweiter Vetter des Herrn war« (Hist. eccl. IV, 22, 4).[300]

Auch Jakobus, der in der Heiligen Schrift der Herrenbruder genannt wird, war ein Verwandter Jesu. Auch ihm war der Auferstandene nach dem ausdrücklichen Zeugnis des Paulus erschienen. Es ist auffallend, wie sich Jesus gerade nach der Auferstehung um seine ungläubigen Verwandten bemühte. Sie gehörten dann aber auch zu den Zeugen der Auferstehung.

Der römische Staat hatte an diesen Verwandten Jesu ein besonderes Interesse. Unter den Kaisern Vespasian, Domitian, Trajan und Decius wurden sie als Nachfahren des Messias aus dem davidischen Königsgeschlecht verhaftet und verfolgt.

So wurden nach Hegesippus gegen Ende der Regierung Domitians (um 95 n. Chr.) zwei Enkel des Judas, der »sein [Jesu] Bruder dem Fleische nach genannt wurde«[301], als Verwandte des Herrn und Nachkommen Davids verhaftet und nach Rom abtransportiert. Nach einer mehrfach bezeugten Überlieferung hießen die Enkel Zoher und Jakobus. Der Kaiser Domitian selbst wollte entscheiden, ob vielleicht schon wieder das Kommen eines Königs der Juden zu befürchten sei. Als aber der Kaiser diese beiden Männer sah und ihre rauhen Arbeitshände betrachtete, war er beruhigt und schickte sie als ungefährlich nach Palästina zurück. Aber nicht alle Verwandten Jesu hatten das gleiche Glück.

Der bereits erwähnte Simeon, Sohn des Kleopas und zweiter Bischof von Jerusalem, wurde — so Hegesippus — als Davidide und Christ denunziert und hundertzwanzigjährig am Kreuz im 10. Jahr des Trajan (107 n. Chr.) hingerichtet, »da in jener Zeit nach den Angehörigen des jüdischen Königsstammes gefahndet wurde« (Hist. eccl. III, 32, 1—6).

Die dauernde Angst der Römer vor messianischen Erhebungen und die fortgesetzte Verfolgung der Davididen erweist schließlich noch das Martyrium des Konon aus der Zeit des Decius (vgl. Abb. 70, S. 123).

Diese nicht alltägliche Stammbaumforschung über die Heilige Familie sollte uns zeigen, daß wir über die Ereignisse des Lebens Jesu eine große Schar von Zeugen haben, bei denen sich damals jeder erkundigen konnte.

Als Heimatort des Kleopas nennt Lukas den Ort Emmaus. Wo lag das Emmaus des Evangelisten? Ein bedeutsames Ereignis, der Geist und das Vermächtnis eines großen Menschen sprechen uns am stärksten in der räumlichen Atmosphäre des Geschehenen an. Der Drang zum Lokalisieren ist eine urmenschliche Erfahrung und begleitet jedes tiefe, auch das rein profane Erlebnis. Dies gilt auch für den Ostergang nach Emmaus.[302]

Nach Josephus gab es in Palästina drei Orte, die diesen Namen trugen. Der eine lag in Galiläa am See Gennesaret bei den heißen Quellen von Tiberias. Es ist das alttestamentliche Hammat. Dieses Emmaus am See Gennesaret scheidet bei unserer Frage nach dem lukanischen Emmaus sicher aus.

Die anderen beiden Orte lagen in Judäa. Der Evangelist gibt für die Lage des Ortes als einzigen Anhaltspunkt nur die Entfernung von Jerusalem an. Ständen nicht in den meisten und besten Handschriften des Lukasevangeliums 60 Stadien angegeben, so gäbe es keine »Emmausfrage«, da seit den Tagen des Eusebius bis in die Kreuzfahrerzeit die Überlieferung einmütig das Ostererlebnis der beiden Jünger Jesu in dem heutigen Amwas lokalisierte. Die Entfernung von Jerusalem beträgt in der Luftlinie 23 km, und die drei möglichen Wege von Emmaus-Amwas nach der Hauptstadt liegen um 160 Stadien, so wie es eine Lesart im Codex Sinaiticus angibt.

Das andere von Josephus erwähnte Emmaus lag nach der Lesart der besten Handschriften des jüdischen Historikers — auch bei den Schriften der Profanschriftsteller bestehen die gleichen Text- und Überlieferungsprobleme — nur 30 Stadien von Jerusalem entfernt. Dieses Emmaus glaubt man im heutigen Dorf Kalonie gefunden zu haben. Der Name erinnert noch an das lateinische Wort »colonia«. Josephus berichtet: »Achthundert ausgediente Soldaten gab Kaiser Vespasian einen Platz zur Wohnung, der Ammaus genannt wird und von Jerusalem 30 Stadien entfernt ist« (Jüd. Krieg VII, 6, 6). Der alte Name des Ortes hat sich aber hier

nicht erhalten oder später wieder durchgesetzt, wie wir es sonst bei palästinensischen Ortsnamen, auch bei Amwas, finden. Dieser Tatbestand legt die Vermutung nahe, daß die neue römische Kolonie ganz in der Nähe des alten Emmaus entstanden ist. Die Siedlung behielt ihren Namen Colonia, während Emmaus in den Hintergrund trat und schließlich ganz verschwand.

Ganz anders liegen die Verhältnisse beim heutigen Amwas. Zunächst besteht kein Zweifel, daß der Ort das alte Emmaus der Makkabäer-, Römer- und Kreuzfahrerzeit ist. Ist es auch das Emmaus des Evangelisten? Daß auf einer Kreislinie von 60 Stadien Entfernung von Jerusalem kein Ort mit dem Namen Emmaus im Altertum bekannt war, beweist überzeugend Hieronymus, der jahrzehntelang im nahen Betlehem gelebt hat. In seiner Vulgata, der lateinischen Übersetzung der griechischen Bibel, hält er sich gewissenhaft an seine Vorlage, in der er die 60 Stadien vorfindet. Dennoch entschied er sich für das weiter entfernte Amwas als das Emmaus des Evangeliums.

Emmaus-Amwas liegt am Westabhang des judäischen Gebirges, das hier allmählich in die Küstenebene übergeht. Als strategisch wichtiger Posten, an der Straße von Jafo nach Jerusalem gelegen, hat der Ort sowohl im Freiheitskampf der Makkabäer als auch im Jüdischen Krieg gegen die Römer eine wichtige Rolle gespielt. In viel späterer Zeit lagerten an dem wasserreichen Emmaus die Kreuzfahrer, ehe sie im Juli 1099 unter Gottfried von Bouillon den Aufstieg nach Jerusalem wagten. Die günstige Verkehrslage und der Wasserreichtum immerfließender Quellen hat Emmaus vor dem Versinken in die Geschichtslosigkeit bewahrt, dem Ort aber auch eine wechselvolle Zukunft beschert.

Schon im ersten Makkabäerbuch wird Emmaus als eine Festung der Syrer erwähnt (1 Makk 9, 50). Bei Josephus erscheint es wiederholt als der Sitz einer Statthalterschaft mit der Bezeichnung »polis« — »Stadt«. Im Jahre 40 v. Chr. verkaufte Cassius, einer der Mörder Cäsars, die Einwohner der Stadt als Sklaven, weil sie ihm nicht den geforderten Kriegstribut von 700 Talenten gezahlt hatten (Jüd. Altert. XIV, 11, 2). In den Aufständen nach dem Tode Herodes' des Großen war Emmaus der Schauplatz eines blutigen Überfalles. Jüdische Freiheitskämpfer griffen eine römische Kohorte an und rieben sie vollständig auf. Varus, der damals noch Statthalter von Syrien war, ließ darauf, wie Josephus berichtet, Emmaus in Flammen aufgehen, »um den Gefallenen ein feierliches Totenopfer darzubringen« (Jüd. Altert. XVII, 10, 7—9).

Die Zerstörung von Emmaus im Jahre 4 v. Chr. mag ein Grund sein, warum es Lukas nur ein Dorf nennt. Erst in der späteren Römerzeit gelangte der Ort wieder zu einiger Bedeutung. Im Jahre 223 n. Chr. erhielt er den Rang einer Stadt und wurde zur Erinnerung an den Sieg der Römer über die Juden in »Nikopolis« — »Siegesstadt« — umbenannt. Bereits auf dem Konzil von

Nizäa (325) wird die Anwesenheit eines Bischofs von Nikopolis erwähnt. Mit der Eroberung des Landes durch die Araber (638) ging auch die Bedeutung dieses Bischofssitzes zurück. Ein alter arabischer Bericht spricht von einer großen Seuche, die den Ort im 7. Jahrhundert heimgesucht haben soll. Die meisten Einwohner seien dahingerafft, der Rest »wegen des Brunnens« ausgewandert. Noch heute erinnert der Name des »Pestbrunnens« am westlichen Rande von Amwas an das Gespenst des schwarzen Todes. Die Katastrophe erklärt aber auch das auffällige Schweigen mancher Pilgerberichte über Emmaus-Amwas; ebenso die merkwürdige Tatsache, daß das Emmausereignis auf andere Orte übertragen werden konnte. Sie liegen alle nordwestlich von Jerusalem. Von ihnen ist el-Kubebe, das Emmaus der Franziskaner, am bekanntesten.

Trotzdem blieb die alte Tradition stark genug, das Emmaus des Lukasevangeliums immer wieder in Amwas zu suchen. Schon der Codex Sinaiticus mit seiner Lesart der 160 Stadien, ferner Eusebius und Hieronymus legen den lukanischen Bericht an diesen Ort. Die große Reihe der Traditionszeugen macht es gewiß, daß man bis in die Zeit der Kreuzfahrer nur das eine christliche Emmaus gekannt und in dem heutigen Amwas gefunden hat.

Amwas bedeutet: »warm sein«. Zwei Brunnen des Ortes, die durch ihr lauwarmes Wasser auffallen, geben diesem Namen eine überzeugende Erklärung. Unter den stummen Zeugen der Vergangenheit spricht aber die Kirchenruine am Südrand der Ortschaft die deutlichste Sprache. Die Trümmer waren schon im Jahre 1875 teilweise freigelegt worden. In den Jahren von 1924 bis 1930 haben die Dominikaner der Jerusalemer Bibelschule in Emmaus-Amwas systematische Ausgrabungen durchgeführt, die überraschende Ergebnisse gebracht haben.[303] L.-H. Vincent OP, der Leiter der archäologischen Untersuchungen, nimmt an, daß auf den Trümmern einer römischen Villa aus dem Ende des 2. Jahrhunderts zu Beginn des 3. Jahrhunderts eine dreischiffige Basilika errichtet wurde (vgl. Abb. 293, S. 544). Aus den Mosaiken der römischen Villa, die teilweise in der Basilika wieder benutzt wurden, aus der Verwandtschaft des Apsidenabschlusses mit Bauten des 3. Jahrhunderts, aus der Steintechnik glaubt L.-H. Vincent, dieses frühe Datum ansetzen zu müssen. Ihre Entstehung verdanke diese erste Kirche dem höchst einflußreichen Christen Julius Sextus Africanus († nach 240) der beim Kaiser Heliogabal (218–222) die Erhebung von Amwas zur Stadt unter dem Namen von Nikopolis erreichte, und seinem Freunde Origenes, auf dessen Überzeugung, hier im biblischen Emmaus zu stehen, die Änderung der 60 in 160 Stadien in den Kodizes zurückgeführt wird, die von seiner Rezension abhängig sind. »So entstand in ihren Tagen eine prächtige Basilika, bestimmt, für viele Jahrhunderte diese biblische Erinnerung festzuhalten.«[304]

Die prächtige Basilika wurde im Samariteraufstand (529) zerstört und nie mehr in der alten Größe aufgebaut. Kaiser Justinian ließ längs der Ruine eine kleinere Kirche errichten, die aber bereits im 7. Jahrhundert von den Muslimin als Moschee benutzt wurde. Im 12. Jahrhundert stellten die Kreuzfahrer die alte Gedenkstätte wieder her. Mitten in die ursprüngliche Anlage der dreischiffigen Basilika bauten sie eine kleinere, einschiffige Kirche. Sie benutzten die mittlere Apsis des ersten Baues und setzten ihre Kirche in das alte Mittelschiff, ohne seine ursprüngliche Länge auszufüllen. Es bleibt ein sehr auffallender Umstand, daß die Kreuzfahrer in den Trümmern der alten Kirche, deren Steinmaterial nur teilweise verwertet wurde, ihren kleinen Neubau aufführten, ohne ihn recht dem alten Bau anzupassen und ohne die störenden Reste der alten Basilika zu beseitigen (vgl. Abb. 293, S. 544). War es die Pietät vor dem Hause des Kleopas, über dem die erste Kirche errichtet worden ist? Wir wissen es nicht. Aber eines können uns die alten Steine noch heute sagen: Jahrhunderte hindurch hat sich an dieser Stelle seit frühester Zeit eine christliche Gemeinde versammelt, die ihren Glauben an den Auferstandenen durch die Erinnerung an seine Erscheinung vor Kleopas und seinem Begleiter stärkte und sich hier im Emmaus des Lukasevangeliums wußte.

»So näherten sie sich dem Dorfe, wohin sie wanderten; da stellte er sich, als wolle er weitergehen. Da nötigten sie ihn und sagten: Bleibe bei uns, denn es geht auf den Abend, und der Tag hat sich schon geneigt. Da trat er ein und blieb bei ihnen. Und es geschah, als er mit ihnen zu Tische lag, da nahm er das Brot, sprach das Dankgebet, brach es und gab es ihnen. Da wurden ihre Augen geöffnet, und sie erkannten ihn, er selbst aber verschwand vor ihnen. Nun sagten sie zueinander: Brannte nicht unser Herz in uns, als er unterwegs zu uns redete und uns die Schriften erschloß? Sie standen auf und kehrten noch in derselben Stunde nach Jerusalem zurück« (Lk 24, 28–33).

Als sie aber dort bei den Aposteln ankamen, gab es keine Sensation, im Gegenteil, diese berichteten ihnen: Der Herr ist wahrhaftig auferstanden, und als absolute Begründung führten sie an: Er ist dem Simon erschienen. Kein Evangelist erzählt uns Einzelheiten und Umstände dieser Begegnung. Aber die Tatsache, daß Simon den Herrn gesehen hat, wurde zum Ereignis des Tages, das die Jünger noch bis in die Nacht zusammenhielt. Dann erzählten die Emmausjünger, was sich unterwegs ereignet hatte und wie sie den Herrn beim Brotbrechen erkannt hätten.

Der Evangelist fährt fort: »Während sie das alles erzählten, stand Jesus selbst in ihrer Mitte« (Lk 24, 36). Wir können nicht sagen, wie; wir müssen nur die Tatsache feststellen, daß für seinen verklärten Leib Mauern und Wände nicht existierten. Jesus erschien so unerwartet, stand so plötzlich in der Glorie der Aufer-

Abb. 293. Die Kirchenruine von Emmaus-Amwas.

1. *Hauptapsis der I. Kirche mit dem Schiff der Kreuzfahrer-*
   kirche.

Das von Südosten aus aufgenommene Photo zeigt die Apsis
(A) der I. Kirche mit den Grundmauern des Kreuzfahrerbaues
(III. Kirche) im Mittelschiff. Auf dem angrenzenden nord-
östlichen Gelände (rechts) liegen die spärlichen Überreste,
Säulenbasen und Mosaikfragmente, der II. Kirche. Am weiten
Horizont erscheint die Ebene Scharon mit den Hügeln von
Geser (links) und Modeïn (rechts).

Das 2. Bild zeigt die auf dem Gesamtbild verdeckte südliche
Seitenapsis (A') in der Vorderansicht. Von dem weitgehend
zerstörten Baptisterium (B) ist nur noch das Taufbecken (T)
in der Apsisrundung erhalten (Bild 3).

Die Grundrisse der drei Kirchen sind auf der Zeichnung dargestellt, ferner das Baptisterium (B) mit dem Taufbecken (T),
schließlich die Mauerreste der alten römischen Villa mit den
Mosaikfragmenten.

Die Geschichte der Ruinen ist schnell erzählt. Die I. Kirche
fiel den Wirren des Samariteraufstandes (529) zum Opfer.
Kaiser Justinian beauftragte den Abt Sabas, die zerstörten
Heiligtümer wiederherzustellen. Da die Mittel fehlten, begnügte man sich, längs der großen Ruine eine kleinere Kirche zu erbauen. Nach knapp hundert Jahren wurde die II. Kirche in eine Moschee umgewandelt. Wann sie zerstört wurde,
wissen wir nicht. Von der Kreuzfahrerkirche ragten die Gewölbebogen noch in den ersten Jahrzehnten des 19. Jahrhun-

derts in den Himmel. Im Jahre 1834 stürzten sie ein, als der
türkische Pascha Mohammed Ali einen Feldzug gegen das
nahe Abu Gosch unternahm. Die Bewohner der Umgebung
fanden Gefallen an den schönen Steinen und verschleppten
sie für den Bau ihrer Häuser. Was übriggeblieben ist, zeigt
das erste Bild. Mit dem Erwerb des Grundstückes für die
französischen Karmelitinnen von Betlehem begannen im letzten Viertel des vergangenen Jahrhunderts die Ausgrabungen.
Zu den ersten Funden gehörte der Abakus (die Deckplatte)
einer alten Säule. Die Steinplatte trug auf der einen Seite die
griechische Inschrift »Ein Gott« auf der anderen in hebräisch
den Vers: »Gelobt sei sein Name«. Wahrscheinlich stammte
die Säule von einer alten Synagoge.

Die I. Kirche, deren Baugeschichte umstritten ist, wurde auf
einer etwa 800 m² großen, aus dem Felsen herausgehauenen
Fläche errichtet. Nach den feststellbaren Mauerresten maß
die Basilika 46,4 m in der Länge und 24,4 m in der Breite.
Die drei Apsiden weisen auf eine dreischiffige Basilika hin.
Von der südlichen, am besten erhaltenen Apsis (Bild 2) wird
man für die Seitenschiffe auf eine Höhe von etwa 7 m schließen können. Die Hauptapsis (Bild 1) wirkt trotz starker Zerstörung noch immer monumental. Ihr Durchmesser mißt
9,7 m. Auffallend groß sind die Steinblöcke, die zum Teil
über 2 m lang und bis zu 0,8 m hoch sind. Ihre Innenseiten
weisen eine der Gestalt der Apsis entsprechende Rundung
auf. Mitten in die ursprüngliche Anlage der dreischiffigen
Basilika ist in der Kreuzfahrerzeit eine einschiffige, 23 m
lange Kirche gebaut, deren Seitenwände aber über das Mit-

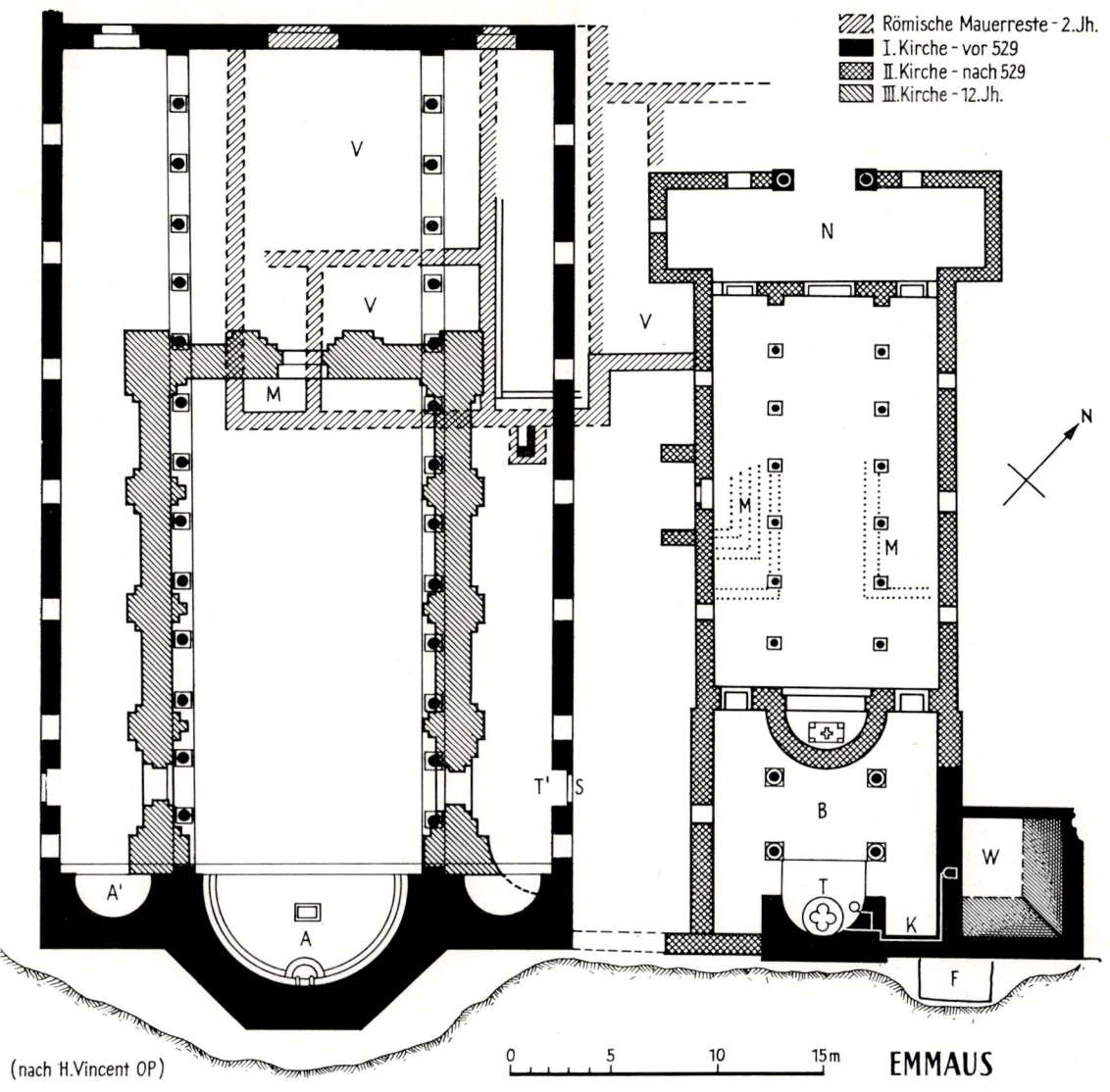

Römische Mauerreste - 2.Jh.
I. Kirche - vor 529
II. Kirche - nach 529
III. Kirche - 12. Jh.

(nach H. Vincent OP)

0 5 10 15m

EMMAUS

Plan der drei Kirchen

A Apsis der I. Kirche	N Narthex
A' Südliche Seitenapsis	S Schwelle
B Baptisterium	T Taufbecken
F Felsgrab	T' Tür
K Kanal	V Römische Villa
M Mosaikreste	W Wasserbecken

telschiff der alten Kirche hinausreichen. Deutlich sieht man auf dem 2. Bild, wie die Mauer der Kreuzfahrerkirche in die 4 m breite Apsis der I. Kirche hineinragt. Die im nordwestlichen Teil der Basilika gefundenen Mosaikfragmente schreibt C. Watzinger dem Anfang des 3. Jahrhunderts zu. Wahrscheinlich stammen sie von einem römischen Thermenbad.

Beim Bau der Kirche hat man die Mosaikfelder zum Teil in den Fußboden der Kirche einbezogen, zum Teil durch neue ersetzt.

Etwa 10 m nordöstlich des Chores der Basilika wurden die Mauerreste eines Baptisteriums (B) freigelegt (Bild 3). Die aus großen Quadern errichtete, 1,2 m breite Mauer läßt erkennen, daß sie zum Bau der I. Kirche gehörte. An der Nordostecke des Baptisteriums ist ein fast quadratisches Wasserbecken (W) angebaut. Über einen in der Mauer ausgehauenen Kanal (K) floß das Wasser in das Taufbecken (T). Ursprünglich war es wohl ein rundes Becken mit einem Durchmesser von 1,6 m. Später erhielt der Innenraum des Beckens die Gestalt eines Kreuzes mit abgerundeten Ecken und war über zwei mit Marmor belegte Stufen zugänglich. An der Nordseite des kreuzförmigen Beckens liegt in unmittelbarer Nähe eine zylinderförmige Vertiefung, deren Durchmesser aber nur 0,58 m beträgt. Das Wasser floß aus dem quadratischen Was-

2. Apsis des südlichen Seitenschiffes der I. Kirche.

3. Taufbecken im Baptisterium.

serbecken (W) durch den bereits erwähnten Kanal (K) zunächst in den kleinen Behälter. Von da gelangte es durch ein im Boden der Zwischenwand vorhandenes Loch in das Taufbecken, so daß das Wasser in beiden Becken immer gleich hoch stand. Ein zweites Loch am Boden des kreuzförmigen Beckens regelte den Abfluß des Wassers. Über den Sinn dieser eigentümlichen Wasserzuleitung sind sich die Archäologen nicht einig.

Das kleine zylinderförmige Becken ist auf dem Photo in der rechten unteren Ecke noch an der Rundung zu erkennen. Links von dem kreuzförmigen Taufbecken liegt die halbrunde Apsis. Am oberen Rand des Bildes sind die Außenmauer und die Tür (T') der Kreuzfahrerkirche sichtbar. Der große Steinblock der auffällig hohen Türschwelle (S) stammt noch vom Bau der I. Kirche.

Längs der zerstörten Basilika wurde im 6. Jahrhundert der Neubau aufgeführt. Die dreischiffige Kirche mit einer Länge von 26 m und einer Breite von 14 m hatte nur eine Apsis und schloß sich unmittelbar an das Baptisterium an. Vor der Kirche lag ein 18 m breiter Narthex (N). Größere Flächen des Mosaikbodens (M) konnten bei den Ausgrabungen freigelegt werden. Leider ist die Stifterinschrift so beschädigt, daß eine Datierung nicht mehr möglich ist: »Unter dem ehrwürdigen Bischof PR... wurde das Mosaik vollendet im Jahre...« In der ersten Hälfte des 7. Jahrhunderts schlossen sich die Portale der Kirche für die Christen. Die nach Mekka ausgerichteten Türschwellen erinnern noch heute daran, daß die Kirche den Muslimin als Moschee gedient hat.

stehung vor ihnen, daß die Jünger »glaubten, einen Geist zu sehen«. Das erste Wort des Auferstandenen an seine Apostel, die in seiner schwersten Stunde geflohen waren, lautete: »Der Friede sei mit euch!« Kein Wort der Anklage und des Vorwurfes! Im Gegenteil, Jesus beruhigte die Jünger: »Warum seid ihr so bestürzt, und warum steigen in euren Herzen Zweifel auf?« Und nun folgte eine Szene, man möchte fast sagen: das Experiment des Gläubigwerdens. Jesus erklärte sich bereit, seinen Jüngern den greifbaren Beweis für seine Existenz zu erbringen: »Sehet meine Hände und meine Füße, daß ich es bin; betastet mich und seht; ein Geist hat doch nicht Fleisch und Knochen, wie ihr seht, daß ich sie habe. Mit diesen Worten zeigte er ihnen die Hände und die Füße.« Der Evangelist führt fort: »Als die Apostel vor Freude noch nicht glaubten« — das heißt, sie konnten vor Glück darüber, den Herrn wirklich lebend in ihrer Mitte zu sehen, die volle Wahrheit noch nicht fassen —, als »sie bloß staunten«, war Jesus zu einem weiteren Beweis bereit: »Habt ihr etwas zu essen da?« Da reichten sie ihm ein Stück gebratenen Fisch und eine Honigscheibe. Die Zusammenstellung »Fisch und Honig« wirkt auffällig und entspricht nicht unseren Geschmacksvorstellungen. Daß man zu Fisch auch Honig genoß, beruhte auf einer damaligen medizinischen Ansicht, die uns Plinius der Ältere überliefert hat und die auch von Galenus, dem berühmten Arzt des Altertums, vertreten wurde. Plinius schreibt in seiner »Historia naturalis« — »Naturgeschichte«: »Der Honig ist ein Heilmittel gegen die Schäden, welche aus Fischspeisen entstehen« (19, 97). Es ist nicht uninteressant, daß gerade Lukas, der Arzt, dieses Rezept erwähnt.[305] Der Evangelist fährt fort:»Jesus nahm es und aß vor ihren Augen.« Jesus wußte, wie unglaublich den Jüngern das alles erschien. So kam er ihnen entgegen und reichte ihnen eine Kostprobe von dem Übriggebliebenen. Sie sollten sich selbst überzeugen. Da begann in den Herzen dieser Männer eine tiefe Freude aufzuquellen. Jene Freude, die er ihnen vorausverkündigt hatte und die niemand mehr von ihnen nehmen sollte. Ihr Meister, der gekreuzigt worden war, er ist auferstanden, er steht vor ihnen als der Sieger über Sünde und Tod, umkleidet von der Herrlichkeit des neuen Lebens. Seine lebendige Wirklichkeit weckte in ihnen den Glauben an das Geheimnis der Auferstehung, das sie nun der Welt verkünden sollten.[306]

Dieser Glaube war aber mehr als die bloße Feststellung von sichtbaren Tatsachen. Das Zeugnis der Apostel war Glaubenszeugnis, das heißt, dieser Glaube wurde durch die festgestellten Tatsachen nicht notwendig hervorgebracht, sondern nur vorbereitet. Christus selbst war es, der in ihren Herzen den Glauben weckte.

Es ist ein Beweis für ihre Treue und Zuverlässigkeit, wenn die Evangelisten berichten, wie langsam die Apostel zum Glauben kamen. Obschon sie die unmittelbaren Augen- und Ohrenzeugen Jesu waren, drangen sie doch während seines Erdenlebens noch nicht bis zur eigentlichen Tiefe seiner Sendung vor. Wohl hörten sie, daß er sich »der Sohn« nannte und daß er von seinem Leiden, Sterben und Auferstehen sprach; aber sie »verstanden diese Worte nicht«. Was das Denken und Wünschen der Jünger gebunden hielt, war das irdische Messiasideal: »Ihr Herz war verblendet.«

Als Jesus am Kreuze starb, zerbrach ein großer Teil ihres rein menschlichen Glaubens an ihn. Aber es war kein völliger Zusammenbruch. Zu deutlich hatten sie in Jesu Leben die Macht Gottes gesehen. Ihr menschlicher Glaube war wohl erschüttert, aber nicht entwurzelt. Was aber zusammenbrach, war der zu irdische Inhalt ihres Glaubens. Die Vorstellung von einem Messias der äußeren Macht und Herrlichkeit war zerschlagen. In ihrem Herzen war Raum geworden für den übernatürlichen Glauben, den der Auferstandene ihnen schenken wollte. Was die Jünger sahen und bezeugten, war nicht mehr eine bloß durch die Sinne vermittelte rein natürliche Erkenntnis, sondern sie erkannten im Licht des Glaubens das ganze Geheimnis Christi. Ihr Sehen war kein rein natürliches Sehen mehr, sondern ein gnadenhaftes. Aus dieser unmittelbaren Einwirkung des Auferstandenen erklärt sich die absolute Gewißheit, mit der die Apostel die Auferstehung Christi bezeugen. Es war keine Gewißheit, die nur auf irdischen Feststellungen beruhte; es war eine Gewißheit, die der Auferstandene selbst in ihnen begründete.

Aus der Tatsache, daß der Osterglaube der Apostel in seinem Wesen übernatürlich und gottgewirkt war, ergibt sich, daß er nur dort Wurzel fassen und wachsen kann, wo die Herzen für Gott bereitet sind, wo der Mensch in demütigem Bewußtsein eigener Unzulänglichkeit nach Gott Ausschau hält.

Was Jesus begonnen hat, sollten seine gläubig gewordenen Apostel in seiner Kraft vollenden. Wie Jesus der Gesandte des Vaters war, so sollten seine Jünger seine Gesandten sein, nicht aus menschlicher Begeisterung, sondern in der Kraft des Heiligen Geistes: »Wie mich der Vater gesandt hat, so sende ich euch. Nach diesen Worten hauchte Jesus sie an: Empfanget den Heiligen Geist. Welchen ihr die Sünden nachlasset, denen sind sie nachgelassen; welchen ihr sie behaltet, denen sind sie behalten« (Joh 20, 21—23).

Die Jünger sollten die Zeugen der Auferstehung sein. Auf ihrem Zeugnis sollte der Glaube der kommenden Generationen ruhen. So nahm sich Jesus Zeit, dieses Fundament zu sichern und ihren Glauben zu stärken.

Die Erscheinungen in Galiläa

Schon am Auferstehungsmorgen hatte Jesus den Jüngern durch die Engel die Weisung gegeben, daß er sie nach Galiläa führen werde.[307] Sie, die Erstlinge der Kirche, sollten auf heimatlichem Boden die Stärkung des Glaubens erfahren, die sie zu Sendboten Gottes auf der ganzen Erde machen sollte.

Es war am See Gennesaret. Die Männer waren wieder in ihrer gewohnten Umgebung. Trotz der inneren Freude blieben aber die harten Realitäten des Lebens bestehen. Auch die Apostel mußten leben. So sagte Petrus zu seinen Gefährten: »Ich gehe fischen.« Einmütig erwiderten sie: »Wir gehen mit.« Im ganzen waren es sieben Mann. Wenn uns der Evangelist auch keinen Ort angibt, so ist doch anzunehmen, daß sich die ganze Begebenheit in der Nähe von Kafarnaum abgespielt hat. Hier war Petrus zu Haus, hier lagen sein Boot und seine Netze.

Am Abend fuhren sie auf den See. Nach vielen schweren Arbeitsstunden graute der Morgen, und sie hatten noch keinen Fisch im Netz. Ob es an Tomas und Natanael lag, die ja nicht vom See stammten? Johannes bemerkt mit einer gewissen Ironie: »Natanael stammte aus Kana.«

Schon hatten sie sich bis auf hundert Meter dem Ufer wieder genähert, als jemand ihnen zurief: »Kinder, habt ihr nicht ein wenig zu essen?« Das kurze und knappe Nein verriet dem Fremden ihr Mißgeschick. Der Unbekannte am Ufer aber zeigte sich sehr interessiert. Er rief ihnen zu: »Werfet das Netz an der rech-

547

Abb. 294. Das Seeufer am Siebenquell.

Am Ufer im kleinen Wäldchen die Kirche der Erscheinung
des Auferstandenen (Primatskapelle) mit dem kleinen Hafen,
dahinter, von den Bäumen verdeckt, das Gelände des Siebenquells mit dem ansteigenden Kalkhügel von Schech 'Ali;
am Horizont die Kirche der Seligpreisungen (vgl. Abb. 172,
S. 303). An den Palmenhain, den noch Petrus Diaconus (1137)
am Siebenquell erwähnt, erinnern nur noch wenige Palmen
an der Uferstraße, die nach dem nahen Kafarnaum führt
(vgl. Abb. 164, S. 286, und Abb. 182, S. 324).

Abb. 295. Die Kirche der Erscheinung des Auferstandenen
am Ufer des Sees Gennesaret.

Die Ausgrabungen haben die wechselvolle Geschichte des kleinen Felsplateaus transparent gemacht, angefangen von dem
ersten Gedächtnisbau des 4. Jahrhunderts bis zum Neubau
der Primatskirche im Jahre 1934, deren Südseite das Bild
zeigt. Die Felsstufen haben alle Stürme der Zeiten überdauert,
wenn auch in den vielen Jahrhunderten ihre Brauchbarkeit
gelitten hat. Das Bild läßt noch fünf Stufen erkennen. Sicherlich waren es zu der Zeit, da die Pilgerin Aetheria (um
384) hier am Ufer stand, mehr. Oberhalb der letzten Stufe,
die in der Höhe der Tür liegt, beginnt jener Felsbuckel, der
sich, von der Mauer überbaut, im Inneren der Kirche als die
sogenannte »mensa Domini« — »Tisch des Herrn« — fortsetzt
(vgl. Abb. 297, 1, S. 552).
Im Vordergrund ragen gerade noch drei der Steine der »Zwölf
Throne der Apostel« aus dem Wasser. Ihre Sichtbarkeit hängt
von der Höhe des Wasserspiegels ab, der verschiedenen
Schwankungen ausgesetzt ist. Dem am Ufer wachsenden
Eukalyptusbaum scheint der Standort nicht recht zu bekommen. Der in Australien beheimatete immergrüne Baum, der
eine Höhe bis zu 90 m erreichen kann, wurde erst um die
Mitte des 19. Jahrhunderts in Palästina eingeführt. Die deutschen Siedler pflanzten die schnellwachsenden Bäume wegen
ihrer bodentrocknenden Eigenschaft in dem von Malaria ver-
seuchten Sumpfgelände am Siebenquell an.
Das gegenüberliegende Ostufer des Sees erscheint fast in
greifbarer Nähe und illustriert anschaulich die oft in den
Evangelien zu lesende Redensart: »Sie fuhren zum jenseitigen Ufer« (Mt 8, 18; Mk 5, 1).

ten Seite des Schiffes aus, und ihr werdet einen Fang
machen.« Die Männer im Boot ließen sich überreden
und warfen das Netz noch einmal aus, und sie »konnten es nicht mehr heraufziehen wegen der Menge der
Fische« (Joh 21, 6).
Johannes, der Augenzeuge, fährt nun in seinem Bericht fort: »Jener Jünger, den Jesus liebhatte, sagte zu
Petrus: Es ist der Herr!« Dies hören, und Petrus war
mit einem Sprung über Bord! Alles andere spielt sich
auf die menschlichste Art und Weise ab. Jesus hatte bereits am Ufer Feuer gemacht, in dessen Asche ein Fisch
lag. Jesus ermunterte seine Jünger: »Bringet von den
Fischen, die ihr jetzt gefangen habt«, ihr werdet doch sicher Hunger haben. Johannes, der aus einem Fischerei-

betrieb stammte, konnte sein Erstaunen nicht unterdrücken: Genau einhundertdreiundfünfzig große Fische
zappelten im Netz. Und Petrus, der es durch das seichte
Wasser an Land zog, konnte es nicht fassen: Sein altes
Netz war nicht zerrissen!

Dann begann das Frühstück. In der Tat, ein nicht
alltägliches Bild. Jesus bediente seine Jünger, er reichte
ihnen das Brot und den Fisch. Man muß sich einmal
die Zeit nehmen, dieses Bild innerlich zu betrachten,
um die Menschenfreundlichkeit unseres Erlösers zu erfahren.

Nachdem sie gefrühstückt hatten, vollzog Jesus eine
Entscheidung von weltweiter Bedeutung. Er erfüllte
die Verheißung, die er mit der Verleihung des Petrus-
namens ausgesprochen hatte: »Simon, Sohn des Johannes, liebst du mich mehr als diese? Er antwortete
ihm: Ja, Herr, du weißt, daß ich dich liebe. Er sagte
ihm: Weide meine Lämmer. Wieder sagte er ihm zum
zweiten Male: Simon, Sohn des Johannes, liebst du
mich? Er antwortete ihm: Ja, Herr, du weißt, daß ich
dich liebe. Er sagte ihm: Weide meine Schafe. Er sagte
ihm zum drittenmal: Simon, Sohn des Johannes, liebst
du mich? Da wurde Petrus betrübt, weil er ihm zum
drittenmal sagte: Liebst du mich? Und er antwortete
ihm: Herr, alles weißt du, du selbst weißt, daß ich
dich liebe. Jesus sagte ihm: Weide meine Schafe« (Joh
21, 15—17).

Diese Begebenheit ist von einer unbeschreiblichen
Schönheit und menschlichen Tiefe. Aber wir müssen
achtgeben, daß wir ihre eigentliche Bedeutung nicht
übersehen. Gewöhnlich denkt man bei der dreimaligen
Frage an die dreifache Verleugnung Petri. Das ist richtig, und der Apostel wußte sich auch im Innersten getroffen. Aber wichtiger und bedeutsamer war der Auftrag Jesu, den er in der dreimaligen Form wiederholte:
Weide meine Lämmer, weide meine Schafe, weide
meine Schafe.

Der eigentliche Schlüssel zum Verständnis jener
Worte ist uns verlorengegangen. Hinter der Dreimalig-

Abb. 296.   Der Ölberg von Osten.

*In eindrucksvoller Weise gibt das Bild den Charakter der
Landschaft wieder. Fast bis »an die Tore Jerusalems« reichen
die letzten Ausläufer der Wüste Juda. Nur im Frühjahr ist
das blendendweiße Kalkgestein wie mit einem Teppich aus
grünem Steppengras und blühenden Blumen bedeckt. Der
kahle östliche Abhang des Höhenzuges läßt deutlich erkennen, daß er im Regenschatten liegt.*
*Die nach Süden leicht abfallende Ölbergkette zeigt am Hori-
zont die Anhöhe Umm et-Tala (815 m) mit dem Turm der
»Augusta-Viktoria-Stiftung« (rechte Bildhälfte). Etwa 400 m
südlicher (linke Bildhälfte) ragt aus dem kleinen Wäldchen,
das die Himmelfahrtskuppe (809 m) bedeckt, der spitze »Russenturm« in den Himmel (vgl. Abb. 303, S. 562). Die Anhöhe liegt dem Tempelplatz genau gegenüber. (Vgl. Abb. 226,
2, S. 401.)*

keit der Worte Jesu verbirgt sich eine alte orientalische
Sitte. Es war ein feststehender Rechtsbrauch, daß eine
Recht verleihende Formel vor Zeugen dreimal ausgesprochen wurde und dadurch absolute Gültigkeit erlangte.[308] Wenn wir diesen historischen Hintergrund
beim Lesen des Evangeliums berücksichtigen, dann erhalten die Begebenheiten einen ganz anderen Wert.
Hier vollzog sich in der höchsten Form der Feierlichkeit
eine Rechtsübertragung von absoluter Geltung.

Der Evangelist gibt uns keinen genauen Hinweis,
an welcher Stelle des Sees sich diese Ereignisse in den
frühen Morgenstunden abgespielt haben. Eine alte
Tradition führt uns in die Gegend des sogenannten
Siebenquells, des heutigen Tabgha, etwa 2,5 km von
Kafarnaum entfernt.[309] (Vgl. Abb. 182, S. 324, und
Abb. 294, S. 548.) Hier bildet das Ufer an einem felsigen Vorsprung eine kleine Bucht, und die Einmündung
des Wassers lockt die Fische wie mit einem Magneten
an diesen Ort. Noch heute gehört die Bucht zum reich-
sten Fischplatz am Westufer des Sees (vgl. Abb. 174,
S. 307). Wenn irgendwo, dann wird an dieser Stelle
das Evangelium lebendige Wirklichkeit. Schon die Pilgerin Aetheria erwähnt in ihrem Reisebericht den felsigen Vorsprung und die steinernen Stufen, auf denen
der Herr stand. Noch heute sieht man diese Stufen an
der Südseite einer kleinen Kirche, die hier auf dem Felsvorsprung zur Erinnerung an die Übertragung des Primats errichtet worden war. Die Stufen führen zum Ufer
hinab, wo Jesus am brennenden Feuer seine Jünger erwartete (vgl. Abb. 297, T, S. 550, und Abb. 295).

Das sichtbare Wirken Jesu ging seinem Ende entgegen. Die Erscheinung am See und die Übertragung
des Primats bildeten gleichsam die Einleitung für den
glorreichen Abschluß seiner irdischen Sichtbarkeit. Wie
sich kleine glänzende Mosaiksteine zu einem großen
Bilde zusammenfügen, so ergeben die Berichte der Evangelisten über die einzelnen Erscheinungen ein immer
großartiger werdendes Bild. Zuerst Petrus, dann die elf
Apostel, dann die 72 Jünger und schließlich die ansehnliche Versammlung von 500 Männern. So eine Versammlung kommt nicht zufällig zustande, sie muß ein-
berufen werden. So bot Petrus das gesamte Volk der
jungen Kirche auf und bestellte die Männer auf den
Berg, den ihm der Herr bezeichnet hatte. Welches Ziel
verfolgte Jesus mit dieser Demonstration? Seine Jünger
sollten die Auferstehung den Völkern nicht erklären, sie
sollten nur unanfechtbar feststellen, daß die Auferstehung geschehen ist. Sie sollten Zeugen sein. Aber noch
mehr. Diese Begegnung mit dem Auferstandenen sollte
auch ihrem Zeugnis die übernatürliche Kraft geben, die
der Glaube in ihnen bewirkte.

Es ist wahrscheinlich, daß es das gleiche Gelände war,
auf dem Jesus in der Nähe von Kafarnaum am Berge
die Seligpreisungen verkündete. Mattäus schreibt: »Die
Jünger gingen zu dem Berge, wohin sie Jesus bestellt
hatte« (Mt 28, 16). Der Evangelist berichtet keine Ein-

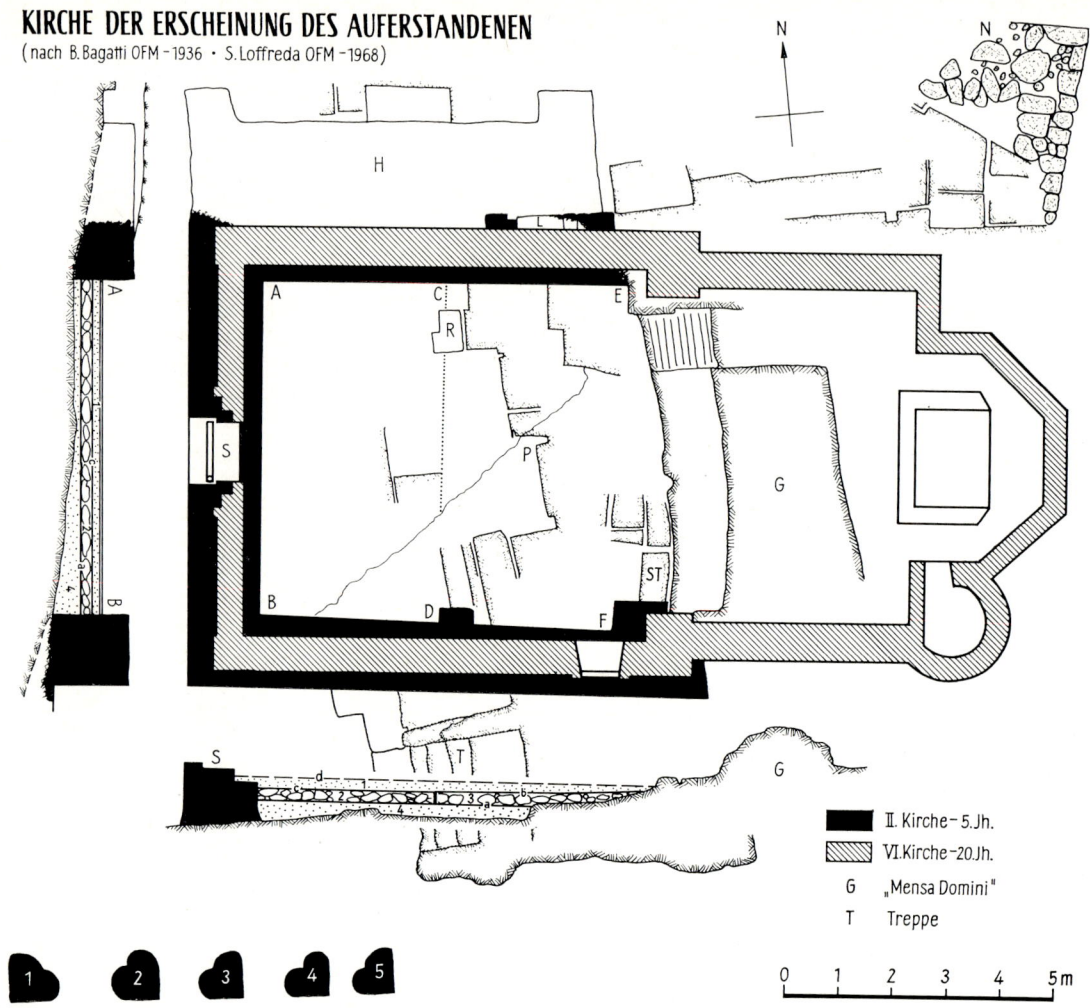

KIRCHE DER ERSCHEINUNG DES AUFERSTANDENEN
(nach B. Bagatti OFM - 1936 · S. Loffreda OFM - 1968)

■ II. Kirche - 5. Jh.
▨ VI. Kirche - 20. Jh.
G „Mensa Domini"
T Treppe

0 1 2 3 4 5 m

Abb. 297. Die Kirche der Erscheinung des Auferstandenen und der Übertragung des Primats — Plan und Ausgrabungen (nach B. Bagatti OFM [1936] und S. Loffreda OFM [1968]).

Grundriß und Längsschnitt

C–D   Mauerlinie der I. Kirche — 4. Jh.
A–B   Westmauer der II. Kirche — 5. Jh.
A–E   Nordmauer der II. Kirche
B–F   Südmauer der II. Kirche
E, F   Pilaster
G   »Mensa Domini«
H   Steinschotter
L   Seiteneingang der II. Kirche
P   Östliche Begrenzung des Fußbodens a
S   Türschwelle des Hauptportals der II. Kirche
ST   Steinblock
T   Treppe
1–5   »Throne der Apostel«

a   Fußboden über der 4. Schicht in der II. Kirche — 5. Jh.
b   Fußboden über der 3. Schicht in der III. Kirche — 8. Jh.
c   Fußboden über der 2. Schicht in der IV. Kirche — 12. Jh.
d   Fußboden der VI. Kirche — 20. Jh.

Sechs Kirchen waren im Laufe der Jahrhunderte auf dem kleinen Felsplateau am See Gennesaret errichtet worden, die dem Gedenken zweier biblischer Ereignisse geweiht waren: der Erscheinung des Auferstandenen, der seine Jünger zum Frühmahl am Kohlenfeuer einlud (Joh 21, 1–13), und der Übertragung des Primats an Simon Petrus (Joh 21, 15–18).[310] Auf dem Plan ist der Grundriß der jetzigen Primatskirche in den Grundriß der II. Kirche aus dem 5. Jahrhundert eingezeichnet. Der Längsschnitt zeigt das Felsprofil mit dem Niveau der einzelnen Kirchen, besonders aber die Lage des Felsens innerhalb der Kirche, der seit dem 5. Jahrhundert von den Pilgern »mensa domini« — »Tisch des Herrn« — genannt wird (Bild 1, S. 552). Die fünf Steine (1–5) südlich der

Kirche gehören zu den sogenannten »Zwölf Thronen der Apostel« (Bild 2). Das Photo zeigt die Steine bei dem niedrigen Wasserstand des Jahres 1968. Auf dem 3. Bild sehen wir das Grabungsfeld im Inneren der Kirche. Die einzelnen Bezeichnungen entsprechen den Angaben des Planes.

Als die jetzige Kirche im Jahre 1934 auf der Felsterrasse, die im Osten und Süden unmittelbar zum See abfällt (vgl. Abb. 295, S. 548), erbaut wurde, konnten eingehendere archäologische Untersuchungen nicht vorgenommen werden. Die aufgefundenen alten Mauerreste wurden verschiedenen Kirchen zugewiesen, angefangen vom Beginn der arabischen Eroberung (637) bis in die Kreuzfahrerzeit. Die früheste Bezeugung einer Kirche finden wir im »Commemoratorium de casis Dei«, einem im Auftrag Karls des Großen angefertigten Verzeichnis der wichtigsten Kirchen und Klöster des Heiligen Landes aus dem Jahre 808: »Am Ufer des Sees liegt die ›ecclesia duodecim thronorum‹ — ›Kirche der Zwölf Throne‹. Dort ist die ›mensa‹ — ›der Tisch‹ —, wo der Herr mit den Jüngern aß« (Baldi, 405).

Daß bereits um die Wende vom 4. zum 5. Jahrhundert an der »mensa Domini« ein Kirchlein stand, war die große Überraschung der jüngsten Ausgrabungen, die im Jahre 1968 von S. Loffreda OFM durchgeführt wurden. Zunächst ergab die Untersuchung der näheren Umgebung, daß am Siebenquell im Jahrhundert Jesu keine Ortschaft gelegen hat. In den folgenden Jahrhunderten wurde auf dem Gelände der hier anstehende »meleke«-Kalkstein gebrochen. Die Spuren der Steinbrucharbeiten waren unter dem Fußboden der Kirche und in der unmittelbaren Umgebung noch »in aller Frische« festzustellen. Eine wohl von einem Steinhauer verlorene Münze, die in einem Spalt gefunden wurde, sichert eine chronologische Fixierung wie eine stehengebliebene Uhr. Die Münze, war unter Trajan im Jahre 106/107 n. Chr. geprägt worden. Mehrere Anzeichen deuten darauf hin, daß der Steinbruch im 4. Jahrhundert plötzlich aufgelassen wurde. So fanden die Ausgräber unter dem jetzigen Fußboden der Kirche einen bereits an allen Seiten von der Umgebung getrennten Steinblock (ST bei F) von etwa 1 m Länge und 0,5 m Breite, der nicht mehr abtransportiert worden war. Als sichtbare Zeugen der plötzlichen Arbeitsunterbrechung lagen noch zwei Eisenkeile da. Wir haben gute Gründe, anzunehmen, daß die Auflassung des Steinbruches irgendwie mit dem Bau einer Kirche auf diesem Felsplateau im Zusammenhang stand. Da nur spärliche Mauerreste den ersten Bau bestätigen, ist es schwer, diese in einem Grundriß zusammenzufassen. Spuren eines weißen Fußbodens oder Verputzes (bei R), dazu viele Scherben sind die stummen Zeugen des ersten Baues an der »mensa Domini« aus dem ausgehenden 4. Jahrhundert. Die vom Seeufer zur »mensa Domini« heraufführenden Felsstufen werden zum erstenmal von Aetheria (381–384) in der Textüberlieferung des Petrus Diaconus (1137) erwähnt (vgl. Abb. 295, S. 548). Von der einstigen Treppe (T), deren Breite etwa 2 m beträgt, sind nur noch 5 Stufen übriggeblieben. Die rechts und links stehenden Einfassungen zeigen, daß die Stufen aus diesem Felsblock herausgehauen worden sind. Da die Errichtung des Baues mit der nahen ersten Brotvermehrungskirche und dem Kirchlein über der Grotte der Seligpreisungen in Verbindung gebracht werden kann (vgl. Abb. 182, S. 324, und Abb. 186, S. 328), wird auch die »mensa Domini« nur kleine Ausmaße gehabt haben, zumal die etwa 10 m breite und 15 m lange Felsterrasse nicht viel Platz bietet.

Im 5. Jahrhundert wurde an der gleichen Stelle ein neuer Bau aufgeführt, dessen Grundriß der Plan zeigt. Die mächtigen Mauerzüge von etwa 1,45 m Stärke sind an drei Seiten erhalten geblieben und bilden das Fundament für alle nachfolgenden Bauten. Die Mauern umschließen ein Rechteck von 6,45 m Breite (A–B) und 6,95 m Länge (A–E, B–F). Leider ist die Mauer an der Ostseite mit der Apsis — falls eine solche überhaupt vorhanden war — verschwunden. Etwa in der Mitte der Südmauer (bei D) ragt pilasterähnlich ein schmaler Mauerrest aus der Wand hervor. Eingehendere Untersuchungen ergaben, daß er älter ist als seine Umgebung und von einem früheren Bau stammen muß. Ein weiterer alter Mauerrest konnte bei R festgestellt werden. Er liegt auffälligerweise in der Fluchtlinie mit dem Maueransatz bei D. Weitere Spuren des ältesten Baues sollte der Fußboden (vgl. Längsschnitt: Schicht 4) offenbaren. Die beiden Pilaster E und F gehören dagegen zu dem großen rechteckigen Mauerzug der II. Kirche und trugen wahrscheinlich einen großen Bogen, der irgendwie zum eigentlichen Zentrum des ganzen Baues, zum Felsen (G), zur »mensa Domini« (Bild 1), in Beziehung stand.

Heute ragt der Felsen etwa 1,25 m über das Niveau der Kirche empor (vgl. Längsschnitt). An seiner Nordseite führt beim Pilaster E ein schmaler, ausgehauener Gang in den östlichen Teil der Kirche, der den Altar birgt. An den anderen Seiten wurde der Felsen ebenfalls senkrecht zugehauen, so daß er im Grundriß ungefähr ein in nordsüdlicher Richtung liegendes Rechteck bildet. Es fällt aber sofort auf, daß seine sonstige Oberfläche den Naturzustand bewahrt hat.

In das Innere der Kirche führten drei Eingänge, und zwar: das Hauptportal (S) an der Westseite; die beiden Nebeneingänge an den Längsmauern, wahrscheinlich bei L, wo, von der jetzigen Mauer teilweise überbaut, eine 0,9 m lange Steinplatte freigelegt wurde; ferner an der Südmauer in der Nähe des Pilasters F. Dies war der Eingang, der über die Felsstufen an die Kirche führte. Die Schwelle (S) des Hauptportals ist noch »in situ« vorhanden. Sie besteht aus einem 1,30 m langen und 0,46 m breiten Kalkstein. Die Vertiefung für den Türzapfen ist an der rechten Seite zu erkennen. Für die etwa 1,75 m breite Steinschotterfläche (H) längs der Nordmauer konnte keine sinnvolle Erklärung gefunden werden; ebenso unklar blieb der Befund der beiden Felsstufen weiter östlich, die bis zur Mauerecke N reichen.

Die südlich der Kirche im Wasser liegenden sechs Steine (Bild 2) — der sechste Stein, auf dem Plan nicht verzeichnet, liegt verkehrt, östlich vom fünften, im Wasser — gaben zu den verschiedensten Deutungen Anlaß. Die etwa 1,5 m hohen und im Durchschnitt 0,9 m breiten Steine zeigen übereck eine Einklinkung auf, die ihnen ein herzförmiges Aussehen verleiht. Die einen hielten sie für einen Landesteg, andere für Überreste eines angrenzenden Klosters. Als 1936 der Wasserspiegel des Sees durch den Bau eines Elektrizitätswerkes gesenkt wurde, konnte A. M. Schneider die Steine genauer untersuchen. Nach seiner Meinung gehörten sie zur Architektur der Kreuzfahrerkirche und dienten zur Versteifung der Außenecken der kleinen Kirche. Die wahrscheinlichste Erklärung kann die alte literarische Bezeugung für sich in Anspruch nehmen: Die herzförmigen Steine gehörten von Anfang an zum Heiligtum der »mensa Domini« und symbolisierten die »Zwölf Throne der Apostel«.

Auf dem Längsschnitt sind die vier übereinander liegenden Schichten mit den entsprechenden Fußbodenbelägen eingezeichnet, die bei den Grabungen in der Kirche (Bild 3) freige-

1. »Mensa Domini« — »Tisch des Herrn«.

2. Die »Throne der Apostel« bei niedrigem Wasserstand im Jahre 1968.

3. Das Grabungsfeld im Inneren der Kirche.

---

legt wurden. Die unterste Schicht (4) mit dem Fußboden a liegt unmittelbar auf dem Felsgrund, der in südlicher Richtung abfällt. Die Ausdehnung dieser ältesten Schicht aus dem 4. Jahrhundert konnte von der Westmauer (A—B) bis zum Felsrand bei P festgestellt werden. Die Schicht, die an der Südmauer (B—D) eine Stärke von 0,5 m hat, besteht aus einer Mischung von Erde, kleinen Steinen und auffällig vielen Tonscherben. Ferner wurden in der Schicht (4) einige übertünchte Verputzreste gefunden, die auch beim Stein R und an der Südmauer bei D festgestellt werden konnten. Es liegt nahe, anzunehmen, daß sie von einem älteren Gebäude stammen. Diese Reste wurden dann beim Bau der II. Kirche mit dem Fußboden a, der aus einem Gemisch von Kalk, Kohle und Asche besteht, bedeckt. Der Fußbodenbelag reicht bis zum Punkt P; der sich anschließende, leicht ansteigende Felsgrund blieb im Inneren der Kirche unbedeckt. Die Kirche fiel wahrscheinlich dem Persereinfall (614) zum Opfer. Der gallische Bischof Arkulf, der die Gegend des Siebenquells um das Jahr 670 aufsuchte, erwähnt sie nicht. Bei ihrem Wiederaufbau am Ende des 7. oder zu Beginn des 8. Jahrhunderts wurde die östliche Hälfte des Raumes um 0,3 m erhöht. Die breite Stufe beginnt bei der Linie C—D und setzt sich bis an die Pilaster bei E und F fort. Die neue Schicht (3) besteht aus großen Steinen (vgl. Bild 3), darüber liegt der Fußboden b. Wahrscheinlich fanden die Kreuzfahrer diesen III. Bau als Ruine vor. Aber bereits um das Jahr 1106 wird ein Neubau von dem russischen Abt Daniel bezeugt. Wieder erfuhr der Innenraum eine Umgestaltung. Der westliche Teil des Fußbodens wurde auf das Niveau der Stufe bei C—D erhöht. Die aus großen Steinen bestehende neue Schicht (2) glättet der Fußboden c. Es sind die einzigen Spuren, die von der IV. Kirche gefunden wurden. Sie stand nur wenige Jahre; in immer schnellerem Rhythmus wechselten Wiederaufbau und Zerstörung. Die Truppen des Sultans Bibars zerstörten bereits 1263 die neue Kirche. Nur die Türschwelle ist als stummer Zeuge der V. Kirche übrig. Das Felsplateau blieb dann fast 7 Jahrhunderte verlassen, bis die Franziskaner im Jahre 1934 die VI. Kirche errichteten, die der Plan zeigt. Die einzelnen Schichten der Fußböden und die Mauerreste wurden zu einer beredten Chronik des kleinen Felsplateaus am See Gennesaret.

zelheiten, aber das Bild ist von erhabener Größe. Der traute menschliche Umgang, wie ihn die Jünger gewohnt waren, gehörte der Vergangenheit an. Sobald die Elf Jesus sahen, warfen sie sich vor ihm auf die Erde nieder, wie man das nur vor Gott zu tun pflegt. Ein majestätisches Bild der absoluten Anerkennung Gottes! Mattäus fährt fort: »Da trat Jesus zu ihnen und redete sie also an: Mir ist alle Gewalt gegeben im Himmel und auf Erden. Darum geht hin und unterweist alle Völker. Taufet sie auf den Namen des Vaters, des Sohnes und des Heiligen Geistes, und lehret sie, alles zu halten, was ich euch aufgetragen habe« (Mt 28, 18. 19).

Hatte der Tod Jesu die natürlichen Hoffnungen der Jünger auf ein irdisch-politisches Messiasreich zerschlagen, so gruben die wiederkehrenden Erscheinungen des Auferstandenen die übernatürliche Wesensart des Gottesreiches immer tiefer in ihr Bewußtsein ein. Es geht um Auferstehung und ewiges Leben, um das Kommen des Geistes und um die Vergebung der Sünden, um Taufe, um Wahrheit und Gnade.

Der Auferstandene gab seinen Jüngern den Trost: »Und siehe, ich bin bei euch alle Tage bis zum Weltende« (Mt 28, 20). Diese Gegenwart Christi in der Gemeinschaft seiner Kirche für die Apostel zu einer Glaubenswahrheit ersten Ranges geworden. Die Apostelgeschichte, die Briefe der Apostel und die Geheime Offenbarung legen Zeugnis von dieser Gegenwart ab, ohne die die Kirche weder erklärt noch verstanden werden kann.

Die Himmelfahrt des Herrn

Es fällt auf, daß Mattäus die Himmelfahrt ganz übergeht, Markus sie nur mit einem Satz erwähnt und daß sie bei Johannes nur in der Voraussage erscheint. Und doch ist die Himmelfahrt ein Ereignis von überweltlicher Tragweite. Diesen Tatbestand drückt Markus vollgültig mit einem Satz aus, und darum genügt ihm dieser einzige Satz: »Der Herr Jesus wurde in den Himmel aufgenommen und setzte sich zur Rechten Gottes« (Mk 16, 19).

Diese sprachliche Formulierung bedarf einer Erklärung. Während wir gewohnt sind, vom »Auffahren« oder »Aufsteigen« Jesu in den Himmel zu sprechen, finden wir in den neutestamentlichen Schriften vielfach die Wörter »Aufnahme«, »erhöht werden« als Ausdruck für die Himmelfahrt des Herrn. Die Formulierung scheint in einer gewissen Spannung zu der Glaubensauffassung zu stehen, daß Christus aus eigener Kraft in den Himmel aufgefahren ist. In der Tat haben denn auch schon in den ersten Jahrhunderten verschiedene Häretiker, ebenso wie in der neueren Zeit einige Religionshistoriker, im Hinblick auf die erwähnten Formulierungen die Auffassung vertreten, daß Jesus von Nazaret erst durch die Himmelfahrt vergöttlicht worden ist. Sie setzen die Himmelfahrt des Herrn in jeder Hinsicht den Apotheosen der antiken Götterlegenden gleich, in denen Menschen — etwa die römischen Kaiser — zur göttlichen Würde erhoben wurden (vgl. Abb. 235, S. 414). Allein eine solche Auffassung scheitert daran, daß die Gottheit Jesu durch die evangelischen Berichte schon vor seiner Himmelfahrt betont wird.

Auch bei Paulus wird die Himmelfahrt des Herrn nicht als ein unerwartetes Ereignis geschildert, sondern sie steht in unauflösbarem Zusammenhang mit der Tatsache, daß Jesus schon als der Sohn Gottes auf die Erde herabgestiegen ist, sich aber der Gottherrlichkeit »entäußert hat, indem er Knechtsgestalt annahm und den

Menschen gleich wurde« (Phil 2, 7). So wird man der evangelischen Berichterstattung dadurch gerecht, daß man Jesus Christus als Gott und Mensch betrachtet. Die passivischen Formulierungen, wie »er ist auferweckt worden« oder »er ist aufgenommen worden«, »er ist zur Rechten Gottes erhöht worden«, finden dann ihre Erklärung darin, daß der Sohn Gottes mit der Aufnahme der menschlichen Natur sich wahrhaft und wirklich als Repräsentant der Menschen dem Vater unterordnete, um im Namen der Menschheit das ihm vom Vater übertragene Werk zu vollziehen. Im Hinblick hierauf sagt Jesus: »Der Vater ist größer als ich« (Joh 14, 28). In diesem Sinn stehen nicht nur die Menschwerdung und das Leiden Christi, sondern auch seine Auferstehung und Himmelfahrt in der Macht und im Willen des Vaters, ohne daß damit der göttlichen Natur Christi irgendwie Abbruch getan wird.

Die Aussage, daß Jesus in den Himmel aufgenommen wurde, bedeutet dann aber, daß er nun auch als Mensch eine Stellung in der Schöpfung einnimmt, die seiner würdig ist. Markus nennt ihn darum mit dem Würdenamen: »Der Herr«. Von der Gebundenheit an unsere kleine Erde befreit, hat sich der verklärte Christus dem Kosmos doch nicht entzogen. Ohne an den Raum gebunden oder von ihm begrenzt zu sein, übt er darin die souveräne Herrschaft aus. Diese Größe und Würde spricht Paulus im Kolosserbrief aus: »Er ist das Bild des unsichtbaren Gottes, Erstgeborener vor aller Schöpfung; denn in ihm wurde alles geschaffen, was im Himmel und auf Erden ist. Alles ist durch ihn und auf ihn hin geschaffen. Und er ist vor allen, und alles hat in ihm Bestand. Er ist auch das Haupt des Leibes, der Kirche, der da ist der Anfang, Erstgeborener aus den Toten, damit er in allem den Vorrang habe. Denn es hat Gott gefallen, in ihm die ganze Fülle Wohnung nehmen zu lassen und durch ihn alles zu versöhnen auf ihn hin, indem er durch das Blut seines Kreuzes Frieden stiftete, durch ihn alles zu versöhnen, was auf Erden und was im Himmel ist« (Kol 1, 15—20).

Das ist die neue Weltsituation, die vom Himmelfahrtstage an datiert. Das alles verbirgt sich hinter dem einfachen Satz: »Er wurde vor ihren Augen emporgehoben, und eine Wolke entrückte ihn ihren Blicken« (Apg 1, 9). Die Wolke ist kein meteorologisches Phänomen, sondern Sinnbild für die göttliche Herrlichkeit des auffahrenden Christus. Im Alten Testament macht Gott die Wolke sich zu seinem Gefährt (Ps 104, 3), und beim Auszug aus Ägypten, bei der Gesetzgebung auf dem Sinai und im Salomonischen Tempel ist die Wolke Zeichen der Gegenwart Gottes (Ex 13, 21; 1 Kön 8, 10. 11).

Lukas ist der einzige Evangelist, der das Geheimnis der Himmelfahrt in der Weise schildert, in der es der menschlichen Erfahrung zugänglich war. Den kürzeren Bericht finden wir am Schluß seines Evangeliums, den ausführlicheren am Anfang seiner Apostelgeschichte: »Dann führte er sie hinaus bis gegen Betanien und erhob seine Hände und segnete sie. Während er sie segnete, da geschah es, da wurde er von ihnen fortgenommen und zum Himmel emporgetragen. Sie aber beteten ihn an und kehrten mit großer Freude nach Jerusalem zurück. Dort blieben sie die ganze Zeit im Tempel und lobten und priesen Gott« (Lk 24, 50–53).

Die Himmelfahrt war nur in ihrem Ausgangspunkt sinnlich wahrnehmbar; ihr Ziel gehörte einer anderen Welt an. Darum unternimmt Lukas keinen Versuch, das Geheimnis zu erklären. Er hält nur die geschichtlichen Fakten fest, so wie es ihm die Augenzeugen berichtet hatten: vierzig Tage nach Ostern, Ölberg, in der Richtung nach Betanien, einen Sabbatweg von Jerusalem entfernt (vgl. Abb. 301, S. 559). Folgen wir diesen Angaben.

Der kürzeste Weg nach Betanien, das Lukas in seinem Himmelfahrtsbericht erwähnt, führte auf dem mittleren Weg zur Anhöhe (vgl. Abb. 226, S. 401, und Abb. 230, S. 407). Wer vom Tempel kam, stieg durch das »Goldene Tor« ins Kidrontal hinab und stieß dann am Garten von Getsemani auf eine dreifache Weggabelung. Der mittlere Weg steigt gerade aufwärts, so steil, daß er zum großen Teil mehr eine Treppe als ein Weg gewesen ist, wie es die in den Felsen geschlagenen Stufen noch zeigen. Heute berührt der Pfad die »Dominusflevit-Kapelle«, dann rechts das Kloster der französischen Benediktinerinnen. Hinter dem Kloster mündet der südliche Ölbergweg in den mittleren ein. Nach Lukas führte Jesus die Apostel aus Jerusalem heraus auf den Ölberg, und zwar »bis zur Abzweigung nach Betanien« (24, 50). Wir gehen nicht fehl, wenn wir diese Abzweigung »nach Betanien« zu der heutigen Gabelung der Fortsetzung des mittleren Ölbergweges unterhalb der Kuppe des Ölberges in Beziehung setzen. Der breiteste Weg führt jetzt in gerader Richtung gegen Osten weiter nach Betanien, ein schmalerer biegt nach Nordosten zur heutigen Himmelfahrtsmoschee ab, während ein dritter sich gegen Süden wendet und nach einigen Schritten an »Eleona« und dem Kloster der Karmelitinnen vorbeiführt (vgl. Abb. 226,2, S. 401, und Abb. 230, S. 407).

Schon seit frühester Zeit stand der Gipfel des Ölberges nebst der Geburtsgrotte von Betlehem und dem Heiligen Grabe in hoher Verehrung. Er war nur einen Sabbatweg von Jerusalem entfernt, das sind etwa 1400 m. Auf dem Berge lag eine Grotte, in der Jesus nach der Tradition oft verweilt, wo er gebetet und den Jüngern den Untergang Jerusalems mit dem letzten Gericht vorausgesagt hat.

Die Geschichte dieser Grotte läßt sich bis in das 2. Jahrhundert zurückverfolgen. In den apokryphen Johannesakten, die eine von der kanonischen Überlieferung völlig abweichende Darstellung der Passion enthalten, heißt es: »Als ich [Johannes] ihn leiden sah, hielt ich nicht aus bei seinem Leiden, sondern floh auf den Ölberg und weinte über das Geschehene ... Und es

stand mein Herr mitten in der Höhle und erhellte sie und sagte: Johannes, für die Menschen unten werde ich in Jerusalem gekreuzigt ... Ich habe es dir eingegeben, auf diesen Berg zu gehen, damit du hörst, was ein Jünger von seinem Meister lernen muß« (c. 97).[311] Wenn auch der Text seinen gnostischen Ursprung sofort verrät — das Zeugnis für die Existenz der Grotte bleibt davon unberührt. Sie lag außerhalb der Stadtgrenze von Aelia Capitolina und scheint für die Christen ständig zugänglich, wenn nicht sogar in christlichem Besitz gewesen zu sein.

So versammelte sich schon in frühester Zeit die Gemeinde von Jerusalem auf diesem Berge, um der Worte des Erlösers und seiner glorreichen Himmelfahrt zu gedenken. Das war der Tatbestand, den Kaiser Konstantin um 325 n. Chr. in Jerusalem vorfand. Der Kirchenhistoriker Eusebius schildert uns in seiner Lebensbeschreibung des Kaisers Konstantin, daß dieser außer dem Bau der Grabeskirche und der Geburtsbasilika in Betlehem plante, den Ort der Himmelfahrt mit einer Kirche zu ehren. Er schreibt: »Der Kaiser verherrlichte bei der Grotte der Himmelfahrt droben auf der Spitze des Berges das Andenken daran« (Vita Const. III, 41). Etwas weiter heißt es: »Die Mutter des Kaisers verherrlichte das Andenken an die Himmelfahrt des Welterlösers auf dem Ölberg mit hochragenden Bauten. Sie ließ oben auf der Höhe beim Gipfel des ganzen Berges eine heilige Kirche erbauen und ebendaselbst ein Bethaus zu Ehren des Welterlösers, der dort verweilt und auch dortselbst, wie ein glaubwürdiger Bericht überliefert, eben in jener Grotte seine Schüler in die unergründlichen Geheimnisse eingeweiht hat« (Vita Const. III, 43).

Die Kirche erhielt den Namen »Eleona« — »Ölbaumbasilika« —, eigentlich: »auf dem Ölberg« (vgl. Abb. 298, S. 555). Das dem sakralen und kultischen Sprachgebrauch entlehnte Wort »myein« — »einweihen« — kennzeichnet den Ort als uralte Kultstätte der Jerusalemer Christengemeinde. Nach Eusebius barg die Höhle zwei Erinnerungen: »Die Füße des Herrn und Erlösers ... standen auf dem Ölberg an der Höhle, die man dort zeigt, von wo er, als er gebetet und auf dem Gipfel des Ölberges seinen Jüngern die Geheimnisse des Weltendes geoffenbart hatte, in den Himmel auffuhr« (Demonstr. evang. VI, 18). Eusebius beruft sich auf einen »glaubwürdigen Bericht«, daß die von Helena erbaute Kirche dem Andenken des Herrn galt, der hier zu wiederholten Malen den Jüngern seine Lehrvorträge hielt. Die Nachricht von dem öfteren Aufenthalt des Herrn auf »Eleona« — »auf dem Ölberg« — läßt an die mehrfachen Jerusalembesuche Jesu denken. Johannes weist eigens auf Jesu Aufenthalt am Ölberg hin: »Jesus aber begab sich auf den Ölberg und kam am Morgen wieder in den Tempel« (Joh 8, 1). Im Hintergrund der Eleona-Überlieferung steht aber mehr als ein bloßes Übernachten und Verweilen; Eleona ist der Ort der Apostelunterweisung, der Einführung in die Geheimnisse der Lehre

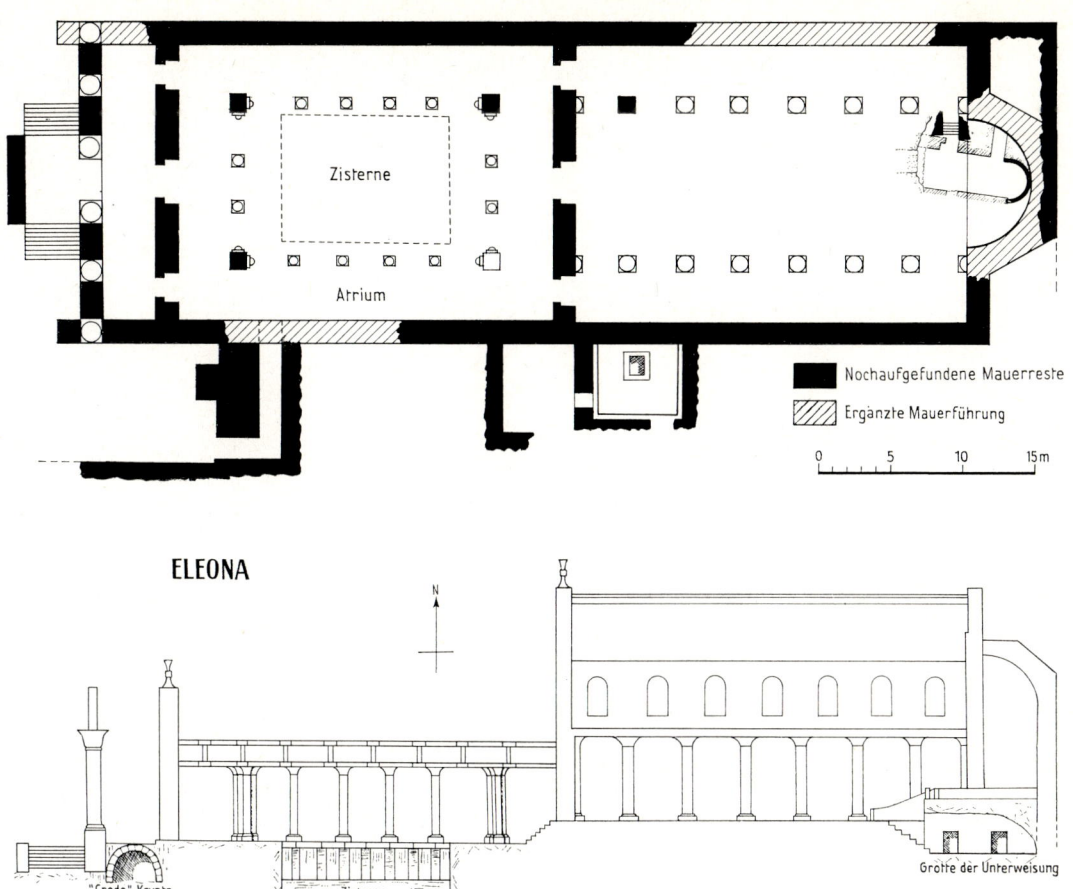

ELEONA

Abb. 298. Eleona-Ölbaumbasilika. Grundriß und Rekonstruktion (nach L.-H. Vincent OP).

Auf dem Ölberg genossen von jeher zwei historische Punkte eine besondere Verehrung: die Grotte, in der Jesus seine Jünger zu unterrichten pflegte, sowie, etwa 70 m davon entfernt, die »vestigia Domini« — »Spuren des Herrn« —, die den Ort bezeichneten, an dem der Herr in den Himmel aufgefahren war. Kaiser Konstantin faßte beide zu einem »heiligen Bezirk« zusammen, nachdem er über der »Grotte der Unterweisung« eine Basilika und am Ort der »vestigia Domini« einen Memorialbau hatte errichten lassen. Westlich der heutigen Pater-Noster-Kirche wurden 1910 die Spuren der alten Ölbaumbasilika entdeckt. Die Zeichnung zeigt den Grundriß nach den freigelegten Mauerresten und Fundamentspuren; der Längsschnitt bietet eine Rekonstruktion der Konstantinischen Basilika. Der Gesamtbau war etwa 70 m lang und 18,6 m breit. Vom Westen führten Treppen in die Propyläen (Toranlage) hinauf, die wegen der Senkung des Geländes auf einem Gewölbe ruhten. Ein 25 m langes Atrium mit Säulenhallen auf drei Seiten schloß sich an. Im Atrium befand sich eine rechteckige Zisterne. Dann trat man in die dreischiffige Basilika ein, deren Zielpunkt die Apsis am Ende des 29,5 m langen Mittelschiffes war. Unter dem Chor lag die heilige Grotte, ungefähr 7 m lang und 4,5 m breit. Ihre Lage am Wege

nach Betanien, einen Sabbatweg von Jerusalem entfernt, entspricht den Angaben des Lukas. L.-H. Vincent veröffentlichte den Ausgrabungsbefund im Jahre 1911.[312] Als er später, nach dem ersten Weltkrieg, auf den Ölberg stieg, fand er das Gelände von Steinräubern geplündert. Die offen liegengebliebenen Gräben waren so zerstört, daß der früher festgestellte Grundriß der Kirche nicht mehr zu erkennen war. Von der »Grotte der Unterweisung« war nur noch ein Loch übriggeblieben. Die Steine der kleinen Apsis, die Stufen der Treppe, alles war weggeschleppt. Das Material wurde zum Bau einer in der Nähe liegenden »Feldküche« verwendet. Als die Kirche Konstantins hier stand, konnten die Gläubigen vom Atrium und von den Propyläen aus auf den Tempelplatz hinabschauen und sich die Rede Jesu vom Untergang Jerusalems und der Welt vergegenwärtigen. Heute versperrt das sich anschließende Kloster der Benediktinerinnen diese Aussicht völlig (vgl. Abb. 226, 2, S. 401, Abb. 230, S. 407, und Abb. 301, S. 559).

Abb. 299.   Die »Grotte der Unterweisung« in der Eleonakirche auf dem Ölberg.

1. Eingang zur Grotte.

2. Apsis und Altar der Grotte.

*Während die Geburts- und die Grabeskirche die vielen Jahr-
hunderte hindurch ihre Traditionen hüteten, verlor die dritte
Basilika Konstantins auf dem Ölberg ihre beiden Traditionen:
schon früh die Himmelfahrt, dann die Erinnerung an die Unterweisungen Jesu. Nach ihrer Zerstörung wurde die Ölbaumbasilika nie wieder im alten Glanz aufgebaut. Erst im Jahre
1927 weihte man die »Grotte der Unterweisung« als Krypta
ein, über der die halbvollendete Apsis der Kirche steht.*

Jesu. Eusebius gebraucht hier den Ausdruck »diatribein«
— »unterweisen« —, der als Terminus technicus im Altertum von allen philosophischen Schulen zur Propa-
ganda ihrer Ideen, vor allem der sittlichen Erziehung
des Menschengeschlechtes, verwendet wurde.

Zur selben Zeit, da Eusebius die Eleona-Höhle als
Andenken an die Himmelfahrt preist, schreibt der Pilger von Bordeaux (333): »Vom Joschafattal steigt man
auf den Ölberg, wo der Herr vor seinem Leiden die
Apostel lehrte. Hier ist nun auf Geheiß Konstantins
eine Basilika errichtet worden« (Geyer, S. 23). Sechs
Jahrzehnte später bezeichnet Aetheria — ihren Bericht
lesen wir auf Seite 557 — die Eleona-Grotte ständig als
den Ort, »wo der Herr zu lehren pflegte«. Ob sie vom
Palmsonntag spricht, vom Dienstag in der Karwoche
oder von der Liturgie der Osteroktav, vom Pfingst-
sonntag oder von der Himmelfahrtsfeier, immer preist
sie Eleona als den Ort der Apostelunterweisung.

Bis in die neueste Zeit wußte man mit dieser Höhle,
über die Helena die große Basilika baute, nichts anzu-
fangen, da eine Höhle in der Umgebung des Ölberg-
gipfels gänzlich unbekannt war. Der letzte, der den
Glanz der herrlichen Ölbaumbasilika beschreibt, ist Sophronius, der spätere Patriarch von Jerusalem († 638).
In der Einöde des Theodosiusklosters preist er die
Schönheit Eleonas in einem Lied:

»Ich möchte hineilen zu dem Ort, wo der Herr seine

Jünger in Gottes Geheimnisse einzuweihen pflegte.

Unter diesem Dache möchte ich dann verweilen!

Hierauf möchte ich durch das große Tor nach vorn

bis an die Freitreppe vortreten und die Schönheit der

Heiligen Stadt bewundern, die sich im Westen aus-

dehnt.

Wie herrlich ist es, Stadt Gottes, deine Schönheit vom

Ölberg aus zu betrachten!«

(Vgl. Abb. 301, S. 559.)

Sophronius besang den Glanz Eleonas, der aber bereits der Vergangenheit angehörte. Wie der Patriarch Eutychius († 940) in seinen Annalen berichtet, zerstörten die Perser auch die Basilika auf dem Ölberg: »Nachdem der Feldherr der Perser vor Jerusalem angekommen war, da verwüstete er, kaum daß er abgesessen war, die Kirche von Getsemani und Eleona. Und sie sind noch verwüstet bis auf diese Zeit.« Die Kreuzfahrer bauten zwischen 1102 und 1106 ein kleines Oratorium über den Ruinen der Basilika. Die Erinnerung, daß hier der Herr seine Jünger in die Geheimnisse seiner Lehre einweihte, wurde von einer neuen Tradition überdeckt. Nicht mehr die Unterweisung der Apostel, nicht mehr die Belehrung über das Weltende, sondern die Mitteilung des herrlichsten aller Gebete, des Vaterunsers, heftete sich an diesen Ort. In einer Pilgerschrift um die Jahrtausendwende lesen wir: »Vom Getsemanigarten aus östlich liegt der Ölberg, von wo der Herr in den Himmel emporstieg und wo er für seine Apostel das Paternoster niederschrieb.« Das Wort Jesu: »Und wenn ihr zum Beten dasteht, vergebt, wenn ihr etwas wider einen habt, damit auch euer Vater im Himmel euch eure Sünden vergibt« (Mk 11, 25), das am Ölberg an das Gespräch über den verdorrten Feigenbaum anknüpft und die fünfte Bitte des Vaterunsers ausdrücklich hervorhebt, mag ein Motiv gewesen sein, daß Jesus auch die übrigen Bitten des Vaterunsers auf Eleona lehrte. Die neue Tradition muß bald so volkstümlich geworden sein, daß Eleona im 11. Jahrhundert in den Pilgerberichten nur mehr einzig als »Pater-Noster-Stätte« gerühmt wird. In noch späterer Zeit entstand die Legende, daß die Apostel vor ihrem Missionsgang in die weite Welt auf Eleona das Credo verfaßt hätten.

In den Jahrhunderten nach der Kreuzfahrerzeit ging die Erinnerung an die Grotte mit ihrem ursprünglichen Geheimnis gänzlich verloren, und die Lage der alten Basilika war so völlig vergessen, daß die französischen Karmelitinnen im Jahre 1868 ahnungslos ihr Kloster in der Nähe der Ruinen erbauten. Sie nahmen die späte Tradition auf und nannten die neue Kirche »Pater-Noster-Kirche«. An den Wänden, in der Vorhalle und im Kreuzgang ist der Text des Vaterunsers in mehr als 50 Sprachen auf Majolikaplatten angebracht.

Den Weißen Vätern gebührt das Verdienst, die Ölbaumbasilika bei Grabungen im Jahre 1910 wiederentdeckt zu haben. Die Ausgrabungen, die nach dem ersten Weltkrieg von den französischen Dominikanern der Jerusalemer Bibelschule zu Ende geführt wurden, haben die Geschichte der Eleona mit ihren wechselnden Traditionen geklärt.

Etwa 70 m nördlich von den Ruinen der Eleona liegt die Himmelfahrtskirche auf dem Gipfel des Ölberges. Von Eusebius wird die über der Eleona-Grotte erbaute Basilika ausdrücklich zweimal als Andenken an die Himmelfahrt Christi bezeichnet. Warum trennte sich die Himmelfahrt von der Stätte der Eleona? Man kann zu-

nächst wohl sagen, daß beide Traditionen im Recht sind, da eine weite Distanz zwischen beiden Orten nicht besteht. Auch die Eleona-Tradition hat die Himmelfahrt des Herrn nur an irgendeinem Punkt in ihrer Nähe verehrt. So lassen sich schon im 4. Jahrhundert die Spuren jener Überlieferung verfolgen, welche die Himmelfahrt nicht an der Eleona-Grotte als festem Ort lokalisiert, sondern auf dem sie überragenden mittleren Ölberggipfel. Die Tradition präzisierte die Stätte, die nur der Schlußakt des großen Schauspiels war, in dem Eleona die wichtigste Rolle spielte.

Als Aetheria im Jahre 383 Jerusalem besuchte, unterschied sie von der Kirche in Eleona einen Ort, den sie »Inbomon« nannte, das heißt »auf der Höhe«. »Nach dem Gottesdienst stieg man auf den Berg, und zwar zunächst nach Inbomon, das heißt, an jenen Ort, von dem der Herr zum Himmel aufstieg.«

Der Bericht der Aetheria ist nicht nur für die geschichtliche Überlieferung des Ortes bedeutsam, er informiert uns wiederum in anschaulicher Weise über das religiöse Leben der Jerusalemer Gemeinde an den großen Festtagen der Christenheit: »Am 50. Tage[313] nach Ostern, d. h. am Sonntag, an welchem Tage die größte Anstrengung dem Volk erwächst, erfolgt alles folgendermaßen vom ersten Hahnenschrei an nach Brauch: die Vigilien in der Anastasis [Grabeskirche], wobei der Bischof jene Stelle aus dem Evangelium vorliest, die immer am Sonntag gelesen wird, d. h. die Auferstehung des Herrn, und nachher wird der gewöhnliche Gottesdienst in der Anastasis abgehalten wie das ganze Jahr.

Wenn es aber Morgen geworden ist, zieht das ganze Volk in die größere Kirche, d. h. ins Martyrion, dort wird der gewöhnliche Gottesdienst abgehalten; es predigen die Priester, dann der Bischof, alles geschieht nach der Regel, d. h., es wird geopfert nach dem Brauch, wie es am Sonntag zu geschehen pflegt; aber an diesem Sonntag wird die Messe im Martyrion beschleunigt, damit die Entlassung vor der dritten Stunde [9 Uhr] erfolge. Wenn aber die Entlassung im Martyrion erfolgt ist, dann geleitet alles Volk ohne Ausnahme unter Hymnengesang den Bischof nach Sion, damit sie mit voller dritter Stunde in Sion sind.

Sobald man dorthin gekommen ist, wird jene Stelle aus der Apostelgeschichte vorgelesen, wo herabstieg der Geist, daß die Menschen aller Zungen verstünden, was gesprochen werde; nachher erfolgt die Messe nach ihrer Ordnung, und wenn schon das Volk entlassen werden soll, erhebt der Archidiakon seine Stimme und sagt: ›Heute sind wir nach der Sext [12 Uhr] in Eleona bereit, im Inbomon.‹

Es kehrt daher alles Volk zurück, jeder in sein Haus, sich zu erholen, und sofort nach dem Frühmahl besteigt man den Ölberg, d. h. nach Eleona, ein jeder, wie er kann, so daß kein Christ zurückbleibt in der Stadt, der nicht ginge.

Sobald man also schnell den Ölberg bestiegen hat,

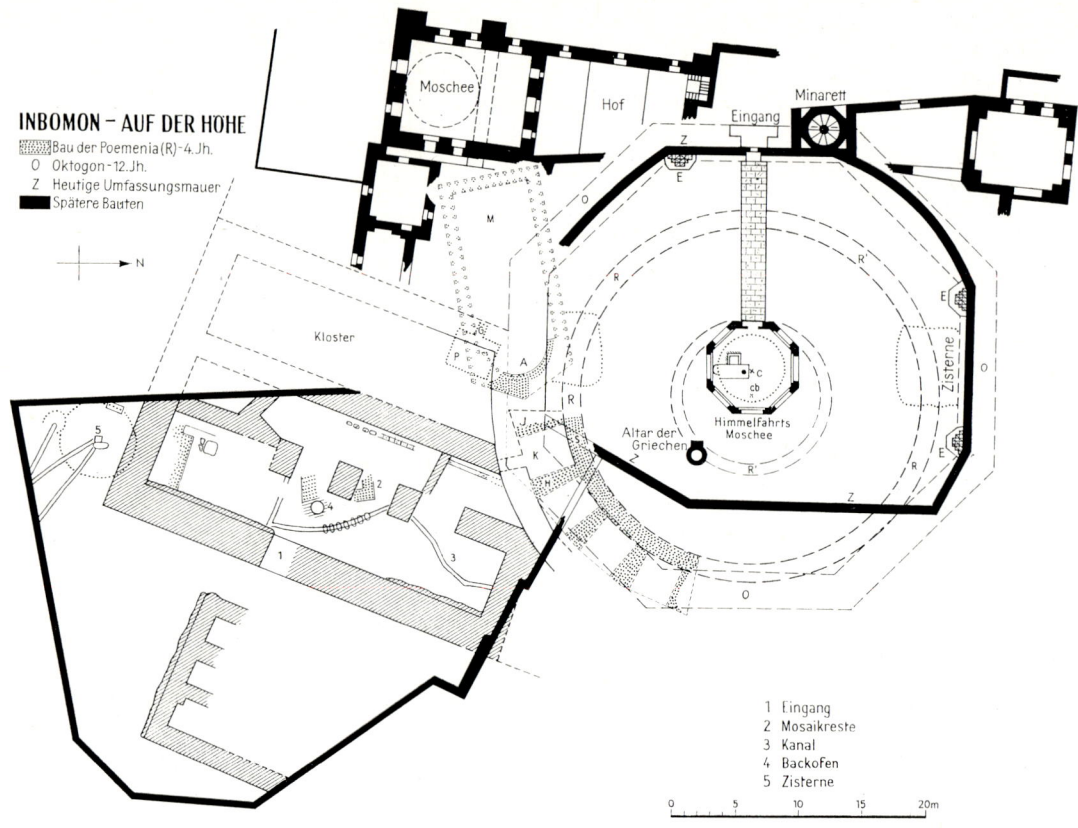

INBOMON – AUF DER HÖHE

▨ Bau der Poemenia (R) · 4.Jh.
○ Oktogon · 12.Jh.
Z Heutige Umfassungsmauer
■ Spätere Bauten

Moschee · Hof · Eingang · Minarett

N

Kloster

Zisterne

Altar der
Griechen

Himmelfahrts
Moschee

1 Eingang
2 Mosaikreste
3 Kanal
4 Backofen
5 Zisterne

0   5   10   15   20m

Abb. 300. Ausgrabungen bei der Himmelfahrtsmoschee (nach V. Corbo OFM).

Der Plan zeigt im Grundriß die einzelnen Bauten, deren Spuren um die heutige Himmelfahrtsmoschee entdeckt und freigelegt wurden (vgl. Abb. 301). Zunächst wurde bei den Grabungen ein Rundbau (R) angeschnitten, der seinen Mittelpunkt in cb hatte. Das Kreissegment des Rundbaues, das unter der heutigen Umfassungsmauer (Z) bei S freigelegt wurde, hatte eine Mauerstärke von 1,56 m. Bodenlage und Baumaterial weisen in die 2. Hälfte des 4. Jahrhunderts. Mit großer Wahrscheinlichkeit gehört der Rundbau (R, R') zum Heiligtum der Poemenia. Das Apsismosaik der römischen Kirche Santa Pudenziana läßt vermuten, daß der Rundbau von einem oktogonalen Säulengang umschlossen war (vgl. Abb. 267, 1, S. 481). An die Außenseite der Rundmauer (R) sind bei H und J zwei konisch verlaufende Gegenmauern angesetzt. Die Mauerreste lassen die Anlage einer rechteckigen, gewölbten Kammer erkennen. Nur wenige Meter westlich davon stießen die Ausgräber auf ein Apsissegment, dessen Radius auf 2,2 m errechnet werden konnte. Die Außenseite besteht aus einer im stumpfen Winkel aufgeführten Mauer. V. Corbo sieht in diesem Bau das Martyrion (M), das die jüngere Melania um 438 auf dem Ölberg errichtet hat. Der nach Westen verlängerte einschiffige Raum schiebt sich über eine Beerdigungskammer (G), die mit einem tiefer gelegenen Raum (P) in Verbindung steht. Die Kammer ist aus dem Felsen gehauen und mit Steinen verkleidet. Die Wände sind

weiß getüncht, und die Sockelpartie war für die Gräber nutzbar gemacht worden. Die aufgefundenen byzantinischen Keramikreste stützen die Datierung der Archäologen. Aus der gleichen Zeit stammt ein südlich gelegener Bau, der wohl mit dem im Bericht der Melania erwähnten Kloster identisch ist. Über der byzantinischen oktogonalen Portikusanlage liegen teilweise die Grundmauern des Oktogons (O) aus der Kreuzfahrerzeit, das aber seine konzentrische Mitte, leicht nach Westen verschoben, in c hat. Der Durchmesser beträgt etwa 41 m. In den Ecken (E) des einstigen Oktogons erinnern in der heutigen Umfassungsmauer (Z) noch einige Säulenbasen mit Resten der gebündelten Halbsäulen an die einstige Pracht »auf der Höhe«.

Abb. 301. Blick vom Ölberg auf Jerusalem.

Vom hohen »Russenturm« schweift der Blick nach Westen über die Kuppe des Ölberges auf die Heilige Stadt. Im Vordergrund die von einer hohen, fast kreisrunden Mauer umgebene Himmelfahrtsmoschee, dahinter das Minarett. Im Mittelgrund senkt sich der Ölberg tief zum Kidrontal hinab, so daß nur die gegenüberliegende Talseite mit der östlichen Tempelmauer sichtbar ist. Das zugemauerte Goldene Tor liegt rechts oberhalb des Minaretts. Auf dem Tempelplatz leuchtet im hellen Sonnenlicht der mit weißem Marmor ausgelegte »Haram esch-Scherif«, das »Vornehme Heiligtum«, in dessen

558

d. h. Eleona, geht man zuerst nach Inbomon, d. h. dem Ort, von wo der Herr auffuhr in den Himmel, und dort setzen sich der Bischof und die Priester, setzt sich alles Volk, gelesen werden dort Lektionen, gesungen dazwischen eingeschobene Hymnen, gesungen auch Antiphonen, passend für diesen Tag und Ort; auch Gebete, die eingeschoben werden, haben immer solche Gedanken, daß sie zu Tag und Ort passen. Gelesen wird auch jene Stelle aus dem Evangelium, wo es über die Himmelfahrt Christi spricht, gelesen von neuem die Apostelgeschichte, wo sie spricht von der Himmelfahrt des Herrn nach der Auferstehung.

Wenn dies aber geschehen ist, werden die Katechumenen gesegnet, auch die Gläubigen, und um die neunte Stunde [15 Uhr] steigt man herab von dort, und unter Hymnengesang geht man zu jener Kirche, die in Eleona ist, d. h., wo in der Höhle sitzend der Herr die Apostel lehrte. Wenn man aber dorthin kommt, ist es schon über die zehnte Stunde [16 Uhr]; es folgt dort Vesper und Gebet, gesegnet werden die Katechumenen und auch die Gläubigen. Und schon steigt man von dort unter Hymnengesang herab, alles Volk, ohne Ausnahme alle, mit dem Bischof, Hymnen singend und Antiphonen, passend für diesen Tag; so kommt man langsam und langsam bis zum Martyrion.

Wenn man aber zum Tore der Stadt kommt, ist es schon Nacht, und es kommen Kirchenleuchter, gegen 200, entgegen wegen des Volkes; vom Tor aber, weil es ziemlich weit ist bis zur größeren Kirche, d. h. zum Martyrion, kommt man ungefähr in der zweiten Nachtstunde [20 Uhr] an, weil man langsam und langsam geht wegen des Volkes, daß sie nicht ermüden an den Füßen. Und durch die geöffneten großen Tore, die auf der Marktseite sind, betritt alles Volk das Martyrion unter Hymnengesang mit dem Bischof. Da sie in die Kirche eingetreten, werden Hymnen gesungen, es folgt ein Gebet, gesegnet werden die Katechumenen und auch die Gläubigen; dann zieht alles von neuem unter Hymnengesang zur Anastasis.

Sobald man zur Anastasis gekommen ist, werden in ähnlicher Weise Hymnen und Antiphonen gesungen, es folgt ein Gebet, gesegnet werden die Katechumenen,

ebenso die Gläubigen, ähnlich geschieht es beim Kreuz. Und wieder geleitet das christliche Volk ohne Ausnahme den Bischof nach Sion.

Sobald man dorthin gekommen ist, werden geeignete Lektionen gelesen, Psalmen gesungen und Antiphonen, es folgt ein Gebet, gesegnet werden die Katechumenen und ebenso die Gläubigen, und die Entlassung erfolgt. Wenn die Entlassung erfolgt ist, gehen alle zur Hand des Bischofs, und so kehren sie heim, ein jeder in sein Haus, ungefähr um Mitternacht. Und so wird also an diesem Tag die größte Mühe ertragen, da man vom ersten Hahnenschrei an die Vigilien in der Anastasis gefeiert hat und von da an den ganzen Tag niemals geruht hat« (43, 1–9).

Petrus der Iberer, ein Fürstensohn aus Georgien und später Bischof von Majuma bei Gaza († 485), bezeugt für das letzte Viertel des 4. Jahrhunderts bereits eine Kirche auf dem Ölberggipfel, die vor 378 von einer vornehmen Dame Poemenia errichtet worden war. Es ist wohl die Kirche, für die Aetheria ausschließlich die im Volksmund übliche topographische Bezeichnung »Inbomon« verwendet. Mit großer Wahrscheinlichkeit ist uns ein naturgetreues Bild des imposanten Zentralbaues mit einer oktogonalen Umfassungsmauer auf dem berühmten Apsismosaik der Basilika S. Pudenziana in Rom aus der Zeit des Papstes Siricius (um 390) erhalten geblieben. (Vgl. Abb. 267, 1, S. 481, und Abb. 300, S. 558.)

Paulinus von Nola († 431) erwähnt als erster die größte Sehenswürdigkeit von Inbomon: die »Fußspuren Jesu«.[314] Damit an beiden Orten auf dem Ölberggipfel, in Eleona und Inbomon, ein regelmäßiger Gottesdienst abgehalten werden konnte, gründete Melania die Jüngere († 439) ein Kloster. Ihr zeitgenössischer Biograph berichtet ferner: »Sie beschloß, ein kleines Martyrion [Gedächtniskapelle] zu erbauen, indem sie meint: Dies ist der Ort, auf welchem die Füße des Herrn standen. Lasset uns darum hier ein ehrwürdiges Gebetshaus gründen.« (Vgl. Abb. 300, M, S. 558.)

Nach der Zerstörung durch die Perser (614) wurde das Heiligtum von dem Jerusalemer Patriarchen Modestus bald wiederaufgebaut, und die folgenden Pilgerberichte lassen die architektonische Form des Heiligtums erkennen. Nach dem Georgischen Kanonar (vor 638) wurde am 7. Oktober »die Kirchweihe am Ort der Himmelfahrt« gefeiert. Das Heiligtum wird »Stoa« genannt, d. h., das Charakteristikum des Baues waren Säulenhallen.

Arkulf, der seinem Bericht sogar eine Planskizze (vgl. Abb. 302, S. 561) beifügt, schreibt: »Auf dem ganzen Ölberg gibt es wohl keinen anderen höheren Ort als den, von dem aus der Herr nach der Überlieferung gen Himmel gefahren ist. Dort steht eine große Rundkirche mit drei umlaufenden überwölbten, überdachten Säulenhallen. Das innere Haus der Rundkirche hingegen liegt ohne Dach und ohne Gewölbe offen unter freiem Himmel. Auf der Ostseite ist ein Altar errichtet, der durch

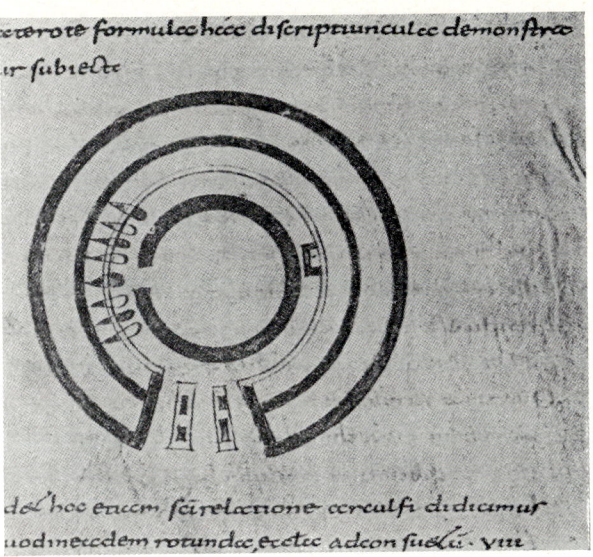

Abb. 302. Die Himmelfahrtskirche – Planskizze nach Arkulf (670 n. Chr.).

a Altar

b Acht Lampen vor den Westfenstern

c Eingangstor

Die Skizze des gallischen Bischofs Arkulf, die dem Codex Parisinus 13 048 aus dem 9. Jahrhundert entnommen ist, bestätigt das Urteil des Abtes Adamnanus, der den Bericht Arkulfs niedergeschrieben hat: »Die Gestalt der Rundkirche macht die, wenn auch unbeholfene Zeichnung anschaulich. Ebenso ist ein Plan der in der Mitte aufgestellten Scheibe klein hineinskizziert zu sehen.« Die letzten Worte dieser Kritik sind gerade noch über der Zeichnung zu lesen: »... rotae formula hac discriptiuncula monstratur subiecta.« Der Text des Adamnanus unter der Zeichnung lautet: »Sed et hoc etiam sct relatione arculfi didicimus, quod in eadem rotunda eccla [ecclesia] ad consuetum VIII ...« — »Aber auch das haben wir aus Arkulfs Erzählung erfahren: In derselben Rundkirche pflegt man zu dem gewöhnlichen Licht der erwähnten acht Lampen, die nachts innen leuchten, in der Festnacht von Himmelfahrt unzählige andere Lampen hinzuzufügen, durch deren furchterregendes, aus den Glasfenstern sich ergießendes Gefunkel der Ölberg nicht nur beleuchtet zu werden, sondern ganz und gar zu brennen scheint und die ganze Stadt, die niedriger und nahe dabei liegt, wie erleuchtet ist« (Geyer, S. 249, 251).

eine schmale Bedachung geschützt ist. Daher hat denn jenes innere Haus kein Gewölbe, damit von der Stätte, wo zuletzt die göttlichen Fußspuren haftenblieben, als der Herr in einer Wolke in den Himmel aufgehoben ward, der Weg für die Augen der an der Stätte Andacht Verrichtenden immer offen sei und zum göttlichen Äther weise ... An derselben Stätte ist eine große eher-

ne, ringsum oben waagerechte Scheibe angebracht, deren Höhe dem Maß eines Menschen bis zum Nacken entspricht. In der Mitte derselben ist ein ziemlich großes Loch, durch das, wenn es von oben geöffnet wird, die Fußspuren des Herrn klar und deutlich in dem Staube eingedrückt gezeigt werden ... Die Fußspuren des Herrn werden durch die Helligkeit einer ungeheuren Lampe beleuchtet, die über der Scheibe an einer Winde hängt und Tag und Nacht brennt. In der Westseite der Rundkirche befinden sich acht schmiedeeiserne Fenster mit Glasscheiben. Nahe diesen Fenstern brennen Lampen von derselben Zahl, die innen gegenüber angebracht sind und an Seilen hängen. Diese Lampen sind so angebracht, daß jede einzelne Lampe weder höher noch niedriger hängt, sondern gleichsam dicht an dem Fenster zu sein scheint, dem sie augenscheinlich im Innern besonders nahe gegenüber ist. Die Lampen strahlen eine solche Helligkeit aus, daß von ihrem Licht, welches sich reichlich durch die Scheiben ergießt, wie von einer höheren Stelle des Ölbergs nicht nur der Teil des Berges, der sich westlich an die runde Basilika anschließt, sondern auch der aus dem Tal Joschafat zur Stadt Jerusalem über Stufen auf die Höhe hinaufführende Aufstieg auch in finstern Nächten wunderbar hell beleuchtet und der größere vordere Teil der gegenüberliegenden Stadt hell erscheint. Dies strahlende rühmenswerte Gefunkel der acht großen Lampen, die von dem heiligen Berge und von der Stätte der Himmelfahrt des Herrn nächtlicherweise erglänzen, gießt in die Herzen der Zuschauer ein heftiges Verlangen nach der göttlichen Liebe« (Geyer, S. 246 f.).

Die jüngsten Ausgrabungen, die auf dem Gipfel des Ölberges von V. Corbo OFM im Jahre 1959 durchgeführt wurden, haben in erstaunlicher Weise die Berichte der Pilger aus den verschiedenen Jahrhunderten bestätigt.[315]

Die Kreuzfahrer ersetzten die baufällig gewordene Himmelfahrtskirche durch einen Neubau, der im Jahre 1102 vollendet war. Der frühere Rundbau wurde als Oktogon aufgeführt, das fast den alten Abmessungen folgte. Die Arkadenhallen des äußeren Oktogons waren zur Hofseite hin offen. In der Mitte des Hofes stand die achteckige Kapelle, deren Kuppel offen war; darunter der Altar über dem Stein mit den zwei Fußspuren, die an die Stelle der Auffahrt erinnern sollten. (Vgl. Abb. 300, O, S. 558.)

Der Sultan Saladin verwandelte nach der Eroberung Jerusalems (1187) die Himmelfahrtskirche in eine Moschee. Sie ist es geblieben bis zum heutigen Tag. Die äußeren Arkadenhallen sind aber verschwunden, und die Umfassungsmauer an der Ostseite ist nach innen eingerückt, so daß die Kapelle nicht mehr genau in der Mitte des Hofes steht. Die Kapelle selbst hat einen Durchmesser von 6,6 m. Einst bestand sie aus acht Spitzbögen, die von acht Doppelpfeilern mit je zwei Marmorsäulen getragen wurden. Die Muslimin haben diese

Abb. 303.   Die Himmelfahrtsmoschee auf dem Ölberg.

Am rechten Bildrand der Altar der Griechen mit der heutigen Umfassungsmauer (vgl. Abb. 300), darüber der 60 m hohe Glockenturm des russischen Frauenklosters, das weithin sichtbare Wahrzeichen des Ölberges (vgl. Abb. 1 und Abb. 296, S. 549).

Arkaden zugemauert und ebenso die offene Kuppel durch eine geschlossene ersetzt (vgl. Abb. 303).

Im Innern legten sie in der Südwand die halbrunde Gebetsnische (mihrab) an und rückten den Heiligen Stein von der Mitte nach Südwesten. Er ist in Marmor eingefaßt und zeigt eine Vertiefung, die an die Fußspuren des Herrn erinnern soll (vgl. Abb. 300, S. 558). Vor der Gebetsnische ist in den gewöhnlichen Fußboden eine kostbare weiße Marmorplatte von 2,35 m Länge und 1,16 m Breite mit einer kleinen runden Aushöhlung eingelassen. Ihr ursprünglicher Sinn ist nicht mehr zu bestimmen.

Da auch die Muslimin den »Propheten« Jesus ver-ehren, dürfen die Christen der verschiedenen Riten am Fest der Himmelfahrt das heilige Opfer im Hofe feiern. Den Lateinern ist es sogar erlaubt, den Gottesdienst im Innern der kleinen Kapelle zu halten. So ist die feierliche Prozession der Christen nach dem Ölberg am Himmelfahrtstag nicht nur Erinnerung an das einstige Geschehen; in der Gemeinschaft der Gläubigen vollzieht sich die geheimnisvolle Wirklichkeit des Auferstandenen: Ich bin bei euch bis ans Ende der Welt! So sicher, wie Christus vor den Augen der Jünger in den Himmel auffuhr, so sicher wird er wiederkommen.

In einer gewaltigen Vision beschreibt Johannes die Heimholung der Welt in die Glorie des Auferstandenen:

»UND ICH SCHAUTE EINEN NEUEN HIMMEL UND EINE NEUE ERDE; DENN DER ERSTE

HIMMEL UND DIE ERSTE ERDE SIND VERGANGEN, AUCH DAS MEER IST NICHT MEHR.

UND ICH SCHAUTE DIE HEILIGE STADT, DAS NEUE JERUSALEM, AUS DEM HIMMEL

VON GOTT HERNIEDERSTEIGEN, GERÜSTET WIE EINE BRAUT, GESCHMÜCKT FÜR IHREN

MANN. UND ICH HÖRTE EINE GEWALTIGE STIMME VOM THRONE HER SPRECHEN:

SIEHE, DAS ZELT GOTTES UNTER DEN MENSCHEN, ER WIRD MIT IHNEN ZELTEN, UND

SIE WERDEN SEIN VOLK SEIN, UND ER WIRD GOTT MIT IHNEN SEIN. UND ER WIRD

ABWISCHEN JEDE TRÄNE AUS IHREN AUGEN, UND DER TOD WIRD NICHT MEHR SEIN,

NOCH TRAUER NOCH KLAGE NOCH MÜHSAL WIRD FÜRDER SEIN. DENN DAS ERSTE

IST VERGANGEN. UND DER AUF DEM THRONE SITZT, SAGTE: SIEHE, ALLES

MACHE ICH NEU« (Offb 21, 1—5).

Abb. 304.   Der thronende Christus mit seiner Mutter Maria
            und Johannes dem Täufer.
            Fresko in der Turmkapelle der Geburtskirche aus
            dem 12. Jahrhundert.

ANMERKUNGEN

Die Heilige Schrift wird zitiert nach den Ausgaben von:
P. Riessler, Die Heilige Schrift des Alten Bundes, Leipzig 1958; *F. Tillmann*, Die Heilige Schrift des Neuen Testamentes, Leipzig 1956;
die Zitate der Mischna und des Talmuds aus: *H. L. Strack* und *P. Billerbeck*, Kommentar zum Neuen Testament aus Talmud und Midrasch, München ²1956.
Flavius Josephus, Geschichte des Jüdischen Krieges – De Bello Judaico; Jüdische Altertümer – Antiquitates Judaicae, nach der Übersetzung von H. Clementz, Köln 1960.
Die Zitate der Pilgerberichte stammen aus: *D. Baldi*, Enchiridion Locorum Sanctorum, Jerusalem ²1955; *P. Geyer*, Itinera Hierosolymitana: CSEL XXXIX, Wien 1898.
Die Schreibung der biblischen Namen folgt dem »Ökumenischen Verzeichnis der biblischen Eigennamen nach den Loccumer Richtlinien«, Stuttgart 1971. Die Schreibweise der arabischen Namen lehnt sich an das Ortsverzeichnis in *H. Guthes* Bibelatlas, Leipzig 1911, an.
Bei der angewandten Umschrift der hebräischen, griechischen und arabischen Laute wurde aus drucktechnischen Gründen von einer Transkription mit diakritischen Zeichen abgesehen.

Abkürzungen

DBS	Dictionnaire de la Bible, Supplément
FrancLA	Studii Biblici Franciscani Liber Annuus
HlL	Das Heilige Land
IEJ	Israel Exploration Journal
LThK	Lexikon für Theologie und Kirche
PEQ	Palestine Exploration Quarterly
PJB	Palästinajahrbuch
RB	Revue Biblique
ThLZ	Theologische Literaturzeitung
ZDPV	Zeitschrift des Deutschen Palästina-Vereins
ZNW	Zeitschrift für die neutestamentliche Wissenschaft

1 Eine noch heute nicht überholte Darstellung der Zeitrechnungen von der Antike bis zur Neuzeit bietet das im Jahre 1906 erschienene Werk von *F. K. Ginzel*, Handbuch der mathematischen und technischen Chronologie, 3 Bde., Leipzig 1906–1914, unveränderter photomechanischer Nachdruck: Leipzig 1958; *E. Bornmann*, Zeitrechnung und Kirchenjahr, Kassel 1964, S. 36 ff.; *J. Finegan*, Handbook of the Biblical Chronology, Princeton 1964, S. 132 f.

2 Eine Zusammenfassung der kaum noch überschaubaren Literatur zum Zensus des Quirinius findet man bis zum Jahre 1920 bei *E. Schürer*, Geschichte des jüdischen Volkes im Zeitalter Jesu Christi, Leipzig 1920, I, S. 508 ff.; bis zum Jahre 1952 bei *D. Lazzaratto*, Chronologia Jesu Christi seu discordantium fontium concordantia, Neapel 1952, S. 31 ff. Besonders seien erwähnt: *H. Braunert*, Der römische Provinzialzensus und der Schätzungsbericht des Lukas-Evangeliums, in: Historia VI, 2 (April 1957), S. 192–214; *H. U. Instinsky*, Das Jahr der Geburt Jesu, München 1957; *U. Holzmeister SJ*, Historia aetatis Novi Testamenti, Rom 1938, S. 38–43; *J. Schmid*, Das Evangelium nach Lukas, Regensburg ⁴1960, S. 66–70; *A. Vezin*, Das Evangelium Jesu Christi, Freiburg 1958, S. 277 bis 286.

3 Eine eingehende Untersuchung über die literarische Entstehung der lukanischen Kindheitsberichte bringen *P. Gaechter SJ*, Maria im Erdenleben, Innsbruck 1953; *L. Hermans*, Jesu Geburt und Jugend im Zeugnis der Bibel, Salzburg 1968; *H. Schürmann*, Das Lukasevangelium, I, Leipzig 1970, S. 25–145.

4 *D. F. Strauß*, Das Leben Jesu für das deutsche Volk bearbeitet, 6. Aufl., S. 22.

5 *D. F. Strauß*, Das Leben Jesu, kritisch bearbeitet, I, 1835, S. 198–207.

6 *J. Schmid*, a. a. O., S. 70; vgl. dazu den ausgezeichneten Exkurs auf S. 66 ff. über die Schätzung des Quirinius, in dem zu allen fünf Punkten der Straußschen Kritik Stellung genommen wird; *W. Trilling*, Fragen zur Geschichtlichkeit Jesu, Leipzig ³1969, S. 72 ff.

7 Die bedeutsamsten Veröffentlichungen und Urteile über den jüdischen Historiker sind zusammengefaßt in: Zur Josephus-Forschung, hrsg. von A. Schalit, Darmstadt 1973. Im Vorwort schreibt A. Schalit: »Es gibt kaum einen antiken Schriftsteller, über den so widersprechende Urteile gefällt worden sind wie über den jüdischen Historiker Joseph, der unter dem Namen Flavius Josephus in die Geschichte eingegangen ist . . .«
Aus der schriftstellerischen Tätigkeit des Josephus sind uns die folgenden vier Werke erhalten: De Bello Judaico – Über den Jüdischen Krieg. Das Werk ist in sieben Bücher eingeteilt und beginnt mit der Zeit des syrischen Königs Antiochus IV. Epiphanes (175–164 v. Chr.). Im V. und VI. Buch beschreibt Josephus die Belagerung und Eroberung Jerusalems. Als gebürtiger Jerusalemer und Augenzeuge des Unterganges ist Josephus der erste Kronzeuge für die Topographie der Stadt im Jahrhundert Jesu. Das Werk, das Josephus in den Jahren 75–79 n. Chr. verfaßte, war ursprünglich in seiner aramäischen Muttersprache geschrieben; erst später wurde es von ihm griechisch überarbeitet.
Antiquitates Judaicae – Jüdische Altertümer – schrieb Josephus in den Jahren 93–95 n. Chr. Darin behandelt er in 20 Büchern die Geschichte seines Volkes von der Babylonischen Gefangenschaft bis zu den ersten christlichen Jahrzehnten. Das Werk ist für griechisch-römische Leser bestimmt und verfolgt den Zweck, sein vielgeschmähtes Volk in hellem Lichte darzustellen. Während die Berichterstattung im Jüdischen Krieg herodesfreundlich erscheint, ist sie in den Altertümern vielfach herodesfeindlich. An drei Stellen kommt der jüdische Historiker auf Jesus oder die Christen zu sprechen. Im XVIII. Buch, 5. Kapitel, seiner Altertümer berichtet er in ehrenvoller Weise über den Tod Johannes' des Täufers. Eine Notiz über Jakobus finden wir im XX. Buch, 9. Kapitel; zum sogenannten »Testimonium Flavianum«, Jüd. Altert. XVIII, 3, 3, siehe S. 443.
Die Vita – Selbstbiographie – handelt fast ausschließlich über seine Tätigkeit als Befehlshaber von Galiläa während des Ersten Jüdischen Aufstandes. Josephus schrieb sie nach dem Jahre 100 n. Chr.
Seine vierte Schrift hieß Contra Apionem – Gegen Apion. Sie ist nicht nur gegen den Grammatiker Apion gerichtet, sondern enthält in zwei Büchern eine Verteidigung des Judentums gegen Vorurteile und Angriffe der damaligen Zeit.
Trotz aller Mängel fand das Werk des Josephus bei Ju-

den und Heiden große Beachtung. Sein Ziel aber, die Juden mit Rom zu versöhnen, ist gescheitert. Für die Juden blieb Josephus ein Renegat und wurde darum in der rabbinischen Literatur fast völlig ignoriert. Die Kirchenväter dagegen, besonders Hieronymus, haben ihn hochgeschätzt.

8 R. *Bultmann*, Theologie des Neuen Testaments, Tübingen ³1958, S. 469.

9 Res gestae divi Augusti, Monumentum Ancyranum 2, 8 (Kleine Texte, S. 10–13, hrsg. von H. Lietzmann, Bonn 1918). Die neuere Literatur zu den »Res gestae« ist zusammengestellt in: H. *Volkmann*, Res gestae divi Augusti, Berlin ³1969.

10 D. *Krencker* — M. *Schade*, Der Tempel von Ankara, Leipzig 1936.

11 A. *Deissmann*, Licht vom Osten, Tübingen ⁴1923, S. 231 f.; R. *Syme*, C. Vibius Maximus, Prefect of Egypt, in: Historia, Bd. VI (1957), S. 480–487.

12 B. P. *Grenfell* and A. S. *Hunt*, The Oxyrhynchus Papyri, Part. II, London 1899, S. 207 ff.; F. G. *Kenyon*, Greek Papyri in the British Museum II, S. 19; U. *Wilcken*, Papyruskunde I, S. 192–196.

13 Zum Steuerwesen in Ägypten während der römischen Zeit: L. *Mitteis* — U. *Wilcken*, Grundzüge und Chrestomathie der Papyruskunde, Leipzig 1912, I. Bd., 1. Hälfte, S. 185–219; H. *Braunert*, Studien zur Bevölkerungsgeschichte des ptolemäischen und römischen Ägypten, in: The Journal of Juristic Papyrology 9/10, 1956, S. 305 ff.

14 W. *Schubart*, Ein Jahrtausend am Nil, Berlin 1912, S. 83.

15 Th. *Zahn*, Das Evangelium des Lukas, Leipzig 1913, S. 129; LThK III. Bd., Sp. 1142. — Die Josephus-Forschung hat bei einer subtilen Textanalyse seiner beiden Hauptwerke festgestellt, daß sich seine Berichte über die Zeit nach dem Tode Herodes' des Großen (4 v. Chr.) in Sprache und Stil, im Wechsel der Namen und in der Materialfülle auffällig unterscheiden. Für die Zeit von 135–37 v. Chr. sind die von ihm oft und fast ausschließlich zitierten Historiker Strabon und Nikolaos von Damaskus seine Hauptgewährsmänner. Für die Geschichte Herodes' des Großen bleibt Nikolaos, der Diplomat und Hofbiograph des Königs, seine Hauptquelle. Das große Geschichtswerk des Hofbiographen umfaßte 144 Bücher und reichte bis zum Tode des Herodes. So ausführlich dessen Regierungsjahre in den Schriften des Josephus behandelt werden, so dürftig und mangelhaft ist die Geschichte seiner Nachfolger. Von den 7 Prokuratoren Judäas während der Jahre 6–41 n. Chr. nennt Josephus nur zwei. Quirinius wird von Josephus niemals mit dem offiziellen Amtstitel eines römischen Statthalters (hegemon) genannt. Es scheint fast, als ob dem jüdischen Historiker für die Zeit vom Tode des Herodes bis zu der Zeit, die er als junger Mann selbst miterlebte, jede schriftliche Quelle gefehlt hat. Die Ungenauigkeiten, Unklarheiten und Widersprüche im XVIII. Buch seiner Altertümer zeigen dies besonders deutlich. Der erste Teil dieses Berichtes mit der Erwähnung des Quirinius versetzt uns in das Jahr 6 n. Chr., das Jahr der Absetzung des Herodessohnes Archelaus. An diesem Faktum ist nicht zu zweifeln. Dann aber heißt es nach der Notiz über die Absetzung des Hohenpriesters Joasar unvermittelt weiter: »Herodes und Philippus aber nahmen jeder Besitz von seiner Tetrarchie.« War das auch

im Jahre 6 n. Chr.? Keineswegs! Beide Herodessöhne erhielten ihre Gebiete nach dem Tode ihres Vaters, und das war im Jahre 4 v. Chr. Diese verzerrte Perspektive, Ereignisse, die in entfernteren Jahren geschahen, in näherer Distanz zu sehen, belastet das ganze 1. u. 2. Kapitel des XVIII. Buches. Es ist genau der Zeitabschnitt, für den sein Hauptgewährsmann Nikolaos von Damaskus stumm wird und dem Historiker die Quellen fehlen. Dies läßt sich sowohl im Jüdischen Krieg als auch in den Altertümern erkennen. Josephus schildert die Bautätigkeit der Tetrarchen und erweckt den Eindruck, daß alle mit Namen angeführten Städte nach dem Jahre 6 n. Chr. erbaut wurden, nämlich nach dem Zensus des Quirinius im Jahre 6 n. Chr. In Wirklichkeit ereignete sich alles früher. Für die zuletzt genannte Stadt Julias steht fest, daß sie vor dem Jahre 2 v. Chr. gegründet wurde. Julia, die einzige Tochter des Augustus aus seiner ersten Ehe, Gattin des Marcellus, des Agrippa und schließlich des Tiberius, wurde wegen ihres sittenlosen Lebenswandels von ihrem Vater im Jahre 2 v. Chr. auf die Insel Pandateria verbannt. Es ist einfach unwahrscheinlich, daß Philippus noch im Jahre 6 n. Chr. die Brüskierung des Kaisers hätte wagen können, seine Hauptstadt nach der mißratenen Kaisertochter zu nennen. Josephus erwähnt die Stadt Paneas, die der Tetrarch in Cäsarea Philippi umtaufte, wohlgemerkt: nach der Schätzung des Quirinius im Jahre 6 n. Chr. Die Münzen der Stadt reden eine deutlichere Sprache. Ihre Datierung beginnt bereits mit dem Jahre 3 oder 2 v. Chr. Diese verkürzte Perspektive des Historikers läßt sich für jede der von ihm genannten Städte aufzeigen. Mit anderen Worten: die zweite Hälfte dieses Berichtes aus dem 2. Kapitel des XVIII. Buches schildert Ereignisse, die in eine frühere Zeit gehören, nämlich in die Zeit um das Todesjahr des Herodes. Neben diesen chronologischen Ungenauigkeiten stehen unannehmbare Widersprüche. Nach Jüd. Altert. XVII, 6, 4, wird der Hohepriester Joasar von Herodes kurz vor seinem Tode (4 v. Chr.) in sein Amt eingesetzt und nach Jüd. Altert. XVII, 9, 1; Jüd. Krieg II, 2, 1, am Ende desselben oder zu Anfang des nächsten Jahres von Archelaus auf Drängen des Volkes abgesetzt. Derselbe Joasar, der in Jüd. Altert. XVIII, 1, 1, plötzlich wieder auftaucht, also im Jahre 6 n. Chr. — ohne daß der Leser etwas von seiner Wiedereinsetzung erfahren hat —, wird wiederum, wie im Jahre 4/3 v. Chr., auf Drängen des Volkes abgesetzt, diesmal aber von Quirinius. Wieder läßt Josephus Ereignisse, die sich in der Zeit um das Jahr 4 v. Chr. abgespielt haben, im Jahr der Absetzung des Archelaus (6 n. Chr.) sich wiederholen. Das gleiche gilt von Judas, dem Führer des Aufstandes. Nachdem Josephus in Jüd. Krieg II, 4, 1; Jüd. Altert. XVII, 10, 5, von dem Aufstand eines gewissen Judas erzählt hat, der nach dem Tode des Herodes (4 v. Chr.) nach der Königswürde strebte, berichtet er bald darauf (Jüd. Krieg II, 8, 1; Jüd. Altert. XVIII, 1, 1) von einem neuen Aufstand, der nach Absetzung des Archelaus (6 n. Chr.) aus Anlaß der ersten Schätzung unter Führung eines gewissen Judas ausbrach, der aus Gamala (Gaulanitis) stammte, gewöhnlich aber der »Galiläer« genannt wurde und als Gründer der Zelotenpartei galt. Die Unterscheidung zweier Aufständischer namens Judas, die beide in Galiläa zu verschiedenen Zeiten auftraten, oder auch die Annahme zweier Aufstände unter ein und demselben Judas scheint eine Verdopplung zu sein. Lukas erweckt mehr Vertrauen, wenn er Apg 5, 37 von dem Aufstand Judas' des Galiläers als einem nur einmaligen Ereignis redet, das durch die Schätzung veranlaßt worden ist. Sind wir ferner vor die Wahl gestellt, welcher Zeitangabe wir mehr Glauben schenken sollen, dann ist die Zeit um das Jahr 4 v. Chr. vorzuziehen. — Zur ganzen Frage vgl. noch *W. Lodder*, Die Schätzung des Quirinius bei Flavius Josephus, Leipzig 1930.

16 Für die Stellung, in der Quirinius den Feldzug gegen die Homonadenser führte, sind von namhaften modernen Historikern die verschiedensten Vorschläge gemacht worden: nach *E. Groag* als Prokonsul von Asia minor, in: Österr. Archäol. Jahreshefte Inst. XXI—XXII (1922 bis 1924), Beiblatt Sp. 445 ff.; nach *H. Dessau* als Legat von Pamphylien, in: Römische Kaiserzeit II, 2, S. 612 n. 4; nach *R. Syme* als Legat von Pamphylien und Galatien, in: Klio XXVII (1934), S. 122 ff.; *Th. Corbishley* schreibt: »Impressive as these names are, the divergence of their views tends to weaken their attach in the inerrancy of St. Luke, nor are their conclusions in any way preferable to the traditionel one« (Klio XXIX [1936], S. 81 bis 93). Die verschiedenen Lösungsversuche zeigen, wie lückenhaft die profangeschichtliche Überlieferung ist; wir haben darum keine Veranlassung, der klaren Angabe des Evangelisten aus dem syrischen Antiochia zu mißtrauen.

17 *A. G. Roos*, Die Quirinius-Inschrift, in: Mnemosyne III. Ser. 9 (1941), S. 306—318. — Eine im Jahre 1764 in Tibur (dem heutigen Tivoli, einer Villenstadt östlich von Rom) aufgefundene verstümmelte Ehreninschrift enthält die Angaben: PRO CONSUL ASIAM PROVINCIAM OP DIVI AUGUSTI ITERUM SYRIAM ET PH. Der in der Inschrift Geehrte hat einen Volksstamm in die Macht des Augustus und des römischen Volkes gebracht, weshalb der Senat zweimal eine »supplicatio« beschloß und ihm die »ornamenta triumphalia« verlieh. Ferner war er Prokonsul von Asia und »legatus Augusti pro praetore« von Syrien, letzteres sogar, wie es scheint, zweimal. Da Augustus »Divus« genannt wird, ist die Inschrift nach dem Tode des Kaisers, also nach 14 n. Chr., verfaßt. Über keine lateinische Inschrift ist so viel geschrieben worden wie über diese. Theodor Mommsen hat sie auf Quirinius gedeutet und in ihr ein Zeugnis für seine zweimalige Statthalterschaft in Syrien gesehen. Wegen des fehlenden Namens blieb die Deutung der Inschrift umstritten. Die neuere Forschung nähert sich mit kleinen Modifikationen der Ansicht Mommsens. Von allen Personen, die unter Augustus als Statthalter Syriens bekannt sind, ist Quirinius der einzige, zu dem die Daten der Inschrift in Beziehung gebracht werden können. Der Krieg gegen die Homonadenser muß aber früher angesetzt werden, als es Mommsen (3—2 v. Chr.) angenommen hat. Das »iterum Syriam« braucht nicht die zweimalige Statthalterschaft in Syrien zu bedeuten, sondern nur, daß er zweimal »legatus Augusti pro praetore« war.

18 Die folgende Übersicht der syrischen Statthalter soll uns zeigen, wie lückenhaft die profangeschichtliche Überlieferung ist:

23—13 v. Chr.	M. Vipsanius Agrippa
?	M. Titius
ca. 8—6 v. Chr.	C. Sentius Saturninus
6—4 v. Chr.	P. Quinctilius Varus
?	?
1 v.—4 n. Chr.	C. Julius Caesar
4—5 n. Chr.	L. Volusius Saturninus
6—? n. Chr.	P. Sulpicius Quirinius
12—17 n. Chr.	C. Creticus Silvanus

19 Josephus, der Kronzeuge für die neutestamentliche Zeitgeschichte, erwähnt ebenfalls zwei römische Beamte, die zur gleichen Zeit den Titel eines Legaten von Syrien trugen: »... bis endlich die Sache vor die damaligen Statthalter von Syrien, Saturninus und Volumnius, zur Entscheidung kam« (Jüd. Altert. XVI, 9, 1; 10, 6; 11, 1; Jüd. Krieg I, 27, 2). Da das eigentliche Amt des »legatus Augusti pro praetore« nur in einer Hand sein konnte, haben sich die Historiker für Saturninus entschieden. C. Sentius Saturninus war Konsul des Jahres 19 v. Chr. Als Prokonsul von Afrika nahm er um das Jahr 14 v. Chr. die feierliche Konsekration der auf den Ruinen von Karthago erbauten »Colonia Julia Carthago« vor. Seine Frau Fulvia, die zum Judentum übergetreten war, bot dem Tiberius einen Anlaß, die Juden aus Rom zu vertreiben. Der genaue Beginn der Statthalterschaft des Saturninus steht nicht fest.

20 Vgl. *Th. Corbishley*, Quirinius and the Census: a Restudy of the Evidence, in: Klio XXIX (1936), S. 81—93.

21 Der ganze Text der Inschrift: Q. Aemilius Q. F. Pal. Secundus (in) castris divi Augusti s(ub) P. Sulpicio Quirinio L(eg. Aug.) Caesaris Syriae honoribus decoratus, praefectus cohortis Aug. I praefect. cohort. II classicae, idem iussu Quirini censum egi Apamenae civitatis millium homin. civium CXVII, idem missu Quirini adversus Ituraeos in Libano monte castellum eorum cepi et ante militiem praefect. fabrum delatus a duobus coss. ad aerarium et in colonia quaestor aedil II decemvir II pontifex. ibi positi sunt Q. Aemilius Q. F. Pal. Secundus. F. et Aemilia Chia lib. H. M. amplius H. N. S. (nach *H. Kellner*, Jesus von Nazareth, Regensburg 1908, S. 131).

22 *E. Bammel*, Die Rechtsstellung des Herodes, in: ZDPV 84 (1968), S. 73—79; *A. Schalit*, König Herodes, 1969, S. 257 ff.

23 Zur Landeskunde Palästinas:
F.-M. Abel, Géographie de la Palestine, Paris ³1967; *D. Baly*, The Geography of the Bible, London ⁶1964; *H. Bardtke*, Zu beiden Seiten des Jordans, Berlin 1958; *ders.*, Vom Roten Meer zum See Genezareth, Berlin 1962; *G. Dalman*, Hundert deutsche Fliegerbilder aus Palästina, Gütersloh 1925; *H. L. Grollenberg*, Bildatlas zur Bibel, Gütersloh 1957; *H. Guthe*, Bibelatlas, Leipzig 1926; *ders.*, Palästina, Leipzig 1908; *R. Köppel*, Palästina. Die Landschaft in Karten und Bildern, Tübingen 1930; *M. Noth*, Die Welt des Alten Testaments, Berlin 1962; *E. Orni — E. Efrat*, Geographie Israels, Jerusalem 1966; Stuttgarter Biblisches Nachschlagewerk, Berlin 1950, S. 37—50; The Westminster Historical Atlas to the Bible, Philadelphia 1956, S. 17—20.

24 *M. Noth*, Zur Geschichte des Namens Palästina, in: ZDPV 62 (1939), S. 125—144.

25 Archäologische und literarische Funde der letzten Jahrzehnte haben klar bewiesen, daß zur Zeit Jesu in Palä-

stina die drei Sprachen Hebräisch, Aramäisch und Griechisch in gleicher Weise gekannt und verwendet wurden.

Zur Sprache Jesu: *G. Dalman*, Jesus-Jeschua. Die drei
Sprachen Jesu, Leipzig 1922; *P. Rüger*, Zum Problem
der Sprache Jesu, in: ZNW 59 (1968), S. 113.

26 *M. Blankenhorn*, Geologie Palästinas nach heutiger Auffassung, in: ZDPV 62 (1939), S. 22–52; *L.-H. Vincent*,
Jérusalem antique, Paris 1912, S. 79–97.

27 Zum Klima Palästinas:
D. Baly, a. a. O., S. 41–82; *M. Blankenhorn*, Monats-
und Jahresmittel der meteorologischen Beobachtungen
von 1928 bis 1937, in: ZDPV 52 (1929) – 61 (1938);
H. Hilderscheid, Die Niederschlagsverhältnisse Palästinas in alter und neuer Zeit, in: ZDPV 25 (1902), S. 1 bis
105; Israel-Handbuch 1964, S. 20; *L.-H. Vincent*, a. a. O.,
S. 97–110.

28 Nach *K. Galling*, Textbuch zur Geschichte Israels, Tübingen 1950, S. 4. – Der Bericht stammt aus der Erzählung Sinuhes, der als hoher ägyptischer Regierungs-
beamter aus politischen Gründen sein Land verlassen
mußte. Nach vielen Abenteuern kam er nach Palästina
und Syrien, wo er die Tochter eines Amoriterfürsten
heiratete.

29 Zur Topographie und Überlieferungsgeschichte von Betlehem: *C. Kopp*, Die Heiligen Stätten der Evangelien,
Regensburg 1957, S. 10 ff. – Dieses ausgezeichnete, aber
nicht leicht zu lesende Werk ist die Frucht eines jahr-
zehntelangen Studiums. Der Verfasser hat in einer bisher in dieser Art nicht vorliegenden Sammelarbeit alles
zusammengezogen, was die Evangelien und die frühe
Tradition der ersten christlichen Jahrhunderte, was die
weitere Geschichte und die Ausgrabungen zur Lokalisierung der einzelnen im Evangelium genannten Stätten zu
sagen haben. Dem Werk und seinem Verfasser weiß ich
mich zu großem Dank verpflichtet. Es bildet an vielen
Stellen die Grundlage meiner Darstellung, auch wenn
nicht in jedem Einzelfall der Beleg dafür angegeben
wird. – Besonders erwähnt sei hier auch das Werk des
verdienten Palästinaforschers *Gustaf Dalman*, Orte und
Wege Jesu, Gütersloh 1924. Ebenso wie beim vorher erwähnten Buch von C. Kopp finden wir hier eine sach-
kundige Führung, wohlbegründete Urteile, eine wissen-
schaftlich-sachliche und von der Liebe zu den heiligen
Stätten erfüllte Sprache. – *B. Bagatti*, Gli antichi edifici
sacri di Betlemme, Gerusalemme 1952; *A. Barrois*, in:
DBS I, Sp. 970–975; *L.-H. Vincent* – *F.-M. Abel*, Bethléem, Le Sanctuaire de la Nativité, Paris 1914.

30 *J. H. Knudtzon*, Die el-Amarna-Tafeln, 2 Bde., Leipzig
1907/15. – El-Amarna, am Ostufer des Nil in Mittelägypten, war die Residenz des ägyptischen Königs Amenophis IV. (1364–1347 v. Chr.). In den Ruinen des Palastes entdeckten im Jahre 1887 einige Beduinen zufällig
das königliche Archiv. Es enthielt mehr als 350 Briefe,
die Korrespondenz, die vorderasiatische Könige und
kleine syrische, palästinensische Stadtfürsten mit den
Pharaonen führten. Diese Briefe sind auf Tontafeln geschrieben und geben uns einen Einblick in die damaligen
politischen Verhältnisse.

31 Viele unserer Kenntnisse über das Heilige Land verdanken wir den Pilgerberichten. Die Römer nannten die
Ortsverzeichnisse mit den Angaben der Lage und Ent-

fernungen »Itineraria« – »Pilgerführer«. Als nach dem
Sieg Konstantins das christliche Leben und damit die
kirchliche Bautätigkeit in Palästina aufblühte, begannen
auch die Wallfahrten in das Heilige Land. So datieren
aus dieser Zeit die ersten Reiseführer und Beschreibungen der heiligen Stätten. Eusebius, Bischof von Cäsarea
und kaiserlicher Hofbiograph, verfaßte um 330 n. Chr.
ein vierteiliges topographisches Werk. Teil I enthielt die
völkerkundlichen Termini in hebräischen Schriften mit
einer Umschreibung der hebräischen Eigennamen ins
Griechische; Teil II: Beschreibungen des alten Judäa mit
Angaben der Stammesgrenzen; Teil III: Plan von Jerusalem und dem Tempel. Von dem Gesamtwerk ist nur
noch der Teil IV erhalten, das sogenannte Onomastikon, ein Verzeichnis biblischer Ortsnamen. Es stellt –
wie Teil I – eine Transkription der hebräischen Namen
in griechischen Buchstaben dar. Eine seiner Quellen für
die Lokalisierung der Orte war die sogenannte »Tabula
Peutingeriana«, eine zeitgenössische Straßenkarte des
Römischen Imperiums. Ferner benutzte er eine jüdische
Namensliste von Levitenstädten und Asylorten, die in
der Zeit Philos von Alexandria († 45/50 n. Chr.) angefertigt worden war. Mit Hilfe dieser zeitgenössischen
Quellen schuf Eusebius das Onomastikon, das von Hieronymus (um 390) nochmals überarbeitet wurde. Als geo-
graphisches Bibellexikon hat des Eusebius Werk für die
historische Geographie des Heiligen Landes seine unvergängliche Bedeutung. Letzte Ausgabe: *E. Klostermann*,
Das Onomastikon der biblischen Ortsnamen, Leipzig
1904.

Eusebius nennt uns in seiner Kirchengeschichte (IV, 26,
13; VI, 11, 2) die beiden ältesten Palästinapilger, von
denen wir wissen: Meliton († vor 190 n. Chr.), Bischof
von Sardeis in Kleinasien, und Alexander, Bischof von
Kappadozien. Die Überlieferung bezeugt für beide Pilger die Motive ihrer sicher nicht unbeschwerlichen Reise. Meliton betont ausdrücklich in der Vorrede einer verlorengegangenen Schrift, daß er die Reise unternahm,
um am Ursprungsort des Evangeliums die Authentie
des angenommenen Glaubens bestätigt zu erhalten und
um in diesem Sinn für seine Freunde ein Zeuge zu werden. Aus seinen Wendungen kann man schließen, daß
die wichtigsten Stätten des Lebens Jesu (die der Geburt
und die des Todes) schon in der Mitte des 2. Jahrhunderts dem Fremden »gezeigt wurden«. Alexander unternahm als Bischof von Kappadozien um 212 eine Pilgerreise, da ein Gebet an den Stätten der evangelischen
Geschichte eine besondere Kraft habe und um mit eigenen Augen diese Stätten zu betrachten und in der Heimat davon berichten zu können. Er kehrte aber nie nach
Hause zurück; denn die Jerusalemer Gemeinde erwählte
ihn zu ihrem Bischof. Das erste erhalten gebliebene
»Itinerarium Burdigalense« (der *Pilger von Bordeaux*
[333 n. Chr.]) skizziert eine Pilgerreise von Bordeaux
über Konstantinopel nach Jerusalem. Der uns unbekannte Pilger ist Ende Mai 333 von Konstantinopel
aufgebrochen und Ende Dezember 333 wieder in Konstantinopel eingetroffen. Die Schrift ist ein auf den
Itinerarien des Römischen Imperiums beruhendes Verzeichnis sämtlicher Poststationen und Herbergen, der
Entfernungen zwischen ihnen, und der Grenzorte der
Provinzen. Der knappe und trockene Bericht enthält eine

Aufzählung der Sehenswürdigkeiten Palästinas nach Art eines Reiseführers, der wegen seines hohen Alters besonderen Wert besitzt.

Im Jahre 1884 wurde in einem Kloster in Arezzo ein Manuskript entdeckt, das einen bis dahin noch nicht bekannten lateinischen Text enthielt. Es war der Bericht einer adligen Dame an ihre »Schwestern« — vielleicht war sie deren Äbtissin — über eine Reise, die sie aus »heiliger Neugierde« nach Palästina und Ägypten geführt hatte. Über ihren Namen sind sich die Forscher nicht ganz einig. Man nennt sie allgemein die »Pilgerin Aetheria« und vermutet, daß sie eine Verwandte des Kaisers Theodosius I. (379—395) war, dessen Macht und Einfluß der Pilgerin alle Grenzen und Tore öffnete. Etwa drei Jahre, vom Frühjahr 381 bis zum Frühjahr 384, pilgerte Aetheria auf den Spuren Jesu und schrieb darüber ihre »Peregrinatio ad loca Sancta« — »Pilgerreise zu den heiligen Stätten« — mit einer Beschreibung der liturgischen Gebräuche in Jerusalem (siehe S. 506 f. und S. 557 ff.).

Die nicht ganz erhaltene Schrift zerfällt in zwei Hauptteile:

I. Beschreibung der von Jerusalem aus unternommenen Reisen;

II. Die Liturgie der Kirchen Jerusalems.

I. Aetherias Bericht beginnt mit einer Reise zum Sinai und dem Aufstieg zum Dschebel Musa (c. 1—5), der auf den 16. Dezember 383 datiert werden kann; zum Epiphaniefest 384 ist sie im Lande Goschen (c. 9, 1); Ende Januar 384 trifft sie wieder in Jerusalem ein. Es folgen von dort Aufstiege zum Nebo mit dem Mosegrab (c. 10—12) und zum Ijobgrab im nördlichen Ostjordanland (c. 13 bis 16). Etwa zwei Wochen vor Ostern trifft die Pilgerin wieder in Jerusalem ein, das sie dann endgültig am Ostermontag, dem 25. März 384, verläßt. Auf dem Rückweg besucht Aetheria noch Mesopotamien. Dann führt sie die Reise über Antiochia und Seleukia nach Konstantinopel, wo sie wohl ihren Bericht niedergeschrieben hat.

II. Die Schilderung der Liturgie der Kirchen Jerusalems vom Epiphaniefest bis Pfingsten, die Kirchweihtage mit eingeschlossen, bezieht sich auf das Jahr 383. Während ihres Aufenthaltes war Kyrill (348—387) Bischof von Jerusalem. Die Pilgerschrift ist für die Geschichte des Gottesdienstes von unschätzbarem Wert und »das bedeutendste Denkmal der gesamten Literatur abendländischer Palästinapilger des ersten Jahrtausends« *(Baumstark)*. Petrus Diaconus, der gelehrte Bibliothekar von Monte Cassino, schrieb um 1137 ein »Buch über die heiligen Orte« — »De locis Sanctis«. Das aus verschiedenen Pilgerschriften kompilierte Werk scheint manche Abschnitte aus den verlorengegangenen Teilen des Berichtes der Aetheria zu enthalten.

Die Pilgerreise der Aetheria (Peregrinatio Aetheriae), eingeleitet und erklärt von *H. Pétré*, übersetzt von *K. Vretska*, Klosterneuburg 1958.

Der prägnante Pilgerführer »De situ terrae Sanctae« des Archidiakons *Theodosius* (um 530) zählt nach einem geographischen Plan die biblischen Orte auf, bietet eine Beschreibung Jerusalems mit Angabe der damaligen Überlieferungen und Legenden.

Der gleichen Zeit (um 530) gehört der *Breviarius de*

Hierosolyma an, der in dürftiger Sprache die Sehenswürdigkeiten der Stadt aufzählt.

Sehr wertvoll, wenn auch mit Sagen und Legenden ausgeschmückt, ist der Erlebnisbericht des sogenannten *Anonymus von Piacenza*, »Antonini Placentini itinerarium«, der einen ebensowenig bekannten Pilger Antoninus von Piacenza um 570 nach dem Heiligen Land begleitete.

Hundert Jahre später reiste der gallische Bischof Arkulf von Périgueux durch den Orient und weilte 9 Monate in Jerusalem. Auf der Rückfahrt wurde er nach Schottland verschlagen. Dort schrieb der Abt des Klosters Jona, Adamnanus, seinen Pilgerbericht nieder, den Arkulf mit kleinen Skizzen illustrierte.

Die Pilgerreise *Willibalds* (724—726), des späteren Bischofs von Eichstätt, zeichnete nach 785 eine Nonne des Klosters Heidenheim auf.

Beda Venerabilis († 735) hat zwar selbst die heiligen Stätten nicht besucht, sammelte aber aufmerksam alle Nachrichten in seinem »Liber de locis Sanctis«.

Um 870 schrieb der fränkische Mönch *Bernard* den letzten abendländischen Pilgerbericht vor den Kreuzfahrern.

Die Texte der alten Pilgerberichte sind gesammelt herausgegeben worden von *P. Geyer*, Itineraria Hierosolymitana saec. IV—VIII, Wien 1898; *D. Baldi*, Enchiridion Locorum Sanctorum, Jerusalem ²1955.

Eine Zusammenfassung der Pilgerberichte aus der Frühzeit bringt: *J. Wilkinson*, Christian pilgrims in Jerusalem during the byzantine period, in: PEQ 108 (1976), S. 75—101; *H. Donner*, Pilgerfahrt ins Heilige Land. Die ältesten Berichte christlicher Palästinapilger (4.—7. Jahrhundert), Stuttgart 1979.

32 *J. Jeremias*, Heiligengräber in Jesu Umwelt, Göttingen 1958, S. 75 f.

33 *H. Stegemann*, Jesus aus Kapernaum, Bonn 1969; *A. Vögtle*, Jesus von Nazareth, in: Ökumenische Kirchengeschichte, hrsg. von Kottje-Moeller, Bd. I, Mainz-München 1970, S. 3—24, bes. S. 7 f.

34 *R. Bultmann*, Das Evangelium des Johannes, Göttingen 1941, S. 231: »Von der Bethlehemgeburt weiß also der Evangelist nichts, oder will er nichts wissen.«

35 Eine zusammenfassende philologische Untersuchung bietet: *P. Benoit*, »Non erat eis locus in diversorio« (Lc 2,7), in: Mélanges bibliques en hommage au R. P. Béda Rigaux, Gembloux 1970, S. 173—186.

36 *A. Heisenberg*, Die Grabeskirche in Jerusalem, I, Leipzig 1908, S. 206. In umfassender Weise werden Heisenbergs Argumente kritisch untersucht und an den uns zur Verfügung stehenden Quellen gemessen von *K. Schmaltz*, Die drei »mystischen« Christuslegenden der Geburt, der Jüngerweihe und des Grabes, in: ZDPV 42 (1919), S. 132—165.

37 Nach *J. Jeremias*, Golgotha, Leipzig 1926, S. 14.

38 Zum archäologischen Befund und zur Baugeschichte der Geburtskirche: *L.-H. Vincent — F.-M. Abel*, Bethléem, Le Sanctuaire de la Nativité, Paris 1914; *R. W. Hamilton*, Excavations in the Atrium of the Church of the Nativity, in: QDAP III (1934), S. 1—8; *W. Harvey*, Structural Survey of the Church of the Nativity Bethlehem, London 1935; *E. T. Richmond*, Basilica of the Nativity, in: QDAP V (1936), S. 75—81; QDAP VI (1938),

S. 63–72; *A. Rücker*, Bericht über die archäologischen Ergebnisse und Untersuchungen in der Geburtskirche in Bethlehem, in: Oriens Christianus, Ser. III, 13 (1938), S. 224–238; *B. Bagatti*, Gli antichi edifici sacri di Betlemme, Gerusalemme 1952; *ders.*, Recenti scavi a Betlemme, in: FrancLA XVIII (1968), S. 181–237; *M. T. Petrozzi*, Bethlehem, übersetzt und überarbeitet von A. Eickler OFM, Jerusalem 1972.

39 Zur Geschichte des Weihnachtsfestes:
Der wirkliche Geburtstag Jesu ist unbekannt. So wurde bereits in frühchristlicher Zeit das Fest an verschiedenen Terminen begangen: in Ägypten und Palästina im Mai, von den Judenchristen wahrscheinlich mit dem Gedächtnis seines Todes am 14. Nisan. In Rom hat man die Geburt des Herrn nie am Epiphaniefest (6. Januar) gefeiert, sondern immer am 25. Dezember, und zwar sicher seit dem Jahre 336. Wie lange vor 336 der 25. Dezember als Geburtstag Jesu gefeiert wurde, ist unbekannt. Epiphanie am 6. Januar wurde im 4. Jahrhundert mit verändertem Festinhalt aus dem Orient übernommen.

40 Mit zwölf Jahren trat der Züricher Patriziersohn Felix Schmid in Basel in den Dominikanerorden ein. 1473 übernahm er das Amt eines Lesemeisters in Ulm. Nach damaliger Humanistenart latinisierte er seinen Namen zu Faber. Mit 38 Jahren machte er 1480 als Kaplan und Begleiter des Grafen Georg von Stein, des späteren Landeshauptmanns der Lausitz, seine erste Pilgerfahrt ins Heilige Land, die ihn aber unbefriedigt ließ, da er nur neun Tage in Jerusalem verweilen konnte. So unternahm er 1483 als Begleiter des schwäbischen Adeligen Johann Truchseß von Waldburg seine zweite Reise nach Jerusalem. Auf der Rückreise, die ihn von Jerusalem zum Sinai-Kloster und über Kairo, Alexandrien nach Venedig führte, schloß er sich der Reisegesellschaft des Mainzer Domherrn Bernhard von Breydenbach an (vgl. Anm. 291, S. 589).
Eine deutsche Ausgabe seines Reiseberichtes, der wohl zu den bedeutendsten des späten Mittelalters gehört, erschien 1556 in Ulm. »Die Pilgerfahrt des Bruders Felix Faber — ANNO MCDLXXXIII« wurde nach der ersten deutschen Ausgabe bearbeitet und neu herausgegeben vom Union Verlag, Berlin 1965.

41 *B. Mazar*, The excavations in the Old City of Jerusalem, Preliminary report of the First Season, 1968, Jerusalem 1969, S. 15 f.

42 Fast alles, was wir über Herodes wissen, verdanken wir Josephus Flavius. Der jüdische Historiker begründet seine Charakteristik des Herodes mit einem Hinweis auf das Zwiespältige seiner Art. Er stellt seine Freigebigkeit und Großzügigkeit seiner Grausamkeit und Härte gegenüber und führt beides auf seinen Ehrgeiz und seine Ruhmsucht zurück. Weil die Juden das Recht höher schätzten als den Ruhm, habe das jüdische Volk ihn verachtet und er das jüdische Volk nicht geachtet.
So schwankt die Herodesliteratur bis zum heutigen Tage zwischen zwei Extremen: Entweder schwingt eine judenfeindliche Tendenz mit, die Herodes rechtfertigt und alle Schuld den Juden in die Schuhe schiebt (*H. Willrich*, Das Haus des Herodes zwischen Jerusalem und Rom, Heidelberg 1929), oder Herodes wird aufgrund einer jüdisch-national bestimmten Voreingenommenheit nur als Tyrann und Frevler dargestellt, der das legitime

Herrscherhaus der Hasmonäer vernichtete und den Heiden zu Gefallen das jüdische Volk bedrückte und ausplünderte (*J. Klausner*, Herodes und seine Söhne, Jerusalem 1950). Den bisher umfassendsten Versuch, die großartig-tragische und zugleich kaltblütig-grausame Persönlichkeit zu würdigen, zu verstehen und zu beurteilen, bildet das in hebräischer Sprache geschriebene Werk von *A. Schalit*, König Herodes, der Mann und sein Werk, Jerusalem 1960 (deutsche Ausgabe: Berlin 1969). Schalit rühmt in seinem Vorwort den Beitrag von *W. Otto*, der in der Realencyklopädie der klassischen Altertumswissenschaft von *Pauly-Wissowa*, Supplement II erschienen ist (*W. Otto*, Herodes, Stuttgart 1913). Einen guten Führer durch die verworrene Geschichte der Herodesdynastie findet man in den beiden Büchern von *St. Perowne*, Herodes der Große, Stuttgart 1957, und: Herodier, Römer und Juden, Stuttgart 1958.
Zur Zeitgeschichte:
F.-M. Abel, Histoire de la Palestine, 2 Bde., Paris 1952; *W. Foerster*, Neutestamentliche Zeitgeschichte, Hamburg 1950, I, S. 84 ff.; *U. Holzmeister*, a. a. O., S. 23 ff.; *J. Ricciotti*, Das Leben Jesu, Basel 1949, S. 7 ff.; *E. Schürer*, Geschichte des Jüdischen Volkes, 3 Bde., Leipzig ⁴1901.

43 Verschiedene frühchristliche Schriftsteller, wie Justin († um 165), Sextus Julius Africanus († nach 240) und Epiphanios († 403), überliefern eine bei den Juden verbreitete Version der Abstammung des Herodes, der aber kein historischer Wert beizumessen ist. Herodes' Großvater habe als Tempeldiener des Apollon in Aschkelon gelebt. Seinen Sohn Antipater, den Vater des Herodes, hätten dann idumäische Räuber in früher Jugend gefangengenommen und so zu einem Idumäer gemacht. Diese jüdische Überlieferung verrät deutlich die Tendenz, dem verhaßten Usurpator alles mögliche Böse nachzusagen.

44 *B. Kanael*, The Beginning of the Maccabean Coinage, in: IEJ 1 (1950/51), S. 170–175; *L. Kadman*, The Coins of the Jewish War, Jerusalem 1960, S. 42–47; *F. W. Madden*, History of Jewish Coinage and of Money in the Old and New Testament, London 1864, S. 45 f.; *J. Mayshan*, Jewish Coins in ancient historiography, in: PEQ 96 (1964), S. 46–52; *W. Wirgin — S. Mandel*, The History of Coins and Symbols in Ancient Israel, New York 1958, S. 39–54.

45 Von dieser Tributpflicht wurde auch der neuernannte König Herodes nicht befreit. Appian berichtet, Antonius habe »nach festgelegten Steuersätzen« Könige eingesetzt, die ihm als erprobt und bewährt erschienen, so den Darius, der eine Steuer für den Staat Pontos, und den Herodes, der für »die Judäer [Idumäer] und die Samariter« bezahlt habe (Bell. civ. V, 75).

46 *G. Harder*, Herodes-Burgen und Herodes-Städte im Jordangraben, in: ZDPV 78 (1962), S. 49–63; *O. Plöger*, Die makkabäischen Burgen, in: ZDPV 71 (1955), S. 141 bis 172; *A. Schalit*, a. a. O., S. 228–357.

47 Ihre Hauptbegründer und bedeutendsten Vertreter sind der Heidelberger Neutestamentler *Martin Dibelius* (Die Formgeschichte des Evangeliums, Tübingen ⁴1961) und der Marburger Neutestamentler *Rudolf Bultmann* (Die Geschichte der synoptischen Tradition, Göttingen ⁴1958). Die formgeschichtliche Schule setzt sich zur Aufgabe, die Entstehung unserer Evangelien zu erklären, indem sie

die »Geschichte«, d. h. das Werden und die Entstehung der »Formen« darstellt, in denen die Botschaft der Evangelien dargeboten und überliefert wurde, ehe sie endgültig in den Evangelien, wie wir sie gegenwärtig besitzen, fixiert wurde.
Zur Beurteilung ihrer Auslegungsprinzipien:
A. Bea, Die Geschichtlichkeit der Evangelien, Paderborn 1966; *R. Marlé*, Bultmann und die Interpretation des Neuen Testamentes, Leipzig 1960; *E. Güttgemanns*, Offene Fragen zur Formgeschichte des Evangeliums, München 1970.

48 Mit »Midrasch« werden verschiedenartige literarische Gattungen in der jüdischen Literatur benannt:
1. Bibelkommentare, in denen ein Buch der Schrift fortlaufend, Wort für Wort, Vers für Vers nach rabbinischer Methode ausgelegt wird;
2. liturgische Homilien, in denen die Schriftlesungen an den Sabbaten und Festtagen im Hinblick auf die aktuelle religiöse Situation volkstümlich ausgelegt werden.
Die Ausführungen über die Darstellungsweise von Mt 2 entstammen einer Vorlesung von *M. Zerwick SJ* (1967); *A. Heising OSB*, Gott wird Mensch, Trier 1967, S. 39 bis 55; *R. Le Déaut*, A propos d'une définition du midrash, in: Biblica 50 (1969), S. 395–413; *X. Léon-Dufour*, Die Evangelien und der historische Jesus, Aschaffenburg 1966, S. 392–403; *W. Trilling*, a. a. O., S. 74 bis 76; *A. Vögtle*, Das Schicksal des Messiaskindes, in: Bibel und Leben 4 (1965), S. 246–279; *Th. Zahn*, Das Evangelium des Matthäus, Leipzig 1903, S. 86–102.

49 Zwei Planeten stehen in Konjunktion zueinander, wenn sie die gleiche Länge haben, d. h., wenn der Teil der Ekliptik, der zwischen dem Frühlingspunkt und dem Breitenkreis des Sternes liegt, gleich groß ist. Breitenkreise sind die durch die beiden Himmelspole gelegten Kreise, die die Ekliptik unter einem rechten Winkel schneiden (vgl. noch Anm. 52).

50 Die Ausführungen stützen sich auf den Artikel von *G. Hartmann SJ*, Das astronomische Ereignis 1940/41 und der Stern der Weisen, in: Stimmen der Zeit, Bd. 138 (1941), S. 234 ff.; *K. Ferrari d'Occhieppo*, Der Messiasstern unter neuen astronomischen und archäologischen Gesichtspunkten, Wien 1964; *J. Hontheim*, Das Datum der Geburt Christi, in: Katholik 1907, II, S. 117 ff.; Die Konjunktion des Jupiter und Saturn im Jahre 7 v. Chr., 1908, II, S. 187 ff.
Für eine Deutung des Sternes als einer wunderbaren Lichterscheinung treten ein: *E. Kalt*, in: Biblisches Reallexikon II, Magier, Sp. 90–92; *Fr. X. Kugler SJ*, Der Stern der Weisen, in: Stimmen aus Maria Laach 83 (1912), S. 481–492; *J. Schaumberger C.Ss.R.*, Textus cuneiformis de stella Magorum, in: Biblica 6 (1925), S. 444; 7 (1926), S. 294; 24 (1943), S. 162; Verbum Domini 18 (1940), S. 333–339.

51 *P. Schnabel*, Der jüngste Keilschrifttext, in: Zeitschrift für Assyriologie, NF 2 (36) 1925, S. 66 ff.; *Fr. X. Kugler SJ*, Sternkunde und Sterndienst in Babel, I (Entwicklung der babylonischen Planetenkunde von ihren Anfängen bis auf Christus), Münster 1907, S. 17 ff., S. 104 ff. und Tafel IX, S. 118; Sternkunde und Sterndienst in Babel, II (Natur, Mythos und Geschichte als Grundlagen babylonischer Zeitordnung), Münster 1909/10, S. 467 ff., S. 505 f.; *K. Ferrari d'Occhieppo*, Jupiter und Saturn in

den Jahren −125 und −6 nach babylonischen Quellen, Wien 1965; *A. J. Sachs*, Late Babylonian Astronomical und Related Texts, Rhode Island 1955, Text 1195.

52 Die folgenden Koordinatenangaben veranschaulichen den Sachverhalt nach dem ekliptikalen System. Die Koordinaten im Ekliptiksystem sind die ekliptikale Länge λ, die vom Frühlingspunkt aus nach Osten, also in Richtung der Sonnenbewegung gezählt wird; und die ekliptikale Breite β, d. i. der nördliche (positive) oder südliche (negative) Abstand eines Gestirns von der Ekliptik.

53 Gewöhnlich werden für die einzelnen Konjunktionen folgende Daten angegeben:
1. Konjunktion: 28. Mai
2. Konjunktion: 3. Okt.
3. Konjunktion: 4. Dez.
Diese Berechnung gilt für den Berliner Mittag; nach Jerusalemer Zeit 13.28 Uhr. Da die Juden den neuen Tag mit dem Abend beginnen und die Planeten erst in der Nacht sichtbar werden, ist es praktisch einfacher, die Konjunktion erst für den folgenden Tag anzusetzen.

54 Koordinaten nach dem beweglichen Äquatorialsystem — Rektaszensionssystem: α bezeichnet die Rektaszension (gerade Aufsteigung), d. h. den Winkel zwischen Frühlingspunkt und dem Schnittpunkt des Himmelsäquators mit dem Stundenkreis eines Sternes. Die Rektaszension wird in Stunden (24 Stunden entsprechen 360°) rechtläufig gezählt, von Westen über Süden nach Osten.
δ bezeichnet die Deklination (Abweichung), d. h. den gemessenen Winkel zwischen dem Stern und dem Schnittpunkt seines Stundenkreises mit dem Himmelsäquator; positiv, wenn nördlich, negativ, wenn südlich des Äquators. Für die Zeit Jesu waren die Tierkreiszeichen der Fische mit dem Sternbild der Fische identisch. Wegen der Präzession der Nachtgleichen verschiebt sich das Tierkreiszeichen der Fische am Sternenhimmel. Heute deckt es sich nicht mehr mit dem Sternbild der Fische, sondern dem des Wassermannes.

55 Zitiert bei *F. Delitzsch*, Wo lag das Paradies?, 1881, S. 133.

56 Der immer wieder zu lesende Einwand (vgl. LThK, IX. Bd., Sp. 1058), daß eine Konjunktion nicht in nordsüdlicher Richtung voranziehen kann, geht am eigentlichen Sachverhalt vorbei. Zunächst wandert keine Konjunktion, sondern Mt spricht immer nur von einem Stern: »Wir haben seinen Stern im Aufgang gesehen.« Alle Himmelserscheinungen werden ferner nach dem Augenschein beurteilt. Auch wir Menschen des 20. Jahrhunderts lassen trotz Kopernikus und Galilei die Sonne am Morgen aufgehen und am Abend untergehen, obwohl die Sonne nicht aufgeht und nicht untergeht, sondern die Erde sich dreht. Ist darum unsere Redeweise falsch? Das gleiche gilt von dem Phänomen des Stillstandes von Jupiter; ein Ereignis, das durch die seltene Konjunktion mit Saturn besonders auffiel. Nicht der Jupiter »wandert von Nord nach Süd«, wohl aber erweckte seine Stellung nach dem Augenschein den Eindruck, daß er sich in nordsüdlicher Richtung bewegte und den Magoi »voranzog«.

57 *E. Kusch*, Ägypten im Bild, Nürnberg 1955, S. 19 und Bild Nr. 48.

58 *A. Strobel*, Jahrespunkt-Spekulation und frühchristliches Festjahr, in: ThLZ 87 (1962), Sp. 189.

59 Je zwei Seiten dieser Kodizes sind auf den Vorsatzblät-

tern am Anfang und am Ende des Buches abgebildet (vgl. Abbildungsverzeichnis, S. 597).

Der Codex Vaticanus enthält das Alte und das Neue Testament. Von den ursprünglichen 820 Seiten sind 759 erhalten geblieben. Der Text des Neuen Testaments bricht mit Hebr 9, 14 ab; die restlichen Blätter sind verlorengegangen. Die sehr einfache, schöne Schrift, die leider durch Verbesserungen eines späteren Schreibers gelitten hat, verweist nach Ägypten als Herkunftsland. Die Handschrift ist in drei Spalten zu je 42 Zeilen in Großbuchstaben ohne die Wortzwischenräume und ohne Satzzeichen nach der Schreibertradition der Papyrusrollen geschrieben. Seit 1475 ist der Kodex als Eigentum der Vatikanischen Bibliothek nachweisbar. Seine früheren Schicksale sind unbekannt.

Der Codex Sinaiticus ist eine vierspaltige Bibelhandschrift, von der 347 Blätter erhalten geblieben sind. Der Leipziger Theologieprofessor Konstantin von Tischendorf hat sie in den Jahren 1844 und 1859 im Katharinenkloster am Sinai entdeckt. 43 Blätter kamen in die Leipziger Universitätsbibliothek, die weiteren 304 Blätter überließen die Mönche gegen reiche Geschenke dem Zaren Alexander II. Im Jahre 1933 wurde die Handschrift vom Britischen Museum erworben. Der Kodex, der in Ägypten oder im palästinensischen Cäsarea geschrieben worden ist, enthält fast das ganze griechische Alte und Neue Testament. Die sorgfältige Untersuchung der Schrift hat ergeben, daß die sehr schöne Schrift von drei Schreibern ausgeführt worden ist.

Um das Jahr 1976 stieß man im Katharinenkloster auf der Sinai-Halbinsel beim Abriß einer Mauer auf ein vorher unbekanntes Gelaß, in dem viele Ikonen und große verschlossene Kästen mit alten Handschriften lagen, darunter auch die bisher unbekannten acht fehlenden Blätter des Codex Sinaiticus.

60 *F. G. Kenyon*, Der Text der Griechischen Bibel, Berlin 1961. Wer Interesse am Text der Heiligen Schrift hat, findet in diesem Werk eine nicht nur solide, sondern geradezu spannend geschriebene Einführung. — *W. Michaelis*, Einleitung in das Neue Testament, Bern 1961, S. 343 f.; *A. Wikenhauser*, Einleitung in das Neue Testament, Freiburg ⁴1961, S. 46 ff.

61 Papyrus Bodmer II, in: ThLZ 82 (1957), Sp. 161 ff.; Das Johannesevangelium auf Papyrus, in: Forschungen und Fortschritte, 1957, S. 50; *F. G. Kenyon*, a. a. O., S. 63.

62 *H. Hunger*, Zur Darstellung des Papyrus Bodmer II (P⁶⁶), in: Anzeiger der phil.-historischen Klasse der Österreichischen Akademie der Wissenschaften, Wien 1960, Nr. 4, S. 1–23.

63 Die Datierung der einzelnen Handschriften ist entnommen aus dem Werk: Geschichte der Textüberlieferung, hrsg. von H. Hunger, O. Stegmüller usw., Zürich 1961. Zur antiken Literatur: *H. Lietzmann*, Die Chester-Beatty Papyri des Neuen Testaments, in: Die Antike, 11/1935, S. 139–148.

64 Die wissenschaftliche Textkritik erlebte ihre Blütezeit im vergangenen Jahrhundert. Ihr überzeitlich gültiges Ergebnis liegt uns in den textkritischen Ausgaben des Neuen Testaments vor. Die bedeutsamsten sind die Ausgaben von Westscott/Hort, Tischendorf, Soden, Nestle und Merk. Die wissenschaftliche Katalogisierung der neutestamentlichen Handschriften und neu aufgefundenen Papyri und Kodizes wird von dem Institut für neutestamentliche Textforschung an der Universität Münster besorgt, das 1963 eine Gesamtliste der griechischen Handschriften des Neuen Testaments veröffentlicht hat.

65 Die Zusammenstellung ist einem Artikel von A. Vögtle entnommen.

66 Zur Bibliotheca Laurentiana: Die Mediceer-Bibliothek zu Florenz wurde 1444 von Cosimo dem Alten gegründet und enthält zahlreiche mittelalterliche Handschriften der antiken Literatur. Der derzeitige Handschriftenbestand wurde 1961 in Leipzig in einem photomechanischen Nachdruck des alten Kataloges von 1764–1770 veröffentlicht: *A. M. Bandini*, Catalogus codicum manuscriptorum Bibliothecae Mediceae Laurentianae, acced. suppl. tria ab E. Rostagno et N. Festa congesta. Accur. F. Kudlien, Lipsiae 1961.

67 *V. Corbo*, L'Herodion di Giabal Fureidis, Relazione preliminare della terza e quarta campagna de scavi archeologici, in: FrancLA XVII (1967), S. 65–121; *E. Netzer*, Herodium, in: IEJ 22 (1972), S. 247–249.

68 Zur Überlieferungsgeschichte von Nazaret: Die ersten archäologischen Untersuchungen, die sich aber nur auf die Verkündigungsgrotte beschränkten, wurden 1895 von Br. Benedict Vlaminck OFM durchgeführt. Er entdeckte das berühmte Kononmosaik und den alten Zugang zur Felshöhle (Martyrion). In den Jahren 1889 und 1907–1909 dehnte *P. Prosper Viaud OFM* seine Untersuchungen auf den südlichen Teil der Verkündigungskirche aus und leitete die Ausgrabungen unter den Gebäuden des Franziskanerklosters. Die Ergebnisse der Ausgrabungen veröffentlichte er in dem Werk: Nazareth et ses deux églises de l'Annonciation et de Saint-Joseph, Paris 1910.
Die neuesten Ausgrabungen auf dem Gelände der Verkündigungskirche wurden durchgeführt von *P. Bellarmino Bagatti OFM*, Gli scavi di Nazaret, Vol. I: Dalle origini al secolo XII., Gerusalemme 1967; *G. Dalman*, a. a. O., S. 61 ff.; *C. Kopp*, a. a. O., S. 86 ff.; DBS VI, Sp. 318–333.

69 *M. Avi-Yonah*, The Caesarea Inscription of the twenty-four priestly Courses, in: The Teacher's Yoke, Waco 1964, S. 46–57; *A. Windfuhr*, Die galiläischen Heimatorte der 24 Priesterordnungen nach Kalir, in: PJB 18/19 (1922/23), S. 80–89.

70 *E. L. Sukenik*, The ancient Synagogue at Yafa near Nazareth, in: Fund for the Exploration of Ancient Synagogues, Bulletin II, Jerusalem 1951, S. 6–24.

71 *R. Knopf – G. Krüger*, Ausgewählte Martyrerakten, 1929, S. 65, IV, 2.

72 Die Abkürzung *IIP* wird gewöhnlich zu der Präposition »para« (von) ergänzt. B. Bagatti schlägt die neue Deutung »Votivgabe, Weihegeschenk« vor, die durch eine in Bet-Schean gefundene Inschrift eine starke Stütze erfährt.

73 *B. Bagatti*, L'Église de la Circoncision, Jérusalem 1965, S. 161–194; *G. Briand*, Nazareth judéo-chrétienne, in: La Terre Sainte 6/7 (1971), S. 172–187; 8/9 (1971), S. 219–226; 10/11 (1971), S. 259–271; 12 (1971), S. 306 bis 317.

74 *E. Hennecke*, Neutestamentliche Apokryphen I, hrsg. von E. Schneemelcher, Berlin 1961, S. 284.
Das Protoevangelium des Jakobus gehört zu den soge-

nannten Apokryphen (verborgenen, geheimen Schriften), die nie zu einem kanonischen Ansehen durch die Kirche gelangten. Diese erwecken den Eindruck, zur Heiligen Schrift zu gehören, weil sie gewisse Ähnlichkeiten mit den kanonischen Büchern aufweisen oder unter dem Namen eines inspirierten Schriftstellers überliefert sind. Die apokryphen Evangelien wollen die Lücken in der Darstellung der vier Evangelien ausfüllen und bieten phantastische Erzählungen über das Leben Jesu, Marias und Josefs. Das Protoevangelium des Jakobus, vor 200 n. Chr. entstanden, erzählt meist nach freier Erfindung und in Unkenntnis der jüdischen Verhältnisse das Leben der heiligen Jungfrau Maria von ihrer Geburt bis zum betlehemitischen Kindermord, schildert die Verlobung Marias; die »Brüder Jesu« werden Söhne Josefs aus seiner ersten Ehe genannt. Auf die Ausbildung späterer Marienlegenden hat dieses apokryphe Evangelium großen Einfluß ausgeübt.

75 Zur Stadtgeschichte Jerusalems:
Th. A. Businck, Der Tempel von Jerusalem, Leiden 1970, Bd. I, S. 96–111; *K. M. Kenyon*, Jerusalem — Excavating 3000 Years of History, London 1967 (deutsche Ausgabe: Jerusalem. Die heilige Stadt von David bis zu den Kreuzzügen. Ausgrabungen 1961–1967, Bergisch Gladbach 1968; *I. Lande-Nash*, 3000 Jahre Jerusalem, Tübingen 1964; *C. Schedl*, Geschichte des Alten Testaments, Innsbruck 1959/62, Bde. III u. IV; *C. Schick*, Die Baugeschichte der Stadt Jerusalem in kurzen Umrissen von den ältesten Zeiten bis auf die Gegenwart dargestellt, in: ZDPV 16 (1893), S. 237–246; 17 (1894), S. 1–24, S. 75 bis 88, S. 251–276; *E. Vogt*, Das Wachstum des alten Stadtgebietes von Jerusalem, in: Biblica 48 (1967), S. 337–358; *G. E. Wright*, Biblische Archäologie, Göttingen 1958.

76 *N. Lohfink*, Die Religion der Patriarchen und die Konsequenzen für eine Theologie der nichtchristlichen Religionen, in: Bibelauslegung im Wandel der Zeit, Frankfurt a. M. 1967, S. 107–128.

77 Der »Fruchtbare Halbmond« ist der Name, der dem halbmondförmigen Gebiet kultivierbaren Landes, das sich vom Persischen Golf im Osten bis zum südlichen Palästina im Westen erstreckt und zwischen dem Mittelmeer, den hohen Gebirgen Anatoliens und Persiens und der Arabischen Wüste liegt, oft gegeben wurde.

78 Geschichte der Araber, hrsg. von L. Rathmann, 2 Bde., Berlin 1971; *B. Brentjes*, Die Araber, Wien 1971.

79 Die archäologischen Probleme Jerusalems haben die Wissenschaft seit den Anfängen der Erforschung Palästinas in besonderer Weise beschäftigt. Den Beginn der systematischen und wissenschaftlichen Erforschung Palästinas kann man in der Reise des amerikanischen Professors Edward Robinson im Jahre 1838 sehen. Mit der Bibel in der Hand durchstreifte er in Begleitung des amerikanischen Missionars Eli Smith aus Beirut, der Land, Leute und Sprache gründlich kannte, das ganze Land und versuchte, die biblischen Orte aus den arabischen Namen und der Überlieferung der Einheimischen festzustellen. Viele Stätten, die vergessen waren, wurden wiederentdeckt, andere von der falschen Stelle an die richtige gerückt. Der von ihm in Jerusalem an der Südwestecke des Tempelplatzes entdeckte Rest eines Bogens trägt heute noch seinen Namen. Er gehörte zu den ersten, die den

Schiloachkanal in der Jetztzeit wiederentdeckt und ausgekundschaftet haben (vgl. S. 364 f.). In der Öffentlichkeit hat Robinson aber weniger durch positive Arbeit als vielmehr durch negative Kritik gewirkt. Kirchliche Überlieferungen schob er großzügig, ja mit Spott auf die Seite. Über Jerusalem schrieb er in seinem großen Reisebericht: »Die angebliche Entdeckung des heiligen Grabes durch die bejahrte und leichtgläubige Helena mögen nicht unwahrscheinlich die Werke frommen Betruges gewesen sein. Vielleicht thäten wir dem Bischof Macarius und seiner Geistlichkeit nicht Unrecht, wenn wir das Ganze als einen wohlangelegten und gelungenen Anschlag betrachteten, Jerusalems frühere Bedeutung wieder herzustellen, und seinen eigenen Bischofsstuhl zu einem höhern Grad von Einfluß und Würde zu erheben« (deutsche Ausgabe: *E. Robinson*, Palästina und die südlich angrenzenden Länder, Halle 1841/42, Bd. II, S. 287). Gerade diese wegwerfende Behandlung der heiligen Stätten weckte das Interesse an kritischer Überprüfung der kirchlichen Traditionen. 1835 besuchte der Schweizer Arzt Titus Tobler als Tourist zum erstenmal das Heilige Land. Nach seiner Heimkehr las er »mit etwas gepreßtem Herzen« die drei Bände von Robinson. Unbefriedigt und doch von der Aufgabe begeistert, begann er sein Lebenshobby. Neben seiner beruflichen Tätigkeit als Landarzt lernte er 11 Sprachen, studierte mit aller Gewissenhaftigkeit die Quellen und Traditionen aller Jahrhunderte und bereiste noch dreimal Palästina. *Titus Tobler* wurde der erste Topograph Jerusalems: Descriptiones Terrae Sanctae ex saeculo VII. IX. XII. et XV., Leipzig 1874.

Die erste zusammenfassende Beschreibung des ganzen Landes stammt von dem Pariser Professor *Victor Guérin*, der mit Unterbrechungen 23 Jahre (1852–1875) in Palästina lebte: Description géographique, historique et archéologique de la Palestine, 7 Bde., Paris 1868/80.

Es wurde aber immer klarer, daß ein einzelner Forscher eine geographische, historische und archäologische Beschreibung, die alles erreichbare Wissen umfaßte, nicht mehr bieten konnte. Noch beunruhigt von den kühnen Behauptungen des Londoner Kunsthistorikers James Fergusson, der den Felsendom für die Grabeskirche Konstantins erklärte, wurde 1865 unter dem Vorsitz des Erzbischofs von York in London der Palestine Exploration Fund (PEF), die Gesellschaft zur Erforschung Palästinas, gegründet, denn Fergusson, »dieser Fürst unter den Lehnstuhlkritikern hat Palästina niemals besucht«. Die ersten großen Ausgrabungen des PEF sind 1865 und 1867 von dem englischen Captain Charles Warren durchgeführt worden. Er sollte die Fragen über den jüdischen Tempel, den Felsendom und die Grabeskirche klären, ferner den Lauf der alten Stadtmauern feststellen. Warren, der englische Pionier-Hauptmann und spätere General, hat alles getan, um den unmöglichen Auftrag möglich zu machen. Warrens Ausgrabungen machten damals die Hypothese wahrscheinlich, daß das alte Jerusalem auf dem Südosthügel lag. Das Publikationsorgan des PEF, die »Palestine Exploration Quarterly« erscheint seit 1865.

Der zweite Schritt zur organisierten Arbeit und systematischen Forschung beginnt mit der Gründung des Deutschen Vereins zur Erforschung Palästinas im Jahre

1877. Die wissenschaftlichen Ergebnisse werden in der »Zeitschrift des Deutschen Palästina-Vereins« veröffentlicht. Der erste Aufsatz stammt von dem Baurat C. Schick, der von 1846–1901 in Jerusalem wirkte. Es konnte in Jerusalem kein Stein bewegt werden, ohne daß er erschien und um Rat gefragt wurde. Die Namen einer Gelehrtengeneration, wie G. Schumacher, H. Guthe, G. Dalman, A. Alt und M. Noth, bleiben mit der Arbeit des Vereins verbunden, der seit 1909 ein Deutsches Institut für Altertumswissenschaft des Hl. Landes in Jerusalem besitzt.

Im Jahre 1890 gründeten die französischen Dominikaner in Jerusalem ihre École Biblique. Unter der Leitung des ersten Priors, M. J. Lagrange, begann die Ausbildung von jungen Forschern und Gelehrten, deren Namen untrennbar mit der Palästina- und Bibelwissenschaft verbunden bleiben. Die Zeitschrift »Revue Biblique« erscheint seit 1892 und genießt Weltruf; einen großen Anteil daran hatte L.-H. Vincent, der während eines ganzen Menschenalters die Baugeschichte Jerusalems erforschte.

Im Jahre 1900 begannen amerikanische Archäologen mit der Gründung der American School of Oriental Research ihre Arbeit in Jerusalem. Unter dem langjährigen Direktor W. F. Albright rückte die Schule mit ihrer Zeitschrift »The Bulletin of the American Schools of Oriental Research« in die erste Reihe der wissenschaftlichen Institute.

1909 entstand in Jerusalem das Orientalische Institut der Görres-Gesellschaft mit dem Ziel, jungen katholischen Gelehrten die Möglichkeit zu selbständiger Arbeit und Forschung zu geben. Die laufenden Veröffentlichungen erscheinen in »Oriens Christianus«. Wenn auch die spezielle wissenschaftliche Forschung nicht zum eigentlichen Ziel gehört, so muß doch hier die Arbeit des Deutschen Vereins vom Heiligen Land erwähnt werden. Im Jahre 1854 machten Kölner Bürger eine Wallfahrt ins Heilige Land. Nach ihrer Rückkehr gründeten sie den Verein vom Hl. Grab. Die Zeitschrift »Das Heilige Land« (1857 ff.) half mit, Geschichte und Beschreibung des Landes und seiner heiligen Stätten weiten Kreisen zugänglich zu machen und die Liebe zum Heiligen Land zu wecken. Die wissenschaftlichen Publikationen erscheinen unter dem Titel »Das Heilige Land in Vergangenheit und Gegenwart«.

Weitere wissenschaftliche Institute: 1922 wurde die Jewish Palestine Society gegründet, die seit 1950 die Zeitschrift »Israel Exploration Journal« herausgibt. 1923 entstand das Institutum Biblicum Franciscanum. 1927 folgte das Päpstliche Bibelinstitut mit einer Niederlassung in Jerusalem. Das im Jahre 1929 in Jerusalem errichtete Archäologische Museum birgt eine Fülle archäologischer Zeugnisse des Landes.

Kehren wir zu den Ausgrabungen zurück. Zwischen 1894 und 1897 haben F. J. Bliss und A. C. Dickie im Auftrag des PEF umfangreiche Grabungen im Gebiet südlich der ummauerten Stadt durchgeführt. Der von beiden Archäologen veröffentlichte Stadtplan mit seinen Mauern galt bis 1961 als die maßgebliche Darstellung des alten Jerusalem. Da um die Jahrhundertwende die stratigraphischen Methoden und die Keramik-Chronologie als Hilfsmittel zur Datierung von Schichten noch nicht entwickelt waren, mußte die zeitliche Zuweisung von Bauten

und Mauerresten an bestimmte Perioden hypothetisch bleiben. Auf der Suche nach dem Grab Davids, der Bundeslade und dem Tempelschatz hat 1909 und 1911 die englische Parker-Expedition auf dem Gelände des Südosthügels viele Sondagen unternommen, Schächte und Tunnel gegraben. Das positive Ergebnis dieses zum Teil fragwürdigen Unternehmens war die Ausräumung des Schiloachkanals vom Schlamm und von den Ablagerungen der Jahrhunderte, ferner die Freilegung der unterirdischen Wasserläufe im Bereich des Gihon, der einzigen Stadtquelle von Jerusalem. Ohne L.-H. Vincent OP wäre dieses Unternehmen ein tragikomisches Kapitel in der Erforschung Jerusalems geblieben. Nach einigem Sträuben erhielt L.-H. Vincent von den Schatzgräbern die Erlaubnis, ihre Arbeit zu verfolgen und für die wissenschaftliche Erforschung der Stadtgeschichte fruchtbar zu machen. Das Ende der Parker-Expedition ist schnell erzählt: Durch Bestechung konnten die Schatzgräber in Begleitung von Polizisten in die unterirdischen Bauten des Tempelplatzes eindringen und sogar bis zum Kanal unter dem Heiligen Felsen vorstoßen. Als diese »Entweihung« bekannt wurde, gab es einen Volksauflauf. Nur mit Mühe retteten sich die Engländer auf ihre Jacht, die in Jaffa vor Anker lag.

Nach diesem pseudowissenschaftlichen Zwischenspiel unternahm 1913/14 der französische Archäologe R. Weill an der Südspitze des Südosthügels Ausgrabungen. Sein Ziel war, die jüdische Königsnekropole von David bis Ahas wiederzufinden.

Einen erneuten Vorstoß zur Lösung der ungeklärten Fragen unternahm der PEF in den Jahren 1923 und 1927. Unter der Leitung von R. A. S. Macalister (1923–1925) und J. W. Crowfoot (1927) wurde nach Überresten der jebusitischen und frühisraelitischen Stadtmauer gegraben. 1934 und 1948 versuchte C. N. Johns im Auftrag des Departement of Antiquities of Palestine auf dem Gelände der heutigen Zitadelle, der alten Ortslage des Herodespalastes, die Datierung der sich dort befindenden Mauerführungen zu klären.

Einen gewissen Abschluß in der Lösung der Probleme brachten die großangelegten Ausgrabungen der British School of Archaeology, die in den Jahren 1961–1967 unter Leitung von Kathleen M. Kenyon in Verbindung mit der École Biblique und dem Royal Ontario Museum in allen Teilen des antiken Jerusalem durchgeführt wurden. Die Ergebnisse der Grabungen haben zu einer Korrektur der bisherigen Auffassungen über die Lage der Stadtmauern und die Besiedlungsgeschichte des jebusitischen, davidischen und salomonischen Jerusalem geführt. Mit Genugtuung konnte der PEF 1965 sein hundertjähriges Bestehen feiern und die Jubiläumsausgabe der »Palestine Exploration Quarterly« mit Warrens Zeichnung der Südostecke des Tempelplatzes schmücken.

Entgegen allen Erwartungen begann mit dem Jahre 1968 der fruchtbarste Abschnitt in der Erforschung des alten Jerusalem, als auf dem Gelände der Altstadt neue Grabungen möglich wurden. An der Südwestecke der Tempelmauer wurde unter der Leitung von B. Mazar das gesamte Gelände untersucht. Der »Robinson-Bogen« erwies sich als ein Bestandteil einer Freitreppe, längs der Südmauer wurde eine herodianische Straße freigelegt und die Steintreppen zum Doppeltor im Tempel Salomos entdeckt. Im Judenviertel der Altstadt arbeitete N. Avigad an verschiedenen Stellen. Die bedeutsamsten Funde waren das »Herodianische Haus«, die »Residenz« und das »Verbrannte Haus« aus der Zeit des Zweiten Tempels vor der Zerstörung Jerusalems (70 n. Chr.). Auf dem Südwesthügel der alten Oberstadt leitete M. Broshi im Armenischen Garten die Grabungen, die zu einer weiteren Klärung über den Verlauf der 1. Mauer führten. Auf dem Areal der Zitadelle sicherten R. Amiran und A. Eitan die Besiedlungsfolge des Geländes von der Eisenzeit II bis zur byzantinischen Ära.

Die Ergebnisse der einzelnen Grabungen sind zusammengefaßt in: Jerusalem revealed, Archaeology in the Holy City 1968–1974, Jerusalem 1975.

80 *K. M. Kenyon*, Jerusalem. Die heilige Stadt von David bis zu den Kreuzzügen. Ausgrabungen 1961–1967, Bergisch Gladbach 1968.

81 Zur Topographie Jerusalems:
Atlas of Jerusalem. Urban Geography of Jerusalem, Berlin [W] – New York 1973; *G. Dalman*, Jerusalem und sein Gelände, Gütersloh 1930; *K. M. Kenyon*, Jerusalem – Excavating 3000 Years of History, London 1967 (deutsche Ausgabe: Bergisch Gladbach 1968); *A. Kuemmel*, Materialien zur Topographie des Alten Jerusalems, Halle 1906; *S. Simons*, Jerusalem in the Old Testament, Leiden 1952; *L.-H. Vincent*, Jérusalem antique, Paris 1912. Ehemals wies die von der Stadt eingenommene Fläche eine viel bewegtere Bodengestaltung auf als jetzt. Der Schutt von Jahrtausenden, der an einzelnen Stellen eine Höhe von 30 m erreicht, hat Täler in der Stadt bis zur Unkenntlichkeit ausgefüllt. Das einstige Oberflächenbild ist dadurch verwischt, und es ist schwer geworden, die Konturen des biblischen Jerusalem zu erkennen. Daher blieb nichts anderes übrig, als auf den Zustand vor der Besiedlung, auf den harten Felsgrund, zurückzugehen, wie er einst neben der dünnen Lage rötlicher Erde nur von leichtem Steingeröll an einzelnen Stellen bedeckt war. Betrachtet man die natürliche Felsoberfläche als das Maximum in den Unterschieden der Höhenlagen, die heutige Oberfläche als das entsprechende Minimum, so dürfte das Mittel aus beiden wohl die Herstellung eines ziemlich richtigen Bildes von Berg und Tal im Altertum gestatten. Mit der Feststellung des Felsbodens in der Stadt begann im Jahre 1864 Captain Ch. Wilson im Auftrag der Englischen Palästina-Gesellschaft (Palestine Exploration Fund); C. R. Conder untersuchte 1873 besonders die Umgebung des Tempelplatzes. Viel Material lieferte der schwäbische Baurat C. Schick, der 265 Höhenpunkte für den Fels genau bestimmte. Im Laufe der Jahre hat sich die Zahl vergrößert. Ganz besonders haben die Ausgrabungen der englischen Archäologen F. J. Bliss und E. C. Dickie auf der Südseite der Stadt in den Jahren 1894–1897 dazu beigetragen, die Oberflächenverhältnisse zu klären. So gibt die mit über 500 Höhenpunkten verzeichnete Karte die Gewähr, eine hinreichend genaue Vorstellung vom Relief des Stadtgrundes zu bieten.

82 *K. M. Kenyon*, a. a. O., S. 32.

83 Diese 14. Bitte des »Achtzehngebetes« – »Schemone Esre« – setzt die Zerstörung Jerusalems voraus. Die Grundform des Gebetes ist aber bedeutend älter und reicht bis in die nachexilische Zeit zurück. So finden sich schon in dem wiederaufgefundenen hebräischen Text des Buches Jesus Sirach aus der Geniza der Esra-Synagoge (Alt-Kairo) die auffälligsten Parallelen mit dem Achtzehngebet, da Gott gepriesen wird, »der seine Stadt und sein Heiligtum baut« (Sir 51, 12 [7]).

84 *L.-H. Vincent*, Jérusalem antique, Paris 1912, S. 146 bis 161; *L.-H. Vincent – M.-A. Stève*, Jérusalem de l'Ancien Testament I, 1954, S. 260–297; *G. Dalman*, Die Wasserversorgung des ältesten Jerusalem, in: PJB 14 (1918), S. 47–72; *H. Stoebe*, Die Einnahme Jerusalems und der Sinnor, in: ZDPV 73 (1957), S. 73–99; *J. Wilkinson*, Ancient Jerusalem its water supply and population, in: PEQ 106 (1974), S. 33–51.

85 *J. Jeremias*, a. a. O., S. 53 ff.

86 Nach den heutigen chronologischen Übersichten ist diese Angabe zu hoch. Es sind nur etwa 720 Jahre.

87 Zum Salomonischen Tempel:
Th. A. Busink, Der Tempel von Jerusalem von Salomo bis Herodes, I. Bd.: Der Tempel Salomos, Leiden 1970; *K. M. Kenyon*, a. a. O., S. 65–78; *A. Parrot*, Der Tempel von Jerusalem, Zürich 1956, S. 9–48; *L.-H. Vincent – M.-A. Stève*, a. a. O., II, S. 373–431.

88 *K. M. Kenyon*, a. a. O., S. 80 ff.

89 *J. Naveh*, Old Hebrew Inscriptions in a Burial Cave, in: IEJ 13 (1963), S. 74–92.

90 *C. Schedl*, a. a. O., IV. Bd., S. 211 ff.

91 *N. Avigad*, Excavations in the Jewish Quarter of the Old City of Jerusalem, 1969/70, in: IEJ 20 (1970), S. 1–8.

92 Ausgrabungsberichte in: IEJ 14 (1964), S. 131–147; 17 (1967), S. 233–249; *M. Weippert*, in: ZDPV 80 (1964), S. 180–185; 82 (1966), S. 286 f.; Bible et Terre Sainte, 5 (1967); *P. Welten*, Kulthöhe und Jahwetempel, in: ZDPV 88 (1972), S. 19–37.
Zum historisch-topographischen Problem der Ortslage von Tell Arad und der im Alten Testament erwähnten kanaanäischen Königsstadt Arad (Num 21, 1; 33, 40; Jos 12, 14) siehe: *H. Bardtke*, Bibel, Spaten und Geschichte, Leipzig ²1970, S. 188–194.

93 Aus den reichen Keilschrifttafelschätzen des Britischen Museums kommen noch immer neue Texte zur Veröffentlichung, die durch ihren Inhalt von nicht geringer Bedeutung sind, da sie ein sachgemäßes Verständnis der gleichzeitigen Ereignisse in der Geschichte Israels ermöglichen. Dies gilt besonders für die Abschriften aus der sogenannten »Babylonischen Chronik«, welche die Geschichte des neubabylonischen Reiches (626–539 v. Chr.) behandelt. Eine im Jahre 1956 veröffentlichte Tontafel (B. M. 21946) bezieht sich auf die Ereignisse der Jahre 605–595 v. Chr., besonders auf die Einnahme Jerusalems, von der im Alten Testament in 2 Kön 24, 10–17 und 2 Chr 36, 10 die Rede ist.

94 Zum Verlauf der Südmauer:
K. M. Kenyon, a. a. O., S. 168, Abb. 14: Plan Jerusalems zur Zeit Herodes' des Großen. Die Schlußfolgerungen der englischen Archäologin untersucht *A. Strobel*, in: Josephus-Studien, Festschrift für Otto Michel, Göttingen 1974, Die Südmauer Jerusalems zur Zeit Jesu, S. 344 bis 361.

95 Über den Neubau des Zweiten Tempels durch Herodes besitzen wir zwei umfangreiche Beschreibungen von Josephus (Jüd. Altert. XV, 11, 1–6; Jüd. Krieg V, 5, 1–6)

und im Traktat Middot der Mischna. Beide Berichte haben ihren Eigenwert, sind aber nur schwer in Einklang zu bringen. Ob Josephus oder der Mischna der Vorzug zu geben ist, kann nur jeweils im Einzelfall entschieden werden. Josephus hat zwar den Herodianischen Tempel noch gesehen und besucht, sein Bericht ist aber dunkel und durch seine Neigung zu tendenziöser Übertreibung belastet. Er will die Pracht des Bauwerkes rühmen, das zur Zeit der Niederschrift bereits zerstört war.

Der Traktat Middot wurde zwei oder drei Generationen nach der Zerstörung verfaßt und beschreibt einen »Idealtempel«, der den Vorschriften des Gesetzes und seiner Reinheits- und Heiligkeitsimperative entspricht.

Zu einem wesentlich besseren Verständnis aller bisherigen Beschreibungen des Jerusalemer Tempels trägt die aufgefundene sogenannte »Tempelrolle« von Qumran bei. Die 9 m lange Rolle tauchte 1960 bei einem Antiquitätenhändler in Betlehem auf und gelangte 1967 in israelischen Besitz. Der Erhaltungszustand der Rolle ist schlecht. Von den 66 Kolumnen ist keine vollständig erhalten; teilweise ist vom Schriftbild nur der spiegelschriftliche Abdruck auf der im zusammengerollten Zustand gegenüberliegenden Rollenrückseite sichtbar. Auch wenn der Bericht nicht aus herodianischer Zeit stammt, wird hier aus konsequent priesterlicher Sicht wieder nur ein Idealtempel entworfen, wie der Tempel nach Gottes Gesetz vom Sinai hätte gebaut werden sollen. Von innen nach außen fortschreitend, beschreibt der priesterlich orientierte Verfasser das Tempelgebäude und den Brandopferaltar, die Opfer- und die Festopfervorschriften, schließlich die Tempelhofanlagen. Auffallend ist die strikte Abgrenzung des Priesterbereichs vom weiten Hof der Israeliten, ferner die erhebliche Erweiterung des Tempelareals, die beim Neubau des Zweiten Tempels wohl verwirklicht worden ist. Nach der Tempelrolle ist der Tempel für das 12-Stämme-Volk entworfen; daher finden sich an den äußeren quadratischen Höfen je 3 Tore, die nach den Stämmen Israels benannt sind.

Die Archäologie konnte bislang keinen Beitrag zur Klärung verschiedener Fragen, besonders nach der Lage des Tempels, liefern, da Ausgrabungen auf dem Haram esch-Scherif nicht möglich sind. Die traditionelle Auffassung über den Standort des Tempels wurde in jüngster Zeit durch die Untersuchungen des Franziskaner-Archäologen B. Bagatti bestritten. Im Gefolge von Barclay, Conder und Warren setzt Bagatti den Tempel bedeutend weiter südlich aus, in der Mitte des Quadrates, dessen eine Seite die 280 m lange Südseite des Tempelareals bildet. Sowohl diese als auch die traditionelle Auffassung wird von Th. A. Busink in seinem umfassenden Werk »Der Tempel von Jerusalem von Salomo bis Herodes«, I. Bd., Leiden 1970, abgelehnt. Er nimmt an, daß die Lage nördlich des Heiligen Felsens die größte Wahrscheinlichkeit für sich habe.

A. Parrot, a. a. O., S. 63–83; *C. Schick*, Die Stiftshütte, der Tempel in Jerusalem und der Tempelplatz der Jetztzeit, Berlin 1896; *E. Schürer*, a. a. O., Register, S. 109; *Strack–Billerbeck*, a. a. O., siehe die einzelnen Stichwörter in IV/2, S. 1267; *L.-H. Vincent — M.-A. Stève*, a. a. O., II, S. 432–470; *C. Watzinger*, Denkmäler Palästinas II, Leipzig 1935, S. 33–45; *Ch. Warren — C. Conder*, Jerusalem, London 1884, S. 122–225; *Ch. Warren*, Albums:

Plans, elevations, sections … shewing the results of excavations at Jerusalem 1867–1870, London 1884.

96 Über das Jahr des Baubeginns macht Josephus in seinen beiden Hauptschriften zwei einander widersprechende Angaben. Nach Jüd. Krieg I, 21, 1 begannen die Arbeiten im 15. Regierungsjahr des Herodes (23/22 v. Chr.), nach Jüd. Altert. XV, 11, 1 im 18. Regierungsjahr (20/19 v. Chr.). Da Josephus an beiden Stellen die Eroberung Jerusalems (37 v. Chr.) als Beginn der Regierung des Herodes betrachtet, kann die Angabe im »Jüdischen Krieg« nur auf einem Irrtum des Autors oder eines Abschreibers beruhen.

97 Die Durchschnittswerte, die von C. Schick stammen, weichen nur gering von den Angaben ab, die Warren, Conder und Watzinger machen. Aus diesen Ziffern geht aber hervor, daß die Länge der Mauern und ebenso der Flächeninhalt des Haram esch-Scherif größer ist als die mit 6 Stadien angegebene Länge bei Josephus (Jüd. Krieg V, 5, 2). Da die Grenzen im Osten, Süden und Westen durch die naturgegebene Lage fixiert sind, nehmen einige Forscher an, daß die Antonia (gegen Josephus: Jüd. Krieg V, 5, 2) sich zur Gänze außerhalb des Tempelbezirks befunden habe. Doch ist es wahrscheinlicher, daß die von Josephus genannte Länge eine zu tief gegriffene Schätzung ist. So gibt er für die Länge der Königlichen Halle ein Stadion (205 m) an, obwohl er anderwärts sagt, die Säulenhalle habe sich von einem Tal zum anderen hingezogen, also die ganze Südseite des Tempelbezirkes eingenommen (280 m).

98 *R. Grafman*, Herod's Food and Robinson's Arch, in: IEJ 20 (1970), S. 60–66. Ausgehend von der Beschreibung der Königlichen Halle in Jüd. Altert. XV, 11, 5, und der Gleichsetzung des Robinson-Bogens mit einem auf deren Mittelhalle zuführenden Viadukt, kommt Grafman zur Berechnung des herodianischen Fußes auf 0,31 m.

99 Nach der Mischna gab es nur fünf Tore auf dem Tempelberg: »Fünf Tore hatte der Tempelberg, zwei der Hulda auf der Südseite dienen dem Ein- und Ausgang, Kiphonos [offenbar das Coponius-Tor] dient zum Ein- und Ausgang, Tadi war in keinerlei Gebrauch, das Osttor, auf dem die Hauptstadt Susa abgebildet war, durch das der Hohepriester, der die Kuh verbrannte, und alle, die bei der Zeremonie assistierten, zum Berg der Salbung hinaufgingen« (Middot I, 3). Obwohl sich Josephus in seinen Angaben über den Tempel keiner allzu großen Genauigkeit befleißigte – er übergeht das Tor in der Nordmauer, ebenso das Susa-Tor (Goldenes Tor) –, scheint er mit der Zahl von acht Toren den historischen Tatbestand wiederzugeben. Die Mischna überliefert uns aber einige Namen, die Josephus nicht nennt.

100 *B. Mazar*, The excavations in the Old City of Jerusalem, Preliminary Report of the First Season, 1968, Jerusalem 1969; *ders.*, The excavations south and west of the Temple Mount in Jerusalem: The Herodian Period, in: The Biblical Archaeologist 33 (1970), S. 47–60.

101 Über die Zahl der Tore, die in den inneren Tempelbezirk führten, liegen sowohl bei Josephus (Jüd. Krieg V, 5, 2) als auch in der Mischna (Middot I, 4–5; II, 6) verschiedene Angaben vor. Die Tradition, die im »Jüdischen Krieg« vorliegt und von zehn Toren spricht, verdient den Vorzug.

102 Da der Herodianische Tempel in der Hauptsache dem

Salomonischen Tempel nachgebildet war, blieben seine Maße und Bauteile durch die Tradition festgelegt. So geben die meisten Forscher den Angaben der Mischna über die Tempelmaße den Vorzug, da auch hier Josephus, angefangen von den mannsgroßen Trauben bis zu den Supertoren, maßlos übertreibt. Die Maße der Türöffnung des Heiligtums betragen bei Josephus: »Siebzig Ellen [35 m] hoch und fünfundsiebzig Ellen lang«; in der Mischna dagegen: »Der Eingang des Heiligtums war zwanzig Ellen hoch und zehn Ellen breit« (Middot IV, 1).

103 *B. Bagatti*, La posizione del tempio erodiano di Gerusalemme, in: Biblica 46 (1965), S. 428–444; *G. Dalman*, Der Heilige Felsen von Jerusalem, in: Palästinensische Forschungen zur Archäologie und Topographie, Leipzig 1912, Bd. II, S. 110–151.

104 Unter den jüdischen Institutionen, denen zur Zeit der Entstehung des Christentums eine wichtige Funktion im Leben des Volkes zukam, nimmt die Synagoge einen besonderen Platz ein. Zeugen dafür sind nicht nur die Schriften der rabbinischen Tradition, sondern auch die Bücher des NT, in denen die Synagoge und das »Lehren in der Synagoge« häufig erwähnt werden.
Zur Entstehung und Einrichtung der Synagoge:
K. Hruby, Die Synagoge. Geschichtliche Entwicklung einer Institution, Zürich 1971; *G. Kittel*, Theologisches Wörterbuch zum Neuen Testament, Stuttgart 1964, VII, S. 798–839; *E. Schürer*, a. a. O., II, S. 497 ff.; *Strack–Billerbeck*, a. a. O., IV/1, S. 115 ff.

105 Zu den drei Jahresfesten — Ostern, Pfingsten und Laubhüttenfest — ist im Spätjudentum noch das Purimfest gekommen, das von den Juden bis zum heutigen Tag in allen Ländern zur Erinnerung an die Rettung der Juden im Perserreich am 14. und 15. Adar (Februar/März) gefeiert wird. Es trägt mehr profanen Charakter und hat manche Züge eines fremden Neujahrsfestes mit Vergnügungen und Umzügen übernommen. Im Talmud steht die Bemerkung, man müßte an den beiden Festtagen so viel trinken, daß man nicht mehr unterscheiden könne zwischen »Gesegnet sei Mordochai!« und »Verflucht sei Haman!« (Megilla 7b). Zum Purimfest:
H. Bardtke, Das Buch Esther, Berlin 1972, S. 243–248.
Zur Wiederentdeckung der Synagoge von Kafr Bir'am:
H. Kohl — C. Watzinger, Antike Synagogen in Galiläa, Leipzig 1916, S. 89–100; *C. Watzinger*, a. a. O., II, S. 107.

106 *L. Rost*, Archäologische Bemerkungen zu einer Stelle des Jakobusbriefes (Jak 2, 2 f.), in: PJB 29 (1933), S. 53–66.

107 Das Gesetz (die Tora), das im Pentateuch enthalten war, erforderte mit der Zeit eine Erklärung, da es nicht für alle Einzelfälle eine Entscheidung gab. Diese Unterweisungen wurden zunächst nicht niedergeschrieben, sondern bildeten ein mündlich überliefertes Gewohnheitsrecht: »die Überlieferung der Väter«. Erst in der ersten Hälfte des 2. Jahrhunderts n. Chr. wurde das umfangreiche Material schriftlich festgehalten. So entstand mit der Zeit ein Werk, das unter dem Namen Mischna (= Wiederholen, Lernen) bekannt ist. Die Mischna enthält in 6 Teilen, die in 63 Traktate eingeteilt sind, die autorisierte Auslegung des Gesetzes (Halacha) mit der abweichenden Auffassung bedeutender Gesetzeslehrer. Später wurde sie durch eine Sammlung von Lehrgesprä-

chen (die Gemara = Vervollständigung) ergänzt. Die Zusammenfassung von Mischna und Gemara bildet den Talmud (= Lehre, Unterweisung), und zwar über das richtige Verständnis des Gesetzes und das entsprechende Verhalten.
Da die Lebensumstände in Palästina und in der Diaspora, besonders in Babylonien, nicht gleich waren, fanden gleiche Gegenstände in den verschiedenen Gesetzesschulen nicht das gleiche Interesse und auch nicht die gleichen Lösungen. So ging in der zweiten Hälfte des 4. Jahrhunderts aus der Gesetzesschule von Tiberias der Jerusalemer Talmud (Palästinensischer Talmud) hervor. Etwa 100 Jahre später entstand in den babylonischen Schulen der Babylonische Talmud, der heute den Talmud schlechthin bedeutet.

108 *P. Viaud*, Nazareth et ses deux églises de l'Annonciation et de Saint-Joseph, Paris 1910, S. 123–148; *D. Baldi — B. Bagatti*, Il Santuario della Nutrizione, in: Studii Francescani, Florenz 1937, S. 325–364; *B. Bagatti*, Scavo presso la Chiesa di S. Guiseppe a Nazaret (Agosto 1970), in: FrancLA XXI (1971), S. 5–22.
Nicht alle Forscher teilen Bagattis Ansicht über die Lage der »Kirche der Ernährung«, die Arkulf (670) erwähnt. Trotz aller topographischen und ärchäologischen Indizien bleibt das Dilemma, wie eine Lokalisierung in der Josefskirche mit dem Bericht Arkulfs in Einklang zu bringen ist, nach dem die »Kirche der Ernährung eine sehr klare Quelle enthält«. Vgl. *C. Kopp*, a. a. O., S. 113–116.

109 Zur Geschichte Cäsareas:
J. Gorbach, Caesarea Palästina, in: Das Heilige Land in Vergangenheit und Gegenwart, IV. Bd., S. 45–80; *L. I. Levine*, Caesarea under Roman Rule, Leiden 1975; *A. Negev*, Caesarea, Tel-Aviv 1967; *A. Reifenberg*, Caesarea, a Study in the Decline of a Town, in: IEJ 1 (1950/51), S. 20–32; *A. Schalit*, a. a. O., S. 330–340.
Ausgrabungsberichte: IEJ 6 (1956); 9 (1959); 13 (1963); 14 (1964); Chronique Archéologique, in: RB 64 (1957); 69 (1962); 70 (1963); 71 (1964); 72 (1965).

110 *A. Frova*, Rendiconti dell' Istituto Lombardo di Scienze e Lettere 95 (1961), S. 419–434; *Avraham Biran*, Activités archéologiques en Israël, p. 17, in: Nouvelles Chrétiennes d'Israël, Vol. XIII, No. 1, Avril 1962; *H. Volkmann*, Die Pilatusinschrift von Caesarea Maritima, in: Gymnasium 75 (1968), S. 124–135.

111 *Ch. T. Fritsch*, The Link Expedition to Israel, 1960, in: The Biblical Archaeologist 24 (1961), S. 51 ff.

112 *J. Jeremias*, Der Taraxippos im Hippodrom von Caesarea Palaestinae, in: ZDPV 54 (1931), S. 279–289.

113 *F. Bleckmann*, Die Inschrift von Abilene (CIG 4521 und 4523), in: ZDPV 36 (1913), S. 220; *A. Deissmann*, a. a. O., S. 5, Anm. 1, u. S. 300.

114 Von den 25 illegitimen (ungesetzlichen) Hohenpriestern der herodianisch-römischen Zeit stammen nicht weniger als 22 aus den vier einflußreichsten Familien: 8 aus dem Hause des Boëthos, 8 aus dem Hause des Hannas, 3 aus dem Hause des Phiabi und 3 aus dem Hause Kamith.

115 *S. Saller OFM*, Discoveries at St. John's, Ein Karim, Jerusalem 1946; *C. Kopp*, a. a. O., S. 132–137.

116 Aus der fast unübersehbaren Menge von Veröffentlichungen über die Handschriftenfunde von Qumran seien einige wichtige genannt: *H. Bardtke*, Die Hand-

schriftenfunde am Toten Meer, 2 Bde., Berlin 1952/58; *ders.*, Die Handschriftenfunde in der Wüste Juda, Berlin 1962; *M. Burrows*, Die Schriftrollen am Toten Meer, München 1958; *ders.*, Mehr Klarheit über die Schriftrollen, München 1958; *J. Daniélou*, Qumran und der Ursprung des Christentums, Mainz 1958; *J. Maier*, Die Texte vom Toten Meer, 2 Bde., München 1960; *R. Mayer — J. Reuß*, Die Qumranfunde und die Bibel, Regensburg 1959; *G. Molin*, Die Söhne des Lichtes, München 1954; *J. Murphy—O'Connor*, The Essenes and their History, in: RB 81 (1974), S. 215—244; *J. van der Ploeg*, Die Funde in der Wüste Juda, Köln 1959; *R. de Vaux*, Archaeology and the Dead Sea Scrolls, London 1973.

117 Der Papyrus Nash ist die älteste Abschrift der Zehn Gebote, und zwar zusammengesetzt aus den Bibeltexten in Ex 20, 2—17 und Dtn 5, 6—21. Das Papyrusblatt wurde 1902 in der Gegend von Faijum in Mittelägypten gefunden und mißt ca. 13×5 cm. Nach dem Besitzer, der das Papyrusblatt der Universitätsbibliothek in Cambridge geschenkt hat, trägt der Papyrus den Namen Nash. Sein Alter wird in den Zeitraum vom 2. Jahrhundert v. Chr. bis 2. Jahrhundert n. Chr. datiert.

118 Um die Übersicht zu erleichtern, ist die reiche Fülle der gefundenen Handschriften durch ein System von Siglen geordnet worden. Die aus Qumran stammenden Handschriften werden durch das Sigel Q bezeichnet. Eine davorgesetzte Ziffer bedeutet die Höhle, in der die Handschrift gefunden wurde. Die hinter das Q gesetzte Abkürzung gibt den Inhalt der Schrift an; so bedeutet: 1QIsᵃ die große Jesajarolle aus der ersten Höhle von Qumran; 1QpHab eine Rolle des biblischen Buches des Propheten Habakuk aus der ersten Höhle von Qumran.

119 Die auffällig purpurrote Färbung einiger Knochen hat durch jüngste Untersuchung eine interessante Erklärung gefunden. Knochen von Tieren, die sich von Krapp ernähren, werden purpurrot. Eine chemische Analyse der Knochen, die in Qumran gefunden wurden, beweist eindeutig den Genuß von Krapp. Er wurde in den Mittelmeerländern, schon seit Jahrtausenden kultiviert, und die alten Ägypter, Griechen und Römer benutzten den aus ihm gewonnenen Farbstoff zum Färben von Tuchen. Der Anbau und Wildwuchs dieser Pflanze ist in der Umgebung von Jericho und an den Ufern des Toten Meeres bezeugt. Aus der Mischna wissen wir, daß die Juden aus den Krappwurzeln Girlanden machten, um sich vor bösen Einflüssen zu schützen. Wahrscheinlich aßen die Bewohner von Qumran die Krappwurzeln, um Krankheiten und böse Geister abzuwehren. Eine Notiz des Josephus läßt sich in dieser Richtung deuten: »Mit Vorliebe widmen sie sich dem Studium von Schriften der Alten, besonders um zu ergründen, was für Leib und Seele heilsam ist. Aus diesen Schriften suchen sie Wurzeln zur Bannung von Krankheiten kennenzulernen« (Jüd. Krieg II, 8, 6). Nach *S. H. Steckoll*, Red Stained Bones from Qumran, in: Nature 231 (1971), S. 469 f.

120 *G. Molin*, a. a. O., S. 19.

121 *G. Jeremias*, Der Lehrer der Gerechtigkeit, Göttingen 1963, S. 36 ff.

122 A. Dupont-Sommer, Professor an der Sorbonne in Paris, vertrat die Hypothese, Jesus sei so etwas wie eine »erstaunliche Reincarnation« des Lehrers der Gerechtig-keit. Im Gefolge von Dupont-Sommer erklärte Prof. J. M. Allegro im Londoner Rundfunk, ein unveröffentlichter Text von Qumran spreche von dem Kreuzestod des Lehrers der Gerechtigkeit.

123 *H. Bardtke*, Zu beiden Seiten des Jordans, Leipzig 1958, S. 8 ff., *N. Glueck*, The River Jordan, Philadelphia 1945; *H. Guthe*, Palästina, Leipzig 1908, S. 149 ff.; *M. Noth*, Der Jordan in der alten Geschichte Palästinas, in: ZDPV 72 (1956), S. 123—148.

124 Noch bis in das 18. Jahrhundert hat man angenommen, der Phialasee sei die Hauptquelle des Jordan, da Josephus irrtümlich berichtet hatte, daß der Tetrarch Philippus Spreu in den See werfen ließ, die in der Quelle von Paneas (Cäsarea Philippi) wieder zum Vorschein kam. Die nördlichste permanente Jordanquelle ist Ain el-Fauwar, etwa 3 km nördlich von Hasbeja. Ihr Abfluß, der Nahr el-Hasbani, nimmt von rechts den Nahr Bareighit auf. Gleich danach wird der Nahr el-Hasbani, links den durch den Nahr Banijas verstärkten Nahr el-Leddan aufnehmend, zum Jordan.

125 Um den Grundwasserspiegel in dem versumpften Hule-Becken zu senken, wurde zunächst der Jordanlauf begradigt, vertieft und verbreitert. Längs der niedrigsten Punkte innerhalb des Tals wurden zwei künstliche Kanäle (Ost- und Westkanal) angelegt, um den in der Regenzeit verheerenden Überschwemmungen vorzubeugen. Ein »Nordkanal«, der die beiden Kanäle verbindet, dient der Strömungsregulierung. Ein Netz kleinerer Entwässerungskanäle und Bewässerungsanlagen vollendet das Erschließungswerk. Im ganzen hat man dem früheren See und Sumpf 6000 ha ausgezeichneten Bodens abgewonnen. An der Südwestecke der früheren Sümpfe wurde eine Fläche von etwa 300 ha als Naturschutzgebiet belassen, in dem viel von der ehemals reichen, nahezu tropischen Flora und Fauna des Hule-Sees, wie wir sie noch auf dem Mosaik der Brotvermehrungskirche am Siebenquell sehen, erhalten geblieben ist.

126 *E. Orni — E. Efrat*, Geographie Israels, Jerusalem 1966, S. 97 f.; *H. W. Underhill*, Dead sea levels and the P. E. F. Mark, in: PEQ 99 (1967), S. 44—53.

127 *C. Kopp*, a. a. O., S. 139 ff.; *G. Dalman*, a. a. O., S. 89 ff.

128 Zur Mosaikkarte von Madaba:
A. Jakoby, Das geographische Mosaik von Madaba, Leipzig 1905; *P. Palmer — H. Guthe*, Die Mosaikkarte von Madeba, Leipzig 1906; *M. Avi-Yonah*, The Madaba Mosaic Map, Jerusalem 1954; *H. Donner — H. Cüppers*, Die Restaurierung der Mosaikkarte von Madeba, in: ZDPV 83 (1967), S. 1—33.

129 Die große Mehrheit der älteren Zeugen liest bei Joh 1, 28: »in Bethania«. Die Lesart der Minderheit ist nicht einheitlich. Es finden sich nicht weniger als sieben verschiedene Formen des Namens Betabara. Warum beruft sich Origenes auf diese Minderheit? Für Origenes muß der Name die Bedeutsamkeit des Ortes anzeigen. So übersetzt er den Namen Betabara mit »Haus der Bereitung«, weil durch das Taufen des Wegbereiters Christi dem Herrn ein Volk bereitet wurde.
Betanien lehnt er ab, denn dieser Name, den er mit »Haus des Gehorsams« übersetzt, paßt wohl auf die Auferweckung des Lazarus, nicht aber auf die Johannestaufe.

130 *F.-M. Abel*, Le Wady Kharrar, in: RB 41 (1932), S. 237 bis 254; *G. Dalman*, Hundert deutsche Fliegerbilder aus

Palästina, Gütersloh 1925, 78, 79; *H. Donner*, Lehr-kursus 1963, in: ZDPV 81 (1965), S. 26 ff.; *W. Wiefel*, Bethabara jenseits des Jordan, in: ZDPV 83 (1967), S. 72–81.

131 *C. Kopp*, a. a. O., S. 184 f.; *G. Dalman*, a. a. O., S. 108 bis 114; *B. Bagatti*, Le antichità di Kh. Qana e di Kefr Kenna in Galilea, in: FrancLA XV (1964–1965), S. 251–292.

132 *J. Jeremias*, »Lampades«, in: ZNW 56 (1965), S. 196 bis 201.

133 *P. Gaechter*, Maria im Erdenleben, Innsbruck 1953, S. 155 f.

134 *K. Kundsin*, Topologische Überlieferungsstoffe im Jo-hannes-Evangelium, Göttingen 1925, S. 9 ff.

135 Zur Chronologie des Lebens Jesu:
J. Blinzler, Der Prozeß Jesu, Regensburg ³1960, S. 77 f.; *ders.*, Aus der Welt und Umwelt des Neuen Testaments, Stuttgart 1969, S. 94–107; *J. Finegan*, a. a. O., S. 216 bis 301; *G. Ricciotti*, Das Leben Jesu, Basel 1952, S. 135 ff.; *J. Schmid*, Das Evangelium nach Lukas, Regensburg ⁴1960, S. 94 f.; *A. Vezin*, Das Evangelium Jesu Christi, Freiburg 1958, S. 438 f.

136 *F. Mußner*, Der historische Jesus und der Christus des Glaubens, in: Biblische Zeitschrift 1 (1957), S. 235 f.

137 Zur biblischen Numismatik:
Die folgende Übersicht bietet eine Auswahl der Litera-tur über die nicht leicht zu überschauenden Währungs-verhältnisse in Palästina: *A.-G. Barrois*, Manuel d'archéologie biblique, Paris 1953, II, S. 258–273; *D. C. Cavedoni*, Biblische Numismatik, Hannover 1855; *G. F. Hill*, Catalogue of the Greek Coins of Palestine, London 1914; Jüdische Münzen, Auktionskatalog, Lu-zern 1963; *L. Kadman*, The Coins of the Jewish War, Jerusalem 1960; *ders.*, The Coins of Aelia Capitolina, Jerusalem 1956; *B. Kanael*, Altjüdische Münzen, in: Jahrbuch für Numismatik und Geldgeschichte, XVII (1967), S. 159–298; *F. W. Madden*, History of Jewish Coinage and of Money in the Old and New Testament, London 1864; *H. Mattingly – E. Sydenham*, The Roman Imperial Coinage, London 1962; *A. Reifenberg*, Ancient Jewish Coins, Jerusalem ³1963; *F. J. de Waele*, Geld en Munt in oud Israel, in: TH. Land, Nijmegen 1958; *W. Wruck*, Die syrische Provinzialprägung von Augu-stus bis Traian, Stuttgart 1931, S. 3–51.

138 Das Urteil des Josephus über die Pharisäer (Jüd. Altert. XVII, 2, 4; XVIII, 1, 2 f.), denen er sich in seiner poli-tischen Haltung nach seiner Rückkehr aus Rom ange-schlossen hat, bleibt schwankend. Ein Grund dafür ist wohl die Verschiedenheit der von ihm benützten Quel-len. – *W. Beilner*, Christus und die Pharisäer, Wien 1959.

139 Josephus nennt den uns sonst nicht weiter bekannten Herodessohn von der zweiten Mariamme einfach Hero-des, Markus dagegen nennt ihn Philippus. Da es unter den Herodessöhnen bereits einen Philippus gab, nämlich den Tetrarchen, den Sohn der Kleopatra, sehen viele Exe-geten in der Angabe des Evangelisten ein geschichtliches Versehen. Doch diese zu einfache Lösung befriedigt auch nicht. Es ist unwahrscheinlich, daß ein spätgeborener Sohn den Namen des Vaters erhält.

140 *M. Delcor*, Machéronte, in: DBS V, Sp. 613–618; *A. Stro-bel*, Machärus – Geschichte und Ende einer Festung im Lichte archäologisch-topographischer Beobachtungen, in:

Bibel und Qumran, hrsg. von S. Wagner, Berlin 1968, S. 198–225; *A. Strobel*, Das römische Belagerungswerk um Machärus: Topographische Untersuchungen, in: ZDPV 90 (1974), S. 128–184.

141 *A. M. Schneider*, Römische und byzantinische Tempel-bauten auf dem Garizim, in: Beiträge zur biblischen Landes- und Altertumskunde (ZDPV 68 [1951]), S. 211 bis 234; *W. G. Dever*, Sichem, in: RB 80 (1973), S. 567 bis 570.

142 Zum Jakobsbrunnen: *F.-M. Abel*, Le puits de Jacob et l'église Saint-Sauveur, in: RB 42 (1933), S. 384–402; *B. Bagatti*, Nuovi apporti archeologici sul pozzo di Gia-cobbe in Samaria, in: FrancLA XVI (1965–1966), S. 127 bis 164; *G. Dalman*, a. a. O., S. 222 f.; *C. Kopp*, a. a. O., S. 196 f.; *H.-M. Schenke*, Jakobsbrunnen – Josephsgrab – Sychar, in: ZDPV 84 (1968), S. 159–186; *H. Vincent*, Puits de Jacob ou de la Samaritaine, in: RB 65 (1958), S. 547–567.

143 »Jakob stieg nach Ägypten hinab und starb dort, er und unsere Väter. Sie wurden nach Sichem gebracht und in dem Grabe beigesetzt, das Abraham für eine Summe Geld von den Söhnen Hamors in Sichem gekauft hatte« (Apg 7, 15–16). Die Nennung Abrahams beruht aber offenbar auf einer Verwechslung, denn es war ja doch Jakob gewesen, der das Grundstück gekauft hatte (Gen 33, 19; Jos 24, 32).

144 Die Geschichte der Stadt Sichem und die Ergebnisse der archäologischen Untersuchungen der Drew-McCormick-Expedition sind zusammengefaßt in: *G. E. Wright*, She-chem, the Biography of a Biblical City, London 1965. Die zeitbedingten lückenhaften Berichte der deutschen Ausgrabungen unter E. Sellin zwischen 1913 und 1934 in: ZDPV 49 (1926), S. 229–236; 304–327; 64 (1941), S. 1–20.

145 *E. Damati*, Askar, in: IEJ 22 (1972), S. 174 und Plate 36; *C. Kopp*, a. a. O., S. 198.

146 *A. Alt*, Kleine Schriften zur Geschichte des Volkes Israel, München 1953, II, S. 436–455; *G. Dalman*, a. a. O., S. 116 bis 127; *B. Meistermann*, a. a. O., S. 480–497.

147 *C. Kopp*, Das Jonagrab in Maschhad, in: HlL 92 (1960), S. 17–21. – Im Unterschied zu den anderen Propheten-büchern erhielt das Buch Jona seinen Namen nicht nach dem Verfasser, sondern nach der Hauptgestalt. Die frü-here Auffassung, der Prophet Jona habe das nach ihm benannte Buch geschrieben, ist heute aufgegeben. Das Hauptthema des Buches ist die Darstellung des Heils-universalismus mit der Tendenz: Heiden, die sich be-kehren, sind besser als stolze Juden. Das phönizische Meeresungeheuer, der Leviatan, ist nichts anderes als das Meer selbst. Wenn Jona auf der Flucht vor Gott von diesem Ungeheuer gefressen wird, will das besagen: Er wurde ins Meer geworfen. Im Jonabuch wird »Leviatan« zum Fisch konkretisiert. Das Meer – der Fisch – sym-bolisiert die Unterwelt, die Jona, den Gerechten, nicht festhalten kann. Damit wird Jona zum Vorbild für den in die Unterwelt fahrenden Christus.

148 *B. Bagatti*, Le antichità di Kh. Qana e di Kefr Kenna in Galilea, in: FrancLA XV (1964–1965), S. 251–292; *S. Loffreda*, Scavi a Kafr Kanna, in: FrancLA XIX (1969), S. 328–348.

149 Die Ruinen der Kreuzfahrerburgen in Palästina und Sy-rien erinnern noch heute an eine Epoche, die eine unter-

schiedliche Beurteilung gefunden hat. Der äußere Anlaß zu den Kreuzzügen lag in der politischen Situation jener Zeit. Die Wallfahrten nach dem Hl. Land hatten seit der Eroberung Palästinas durch die Araber (638) nicht aufgehört, und sie waren jahrhundertelang auch ohne wesentliche Störungen möglich gewesen. Dieser Zustand der Duldung änderte sich in der zweiten Hälfte des 11. Jahrhunderts, als die seldschukischen Türken Palästina dem Kalifen von Ägypten entrissen und dem Kalifenreich in Bagdad ein Ende machten. 1071 eroberten die Seldschuken Jerusalem, dehnten ihr Gebiet nach Armenien und Syrien aus, dann brachten sie um 1080 fast ganz Kleinasien in ihre Gewalt, so daß der Rest des Römischen Reiches und Konstantinopel selbst unmittelbar bedroht waren. Die Reaktion in den christlichen Ländern, bei der politische und religiöse Beweggründe mitwirkten, waren die Kreuzzüge. Das Herrschaftsgebiet, das die Kreuzfahrer annähernd 200 Jahre behaupteten, war ein schmaler, kaum 100 km breiter und etwa 800 km langer Küstenstreifen. Dauerhafte politische Erfolge hatten die Kreuzzüge nicht. Die Verbindung des Christentums mit der feudalisierten Welt des jungen Rittertums endete im Hl. Land mit einer not- und blutbeladenen Tragödie.

150 *V. Corbo*, La città romana di Magdala. Rapporto preliminare dopo la quarta campagna di scavo: 1° ottobre — 8 dicembre 1975, in: Studia Hierosolymitana, I. Studi archeologici, Jerusalem 1976, S. 355—378; *F. Manns*, Magdala dans les sources littéraires, in: I. Studi archeologici, S. 307—337.

151 Ausgrabungsbericht von *A. E. Mader*, in: Journal of Palestine Oriental Society 13 (1933), S. 209 ff; *O. Puttrich-Reignard*, Die Palastanlage von Chirbet el-Minje, in: Das Heilige Land in Vergangenheit und Gegenwart, Heft 17—20 (1939), S. 9—29.

152 *F.-M. Abel*, Capharnaüm, in: DBS I, Sp. 1045—1064; *G. Dalman*, a. a. O., S. 142—171; *ders.*, Nach Galiläa, in: PJB 18/19 (1922/23), S. 60—66; *O. Procksch*, Jesu Wirkungskreis am Galiläischen See, in: PJB 14 (1918), S. 11 bis 31.

153 *A. E. Mader*, in: HlL 76 (1932), S. 75 f; *R. Köppel*, in: Biblica 13 (1932), S. 297; *C. Kopp*, a. a. O., S. 253; *V. Fritz*, Kinneret und Ginnosar. Voruntersuchung für eine Ausgrabung auf dem Tell el-Oreme am See Genezareth, in: ZDPV 94 (1978), S. 32—45.

154 *H. Kohl — C. Watzinger*, Antike Synagogen in Galiläa, Leipzig 1916, S. 4—40; *G. Orfali OFM*, Capharnaüm et ses ruines, Paris 1922; *C. Kopp*, a. a. O., S. 215 f.; *G. Dalman*, a. a. O., S. 149 f.

155 Diese von C. Watzinger vertretene Ansicht wird nach den Funden der jüngsten Ausgrabungen von S. Loffreda OFM abgelehnt. Nach Loffreda gehörten die Architekturteile zur Außenfassade des Haupteinganges. *S. Loffreda*, The Synagogue of Capharnaum, in: FrancLA XXII (1972), S. 13.

156 *B. Kanael*, Die Kunst der antiken Synagoge, München 1961; *R. Krüger*, Die Kunst der Synagoge, Leipzig 1966.

157 Zur Diskussion um die Datierung der Synagoge von Kafarnaum:
Die Schlußfolgerungen für eine Spätdatierung der Synagoge in die zweite Hälft des 4. Jahrhunderts, die V. Corbo OFM aus dem Befund der Grabungen gezo-

gen hat, sind nicht unwidersprochen geblieben. Die bisherige Frühdatierung um die Wende des 2./3. Jahrhunderts n. Chr. stützt sich auf Stil- und Architekturvergleiche mit den zeitgenössischen Bauten in Syrien und Kleinasien. Die Synagoge von Kafarnaum entspricht mit den korinthischen Kapitälen, Friesen und Ornamenten den architektonischen Vorstellungen jener Zeit, die auf eine Gestaltung des Außenbaues besonderen Wert legte. In der nachfolgenden byzantinischen Epoche verschiebt sich das Interesse mehr auf die Innenarchitektur. Der Bau einer Synagoge im 4. Jahrhundert mit den Stilelementen des 2./3. Jahrhunderts wäre ein Anachronismus. Dazu kommt noch eine gewichtige historische Überlegung. Nach der Beruhigung der politischen Verhältnisse in der zweiten Hälfte des 2. Jahrhunderts begann gerade in Galiläa für die jüdischen Gemeinden ein wirtschaftlicher, kultureller und religiöser Aufschwung, der auch in den Bauten jener Zeit seinen Niederschlag gefunden hat. Der Synagogenbau von Kafarnaum ist ein Zeugnis jener Blütezeit.
Nach V. Corbo kann eine chronologische Datierung nach architektonischen Stilelementen keine letzte Sicherheit geben. Wichtiger sind die historischen Fakten und der archäologische Befund. Diese weisen die Synagoge in die zweite Hälfte des 4. Jahrhunderts. Eine endgültige Klärung dieser Fragen können nur neue Grabungen und Vergleiche mit anderen, datierbaren galiläischen Synagogen erbringen.
Zur Baugeschichte der Synagoge von Kafarnaum:
C. Watzinger, Denkmäler Palästinas, Leipzig 1935, II, S. 108 f.; *V. Corbo*, La Sinagoga di Cafarnao, Gerusalemme 1970; *ders.*, Cafarnao. I. Gli edifici della città, Jerusalem 1975; *ders.*, Edifici antichi sotto la sinagoga di Cafarnao, in: Studia Hierosolymitana, I. Studi archeologici, Jerusalem 1976, S. 159—176; *G. Foerster*, Notes on Recent Excavations at Capernaum, in: IEJ 21 (1971), S. 207—209; *B. Sapir/D. Ne'eman*, Capernaum, Tel-Aviv 1967.

158 *G. Orfali*, a. a. O., S. 103—109; *V. Corbo OFM*, The House of Saint Peter at Capharnaum, Jerusalem 1969; *K. E. Wilken*, Biblisches Erlebnis im Heiligen Land, Lahr-Dinglingen 1953, I, S. 204 f.

159 *G. Dalman*, a. a. O., S. 172—198; *C. Kopp*, a. a. O., S. 230 bis 243; *D. Baldi*, Il problema del sito di Bethsaida e delle moltiplicazioni dei pani, in: FrancLA X (1960), S. 121—146.

160 *J. Bourke*, Der historische Jesus und der kerygmatische Christus, in: Theologisches Jahrbuch, hrsg. von A. Dänhardt, Leipzig 1964, S. 39 f.; *B. Gerhardsson*, Memory and Manuscript, Uppsala 1961.

161 Die fünf Redegruppen des Mt-Evangeliums:
Bergpredigt 5, 1—7, 28
Jüngerunterweisung 9, 35—11, 1
Gleichnisrede 13, 1—52
Rede über den Geist der Jüngerschaft 18, 1—35
Eschatologische Rede 24, 1—25, 46.

162 Das literarische Problem der zweifachen Gestalt der Seligpreisungen hat die Exegeten schon lange beschäftigt. Den acht Seligpreisungen bei Mattäus stehen nur vier Seligpreisungen bei Lukas gegenüber (6, 20—23). Heute neigt man zu der Annahme, daß beide Fassungen der Bergpredigt auf eine einheitliche literarische Quelle zu-

rückgehen, die den Evangelisten in geschriebener Form bereits vorgelegen hat. Mattäus, der große Systematiker, hat die vier vorgefundenen Seligpreisungen für seine Absicht ergänzt; Lukas dagegen hat mit Rücksicht auf seinen Leserkreis manches weggelassen und dafür die Weherufe angefügt.

163 Die Pilgerreise der Aetheria, übersetzt von *K. Vretska*, Klosterneuburg-Wien 1958; *C. Kopp*, a. a. O., S. 299 ff.; *J. Meysing OSB*, Tabgha, seine drei Heiligtümer in der christlichen Tradition im Laufe der Zeit, in: HlL 98 (1966), S. 1–16; *S. Loffreda OFM*, Scavi di et-Tabgha, Gerusalemme 1970.

164 *B. Bauer*, Bibeltheologisches Wörterbuch, Graz 1959, S. 28 bis 35; *G. Kittel*, Theologisches Wörterbuch zum Neuen Testament, Stuttgart 1933, I, S. 397–448; *F. Klostermann*, Apostel und Apostolat, Wortanalyse und Wortgebrauch, in: Theologisches Jahrbuch, hrsg. von A. Dänhardt, Leipzig 1964, S. 431–477.

165 Zur theologischen Deutung und Eigenart des Mt-Evangeliums: *J. Schmid*, Das Evangelium nach Mattäus, Regensburg ⁴1959, S. 5–33; *W. Trilling*, Das wahre Israel, Leipzig 1959; *ders.*, Das Matthäusevangelium – heute, in: Theologisches Jahrbuch, hrsg. von A. Dänhardt, Leipzig 1964, S. 62–70; *J. Kürzinger*, Das Papiaszeugnis und die Erstgestalt des Matthäusevangeliums, in: Biblische Zeitschrift 4 (1960), S. 19–38.

166 Zur Brüder-Jesu-Frage:
J. Blinzler, Zum Problem der Brüder des Herrn, in: Theologisches Jahrbuch, hrsg. von A. Dänhardt, Leipzig 1960, S. 68–101. – Die eingehende Untersuchung über den neutestamentlichen Befund und die älteste Überlieferung ergibt eine überzeugende Bestätigung für die Tradition der Kirche, daß es sich bei den »Brüdern Jesu« um Vettern handle. Siebenmal spricht das Neue Testament von den »Brüdern Jesu«; es lassen sich vier verschiedene »Brüder« namentlich nachweisen: Jakobus und Joses, Simon und Judas; dazu kommen noch mindestens drei »Schwestern«, deren Namen im Evangelium nicht genannt werden. Schon im Profangriechischen wird der Terminus »adelphos« über den Kreis der leiblichen Brüder hinaus gebraucht. Gleichfalls legt sich ein weiterer Gebrauch aus der Septuaginta nahe, die damit öfter entferntere Verwandte meint. Da nun Josef, der gesetzliche Vater des Herrn, wohl in der Kindheit Jesu stirbt, schließt sich Maria einem Verwandten an; Jesus wächst mit dessen Kindern wie ein Bruder auf. Noch in der Urkirche ist der Titel »Herrenbruder« Ehrenname. Positiv wird nach Lk 2, 41–52 und Joh 19, 26f. die Tatsache leiblicher Brüder ausgeschlossen. In Wirklichkeit handelt es sich um Vettern und Basen Jesu. Jakobus und Joses sind Söhne einer von der Heiligen Jungfrau verschiedenen Maria (Mk 15, 40) und entstammen einem priesterlichen Geschlecht. Simon und Judas sind Söhne des Kleopas, eines Bruders des hl. Josef. Alle vier sogenannten »Herrenbrüder« sind zudem älter als Jesus, der vom Evangelisten Lukas ausdrücklich der Erstgeborene genannt wird. Die gleiche Ansicht wird in der ersten nachapostolischen Generation von Hegesippus vertreten. Etwa gegen 200 n. Chr. taucht die Deutung auf, es handle sich um wirkliche Herrenbrüder aus einer ersten Ehe des hl. Josef (Protoevangelium des Jakobus). Im 4. Jahrhundert führt Hieronymus den exegetischen Nachweis, daß es dabei um

Vettern Jesu geht. Das bleibt die Anschauung der Kirche bis heute.

167 *G. Dalman*, a. a. O., S. 199 ff.; *C. Kopp*, a. a. O., S. 294 ff.

168 *R. Bultmann*, Glauben und Verstehen, Tübingen 1958, I, S. 124.

169 Die folgenden Ausführungen stützen sich auf die Studie von *F. Mußner*, Die Wunder Jesu, München 1967. Zur neueren Literatur und zur Frage nach der Historizität der Wunder Jesu:
R. H. Fuller, Die Wunder Jesu in Exegese und Verkündigung, Düsseldorf 1967; *H. Fries*, in: Handbuch Theologischer Grundbegriffe II, München 1963, S. 886–896; *K. Gutbrod*, Die Wundergeschichten des Neuen Testaments, Stuttgart ²1968; *F. Lentzen-Deis*, Die Wunder Jesu, in: Theologie und Philosophie 43 (1968), S. 392 bis 402; *J. Michl*, Fragen um Jesus – Antworten aus historischer Sicht, München 1967, S. 71–81; *R. Pesch*, Jesu ureigene Taten?, Freiburg 1970; *G. Schille*, Die urchristliche Wundertradition, Berlin 1966; *H. Staudinger*, Die historische Glaubwürdigkeit der Evangelien, Stuttgart 1969; *Strack – Billerbeck*, a. a. O., IV/2, S. 745–763; *W. Trilling*, Fragen zur Geschichtlichkeit Jesu, Leipzig ³1969, S. 96–105; *A. Vögtle*, Jesu Wunder einst und heute, in: Bibel und Leben 2 (1961), S. 234–254.

170 *R. Bultmann*, Die Geschichte der synoptischen Tradition, Göttingen ⁴1958, S. 247.

171 *J. Jeremias*, Jesu Verheißung für die Völker, Stuttgart 1959, S. 42, Anm. 169.

172 *Strack – Billerbeck*, a. a. O., IV/2, S. 745–763.

173 *W. Speyer*, Der Tod der Salome, in: Jahrbuch für Antike und Christentum 10 (1967), S. 176 ff.

174 Zum Täufergrab vgl. die unterschiedliche Behandlung dieser Frage bei *C. Kopp*, a. a. O., S. 173–183, und *J. Jeremias*, Drei weitere spätjüdische Heiligengräber, in: ZNW 52 (1961), S. 96 ff.; *R. W. Hamilton*, Guide to Samaria-Sebaste, Jerusalem 1944, S. 40.

175 *J. Jeremias*, a. a. O., S. 97 f.

176 *C. Schick*, in: ZDPV 22 (1899), S. 81.

177 Das durch »eucharistein« (Joh 6, 11; Mt 15, 36; Mk 8, 6) oder »eulogein« (Mt 14, 19; Mk 6,41) ausgedrückte Tischgebet hieß bei den Juden wie andere Gebete »beracha«, ohne daß zwischen Lobpreisung, Dankgebet, Segensspruch und Bittgebet unterschieden wurde. Von der Danksagung erhielten alle vorgeschriebenen Gebete diesen Namen. Eine aus der Mischna überlieferte Benediktion lautet: »Gepriesen seist Du, Herr, unser Gott, der König der Welt, der das Brot aus der Erde bringt« (Berachoth VI, 1).

178 Der Name et-Tabgha geht auf das griechische Wort »heptapegon« (zu ergänzen: »chorion«) – »Siebenquellenort« – zurück. Von den des Griechischen unkundigen Arabern wurde die erste Silbe von »hepta« als Artikel empfunden und das folgende »pi« mit dem t assimiliert.

179 Die Ausgrabungen wurden im Auftrag der Görres-Gesellschaft und des Eigentümers, des Deutschen Vereins vom Heiligen Land, von A. E. Mader und A. M. Schneider durchgeführt: *A. E. Mader SDS*, Die Ausgrabungen der Brotvermehrungskirche auf dem deutschen Besitz in Tabgha am See Genezareth, in: HlL 78 (1934), S. 1–15; 41–66; 89–103; 131–149; *A. M. Schneider*, Die Brotvermehrungskirche in et-Tabgha, Paderborn 1934; *J. Meysing OSB*, a. a. O., S. 1–9.

180 *S. Loffreda OFM*, Sondaggio nella Chiesa della Moltiplicazione dei Pani a Tabgha, in: FrancLA XX (1970), S. 370–380.

S. Loffreda glaubt diese Frühdatierung ablehnen zu müssen. Eine zwischen den Fundamentsteinen der ersten Kirche gefundene Münze stammt aus der Zeit des Kaisers Honorius und wurde während der Jahre 395–408 geprägt. Da aber Aetheria, deren Aufenthalt in Palästina in die Jahre 381–384 angesetzt werden kann, den Altar mit dem Stein bereits gesehen hat, kann diese Bezeugung durch eine einzige später datierte Münze nicht entkräftet werden. Alle in dem von Petrus Diaconus überlieferten Bericht der Aetheria genannten Einzelheiten — die von stark fließenden Quellen bewässerte grasreiche Ebene, die Kirche mit dem »Heiligen Stein«, die Straße längs der Kirche und gleich dabei die Anhöhe, auf der Christus die Seligpreisungen gesprochen hat — decken sich mit den Funden, die bei den Ausgrabungen gemacht wurden. Sie zeigen, daß die Kirche bereits im vorletzten Jahrzehnt des 4. Jahrhunderts bekannt war.

181 Die Handschriften des Joh-Evangeliums enthalten drei verschiedene Namen: Bethsaida, Bet[th]zatha und Bethesda. Die Lesart »Bethsaida« ist uns in den ältesten aus Ägypten stammenden Handschriften P[66] und P[75] überliefert. Sie scheint trotz ihres Alters ein Schreibfehler zu sein, da der Name dem Schreiber aus den anderen Stellen dieses Evangeliums und der Synoptiker geläufig war. Mit dem Namen Bezeta bezeichnet Josephus die nördliche Vorstadt, die der Burg Antonia auf einer Erhebung gegenüberlag. Es wäre möglich, daß der Name auch auf den Teich überging, der in der »Bezeta« — »Vorstadt« — lag. Die andere gut bezeugte Lesart »Betesda« erhielt jedoch das Übergewicht und wird nun durch die Kupferrolle von Qumran (3Q 15) bestätigt.

182 *J. T. Milik*, Le rouleau de cuivre de Qumran (3Q 15) — Traduction et commentaire topographique, in: RB 66 (1959), S. 321–357, bes. S. 328–347; *J. Jeremias*, Abba, Göttingen 1966, S. 361–364.

183 *A. Duprez*, Probatique (Piscine), in: DBS VIII, Sp. 606 bis 621; *J. Jeremias*, Die Wiederentdeckung von Bethesda, Göttingen 1949; *L.-H. Vincent — F. M. Abel*, Jérusalem nouvelle II, S. 669–698; *N. van der Vliet*, »Ste-Marie où elle est née« et la Piscine probatique, Paris 1932, S. 176–207.

184 *J. Jeremias*, a. a. O., S. 26.

185 *W. Foerster*, Beelzebul, in: *G. Kittel*, Theologisches Wörterbuch I, S. 605 f.; *Strack—Billerbeck*, a. a. O., I, S. 631 f. Die Fortdauer dieses ungeheuerlichen Vorwurfes wird klar bezeugt von: Justin, Dial. Tryph. 69, 7; Origenes, c. Celsum I, 28; b. Sanh. 43ᵃ, Bar.

186 Zu den einzelnen Gesetzesbestimmungen siehe: *Strack — Billerbeck*, a. a. O., IV/2, Sach- und Personenverzeichnis S. 1213–1278.

187 Die Geniza war eine Kammer (Schatzkammer, Aufbewahrungsort) bei der Synagoge, in der die für den liturgischen Gebrauch nicht mehr einwandfreien Handschriften deponiert wurden. Berühmt geworden ist die Geniza der Esra-Synagoge zu Alt-Kairo, die aus dem 9. Jahrhundert stammt, Die Geniza war vermauert worden und geriet so in Vergessenheit. Erst vor rund 100 Jahren entdeckte man ihren kostbaren Inhalt. Die Zahl der Fragmente wird auf 250 000 geschätzt, darunter auch die hebräische Version des Buches Sirach. Der größte Teil der Fragmente stammt aus der Zeit zwischen dem 10. und 13. Jahrhundert; manches ist jedoch auch wesentlich älter.

188 *V. Tzaferis*, El-Koursi, in: IEJ 22 (1972), S. 176 f. und Plate 38 B; *B. Bagatti*, El-Koursi. Lieu du miracle de la guérison d'un démoniaque, in: La Terre Sainte 11 (1972), S. 292–301.

Zur Reiseroute:

F. G. Lang, »Über Sidon mitten ins Gebiet der Dekapolis«, Geographie und Theologie in Markus 7, 31, in: ZDPV 94 (1978), S. 145–160.

189 Die Bezeichnung »barjona«— »Sohn des Jonas« — steht in Spannung zu Joh 1, 42; 21, 15. 16. 17, wo Petrus als »bar johanan« — »Sohn des Johannes« — bezeichnet wird. Die Ansicht, Jona sei eine Verkleinerungsform von Johanan, läßt sich in der jüdischen Literatur nicht nachweisen.

190 Zur ganzen Stelle siehe: *A. Lang*, Der Auftrag Christi, München 1962, S. 58–85.

191 *A. v. Harnack*, in: Sitzungsberichte der Berliner Akademie der Wissenschaften 1918, S. 63 ff.

192 Für die historische Echtheit als Herrenwort treten ein: F. Kattenbusch, K. L. Schmidt, E. Lohmeyer, M. Michaelis, A. Oepke, O. Cullmann und J. Jeremias. Diese protestantischen Forscher verbinden aber mit der Anerkennung der Echtheit dieser Stelle nicht auch schon die Anerkennung ihrer katholischen Auslegung. Das Recht der römischen Päpste, sich auf dieses Herrenwort zu berufen und es als die Wurzel ihres Primates in Anspruch zu nehmen, wird von ihnen bestritten.

193 *J. Schmid*, Das Evangelium nach Matthäus, Regensburg ⁴1959, S. 247; gegen die Geschichtlichkeit des bei Mt gegebenen Kontextes spricht sich aus: *A. Vögtle*, Messiasbekenntnis und Petrusverheißung, in: Biblische Zeitschrift 1 (1957), S. 252–272; 2 (1958), S. 85–103.

194 *R. Bultmann*, Geschichte der synoptischen Tradition, Göttingen 1931, S. 276.

195 Nach *A. Lang*, a. a. O., S. 72 f.

196 *C. Copp*, a. a. O., S. 299 ff.; *B. Meistermann OFM*, Durch's Heilige Land, Trier 1906, S. 469 ff.; *O. Stenner — H. M. Wilmes*, Pilgerführer durchs Heilige Land, Jerusalem 1961, S. 363 ff.

197 Origenes, der nach 232 n. Chr. dauernd in Palästina lebte, wäre der erste literarische Zeuge für die Verklärung auf dem Berge Tabor, wenn die »Selecta in Psalmos« von ihm stammten. Aber die Authenzität ist zuwenig gesichert. Dazu kommt, daß Eusebius (265–339) in seinem Onomastikon bei der Erwähnung des Tabor nichts über die Verklärung berichtet. So bleibt Kyrill (348) der früheste gesicherte Traditionszeuge für den Tabor als den Ort der Verklärung.

A. Alt, Zur Geschichte des Bistums auf dem Thabor, in: ZDPV 64 (1941), S. 91–96.

198 Seine Anwendung wird in alten medizinischen Handbüchern und von antiken Historikern wiederholt erwähnt (Sueton, Vesp. 7; Tacitus, Hist. 4, 81).

199 Zur Schiloachinschrift:

H. Guthe, Über die Siloahinschrift, in: ZDPV 4 (1881), S. 250–259; *E. Kautzsch*, Die Siloahinschrift, in: ZDPV 4 (1881), S. 103–114; S. 260–271; *H. J. Stoebe*, Überlegungen zur Siloahinschrift, in: ZDPV 71 (1955), S. 124

bis 140; *E. Puech*, L'inscription du tunnel de Siloé, in: RB 81 (1974), S. 196—214.

200 *E. Robinson — E. Smith*, Palästina und die südlich angrenzenden Länder, Halle 1841, II, S. 151—154.

201 Ausgrabungsberichte zum Teich Schiloach: *G. Dalman*, Die Wasserversorgung des ältesten Jerusalem, in: PJB 14 (1918), S. 47—72, Tafel 2, 3; *K. M. Kenyon*, a. a. O., S. 102—106; *J. Simons*, Jerusalem in the Old Testament, Leiden 1952, S. 157—194; *L.-H. Vincent — M.-A. Stève*, Jérusalem de l'Ancien Testament I, S. 269 bis 279, Pl. LXII—LXVII; *P. Benoit*, in: RB 76 (1969), S. 264 f.

202 *B. Bagatti*, Béthanie, in: DBS VI, Sp. 695—699; *F. Fenner*, Die Ortslage von Bethanien, in: ZDPV 29 (1906), S. 151—177; *G. Dalman*, a. a. O., S. 257—276; *ders.*, Hundert deutsche Fliegerbilder aus Palästina, 17; *C. Kopp*, a. a. O., S. 332 f.; *S. Saller OFM*, Excavations at Bethany, Jerusalem 1957.

203 Die Araber sahen das L am Anfang des Wortes Lazarium als Artikel an. Dann haben sie »el-Azar« mit Esra in Beziehung gebracht, und heute identifizieren sie Lazarus mit Esra, an dessen Grab in der Moschee ein Kenotaph erinnert.

204 *P. Benoit — E. Boismard*, Un ancien sanctuaire à Béthanie, in: RB 58 (1951), S. 200—251.

205 Unter einer Moschee versteht man im eigentlichen Sinne nur das öffentliche Gotteshaus, in dem sich die Gemeinde am Freitag versammelt. Diesem Zweck dient die an der Südseite des Haram liegende El-Aksa-Moschee. Der Felsendom ist ein allgemeines Heiligtum, in dem der einzelne beten kann, in dem aber kein öffentlicher Gottesdienst stattfindet.
Zur Baugeschichte:
J. Gildemeister, Die arabischen Nachrichten zur Geschichte der Harambauten, in: ZDPV 13 (1890), S. 1—24; *Aref el-Aref*, Der Felsendom, übersetzt von W. Jäger, Jerusalem 1964; *E. Baer*, Early Muslim Architecture, in: Orientalistische Literaturzeitung 68 (1973), Sp. 117 bis 126.

206 Der Koran ist die authentische Urkunde für Mohammeds Leben und Werk. Er enthält seine eigenen Worte, die er als Offenbarungen Gottes erklärte. Der Koran ist kein eigentliches Lesebuch, sondern primär ein liturgischer Text, der auswendig rezitiert wird. Die erste offizielle Koranausgabe erschien unter dem 3. Kalifen, Othman (644—656). Die heutige Einteilung des Korans in 114 Suren geht auf diesen Text zurück.
Deutsche Ausgabe: Der Koran, übersetzt von M. Henning, Leipzig 1968.
Zum Jesusbild des Korans:
Mohammeds Aussagen über »Jesus, den Sohn der Maria« sind nicht einheitlich und darum schwer in ein Gesamtbild einzuordnen. An der Spitze der von »Gott Gesandten« steht Jesus nicht, sie wird von Abraham und Mose eingenommen, ja Maria tritt sogar stärker hervor. Wie Johannes der Täufer der Vorläufer Jesu war, so ist Jesus der Vorgänger des großen arabischen Propheten, auf den er verweist.
Eine zusammenfassende Darstellung bieten:
H. Räisänen, Das koranische Jesusbild, Helsinki 1971; *C. Schedl*, Muhammad und Jesus, Wien 1978.

207 *M. Noth*, Lehrkursus 1956, in: ZDPV 73 (1957), S. 16 f.;

ZDPV 82 (1966), S. 264—270; *G. Dalman*, a. a. O., S. 231 bis 234.

208 *H. Donner*, in: ZDPV 81 (1965), S. 18 f.

209 *H. J. Stoebe*, Lehrkursus 1962, in: ZDPV 80 (1964).

210 Dagegen lassen die vielfachen Beweise für die Zerstörungen der Städte Bet-El (Ri 1, 22—26), Lachisch (Jos 10, 3—35) und Debir (Jos 10, 34) im 13. Jahrhundert v. Chr. annehmen, daß es sich um einen geplanten Feldzug von der Art, wie er in Jos 10 beschrieben ist, gehandelt hat. Wir dürfen darum folgern, daß sich zum mindesten ein Teil der israelitischen Stämme im 13. Jahrhundert Zutritt in Palästina verschaffte, und zwar durch eine sorgfältig geplante Invasion, deren Ziel nicht in erster Linie Beute, sondern Land war.
Ausgrabungsberichte:
E. Sellin — C. Watzinger, Jericho. Ergebnisse der Ausgrabungen, Leipzig 1913; *K. M. Kenyon*, Excavations at Jericho, Vol. 1, 2, London 1959/65.

211 *A. Schalit*, a. a. O., S. 262 ff., bes. S. 272.

212 *F.-M. Abel* (Géographie de la Palestine, II, S. 359) und *A. Alt* (PJB 21 [1925], S. 23) identifizieren Kypros mit dem Tell el-'Aqabe. — *A. Schalit*, a. a. O., S. 357; S. 398.

213 *J. L. Kelso*, Excavations at New Testament Jericho and Khirbet en-Nilta, New Haven 1955; *J. B. Pritchard*, The excavation at Herodian Jericho, 1951, New Haven 1958; *R. de Vaux*, in: RB 66 (1959), S. 155 ff.; *A. Schalit*, König Herodes, der Mann und sein Werk, Berlin 1969, S. 357 ff.; *E. Netzer*, The Hasmonean and Herodian Winter Palaces at Jericho, in: IEJ 25 (1975), S. 80—100; *ders.*, Jéricho, in: RB 82 (1975), S. 270—274; Bible et Terre Sainte, 3 (1977).

214 Bei dem Bericht Lk 7, 36—50 handelt es sich trotz gewisser äußerer Berührungspunkte um ein gänzlich anderes Ereignis im Leben Jesu. Die Gleichnamigkeit des Gastgebers verliert alle Beweiskraft durch die Häufigkeit des Namens Simon bzw. Symeon. Im NT allein finden wir elf Träger dieses Namens, davon zwei im Kreis der Zwölf.
Zur Salbung: *Strack—Billerbeck*, a. a. O., IV, S. 578—610; *J. Jeremias*, Abba, Göttingen 1966, S. 107—115.

215 *G. Dalman*, Jerusalem und sein Gelände, Gütersloh 1930, S. 21 ff.; Topographische Karte von Jerusalem und Umgebung; *ders.*, Orte und Wege Jesu, Gütersloh ³1924, S. 277—285; *ders.*, Der Ölberg zur Himmelfahrtszeit, in: PJB 12 (1916), S. 58—75.

216 *K. Galling*, Die Nekropole von Jerusalem, in: PJB 32 (1936), S. 90.

217 *Strack — Billerbeck*, a. a. O., I, S. 839.

218 *S. Saller — E. Testa*, The archaeological setting of the shrine of Bethphage, Jerusalem 1961.

219 Zur kaiserlichen Münzpolitik:
A. Schalit, a. a. O., S. 256 ff.; *W. Wruck*, Die syrische Provinzialprägung von Augustus bis Traian, Stuttgart 1931.

220 *J. Jeremias*, Jerusalem zur Zeit Jesu, Göttingen 1958, 1. Teil, S. 89 ff.
Die früher von Jeremias angenommene Einwohnerzahl von 55 000 beruht auf einer Schätzung, der eine Bevölkerungsdichte von 1 auf 25 m² zugrunde gelegt war. In seiner späteren Schrift »Die Abendmahlsworte Jesu«, Göttingen ³1960, S. 36, hält Jeremias diese Zahl für zu hoch und schließt sich der Ansicht Dalmans an, der die

Einwohnerzahl Jerusalems zur Zeit Jesu auf höchstens 30 000 schätzt.

Eine neue Schätzung gibt: *M. Broshi*, La population de l'ancienne Jérusalem, in: RB 82 (1975), S. 5–14. (Vgl. Abb. 97, S. 170 f.) Unter Hinweis auf die Besiedlungsdichte der Altstadt von Jerusalem im Jahre 1918 gibt M. Broshi einen mittleren Wert von 1 auf 20 m² an und errechnet für die von der ersten und zweiten Mauer umschlossene Fläche des alten Jerusalem – den Tempelplatz ausgenommen – eine Einwohnerzahl von 38 500.

221 Alles, was im Morgen- und im Abendland im Laufe der Jahrhunderte über das christliche Sion mit den dort nach der Tradition verehrten Heiligtümern geschrieben worden ist, hat L.-H. Vincent OP von der École Biblique der Dominikaner in Jerusalem zusammengetragen. Er hat die literarische Überlieferung mit den Ergebnissen der früheren Ausgrabungen, die 1899 beim Bau der Dormitio-Basilika unter Leitung von H. Renard durchgeführt wurden, und seinen eigenen Vermessungen verglichen und den ganzen Tatbestand in seinem Monumentalwerk über Jerusalem dargestellt: *L.-H. Vincent – F.-M. Abel*, Jérusalem nouvelle II, S. 421–440; S. 441–481 (*Abel*). – *J. Schroeder*, Mariä Heimgang, Köln 1935; *C. Kopp*, a. a. O., S. 376 ff.

222 Offenbar sind diese strengen Bestimmungen später, wahrscheinlich durch Konstantin oder bereits schon früher durch Antoninus Pius (138–161), gelockert worden. Im 4. Jahrhundert war es den Juden dann auch erlaubt, am 9. Ab, dem Tag der Tempelzerstörung, nach Jerusalem zu kommen.

223 Der Kirchenschriftsteller Hegesippus hat um 180 n. Chr. auf einer Reise nach Rom und Korinth Bischofslisten aufgestellt. Er stammte aus dem Orient, wohl aus Palästina, war des Griechischen, Hebräischen und Syrischen kundig und gehörte, wie Eusebius versichert, noch der ersten Generation nach den Aposteln an (Hist. eccl. II, 23, 3). Mit großer Wahrscheinlichkeit geht auch die Jerusalemer Bischofsliste, die Eusebius zitiert (Hist. eccl. IV, 5, 1–5; V, 12), auf ihn zurück.

224 *J. Pinkerfeld*, »David's Tomb«, in: Fund for the Exploration of Ancient Synagogues, Bulletin III, Jerusalem 1960, S. 41–43; *B. Bagatti*, L'Église de la Circoncision, Jérusalem 1965, S. 96–102.

225 *G. Dalman*, a. a. O., S. 336.

226 *H. Schürmann*, Jesu Abendmahlshandlung als Zeichen für die Welt, Leipzig 1970.

227 *H. Schürmann*, Jesu Abendmahlshandlung als Zeichen für die Welt, Leipzig 1970; *J. Jeremias*, Die Abendmahlsworte Jesu, Göttingen ³1960; *Strack – Billerbeck*, a. a. O., IV, S. 41–56; S. 611–639.

228 *A. Arce*, Getsemani. Adquisicion documentada del Huerto de los Olivos, de la Gruta de Getsemani, de varios olivares, Jerusalem 1971.

229 *A. Arce*, a. a. O., S. 24 ff.
Die in der Inschrift vorkommende Abkürzung DU C hat Troilo zu D(OMIN)U(S) C(HRISTUS) ergänzt. Im Anschluß an den biblischen Sachverhalt (Lk 22, 39) ist die folgende Ergänzung wahrscheinlicher: D(OMIN)U(S) C(UM DISCIPULIS) – »dort weilte der Herr oft mit den Jüngern«.

230 *G. Orfali OFM*, Gethsémani ou Notice sur l'Église de l'Agonie ou de la Prière d'après les fouilles récentes accomplies par la Custodie Franciscaine de Terre Sainte (1909 et 1920), Paris 1924; *L.-H. Vincent – F.-M. Abel*, Jérusalem nouvelle I, S. 301–327; II, S. 1007–1013; *V. Corbo OFM*, Ricerche archeologiche al Monte degli Ulivi, Gerusalemme 1965, S. 1–57; *P. Power*, Gethsémani, in: DBS III, Sp. 632–659; *C. Kopp*, a. a. O., S. 387 bis 399; *A. Storme*, Gethsemane, übersetzt und überarbeitet von A. Eickler OFM, Jerusalem 1970.

231 P. Michael Nau SJ, der 1674 als Begleiter des französischen Botschafters von Konstantinopel nach Jerusalem kam, erwähnt in seinem Reisebericht die acht Ölbäume im Garten von Getsemani. Das hohe Alter der Bäume begründet er mit dem Hinweis, daß sie zu keiner Zeit von der Steuer betroffen wurden, die seit der arabischen Besitzergreifung des Landes (637) auf jedem neu gepflanzten Ölbaum lag. Der historische Hinweis auf die Besteuerung neu gepflanzter Ölbäume mag richtig sein, für die Steuerfreiheit der Bäume im Garten von Getsemani gilt aber ein anderer Grund. Nach der Eroberung Jerusalems durch den letzten Fatimiden-Sultan Saladin (1169–1193) wurde die St.-Anna-Kirche mit dem Kloster am Teich Betesda in eine Moschee und Koranschule umgewandelt. Saladin schenkte 1192 der Schule den Ölgarten von Getsemani als Pfründe, damit gehörte der Garten zu einer »Waqf«, einer religiösen frommen Stiftung, und blieb steuerfrei. So können wir die Steuerfreiheit der Ölbäume im Garten von Getsemani erst ab 1192 historisch belegen. Nach *A. Arce*, Getsemani, Jerusalem 1971, S. 8, Anm. 1; S. 13, Anm. 4.

232 In der Darstellung der Synedrialverhandlung zeigen die Synoptiker einige Besonderheiten. Lukas ordnet die Begebenheiten in folgender Weise: Er erzählt zuerst die Verleugnung des Petrus (22, 55–62), danach die Verspottung Jesu (22, 63–65) und dann den Zusammentritt des Synedriums am Morgen mit der Verurteilung Jesu durch den Hohenpriester (22, 66–71). Markus und Mattäus, der sich im Aufbau und auch in den Einzelheiten an die Markusdarstellung anschließt, berichten dagegen zuerst das Verhör, dann die Verurteilung, sodann die Verspottung Jesu und zuletzt die Verleugnung des Petrus (Mk 14, 55–72; Mt 26, 59–75). Die verschiedene Anordnung der Einzelstücke bei Lukas läßt sich aus der schriftstellerischen Technik des Evangelisten begreifen. Sein Bestreben, der Darstellung nach Möglichkeit den Charakter eines fortlaufenden Berichtes zu geben, erklärt genügend, warum er den bei Markus zweimal unterbrochenen Bericht über die Synedrialverhandlung zu einem geschlossenen Bericht zusammenzieht. Es geht nicht an, den summarischen Bericht des Lukas gegen Markus auszuspielen und zu behaupten, das Synedrium habe über Jesus gar kein Todesurteil ausgesprochen.

Bei einem Vergleich mit Johannes fällt auf, daß der ausführliche Bericht der Synoptiker über die Gerichtsverhandlung vor Kajafas beim vierten Evangelisten in keiner Weise sichtbar wird. Es werden keine Zeugen aufgeboten, wir erfahren nichts von der entscheidenden Frage nach dem Messiasanspruch Jesu, es erfolgt auch keine Verurteilung. Johannes berichtet lediglich das Vorverhör bei Hannas, dann ausführlich die Verleugnung Petri und die Tatsache, daß Hannas Jesus zu Kajafas schickte. Für dieses Schweigen geben die Exegeten verschiedene Gründe an. Der tiefere Grund mag wohl darin liegen, daß die entscheidende Frage, um die es im Vor-verhör des Kajafas ging, für die Leser des Johannes-evangeliums bereits geklärt war. Der Höhepunkt des Synedrialprozesses vor Kajafas war das feierliche Bekenntnis Jesu zur Messiaswürde und Gottessohnschaft. Daraufhin erfolgt die Verurteilung wegen Gotteslästerung. Nach der johanneischen Darstellung hatte sich aber Jesus in seinen Reden vor den Juden klar und deutlich als der Messias bezeugt. Die Leser des Evangeliums wissen bereits, daß der Entschluß, Jesus zu töten, vor dem Prozeß feststand. Das Urteil ist praktisch bereits gefällt. Darum übergeht Johannes in seiner Darstellung die Gerichtsverhandlung vor dem Synedrium.

Die folgenden Ausführungen über den Prozeß stützen sich weitgehend auf das Werk von *J. Blinzler*, Der Prozeß Jesu, Regensburg ³1960. Zu der großen, material-reichen Arbeit Blinzlers stellt die Studie von *P. Winter*, On the Trial of Jesus, Berlin 1961, gleichsam den Gegenpol dar. Beide Bücher zeigen den weitgespannten Rahmen, in dem heute die Diskussion um den Prozeß Jesu geführt wird. »Gekreuzigt, gestorben und begraben, aber in den Herzen der Jünger, die ihn geliebt hatten und in denen sie sich nahe fühlten, auferstanden« – das ist die These Winters, mit der er die Texte interpretiert. Er unterscheidet scharf zwischen dem, was Jesus verkündigte, und dem, was die Jünger von ihm verkündigten. Nach Winter ist kein einziger Abschnitt der Passionsberichte frei von »editorial accretion«, einer späteren Überarbeitung. Sein Bestreben geht darum dahin, theologische Interpretationen und tendenziöse, erst aus einer späteren Gemeindesituation zu erklärende Überarbeitungen von den Berichten mit Tatsachencharakter zu befreien, um auf diesem Wege zu einer einigermaßen zuverlässigen Rekonstruktion von Ursache und Verlauf des Prozeßverfahrens zu gelangen.

Winter breitet ein reiches historisches und juristisches Material aus, um den Beweis zu führen, daß die einzelnen Evangelisten nach ihrem Belieben apologetische Motive in die Überlieferung eingefügt haben und daß dadurch der wirkliche Ablauf der Passionsereignisse verdeckt und vielfach verfälscht wurde. Die entscheidenden Gründe, die zum Verfahren gegen Jesus führten, sieht Winter nicht auf der religiösen, sondern auf der politischen Ebene. Die Hauptverantwortung für das Vorgehen liegt darum bei den Römern. Die jüdische, sadduzäische Führungsschicht hat dieses Vorgehen gefordert, aber das geschah allein aus politischer Zweckmäßigkeit, keineswegs aus religiösen Beweggründen. Erst die spätere christliche Verkündigung hat diesen Tatbestand verdunkelt und ihre späteren religiösen Auseinandersetzungen mit dem Judentum in den Prozeß Jesu hineinprojiziert. Sie hat die Römer weitgehend entlastet und die Hauptschuld den Juden aufgebürdet.

Nach Winter war Jesus ein Pharisäer. Er versucht darum, die Spannungen zwischen Jesus und den Pharisäern als ungeschichtlich hinzustellen. Aber gerade hier wird die Einseitigkeit und Schwäche der Winterschen Position offenbar. Jesu Auseinandersetzung mit den Pharisäern und Schriftgelehrten gehört zum ältesten Bestand der Verkündigung. Die Gleichnisse Jesu, die Sabbatlogien und Streitgespräche zeigen, wie sehr Jesus den Pharisäern und Frommen seiner Tage zum Ärgernis wurde,

ihren Haß und ihre Feindschaft hervorrief. Pharisäer und Sadduzäer – wenn auch aus verschiedenen Motiven – haben den Tod Jesu gefordert und ihn den Römern zur Verurteilung übergeben.

233 *N. Avigad*, Excavations in the Jewish Quarter of the Old City of Jerusalem, 1969/70, in: IEJ 20 (1970), S. 6 f.

234 *H. Lietzmann*, Der Prozeß Jesu, in: Sitzungsberichte der Preußischen Akademie der Wissenschaften, Phil. Hist. Kl., Berlin 1931, S. 313–322. – Zur ganzen Diskussion: *J. Blinzler*, a. a. O., S. 123–126; *K. Schubert*, Das Verhör Jesu vor dem Hohen Rat, in: Bibel und zeitgemäßer Glaube, hrsg. von J. Sint, Klosterneuburg 1967, S. 97 bis 122.

235 *S. Franken, A. A.*, Sankt Peter zum Hahnenschrei, in: HlL 95 (1963), S. 34–41; *C. Kopp*, a. a. O., S. 405 ff.; *E. Power*, Église Saint-Pierre et maison de Caïphe, in: DBS II, Sp. 691–756; *L.-H. Vincent*, Saint-Pierre en Gallicante, in: RB 39 (1930), S. 250–256; *L.-H.Vincent – F.-M. Abel*, Jérusalem nouvelle II, S. 504–515, Pl. LI.

236 *K. Schubert*, a. a. O., S. 109 f.

237 Für die große Wahrscheinlichkeit, daß Pilatus eines gewaltsamen Todes gestorben ist, spricht der Umstand, daß Philo in seiner Schrift »Adversus Flaccum« den römischen Prokurator besonders behandelt hat. Philo erwähnt in dieser Schrift nur diejenigen Verfolger der Juden, die durch einen gewaltsamen Tod von Gott gestraft worden sind.

238 Nach *Th. Mommsen*, Die Pilatus-Akten, in: ZNW 3 (1902), S. 198–205, bes. S. 201.

239 Die Madaba-Karte hat den Maßstab 1 zu etwa 15 000, während das Stadtbild in dem Maßstab 1 : 1603, also fast zehnmal größer als die übrigen Teile der Karte, abgebildet ist.
Zum Stadtplan von Jerusalem auf der Madaba-Karte: *M. Avi-Yonah*, The Madaba Mosaic Map, Jerusalem 1954, Plate 7, S. 50–60; *A. Jakoby*, Das geographische Mosaik von Madaba, Leipzig 1905, S. 73–79; *P. Thomsen*, Das Stadtbild Jerusalems auf der Mosaikkarte von Madeba, in: ZDPV 52 (1929), S. 147–174.

240 Nach *H. Donner*, Die Palästinabeschreibung des Epiphanius Monachus Hagiopolita, in: ZDPV 87 (1971), S. 42 bis 91.

241 Gründe und Gegengründe über die Lage des Prätoriums haben in geradezu liebenswürdiger Weise *L.-H. Vincent* OP, der Verfechter der Burg Antonia, und *P. Benoit* OP, der dem Herodespalast den Vorzug gibt, im gleichen Heft der »Revue Biblique« dargelegt: *L.-H. Vincent*, Le lithostrotos évangelique, in: RB 59 (1952), S. 513–530; *P. Benoit*, Prétoire, Lithostroton et Gabbatha, in: RB 59 (1952), S. 531–550; *A. Vanel*, Prétoire, in: DBS VIII, Sp. 513–554; *L.-H. Vincent–F.-M. Abel*, Jérusalem nouvelle II, S. 562–586; *Sœur Marie Aline de Sion*, La Forteresse Antonia à Jérusalem et la question du prétoire, Jérusalem 1956; *J. Blinzler*, Der Prozeß Jesu, Regensburg ³1960, S. 256–259.
Für die Lage des Prätoriums am Westhang des Tyropöontales argumentiert mit beachtlichen Gründen *B. Pixner* OSB, Noch einmal das Prätorium. Versuch einer neuen Lösung, in: ZDPV 95 (1979), S. 56–86.

242 *C. Schick*, Der Davidsthurm in Jerusalem, in: ZDPV 1 (1878), S. 226–237.

243 *C. N. Johns*, Excavations at the Citadel, Jerusalem 1934 bis 1939, in: PEQ 72 (1940), S. 36—58; *ders.*, Recent Excavations at the Citadel, Jerusalem, in: Quarterly of the Department of Antiquities of Palestine 14 (1950), S. 121—190; *R. Amiran — A. Eitan*, Excavations in the Courtyard of the Citadel, Jerusalem 1968—1969, in: IEJ 20 (1970), S. 9—17.

244 *A. D. Tushingham*, Armenian Garden, in: PEQ 99 (1967), S. 71—73; 100 (1968), S. 109—111; *D. Bahat — M. Broshi*, Jerusalem, Old City, The Armenian Garden, in: IEJ 22 (1972), S. 171 f.

245 *P. Benoit OP*, L'Antonia d'Hérode le Grand et le Forum Oriental d'Aelia Capitolina, in: Harvard Theological Review 64 (1971), S. 135—167; *Ch. Maurer*, Der Struthionteich und die Burg Antonia, in: ZDPV 80 (1964), S. 134—149.

In den ersten vier Auflagen des Buches habe ich im Anschluß an L.-H. Vincent OP die Antonia-Hypothese verteidigt. Ich muß gestehen, daß mir der Abschied von dem liebgewordenen »Steinpflaster mit den eingeritzten Spielfiguren« nicht leichtgefallen ist. Aber nicht Gefühle sind entscheidend, sondern die Beweiskraft der Fakten ist es. Was L.-H. Vincent für die Antonia in Anspruch nahm, gehört zu den Überresten der von Hadrian angelegten Stadt Aelia Capitolina.

246 *B. Bagatti*, Resti romani nell'area della Flagellazione in Gerusalemme, in: FrancLA VIII (1957—1958), S. 309 bis 352.

247 *Ch. Coüasnon*, Jérusalem — Ecce Homo, in: RB 73 (1966), S. 573 f.

248 *J. Jeremias*, Die Abendmahlsworte Jesu, Göttingen 1960, S. 14 f.

249 *A. Jaubert*, La date de la Cène, Paris 1957.

Zur Diskussion über die »Dreitagechronologie«: *J. Blinzler*, Qumrankalender und Passionschronologie, in: ZNW 49 (1958), S. 238—251; *E. Ruckstuhl*, Chronologie und Ablauf der Leidenswoche, in: Donnerstag des Herrenmahles, hrsg. von E. Pfeiffer, Leipzig 1967, S. 5—13.

250 Wie im heutigen, so begann auch im alten Palästina, dessen Klima sich in geschichtlicher Zeit nicht wesentlich verändert hat, das Getreide zu reifen, wenn im April die Regenzeit zu Ende ging. Da wegen der verschiedenen Lage der Felder der »Omer« — »Gerstenschnitt« — für die Erstlingsgabe um etwa vierzehn Tage variieren konnte, galt als »Standard-Acker« der von Bet-Mekla im Kidrontal (Tos. Menachoth 10, 21).

251 *A. Strobel*, Der Termin des Todes Jesu, in: ZNW 51 (1960), S. 69—101; *J. Blinzler*, a. a. O., S. 76 f.; *A. Vezin*, Das Evangelium Jesu Christi, Freiburg 1958, S. 438 ff.

252 Da es in Gallien außer dem bekannten Lugdunum (Lyon) noch ein anderes Lugdunum am Nordabhang der Pyrenäen gegeben hat, so könnte dieses gemeint sein. Die Nähe der spanischen Grenze könnte dann auch am leichtesten die irrige Angabe des Josephus erklären: »Herodes wurde von Caligula für seine Habgier mit der Verbannung nach Hispanien bestraft« (Jüd. Krieg II, 9, 6).

253 Pap. Flor. 61; vgl. *A. Deissmann*, a. a. O., S. 229 f.

254 Unter Heranziehung der gesamten verfügbaren antiken Quellen untersucht E. Bammel die Bezeichnung »Freund des Kaisers«, in: ThLZ 77 (1952), Sp. 206—210.

255 *N. Avigad*, A Depositary of Inscribed Ossuaries in the Kidron Valley, in: IEJ 12 (1962), S. 1—12, Fig. 1.

256 *B. Bagatti — J. T. Milik*, Gli scavi del »Dominus flevit«, Parte I, Gerusalemme 1958.

257 *J. Jeremias*, Golgotha, Göttingen 1926; *C. Kopp*, a. a. O., S. 422—426; *A. Parrot*, Golgatha und das Heilige Grab, Zollikon 1956, S. 93 ff.

258 *G. Dalman*, Golgotha und das Grab Christi, in: PJB 9 (1913), S. 98 ff. — Woher die in der Lutherbibel übliche Form »Golgatha« stammt, ist nach Dalman unbekannt.

259 *V. Tzaferis*, Jewish Tombs at and near Giv'at ha-Mivtar, in: IEJ 20 (1970), S. 18—32; *N. Haas*, Anthropological Observations on the Skeletal Remains from Giv'at ha-Mivtar, in: IEJ 20 (1970), S. 38—59; *H.-W. Kuhn*, Zum Gekreuzigten von Giv'at ha-Mivtar, in: ZNW 69 (1978), S. 118—122.

260 *G. M. Lee*, The Inscription of the Cross, in: PEQ 101 (1968), S. 144.

261 *R. Schmittlein*, Umstände und Ursachen von Jesu Tod, Mainz 1951; *H. Mödder*, Die Todesursache bei der Kreuzigung, in: Stimmen der Zeit 144 (1948), S. 50—59; *E. Sons*, Zur Todesursache bei der Kreuzigung, in: Benediktinische Monatsschrift, 1957, S. 101—106. Der Verfasser bietet in diesem Beitrag eine ärztlich-wissenschaftliche Begründung der Todesursache Jesu nach den in den Evangelien berichteten Beobachtungen der Augenzeugen und schreibt: »Fassen wir unsere Betrachtungen über die Pathogenese des Kreuzestodes Jesu zusammen, so lautet das Ergebnis: Seelisch unerschütterliche Haltung in allen Phasen seines Leidens bis zum Tode, Schwächung seines Körpers durch Mißhandlungen und Blutverlust, Spannungskollaps und Zentralisierung des Kreislaufes aus sympathisch gesteuerter Ausgangslage, Erhaltung der Funktion aller lebensunentbehrlichen Organe, des Herzens, der Lungen und des Zentralnervensystems ohne Trübung oder Verlust des Bewußtseins bis zum Ende. Plötzlicher Herztod.«

Eine Zusammenfassung aller erreichbaren Nachrichten über den Vollzug der Kreuzesstrafe im Altertum sowie alle Gesichtspunkte, unter denen der antike Mensch die Kreuzigung juristisch, politisch, moralisch und philosophisch gesehen hat, bringt *M. Hengel* in seinem Beitrag »Mors turpissima crucis. Die Kreuzigung in der antiken Welt und die ›Torheit‹ des ›Wortes vom Kreuz‹«, in: Rechtfertigung. Festschrift für Ernst Käsemann zum 70. Geburtstag, hrsg. von J. Friedrich, W. Pöhlmann und P. Stuhlmacher, Tübingen und Göttingen 1976, S. 125 bis 184.

262 *Francesco Cassini da Perinaldo*, Storia di Gerusalemme, Roma 1857, II, S. 302.

Eine hölzerne, in Silber gefaßte Krippe befindet sich seit dem 12. Jahrhundert in Rom in der Basilika S. Maria Maggiore. Die fünf schmalen Brettchen — la sacra Culla — sind sicher unecht (C. Kopp, a. a. O., S. 49, Anm. 138).

263 *Th. Boman*, Die Jesusüberlieferung im Lichte der neueren Volkskunde, Göttingen 1967, S. 221—236.

264 *F. J. Dölger*, Beiträge zur Geschichte des Kreuzzeichens, in: Jahrbuch für Antike und Christentum 1 (1958) bis 10 (1967); *E. Dinkler*, Kreuzzeichen und Kreuz, in: Jahrbuch für Antike und Christentum 5 (1962), S. 93 bis 112; *J. Decroix*, Des chrétiens vivaient-ils à Pompée et à Herculanum?, in: Bible et Terre Sainte 126 (1970), S. 15—17.

265 *J. Blinzler*, Das Turiner Grablinnen und die Wissenschaft, Ettal 1952, S. 21.

266 Zur Baugeschichte der Grabeskirche:
A. Baumstark, Die Modestianischen und die Konstantinischen Bauten am Heiligen Grabe zu Jerusalem, Paderborn 1915; *G. Dalman*, a. a. O., S. 364–402; *A. Heisenberg*, Grabeskirche und Apostelkirche I, Leipzig 1908; *C. Kopp*, a. a. O., S. 424–444; *C. Mommert*, Golgotha und das hl. Grab zu Jerusalem, Leipzig 1900; *A. Parrot*, a. a. O., S. 95–151; *K. Schmaltz*, Mater Ecclesiarum. Die Grabeskirche in Jerusalem, Straßburg 1918; *L.-H. Vincent – F.-M. Abel*, Jérusalem nouvelle I, S. 80–300; *Ch. Coüasnon OP*, The Church of the Holy Sepulchre in Jerusalem, London 1974.

267 Die Lage Jerusalems nach Josephus, in: *Flavius Josephus*, De Bello Judaico – Der Jüdische Krieg, hrsg. von O. Michel – O. Bauernfeind, II, 1, S. 244 f.; *M. Avi-Yonah*, The Third and Second Walls of Jerusalem, in: IEJ 18 (1968), S. 98–125.

268 Zu den Ergebnissen der jüngsten Grabungen unter der Erlöserkirche: *U. Lux*, Vorläufiger Bericht über die Ausgrabung unter der Erlöserkirche im Muristan in der Altstadt von Jerusalem in den Jahren 1970 und 1971, in: ZDPV 88 (1972), S. 185–201.

269 *K. M. Kenyon*, a. a. O., S. 189–192.

270 Nach *C. Schick*, Neu aufgedeckte Felsengräber bei der Grabeskirche in Jerusalem, in: ZDPV 8 (1883), S. 171 bis 173.

271 In seiner um 445 verfaßten Kirchengeschichte berichtet Sozomenos über die Bekehrung seines Großvaters, der durch seine Erklärungen der Hl. Schrift sehr angesehen war. Des Sozomenos Quellen können also bis in die erste Hälfte des 4. Jahrhunderts zurückreichen.

272 Am bekanntesten ist das »Gordon's Tomb« im Norden Jerusalems, etwa 150 m von der heutigen Stadtmauer entfernt. Vgl. *A. Parrot*, a. a. O., S. 131–136.

273 *G. Dalman*, Golgotha und das Grab Christi, in: PJB 9 (1913), S. 103.

274 An der Spitze aller literarischen Überlieferung steht die Beschreibung, die Eusebius, Bischof von Cäsarea, in der Darstellung des Lebens Konstantins (III, 25–40) von den Bauten am Heiligen Grabe gegeben hat. Diese seine kurzen Bemerkungen müssen als Ersatz für den Verlust eines ganzen Werkes dienen. Der kaiserliche Biograph hatte eine Monographie über das Heilige Grab und die Bauten verfaßt, die er in den Festtagen der Einweihung vom 13. bis 20. September 335 in Anwesenheit des kaiserlichen Hofes vorgetragen hat. An der beabsichtigten Herausgabe hinderte ihn der Tod (339), und so ist die Schrift verlorengegangen. Eusebius hat die Bauten Konstantins mit eigenen Augen gesehen, dennoch sind die Klagen über die Dunkelheit seiner Beschreibung allgemein.

275 *A. Alt*, Die Zeitrechnung von Jerusalem im späten Altertum, in: PJB 30 (1934), S. 71–79.

276 Zum archäologischen Befund der Grabeskirche:
Ch. Coüasnon OP, Les travaux de restauration au Saint-Sépulcre, in: La Terre Sainte, 7/8 (1969), S. 169–178; *V. Corbo OFM*, La Basilica del S. Sepolcro a Gerusalemme, in: FrancLA XIX (1969), S. 65–144; ders., in: FrancLA XII (1961–1962), S. 221–304; FrancLA XIV (1963–1964), S. 293–338; XV (1964–1965), S. 318–366.

277 *C. Watzinger*, Denkmäler Palästinas II, Leipzig 1935, S. 117 f.

278 Zur Kreuzreliquie und Kreuzauffindungslegende:
G. Dalman ist der Ansicht, daß man der Kreuzauffindungsstätte beim Bau des Martyrions eine besondere, von Eusebius aber totgeschwiegene Bedeutung beigemessen hat. Vgl. Studien zur Grabeskirche in Jerusalem, in: ZDPV 52 (1929), S. 122 f.
Doch über eine Kreuzauffindung zu Beginn der konstantinischen Bautätigkeit fehlt uns jeder historische Hinweis. Der erste, der etwas von einer Kreuzreliquie weiß, ist Kyrill (348). In seinen Katechesen kommt er dreimal auf das Kreuz des Herrn zu sprechen, und zwar in einer Weise, die auf ein wirklich vorhandenes Kreuz schließen läßt: »Mit dem Holz des Kreuzes ist nunmehr die ganze Welt erfüllt« (Kat. IV, 10); »Das heilige Kreuzesholz ist bis auf den heutigen Tag bei uns zu sehen« (X, 19); ähnlich XIII, 4. Über die Echtheit dieser Stellen wird gestritten. Mögen diese Texte retuschiert oder gefälscht sein, es steht fest, daß die Existenz von Kreuzreliquien durch zwei lateinische Inschriften in Nordafrika bezeugt ist. Die eine Inschrift aus Tixtre-Toqueville bei Constantine in Algerien stammt aus dem Jahre 359; die andere wurde in Cap Matifou östlich von Algier gefunden und ist etwas später zu datieren. Gregor von Nyssa erzählt, daß seine Schwester Makrina († 379) eine Kreuzreliquie besaß. Aetheria (383) berichtet von der liturgischen Feier der Kreuzverehrung am Karfreitag »post crucem«. Von einer Auffindung durch die Kaiserinmutter Helena hören wir aber nichts. In der Folgezeit trat das Bedürfnis auf, die Echtheit der heiligen Stätten durch Wunder zu steigern. Das geschah vor allem in der Kreuzauffindungslegende, die uns in drei Fassungen vorliegt: Helena-Legende, Cyriakus-Legende und Protonike-Legende.
Die historischen Wurzeln der Kreuzauffindungslegende liegen im dunkeln. Im Abendland ist der Mailänder Bischof Ambrosius der erste Zeuge, der in der Trauerrede auf den Kaiser Theodosius am 26. Februar 395 die Kreuzauffindung der Kaiserinmutter Helena zuschreibt (De obitu Theodosii, c. 43–47). Hier beginnt für uns historisch greifbar die Helena-Legende. Sie ist noch verhältnismäßig einfach: Der Heilige Geist gab Helena ein, nach dem Kreuz zu forschen. Sie findet drei Kreuze, von denen das Kreuz des Herrn durch die Inschrift erkannt wird: »Jesus Nazarenus Rex Judaeorum«. Um 400 ist die Kreuzauffindungslegende im Orient nachweisbar. Sie erfährt hier ihre Ausgestaltung zur Cyriakus-Legende. Nach dieser kennt ein Jude namens Judas die heilige Stätte, deren Lage ihm von seinem Großvater als Geheimnis überliefert worden ist. Judas wird gezwungen, den Ort zu zeigen; da er ihn nicht genau kennt, bittet er um ein Wunder. In Syrien hat sich im 5. Jahrhundert aus der Cyriakus-Legende die Protonike-Legende gebildet. Protonike, die Gemahlin des Kaisers Claudius (41–54), wird durch die Predigt des Apostels Petrus bewogen, in Jerusalem nach dem Kreuz zu suchen. Von dem Herrenbruder Jakobus erfährt sie, daß die heiligen Stätten in den Händen der Juden sind. Drei Kreuze werden gefunden, und das Herrenkreuz wird durch ein Wunder beglaubigt.
Ein angeblich unter Gelasius I. auf einer römischen Syn-

ode (494) erlassenes Dekret spricht sich scharf gegen diese Legenden aus und brandmarkt sie als »novellae relationes« — »erfundene Geschichten«.

Wir fassen zusammen: Eine formgeschichtliche Untersuchung über das Werden und die Entwicklung der Kreuzauffindungslegende erweist ihre Unechtheit. Sie bestätigt aber paradoxerweise noch einen zweiten Sachverhalt. Trotz der Steigerung des Wunderbaren haben die Legenden, hinter all dem Rankenwerk der Phantasie versteckt, eine Erinnerung daran bewahrt, daß man in Jerusalem die heiligen Stätten noch gekannt hat. Hinter dem Judas der Legende verbirgt sich der letzte judenchristliche Bischof Jerusalems, den der Name Cyriakus (Kyriakos — Kyrios) als Herrenverwandten ausweist. Der letzte Herrenverwandte war der alten Kirche Bürge für die Echtheit der heiligen Stätten. So wird der Hauptzeuge für die Unechtheit der Legende zum Kronzeugen für einen historischen Sachverhalt: Die Erinnerung an die heiligen Stätten ist in Jerusalem erhalten geblieben. Nach: *J. Jeremias*, Golgotha, Leipzig 1926, S. 30–33; *J. Straubinger*, Die Kreuzauffindungslegende, Paderborn 1912.

279 *A. Heisenberg* gibt in seinem bedeutsamen Werk — Grabeskirche und Apostelkirche. Die Bauten Konstantins, Leipzig 1908, Tafeln I und II — 19 verschiedene Rekonstruktionsversuche wieder, angefangen mit dem Grundriß des französischen Philologen A. Trouttée aus dem Jahre 1720. Trouttée wurde durch die Lektüre des Eusebius zum Studium der Grabeskirche geführt. Auch Heisenberg, ein anerkannter Philologe, kommt in der Deutung des Eusebius zu einem Rekonstruktionsversuch — es ist der zwanzigste in seinem Werk —, der trotz der subtilen textkritischen Untersuchungen durch die Fakten der archäologischen Forschung als unmöglich angesehen werden muß. Nach Heisenberg »lag der Grabbau im Osten vor der östlichen Seite des viereckigen [äußeren] Atriums« (S. 31). Eine weitere Schwäche dieses gelehrten Werkes liegt in der fragwürdigen religionsgeschichtlichen Interpretation der Zeugnisse.

280 *A. Heisenberg*, a. a. O., S. 52.

281 *V. Corbo*, Scavo della Cappella dell'Invenzione della S. Croce e nuovi reperti archeologici nella Basilica del S. Sepolcro a Gerusalemme (1965), in: FrancLA XV (1964–1965), S. 318–366.
Das topographische Problem der Auffindung des Kreuzes bleibt noch ungelöst. Die Funde geben darüber keine genaue Auskunft, und die Angaben der alten Pilgerberichte sind zu vage, als daß man mit Sicherheit sagen könnte, wo in der Zeit vor den Kreuzzügen der Ort gesucht wurde, an dem Helena das Kreuz gefunden haben soll.

282 Chronique archéologique, in: RB 69 (1962), S. 100–107.

283 Bei der Erklärung der grammatikalischen Form des lateinischen Ausdruckes »sub solas aureos« kapitulieren die meisten Philologen. Heisenberg bringt wohl die einzige sinnvolle Deutung und Übersetzung: »unter goldenen Balken« (a. a. O., S. 125).

284 *A. Grabar*, Les ampoules de Terre Sainte, Paris 1958.

285 Nach *J. Jeremias*, Golgotha, Leipzig 1926, S. 40–45.

286 Adamnanus überlieferte Arkulfs Bericht in seinen drei Büchern »De locis sanctis«, die er 688 dem Northumbrerkönig Alfred überreichte. Das Buch gibt sich als eine

Niederschrift nach Diktat. Arkulfs Hauptanliegen sind die Kirchen an den heiligen Stätten. Sein Bericht erwähnt 23 Kirchen in Palästina: 7 in Jerusalem, 2 in Betanien, 4 in Betlehem, 1 in Hebron, 1 in Gilgal, 2 am Jordan, 1 bei Sichem, 2 in Nazaret, 3 auf dem Tabor. Arkulf beschränkt sich nicht auf knappe Ausdrücke der Bewunderung, sondern versucht eine Beschreibung, die von der Gestalt der Bauwerke eine Vorstellung geben soll. So illustrierte er auch seinen Bericht mit kleinen Skizzen.

287 *J. Gildemeister*, Die arabischen Nachrichten zur Geschichte der Harambauten, in: ZDPV 13 (1890), S. 4 f.

288 Um die Jahrhundertwende wurde das als Manuskript in der Vatikanischen Bibliothek aufbewahrte Werk des fränkischen Franziskaners Elzearius Horn veröffentlicht, das als eine der wichtigsten Quellen für die Gestalt der Grabeskirche vor dem Jahre 1808 große, wenn auch späte Beachtung gefunden hat: Ichnographiae Locorum et Monumentorum Veterum Terrae Sanctae, accurate delineatae et descriptae a *P. Elzeario Horn* Ordinis Minorum Provinciae Thuringiae (1725–1744), ed. P. Hieronymus Golubovich, Romae 1902. — E. Horn lebte von 1724 bis 1744 in Jerusalem und hinterließ eine Beschreibung des Heiligen Landes, die er mit Zeichnungen der heiligen Stätten illustrierte. Sein besonderes Interesse galt der Grabeskirche, deren Bauplan er wissenschaftlich aufgenommen und vermessen hat.

289 Nach *G. Dalman*, Die Grabeskirche in Jerusalem, in: PJB 3 (1907), S. 34.

290 *E. Horn*, a. a. O., S. 48.

291 *Bernhard von Breydenbach*, Die Reise ins Heilige Land, Deutsche Ausgabe vom 21. Juni 1486; Nachdruck: Wiesbaden 1961.
Bernhard von Breydenbach, um 1440 in Oberhessen geboren, studierte in Erfurt, wo er nachweislich immatrikuliert ist. Wahrscheinlich erwarb er sich an der dortigen Universität seinen juristischen Doktorgrad. Der eigentliche Reisebericht stammt von ihm, während die historisch-theologischen Erklärungen von dem Heidelberger Dominikaner Martin Rath hinzugefügt wurden. Das Buch, mit 28 Holzschnitten versehen, erschien 1486 in einer lateinischen und einer deutschen Ausgabe. Der »Bestseller« wurde bald ins Niederländische (1488), Französische (1488), Spanische (1498) und Polnische (Kraków 1610) übersetzt.

292 Die berühmte Kapelle Sancta Sanctorum — genauer: ad Sancta Sanctorum — steht auf einem Unterbau, der noch zum ältesten Teil des Lateranpalastes aus dem 4. Jahrhundert gehört. Im frühen Mittelalter diente die Kapelle als Oratorium der Päpste. Zur Zeit Leos III. (795–816) begann man alle kostbaren Reliquien Roms zu sammeln und in der Hauskapelle der Päpste sicherzustellen. Der Papst stiftete für den Altar der Kapelle einen Schrein aus Zedernholz, um die Reliquien würdig aufbewahren zu können. An diese Zeit und an die Reliquien der Kapelle Sancta Sanctorum erinnerten noch bis vor kurzem zwei Gebete, die der Priester nach dem Staffelgebet sprach: »Aufer a nobis ..., ut ad sancta sanctorum ...« Unter Innozenz III. (1198–1216) wurde der Reliquienschrein mit zwei Bronzegittern gesichert. Im Jahre 1903 gab Leo XIII. die Erlaubnis, den Zedernschrein zu öffnen. Das Gitter wurde durchgesägt, und die Reliquien

mit den erlesensten kleinen Kunstwerken lagen vor den Augen der erstaunten Kardinäle, Prälaten und Kunsthistoriker.

H. Grisar SJ, Die römische Kapelle Sancta Sanctorum und ihr Schatz, Freiburg 1908. Die fünf Darstellungen des palästinensischen Holzkästchens sind abgebildet in: *W. Nyssen*, Frühchristliches Byzanz, Leipzig 1972, Tafel 2.

293 *E. Horn*, a. a. O., S. 24 f.

294 Der Bericht des Bonifatius von Ragusa ist enthalten bei: *F. Quaresmius*, Historica, theologica et moralis Terrae Sanctae Elucidatio, Antverpiae 1639, lib. V., cap. XIII, per. II, p. 512 s.

295 Seit den Tagen der Urkirche ist die Auferstehung Jesu immer wieder Gegenstand historischer und theologischer Überlegungen gewesen. Sie ist aber auch immer wieder Gegenstand historischer und theologischer Auseinandersetzungen geworden. Und das ist so bis zum heutigen Tag geblieben. — Einen Hinweis auf die umfangreiche neuere Literatur zur Auferstehungsfrage findet man in der bibeltheologischen Studie von *J. Kremer*, Das älteste Zeugnis von der Auferstehung Christi, Leipzig 1967.

296 *M. Dibelius*, Jesus, Berlin ²1947, S. 127 f.

297 Im Jahre 1930 wurde eine Inschrift veröffentlicht, die nach der Aussage des Besitzers aus Nazaret stammen soll. Sie befindet sich heute im Pariser Nationalmuseum. Diese Inschrift, die in einen etwa 0,60×0,37 m großen weißen Marmorblock eingemeißelt ist, trägt den Titel »Diatagma Kaisaros« — »Erlaß des Kaisers«. In dem Erlaß erklärt der Kaiser alle Gräber für unantastbar und fordert jeden, der sie schändet oder Leichen ausgräbt oder »solche böswillig anderswohin schafft« oder Inschriften wegträgt usw., vor Gericht. Der Erlaß schließt mit den Worten: »Es ist jedermann verboten, Übertragungen vorzunehmen; andernfalls befehle ich, den Betreffenden als Grabschänder abzuurteilen.«
Die Sachkenner datieren die Inschrift nach den epigraphischen Indizien in den Zeitraum von etwa 50 v. Chr. bis 100 n. Chr., und zwar am wahrscheinlichsten unmittelbar nach der Zeitwende. Der Herkunftsort, die Zeit und das Thema der Inschrift legen den Gedanken nahe, diese mit dem Evangelienbericht vom leeren Grab in Beziehung zu bringen. Es wäre nicht ausgeschlossen, daß ein Bericht des Pilatus und die darauffolgenden Streitigkeiten um das leere Grab die Veranlassung zu einem kaiserlichen Erlaß gegen den Grabfrevel gegeben hatten. Die Annahme scheint verlockend, aber die Untersuchungen über die Herkunft der Platte und ihr Alter haben noch zu keinem sicheren Ergebnis geführt.
J. Irmscher, Zum Diatagma Kaisaros von Nazareth, in: ZNW 40 (1949), S. 172–184; *J. Schmitt*, L'inscription de Nazareth, in: DBS VI, Sp. 333–363.

298 Nach *Bultmann* ist die Geschichte vom leeren Grab völlig sekundär. »Paulus weiß nichts vom leeren Grab, woraus zwar nicht folgt, daß die Geschichte zu seiner Zeit noch nicht existierte, wohl aber, daß sie ein Nebentrieb ist, der für das offizielle Kerygma keine Bedeutung hatte« (Die Geschichte der synoptischen Tradition, ⁴1958, S. 314 f.). Dazu schreibt *U. Wilckens*: »Die weitverbreitete Annahme, daß die Grabesperikope erst relativ spät entstanden, in den Zusammenhang der Osterüberlieferung, die sich ursprünglich auf die Erscheinungen be-

schränkt habe, sekundär hineingeraten sei und von da an die verschiedenen Erscheinungsgeschichten unwiderstehlich an sich gezogen habe, erweist sich m. E. als unhaltbar« (Die Perikope vom leeren Grab Jesu in der nachmarkinischen Traditionsgeschichte, in: Festschrift für Friedrich Smend, 1963, S. 30–41).

299 Hegesippus ist der erste Autor der nachapostolischen Zeit, der die Herrenbrüder erwähnt. Er gehörte, wie Eusebius versichert, noch der ersten Generation nach den Aposteln an (Hist. eccl. II, 23, 3). In der zweiten Hälfte des 2. Jahrhunderts, also offenbar im hohen Alter, schrieb er ein gegen die gnostischen Irrlehren gerichtetes Werk mit dem Titel »Hypomnemata«. Hegesippus gibt Jerusalemer Überlieferungen wieder, die bis auf Augenzeugen der Kreuzigung des Simon zurückgehen. Aus dem Werk, das nicht mehr erhalten ist, zitiert Eusebius in seiner »Kirchengeschichte« mehrere Abschnitte, besonders jene, die von den Verwandten Jesu handeln. (Vgl. Anm. 166.)

300 Zur Kontroverse der Übersetzung des schwierigen griechischen Textes siehe *J. Blinzler*, a. a. O., S. 105 ff.

301 Zur Bedeutung von »dem Fleische nach« siehe *J. Blinzler*, a. a. O., S. 108 ff.

302 *B. Bagatti*, I monumenti di Emmaus El-Qubeibeh, Gerusalemme 1947; *G. Dalman*, a. a. O., S. 240–249; *C. Kopp*, a. a. O., S. 445–450; *L. Pirot*, Emmaüs, in: DBS II, Sp. 1049–1063; *M. Riemer*, Wo lag Emmaus?, in: PJB 14 (1918), S. 32–43.

303 *L.-H. Vincent — F.-M. Abel*, Emmaüs, sa basilique et son histoire, Paris 1932; *L.-H. Vincent*, La chronologie du groupe monumental d'Amwas, in: RB 55 (1948), S. 348 bis 375; *A. Brunot*, Emmaüs, cité pascale de la Fraction du Pain, in: Bible et Terre Sainte 36 (1961), S. 4–7.

304 *L.-H. Vincent — F.-M. Abel*, a. a. O., S. 261. Zu der dargelegten Ansicht Vincents schreibt *C. Kopp*: »Für die von Vincent behauptete Datierung der Basilika in den Anfang des 3. Jahrhunderts fehlt jede Parallele; sie stellt ein völliges Unikum dar, für das man schlüssige Beweise fordern muß, die Vincent nicht erbracht hat. Der eckige äußere Abschluß der Hauptapsis durch die drei Seiten eines Achtecks und die langgestreckte Form der Schiffe weisen vielmehr in das 4.–6. Jahrhundert« (Grabungen und Forschungen, S. 139).

305 Noch heute gilt ein arabischer Spruch: »Habt ihr Fisch gegessen, so eßt Süßes« (*G. Dalman*, Arbeit und Sitte, VI, S. 106 f.).

306 Die Manifestationen des Auferstandenen vor seinen Jüngern, sein Essen und Trinken, seine Tischgemeinschaft mit ihnen und das Sichberührenlassen werden weithin von der heutigen Exegese in den Bereich sekundärer Legendenbildung verwiesen. Aber die Gründe erscheinen nicht überzeugend. Von Uninteressiertheit oder Bedeutungslosigkeit zu reden, was wirklich geschehen ist in den Tagen, da Jesus mit seinen Jüngern nach seiner Auferstehung vom Tode zusammen war, heißt die Quellen des Neuen Testaments umdeuten und mißverstehen. Es ging den ersten Verkündigern der christlichen Botschaft wesentlich um die Verkündigung dessen, was »wirklich« geschehen ist, und dazu gehörte als wichtigste und zentrale Mitte die Verkündigung von dem Auferstandenen, der sich in seinen Erscheinungen manifestiert hat.

307 Eine der auffälligsten Abweichungen in der synoptischen

Berichterstattung betrifft den Ort der Erscheinungen. Mattäus weiß nur um eine Erscheinung des Auferstandenen in Galiläa (26, 32; 28, 7. 16); das gleiche gilt für Markus (14, 28; 16, 7), wenn er auch infolge des abrupten Schlusses in 16, 8 keine einzige Erscheinung bezeugt. Lukas dagegen berichtet nur Erscheinungen in oder um Jerusalem. Diese Differenz in der Berichterstattung mag wohl in der verschiedenen Anlage der Evangelien ihre Ursache haben. Für Lukas steht Jerusalem am Anfang und am Ende des Evangeliums.

308 *P. Gaechter*, Petrus und seine Zeit, Innsbruck 1958, S. 29.

309 *C. Kopp*, a. a. O., S. 277 ff.; *J. Meysing*, Tabgha und seine drei Heiligtümer in der christlichen Tradition im Laufe der Zeit, in: HlL 98 (1966), S. 11 ff.; *A. M. Schneider*, Die Kapelle der sogenannten Mensa Domini bei et-tabgha, in: ZDPV 60 (1937), S. 133–135.

310 *S. Soffreda OFM*, Scavi di Et-Tabgha, Gerusalemme 1970.

311 *E. Hennecke*, Neutestamentliche Apokryphen II, hrsg. von E. Schneemelcher, Tübingen ³1964, S. 157.
Zur Geschichte der Verehrung:
K. Schmaltz, Die drei »mystischen« Christushöhlen der Geburt, der Jüngerweihe und des Grabes, in: ZDPV 42 (1919), S. 151 f.; *G. Kretschmar*, Festkalender und Memorialstätten Jerusalems in altkirchlicher Zeit, in: ZDPV 87 (1971), S. 183 ff.

312 *G. Klameth*, Die neutestamentlichen Lokaltraditionen Palästinas, Münster 1923, II, S. 1–56; S. 96–130; *C. Kopp*, a. a. O., S. 455 f.; *L. Pirot*, Ascension, in: DBS I, Sp. 628 bis 644; *L.-H. Vincent – F.-M. Abel*, a. a. O., II, S. 337 bis 360; *L.-H. Vincent*, L'Éléona sanctuaire primitif de l'Ascension, in: RB 64 (1957), S. 48–71.

313 Der aufmerksame Leser wird bereits festgestellt haben, daß die Prozession nach dem Ölberg nicht am 40. Tage, sondern am 50. Tage nach Ostern, also am Pfingstfest, stattgefunden hat. Wie Geburt und Taufe waren auch Himmelfahrt und Pfingsten im palästinensischen Raum ursprünglich ein gemeinsames Fest am 50. Tage nach Ostern. Seit wann in Jerusalem ein gesonderter Gedenktag der Himmelfahrt Christi am 40. Tage nach Ostern gefeiert wurde, entzieht sich unserer Kenntnis. Das Armenische Lektionar aus der ersten Hälfte des 5. Jahrhunderts setzt ihn aber bereits voraus. Auch Aetheria weiß von der eigentlichen Himmelfahrtsfeier am 40. Tage nach Ostern zu berichten. Sie nahm aber an diesem Tage an einem Gottesdienst in der Geburtskirche in Betlehem teil. Im Jahre 383 fiel der 40. Tag nach Ostern auf den 18. Mai, der nach dem Armenischen Lektionar als Gedenktag der Unschuldigen Kinder angegeben ist. Darum zog die Jerusalemer Gemeinde in die Geburtskirche nach Betlehem. Der Besuch des Ölberges mußte natürlich nachgeholt werden; dies geschah im Jahre 383 am frühen Nachmittag des Pfingstsonntages.

314 Die Verehrung von Fußabdrücken und Fußspuren in den verschiedensten Formen läßt sich für viele antike Tempel des Mittelmeergebietes belegen. Die Fußspur ist der sichtbare Ausdruck der Epiphanie, der Erscheinung einer Gottheit. Sie verkörpert gleichsam die dankbare Erinnerung, daß die Gottheit an einer bestimmten Stelle weilte. Auf einer Grabstele aus Termessos in Pamphylien lautet die Inschrift: »Dem erhörenden Gott zu Ehren stellte Hyphistotychos ... diese Stele auf mit der darauf befindlichen Fußspur des Gottes.« Es konnte nicht ausbleiben, daß überschwengliche Phantasie und naiver Glaube diesen von Menschenhand künstlich hergestellten Fußspuren andere auf wunderbare Weise entstandene zur Seite stellten. Das Symbol wird zur sinnfälligen Realität. So ist es nicht verwunderlich, daß dieser antike Brauch auch bei der Verehrung christlicher Gedenkstätten seinen Niederschlag fand. Der Beginn der Verehrung der Fußspuren Christi am Ölberg fällt mit dem Bau der Himmelfahrtskirche zusammen. Nach dem Bericht des Paulinus, der nach 382 in Jerusalem weilte, hatte man im Innern der offenen Rundkirche den Boden als Naturrasen belassen. Die Verehrung des Ortes ließ auch hier die Erinnerung zur realen Wirklichkeit werden: die Fußspuren des Herrn, zunächst nur als Abdruck im Staub der Erde, dann in der Kreuzfahrerzeit auf einem Stein sichtbar. Daß aber die Identität der im Sande wahrnehmbaren Fußspuren mit den wirklichen Fußeindrücken Christi nur eine Annahme des Volksglaubens war, zeigt die Tatsache, daß die Verehrung der Fußspuren in der offiziellen Liturgie der Himmelfahrtskirche, die uns im Kanonarium Hierosolymitanum (10. Jh.) und im Typikon bezeugt wird, keine Erwähnung findet.

315 *V. Corbo OFM*, Ricerche archeologiche al Monte degli Ulivi, Gerusalemme 1965, S. 94–162; *C. Kopp*, a. a. O., S. 463 f.; *C. Schick*, The Church of the Ascension on the Mount of Olives, in: PEFQSt 28 (1896), S. 310–327; *L.-H. Vincent – F.-M. Abel*, a. a. O., II, S. 360–419.

v. Chr.

um 1700	Abraham
	Isaak
	Jakob
	(Da in den alttestamentlichen Berichten über die Erzväter sichere Anhaltspunkte für eine Synchronisierung mit Ereignissen der Profangeschichte fehlen, werden die einzelnen Daten in den heutigen Übersichtstafeln unterschiedlich angegeben. Die Datierung schwankt im Maximum zwischen 2000 und 1400 v. Chr.)
um 1700	Beginn der Hyksosherrschaft in Ägypten
	Josef in Ägypten
	Einwanderung hebräischer Stämme in Ägypten
nach 1560	Ende der Hyksosherrschaft in Ägypten. Beginn der Knechtung Israels
um 1280	Geburt des Mose
1250—1230	Auszug aus Ägypten
1220—1200	Landnahme in Palästina unter Josua
um 1200	Die Philister besetzen die Küstenebene
1200—1020	Die Zeit der Richter
um 1125	Sieg der Israeliten unter Debora und Barak in der Schlacht am Kischon gegen Sisera
um 1080	Beginn der Philisterinvasion
um 1050	Zerstörung von Schilo
	Samuel
um 1030	Beginn der Herrschaft Sauls
1012—1004	Saul, erster König aus dem Stamme Benjamin
1004—965	David, König von Juda und Israel
um 997	Eroberung Jerusalems
965—926	König Salomo
962—955	Tempelbau
926	Teilung des Reiches
	Nordreich: Israel (926—722)
	Südreich: Juda (926—587)
926—910	Rehabeam (Roboam), erster König von Juda, Plünderung des Tempels durch Pharao Schischak I.
926—907	Jerobeam I., erster König von Israel, Hauptstadt in Sichem
878—871	Omri, König von Israel, Gründung der neuen Hauptstadt Samaria
um 870	Prophet Elija
802—787	Joasch, König von Israel, Eroberung Jerusalems und Plünderung des Tempels
787—736	Azarja (Usija), König von Juda
756—741	Jotam übernimmt die Regierung an Stelle seines an Aussatz erkrankten Vaters
	Berufung des Propheten Jesaja (Isaias)
	Prophet Micha (Michäas)
741—725	Ahas, König von Juda
731—723	Hosea, letzter König des Nordreiches Israel
722	Eroberung Samariens durch den assyrischen König Sargon II., Umsiedlung nach Assyrien, Ansiedlung von Kolonisten; es entsteht das Mischvolk der Samariter
725—697	Hiskija (Ezechias)
	Bau des Schiloachkanals

701	Sanherib belagert vergeblich Jerusalem
696—642	Manasse
641—640	Amon
	Prophet Zefanja (Sophonias)
639—609	Joschija
627	Berufung des Propheten Jeremia
um 612	Prophet Nahum
609	Joahas, Eroberung Jerusalems durch den Pharao Necho; Joahas wird nach Ägypten verschleppt
608—598	Jojakim
	Prophet Habakuk
605	Schlacht bei Karkemisch
598/597	Jojachin
597	Nebukadnezzar erobert Jerusalem, Wegführung Jojachins nach Babel, unter den Deportierten der Prophet Ezechiel
597—587	Zidkija (Sedekias), letzter König von Juda
589	Aufstand des Zidkija, Beginn der Belagerung Jerusalems durch Nebukadnezzar
587	Eroberung Jerusalems, Zerstörung des Tempels, Ende des Reiches Juda
	Babylonische Gefangenschaft der Juden
	Deutero-Jesaja
539	Cyrus, König der Perser und Meder, besiegt Babel
538	Freilassungsedikt des Cyrus für die Juden
537	Die ersten Heimkehrer nach Jerusalem
	Trito-Jesaja, Haggai (Aggäus), Sacharja (Zacharias)
515	Weihe des neuen Tempels
444—433	Nehemia, persischer Statthalter der Provinz Juda, Wiederaufbau der Stadtmauer von Jerusalem
428 (458?)	Esra (Esdras) kommt nach Jerusalem, Einführung des Gesetzes
332	Palästina geht im Reich Alexanders des Großen auf
323—198	Ab 323 streiten sich die ägyptischen Ptolemäer und die syrischen Seleukiden um den Besitz Palästinas. 320—198 steht es zumeist unter ptolemäischer Herrschaft
198	Beginn der Seleukidenherrschaft in Palästina, die Samariter bauen ihren Tempel auf dem Berge Garizim
168—165	Kriegszug des Antiochus IV. Epiphanes gegen Jerusalem, Eroberung der Stadt, Entweihung des Tempels
167	Der Hasmonäer Mattatias ruft zum Aufstand gegen die Syrer und hellenistisch gesinnten Juden
166	Judas Makkabäus übernimmt die Führung
165	Eroberung Jerusalems durch Judas Makkabäus
	Friedensschluß mit Syrien
163	Die Juden erhalten Religionsfreiheit
152	Der Hasmonäer Jonatan wird Hoherpriester und übt unter syrischer Herrschaft eine Art Nebenregierung aus
143—135	Simon wird Nachfolger Jonatans
	Beginn der Hasmonäer-Dynastie, Simon ist Fürst

593

VERSUCH EINER ZEITTAFEL DES ÖFFENTLICHEN WIRKENS JESU

(mit besonderer Berücksichtigung des Johannesevangeliums)

27 n. Chr. 1. Oktober: Beginn des 15. Regierungsjahres des Kaisers Tiberius (Lk 3, 1)

Johannes der Täufer am Jordan

28 n. Chr. Um die Jahreswende: Taufe Jesu im Jordan (Joh 1, 32)

Versuchung Jesu in der Wüste (Mt 4, 1—11)

Die ersten Jünger aus der Umgebung des Johannes (Joh 1, 35—51)

Rückkehr nach Galiläa

Hochzeit zu Kana (2, 1—11)

Kafarnaum (2, 12)

Erstes Osterfest (1. Jerusalembesuch) (2, 13 bis 3, 21)

Tempelreinigung

Nikodemus

Aufenthalt in Judäa (3, 22—30)

Verhaftung des Täufers (Lk 3, 19. 20)

Reise durch Samarien nach Galiläa

Jakobsbrunnen (Joh 4, 1—42)

Wohnsitz in Kafarnaum

Wanderpredigten in Galiläa

29 n. Chr. Ermordung des Täufers (Mk 6, 17—29)

Kurz vor Ostern: Brotvermehrung am Ostufer des Sees Gennesaret

Verheißung der Eucharistie in der Synagoge zu Kafarnaum (Joh 6, 22—71)

Abfall vieler Jünger

Pfingstfest in Jerusalem (2. Jerusalembesuch) (5, 1)

Heilung des Gelähmten (5, 2—15)

Beginn der Strafverfolgung

Rückkehr nach Galiläa (7, 1)

Messiasbekenntnis bei Cäsarea Philippi (Mt 16, 13—20)

Verklärung (Mt 17, 1—7)

Ende September: Laubhüttenfest (3. Jerusalembesuch) (Joh 7, 14—52)

Heilung des Blindgeborenen (9, 1—41)

Auseinandersetzung mit den Führern des Volkes Tempelweihfest: 2. Hälfte im Dezember (4. Jerusalembesuch) (Joh 10, 22—39)

Rückzug nach Peräa (10, 40—42)

30 n. Chr. Auferweckung des Lazarus (11, 1—53)

Haftbefehl (11, 57)

Rückzug nach Efraim (11, 54)

Kurz vor Ostern: Auf dem Wege über Jericho nach Jerusalem

Samstag vor Palmsonntag: Salbung in Betanien

Palmsonntag: Einzug in Jerusalem (5. Jerusalembesuch)

Montag, Dienstag, Mittwoch: In Jerusalem und im Tempel, Auseinandersetzung mit den Pharisäern, Sadduzäern und Herodianern, Gerichtsreden im Tempel, Voraussage vom Untergang Jerusalems und vom Weltende; am Abend zieht sich Jesus mit den Jüngern auf den Ölberg zurück

Donnerstag abends: Letztes Mahl, Abschiedsrede

Verhaftung

Verhör bei Hannas

Verhör im Palast des Kajafas

7. April Freitag morgens: Verurteilung durch das Synedrium im Rathaus

Prozeß vor Pilatus im Prätorium

Vorführung bei Herodes Antipas

Freitag mittags: Verurteilung

Kreuzigung

gegen 15 Uhr: Tod

vor Sonnenuntergang: Abnahme vom Kreuz, Grablegung

Sabbat: Das Grab wird bewacht

Sonntag: Auferstehung, Jesus erscheint:

Maria Magdalena

den Frauen

dem Petrus

den Emmausjüngern

den Aposteln ohne Tomas

8 Tage nach Ostern: den Aposteln mit Tomas

Erscheinungen in Galiläa: Übertragung der Hirtengewalt an Petrus

der große Missionsbefehl

40 Tage nach Ostern: Himmelfahrt

50 Tage nach Ostern: Ausgießung des Heiligen Geistes

LITERATURVERZEICHNIS

Die Übersicht bringt die hauptsächlichsten Werke, auf die sich der Verfasser bei seinen Ausführungen stützt. Weitere Quellen zu Einzelfragen werden in den Anmerkungen erwähnt.

Abel, F.-M., Géographie de la Palestine, 2 Bde., Paris ³1967.

—, Histoire de la Palestine depuis la conquête d'Alexandre jusqu'à l'invasion arabe, 2 Bde., Paris 1952.

Aharoni, Y., The Land of the Bible. A Historical Geography, London 1967.

Albright, W. F., Archäologie in Palästina, Köln 1962.

—, Die Bibel im Licht der Altertumsforschung, Stuttgart 1957.

Atlas of Jerusalem. Urban Geography of Jerusalem, Berlin [W] — New York 1973.

Avi-Yonah, M., The Holy Land from the Persian to the Arab Conquest. A historical Geography, Michigan 1966.

—, The Holy Land, London 1972.

Baldi, D., Enchiridion Locorum Sanctorum, Jerusalem ²1955.

—, Guida di Terra Santa, Gerusalemme 1963.

Bardtke, H., Zu beiden Seiten des Jordans, Berlin 1958.

—, Vom Roten Meer zum See Genezareth, Berlin 1962.

—, Bibel, Spaten und Geschichte, Leipzig ²1970.

Barret, C. K., Die Umwelt des Neuen Testaments, Tübingen 1959.

Barrois, A.-G., Manuel d'archéologie biblique, 2 Bde., Paris 1939/53.

Benzinger, I., Hebräische Archäologie, Leipzig ³1927.

Bible et Terre Sainte, Paris 1956 ff.

Blinzler, J., Der Prozeß Jesu, Regensburg ³1960.

Bruin, P., und *Giegel, P.*, Hier hat Gott gelebt, Zürich 1957.

—, Biblische Länder — Heilige Stätten, Zürich 1968.

Cornfeld, G., Pictorial Biblical Encyclopedia, Tel Aviv 1964.

Corswant, W., Dictionnaire d'Archéologie Biblique, Neuchâtel—Paris 1956.

Coüasnon, Ch., The Church of the Holy Sepulchre in Jerusalem, London 1974.

Dalman, G., Orte und Wege Jesu, Gütersloh ³1924.

—, Jerusalem und sein Gelände, Gütersloh 1930.

—, Hundert deutsche Fliegerbilder aus Palästina, Gütersloh 1925.

—, Arbeit und Sitte in Palästina, 8 Bde., Gütersloh 1928 bis 1942.

Daniel-Rops, H., Er kam in sein Eigentum, Stuttgart 1963.

Das Heilige Land, Organ des Deutschen Vereins vom Hl. Lande, Köln 1857 ff.

Das Heilige Land in Vergangenheit und Gegenwart. Palästina-Hefte des Deutschen Vereins vom Hl. Land, Köln 1937 ff.

Deissmann, A., Licht vom Osten, Tübingen ⁴1923.

Dictionnaire de la Bible, Supplément, Paris 1928 ff.

Eichholz, G., Landschaften der Bibel, Neukirchen-Vluyn 1963.

Filson, F. V., Geschichte des Christentums in neutestamentlicher Zeit, Düsseldorf 1967.

Finegan, J., Handbook of Biblical Chronology, Princeton 1964.

—, The Archaeology of the New Testament, Princeton 1969.

Foerster, W., Neutestamentliche Zeitgeschichte, Hamburg 1959.

Grollenberg, L., Bildatlas zur Bibel, Gütersloh 1957.

Guthe, H., Kurzes Bibelwörterbuch, Leipzig 1903.

—, Palästina, Leipzig 1908.

—, Bibelatlas, Leipzig 1911.

Haag, H., Bibel-Lexikon, Einsiedeln ²1968 (Leipzig ²1971).

—, Das Land der Bibel, Aschaffenburg 1976.

Hiltenbrunner, O., Kleines Lexikon zur Antike, München 1946.

Holzmeister, U., Historia aetatis Novi Testamenti, Roma ²1938.

Israel Exploration Journal, Jerusalem 1950 ff.

Jeremias, J., Jerusalem zur Zeit Jesu, Göttingen ³1962.

—, Das Problem des historischen Jesus, Stuttgart 1960.

Jerusalem Revealed, Jerusalem 1975.

Kalt, E., Biblisches Reallexikon, 2 Bde., Paderborn 1939.

Kenyon, K. M., Archäologie im Heiligen Land, Neukirchen-Vluyn 1967.

—, Jerusalem — Die heilige Stadt von David bis zu den Kreuzzügen. Ausgrabungen 1961—1967, Bergisch Gladbach 1968.

Kittel, G., Theologisches Wörterbuch zum Neuen Testament, 7 Bde., Stuttgart 1932—1963.

Kopp, C., Die Heiligen Stätten der Evangelien, Regensburg 1959.

—, Grabungen und Forschungen im Heiligen Land 1867/1938, Köln 1939.

Köppel, R., Palästina, Die Landschaft in Karten und Bildern, Tübingen 1930.

Kraeling, E. G. — *McNally, R.*, Bible Atlas, New York ³1956.

Krauss, S., Talmudische Archäologie, 3 Bde., Leipzig 1910/12.

Kümmel, A., Karte der Materialien zur Topographie des alten Jerusalem, Halle 1906.

Kunkel, H., Das Leben Jesu, 3 Bde., Fulda 1957—1959.

La Terre Sainte. Revue mensuelle des Lieux Saints, Jerusalem 1960 ff.

Lemaire, P., e *Baldi, D.*, Atlante Biblico, Torino 1964.

Lexikon des Judentums, hrsg. von J. F. Oppenheimer, Gütersloh 1967.

Meistermann, B., Durch's Heilige Land, Trier 1906.

Meyer, H., Israel, Taschenatlas und Handbuch, Jerusalem 1964.

Neugebauer, A., La Géographie du Talmud, Paris 1868.

Noth, M., Geschichte Israels, Bonn ²1954.

—, Die Welt des Alten Testaments, Berlin ⁴1962.

Orni, E. — *Efrat, E.*, Geographie Israels, Jerusalem 1966.

Ovadiah, A., Corpus of the Byzantine Churches in the Holy Land, Bonn 1970.

Palästinajahrbuch des Deutschen evangelischen Instituts für Altertumswissenschaft des Heiligen Landes zu Jerusalem, Berlin 1905 ff.

Palestine Exploration Quarterly, London 1865 ff.

Pax, W. E. — *Harris, D.*, Die Heiligen Stätten, Olten 1970.

Perowne, St., Herodes der Große, Stuttgart 1957.

Pritchard, J. B., The Ancient Near East in Pictures, Princeton ²1962.

Reicke, B., und *Rost, I.*, Biblisch-Historisches Handwörterbuch, Göttingen I. 1962, II. 1964, III. 1966.

Revue Biblique, Paris 1892 ff.

Ricciotti, J., Das Leben Jesu, Basel 1952.
—, Geschichte Israels, 2 Bde., Wien 1953.
Rienecker, F., Lexikon zur Bibel, Wuppertal 1960.
Röhricht, R., Bibliotheca Geographica Palaestinae, Leipzig 1890.
—, Deutsche Pilgerreisen nach dem Heiligen Land, Innsbruck 1900.
Schalit, A., König Herodes. Der Mann und sein Werk, Studia Judaica IV, Berlin 1969.
Schedl, C., Geschichte des Alten Testaments, 5 Bde., Innsbruck 1956—1964.
Schmid, J., Das Evangelium nach Matthäus, Regensburg ⁴1959.
—, Das Evangelium nach Markus, Regensburg ⁴1958.
—, Das Evangelium nach Lukas, Regensburg ⁴1960.
Schürer, E., Geschichte des Jüdischen Volkes, 3 Bde., Leipzig ⁴1901/1909.
Senfter, A., Jahwes Land, Freiburg 1968.
Simons, J., Jerusalem in the Old Testament, Leiden 1952.
Stauffer, E., Jesus, Gestalt und Geschichte, Bern 1957.
Stenner, O. — Wilmes, H. M., Pilgerführer durchs Heilige Land, Jerusalem ²1963.
Strack, H. L., und *Billerbeck, P.*, Kommentar zum Neuen Testament aus Talmud und Midrasch, 4 Bde., München ²1956.
The Annual of the American Schools of Oriental Research, New Haven 1919 ff.
The Atlas of Israel, Jerusalem and Amsterdam 1970.

The Biblical Archaeologist, New Haven 1938 ff.
The Bulletin of the American Schools of Oriental Research, New Haven 1919 ff.
Thomsen, P., Die Palästina-Literatur, Bde. IV—VII, Leipzig 1927—1972.
—, Loca Sancta, Leipzig 1907.
Tobler, T., Bibliographia Geographica Palaestinae, Leipzig 1867.
Vezin, A., Das Evangelium Jesu Christi, Freiburg 1958.
Vincent, L.-H., Jérusalem antiqe, Paris 1912.
Vincent, L.-H. et Abel, F.-M., Jérusalem nouvelle, 3 Bde., Paris 1914/1922/1926.
Vincent, L.-H. — Stève, M. A., Jérusalem de l'Ancien Testament, 2 Bde., 1954/56.
Warren, Ch. — Conders, C. R., The Survey of Western Palestine: Jerusalem, London 1884.
Warren, Ch., Atlas. Plans, elevations, sections, shewing the Results of the Excavations at Jerusalem 1867—1870, London 1884.
Watzinger, C., Denkmäler Palästinas, 2 Bde., Leipzig 1933/35.
Wikenhauser, A., Das Evangelium nach Johannes, Regensburg ²1957.
—, Einleitung in das Neue Testament, Freiburg ⁴1961.
Wilkinson, J., Jerusalem as Jesus knew it, London 1978.
Wright, G. E., Biblische Archäologie, Göttingen 1958.
Zeitschrift des Deutschen Palästina-Vereins, Leipzig 1878 ff.

VERZEICHNIS DER ABBILDUNGEN

598

BILDNACHWEIS

Verfasser und Verlag danken folgenden Gelehrten, Verlegern und Museumsleitungen für das großzügige Entgegenkommen und die Erlaubnis zur Reproduktion der Photographien und Zeichnungen:

Abtei Dormitio BMV, Jerusalem: Abb. 1

Alinari, Roma: Abb. 269/2

Anderson, Roma: Abb. 7, 267/1

M. Avi-Yonah, Jérusalem, Editions Sequoia S. A., Bruxelles—Paris: Abb. 109/2

M. Avi-Yonah, The Holy Land, Thames and Hudson, London: Abb. 134, 261/4

Hans Bardtke, Zu beiden Seiten des Jordans, Union Verlag, Berlin: Abb. 137

Bayer. Hauptstaatsarchiv, München: Abb. 24, 60, 122, 138/2, 141/1, 160, 163/1, 209, 218, 221, 224, 230, 264

Bibel heute, Verlagshaus Gerd Mohn, Gütersloh: Abb. 168/3

Bible et Terre Sainte (Bayard-Presse), Paris: Abb. 150/5, 180/3, 194/1, 3, 197, 253, 289/1, 293/1

Bibliothèque Nationale, Paris: Abb. 285, 302

Bernhard von Breydenbach, Die Reise ins Heilige Land, Verlag Guido Pressler, Wiesbaden: Abb. 290/1, 292/2

Paul Bruin und Philipp Giegel, Hier hat Gott gelebt, Artemis-Verlag, Zürich und Stuttgart: Abb. 101, 132/2, 138/1, 140, 157, 193, 219

Bulletin of ASOR, New Haven: Abb. 89

Gerard Bushell und Anna Riwkin-Brick, Churches of the Holy Land, Cassel, London: Abb. 293/2, 297/1

Bernhard Corwin, Düsseldorf: Abb. 248

Custodia Terra Santa (Franciscan Printing Press), Jerusalem: Abb. 26, 33/3, 4, 5, 6, 34, 64, 68, 69, 70, 71/1, 2, 3, 4, 5, 115/2, 162/1, 2, 166, 167, 169, 170/2, 196/1, 2, 214/2, 3, 215, 220, 267/4, 274, 276/1, 2, 3, 278/3, 279/1, 2, 280/2, 3, 282/1, 2, 3, 288/1, 2, 292/3, 297/2, 3

Custodia Terra Santa, Jerusalem und Editrice LDC, Leumann-Turin: Abb. 72/2, 76/2, 171, 198, 217, 238/1

Gustaf-Dalman-Institut, Greifswald: Abb. 87/1, 2, 3, 4, 96, 114/1, 2, 3, 4, 141/2, 143/1, 2, 3, 4, 225

Jean Daniélou, Qumran und der Ursprung des Christentums, Matthias-Grünewald-Verlag, Mainz: Abb. 133

Department of Antiquities and Museums, Jerusalem: Abb. 30/1, 3, 6, 7, 33/2, 205/2, 254/1

Deutscher Verein vom Heiligen Land, Köln: Abb. 183, 184, 185, 186

Johannes A. Düsing, Jerusalem: Schutzumschlag

École Biblique, Jérusalem: Abb. 30/4, 5, 132/1, 211/1, 2, 3, 252, 289/2

Prof. D. Hartmut Elliger, Tübingen: Abb. 83

Evangelische Haupt-Bibelgesellschaft, Altenburg: Abb. 51

Anton Freitag SVD, Die Wege des Heils, Verlag Otto Müller, Salzburg: Abb. 232

E. Gabba, Iscrizione greche e latine per lo studio della Bibbia, Marietti, Turin: Abb. 8

Gabinetto Fotografico Nazionale, Roma: Abb. 2

Government Press Div.: Abb. 124/3

André Grabar, Les Ampoules de Terre Sainte, Librairie C. Klincksieck, Paris: Abb. 283/1, 2, 3

Luc H. Grollenberg, Kleiner Bildatlas zur Bibel, Gütersloher Verlagshaus Gerd Mohn: Abb. 132/3

Prof. Dr. Herbert Haag, Tübingen: Abb. 149

P. Hommel, Künzelsau: Abb. 85

Herbert Hunger und Otto Stegmüller, Geschichte der Textüberlieferung, Atlantis-Verlag, Zürich: Abb. 52

IEJ, Jerusalem: Abb. 35, 62, 74, 75, 91, 92, 94, 103, 104/1, 2, 108, 154, 195/1, 2, 3, 254/2, 265/1, 2, 266/1, 2, 3

The Jerusalem Publishing House Ltd., Jerusalem: Abb. 29

Jerusalem Revealed, The Israel Exploration Society, Jerusalem: Abb. 148/1, 2, 3, 4

Baruch Kanael, Die Kunst der antiken Synagoge, Ner-Tamid-Verlag, München—Frankfurt a. M.: Abb. 177

Kathleen M. Kenyon, Jerusalem, Gustav Lübbe Verlag, Bergisch Gladbach: Abb. 84/1, 88, 90, 202, 207, 273

Teddy Kollek und Moshe Pearlman, Jerusalem, Weidenfeld & Nicolson, London: Abb. 292/7

Dr. Heinrich Kunkel, Das Leben Jesu, Familienverlag GmbH, Fulda: Abb. 33/1, 155, 158, 164, 173, 174/1, 2, 175, 181, 223, 227, 231, 258/1, 259/1, 2, 280/1, 291

Eugen Kusch, Ägypten im Bild, Verlag Hans Carl, Nürnberg: Abb. 50

M.-H. Lelong OP, Terre Sainte, Editions Sequoia, Paris: Abb. 150/1, 2, 180/2, 216,/1

J. B. Lippincott Company, Philadelphia: Abb. 22

Luigi Lombardi, Das Heilige Land, Plurigraf, Narni-Terni: Abb. 6, 23, 57/3, 66, 72/2, 172, 216/2, 290/2, 292/6

Focko Lüpsen, Palästina, Eckart-Verlag, Witten und Berlin: Abb. 293/3

F. W. Madden, History of Jewish Coinage and of Money in the Old and New Testament, London: Abb. 39, 40, 41, 42, 98, 260, 262

A. Maiuri, Herculanum, Roma: Abb. 269/1

Sœur Marie Aline de Sion, La Forteresse Antonia à Jérusalem et la question du Prétoire, Jérusalem: Abb. 258/2, 3, 261/2, 3

Matson Photo Service, Los Angeles: Abb. 109/1

Leonhard von Matt und Hans Kühner, Die Cäsaren, Echter Verlag, Würzburg: Abb. 3, 116

P. Barnabas Meistermann OFM, Durch's Heilige Land, Kösel-Verlag, München: Abb. 216/3

Münzen und Medaillen A.G., Basel: Abb. 200, 201, 228, 233

Staatliche Museen zu Berlin, Münzkabinett: Abb. 10, 11, 36, 47, 55, 107, 113, 120, 125, 126, 145, 146, 235, 250

The British Museum, London: C. Sinaiticus, Abb. 5, 93, 105

Museo Capitolino, Roma: Abb. 117

Erzbischöfliches Museum, Utrecht: Abb. 32

Museum, Istanbul: Abb. 106, 203

Palestine Archaeological Museum, Jerusalem: Abb. 128, 131, 263

Josef Nachtmann, Regensburg: Abb. 161, 294

NASA, Houston: Abb. 9, 156/1

Dr. Avraham Negev, Caesarea, Tel-Aviv: Abb. 124/4, 5, 6

Dr. E. Netzer, Jerusalem: Abb. 222/1, 2

Nouvelles Chrétiennes d'Israël, Avril 1962: Abb. 121

Wilhelm Nyssen, Frühchristliches Byzanz, St. Benno-Verlag, Leipzig: Abb. 292/1

Office national du Tourisme, Jerusalem: Abb. 124/1

Palästinajahrbuch, Leipzig: Abb. 206, 271

Palphot, Herzlia: Abb. 187/1, 2, 3, 226/1, 251, 284

Wolfgang E. Pax und David Harris, Die Heiligen Stätten, Walter-Verlag, Olten und Freiburg i. Br.: Abb. 58, 129, 191/6, 205/1, 238/2, 301, 304

Pères blancs, Sainte-Anne, Jérusalem: Abb. 188, 190, 191/1, 2, 3, 4, 5

Pontificium Institutum Biblicum, Roma: C. Vaticanus, Abb. 27

K. Schilling, Monumenta Judaica, Stadt Köln: Abb. 110

Alfons Senfter, Jahwes Land, Christophorus-Verlag, Freiburg: Abb. 19, 21, 56, 57, 77, 78, 135, 136, 151, 152, 212, 213, 236, 237, 245, 246, 295, 296; 16/1, 2, 3, 4, 5, 6, 31/1, 2, 3, 72/1, 124/2, 139, 142/1, 2, 3, 165, 168/1, 176, 180/1, 244, 249, 267/2, 299/1, 2

Waldemar Sonntag, Mein geliebtes Israel, Verlag der Europäischen Bücherei H. M. Hieronimi, Bonn: Abb. 111

M. J. Stassny, Nazareth, Steyler Verlag, St. Augustin: Abb. 71/6

M.-J. Stève, Auf den Wegen der Bibel, Matthias-Grünewald-Verlag, Mainz: Abb. 100

The Times, London: Abb. 13

Remi Tournus, Paris: Abb. 84/2

Verlag N. V. Uitgeversmaatschappij Elsevier, Amsterdam: Abb. 79, 179, 199, 270/1, 2

The Hebrew University — Museum of Jewish Antiquities, Jerusalem: Abb. 61/1, 2

L.-H. Vincent et F.-M. Abel, Bethléem, J. Gabalda, Paris: Abb. 30/2

L.-H. Vincent et F.-M. Abel, Jérusalem nouvelle, J. Gabalda, Paris: Abb. 261/1, 278/1, 2, 286, 287/2

Württembergische Bibelanstalt, Stuttgart: Abb. 159, 192

Württembergische Landesbildstelle, Stuttgart: Codex Vaticanus

Yigael Yadin, Masada, Hoffmann und Campe, Hamburg: Abb. 43, 45/1, 2, 46

Yale University, New Haven/Conn.: Abb. 112

STICHWORTVERZEICHNIS

1980 Verlag Katholisches Bibelwerk GmbH, Stuttgart
© 1980 St. Benno-Verlag GmbH, Leipzig
Printed in the German Democratic Republic
Satz und Druck: Druckwerkstätten Stollberg VOB
Vierfarbendrucke: Union-Druckerei (VOB), Dresden
Schutzumschlag und Farbdrucke im Offset: H. F. Jütte (VOB), Leipzig
Einband: VOB Kunst- und Verlagsbuchbinderei Leipzig
Typografie: Clemens August Steffen, Leipzig
Umschlagfoto: Herbert Fasching, Wilhelmsburg/Österreich
Zeichnung der Karten und Pläne: Matthias Weis, Leipzig
8., überarbeitete und verbesserte Auflage
ISBN 3-460-31702-7

CωCINOΛΛOCΓAP
ΠΑCEΞEKPEMETO
ΑΥΤΟΥΑΚΟΥωΝ
ΚΑΙΕΓΕΝΕΤΟΕΝΝΙΑ
ΤωΝΗΜΕΡωΝΔΙ
ΔΑCΚΟΝΤΟCΑΥΤΟΥ
ΤΟΝΛΑΟΝΕΝΤωΙ
ΚΑΙΕΥΑΓΓΕΛΙΖΟΜ
ΝΟΥΕΠΕCΤΗCΑΝ
ΑΡΧΙΕΡΕΙCΚΑΙΟΙ
ΓΡΑΜΜΑΤΕΙCCΥΝ
ΤΟΙCΠΡΕCΒΥΤΕΡΟΙ
ΚΑΙΕΙΠΑΝΛΕΓΟΝ
ΤΕCΠΡΟCΑΥΤΟΝΕΙΠ
ΟΓΙΟΙΑΕΞΟΥCΙΑΤΑΥ
ΤΑΠΟΙΕΙCΗΤΙCEC
ΤΙΝΟΛΟΥCCOIΤΗΝ
ΕΞΟΥCΙΑΝΤΑΥΤΗΝ
ΑΠΟΚΡΙΘΕΙCΔΕΕΙΠ
ΠΡΟCΑΥΤΟΝΕΡωΤΗ
CωΥΜΑCΚΑΓωΛΟΓ
ΚΑΙΕΙΠΑΤΕΜΟΓΙΟ
ΒΑΠΤΙCΜΑΙωΑΝΟΥ
ΝΟΥΕΞΟΥΡΑΝΟΥΗΝ
ΗΕΞΑΝΘΡωΠωΝ
ΟΙΔΕCΥΝΕΛΟΓΙΖ
ΤΟΠΡΟCΑΥΤΟΥCΛ
ΓΟΝΤΕCΟΤΙΕΑΝ
ΠωΜΕΝΕΞΟΥΡΑΝ
ΕΡΕΙΔΙΑΤΙΟΥΚΕΠΙ
CTEΥCΑΤΑΙΑΥΤω
ΕΑΝΔΕΕΙΠωΜΕΝ
ΕΞΑΝΘΡωΠωΝΟ
ΛΑΟCΑΠΑCΚΑΤΑΛΙ
ΘΑCΕΙΗΜΑCΠΕΠΙ
CΜΕΝΟCΓΑΡΕCΤΙΝ
ΙωΑΝΝΗΝΠΡΟΦ
ΤΗΝΕΙΝΑΙΚΑΙΑΠ
ΚΡΙΘΗCΑΝΕΙΔΕΝΝ
ΠΟΘΕΝ
ΚΑΙΑΠΟΚΡΙΘΕΙCΕΙΠ
ΑΥΤΟΙCΟΥΔΕΤωΝ
ΥΜΙΝΕΝΠΟΙΑΕΞ
CΙΑΤΑΥΤΑΠΟΙω
ΗΡΞΑΤΟΛΕΓΙΡΟCΤΟ
ΛΑΟΝΤΗΝΠΑΡΑΚ
ΛΗΝΤΑΥΤΗΝ
ΑΝΟCΕΦΥΤΕΥCΕΝΝ

ΠΕΛωΝΑΚΑΙΕΞΕΔ
ΤΟΑΥΤΟΝΓΕωΡΓΟΙ
ΚΑΙΑΠΕΔΗΜΗCEN
ΧΡΟΝΟΥCΙΚΑΝΟΥC
ΚΑΙΕΓΕωΑΠΕCΤΙΝ
ΠΡΟCΤΟΥCΓΕωΡΓΟ
ΔΟΥΛΟΝΙΝΑΑΠΟΤΗ
ΑΜΠΕΛωΝΟCΔωC
CΙΝΑΥΤω
ΟΙΔΕΓΕωΡΓΟΙΕΞΑΠ
CΤΙΛΑΝΑΥΤΟΝΔΙΡΑ
ΤΕCΚΑΙΝΟΝΚΛΙΕθ
ΤΟΕΤΕΡΟΝΠΕΜΨΑΙ
ΛΟΥΛΟΝΟΙΔΕΚΑΚΙ
ΝΟΝΑΙΡΑΝΤΕCΚΑΙ
ΑΤΙΜΑCΑΝΤΕCΕΞΑ
ΠΕCΤΙΛΑΝΚΑΙΝΟΝ
ΚΑΙΠΡΟCΕΘΕΤΟΤΡΙ
ΤΟΝΠΕΜΨΑΙΟΙΔΕΚ
ΤΟΥΤΟΝΤΡΑΥΜΑΤΙ
ΤΕCΕΞΕΒΑΛΟΝ
ΕΙΠΕΝΔΕΟΚCΤΟΥΑΜ
ΠΕΛωΝΟCΤΙΠΟΙΗ
CωΠΕΜΨωΤΟΝΥΙ
ΜΟΥΤΟΝΑΓΑΠΗΤ
ΙCωCΤΟΥΤΟΝΕΝ
ΤΡΑΠΗCΟΝΤΑΙΑ
ΤΕCΔΕΟΙΓΕωΡΓΟΙ
ΔΙΕΛΟΓΙΖΟΝΤΟΠΡ
ΑΛΛΗΛΟΥCΛΕΓΟΝ
ΟΥΤΟCΕCΤΙΝΟΚΛ
ΡΟΝΟΜΟCΔΕΥΤΕΑ
ΠΟΚΤΙΝωΜΕΝ
ΤΟΝΙΝΑΗΜωΝ
ΝΗΤΑΙΗΚΛΗΡΟΝ
ΜΙΑΚΑΙΕΚΒΑΛΟΝΤ
ΑΥΤΟΝΕΞωΤΟΥΑΜ
ΠΕΛωΝΟCΑΠΕΚΤΙ
ΝΑΝ
ΤΙΟΥΝΠΟΙΗCΕΙΝ
ΤΟΙCΟΚCΤΟΥΑΜΠ
ΛωΝΟCΕΛΕΥCΕΤΝ
ΚΑΙΑΠΟΛΕCΕΙΤΟΥΓ
ΚΑΙΔωCΕΙΤΟΝΑΜ
ΠΕΛωΝΑΑΛΛΟΙC
ΚΟΥCΑΝΤΕCΔΕΕΙ
ΠΑΝΜΗΓΕΝΟΙΤΟ
ΔΕΕΜΒΛΕΨΑCΑΤ

ΕΙΠΕΝΠΟΥΝΕCΤΙ
ΤΟΓΕΓΡΑΜΜΕΝΟΝ
ΤΟΥΤΟΛΙΘΟΝΟΝΑ
ΠΕΛΟΚΙΜΑCΑΝΟΙ
ΟΙΚΟΛΟΜΟΥΝΤΕ
ΟΥΤΟCΕΓΕΝΗΘΗ
ΕΙCΚΕΦΑΛΗΝΓω
ΝΙΑCΠΑCΟΠΕCω
ΕΠΕΚΙΝΟΝΤΟΝΛΑ
ΘΟΝCΥΝΘΛΑCΘΗ
CΕΤΑΙΕΦΟΝΔΑΝΠ
CΗΛΙΚΜΗCΕΙΑΥΤ
ΚΑΙΕΖΗΤΗCΑΝΟΙ
ΑΡΧΙΕΡΕΙCΚΑΙΟΙ
ΓΡΑΜΜΑΤΕΙCΕΠΙ
ΒΑΛΕΙΝΕΠΑΥΤΟΝ
ΤΑCΧΙΡΑCΕΝΑΥΤΗ
ΤΗωΡΑΚΑΙΕΦΟΒΗ
ΘΗCΑΝΤΟΝΛΑΟΝ
ΟΤΙΠΡΟCΑΥΤΟΥC
ΠΕΝΤΗΝΠΑΡΑΒ
ΤΑΥΤΗΝΚΑΙΠΑΡΑ
ΤΗΡΗCΑΝΤΕCΑΠ
CΤΙΛΑΝΕΝΚΑΘΕΤ
ΥΠΟΚΡΙΝΟΜΕΝ
ΕΛΥΤΟΥCΔΙΚΑΙΟΥ
ΕΙΝΑΙΙΝΑΕΠΙΛΑ
ΒωΝΤΑΙΑΥΤΟΥΛ
ωCΤΕΠΑΡΑΛΟΥΝΑ
ΑΥΤΟΝΤΗΑΡΧΗΚ
ΕΞΟΥCΙΑΤΟΥΗΓΕ
ΜΟΝΟC
ΚΑΙΕΠΗΡωΤΗCΑΝ
ΑΥΤΟΝΛΕΓΟΝΤΕC
ΔΙΔΑCΚΑΛΕΟΙΔΑΜ
ΟΤΙΟΡΘωCΛΕΓΕΙ
ΚΑΙΔΙΔΑCΚΙCΚΑΙ
ΟΥΛΑΜΒΑΝΕΙCΠΡ
CωΠΟΝΑΛΛΕΠ
ΛΗΘΕΙΑCΤΗΝΟΔ
ΤΟΥΘΥΔΙΔΑCΚΙC
ΞΕCΤΙΝΗΜΑCΚΑΙ
CΑΡΙΦΟΡΟΝΔΟΥΝ
ΗΟΥΚΑΤΑΝΟΗCΑ
ΔΕΑΥΤωΝΤΗΝΠΑ
ΝΟΥΡΓΙΑΝΕΙΠΕΝ
ΠΡΟCΑΥΤΟΥCΛΕΙ
ΤΕΜΟΙΔΗΝΑΡΙΟΝ

ΟΙΔΕΕΔΕΙΞΑΝΑΥΤ
ΚΑΙΕΙΠΑΝΤΙΝΟC
ΕΧΕΙΕΙΚΟΝΑΚΙ
ΠΙΓΡΑΦΗΝΟΙΔΕΕΙ
ΠΑΝΚΑΙCΑΡΟC
ΟΔΕΕΙΠΕΝΠΡΟCΑΤ
ΤΟΥΤΟΙΝΥΝΑΠ
ΛΟΤΕΤΑΚΑΙCΑΡΟC
ΚΑΙCΑΡΙΚΑΙΤΑΤΟΥ
ΘΥΤωΘωΚΑΙΟΥΚΙ
CΧΥCΑΝΕΠΙΛΑΒΕ
CΘΑΙΤΟΥΡΗΜΑΤΟ
ΕΝΑΝΤΙΟΝΤΟΥΛΑ
ΟΥΚΑΙΘΑΥΜΑCΑΝ
ΕΠΙΤΗΑΠΟΚΡΙCΕΙ
ΑΥΤΟΥΕCΙΓΗCΑΝ
ΠΡΟCΕΛΘΟΝΤΕCΔ
ΤΙΝΕCΤωΝCΑΔΔ
ΚΑΙωΝΟΙΛΕΓΟΝ
ΑΝΑCΤΑCΙΝΜΗΙ
ΝΑΙΕΠΗΡωΤΗCΑ
ΑΥΤΟΝΛΕΓΟΝΤΕC
ΔΙΔΑCΚΑΛΕΜωΥ
ΕΓΡΑΨΕΝΗΜΙΝΕ
ΑΝΤΙΝΟCΑΔΕΛΦ
ΑΠΟΘΑΝΗΕΧωΝ
ΓΥΝΑΙΚΑΚΑΙΕCΑ
ΑΝΑCΤΗCΗCΠΕΡΜ
ΤωΑΔΕΛΦωΑΥΤ
ΕΠΤΑΟΥΝΑΔΕΛΦ
ΗCΑΝΚΑΙΟΙΠΡω
ΛΑΒωΝΓΥΝΑΙΚΑ
ΑΠΕΘΑΝΕΝΑΤΕ
ΚΝΟCΚΑΙΟΛΕΥΤΕ
ΡΟCΚΑΙΟΤΡΙΤΟCΕ
ΛΑΒΕΝΑΥΤΗΝω
ΑΥΤωCΔΕΚΑΙΟΙΕ
ΠΤΑΟΥΚΑΤΕΛΙΠΟΝ
ΤΕΚΝΑΚΑΙΑΠΕΘΑ
ΝΟΝΥCΤΕΡΟΝΚΝ
ΗΓΥΝΗΑΠΕΘΑΝ
ΕΝΤΗΑΝΑCΤΑCΙ
ΤΙΝΟCΑΥΤωΝΓΙΝΗ
ΟΙΓΑΡΕΠΤΑΕCΧΟΝ
ΑΥΤΗΝΓΥΝΑΙΚΑ
ΚΑΙΕΙΠΕΝΑΥΤΟΙ
ΟΙCΟΙΥΙΟΙΤΟΥΑΙ
ΝΟCΤΟΥΤΟΥΓΑΜ